2024 中国炼油与化工企业高峰论坛论文集

徐凤银　宋宁　黄凌 等◎编著

中国石化出版社
·北 京·

图书在版编目(CIP)数据

2024中国炼油与化工企业高峰论坛论文集/徐凤银,宋宁,黄凌编著.—北京:中国石化出版社,2024.5
ISBN 978-7-5114-7535-0

Ⅰ.①第… Ⅱ.①徐… ②宋… ③黄… Ⅲ.①石油化工企业-安全生产-中国-文集②石油化工企业-安全管理-中国-文集 Ⅳ.①F426.22-53

中国国家版本馆CIP数据核字(2024)第096067号

中国石化出版社出版发行
地址:北京市东城区安定门外大街58号
邮编:100011 电话:(010)57512500
发行部电话:(010)57512575
http://www.sinopec-press.com
E-mail:press@sinopec.com
北京鑫益晖印刷有限公司印刷
全国各地新华书店经销
*
880毫米×1230毫米 16开本 40印张 1194千字
2024年5月第1版 2024年5月第1次印刷
定价:218.00元

《2024中国炼油与化工企业高峰论坛论文集》

编　委　会

序

我国石油炼制能力和乙烯生产能力已处于全球第一位。石油炼制与化工技术研发逐步从解决卡脖子问题走向自主创新，推动我国石油炼制全流程技术、石油化工主体技术达到世界先进水平，新型石油炼制技术研发与国际水平保持同步，部分技术处于领先水平。我国原油年消耗量超7亿多吨，其中2亿吨来自国内生产的原油，对外依存度超70%，这将是我国原油供应短期难以改变的现实。加工易掌控的重质原油，在能源供应链上占据主动，可以确保从国际市场获得5亿吨以上的原油，为此，重质原油高效加工将是国家能源战略长期需求。作为国民经济支持产业和国家能源安全保障重要力量，我国炼油化工行业一直致力于重质原油加工技术开发。

随着国内炼油能力过剩和结构性矛盾的问题日趋严重和双碳目标落实，百年石油炼制与化工行业面临着双重挑战，同时也会面临无限机会。传统石油炼制技术开发思路以牺牲产品选择性为代价换取高转化率，导致产物中有大量副产品，且生产过程能耗高、CO_2 排放量高，这与目前“减排增效”转型发展目标相悖。要实现石油资源高效利用和石油炼制与化工行业低碳转型发展，关键在于石油炼油技术研发思路的转变。国内石油炼制与化工行业正在形成共识，基于石油分子管理理念，以产品高选择性兼顾原料高转化率为技术开发的出发点，尽可能实现源头减碳和过程降碳。在不远的将来，可预见国内石油炼制与化工行业新技术、新产品将会持续涌现，全面助力企业以科技创新培育高质量发展新动能。

为响应国家创新驱动发展战略，贯彻中国科协“科创中国”行动计划，充分发挥全国一级学会的桥梁纽带作用和平台优势，中国石油学会组织召开了“2024中国炼油与化工企业高峰论坛暨新技术与成果展”，旨在全面推动开拓创新发展新质生产力。该论文集集中展示了炼化数智转型、炼化技术与装备、炼化双碳等方面的研究成果，体现了炼化行业在技术创新方面的进步和水平。

感谢中国石油学会会议组委会精心筛选和编纂的论文集，其主题突出、内容丰富、既有理论深度又具实践价值，学术性与实用性兼备，为石油炼制与化工从业者提供了宝贵的参考学习资料。希望通过本书的出版和论文分享，更好地凝聚从业者在石油炼制和化工在转型与发展等方面的共识，开发出更多的绿色低碳技术，让石油炼制与化工行业为国民经济和国家能源安全保障贡献出更多的力量。

中国科学院院士

2024 年 5 月 22 日

前　言

党的二十大强调，高质量发展是全面建设社会主义现代化国家的首要任务。作为国民经济支柱产业，我国石油石化产业高质量发展是建设现代化产业体系、培育新质生产力的根本要求，也是加快实现高水平自立自强的关键支撑。

当前，我国炼化产业布局不断优化，集群化、基地化特征明显，“油转化”“油转特”持续推进。传统石化产业加快转型升级，新材料等战略性新兴产业加速发展，产品不断向高端化、精细化、差异化发展，总体上，我国石化产业已具备迈向高质量发展的基础条件，未来一段时间，高质量发展将是行业发展的主旋律。炼油行业将继续深化供给侧结构性改革，向“减油增化”目标迈进，向中下游基础有机化工方向延伸，促进产业加速向炼油化工一体化发展。同时，基础化工原料将迎来扩能高峰期，产能过剩格局预计逐步浮现，新材料差异化发展需求旺盛。在全球气候变化问题日趋严峻、“双碳”目标持续推进的背景下，炼化产业面临绿色低碳发展的挑战与机遇，未来将朝着绿色、低碳、和谐、高效方向不断迈进。炼化工厂将加快与绿氢、绿电等新能源耦合，建立可持续发展“资源–产品–资源”循环体系，实现绿色发展、迈向低碳和谐。但是，我们也需清醒地认识到，与实现“双碳”目标下的高质量发展要求相比，在原始创新能力、产业结构调整、绿色安全水平等方面仍存在一定差距，石化产业应将炼化产业的生产重心逐渐由保障成品油需求转向提供更清洁的交通运输能源和炼油特色产品。

为此，中国石油学会联合中国石油、中国石化、中国海油、国家能源、中国中化、延长石油定于2024年5月28日—30日在青岛市召开“2024中国炼油与化工企业高峰论坛暨新技术与成果展”。本次大会旨在探索科技引领绿色低碳智能化转型之道，促进炼化企业与科研、设计、工程、制造、服务单位间的技术交流与合作，加快关键核心技术与设备、安全生产管理、智能化、信息化技术应用，助力炼化企业低碳转型升级和高质量发展。本次大会以“绿色发展、开拓创新”为主题，重点围绕炼化企业低碳转型升级战略与发展、炼化一体化、重质劣质油加工、新能源技术、绿色低碳、智能化与信息化、炼厂增效提升竞争力等方面交流创新成果。

大会得到了国家有关部委、中国石油、中国石化、中国海油、国家能源、中国中化、延长石油以及高等院校和科研院所等单位广大炼油、化工专家和科技工作者的大力支持，共征集论文280余篇，中国石油学会学术交流部特此组织专家组认真筛选出107篇优秀论文集册成集并公开出版发行。全集共分三篇，分别为炼化数智转型篇、炼化技术与装备篇和炼化双碳篇，内容涵盖炼化一体化技术、产品提升增效技术、节能降耗技术、安全管理与环保技术、智能化与数字化平台建设与应用等方面，全面反映了我国炼化企业最新研究成果与进展，可为行业发展提供重要参考。

本论文集由中国石油学会统一组织形成编委会，徐凤银整体策划，宋宁、黄凌等负责审稿排版，徐凤银最终审定。在本届会议组织和论文稿梳理、编辑出版过程中，得到广大科技工作者、专家和教授的积极参与，在此深表感谢。期望论文集的出版能够惠及更多同行科技工作者和相关人士。由于时间仓促及编者水平有限，论文集中难免存在不妥之处，敬请读者批评指正。

本书编委会

2024年5月

目　录

第一篇　炼化数智转型篇

第二篇　炼化技术与装备篇

第三篇　炼化双碳篇

第一篇　炼化数智转型篇

炼化数智转型是指炼化企业以价值创造为目的，以提升效率和效益为导向，利用数字技术驱动业务变革的过程。这一过程旨在打破炼化产业链不同环节的壁垒，释放企业全量数据资源潜能，让数据发挥最大价值，助推和提升企业的运营管理能力。本篇介绍了借助先进数字化技术解决方案，持续推进企业核心业务数字化，开展以数据驱动的运营智能化，实现向数据驱动决策的高质量发展企业转型、提高企业安全生产和节能减排能力。

基于聚类分析标准体系构建研究

孙丽丽　吴德飞　李　卓　李少鹏　刘仲玄　苑丹丹　汪宇莹

（中国石化工程建设有限公司）

摘　要　近年来随着我国经济的快速发展，石油化工企业进入化工园区已经成为主要趋势。目前，化工园区相关技术标准体系结构不够清晰。为了对化工园区行业标准规范进行科学的梳理，帮助相关领域的标准立项计划建立联系和整体协调性，本文基于聚类分析方法开发了一款化工园区风险防控标准体系分类软件，实现了通过数学算法对标准体系的有效分析。该分析方法包括：对标准资料文本进行文本识别、对文本内容进行分词分析得到关键词组、基于关键词组生成词向量、根据词向量执行聚类操作并得到标准体系分类结果。本文以63项现有化工园区相关风险防控标准（国家标准5项、行业标准2项、团体标准28项和地方标准28项）为分析对象。各标准在聚类分析算法下，被划分为前期规划、工程建设、运行管理、评估评价和智慧化工园区五个类别。其中，智慧园区类标准被单独地列为一个子系列是出乎意料的，但通过人工对标准内容的再次分析认为，这一划分也是合理的。结果表明，聚类分析法对化工园区风险防控标准分类具有较好的适用性和准确度，为化工园区风险防控体系构建提供了新思路。该方法可推广至更多行业标准体系分析工作，作为人工分析的辅助工具，在算法分析和人工分析的基础上实现标准体系的架构优化。

关键词　化工园区；标准体系；聚类分析

随着我国经济的迅猛发展，石油化工行业的企业纷纷选择进驻化工园区，形成了一股不可逆转的时代潮流。据相关数据显示，目前我国化工园区的总数已超过930家，其中经省级及以上人民政府批准设立的化工园区数量也达到了60余家。这一现象不仅反映了化工产业的蓬勃发展，也凸显了化工园区在推动区域经济发展和产业升级中的重要作用。

标准体系是一系列标准按照其内在逻辑和关联性，经过组织和整合后形成的科学化、系统化的有机整体。这一体系确保了各项标准的协调一致性，使得标准之间能够相互补充、相互支持，共同构成一个高效运作的统一体。在这个整体中，每一项标准都与其他标准存在着紧密的内在联系，它们相互依存、相互促进，确保了整个标准体系的完整性和实用性。通过这种有机的结合，标准体系能够为相关领域提供明确的指导和规范，从而推动行业的健康发展和质量提升。文献调研工作显示，已有部分学者针对化工园区相关标准体系进行研究。丁凯等针对智慧化工园区标准化建设进行了研究。从规划保障、科学指导、运维服务方面分析智慧化工园区标准化建设效果；构建并解析智慧化工园区标准体系。在其构建的体系框架中，智慧化工园区标准体系共设有六个子体系：基础标准、规划标准、建设标准、运维标准、服务标准和保障标准。

梁园等对智慧化工园区安全信息化标准体系进行了设计研究。该研究的体系相较上一标准体系范围更窄，主要包括与智慧化工园区相关的安全业务应用、基础设施、支撑平台、数据安全和保障措施等方面，涉及安全信息管理、风险分级管控、隐患排查治理和危险区域实施检测等标准。其中业务应用是整个标准体系的核心内容，基础设施和支撑平台为上层业务应用提供保障，数据安全与保障措施贯穿整个安全信息化标准体系建设过程之中。

李雪等研究了智慧化工园区能源管理相关的基础设施、支撑平台、数据安全建设要求和能源监测、业务管理、信息服务等标准的制修订等要求。对构建智慧化工园区标准体系具有指导意义和参考价值。

冯鹤等提出了两种构建化工园区防雷标准体系的思路，其一是从业务类型划分，主要考虑园区不同分区功能特点，也就是从空间上对园区进行划分；另一种是从业务环节层考虑，主要考虑防雷工作主要流程。两种构建思路都能有效构建起一套标准体系，但考虑到从空间上划分化工园区风险防控难以维持各分体系的均衡性，因此，采用从业务类型角度构建标准层级是更适用于该体系的方法。

通过梳理化工园区领域相关标准，发现存在建设运营的标准缺失、技术类标准数量较少等问题。且化工园区技术标准体系结构不够清晰，相关领域的标准立项计划缺乏科学性和整体协调性，难以实现全面地指导和规范各省市和地方化工园区的安全生产和应急管理。所以对化工园区行业标准规范进行科学的梳理，补充和完善现有标准体系，对化工园区的建设将具有重要的现实意义。本项研究在化工园区风险防控标准体系分析领域实现了重大创新，通过将 k-means 聚类算法融入分析过程，利用数学算法对标准体系进行了深入而有效的剖析。这种创新方法不仅提高了分析的精确度和效率，而且其应用潜力巨大，可望推广至众多其他行业的标准体系分析工作。该方法在算法的精确计算与人工分析的灵活性之间架起了桥梁，使得标准体系的构建和优化得以在两者的共同作用下更加科学和高效。通过这种方法，我们不仅能够确保标准体系的结构更加合理，还能够在实践中不断提升其适应性和实用性，为相关行业的发展提供坚实的技术支持和理论基础。

1 聚类分析算法

聚类分析又称为群分析，是分类学的一种基本方法。通过在缺乏先验知识的前提下，自动根据样本数据的属性相似性进行分组，从而实现数据的有效分类。该方法将数据集划分为若干个类别，使得每个类别内的数据点之间具有较高的相似性(即相关性)，而不同类别间的数据点则相对差异显著(即不相关性)。理想的聚类效果表现为类别内部的高度一致性和类别间的最大差异性。

在本研究中，我们特别采用了 *k*-means 算法作为聚类分析的主要工具。*k*-means 算法以其简洁高效的特点，在处理大规模数据集时表现出色，能够有效地识别数据的内在结构，为数据的分类和解释提供了强有力的支持。通过应用 *k*-means 聚类方法，我们能够深入挖掘数据的潜在模式，为后续的分析和决策提供坚实的数据基础。

1.1 *k*-means 方法介绍

k-means 算法是聚类算法中的主要算法之一，它是一种基于划分的聚类算法。

1.1.1 *k*-means 算法的基本步骤

(1) 选择初始化的 k 个样本作为聚类类别的初始聚类中心 $a=a_1$，a_2，$\cdots a_k$。

(2) 对于每个样本向量 x_i，计算其到 k 各聚类中心的距离，并将其分到距离最小的聚类中心所对应的类中。

(3) 对于每个聚类类别 a_j，记所有属于该类的样本合集为 c_j，依据新的聚类结果重新计算其聚类中心，$a_j=\frac{1}{|c_j|}\sum x$，$\forall x\in c_j$(即属于该类的所有样本的向量质心)。

(4) 重复上面(2)、(3)两步，直至到达终止条件(聚类结果不再变化)。

1.1.2 距离计算公式

本文采用明式距离衡量样本间的距离。

明式距离：对于两个 n 维向量 $v_1=(a_1$，a_2，……，$a_n)$，$v_2=(b_1$，b_2，……，$b_n)$，参数为 p 的明式距离计算如下：

$$d(v_1,\ v_2,\ p)=\sqrt[p]{\sum_{i=1}^{n}|a_i-b_i|^p}$$

其中，$p=1$ 时为曼哈顿距离；$p=2$ 时为欧氏距离；$p\to\infty$时为切比雪夫距离。

1.1.3 聚类结果选择

初始化方法的随机性会导致聚类结果出现不同，因此对于选定的聚类类别数目 k，需要多次重复算法，得到不同聚类结果并进行评估，选择其中最好的一个。另外，有时聚类前无法指定聚类的类别数目 k，因此需要通过实验选择合适的聚类类别 k，此时常用的方法是拐点法。

拐点法：

由于 k 值的选择对于聚类的结果至关重要，但有时聚类前无法指定聚类的类别数目 k，因此考虑在一定范围内选择 k 值，并计算选择不同 k 值得到的聚类结果的簇内离差平方和(*SSE*)指标，即所有样本与所在类簇的中心的距离平方和。记 n 个聚类样本为 x_1，x_2，$\cdots$，x_n，样本的聚类结果为 c_1，c_2，$\cdots$，$c_n(c_i\in[1,\ \cdots k])$；聚类结果中 k 个类簇的类簇中心向量分别为 a_1，a_2，$\cdots$，a_k，则 *SSE* 指标计算如下：

$$SSE = \sum_{i=1}^{n} (x_i - a_{ci})^2$$

显然，随着 k 值的增大，簇内离差平方和(SSE)的值应当减小，但最终会趋于稳定，可以通过绘制簇内离差平方和(SSE)与类簇个数 k 之间的折线图，观察 k 值拐点变化的位置(斜率变化的点)，选为合理的 k。

1.2 基于聚类分析方法的标准分类软件开发

标准体系聚类分析软件是通过机器学习智能算法实现标准资料高效便捷自动聚类的软件。该软件实现四部分功能分别是标准资料文件读取及解析、文本内容分词、词组向量化、聚类算法分析及结果展示。输入为可编辑版标准文件，通过文件文本内容识别、分词、关键词提取、向量化、聚类算法学习最终输出标准文件聚类结果和每个标准文件关键词云展示结果等信息，提供更加直观、清晰、关键内容给相关人员了解和使用标准资料；其基本工作流程如图 1 所示。

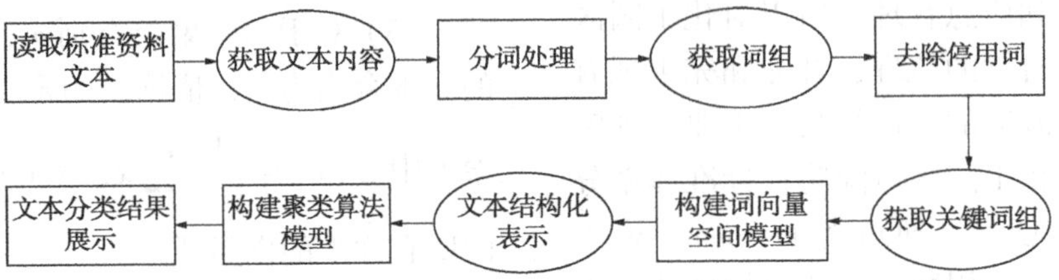

图 1　标准体系聚类分析软件的处理流程图

软件各层次结构划分图如图 2 所示，该软件分为三大层级分别是数据层、算法模型层、业务应用层。软件读取数据层存储的特定格式的标准文本文件进行处理，数据层存储的文件格式为 . doc/. docx/. pdf。算法模型层包括三部分分别是分词处理算法、词向量空间算法模型、聚类算法模型。分词处理采用条件随机场算法，Python 的第三方库 jieba 实现文本的分词，分词原理是利用一个中文词库，确定汉字之间的关联概率，汉字词概率大的组成词组形成分词结果，该软件采用自定义适合标准所属行业的专用词库进行分词处理。词向量空间算法模型有多种算法构建方式，该软件内嵌了 word2vec、doc2vec、tfidf、keywords 四种构建词向量空间算法模型的方式，实现将文本结构化表示。其中 word2vec 是在单个单词上训练的，而 doc2vec 是在可变长度的文本上训练的，因此每个模型可以完成的任务是不同的，使用 word2vec 可以根据上下文预测单词，而使用 doc2vec 则可以测量完整文档之间的关系。聚类算法模型部分软件实现了可选的多种聚类算法包括 k - means、k - medoids、spectral cluster，实现了标准文本的自动分类，其中 k-means 和 k-medoids 的差异类似于一个数据样本的均值和中位数之间的差异，k-means 的取值范围可以是连续空间中的任意值，而 k-medoids 只能在给定样本中的点里面选择，spectral cluster 称为“谱聚类”和 k-medoids 类似，只需要数据之间的相似度矩阵就可以，不必要像 k-means 那样要求数据必须是 N 维欧式空间中的向量。业务应用层包括标准文本关键词显示、标准文本分类结果展示、词云可视化功能，方便用户查看分类结果和对每个文件分析得到的关键词和词云可视化显示等。

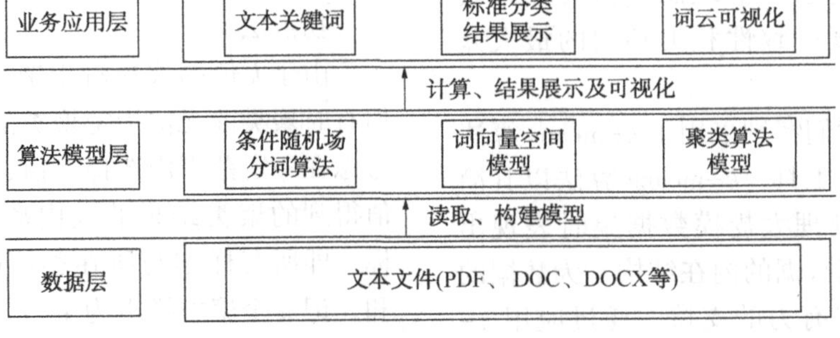

图 2　软件各层次结构划分图

2 标准分类软件应用实例

2.1 聚类分析

本文涉及化工园区的风险防控领域，拟研究化工园区风险防控标准体系。通过对“园区”关键词检索，初步筛选出标准规范318项，其中国家标准19项，行业标准23项，地方标准169项，团体标准106项，企业标准1项。综合考虑标准体系构建原则，剔除与化工园区不相关或关联不突出项，最终挑选出与本文研究相关化工园区标准63项。共涉及《智慧化工园区建设指南》（GB/T 39218—2020）、《化工园区开发建设导则》（GB/T 42078—2022）、《化工园区公共管廊管理规程》（GB/T 36762—2018）、《化工园区综合评价导则》（GB/T 39217—2020）、《危险化学品仓库储存通则》（GB 15603—2022）、《行业类生态工业园区标准（试行）》（HJ/T 273—2006）、《园区网间用户标识与属性互通技术要求》（YD/T 2706—2014）、《化工园区突发公共卫生事件应急预案编制导则》（T/SDHCIA 001—2020）、《化工园区整体性安全风险评价导则》（DB37T 4213—2020）、《化工园区应急救援管理与救援规范》（DB43/T 1778—2020）等国家标准5项、行业标准2项、团体标准28项、地方标准28项。

利用本文研究的基于聚类分析的分类软件，可对相关标准进行分词及词频研究并进行可视化展示。通过词频分词，可以看出不同标准在内容上具有明显的侧重。以《化工园区整体性安全风险评价导则》（DB 37T4213—2020）为例，如图3左所示。该标准显然为评价类标准，其关键词之一即为“评价”，而从其它关键词中可以看出其评价的重点为化学品带来的风险及事故隐患。如图3右所示以《化工园区公共管廊管理规程》（GB/T 36762—2019）为代表的管理类标准，则以管理为主要关键词。但通过对其它关键词的了解可以得知该标准涉及建设、施工、运行等多个阶段的管理工作。属于涵盖面较广的具有指导意义的上位国家标准。

《化工园区整体性安全风险评价导则》（DB37T 4213—2020）　　化工园区公共管廊管理规程》（GBT 36762—2019）

图3 相关标准词频云图

在上述分词工作的基础上，可对化工园区风险防控相关标准进行聚类处理。选择 $k=3$，4，5，6，7，8，9作为候选值，在得到聚类结果后进行 *SSE* 的计算。如图4所示 *SSE* 计算结果随不同聚类类别数目的变化情况，可以观察到拐点为 $k=5$，因此选为最终的聚类类别数目。如图5所示聚类目标数为5个时的聚类可视化图像。因此，对化工园区风险防控相关标准63项进行聚类之后，得到的标准体系分类结果包括五类，这五类分别是化工园区前期规划、化工园区工程建设、化工园区运行管理、化工园区评价评估和化工园区评价评估。

2.2 分析讨论

本文研究的63项化工园区相关标准在算法分析和人工分析的基础上，提出的化工园区风险防控标准体系架构见表1，由前期规划、工程建

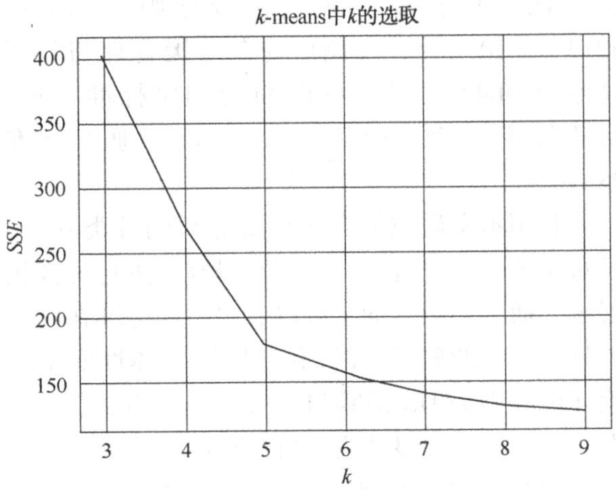

图 4　k-means 中 k 值的选取

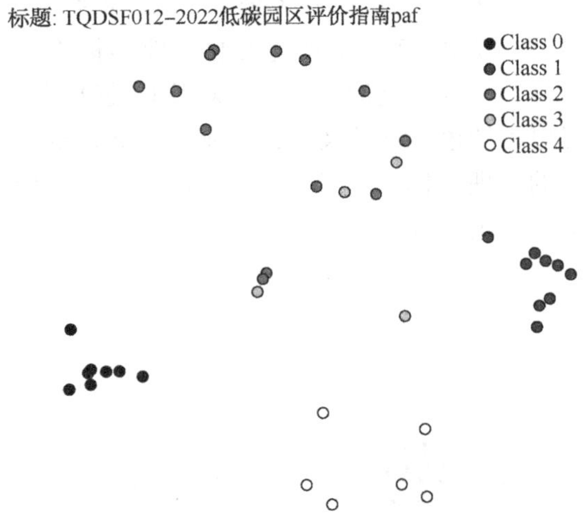

图 5　聚类目标数为 5 个时的聚类可视化图像

设、运行管理、评估评价和智慧化工园区五个类别组成。

2.2.1　前期规划类

前期规划类标准主要提供宏观的规划指导及建设方针，可以全面指导化工园区建设的标准。此类标准包括《化工园区开发建设导则　第 1 部分：总纲》(TCPCIF 0054.1—2020)，该标准涉及化工园区的开发建设，包括化工园区开发建设的术语和定义、基础设施和公用工程、消防救援、两化融合建设和生产性服务业等内容。《零碳物流园区创建与评价技术规范》(T/SEESA014—2022)标准规定了零碳园区的创建原则和基本要求、创建措施、评价体系以及评价流程。

2.2.2　4 工程建设类

此类标准涉及化工园区内某一特定区域建设和技术规范。《化工园区危险品运输车辆停车场建设标准》(TCPCIF 0050—2020)被划分到此类标准，其规定了化工园区危险品运输车辆停车场的建设内容和技术要求。适用于化工园区新建和改建、扩建的危险品运输车辆停车场工程项目的规划、设计、建设。其他化工园区工程建设类标准见表 1。

2.2.3　运行管理类

运行管理类标准主要针对现有化工园区的日常管理运营提出规范化要求，有时需明确管理界面、制定层级化的管理分工等。其中包括国标《化工园区公共管廊管理规程》(GB/T 36762—2018)，其规定了化工园区公共管廊管理的职责、规划和设计、建设、运行和事故与应急。适用于化工园区内输送化学品、蒸汽和污水等厂际管道的公共管廊管理。其他化工园区运行管理类标准见表 1。

2.2.4　评估评价类

评估类标准是各类标准中数量较多的一类，其为化工园区的各类评估提供依据。比如国标《化工园区综合评价导则》(GB/T 39217—2020)，提出了化工园区综合评价的基本原则、指标和流程。在各类评估中，我们最为关注的是化工园区的安全风险评估。当前国家标准中没有专门的化工园区区域安全风险评估标准，但部分省市制定了地方标准以规范化工园区安全风险评估行为。其他被划分至化工园区评估评价类标准见表 1。

2.2.5　智慧化工园区类

数字化智慧化可以辅助化工园区的安全管理，提高化工园区的风险防患意识，从而保障化工园区的安全。目前我国工程建设行业在数字化转型方面快速发展，国家部委和地方政府通过制定一系列政策鼓励化工园区开展智慧化建设，出现了大量原有标准无法覆盖的盲区。算法将数字化、智能化相关的标准作为单独门类进行划分。在聚类分析算法下数字化、智能化相关标准单独分类是出乎意料的，但通过人工对标准内容的再次分析认为，这一划分也是合理的。智慧园区类标准可单独列为一个子系列支撑本研究提出的标准体系。现有国家标准《智慧化工园区建设指南》(GB/T 39218—2020)及其他地方标准团体标准被归为此类(表 1)，提供了建设智慧化工园区的总则、信息基础设施、支撑平台和安全生产等的指导和建议。

3　结论与展望

本文基于 k-means 方法开发了一款标准体系

聚类分析软件，该软件系统充分运用了机器学习智能算法技术，实现了对标准体系进行有效数学分析的可能，是新质生产力在标准研究中的具体实现。软件的开发初衷在于辅助专业人员在构建标准体系时，能够自动化地完成分类和分析任务。

在现实应用中，该软件不仅能够与专业人员的个人经验相结合，提升工作效率，还能在保证分类合理性的基础上，进一步提高整个工作流程的智能化水平。通过这种方式，标准体系聚类分析软件不仅优化了标准体系的架构，还为相关行业的持续创新和发展提供了强有力的技术支持。

本文在软件分析和个人经验基础上，对63项现有化工园区相关风险防控标准进行分类，各标准根据其内容和规定范围被划分到前期规划、工程建设、运行管理、评估评价和智慧化工园区五个类别。因此，该标准体系聚类分析结果对指导今后标准体系构建具有实践参考价值和意义。

尽管标准体系聚类分析分类软件具有一定效果，但分类结果中会出现与人工构想不尽相同的情况。原因是部分标准结构复杂，内容较综合，算法难以区分和确定内容词频，导致分类结果不合理。所以在未来工作中，会考虑余弦相似度量聚类样本间的距离，也会考虑轮廓系数法来确定聚类的类别数目。以上操作均可以提高聚类分析结果合理性。

表1　化工园区风险防控体系布局

化工园区风险防控体系	文件名称
前期规划类	TCPCIF0054. 1—2020 化工园区开发建设导则　第1部分：总纲
	T_ SEESA014—2022 零碳物流园区创建与评价技术规范
工程建设类	T/CPCIF0050—2020 化工园区危险品运输车辆停车场建设标准
	DB32T2915—2016 化工园区（集中区）应急救援物资配备要求
	DB46T522—2021 危险化学品化工园区（集中区）和危险化学品生产装置及储存设施
运行管理类	GB/T 36762—2018 化工园区公共管廊管理规程
	T_ CSPSTC16—2018 工业园区安全生产管理基本要求
	DB32/T 3795—2020 企事业单位和工业园区突发环境事件应急预案编制导则
	DB37/T 3655—2019 化工园区大气环境风险监控预警系统技术指南（试行）
	DB43/T 1778—2020 化工园区应急管理与救援规范
	DB4403/T 80—2020 危险化学品中间仓库安全管理规范
	DB37/T 2114—2012 山东省物流园区等级划分与评定
	DB11/T 1531—2018 园区低碳运行管理通则
	DB1503/T 0010—2021 化工园区气象条件等级
评价评估类	GB/T 39217—2020 化工园区综合评价导则
	TCAQI258—2022 化工园区化学品人体健康风险评估技术指南
	DB14/T 2126—2020 化工园区风险评估规范
	DB32/T 2916—2016 化工园区（集中区）安全风险评估导则
	DB37/T 4213—2020 化工园区整体性安全风险评价导则
	DB41/T 2250—2022 化工园区整体性安全风险评估导则
	DB43/T 1784—2020 化工园区整体性安全风险评价导则
	DB44/T 2281—2021 化工园区区域安全风险评估导则
	DB51/T 2590—2019 化工园区（集中区）整体性安全风险评价导则
	DB61/T 1098—2017 化工园区安全评估导则
	T_ COSHA011—2022 化工园区化学品急性中毒与致癌风险评价技

续表

化工园区风险防控体系	文件名称
评价评估类	DB14/T 2537—2022 工业园区突发环境事件风险评估指南
	DB37/T 4212—2020 化工园区生产安全事故应急救援体系评估指南
	DB11/T 936.17—2022 节水评价规范　第 17 部分：产业园区
	DB12_ T525—2014 工业园区清洁生产评价规范
	TQDAS088—2022 低碳园区评价指南
	TQDSF012—2022 低碳园区评价指南
智慧化工园区类	GB/T 39218—2020 智慧化工园区建设指南
	T_ KCH009—2022 智慧园区系统功能规范
	TSDHCIA017—2021 化工园区智能化水平评估规范
	TSDIOT013—2020 工业园区信息化管理系统通用要求
	YDT2706—2014 园区网间用户标识与属性互通技术要求
	DB32/T 3825—2020 创新科技产业园区智慧平台建设规范
	DB44/T 2228—2020 智慧园区设计、建设与验收技术规范
	DB5101/T 29—2018 成都市智慧园区建设与管理通用规范
	T_ CSPSTC51—2020 智慧零碳工业园区设计和评价技术指南

参 考 文 献

[1] 丁凯，钱志锋，余能超．智慧化工园区标准化建设研究[J]．信息技术与标准化，2018(8)：4.

[2] 梁园，魏民，马文君，等．智慧化工园区安全信息化标准体系设计研究[J]．标准科学，2020(2)：5.

[3] 李雪，王文娟，魏民，等．智慧化工园区能源信息化标准体系设计研究[J]．标准科学，2022(2)：6.

[4] 冯鹤，李海青．化工园区防雷标准体系探析[J]．标准科学，2020(10)：4.

[5] 周昭涛．文本聚类分析效果评价及文本表示研究[D]．中国科学院研究生院（计算技术研究所），2007.

[6] 张志刚．基于聚类分析方法的地方标准规划序列研究[J]．交通运输研究，2014，42(12)：169-172.

[7] 唐东明．聚类分析及其应用研究[D]．电子科技大学，2010.

智能算法在石化生产中的应用实例

刘　杨　王晓斌　王　亮　刘　川　牛玉龙

（中国石油锦州石化分公司）

摘　要　石化企业从机械化、电气化、自动化跨越到了数字化阶段，智能算法乃至人工智能可以为石油和化工行业改造提升带来机遇。发展智能算法的应用对石化行业来说是必经之路，石化企业技术人员面临前所未有的挑战。本文介绍了石化行业智能化概念，以及智能算法在石化行业中应用的意义。以常减压装置高温腐蚀问题和低温腐蚀问题、船用燃料油调和问题为例，介绍了利用搜索算法、神经网络算法和支持向量机算法解决问题的思路。

关键词　人工智能；石油化工；智能算法；腐蚀预测；非线性指标

1　石化行业的智能化趋势

1.1　石化行业智能化的概念

中国政府发布了《中国制造 2025》这一重要纲要，提出了以信息化、工业化相互深度融合作为主要目标的“智能制造以及互联网+”的战略，这体现了国家层面决心调控新一代工业的发展方向。将“大数据”视为宝贵资源，主要表现为生产自动化、流程可视化以及规模集成化等，同时感知、优化、协同以及预测也成为体现企业智能化发展水平的重要指标。

当前，全球范围内一些知名度较大的石化企业也逐渐完善智能化工厂的建设与改良。例如，Shell 企业应用了先进的在线技术，即 RTO 系统，这种技术可以通过识别及时地检测生产流程的工况，并且通过在线智能进一步优化生产过程。智能化成为石化企业转型升级的必然选择。同时，由于炼化大型化、一体化、高端化的趋势导致石化运营业务广、流程复杂，同时要求操作弹性大、反应灵活以应对市场快速变化，因此“智能制造”这个目标同时也是对我国石化企业的巨大挑战。

1.2　石化行业的智能化发展介绍

2012 年开始，我国部分石化企业逐步进行石化智能工厂建设的步伐，经过近十年的发展，目前已经取得相当大的进展。根据石化智能工厂演进路线所提出的概念，很多石化企业可以认定为已经处在智能工厂 2.0 阶段。智能工厂建设企业生产营运管理的自动化、可视化以及数字化水平大幅提升，促进转型升级，提质增效作用显著，主要体现在以下方面：①提升了生产管控一体化水平。②提升了操作管理水平。③实现了设备数字化管理、预知性维修。④实现了精细化、协同化的 HSE 管理。⑤开展了工业大数据分析应用。

但应当认识到，石化企业在向智能制造发展的路上前进，同时也处于困境之中，有一些难题需要全体石化人去努力解决：

（1）国家层面对石化行业的政策支持相对有限。国内主要的智能工厂试点示范企业优先选择新型、新兴企业，且主要属于离散工业，以期打下好的发展基础。而石化行业被普遍认知为“夕阳产业”，石化企业智能化投入资金量巨大，短期内不能取得明显效益。因此技术上、动力上都相对不足。

（2）传统工厂有局限性，升级阻力较大。石化企业的特点是生产流程长、工艺复杂、分支数量多，且业务范围广泛，全而不精、产品同质化严重。更值得注意的是，不同企业之间的发展也远未达到平衡，各企业处于机械化、电气化、自动化和数字化不同阶段。即使在同一企业内，往往也存在各套装置处于不同阶段的情况。

（3）企业技术人员的认知水平出现断层。如前文所述，石化企业从机械化、电气化、自动化跨越到了数字化阶段，其时间不过三、四十年时间。以现在石化企业的骨干力量为例，其职业生涯中经历了行业从电气自动化到信息化的变革，如今又迎来智能化的变革，对行业认知的冲击是巨大的。同时，教育界在后备人才的培养中也在思考如何应对智能化，将智能化教育内容列入人才培养计划中。

1.3　智能算法在企业智能化中的作用

智能算法乃至人工智能可以为石油和化工行业改造提升带来机遇。对于石化行业实施创新驱动战略、实现行业智能型变革、促进全行业节能减排和安全管理提升具有重要意义。发展智能算法的应用对石化行业来说是必经之路[6]。一方面，智能算法和人工智能技术应用逐步成熟，石化行业借助智能算法可以充分利用现代化设备产生的大量信息和数据，可以有效控制生产过程，优化流程工艺，提高生产效率，降低能耗和物料消耗；另一方面，人工智能技术也能帮石化行业做好安全管理服务，预测安全隐患、预报安全风险，辅助保障石化装置安全运行，预防安全事故。

2　智能算法的基本概念与介绍

2.1　智能算法的基本概念

“智能算法”和“人工智能”是近年比较热门的话题。通常，“智能算法”是指在工程实践中，经常会接触到一些比较“新颖”的算法或理论，比如模拟退火，遗传算法，布谷鸟搜索，神经网络，天牛须搜索算法等。这些算法或理论都有一些共同的特性(比如模拟自然过程。它们在解决一些复杂的工程问题时能够突破常规，找到解决方案。

本文认为，智能算法乃至人工智能并没有确定的概念，对于现代工业企业来说是以大量的数据为基础，利用计算机模仿人的思维方式形成解决特定问题的“思维模式”。

2.2　常见智能算法介绍

2.2.1　搜索算法

搜索算法是利用计算机的高性能来有目的的穷举一个问题解空间的部分或所有的可能情况从而求出问题的解的一种方法，或者在大量数据中寻找含有特定关键字的数据的方法。现阶段一般有枚举算法、深度优先搜索、广度优先搜索、回溯算法、蒙特卡洛树搜索、散列函数等算法。

2.2.2　人工神经网络算法

人工神经网络(artificial neural network，ANN)，简称神经网络(neural network，NN)，是一种模仿生物神经网络的结构和功能的数学模型或计算模型。神经网络由大量的人工神经元联结进行计算。大多数情况下人工神经网络能在外界信息的基础上改变内部结构，是一种自适应系统。现代神经网络是一种非线性统计性数据建模工具，常用来对输入和输出间复杂的关系进行建模，或用来探索数据的模式。

2.2.3　支持向量机

支持向量机(support vector machines)是一种二分类模型，它的目的是寻找一个超平面来对样本进行分割，分割的原则是间隔最大化，最终转化为一个凸二次规划问题来求解。它在解决小样本、非线性及高维模式识别中表现出许多特有的优势，并能够推广应用到函数拟合等其他机器学习问题中。

2.2.4　优化算法

优化算法其实包含了一系列不同的算法，通常是为了寻找特定问题的最优解，主要包括粒子群算法、遗传算法、模拟退火算法、蚁群算法和布谷鸟搜索算法等等。最优化是指在一定限制条件下用一定策略使目标达到最优的方法。

3　智能算法在石化生产中的应用实例

3.1　搜索算法进行常减压装置高温部位腐蚀预测

一直以来常减压装置都在进行腐蚀监测工作，但现代炼厂通常排产掺炼外油、劣质油导致未来装置的腐蚀问题更为严峻，且通常情况下每季度加工原油种类不同(取决于外油的运输计划)，因此单纯的监测并不能满足未来防范腐蚀问题的需求，事实上生产部门更需要在原料变化前对腐蚀情况的改变有所预警。通常，炼油厂常减压装置高温部位的腐蚀预测都是根据查询API581手册(American Petroleum Institute Risk-Based Inspection Base Resource Document简称API 581，最新版本为API RP 581—2019)来估算。例如计算装置某一部位的腐蚀速率，需要先确定该部位的材质，再测量该部位的温度、酸值、硫含量数据。通过这些基础数据，查询API581手册的相关表格，确定腐蚀速率，由于材料种类多，腐蚀速率与相关因素为非线性关系，只能在各种表格中逐一查询，所以实际使用非常不方便。此外，装置防腐工作往往需要对整个装置的重点部位进行腐蚀预测，需要很次重复上述工作，急需一个批量计算的手段。

解决问题的思路在于利用Petro-SIM软件的

数据报表。KBC Petro-SIM 软件是一体化的炼油工艺模拟软件，但 Petro-SIM 并没有腐蚀预测相关功能。因此本文考虑用智能算法，搜索 Petro-SIM 产生的报表文件，获取 API 581 估算腐蚀速率所需的数据。

常减压装置的 Petro-SIM 模型较为复杂，涉及很多属性、条件和计算结果。且只能在拥有授权的电脑上查看。显然，直接使用模型对腐蚀预测工作是极不方便的。经过对 Petro-SIM 的研究，决定将指定装置的全部数据导出，形成一个大型数据报表，如图 1 所示。

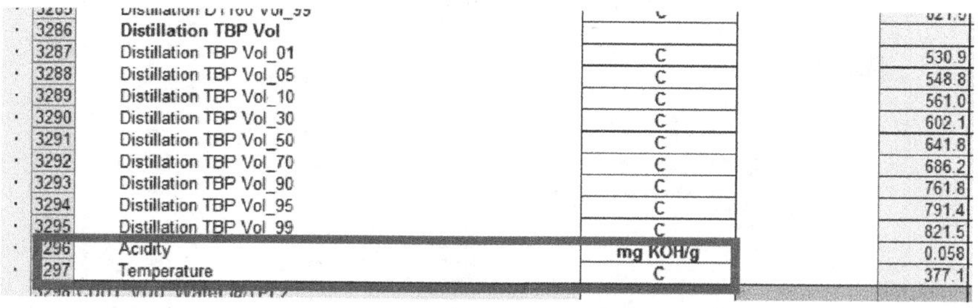

3286	Distillation TBP Vol		
3287	Distillation TBP Vol_01	C	530.9
3288	Distillation TBP Vol_05	C	548.8
3289	Distillation TBP Vol_10	C	561.0
3290	Distillation TBP Vol_30	C	602.1
3291	Distillation TBP Vol_50	C	641.8
3292	Distillation TBP Vol_70	C	686.2
3293	Distillation TBP Vol_90	C	761.8
3294	Distillation TBP Vol_95	C	791.4
3295	Distillation TBP Vol_99	C	821.5
3296	Acidity	mg KOH/g	0.058
3297	Temperature	C	377.1

图 1　Petro-SIM 导出的大型表格图示

如上图所示，大型表格包含的数据量庞大，数据量成千上万行。而所需要的各类参数就分散在这些数据中。如计算数十个部位的腐蚀速率，逐一寻找各部位腐蚀参数仍然较为繁琐。因此本文采用智能搜索算法，从 Petro-SIM 数据报表中提取关键信息。从对数据报表的分析，Acidity、Temperature、和 Sulphur 关键字相对比较明显，其后面的数值即为酸值、温度和硫含量的计算值。但代表常减压塔出馏线和侧线的管线 ID 被隐藏，需要对所有侧线的温度进行排序，然后根据温度高低来确定侧线的实际位置，再自定义侧线的 ID 用于腐蚀预测。根据此思路，本文开发了一套常减压装置高温部位的腐蚀预测工具。

该工具可以直接进行腐蚀预测计算，例如在如图 2 界面中直接输入参数计算腐蚀速率：

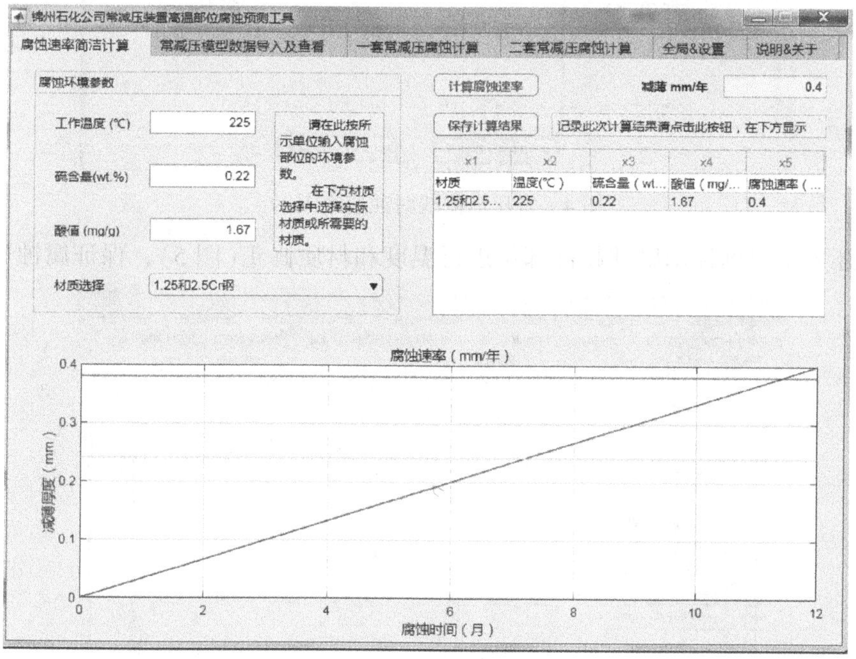

图 2　直接计算功能界面

也可以进行导入 Petro-SIM 建立的常减压装置模型数据，软件自动搜索模型中的必要参数，关联 API581 数据计算常减压高温部位管线的腐蚀速率，并以图 3、图 4 形式展示出来。

图 3　模型数据导入界面图示

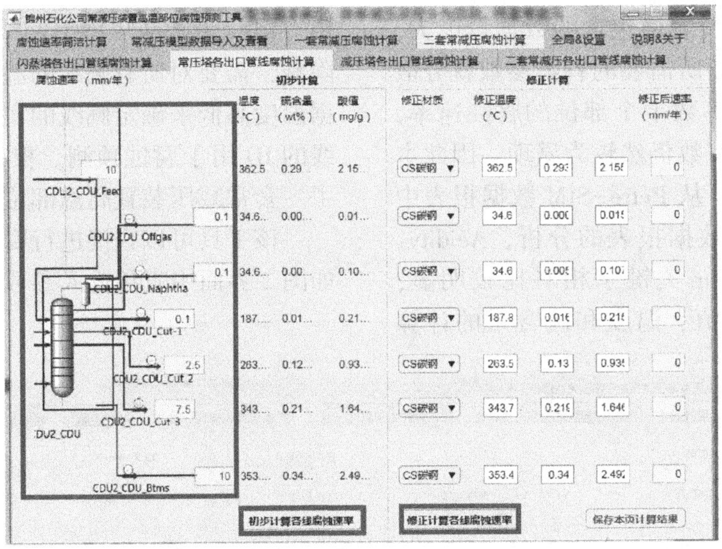

图 4　常压塔侧线腐蚀速率图示

计算完成后还可以根据提示腐蚀超标部位进行温度和材质修正(图 5)，保证腐蚀速率不超标。

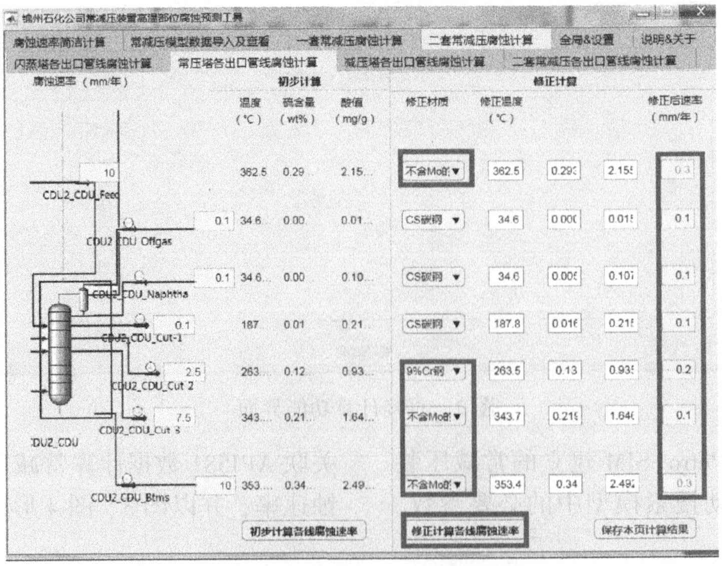

图 5　腐蚀超标修正后结果图示

汇总全部计算和修正结果，可以自动生成一份材质升级报告，以供参考(图 6)。

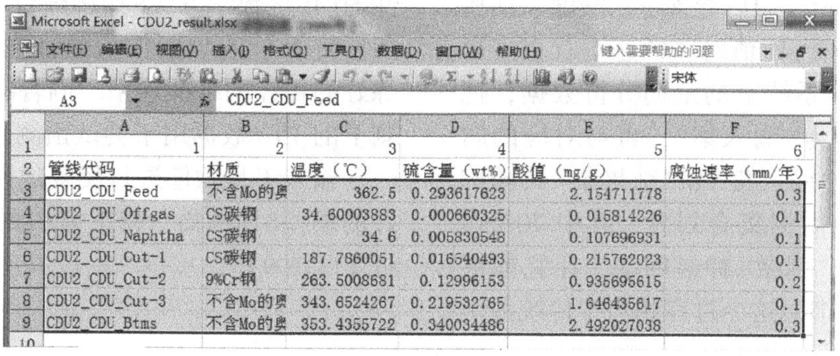

	A	B	C	D	E	F
1	1	2	3	4	5	6
2	管线代码	材质	温度（℃）	硫含量（wt%）	酸值（mg/g）	腐蚀速率（mm/年）
3	CDU2_CDU_Feed	不含Mo的奥	362.5	0.293617623	2.154711778	0.3
4	CDU2_CDU_Offgas	CS碳钢	34.60003883	0.000660325	0.015814226	0.1
5	CDU2_CDU_Naphtha	CS碳钢	34.6	0.005830548	0.107696931	0.1
6	CDU2_CDU_Cut-1	CS碳钢	187.7860051	0.016540493	0.215762023	0.1
7	CDU2_CDU_Cut-2	9%Cr钢	263.5008681	0.12996153	0.935695615	0.2
8	CDU2_CDU_Cut-3	不含Mo的奥	343.6524267	0.219532765	1.646435617	0.1
9	CDU2_CDU_Btms	不含Mo的奥	353.4355722	0.340034486	2.492027038	0.3

图 6　计算结果和材质升级建议图示

3.2　神经网络算法进行常减压装置低温部位腐蚀预测

常压塔塔顶系统设备管线由于处于 $HCl-H_2S-H_2O$ 的腐蚀环境，是常减压蒸馏装置中腐蚀问题较严重的部位之一。与前文所述高温部位不同，其影响因素相对较多，作用机理复杂，难以建立准确的数学模型。本文采用人工神经网络对常压塔塔顶油气系统腐蚀进行拟合、预测，为腐蚀预测提供参考。

神经网络算法需要一定量的数据集作为训练集，即网络的“自我学习”过程。本文采用锦州石化公司常减压装置上的某一在线腐蚀监测点监测的腐蚀速率数据作为“结果集”(图 7、图 8)。

图 7　腐蚀探针监测系统界面

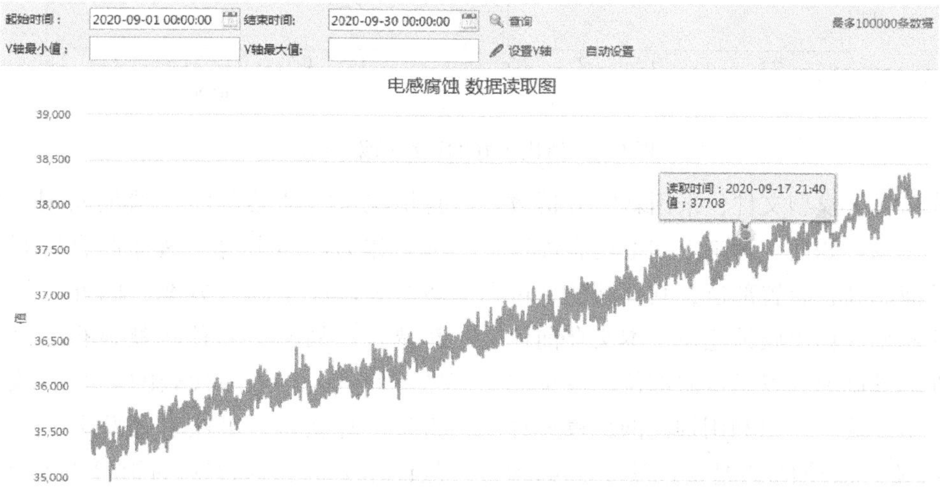

图 8　常减压装置探针月数据曲线图示

对数据的审查发现可能影响腐蚀数据的参数中，硫含量、盐含量、脱后盐含量、酸度、铁离子浓度和塔顶切水的 pH 值对腐蚀速率有直接影响。因此采用 MES 系统上的定期分析数据，把这六种分析数据作为“输入集”，再与对应的腐蚀速率归纳整理，“输入集”和“结果集”共同构成训练集。最后将数据集合划分，其中 70%作为训练数据，用于“刺激”神经网络，让它能够产生近似正确的反馈。这个过程相当于传统数学方法中的拟合过程，只不过这种拟合可以是非线性的(传统数学方法的拟合通常都是线性拟合)。然后将 15%的数据作为验证数据，用于评估训练好的神经网络准确率。倘若准确率较高，则将剩下的 15%数据用于尝试预测。

输入工具软件进行反复建模，选取几个比较好的模型(训练集、校正集和测试集的 R 值均接近 1)(图 9)。

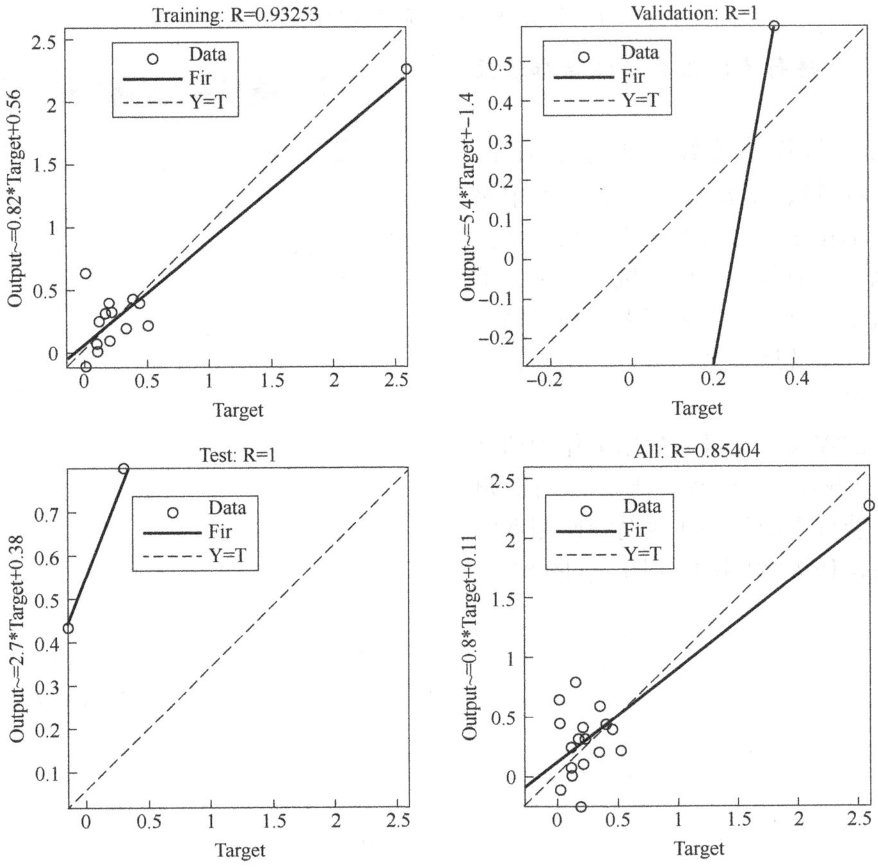

图 9　R 值比较好的训练结果图示

保存训练结果为模型文件，采用新的分析数据便可以进行预测。如此，理论上和上述腐蚀探针所处环境类似的其它装置部位，其腐蚀速率可以使用建好的模型计算出腐蚀速率。本文在前述腐蚀预测软件的基础上开发了低温部位腐蚀预测计算的神经网络模块，可以利用神经网络模型计算常减压装置某一部位的低温腐蚀速率，如图 10 所示。

3.3　支持向量机算法进行船用燃料油非线性指标预测

生产船用燃料油的主要方式是根据炼厂自身情况进行油品调和，满足船用燃料油各项指标后作为产品出售。这种调合燃料油的产品性质主要取决于调合方案，因此计算调合方案时对调合产品的指标预测就显得尤为重要。以黏度、倾点、闪点为代表的一些非线性指标无法直接计算获得。虽然有经验公式可以借鉴，但是误差太大，黏度大的组分提高 1%可能会导致调合产品组分黏度上升 10%～20%，很容易超过国家标准。

目前一般确定调和方案的流程是：先采集来源油品作为备选调和组分，例如(渣油、蜡油、柴油、油浆等），拟定一个调和范围，设计几种调和比例，分别采样调和，送分析检测指标。根据检测结果筛选相对合适的，改进比例再次配比（若原比例均不合格则需要重新设计比例），再次送分析。设计比例-调和-分析的工作循环可能要进行多次，调和周期也比较长。生产过程中还有可能组分原料油性质变化或者改变调和原料油来源，例如催化柴油改用焦化柴油等，此时以上工作循环需要重新进行。因此船燃调和的难度在于黏度等指标的非线性特点，因此多次配制-分析导致工作周期延长。为解决这类问题，探索了一套解决方案，其核心是利用“支持向量机”智能算法，基本步骤为：

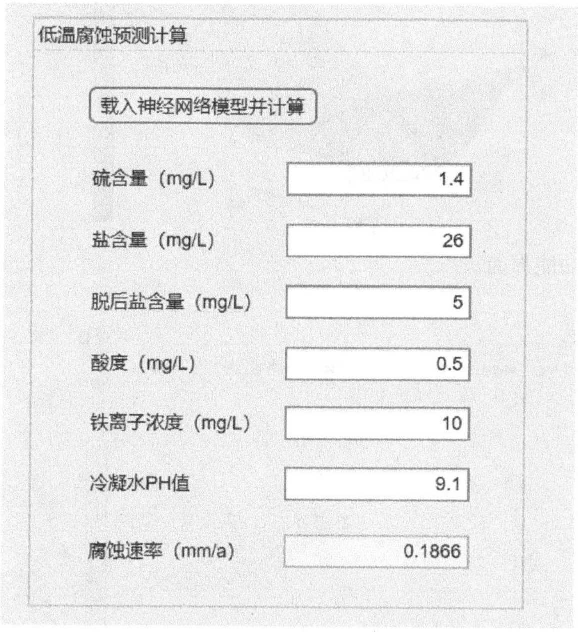

图 10　神经网络模型预测腐蚀速率示例

（1）确定我公司参与船用燃油调合的组分种类。

（2）确定船燃调合的非线性性质种类和控制指标（包括黏度、倾点、闪点等）。

（3）按比例配制调合样品，分析指标，将分配比例和分析结果作为学习样本。

（4）将学习样本输入到支持向量机程序中，获得输入参数和输出参数的精确映射关系，修正模型。

（5）配制任意比例调合样品，验证模型准确性。

使用 Matlab 的 App Designer 为本算法程序设计 UI 如图 11 所示。

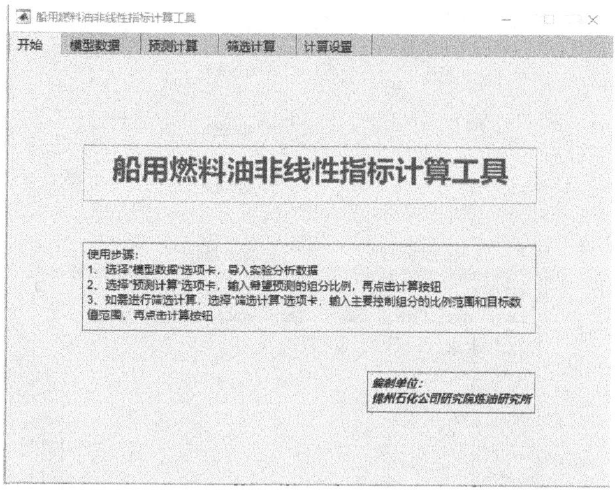

图 11　计算工具启动界面

软件第一步先使用导入功能，将调和比例和分析结果数据导入电脑。该功能可以直接读取 excel 表格（图 12）。

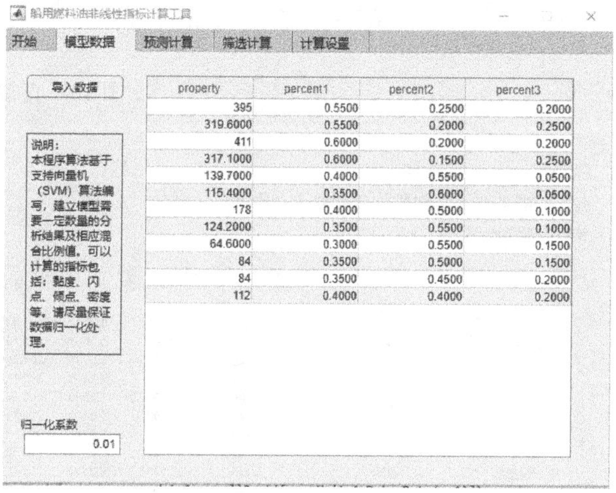

图 12　数据导入界面

第二步，导入完成后可以根据需要进行预测计算。在界面上输入任意比例值，点击“计算”可以得到指标预测值；点击“三维图展示”可以得到分析结果在三维空间上的分布图；点击“模型图展示”可以展示模型在三维空间（需要说明，模型一般是四维或更高维的）上的数学图像（图 13）。

如果有需要，可以进行第三步筛选计算。该功能可以在模型基础上按用户要求，反向计算特定指标范围内的所有比例值，并以图形方式展示（图 14）。

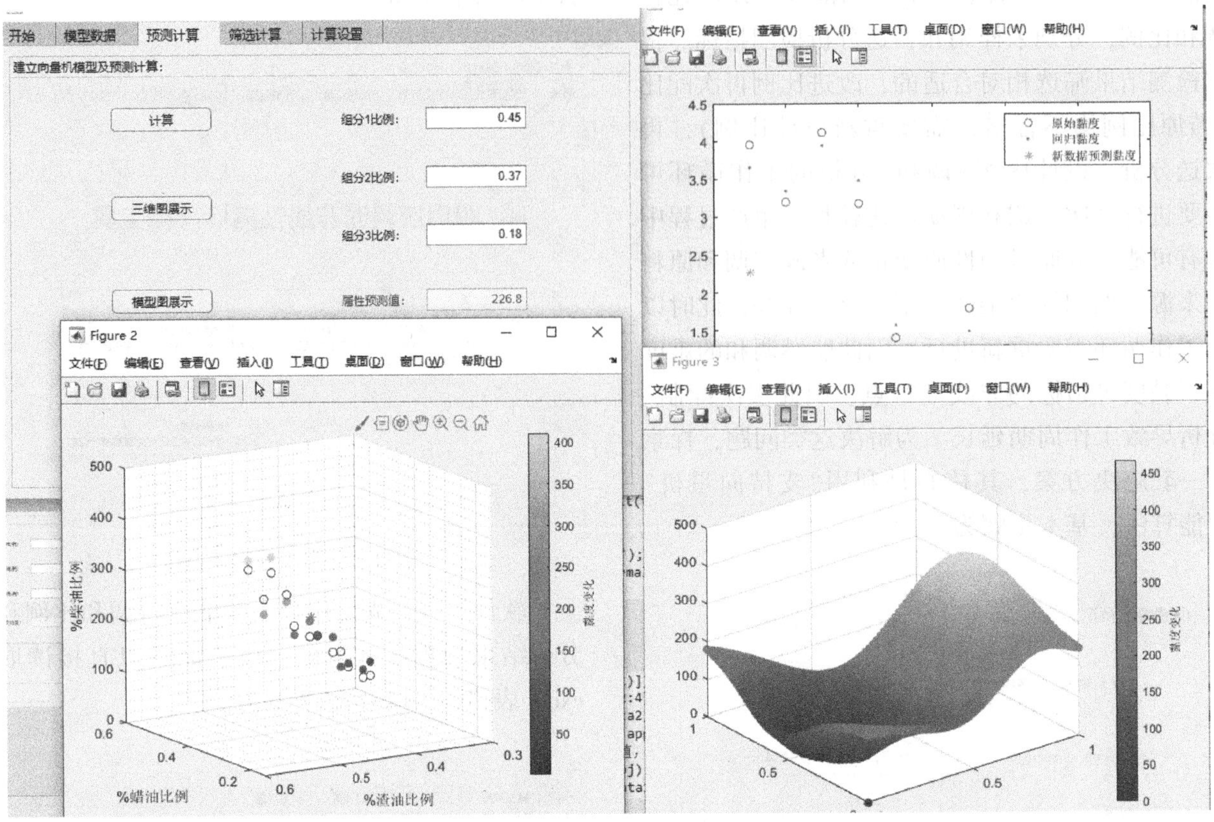

图 13　直接计算功能界面

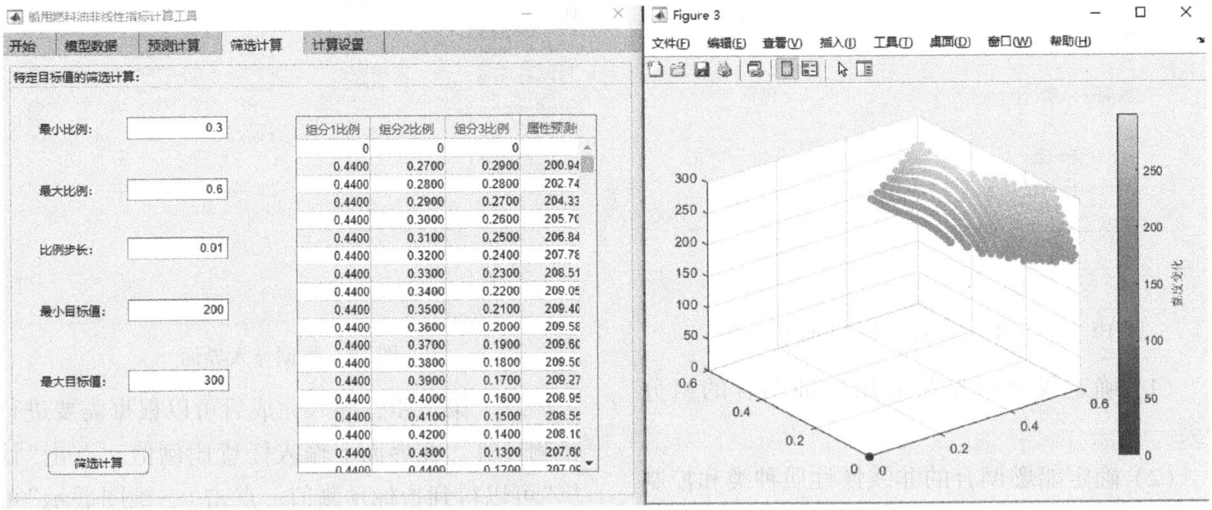

图 14　筛选功能界面

考虑到数学模型的适用性和复杂性，为某些特殊指标和特殊用途工作，软件还设计了参数设置功能，方便有一定数学知识的用户修改模型参数，建立更准确的模型(图 15)。(该功能非必要可不使用，采用默认参数)。

该计算工具也可以计算其它非线性指标，计算主要的非线性指标后，再结合线性指标即可提出可行的船用燃料油调和生产方案。计算的组分调和比例调和后经有资质的第三方检测完全符合低硫船燃国标，现已按照此配方生产低硫船燃一年多，为公司创造了良好的经济效益和社会效益。

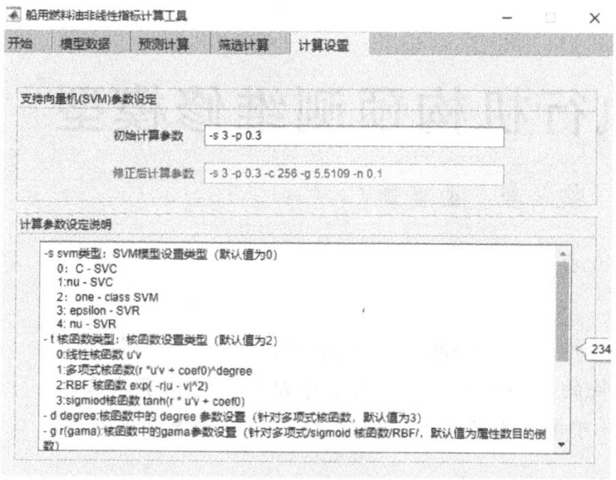

图 15　参数设置功能界面

4　总结和展望

本文举例了智能搜索、人工神经网络和支持向量机三种智能算法在石化生产中的应用思路，对于智能算法在石化行业的无限应用前景来说仅是冰山一角。在相关文献中，还有利用智能算法建立催化汽油收率模型，利用神经网络在线诊断阀门故障，利用支持向量机进行大型石化动力设备状态预测和芳烃抽提装置优化等案例，都取得了不错的成果。

本文认为，石化工作者应勇于接受挑战，自我提高，不断学习，尽快掌握智能算法理论并应用于生产实践。并建议各石化企业在相关人才培养方面加大力度，主要措施包括：

（1）对一线技术人员进行智能算法、人工智能等知识培训。很多智能算法发展至今已经较为成熟，只需对代码稍微改动或者条件算法参数，即可应用于本单位实际问题，换言之，所谓的智能算法应用的门槛其实并不高。现今各石化企业的骨干力量人才均在大学期间学习过基本的计算机编程课程，适度的培训可以帮助广大一线技术人员打破对智能算法的认知“窗户纸”，结合工作中遇到的实际问题，以“智能算法”的角度思考解决方案。

（2）更新技术人员的计算机设备。现代智能算法需要充分利用大数据，一些复杂的智能算法如卷积神经网络，残差收缩网络，布谷鸟搜索算法等对计算机硬件的要求较高，但现在企业配给技术人员的电脑多为办公电脑，与智能算法研究的性能要求相去甚远。所以，应考虑给相关技术人员适当配给多核心多线程 CPU，配合大容量内存和 GPU 加速卡的计算机设备，提高工作效率。

（3）加强智能算法的讨论氛围。前文所述，智能算法其实是对大数据的应用，是解决特定问题的计算机“思维模式”。各企业技术人员定期进行交流，对共性问题进行数据整合，建立公共数据模型，是建立智能算法精确有效模型的最佳途径，也是各企业互惠互利提高生产管理水平的合理做法。

参　考　文　献

［1］马铭．石化智能工厂发展与展望［J］．中国石油和化工标准与质量，2020，40(13)：159-160.

［2］易铁虎．石化行业智能制造现状分析与对策研究［J］．石油化工管理干部学院学报，2020，22(1)：67-70.

［3］杨志，杨大明，高建，等．基于智能制造的新型石化工业发展探析［J］．化工管理，2020，(5)：7-8.

［4］梁松．具有石化特色的人工智能专业建设研究［J］．数码世界，2020，(9)：211-212. 马铭．石化智能工厂发展与展望［J］．中国石油和化工标准与质量，2020，40(13)：159-160.

［5］杨大明，高建，杨志．炼油和石化行业的智能制造分析［J］．化工管理，2020，(4)：19-20.

［6］尚军海．基于智能工厂建设对传统石化企业智能化进程的探索［J］．现代信息科技，2019，3(6)：85-86. DOI：10.3969/j.issn.2096-4706.2019.06.034.

［7］杨帆，周敏，戴超男，等．基于人工智能算法的催化裂化装置汽油收率预测模型的构建与分析［J］．石油学报(石油加工)，2019，35(4)：807-817. DOI：10.3969/j.issn.1001-8719.2019.04.024.

［8］陶长兴，刘岩，肖付伟．基于 BP 神经网络的便携式阀门在线监测及诊断系统研究［J］．仪器仪表用户，2018，25(12)：17-19. DOI：10.3969/j.issn.1671-1041.2018.12.004.

［9］徐小力，陈涛，温后珍，等．基于支持向量机的大型石化动力设备状态预测技术研究［C］．//中国振动工程学会．2006 年全国振动工程及应用学术会议论文集．2006：220-222.

［10］杨善升，陆文聪，陆治荣，等．基于支持向量机算法的芳烃抽提装置优化模型研究［J］．石油炼制与化工，2011，42(2)：65-68. DOI：10.3969/j.issn.1005-2399.2011.02.016.

基于可靠性的 PDS 系统执行机构预测维修模型

孙　浩　赵希文　王伟军　姚　毅　曲震寰

（中国石油兰州石化公司）

摘　要　针对当前 UNIPOL 气相法聚乙烯装置中产品排料系统（Product Discharge System，PDS）出料阀执行机构故障检修及过度检修的现象，基于设备及其零部件的最小可靠度，借助威布尔分布建立了以零部件最小可靠度为检修依据的预防性维修模型，利用对最小可靠度设备进行整体更换及局部修复，实现了 PDS 系统出料阀门执行机构的预测检修。

关键词　PDS 系统；执行机构；可靠性分析；MATLAB；预测检修

1　引言

兰州石化公司 30 万 t/a 全密度聚乙烯装置引用美国 UNIVATION 公司的 UNIPOL 气相法聚乙烯专利技术。精制后的乙烯、共聚单体、氢气等原料进入聚合反应器，在高效齐格勒-纳塔型催化剂的作用下生成聚乙烯树脂粉料，由 PDS 系统排出反应器，经脱气回收后送入挤压造粒系统造粒成型，最终由风送系统送至成品料仓等待包装。对于整个装置而言，PDS 系统是维持物料平衡的关键单元，一旦其发生故障将导致装置降负荷生产或被迫停车（图 1、图 2）。

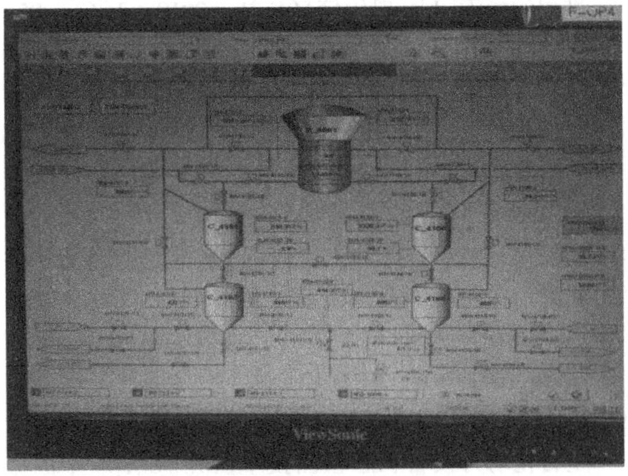

图 1　DCS 操作画面上 PDS 系统

PDS 系统共设有两条出料线并直接与反应器相连，生成的聚乙烯树脂粉料通过交替动作的气动控制阀门被送至后系统。

经统计，自装置 2006 年开车以来，由气动阀门的执行机构失效导致的 PDS 系统故障率高达 98.2%。由此可见，对执行机构进行储备及

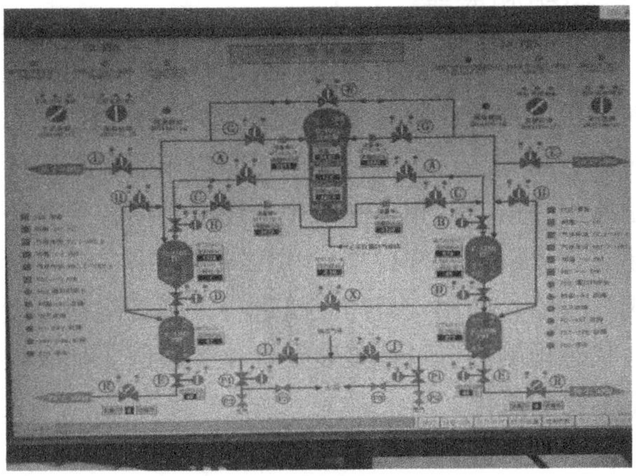

图 2　PLC 控制的 PDS 系统画面

计划检修工作对 PDS 系统的长周期运行具有重大意义。当前装置对执行机构备台进行了储备，平时对备用执行机构的所有往复件和密封件进行更换，当在用机构出现故障时方便直接对其进行更换。上述检修模式有效地降低了故障检修时间，然而对于 PDS 系统而言仍属于故障检修，将造成一定的减产损失；与此同时，对每次故障执行机构内构件进行整体更换会造成过度检修，从而产生不必要的备件费用。

2　基于实际生产的模型构想

根据执行机构的结构形式，文章将基于 PDS 系统的可靠性建立执行机构预测维修模型，有效降低执行机构故障因生产负荷调整造成的产量损失及频繁更换备件产生的备件费用。

2.1　假设条件

为保证装置顺利完成生产任务，窗口检修时间较短且维保人员施工力量不足，因此无法对

PDS系统内所有执行机构进行检修，为保证模型的准确性，现提出以下假设：

（1）PDS系统在相邻的大修间进行PM活动的时间为[0，T]，可将其分为n等份($n \in N$)，每份长度设为ΔT，可以得出：$\Delta T=\frac{T}{n}=T_q-T_{q-1}$ ($q=1, 2, 3\cdots n$)，$T_n=T$，设T_q为任意时间段(T_q，T_{q+1}]，如图2所示。

（2）PDS系统内所有执行机构的M个零部件在0时刻(装置停工大修后)均为全新状态。各零部件间的故障分布相互独立且服从威布尔分布。

（3）对达到最低可靠度的零部件进行更换及修复；对未达到最低可靠度的零部件进行视情维修。在ΔT内对某零部件进行更换或修复时，可对未达到其最低可靠度的零部件进行保养，从而实现多台机构中多个零部件的PM工作。

（4）相较于PM活动时间T，维护保养时间可忽略不计。

（5）为降低PM造成的停产损失，零部件i在T_q触发零部件j(i不等于j)PM的时间段(t_q，$\alpha\Delta T+t_q$]($\alpha \in N$)内可进行机会PM作业。

（6）PDS系统内各设备在装置生产过程中持续运行。

2.2 执行机构的PM工作

对于PDS系统的PM工作主要有3种类型：更换(PM1)修复(PM2)和保养(PM3)。在PDS系统中，PM1是直接使用新执行机构对在用执行机构进行更换，更换原因通常是执行机构已无法修复或使用更先进的机构；PM2一般包括对执行机构进行修复或更换其内部的零部件(如弹簧、密封圈等)。PM3只是对设备的运行环境进行改善，主要包括：除尘、调节以及润滑等；用$X(i, T_q)$来表示零部件i在T_q采取的PM方式，PM1、PM2、PM3和不进行PM时的取值分别为1、2、3和0。

2.3 基于最小可靠度的执行机构检维修模型

执行机构S在[0，T]内的PM过程如图3所示，用$sg(i, T_q)$来标记T_q内零部件i是否需要进行PM1或PM2，用$V(T_q)$来标记T_q需要进行PM1或PM2的零部件总数，用$op(i, T_q)$来标记T_q内是否需要对零部件i进行机会PM1或PM2，分别为：

$$sg(i, T_q)=\begin{cases}1 & R(i, T_{q+1}) \geqslant R_{\min}(i)\\ 0, & R(i, T_{q+1}) < R_{\min}(i)\end{cases} \tag{1}$$

$$V(T_q)=\sum_{i=1}^{M} sg(i, T_q) \tag{2}$$

$$op(i, T_q)=\begin{cases}1 & R(i, T_{q+1}) \geqslant R_{\min}(i)\\ 0, & R(i, T_{q+1}) < R_{\min}(i)\end{cases} \tag{3}$$

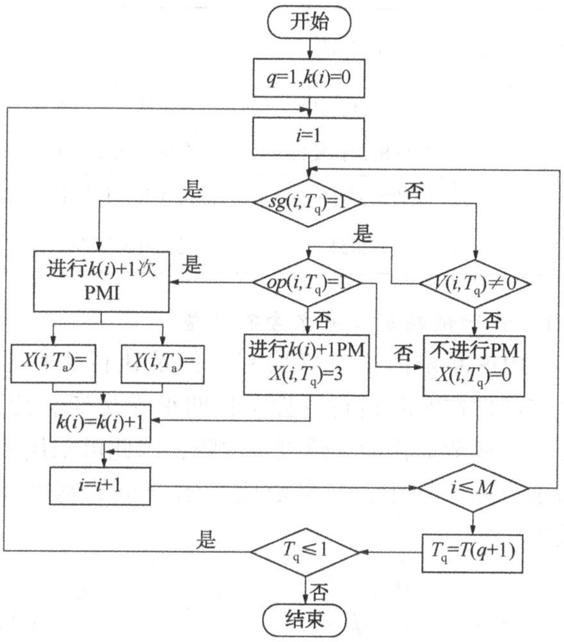

图3 基于最小可靠度的检修模型

经PM后，某执行机构的可靠性如下：

① 通过修复或更换，PDS系统中故障执行机构得以修复。

② 经任意PM，使PDS系统内未失效的执行机构性能得到改善、寿命得以增加。

在PM之后，PDS系统某台执行机构在时刻t的可靠度为：

$$R(j, t)=\sum_{i=1}^{n} R_s(i, k(i))\, R_{p\_i, k(i)}(t) \tag{4}$$

式中，$R_s(i, k(i))$为零部件i经第$k(i)$次PM后得以修复的初始可靠度；$R_{p_i, k(i)}(t)$为零部件i在第$k(i)$次PM后未失效零件的可靠度。若零部件i在时间段T_s进行了第$k(i)$次PM，则有：$t_x(i, k(i)+1)=T_s$，$R_s(i, k(i))=R(i, t_{S+})$；若零部件$i$在时间段$T_Z$进行了第$k(i)+1$次预防性维修，则有：$t_x(i, k(i)+1)=T_Z$。$\Delta T$相对于$T$很小，在$\Delta T$的可靠度变化很小，$R_f(i, k(i)) \approx R(i, t_{Z-})$。根据零部件$i$第$k(i)$

次进行的PM类型，PDS系统内设备的可靠度变化如下（$t \in (t_s, t_Z)$）：

（1）更换。经过更换后，从时刻t_S开始，设备完成更新且可靠度为1。

（2）修复。零部件i得到修复后，设备从时刻t_s开始，失效零件得到修复，未失效的零件性能得到改善。

（3）保养。对零部件i进行保养后，从时刻t_s开始，设备的运行性能得到了一定改善。

3　基于可靠性的模型建立

为更好地保障模型的准确性，需对PDS系统执行机构的不同零部件运行过程及故障类型进行分析。结合PDS系统的实际工作情况及历史检修数据，可得出表1。

表1　PDS系统执行机构各零部件故障形式

设备分类	零部件名称	零部件功能	故障发生初期能否被观测	备注
执行机构	执行机构壳体	连接球阀，盛装其他零部件	否	可通过执行机构动作的快慢及现场巡检中发现
	执行机构往复件	气源作用于往复件上实现球阀的启闭	否	
	传动零部件密封	密封气源，保障传动时的作用力	是	
	静密封	防止气源外漏以及外部污物进入机构	是	

3.1　执行机构的威布尔分布模型

PDS系统内执行机构密封件及执行机构往复零部件在实际运行过程中长期承受交变载荷，容易因疲劳损伤而导致设备故障，因此可采用威布尔分布。其中，二参数威布尔分布的密度函数为：

$$f(t)=\begin{cases}\dfrac{\alpha}{\beta}\left(\dfrac{t}{\beta}\right)^{\alpha-1} e^{-\left(\frac{1}{\beta}\right)^{\alpha}}, & t \geqslant 0 \\ 0, & t<0\end{cases} \tag{5}$$

分布函数为：

$$F(t)=\begin{cases}1-e^{-\left(\frac{t}{\beta}\right)^{\alpha}}, & t \geqslant 0 \\ 0, & t<0\end{cases} \tag{6}$$

其中，α为形状参数，β为尺度参数。

代入三种PM模式，则有：

（1）整体更换。更换后设备成为全新状态，执行机构可靠度取决于具有最小可靠度的零部件，有：

$$R_S(i, k(i))=R_{f\min}(i) \tag{7}$$

$$R_{p\_i, k(i)}(t)=e^{-\left(\frac{t-t_S}{\eta(i)}\right)^{\beta(i)}} \tag{8}$$

（2）设备修复。更换的零部件得到更新，未更换零部件可靠度保持不变，T为检修间隔，则：

$$R_S(i, k(i))=R_{f\min}(i) \tag{9}$$

$$R_{p\_i, k(i)}(t)=e^{-\left(\frac{t-(T+t_S)}{\eta(i)}\right)^{\beta(i)}} \tag{10}$$

（3）日常保养。保养未对零部件进行更换及检修，零部件可靠度均保持不变，则：

$$R_{p\_i, k(i)}(t)=e^{-\left(\frac{t-t_S}{\eta(i)}\right)^{\beta(i)}} \tag{11}$$

由上述各式可知：服从威布尔分布的零部件i在$t \in (t_S, t_Z]$的可靠度为：

$$R(i, t)=e^{-\left(\frac{t-nT-t_S}{\eta(i)}\right)^{\beta(i)}} \tag{12}$$

3.2　往复零部件的可靠性寿命

为实现基于PDS系统出料阀门执行机构运行可靠性的预测检修工作，本章将结合执行机构往复件出厂性能参数及其运行过程中的实际受力情况，计算其初始可靠度。为提高模型计算的准确程度，须提前进行如下假设：

（1）因装置近期所生产的铬系及茂金属牌号生产时间有限且数据不充分，本文所整理的应力参数为装置生产钛系牌号产品时的相关数据。

（2）执行机构各零部件出厂强度及所产生的应力基本服从正态分布。

当应力S和强度δ均呈正态分布时，随机变量的概率密度函数可分别表示为：

$$f(S)=\frac{1}{\sigma_S\sqrt{2\pi}}\exp\left[-\frac{1}{2}\left(\frac{S-\mu_S}{\sigma_S}\right)^2\right](-\infty<S<\infty) \tag{13}$$

$$g(\delta)=\frac{1}{\sigma_\delta\sqrt{2\pi}}\exp\left[-\frac{1}{2}\left(\frac{\delta-\mu_\delta}{\sigma_\delta}\right)^2\right](-\infty<\delta<\infty) \tag{14}$$

式中，μ_S、μ_δ与σ_S、σ_δ分别表示应力S及强度δ的均值和标准差。

令$y=\delta-S$，则根据前述公式可知，随机变量y也是正态分布的，且其均值μ_y与标准差σ_y

分别为：

$$\mu_y = \mu_\delta - \mu_S \quad (15)$$

$$\mu_y = \sqrt{\sigma_s^2 + \sigma_\delta^2} \quad (16)$$

而随机变量 y 的概率密度函数则为：

$$h(y) = \frac{1}{\sigma_y \sqrt{2\pi}} \exp\left[-\frac{1}{2} \left(\frac{y - \mu_y}{\sigma_y} \right)^2 \right]$$

$$(-\infty < \delta < \infty) \quad (17)$$

当 $\delta > S$ 或 $y = \delta - S > 0$ 时产品可靠，故可靠度R可表达为：

$$R = P(y > 0) = \int_0^\infty h(y)\,dy = \int_0^\infty \frac{1}{\sigma_y \sqrt{2\pi}} \exp\left[-\frac{1}{2} \left(\frac{y - \mu_y}{\sigma_y} \right)^2 dy \right] \quad (18)$$

令 $z = \frac{y - \mu_y}{\sigma_y}$，则：$dy = \sigma_y dz$，当 $y = 0$ 时，z 的下限为：

$$z_0 = \frac{0 - \mu_y}{\sigma_y} = -\frac{\mu_\delta - \mu_S}{\sqrt{\sigma_\delta^2 + \sigma_S^2}} \quad (19)$$

当 $y \to +\infty$ 时，z 的上限也是 $+\infty$，即 $z \to +\infty$，将上述关系代入式，得：

$$R = \frac{1}{2\pi} \int_{-\frac{\mu_\delta - \mu_S}{\sqrt{\sigma_\delta^2 + \sigma_S^2}}}^{\infty} \exp\left(-\frac{1}{2} z^2 \right) dz$$

$$= \frac{1}{2\pi} \int_{-\frac{\mu_y}{\sigma_y}}^{\infty} \exp\left(-\frac{1}{2} z^2 \right) dz \quad (20)$$

显然，随机变量 $z = (y - \mu_y)/\sigma_y$ 是标准正态分布变量，而上式所表达的可靠度 R 则可通过查阅标准正态分布表的分布函数 $\Phi(z)$ 值求得，如下式所示：

$$R = 1 - \Phi(z) = 1 - \Phi\left(-\frac{\mu_\delta - \mu_S}{\sqrt{\sigma_\delta^2 + \sigma_S^2}} \right)$$

$$= \Phi\left(\frac{\mu_\delta - \mu_S}{\sqrt{\sigma_\delta^2 + \sigma_S^2}} \right) = \Phi(z_R) \quad (21)$$

基于MATLAB软件，得到执行机构往复件的初始可靠度见表2。

表2 执行机构往复件初始可靠度计算

设备位号	零部件名称	初始可靠度	备注
A/B/E/H/G阀	活塞杆	0.9998	
	小连杆	0.9995	
	滑动销	0.9999	
	哈弗卡环	0.9997	
	密封件	0.9994	
C/J阀	驱动弹簧	0.9996	
	活塞盘	0.9996	
	传动轴	0.9998	
	密封件	0.9994	
D阀	执行机构	0.9823	未对其内部零部件进行过更换

3.3 PDS系统及执行机构可靠性分析

为使模型更加符合实际装置实际生产情况并得到有效简化，本文对选取了日常生产中对PDS系统运行影响较大的几组执行机构。因PDS系统有两条出料线，当单线出料时，下文所述的任意一台出料阀故障都将导致该套系统停车。根据PDS系统的实际运行特点，结合系统可靠性分配原理可选择等分配法，等效如图4所示：

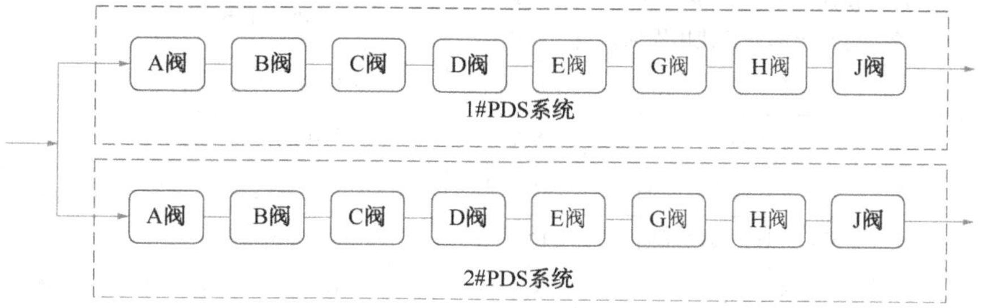

图4 PDS系统等效模型

由图4可得出：

$$R_1 = R_2 \quad (22)$$

$$R_2 = 1 - R_1 \quad (23)$$

$$R_{1A} = R_{1B} = R_{1C} = R_{1D} = R_{1E} = R_{1G} = R_{1H} = R_{1J} = \sqrt[8]{1 - R_1} \quad (24)$$

$$R_{2A} = R_{2B} = R_{2C} = R_{2D} = R_{2E} = R_{2G} = R_{2H} = R_{2J} = \sqrt[8]{1 - R_1} \quad (25)$$

由此，可得出每台执行机构的最小允许可靠度为0.9170，为保证PDS系统的可靠性运行，取执行机构往复零部件最小可靠度为92%。对于执行机构而言，其内部零部件相互配合，一个零部件失效将导致整个执行机构发生故障。因此，执行机构内零部件为串联逻辑。因执行机构密封件发生失效时，仍可继续正常使用一段时间，为兼顾设备运行的经济性，有：

对于 A/B/E/H/G 阀：

$$R_{活} = R_{小} = R_{滑} = R_{哈} > R_{密} \quad (26)$$

对于 C/J 阀：

$$R_{驱} = R_{活} = R_{传} > R_{密} \quad (27)$$

初始可靠度由零部件出厂参数由 MATLAB 软件计算得出，最小可靠度由系统可靠性再分配法求得。其中，因 D 阀执行机构为扇形结构，当前检修力量无法实现对其进行解体检修，因此需返厂进行检修工作，其最小可靠度降至 92% 时即进行拆除同时返厂修复(表 3)。

表 3　执行机构往复件最小可靠度确定

设备位号	零部件名称	初始可靠度	最小可靠度	备注
A/B/E/H/G 阀	活塞杆	0.9998	0.9869	
	小连杆	0.9995	0.9869	
	滑动销	0.9999	0.9869	
	哈弗卡环	0.9997	0.9869	
	密封件	0.9994	0.97	最小可靠度为经验值
C/J 阀	驱动弹簧	0.9996	0.9826	
	活塞盘	0.9996	0.9826	
	传动轴	0.9998	0.9826	
	密封件	0.9994	0.97	
D 阀	执行机构	0.9823	0.95	整体返厂检修

4　优化后检维修模型费用核算

为了验证基于可靠性对 PDS 系统执行机构建立的预测维修模型是否有效，结合建立模型后 PDS 系统执行机构的实际运行情况，本文从延长检修周期提高备件使用率以及降低工艺成本和产量损失等两个方面对经济效益进行核算。

4.1　检修周期确定及节约费用计算

结合上文对于威布尔模型的建立，可得执行机构最小可靠性寿命为：

$$t_R = \gamma + \eta\left(\ln\left(\frac{1}{R_{\min}}\right)\right)^{\frac{1}{m}} \quad (28)$$

将初始可靠度及最小可靠度代入 MATLAB 进行计算，具体检修周期见表 4。

表 4　执行机构检修周期

设备位号	失效部位	实际可使用周期(结合最小可靠度模型计算出的最长使用周期)	计划检修周期	机构形式	备注
A 阀	执行机构	9.4 个月	6 个月	双作用活塞气缸	根据最小使用时间的零部件确定执行机构的使用周期。对于时间间隔不大的零部件，为降低检修次数适当进行了调整
B 阀	执行机构	9.4 个月	6 个月	双作用活塞气缸	
C 阀	执行机构	38.2 个月(一个大检修周期)	18 个月	单作用活塞气缸(无曲轴)	
D 阀	执行机构	45.4 个月(一个大检修周期)	12 个月	扇形机构	
E 阀	执行机构	8.5 个月	3 个月	单作用活塞气缸(有曲轴)	
G 阀	执行机构	7.8 个月	6 个月	双作用活塞气缸	
H 阀	执行机构	40.3 个月(一个大检修周期)	18 个月	双作用活塞气缸	
J 阀	执行机构	12.2 个月	6 个月	单作用活塞气缸(无曲轴)	

如表 4 所示，对于预测检修节省备件费用可利用下式进行计算：

$$C = \sum_{i=1}^{n}\left(1 - \frac{t_{r_i}}{t_{s_i}}\right) \times C_{m_i} \quad (30)$$

式中，C 为利用预测检修节省的备件总费用；n 为执行机构备件的个数；t_{r_i} 为执行机构的计划检修周期；t_{s_i} 为执行机构的预测检修周期；C_{m_i} 为单台执行机构的检修费用。

4.2 工艺成本损耗费用

每当PDS系统执行机构发生突发性故障时，装置聚合反应单元都需要进行降负荷操作，在此期间将导致反应器内的大量气相损失同时使得单位时间生产的聚乙烯产品变少，造成较大的经济损失。按照机构的故障模式，计算式有如下几种情况：

（1）每次均为单台机构发生故障(不包括W阀及X阀)：

$$C_1 = n \times [(P_n - P_a) \times (t_m + t_c) \times C_p + C_g] \tag{31}$$

（2）每次单套PDS系统多台机构发生故障：

$$C_2 = n \times [(P_n - P_a) \times (t_m + t_c) \times C_p + C_g] \tag{32}$$

（3）每次两套PDS系统多台机构发生故障：

$$C_3 = n \times (P_n \times (t_m + t'_c) \times C_p + C'_g) \tag{33}$$

因此出料执行机构发生突发性故障时所产生工艺成本损耗费用的期望值为：

$$C = p_1 \times C_1 + p_2 \times C_2 + p_3 \times C_3 \tag{34}$$

式中，C 为执行机构出现突发性故障时的经济损失；n 为执行机构发生突发性故障的次数；P_n 为装置正常运行时的生产负荷；P_a 为装置因执行机构故障而被迫维持的生产负荷；t_m 为单台执行机构从出现故障到复位的时间；t_c 为降低及提升负荷所使用的时间；t'_c 为反应系统停车到正常生产时所使用的时间；C_p 为生产出聚乙烯树脂的成本价；C_g 为单台执行机构故障产生气相损失造成的经济损失；C'_g 为反应系统停车到正常生产时所产生的的气相损失；p_1 为每次单台执行机构发生故障的概率；p_2 为每次单套PDS系统多台执行机构发生故障的概率；p_3 为每次两套PDS系统多台执行机构发生故障的概率。

4.3 优化后检维修模型费用核算

为了更加真实地反映优化检维修模型后PDS系统所节约的费用，本文以最容易发生故障的几台机构为算例进行计算。

由L公司的体制可知，其所有员工均为正式员工且人员数量充足，故在费用核算这一节内不做讨论。因此，优化检维修后节约的费用主要包括：

（1）确定最佳检修周期避免事后检修及过度检修：

$$C_a = \sum_{i=1}^{n} \left(1 - \frac{t_{r_i}}{t_{s_i}}\right) \times C_{m_i} \tag{35}$$

（2）降低工艺成本损耗费用：

$$C_b = p_1 \times C_1 + p_2 \times C_2 + p_3 \times C_3 \tag{36}$$

结合L公司PDS系统内设备历年检修数据，得出表5。

表5 PDS系统出料执行机构失效概率

单台执行机构发生故障的概率 p_1	单套PDS系统多台执行机构发生故障的概率 p_2	两套PDS系统多台执行机构发生故障的概率 p_3	备注
0.101	0.008	0.0085	每年

总节约费用为：

$$C = C_a + C_b \tag{37}$$

经核算，通过对PDS系统出料执行机构的检维修策略进行优化，当年节约各项费用总计328.422万元。优化后的检维修模型不仅实现了PDS系统的长周期稳定运行，也实现了企业的提质增效并由此验证了PDS系统出料阀门检维修策略的有效性。

5 结论

（1）本文结合PDS系统的实际运行情况，建立了执行机构往复件的威布尔分布模型，梳理了历史检修记录，确定了出料阀门执行机构的最低可靠度，给出了PDS系统出料阀门零部件的更换依据，为PDS系统的预测检修工作奠定了理论基础。

（2）确定了执行机构的最佳检修周期，从避免过度检修、优化备件选商、减少工艺成本损耗等方面，计算了检维修优化模型所节约的费用，验证了本文所提出的PDS系统检维修策略的可靠性、准确性以及有效性，为同类装置PDS系统的维修管理提供了理论支持。

参 考 文 献

[1] 许鸿善，李沛祺，席卓妮，等．甘肃省石化行业智能制造发展现状及对策建议[J]．北方经济，2022，12：50-53.
[2] 唐悦影．浅谈如何提升石油化工设备运行可靠性[J]．工业技术，2014，06：50-51.
[3] 马金欣，金政伟，李磊，等．Unipol 聚乙烯工艺技术国内开发与应用进展[J]．现代塑料加工应用，2020，32(6)：56-59.
[4] 袁德喜，刘婷，许云民，等．浅谈 PDS 控制阀的损坏情况分析[J]．仪器仪表用户，2023，1：96-100.
[5]童愚，基于 RCM 理论的工业设备维修策略和维修管理系统研究[D]．杭州：浙江大学，2007.
[6] 黄勇，王凯全．基于 RCM 和 RBI 的设备寿命周期管理与应用[J]．工业安全与环保，2018，34(10)：3-9.

基于AI数字化技术建设在标准化卸车管理中的研究

高迎博　杜　强　梁博文　韩蕊笑　董　肃

（中国石油兰州石化公司）

摘　要　卸车的高风险及人员操作的不确定因素，是影响安全平稳生产的主要因素之一，加之液化烃属于高危化学品，在储运装卸过程中容易发生损耗，造成效益损失。近年来，随着我国AI数字化技术的广泛应用、消费市场规模的拓展及数字化工厂的建设，将其应用在罐区标准化卸车管理过程中，能够有效降低卸车过程出现卸车人员出现违规操作并对卸车过程中出现的泄漏等问题实现及时报警响应，在实现卸车过程安全管控方面具有一定的重要意义。本文浅析了单位液化烃卸车管理现状，在不新增设备设施的情况下，对装置摄像头进行AI数字化技术赋能并不断测试完善，为高效进行标准化卸车管理提供了基础及经验。

关键词　卸车管理；安全管理；AI数字化；标准化卸车；数字化应用

1　研究背景

装卸栈台是石油化工原料和产品进出的主要手段，通过装卸车栈台可将各装置生产出的产品、副产品装车出厂，将外购的原料卸车输送到相应储罐储存供各装置使用。石油化工原料和产品装卸栈台的安全管理中稍有疏忽，就会酿成事故。主要发生跑料、冒罐、火灾、爆炸和中毒事故，静电、杂散电流和明火是导致突发事故的直接原因。汽车卸车作业属于高风险作业，汽车装卸作业顶部通孔敞开油气大量外泄，周围的可燃气体浓度可以达到爆炸极限浓度范围，部分车辆装卸过程处于半敞开状态，装卸过程操作人员时常到罐车上进行检尺、观测液位等操作，存在较大安全风险，可能发生着火爆炸事故。因此，加强对汽车装栈台卸车标准化管理尤为重要。

2　卸车管理现状及思考

2.1　汽车卸车栈台的概况

汽车卸车栈台是石油化工与煤化工企业的配套工程设施。负责将汽车槽车运来的外购原料经卸车泵提升或经中压氮气压送到罐区进行储存。卸车操作由栈台操作人员通过观察流量计显示值或控制卸车泵出口压力进行控制卸车流速，从而完成企业的装卸车任务。

2.2　卸车现状

运行部卸车主要涉及轻烃、拔头油、液化气等危险化学品，此类危险化学品发生泄漏出来，由于压力的降低，便可急剧气化，体积将会骤然膨胀250倍左右，并能迅速扩散蔓延，极易酿成着火爆炸事故。为规范卸车管理，运行部编制《标准化卸车流程》、多项管理要求及与其相应的考核方案，要求卸车班组、司机及押运人员对照流程严格执行。

2023年前半年运行部原料罐区卸车过程存较多问题，卸车过程中违章情况时有发生，甚至出现司机及押运员在无属地操作人员的情况下独自进行卸车操作、现场使用手机及不佩戴安全帽等问题。原料罐区日均卸车25次，违章率峰值高达16%，每日高频次的卸车作业导致安全风险显著提升。

2.3　针对卸车现状的思考

针对运行部卸车过程中存在的问题，我们成立调研攻关小组，对卸车过程中容易出现的违章问题进行摸底调研和统计分析，结果如图1所示。

经分析总结，我们统一认为出现上述问题的根本原因是人员操作的不稳定性，且此类违章均可通过优化管理办法及技术进行减少或杜绝。为有效控制人员操作的安全行为，运行部结合炼化企业数字化转型试点项目向公司申请进行 AI 数字化识别的试点工作。

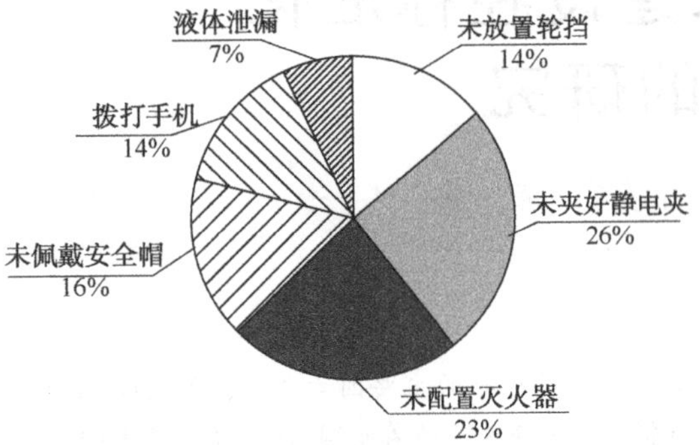

图 1　调查期间现场卸车问题分布

3　AI 数字化技术的应用

3.1　AI 数字化技术的应用基础

AI 数字化技术主要围绕炼化企业典型业务场景，基于 AI 智能识别技术的隐患识别算法及支持系统进行研究探索，主要对运行部生产现场人、机、环境的安全行为或状态进行自动识别，可以实现实时快速响应，覆盖多种隐患类型，并提供可视化分析数据。AI 数字化技术的利用可有效识别现场隐患风险，减少事故发生概率，助力人工监督或传统生产视频人工监控效率的提升。

3.2　AI 数字化技术在标准化卸车管理中的应用

3.2.1　AI 数字化技术的在标准化卸车管理中的试运行

为确保运行部卸车期间安全环保平稳受控，经攻关小组与昆仑数智技术人员对接，2023 年 8 月至 9 月在运行部汽车卸车台组织开展各类算法适配素材采集及算法验证，主要针对卸车过程中无轮挡、未夹静电夹、灭火器配置不合规、不佩戴安全帽及现场使用非防爆手机进行报警信息采集(图 2)，在未安装新摄像头的基础上利用原有的 9 个摄像头(5 个数字，4 个模拟)进行试运行。试运行前进行了 43 次模拟测试，其中有效报警 43 次见表 1。

表 1　AI 数字化技术试运行期间测试数据

相关算法	测试次数	识别次数	预警次数	留证次数	测试结论	测试时间	备注
卸车时无轮挡、不夹静电夹、无灭火器、不戴安全帽	43	43	43	43	识别率大于 99%，预警成功率大于 99%，留证成功率大于 99%	2023/8、2023/9	6 次无轮挡 11 次不夹静电夹 10 次无灭火器 7 次不戴安全帽 6 次打手机 3 次液体泄漏

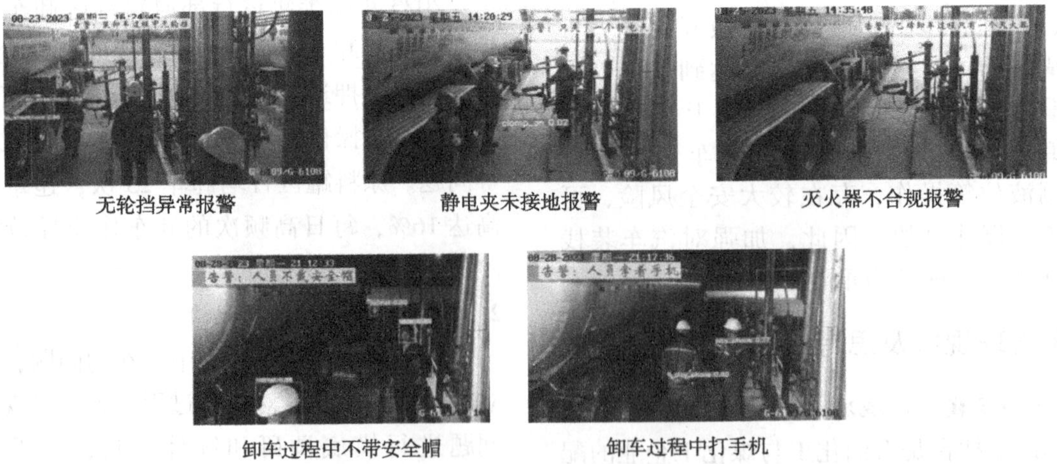

图 2　AI 数字化技术试运行期间测试现场图

3.2.2　AI 数字化技术试运行中存在的问题

试运行期间，AI 数字化技术共监测到“人员离岗”“现场不戴安全帽”等人员违章 58 次，经与装置人员核实实际违章次数为 46 次，精准识别率仅有 79%。可见 AI 数字化技术识别逻辑仍存一定问题，识别过程中存在多次误报情况。我们攻关小组人员对试运行期间的AI数字化技术在卸车管理过程中存在的识别问题进行了统计，如下：

（1）针对冬季棉帽及其它类型及颜色的安全帽误识别。

（2）人员采用低趴姿势或视角问题造成人员睡岗误识别。

（3）光线原因导致人员离岗误识别。

（4）未明确灭火器数量。

（5）罐车尾部静电夹断开会导致卸车制动，无需识别。

（6）针对溜车轮挡颜色的识别不全面。

3.2.3　AI数字化技术在卸车管理中的优化完善

针对上述存在的问题，我们攻关小组及时对接昆仑数智人员对AI数字化技术算法进行优化完善后继续进行模拟测试，测试结果见表2。

表2　AI数字化技术优化完善后测试数据统计报

序号	相关算法	测试次数	识别次数	预警次数	留证次数	测试结论	测试时间	测试内容
1	乙烯卸车气体泄漏、液体泄漏、作业过程静电夹脱落、不戴安全帽、监护人打手机事件	14	13	13	13	识别率大于90%，预警成功率大于99%，留证成功率大于99%	2023/12/17至2023/12/22	7次不戴安全帽 1次液体泄漏 2次静电夹不接地 4次打手机
2	乙烯卸车气体泄漏、液体泄漏、作业过程静电夹脱落、不戴安全帽、监护人打手机事件	7	7	7	7	识别率大于99%，预警成功率大于99%，留证成功率大于99%	2023/12/17至2023/12/22	4次不戴安全帽 1次气体泄漏 2次静电夹不接地
3	乙烯卸车气体泄漏、液体泄漏、作业过程静电夹脱落、不戴安全帽、监护人打手机事件	5	5	5	5	识别率大于99%，预警成功率大于99%，留证成功率大于99%	2023/12/17至2023/12/22	1次不戴安全帽 2次静电夹不接地 2次打手机
4	乙烯卸车气体泄漏、液体泄漏、作业过程静电夹脱落、不戴安全帽、监护人打手机事件	6	6	6	6	识别率大于99%，预警成功率大于99%，留证成功率大于99%	2023/12/17至2023/12/22	2次不戴安全帽 2次气体泄漏 1次静电夹不接地 1次打手机
5	睡岗、玩手机、脱岗	10	10	10	10	识别率大于99%，预警成功率大于99%，留证成功率大于99%	2023/12/17至2023/12/22	3次玩手机 7次睡岗

同时，经过与装置人员核实及调取视频发现上述误识别的情况已全部避免，在12月至1月试运行期间，AI数字化技术监测报警39次，实际违章39次，识别准确率大于99%。

4　结论

AI数字化技术在标准化卸车中的应用为现场安全隐患识别增加了保障，经过本单位对卸车过程中AI数字化技术的应用与不断优化，现阶段精准识别率大于99%，人员违章率已经明显下降，但针对AI数字化技术的应用是一个长期的过程，在后续的突发情况及异常情况出现误识别时，我们会继续积极与AI数字化技术人员对接，不断优化完善AI数字化识别数据库，为操作人员的巡检监控及安全管理人员的远程管理提供更加便捷的工作途径，为突发事件的应急处置增加了保障。

4.1　AI数字化技术在卸车管理中带来的经济效益

AI数字化技术在标准化卸车管理中的应用，对安全管理业务的主要效益为对隐患的及时识别报警及快速回溯，通过对初期隐患或风险征兆进行视觉上的及时发现和确认，大幅提升企业对生产安全的管控能力，预防人员安全或气体泄漏发现不及时导致重大事件事故的发生，是主要的安全效益点。而影响该效益的本系统主要技术支撑指标为系统本身的安全隐患识别率、实时预警成功率和视频流程成功率。固主要对以上指标进行统计(表3)。

表3　直接效益估算表

序号	指标名称	效益描述	上线后指标/%	数据来源	单位	估算值
1	安全隐患识别率	识别率和成功率高是系统助力提升安全隐患和风险预防能力的关键。主要的安全效益为及时识别隐患并上报，避免或降低重大人员伤亡或起火爆炸事故发生，减少相关安全损失	>90	技术团队测试+业务部门统计	%	隐患识别率和准确率均≥90%，大幅提升了隐患发现、上报效率和质量。助力现场安全管理能力的提升
2	实时预警成功率		>99	业务部门统计	%	根据全国相关数据统计，每避免一次人员伤亡事件，可为企业减少相关(现场损失+人员赔偿)20万~120万元/人
						每避免或者制止一次装置设备火灾/爆炸事件，可以为企业减少相关损失至少百万级别(设备/装置损失+设备/装置翻新+停工损失)
3	视频留证成功率	视频留证成功率是系统助力安全管理效率提升的必要补充	>99	业务部门统计	%	提升安全追溯和管理效率，助力每个人落实重视安全管理，最低人工管理成本创造最大安全效益。

如表3所示，经模拟测试及使用后的AI数字化技术在标准化卸车管理中的安全隐患识别率在90%以上，实时预警成功率及视频留证成功率均在99%以上，大幅提升了运行部卸车现场隐患发现、上报效率和质量。同时，在后续AI数字化技术的应用中，违章率的降低、现场泄漏的及时预警和避免各类事故事件的发生，也可将的经济效益凸显出来。

参　考　文　献

[1] 李欢．液化烃的装卸安全问题探讨[J]．中国科技期刊数据库 工业A，2022(8)：0114-0117

[2] 李强．数智化汽车装卸栈台[J]．中国科技期刊数据库 工业A，2022(8)：0195-0198

[3] 杨景波，周淑花．汽车装卸车栈台的安全管理[J]．中文科技期刊数据库(全文版)工程技术，2022(11)：0128-0132

利用炼厂大数据跟踪原油物性变化及意义

黄卫国

（中国石化上海高桥石油化工有限公司）

摘　要　根据炼厂信息系统丰富的生产数据，经数学处理，获得原油的各种物性数据及馏分分布数据。结合原油评价数据及桌面炼厂模型，为炼油企业排产及优化测算提供数据支撑。

关键词　原油评价；最小二乘法

1　引言

原油是炼厂主要原料，原油性质对炼油厂一次装置（常减压蒸馏装置）、二次装置（催化裂化装置、加氢裂化装置、延迟焦化装置等）的产品物性及分布影响巨大。例如，原油的硫含量直接影响常减压蒸馏装置侧线产品的硫含量，原油硫含量高则蒸馏侧线产品硫含量高。原油 540℃以上馏分（渣油）的残碳与延迟焦化装置的焦炭收率直接相关，渣油残碳高则延迟焦化装置焦炭收率就高。

原油进厂成本也是炼厂主要成本。2018—2022 年，原油（西德州、布伦特、阿曼）平均价格每桶约 67.69 美元，美元人民币中间价平均 6.73 美元，原油吨桶比按 7.52 美元计算，每吨原油的价格平均约 3400 元，炼油吨油费用 300 元左右，原油成本一般占炼厂总成本（不含基建费用）的 90%以上。通过原油劣质化可降低原油采购成本，但原油成本依然是总成本中最大的部分。

为了掌握原油的性质，制定合理的加工方案，需对原油进行组成、性质的分析测定。在实验室采用特定的分离和分析方法，全面测定、分析原油的性质及其可能得到的成品（或半成品）的性质和收率，这项工作称为原油评价。原油评价大体包含三方面的内容：原油的一般性质、常规评价、综合评价。原油的一般性质包括密度、硫含量、氮含量、酸值、残炭、凝点、倾点、闪点、盐含量、金属含量、黏度等。原油的常规评价包括原油的实沸点蒸馏数据及窄馏分性质。原油的综合评价包括直馏产品的产率和性质，也可增加某些馏分的化学组成、某些馏分或渣油的二次加工性能等。

原油评价是原油性质的全面描述，对炼油厂制定加工方案及排产具有指导意义。由于对某个原油做一套评价数据工作量巨大，一般根据原油的加工频次、数量决定做原油评价的时间间隔。主要加工的原油品种（简称主力油种）可能每年做一次原油评价，其他品种原油可能每二～三年做一次原油评价或参考其他公司的原油评价数据。

由于原油自身的性质随时间而变化，以及在储运过程中可能受到其他原油的污染，同一种原油的整体性质（例如硫含量、酸值）及产品分布（例如常减压蒸馏侧线产品收率）会发生变化，需实时跟踪这些变化。目前，国内大中型炼油企业基本上完成了信息化改造，生产装置普遍配有 DCS 系统及实时数据库系统，装置的侧线产品（馏出口产品）的分析数据输入实验室数据系统（LIMS 系统）。这些基础条件为大数据跟踪分析原油性质变化创造了可能性。

为了常减压蒸馏装置的生产平稳性，一般在加工多种原油时采取混合进料。由于原油在储运过程中或多或少受到污染及计量方面的误差，原油的配比数据存在误差，根据简单平均数据推算原油的物性及产品分布，无法得到高质量的结果。为了消除一些随机误差，可采用最小二乘法处理生产数据。对一些存在“可加和性“（即线性）的物性，建立线性方程组，用最小二乘法计算单个原油品种的物性。对一些非线性物性，经数学处理（即线性化处理），也可建立线性方程组求解单油种物性。

2　最小二乘法原理

最小二乘法：又称最小平方法，是一种数学

优化技术。利用最小二乘法可以简便地求得未知的数据，并使得这些求得的数据与实际数据之间误差的平方和为最小。

有如下线性方程组：

$$a_{11}x_1 + a_{12}x_2 + \cdots + a_{1j}x_j + \cdots + a_{1n}x_n = y_1$$

……………………………………

$$a_{i1}x_1 + a_{i2}x_2 + \cdots + a_{ij}x_j + \cdots + a_{in}x_n = y_i$$

……………………………………

$$a_{m1}x_1 + a_{m2}x_2 + \cdots + a_{mj}x_j + \cdots + a_{mn}x_n = y_m$$

式中，$1<i<m$，$1<j<n$。

方程组用矩阵表示如下。

$$AX = Y$$

$$A = \begin{bmatrix} a_{11} & a_{12} & \cdots & a_{1j} & \cdots & a_{1n} \\ a_{21} & a_{22} & \cdots & a_{2j} & \cdots & a_{2n} \\ \vdots & \vdots & & \vdots & & \vdots \\ a_{i1} & a_{i2} & \cdots & a_{ij} & \cdots & a_{in} \\ \vdots & \vdots & & \vdots & & \vdots \\ a_{m1} & a_{m2} & \cdots & a_{mj} & \cdots & a_{mn} \end{bmatrix}, X = \begin{bmatrix} x_1 \\ x_2 \\ \vdots \\ x_j \\ \vdots \\ x_n \end{bmatrix}, Y = \begin{bmatrix} y_1 \\ y_2 \\ \vdots \\ y_i \\ \vdots \\ y_m \end{bmatrix}$$

A、Y已知，X未知。当m大于n时，称为超定方程组，方程无精确解。为了得到合适的解，构造残差平方和函数S。

$$S = \sum_{i=1}^{m}\left(\sum_{j=1}^{n} a_{ij}x_j - y_i\right)^2$$

当S取最小值时，如果$A^T \cdot A$非奇异，则X有唯一解。

$$X = (A^TA)^{-1}A^TY$$

3　原油物性跟踪测算

3.1　原油比重指数API跟踪测算

原油的相对密度常用比重指数表示，又称为API度。API度的定义为：

$$API = \frac{141.5}{d_{15.6}^{15.6}} - 131.5$$

$d_{15.6}^{15.6}$是15.6℃时油品的密度与15.6℃时水的密度的比值。相对密度愈小的油品其API愈大，相对密度愈大则其API愈小。可以证明，混合原油的API具有线性可加性，即$API_m = \sum_{i=1}^{n} f_i API_i$（$API_m$：混合原油的API值；$API_i$：某个原油的API值；$f_i$：某个原油占混合原油的质量分率），混合原油的API等于每个原油的质量分率与每个原油的API的乘积之和。

根据每个班次混合原油的配比及混合原油的比重指数(以下简称API)，跟踪测算单个原油的API。将每个班次(12h/班次)的原油配比(质量分率)作为系数，每个原油的API为自变量，以混合原油的API值(API值根据实测密度换算得到，下同)作为等式的值，建立矩阵方程。运用最小二乘法求解矩阵方程，得到每个原油的API值，并与当月实测每个原油的API值比较，结果见表1、表2。

表1　拉比(Rabi)原油实测API与计算值比较

日期	2023-1	2023-2	2023-3	2023-4	2023-5	2023-6	2023-7
实测API	35.32	36.65	37.41	37.24	36.25	36.55	36.23
计算API	35.36	36.53	35.99	36.77	36.46	36.60	36.18

表2　萨里尔(Sarir)原油实测API与计算值比较

日期	2023-1	2023-2	2023-3	2023-4	2023-5	2023-6	2023-7
实测API	36.76	36.40	36.86	37.61	37.33	37.33	37.00
计算API	37.08	36.52	36.84	37.37	37.05	36.98	36.66

3.2　原油硫含量跟踪测算

混合原油的硫含量也具有可加性，即$S_m = \sum_{i=1}^{n} f_i S_i$（$S_m$：混合原油的硫含量，$S_i$：某个原油的硫含量；$f_i$：某个原油占混合原油的质量分率），混合原油的硫含量等于每个原油的质量分率与每个原油的硫含量的乘积之和。将每个班次(12h/班次)的原油配比(质量分率)作为系数，每个原油的硫含量为自变量，以混合原油的硫含量(分析数据)作为等式的值，建立矩阵方程。运用最小二乘法求解矩阵方程，得到每个原油的硫含量，并与当月实测每个原油的硫含量比较，结果见表3、表4。

表3 拉比(Rabi)原油实测硫含量与计算值比较

日期	2023-1	2023-2	2023-3	2023-4	2023-5	2023-6	2023-7
实测硫含量/%	0.19	0.19	0.23	0.21	0.15	0.16	0.16
计算硫含量/%	0.19	0.17	0.21	0.21	0.18	0.17	0.17

表4 萨里尔(Sarir)原油实测硫含量与计算值比较

日期	2023-1	2023-2	2023-3	2023-4	2023-5	2023-6	2023-7
实测硫含量/%	0.15	0.16	0.17	0.15	0.17	0.15	0.15
计算硫含量/%	0.17	0.17	0.16	0.18	0.18	0.16	0.16

3.3 原油酸值跟踪测算

混合原油的酸值也具有可加性，即 $A_m = \sum_{i=1}^{n} f_i A_i$（$A_m$：混合原油的酸值；$A_i$：某个原油的酸值；$f_i$：某个原油占混合原油的质量分率），混合原油的酸值等于每个原油的质量分率与每个原油的酸值的乘积之和。将每个班次(12h/班次)的原油配比(质量分率)作为系数，每个原油的酸值为自变量，以混合原油的酸值(分析数据)作为等式的值，建立矩阵方程。运用最小二乘法求解矩阵方程，得到每个原油的酸值，并与当月实测每个原油的酸值比较，结果见表5、表6。

表5 拉比(Rabi)原油实测酸值与计算值比较

日期	2023-1	2023-2	2023-3	2023-4	2023-5	2023-6	2023-7
实测酸值/[mg(KOH)/g]	0.16	0.16	0.13	0.11	0.14	0.15	0.13
计算酸值/[mg(KOH)/g]	0.11	0.14	0.10	0.14	0.10	0.14	0.12

表6 萨里尔(Sarir)原油实测酸值与计算值比较

日期	2023-1	2023-2	2023-3	2023-4	2023-5	2023-6	2023-7
实测酸值/[mg(KOH)/g]	0.10	0.12	0.10	0.11	0.10	0.12	0.11
计算酸值/[mg(KOH)/g]	0.12	0.15	0.12	0.13	0.14	0.12	0.13

3.4 渣油残炭、金属含量跟踪测算

混合原油渣油(常减压蒸馏装置的减渣)的残碳、金属镍钒含量也具有可加性。

$$CRC_m = \sum_{i=1}^{n} c_i CRC_i$$

$$c_i = \frac{f_i y_i}{\sum_{i=1}^{n} f_i y_i}$$

式中，CRC_m 为混合原油渣油部分残炭，%；CRC_i 为某个原油渣油部分残炭，%；f_i 为某个原油占混合原油的质量分率；y_i 为某个原油的渣油收率，%；c_i 为某个原油的占比(质量分率)与渣油收率的乘积占混合原油的分率。

对于渣油中的金属镍含量、钒含量，也可列出类似的方程式。运用最小二乘法求解矩阵方程，得到每个原油的渣油残炭、金属镍钒含量。计算出的渣油残炭、金属含量也与减压拔出深度有关，结果见表7、表8。

表7 拉比(Rabi)渣油残碳、镍钒含量计算值

日期	2023-1	2023-2	2023-3	2023-4	2023-5	2023-6	2023-7
残炭/%	13.95	15.41	15.45	14.70	14.67	14.85	14.81
镍含量/ppm	58.82	53.18	53.88	47.83	52.26	48.70	49.07
钒含量/ppm	16.33	16.62	17.45	13.74	14.53	12.83	11.68

注：$1ppm = 10^{-6}$。

表 8　萨里尔(Sarir)渣油残碳、镍钒含量计算值

日期	2023-1	2023-2	2023-3	2023-4	2023-5	2023-6	2023-7
残炭/%	17.73	17.23	17.36	16.95	16.68	16.64	16.31
镍含量/ppm	24.50	25.87	23.72	22.90	23.80	24.88	26.65
钒含量/ppm	12.40	9.37	8.06	7.50	7.72	7.67	7.67

3.5　渣油硫含量跟踪测算

混合原油渣油(常减压蒸馏装置的减渣)的硫含量也具有可加性。

$$VRS_m = \sum_{i=1}^{n} c_i VRS_i$$

式中，VRS_m 为混合原油渣油的硫含量，%；VRS_i 为某个原油渣油的硫含量，%；

以单个渣油的质量分率分率作为系数矩阵，以单个原油渣油的硫含量为自变量，以混合原油渣油的硫含量为等式右侧的值，建立矩阵方程。运用最小二乘法求解矩阵方程，得到单个原油渣油的硫含量，结果见表 9、表 10。

表 9　拉比(Rabi)渣油硫含量

日期	2023-1	2023-2	2023-3	2023-4	2023-5	2023-6	2023-7
渣油硫含量/%	0.40	0.51	0.50	0.53	0.48	0.46	0.44

表 10　萨里尔(Sarir)渣油硫含量

日期	2023-1	2023-2	2023-3	2023-4	2023-5	2023-6	2023-7
渣油硫含量/%	0.41	0.38	0.39	0.40	0.39	0.38	0.38

3.6　渣油黏度跟踪测算

渣油黏度不具有可加性，但经过数学处理，仍可通过混合原油的渣油黏度计算单个原油的渣油黏度。单个原油的渣油黏度与常减压蒸馏装置的减压拔出深度有关。

互溶液体的混合黏度可用公式(1)计算。

$$\mu_m = \left(\sum_{i=1}^{n} x_i \mu_i^{1/3}\right)^3 \tag{1}$$

式中，μ_m 为混合液黏度，cP；x_i 为 i 组分的分子分率；μ_i 为 i 组分的黏度，cP；

对以上公式进行变换，得到公式(2)。

$$\mu_m^{1/3} = \sum_{i=1}^{n} x_i \mu_i^{1/3} \tag{2}$$

互溶液体的混合黏度的立方根与单个组分的黏度的立方根之间也具有了可加性。通过混合原油的渣油黏度求取单个原油的渣油黏度，也可用这个公式。因为渣油组分的分子分率不易获得，改用渣油组分的体积分率代替。

$$x_i = \frac{\dfrac{f_i y_i}{d_i}}{\sum_{i=1}^{n} \dfrac{f_i y_i}{d_i}} \tag{3}$$

式中，d_i 为某个原油的渣油 100℃时密度，t/m^3。

由于混合原油渣油的实测黏度时运动黏度，公式中用的是动力黏度，实际计算时还需进行转换。根据原油配比，以单个原油渣油的体积分率作为系数矩阵，以混合原油渣油动力黏度(100℃的运动黏度换算到动力黏度)的立方根作为矩阵方程右侧的值，建立矩阵方程。运用最小二乘法求解矩阵方程，得到每个原油渣油的动力黏度的立方根，通过换算可得到单个原油渣油的 100℃运动黏度。跟踪测算结果见表 11、表 12。

表 11　拉比(Rabi)渣油黏度计算值

日期	2023-1	2023-2	2023-3	2023-4	2023-5	2023-6	2023-7
100℃运动黏度/(mm^2/s)	259	326	391	321	299	292	263

表 12　萨里尔(Sarir)渣油黏度计算值

日期	2023-1	2023-2	2023-3	2023-4	2023-5	2023-6	2023-7
100℃运动黏度/(mm^2/s)	853	931	1020	957	957	910	875

4　原油馏分分布跟踪测算

4.1　原油侧线收率跟踪测算

混合原油进常减压蒸馏装置的侧线产品收率也具有可加性。的硫含量也具有可加性。将每个班次(12h/班次)的原油配比(质量分率)作为系数，每个原油的侧线收率为自变量，以混合原油的侧线收率作为等式的值，建立矩阵方程。运用最小二乘法求解矩阵方程，得到每个原油进常减压蒸馏装置的侧线收率。测算结果见表13、表14。

表13　拉比原油进常减压蒸馏侧线产品收率　　%

日期	2023-1	2023-2	2023-3	2023-4	2023-5	2023-6	2023-7
干气+液态烃	2.16	3.00	2.39	2.69	2.52	2.54	2.66
初常顶	12.20	14.39	14.29	14.86	12.72	12.67	12.41
常一线	8.44	11.20	12.04	13.16	10.94	10.56	10.54
常二线	9.57	7.06	7.43	7.23	7.47	7.17	7.24
常三线	13.10	11.48	12.14	12.05	12.40	12.28	12.44
常四线	2.83	4.10	3.44	3.16	3.38	2.91	3.39
减顶+减一线	2.98	3.13	2.29	2.26	3.45	3.83	3.18
减二线	10.22	10.36	10.09	10.31	10.98	10.51	11.37
减三线	5.83	6.21	5.69	5.11	4.99	5.79	5.66
减四线	6.41	4.90	5.24	4.94	5.20	5.18	4.35
减五线	3.72	4.06	2.88	3.34	3.53	3.84	3.27
减渣	22.52	20.12	22.08	20.89	22.42	22.72	23.49
合计	100.00	100.00	100.00	100.00	100.00	100.00	100.00

表14　萨里尔原油进常减压蒸馏侧线产品收率　　%

日期	2023-1	2023-2	2023-3	2023-4	2023-5	2023-6	2023-7
干气+液态烃	3.00	2.93	2.69	2.51	2.81	2.67	2.85
初常顶	17.20	15.71	16.23	15.81	15.85	14.96	14.18
常一线	9.38	10.83	11.03	10.72	10.47	10.63	10.13
常二线	7.42	7.04	7.34	6.79	7.23	7.21	6.99
常三线	11.96	11.67	13.22	13.15	12.86	13.21	13.03
常四线	4.29	4.08	3.14	2.49	3.19	3.45	3.90
减顶+减一线	3.09	3.68	2.51	3.84	3.72	3.29	3.47
减二线	10.14	10.67	10.68	10.38	10.37	10.81	10.84
减三线	6.14	6.21	5.45	5.52	5.55	5.06	4.97
减四线	3.96	4.50	4.96	4.83	4.86	4.77	4.88
减五线	3.62	3.45	3.11	3.05	3.76	3.47	3.36
减渣	19.79	19.20	19.64	20.92	19.33	20.47	21.40
合计	100.00	100.00	100.00	100.00	100.00	100.00	100.00

4.2 原油的拟合

原油拟合一般用原油评价数据。但原油评价由于分析项目繁多、分析工作量巨大，每种原油的评价工作一般若干年做一次。考虑到原油性质及馏分分布随开采时间、储运过程中发生变化，也可通过生产数据进行拟合，确定原油馏分分布，结合原油一般性质(原油 API、硫含量、酸值)，跟踪原油物性及馏分分布变化。

原油进常减压蒸馏装置的侧线产品收率与原油有关，也与侧线产品的馏程范围有关。为了生成原油的实沸点蒸馏曲线，可用 KBC Petro-SIM 软件拟合。根据原油进常减压蒸馏装置的侧线产品收率、馏程、密度(干气、液化气根据实际组成)拟合原油，生成单个原油的 XML 格式拟合文件。用生产数据拟合 2023 年萨里尔原油如图 1~图 3 所示，拟合结果如图 4 所示。拟合结果可按 XML 文件格式输出(例如 Sarir_202305. XML)，以便今后使用。

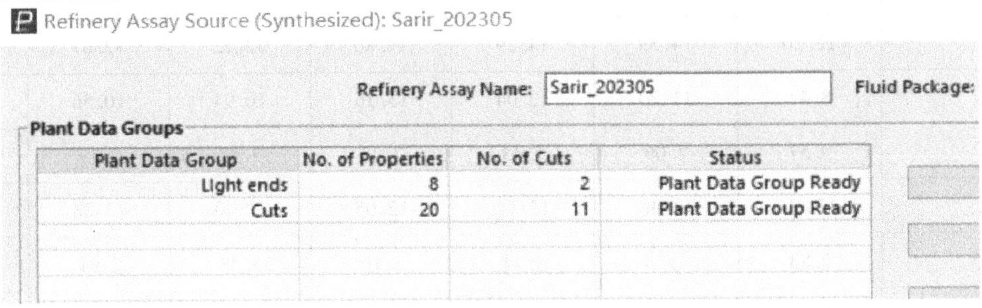

Plant Data Group	No. of Properties	No. of Cuts	Status
Light ends	8	2	Plant Data Group Ready
Cuts	20	11	Plant Data Group Ready

图 1　原油拟合数据类型

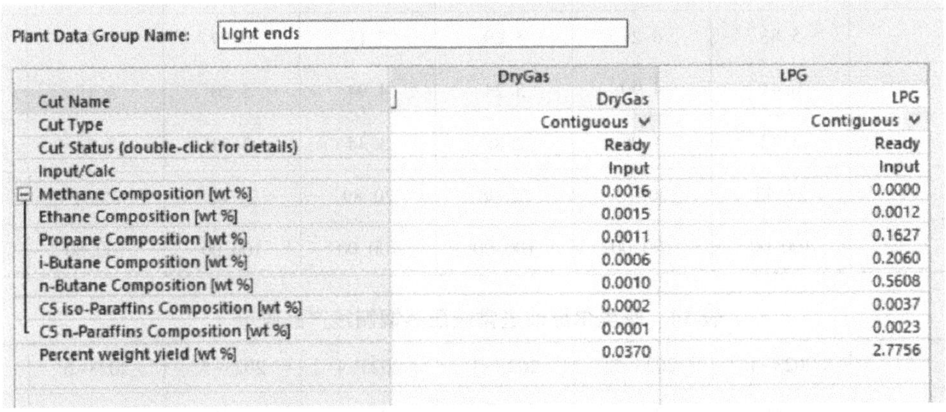

	DryGas	LPG
Cut Name	DryGas	LPG
Cut Type	Contiguous	Contiguous
Cut Status (double-click for details)	Ready	Ready
Input/Calc	Input	Input
Methane Composition [wt %]	0.0016	0.0000
Ethane Composition [wt %]	0.0015	0.0012
Propane Composition [wt %]	0.0011	0.1627
i-Butane Composition [wt %]	0.0006	0.2060
n-Butane Composition [wt %]	0.0010	0.5608
C5 iso-Paraffins Composition [wt %]	0.0002	0.0037
C5 n-Paraffins Composition [wt %]	0.0001	0.0023
Percent weight yield [wt %]	0.0370	2.7756

图 2　轻烃数据

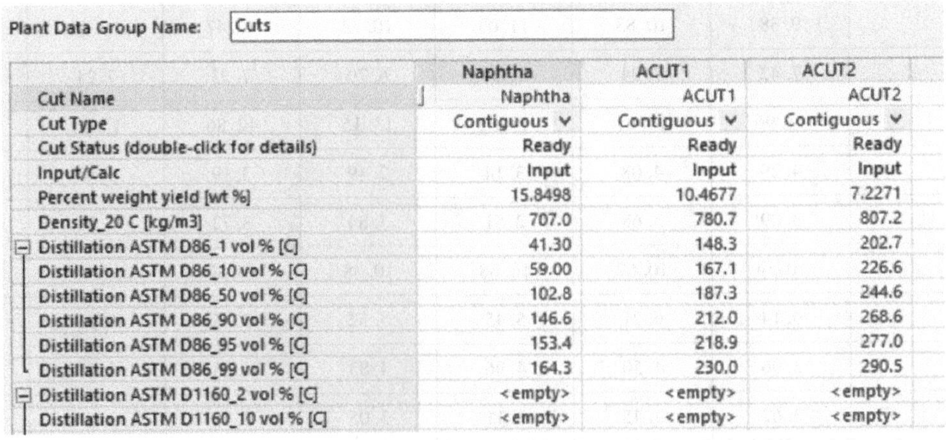

	Naphtha	ACUT1	ACUT2
Cut Name	Naphtha	ACUT1	ACUT2
Cut Type	Contiguous	Contiguous	Contiguous
Cut Status (double-click for details)	Ready	Ready	Ready
Input/Calc	Input	Input	Input
Percent weight yield [wt %]	15.8498	10.4677	7.2271
Density_20 C [kg/m3]	707.0	780.7	807.2
Distillation ASTM D86_1 vol % [C]	41.30	148.3	202.7
Distillation ASTM D86_10 vol % [C]	59.00	167.1	226.6
Distillation ASTM D86_50 vol % [C]	102.8	187.3	244.6
Distillation ASTM D86_90 vol % [C]	146.6	212.0	268.6
Distillation ASTM D86_95 vol % [C]	153.4	218.9	277.0
Distillation ASTM D86_99 vol % [C]	164.3	230.0	290.5
Distillation ASTM D1160_2 vol % [C]	<empty>	<empty>	<empty>
Distillation ASTM D1160_10 vol % [C]	<empty>	<empty>	<empty>

图 3　馏分段数据

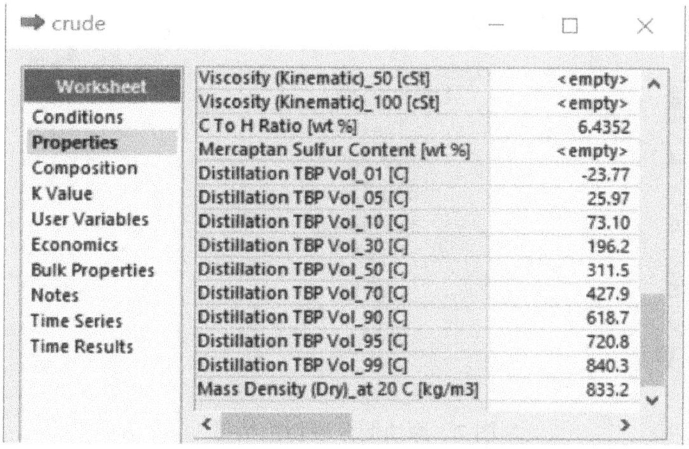

图 4　原油拟合结果

4.3　原油馏分实测分布与评价数据的比较

在 KBC Petro-SIM 软件中，根据实测收率生成的拟合数据进入组分切割器模块进行切割，获得轻烃(碳一～碳四)、馏分段(15～140℃、140～240℃、240～350℃、350～540℃)、渣油(540℃+)的收率数据。根据生产数据生成的 2023 年 5 月萨里尔原油拟合数据切割过程如图 5～图 7 所示。

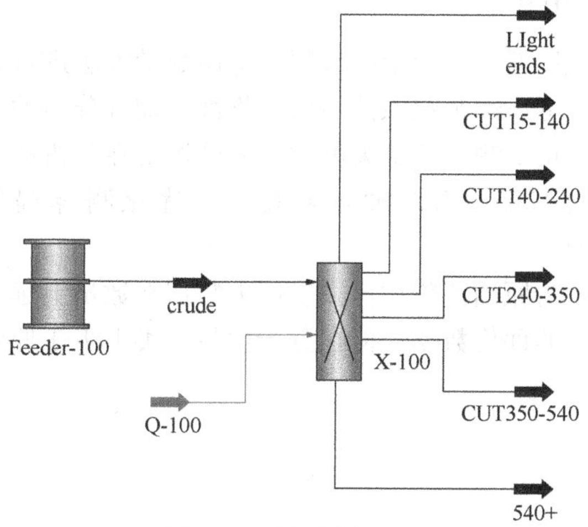

图 5　原油切割流程图

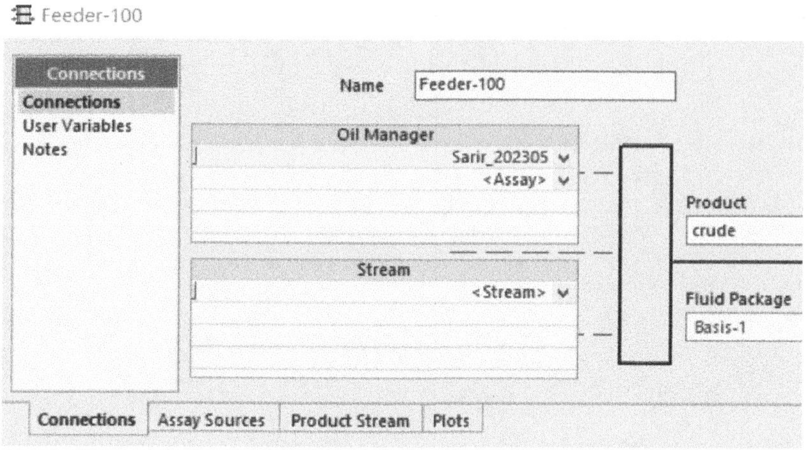

图 6　拟合文件的使用

由原油评价数据生成的拟合文件也引入组分切割器模块进行切割，得到相同馏程范围的馏分段另一组收率数据。同一个原油可能有多份原油评价报告，生成多个 XML 格式的拟合数据。根据实测原油切割收率与原油评价拟合数据切割收率进行比较，与实测原油切割收率接近、且原油整体物性(原油 API、硫含量、酸值等)也接近的原油评价报告，其拟合数据作为桌面炼厂模型(KBC Petro-SIM 软件建立的桌面炼厂模型或 Aspen PIMS 软件建立的桌面炼厂模型)的测算数据。

	A	B
1		Yields，% m
2	Light ends	2.958 kg/h
3	15-140	13.10 kg/h
4	140-240	16.59 kg/h
5	240-350	19.02 kg/h
6	350-540	29.06 kg/h
7	540+	19.27 kg/h
8	合计	100.0
9		
10		

图 7　原油馏分段切割结果

5　结论

根据大量的生产数据，运用数学方法进行处理，可连续跟踪原油的部分物性及馏分分布的变化。跟踪测算的结果可弥补原油评价在分析频次上的不足，为炼油企业排产、优化测算提供帮助。

与原油评价相比，炼厂大数据在数量上远大于原油评价数据，但在分析项目种类上少于原油评价。因此大数据分析的结果可作为原油评价的补充或修正依据，不能替代原油评价。

参 考 文 献

[1] 孙兆林．原油评价与组成分析[M]．北京：中国石化出版社，2006. 3-3.

[2] 林世雄．石油炼制工程(第三版)[M]．北京：石油工业出版社，2000. 168-172.

[3] 北京石油设计院．石油化工工艺计算图表[M]．北京：烃加工出版社，1985. 381-381.

基于分子炼油技术的炼厂装置模型研究

邵鹏惠[1] 孙 钢[2] 张晓松[1] 钱志明[1]

(1. 北京溥络数智科技有限责任公司；2. 中石化湖南炼油化工有限公司)

摘 要 石油炼制行业作为国民经济的重要支柱产业，直接影响着国家的经济增长和产业结构调整。当前，石油炼制行业面临着产能过剩和环保安全等方面的挑战，迫切需要进行产业结构升级和技术创新。分子炼油作为一种新型的流程模拟及优化技术，具有实现更先进的过程控制和装置优化的潜力。通过分子炼油技术，可以从分子水平认识石油化学组成，揭示内在物性关系，并将实际分子转化规律进行数学转化，形成理论模型，进而应用于实际生产过程中的决策优化、生产优化及安全生产等方面。与传统流程模拟软件相比，分子炼油技术提升了反应过程模拟及产物分布预测的精准度，并极大地提升了应用的灵活性，不再受限于原油组成的变化。本文基于此，提出了一种炼厂向组分炼油、分子炼油转变改造升级总流程设计方法。首先，通过构建全分子物性基础模型和反应器模型，实现了从分子级别对炼油装置的模拟预测及调控。其次，针对现有装置进行了模拟优化，实现了装置间的分子级模拟及打通了不同单元的耦合迭代计算。最后，展望了分子炼油的发展前景，将分子级全流程模拟与先进自动控制系统、计划调度系统及实时优化系统相集成，实现实际应用。通过分子炼油，可以提高石油加工过程中的边界利润，实现绿色安全数字化生产，具有重要的应用前景和经济意义。

关键词 流程模拟；分子炼油；催化重整；发展前景

石油炼制行业作为国民经济的支柱产业之一，直接影响国家的经济增长和产业结构调整。当前石油炼制行业处在不断发展和变化之中，面临着产能过剩、环保安全等方面的压力，亟须进行产业结构升级及技术创新。近些年来，分子炼油作为一种新型的流程模拟及优化技术，可以实现更先进的过程控制及装置优化。分子炼油通常是从分子水平认识石油化学组成，揭示内在物性关系，将实际分子转化规律进行数学转化进而形成理论模型，进而应用于实际生产过程中的决策优化、生产优化及安全生产等方面。故分子炼油不同于采用集总法及虚拟组分等传统流程模拟软件，提升了反应过程模拟及产物分布预测的精准度，且极大的提升了应用的灵活性，不再受限于原油组成的变化。其从分子水平上实现了对石油炼制过程的各组分的模拟预测及调控，这对工艺人员依据装置实际工况进行原料选择、增产优化、节能生产，装置改造等能起到重要的辅助作用。同时分子炼油模拟与先进自动控制系统、计划调度系统及实时优化系统的集成势必成为未来分子炼油的主要发展方向。这对提高石油加工过程的利润及实现绿色安全数字化生产具有重要的意义。

1 分子炼油技术流程

1.1 炼油装置现状分析

当前炼油装置通常以先进控制技术作为产业增效的主要技术手段。常见的先进控制技术有：数据采集、处理、软测量技术，人工智能技术，预测控制技术等。其具体应用场景常见于加热炉、分馏塔、原油蒸馏塔、反应器以及公用工程控制等。然而上述技术具有应用局限性，没有适用于全流程模拟及控制的技术，且控制精确程度较差，故需要应用分子炼油技术对炼油装置进行总流程的设计。

1.2 分子炼油模型开发

依据具体炼油装置(如常减压、催化重整、催化裂化等)的相关数据，构建全分子物性基础模型，并指定相关反应规则、构建反应网络、进而得到反应动力学模型。进一步的，将反应速率方程与催化剂失活模型、传递过程模型相耦合，得到完整的反应器模型。

将反应器模型与分离单元模型进行耦合计算，搭建全流程模型，通过遗传算法根据工业装置工业实验数据进行求解优化，同时对相应流股进行循环迭代计算，从而实现装置间的分子级模拟及打通了不同单元的耦合迭代计算。

构建得到的全流程模型需要经过多批装置实验数据进行准度验证及精度校正。校正过程中需对诸如仪表数据偏差、实验分析偏差等现场实际问题进行具体分析，以提高模型的弹性应用范围并增强模型的功能性。

1.3 系统研发

将得到的分子级全流程模型实现在线化部署，构建了基于 Web 网页的模拟及计算系统，自主实现现场数据采集、用户系统管理、模型计算等功能，构建了基于不同装置的分子级全刘程模拟及优化系统，最终实现在现场的灵活应用。

2 分子级别的连续催化重整装置

2.1 分子级重整反应单元模型

以中国石化长岭石油化工有限责任公司(简称长岭炼化)70 万 t/a 连续重整装置为例进行分析，反应单元工艺流程图如图 1 所示，经过预分馏塔、汽提塔等处理后的重整进料与重整循环氢混合进入四个重整反应器，经过气液分离及再接触罐后得到重整生成油及重整产氢。重整反应单元涉及到反应器模型与分离单元闪蒸罐模型的耦合，同时模型含有循环氢的循环迭代计算。分子级别的反应单元模型入参包括重整进料物流、循环氢物流、四个反应器反应温度、反应压力、催化剂物性参数以及反应器设备尺寸等。该模型实现了重整生成油摩尔组成、重整产氢摩尔组成等功能的计算。

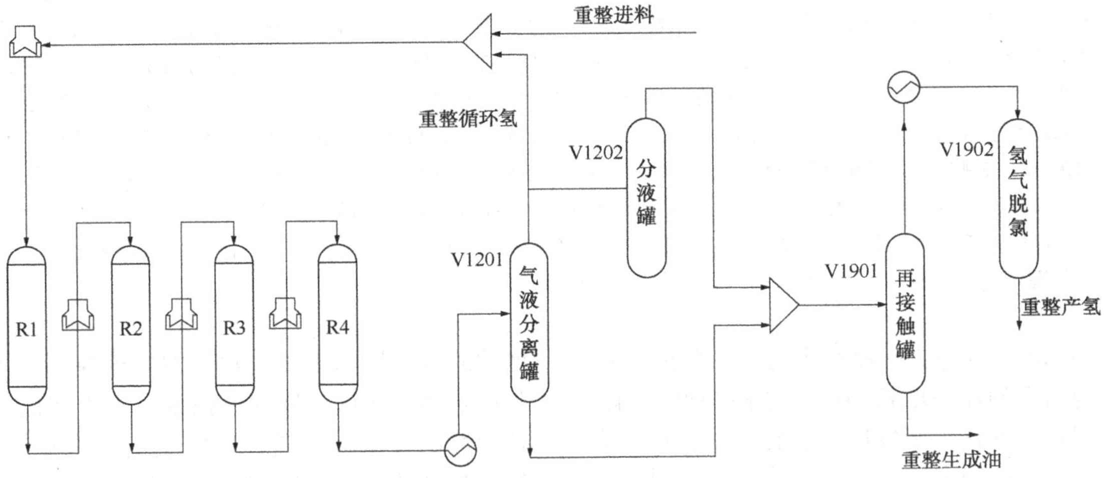

图 1　重整反应单元装置图

整个模型的输入项高度吻合生产中的主要操作参数，将工业实施数据输入模型，经计算得到对应操作数据下的预测结果，对生产进行指导和调控(图 2)。

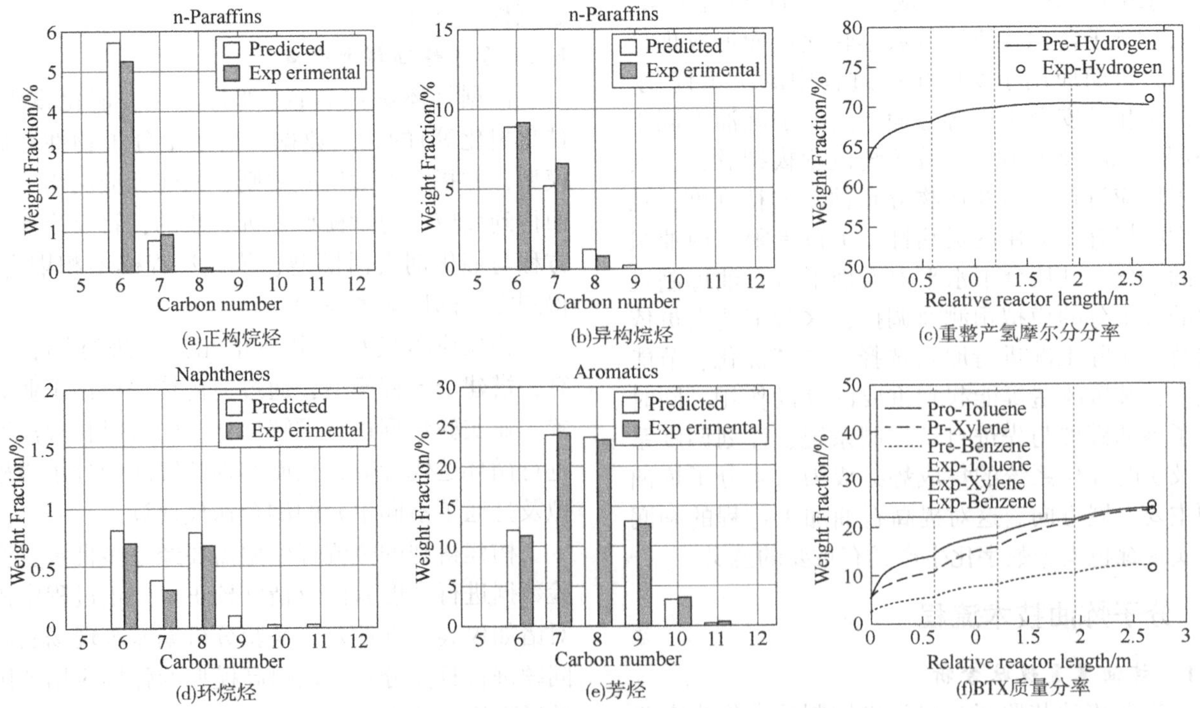

图 2　模型模拟结果与实际值对比

同时关键流股质量指标对比见表，由表 1 可知，模拟数据与现场数据对比相对一致。

表 1　重整模型模拟关键指标对应表

项目	现场数据	模拟值	绝对误差/%
V1901 底油烷烃质量分率(nP)/%(wt)	10.050	11.17	1.47
V1901 底油烷烃质量分率(iP)/%(wt)	18.410	16.78	2.26
V1901 底油环烷烃质量分率(N)/%(wt)	1.470	2.03	0.93
V1901 底油芳烃质量分率(A)/%(wt)	68.930	69.7	0.97
V1901 底油苯质量分率/%(wt)	7.945	7.05	0.895
V1901 底油甲苯质量分率/%(wt)	19.145	18.22	0.925
V1901 底油二甲苯质量分率/%(wt)	18.945	19.92	0.975
重整产氢纯度/%(vol)	86.7	87.6	0.9

2.2　分子级分离单元精馏塔模型

分离单元戊烷油塔装置流程如图 3 所示，脱戊烷塔主要作用为拔掉 C_5 及以下轻组分，减少进入芳烃抽提装置的非芳组分，提高芳烃的产量。以该塔进料常规单体烃数据进行分析，T201 底油 C_5 含量仅为 0.24%，塔顶液相苯含量为 2.76%。说明装置基本完全出去 C_5 及以下轻组分，因此可以从降低塔整体能耗为优化点进行模拟分析(图 3)。

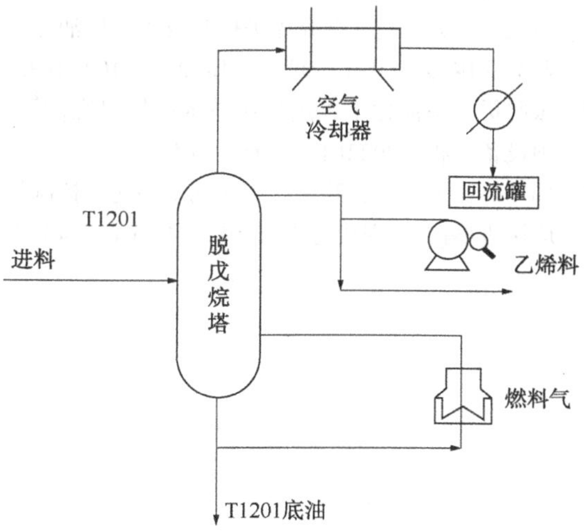

图 3　戊烷油塔装置图

以某天 T1201 进料及 DCS 数据进行模拟分析，由表 2 得模拟数据与实际分析数据基本一致，并在此基础上考察塔顶液相外排及塔顶回流量对 T1201 工况的影响。以减小塔总负荷为依据，模拟分析提出以下优化方案(表 3)。其中原始工况数据见首行，采用回流量为 15900kg/h、塔顶液相外排为 11200kg/h 对现场操作进行调整。T1201 燃气量由初始 557.9Nm^3/h 降为 542.4Nm^3/h，节能了 2.78%，与模拟效果预期的 2.75%相对一致，说明分子级单元的分离模型准度较高且对现场具有较优的指导意义。

表 2　脱戊烷油塔模型模拟关键指标对应表

项目	实际值	模拟值
T1201 底油正构烷烃质量分率/%(wt)	4.92	5.17
T1201 底油异构烷烃质量分率/%(wt)	11.7	12.41
T1201 底油烯烃质量分率/%(wt)	0.2	0.58
T1201 底油环烷烃质量分率/%(wt)	1.47	1.58
T1201 底油芳烃质量分率/%(wt)	81.38	80.24
T1201 底油苯质量分率/%(wt)	7.73	8.8
T1201 底油甲苯质量分率/%(wt)	22.49	22.28
T1201 底油二甲苯质量分率/%(wt)	22.86	22.1
T1201 底油乙苯质量分率/%(wt)	4.4	4.22

表 3　戊烷油塔优化方案对照表

回流量/(kg/h)	塔顶液相/(kg/h)	塔顶 C_5/%(wt)	塔顶苯/%(wt)	塔顶 C_6 非芳/%(wt)	塔底苯/%(wt)	塔底芳烃/%(wt)	再沸器负荷/(kJ/h)	冷凝器负荷/(kJ/h)
16400	11800	25.88	8.49	49.28	6.75	87.77	−2.77E+07	1.46E+07
15900	11200	27.22	7.65	47.97	6.91	87.18	−2.72E+07	1.40E+07

3 结论与展望

（1）建立分子级别的反应单元模型及分离单元模型是可行的，且能够与实际数据做到较好的对应，对实际生产可以起到一定指导作用。

（2）充分利用分子级流程模拟的优势，实现对硫、氯、以及溴指数的模拟，实现对装置运行过程中此类危害要素的严格监控。

（3）采用近红外仪表对原料组成进行建点，实现实时流程模拟，并与现场先进自动控制系统相结合，实时给定优化参数，实现装置的优解条件运行。

（4）与计划调度系统相集成，为石油化工过程准确选择原料提供依据，并依据市场经济波动，灵活调整生产方案，实现供应链及产出产物的优化，综合提升经济效益。

参 考 文 献

[1] 许友好，李浩天，刘昌呈．“双碳”目标下石油炼制技术研发策略与工业实践[J]．石油炼制与化工，2024，55(01)：171-179.

[2] 覃兴龙，杨诗棋，叶磊，等．基于分子水平的催化裂化与加氢精制过程耦合模拟与智能优化[J/OL]．石油学报(石油加工)：1-16.

[3] 郭林超，王丽君．以分子炼油为导向的短流程技术研究及应用[J]．炼油与化工，2023，34(03)：37-41.

[4] 史权，张霖宙，赵锁奇，等．炼化分子管理技术：概念与理论基础[J]．石油科学通报，2016，1(02)：270-278.

[5] 田松柏，龙军，刘泽龙．分子水平重油表征技术开发及应用[J]．石油学报(石油加工)，2015，31(02)：282-292.

[6] 张霖宙，陈政宇，吕文进，等．石油加工分子管理平台构建[J]．中国科学：化学，2018，48(04)：411-426.

[7] 崔晨，蔡广庆，张霖宙．汽油分子组成模型构建[J]．石油化工高等学校学报，2018，31(03)：1-6.

[8] 王刚，孙静，方东，等．分子炼油为导向的催化裂化加工重质油策略[J]．中国科学：化学，2018，48(04)：362-368.

[9] 张海桐，王广炜，薛炳刚．对分子炼油技术的认识和实践[J]．化学工业，2016，34(04)：16-23.

[10] 靳智淏．石油化工过程先进控制和实时优化技术[J]．中国石油和化工标准与质量，2024，44(06)：175-177.

[11] 陶杨．浙大中控 MES 在化工生产调度管理的应用[J]．中国盐业，2022(14)：47-50.

[12] 吴长江．加快突破新型绿色化工关键技术　推动石油化工行业转型升级[J]．中国石化，2024(03)：29-32.

[13] 马记源，郭文超．探究先进控制技术在炼油化工行业的应用[J]．化工管理，2018(24)：102-103.

[14] 张照勇．炼油化工先进控制技术应用研究[J]．中国设备工程，2022(12)：183-185.

[15] 孙雪婷，王晓霖，陈钢．炼油化工的先进控制技术应用进展[J]．现代化工，2022，42(01)：40-45.

一种基于大数据深化应用的加油站风险监管方法

韩亚军 杨晓楠 孟凡可 郭子正 周 进 隋吉光 沈 妍 严振宇

（中国石化江苏石油分公司）

摘 要 中国石化以提高供给质量为主攻方向，以满足客户日益增长的美好生活需要为根本目的，牢固树立质量第一意识，深入推进全面质量管理，树立质量可靠、品牌可信的良好形象，奋力开启高质量发展新阶段。商品数质量是企业与客户联系的重要纽带，很多客户之所以来中国石化消费，到我们的加油站购买商品和服务，就是因为相信中国石化“每一滴油都是承诺”，是信赖我们的产品品质。但是目前加油站成品油数质量风险管理，多依赖人工，风险管控与预警不足；随着技术手段的升级，通过风险管控模型建立，机器人自动巡查进行数质量风险管控已具备条件。本文基于销售企业加油站液位仪深化应用平台进、销、存数据，进行动态应用分析的深化，开展数据建模，依托智能、智慧化手段，实现数据的自动采集、分析和结果推送。本文主要立足风险防控，致力于消费者权益保护，通过案例收集以及模型实例，完成了加油机风险提示推送、特许加盟加油站私自进货风险监管、加油站零售损溢精准分析、油品质量风险推送提醒以及设备故障风险提醒等功能实现。引入RPA机器人对加油站风险进行监管，是油站规范运营的内在要求，也是大数据应用在加油站计质量风险管理方面的集中体现。通过机器人自动巡查，实现对加油机作弊风险、加油枪超差风险、特许加盟加油站私自进油风险、加油站卸错油风险的主动提醒，推进风险防控从人防转为技防，措施落实由“大水漫灌”向“精准滴灌”转变。

关键词 加油站；风险监管；大数据

1 背景描述

1.1 加油站风险管理需要技防手段升级

加油站业务环节主要包括进货验收、油品储存、油品销售。随着加油站液位仪系统应用推广，加油站地罐交接取代罐车计量，成为进货验收主流方式；油品计量由员工逐批次手工计量升级为液位仪系统自动计量；通过定期手工计量，核查比对，对液位仪系统稳定性进行过程监控，确保计量数据准确、可溯源。现金、加油卡、线上支付等多种支付方式，自助加油、一键到车等多种业务模式，为客户提供多样的加油体验。加油机接入站级管控系统，实现逐笔销售流水自动上传，零管系统实现进销存日清日结。但涉及加油机风险管控、加油站损溢风险管控方面，通过技术手段来落实各项管控措施尚显不足。

1.2 加油站计量技术发展为技防手段升级提供可能

中国石化完成加油站液位仪系统切换，系统应用率、自动取数率、地罐交接准确率专项整改提升。全面推进加油站油罐容量表校验，组织油罐容量检查现场交流和工作调研，下发专项工作通知和油罐容量检测指导规范，推进新建、改造双层油罐容量第三方检测工作。加油站全面完成油罐双层罐改造，为油罐计量、地罐交接、库存管理奠定了良好的硬件基础。依托站级管控，加油站逐批次销售流水明细，罐枪匹配关系、加油量、加油开始时间、加油结束时间等标签化记录准确可靠。依托液位仪系统，油罐精准到每5秒钟的温度、液位等历史数据溯源，成为现实。

1.3 技术防控手段升级存在现实急迫性

特许加盟站私自进油是质量管理中最大的风险，涉及企业的品牌形象。传统的风险管控手段，更多是依靠站长现场监管，以及地市公司管理人员抽查、月度进销存核对、油品质量抽检等方式，对人员的责任心以及技能要求较高，并且工作量大，滞后事件较长，缺乏针对性。2021年11月，内蒙古赤峰连续查处8家加油站涉嫌计量作弊。油站运用高科技的手段，在加油机的内部装了遥控装置，控制油量；或者篡改统计显示屏的数字，进行偷油。2023年3月16日，黄冈市相关县市网安部门开展行动，在掌握确凿证据情况下，在浠水、麻城、黄州城区查获7家存在严重犯罪问题的加油站，7人刑拘。2023年7月，国家市场监管总局、公安部、商务部、税务总局四部委联合发文，组织为期一年的综合治理加油机作弊专项行动，对销售企业的加油机风险管理提出了更高的要求。

2　加油站计量风险监管方法

2.1　加油机风险提示推送

通过分析加油机作弊行为的基本特征，从作弊行为一般有克扣用户油品和窃取溢余油品(或套现)两个阶段入手，抓住 24h 内存在分时段溢余、亏损异常的特征，进行破题。利用液位仪系统实时数据，以加油机实时泵码数和油罐发出油品数为基础，按相对固定的时间间隔进行全天候数据采集和损溢波动分段比对，对波动值超过设定阈值区间的情况，进行风险初步识别。针对初步识别的风险油罐，通过历史液位、销售明细数据分析，对罐枪一致性情况进行二次核查计算，最终实现盗油风险、油枪风险推送提醒。

2.1.1　实时盘点数据风险初筛

(1) 实时盘点取数。RPA 机器人根据设定的起始时间，通过加油站液位仪系统，按设定区域和时间间隔和时长进行轮巡式加油站远程盘点，提取盘点时点的加油枪累计泵码数和对应油罐实时库存数据。对盘点时间点的非静态油罐(正在销售油品或者正在进货验收的油罐)，按跟进规则进行多次轮巡，尽可能获取对应时点的盘点数据(图 1)。

(2) 罐出、枪出量计算。根据累计泵码数差量，计算加油机销售油品数量。根据加油机销售油品数量，计算油罐库存理论体积；通过远程盘点取到对应油罐库存净油体积；净油体积与理论体积差异计算罐表差量。通过相邻时间段累计量差值，进行区间差量计算。

(3) 罐存温度补偿优化。引入膨胀系数(汽油：0.0012；柴油：0.0008)。每个区间段罐出量计算时候，计算油罐存量，以及销售量，由于温度变化导致的体积变化。罐表差计算过程中，将这一部分温度变化导致的体积变化量进行还原补偿。

(4) 标签标记。根据进货验收记录，区间存在进货的情况，进行数据还原。根据油罐当天数据计算结果，区间罐表差量最大值-区间罐表差量最小值，超过阈值(可变设置)的情况，作为初步盗油风险油罐进行标记。当天累计区间罐表差量、区间罐表差率。针对不同的销量情况(可变设置)对油枪风险备注说明情况进行分类识别、标记。24h 时间周期内，区间段少于等于规定次数(可变设置预留)的油罐，作为存盘缺项油罐进行标记。

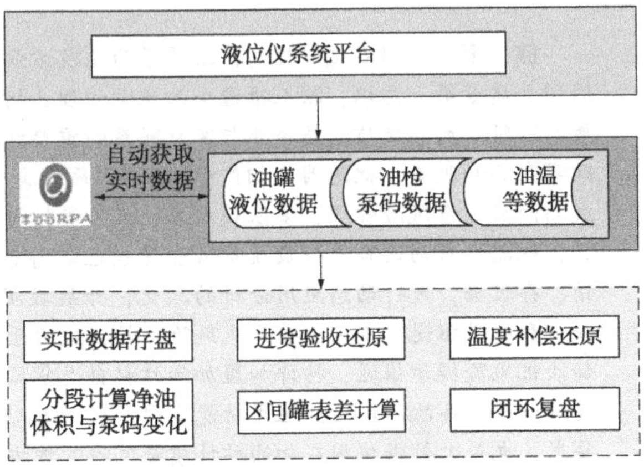

图 1　实时盘点系统逻辑说明

2.1.2　历史数据复盘，结果推送

(1) 筛选静态液位区间。根据历史液位区间，计算静态液位点；根据销售明细，按照相对平均的销售区间，筛选需要进行区间段计算的静态液位点。保证 24h 内拆分的 8 个销量区间段，销量具有可比性。按照进货验收前尺、后尺数据，对进货验收行为进行针对性区间段剔除。

(2) 结果推送。按照前述方法，对对应油罐罐出量-枪出量数据进行温度还原计算。复盘油罐为初筛进行盗油风险标记、油枪风险标记或者存盘缺项标记的油罐。根据油罐当天数据计算结果，区间罐表差量最大值-区间罐表差量最小值，超过阈值(可变设置)的情况，进行盗油风险报警。当天累计区间罐表差量、区间罐表差率。针对不同的销量情况(可变设置)，对于罐表差量、罐表差率超过阈值(可变设置)的情况，进行油枪报警报警推送(图 2)。

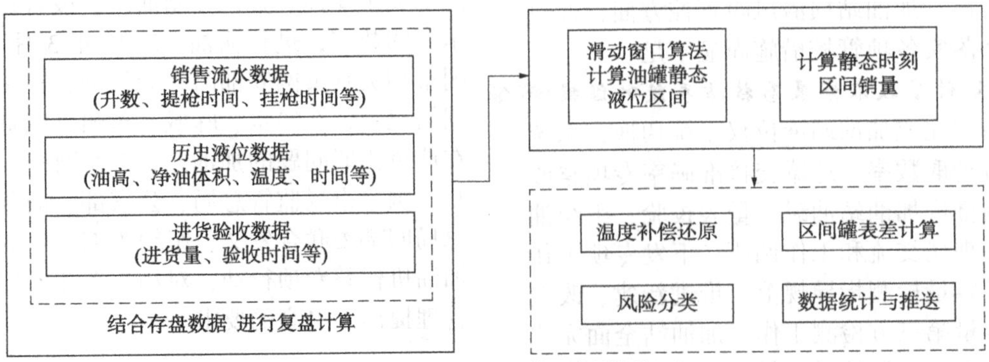

图 2　复盘核查系统逻辑说明

2.2 特许加盟加油站私自进货风险监管

特许加盟加油站私自进货是其质量管理中最大的风险。通过规范 ERP 或油库发货系统和加油站进货验收操作，实现加油站实际入罐油品与 ERP 系统发货油品之间的精确匹配，通过算法模型建立，实现对异常风险及时进行推送提醒。

2.2.1 液位仪在用状态监管

对未报备停用液位仪的油罐进行逐罐巡查，加油站液位仪是否正常使用，有无断线等问题。存在断线问题，推送加油站液位仪断线。确实停用的油罐，需要报备进行程序主数据更改。

2.2.2 油罐实际进货量计算

通过历史液位曲线数据，按照程序主数据的特许加盟站清单，按照指定程序计算的液位仪系统核查日油罐进货量。通过斜率取液位仪曲线低点和高点体积数，初步核算出油罐进油升数。

2.2.3 油库发货量数据计算

通过 ERP 系统查特许加盟站对应的客户代码在油库是否有进货，以及实际进货量数据。通过 ERP 系统 MB51 物料凭证查询，查询上一天油库对外客户发货数量，通过 ERP 查询明细中的“收货方”与特许加盟站匹配，得到所对应的客户编码分牌号发货数量。

2.2.4 按照品号进行差异核对，问题推送

按照客户编码分类，对应加油站收油总数量(液位仪取油罐进货量)与油库发油数量，并按品号进行差异核对。加油站地罐液位仪收货量大于油库发货量 2t 及以上的加油站、当天无油库发货的加油站进行重点风险推送、地市公司核查(图 3)。

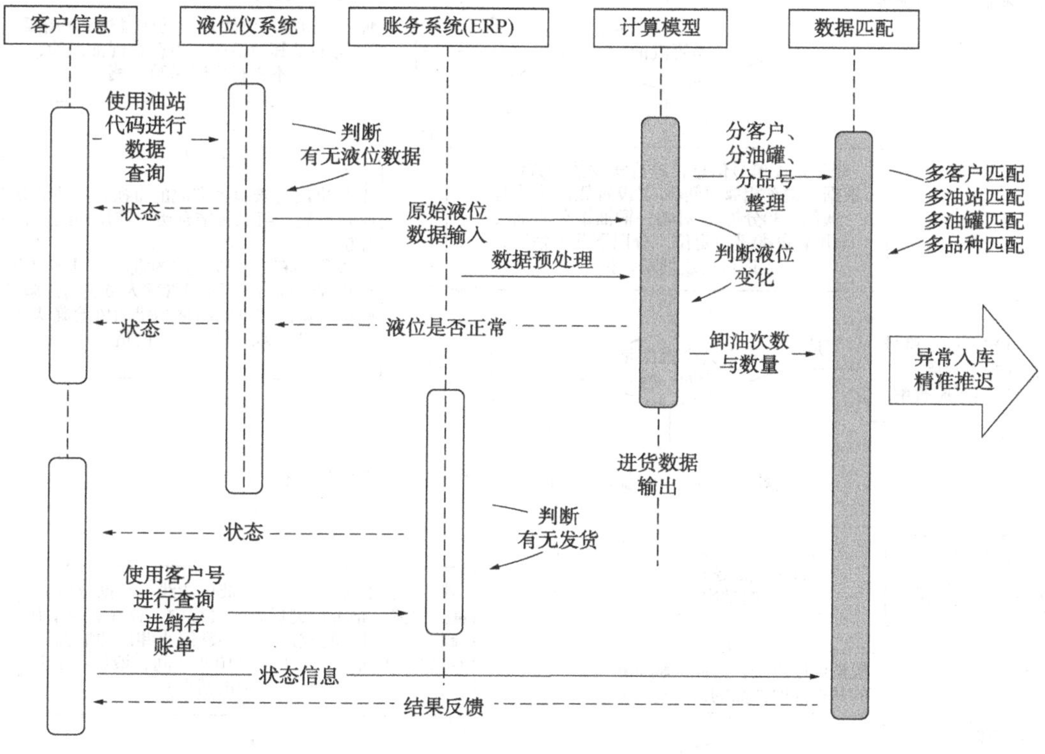

图 3　计算逻辑序时图

2.3 油品质量风险推送提醒

近年加油站发生的油品质量事故(事件)，除油品自身质量问题外，加油带水和油品混油是造成加油站油品不合格的主要因素。以液位仪平台水高异常实时报警数据为基础，结合水高变化特性和加油站油品库存变化数据，精确识别并实时推送加油站油罐进水风险。通过优化加油站二次物流，基于对液位仪系统油罐异常动态和接卸油异常数据分析，及时对卸错油风险进行提醒推送。实现油站进水风险、混油风险实时监控、闭环监管，确保油品质量风险受控。

存在一定体积差量的混装的不同牌号的油品(管理前置措施，严格落实，同一辆油罐车不同牌号油品混装，200L 量差要求)，一方面，通过数据实时采集，对相关油罐异常液位上升报警、以及混装油品异常盈亏进货损耗情况，第一时间进行风险推送，阻止后续混油情况发生；第二方面，通过对进货验收异常损溢批次、手工补录批

次、无货单验收批次结果进行卸错油风险专项核查，对加油站人为掩盖卸错油问题进行深度挖掘，确保销售油品质量100%合格(图4~图6)。

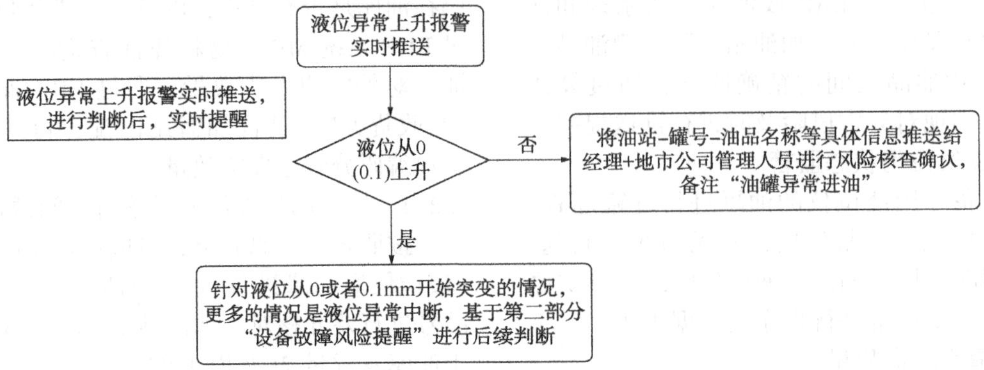

图4　卸错油罐风险实时提醒逻辑框图

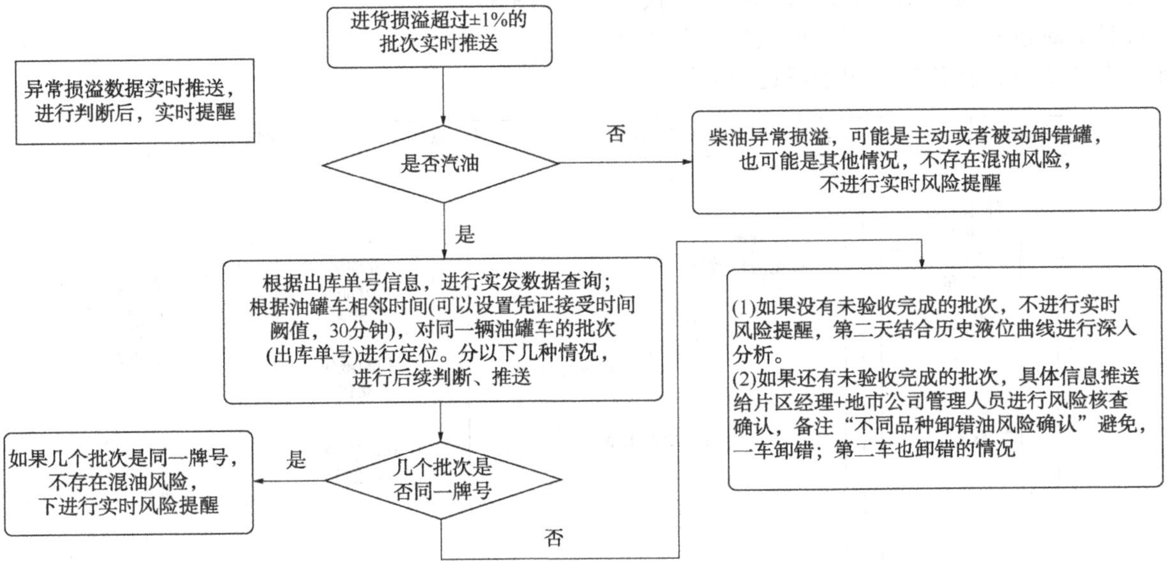

图5　异常损溢批次混油风险实时提醒逻辑框图

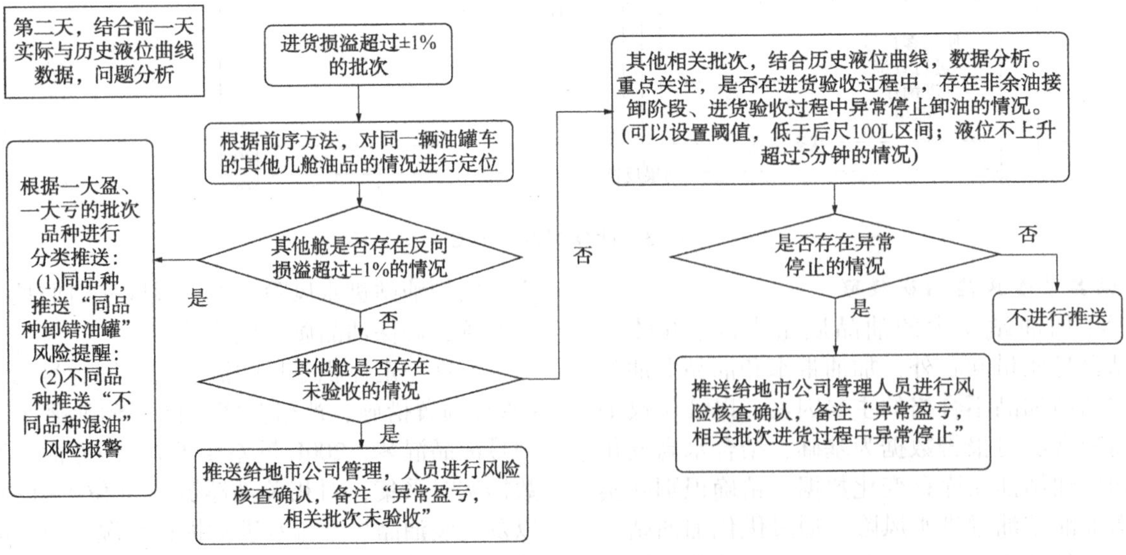

图6　混油风险核查逻辑框图

4 结语

本文加油站风险监管方案，建立了加油站计质量风险溯源、核查的标准化方法，通过5s时间间隔的历史液位数据以及逐批次销售明细，实现加油站油罐罐存量、销售量的逐批次匹配，风险核查。解决了加油站分析需要依赖“专家”人员才有能力进行风险分析的囧境，为各层级管理人员风险排查、履职尽责提供了标准化计算工具。

销售企业管理的现状是，点多面广，管理工作的通病是，未检查发现的问题，就无法形成有效整改。RPA机器人风险推送后，需要相关管理人员、操作人员，根据推送的问题，进行原因核查，进而完成整改。风险核查机器人7×24h不间断巡查，对于问题整改成效，结果导向，通过异常问题是否重复推送，可以直接进行问题整改是否到位，倒闭问题站点问题整改落实，最终切实推进加油站管理基础提升，维护客户权益和品牌信誉。

参考文献

[1] 雷友曦，唐宇博．成品油销售企业实现油品损溢精细管理的措施[J]．石油库与加油站，2023，32(3)：25-27.

[2] 严松林．风险管理下的加油站安全管理探析[J]．中国石油和化工标准与质量，2021，41(15)：2. DOI：10. 3969/j. issn. 1673-4076. 2021. 15. 039.

[3] 余智泉．加油站经营风险管控系统的设计与实现[D]．电子科技大学[2024-04-16]．DOI：CNKI：CDMD：2. 1018. 056460.

[4] 何奕峰，田又予．加强检定预警系统研究 提高加油机安全数质量水平[J]．中国石化，2023(8)：67-68.

CCUS技术在炼化企业具象化应用的探索

董建蓉　宋鑫凯

（中国石油克拉玛依石化公司）

摘　要　二氧化碳捕集、利用与封存（carbon capture，utilization and storage，CCUS）技术，是实现全球碳减排目标的关键。炼化企业的二氧化碳（CO_2）排放量在全行业内占有较高比例，探索CCUS技术在炼化企业的应用具有重要意义。结合目前中石油克拉玛依石化有限责任公司CO_2利用情况，对今后公司CO_2有效利用进行了调研，以期整合并筛选适应于炼厂排放烟气中CO_2捕集工艺，不仅能够减少环境污染，还可为炼化企业开拓新产品路线，带来显著的经济效益。

关键词　CCUS；二氧化碳尾气；驱油；碳酸二甲酯

全球气候变化问题日益严重，实现碳达峰和碳中和目标成为国际共识。CO_2捕集、利用与封存（CCUS）技术作为关键碳减排手段，备受关注。该技术不仅能减少大气中CO_2浓度，缓解温室效应，还在多个领域展现出广泛的应用前景。

据统计，碳捕集与封存技术相关研究公开成果已突破3000余项，炼油化工行业是该技术的主要应用领域。炼化企业的各炼油工序可通过燃烧排放、工艺排放、间接排放和逸散排放产生大量二氧化碳尾气。将这些CO_2捕集、纯化，将在驱油、驱煤层气等方面应用效果显著，提升产量的同时可以实现CO_2地下封存。此外，CO_2还可作为化工原料，生产尿素、碳酸氢铵、合成气、碳酸二甲酯等，市场前景广阔。同时，二氧化碳尾气与荒煤气是成分相似的混合物，为借鉴荒煤气生产乙二醇的工艺提供了可能，进一步拓展了二氧化碳的高效利用途径。

中石油克拉玛依石化有限责任公司（以下简称“克石化公司”）目前原油年加工能力600万t，拥有原油蒸馏、催化裂化、高压加氢、催化重整、焦化等装置，生产产品包括燃料油、润滑油、沥青、变压器油、石油焦等，是一家已逐步实现炼化一体化且产品多样的炼化企业，本篇文章将结合目前CCUS的发展方向及炼厂的实际情况，探索CCUS技术在克石化公司的具象化应用。

1　炼油厂二氧化碳尾气排放的来源与特点

据统计，炼油业占全行业工业温室气体排放的6%，占石化行业排放量的26%、占总碳排放量的2.5%，我国炼化行业2023年二氧化碳排放量达到了3.2亿t。因此，炼油业作为工业温室气体排放的重要源头，其CO_2减排工作至关重要。

炼油过程中，催化再生、氧化沥青、加氢精制等环节的尾气排放是CO_2的主要来源。其中，催化裂化装置的碳排放尤为显著，占炼厂总碳排放量的27%，其次是制氢装置、催化重整装置、常减压装置、延迟焦化装置及加氢装置。原油加工量1000万t/a炼厂各排放形式CO_2排放量预估见表1。催化裂化装置和制氢装置产生的尾气中CO_2浓度相对较高，利用CCUS技术捕集回收具有较高效率，因此可作为技术试点的优先对象。

表1　原油加工量1000万t/a炼厂各排放形式CO_2排放量预估

排放形式	CO_2排放量占比/%	千万吨级炼厂该排放形式CO_2排放量预估/（万t/a）
燃烧排放	51	127.5
催化裂化 天然气制氢	26.52 7.48	66.3 18.7
外购电排放	15	37.5
排放总量	100	250

据统计分析，每加工1t原油会产生约0.25t二氧化碳。克石化公司全年原油加工量为600万t，预估产生二氧化碳尾气150万t。根据表1各排放形式CO_2排放量占比计算，克石化公司燃

烧排放 CO_2 预估 76 万 t/a，催化裂化装置 CO_2 排放量约 39.78 万 t/a，制氢装置 CO_2 排放量约 11.22 万 t/a。但公司催化装置规模较小，该装置实际 CO_2 排放量为预估值的 65%。燃烧排放仍是最主要的排放形式，并且，燃煤排放是主要的排放源。

2　炼油厂二氧化碳尾气捕集方法

近年来，石油化工行业在 CCUS 研究与应用上取得了较大进展。吉林大情字井油田通过 CO_2 注入提高采收率，封存 150 万 t CO_2，采收率提升超 10%。齐鲁石化-胜利油田 CCUS 项目，捕集煤制氢尾气中的高浓度 CO_2 用于驱油封存，实现了 CCUS 技术在石油石化行业的具体应用。

在 CO_2 捕集技术方面，主要有三种方法：燃烧前捕集、富氧燃烧和燃烧后捕集。其中，燃烧后捕集工艺因其可操作性强、技术成熟，而成为目前使用最为广泛的捕集技术。该工艺通常包括吸收法、吸附法、膜分离法和低温蒸馏法等捕集方式。CO_2 各种捕集方式对比(表 2)。吸附法包括变压吸附、变温吸附和变电吸附，在捕集低浓度 CO_2 方面具有运行成本低、无副产物、吸脱附速率快等优点。低温蒸馏法是先将含多种气体组分的尾气低温冷凝液化，再通过蒸馏分出 CO_2。该方法适用于尾气中 CO_2 浓度较高的情况，由于需要反复压缩和冷凝，因此能量消耗较高。膜分离法为 CCUS 技术发展提供了新的方向，但抗腐蚀性差，且该技术尚未在工业化装置应用。吸收法包括化学吸收，常见的吸收剂有醇胺溶液、氨水和碳酸钾溶液等；物理吸收，以甲醇、*N*-甲基吡咯烷酮等作溶剂。化学吸收法作为一种 CO_2 捕集液化的传统方法，捕集效率高、吸收速率快，但仍存在能耗高、成本高的问题，因此选择更优良的吸收剂和捕集工艺需要进一步研究。

表 2　CO_2 各种捕集方式对比

捕集方式	优点	缺点
吸附法	能耗低，再生能力强，捕集低浓度 CO_2 效率高	耐热性差，化学稳定性低
物理吸收法	工艺简单，再生能耗低	要在高压条件下进行，对环境的要求较高，CO_2 回收率低
膜分离法	能耗低，操作简单，占地面积小	捕集到的 CO_2 纯度低，抗腐蚀性差
化学吸收法	捕集效果好，可以获得近乎纯净的 CO_2 产品，吸收速率快，吸收容量大	能耗高，成本高
低温蒸馏法	捕集到的 CO_2 浓度高，便于管道运输	能量消耗高、设备投资大

新疆敦华石油技术有限公司成功应用 CCUS 技术，采用自主研发"PSA(变压吸附法)驰放气 AEA 胺液 CO_2 捕集工艺包"，于 2016 年在克拉玛依建成并投产 10 万 t/a CO_2 捕集液化装置，处理天然气制氢装置产生的驰放气，通过捕集液化，经吸收、解析、压缩、干燥、制冷等工艺后，获得高纯度 CO_2。截至目前，克石化公司制氢装置的 CO_2 尾气可以得到捕集并有效利用。

捕集燃烧排放和催化裂化装置排放的烟气，并通过液化、分离、提纯得到 CO_2，不仅可以减轻碳排放压力，也可产生新的经济效益，但该工艺的开发利用仍在进一步探索中。石油产品经高温反应后，会产生大量 NO_x 和 CO，CO 在高温再生器里与 O_2 发生二次燃烧，生成大量 CO_2，因此烟气中的 CO_2 含量很高。催化裂化装置的烟气经余热锅炉喷氨脱硝、洗涤塔加碱脱硫，脱过热、除尘后对空排放。装置烟气排放示意图(图 1)。

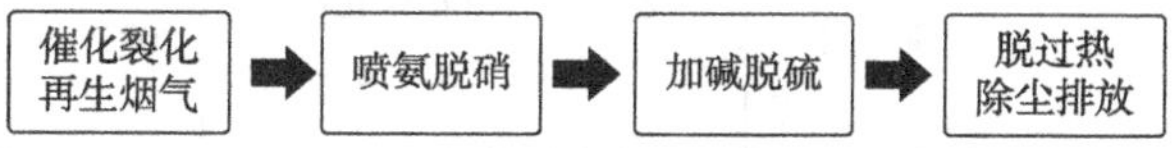

图 1　催化裂化装置烟气排放示意图

3　捕集后的 CO_2 利用与封存路径探索

3.1　CO_2 驱油技术

在我国，二氧化碳封存利用技术备受关注，其中二氧化碳驱油(EOR)技术因减排潜力大、技术成熟、经济效益好而被优先考虑。该技术利用压差驱动地层中的原油，降低原油黏度，增大流动性，使采收效率大幅提高。研究表明，我国有约 130 亿 t 石油地质储存适合该技术，预期可增采原油 7 亿~14 亿 t。通过注 CO_2 预计可提高采收率 15%，增加可采储量 19.2 亿 t，并封存 CO_2 约 47 亿~55 亿 t。EOR 技术不仅能提高采收率，还能实现大规模二氧化碳封存，对于促进能源行业的绿色发展至关重要。炼化企业产生的二氧化碳尾气一般不作封存处理，但在用于油田驱油时，可同时实现封存。

克石化公司制氢装置产生的 CO_2 被捕集后，成功应用于油田驱油，极大提高油田采收效率的同时，实现了 CO_2 地底封存。稀油井单井 CO_2 用量 200~300t，稠油井单井 CO_2 用量 50~125t，新疆油田公司 2023 年全年累计 CO_2 注入量突破 20 万 t，因此用于油田驱油的 CO_2 需求量巨大。

3.2　CO_2 与甲醇直接合成 DMC

随着环保意识的增强，环境友好型化学品需求上升。碳酸二甲酯(DMC)作为一种有机环保中间体，其应用领域十分广泛。它可以作为食品添加剂、抗氧化剂、药物中间体和表面活性剂的原料，还可用于制备碳酸二苯酯(DPC)和高能电池电解液等。DMC 的制备有多条工艺路径，利用 CO_2 与甲醇直接合成 DMC 的工艺因高效、绿色且符合“双碳”政策发展理念，有望成为制备 DMC 的主流方法，为推动可持续发展和应对气候变化做出重要贡献。

CO_2 和甲醇在催化剂作用下，生成 DMC 的反应式如式(1)所示。该工艺路线不仅生产成本低、选择性高，而且实现了零排放，对缓解碳源危机具有重要意义。但由于该反应的吉布斯自由能为正值(+24.04kJ/mol)，因此反应不能自发进行。为克服热力学限制，提高甲醇转化率、DMC 收率，催化剂的选择尤为重要，催化剂按照类别可分为：金属碳酸盐、负载型催化剂、金属氧化物催化剂、电合成法催化剂、金属配合物催化剂、离子液体催化剂。各典型催化剂的类别、名称、反应条件、DMC 收率及特点见表 3。使用金属氧化物催化剂 CeO_2，表现出了最好的 DMC 收率，但使用该种催化剂也存在反应温度高、反应时间长的不足。因此选择合适的助催化剂和脱水剂，优化反应条件也是该研究方向需要解决的难题。

$$CO_2+2CH_3OH \longrightarrow (CH_3O)_2CO+H_2O \quad (1)$$

表 3　CO_2 和甲醇直接合成碳酸二甲酯催化剂对比

催化剂类别	具体催化剂名称	反应条件	DMC 收率	特点
金属碳酸盐	CH_3OK(助催化剂 CH_3I)	80℃，7.3MPa，10h	16.2	催化剂便宜，但助催化剂昂贵，收率较低
金属氧化物催化剂	CeO_2(添加 1wt%Pr)	120℃，3MPa，150h	>90	没有氧化失活的问题，DMC 收率高，但甲醇的转化率低，反应时间长
负载型催化剂	硝酸铜-活性炭(助催化剂 CH_3I，脱水剂分子筛)	80℃，4MPa，24h	30	可以通过载体孔隙率提高催化活性，可以重复使用，但活性组分容易氧化失活
金属配合物催化剂	Ce-UiO-66-2 催化剂	140℃，11MPa，12h	0.30	收率低
离子液体催化剂	1-乙基-3-甲基溴化咪唑鎓离子液体(K_2CO_3，CH_3I)	80℃，7.3MPa，4h	5.09	相对清洁；可回收、制造方便、催化能力强，但该类催化剂在反应后难以从溶液中分离和回收
电合成法催化剂	bmimBr(助催化剂 CH_3OK)	30℃，0.1MPa	3.9	电合成的操作条件复杂，难以将该工艺扩大到工业生产

克石化公司已有一套甲醇生产装置，选择合适的催化剂，利用捕集纯化的 CO_2 和甲醇合成 DMC 具有广阔前景。使用金属氧化物催化剂能获得最佳的 DMC 收率，因此使用该催化剂具有很好的借鉴意义，可在实验室和小试装置进行试验，探究最佳的反应条件，以期达到较高的碳酸二甲酯收率。

3.3　甲烷和 CO_2 重整制合成气

以甲烷和二氧化碳为原料，通过甲烷二氧化碳重整工艺生产合成气，其 H_2/CO 比约为 1。通过调整产物比例，共混得到合成气，可进一步制取液体燃料、芳烃、低碳烯烃等高附加值化学品。该工艺不仅实现了碳循环利用，还可协同突破资源与能源的碳中和瓶颈。

甲烷二氧化碳重整制备合成气的方法包括热催化、电催化和光催化等。热催化利用 CO_2 与甲烷或氢气反应，具有处理量大、效率高，易工业化应用的优势。山西潞安集团已成功建成万吨

级 CO_2 自热重整制合成气中试装置，其成本相较于传统方法可降低20%。电催化则通过 CO_2 电化学还原与水电解制氢耦合，实现常温常压下的合成气转化，但大规模应用仍面临挑战。光催化利用太阳能将 CO_2 还原为合成气，是绿色生产的可行技术路线，但开发高效稳定的光催化剂仍是关键难题。

对甲烷二氧化碳重整制合成气技术进行详细的调研与分析，选用较优的催化方法和催化剂，可进一步提升克石化公司甲烷和回收二氧化碳气体的利用率，对于实现可持续发展有重要意义。

3.4 借鉴荒煤气制乙二醇技术处理二氧化碳尾气

荒煤气制乙二醇技术是通过一系列工序，包括转化、变换、低温甲醇洗、PSA吸附分离等，从荒煤气中提取高价值的组分 H_2 和CO，进而通过羰化、加氢、精制技术生产出聚酯级乙二醇。该工艺具有非常可观的减排前景，一套40万t/a乙二醇装置每年可直接减排 CO_2 约60万t，间接减排 CO_2 约170万t。这一过程的成功实施不仅展示了对于复杂气体混合物的高效处理和利用能力，同时也为炼油厂处理二氧化碳尾气提供了新的思路。

炼油厂产生的二氧化碳尾气与荒煤气在成分上具有相似性，因此可以借鉴荒煤气制乙二醇的技术路径，对尾气进行处理和利用。通过类似的转化和分离工序，炼化企业可以提取尾气中的有用组分，进而生产新的化工产品，实现尾气的资源化利用。这不仅有助于减少二氧化碳的排放，实现企业节能减排的目标，还可以带来新的经济效益，推动炼油行业的绿色转型和升级。

4 结论

调研和分析了炼化企业二氧化碳尾气的来源及排放量，同时梳理了 CO_2 捕集工艺及应用途径。克石化公司制氢装置的 CO_2 得到了捕集利用，而燃烧排放和催化裂化装置的烟气需要选择高效的化学吸收剂捕集。结合炼厂实际情况，从四个方面考虑捕集液化后 CO_2 的利用路径，涵盖了 CO_2 驱油与封存技术、CO_2 作为原料合成DMC、甲烷二氧化碳重整制合成气，以及二氧化碳尾气制乙二醇。目前，捕集的 CO_2 主要供给油田用于驱油，提高采油率的同时实现了 CO_2 封存。通过利用克石化公司自产的甲醇与捕集的 CO_2，可直接生产碳酸二甲酯，金属氧化物催化剂表现出优异的DMC收率，成为该工艺催化剂选择的重要方向。结合炼厂实际情况筛选适用的催化方法，采用甲烷二氧化碳重整制合成气技术，也可拓展在化学品方向的应用。最后，借鉴荒煤气制乙二醇技术的成功经验，高效利用炼油厂的二氧化碳尾气，将极大地提高炼化企业废弃尾气的利用率。

参考文献

[1] 陈建军．“双碳”背景下炼化行业节能减排思路探讨[J]．现代化工，2023，43(10)：7-12.

[2] Ilyinskaya D. N.，Kazakova A. A.，Tokarev S. A.. Carbon Dioxide Processing at the Oil Refinery[J]. Chemical and Petroleum Engineering，2023，59(1-2)：67-75.

[3] 王友启，赵峰华，刘柏林，等．炼油厂排放 CO_2 用于驱油埋存的可行性评价[J]．油气地质与采收率，2010，17(02)：70-73+115-116.

[4] 陈自娇，罗利平，张博，等．CO_2 与甲醇直接合成碳酸二甲酯的催化剂研究进展[J]．石油炼制与化工，2024，55(02)：84-90.

[5] 校文超，闫昊男．西部地区荒煤气的利用现状及工艺[J]．河南化工，2021，38(04)：44-46.

[6] 王园园，贾海龙，郭忠森，等．中小型炼油企业低碳发展路径及措施建议[J]．现代化工，2022，42(03)：1-5.

[7] 蒋庆哲，马敬昆，陈高松，等．炼油厂二氧化碳排放估算与分析[J]．现代化工，2013，33(04)：1-4+6.

[8] 马丹竹，贾冯睿，方弘，等．炼油厂碳排放特征及催化裂化装置 CO_2 减排研究[J]．现代化工，2016，36(05)：138-141.

[9] 贾海龙，王园园，马杰，等．中型炼油厂碳排放评估与碳减排措施[J]．石化技术与应用，2022，40(02)：139-143.

[10] Ma L，Castro-Dominguez B，Kazantzis K N，et al. Integration of membrane technology into hydrogen production plants with CO_2 capture：An economic performance assessment study[J]. International Journal of Greenhouse Gas Control，2015，42，424-438.

[11] 赵雪会，黄伟，李宏伟，等．促进“双碳”目标快速实现的CCUS技术研究现状及建议[J]．石油管材与仪器，2021，7(06)：26-32.

[12] 孙锐艳，马晓红，王世刚．吉林油田 CO_2 驱地面工程工艺技术[J]．石油规划设计，2013，24(02)：1-6+31+48.

[13] 胡艳芳. 齐鲁石化-胜利油田 CCUS 项目二氧化碳输送管道全线贯通[J]. 炼油技术与工程, 2023, 53(06): 64.

[14] Nair V K, Poplsteinova J J. Exploring global uncertainty quantification and sensitivity analysis methodologies: CO_2 capture absorber model with MEA solvent as a test case[J]. Chemical Engineering Research and Design, 2023, 200, 107-133.

[15] 李亚平, 刘金昌, 黄卢洁, 等. 低浓度 CO_2 的捕集技术及吸附法在碳捕集中的应用[J]. 山东化工, 2022, 51(22): 155-159.

[16] 胡道成, 王睿, 赵瑞, 等. 二氧化碳捕集技术及适用场景分析[J]. 发电技术, 2023, 44(04): 502-513.

[17] 汪芳, 廖广志, 苏春梅, 等. 二氧化碳捕集、驱油与封存项目碳减排量核算方法[J]. 石油勘探与开发, 2023, 50(04): 862-871.

[18] 陈欢庆. CO_2 驱油与埋存技术新进展[J]. 油气地质与采收率, 2023, 30(02): 18-26.

[19] 孙李林. 碳酸二甲酯合成技术综述[J]. 山东化工, 2022, 51(02): 80-82.

[20] Vincenzo L D, Michele C, Giuseppe D, et al. Concerning Synthesis of New Biobased Polycarbonates with Curcumin in Replacement of Bisphenol A and Recycled Diphenyl Carbonate as Example of Circular Economy [J]. Polymers, 2021, 13(3): 361-361.

[21] 史亚卜, 张国强, 孙宇辰, 等. KIT-6 负载 CeO_2 催化 CO_2 和甲醇合成碳酸二甲酯[J]. 无机化学学报, 2021, 37(06): 1004-1016.

[22] Cai Qinghai, Lu Bin, Guo Lingji, et al. Studies on synthesis of dimethyl carbonate from methanol and carbon dioxide[J]. Catalysis Communications, 2009, 10 (5): 605-609.

[23] Faria D J, dos Santos L M, Bernard F L, et al. Performance of supported metal catalysts in the dimethyl carbonate production by direct synthesis using CO_2 and methanol[J]. Journal of CO_2 Utilization, 2021, 53: 101721-101721.

[24] Stoian D, Medina F, Urakawa A. Improving the stability of CeO_2 catalyst by rare earth metal promotion and molecular in sights in the dimethyl carbonate synthesis from CO_2 and methanol with 2-cyanopyridine [J]. ACS Catalysis, 2018, 8(4): 3181-3193.

[25] Yuan Dan dan, Yan Cuihong, Lu Bin, et al. Electrochemical activation of carbon dioxide for synthesis of dimethyl carbonate in an ionic liquid [J]. Electrochimica Acta, 2009, 54 (10): 2912-2915.

[26] HuoLinmeng, Wang Lin, Li Jingjie, et al. Cerium doped Zr-based metal-organic framework as catalyst for direct synthesis of dimethyl carbonate from CO_2 and methanol[J]. Journal of CO_2 Utilization, 2023, 68: 102352-102352.

[27] Cai Qinghai, Zhang Li, Shan Yongkui, et al. Promotion of ionic liquid to dimethyl carbonate synthesis from methanol and carbon dioxide[J]. Chinese Journal of Chemistry, 2004, 22(5): 422-424.

[28] 刘爱迪, 李玉巧, 刘会敏, 等. 光热协同催化甲烷二氧化碳重整反应研究进展[J]. 化工新型材料, 2023, 51(S2): 203-207.

[29] 鲁佩芳, 阮少军. 双碳目标下二氧化碳 催化转化技术研究进展[J]. 中国资源综合利用, 2024, 42 (01): 100-102.

燃烧炉离子色谱在石油石化行业的应用

林清江　王建全　杨国旭

（天津石化公司化验计量部）

摘　要　许多材料中都存在不同形式的卤素和硫，这些材料在燃烧的过程中会释放大量有害物质，对工艺设备及大气环境都存在危害，严重威胁人类健康。尤其原油及石油化工产品中通常都含有硫和氯，多数情况下，必须去除硫、氯化合物，因为它们不仅腐蚀设备也会导致最终产品性能的改变；而且会导致催化剂中毒；某些化合物会造成健康危害；按照严格的排放标准和空气质量标准，燃料中几乎不能含有硫、氯的化合物。因此许多法规对卤素和硫的含量进行了限制，如国际电工协会 IEC 61249-2-21 规定氯和溴的含量分别不大于 900mg/kg，氯和溴的总量不大于 1500mg/kg m 对于卤素和硫的测试，通常使用燃烧法进行样品前处理，常用的测试方法主要有氧弹燃烧离子色谱法和燃烧炉离子色谱法，相比于传统的氧弹燃烧法，微库仑法，燃烧炉离子色谱法(CIC)在样品通量，自动化，检出限，精密度，准确度等方面具有明显的优势。本文主要探讨燃烧炉离子色谱在石油石化行业的应用入手进行测定石脑油、芳烃环烷烃、丙烯，液化气中痕量氯硫的含量取得良好效果。

关键词　燃烧炉离子色谱(CIC)；淋洗液；吸收液；氯离子；硫酸根离子；双氧水；MiPT

1　引言

进样系统将固体、半固体，液体或气体等样品引入燃烧炉；燃烧系统样品进入燃烧炉后，在惰性环境下(氩气保护)，样品在 900~1100℃下裂解，热解后的样品在被氩气带入燃烧管的外管，同时与外管的氧气接触，燃烧；然后在氧气环境中氧化，未氧化的样品，在氧气的作用下，在内管和氧气接触接着氧化，同时被氧气带出(后燃)；被双氧水吸收液吸收后卤素转化为卤化氢或卤离子，硫转化为硫酸根离子；气体吸收及溶液转移系统燃烧产物通过吸收溶液后转换为卤离子和硫酸根离子，然后通过高精度的移液装置将一定体积的吸收液注入离子色谱系统，离子色谱系统吸收液进入离子色谱系统进行分离测定实现全自动化分析操作。针对可热解和可燃有机基质中的卤素和硫的检测，替代传统的氧弹法优势明显 。

2　实验部分

2.1　仪器

瑞士万通 Metrohm Combustion IC 系统模块(图 1)：燃烧模块(德国耶拿)、920 吸收模块、930 离子色谱分析模块配有万通化学抑制器、二氧化碳抑制器，电导检测器，保护柱、分离柱、预浓缩柱，捕获柱等，配有 Magic Net 4.0 工作站的数据处理系统。

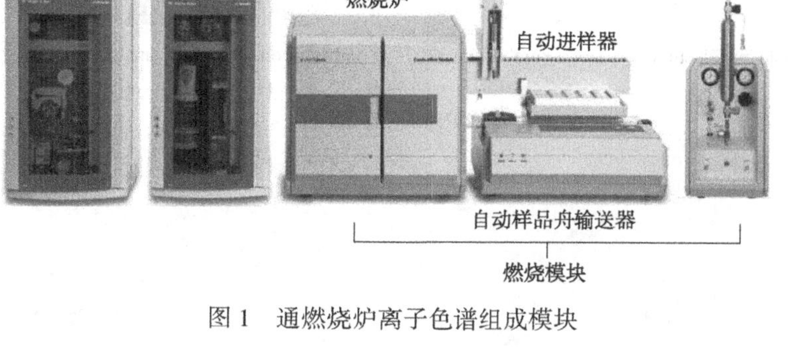

图 1　通燃烧炉离子色谱组成模块

2.2 试剂材料

（1）载气：氩气，纯度≥99.99%（体积分数）。

（2）燃烧气：氧气，纯度≥99.99%（体积分数）。

（3）超纯水：电导率不低于 18.2MΩ · cm，氯离子含量不高于 0.010mg/kg。

（4）试剂：氯、硫标样：1.0～50mg/L（北京石科院）；万通混标 10mg/kg。

（5）淋洗液：3.2mmol/L 碳酸钠＋1mmol/L 碳酸氢钠。

（6）抑制器再生液：0.5%硫酸。

（7）吸收液：920 吸收模块用的 100μg/mL 双氧水。

2.3 燃烧炉离子色谱条件（表 1，表 2）

表 1　燃烧炉的条件

氧化燃烧炉部分	条件
燃烧炉温度/℃	1050
样品舟冷却时间/s	420
氧气流量/（mL/min）	300
氩气流量/（mL/min）	100
吸收液体积/mL	5mL
吸收液/（μg/mL）	超纯水、100μg/mL 双氧水
燃烧炉后燃时间/s	120
进样针吸液速率/（μL/s）	2
进样针加液速率/（μL/s）	4

表 2　离子色谱的条件

离子色谱部分	条件
保护柱	Metrosep A supp5 Guard/4.0
分离柱	Metrosep A supp5-150/4.0
淋洗液	3.2mmol/L 碳酸钠+1mmol/L 碳酸氢钠
流速/（mL/min）	0.7
柱箱温度/℃	30
记录时间/min	18
定量环体积/μL	250
检测器	电导检测器
进样量/μL	50

2.4 方法原理

样品通过自动进样装置进入燃烧炉，在燃烧单元的低氧环境中热分解，随后在富氧环境中燃烧，燃烧产物经气体带入吸收单元吸收后直接到离子色谱进样分析，可同时完成对多类型卤素和硫的精确分析。样品中的含氯、硫化合物首先在氩气环境中裂解，然后在氧气环境中氧化，卤素转化为 HX，硫转化为 SO_x；气体吸收及溶液转移系统燃烧产物通过吸收溶液后转换为卤离子和硫酸根离子，然后通过高精度的移液装置将一定体积的吸收液注入离子色谱系统进行分离分析，仪器说明书介绍的燃烧炉组成及分析机理流程如图 2 所示。在消化的第一阶段，样品组分在氩气流中被热解，产生的热解气体在氧气流中被焚烧。接下来，剩余的热解产物在第二阶段期间在氧气流中被再焚烧，总之消化可以用以下方程来描述。

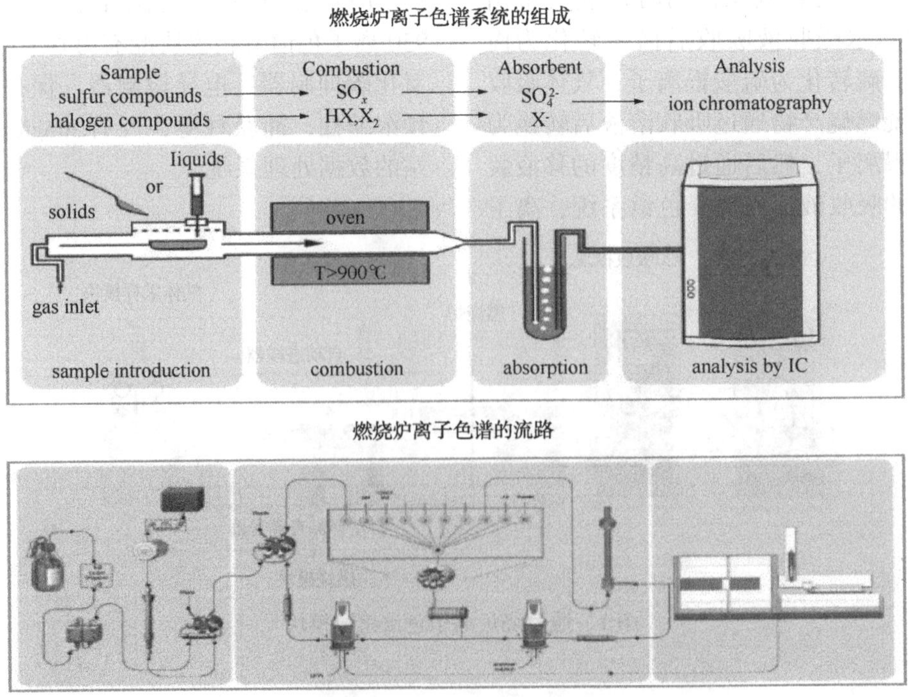

图 2　万通燃烧炉离子色谱组成、流路示意图

$$R*\text{-}H + O_2 \Rightarrow CO_2 + H_2O \quad (1)$$

$$R*\text{-}S + O_2 \Rightarrow SO_2 + CO_2 + H_2O \quad (2)$$

$$R*\text{-}X** + O_2 \Rightarrow HX** + CO_2 + H_2O*** \quad (3)$$

式中，R＊为碳酸物质；X＊＊为 F-，Cl-，Br-，I-卤素离子；＊＊＊为少量水以水蒸气的形式自动注入热解保证完全转化为卤化氢 HX 的区域。

2.5 实验方法（本文主要介绍气体、液体样品两种方法的建立）

2.5.1 气液样品标准曲线的建立

气体由于标气难买所以标曲根据万通提供的混标可实现单标多点技术（MiPT）只需配制一个稳定的浓度点的标准溶液（可以是最高，也可以是最低的本文选择最低），即可通过精确控制不同体积的标准溶液的进样量来实现多个曲线点的自动配制，由此实现只配一个浓度的标准溶液得到一条 5 个点的标曲，标曲线性相关系数 0.999 以上。

具体操作（气液分析方法均可）：由万通提供的 10mg/kg 的混标稀释 20 倍放入 920 模块的标液瓶做母液，在 Magic Net 4.0 工作站方法中设组分标准浓度为 0.5mg/kg、1.0mg/kg、2.5mg/kg、5.0mg/kg、10.0mg/kg 标曲系列，同时在软件工作平台测量系列中建立相同分析系列，根据待测样品的含量高低制定合适的分析曲线。点开始分析得到不同浓度系列谱图，然后对分析数据进行再处理得到所需的标曲如图 3 所示。样品测试过程中还可根据待测离子浓度调整不同的进样体积，实现分析的快速准确节省时间，减少人工操作误差。另外液体标准曲线制作还可以单标制作：购买北京石科院浓度系列 0.5mg/mL、1.0mg/mL、3.0mg/mL、5.0mg/mL 注入样品瓶从燃烧炉自动进样模块直接进样分析得到谱图后对数据进行再处理得到所需的标准曲线如图 4~图 6 所示效果更精准，如要实现气液方法的单位一致，在工作平台测量序列输入密度自行换算统一单位。

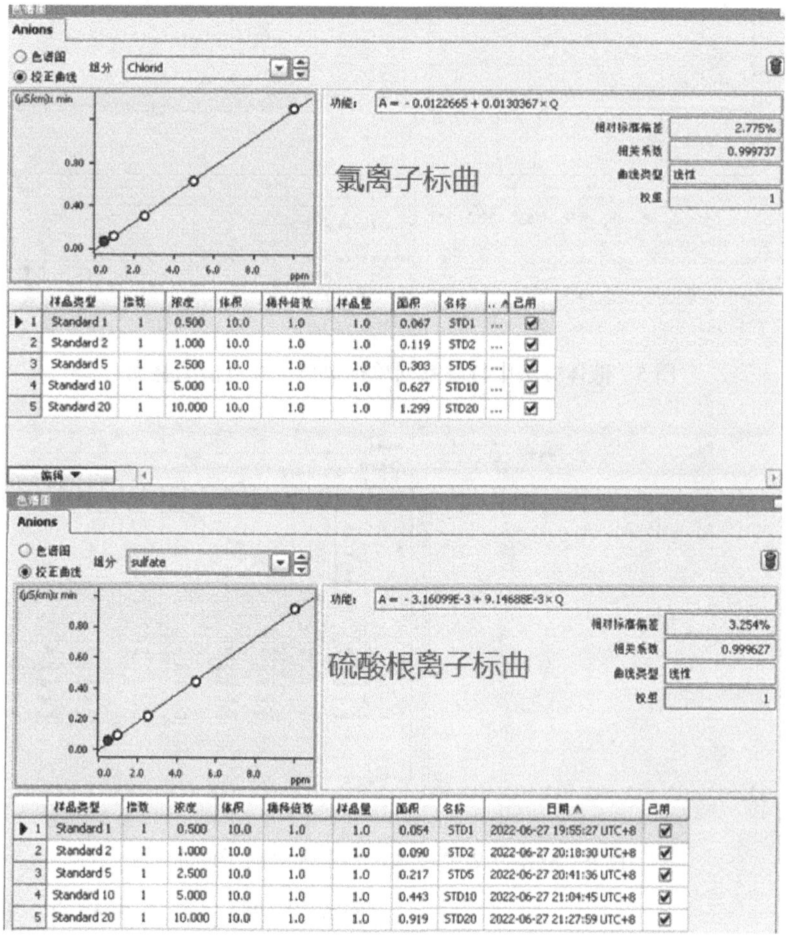

图 3 气体方法氯离子、硫酸根离子混标曲线

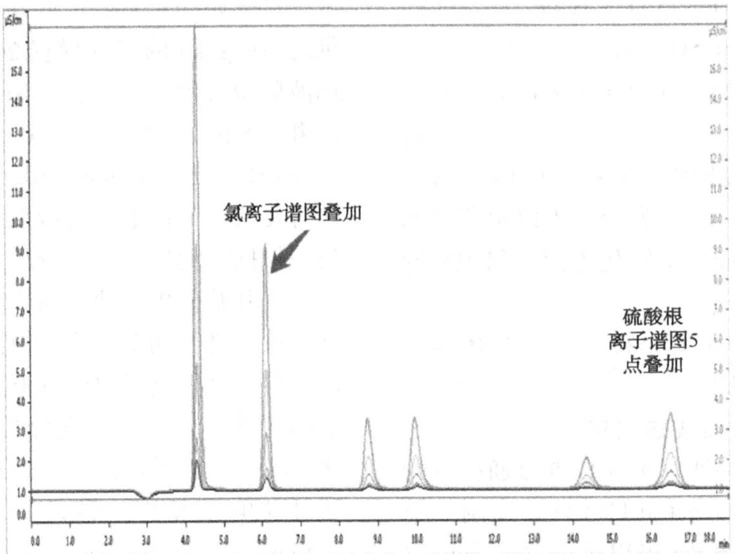

图4　气体方法氯离子、硫酸根离子混标5点谱图叠加

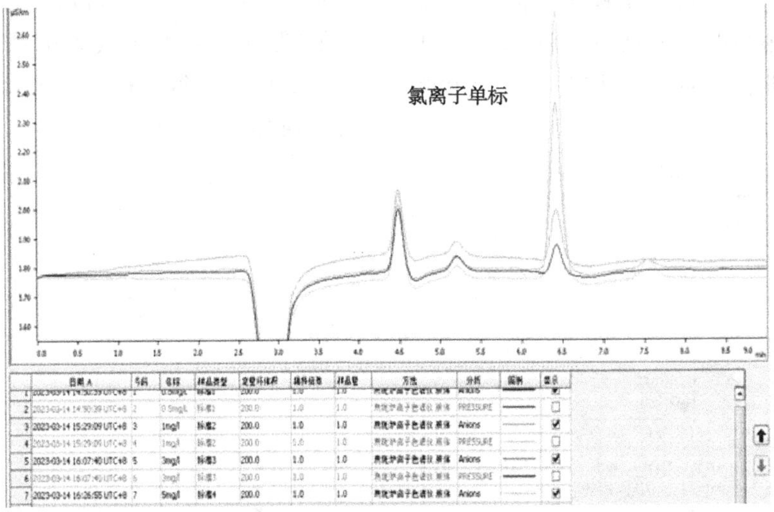

图5　液体方法中科院系列单标氯离子4点谱图叠加

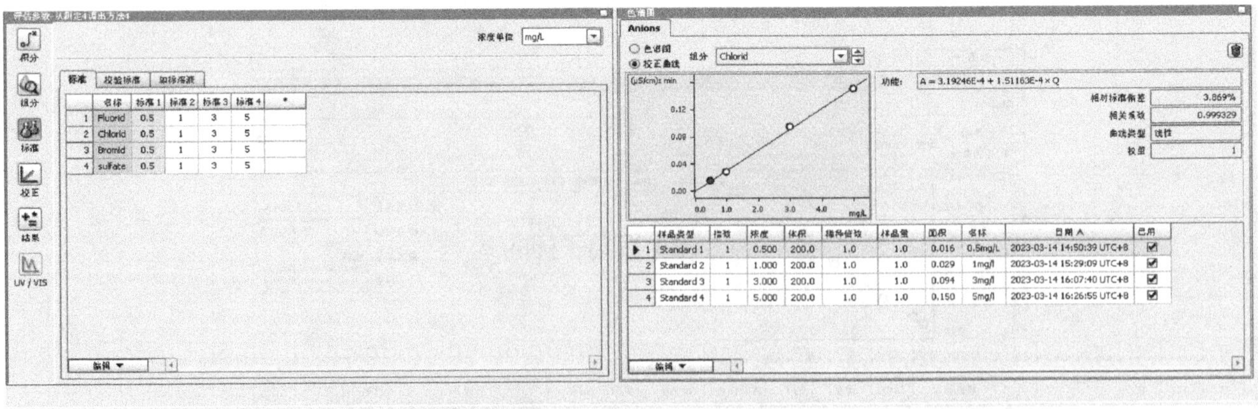

图6　液体方法中科院系列单标氯离子标曲

2.5.2　样品测定

液体分析样品直接倒入试剂瓶放在自动进样器上，进样针自动吸取50μL CHPPO中试装置物料(为例)，注入燃烧舟，燃烧并吸收至离子色谱检测如图7所示，重复进行2次样品平行测定，打开液体测量序列选用正确测试方法点开始

自动测试并自动获得浓度结果。如要气体分析就得切换气体进样模块连接钢瓶进样选用对应的气体分析方法进行分析测试并自动获得测试结果。只是一定要掌握燃烧炉离子色谱液气模块切换的操作细节：首先在工作站里初始化好液相模块后打开样品盖取出样品舟关闭液体进样器，然后在燃烧石英管接入气体进样接口关闭样品盖控制进样管 1~2cm 进样口进入石英管为宜拧紧，最后打开气体分析方法在设置里对进样模块再次初始化到 OK 状态即可，就可以到工作平台平衡启动硬件做样分析测试自动获得测试结果。反之气液切换一样注意细节，主要是气体进样口与样品舟的切换，同时还要修改工作站视图属性里执行窗口值 1，值 2 设置不能出现域空提示。液体进样最大 200μL 一般用 50μL，气体最大 65μL 看方法设置，但一次最多只能进 0.25μL 所以不能进太快，只能慢慢进很多次，通过外联液体冒泡快慢来判断，LGP 最大 200μL 每次最大 1μL 实际看方法进行必要调整。

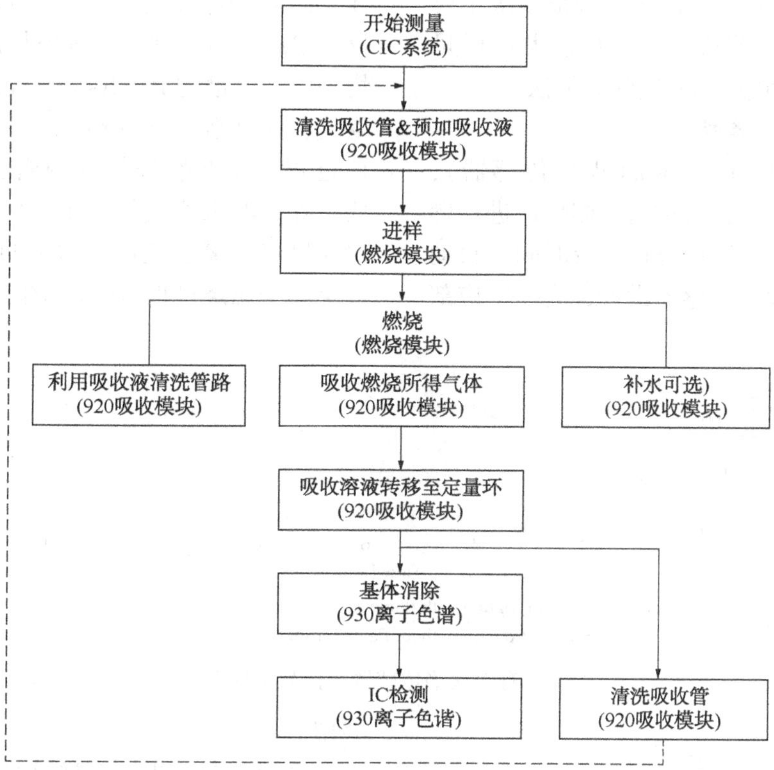

图 7　燃烧炉离子色谱工作流程

3　结果与讨论

3.1　工作曲线线性范围与检出限

单标多点技术（MiPT）只需配制一个浓度点的标准溶液，通过高精度的移液装置 Dosino 将不同体积的标准溶液转移到离子色谱系统，即可实现多点校正；样品测试过程中还可根据待测离子浓度调整不同的进样体积，节省时间，减少人工操作误差。气体混标样质量浓度范围在：0.5~10.0mg/L 时，峰面积与质量浓度成良好的线性关系（图 3）。其中氯离子的线性方程：A = 0.0122665+0.0130367×Q（r_2 = 0.9997），检测限为 0.01mg/kg，相对偏差 RSD% = 2.2775%；硫酸根离子的线性方程：A = 3.16099E−3+9.14688 E−3×Q（r_2 = 0.9996），检测限为 0.01mg/kg，相对偏差 RSD% = 3.254%。液体氯单标样质量浓度范围在：0.5~5.0mg/L 时，峰面积与质量浓度成良好的线性关系（图 6），其氯离子的线性方程：A = −3.192246E−4+1.51163E−4×Q（r_2 = 0.9993），检测限为 0.01mg/L，相对偏差 RSD% = 3.869%，如预浓缩柱有问题会影响线性响应，淋洗液浓度会影响出峰保留时间，所以力求精准配置。

3.2　进样系统参数的选择

进样系统将固体、半固体、液体或气体等样品引入燃烧炉。以液体进样为例，Autosampler 中需要设置的参数如下：进样针吸液速率，推荐值为 2μL/s，可以设置范围为 1−15μL/s。进样针加液速率，推荐值为 4μL/s，可以设置范围为 1-29μL/s。进样针使用样品润洗次数，润洗完的样品溶液排到废液容器内，推荐值为 3，可以设置范围为 0-5，进样方式有手工与自动两种。

进样量会直接影响燃烧是否完全充分，否则进样量太大会造成燃烧管积碳严重影响分析的准确度，所以进样量的选择是比较关键步骤。液体进样量最大 200μL 一般选择 50μL，可根据样品浓度大小进行适当调整。气体最大进样量为 20ml 也可酌情调整，但一次定量环最多只能进 250μL 所以不能进太快，只能慢慢进很多次主要看气泡的连续速度调节快慢，LGP 最大进样量 50μL 但每次定量环最大 1μL 实际看方法。

3.3 燃烧系统参数的选择

燃烧方式选择 Flame sensor(火焰传感器)，样品通过火焰传感器的方式被送入燃烧炉进行燃烧，启用火焰传感器控制燃烧位置及时间。自动样品舟驱动系统，火焰传感器设计，光强感应部件用于优化样品舟在燃烧炉内位置，燃烧过程自动优化燃烧模块含自动进样器 Auto-Boat-Driver，ABD。火焰传感器通过测定样品燃烧产生的光强度控制样品舟在燃烧炉内的位置，保证在最短的时间实现样品的完全燃烧；火焰传感器会根据不同的样品自动优化燃烧程序，无需传统燃烧法中燃烧方法的摸索。氧气流速：300mL/min(热解) 50～200mL/min(后燃) 氩气流速：50～200mL/min(可调)Gas Box：实现氧气和氩气在后燃阶段的切换。本文选好的燃烧炉离子色谱条件效果最佳。Pyrolysis：在惰性(气体)环境下的热降解。反应最终不可逆地生成挥发性产物和碳。对应燃烧炉离子色谱的 Pyrolysis 过程，此时内管气体为氩气，提供惰性分解环境，小分子随高温分解。该过程发生在燃烧管的内管，处于 Pyrolysis 阶段。在高温水蒸气作用下，断裂化学键的过程，对应燃烧炉离子色谱补水的过程，发生在内管，贯穿整个燃烧过程(图 8，图 9)。

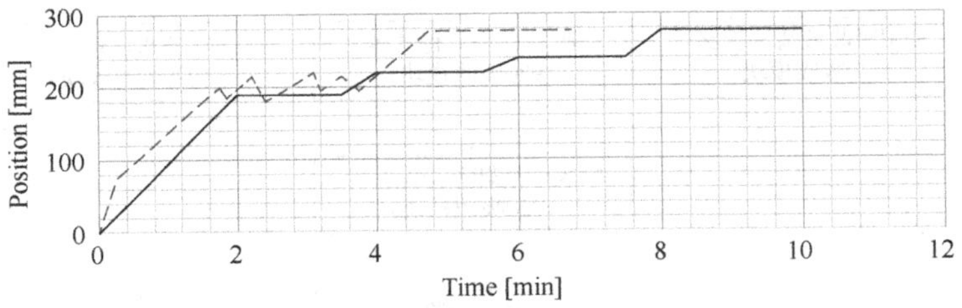

图 8　有无火焰传感器的样品舟程序

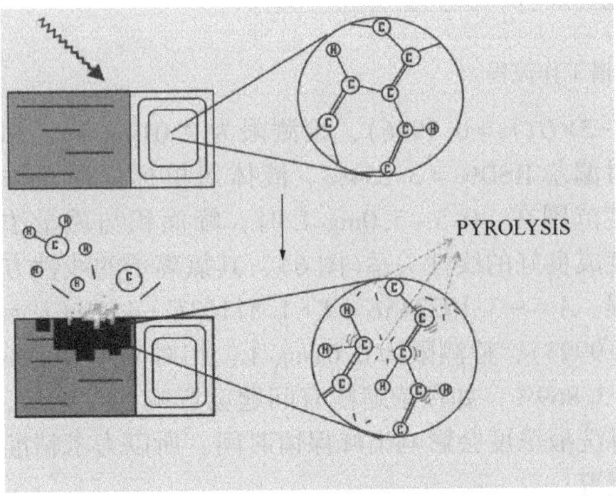

图 9　燃烧裂解、高温水解

3.4 空白的扣减

系统焙烧：样品舟在未负载任何样品的状态下，使用焙烧模式(prebake)，连续燃烧三次以上，这样能处理好做比较大浓度含量样品的残留。

系统空白分析：在样品舟未负载任何样品的状态下，使用和实际样品相同的燃烧模式进行空白燃烧，测定吸收液中氯离子的峰面积。连续进行三次空白试验，当吸收液中氯离子的峰面积相对标准偏差(RSD)小于 5.0%，方可进样(图 10)。

石英管中会有大量的氯离子，对痕量分析不利只能通过不断的补水燃烧高温水解，使得空白下降。内置的"combustion module bake-out boat"程序由于没有补水，所以效果有限。所谓的空白，并不是将所有的待测离子背景转移到吸收管，受实验条件限制。扣减空白，必须与样品的实验条件一致；对于气体样品，由于燃烧时间几乎一致，直接扣减空白是可行的；对于固体和液体样品，若使用火焰传感器，空白所需要的燃烧时间会少于样品燃烧的时间，故造成空白与样品的实验条件不一致，空白无法直接扣减；使用步进式燃烧程序，固定燃烧条件，可直接扣减空白，但不利于实际样品分析。吸收液中的双氧水会干扰氟离子的测定，通过英蓝基体消除技术，待测离子会富集在预浓缩柱上，分子形态的双氧水被冲入废液中，从而达到消除基体干扰的目的。

3.5 样品测定准确度精密度及回收率实验

精密度、准确度的测定：在同一实验室、同一台仪器，同一个操作人员以一定量的混合标液连续进样 11 次来分析结果，从表 3 可以看出来，我们所需要测定的氯、硫的准确度，精密度以及回收率都非常好，同时对于痕量 0.01mg/kg 的样品分析也能完美达到要求，俩样的平行性非常好氯含量为 0.012mg/kg，硫含量为 0.025mg/kg 见图 11 成功完成检出限级别的痕量分析。

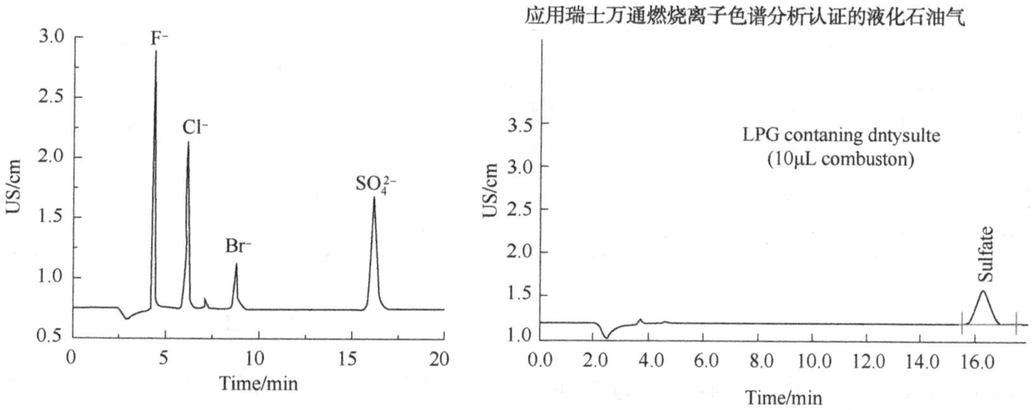

图 10　石脑油、液化石油气样品分析谱图

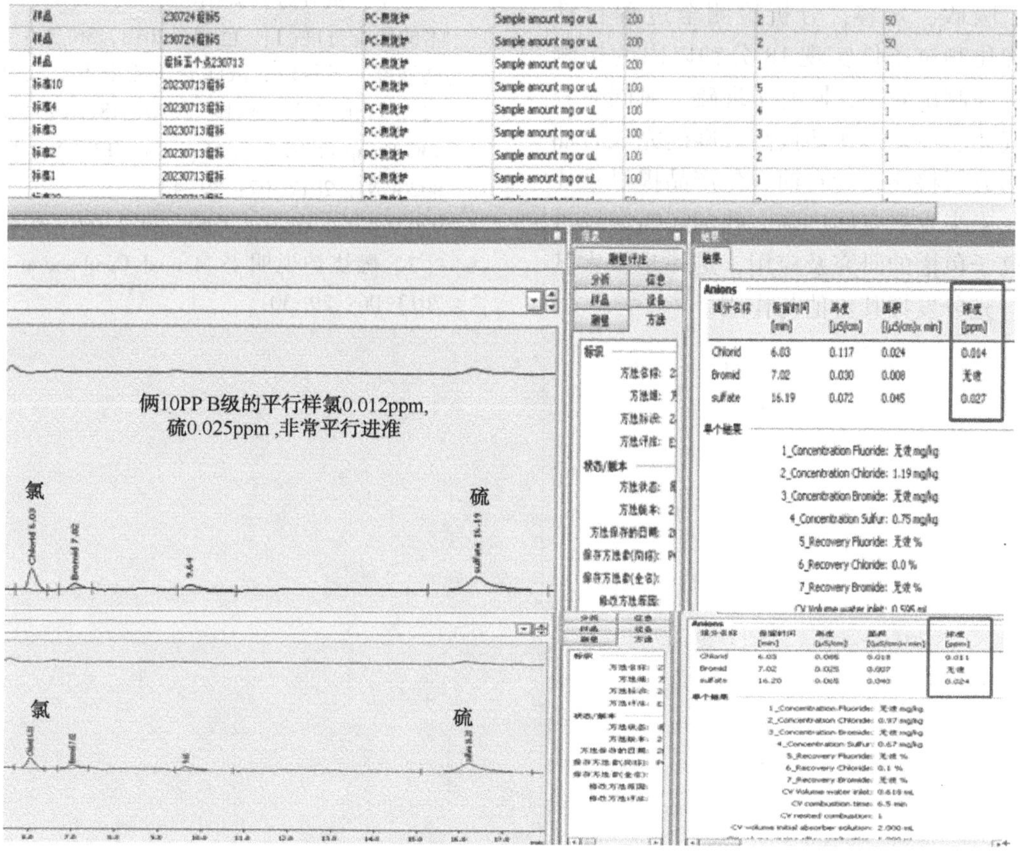

图 11　两 μg/kg 平行样分析数据

表 3　准确度精密度及回收率

	氯/(mg/kg)	硫/(mg/kg)	氯/%(回收率)	硫/%(回收率)
1	10.4	9.6	102.5	100.2
2	10.2	9.5	101.2	99
3	9.7	9.4	100.6	98.8
4	9.6	9.3	100.2	98.6
5	10.1	9.2	101.1	99.1
6	9.8	9.0	100.9	98.5
7	9.4	9.1	100.0	98.0
8	9.5	9.2	100.5	98.9
9	9.9	9.3	101.0	99.2
10	10.3	9.4	101.4	99.9
11	10.5	9.5	102.8	100.5
平均值	9.9	9.3	101.1	99.2
RSD/%	3.8	2.0	0.9	0.8

4　结束语

本文将燃烧炉离子色谱用于石脑油，芳烃环氧丙烷、丙烯、液化气等石油石化产品的痕量硫、氯检测入手研究，实现了气体、液体自动进样，燃烧、吸收，定容，分析检测全过程自动化，通过优化测试条件实现 18 分钟以内的检测周期大大提高测试效率，同时实现硫、氯同时分析出数，气体、液体快速切换高效准确完成石油石化产品的分析检测，为石油石化产品提供重要数据参考，未来发展空间广阔，我国还需继续进行燃烧炉离子色谱的研究及应用，进一步扩大其应用范围，充分发挥其价值与作用。

参　考　文　献

[1] 谢馨，马光军．南京市典型石油化工企业挥发性有机物排放特征[J]．现代科学仪器，2017，(3)：102-107.

[2] 倪力军，张芳芳，栾绍嵘．高温裂解-离子色谱技术的研究进展[J]．色谱，2018，36(3)：209-215.

[3] 刘轶群，吴慧玲．微库仑法测定重整汽油中氯含量[J]．石化技术与应用，2000，18(3)：177-179.

[4] 930 Compact IC Flex Oven/SeS/PP/Deg 手册 8.930.8020CN ，2017-07：39-42

[5] 920Absorber Module 手册，2012-09：39-40

[6]-[7] 燃烧炉说明书 Manual Combustion Module EN 2013-06：29-30

智能化设备在水质环保化验领域的应用及趋势研究

王　琪

（中国石油化工股份有限公司天津分公司）

摘　要　随着社会现代化程度的不断提升，互联网、大数据、人工智能等信息技术正在引领新一轮科技革命，数字化转型正成为产业变革的主旋律，自动化与智能化设备已不可或缺。而石油石化行业的不断转型升级也促使水质化验领域面临着提质增效的挑战，南港中心化验室基于5G技术的智能应用，拓展机器代人场景，大幅减少劳动用工，降低人工和运行成本，最大程度保障员工职业健康。同时，技术迭代、产能升级的挑战也促使化验领域不断探索更多的数据驱动、智能主导的新技术，实现“机器代人”的普遍应用，将数字化技术与石油石化行业深度创新融合，逐步向无人化实验室转变，建设“智慧实验室”。

关键词　水质化验；自动化；智能化；效率；安全；数据准确性

1　前言

随着国家的大力发展和经济腾飞，各行业都在不断发展与进步，数字化转型正成为产业变革的主旋律。石油石化行业是各行业发展稳定的能源供给方，因此向高端化、智能化、绿色化发展是传统石化企业转型的方向。中国石油化工股份有限公司天津子公司以南港乙烯项目建设为契机，全力建设以“双港双核、一轴四区”为总体布局的世界一流环渤海炼化一体化产业基地，不断追求企业转型升级、全流程优化，积极应用物联网、大数据、人工智能等技术和“数字孪生”理念，向新型炼化企业迈进。

南港乙烯项目部中心化验室（以下简称中心化验室）将“安全、环保、绿色、节能、智慧”理念贯穿建设管理全过程，坚持全球视野、对接国际标准，突出创新引领、强化精准服务，以高端化、绿色化、智能化、融合化的鲜明特色，成为南港“地标”建筑、工业旅游路线网红“打卡地”，全力打造国内领先、世界一流的化验室。其中水质环保分析室承担了南港13套装置的水质、环保化验工作，不仅帮助装置判断运行情况，还确保外排水、废气等依法合规排放等。但为了推进中心化验室向提质增效、转型升级的方向发展，加强数字化基础设施投入，以业务为核心，打造“数据+平台+应用”的信息化发展新模式迫在眉睫。此外，随着各行业对安全生产的严格管理，利用数字化生产力代替人工可以更好地保证员工安全。因此中心化验室首由“点”及“面”，以单个智能化设备为起点，内容、范围不断扩大，颠覆固有的工作模式，以机器代人，打造高技术含量的“无人化智能实验室”。

2　水质化验现状

每一套石化装置的顺利运行都离不开水质环保化验工作，而在化验过程中，每一步都须严格按照国家标准、行业标准等文件要求的步骤进行。有些标准中包含一些操作较为基础简单、所需设备也方便易得的化验方法，但耗时较长，对化验人员的操作技能要求也较高，且化验人员需全程操作，消耗大量时间，无法承担多个实验的任务，每日完成的工作量无法满足生产装置对化验人员的要求。因此在依托标准的前提下，中心化验室为提质增效，利用自动化、智能化的化验设备，将化验人员较为简单重复的操作用自动化的机械设备替代，相同时间内化验人员可以承担多个分析项目，工作效率大大提升。

3　智能化设备的应用

3.1　全自动电位滴定仪

全自动电位滴定仪主要是在滴定过程中利用电位的变化确定滴定终点的方法，电位的变化利用电极来进行测量，无需人工参与。而人工滴定依靠指示剂颜色的变化判断滴定终点，受不同化验人员主观影响大，测量结果容易出现误差。

目前实验室共包括三项利用全自动电位滴定仪替代手工滴定的实验项目，分别为总硬度、总碱及酚酞碱度、氯离子含量，均使用瑞士万通的905 型号全自动电位滴定仪(图 1)。

(a)人工滴定所需滴定管　　(b)全自动电位滴定仪

图 1　(a)人工滴定所需滴定管；(b)全自动电位滴定仪。

3.1.1　总硬度的测定

水硬度的测定目的是为了反映水中钙、镁等金属离子的含量，评估水的质量和适用性。水硬度是形成水垢和影响产品质量的主要因素，因此测定水硬度可以为确定用水质量和进行水的处理提供依据。目前实验室所采用的国家标准为 GB/T 6909《锅炉用水和冷却水分析方法 硬度的测定》，其中提出两种测量硬度的方法，即容量法及电位滴定法。

大多数实验室常采用容量法，容量法测量步骤主要包括：①准备好所需 EDTA 标准滴定溶液、指示剂、缓冲溶液等所需试剂；②清洗所需的玻璃器皿，如滴定管、移液管、锥形瓶等；③滴定管使用前还需试漏、润洗，再将滴定溶液装至滴定管刻度线；④移液管移取相应溶液前也需润洗；⑤各移取 100mL 空白及样品，加入缓冲溶液、指示剂，开始滴定；⑥不断摇晃，使滴定溶液与样品充分反应，直至颜色变化到达滴定终点；⑦读取滴定管读数，并根据公式进行计算，填入原始记录；⑧将剩余的滴定溶液倒掉，清洗移液管、滴定管、锥形瓶等玻璃器皿。

而目前实验室不断进行将化验与自动化、智能化设备相结合的尝试，大量采用电位滴定法进行滴定操作。电位滴定法的操作过程包括：①打开电脑，打开软件，此时仪器自动启动；②检查纯水桶、废液桶、滴定剂等是否满足实验要求；③夹好蠕动泵，安好电极，准备工作完成；④将滴定杯中加入空白及水样；⑤按照摆放顺序输入样品信息，开始实验；⑥实验结束，数据自动算出，清洗滴定杯。

对比两个方法的操作流程，我们可以发现，在使用全自动电位滴定仪进行滴定操作的过程中，每日需人工参与的流程主要为加样过程，其余过程均为仪器自动进行，而人工滴定需要进行繁琐的清洗及润洗操作，且滴定过程全程都需要人工操作，耗费大量时间。在滴定总硬度前，化验人员需要在样品中添加氨-氯化铵缓冲溶液，此溶液含有刺激性味道并且易挥发，使用仪器自动添加，大大减小了对化验人员的伤害。

在石油石化行业中，由于装置运行情况复杂多变，水样容易出现各种异常情况，例如水样色度、浊度较高，会影响化验人员对滴定终点颜色的判断，若水样硬度数值过高，则需消耗大量时间等待滴定终点到达，诸如此类的情况极为常见，而相比于化验人员人工滴定，利用全自动电位滴定仪是通过电位的变化判断滴定终点，受浊度、色度的影响较小，且当硬度过高时，仪器可自动添加滴定剂，继续滴定直至达到终点，无需人工添加滴定剂并不断摇晃滴定、判断终点，节省了大量时间及人力，且数据的准确性也比人工滴定更高(表 1)。

表 1　人工滴定及电位滴定仪硬度滴定数据对比表

化验方式	第一循环水场 A	第一循环水场 B	第二循环水场 A	第二循环水场 B	245mg/L 标样
人工滴定值/(mg/L)	171.15	180.93	183.16	182.16	243.32
全自动电位滴定仪测定值/(mg/L)	175.20	181.16	189.31	185.56	246.08

3.1.2　总碱度及酚酞碱度的测定

与硬度滴定类似，根据 GB/T 15451《工业循环冷却水 总碱及酚酞碱度的测定》的要求，若测定碱度及酚酞碱度时利用指示剂判断滴定终点，需要消耗大量时间及人力，且准确度不如电位滴定法。全自动电位滴定仪测定碱度是利用 pH 电极判断滴定终点，相比于肉眼判断指示剂的颜色变化，pH 电极测定更为精准，所得的数据也更为准确，受样品状态的影响也更小(表 2)。

表 2　人工滴定及电位滴定仪碱度滴定数据对比表

化验方式	第一循环水场 A	第一循环水场 B	第二循环水场 A	第二循环水场 B	100mg/L 标样
人工滴定值/(mg/L)	115.96	115.46	120.48	115.46	101.23
全自动电位滴定仪测定值/(mg/L)	120.18	121.23	115.46	110.44	99.67

3.1.3　氯离子含量的测定

在滴定氯离子过程中，根据 GB/T 15453《工业循环冷却水和锅炉用水中氯离子的测定》的规定，水样中的氯离子与硝酸银指示剂反应生成氯化银沉淀，当氯离子含量较高时，手动滴定判断颜色变化会受到生成的沉淀影响，水样变浑浊，颜色判断不准确，此时还需手动稀释样品后重新测定，但利用电位变化测定时受到水样浑浊度影响较小，不易出现误差(表 3)。

表 3　人工滴定及电位滴定仪氯离子含量滴定数据对比表

化验方式	初期雨水	生活污水	生产污水	循环水	100mg/L 标样
人工滴定值/(mg/L)	1777.82	835.57	120.89	71.33	98.44
全自动电位滴定仪测定值/(mg/L)	1687.57	844.37	115.73	71.50	99.78

电位滴定法相比于容量法而言，利用自动化设备，将添加样品、试剂、清洗的过程由机械代替，不仅更加准确，提高了化验人员的工作效率，也使得化验人员更少的接触化学试剂，保障了员工的健康。

3.2　COD 机器人

COD 是指示水体有机污染的一项重要指标，能够反应出水体的污染程度。通过测定水中的 COD，可以了解水中有机污染物的含量，进而评估水体的污染程度。通过测定处理前后的水样中的 COD 值，可以了解污水处理的效果。因此在水质环保化验领域，COD 是一项重要指标，也是水质化验中工作量较多的一个项目。

根据行业标准 HJ/T 399《水质 化学需氧量的测定 快速消解分光光度法》内容可知，测定化学需氧量的步骤主要包括：①配制不同量程的预装混合试剂，需分别配制不同浓度的重铬酸钾标准溶液、硫酸汞溶液、硫酸银-硫酸溶液，三种溶液按照标准要求混合均匀，分别按要求取一定量放入消解管中备用；②预热消解器至所需的消解温度；③取适量纯水及样品放入适合范围的预装试剂管，混合均匀后放入消解器，放入纯水的预装试剂管作为空白；④消解结束后取出冷却至 60℃，先手动摇晃均匀，再冷却至室温；⑤将冷却后的样品放入分光光度计逐个测量得出数据。

在以上步骤中，配制的溶液不仅包含浓硫酸这类具有较强化学腐蚀性、极为危险的药品，还用到了硫酸汞等剧毒化学品，对人体危害极大，并且要做好防护措施，并且，制作预装试剂管需要分别在试剂管中按要求放入各类试剂，过程繁琐，且极易产生误差。在进行实验时，需要将消解器中的试剂管及时取出并冷却，步骤较多，需消耗大量时间。若实验室独立完成以上步骤，由于每日需进行 COD 测试的样品较多，每日需消耗大量时间在制作预装试剂管及消解冷却过程中，而目前实验室采用全自动 COD 机器人用于测试 COD 项目，步骤简单，化验人员的操作主要包括以下步骤：①取空白消解管放入要求区域，将相应管路插入要求的试剂中；②选择“制作预制试剂”方法，制备所需的预制试剂管；③在样品管中直接倒入适量样品；④按样品选择适宜量程的分析方法，将制好的预制试剂管放在相应位置，开始实验即可(图 2)。

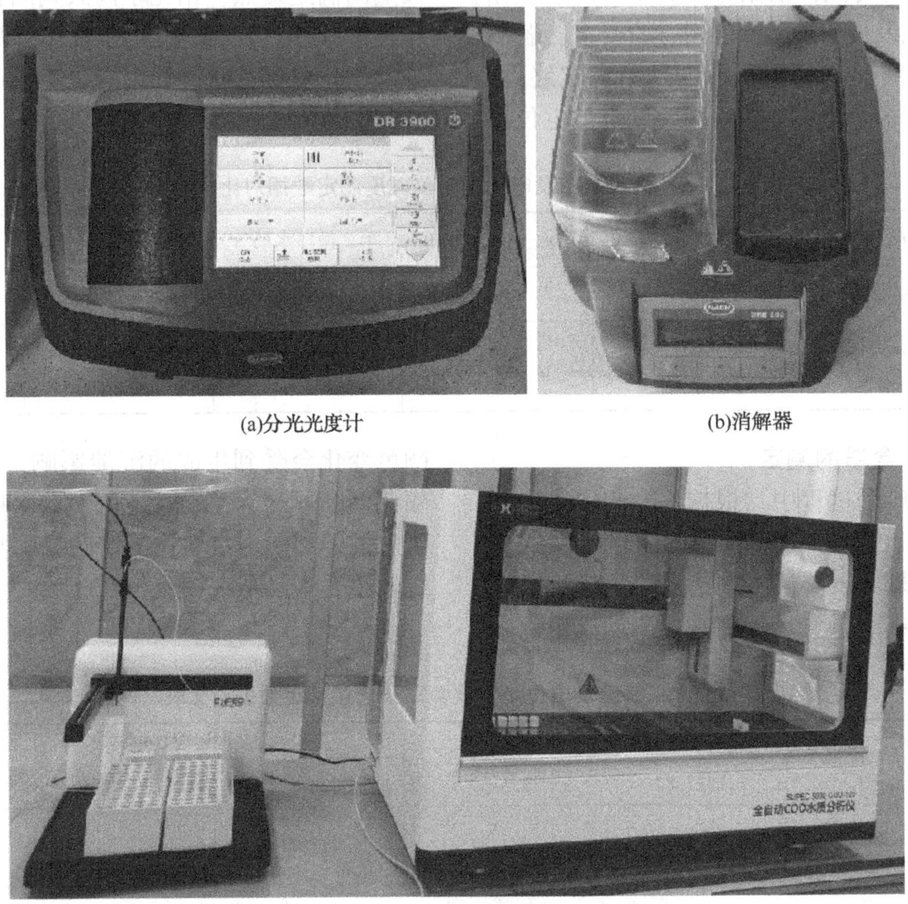

(a)分光光度计 (b)消解器 (c)全自动COD机器人

图 2 人工测定 COD 仪器

全自动 COD 机器人可以代替人工完成预装试剂管的制作，在测试过程中也可以自动进行消解并利用风冷对试剂管进行冷却，无需化验人员消耗大量时间，大大提高了化验人员的工作效率，利用仪器制作预装试剂管，减小了人工添加试剂极易产生的操作误差，使得数据更加准确。在整个过程中，无论是预装试剂管的制作还是消解过程，均在仪器内部进行，由机械臂控制，无需人工参与，也使化验人员的安全得到了更好地保障(表 4)。

表 4 人工测定及全自动 COD 机器人测定 COD 数据对比表

化验方式	第一循环水场	第二循环水场	45.1mg/L 标样	72.4mg/L 标样	100mg/L 标样
人工测定值/(mg/L)	22.0	26.0	45.0	71.0	101.0
全自动 COD 机器人测定值/(mg/L)	22.3	25.7	44.9	72.2	99.5

3.3 全自动红外油分析仪

水质标准中将石油类规定为保护水生生物的毒理学指标及人体感官指标，是因为石油类物质对水生生物的影响很大。当水中石油类的含量在0.01~0.1mg/L时，就会干扰水生生物的摄食和繁殖。检测水中石油类可以评估水体的总油、动植物油类的浓度和成分，判断水体的污染程度和水质状况，可以帮助装置确定水中石油类的含量，及时发现异常情况，采取适当的措施，确保水质达到标准要求。

实验室依据行业标准HJ 637《水质 石油类和动植物油类的测定 红外分光光度法》进行实验，手动方法主要需要射流萃取器、红外分光光度计、常用玻璃器皿等，主要步骤为：①将样品混合均匀后量取500mL倒入射流萃取器，量取相应比例的四氯乙烯也倒入射流萃取器；②打开射流萃取器，充分震荡两分钟，静置分层；③用镊子取玻璃棉置于玻璃漏斗，取适量无水硫酸钠铺在上面；④打开分液漏斗旋塞，将下层有机萃取液通过装有无水硫酸钠的玻璃漏斗置于比色管内；⑤以四氯乙烯做为参比，将萃取液转移至4cm石英比色皿中，于2930cm^{-1}、2960cm^{-1}、3030cm^{-1}处测量其吸光度A_{2930}、A_{2960}和A_{3030}，并得到石油类含量。在此过程中，化验人员需使用有毒的四氯乙烯作为萃取剂进行实验，并且全程需人工操作，一般实验室使用的分液漏斗数量有限，若样品较多，分液漏斗多次重复使用，清洗过程也较为繁琐耗时，不同样品之间还易造成相互干扰，导致数据的准确性得不到保证(图3)。

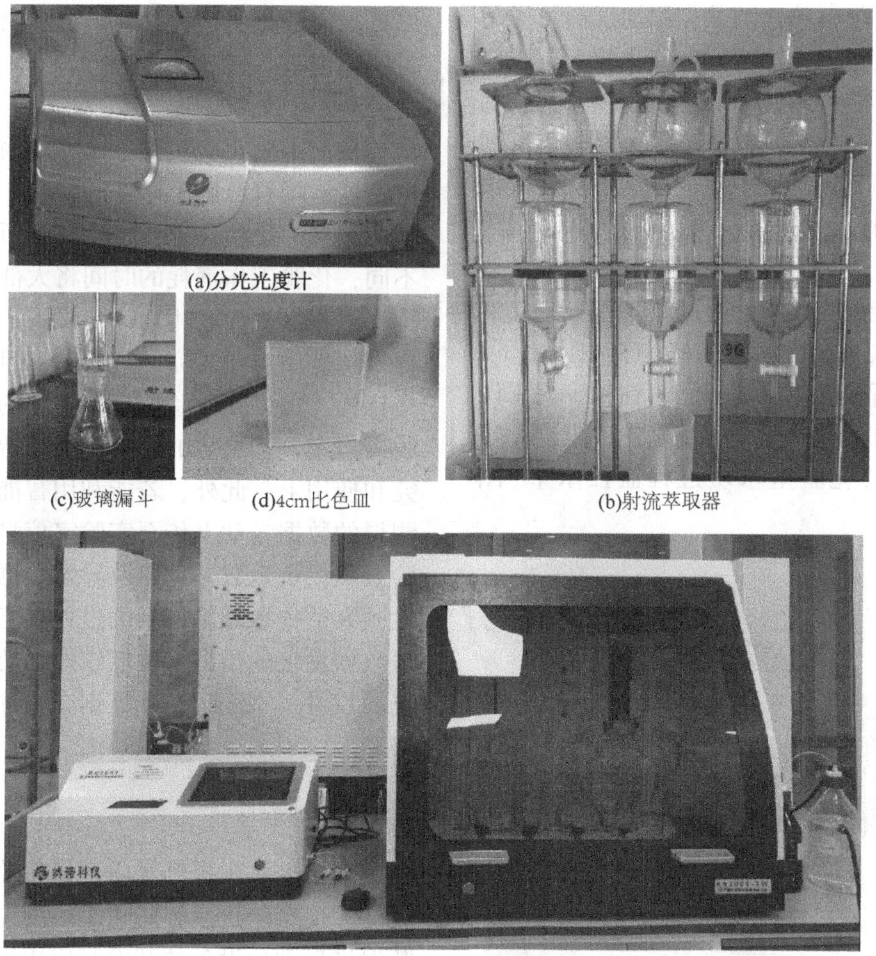

(a)分光光度计　(b)射流萃取器　(c)玻璃漏斗　(d)4cm比色皿

(e)全自动红外油分析仪

图3　人工测定红外油仪器

而全自动红外油分析仪操作步骤主要包括：①打开仪器，做好准备工作；②量取500mL样品倒入样品杯中；③编辑好样品信息后开始测试即可。相比于人工萃取及吸光度测试过程，使用全自动红外油分析仪使化验人员只需完成加样和编辑信息的过程，省略了中间清洗、取液等步骤，使化验人员接触四氯乙烯有毒试剂更少，也节省了大量的实验时间，提高了工作的效率(表5)。

表5　人工测定及全自动油分析仪测定石油类数据对比表

化验方式	钝化中和后废水	中和废水	中和水池	雨水池	62.1mg/L 标样
人工测定值/(mg/L)	0.212	0.278	0.255	0.310	60.8
全自动油分析仪测定值/(mg/L)	0.253	0.235	0.225	0.391	61.5

4　数字化优化统筹

经过对水质环保化验涉及标准的研读以及经验的总结，发现在水质化验工作中，应用最为广泛的方法为分光法，其涉及标准方法超过30种。而分光法的测试流程也较为固定，主要包括①样品前处理；②添加反应试剂；③分光光度计检测吸光度。若每个项目单独测试，添加试剂及样品反应需要消耗大量人力及时间，使化验人员工作效率受到极大影响。因此中心化验室将检验计划中分析量较大、频次多、操作步骤可复制、试剂添加可量化的项目进行集中在全自动水质分析仪上，将多种项目统筹一体，一机多用，并且相比于一般的分光光度计，全自动水质分析仪配备数据自动上传功能，大大节约时间成本。且分光法以及受到化验人员操作水平的影响，相比之下，全自动水质分析仪操作更为容易，在减少人工误差的同时，提升了化验效率与准确性，也进一步提高了南港中心化验室水质过程监控水平(图4)。

图4　全自动水质分析仪

5　智能化设备发展趋势

全自动的实验仪器可以依靠机械臂的运动替代人工完成完整的化验过程，且实验过程中化验人员可以远离涉及到高温消解、强酸强碱以及有毒试剂等对人体造成伤害的步骤，对实验人员的人身安全也是一种保障，此外实验过程全程由机械代替人工，人工可能导致的系统误差会减小，使测试的数据更加准确，最重要的是，每个项目在将样品放入自动进样器并编辑好样品信息后可以自动完成化验任务，直接得出测试结果，消耗时间比全程人工完成减少了80%，工作效率大大提升。

目前水质化验实验室已经使用多种全自动测试仪器，均符合国家标准的要求，而随着实验室承担更多的化验任务，每个样品所需化验的项目不同，化验工作消耗的时间将大部分集中在分样拣样过程上，而利用自动化设备，将水样根据水样来源性质、所需完成的化验项目等自行完成分样拣样，可以将化验人员从繁琐的机械化工作中脱离出来，将更多的精力集中在智能化设备的研究和使用上。此外，若能利用智能化设备将仪器测得的数据自动上传至实验室信息管理系统，化验人员仅负责数据审核及异常数据处理，减少了化验人员誊抄原始记录的过程，避免发生人工誊抄数据发生的错误，也能较好地防止数据造假情况的发生，保证化验数据的依法合规、真实可靠。

6　结束语

为了进一步提升水质环保化验领域数智化程度，实现自动化、智能化手段的全方位应用，不断促进自动化设备的开发与应用很有必要。无人化智慧化验室的建立不仅可以保证化验任务高效保质完成，还促进了人力资源的合理利用和化验领域可持续性发展。而化验技术与其他智能技术的深度结合，将继续推动无人化验室向更高效、智能、环境友好的方向发展。

参 考 文 献

[1] GB/T 6909—2018，锅炉用水和冷却水分析方法 硬度的测定[S]. 北京：中国标准出版社，2018.

[2] GB/T 15451—2006，工业循环冷却水 总碱及酚酞碱度的测定[S]. 北京：中国标准出版社，2006.

[3] GB/T 15453—2018，工业循环冷却水和锅炉用水中氯离子的测定[S]. 北京：中国标准出版社，2018.

[4] HJ/T 399—2007，水质 化学需氧量的测定 快速消解分光光度法[S]. 北京：中国标准出版社，2007.

[5] HJ 637—2012，水质 石油类和动植物油类的测定 . 红外分光光度法[S]. 北京：中国标准出版社，2012.

构建安全鲁棒的油气 AI 模型
——炼油过程深度学习模型对抗样本攻击研究实践

王　晨

（中海油惠州石化有限公司）

摘　要　近年来基于深度学习的 AI 技术已广泛应用于油气勘探、石油加工等流程工业过程建模预测中，然而深度学习模型在油气工业应用中的安全性问题却鲜有系统研究。以加氢裂化二次加工过程的深度学习模型为研究对象，提出了一种基于梯度的 TRI-FGSM 对抗样本攻击算法，通过系统考察算法范数 p、扰动裁剪阈值 η 等影响因素首次验证了深度学习模型用于炼化过程建模、尤其是初期异常工况监测中模型性能的潜在脆弱性。在此基础上探讨了对抗样本对于炼化过程深度学习模型的攻击可迁移性，并最终借助对抗训练提升了模型的鲁棒性。本文的研究结果强调在对炼油化工装置实施智能化升级时，必须对炼化过程深度学习模型安全性和可靠性加以考量，并为构建油气工业安全鲁棒的深度学习模型提供了有效见解。

关键词　加氢裂化；神经网络；深度学习；对抗样本攻击；安全性

随着油气工业智能化升级的逐步深入，以石化 5G 专网、石化工业互联网等为代表的工业 4.0 标准设施已然建立，油气勘探、储运、加工等各个环节智能化升级发展势头日益增强，与此同时，利用机器学习技术建模挖掘积累的海量工业数据的潜在价值已日益流行开来。以石油炼制过程为例，通过构建深度神经网络、卷积网络可实现加氢裂化催化剂温度预测、高压换热器结垢预测、加氢过程特征提取以及产品收率预测等智能化应用。然而基于深度学习的 AI 技术在油气工业得到广泛应用的同时，AI 模型的本质安全问题近年来逐步受到重视，已陆续在计算机视觉等主流 AI 应用领域得到验证。文献于 2013 年首次发现神经网络模型在面对带有人为设计的微小扰动噪声的样本时预测性能显著退化的现象，此类样本称为对抗样本，而利用对抗样本致使深度学习模型性能降低称为对抗样本攻击。神经网络在面对微小输入扰动时其自身暴露的固有脆弱性使得我们必须重新审视并系统研究 AI 技术应用于油气工业时的安全性问题。值得注意的是文献对用于工业合成氨氢气重整单元的多层神经网络模型进行了非定向对抗样本攻击（NTAA），并初步探讨了对抗攻击样本的分布及可迁移性，首次表明深度学习在流程工业过程建模中也普遍存在易遭受对抗样本攻击的风险。

基于以上背景，本文总结了某石化企业在利用深度学习技术进行炼化过程建模时对模型安全性问题的系统研究，首先基于 3 个炼油场景案例，应用创新提出的对抗样本攻击算法展示了对炼化过程 AI 模型的有效攻击，并系统考察了此类算法的影响因素，之后探讨了对抗样本在炼化过程的攻击可迁移性及如何借助对抗训练加固已有的 AI 模型。本文系首次系统探讨深度学习在炼化过程建模的对抗样本攻击，目的是展示神经网络在油气加工过程建模应用中的潜在脆弱性，从而强调在油气工业应用深度学习技术时需充分考虑模型安全性和可靠性，同时基于研究结果为构建炼油化工高鲁棒深度学习模型提供有效见解。

1　对抗样本攻击

1.1　通用领域分类任务

神经网络因其黑盒原理始终存在可解释性问题。2014 年 Szegedy 发现一反直觉现象，将经过人为精心制作的噪声添加到熊猫图片，导致神经网络将其误分类为长臂猿，这项研究首次对深度学习模型进行了对抗样本攻击研究，暴露了基于神经网络的深度学习在面对带有微小噪声扰动的图片时的固有脆弱性。

目前基于深度学习对抗样本攻击主要成熟于计算机视觉任务（CV）领域，攻击对象以有监督分类任务为主，其按照获取的模型信息情况可分为白盒攻击和黑盒攻击，其中白盒攻击假设攻击者知晓深度学习模型的结构、权重及训练数据集等所有信息，对研究模型的对抗攻击鲁棒性有重要意义，黑盒攻击假设攻击者无法获得模型、数据集等信息，仅通过输入查询模型预测的输出来获得可用信息，具有重要实践意义。另一方面，对抗样本攻击按照攻击效果可分为非定向攻击(NTAA)和定向攻击(TAA)，NTAA 旨在通过构造对抗样本误导模型的分类性能，使模型预测的分类结果异于正确类别，TAA 则更进一步要求模型误分类结果为指定的错误类别，具有更高攻击难度及攻击隐蔽性。

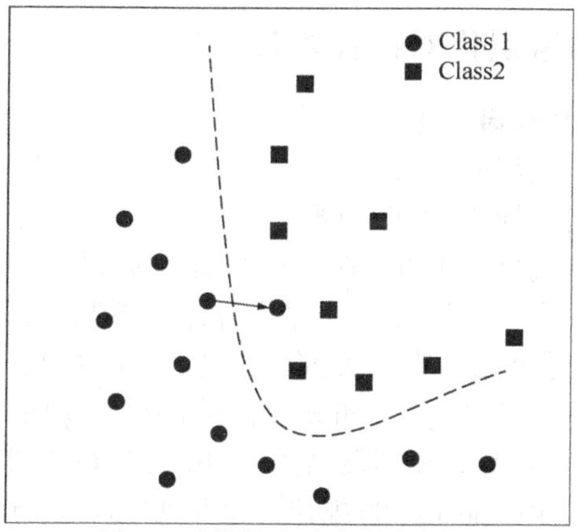

图 1　对抗样本攻击基本原理

图 1 以分类任务展示对抗样本攻击基本原理，深度学习模型经训练后得到图 1 中的曲线段所示的分类超平面，将对抗噪声 ε 叠加到类别 1 样本上后，导致类别 1 样本越过分类界面进入类别 2 的区域，从而使模型发生误分类。对抗样本攻击 NTAA、TAA 形式化定义分别见式(1)和式(2)，式(3)是对抗扰动的通用范数约束

$$\max_{\varepsilon} L(y,\ f(x+\varepsilon,\ \theta)) \tag{1}$$

$$\min_{\varepsilon} L(\hat{y},\ f(x+\varepsilon,\ \theta)) \tag{2}$$

$$\|\varepsilon\|_p \leqslant \eta \tag{3}$$

对抗样本攻击的核心是对抗样本的生成算法，文献给出了通用的基于梯度的 FGSM 白盒攻击算法，并后续发展为基于迭代的 I-FGSM 算法使得对抗样本攻击效果显著提升。基于 FGSM 算法的对抗样本生成公式定义见式(4)所示。

$$\varepsilon = \alpha \mathrm{sign}(\nabla_x J(\theta,\ x,\ y)) \tag{4}$$

1.2　炼化过程回归任务

当前深度学习已广泛用于油气工业参数软测量、异常检测预警等方面，对此类模型实施对抗样本攻击还需考虑两个方面。第一，与通用 AI 领域分类任务为主不同的是，油气工业建模任务的预测标签主要是温度、流量、压力、油品性质等实值标量，属于机器学习回归任务，因此基于 FGSM 的对抗攻击算法不能直接用于炼化过程。第二，考虑在油气工业异常检测实践中，常通过对模型预测值与真实值进行实时比对和统计两者残差，从而预测异常工况发生概率、异常扩展趋势，因此就对抗攻击效果而言，与文献的 NTAA 研究工作不同，对油气工业异常监测模型进行 TAA 往往危害性更高、研究价值更大(图 2)。

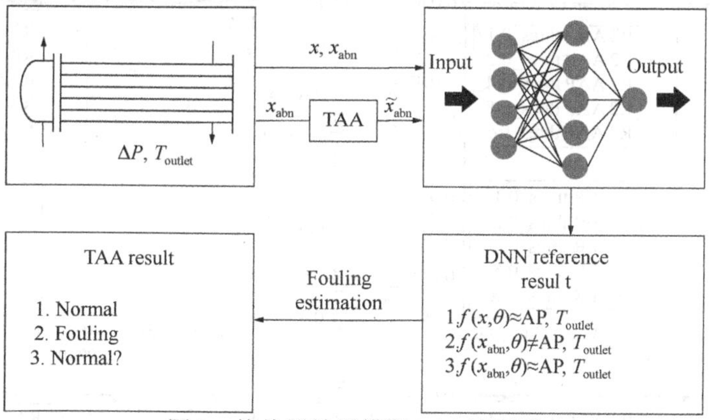

图 2　换热器结垢模型 TAA 流程图

以神经网络预测换热器结垢异常为例，首先训练深度神经网络(DNN)跟踪预测换热器出口的换后温度 T_{outlet} 或壳程压差 ΔP 来定量判断结垢状态，若通过 TAA 诱导模型预测值始终与实时的真实值保持近似一致，即便换热器结垢情况下 T_{outlet} 下降或者 ΔP 增大，其预测值也始终与此时“异常”值保持一致，即图 2 所示的第 3 种情况 $f(\tilde{x}_{abn},\ \theta) \approx \Delta P,\ T_{\text{outlet}}$，最终 TAA 成功误导 DNN 模型迫使其认为换热器未出现任何异常，错失异常结垢监测，导致换热器管束发生垢下腐蚀、管板应力弯曲甚至生产装置降量或非计划停工，严重影响炼化企业安全生产。

2　TRI-FGSM 算法

受迭代版本的 I-FGSM 算法的启发，并考虑炼油化工过程深度学习以有监督回归任务为主的特点，创新提出了适用于对加氢裂化 DNN 模型进行白盒对抗样本攻击的算法——定向回归迭代快速梯度符号算法(TRI-FGSM)。

I-FGSM 算法是 FGSM[式(4)]的迭代版本，通过小步迭代显著提升了对抗样本的攻击性能，公式见式(5)，其中 $Clip_{x,\eta}$ 表示对第 N 轮次构造的对抗样本进行范数裁剪使其样本 x 的元素值限制在 η 范围内，防止迭代步长过大影响最终对抗样本的隐蔽性，裁剪操作由式(3)范数约束实现。

$$\tilde{x}_{N+1} = Clip_{x,\eta}\{\tilde{x}_N - \alpha sign(\nabla_x J(\theta, \tilde{x}_N, \hat{y}))\} \quad (5)$$

我们考虑实际炼化过程回归任务特点，将式(5)中损失函数 J 由分类任务的交叉熵损失替换为适于回归任务的均方差损失(MSE)，同时结合炼化过程数值的特点将阈值裁剪 Clip 操作顺序优化为先对扰动 ε 裁剪再叠加至原样本，并将式(5)中定向攻击标签 $\hat{y}$ 替换为实际值 y 以诱导模型的预测结果趋向实际值，最终得到式(6)所示的 TRI-FGSM 算法。

$$\tilde{x}_{N+1} = \tilde{x}_N - Clip_{x,\eta}\{\alpha sign(\nabla_x J(\theta, \tilde{x}_N, y))\} \quad (6)$$

利用式(6)将 3 个加氢裂化案例的预测标签作为定向攻击目标，首先基于 TRI-FGSM 算法生成对抗样本，并把对抗样本输入 DNN 模型误导输出的预测结果始终趋向实际值，从而导致错失异常工况的监测。根据 TAA 概念，需要对两个攻击指标进行度量，①是对抗样本的扰动程度，扰动程度越小则对抗样本越隐蔽越不易被监测到，②是 TAA 效果，即模型经 TAA 后预测输出与所设置攻击目标的近似程度。成功的 TAA 要求在保持较小样本扰动程度前提下尽可能提高 TAA 预测输出与攻击目标的近似程度。根据相关研究，实验沿用文献提出的经验鲁棒(ER)作为(1)中对抗样本的扰动程度指标，沿用文献提出的判定系数 R^2 作为度量指标。

3 加氢裂化对抗样本攻击

3.1 影响因素考察

3.1.1 扰动阈值影响

对抗样本的扰动阈值 η 与 TAA 性能密切相关，由式(6)可知，在迭代步骤中通过实施阈值裁剪，将超过阈值 η 的部分舍掉可控制对抗噪声生程过程的稳定性，实验设定步长 $\alpha=0.1$，考察了 p 范数为 L_1、L_2 和∞、裁剪阈值分别取 0.1、0.2、0.4、0.8 和不限制阈值(free)时攻击性能随迭代轮次(epochs)的规律，结果如图 3 所示。由图 4(a)～图 4(d)可见，随着攻击轮次的增加，TAA 对目标标签的攻击收敛到最优，攻击效果(R_2_ AAP)趋近于 1，表明炼化过程深度学习模型已遭受对抗样本攻击从而导致预测值发生有害变化。值得注意的是图 3 各子图表明同一种范数裁剪下，裁剪阈值 η 越大，收敛速度越快。

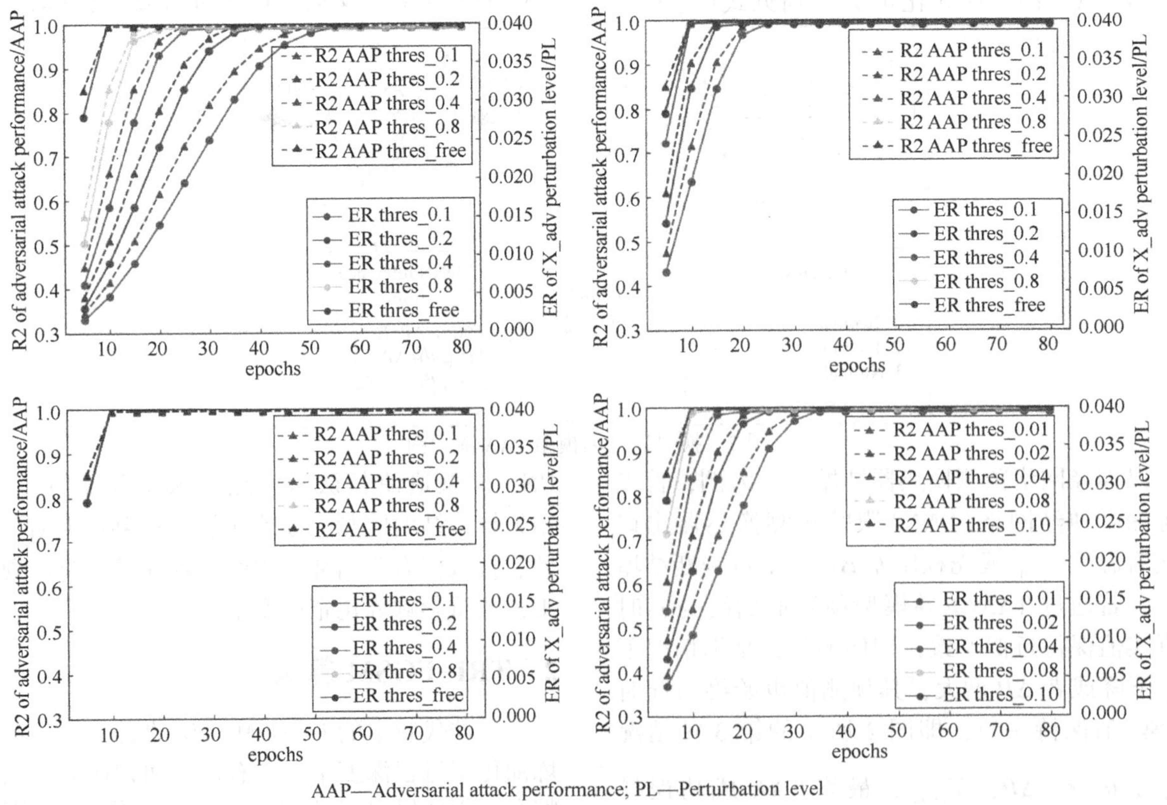

AAP—Adversarial attack performance; PL—Perturbation level

图 3　对抗噪声扰动阈值影响考察

3.1.2　范数裁剪影响

根据式(3)分别选取范数裁剪方式 p 为 L_1（L_1Norm）、L_2（L_2Norm）和 ∞（infNorm）并固定裁剪阈值 η 为0.1，考察了范数裁剪对攻击效果的影响。由图4(a)可得随着迭代轮次的增加，不同范数下TAA攻击收敛于1，且对TAA的攻击收敛速度的影响排序是 $\infty > L_2 > L_1$。图4(b)表明在不同范数、不同裁剪阈值约束下，TAA攻击收敛与对抗样本扰动幅度的变化关系轨迹基本一致，说明在应用基于梯度的攻击算法对炼化过程深度学习模型进行TAA时，范数、扰动阈值的选择只能影响达到攻击效果的收敛轮次，即扰动阈值 η 和范数裁剪 p 的优化选择仅能提高TAA效率，不能提高TAA质量。

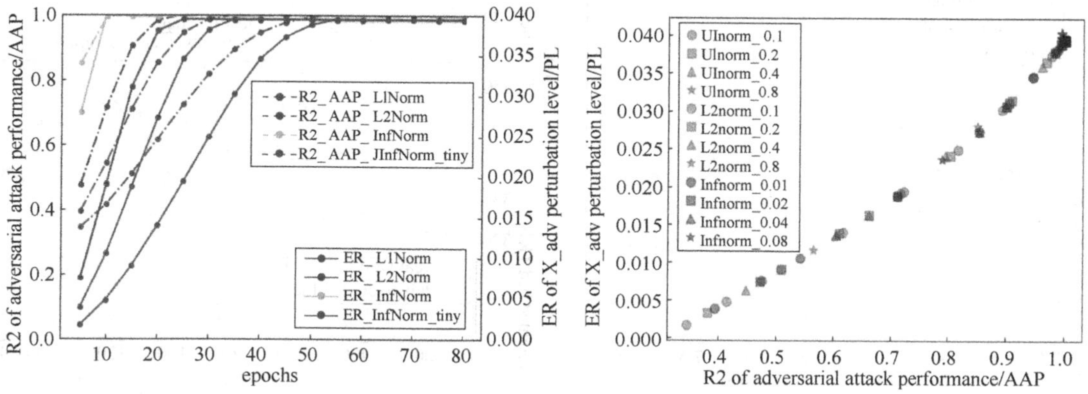

图4　不同范数裁剪下的对抗攻击结果

3.1.3　炼化因素影响

加氢裂化是涉及进料、预热、加氢精制、加氢裂化、产物高低压分离、产品精馏等诸多化工操作单元的不间断石化加工流程工业，工艺流程复杂、化学反应极多，使过程变量程高维、大时滞、多模态、非线性等众多特点，尤其输入变量的多维度、不同回归任务的标签对TAA具有显著影响。根据实验方案，选取两台高压换热器E102A、E102C结垢预测任务作为研究对象，考察不同预测标签对TAA的影响，然后选取重石脑油收率（HN yield）预测案例与前两个案例对比，考察输入变量维度对TAA影响。根据之前实验结论，固定TRI-FGSM算法范数 p 为 L_1，扰动阈值 η 为0.01，所得TAA结果如图5所示。

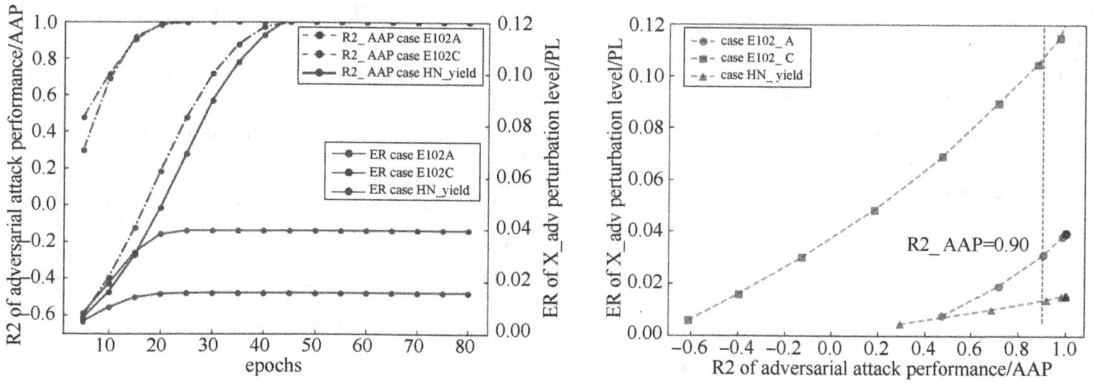

图5　不同加氢裂化案例下的对抗攻击结果

图5(a)表明随着迭代轮次的增加，不同炼化场景案例的TAA均会收敛，然而受不同案例标签和输入变量维度的影响，TAA产生的对抗样本扰动幅度(ER)不同：当标签偏离较大或者输入维度较低时(case E102C)，由于所得对抗样本ER较高，导致对抗样本扰动过大而易被监测，失去TAA意义，而当标签偏离较小或者输入维度较高时(case HN yield)，所得对抗样本ER较低，对抗样本与原始测试样本高度相近、隐蔽性高，易于实施TAA。图5(b)进一步展示了在设置TAA目标 R^2_ AAP = 0.9时，可得到ER(HN yield) < ER(E102A) << ER(E102C)，即HN yield在满足90%TAA攻击效果前提下对抗样本扰动最小最为隐蔽，TAA质量最高。

3.2 攻击结果

3.2.1 对抗样本生成

对抗攻击样本的扰动程度表征了对抗样本的隐蔽性，TAA 目标是以尽可能小的样本扰动程度(ER)达到既定攻击效果。为直观展示 TRI-FGSM 生成的对抗样本的分布，采用核主成分分析(KPCA)对生成的对抗样本和真实测试样本进行降维，并在 2 维流形空间可视化两者的分布状态，同时随机选取 4 个维度的输入样本的特征，将 TAA 前后的值作直观对比，结果如图 6 所示。

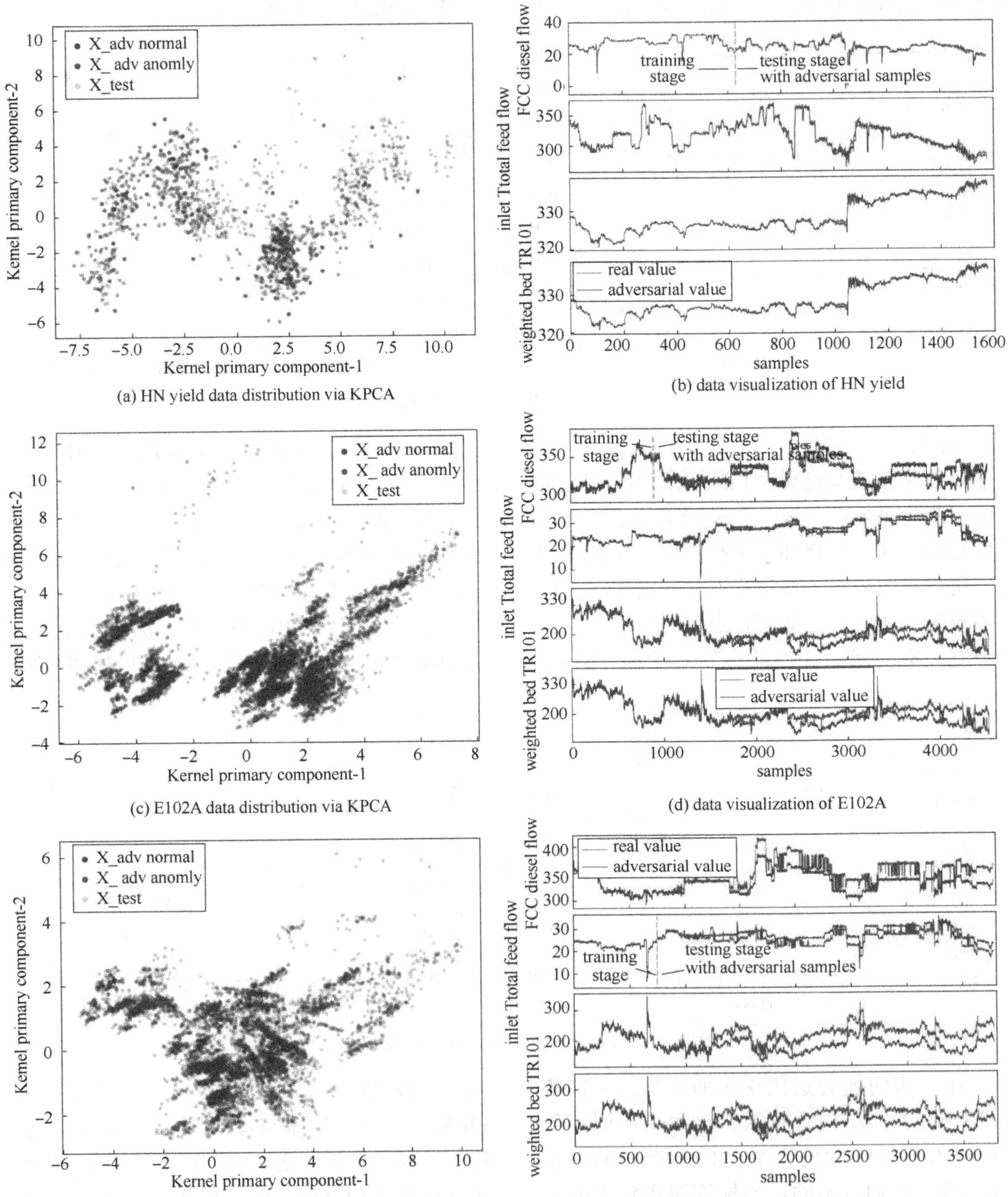

(a) HN yield data distribution via KPCA　(b) data visualization of HN yield

(c) E102A data distribution via KPCA　(d) data visualization of E102A

(e) E102C data distribution via KPCA　(f) data visualization of E102C

kpca—Kernel principal component analysis; x_real—Real test sample; x_adv—Adversarial attack sample

图 6　不同加氢裂化案例生成的对抗攻击样本

图 6(a)表明在 HN yield 案例中对抗样本与真实样本的 2 维分布几乎完全一致，图 6(b)图中对随机选取的样本中的 4 个特征可视化结果也表明对抗样本与实际测试样本的趋势重合，难以监测，具有很高隐蔽性。图 6(c)中 E102A 案例中对抗样本与真实测试样本的 2 维分布略有偏移，图 6(d)图中的趋势偏差也印证了这一点，对抗样本与真实测试样本相比存在一定偏差，可能会被监测到异常。而图 6(e)E102C 中对抗样本与真实测试样本 2 维分布显著不同，从图 6(f)图中的显著趋势偏差可得在 E102C 中对抗样本发生显著扰动，极易被监测到，从而失去 TAA 意义。

3.2.2 攻击效果

设定攻击迭代轮次(epochs)300 或者攻击效果(R^2_ AAP)到达 0.9 作为 TRI-FGSM 终止条件，MFCN 模型输出的受攻击后预测结果如图 7 所示。可见在 300 轮次的 TAA 攻击中，3 个案例 MFCN 的最终预测结果均趋于实际值(R^2_ AAP 趋于 0.9)，从而导致模型存在错失异常工况预警的风险，但所需攻击迭代轮次显著不同。其中 E102C 案例所需迭代轮次最高，且随着实际样本标签值偏离越大，所需迭代轮次越多，其生成的对抗样本扰动程度(ER)越大。HN yield 案例所需迭代轮次普遍较少，对抗样本 ER 较低，攻击隐蔽性最高。

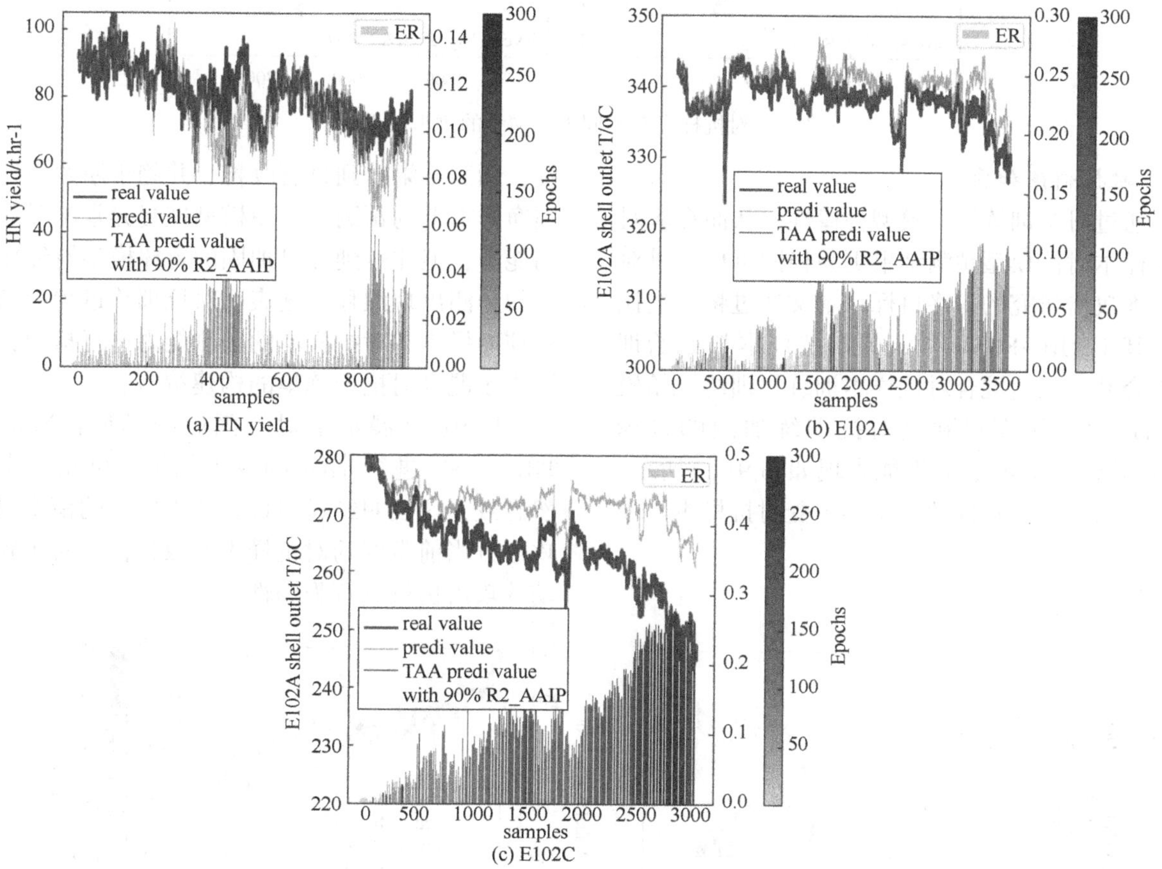

图 7 不同加氢裂化案例的 TAA 预测结果

3.3 攻击可迁移性

对抗样本的攻击可迁移性是实现黑盒攻击的基础，本文展示了基于 TRI-FGSM 算法生成的对抗样本在 E102C 结垢预测案例中的迁移攻击效果，如图 8 所示，对抗样本展示了对于不同网络层数(1，2，3)、不同隐层单元数(10，16，32)的 DNN 的定向攻击效果，其中“layer_ 32_ 32”与原始 DNN 一致，作为验证，$R^2=1$ 表明迁移攻击实验的有效性。由图可见对抗样本对 layer_ 32、layer_ 10、layer_ 16_ 16 和 layer_ 10_ 10 几个 DNN 模型均展示了显著的 TAA 攻击效果，致使受攻击后的模型预测值趋于实际值，从而引起错失异常监测的风险。

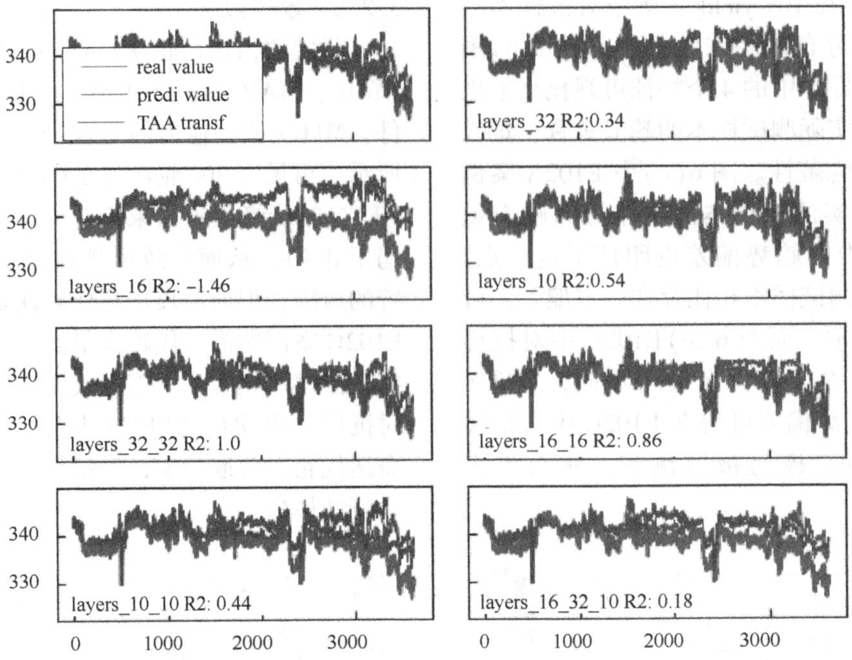

图8　对抗样本对不同神经网络的攻击效果

3.4　对抗训练加固

通过对抗训练提升模型鲁棒性，从而在应对对抗样本时使模型预测结果更为稳固可信，是对抗样本攻击研究的最终目标。本文通过将一定比例的基于TRI-FGSM生成的对抗样本与原始训练集合并，构建混合对抗样本训练集训练原始模型(naive)，从而得到经对抗训练加固的鲁棒DNN模型(robust)，其性能表现如图9(a)所示。可见经对抗训练加固的模型不再受对抗样本干扰，预测结果得到显著改善、并趋于原始模型在纯净样本上的预测值，使模型恢复异常工况监测的能力，但注意到经过加固的鲁棒模型对纯净样本的预测出现漂移，这表明对抗训练过程中需要对纯净样本和对抗样本的预测能力进行折中，这取决于混合对抗训练集的构建策略。

图9(b)展示了对加固后的模型再次应用TRI-FGSM进行TAA的攻击结果，可见攻击仍然有效，这表明经过对抗训练加固后的模型仅对攻击方当前掌握的对抗样本有效鲁棒，对于新发动的攻击仍然具有脆弱性。

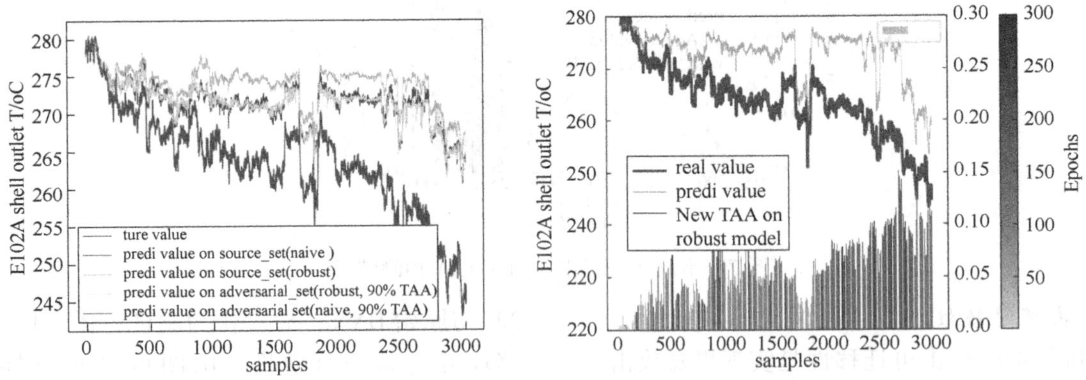

图9　对抗训练效果

(a) adversarial training for DNN；(b) new TAA on robust DNN

4　结论

基于提出的TRI-FGSM算法首次系统地对油气工业加氢裂化深度学习模型进行定向对抗攻击研究，从算法裁剪阈值η、范数p的选择、炼化过程因素3个方面考察了不同因素对攻击效果的影响，并在此基础上探讨了炼化领域深度学习模型的迁移对抗攻击和对抗训练，得到以下结论：

（1）对加氢裂化深度学习模型的对抗样本攻击随着攻击迭代轮次而收敛，表明在基于深度学习进行加氢裂化过程等炼化过程预测时，模型的预测结果易被对抗样本误导，普遍存在安全行性问题。

（2）基于梯度的对抗攻击算法中范数 p、扰动阈值 η 的选择只能影响攻击的收敛轮次，而不能试图通过优化扰动阈值 η 和范数裁剪 p 来同时提高攻击性能和降低对抗样本的扰动幅度，即扰动阈值 η 和范数裁剪 p 的选取仅能提高攻击效率，不能提高攻击质量。

（3）加氢裂化预测任务中变量维度和标签可显著影响生成的对抗样本的扰动程度，输入变量维度越高、实际标签值偏离模型理论预测值越小，所生成的对抗样本扰动越小，隐蔽性越好、越不易被检测，攻击成功率越高。

（4）炼化过程深度学习模型的对抗样本表现出迁移攻击特性，可干扰其他不同结构的DNN模型，这使得对炼化过程深度学习模型实施黑盒攻击成为可能。

（5）实验验证了通过对抗训练提高当前炼化过程深度学习模型鲁棒性的可能性，但仅限于应对当前的对抗样本，对新一轮的攻击仍然难以防御。

（6）炼化过程深度学习模型的安全性问题急需得到重视，尤其是在初期异常监测场景，此时实际标签值偏离模型理论预测值较小，易遭受定向对抗攻击从而使异常监测预警失效。在利用深度学习进行炼化过程预测时，建议在满足任务预测性能的前提下，通过降低特征变量维度、对抗训练加固等方法提高深度学习模型的可靠性。

参 考 文 献

[1] QIN S J. Process data analytics in the era of big data [J]. AIChE Journal, 2014, 60(9): 3092-3106.

[2] GE Zhiqiang, SONG Zhihuan, DING S X, et al. Data mining and analytics in the process industry: The role of machine learning [J]. IEEE Access, 2017, 5: 20590-20616.

[3] 王晨，罗文山，陆鹏飞，等. 基于半监督学习-多通道卷积神经网络的加氢裂化产品性质预测[J]. 石油学报(石油加工)，2023，39(1)：97-108.

[4] 王晨，罗文山，刘建华，等. 基于知识融合的多尺度卷积神经网络对加氢裂化特征提取的研究[J]. 石油学报(石油加工)，2023，39(3)：532-543.

[5] 王晨，赵晨曦，杨杰. Pearson 相关系数-BP 神经网络法用于加氢装置高压换热器结盐分析[C]. 2019年中国智慧炼化高峰论坛，北京.

[6] 王晨. BP 神经网络在中压加氢裂化装置多方面预测中的应用研究[J]. 石油炼制与化工，2018，49(7)：95-97.

[7] Szegedy C, Zaremba W, Sutskever I, et al. Intrguing properties of neural networks[DB/OL]. 2014, arXiv: 1312.6199[cs. CV].

[8] Kong Xiangyin, Ge Zhiqiang. Adversarial attacks on neural - network - based soft sensors: directly attack output[J]. IEEE Transactions on Industrial Informatics, 2022, 18(4): 2443-2451.

[9] Goodfellow I, Shlens J, Szegedy C. Explaining and Harnessing Adversarial Examples[DB/OL]. 2014, arXiv: 1412.6572[stat. ML].

[10] 杨勇，朱季峰，唐梦云，等. AI 安全：技术与实战[M]. 北京：电子工业出版社，2022：17-18.

[11] Kurakin A, Goodfellow I, Bengio S. Adversarial examples in the physical world[C]. Toulon, France: 5th International Conference on Learning Representations (ICLR), 2017: arXiv: 1607.02533v4[cs. CV].

[12] Ángel L P G, Lorenzo F M, Félix J G C et al. A Methodology for Evaluating the Robustness of Anomaly Detectors to Adversarial Attacks in Industrial Scenarios [J]. IEEE Access, 2022, 10: 124582-124594.

[13] Gareth J, Daniela W, Trevor H, et al. An introduction to statistical learning [M]. New York: Springer. 2013: 69-71.

[14] Scholkopf B, Smola A, Muller K R. Nonlinear component analysis as a kernel eigenvalue problem [J]. Neural Computation, 1998, 10(5): 1299-1319.

基于核磁快评系统的智能化实验室建设实践

王燕舞　尉　勇　沙　鹏　邹巧育

（中国石油长庆石化公司）

摘　要　随着科技的飞速发展，计算机网络、大数据、物联网及人工智能等先进技术已推动社会迈向智能化时代。在这一背景下，包括检验检测行业在内的各行各业，正逐步实现标准化、信息化和智能化转型。长庆石化质量检验中心在公司中不仅负责公司生产装置原辅材料、装置馏出口、半成品及成品分析的分析以及负责水质、废气、噪声及环境质量监测，还承担着公司原油、天然气、成品油计量交接及计量器具检定等工作，对企业的产品质量起着至关重要的作用。面对公司智能化和绿色化的高质量发展要求，传统的油品检测方式因存在周期长、响应慢等局限性，难以为生产装置提供及时、准确的物料性质数据，尤其是在“分子炼油”等高精度技术中，其数据支撑能力明显不足。这不仅影响了高价值产品的增产，还制约了自动油品调合的优化。核磁快评分析技术集多物性分析、数据管理、物性地图、调合优化、数据自动传输等功能于一体，能够实现多物性的快速、准确分析，并提供实时物性数据汇总和分析。利用核磁分析与管理功能建立全厂碳平衡模型，并以立体形式展示，从而更直观、更准确地掌握全厂碳平衡情况，为实现“双碳”目标奠定了坚实基础。同时，核磁技术的引入，改变了传统方法中物料用量大、需要加热等造成的VOCs的挥发，实现绿色、安全分析。此外，通过高带宽、低时延的5G网络技术，核磁快评能够实时将分析数据准确传输至LIMS系统，且可从LIMS系统中提取数据，实现了多系统间的数据交互和信息共享以及数据源的无纸化、结构化，还通过实时数据传输，加强了数据的可视化和管理。核磁快评系统的应用为智能化实验室的建设提供了有力支持，为公司的实时优化、自动油品调合及“分子炼油”提供了强有力的数据支撑。

关键词　实验室；智能化；核磁快评分析技术；物性

智能化发展是大势所趋，而炼化厂实验室的核心职责在于精确分析与检测，确保为生产环节能够及时提供精准的数据支撑，为了能够更好的服务于生产，智能化建设也是大势所趋。而单纯的数据累积并不等同于智能化，只有当数据能够依照特定格式妥善保存，便于高效查询，并通过综合分析揭示新的相互关系，进而挖掘出更有价值的信息时，这些数据方可被认定为智能化数据。智能化实验室的构建基石在于充分利用电子实验记录、仪器连接等尖端系统与技术，实现实验室数据的全面采集，推动数据从纸质向无纸化、结构化的转变。随后，将这些数据统一存储于智能化平台，通过科学分类与整合，构建主题数据库，优化数据传输效率，确保实验室数据能够直接服务于生产装置，为生产决策提供有力支持。

核磁分析技术应用范围涉及到石油地质、石油测井、石油化工等领域。在石油化工领域，可以使用核磁共振技术分析原油及其各个馏分段，比如柴油组分、减压馏分、渣油的化学组成与结构等。具体说来，利用13C-NMR谱分析原油烃类含量，根据烃类组成可以将原油有效分类。对于燃料油，可以直接测定其中某些组分的含量、测定结构参数并寻找其余油品性质的关系；对于蜡油和重油，可以定性定量地反映出碳氢及杂原子所处的化学环境。而且核磁分析技术模型适应性强，维护量低，投用快；能够分析不透光和高粘度的样品、直接测量样品的微观结构信息、通过信号位置反映样品的结构；能够全面的对样品进行多物性的分析；而且可单次分析多个物性，适用原油、汽油、煤油、柴油、蜡油等；能够为生产优化提供快速、准确、实时、全面的油品物性基础数据。

在智能化浪潮的推动下，炼化厂实验室亟需推进智能化建设以适应时代需求。本文选取核磁技术作为切入点，详细阐述了其在多物性分析、数据管理、物性地图构建、调合优化以及数据自动传输等方面的应用。通过核磁技术的运用，实验室能够迅速对物料进行多物性分析，实现物性数据的自动化汇总与分析，实时掌握各装置物性分布，构建全厂碳平衡模型，并以直观立体的形式进行展示。核磁技术的应用不仅大幅提升了样品分析的效率和准确性，还确保了分析数据的实时共享，为全厂的实时优化、油品自动调合以及“分子炼油”提供了坚实的数据基础。同时，为实现碳达峰和碳中和的“双碳”目标奠定了坚实的基础。

1　核磁共振技术应用于炼厂物料分析评价

1.1　NMR 技术原理

核磁共振是指核磁矩不为零的原子核，在外磁场的作用下，核自旋能级发生塞曼分裂，共振吸收某一特定频率的射频辐射的物理过程。核磁共振时，原子核吸收电磁波的能量，此时记录下的吸收曲线就是核磁共振谱。由于原子核的自旋，核外电子会产生一个与外磁场方向相反的小磁场，即屏蔽效应，使原子核实际感受到的磁场强度减弱，共振频率随之改变。由于核所处的化学环境不同，其周围电子云密度分布也会有所不同，从而使得其共振频率也会有所差异，产生不同的共振谱。通过这种共振谱即可判断该原子在分子中所处的位置及相对数目，用以进行定量分析及分子量的测定，并对有机化合物进行结构分析。

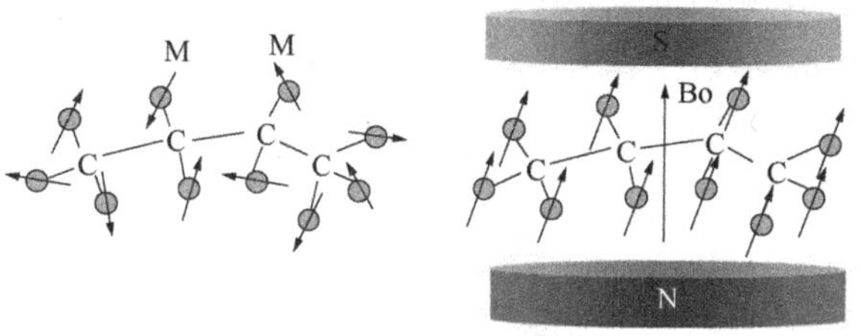

图 1　NMR 技术原理图

1.2　物料的快评分析

利用核磁共振技术实现对物料的快速分析，主要包括三个过程：建模所需数据的收集、模型的建立以及模型的验证和应用。本文主要以汽油加氢装置的加氢重汽油为例，研究核磁共振技术对物料的快速分析。

1.2.1　NMR 谱图和分子结构

在核磁共振波谱图中，分子结构是由峰信号的高度和所处的位置精确反映的。对于不同分子结构的原子，由于所处的化学环境不同，共振时会产生出唯一的振荡频率。在微观状态下，原子核的外层电子对静磁场有一定的屏蔽作用，且屏蔽效应的强弱随分子的结构变化而变化，核外电子云密度的大小造成了化学环境的不同，共振频率和化学位移随之改变。分子中处于不同位置的原子，外层电子对静磁场的屏蔽效应不一致，在 NMR 波谱上表现为处于不同化学位移的谱峰。NMR 谱图的频率轴通常用化学位移来表示。另外，NMR 谱图还受相邻原子核耦合等作用的影响，出现峰裂分等现象。这些特点可提供详细的结构信息和组成信息。

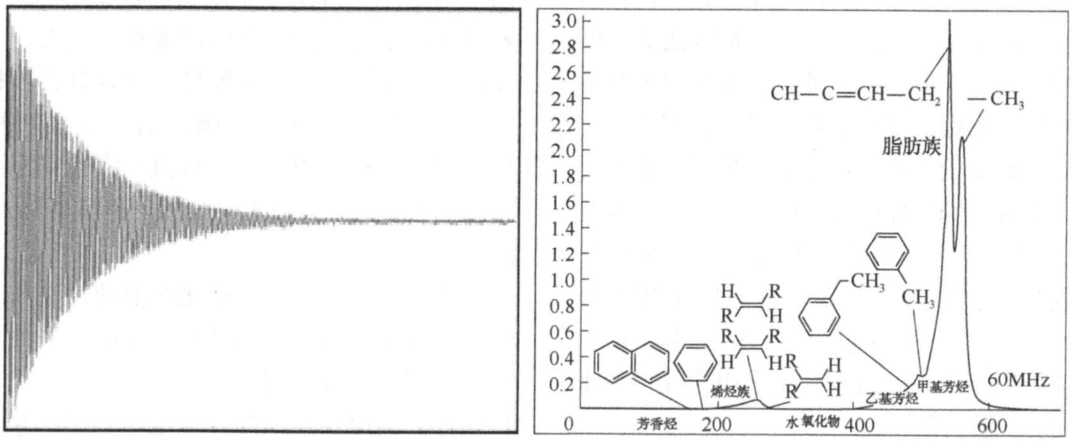

自由振荡衰减信号(FID)　　NMR谱图

图 2　NMR 信号及对应的结构图

1.2.2　物料的谱图和分子结构

以汽油加氢装置为例，采用离线分析仪对各物料的碳含量进行研究测定，在共振频率为 60 MHz 的条件下进行核磁谱图扫描，累积扫描次数 30 次。物料的 NMR 信号及对应的结构谱图见图 3。

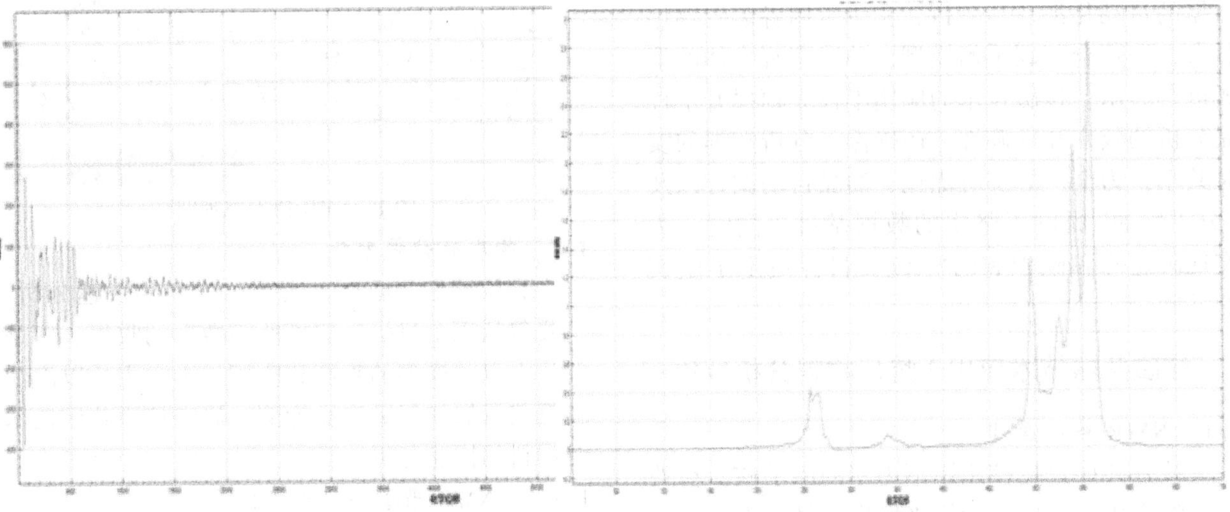

图 3　汽油加氢重汽油的 NMR 信号及对应的结构图

从图 3 可以看出，汽油加氢重汽油含有芳香烃、少量的烯烃、脂肪族，烷烃和环烷烃较多。

1.2.3　物性模型的建立

核磁模型的建立包括以下三个步骤：一是选择需要建模的样品进行核磁共振扫描，得到核磁共振谱图；二是采用国标、行标、企标等相应的常规分析方法对相应样品的物性进行分析，得到准确的物性数据；三是将谱图和物性数据关联，通过数学算法将谱图信息和物性数据进行关联，得到相应的物性模型。核磁模型的建立过程，主要是采用特定的数学算法将谱图信息和物性数据进行关联。一般样品的结构和性质与核磁谱图呈线性关系，因此大多数样品物性在建立分析模型时，通常以偏最小二乘法为主，其他算法为辅的原则。偏最小二乘法，是一种多因变量对多自变量的回归建模方法，很好地解决了以往用普通多元回归无法解决的问题。通过最小化误差的平方和找到一组数据的最佳函数匹配。偏最小二乘法对变量 X 和 Y 都进行分解，从变量 X 和 Y 中同时提取成分(通常称为因子)，再将因子按照它们之间的相关性从大 到小排列。根据需要选择较为合理的因子数，即可找到一个用线性模型来

1.2.4　模型的应用

对已建立好的分析模型，在投入使用后，当物料性质具有较大范围波动，超过建立模型所用数据的范围时，虽然能够及时地反映物性性质的变化趋势，但结果的准确性可能会受到一定的影响，所以在收集建模数据时，选取的样品应具有

描述独立变量 Y 与预测变量组 X 之间的关系式：

$$Y—b_0+b_1X_1+b_2X_2+\cdots+b_pX_p$$

式中，b_0 是截距；b_i 的值是数据点 1 到 p 的回归系数。

根据此方法，选取谱图中与物性关联度较大的信号区段，将这些点与物性数据进行关联，求出相应的系数，得到宏观物性与微观样品结构有直接对应关系的数据模型。

新建立模型在投用之前，需要进行模型的验证。一般模型的验证，主要是利用核磁共振分析仪对几组新样品进行分析，得到相应的核磁共振谱图，而后利用已经建立的分析模型，对核磁共振谱图进行解析，预测出新样品的各物性数值。若预测数据与实验室分析数据相差不大，误差都在合理的范围，则说明模型效果较好，若相差较大，误差超出合理性范围，则需要重新修订模型。对油品物性的核磁分析值与实验室实测值之间的相关性进行交互验证，交互验证图见图 4 和图 5。

从图 4 可以看出，催化柴油的物性核磁分析值与实验室实测值之间具有很好的相关性，表明核磁模型可投入使用。

代表性，确保其物性的变化范围较广，并且各样品性质均匀分布在此范围内，从而提高模型对不同性质范围物料的适应性。在模型应用后，及时补充最新分析数据，对模型进行更新，从而增强分析模型的适应性，提高分析的准确性。

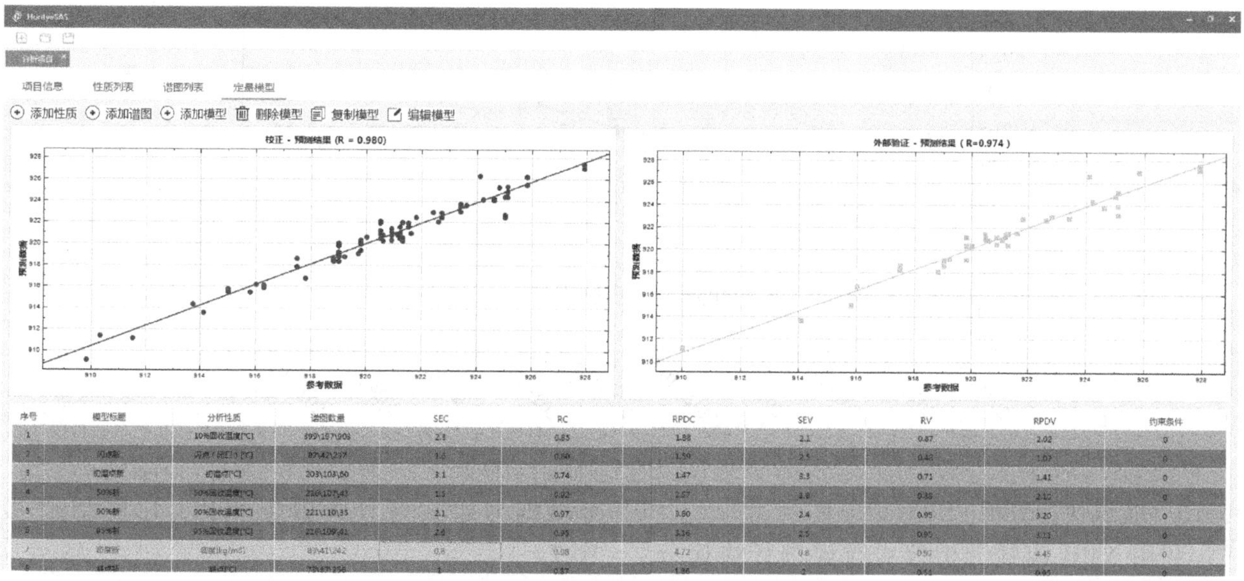

图 4　催化柴油密度核磁分析值与实测值的相关性

1.3　物料快评分析效果

核磁快评分析仪于 2019 年 6 月投入使用，覆盖了公司常减压、催化裂化、连续重整、柴油加氢等全公司 16 套生产装置出口样品以及原油、汽油、柴油、航煤等罐区样品的项目，实现了样品的快速、准确分析以及分析数据的及时共享。离线核磁分析系统自投用以来，分析仪器运行稳定，各物料的分析数据与实验室的分析数据差值均在规定范围内，精确度满足要求。以下对原油、汽油、航煤、柴油的 NMR 分析情况进行了跟踪。

1.3.1　原油快评分析

利用 NMR 离线分析仪对原油进行快速分析，对 NMR 分析数据与实验室常规分析数据进行比对，本文以原油密度为例，对 NMR 分析数据和实验室数据进行比对分析，比对结果见图 5。

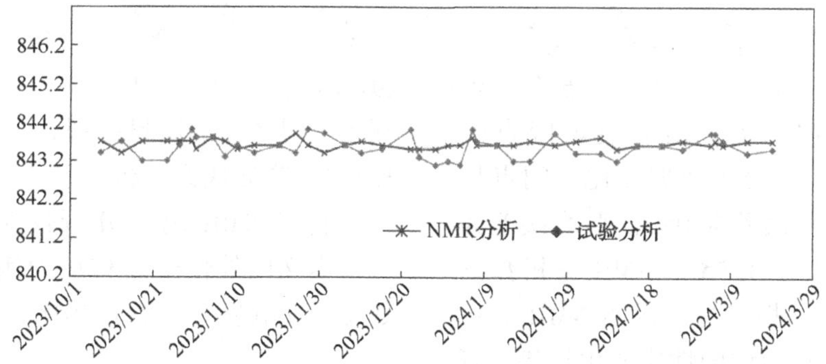

图 5　原油密度的 NMR 分析数据与实验室分析数据比对图

由图 5 可看出，原油密度的 NMR 分析数据与实验室分析数据相比，密度最大误差为 0.5kg/m^3，最小误差为 0kg/m^3，平均误差为 0.3kg/m^3，小于允许误差 1.5kg/m^3；NMR 分析数据和实验室分析数据符合性较好，说明 NMR 分析数据能够准确地反映出原油的性质变化趋势，能够及时指导后续操作的优化调整，对生产加工过程具有重要意义。

1.3.2　汽油快评分析

利用 NMR 离线分析仪对汽油进行快速分析，本文以催化汽油辛烷值为例，进行 NMR 分析数据与实验室分析数据相比，比对结果见图 6。

从图中对比情况来看，催化汽油辛烷值的 NMR 分析数据与实验室分析数据相比，辛烷值最大误差为 0.2，最小误差为 0，平均误差为 0.1，小于允许误差 0.5。NMR 分析数据和实验室分析数据符合性较好，说明 NMR 分析数据能够准确地反映出汽油的性质变化趋势，有利于汽油产品的质量控制。

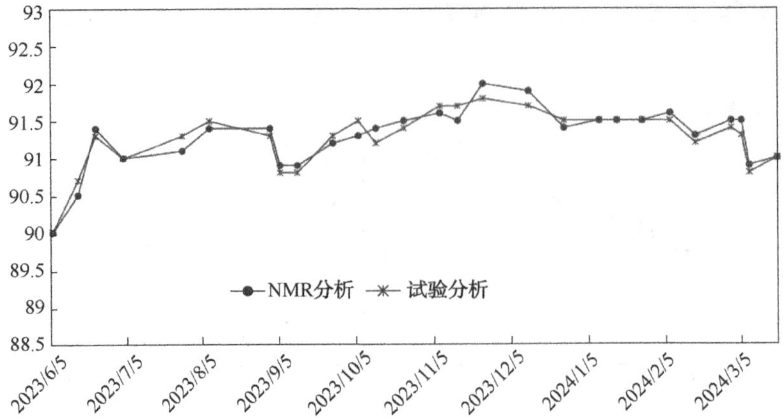

图6 催化汽油辛烷值的NMR分析数据与实验室分析数据比对图

1.3.3 航煤快评分析

利用NMR离线分析仪对航煤进行快速分析，本文以精制航煤的闪点为例，进行NMR分析数据与实验室分析数据相比，比对结果见图7。

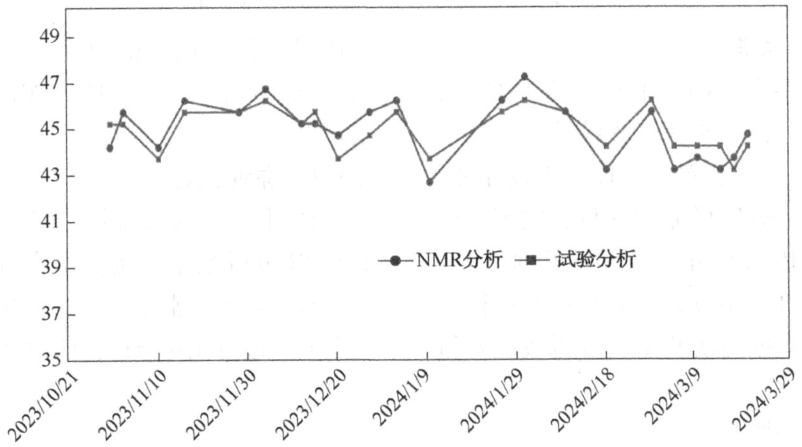

图7 精制航煤闪点的NMR分析数据与实验室分析数据比对图

从图中对比情况来看，精制航煤闪点的NMR分析数据与实验室分析数据相比，闪点最大误差为1.0℃，最小误差为0℃，平均误差为0.6℃，均小于允许误差1.5℃，NMR分析数据和实验室分析数据符合性较好，说明NMR分析数据能够准确地反映出汽油的性质变化趋势，有利于航煤产品的质量控制。

1.3.4 柴油快评分析

利用NMR离线分析仪对柴油进行快速分析，本文以催化柴油95%为例，进行NMR分析数据与实验室分析数据相比，比对结果见图8。

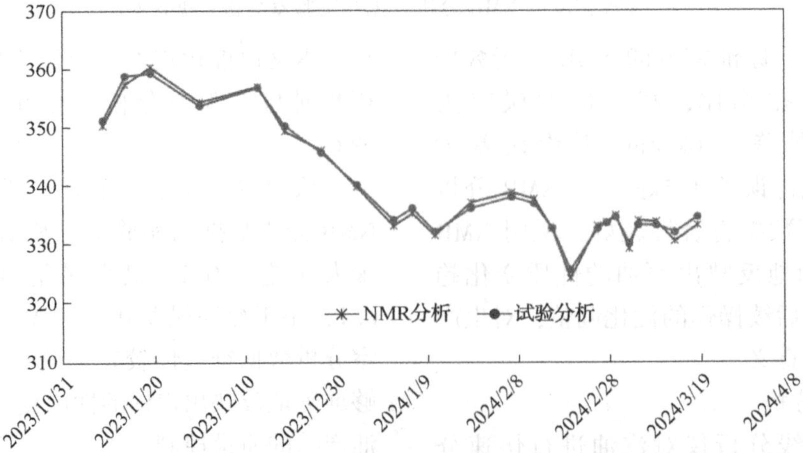

图8 精制航煤闪点的NMR分析数据与实验室分析数据比对图

从图中对比情况来看，催化柴油 95% 的 NMR 分析数据与实验室分析数据相比，最大误差为 1.5℃，最小误差为 0.1℃，平均误差为 0.8℃，均小于允许误差 2.3℃，NMR 分析数据和实验室分析数据符合性较好，说明 NMR 分析数据能够准确地反映出汽油的性质变化趋势，有利于柴油产品的质量控制。

2　核磁快评系统在智能化实验室的建设

采用 NMR 技术、融合分子级检测、物质机理分析、成分分析与物性检测、机器视觉等智能检测技术，开展过程控制参数监测、半成品质量和最终产品质量的离线检测与分析，并利用高带宽、低时延的 5G 网络技术将分析结果传至 LIMS 系统。核磁快评分析集样品多物性分析、数据管理、物性地图、模拟切割、数据自动传输等多种功能，能够自动生成全厂物性地图、相应报表（简评报告、全评报告、物性跟踪等），与 LIMS 系统一键式连接，实现智能快评分析数据在全厂优化生产中的快速应用。

2.1　核磁快评多物性分析

核磁快评分析仪可进行一个样品的多物性分析，改变了分析效率较低的局面。比如，全套汽油性质（研究法辛烷值、马达法辛烷值、密度、饱和蒸气压、烯烃、芳烃、苯、馏程等）采用常规分析方法，需要多台设23备，多名操作人员，历时几个小时的分析完成，采用 NMR 分析仪进行分析，2 分钟内即可得到。

由图 9 和图 10 可看出，NMR 分析可一次性分析某个样品的多个物性，并且可通过查询前期样品的分析数据以及前期样品的谱图比对，对分析数据的准确性进行一个判断。

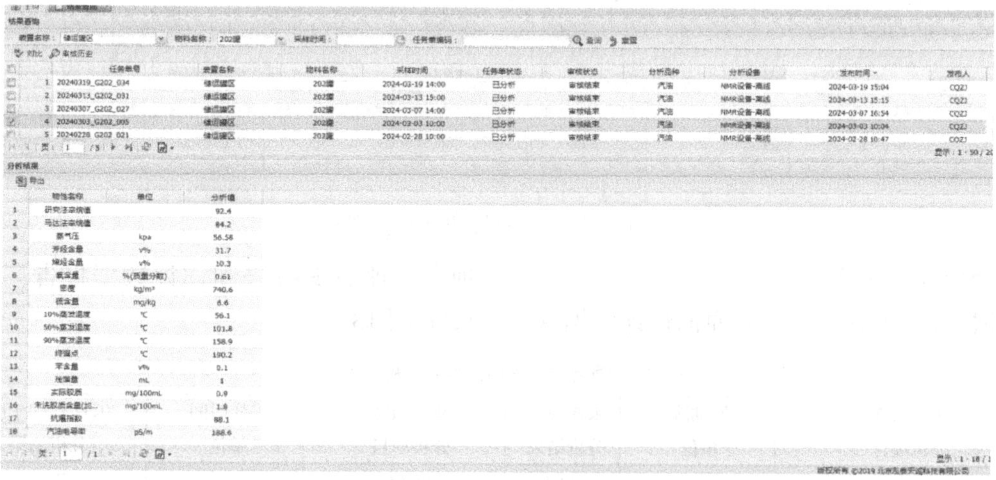

图 9　汽油全项目分析结果

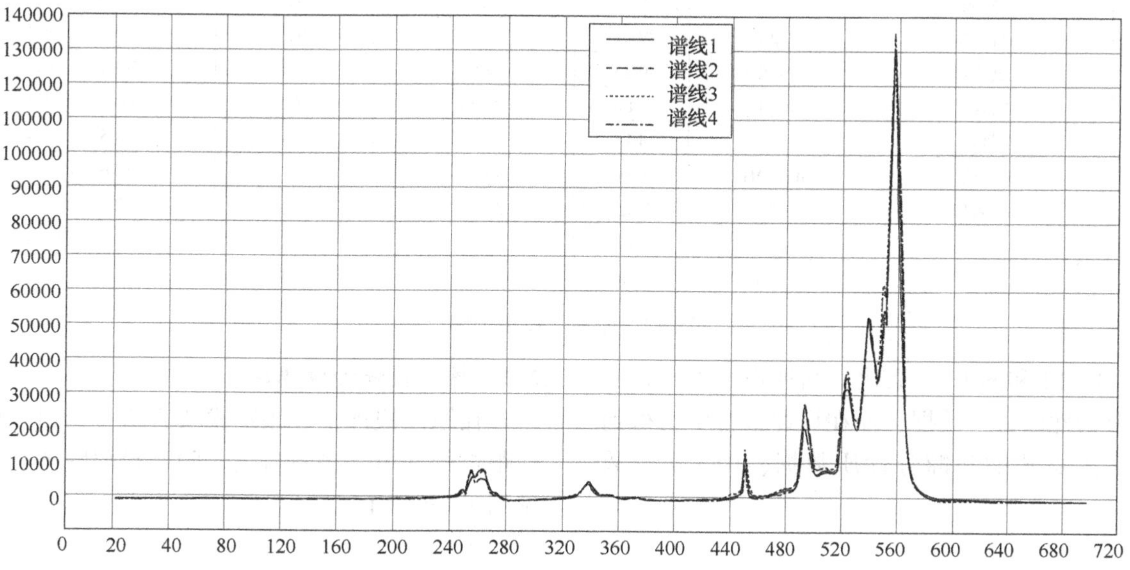

图 10　混合汽油谱图比对

2.2 核磁快评数据管理

在以往数据的物性汇总分析，需将数据整理后人工汇总，在投用核磁分析仪后，可通过数据管理实现对物性分析数据的定期汇总分析，并在质量日报或者周报中进行分析和总结。

2.2.1 原料油快评日报

该日报数据为各装置物料经过 NMR 分析后获取的数据，可通过快评日报查看任何一天各生产装置样品的项目分析数据，对当天的各装置物料性质有一个整体的查看和比对，对存在问题的分析数据更容易发现。

由图 11 可看出，可随时查看某一天某装置各物性的分析数据，便于知道装置生产调整。

原料油物性快评日报(产品版)

导出

日期：2024-03-06

一、储运罐区			二、500万吨年常减压蒸馏装置																		三、60万吨年柴油加氢装置		
原油罐			进装置原油			初顶油			常顶油			常一线			常压混合柴油			常压混合蜡油			航煤产品		
物性	单位	数值	物性	单位	数值	物性	单位	数值	物性	单位	数值	物性	单位	数值	物性	单位	数值	物性	单位	数值	物性	单位	数值
密度	kg/m³		密度	kg/m³		密度	kg/m³	710.0	密度	kg/m³	731.3	密度	kg/m³	787.7	密度	kg/m³	826.5	密度	kg/m³	872.0	密度	kg/m³	787.4
残炭	w%		残炭	w%		初馏点	℃	40.1	初馏点	℃	47.2	闭口闪点	℃	46.0	闭口闪点	℃	84.6	初馏点	℃	221.2	闭口闪点	℃	46.8
含盐	mg/L		含盐	mg/L		10%	℃	63.4	10%	℃	84.6	冰点	℃	-53.0	凝点	℃	1.0	10%	℃	309.0	冰点	℃	-53.4
初馏点	℃		初馏点	℃		50%	℃	104.6	50%	℃	108.5	初馏点	℃	162.0	初馏点	℃	216.9	20%	℃	337.5	初馏点	℃	154.6
10%	℃		10%	℃		90%	℃	146.5	90%	℃	134.6	10%	℃	169.9	50%回收温度	℃	282.9	30%	℃	370.9	10%	℃	168.5
20%	℃		20%	℃		终馏点	℃	161.0	终馏点	℃	151.2	20%	℃	176.7	90%回收温度	℃	338.6	40%	℃	379.1	20%	℃	174.7
30%	℃		30%	℃		全馏量	mL	98.4	全馏量	mL	98.5	50%	℃	189.7	95%回收温度	℃	350.1	50%	℃	408.4	50%	℃	185.5
40%	℃		40%	℃		残馏量	mL	0.7	残馏量	mL	0.6	90%	℃	213.0	终馏点	℃		60%	℃	420.8	90%	℃	213.4
50%	℃		50%	℃		损失	mL	0.9	损失	mL	0.9	终馏点	℃	231.7	硫含量	mg/kg		70%	℃	431.3	终馏点	℃	228.4
300℃	mL		300℃	mL											氮含量	mg/kg		80%	℃	439.3	烟点	mm	27.9
350℃	mL		350℃	mL														90%	℃	454.2	微量水	mg/kg	34.73
362℃	mL		362℃	mL														粘度(50℃)	mm²/s	4.698			
硫含量	mg/kg		硫含量	mg/kg																			
氮含量	mg/kg		氮含量	mg/kg																			
氯含量	mg/kg		氯含量	mg/kg																			
酸值	mgKOH/		酸值	mgKOH/																			

四、140万吨年催化裂化装置									五、60万吨年连续重整装置						六、140万吨年柴油加氢装置					
催化汽油			催化粗汽油			催化柴油			精制石脑油			脱戊烷油			精制柴油			混合原料油		
物性	单位	数值	物性	单位	数值	物性	单位	数值	物性	单位	数值	物性	单位	数值	物性	单位	数值	物性	单位	数值
密度	kg/m³	721.5	初馏点	℃	24.4	密度	kg/m³	942.0	密度	kg/m³	736.1	初馏点	℃	72.9	密度	kg/m³	835.6	密度	kg/m³	
初馏点	℃	37.5	10%	℃	50.8	闭口闪点	℃	24.7	初馏点	℃	84.3	10%	℃	96.2	闪点（闭口）	℃	83.4	50%回收温度	℃	
10%	℃	51.9	50%	℃	106.6	凝点	℃	-18.0	10%	℃	95.6	50%	℃	119.4	初馏点	℃	202.2	90%回收温度	℃	

版权所有 ©2019 北京永嘉天诚

图 11　原料油物性快评日报图

2.2.2 原油快评数据管理

在原油快评数据管理模块有原油快评数据管理有简评数据报告和详评数据报告，分别见图 12 和图 13。

长庆石化油品运行部原油性质分析报告单

物料名称	原油罐	采样地点	储运罐区	采样时间	2021-06-04 10:00
分析项目	单位	分析结果	分析项目	单位	分析结果
密度	kg/m³	844.4	初馏点	℃	71.7
含盐	mg/L	18.88	10%	℃	145.4
残炭	w/%	2.22	20%	℃	198.1
硫含量	mg/kg	991.1	30%	℃	258.8
氮含量	mg/kg	905.3	40%	℃	309.2
氯含量	mg/kg	25.86	50%	℃	354.9
凝点	℃	14	300℃	mL	38.5
酸值	mgKOH/g	0.08	350℃	mL	48.6
沥青质	%	1.32	362℃	mL	52.1
镍	ppm	1.13	备注		
钒	ppm	0.98			

图 12　原油简评报告图

由图 12 和图 13 可看出，简评报告中得到原油各个物性的分析数据，而在详评报告中可得到包括实沸点蒸馏和馏分性质数据、10% 切割数据等。

2.3 核磁快评物性跟踪

在原油快评物性跟踪模块有所有物料一周物性跟踪图和单一物料自选时间物料跟踪图，分别见图 14 和图 15。

任务单编号 20210604_GQYY_029　　物料名称　原油罐　　装置名称　储运罐区　　采样时间　2021-06-04 10:00

表1 一般性质

分析项目	分析结果	分析项目	分析结果
密度(kg/m³)	844.4	含盐(mg/L)	18.88
API度	39.2	沥青质(%)	1.32
K值	12.7	馏程	
酸值(mgKOH/g)	0.08	初馏点(℃)	71.7
凝点(℃)	14	10%(℃)	145.4
元素分析		20%(℃)	198.1
硫含量(mg/kg)	991.1	30%(℃)	258.8
氮含量(mg/kg)	905.3	40%(℃)	309.2
氯含量(mg/kg)	25.86	50%(℃)	354.9
残炭(w%)	2.22	300℃(mL)	38.5
镍(ppm)	1.13	350℃(mL)	48.6
钒(ppm)	0.98	362℃(mL)	52.1
原油类别	低硫轻质石蜡基		

表2 实沸点蒸馏及宽馏分性质

沸点范围(℃)	质量收率(w%)		密度(kg/m³)	K值	API度
	馏分段收率（w%)	累计收率(w%)			
IBP-80	4.31	4.31	610.1	13.6	99
80-180	11.76	16.07	738.6	12.3	59.1
IBP-180	16.07	16.07	703.7	12.6	68.5
180-240	8.64	24.71	785.9	12.3	47.7
240-300	10.18	34.89	821	12.3	40.1
300-350	9.08	43.97	842.9	12.3	35.6
350-540	33.68	77.65	880.8	12.5	28.5
540-FBP	22.35	100	997	12	9.9
关键馏分					
250-275	4.68		817.7	12.3	40.8
395-425	8.77		868.9	12.5	30.7

表3 每10℃馏分累积收率(w%)

百分度/十分度(℃)	0	10	20	30	40	50	60	70	80	90
0									4.31	5.16
100	5.16	6.89	7.77	9.12	10.6	11.9	13.17	14.55	16.07	17.69
200	19.45	21.24	22.79	23.87	24.71	25.86	27.48	29.48	31.59	33.4
300	34.89	36.42	38.19	40.26	42.43	43.97	44.51	44.51	44.51	45.51
400	48.23	51.29	54.17	56.76	59.16	61.5	63.79	66.02	68.13	70.05
500	71.8	73.41	74.91	76.32	77.65					

表4 重整原料馏分性质

分析项目	IBP-180℃
质量收率(w%)	18.3
密度(kg/m³)	703.7
硫含量(mg/kg)	32.75
氮含量(mg/kg)	0
组成分析	
链烷烃质量含量(w%)	75.59
烯烃质量含量(w%)	0
环烷烃质量含量(w%)	19.3
芳烃质量含量(w%)	5.11
恩氏馏程（℃）	
初馏点(℃)	105.5
10%(℃)	107.9
50%(℃)	127.6
90%(℃)	158.2

图 13　原油简评报告图

由图 14 和图 15 可看出，若查看一周内各个物料的物性情况，可选择所有的进行查看；若要查看单一物料的物性情况，可选择查看的物料以及时间进行查看。物料跟踪模块能够更有利于查看一段时间内某一物料的物性变化情况。

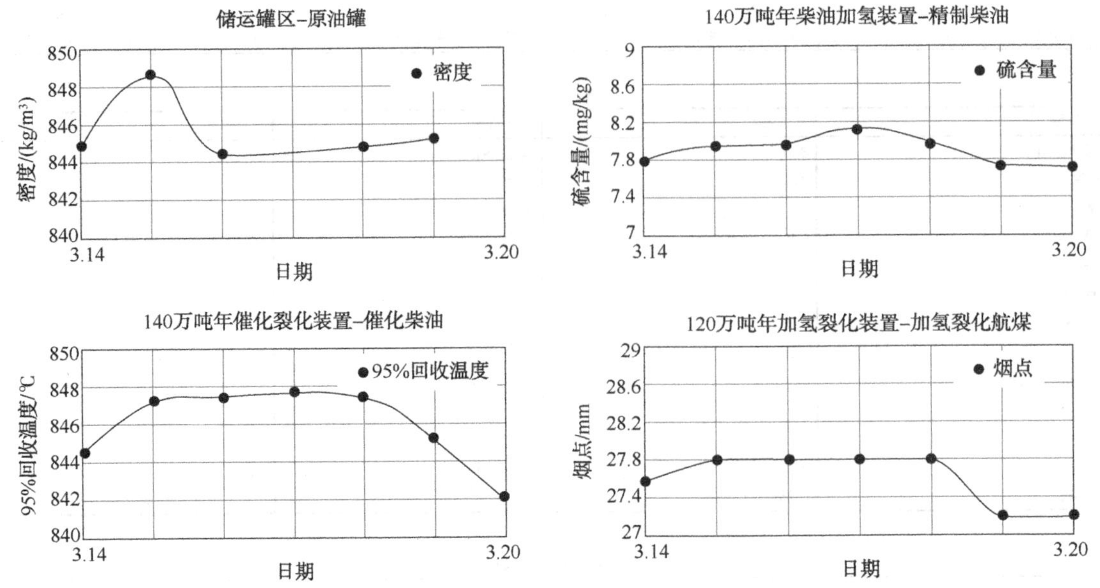

图 14 样品一周物性跟踪图

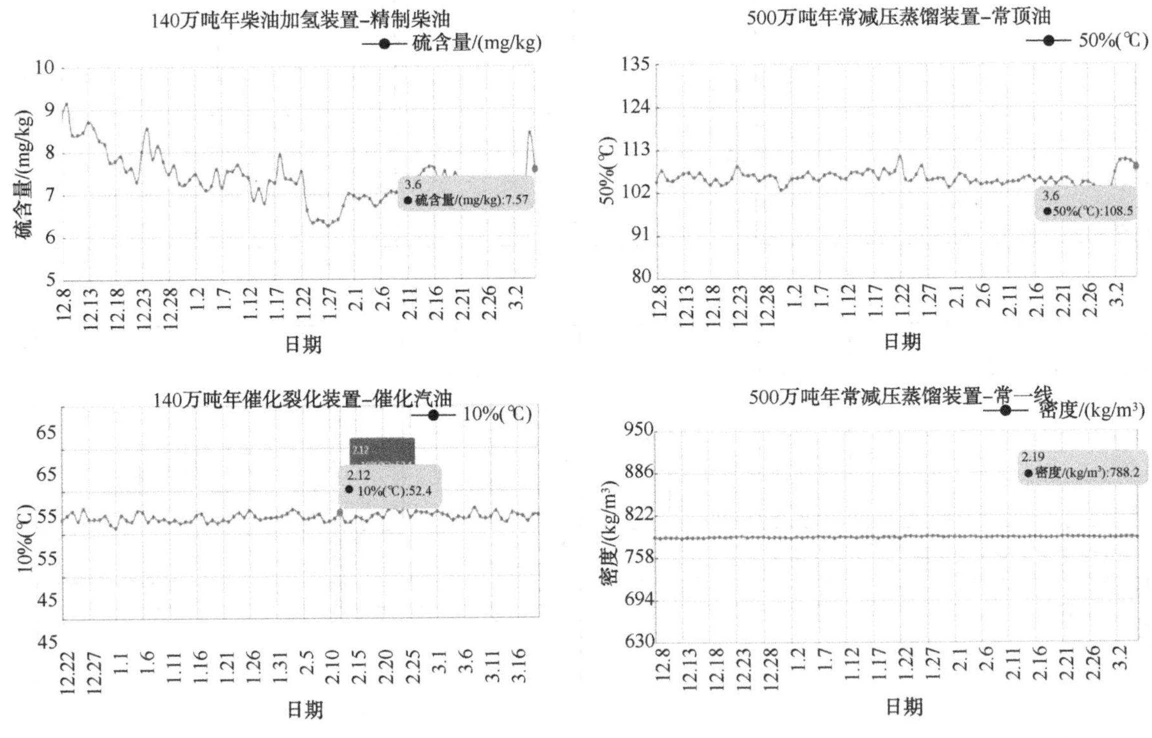

图 15 样品自选物性跟踪图

2.4 核磁快评自动传输

通过高带宽、低时延的5G网络技术，核磁快评能够实时将分析数据准确传输至LIMS系统，且可从LIMS系统中提取数据，实现了多系统间的数据交互和信息共享，为生产提供实时的指导。同时，核磁快评的自动传输实现了数据源的无纸化、结构化。

2.5 核磁快评物性地图

为保证装置长周期运行，及时掌握硫、氮、氯在生产全流程的分布情况，通过软件开发，建立了硫、氮、氯、碳物性地图，涵盖了各个装置以及原料罐和成品罐。通过系统可随时查看最近一次各装置主要产品的硫、氮、氯、碳含量分析数据。

2.6 核磁快评调和优化

核磁快评通过软件根据进罐组分的分析数据和比例，计算出成品罐各项目分析数据，保证成品一次调和合格率。

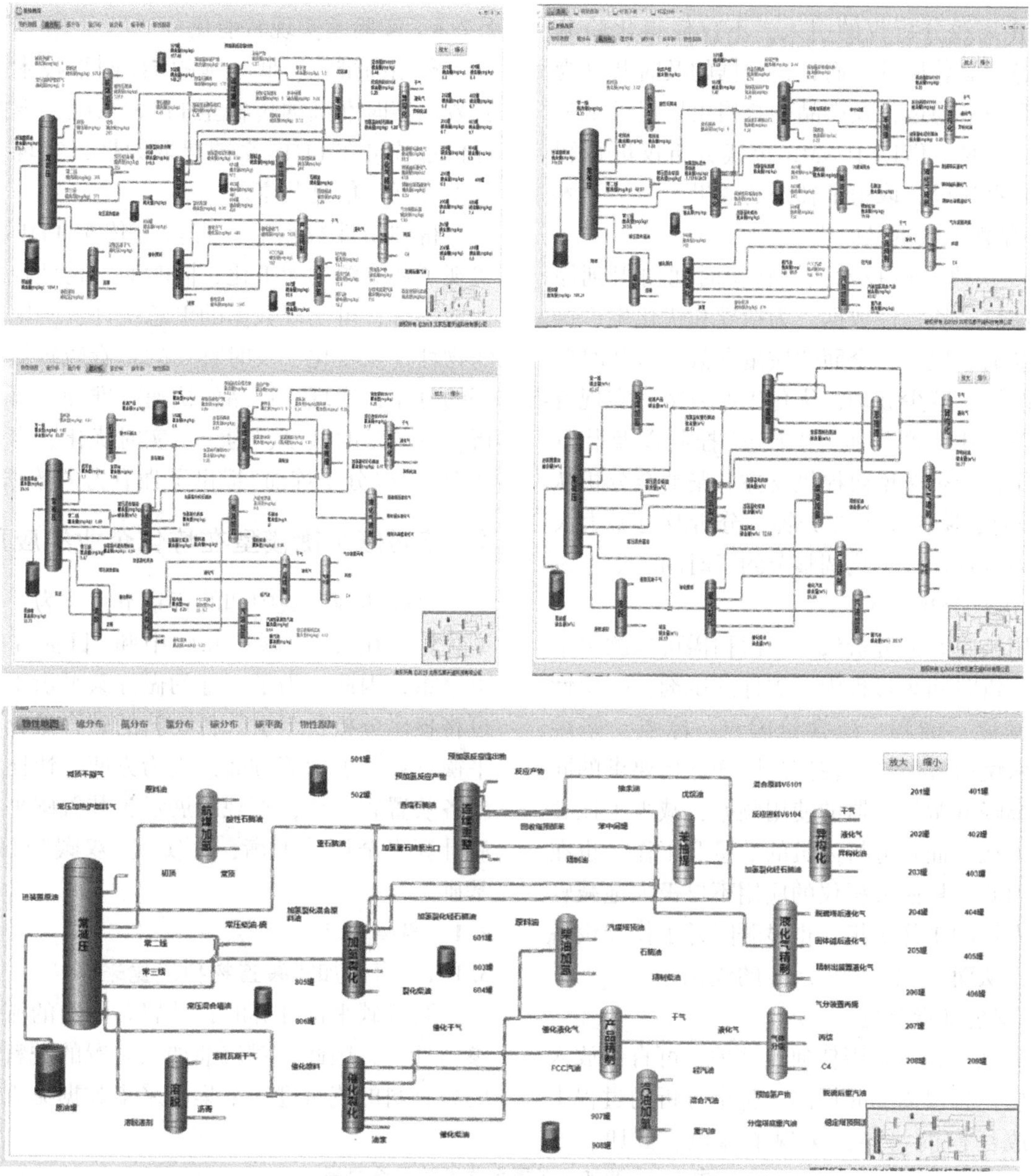

图 16　硫氮氯碳物性地图

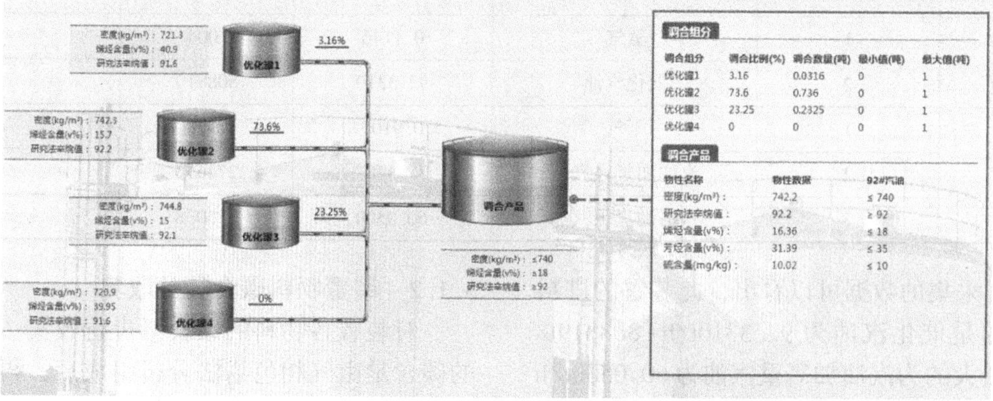

图 17　油品调和图

2.7 核磁应用效果评价

NMR 离线分析仪的引入，不仅使得化验分析效率得到显著提升。而且，数据的及时共享为全厂装置的平稳运行及产品的合格出厂提供了坚实保障。同时，借助于 NMR 离线分析仪进行智能化实验室建设，取得了较好的效果。

2.7.1 提高了数据及时性

NMR 快速分析技术，可在短时间内得到原油及各种油品的物性数据，为指导和优化生产操作提供准确、快速、全面的质量参数，可及时调整装置操作，减少波动，优化生产方案，实现资源的合理利用、产品质量"卡边"控制以及装置平稳操作，为企业增效提供支撑。柴油全分析从 4 人 6 小时，降至 1 人 2 分钟，分析及时率大大提高，为装置操作优化调整节约了时间。

2.7.2 优化分析成本

采用核磁共振分析仪，一次扫谱可检测多个性质，分析时间短过程中无需标准试剂，一次性分析出密度、馏程、硫含量闪点、冰点、辛烷值、十六烷值等参数，在满足同样分析要求的同时，大幅降低常规仪器的使用频率，减少了该类仪器的损耗，而且分析人员的数量及工作量也在降低。因此，核磁分析仪的应用不仅极大地减轻了分析人员的工作负担，也显著降低了仪器设备的损耗，从而实现了分析成本的优化。

2.7.3 安全环保受控

被测试样无需采用任何预处理，可直接放入仪器分析，且仅需 2ml 样品，整个分析的过程中不会造成任何的污染，实现了绿色、健康、安全、环保的理念。

2.7.4 实验室实现智能化

利用高带宽、低时延的 5G 网络技术，将化验数据实时准确的传输至 LIMS 系统，智能快评分析系统可在 LIMS 系统提取数据，实现多系统数据交互、信息共享。

得到物性数据后，直接上传至 LIMS 系统，实现了数据源的无纸化，同时通过物性跟踪、物性地图等，可实现数据的汇总统计、一定时间段的物性性质变化、及时直观的查看硫碳氮率在全厂的分布，实现了样品的快速、准确分析以及分析数据的及时共享，为全厂实时优化、自动油品调合以及"分子炼油"提供了强有力的数据支撑。

3 核磁碳平衡模型在炼化企业的应用

在碳达峰、碳中和的背景下，作为一个城市型炼厂，在实现"碳达峰碳中和"目标方面任务更繁重，因此，为了更好的做好碳平衡工作。通过将核磁分析技术引入各物料的碳含量分析、碳平衡核算、展示等方面，更为方便、快捷的核算出各装置碳平衡，直观的展示各装置碳平衡，最后计算出全厂碳平衡，为实现"双碳"目标打好基础。

3.1 数据采集

3.1.1 汽油加氢装置物料流量采集

装置碳平衡计算时，装置各物料的流量需要参与计算，因此，对汽油加氢装置的进料和出料的各物料的流量进行采集，采集数据见表 1。

表 1　汽油加氢装置各物料流量结果表

项目	序号	物料名称	流量		备注
			t/h	t/a	
进料	1	氢气	0.1146	1004	
	2	催化汽油	92.3310	808819	
出料	1	干气	0.9103	7974	
	2	汽油加氢轻汽油	31.3487	274615	
	3	汽油加氢重汽油	60.0500	526038	

由表 1 采集的数据可以看出，此装置的进料流量最大的是催化汽油为 92.3310t/h（808819t/a）。出料最大的为汽油加氢重汽油为 60.0500t/h（526038t/a），汽油加氢轻汽油次之为 31.3487t/h（274615t/a）。

3.1.2 装置物料碳含量的收集

对装置各物料的碳含量进行收集。气体物料的碳含量由气相色谱法分析组成后，再由组成进行计算，液体物料采用单体烃分析组成后，由组成计算碳含量。液体和气体物料中的组分百分含量由色谱仪分析得出，保留小数点后三位。分子质量由所含元素的各原子质量计算得出，分子质量和分子中碳质量保留至整数位。以某一装置为例，表2为此装置气体的碳含量的计算法，表3是此装置各物料的碳含量。

气体物料中碳含量的计算公式如下：

物料中分子质量=(分子质量×该分子质量的百分含量)/100

物料中碳质量=(分子中碳质量×该分子质量的百分含量)/100

物料中碳含量=(物料中碳质量/物料中分子质量)×100

表2　干气组成及碳含量表

组分名称	分子式	百分含量/%(v)	分子质量/(kg/kmol)	分子中碳质量/(kg/kmol)	物料中分子质量/(kg/kmol)	物料中碳质量/(kg/kmol)
氢气	H_2	25.847	2	0	0.517	0
氧气	O_2	1.492	32	0	0.477	0
氮气	N_2	4.543	28	0	1.272	0
甲烷	CH_4	19.967	16	12	3.195	2.396
乙烷	C_2H_6	18.18	30	24	5.454	4.363
乙烯	C_2H_4	0.024	28	24	0.007	0.006
丙烷	C_3H_8	10.776	44	36	4.741	3.879
丙烯	C_3H_6	0.2	42	36	0.084	0.072
异丁烷	i-C_4H_{10}	6.182	58	48	3.586	2.967
正丁烷	n-C_4H_{10}	4.852	58	48	2.814	2.329
正丁烯	n-C_4H_8	0.703	56	48	0.394	0.337
异丁烯	i-C_4H_8	1.161	56	48	0.65	0.557
反丁烯	t-C_4H_8	1.421	56	48	0.796	0.682
顺丁烯	c-C_4H_8	0.815	56	48	0.456	0.391
丁二烯	C_4H_6	0.005	54	48	0.003	0.002
异戊烷	i-C_5H_{12}	2.301	72	60	1.657	1.381
正戊烷	n-C_5H_{12}	0.528	72	60	0.38	0.317
>C_5	C_6H_{14}	1.003	86	72	0.863	0.722
合计		100			27.345	20.403
物料中碳含量/%(w)	74.61					

由表2看出，干气中的碳主要集中于甲烷、乙烷、丙烷、异丁烷和正丁烷五个组分中，碳5及碳5以上的组分含有1.003%。通过测出的组分含量计算得出此物料的碳含量为74.61%。

表3　汽油加氢重汽油组成及碳含量表

分子式	百分含量/%(V)	分子质量/(kg/kmol)	分子中碳质量/(kg/kmol)	物料中分子质量/(kg/kmol)	物料含碳量/(kg/kmol)
C_4H_{10}	0.018	58	48	0.010	0.009
C_4H_8	0.111	56	48	0.062	0.053

续表

分子式	百分含量/%(V)	分子质量/(kg/kmol)	分子中碳质量/(kg/kmol)	物料中分子质量/(kg/kmol)	物料含碳量/(kg/kmol)
C_5O	0.112	76	60	0.085	0.067
C_5H_{12}	0.286	72	60	0.206	0.172
C_5H_{10}	0.551	70	60	0.386	0.331
C_6H_{10}	2.542	82	72	2.084	1.830
C_6H_{12}	0.215	84	72	0.181	0.155
C_6H_{14}	6.793	86	72	5.842	4.891
C_6H_6	0.133	78	72	0.104	0.096
C_6H_8	1.007	80	72	0.806	0.725
C_7H_{10}	5.677	94	84	5.336	4.769
C_7H_{14}	15.945	98	84	15.626	13.394
C_7H_{12}	0.087	96	84	0.084	0.073
C_7H_{16}	4.638	100	84	4.638	3.896
C_7H_8	5.446	92	84	5.010	4.575
C_7O	0.868	100	84	0.868	0.729
C_8H_{10}	0.103	106	96	0.109	0.099
C_8H_{14}	0.346	110	96	0.381	0.332
C_8H_{16}	5.941	112	96	6.654	5.703
C_8H 18	13.475	114	96	15.362	12.936
C_8O	2.909	112	96	3.258	2.793
C_9H_{10}	0.335	118	108	0.395	0.362
C_9H_{12}	7.001	120	108	8.401	7.561
C_9H_{16}	0.146	124	108	0.181	0.158
C_9H_{18}	1.83	126	108	2.306	1.976
C_9H_{20}	8.9773	128	108	11.491	9.695
C_9O	0.715	124	108	0.887	0.772
$C_{10}H_{12}$	0.833	132	120	1.100	1.000
$C_{10}H_{14}$	2.622	134	120	3.513	3.146
$C_{10}H_{18}$	0.166	138	120	0.229	0.199
$C_{10}H_{20}$	0.273	140	120	0.382	0.328
$C_{10}H_{22}$	2.977	142	120	4.227	3.572
$C_{10}H_8$	0.154	128	120	0.197	0.185
$C_{10}O$	0.469	136	120	0.638	0.563
$C_{11}H_{10}$	0.02	142	132	0.028	0.026
$C_{11}H_{16}$	0.576	148	132	0.852	0.760
$C_{11}H_{22}$	0.339	154	132	0.522	0.447
$C_{11}H_{24}$	2.935	156	132	4.579	3.874
$C_{11}O$	1.073	148	132	1.588	1.416

续表

分子式	百分含量/%(V)	分子质量/(kg/kmol)	分子中碳质量/(kg/kmol)	物料中分子质量/(kg/kmol)	物料含碳量/(kg/kmol)
$C_{12}H_{18}$	0.449	162	144	0.727	0.647
$C_{12}O$	0.036	160	144	0.058	0.052
$C_{12}H_{26}$	0.611	170	144	1.039	0.880
$C_{13}H_{28}$	0.195	184	156	0.359	0.304
$C_{15}H_{18}$	0.063	198	180	0.125	0.113
合计	99.9983			110.916	95.664
物料中碳含量/%(w)	86.25				

由表3看出，汽油加氢重汽油主要组分主要为C6~C11，含有97.57%。通过测出的组分含量计算得出此物料的碳含量为86.25%。

表3　装置各物料碳含量数据表

序号	物料名称	C/%(w)	备注
1	催化汽油	86.12	由组成计算
2	汽油加氢干气	74.61	由组成计算
3	汽油加氢轻汽油	85.73	由组成计算
4	汽油加氢重汽油	86.25	由组成计算

由表4看出，汽油加氢装置原料催化汽油含碳86.12%。产品碳含量碳含量由大到小的顺序依次是加氢重汽油、加氢轻汽油、加氢干气。

3.2　装置碳平衡计算

根据物料流量及其碳含量，对装置碳平衡进行计算，碳平衡计算见表7。物料中碳总量的计算公式如下：

碳总量=(物料量×碳含量)/100

表5　某装置物料平衡及碳平衡数据表

项目	物料名称	物料量/(t/a)	碳含量/%(w)	碳总量/(t/a)
进料	氢气	1004	0	0
	催化汽油	808819	86.12	696555
	合计	808819		696555
出料	汽油加氢干气	7974	74.61	5949
	汽油加氢轻汽油	274615	85.73	235427
	汽油加氢重汽油	526038	86.25	452708
	合计	808627		695084
损失		1196		1471

由表5看出进料物料量为808819t/a，碳总量696555t/a；出料物料量为808627t/a，碳总量694084t/a，损失物料量为1196t/a，碳总量2471t/a。

物料损失=物料量损失/进料物料量×100

碳损失=碳总量损失/进料碳总量×100

从而计算出物料损失占总进料0.148%、碳损失占总进料碳0.211%。

3.3　装置碳平衡及全厂碳平衡模型展示

各物料数据准确的条件下，建立建立各装置

碳分布情况和全厂碳平衡情况模型，以立体的形式展示，更加直观的查看以及更加准确、及时的掌握各装置碳分布情况和全厂碳平衡情况，为全厂实现“双碳”目标打好基础。

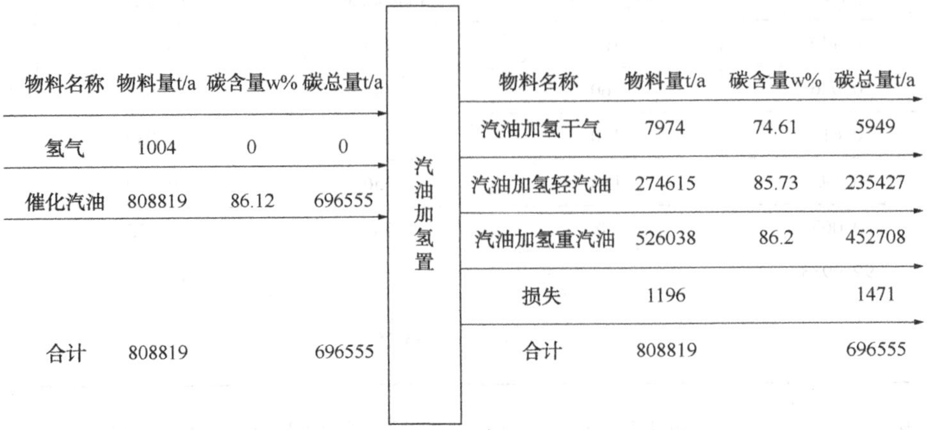

图 18　汽油加氢装置物料平衡及碳平衡图

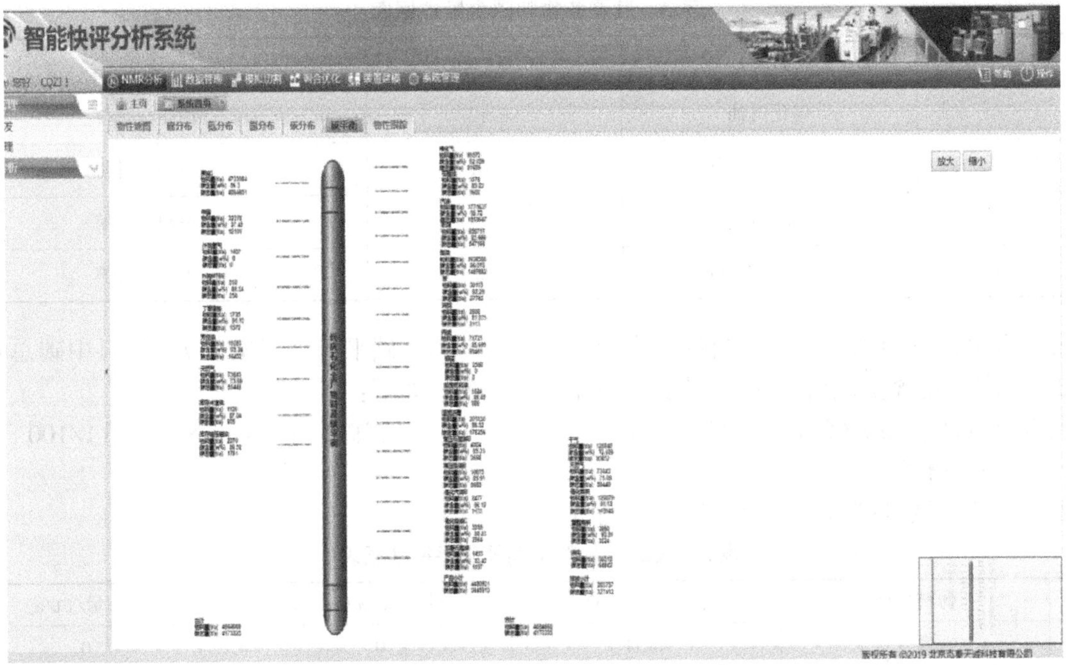

图 19　全厂碳平衡展示图

4　结论

随着科技的飞速发展，计算机网络、大数据、物联网及人工智能等先进技术已推动社会迈向智能化时代。在这一背景下，炼化厂实验室为了更好的服务于生产，为生产装置及时提供精准的数据支撑，推进智能化实验室建设是必然之选。离线核磁共振仪不仅能够进行多物性的快速分析，而且能够利用高带宽、低时延的 5G 网络技术，将化验数据实时准确地传输至 LIMS 系统并可从 LIMS 系统中提取物性数据，实现了数据源的无纸化以及多系统数据交互、信息共享。通过多物性分析、物性跟踪、数据管理、物性地图等，实现了物性数据的自动化汇总与分析，实时掌握各装置物性分布，构建全厂碳平衡模型，并以直观立体的形式进行展示，为全厂的实时优化、油品自动调合以及“分子炼油”提供了强有力的数据支撑。同时，为实现“双碳”目标奠定了坚实的基础。

参 考 文 献

[1] 郭炜，邵景新．浅析现代炼化国有企业的智能化化验室建设与管理［J］．信息系统工程，2021，(03)：95-97.

[2] 翟星月，王雷，张涛等．防腐材料检测实验室设备智能化管理实践［J］．设备管理与维修，2024，(01)：1-3.

[3] 刘明杰，李方园，尹仁昇等．油田“分散式”实验室智能化管理探索与应用［J］．化工安全与环境，2024，37 (01)：53-56.

[4] 刘婧蔚．高校实验室智能化管理的实践路径探究［J］．数字通信世界，2023，(07)：182-184.

[5] 高毓伶，王凤珀，宋丹．企业智能化实验室建设的思考与实践［C］．国际石油石化技术会议论文集．2023：7.

[6] 胡浩亮，玄祖广．实验室智能化管理与综合化服务研究［J］．浙江万里学院学报，2017，30 (05)：93-97.

[7] 王楠，张超．实验室的智能化管理［J］．品牌与标准化，2016，(01)：61-62.

[8] 夏之宁．核磁共振波谱研究［J］．波谱学杂质，1998，15(1)：65-70

[9] 基于核磁共振波谱技术的润滑油基础油性能研究.

[10] 陈腾，张蕾．偏最小二乘法及其扩展算法在石油化工生产中的应用［J］．计算机与应用化学，2016，33(7)：814-820.

高活性稳定性柴油加氢催化剂研究

刘　丽　杨成敏　姚运海　郭　蓉　李　扬　段为宇　孙　进

（中国石油化工股份有限公司大连石油化工研究院）

摘　要　本文介绍了大连石油化工研究院(以下简称 FRIPP)开发的高活性稳定性的柴油超深度脱硫催化剂的特点及工业应用情况。该催化剂具有孔径大、中等酸强度适宜、B 酸/L 酸比例高的特点，具有优异的超深度加氢脱硫活性和抗积碳中毒能力，该催化剂的堆积密度比国内和国外同类型参比剂分别降低了 5%和 20%以上。工业应用结果表明，该催化剂体系可以在高空速条件下加工不同原料油满足生产国 VI 标准的超低硫柴油，催化剂的失活速率为 0.6~0.7℃/月，是国外催化剂失活速率的一半，可以有效延长装置运行周期。该催化剂体系体现了优异的超深度加氢脱硫活性和稳定性，是长周期生产国 VI 标准柴油的理想催化剂。

关键词　FHUDS-7；柴油；超深度加氢脱硫；催化剂

1　前言

随着环保法规的日趋严格，对柴油产品质量的要求越来越苛刻，尤其是对柴油中硫含量的要求更为严格。欧洲等发达国家和地区已实行欧 VI 排放标准，即要求柴油产品硫含量不大于 10μg/g，十六烷值不小于 51，多环芳烃含量不大于 8%。近 5 年来，我国加速了柴油质量升级步伐，由 2015 年开始执行国 IV 柴油标准升级到 2019 年开始执行的国 VI 标准，硫含量由不大于 50μg/g 降低至不大于 10μg/g，十六烷值由不小于 49 提高至不小于 51，多环芳烃由不大于 11%降低至不大于 7%。可见，我国柴油质量标准已与欧洲等世界先进指标相当，用更短的时间加速了柴油质量升级步伐，减小柴油燃料对环境的污染。

抚顺石油化工研究院（FRIPP）开发的 FHUDS-5 催化剂被多家国外著名公司评为顶级（Top tier）或世界一流催化剂。FHUDS-6 催化剂在 2014 年与国外最新催化剂的对比结果表明其性能达到国际领先水平。为了降低催化剂的成本，FRIPP 开发了低成本 FHUDS-8 柴油深度加氢脱硫催化剂。国外机构对 FRIPP 柴油超深度脱硫催化剂的活性评价结果及在国外的工业应用结果表明，FRIPP 开发的柴油深度加氢脱硫催化剂总体上已跨入当前国内外同类技术领先水平。至 2017 年 8 月，FHUDS-5 、FHUDS-6 和 FHUDS-8 催化剂已在国内 100 多套次、国外 5 套柴油加氢装置上成功应用，满足了炼油企业生产超低硫柴油的需要，能够满足我国柴油质量升级需求。

近几年，采用国内外开发的最新柴油超深度脱硫催化剂已能满足生产国 VI 柴油的要求，但由于生产国 V 和国 VI 柴油时催化剂的失活速率显著高于生产国 IV 柴油，企业关注的核心问题还是装置的运行周期。目前，不少生产国 V 和国 VI 柴油的加氢装置的运行周期是 2 年左右，只有部分炼厂的柴油加氢装置能够满足 3 年的运行周期，而大多数炼油企业的核心装置大检修时间目前是 4 年一检修，未来还会延长至 5 年一检修。存在大部分柴油加氢装置运行周期与全厂大检修时间不一致、中间换剂影响全厂加工平衡等问题，因而炼厂希望延长柴油加氢装置运行周期，提高企业经济收益。尽管可以通过装置改造、原料优化管理等来延长装置的运行周期，但催化剂的活性和稳定性仍是影响装置长周期运转的关键因素。活性提高意味着初始反应温度降低，装置运行的温度区间延长，利于延长装置运行周期；降低催化剂积炭量、减缓催化剂失活速率也是延长柴油加氢装置运行周期的有效手段。因此，提高柴油加氢催化剂的活性和稳定性是延长装置运行周期的重要手段。

在超低硫柴油生产过程中，需要将柴油中的 4，6-二甲基二苯并噻吩(4，6-DMDBT)类的化合物脱除，4，6-DMDBT 类化合物受其分子直径大和空间位阻大的限制而最难脱除。随着含硫化物分子复杂度的增加，其分子直径逐渐增大，超深度脱硫所需要的催化剂孔径也需要增大。提高催化剂的孔径是提高催化剂活性的有效方法之一。柴油加氢脱硫催化剂的活性位是 MoS_2 垛层的边、角、棱，一般 3~5 层 MoS_2 的活性最高，为了抑制过大的硫化活性相垛层的生成，需要降低载体与活性金属之间的相互作用，提高活性金属的分散度。减弱载体与活性金属间相互作用，提高活性金属的分散度，减小 MoS_2 晶片长度，生成更多比例的 3~5 层 MoS_2 晶片，也是提高催化剂活性的有效方法之一。

柴油加氢催化剂失活的影响因素主要有金属中毒失活、积炭失活，其中金属中毒失活对催化剂造成的失活是不可逆的，通常是通过在反应器上层装填保护剂、加强原料油管理等方法对主催化剂进行保护。柴油加氢脱硫催化剂的失活速率与催化剂的积炭失活有关，研究者对 Mo-Co 型柴油加氢脱硫催化剂的积炭机理进行研究，发现催化剂上积炭的主要成分为 C_{14-25} 左右的长链烷烃和 2~3 个苯环为主的烷基芳烃，而积炭反应与催化剂的中强酸强度密切有关。因此，适当的降低催化剂的中强酸强度是提高催化剂稳定性的重要方法之一。研究表明，Brönsted 酸量高的催化剂与参比剂相比不仅 HDN 活性高，且催化剂上的积炭量减少。同时载体酸中心数目多的催化剂其加氢脱硫活性有明显提高。综上所述，催化剂要有好的脱硫、脱氮性能和低的积炭失活速率，其中强度酸量要适宜，且 Brönsted 酸酸量要多，Lewis 酸酸量要少，即高的 B 酸/L 酸比例有利于提高催化剂活性和稳定性。

为了延长柴油加氢装置运行周期和提高国产催化剂的国际市场竞争力，需进一步提高催化剂的活性稳定性和降低催化剂的装填密度，开发了高活性高稳定性低成本 FHUDS-7 催化剂，并成功应用到中石化广州分公司 200 万 t/a 柴油加氢装置、镇海炼化分公司 300 万 t/a 柴油加氢装置和青岛炼化 410 万 t/a 柴油加氢装置，长周期稳定生产国Ⅵ标准超低硫柴油。

2 催化剂特点

2.1 适合大分子硫化物反应的载体开发

利用孔径分布集中的大孔径氧化铝载体制备平台技术制备的新型载体与 FHUDS-5 载体的孔分布曲线见图 1，可见新型载体的最可几孔径比 FHUDS-5 载体的大，且孔分布更集中，新型载体的平均孔径为 9.7nm，比 FHUDS-5 载体的大 22.8%；6.0~15.0nm 孔径比例新型载体明显增加，比 FHUDS-5 载体增加 51%。由图 2 可见，新型载体和 FHUDS-5 载体均属于典型的存在回滞环的 IV 型等温曲线，说明这两种载体均为介孔结构。其中新型载体和 FHUDS-5 载体的吸附量基本相同，说明 FHUDS-5 载体和新型载体孔容较接近。按照 IUPAC 的对回滞环的分类，FHUDS-5 载体回滞环的吸附支和脱附支较为陡峭，其回滞环更接近 H1~H2b 过渡形态，属于两端开口的管径分布均匀的圆筒状孔和密堆积球形颗粒间隙型粗墨水瓶孔的混合型；新型载体回滞环的吸附支和脱附支最为陡峭，其回滞环更接近 H1 型，两端开口的管径分布均匀的圆筒状孔更多存在，介孔材料的大孔径分布均匀性和连通性好，有利于大分子含硫化合物的扩散，提高了催化剂的有效活性中心数量，有利于提高催化剂的活性。

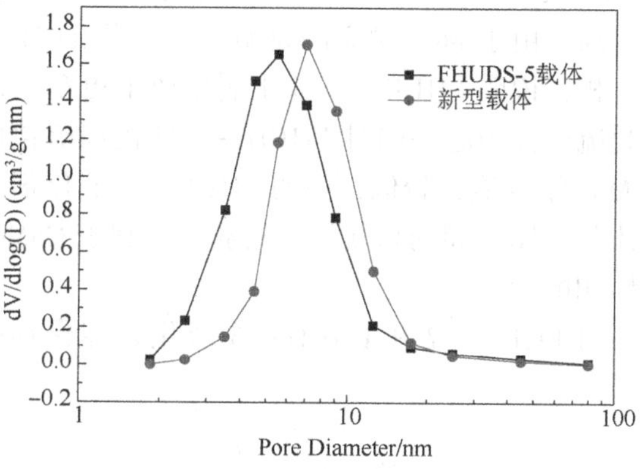

图 1 不同载体的孔分布曲线

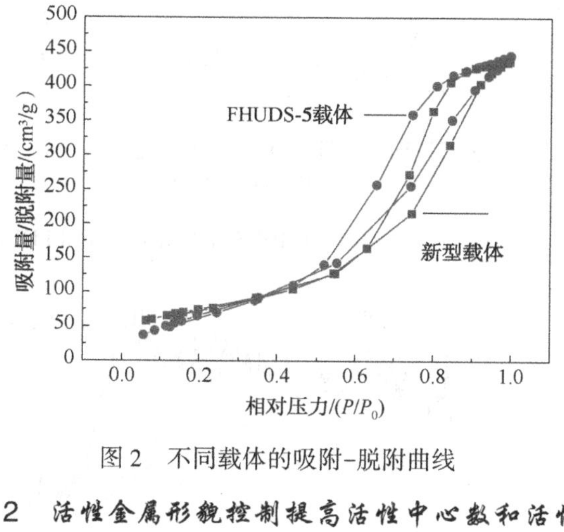

图 2 不同载体的吸附-脱附曲线

2.2 活性金属形貌控制提高活性中心数和活性金属硫化度

采用新型氧化铝载体，同时利用新型助剂调控载体与活性金属间的相互作用，控制活性金属形貌，制备了 FHUDS-7 催化剂。催化剂理化性质见表1，与 FHUDS-5 相比，FHUDS-7 催化剂的平均孔径为 7.5nm，是 FHUDS-5 催化剂的 1.3 倍，而且 FHUDS-7 催化剂堆积密度降低了 5%以上。与国外同类型最新的催化剂相比，FHUDS-7 堆积密度降低了 20%以上(表 1)。

表 1 催化剂理化性质

项目	FHUDS-5	FHUDS-7	国外参比剂
活性金属组成	Mo-Co	Mo-Co	Mo-Co
形状	三叶草	三叶草	三叶草
平均孔径/nm	5.6	7.5	8.9
侧压强度/(N/mm)	21.4	22.7	20.9
堆积密度/(g/cm^3)	0.94	0.88	1.12
颗粒直径/mm	1.2	1.2	1.5

为了考察催化剂的硫化情况，对硫化后的催化剂进行 XPS 分析，对 Mo3d 的 XPS 峰进行了分峰拟合处理，由图 1 可见，催化剂 FHUDS-7 和 FHUDS-5 硫化后，Mo 存在的价态为+4、+5 和+6。经分峰拟合后，由表 2 可以看出，与 FHUDS-5 相比，FHUDS-7 催化剂中 Mo^{4+} 的比例较高。由于 Mo^{4+} 对应的是硫化后理想的 MoS_2 活性相，说明 FHUDS-7 催化剂生成了更多的加氢脱硫活性中心。同时 FHUDS-7 催化剂硫化后的 Mo^{4+} 结合能也较低，说明 FHUDS-7 催化剂的载体与金属之间的相互作用较弱，有利于 CoMoS 活性相的生成。

对 FHUDS-7 和 FHUDS-5 硫化态催化剂的 Co2p XPS 谱图同样进行了分峰拟合，拟合结果如图 2 所示。参考 Gandubert 等的研究结果，并考虑电子转移对助剂金属原子电子结合能的影响确定峰位归属。可以看出，Co2p 的谱图主要有 3 个峰，分别是 779 eV 左右归属为 Co-Mo-S 相，781 eV 左右归属为 Co-O 振动峰，785 eV 左右归属为 Co^{2+}。通过对拟合峰峰面积可以计算出 Co-Mo-S 相在全部 Co 物种中所占比例 m(Co-Mo-S)/m(Co)，结果见表 2。相对于 MoS_2 活性相而言，Co-Mo-S 相具有更高的脱硫活性。由表 2 可见，FHUDS-7 催化剂中 Co-Mo-S 相比例要高于 FHUDS-5 催化剂的，说明采用新型助剂能够显著提高 FHUDS-7 催化剂的脱硫活性。

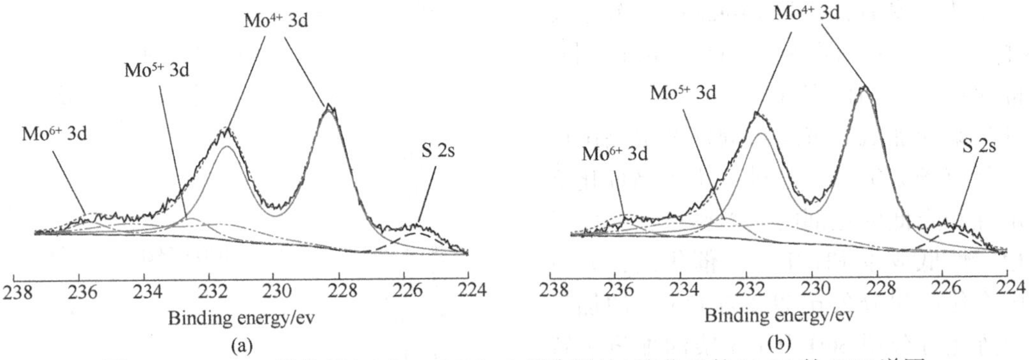

图 1 FHUDS-7 催化剂(a)和 FHUDS-5 催化剂(b)硫化后的 Mo3d 的 XPS 谱图

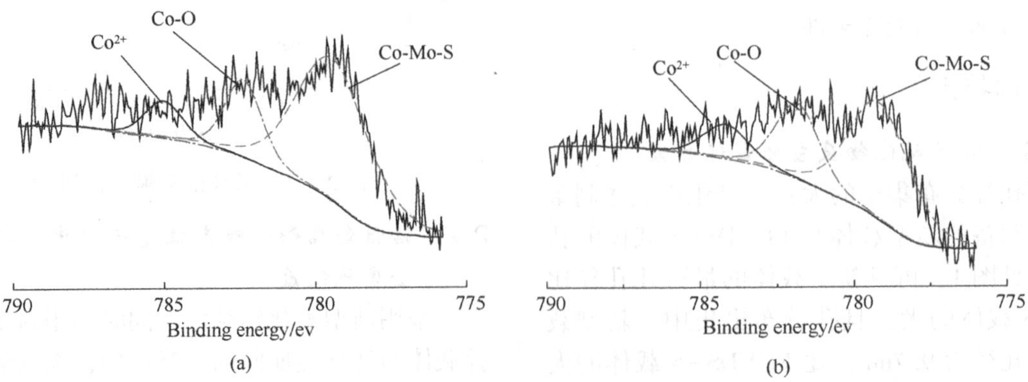

图 2 FHUDS-7 催化剂(a)和 FHUDS-5 催化剂(b)硫化后的 Co2p 的 XPS 谱图

表 2　FHUDS-7 和 FHUDS-5 催化剂硫化后的 XPS 定量分析结果

催化剂	FHUDS-7	FHUDS-5
Mo^{4+} E_B/eV	228.27	228.37
$m(Mo^{4+})/m(Mo)$	0.82	0.74
S/Mo Ratio	1.74	1.71
m(Co-Mo-S) /m(Co)	0.67	0.58

硫化后 FHUDS-7 和 FHUDS-5 催化剂的 HRTEM 谱图如图 3 所示。与 FHUDS-5 相比，FHUDS-7 催化剂上活性相晶片更小，活性金属分散度更高。从表 3 的分析数据可见，与 FHUDS-5 相比，FHUDS-7 催化剂中 MoS_2 片晶平均长度和平均堆积层数较小，3-5 层垛层比例较高，说明 FHUDS-7 采用新型多孔隙氧化铝载体，减弱了活性金属与载体间相互作用，抑制了过大的硫化活性相垛层的生成，活性金属分散度高，硫化后生成了活性相晶片更小，产生了更多活性更高的边、角、棱等易于接触的活性中心，从而提高了催化剂的加氢脱硫活性。

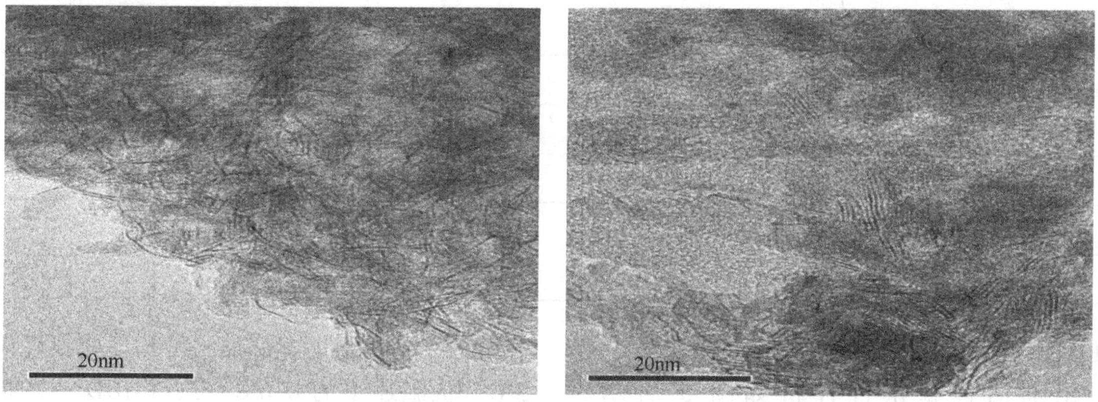

(a)　(b)

图 3　FHUDS-7 催化剂(a)和 FHUDS-5 催化剂(b)硫化后的 HRTEM 谱图

表 3　FHUDS-7 和 FHUDS-5 催化剂的 MoS2 片晶平均长度($\bar{L}$)和堆积层数($\bar{N}$)

催化剂	FHUDS-7	FHUDS-5
$\bar{L}$/nm	6.1	6.3
$\bar{N}$	4.5	4.8
3~5 垛层 MoS_2 比例/%	48.3	45.2

2　特殊酸性降低催化剂积碳速率

从表 5 催化剂的红外酸分布可以看出，与国外同类型最新的催化剂相比，FFHUDS-7 催化剂的总酸量和中强酸酸量较小，中强酸酸量降低了 30%，但 B 酸含量增加了 2.3 倍，L 酸含量降低了 19.6%，B 酸/L 酸增加了 3.2 倍。表明 FHUDS-7 催化剂具有较高的 HDS 活性和较高的抗积炭能力。图 4 为 FHUDS-5、FHUDS-7 和国外参比剂的积碳速率，可见看出 FHUDS-7 催化剂的积碳速率最小，说明 FHUDS-7 催化剂的特殊酸性能够显著降低催化剂的积碳速率。

表 5　催化剂红外酸性质

项目	FHUDS-7	国外参比剂
吡啶-红外酸量/(mmol/g)	0.515	0.533
160~250℃弱酸/(mmol/g)	0.222	0.177
250~450℃中强酸/(mmol/g)	0.192	0.275
>450℃强酸/(mmol/g)	0.041	0.081
L 酸/(mmol/g)	0.401	0.499
B 酸/(mmol/g)	0.114	0.034
B 酸/L 酸	0.28	0.068
B 酸/L 酸变化	增加 3.2 倍	

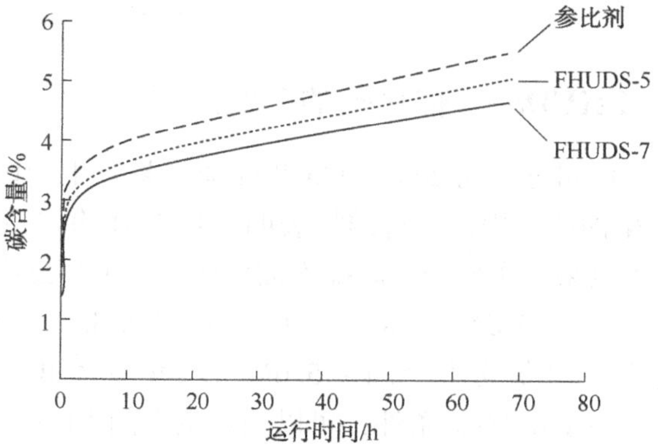

图 4　不同催化剂的积碳速率

3　FHUDS-7 催化剂反应性能

3.1　FHUDS-7 催化剂活性水平

活性评价在 200mL 加氢装置上进行。以镇海常三线直馏柴油为原料，以 FHUDS-5 催化剂为参比剂，进行了 FHUDS-7 催化剂活性对比评价，评价结果见表 6。可见，生产满足硫含量<10μg/g 的柴油，与 FHUDS-5 催化剂相比，FHUDS-7 催化剂的反应温度降低 5~10℃，相对脱硫活性提高 53%。

表 6　催化剂活性评价对比结果

工艺条件	FHUDS-5				FHUDS-7
氢分压/MPa	6.4				
体积空速/h^{-1}	1.5				
氢油体积比	500				
平均反应温度/℃	基准		基准+5	基准+10	基准
精制油性质					
S/(μg/g)	14.3		10.6	5.4	7.0
N/(μg/g)	1.2		1.2	1.2	1.2
相对脱硫活性/%		100			153

3.2　FHUDS-7 催化剂稳定性

催化剂活性稳定性评价如图 5 所示。FHUDS-7 催化剂进行了 3500h 稳定性试验，在满足精制柴油硫含量小于 10μg/g 的条件下，催化剂脱硫活性无明显降低，平均反应温度仅提高 3℃，提温速率为 0.6℃/月，FHUDS-7 催化剂体现了良好的活性稳定性。

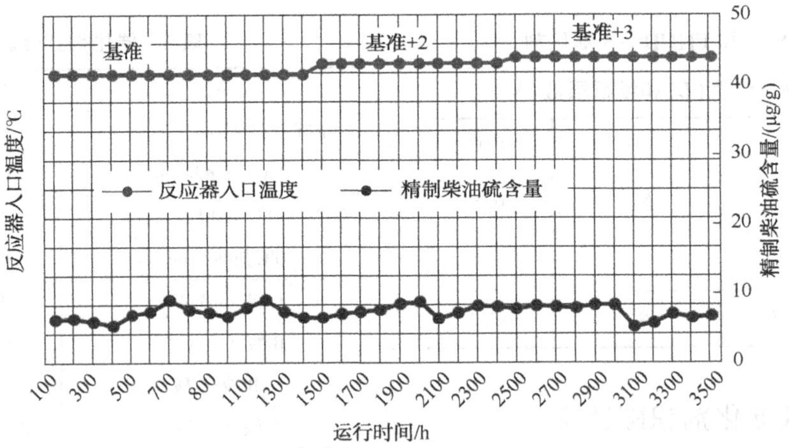

图 5　FHUDS-7 催化剂稳定性趋势图

4　FHUDS-7 催化剂的工业应用

广州分公司 200 万 t/a 柴油加氢装置生产国 VI 柴油的长周期运行结果表明：自 2018 年 7 月开工以来，主要加工高硫直馏柴油，在平均反应温度 350~362℃，体积空速 1.79~1.91h^{-1}，反应器入口氢分压 5.4~5.6MPa，氢油体积比 238~261Nm^3/m^3 条件，可以满足生产国 VI 柴油的要求。装置反应温度变化情况如图 6 所示，可见，装置连续稳定运行 12 个月，产品质量稳定，装置进入稳定期后反应器提温速率平均为 0.6℃/月，远低于国外报道的 1.3~1.5℃/月的失活速率，计算后装置运行周期可满足小于且不等于 4 年的要求，说明该催化剂体系具有良好的超深度加氢脱硫活性和稳定性。

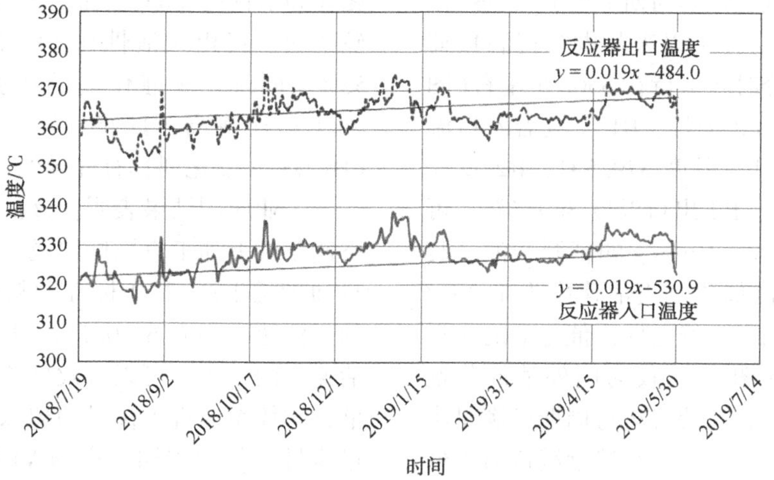

图 6　广州石化 200 万 t/a 柴油加氢装置反应温度

镇海炼化Ⅳ加氢装置上个周期采用国外进口的催化剂，运行初期没有满负荷运行，开工 4 个月后逐渐进入满负荷状态，装置满负荷运行约 2 个月，逐渐降低处理量，而后装置的处理量大多时间在 234~310t/h(图 7)。从整个运行周期来看，镇海炼化Ⅳ加氢装置上周期初期反应提温速率相对较快，在运行中后期降低处理量后真实反应温度的提升速率相对稳定。装置运行末期的主要条件为处理量 234t/h，R1 反应器入口温度约 379℃，R1 出口温度 401℃，R2 反应器入口温度 395℃，R2 出口温度 395℃。上周期装置开始生产国Ⅴ柴油后，即使在较低的负荷下(按照装置进料量 310t/h，装置负荷只有 86.8%)，催化剂的平均失活速率为 1.4℃/月(图 8)。

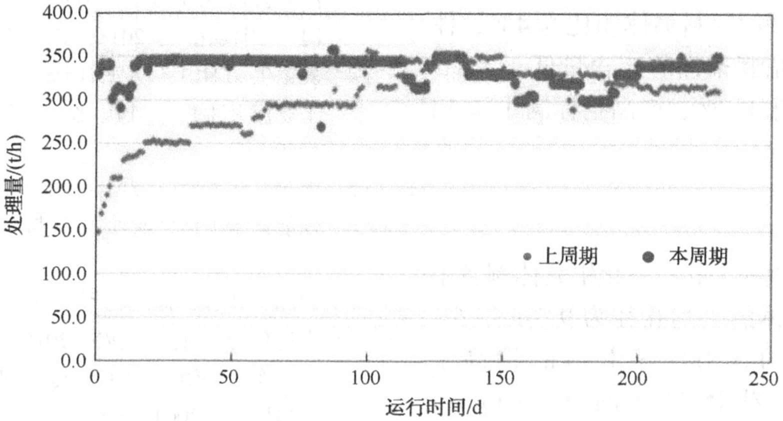

图 7　相同运行时间内两个周期装置处理量变化情况

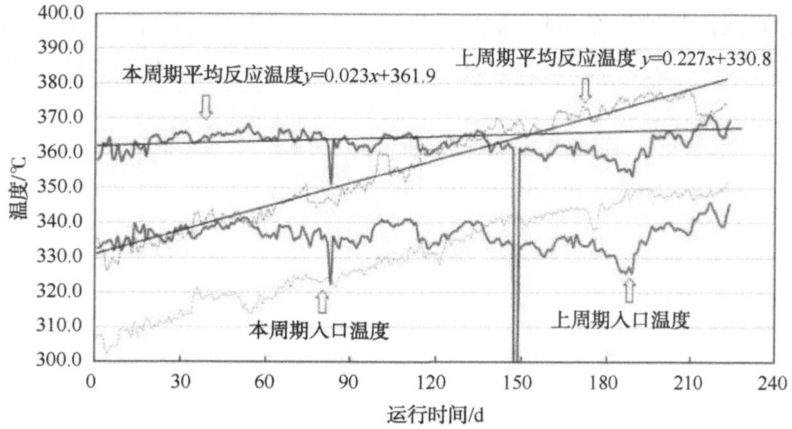

图 8　反应温度变化情况

镇海炼化Ⅳ加氢装置本周期采用 FHUDS-7/FHUDS-8 催化剂，自开工以来基本维持满负荷运行，进料量大部分时间保持在 350t/h 左右（图 7），装置连续运行约 8 个月，R1 反应器入口温度约 342.4℃，R1 出口温度 379.5℃，R2 反应器入口温度 366.8℃，R2 出口温度 369.5℃，可以稳定生产硫含量小于 10μg/g 的精制柴油。装置运行的前 3 个月的催化剂失活速率为 1.3℃/月，而后催化剂逐渐进入稳定期，催化剂的失活速率降为 0.7℃/月（图 8），仅为国外某催化剂失活速率的一半，计算后装置运行周期可满足小于且不等于 2 年的要求。装置在接近满负荷条件下稳定运行，企业因此停运了一套 300 万 t/a 柴油加氢装置，显著提高了企业经济效益。

青岛炼化 410 万 t/a 柴油加氢装置本周期采用新鲜 FHUDS-7 及利旧再生 FHUDS-5、FHUDS-6、FHUDS-8 组合催化剂级配方案，于 2019 年 12 月进行装置标定实验，可以满足国 VI 柴油的质量要求。标定期间，装置负荷率 90%，直馏柴油为 49.4%，焦化汽柴油为 28.6%，催化柴油为 14.0%，反应器入口温度为 293℃，入口压力 7.7MPa，氢气/原料油体积比为 430，体积空速为 0.9h^{-1}，精制柴油的硫含量低于 8mg/kg，多环芳烃含量低于 7%，产品指标满足国 VI 车用柴油要求。

5　结论

利用孔分布集中的大孔径氧化铝载体制备平台，制备的新型载体的平均孔径为 9.7nm，6~15nm 孔径比例比 FHUDS-5 载体的提高了 50.8%。采用新型载体制备的 Mo-Co 型 FHUDS-7 柴油超深度加氢脱硫催化剂的堆积密度比国内和国外同类型参比剂分别降低了 5%和 20%以上。该催化剂的载体与活性金属间的相互作用较弱，能够生成更多比例的高活性 CoMoS 相和高活性的 MoS_2 片晶，在生产国 VI 标准超低硫柴油，其相对活性比 FHUDS-5 催化剂提高 53%。同时，该催化剂的中强酸酸量适宜、B 酸/L 酸比例高，具有优异的抗积碳中毒能力，FHUDS-7 催化剂具有优异的活性稳定性。

工业应用结果表明：该催化剂体系可以在高空速条件下加工直馏柴油或二次加工混合油为原料油满足生产国 VI 标准的超低硫柴油，催化剂的失活速率为 0.6~0.7℃/月，是国外催化剂失活速率的一半，可以有效延长装置运行周期。该催化剂体系体现了优异的超深度加氢脱硫活性和稳定性，是长周期生产国 VI 标准柴油的理想催化剂。

参考文献

[1] 钱伯章. 满足国Ⅴ排放要求的汽油、柴油标准将提前至 2016 年底在全国实施[J]. 石油炼制与化工，2015，46(6)：78-79.

[2] 张玉银. 船舶燃料驶入低硫期[J]. 中国石油石化，2018，14：42-43.

[3] 张金旺，郭蓉，段为宇，等. FHUDS-8 催化剂在天津分公司 320 万 t/a 柴油加氢装置上的工业应用[J]. 当代化工，2018，47 (7)：1473-1474.

[4] 夏银生. FHUDS-8/FHUDS-5 催化剂在金陵石化的工业应用[J]. 当代化工，2017，46(6)：1246-1250.

[5] 郭蓉，沈本贤，方向晨. 柴油深度加氢脱硫催化剂性能研究[J]. 炼油技术与工程，2011，41(12)：31-35.

[6] 刘丽，郭蓉，孙进，等. 柴油加氢脱硫催化剂的研究进展[J]. 化工进展，2016，35(11)：3503-3510.

[7] 李大东. 加氢处理工艺与工程[M]. 北京：中国石化出版社，2004：180.

[8] Gandubert A D，Krebs E，Legens C，et al. Optimal Promoter Edge Decoration of CoMoS Catalysts：A Combined Theoretical and Experimental study[J]. Catalysis Today，2008，130(1)：149-159.

智能化仓储带动化验室样品流转和物料的高效管理

刘鹏博　黄雪兵

(中国石油化工股份有限公司天津分公司)

摘　要　本文结合化验室试剂、耗材、仪器备件以及化工原料、中间控制样品、产品的留样的统一管理需求，讲述了化验室通过引入实验室试剂/耗材智能管理(RMS)系统，实现物料的申购、验收、入库、领用、出库、使用、归还、监控等全流程管理。该系统接入智能终端，自动记录入库、出库、归还等库存操作，并接入智能门禁、智能监控、智能天平、电子标签、气体监测、温湿度监测等智能硬件，实现化验室仓库智能化管理。

关键词　智能化；全流程；统一管理；二维码；高效益；RMS系统

1　背景和现状

随着互联网、大数据和人工智能的飞速发展，智能化管理模式也在影响着炼化企业的方方面面，其中化验室里所涉及的分析测试工作与人工智能的结合不仅可以大大提高分析测试结果的质量，而且节省了更多的人力，从而更好地为企业的生产做好质量把关，提高企业效益。在此背景下，随着化验室检测项目不断增多，需要使用的试剂和耗材种类也越来越多，科学高效的耗材管理是保证化验室开展日常检测工作、提高检测质量的有力保障。

传统的化验室中试剂、耗材、仪器备件以及化工原料、中间控制样品、产品的留样等的管理是通过简单的分类，由专人进行管理，包括采购、入库、领用和归还等流程，需要人工进行全程跟踪，同时定期的库存盘查整理以及过期试剂的处置都需要大量的人力和时间，而大量的人工处理很容易导致一些试剂耗材放置过期而报废，不仅占用了过多的空间，还会对化验室的经费造成不小的损失。传统的人工管理也使得入库、领用和归还等流程的效率大打折扣。

目前南港中心化验室需求的试剂、耗材共有1000多种，外加仪器备件、原料及产品留样，如此多的物料需要更加高效合理的管理。为此通过引入RMS系统对化验室的试剂、耗材等，以及化工原料、中间控制样品、产品的留样进行统一管理，实现化验室仓库的信息化与智能化。通过二维码标签将物料与系统建立联系，从而实现对每个物料从入库到使用、过期处置、调拨的全流程的监控，并且对整个仓库进出物料进行统计分析，从而反映出化验室试剂、耗材等的使用情况，为化验室的采购提供支持。该系统不仅使物料入库、领用操作更加方便高效，而且对物料库存、入库时间的监控可以有效避免一些试剂由于过期或采购量不合理而造成的损失。进一步的通过与智能门禁、智能监控、智能天平、电子标签、气体监测、温湿度监测等智能硬件等联动，提高仓库的安全管理水平，这对于现代智能化验室建设都是必不可少的条件(图1)。

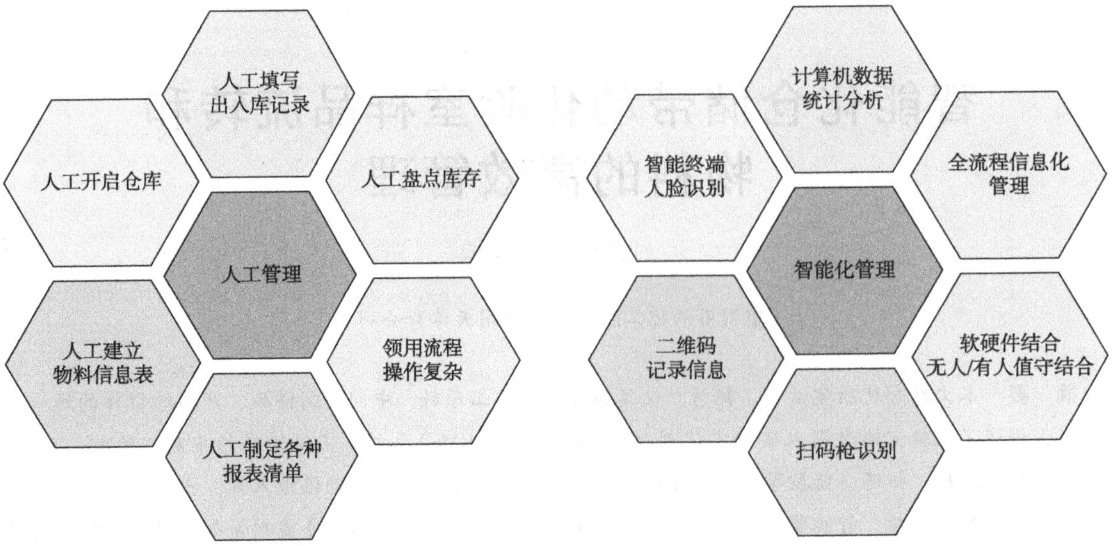

图 1　化验室仓库人工管理与智能化管理对比

2　管理流程

2.1　仓储管理内容

仓储管理在化学试剂库管理中占据着核心的地位，仓储管理的主要内容包括仓储系统的布局设计、库存最优控制、仓储作业操作。仓储管理系统是一个实时的计算机软件系统，它能按照物流运作的规则和运算法则，对信息、资源、行为、存货和分销运作进行优化，使其最大化满足有效产出和精确管理的要求。提供了企业级采购、制造计划、制造执行、客户服务系统与仓库或配送中心的桥梁。通过对库存实时可见性和仓库作业流程的支持，仓库管理系统能够有效地组织人员、空间和设备进行收货、存储、拣货和运输；组织运送原材料和部件到生产企业，运送成品到批发商、分销商和最终客户手中。

仓储管理系统在我国的应用分为三类。第一类是基于典型的配送中心业务的应用系统，在销售物流中如连锁超市的配送中心中比较常见；第二类是以仓储作业技术的整合为主要目标的系统，主要解决各种自动化设备的信息系统之间整合与优化问题；第三类是以仓储业的经营决策为重点的应用系统。其鲜明的特点是具有灵活的计费系统，准确及时的核算系统和功能完善大客户管理系统，可为仓储业经营提供有力的决策支持信息。企业有效地实施可以大幅度提升仓库运行的绩效，具体表现在以下方面：

（1）实时控制。通过自动识别技术的应用实现无纸化作业和实时信息控制，帮助实现实时库存控制、对人力资源进行合理调配，保证准时交付。

（2）仓库、配送中心的最优化作业。完成系统指引的任务管理和工作排序，包括按收货、拣货面自动补货、系统指引的上架拣货、包装、订单合并和循环盘点。

（3）改变传统的固定货位。实现全库随机储存，从而最大限度利用仓容。

（4）实现供应商、货主、客户信息共享，信息交互，有利于建立供应商战略联盟，实现双赢。据统计资料显示，实施后仓库的配送能力一般能提高 20%～30%；库存和发货正确率超过 99%；仓库利用率提高、数据输入误差减少、库存和短缺损耗减少；劳动、设备、消耗等费用降低，这些最终将为企业带来巨大的经济效益。

相对于其他物流仓储企业追求物流的通畅、仓库的利用率等，化验室对智能仓储的需求有明显的不同，双人双锁实现全方位管控、24h 快速领用、库存库位清晰透明、大数据分析准确更为重要，智能管理流程不仅方便快捷，更主要的是可以节约人工成本(图 2)。

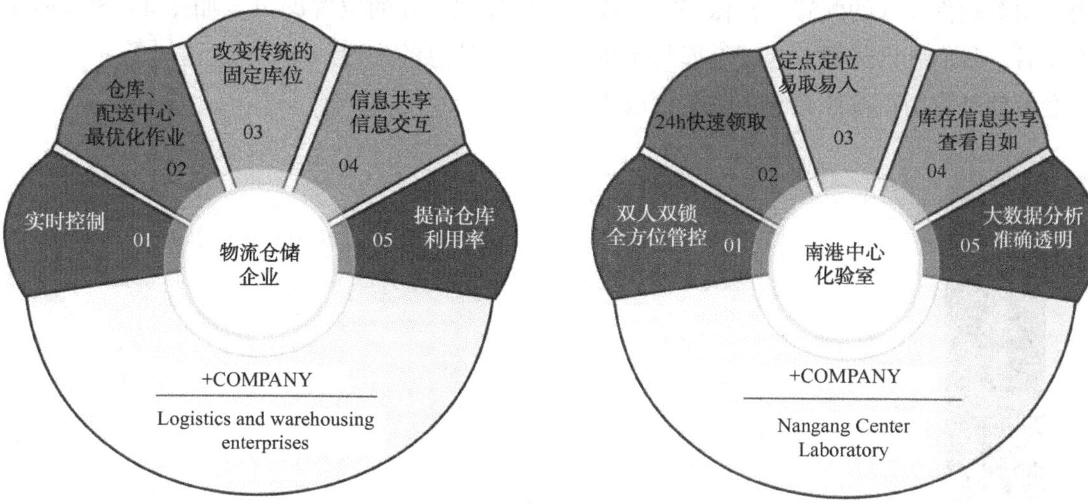

图 2　物流仓储企业与南港中心化验室需求对比

2.2　智能管理流程

RMS 系统对化学实验室各种物料进行管控，实现物料的申购、验收、入库、领用、出库、使用、归还、调拨、销毁、监控等全流程管理。接入智能终端，自动记录入库、出库、归还等库存操作，接入智能门禁、智能监控、智能天平、电子标签、气体监测、温湿度监测等智能硬件，全方位实现仓库智能化管理。

化验室试剂、耗材等，以及化工原料、中间控制样品、产品的留样的管理涉及申购、验收、入库、领用、出库、使用、归还、调拨、销毁等诸多环节，此外还涉及到易制毒易制爆危险化学品的专门管理。通过对物料的一物一码，把物料的基础信息维护到 RMS 系统后台中，对物料在仓库中的位置和数量以及入库时间进行监控，将出库、领用、归还的记录同步到系统中，从而对库存进行实时统计。下面是对 RMS 系统对仓库的智能管理流程介绍。

2.2.1　RMS 系统建设的前期准备

电脑的后台管理端提供用户名密码登录方式，登录后，左侧为主要菜单列表，主页面是今日物料出入库情况、库存预警、过期预警、物料销毁情况等信息的统计，给每日的物料信息提供一个直观的感受，此外通过设置快捷页面，可自动跳转设置页面，页面显示近半年的入库清单和使用清单(图 3)。

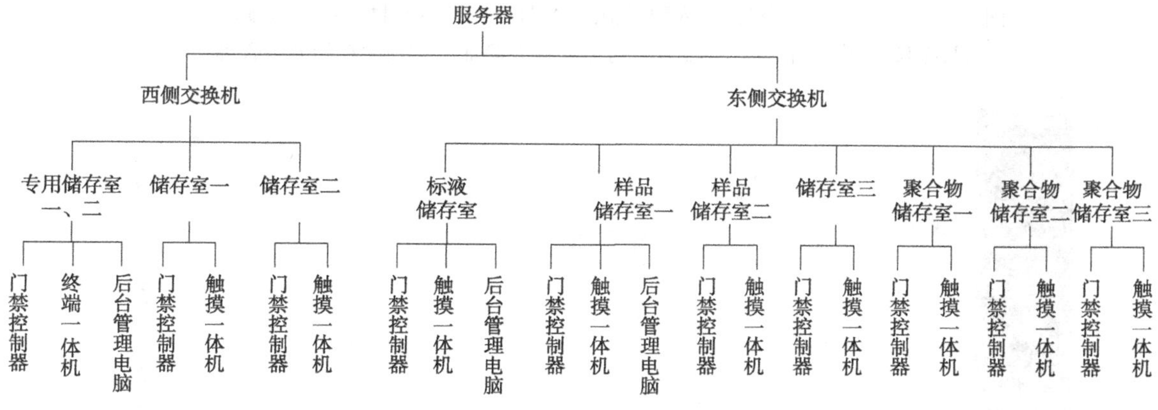

图 3　智能仓储仓库管理网络图

在主要菜单栏列表中包括了统计分析、物料管理、仓库信息、系统设置等功能，这些功能是实现仓库智能化管理的基础。在 RMS 系统准备投入使用前，需要做好前期准备工作，也就是在系统中建立完善的基础信息。这包括人员及权限的配置、仓库信息的配置、物料基础信息的设定以及智能终端等硬件设施的配置。在做好这些前期准备工作后，我们就已经建立起了仓库与系统的联系，之后就是将物料按照系统中的信息放入事先规定好的位置即可。如图 4～图 8 所示，是一些信息的配置。

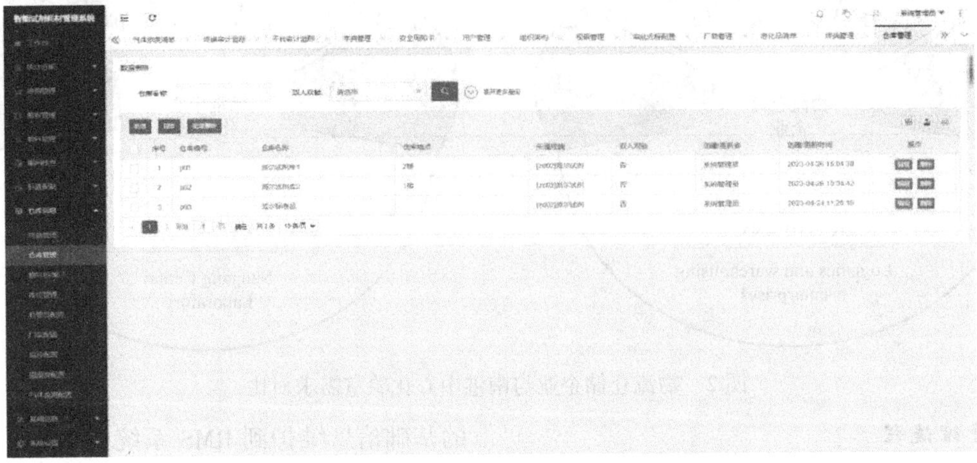

图 4　点击“仓库管理”，进入仓库配置界面，填写仓库名称等基础信息；配置仓库双人双锁验证后，终端登录时需复核人验证

图 5　点击“物料柜管理”，进入物料柜配置界面，填写物料柜名称等基础信息，配置双人双锁验证后，终端登录时需复核人验证，实现物料的分类管理

图 6　点击“库位管理”，进入库位配置界面，填写库位名称、所属仓库物料柜

图 7　点击“仓管员配置”，进入仓管员配置界面，可以配置每个仓库的管理人员，对应仓库的仓管员可以对仓库中物料直接进行领用、调拨、销毁等操作

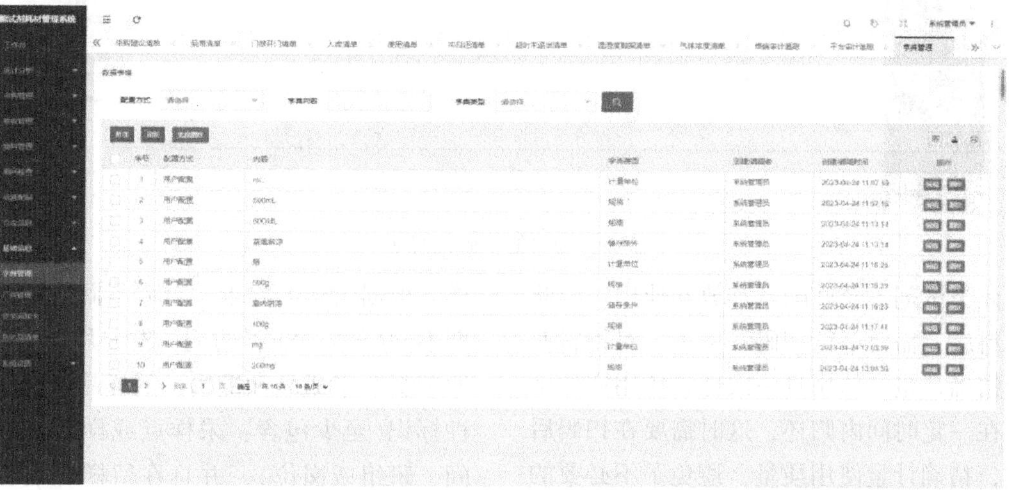

图 8　点击菜单栏“基础信息”，字典信息、厂商信息、安全周知卡和危化品清单

字典管理包括质量单位、体积单位、纯度、贮存条件。厂商信息可在物料入库时，自动同步到信息库，安全周知卡在危险物料第一次领用时在终端显示，提示该物料的危害及使用注意事项，保障物料使用安全。例如：二苯碳酰二肼、乙二胺四乙酸二钠基准物质、具塞三角烧瓶、扁型称量瓶、砂芯漏斗。危化品清单设置完成后，在物料新增时可自动识别是否为危化品并自动填充物料信息。

2.2.2　入库流程

当采购的物料送达需要入库时，首先需要在 RMS 系统后台对初次采购的物料的基础信息进行维护，如物料名称、编号、类型、物料图片、使用方式、状态、包装单位、存放库位、纯度、储存条件、呆滞天数、库存预警、库存上下限、生产商、供应商、是否打印开瓶标签等，其中物料图片可以使用高拍仪进行拍照上传。同一供应商生产的每种物料的基础信息只需要在初次购买时录入一次基础信息，之后的重复性采购只需在系统中搜索相应的物料信息即可。当录入基础信息后，即可将该物料进行标签绑定，从而生成该物料的唯一二维码标签，实现一物一码。与二维码标签绑定的物料即可通过智能终端扫码入库，将物料放入事先绑定的库位中，系统后台自动记录入库物料的各项信息(图 9)。

2.2.3　物料领用

领用时首先查询需要领用的物料库存位置和数量，然后由仓库管理员到指定的仓库通过人脸识别打开仓库门禁，取出物料，使用无限扫码枪扫描物料的专属二维码，即可完成领用出库操作，后台自动记录出库物料信息，实现流程最简化。

2.2.4 物料归还

对于易制毒易制爆此类需要进行专管的试剂，根据《危险化学品管理条例》《易制毒化学品管理条例》等国家有关法律、法规、行业标准规定，需要对试剂的品种、规格、数量、安全标签等进行严格检查，定期进行库存盘点，防止丢失，此外制度上要落实五双管理，对各个环节严格把控。对应到系统中可将这类试剂设置为专管试剂，在入库、领取、发放、归还各个环节都需要双人在场通过人脸识别开启库房门禁进行发放和领用出库操作，从而满足了双人管理的要求，通过出入库的记录信息更方便地进行库存的盘点。

图 9 物料的基础信息录入

并且此类试剂不允许随意存放和使用，因此在取出物料后，需要进行扫码并称重，对物料使用量进行精确计量。领用且一次性未使用完的试剂，需要在一定时间内归还，这时需要在扫码后进行称重，精确计量使用质量，避免了不必要的丢失。对于已经使用过的已经开启的试剂，可以加贴开瓶标签，记录试剂开瓶后的存放周期，防止由于长期存放而过期，影响实验结果（图 10）。

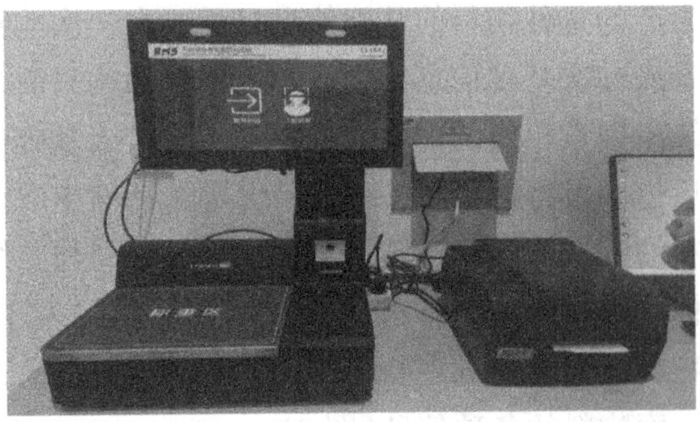

图 10 电子称重系统

2.2.5 留样管理

由于炼化企业的油类、聚合物产品的化验分析需要对样品留存以备数据的抽检和复测，因此，化验室需要专门的仓库来储存管理这些留样。根据留样的要求，首先不同的样品留样的周期不同（如：48h、两周、3 个月等），其次对于原辅料、半成品和馏出口的样品留样应具有唯一性标识（至少包含：采样点或样品名称、采样时间、班组或岗位），并且在留样有效时间内，成品留样未经公司技术质量部同意，不得启封和使用。留样到期后，样品要集中处置，不得随意乱排乱放。从留样的要求中可以知道留样管理中同样涉及入库、出库、过期销毁等环节，并且与试剂在仓库中滞留时间相对应的是，留样的周期需要进行特别关注。于是我们与软件开发方共同商讨，开发出留样功能（在留样界面包含如下表中的各项必须的信息），将留样加入到试剂和耗材系统共同管理。通过对留样贴标签，将留样的所有信息以二维码的形式记录在后台系统中进行跟踪，入库前可以拍照使得留样有更好的可追溯性，还原最初留样的外观，使得留样管理信息化、智能化、可追溯，使得简化了留样管理中需要专人管理和定期检查的过程。并且通过智能系统对留样仓库的环境进行实时监测，保证了仓库环境符合留样的要求（表 1）。

表 1　留样及处置信息

序号	样品批号	样品名称	样品牌号	采样时间	采样地点	采样人	封样人	留样量	处置时间	处置人	备注
1	S20240302	轻石脑油	RX08-0155	2024. 3. 28：50	T-601A	张三	李四	满足全分析复检用量	1 周	王五	
2	PE20240302	聚乙烯粉料	EGF-35B	2024. 3. 29：50	D901A	张三	李四	100g	48h	王五	
3	PP20240302	聚丙烯树脂粒料	PPH-T03	2024. 3. 211：50	D901A	张三	李四	2kg	6 个月	王五	

2.2.6　统计分析

由于仓库具有库存上限，且各种试剂的有效期限是一定的，因此在仓库管理整个流程中，对于各种物料的入库量、消耗量和当前库存量的统计，从而为化验室采购计划的制定和物料成本的核算提供数据的支持，避免采购过量或不足的问题有重要的作用，利用系统后台的记录进行精确的统计可以为化验室减少很多不必要的损失。

RMS 系统可以依据入库、领用、归还等的原始数据记录，进行二次加工汇总计算生成统计分析报表，并生成统计图。给出采购建议清单、近效期清单、呆滞清单、入库清单、使用清单、未归还清单等，不同的数据清单反映出仓库不同方面的库存现状。如申购清单：为累加后的数据统计，聚焦月度、季度、年度的申购情况统计。可以按月、季度、年分别统计，也可以自定义时间范围；采购建议清单：当物料总库存低于基础信息的预警值时(没有设置预警值则不进入)，进入此清单，建议采购量显示为库存上限减去当前库存，若库存上限未设置，则建议采购量显示无法计算，当前库存大于基础信息的预警值时，会从此清单中移除；近效期清单：记录还有 3 个月过期和已过期的物料信息；入库清单：统计月度、季度、年度的物料入库情况，可以按月、季度、年分别统计；使用清单：统计月度、季度、年度的物料使用情况，可以按月、季度、年分别统计；未归还清单：统计当日未归还物料清单(后台标记需当日归还)。

这些数据统计清单可以为化验班组对于各自的物料在一定时间段(月、季度、年)内使用情况有一个清晰的了解，并根据检验计划以及可能存在的临时加样需求提出适应生产需要的物料需求计划，将一线的化验物料需求与化验室的采购紧密联系起来，化验员可以通过自助终端查询各项数据，自主提出的需求计划，经过汇总形成总的采购计划，这不仅使计划更贴近生产需要，同时减少了不必要的成本浪费，使成本控制管理更科学有效。

此外，根据月度、季度、年度统计清单，可以更方便的进行经济核算，记录好每一笔账。从而更精确地从管理上和成本上对物料实施管控，及时发现在仓库管理和日常物料使用中存在的问题，减少化验室试剂和耗材使用中的不必要的浪费现象，同时提高仓库管理的效率(图 11)。

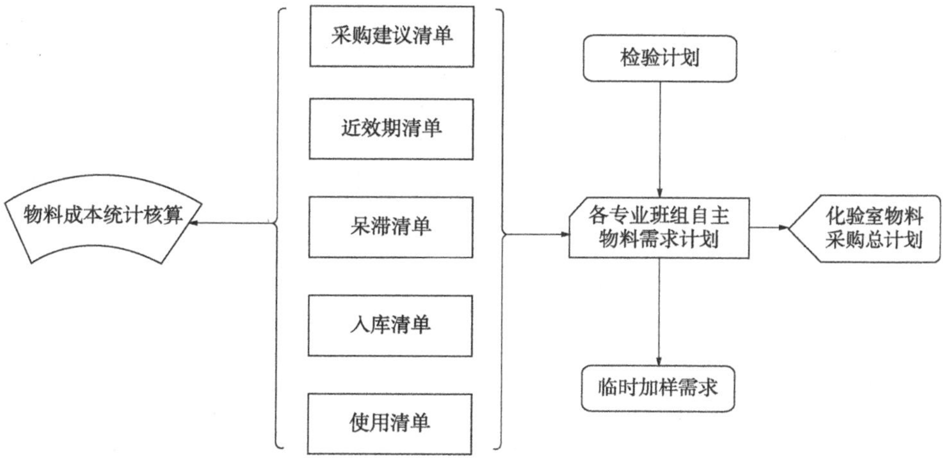

图 11　数据统计对化验室物料需求计划的提出与物料成本核算作用

3 化验室仓库引入智能化过程中的思考与讨论

化验室通过引入计算机管理和二维码技术的为仓库管理混乱问题的解决提供了可行的思路，二维码可对仓库中的每一种货物、每一个库位做出标记，通过计算机的统计分析可定期对库区进行周期性盘存，并在最大限度减少手工录入基础上，确保将差错率降至零，且高速采集大量数据。具体到应用中，首先将仓库分为若干个库房，每一个库房分若干个库位，明确定义存货空间。按仓库的库位记录仓库货物库存，在产品入库时将库位条码号与产品条码号一一对应；然后通过采集入库、出库、盘库数据，使仓库货物库存更加准确。同时通过后台计算机应用软件的处理，完成信息记录、查询、汇总和各种报表清单功能，并通过对仓库结构、库存量、有效期等方面的控制，大大提高了管理效率。

随着大数据、计算机的不断进步，给现代企业带来越来越多的便利，炼化企业化验室作为生产过程重要的质量保证的一环，同样需要与这些先进技术相结合，从而更高效、更便捷、更精确地完成检验检测工作。为此在化验室建立智能化仓库管理模式就成为至关重要的一环。

4 小结

通过引入实验室试剂/耗材智能管理（RMS）系统实现对化验室试剂、耗材等的智能化管理，将计算机与二维码技术相结合实现一物一码一库位，全程监控物料的入库、领用、归还等流程。系统后台提供各项数据的统计分析清单，而前台终端提供二维码的扫描识别与采集，这一套智能化系统彻底改变了原有人工管理的模式，使得化验室仓库管理更加高效、精确和便捷，实现了化验室仓库集约化、一体化管理。

参考文献

[1] 欧阳泉，刘智慧．仓储与配送[M]．上海：上海交通大学出版社，2006. 216-229.

[2] 琚春华，蒋长兵，彭扬．现代物流信息系统[M]．北京：科学出版社，2005. 63-70.

[3] 中国物品编码中心．条码技术与应用[M]．北京：清华大学出版社，2004：13-20.

[4] 戴定一．仓储管理与 WMS[J]．物流技术与应用，2005，(2)：59-61

[5] 严智睿．运用于仓库管理的技术手段-仓库管理系统(WMS)[J]．国际商业技术，2000，(4)：26-27.

[6] 王川，江卉．WMS 系统：仓储作业的贴身保姆[J]．中国物流与采购，2003，(24)：48-48.

[7] 潘成浩，郭敏．仓储物流机器人批量拣选路径规划仿真[J]．计算机与现代化，2017(2)：12-16.

[8] 沈博闻，于宁波，刘景泰．仓储物流机器人集群的智能调度和路径规划[J]．智能系统学报，2014(6)：659-664.

第二篇　炼化技术与装备篇

在炼油化工领域，炼化技术与装备的发展是推动行业进步的核心动力。随着全球能源结构转型和环保要求提升，炼化行业正面临着前所未有的挑战与机遇。本篇介绍了炼化技术与装备的最新进展，探讨如何通过技术创新和装备升级，提高炼油化工的能效、环保水平和竞争力。

新型高标号防水卷材沥青的应用研究

柴志杰[1]　马鹏程[2]　裘　峰[3]

（1. 中国石化炼油销售有限公司；2. 中国石化齐鲁分公司；
3. 中国石化上海高桥石油化工有限公司）

摘　要　本文利用炼油厂生产的重油（沥青、FCC 和 CCY），通过沥青调合技术，进行二组分调合和三组分调合研究。利用防水卷材Ⅰ沥青与 FCC 可研制出符合 NB/SH/T 0981—2019《防水材料用沥青》的高标号的 F150 和 F300 防水卷材沥青。利用 70 号道路沥青和 CCY 可研制出符合 NB/SH/T 0981—2019《防水材料用沥青》的高标号 F150、F300 和 F400 防水卷材沥青。利用 70 号道路沥青、FCC 和 CCY 等三组分可研制出符合 NB/SH/T 0981—2019《防水材料用沥青》的高标号 F150 和 F300 卷材沥青。对比研制的高标号防水卷材沥青质量指标，防水卷材Ⅰ沥青与 FFC 研制防水卷材沥青性能相对较差，道路沥青与 CCY 研制的防水卷材沥青性能好，沥青、FCC 和 CCY 等三组分研制防水卷材沥青的性能介于上述两种研制品中间。对高标号 F150、F300 和 F400 防水卷材沥青进行热熔体系性能评价和自粘体系性能评价，其中，高标号 F400 防水卷材沥青应用性能评价最好，高标号 F300 防水卷材沥青应用性能评价较好，高标号 F150 防水卷材沥青应用性能评价较差。将炼油厂重油研制高标号防水卷材沥青，进行“油转特”，绿色环保，降低碳排放。

关键词　沥青；FCC；CCY；调合；高标号防水卷材沥青；性能

目前聚合物改性沥青防水卷材成为防水卷材行业主流产品，防水卷材企业采购 90 号道路沥青、70 号道路沥青、10 号建筑沥青和芳香类油分等调合生产高标号基质沥青，用于高比例的聚合物改性，使聚合物防水卷材沥青有好的高温性能和低温性能。若沥青生产企业直接生产高标号的基质沥青供防水卷材企业进行聚合物的改性，防水卷材企业就会简化工艺、提高产品质量。本研究正是基于这种市场对产品质量需求及避免炼油企业较多的重质原料在燃料方面应用，降低碳排放。

我国防水卷材沥青的标准比较少。NB/SH/T 0981—2019《防水材料用沥青》标准，填补了我国石化行业在防水沥青标准领域的空白，让防水沥青和防水卷材的生产、市场销售和技术应用做到有标准可依。该标准与 JC/T 2218—2014 标准相比，沥青牌号划分更加细致，增加了三个高标号 F150、F300 和 F400 防水卷材沥青牌号。该标准还在低温性能设置更严格指标，并增加了酸碱性指标要求。这些变化更大程度上满足了不同防水卷材企业的实际需求。因此按照 NB/SH/T 0981—2019《防水材料用沥青》中高标号防水卷材沥青开发研究。

1　实验部分

1.1　原材料

从炼油企业筛选了两家炼油重质原料，其质量情况见表 1～表 4。

表 1　QL 防水卷材Ⅰ类沥青性质

分析项目	检测结果
针入度（25℃）/0.1mm	63.0
软化点/℃	47.4
开口闪点/℃	>300
柔性/℃	8
溶解度/%（m）	99.90
蜡含量/%（m）	3.8

注：QL 防水卷材专用沥青牌号采用的是 JC/T 2218—2014 防水卷材沥青标准。

表 2　GQ70 号道路沥青性质

分析项目	检测结果
针入度（25℃）/0.1mm	66.0
软化点/℃	48.0
闪点（开口）/℃	>300
溶解度/%（m）	99.74
蜡含量/%（m）	2.0

表 3　FCC 重油性质

分析项目	GQFCC	QLFCC
机械杂质/%(m)	0.26	0.26
灰分/%(m)	0.17	0.17
黏度(80℃)/(mm^2/s)	112.9	111.2
密度/(g/cm^3)	1.0924	1.0876

表 4　CCY 重油性质

分析项目	JRCCY	JSCCY
密度(20℃)/(kg/L)	0.9938	0.9956
运动黏度(100℃)/(mm^2/s)	19.69	21.08
闪点(开口)/℃	226	230
凝点/℃	-3	14
灰分/%(m)	0.005	0.003

1.2　主要仪器

(1) SYD-2806G 全自动沥青软化点试验器(上海昌吉地质仪器有限公司)。

(2) SYD-2801E 针入度试验器(上海昌吉地质仪器有限公司)。

(3) DF200A 全自动分析天平(常熟市衡器厂)。

(4) 电热鼓风干燥器(重庆银河试验仪器有限公司)。

(5) SLL-B 型石油沥青蜡含量测定仪(沈阳施博达仪器仪表公司)。

(6) ZL-1800 低温柔度仪(天津中斯特朗测控仪器有限公司)。

(7) ZSDK-IV 型全自动开口闪点测定仪(合肥欧特仪器有限公司)。

1.3　试验方法及标准(表 5)

(1) 沥青针入度按 GB/T 4509—2010 方法测定。

(2) 沥青软化点按 GB/T 4507—2014 方法测定。

(3) 柔度按 GB/T 328.14—2007 方法测定。

(4) 蒸发损失按 GB/T 11964—2008 方法测定。

(5) 溶解度按 GB/T 11148—2008 方法测定。

(6) 闪点(开口)按 GB/T 267—1998 方法测定。

(7) 蜡含量按 SH/T 0425—2003 方法测定。

(8) 凝点按 GB/T 510—2018 方法测定。

(9) 灰分按 GB/T 508—1985 方法测定。

(10) 黏度按 GB/T 11137—1989 方法测定。

(11) 密度按 GB/T 1884—2000 方法测定。

(12) 酸碱性按 NB/SH/T 0981—2019 附录 A 方法测定。

(13) 机械杂质按 GB/T 511—2010 方法测定。

表 5　防水材料用沥青技术要求及试验方法(NB/SH/T0981—2019)

项　目	F10	F40	F80	F150	F300	F400	试验方法
针入度(25℃)/0.1mm	0~20	20~40	60~100	100~200	200~400	—	GB/T4509
针入度(0℃)/0.1mm	—	—	—	—	—	180~250	GB/T4509
软化点(环球法)/℃，　≥	60	46	40	35	32	—	GB/T4507
柔度/℃　≤	12	8	6	2	-2	-10	GB/T328.14
溶解度(三氯乙烯)/%，　≥	99.0						GB/T 11148
闪点/℃　≥	230					200	GB/T 267 或 GB/T 3536
蜡含量/%　≤	4.5						SH/T 0425
蒸发损失/%　≤	1.0				3.0		GB/T 11946
酸碱性 pH	6~8						附录 A

2　结果与讨论

2.1　防水卷材Ⅰ沥青与 FCC 研制高标号 F300 和 F150 防水卷材沥青

2.1.1　高标号 F300 防水卷材沥青研制

将 QL 防水卷材Ⅰ沥青与 QLFCC 进行调合研究。在确认的调合沥青适宜针入度范围后，分别添加 20.5%、25.0%和 31.0%的 QLFCC 制备防水卷材沥青，三个样品质量检测结果见表 6。

表 6　QL 防水卷材 I 沥青与 QLFCC 研制高标号 F300 防水卷材沥青性质

项目	20.5%	25.0%	31.0%	技术指标
针入度(25℃)/0.1mm	200.3	280.7	399.0	200~400
软化点/℃	40.9	39.5	37.3	≮32
溶解度/%(m)	99.9	99.9	99.8	≮99.0
开口闪点/℃	>230	>230	>230	≮230
柔度/℃	-3	-3	-4	≯-2
蒸发损失/%(m)	0.89	1.07	1.54	≯3.0
酸碱性 pH	6	6	6	6~8
蜡含量/%(m)	3.5	3.5	3.4	≯4.5

由表 6 数据可以看出，①FCC 适宜添加比例为 20.5%~31.0%，其制备的防水卷材沥青各项性能均达到了 F300 防水卷材沥青技术指标要求。②随着 FCC 增加，高标号防水卷材沥青的针入度增大、软化点降低、蒸发损失增大，这与 FCC 的加入比例直接相关。③随着 FCC 增加，高标号防水卷材沥青的柔度指标更负，柔性更好。FCC 比例的提高，降低了卷材沥青的黏度，柔性进一步提高。

2.1.2　高标号 F150 防水卷材沥青研制

将 QL 防水卷材 Ⅰ 沥青与 QLFCC 进行调合研究。在确认的调合沥青适宜针入度范围后，分别添加 10.5%、15.5% 和 20.0% 的 FCC 制备 F150 防水卷材沥青，其结果见表 7。

表 7　QL 防水卷材 I 沥青与 QLFCC 制备 F150 防水卷材沥青性质分析

项目	10.5%	15.5%	20.0%	技术指标
针入度(25℃)/0.1mm	100.7	147.7	188.1	100~200
软化点/℃	45.1	42.5	41.8	≮35
溶解度/%(m)	99.9	99.9	99.9	≮99.0
闪点(开口)/℃	>230	>230	>230	≮230
柔度/℃	0	0	-2	≯2
蒸发损失/%(m)	0.58	0.73	0.84	≯1.0
酸碱性 pH	6	6	6	6~8
蜡含量/%(m)	3.7	3.6	3.5	≯4.5

由表 7 数据可以看出，①当 FCC 加入量为 10.5%~20.0%时制备的防水卷材沥青各项性能均达到 F150 防水卷材沥青技术要求。②随着 FCC 增加，高标号防水卷材沥青的针入度增大、软化点降低、蒸发损失增大，这也与 FCC 的加入比例直接相关。③随着 FCC 增加，高标号防水卷材沥青的柔度指标更小，柔性变好。FCC 比例的提高，也降低了卷材沥青的黏度，柔性进一步提高。

2.2　道路沥青与 CCY 研制高标号 F400、F300 和 F150 防水卷材沥青

2.2.1　高标号 F400 防水卷材沥青研制

以 GQ70 号道路沥青和 JECCY 为原料，利用调合技术研制 F400 防水卷材沥青。在确认调合沥青中 JECCY 适宜针入度范围为 36.5%~38.0%。以 JECCY37% 比例制备防水卷材沥青，其检测结果见表 8。

表 8　GQ70 道路沥青与 JRCCY 研制高标号 F400 防水卷材沥青性质分析

项目	37.0%	技术指标
针入度(0℃)/0.1mm	215.0	180~250
溶解度/%(m)	99.9	≮99.0
开口闪点/℃	>230	≮200
柔度/℃	-22	≯-10
蒸发损失/%(m)	1.86	≯3.0
酸碱性 pH	7	6~8
蜡含量/%(m)	2.6	≯4.5

由表8数据可以看出，①当JECCY加入量为37.0%时，制备的防水卷材沥青质量符合F400技术要求。②防水卷材沥青的低温柔度指标非常小，表明柔度指标非常好。③JECCY的加入比例很高。

以GQ70号道路沥青和JSCCY为原料，采用调合技术研制F400防水卷材沥青。在确认的调合沥青中JSCCY适宜针入度范围为60.5%~68.5%。用JSCCY添加65%制备防水卷材沥青，其结果见表9。

表9　GQ70道路沥青与JSCCY研制高标号F400防水卷材沥青性质分析

项目	65.0%	技术指标
针入度(0℃)/0.1mm	210.8	180~250
溶解度/%(m)	99.9	≮99.0
闪点(开口)/℃	>230	≮200
柔度/℃	-20	≯-10
蒸发损失/%(m)	0.64	≯3.0
酸碱性 pH	7	6~8
蜡含量/%(m)	2.5	≯4.5

由表9数据可以看出，①当JSCCY加入量为65.0%时制备防水卷材沥青符合F400防水卷材沥青技术要求。②防水卷材沥青的低温柔度非常小，表明柔度指标非常好。③JSCCY的加入比例更高。

2.2.2　高标号F300防水卷材沥青研制

GQ70号道路沥青和JSCCY为原料，用调合技术研制F300防水卷材沥青。在确认的调合沥青中JSCCY适宜针入度范围20%~26.0%后。用以JSCCY为26.0%制备防水卷材沥青，其结果见表10。

表10　GQ70道路沥青与JSCCY制高标号F300防水卷材沥青性质分析

项目	26.0%	技术指标
针入度(25℃)/0.1mm	392.1	200~400
软化点/℃	34.1	≮32
溶解度/%(m)	99.9	≮99.0
闪点(开口)/℃	>230	≮230
柔度/℃	-8	≯-2
蒸发损失/%(m)	0.40	≯3.0
酸碱性 pH	7	6~8
蜡含量/%(m)	2.2	≯4.5

由表10数据可以看出，①GQ70号道路沥青和JSCCY为原料制备的防水卷材沥青质量符合F300防水卷材沥青技术要求。②该高标号F300防水卷材沥青的柔度好。这与JSCCY的分子链更长有关。③JSCCY的掺炼比例较大。

2.2.3　高标号F150防水卷材沥青研制

以GQ70号道路沥青和JSCCY为原料，用调合技术研制F150防水卷材沥青。在确认的调合沥青中JSCCY适宜针入度范围15%~16%后。用JSCCY添加比例16.0%制备防水卷材沥青，其结果见表11。

由表11数据可以看出，①GQ70号道路沥青和JSCCY为原料制备防水卷材沥青其质量符合F150防水卷材沥青技术要求。②该高标号F150防水卷材沥青的柔度较好。这与JSCCY的分子链更长有关。③JSCCY的掺炼比例较小。

表11　GQ70道路沥青和JSCCY制高标号F150防水卷材沥青性质分析

项目	16.0%	技术指标
针入度(25℃)/0.1mm	197.0	100~200
软化点/℃	38.4	≮35
溶解度/%(m)	99.9	≮99.0
闪点(开口)/℃	>230	≮230
柔度/℃	-3	≯2
蒸发损失/%(m)	0.27	≯1.0
酸碱性 pH	7	6~8
蜡含量/%(m)	2.1	≯4.5

2.3　道路沥青、FCC与CCY三组分研制F150和F300防水卷材沥青

2.3.1　高标号F300防水卷材沥青研制

以GQ70号道路沥青、GQFCC和JSCCY为原料，研制F300防水卷材沥青。GQFCC和JSCCY单独与GQ70号道路沥青调合制备F300防水卷材沥青时，最大添加比例分别为31.5%和26.0%。三组分研制防水卷材沥青，其催化油浆和抽出油之和的上限比例在26.0%~31.5%。从实验中筛选了GQFCC和JSCCY之和加入比例为25%一组数据，见表12。

表 12　三组分研制 F300 防水卷材沥青比例及部分防水卷材沥青性质

样品	1#	2#	3#	4#	5#	6#	7#
GQFCC 比例/%	11.0	12.0	13.0	14.0	15.0	16.0	17.0
JSCCY 比例/%	14.0	13.0	12.0	11.0	10.0	9.0	8.0
GQ70 号道路沥青比例/%	75.0	75.0	75.0	75.0	75.0	75.0	75.0
针入度(25℃)/0.1mm	382	372.3	367.0	358.0	351.0	344.0	339.0
蒸发损失/%(m)	0.98	1.01	1.04	1.07	1.11	1.14	1.17

由表 12 数据可以看出，当 GQFCC 和 JSCCY 之和一定时，随着 JSCCY 加入量的降低，防水卷材沥青的针入度逐渐减小，蒸发损失逐渐增大，这与 GQFCC 和 JSCCY 的组成及闪点有关。考虑尽量较多使用 JSCCY 的思路，选择了 GQFCC 添加比例 12.0%、JSCCY 添加比例 13.0%与 GQ70 号道路沥青研制 F300 防水卷材沥青，其性质见表 13。

表 13　三组分研制高标号 F300 防水卷材沥青性质分析

项目	GQFCC12.0%+JSCCY13.0%+GQ70 号道路沥青 75%	技术指标
针入度(25℃)/0.1mm	372.3	200~400
软化点/℃	32.4	≮32
溶解度/%(m)	99.9	≮99.0
闪点(开口)/℃	>230	≮230
柔度/℃	-7	≯-2
蒸发损失/%(m)	1.01	≯3.0
酸碱性(pH)	7	6~8
蜡含量/%(m)	2.2	≯4.5

由表 13 数据可以看出，以 GQFCC12.0%+JSCCY13.0%+GQ70 号沥青 75%为原料研制防水卷材沥青，其质量符合 F300 防水卷材沥青技术要求。

2.3.2　高标号 F150 防水卷材沥青研制

以 GQ70 号道路沥青、GQFCC 和 JSCCY 为原料，研制 F150 防水卷材沥青。GQFCC 和 JSCCY 单独与 GQ70 号道路沥青研制 F150 防水卷材沥青时，最大添加比例分别为 17.5%和 16.0%，表明三组分研制 F150 时，GQFCC 和 JSCCY 二者混合最大比例在 16.0%~17.5%。从实验中筛选了一组三组分研制配比及部分防水卷材沥青性质，见表 14。

由表 14 数据可以看出，当 GQFCC 和 JSCCY 之和一定时，随着 JSCCY 加入量的降低，防水卷材沥青的针入度逐渐减小，蒸发损失逐渐增大，这与 GQFCC 和 JSCCY 的组成及闪点有关。考虑尽量较多使用 JSCCY 的思路，选择了 GQFCC 添加比例 6.0%、JSCCY 添加比例 8.0%与 GQ70 号道路沥青研制 F150 防水卷材沥青，其性质见表 15。

表 14　三组分研制 F150 防水卷材沥青比例及部分防水卷材沥青性质

样品	8#	9#	10#	11#
GQFCC 比例/%	5.0	6.0	7.0	8.0
JSCCY 比例/%	9.0	8.0	7.0	6.0
GQ70 道路沥青比例/%	86.0	86.0	86.0	86.0
针入度(25℃)/0.1mm	189.9	188.7	187.3	182.0
蒸发损失/%(m)	0.78	0.81	0.84	0.87

表 15　三组分研制高标号 F150 防水卷材沥青性质分析

项目	GQFCC6.0%+JSCCY8.0%+GQ70 号道路沥青 86%	技术指标
针入度(25℃)/0.1mm	188.7	100~200
软化点/℃	39.2	≮35
溶解度/%(m)	99.9	≮99.0
闪点(开口)/℃	>230	≮230

续表

项目	GQFCC6. 0%+JSCCY8. 0%+GQ70 号道路沥青 86%	技术指标
柔度/℃	-2	≯2
蒸发损失/%(m)	0. 81	≯1. 0
酸碱性 pH	7	6~8
蜡含量/%(m)	2. 1	≯4. 5

由表 15 数据可以看出，以 GQFCC6. 0% + JSCCY8. 0%+GQ70 号道路沥青 86%为原料研制防水卷材沥青，其质量符合 F150 防水卷材沥青技术要求。

2.4　高标号防水卷材沥青样品应用评价

2.4.1　防水卷材 I 沥青与 GQFCC 研制的防水卷材沥青应用评价

据室内研究结果，选择配方研制了 F300 高标号防水卷材沥青和 F150 高标号防水卷材沥青，进行了应用性能评价，见表 16 和表 17。

表 16　防水卷材 I 沥青与 FCC 研制高标号防水卷材沥青热熔体系性能

项目	典型热熔配方体系	F150 防水卷材沥青	F300 防水卷材沥青
黏度(180℃，2#转子)/dPa·s	基准	+40	-10
软化点/℃	基准	+10. 0~+12. 0	+8. 0~+10. 0
低温柔性极限/℃	基准	+14. 0~+14. 5	+11. 5~+12. 0
耐热性极限/℃	基准	+15	+10
密度(25℃)/(g/cm^3)	基准	+0. 01	+0. 01
针入度(25℃)/0. 1mm	基准	与基准相当	与基准相当
接缝剥离强度/(N/mm)	基准	与基准相当	与基准相当
热老化低温柔性/℃	基准	与基准相当	+14. 5~+15. 0
热老化低温柔性衰减/℃	基准	与基准相当	+1. 0~+1. 5

注：“+”表示高于基准数值，“-”表示低于基准数值。

表 17　防水卷材 I 沥青与 FCC 研制高标号防水卷材沥青自黏体系性能

项目	典型自黏配方体系	F150 防水卷材沥青	F300 防水卷材沥青
黏度(170℃，2#转子)/(dPa·s)	基准	+50	+40
软化点/℃	基准	+16. 0~+16. 5	+11. 0~+11. 5
低温柔性极限/℃	基准	+15. 0~+15. 5	+12. 0~+12. 5
密度(25℃)/(g/cm^3)	基准	与基准相当	与基准相当
针入度(25℃)/0. 1mm	基准	-18	-10
卷材与铝板剥离强度/(N/mm)	基准	+2. 7	+1. 65
卷材与卷材剥离强度/(N/mm)	基准	-0. 23	+0. 35
热老化低温柔性衰减/℃	基准	与基准相当	+2. 5
热老化低温柔性衰减率/%	基准	与基准相当	+38. 98
热老化与铝板剥离强度衰减/(N/mm)	基准	与基准相当	+1. 51
热老化与铝板剥离强度衰减率/%	基准	与基准相当	+11. 11

注：“+”表示高于基准数值，“-”表示低于基准数值

从表 16~表 17 看出，对防水卷材沥青热熔评价体系，F150 卷材沥青的评价性能优于 F300 卷材沥青，但低温柔度均偏高，F300 低温柔性更差。这可能与 FCC 加入比例偏高有关。对防水卷材沥青自粘体系评价，F150 卷材沥青的评价性能优越 F300 卷材沥青，但低温柔度均偏高，且 F300 的热老化低温柔性衰减率更大、F150 的针入度偏低。

2.4.2　道路沥青、GQFCC 和 JSCCY 三组分研制防

根据室内研究，选择配方研制了 F300 高标号防水卷材沥青和 F150 高标号防水卷材沥青，并进行了应用评价。见表 18 和表 19。

从表 18 可以看出，对防水卷材热熔评价体系，F150 卷材沥青的评价性能略优于 F300 卷材沥青。F150 和 F300 高标号防水沥青的低温柔度均较好，但热熔体系中二者针入度均偏高、F300 高温性能偏低。

从表 19 可以看出，对防水卷材自粘体系评价，F150 高标号防水卷材沥青性能优越 F300 高标号防水卷材沥青，因为 F300 针入度过高是主要问题，其次是高温性能偏低。

表 18　三组分研制的 F150 和 F300 防水卷材沥青热熔体系性能

项目	典型热熔配方体系	GQ70 号道路沥青+GQFCC2+JSCCY 研制 F300 防水卷材沥青	GQ70 号道路沥青+GQFCC2+JFCCY 研制 F300 防水卷材沥青	GQ70 号道路沥青+GQFCC2+JSCCY 研制 F150 防水卷材沥青
黏度（180℃，2#转子）/（dPa·s）	基准	-30	-20	与基准相当
软化点/℃	基准	-3.5～-4.5	-4.0～-5.0	与基准相当
低温柔性极限/℃	基准	-0.5～-1.0	-0.5～-1.0	与基准相当
耐热性极限/℃	基准	-4	-5	与基准相当
密度（25℃）/（g/cm^3）	基准	与基准相当	与基准相当	与基准相当
针入度（25℃）/0.1mm	基准	+15	+18	+13
接缝剥离强度/（N/mm）	基准	-0.7287	-0.5055	与基准相当
热老化低温柔性/℃	基准	+1.0～+1.5	+0.5～+1.0	与基准相当

注："+"表示高于基准数值，"-"表示低于基准数值。

表 19　三组分研制的 F150 和 F300 防水卷材沥青自黏体系性能

项目	典型自黏配方体系	GQ70 号道路沥青+GQFCC2+JSCCY 研制 F300 防水卷材沥青	GQ70 号道路沥青+GQFCC2+JFCCY 研制 F300 防水卷材沥青	GQ70 号道路沥青+GQFCC2+JSCCY 研制 F150 防水卷材沥青
黏度（170℃，2#转子）/（dPa·s）	基准	-50	-60	-10
软化点/℃	基准	-7.0～-9.0	-10.0～-12.0	-1.0～-3.0
低温柔性极限/℃	基准	+1.5～+2.0	+1.5～+2.0	与基准相当
耐热度/70℃	基准	与基准相当	与基准相当	与基准相当
密度（25℃）/（g/cm^3）	基准	与基准相当	与基准相当	与基准相当
针入度（25℃）/0.1mm	基准	+30	+31	+8
卷材与铝板剥离强度/（N/mm）	基准	-0.44	-0.38	与基准相当
卷材与卷材剥离强度/（N/mm）	基准	-0.65	-0.59	-0.17
热老化低温柔性衰减/℃	基准	与基准相当	与基准相当	与基准相当
热老化低温柔性衰减率/%	基准	与基准相当	与基准相当	与基准相当
热老化与铝板剥离强度衰减/（N/mm）	基准	-0.77	-0.71	-0.17

注："+"表示高于基准数值，"-"表示低于基准数值。

2.4.3　GQ 沥青和 CCY 研制防水卷材沥青应用评价

因为防水卷材企业对高标号 F400 沥青产品有很大的需求，实验室对研制该样品也进行了应用评价。

表 20　高标号 F400 防水卷材沥青热熔体系性能

项目	典型热熔配方体系	GQ70 号道路沥青+JECCY 研制 F400	GQ70 号道路沥青+JSCCY 研制 F400
黏度(180℃，2#转子)/(dPa·s)	基准	与基准相当	与基准相当
软化点/℃	基准	与基准相当	-7.0~-9.0
低温柔性极限/℃	基准	+0.5~+1.0	+4.0~+4.5
耐热性极限/℃	基准	与基准相当	-5
密度(25℃)/(g/cm^3)	基准	与基准相当	-0.05
针入度(25℃)/0.1mm	基准	与基准相当	+8
接缝剥离强度/(N/mm)	基准	与基准相当	-0.21
热老化低温柔性/℃	基准	+0.5~+1.0	+4.0~+4.5

注："+"表示高于基准数值，"-"表示低于基准数值。

表 21　高标号 F400 防水卷材沥青自粘体系性能

项目	典型热熔配方体系	GQ70 号道路沥青+JECCY 研制 F400	GQ70 号道路沥青+JSCCY 研制 F400
黏度(170℃，2#转子)/(dPa·s)	基准	与基准相当	-10
软化点/℃	基准	-1.0~-3.0	-4.0~-6.0
低温柔性极限/℃	基准	+1.0~+1.5	+5.5~+6.0
耐热性极限/℃	基准	与基准相当	与基准相当
耐热度/70℃	基准	与基准相当	与基准相当
密度(25℃)/(g/cm^3)	基准	与基准相当	+10
针入度(25℃)/0.1mm	基准	与基准相当	-0.25
卷材与铝板剥离强度/(N/mm)	基准	与基准相当	-0.31
卷材与卷材剥离强度/(N/mm)	基准	与基准相当	与基准相当
热老化低温柔性衰减/℃	基准	与基准相当	与基准相当
热老化低温柔性衰减率/%	基准	与基准相当	与基准相当
热老化与铝板剥离强度衰减/(N/mm)	基准	与基准相当	与基准相当

注："+"表示高于基准数值，"-"表示低于基准数值。

从表 20~表 21 看出，高标号 F400 防水卷材热熔评价体系和自粘评价体系，沥青与 JECCY 研制防水卷材沥青评价性能均优于沥青与 JSCCY 研制卷材沥青评价性能，表现在高温和低温均偏好。

3　结论

1）利用 QL 防水卷材Ⅰ沥青与 QLFCC 可研制出符合 NB/SH/T 0981—2019《防水材料用沥青》的高标号的 F150 和 F300 防水卷材沥青。

2）利用 GQ70 号道路沥青与 CCY 可研制出符合 NB/SH/T 0981—2019《防水材料用沥青》的高标号 F150、F300 和 F400 防水卷材沥青。

3）利用 GQ70 号道路沥青、GQFCC 和 CCY 等三组分可研制出符合 NB/SH/T 0981—2019《防水材料用沥青》的高标号 F150 和 F300 卷材沥青。

4）GQ70 号道路沥青与 CCY 研制的高标号沥青质量优于 QL 防水卷材Ⅰ沥青与 QLFCC 研制的高标号沥青。这是因为原料 CCY 对高标号防水卷材沥青的柔度指标的贡献优于原料 FCC 的贡献。

5）三组分沥青研制的高标号防水沥青的应用评价性能优于二组分（沥青和 FCC）应用评价性能，主要表现在低温柔度、老化性能方面更优。

6）F400 应用评价表明，原料 JECCY 对防水卷材沥青质量及应用性能贡献均优于原料 JSCCY 的贡献。

参 考 文 献

[1] 毛三鹏，郝亚苹，刘梦迪. NB/SH/T 0981—2019《防水材料用沥青》标准浅析[J]. 中国建筑防水，2022，1(1)

国际上提高汽油使用性能的含氧化合物发展趋势综述

张　倩

（中国石化重庆石油分公司）

摘　要　双碳背景下，研发燃烧性能良好且有害气体排放少的高质量环保型汽油燃料已成为研究人员、工程师和运营商共同追求的目标。本文综述了含氧组分改善车汽油的抗爆性、功效函数、蒸气压、排放特性等四方面的内容。通过现有含氧化合物在汽油中的应用文献调查，可以深入了解车用汽油和发动机性能协同作用和发展趋势。这些研究实践表明，含氧化合物在与直馏加氢和加氢裂化的石脑油等低辛烷值汽油进行调合时，均具有良好的化学、物理、机械性能以及环境友好特性。显然，对困扰世界的能源、环境和水资源短缺等问题，将产生积极的作用。

关键词　含氧化合物；汽油；调合；抗爆性；趋势

1　引言

汽油一般是指通过分馏等单元操作从原油中分离出来的挥发性可燃性液体，通常由 C_5 至 C_{12} 馏分构成，主要用于电火花点燃和活塞式发动机的航空和汽车等交通运输工具。到目前为止，百分之五十的车用汽油是从原油中获得的。尽管航空和汽车对汽油的使用条件有所不同，汽油的理化性质也因应用而有所区别，但汽车和航空汽油的主要特征参数可以通用。汽油的基础组分主要是芳烃、石蜡烃和烯烃，其蒸馏范围为 40℃ 至 200℃。车用汽油根据其辛烷值的不同划分牌号。

许多炼厂通过在线和非在线两种方式混合和调制生产商用汽油，目前构成商用汽油的成分主要由直馏石脑油（SRN）、异构化油、重整油、烷基化油、催化裂化油（FCC）、加氢裂化石脑油和叠合油等种类构成，其种类列于图 1 中。

商用汽油种类繁多的特性决定了其生产过程和调合的复杂性。但不论其化学成分如何不同，只要确定了车用汽油的抗爆性能、挥发性、ASTM 蒸馏和 15℃ 下的密度等理化性能指标，那么商用汽油的应用性能就可以用统一标准来评价。表 1 列出了不同种类汽油的理化性能。

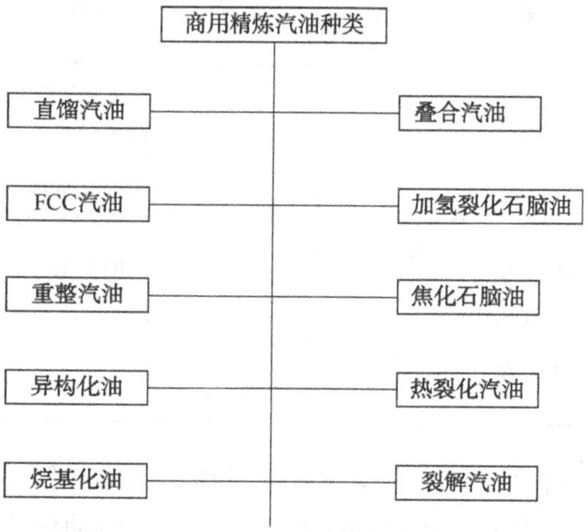

图 1　商用精炼汽油种类

表 1　不同汽油种类的理化性能

项目	技术指标							
	单位	异构化汽油	催化裂化汽油	重整汽油	烷基化汽油	直馏汽油	加氢裂化汽油	焦化汽油
密度	kg/m^3	647	740	779	703	710	720	730
RON	–	92	9	96	95	59	68	63
MON	–	91	82	85	92	57	65	58

续表

项目	技术指标							
	单位	异构化汽油	催化裂化汽油	重整汽油	烷基化汽油	直馏汽油	加氢裂化汽油	焦化汽油
雷德蒸气压	kPa	88	55	48	58	55	47	48
芳烃含量	vol	0	25	58	0	7	3	23
烯烃含量	%	0	23	0	0	0	1	40
馏程:								
IBP		30~35	30~45	35~50	30~45	35~50	30~45	35~50
10%	°C	50~55	52~75	60~70	66~75	40~70	45~50	55~80
50%		55~58	97~120	110~120	105~110	45~100	60~65	100~130
90%		58~60	165~185	160~180	115~130	60~140	70~75	180~190
FBP		62	205~212	195~215	170~190	70~170	85	205~215

虽然每个炼厂加工的车用汽油组分有所不同，但从商用汽油质量和使用的角度，各有其优点和缺点。表 2 显示了不同种类汽油组分对构成商用汽油的优缺点。

表 2　不同种类汽油的优缺点

炼厂汽油组分	优点	缺点
直馏石脑油	热稳定性和化学稳定性都很好	抗爆性低
催化裂化油（FCC）	辛烷值高	低化学稳定性和高烯烃含量
重整油	辛烷值高	芳烃含量高
异构化油	高辛烷值和低芳烃和硫含量	RVP 高
烷基化油	高辛烷值和低芳烃和硫含量	—

现今，世界各国汽车数量增长迅速，但受地缘政治和日益增加的能源需求影响，原油价格上涨，带动了汽油价格上涨。因此，寻求替代或部分替代的汽油燃料具有重要意义。

目前具有较好效果的含氧化合物主要有乙基叔丁基醚（ETBE）、甲基叔丁基醚（MTBE）、乙醇以及甲醇等。将这些含氧化合物混合到车用和航空用汽油中，不仅可以减少二氧化碳（CO_2）排放，还因汽油的完全燃烧，氮氧化物（NO_x）等也会降低，从而对环境将更加友好。另一方面，从长远来看，这将有助于民生改善，环保型车用汽油使用的越多，燃料功效性能就越高，从燃料供应链角度就可实现持续的优化，形成良性循环。

根据欧洲石油炼制协会的预测，汽油车的销量从 2015 年的 87%，2050 年将下降到零。图 2 是基于低碳发动机燃料的进展状况对欧盟乘用车使用量的变化进行预测。

得益于混合动力形式发动机（NEC）技术的进步，促进了当前商用燃料技术的进步。在强化燃烧性能、控制和后处理系统方面得到了改进。喷气和涡轮增压技术在交通运输工具中的应用，大大提高了发动机中的燃料性能。这对于包括美国在内的 60% 仍在使用的经典发动机的国家而言具有巨大的潜力。此外，还有更有前途的技术，如均质电荷压缩点火（HCCI）和汽油压缩点火（GCI）。GCI 将实现类似柴油发动机的效率，同时与现代柴油发动机相比，在控制 NO_x 和颗粒物排放上成本更低。

图 3 表述了通用发动机、涡轮增压发动机和 HCCI（G-LTC）发动机三种类型车用汽油发动机的负载特性。

从图 3 可以看出，HCCI 发动机在整个力矩间隔内，就耗油比而言，远远优于涡轮增压发动机。

图 4 显示了 2010—2020 年期间国际车用汽油使用状况和 2050 年需求预测。值得注意的是，由于经合组织（OECD）国家在 2020 年至 2035 年间的趋势，车用汽油利用率将下降。

因此，将含氧化合物引入车用汽油有几个优点。首先，含氧化合物属低碳燃料成分，在其生命周期中，温室气体排放量小于化石燃料。其次，含氧化合物是由替代原料生产的，在生产加工方面具有优势，其中生物乙醇可以利用农产品废弃物进行生产，甲醇和甲基叔丁基醚可以从天然气和煤加工工业中得到。此外，丙醇、丁醇和呋喃等其他一些含氧化合物可以从城市和工业废物的处理中得到。图5显示了不同含氧化合物在车用汽油中的利用率以及到2050年的需求预测。

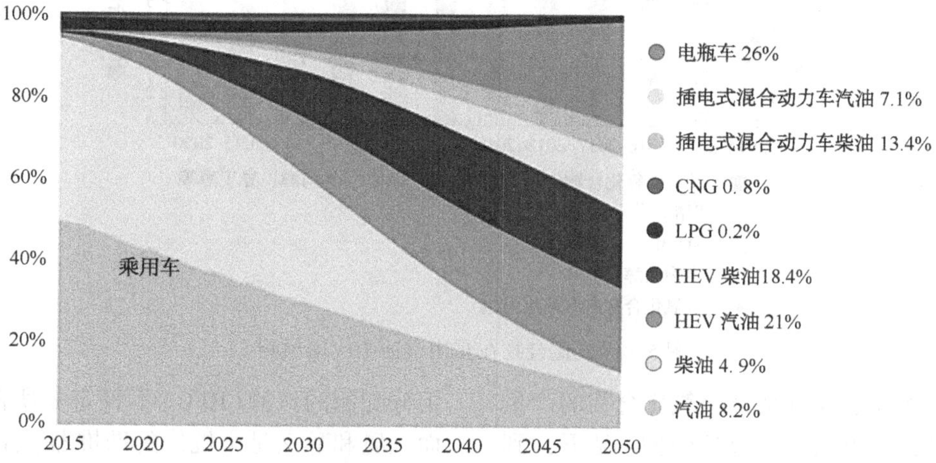

图2　欧盟乘用车保有量和增长量变化预测

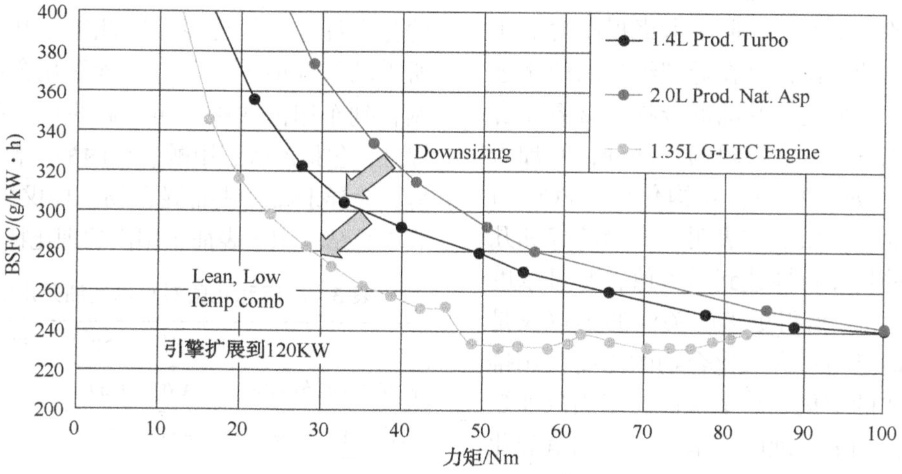

图3　三种汽油发动机的负载特性

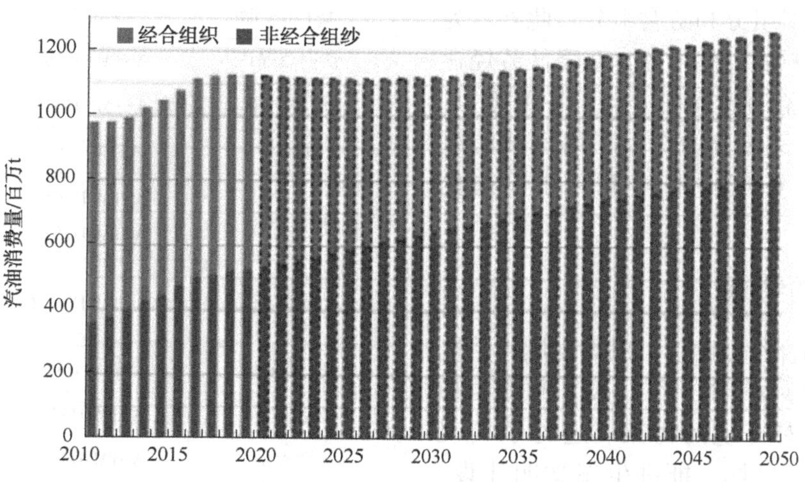

图4　2010—2019年期间国际车用汽油用量和2050年需求预测

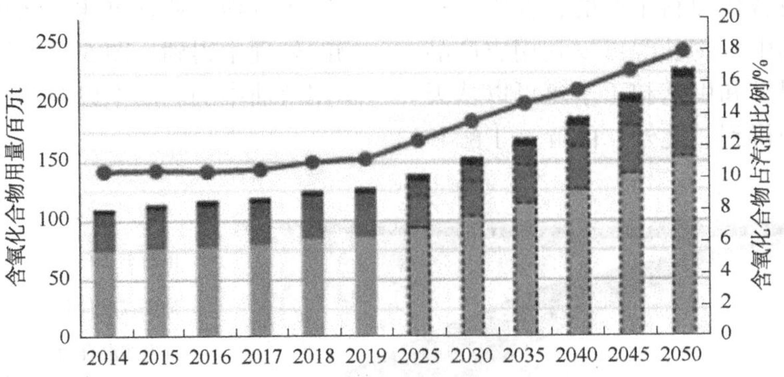

图5　含氧化合物在车用汽油中应用预测

从这一预测中，保守估计含氧化合物的产量将以每年2%的速度增长。在这种情况下，到2050年，含氧化合物的产量将达到2.278亿t。

了解含氧化合物这一趋势，我们就能够预测未来汽油配方的全球变化，同时考虑提高含氧化合物的比例。总的来说，是在低碳组分的使用进程中，引入醇类、醚类、呋喃混合物等含氧化合物作为传统基础汽车汽油燃料的一部分，并加入炼厂汽油组分，如重整油、异构化油、FCC石脑油和烷基化油。一项研究表明，生物乙醇和几种含氧化合物的抗爆特性达到最大值，并且浓度不低于20%~40%。值得更多的关注的不仅仅是简单的概念，而是通过含氧化合物的深度使用推动全球燃料构成的变化。高辛烷值的车用汽油燃料可以通过直接加氢处理的石脑油以及加氢裂化石脑油生产，并将其与含氧化合物(理想情况下与生物含氧化合物等)混合，然后引入其他功能成分，主要包括润滑组分和防腐组分。此外，为了从根本上提高燃料的生态特性，在降低芳烃含量方面，炼厂以重整油为代表进行了各种努力。可以肯定的是，含氧化合物作为车用汽油的组分，将有助于改善炼厂的催化重整和异构化过程。

2　含氧化合物的特点

含氧化合物调合汽油不仅可以提高燃料的抗爆性能，还可以减少如HC、CO、NO_x和颗粒物(PM)等废气排放对环境的污染。这对于实现“碳减排和碳中和”目标，推进生态文明建设，守护好人类共同的家园具有重要意义。使用含氧组分配制的汽油(RFG)不仅定量所需的氧含量，而且醚和醇又是辛烷值的助推器。虽然含氧化合物不能为燃烧循环本身提供“过量的氧气”，但与燃料中的其他主要成分相比，含氧化合物需要的化学计量氧气更少，因此用于开发和生产过程所需的氧气最少。此外，含氧化合物作为组分被调合到车用汽油中，可以减少废气排放和提高抗爆性，包括乙醇、甲醇、烯丙醇、普莱诺醇、正丙醇、二异丁烯、呋喃混合物、环戊酮和二元酸盐。表3总结了用于表征车用汽油理化特性的方法。

表3　国际和我国对车用汽油采用的测试方法

指标	国际采用的分析方法	我国采用的分析方法
研究法辛烷值测定	ASTM D2699	GB/T 5487
马达法辛烷值测定	ASTM D2700	GB/T 503
密度	ASTM D1298	GB/T 1884、GB/T 1885
ASTM蒸馏	ASTM D86	GB/T 6536
雷德蒸气压	ASTM D5191	GB/T 21616
烃类含量	ASTM D1319	GB/T 30519
诱导期	ASTM D525	GB/T 8018
铜片腐蚀	ASTM D665/ASTM D7577	GB/T 5096
硫含量	ASTM D2622	GB/T 380 NB/SH/T 0689
胶质含量	ASTM D381	GB/T 8019
铅含量	ASTM D3237	GB/T 8020
锰含量	ASTM D3831	NB/SH/T 0711
氧含量	ASTM D4815	NB/SH/T 0663

2.1 抗爆特性

燃料的辛烷值不同，燃料的级别和价格不同。因抗爆特性取决于燃料的化学成分，涉及芳香族、石蜡、异链烷烃、烯烃以及环烷烃等，故国际上规定，辛烷值可以评估发动机燃料的质量或抗爆特性。异辛烷其震爆现象很小，将异辛烷的辛烷值定义为100。正庚烷在高温和高压下较容易引发自燃，爆震现象严重，将正庚烷的辛烷值定义为0。因测定辛烷值的方法不同，主要有研究法辛烷值（RON）和马达法辛烷值（MON），用以标定机用汽油样品的平均辛烷值。此外，RON和MON这两种评估方法的关键区别在于发动机的运行的条件。对于RON，发动机在600r/min的低转速下测定，与低速行驶和轻度爆震条件最相关。对于MON，发动机是在大约900r/min和更严格的条件下计算出来的，MON与高速行驶和高温爆震条件紧密关联。因此，对于相同的汽油样品，研究法辛烷值始终高于马达法辛烷值。通过这两种测定方法使我们了解汽油辛烷值的敏感度。

到目前为止，提高车用汽油的抗爆性仍然是内燃机机动车辆燃料生产的动因。通过利用含氧化合物，如乙醇、甲醇、普莱诺醇（异戊烯基醇）以及呋喃混合物等，与不同的碳氢化合物汽油馏分，包括重整油、异构化油以及催化裂化（FCC）石脑油、烷基化油等混合提高燃料的辛烷值。随着未来车辆发动机结构和功能的变化，提高车用汽油平均辛烷值的过程正在成为燃料领域攻关的重要内容。

含氧化合物大幅提高了燃油经济性并减少了运输过程中的CO_2废气排放，俄罗斯的发展过程最具有代表性。在过去15年里，俄罗斯车用汽油的发展过程表明，汽油的平均辛烷值从2004年的87.1增加到2019年的92.8。图6显示了2004年至2019年间俄罗斯汽油的研究法辛烷值变化。主要理化特性如表4和表5所示。

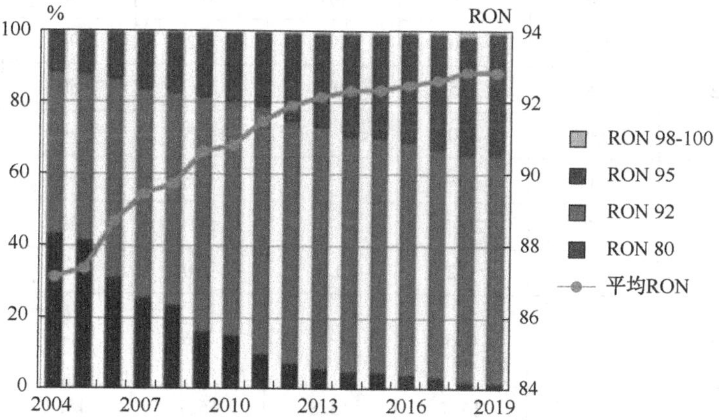

图6 2004—2019期间俄罗斯汽油的研究法辛烷值变化

表4 汽油和醇类含氧化合物的主要特性

特性	甲醇	乙醇	N-丙醇	异丙醇	N-丁醇	异丁醇	仲丁醇	叔丁醇
20℃密度/（kg/m^3）	791	789	800	789	810	802	806	787
化学计量燃料：空气比	6.4	9.0	9.7	10.3	11.2	11.2	11.2	11.1
燃烧热/（MJ/kg）	22.3	26.9	30.5	33.4	35.5	35.5	35.5	35.5
蒸发热/（MJ/kg）	1.2	0.8	0.7	0.7	0.6	0.6	0.6	0.5
沸点/℃	64	78	97	82	117	108	99	82
RON	130	125	103	117	100	113	101	106
MON	102	103	92	95	91	94	96	110
自燃温度/℃	464	423	371	399	343	416	406	478

续表

特性	甲醇	乙醇	N-丙醇	异丙醇	N-丁醇	异丁醇	仲丁醇	叔丁醇
开口闪点/℃	11	17	27	23	34	28	31	16
RVP/kPa	35	17	6	15.7	8.4	8.5	9.7	14
水中溶解度 20℃/%(wt)	100	100	100	100	7.3	8.5	18.6	100
水溶性 20℃/%(wt)	100	100	100	100	18.8	16.4	–	100
氧质量分数/%(wt)	50	34.8	26.7	26.7	21.6	21.6	21.6	21.6
泡点/℃	-97	-114	-127	-89	-90	-108	-114	25

表 5　汽油和醚类含氧化合物的主要特性

特性	MTBE	TAME	ETBE	ETAE	DIPE	MDPE	IPTBE	汽油
20℃密度/(kg/m^3)	746	770	770	764	726	766	–	725~780
化学计量燃料：空气比	38.2	39.4	39.3	–	39.3	–	–	43.9-
燃烧热/(MJ/kg)	0.3	0.3	0.3	0.3	0.3	–	–	0.3
蒸发热/(MJ/kg)	55	86	73	101	68	90	87	27~225
沸点/℃	116	105	116	105	112	94	120	–
RON	102	100	105	95	98	80	106	–
MON	443	430	310	–	443	–	–	257
自燃温度/℃	-27	-11	-19	–	-28	–	–	45-15
开口闪点/℃	61	22	20.7	7	47	17	–	35-100
RVP/kPa	4，8	1.15	1.2	0.4	→0	–	–	→0
水中溶解度 20℃/%(wt)	1.5	→0	0.5	–	0.6	–	–	→0
水溶性 20℃/%(wt)	18.2	15.7	15.7	13.8	15.7	15.7	13.8	0~2.7
氧质量分数/%(wt)	-108	-80	-94	–	-86	–	-88	-70~90

2.2　功效函数

关于车用汽油发展变化，另一个典型的例子是美国的汽油市场变化。2017 年的平均抗爆指数(AKI=(RON+MON)/2)为 88.3，大致相当于研究法辛烷值的 93。与此同时，美国积极制定燃料和发动机联合优化计划(以下称为增进计划)。该计划的主要目标，一是寻找最佳的燃料成分，为经济型喷气和高涡轮增压内燃机提供更大效率；二是对潜在高辛烷值成分进行筛选。结果显示，最有前途的成分依然是含氧化合物，包括醇类、呋喃、烯烃和环酮。图 7 显示了增进计划中用于先进技术的高辛烷值组分。

含氧化合物作为提高辛烷值组分可用于车辆燃料。目前，所有发达国家，含氧化合物被用作汽车燃料成分主要用于替代有机金属和胺成分。实际上，甲醇、乙醇、甲基叔丁基醚(MTBE)、甲基叔戊基醚(TAME)和其他含氧组分已经得到了普遍应用。通过在车用汽油中添加含氧化合物，可以提高其抗爆性。此外，燃料氧含量的增加降低了空气——燃料混合物的热强度。同样，过氧化物自由基的分解增加，并且从燃烧室中更快地除去热量，从而燃烧温度得以降低。

含氧化合物可以使内燃机中的燃烧顺利进行，降低了因废气排放而产生的有毒物质造成的危险。将含氧化合物引入车用汽油，分别降低约2%和7%～10%的二氧化碳排放量以及未燃烧的碳氢化合物的排放量。

当然，除含氧化合物外，增进计划也对烯烃作为有前途的车用汽油组分进行了讨论。此外，增进计划还提出了一个称为“功效函数”的燃料性能参数，该参数被认为是现代车用汽油发动机效率的最全面的参数。“功效函数”很大程度上取决于研究法辛烷值、马达法辛烷值、辛烷值敏感度、较低浓度的颗粒物指数以及蒸发热等。图8显示了增进计划对燃料混合燃料性能的功效值。

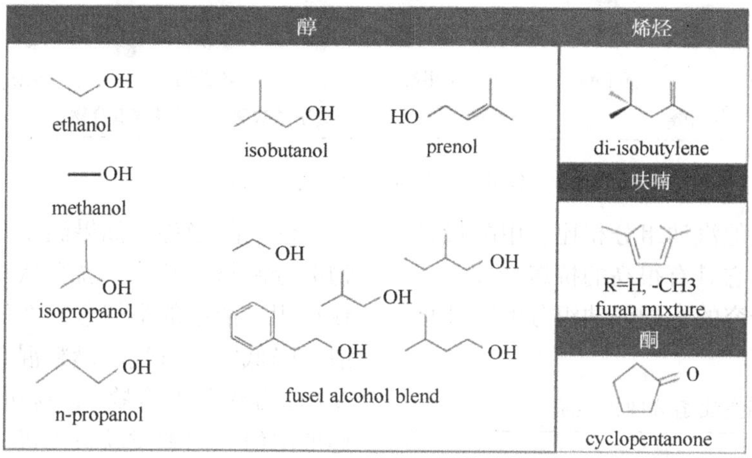

图7　增进计划推荐的高辛烷值生物化合物种类

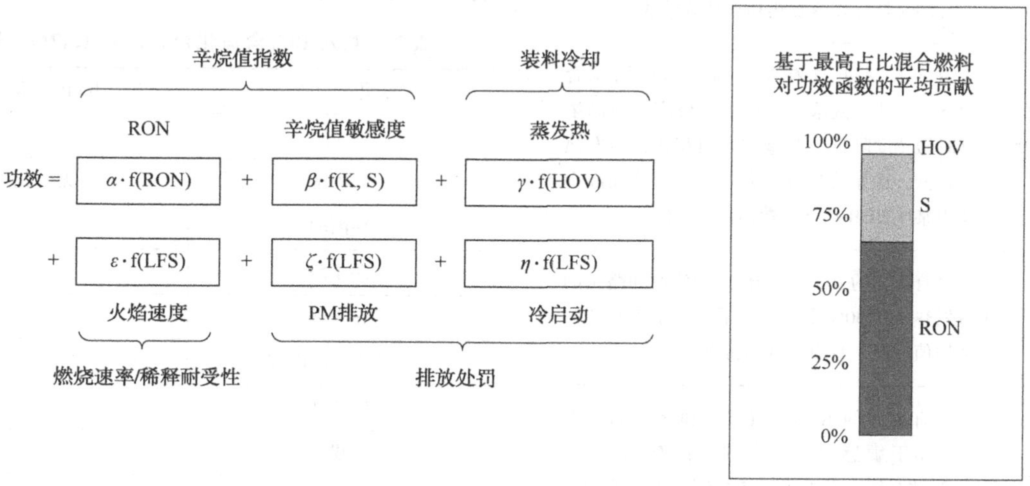

图8　燃料和发动机协同增进计划对混合燃料性能的功效函数

辛烷值敏感度越高，汽油发动机的性能就越好。数学上定义了具有燃料辛烷值属性的Kalghatgi系数(K)。实际辛烷值的计算公式为：

$$O.N.=(1-K)\times RON+K\times MON$$

当$K=0.5$时，燃料辛烷值O. N. =(RON+MON)/2，该值可以关联抗爆指数(AKI)；另一方面，当$K=1$时，燃料的辛烷值将等于的马达法辛烷值，O. N. =MON；当$K=0$时，燃料的辛烷值将等于研究法辛烷值，O. N. =RON。如果K值为负数，则燃料的辛烷值将高于研究法辛烷值并低于马达法辛烷值。

在过去的15年中，世界各地的研究人员研究了各种发动机类型及其运行条件，以确定K的真实值。然而，与现代内燃机技术保持同步的K值急剧下降，1930年为1.0，1945年变为0.5，2000年竟变为0，如今随着现代化燃料发动机的技术进步，其值变为负数。

高研究法辛烷值和敏感度对于现代车用汽油发动机的K值变负所发挥的作用是巨大的。此外，异己烯和二异丁烯等烯烃具有潜力，将来也可用作高辛烷值汽油组分。图9显示了功效函数与增进计划推荐的不同高辛烷值汽油成分之间的关系。

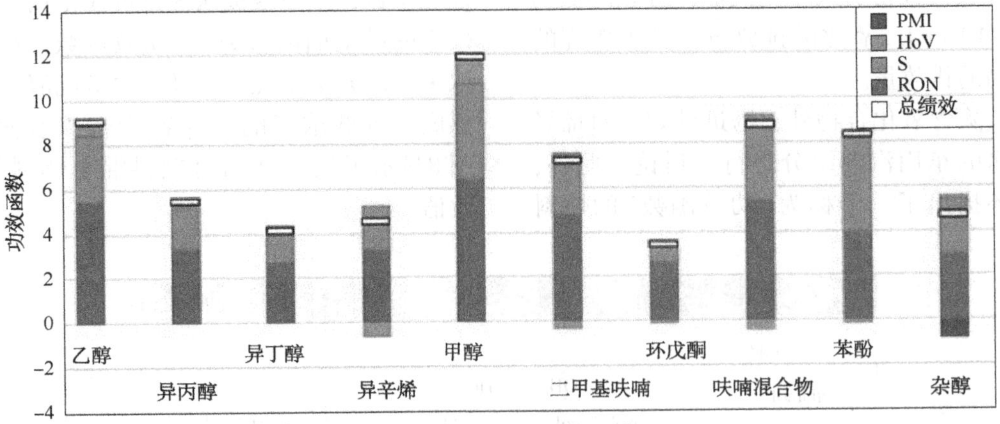

图9　不同高辛烷值汽油成分的功效函数

结果表明，与其他汽油组分相比，甲醇最具优异性能，这是因为它具有很高的抗爆特性。

表6显示了所研究的车用汽油组分的物理化学性质。

表6　车用汽油组分理化性质

汽油组分	理化性质
乙醇	RON、MON、敏感度表现出优异的抗爆特性，同时具有高蒸发热和高功效函数
呋喃混合物	在低浓度下具有良好的协同作用调合RON。此外，低浓度时敏感度极高，而高浓度时敏感度降低。与基础燃料相比，蒸发热值较低，这导致功效函数率偏低。呋喃混合物中某些BOB功效函数达到最大值
二异丁烯	具有优异的RON调合性、敏感度和略负的蒸发热。在30%质量浓度下，由于MTBE的辛烷值较高，具有良好的抗爆特性
普莱诺醇	具有优异的RON、敏感度和略负的蒸发热。由于敏感度高，表现出高功效函数。RON调合值介于122~145之间，敏感度调合值介于28~58之间
异己烯二甲酯	具有优异的RON、敏感度和略负的蒸发热。在15%质量浓度下，由于TAME的辛烷值较高，具有良好的抗爆特性

2.3　蒸气压

目前广泛使用的蒸气压值是雷德蒸气压(RVP)，它是车用汽油挥发性能的基本概念，可用于判断车用汽油在使用时，在动力系统形成气阻的倾向。车用汽油的RVP越大，波动性就越大。RVP影响发动机燃料在低于室温的条件下的启动特性，以及车用汽油在高温条件下动力系统的气阻趋势。如果温度升高迅速，碳氢化合物馏分沸腾，其蒸气就会从车用汽油中排出，导致车用汽油中的空气蒸气在低浓度下形成蒸气气泡，降低发动机气缸燃料混合物中汽油的质量浓度(称为稀薄混合物)，这可能会超过火焰分布标准限值，导致发动机停机。

表7总结了10%含氧混合物与低RVP汽油混合后对雷德蒸气压的影响。

表7　混入10%含氧化合物时对RVP的影响

含氧化合物名称	RVP响应性
乙醇	++
1-丙醇	无变化
2-丙醇	−
1-丁醇	−
2-丁醇	−
2-甲基-1-丙烷	−
1-丁醇	−
1-戊醇	−
3-甲基-1-丁醇	−
乙酸甲酯	++
乙酸乙酯	+
乙酸丁酯	−
丁酸乙酯	−
乙酰丙酸乙酯	无变化
戊酸甲酯	−
2-甲基呋喃	+
2,5-二甲基呋喃	−
2-甲基四氢呋喃	−
2-丁酮	+

续表

含氧化合物名称	RVP 响应性
2-戊酮	-
环戊酮	-
2,4 二甲基-3-戊酮	-
二异丁烯(异辛烯)	-

2.4 排放特性

不论是研究人员还是工程师，在开发发动机和燃料过程时，都希望燃料在使用过程中不产生或少产生有害废气排放物，减少环境污染。化石燃料造成的机动车尾气排放是空气污染的主要来源。各个国家都制定实施了有关污染控制的法律法规。内燃机的空气排放量的急剧上升成为当今世界面临的巨大挑战之一。

随着汽车保有量的增加，城市空气的污染程度随之增加。在主要城市地区机动车辆排放的污染物主要是含有一氧化碳(CO)、碳氢化合物(HC)、氮氧化物(NO_x)和颗粒物(PM)的有害气体。迄今为止，发达国家在应对环境污染方面都采取了相当严格的标准和法规，旨在减少机动车辆的尾气的排放。这些法规虽然对减少 CO、HC 和 NO_x 的排放起到了一定的作用，但由于车辆数量和交通里程的增长速率远远高于政府的预估，随着时间的推移，寻找解决该问题的方法具有重要意义。

近年来，发展中国家的监管工作主要集中在燃料发动机的改进和燃料对环境和臭氧的污染影响方面，尤其在于对燃油的排放控制上。柴油车辆不仅具有较大的氮氧化物排放量，而且排放的气体中含有颗粒物(PM)。近年来，城市地区的人们越来越认识到颗粒物对人体健康造成的巨大威胁。美国和欧洲都开始了新的监管检查，以限制氮氧化物和柴油发动机颗粒物的排放。由于卡车和柴油公交车在车辆结构中的比例很高，柴油排放是发达国家工业污染的最大和最重要的贡献者。

1970 年以前，人们对汽车排放物几乎没有任何关注，此后，首先是美国，不久后是欧洲和日本，开始实行汽车尾气排放控制。控制立法促进了含氧化物燃料技术的发展和新技术的引入，从而提高了汽车性能。例如，1970 年只有少数高性能车辆使用了喷油器，由于喷油器可以更有效地将燃油输送给发动机，车辆排放得到有效控制，因此，喷油器得以在所有的汽车中推广应用。直到现在，发动机技术仍然在提升效率输出方面采用类似的做法。

图 10 预测了 1965 年至 2035 年间全球能源使用的趋势。有限和不可再生能源的消耗情况，包括石油、煤和天然气，决定了能源未来的发展方向。

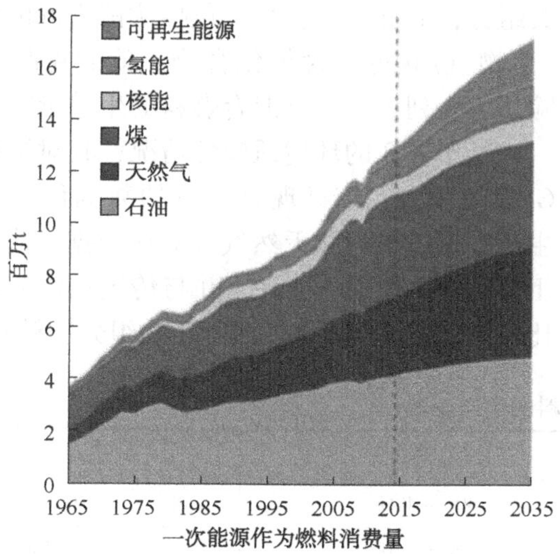

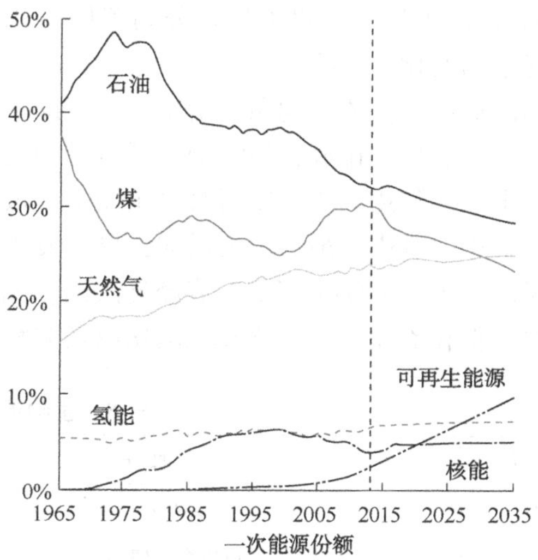

图 10 1965 年至 2035 年全球能源使用趋势

空气污染加剧了全球变暖，导致了臭氧层破坏、酸雨腐蚀等环境事件，对农作物和人体健康造成了极大的危害。为了替代现有的传统燃料，环保型燃料越来越被重视。应该承认，污染物是在不同环境、不同年代条件下定义的，如二氧化碳，当自然恢复并产生氧气时，二氧化碳并未被视为污染物，但如果二氧化碳超过 5000ppm，将成为密闭区域的潜在健康危害。

伴随经济的增长，内燃机车辆成为运输主体。因此，不得不进一步优化基础燃料的构成，加入一些可以改善燃料性能的添加剂成分，以提高发动机使用寿命和燃料的使用性能。19 世纪以来，乙醇被用作汽车燃料。但由于其价格高昂，没有得到广泛使用。乙醇相比汽油具有某些优点，例如更好的抗爆特性和减少 CO 和 HC 排放。此外，还包括甲醇和其他一些醇类，因此，炼厂将各种组分混合到车用汽油中，以减少废气排放。

生态经济学理论认为，减少二氧化碳（CO_2）排放主要来自运输工具的减排方面。就汽车数量而言，美国、中国和欧盟等国家每年都会收紧所有类型汽车设备的二氧化碳排放标准。例如，美国从 2017 年到 2025 年，二氧化碳排放标准从 192 克下降到 97 克 CO_2/km。

图 11 显示了轻型车辆 CO_2 废气排放标准变化的预期（根据欧洲 NEDC 驾驶循环）。环境保护方面的严格要求，促使车辆的结构从根本上发生改变。重要的是，对于具有火花点火的内燃机车辆，首要任务是改进传统的喷气发动机，用以替代的是具有较低排量的循环发动机、涡轮增压技术（小型化）、停缸技术和混合动力系统。

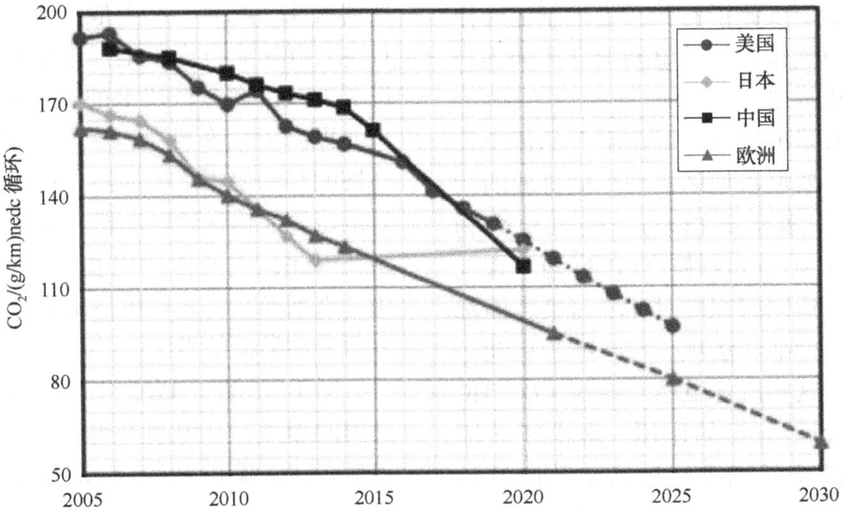

图 11　欧洲 NEDC 组织预测的轻型车辆 CO_2 排放标准的变化趋势

图 12 显示了按发动机类型划分的美国乘用新车销售结构变化的预测。

汽车制造商主要依赖的涡轮增压技术有助于降低油耗和二氧化碳排放，但它增加了对燃油抗爆性的要求。当使用涡轮增压器时，压缩空气被供应到气缸中，其中的最大压力增加，导致发生爆震的风险增加。但使用高辛烷值烃类汽油，如催化重整、催化裂化、异构化和烷基化以及非烃类组分，如含氧化合物，包括从植物可再生能源（生物质）获得的含氧化合物，就能克服爆震风险。表 8 列出了生物混合燃料的生态影响指标。

基于表 8 的环境适应性情况，其对策是使用 GREET 模型，依靠现有运行的数据信息、原料生产数据、电力和天然气等对比数据，估算添加组分的生命周期、能耗，并与传统汽油的耗水量比较，最终确定玉米乙醇等生物组分燃料的阈值。

表 8　生物混合燃料的生态影响

度量	有利方面（+）	中间方面（0）	不利方面（-）
输入效率	>40%	30%～40%	<30%
生物混合燃料推进状态	可以全部使用	部分使用	小规模试点
温室气体排放	60%以上实现，周期缩短	60%可以实现，周期缩短	
化石能源消费生命周期	在生命周期内可能使用更少的化石能源	在生命周期内可以使用比传统能源更少的化石能源	在生命周期内不太可能使用
生命周期水消费	<3 加仑水/加仑	<55 加仑水/加仑	>55 加仑水/加仑

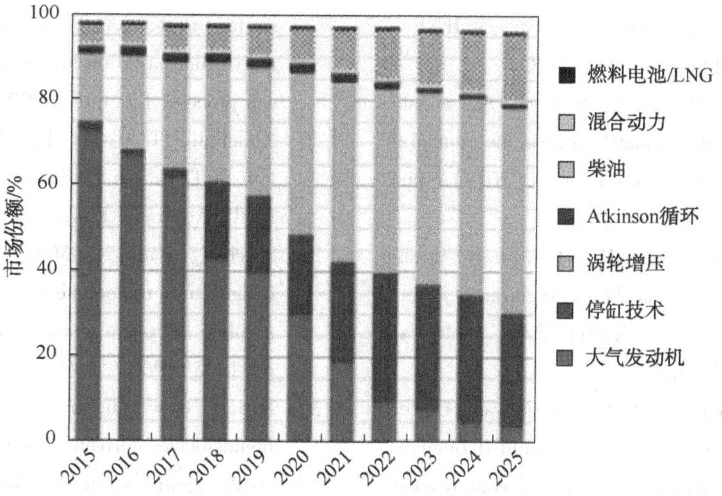

图 12　美国不同发动机类型乘用新车销售结构变化预测

3　结束语

本文基于车用汽油和发动机技术在国际上的发展变化趋势，综述了含氧组分改善车用汽油的抗爆性、功效函数、蒸气压、排放特性等四方面的内容。通过含氧组分改善汽油燃料抗爆性能这一窗口，不仅可以让我们深入了解车用汽油性能和发动机性能改进协同推进的状况，也启发我们在含氧化合物与低辛烷值汽油调合时一些有意义的做法，从而进一步促进我国“双碳”目标的实现。

参 考 文 献

[1] 张立博，张蕾，王雁君，等．汽油在线调合配方优化技术研究进展[J]．石油化工，2021，50(08)：855-861.

[2] Hayati R，Abghari S Z，Sadighi S，et al. Development of a rule to maximize the research octane number(RON) of the isomerization product from light naphtha[J]. Korean Journal of Chemical Engineering，2015，32(4)：629-635.

[3] Dhamodaran G，Esakkimuthu G S. Experimental measurement of physico－chemical properties of oxygenate (DIPE) blended gasoline [J]. Measurement，2019，134：280-285.

[4] Ershov M A，Grigorieva E V，Abdellatief T M M，et al. Hybrid low－carbon high－octane oxygenated gasoline based on low－octane hydrocarbon fractions[J]. Science of the Total Environment，2021，756：142715.

[5] Rasskazchikova T V，Kapustin V M，Karpov S A. Ethanol As High－Octane Additive To Automotive Gasolines Technology，40(2004)，pp. 3-7

[6] 冯洪庆，李雪萌，王昕怡，等．高强化汽油机条件下乙醇汽油辛烷值的调合效应[J]．燃烧科学与技术，2022，28(01)：1-10.

[7] Su T，Ji C，Wang S，et al. Improving the combustion performance of a gasoline rotary engine by hydrogen enrichment at various conditions[J]. International journal of hydrogen energy，2018，43(3)：1902-1908.

[8] Hashimoto K，Koshi M，Miyoshi A，et al. Development of gasoline combustion reaction model. SAE Technical Paper 2013_ 01_ 0887_ 10；2013.

[9] Fuels Europe. The future of ransport；2020. https：//www. fuelseurope. eu/ policy－priorities/products/the－future-of-transport/[accessed date：25 June 2020].

[10] Technology&Innovation；https：//www. nhtsa. gov/laws－regulations/corporate－average－fuel－economy [accessed date：29 June 2020].

[11] Duan X，Lai M C，Jansons M，et al. A review of controlling strategies of the ignition timing and combustion phase in homogeneous charge compression ignition (HCCI) engine[J]. Fuel，2021，285：119142.

[12] Guan W，He Z，Zhang L，et al. Effect of asymmetric structural characteristics of multi－hole marine diesel injectors on internal cavitation patterns and flow characteristics：A numerical study [J]. Fuel，2021，283：119324.

[13] Kalghatgi G. Development of fuel/engine systems—the way forward to sustainable transport[J]. Engineering，2019，5(3)：510-518.

[14] Pajriyansyah R，Firmansyah A. Pengaruh leverage，kompensasi rugi fiskal dan manajemen laba terhadap penghindaran pajak [J]. Keberlanjutan，2017，2

(1): 431-459.

[15] Ershov Y L. Essential extensions of T0-spaces. II[J]. Algebra and Logic, 2016, 55(1): 1-8.

[16] Anderson J E, Wallington T J, Stein R A, et al. Issues with T50 and T90 as match criteria for ethanol-gasoline blends SAE Int J Fuels Lubr, 7(2014), pp. 1027-1040.

[17] Brassat A, Thewes M, Muther M, et al. Analy-€ sis of the effects of certain alcohol and furan - based biofuels on controlled auto ignition. SAE Technical Paper 2012-01-1135 2012.

[18] McCormick R L, Ratcliff M A, Christensen E, et al. Properties of oxygenates found in upgraded biomass pyrolysis oil as components of spark and compression ignition engine fuels Energy Fuels, 29 (2015), pp. 2453-2461

[19] Dagaut P, Togbe C. Experimental and modeling study of the kinetics of oxida-_ tion of ethanol¡ gasoline surrogate mixtures(E85 surrogate) in a jet-stirred reactor Energy Fuels, 22(2008), pp. 3499-3505

[20] Abdellatief T M M, Ershov M A, Kapustin V M, et al. Recent trends for introducing promising fuel components to enhance the anti-knock quality of gasoline: A systematic review[J]. Fuel, 2021, 291: 120112.

[21] Chang J, Viollet Y, Alzubail A, et al. Octane-on-demand as an enabler for highly efficient spark ignition engines and greenhouse gas emissions improvement. SAE Technical Paper 2015-01-1264(2015)

[22] E A Smolenskii, G. V. Vlasova, A. L. Lapidus. A study of the structure-octane number relationship for hydrocarbons. Dokl Phys Chem, 397(2004), pp. 145-149

[23] Machado GB, Barros JEM, Braga SL, et al. Investigations on surrogate fuels for high-octane oxygenated gasolines. Fuel 2011; 90: 640-6.

[24] https://fuelsdigest.com/product/fuels_ digest_ 1_ 2019/[accessed April 21, 2020].

[25] https://www.fuelsinstitute.org/Research [accessed April 22, 2020].

[26] https://www.fuelsinstitute.org/Research/Analysis -of-the-Potential-for-Increasing-Octane-in[accessed April 22, 2020].

[27] Ershov M A, Potanin D A, Grigorieva E V, et al. Discovery of a high-octane environmental gasoline based on the gasoline Fischer-Tropsch process[J]. Energy & Fuels, 2020, 34(4): 4221-4229.

[28] Alleman T L, McCormick R L, Yanowitz J. Properties of ethanol fuel blends made with natural gasoline[J]. Energy & Fuels, 2015, 29(8): 5095-5102.

[29] Ershov M, Potanin D, Gueseva A, et al. Novel strategy to develop the technology of high-octane alternative fuel based on low-octane gasoline Fischer-Tropsch process[J]. Fuel, 2020, 261: 116330.

[30] Abdellatief T M M, El-Bassiouny A A, Aboul-Fotouh T M. An Environmental Gasoline. LAP LAMBERT Academic Publishing, 11(2015), pp. 1-121

[31] Singh E, Badra J, Mehl M, et al. Chemical kinetic insights into the octane number and octane sensitivity of gasoline surrogate mixtures. Energy Fuels, 31(2017), pp. 1945-1960

[32] https://www.osti.gov/biblio/1567705 - top - ten - blendstocks - derived - from - biomass - turbocharged - spark - ignition - engines - bio - blendstocks - potential - highest-engine-efficiency[accessed April 22, 2020].

[33] Gaspar D J, Phillips S D, Polikarpov E, et al. Measuring and Predicting the Vapor Pressure of Gasoline Containing Oxygenates. Fuel, 243(2019)

[34] Gaspar D J, Phillips S D, Polikarpov E, et al. Measuring and predicting the vapor pressure of gasoline containing oxygenates[J]. Fuel, 2019, 243: 630-644.

[35] Kalghatgi G T, Gosling C, Wier M. The outlook for transport fuels: part 1. Petrol Technol Q, 23 - 31 (2016)

[36] Chevron. Motor gasolines technical review. Chevron 2009: 1_124.

[37] Hao H, Liu F, Liu Z, et al. Compression ignition of low-octane gasoline: life cycle energy consumption and greenhouse gas emissions. Appl Energy, 181 (2016), pp. 391-398

[38] Rabaia M K H, Abdelkareem M A, Sayed E T, et al. Environmental impacts of solar energy systems: A review[J]. Science of The Total Environment, 2021, 754: 141989.

[39] 方铁钢，王利兵，王志. 汽油直喷发动机的颗粒物排放研究综述(英文)[J]. 汽车安全与节能学报, 2017, 8(03): 226-238.

[40] 帅石金，董哲林，郑荣，等. 车用汽油机颗粒物生成机理及排放特性研究进展[J]. 内燃机学报, 2016, 34(02): 105-116.

[41] AlRamadan A S, Badra J, Javed T, et al. Mixed butanols addition to gasoline surrogates: shock tube ignition delay time measurements and chemical kinetic modeling. Combust Flame, 162 (2015), pp. 3971-3979

[42] Sarathy S M, Oßwald P, Hansen N, et al. Alcohol combustion € chemistry. Prog Energy Combust Sci,

44(2014), pp. 40-102

[43] Zhou H, Tao C. Effects of annular N2/O2 and CO_2/O2 jets on combustion instabilities and NO_x emissions in lean-premixed methane flames[J]. Fuel, 2020, 263: 116709.

[44] Thiyagarajan S, Geo V E, Martin L J, et al. Comparative analysis of various methods to reduce CO_2 emission in a biodiesel fueled CI engine[J]. Fuel, 2019, 253: 146-158.

[45] Zhu G, Liu J, Fu J, et al. Experimental study on combustion and emission characteristics of turbocharged gasoline direct injection(GDI) engine under cold start new European driving cycle (NEDC) [J]. Fuel, 2018, 215: 272-284.

数字赋能下的设备完整性体系管理

陈青松

［中韩(武汉)石油化工有限公司］

摘　要　在第四次工业革命数字化进程浪潮下，设备完整性体系推进离不开数字赋能。中韩(武汉)石化通过创新设备完整性管理、建立可靠性数据体系、建立设备数据结构、设备缺陷管理与风险评估、设备报警管理及设备 KPI 绩效研究运行等各方面挖掘数据与设备的关系，利用数字赋能设备完整性体系，提升设备管理水平，为生产运行保驾护航。

关键词　数字化；完整性体系；可靠性；缺陷管理

1　数字赋能下的设备完整性体系管理的实施背景

2013 年德国汉诺威工业博览会上提出了德国“工业 4.0”的概念：倡导以高度数字化、网络化、机器自组织为标志的第四次工业革命。为了抓住历史机遇，应对全球现代化工业技术发展的挑战，我国在 2015 年提出了实施中国制造强国战略的第一个十年行动纲领：中国制造 2025，其对标的即是德国“工业 4.0”。而今，工业互联网，智能制造，大数据已经在电商、交通、物流等各个领域蓬勃发展，日益成熟，但在传统的能源制造行业，进展仍很缓慢。2004 年中国石化开始引入 SAP 公司 ERP 系统，初步实现了设备管理的数字化。发展十余年来，设备信息仍存在大量信息孤岛，没有实现网络化交互应用和智能化分析诊断。数据收集录入、存储和分析等各个环节重复性工作较多，系统平台多应用较多但相互孤立。

工业数据的应用需经历数字化、网络化、智能化三个阶段。数字化即建立标准化、模块化、信息化的数据信息；网络化是集成企业现有的多系统，消除数据孤岛；智能化即基于算法和数据，不断更新，做出辅助诊断和决策。

我公司过去的设备管理停留在以故障检修为主，设备故障带来的警示及经验碎片化，问题反复发生而没有根本解决；管理方式随人变化，受人意识、能力的制约；风险检验及监检测技术、数据应用等应用布置分散，缺乏整体性及关联；以传统的三率(故障率、泄漏率、完好率)为考核指标，脱离实际；企业经历了惨痛的事故教训后，痛定思痛，求新变革，开始向外寻找符合企业发展的设备管理模式，先后派出多批员工到国内外先进合资企业学习，探索设备管理发展之路：2009 年开始推行转动设备预防性维修工作；2010 年机电仪开始预防性工作；2012 年全面开展预防性维修，并开始探索 RCM 维修；2013 年 4 月，北京昌平会议确定了我公司为设备完整性体系管理首批试点单位；2017 年 12 月通过专家论证，建成系统内首个设备完整性管理体系；2021 年 8 月，设备完整性体系文件 2.0 版下发执行。

2　应用实践方案

2.1　设备完整性管理体系

设备完整性体系是 GB/T 3173/ISO 55001 资产管理体系要求和美国化工过程安全中心(CCPS)资产完整性管理指南的资产完整性管理理念、方法与中国石化传统设备管理理念、方法相融合，形成具有中国石化特色的设备完整性管理体系。它是将传统的割裂式思维变为体系化思维，将运动式的检查变为基于体系思维的检查，将碎片式的管理变为完整性管理，将基于经验的设备管理转为科学的设备管理。

设备管理体系必须具备六项要求：基于风险的、可持续发展的、层级化、整体化、系统化、可优化的。

为了实现设备完整性管理体系，需要固化六大要素的相互关联，使其有机结合。基于计算机的流程表单设计，将基础数据、诊断数据及工作流程嵌入程序，实现自主管理(图 1)。

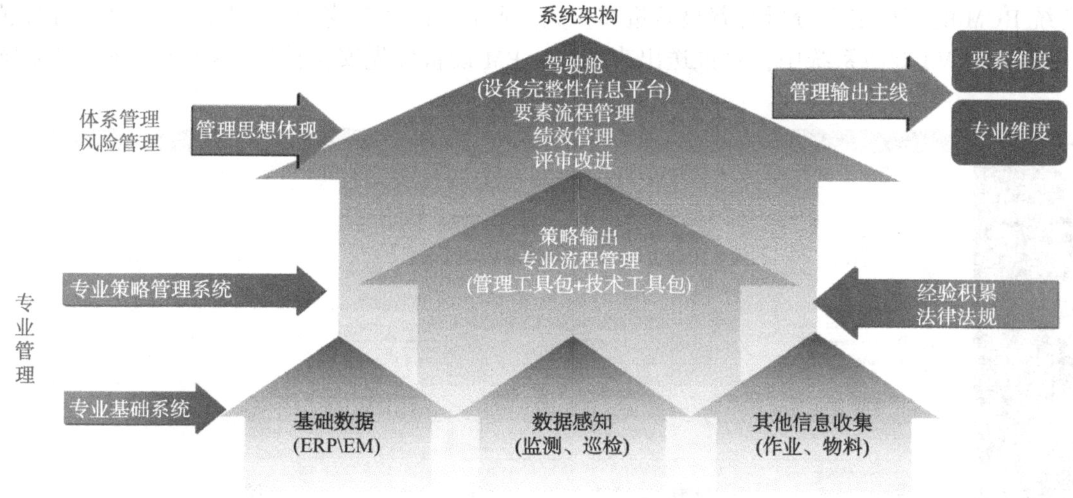

图1　设备完整性体系系统架构

执行方法：管理标准化，标准程序化，程序表单化，表单信息化。

按照设备完整性体系指导思想，对现有管理制度文件进行全面梳理。根据设备完整性管理要素的要求，对法律法规、规章制度、标准与规范、操作规程、设备说明书逐一进行清理，为各要素提供支撑；逐个要素模块编写说明书，编制流程，制定输入输出表单；在此基础上，开发计算机程序，建设设备完整性管理信息平台。实现组织架构、管理流程、一体化文件、预防性工作、技术工具五个融合。

2.2　设备可靠性管理

可靠性被定义为一个组件或系统在指定的操作条件下运行时，在特定的时间内执行所预期功能的概率。产品在规定的条件下和规定的时间内，完成规定功能的能力。可靠性的概率度量亦称可靠度。

设备可靠性管理在现阶段通过计算机大数据采集赋予了新动力。对可靠性的五大要素即：①对象；②规定的条件下；③指定时间间隔；④实现预期功能；⑤概率。

设备可靠性管理是设备完整性体系管理体系的关键环节。其通过计算机建立对象模型、环境监控、建立寿命区间、功能效率下降预警及故障库、数据概率分析计算等来实现。

利用网络信息技术和大数据运算，建立不同时期设备动态可靠性、设备故障强度等级和使用性后果的关联，并辅以设备运行状态监测和趋势预判数据，通过逻辑决断确定设备维修策略，实现设备预防性工作的动态管理，以期最大限度地整合预防性维修、预知性维修、主动性维修的优势，将故障性维修降至最低，从而能最大限度地避免被动维修，针对性和时效性强，决策科学、高效。

具体实施案例：以可靠性为基础的设备动态预防性维修信息管理系统(DRBPM)。

我公司自主开发的 DRBPM (Dynamic Reliability Based Preventive Maintenance)系统是一套拥有自主知识产权，以可靠性为基础的设备动态预防性维修信息管理系统。DRBPM 系统运用 RCM 基本理念，采用计算机和互联网络技术，对公司厂区内 3186 台机泵设备的运行数据、状态监测数据和历史检维修数据进行分析、计算和逻辑判断，自动筛选出需要进行预防性维修的设备，供设备管理人员参考、评估。该系统以历史维修数据和运行数据为基础，通过状态监测预警判断逻辑、威布尔函数计算寿命、结合工艺数据分析等实现了设备预防性维修数据的自动更新和动态管理，可靠性工程师每月从该平台选择推送的运行可靠度低的机泵安排下个月预防性检修，编制月度预防性检修计划，为公司设备预防性检维修深化开展提供了极大帮助(图2)。

DRBPM 系统对设备广义可靠度、风险状况及运行状态趋势综合分析研判后，得出设备维修策略，结果以 PM1~PM6、OP、PS 等维修代码，分别表示：各类预防性维修及原因、观察运行或不处理等具体措施。各项维修任务代码，指出了设备所处状态、趋势变化情况、风险等级以及可靠性状态，对于维修决策具有科学清晰的指导意义，较传统RCM的模糊定性分析有着显著进步。在2022年发布的V3.0版系统中，对推送出来的PM设备进行量化评分排序，供维修工程师和可靠性工程师参考并引起足够重视，对分值高的PM设备优先安排检修，指导性进一步加强。

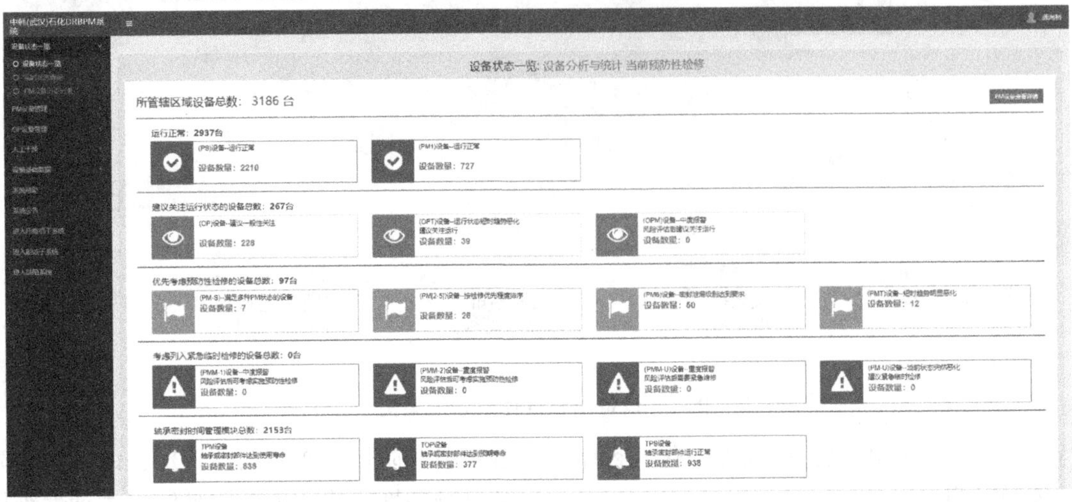

图2　＊＊石化DRBPM平台系统展示

2.3　建立设备数据结构

企业逐步建立设备完整性数据库，实现数据统一管理，并通过ERP系统、缺陷管理系统、数据采集系统等，开展设备数据统计分析工作，定期审核设备数据信息管理工作。数据采集是一种投资。标准化工作和设施信息管理系统，使数据的电子采集和传输成为可能，数据的质量得以改善。要使采集、交换和分析数据基于共同的基础成为可能，就必须有一项标准。ISO 14224《石油天然气工业设备可靠性和维修数据的采集与交换》对设备边界及分级体系、数据种类、数据格式、数据库结构及设备、失效和维修数据都有规范的定义标准。各企业建立数据结构时需遵循该标准（表1）。

表1　ISO 14224中对压缩机设备单元的细分

设备类第6级	压缩机					
子单元/部件	传动系统	压缩机	控制与监控	润滑系统	轴封系统	其他
可维护部件/零件	齿轮箱/变速驱动 轴承 联轴节 润滑 密封	壳体 叶片转子 平衡活塞 级间密封 径向轴承 推力轴承 轴密封 内部管线 阀 防喘振系统[b] 活塞 气缸套 填料	执行机构 控制装置 电缆和接线盒 内部电源 监测 传感器[a] 阀 布线 管道 密封	带加热系统的油箱 带马达的泵 电动机 单向阀 冷却器 过滤器 管道 阀 润滑油	带加热系统的油箱 储水槽泵 电动机 齿轮 过滤器 阀 密封油 干气密封 机械密封 涤气器	底座 管线及支架和悬吊件 控制阀 隔离和单向阀 冷却器 消音器 净化空气 磁轴承 控制系统 法兰接头 其他

注：a. 列明传感器类型，如压力、温度、液位等。
　　b. 包括防喘振阀和控制器。

遵循ISO14224标准来建立缺陷库，可以建立字段间的关联关系，统一缺陷对象、缺陷现象、缺陷机理、缺陷原因、缺陷治理策略的定义。缺陷处理完成后，由设备专业人员完善通知单时对缺陷信息进行完善补充。完善通知单数据信息包括缺陷消除情况、影响、对象零件、缺陷机理、缺陷原因、处理措施、实际消缺日期、根原因分析等。通过结构化的设备缺陷数据库，构建缺陷现象、对象零件、缺陷机理、缺陷原因等字段的关联关系，可简化缺陷信息完善的工作内容，提高人员工作效率；可避免人为的主观描述字段，产生无效的数据；可固化专家经验，避免错误的决策等。

2.4　设备缺陷管理与风险评估

实现设备可靠性管理，回到可靠性管理的五大要素中来，对五大要素的数据收集手段，首先是要建立起设备缺陷管理与风险评估。

2.4.1　建立设备标准缺陷库

设备缺陷库是分析每一种缺陷现象背后零部件损坏的缺陷机理，建立缺陷对象与缺陷现象、缺陷机理的关联关系，使专家经验固化在程序中，是数据管理的基础，也是知识管理的基础。

大篇幅的设备故障分析和故障记录只能人工读取，是文本，不是数据，无法进行数据分析。标准缺陷库的建立，可使设备零部件层级化、缺陷机理、缺陷原因等字段数据结构化、标准化，结构化的数据可被计算机自动统计分析决策。

缺陷库建立后自动优化完善。在缺陷库中难免遇到无法对应的缺陷机理或现象，不得不选择“其他”并在“其他”类字段中人工补充字段，计算机定期对“其他”类人工字段进行分析，将高频字段自动补录到缺陷库中，实现自主优化完善。

2.4.2　建立设备分级和风险评估

设备管理有主次层级，通过对设备分级，在纵向上设定各级设备设施的管理深度，将有限的管理资源侧重于对生产经营、安全环保等相对重要的设备上，使设备设施的管理工作突出重点、有的放矢。通过设备的重要性、使用率、介质安全环保风险、设计成熟性、维修复杂性等维度进行评分，根据综合得分来进行分级为关键设备(A)、主要设备(B)和一般设备(C)三个等级。对不同层级的设备采取不同的维修策略。

策划并制定设备风险管理策略，明确设备风险评价准则，在设备全生命周期的各阶段识别风险并评价其影响因素、后果及可能性，对风险进行分类分级，并对已识别的风险及时管控，确保其在可接受的水平。采用风险矩阵来评估由于设备故障而给企业带来的风险。分析企业设备管理在设备层级及缺陷层级存在的风险，以及评估分析结果是否符合企业的管理目标(图3)。

设备风险识别矩阵		发生的可能性等级--从不可能到频繁发生							
		1	2	3	4	5	6	7	8
事故严重性等级(从轻到重)	A0	1	1	1	1	3	5	5	7
	A	1	1	2	3	5	7	10	15
	B	2	2	3	5	7	10	15	23
	C	2	3	5	7	11	16	23	35
	D	5	8	12	17	25	37	55	81
	E	7	10	15	22	32	46	68	100
	F	10	15	20	30	43	64	94	138
	G	15	20	29	43	63	93	136	200

图3　风险矩阵示例图

2.4.3　搭建缺陷管理平台

为有效对设备缺陷进行识别、响应、传达、消除，实现缺陷闭环及直接作业环节的信息化管理，搭建缺陷管理平台，实现对缺陷管理、作业通知单、工单计划的全流程管理。达到全员线上提报、统一数据格式、全流程信息收集的目的。

具体场景：某操作人员发现一台机泵密封泄漏，于是手机扫描机泵包机牌上的二维码，拍照提交了一条缺陷。设备技术人员看到该缺陷后现场确认，完善故障信息，并将其录入到次日的日作业计划，作业人员和各负责人在现场进行工作安全分析 JSA（Job Safety Analysis）确认后，通过缺陷系统 APP 扫描工牌上的人员识别码代替传统的签字确认，移动终端打印作业通知单开始施工。施工过程中作业人员领取并扫描密封备件上带有产品信息的二维码，读入到 APP 中关联生成个工单换件记录。对关键质控点由专业技术人员验收后在 APP 上确认并保存数据。施工结束时项目负责人现场验收并通过手机终端在 APP 上验收确认，并对施工过程进行多维度星级评价（图 4）。

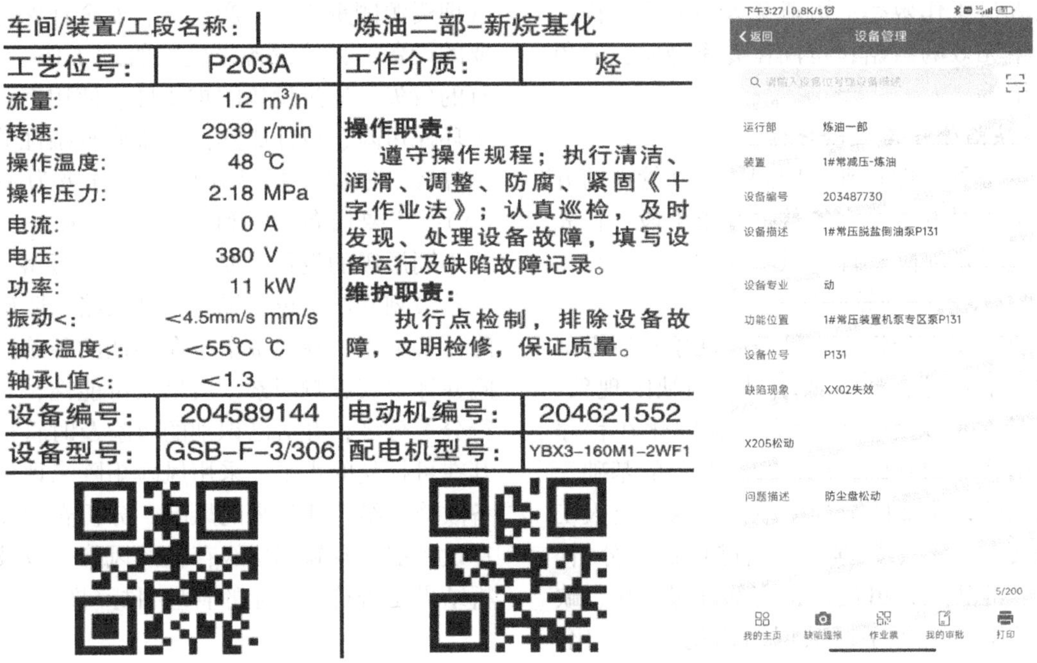

图 4　＊＊石化设备二维码及缺陷管理平台移动端提报界面

这一流程收集了该泵的一次带准确时间信息的密封泄漏缺陷，一个带作业人员信息和工时信息的作业数据，一条带设备配件信息的换件记录，一条准确的带检修质控点数据信息的检修记录，一条多维度对作业人员施工评价的信息记录。这些数据都将存在缺陷系统服务器里，是有效且符合标准的可收集交换的数据。

设备故障信息数据的累积可用来自动计算机泵密封平均寿命，分析同类设备或同类装置密封消耗量，准确预估该类型设备的维修费用和可靠度。作业信息数据可用来分析统计作业工时、作业效率、作业人员出勤率、维护质量，供甲方和乙方进行绩效考核。维修记录信息可用来进行缺陷统计分析，供设备厂家提升和改进设备的设计缺陷，运行缺陷。这些数据积累得越多，其发挥的能量将越大。当整个石化行业的设备缺陷信息积累到一定程度时，我国自主的石油化工行业可靠性数据库将会形成。

我公司缺陷管理平台从设备可靠性影响因素入手，梳理设备运行使用、缺陷维护及检维修等类别数据。搭建以缺陷管理为导向的缺陷管理系统，用以记录缺陷信息、处理信息，并集成了检维修作业、作业计划等相关功能。实现缺陷-作业处理-验收闭环的全流程电子信息化管理（图 5）。

为提高数据有效性，更好的对数据进行分类整理，便于分析应用，系统内将缺陷现象、缺陷机理、缺陷原因、处理措施、缺陷部位等关键信息对应＊＊石化缺陷库形成了标准字段，直接下拉选择，提高使用易用性的同时，完成了所收集数据的标准化。通过系统内项目建立-作业工序建立-作业许可证线上开具-线下打印会签-作业审批通过并上传存档作业许可-确认施工完成-施工作业验收-项目验收的一系列工作流程，将检维修作业进行规范管理。将作业部分信息系统自动带出，减少作业许可票证填写工作量，并标准化装置、设备等字段，用于统计分析。系统内开发了预防性检修计划、月度施工项目计划、周施工作业计划以及日施工作业计划的一系列作业计划模块，将预防性计划分解至每月、每周、每日作业计划，落实作业计划率，进一步提高施工作业的本质安全性。

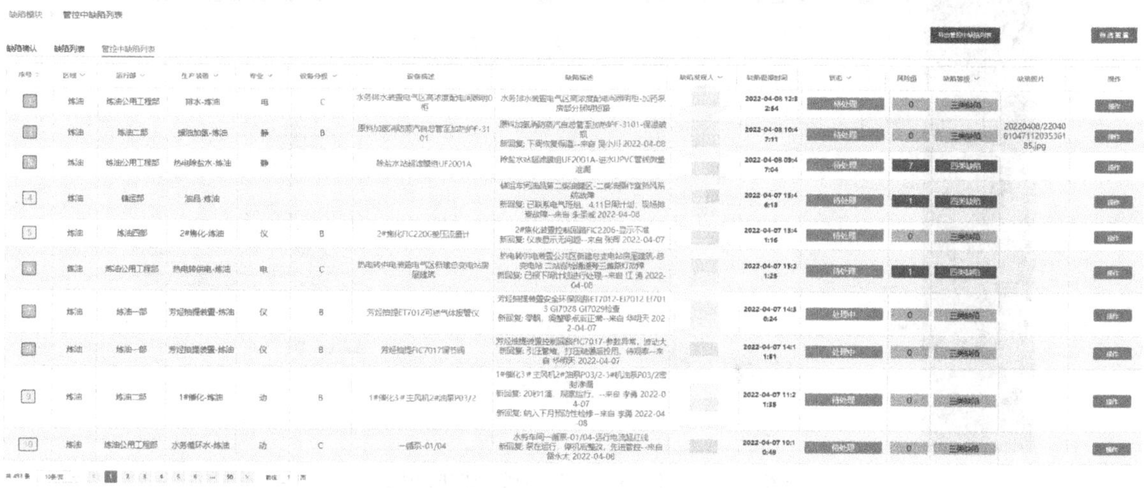

图 5　＊＊石化企业缺陷管理平台

目前通过设备缺陷管理系统，我们已经完全掌握了作业票的管理全流程，通过该系统读取了作业的日、周、月计划率，作业闭环率、缺陷消除率等各项指标，并通过这些指标考核来倒逼运行部规范作业流程、提高作业效率和计划率。

2.5　设备报警管理

公司提出“跳出设备看设备”、“管设备要管设备运行”的管理理念。良好的运行环境是设备长周期运行的必要条件，误操作、欠维护、工艺波动对设备的影响不容小觑。

设备管理人员就是要确保设备在良好的运行环境中长期平稳运行。设备管理人员既要管设备也要管设备运行，既要管设备运行状态也要管设备运行环境。设备的运行环境对设备运行状态的影响十分显著。过去因专业分工不同，设备管理人员只关心设备运行参数，工艺管理人员只掌握工艺运行参数，工艺和设备协同作用不够，存在各自为阵的情况，导致设备常常超温、超压、超负荷、超工艺环境运行，设备故障率居高不下。

为彻底扭转这种局面，公司提出了“管设备要管设备运行”的理念。自 2021 年开始，公司制定了管设备管设备运行环境监控表，对常减压、催化、焦化、重整、加氢装置主要原料及负荷等指标进行监控，对烟机、汽轮机、压缩机、干气密封、往复式压缩机、机泵的主要运行参数和介质进行监控。先后发现并通报原油带水、原油硫含量超设防值、氢气纯度偏低、压缩机超压、机泵超电流运行等各项问题，为公司设备保驾护航（图 6）。

2022 年下半年，在公司生产管理部的组织下，设备、工艺、安全报警实现管理同步，设备运维技术中心起草了“中国石化炼化企业设备报警管理办法”，由总部层面向全集团公司进行推广。

2.6　能效报表的应用

能效系统可以帮助我们更准确地判断机组或机泵的效率情况，还能结合生产工艺进行分析，为故障判断提供有力的证据。这对于提高生产效率和减少故障发生十分有用。收集设备运行过程的温度、压力、流量和电流等参数数据就可以建立实时能效系统。能效系统建立后，通过能效趋势查询可判断监控机组或机泵效率是否下降，结合生产工艺进行分析，对故障判断做佐证。

通过能效系统的报表分析，发现某些机泵在运行过程中的能效明显低于其他同类设备。这可能表明这些机泵存在效率低下的问题，可以进一步对其进行节能改造或更新。

某大型离心风机，属于高耗能机组。通过每月对其能耗进行统计分析，发现能耗呈逐渐上升的趋势。进一步调查发现，是由于风机的进气过滤器堵塞，导致进气不畅，增加了能耗。通过及时清理或更换了进气过滤器滤布，降低了能耗，同时也强化了对设备的运行管理。每月统计能耗对于及时发现和解决问题的重要性。能效监测可以帮助我们及时发现能效异常，采取相应的措施进行改进，从而提高设备的运行效率和节能效果。

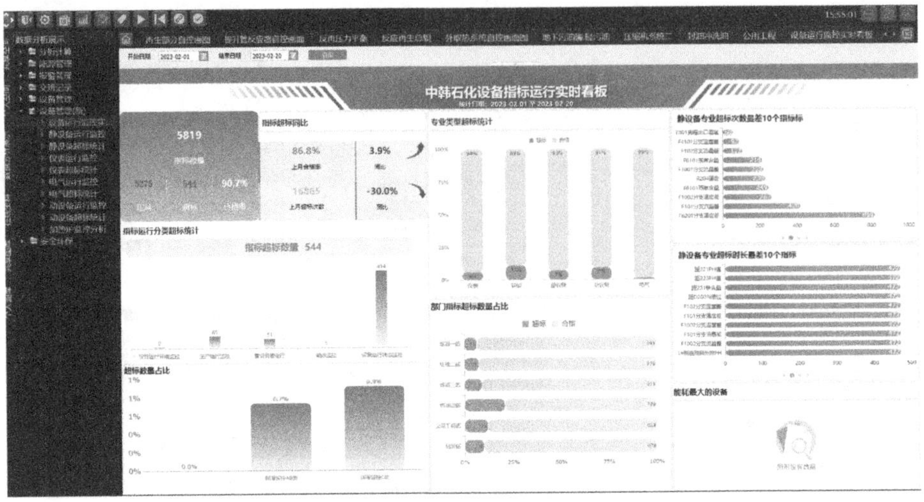

图6　＊＊石化企业设备报警管理监控平台

2.7　设备KPI绩效研究和运行

“炼油就是炼设备”，企业迫切需要从体系层面、技术层面、管理层面，做实做细设备KPI绩效指标管控工作，通过指标引领，预知维修工具应用，构建设备完整性管理体系，实现设备管理基业长青，高质量发展。

受集团公司委托，公司成立了“设备关键性绩效指标体系研究”课题攻关组，对国际国内炼油化工行业设备管理领军企业进行了广泛调研，发现“不识庐山真面目，只缘身在此山中”，将生产部门、财务部门、物资部门的经营数据拿来评价设备关键性绩效指标，可以总揽全局，客观公正，计量精确，同等可比。国际能源企业多采用“装置可靠性指数”、“维修费用指数”指标，从装置设计能力与当期实际的加工处理量的角度，来评价装置设备运行的可靠程度。国内有企业采用“千台机泵密封消耗量”指标，从当期消耗物资出库的机械密封数量的角度，来评价机泵运行的可靠程度。课题组经过调研分析，提出了一整套设备关键性绩效指标体系的研究报告，将设备关键性绩效指标拆分至各个层级，给出了每一个指标的计算公式、计算方法和计算频次，以保证每个指标的数据来源客观准确，统计口径同一，指标精算准确，层层递归递进。设备关键性绩效指标既可供企内统计分析调整决策，也可供企外全球同业同等可比。

为实现自动统计计算功能，我们将当前KPI指标计算的因子进行初步梳理，将KPI指标计算公式及相关计算因子整理至同一表格中，梳理计算因子自动取数逻辑，取数逻辑包含数据来源、数据取值点、数据取值方式、数据取值范围。同时，为便于对KPI数据溯源分析，特开发从计算因子连接至对应取值数据源表单功能，供工程师使用。

企业创造性提出了一套具有石化特色的设备KPI绩效指标体系，从目标、管理、技术、数据、信息化的设备管理整个体系方向，逐一破解了行业设备管理难题。

3　应用实践成果

3.1　设备管理能力大幅提升

3.1.1　人员能力强化

通过可靠性管理理念的灌输和实施，培养了一批具有现代化设备管理思想的设备管理团队。可靠性分析和风险管控水平有了较大提高。

3.1.2　事务流程高效运行

通过定时性事务流程的数字化管理、缺陷管理系统、实时数据应用系统，全方位管理设备生产运行数据、定时性事务执行情况、缺陷数据及处理流程，流程制度化、制度表单化、表单信息化，将各项设备管理事务流程保持高效运行。

3.2 设备管理体系不断完善优化

通过数字赋能下的完整性管理体系的建设，我公司在2022年修订完善了各类设备管理制度，编写了设备报警管理办法，推进了设备缺陷管理平台的普及应用，是设备完整性体系的又一次提升发展。

3.2.1 缺陷管理系统培养了人员的设备风险管控意识

中韩石化缺陷管理系统简化了工作流程，只需发起一次即可贯穿整个缺陷管理过程。缺陷管理意识深入人心，缺陷全面提报，有效管控了设备风险。作业信息及缺陷数据收集齐全，为人员能力评定、作业工作量统计记录详细数据，为设备可靠性分析打牢基础。

3.2.2 定时性、预防性、策略性工作相互促进提高

未来设备完整性管理体系中，缺陷管理平台主要负责缺陷和作业的闭环管理，并逐步引入作业效果评价、标准工序、质量控制点等功能；而定时性事务平台则主要追踪可预见的计划性设备管理工作的完成过程和质量，包括定时性工作、预防性工作、策略性工作等；而两个平台将计划作业和计划事务的完成情况将返回给计划管理模块，形成对设备完整性的全闭环管理(图7)。

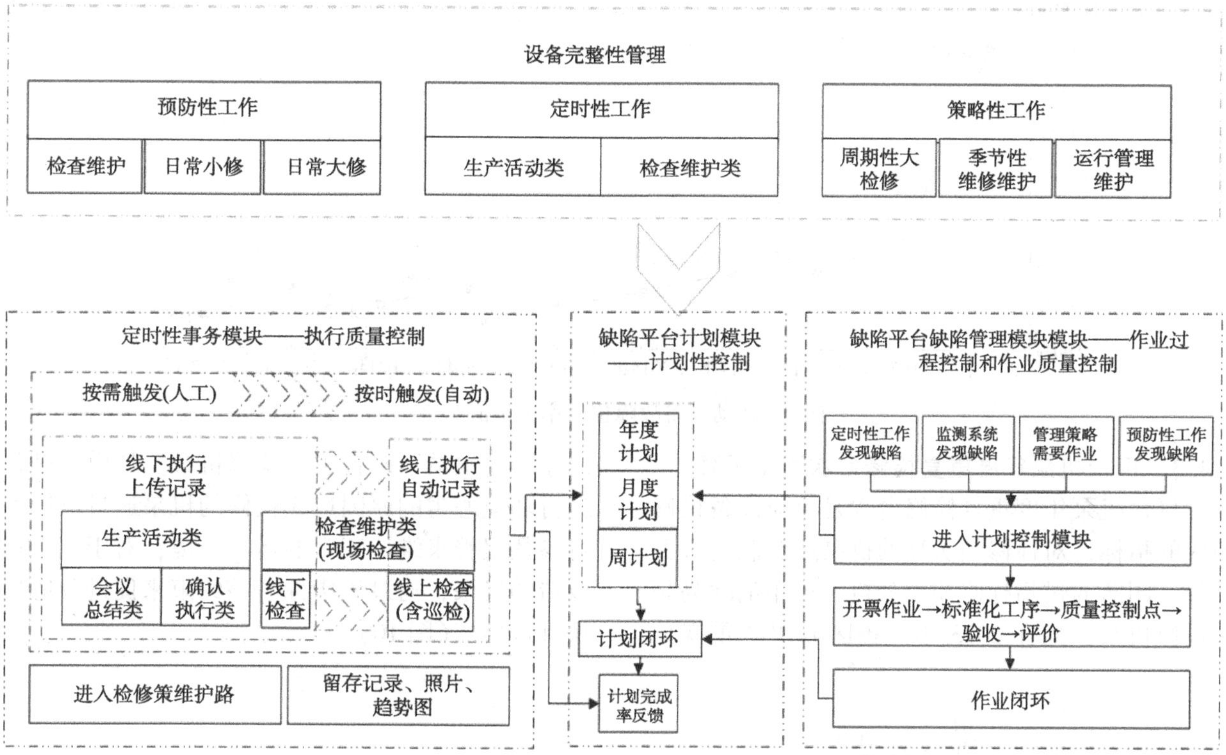

图7 中韩石化预防性、定时性、策略性工作与缺陷平台的流程关系

3.3 设备信息化建设飞跃发展

2023年设备缺陷管理系统全面应用，其集合了缺陷数据收集、作业人员信息收集、作业票证管理、检修时长统计、检修服务评价、检维修计划管理等多项内容，为设备故障统计分析，检维修人员管理评价，缺陷信息统计及作业票证无纸化信息化等搭建了良好的平台，不断开发其应用，使得设备信息化建设有了质的提升。

设备运行管理数据在实时数据应用系统中的报警及监控、能效计算等各方面的广泛应用，将实时数据与报警管理有机融合，实现了设备数据的随身携带、随时监控报警、随时响应。

3.4 设备的KPI的指标不断提升

3.4.1 机泵平均无故障时间MTBF

机泵平均无故障时间MTBF是设备的关键可靠性指标之一，其反应了机泵有效连续无故障运行的平均时间。自开展预防性检修和技术攻关以来，转动设备非预防性检修数量逐年下降，机泵MTBF处于稳定提升状态(图8)。

3.4.2 设备故障率显著降低

预防性维修成为主流，转动设备故障性维修率呈逐年下降趋势，2023年故障维修率为

1.52%，故障检修比率处于集团公司先进水平。故障性检修数量的下降有利于减少维保人员数量，降低紧急抢修带来的人工成本和生产调度成本，同时也保证了设备安全平稳运行，安全风险大大降低(图9)。

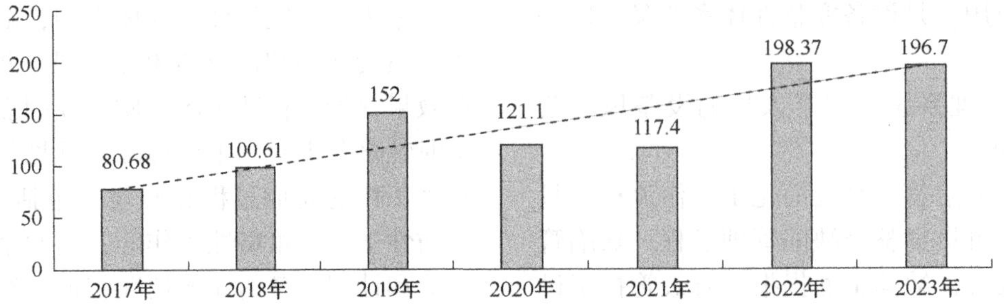

图8 转动设备MTBF历年值对比

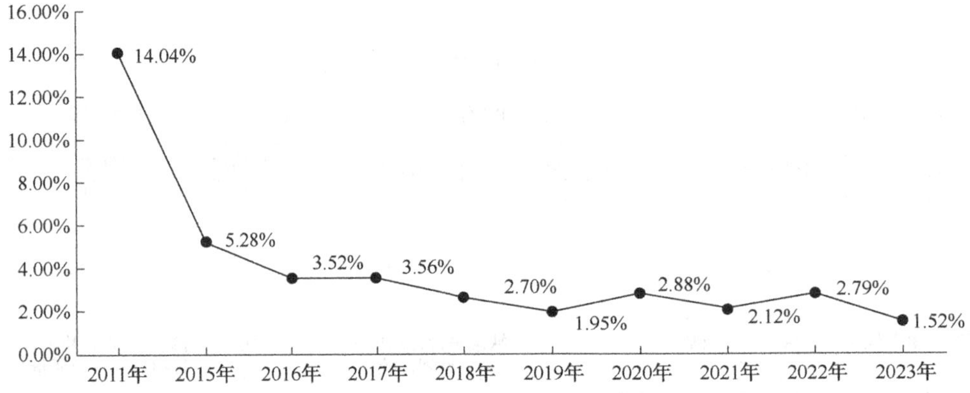

图9 转动设备故障检修率历年值对比

3.4.3 百台机泵年度重复检修台次逐年下降

百台机泵年度重复检修台次是反应设备检修频次的指标，对检修频次高的机泵逐台制定攻关措施。团队通过指标监控及分析，逐年消除高频次检修机泵，如在2023年，各区域团队重视分析原因，根治了多台重复检修机泵。如由于设备运行环境恶劣的原因造成检修的机泵通过增加运行参数报警来维持正常的运行环境；对于应进行改造的机泵，通过该指标考核约束来促进改造尽快推进落实(图10)。

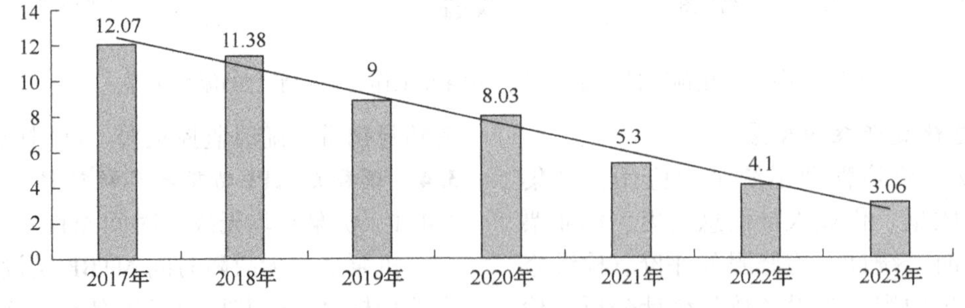

图10 百台机泵年度重复检修台次历年值对比

3.5 装置长周期运行创数

企业2016年在集团首批试点实现“四年一修”，2016年到2020年又在集团率先实现“四年半一修”，且在装置检修前夕，设备运行劣化趋势仍不明显，具备下一周期试点“五年一修”的潜力。以平均大修周期60天计，可增加有效生产日9天/a，估算仅此一项可实现利润增加值0.22亿元/a(按近三年利润均值计)。年节省开停工费用500万元。年节省大修费用1000万元/a。

4 结论

以数据驱动为生产力的当今社会，能源行业不能隔离在外。建设智能工厂，即面向企业内部的生产率提升，打通设备、生产、运营、服务系统，实现自主决策，自主优化提升的 PDCA 循环，是能源行业的发展趋势。设备管理人员积极向前主动作为，通过跨专业合作搭建设备数据平台，充分利用新传感器技术、5G 技术收集设备数据，建立设备缺陷管理、能效管理、寿命分析、智能诊断等多维度的数据平台，提升设备的可靠性，为公司生产经营决策服务，向智能工厂迈进，是设备完整性管理体系在新时代数据化转型过程中的必经之路。

参 考 文 献

[1] Biggette Vogel Hoizel, Thomas Paulhansen, Michael Ten Humpel. 德国工业 4.0 大全智能生产技术[M]. 北京：机械工业出社，2021：16-17.
[2] Michael G. Pecht, Kailash C. Kapur, 康锐，等. 可靠性工程基础[M]. 北京：电子工业出版社，2011.5：3-6.
[3] ISO 14224 设备可靠性和维修数据的采集与交换[S]. 北京：中国标准出版社，1999.

小型焚烧炉采用非氨基SNCR宽温脱硝技术工业试验及长周期运行总结

黎　爱　史晓磊　刘开森

[中韩(武汉)石化有限公司]

摘　要　针对小型焚烧炉废气来量变化频繁，高温焚烧后烟气氧含量高，烟温变化幅度大的特点，选择非氨基SNCR宽温脱硝技术路线。某公司EO/EG废气焚烧炉开展了创新技术的非氨生物基还原脱硝技术的工业试验并长周期运行超过2年，结果表明：非氨基SNCR脱硝技术能完全适应小型焚烧炉的动态工况，将排放烟气中的NO_x质量浓度由均值362.1mg/Nm^{3}降至50mg/Nm^{3}以下的超净水平，实现深度脱硝，应用期间未发现对装置运行、系统压降、安全性等产生负面影响，停工打开余热锅炉检查无积灰积垢现象。

关键词　小型焚烧炉EO/EG废气；烟气高含氧；非氨基SNCR；深度脱硝；长周期

某公司EO/EG废气焚烧炉为典型的小型焚烧炉，其负荷因废气来量动态调整而频繁变化，炉温820～980℃，外排烟气量约25000m^3/h，烟气氧含量达15%以上。受此影响，该废气焚烧炉虽采用低氮烧嘴，热力氮实测值不高，但折氧倍数达3倍以上，因此NO_x折算值较高(290～461mg/Nm^3)。为实现NO_x超净外排，控制外排烟气中NO_x浓度≯50mg/Nm^3，评估、比选传统的脱硝技术，其一，氨基SNCR技术在此烟气温度范围内的脱硝率为30%～60%，达不到深度脱硝的要求；其二，中温SCR技术则需要对一体化的余热锅炉重新设计，进行“切割”改造，在烟温降至300～400℃的空间内安装SCR模块，新建成本高且由于现场短流程，场地空间也不够。两者皆不符合装置现状条件或环保需求。为此，尝试选择创新宽温技术(仅简易开孔即可实施)的非氨基SNCR，还原剂采用非氨生物基无触媒脱硝还原剂，从开展试验至工业化应用落地再至长周期运行。

1　装置简介

某公司EO/EG废气焚烧炉用于焚烧EO/EG装置生产过程中产生的多股废气(含甲烷、乙烯、水气、VOC等有机气体)，并要求弹性满足最小及最大工况的焚烧要求，在处理废气的同时利用余热回收1.0MPa中压蒸汽，流程包括废气低氮烧嘴+炉本体+烟道+余热锅炉+省煤器+排风机+烟囱，焚烧后产生的820～980℃烟气进入余热锅炉和省煤器急冷降温，并由引风机抽至烟囱排放大气中，其中NO_x排放要求≯50mg/Nm^3。

废气异常时炉内温度会出现波动，如超温需向炉内喷射冷却水来降温；温度过低时通过燃料气补燃维持炉温。

2　非氨基SNCR作用机理

2.1　作用机理

非氨基SNCR是还原剂为非氨基的非催化选择还原法脱硝技术，其作用机理是在锅炉或烟道内550～1150℃的宽烟温区间内，用双流体喷枪以雾化状喷入非氨生物基无触媒脱硝还原剂水溶液，在高温环境下，烟剂充分接触(接触时间>0.2s)，非氨脱硝剂裂解成单链或短链的C、H、O化合物——有效自由基团，有效自由基团再和烟气中的NO_x发生还原反应，生成无害的N_2、CO_2和H_2O，实现深度脱硝。

2.2　非氨脱硝剂理化性质

某公司生产的非氨生物基无触媒脱硝还原剂(简称非氨脱硝剂)YH-DN50理化性质见表1。

表1　非氨脱硝剂YH-DN50理化性质

项目	质量指标	试验方法
外观色泽	褐色液体	目测法
相对密度(水=1)	1.02～1.12	GB/T 4472
pH值(10%水溶液)	≤10.5	GB/T 9724
运动粘度，mm^2/s(40℃)	≤40	GB/T 265
溶解性	溶于水	溶解性试验

3 实施条件及加剂选点

按非氨基SNCR的作用机理，考虑非氨脱硝剂的加剂开孔选点在炉本体和余热锅炉之间的烟道(长宽高为2300mm×2200mm×800mm，其中长度为加剂点至烟气进入余热锅炉前的有效反应距离)，以此比对装置操作条件(表2)，该选点符合实施条件要求。为此，在该烟道对称两侧各开两个孔，安装4根双流体喷枪，可实现100%无隙全覆盖(图1)。

表2 非氨基SNCR实施条件符合性

实施要素	非氨基SNCR实施条件	加剂点操作参数	是否符合
烟气温度/℃	550~1150(宽温)	820~980	是
反应时间/s	>0.2	0.58	是
喷剂覆盖率/%	>60	100	是

4 试验及脱硝效果

4.1 试验流程

加剂试验流程如图2所示，在储罐配好非氨脱硝剂水溶液(水剂比1∶1)，由计量泵抽出，输送至分配模块，经4路分支输送至双流体喷枪接液口；压缩风亦经分配模块分4路分支输送至喷枪接风口。脱硝剂水溶液在喷枪混合室经压缩风雾化，喷入烟道内，和烟气垂直接触，无隙覆盖，发挥脱硝作用(图2)。

4.2 脱硝效果

基于焚烧炉烟气量25000m^3/h，烟气中NO_x浓度均值361.2mg/Nm^3(范围290~461mg/Nm^3)，烟温820~980℃，氧含量为15.5%左右的基础状况，非氨脱硝剂水溶液喷入烟道，即喷射即见效(图3、图4)。响应不同NO_x浓度限值指标(折氧系数为3)调整非氨脱硝剂加剂量，脱硝效果如下，加剂量与NO_x减排量呈良好线性关系。试验表明，以此单一的非氨基SNCR技术能满足NO_x超净排放要求。

调整脱硝剂水溶液添加量15L/h(即脱硝剂用量7.5L/h)，剂氮比1.07，脱硝率达79%以上，实现外排NO_x浓度<100mg/Nm^3；(剂氮比=脱硝剂(纯剂)每小时加入量与NO_x每小时减排量的质量比值，下同)

调整脱硝剂水溶液添加量18L/h(即脱硝剂用量9L/h)，剂氮比1.22，脱硝率达82%以上，实现外排NO_x浓度<80mg/Nm^3；

调整脱硝剂水溶液添加量24L/h(即脱硝剂用量12L/h)，剂氮比1.50，脱硝率达88%以上，实现外排NO_x浓度<50mg/Nm^3；

调整脱硝剂水溶液添加量28L/h(即脱硝剂用量14L/h)，剂氮比1.67，脱硝率达92%以上，实现外排NO_x浓度<30mg/Nm^{3}的超净排放。

5 长周期运行分析

EO/EG废气焚烧炉开展上述非氨基SNCR试验并取得良好脱硝效果后，即转入长周期运行，并计划实施EO/EG废气焚烧炉非氨基SNCR改造，一体化设施占地10m^2(图5)。至今已长周期运行超过2年，外排NO_x浓度持续稳定在50mg/Nm^{3}以下，应用期间未发现对装置运行、系统压降、安全性等产生负面影响，在运行一年半时停工打开余热锅炉检查无积灰积垢现象。

6 结论

(1) EO/EG废气焚烧炉为典型的小型焚烧炉，存在废气来量变化频繁，高温焚烧后烟气氧含量高(15%以上)，烟温变化幅度大(820~980℃)的特点。选择非氨基SNCR宽温脱硝技术路线开展试验，在焚烧炉本体后烟道添加(喷射)非氨生物基无触媒脱硝还原剂，实现了深度脱硝，外排烟气NO_x由均值362.1mg/Nm^{3}下降至50mg/Nm^{3}以下的超净水平。若进一步加大剂量，可降至30mg/Nm^{3}以下，最高脱硝率达92%。

(2) 非氨基SNCR宽温脱硝技术应用表明非氨脱硝剂适应宽温区域，可灵活调整响应环保指标，加剂量与外排烟气NO_x减排量呈良好线性关系，能以此单一的非氨基SNCR技术满足NO_x超净排放要求。

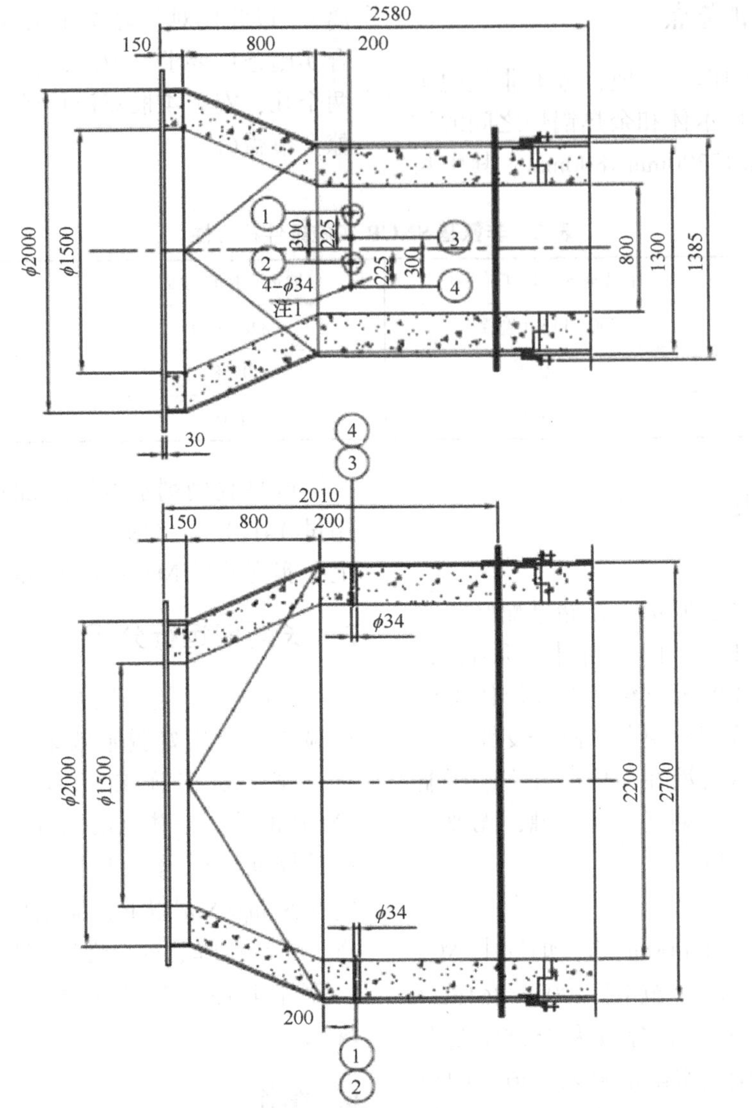

(a)烟道开孔示意图

(b)烟道开孔现场图

图 1　烟道对称两侧各开两个孔及安装喷枪

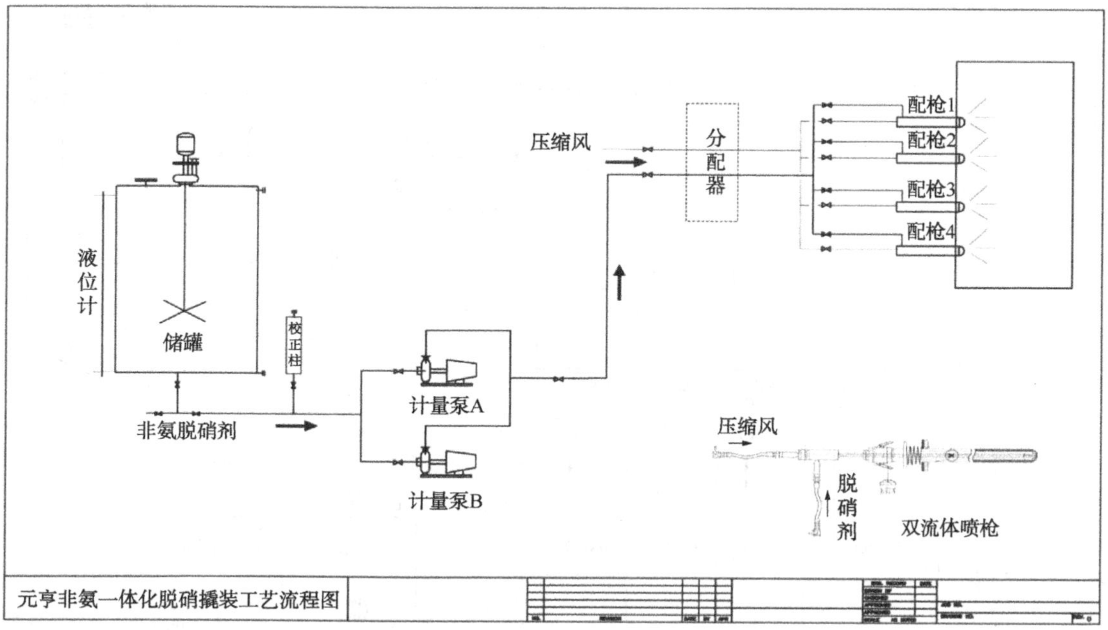

图 2

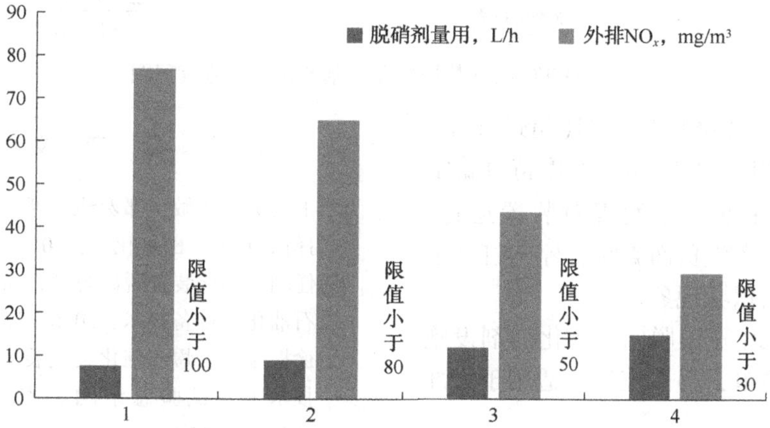

图 3　控制外排 NO_x 浓度不同限值时对应的脱硝剂用量

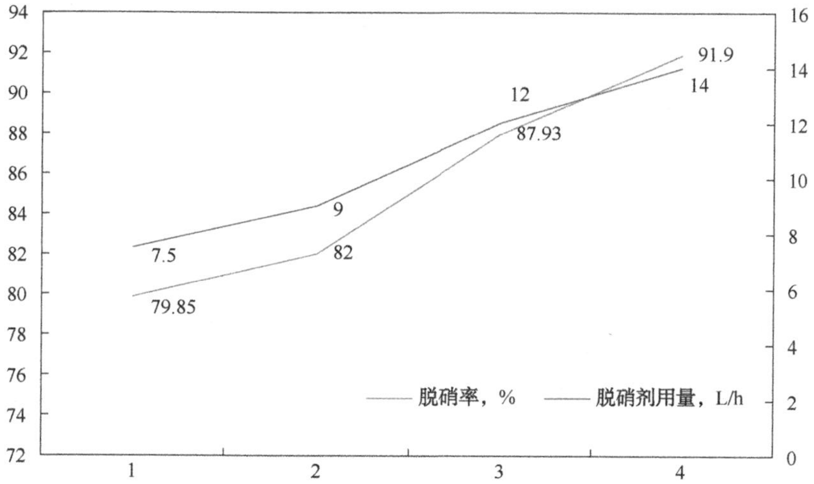

图 4　脱硝剂用量和脱硝率关系图

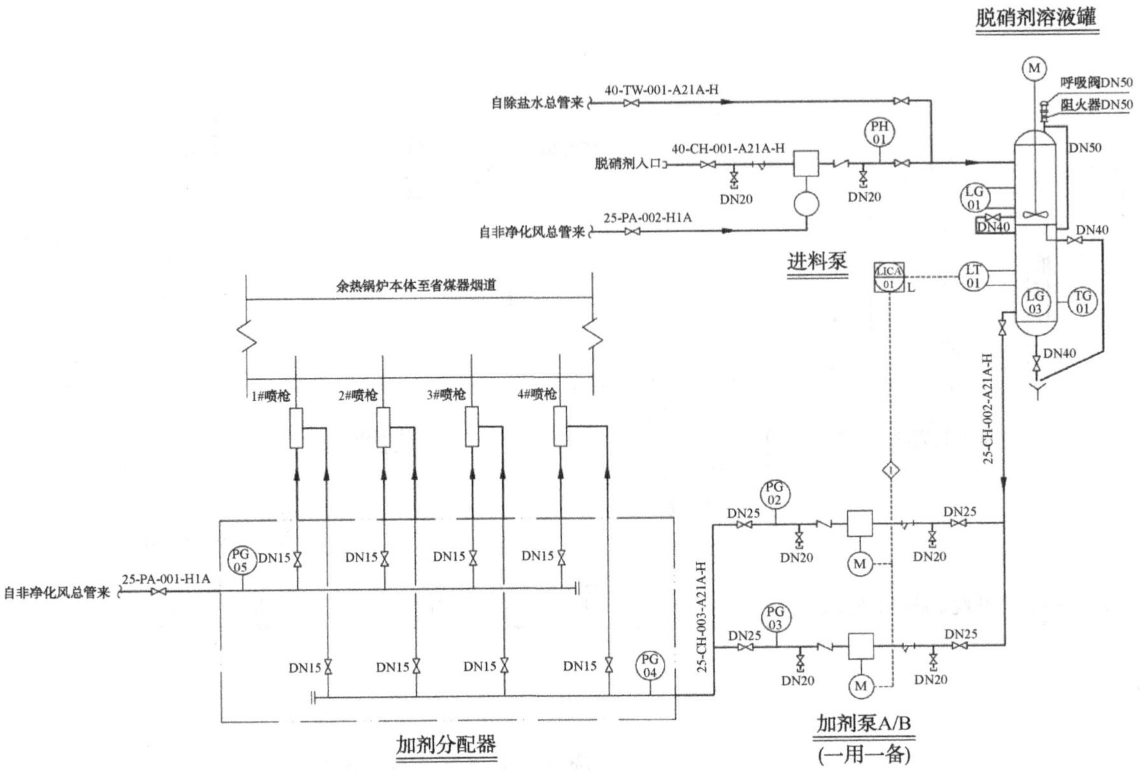

图 5　EO/EG 废气焚烧炉非氨基 SNCR 改造流程图

(3) EO/EG 废气焚烧炉长周期(超过 2 年)连续运行非氨基 SNCR，外排 NO_x 浓度持续稳定 50mg/Nm^{3}以下，应用期间未发现对装置运行、系统压降、安全性等产生负面影响，停工打开余热锅炉未发现无积灰积垢现象。

(4) 非氨基 SNCR 宽温脱硝一体化加剂设施占地面积小，结构简单，易于实施，适用于大部分焚烧炉。

参　考　文　献

[1] 王刻文，胡敏，郭宏昶，等．催化烟气脱硝工艺选择探讨[J]．山东化工，2013(12)：213-217.

[2] 任刚．催化装置脱硫脱硝设备运行问题及对策[J]．石油化工设备技术，2016，37(2)：62-65.

[3] 徐振领，王煜．催化裂化装置非氨生物基还原脱硝技术工业试验总结[J]．炼油技术与工程，2023(8)：24-27.

液化空气储能与乙烯深冷分离耦合的研究

何 琨 应付钊

（中国石化上海工程有限公司）

摘 要 近年来高效率、高储能密度的液化空气储能 Liquefied Air Energy Storage 格外引人关注；为了提高 LEAS 系统效率，需要回收和利用压缩过程中产生压缩热及膨胀过程中所产生冷能。在储能过程中，利用电能将空气进行液化存储，与此同时将压缩过程中产生压缩热进行回收存储，运用于释能阶段空气加热；在释能过程中，液化空气气化推动膨胀发电机组工作，并将该过程所释放冷能进行存储，在储能阶段作为冷却空气用电能补充。而乙烯工业生产装置深冷分离工艺 Ethylene Cryogenic Separation Process 涉及物质品种多，物性复杂，二种技术方法不同，二个工艺涉及的行业跨度大，故 LAES 与 ECSP 耦合难度较大。绿电技术进展为降低乙烯装置碳排放提供了极其有利的前提条件。将现有乙烯工业生产装置裂解炉加热裂解原料所消耗的燃料优化为电能加热，急冷锅炉产生的高压蒸汽通过蒸汽透平驱动“三机”优化为电机驱动。本文假定 LAES 保持工艺参数不变，将 LAES 膨胀发电机组发电的电能用于裂解炉加热裂解原料，从而减少燃料的消耗；乙烯装置急冷锅炉产生的高压蒸汽驱动 LAES 空气压缩机，由此能够发挥出 LAES 耦合 ECSP 的协同效应。与常规乙烯装置分离工艺相比，采用 LAES 耦合 ECSP 的顺序分离、前脱乙烷、前脱丙烷工艺流程的压缩机总功率分别下降到常规分离工艺的 94.45%、96.20%、92.13%，尤其是顺序分离的甲烷致冷压缩机功率下降到 62.55%，压缩机总功率的降低折合压缩单元减排二氧化碳 3.80%~7.87%，折合乙烯装置减排二氧化碳 1.27%~2.62%。

关键词 液化空气储能；乙烯深冷分离；工艺耦合；二氧化碳减排

1 前言

为了维护地球的生态平衡，减缓全球变暖，各国政府决定实施减排行动，由此形成了《联合国气候变化框架公约》等文件。中国作为碳排放大国，积极参与减排行动，致力于实现“双碳”目标。在工业能源领域，通过推进替代和转型升级并大力发展可再生能源来降低碳排放。储能技术是利用可再生能源的最佳选择。目前各种各样的储能技术处于不同的发展阶段，一些主要的大规模储能技术，如：抽水蓄能(PHES)、压缩空气储能(CHES)、液化空气储能 Liquefied Air Energy Storage(LAES)、氧化还原液流电池储能以及与燃料电池共同配合的氢能存储系统等都取得了相应的进展。其中：高效率、高储能密度的 LAES 格外引人关注。近年来，不断出现 LAES 新进展的报道。

乙烯装置作为石油化工的龙头装置，主要生产乙烯、丙烯、丁二烯、苯、甲苯、二甲苯等化工基础原料。其中乙烯作为生产各类化学品重要的基础原料，需求急剧增加，在经济高速发展刺激下，乙烯行业迎来了新的扩产高潮。虽然乙烯装置发展工艺趋于成熟，但是随着绿电技术的发展，采用电动“三机”技术，使操作运行更为简便，同时降低了乙烯装置的碳排放。在乙烯高速扩产的今天，乙烯装置迸发出力新的生机。乙烯装置裂解炉流出的裂解气所含氢气、甲烷、碳二、碳三和碳四等轻烃混合物均是采用压缩和深冷方法进行分离的。乙烯工业生产装置深冷分离工艺 Ethylene Cryogenic Separation Process(ECSP)有多种流程，包括：顺序分离流程、前脱乙烷流程和前脱丙烷流程等。

作为 LAES 技术未来突破点之一的 LAES 装置与其他装置耦合联动的研究，文献报道涉及 LAES 与燃煤发电机组耦合的有：一种燃煤发电机组耦合液化空气储能发电系统，一种深度耦合燃煤机组液化空气储能发电系统，一种耦合燃煤发电机组汽水系统的液化空气储能发电系统。涉及 LAES 与冷热电三联供耦合的有：适应不同季节的变工况多能联供系统及方法。涉及 LAES 与氢气、氧气和氮气等低沸点气体耦合的有：一种液化空气与新能源耦合循环储能的装置系统和方法，一种液化空气储能与深冷空气分离耦合的装置及方法。但是没有液空储能 LAES 与乙烯装置

ECSP 耦合的报道。

2 基础理论的研究

2.1 与耦合相关物质的物性

LAES 技术涉及氮气、氧气、少量二氧化碳、水蒸汽和氦气、氖气、氩气等惰性气体物质；ECSP 技术涉及氢气、一氧化碳、甲烷、乙烯、乙烷、乙炔、丙烯、丙烷、丙二烯、丙炔和1-丁烯以及其他 C4 等物质，这些物质的常压沸点，见表1。

表1 LAES 与 ECSP 耦合相关物质的常压沸点

序号	物质名称	常压沸点/℃	序号	物质名称	常压沸点/℃	序号	物质名称	常压沸点/℃
1	氦气	-268.9	8	氢气	-252.9	15	丙烷	-42.1
2	氖气	-246.1	9	一氧化碳	-191.5	16	丙二烯	-34.5
3	氮气	-195.8	10	甲烷	-161.5	17	丙炔	-23.2
4	氩气	-185.9	11	乙烯	-103.7	18	1-丁烯	-6.3
5	氧气	-183.0	12	乙烷	-88.6	19	1,3-丁二烯	-4.4
6	二氧化碳	-78.5	13	乙炔	-84.0	20	反2-丁烯	1.0
7	水	100.0	14	丙烯	-47.7	21	顺2-丁烯	3.7

由上表可知：LAES 系统除二氧化碳、水外，其余物质常压沸点都≤-183.0℃，而 ECSP 系统所涉及的数十种物质中，有常压沸点差异非常大的，也有常压沸点差异非常小的，二种技术方法完全不同，而且 LAES 属于能源行业，ECSP 属于石化行业，故 LAES 与 ECSP 耦合难度较大，这就是 LAES 与 ECSP 耦合没有报道的原因。

2.2 压缩机的功率与能头

无论 LAES 技术，还是 ECSP 技术，采用离心式压缩机将气体压缩到高压状态，再通过节流阀或者膨胀机将气体降低到液化温度以下，从而实现由气体转变为液化的过程。在离心式压缩机中，气体首先由叶轮加速得到速度能，然后再由扩压器将其速度能转变为压力能，压力能的增值称为压缩功：

等温压缩功——气体状态按等温过程变化；

绝热压缩功——气体状态按绝热过程变化；

多变压缩功——气体状态按多变过程变化。

在实际离心式压缩机运行时，当高速气流通过扩压器和回流器的过程中会有摩损并转化为热量，相当于一个外界供热的多变压缩过程。因此离心压缩机的压缩终温高于按绝热压缩公式算出的结果，功率消耗也大于按绝热压缩公式计算的结果。

在多变压缩中，压缩后的排气温度：

$$T_2 = T_1 \varepsilon \frac{m-1}{m}$$

多变压缩时所消耗的理论功率：

$$N = \frac{16.67\, p_1 V_1 \frac{m}{m-1}\left(\varepsilon^{\frac{m-1}{m}} - 1\right)}{\eta_p}$$

多变过程计算功率及排气温度时应考虑真实气体的压缩系数、绝热指数等的影响。考虑机械效率 η_g 和传动效率 η_c 后，离心压缩机的实际功率消耗 N_s：

$$N_s = \frac{N}{\eta_g \cdot \eta_c}$$

离心压缩机的能头 H_p：

$$H_p = \frac{m}{m-1} zR\, T_1 \left[\left(\frac{p_2}{p_1}\right)^{\frac{m-1}{m}} - 1\right]$$

3 储能与分离技术

3.1 液化空气储能技术

尽管关于 LAES 的第一篇文献出现在 1974 年，但是该技术在最近几年才得到世界各地众多研究人员的关注，大多数研究工作通过过程建模和能量分析来研究 LAES 系统的热力学性能，指出 LAES 系统高效率、高储能密度的优越性。

LAES 技术工作原理：空气首先进入压缩机压缩，通过间级冷却器将高温高压的空气冷却。通过蓄冷回热器的高压低温空气在经过节流阀部分液化，再进入气液分离器完成气液分离后，形成液态空气进入液态空气储罐中存储。低温泵将液态空气储罐中的液态空气加压送出后，流经蓄冷回热器，经过间级再热器加热后，推动膨胀机发电，由此完成系统做功发电过程。LAES 系统工艺流程如图 1 所示。

与其他储能技术相比，LAES 技术具有以下突出的优势：①储能密度高：储能密度为 CHES 的 18 倍，储存容量可达 GW 级别。②使用场合广：获取空气不受环境影响，装置占地面积小，可配合大电网和可再生能源，还可单独用于分布式电网系统。③安全环保卫生：不使用危化品，没有化石燃料燃烧，无化学反应，不产生污染物。

未来 LAES 系统的技术突破点包括：①应用变负荷技术，减少设备频繁开停机的消耗和故障风险。②使用热耦合和联动工艺提高系统循环效率。③新型超大规模蓄冷材料和设备的研制。④大型 LAES 装置与其他装置的耦合联动。

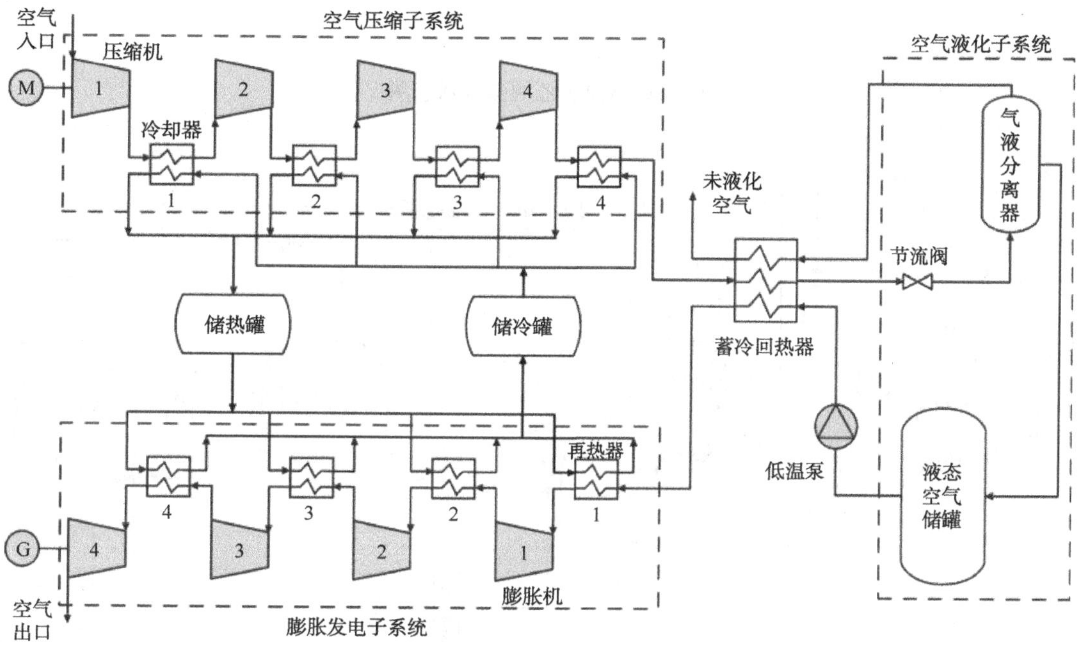

图 1　LAES 系统工艺流程图

3.2　乙烯装置分离技术

乙烯深冷分离过程工艺物流温度需要从 30~40℃冷却到最低 -165℃左右，以分离出甲烷、氢气、乙烯、丙烯等产品。乙烯装置典型顺序分离流程示意如图 2 所示，典型前脱乙烷流程示意如图 3 所示，典型前脱丙烷流程示意如图 4 所示。

上述三种分离流程都离不开由冷箱和脱甲烷塔组成的脱甲烷塔系统，该系统用于分离甲烷与 C2 组分，区别仅仅是冷箱和脱甲烷塔在整个分离流程中所处的位置不同而已。

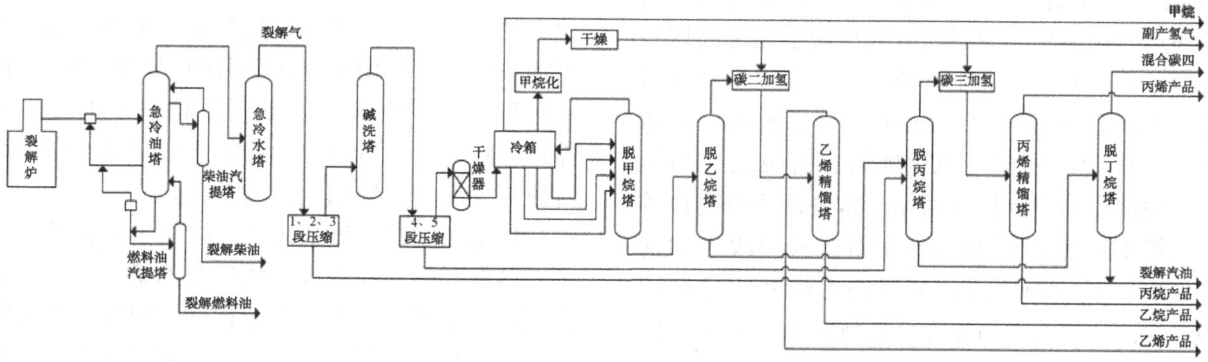

图 2　典型顺序分离流程示意图

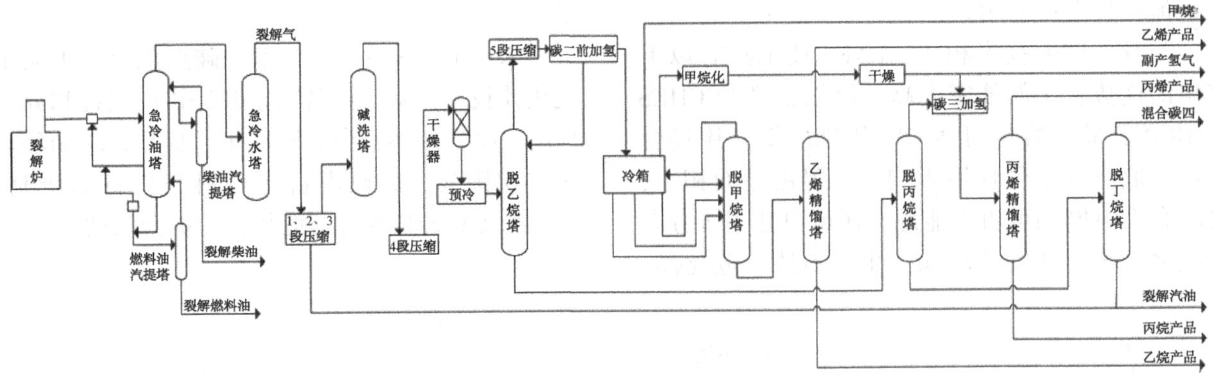

图 3　典型前脱乙烷流程示意图

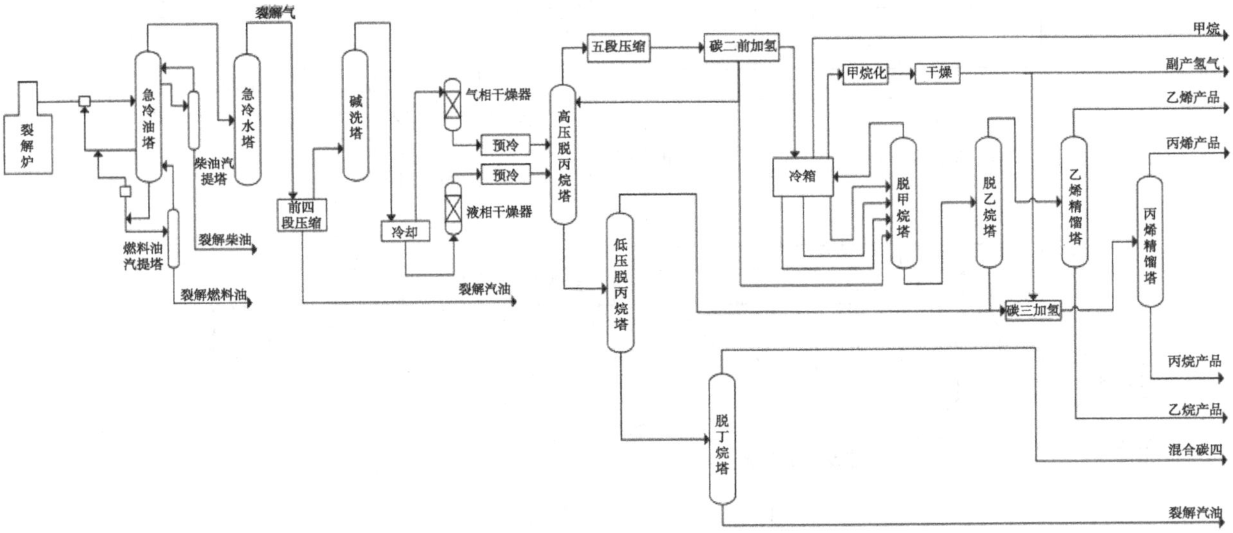

图 4　典型前脱丙烷流程示意图

3.3　乙烯深冷分离工艺

脱甲烷塔系统是乙烯装置深冷分离流程中裂解气分离的关键，既要保证乙烯的回收率，又要保证乙烯产品的纯度，同时也是冷量的主要消耗所在，因为脱甲烷塔系统冷量约占总致冷负荷的50%，是能耗最大的系统之一。根据设备和管道低温选材的需要，脱甲烷分低压脱甲烷和高压脱甲烷二种。乙烯工业生产装置低压脱甲烷操作压力 0.5MPa，操作温度-135℃；高压脱甲烷操作压力 3.0MPa，操作温度-90℃；前脱乙烷高压脱甲烷流程示意如图 5 所示。常规深冷分离技术的乙烯回收率只有 98.5%左右，采用改进的深冷分离技术的顺序流程装置的乙烯回收率可达 99.1%；采用改进的深冷分离技术的前脱丙烷流程乙烯回收率达 99.5%。

4　LAES 与 ECSP 耦合

4.1　LAES 耦合 ECSP 工艺流程

为了提高 LEAS 系统的效率，需要回收和利用压缩过程中产生的压缩热及膨胀过程中所产生的冷能。在储能过程中，利用电能将空气进行液化存储，与此同时将压缩过程中产生的压缩热进行回收存储，运用于释能阶段的空气加热；在释能过程中，液化空气气化推动膨胀发电机组工作，并将该过程所释放的冷能进行存储，在储能阶段作为冷却空气用电能的补充。

绿电技术的进展为降低乙烯装置碳排放提供了极其有利的前提条件。将现有乙烯工业生产装置裂解炉加热裂解原料所消耗的燃料优化为电能加热，急冷锅炉产生的高压蒸汽通过蒸汽透平驱动“三机”优化为电机驱动，使生产操作、运行维护更为简单便捷。

LAES 耦合 ECSP 后，液化空气储能装置压缩机由乙烯装置急冷锅炉产生高压蒸汽透平驱动，乙烯装置裂解炉加热裂解原料的热量由液化空气储能装置膨胀机发电转化的热能所提供。

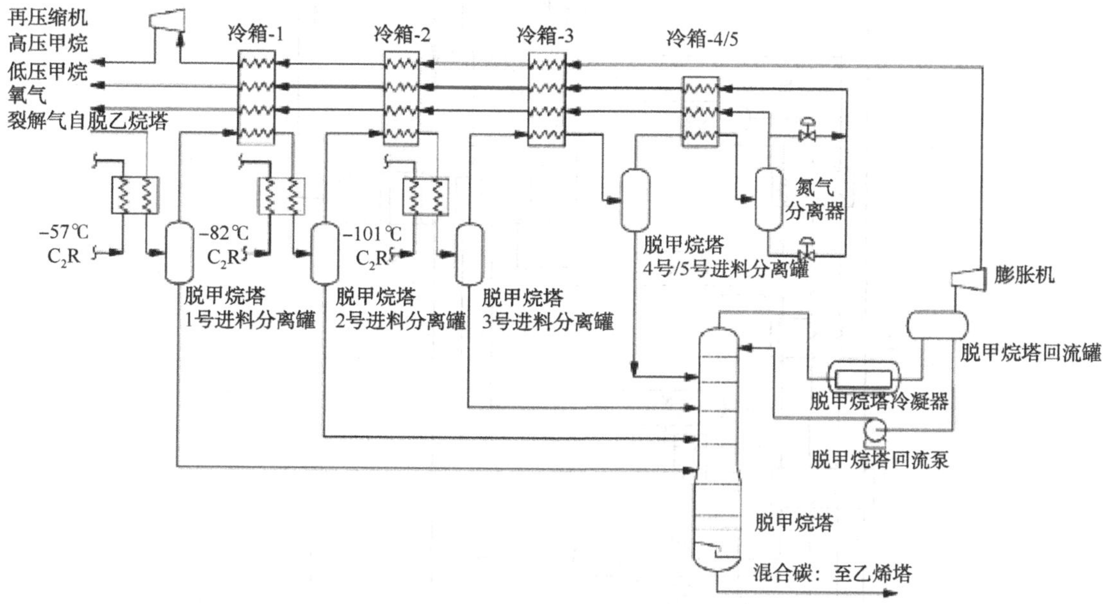

图 5　前脱乙烷高压脱甲烷流程示意图

采用 LAES 与 ECSP 耦合的工艺流程如下：

（1）输入空气经过压缩机 4 级压缩，4 级换热冷却，高压低温空气进入蓄冷换热器再次冷却，降温到液化温度，经节流阀减压并进一步降温，部分空气液化为气液二相进入气液分离器，气液分离器顶部低温气相未液化空气经蓄冷换热器换热回收冷量后排出；气液分离器底部流出液相液化空气进入液态空气储罐，液态空气储罐流出液化空气经低温液态泵增压分二路进入蓄冷换热器，第一路液化空气经二级换热后返回压缩机 4 级入口，第二路液化空气经换热后，再经 4 级换热加热，膨胀机 4 级膨胀发电，空气输出。

（2）第二路液化空气抽出三股不同温度的液化空气作为冷源分别进入三个进料分离罐前的换冷器，冷却冷凝来自脱乙烷塔的裂解气，换冷后的三股不同温度空气返回蓄冷换热器与高压空气合并再冷却，经节流阀减压并进一步降温，由此完成空气循环过程。

（3）来自脱乙烷塔的裂解气经三股不同温度液化空气的冷却冷凝，经 4 级进料分离罐气液分离，四股液相作为脱甲烷塔进料，气相依次进入 4 级冷箱降温冷却后再进入下 1 级进料分离罐，最后一股物料进入氢气分离罐，分离出的气相氢气经 4 级冷箱回收冷量后送出界外，分离出的液相甲烷经 4 级冷箱回收冷量后作为低压甲烷送出界外。四股液相物料进入脱甲烷塔，经精馏分离，塔底流出不含甲烷的碳二组分送出界外去乙烯精馏塔；塔顶流出不含碳二组分的甲烷物料经脱甲烷塔顶冷凝器和脱甲烷塔顶回流罐，分离出的液相甲烷用脱甲烷塔顶回流泵增压后作为回流液相返回脱甲烷塔顶；分离出的液相甲烷经膨胀机减压降温，再经 3 级冷箱回收冷量后，用甲烷压缩机增压后作为高压甲烷送出界外(图 6)。

4.2　LAES 技术的应用研究

在 LAES 系统研究过程中，忽略对该系统影响较小的因素后，作为衡量 LAES 系统性能的关键指标为系统储能效率，可以定义：输出电能与输入电能的比值为系统储能效率：

$$\eta=\frac{W_{\text{out}}}{W_{\text{in}}}=\frac{W_{\text{EO}}-W_{\text{ES}}}{W_{\text{C}}+W_{\text{ST}}+W_{\text{OT}}}$$

低温液态泵主要完成释能过程液态空气的压力增加，由热力学定律可求得低温液态泵功率消耗为：

$$W_{\text{p}}=\frac{m_i(h_{\text{out}}-h_{\text{in}})}{\eta_{\text{pump}}}$$

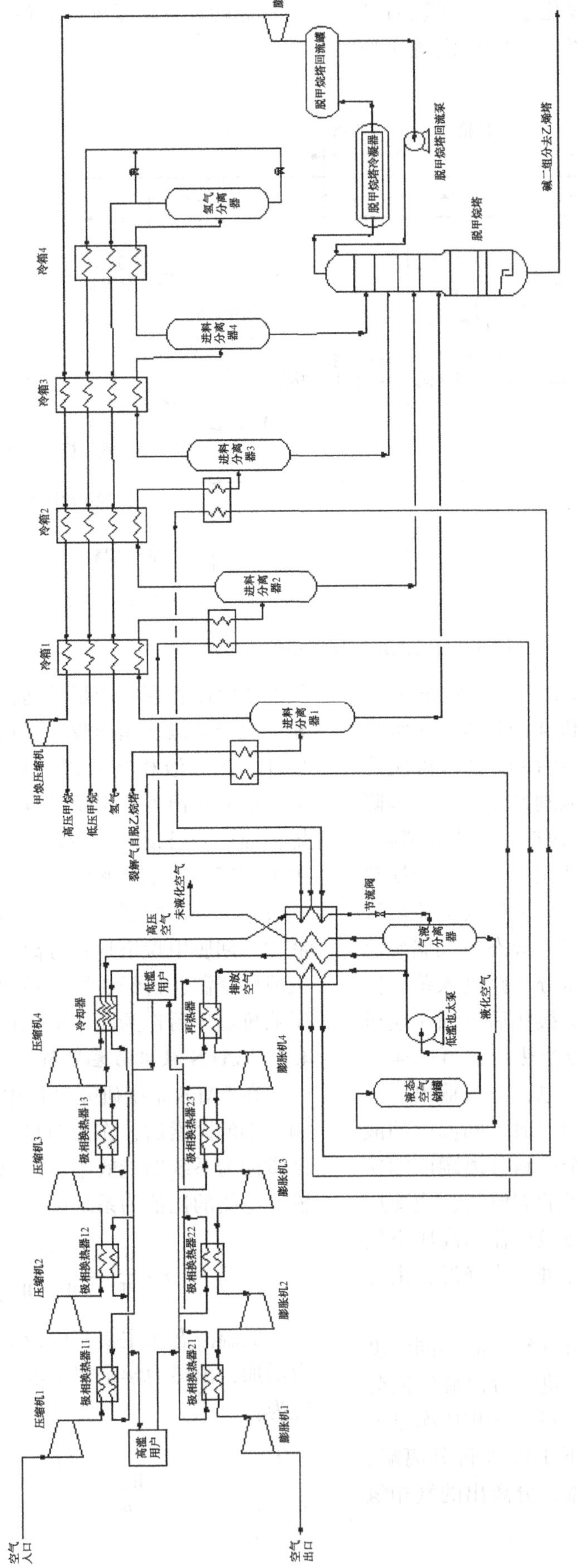

图6 LAES耦合ECSP工艺流程图

空气压缩机组级数的选择影响着 LAES 系统的整体效率，随着级后压力的增大，压缩机组消耗功率也会逐渐增加。压缩机组级数选择要求压缩机组不仅能保证较低的机组耗功，还能避免因机组级数增加导致的系统过于复杂问题。利用建立的 LAES 系统储能数学模型，搭建 1~6 级压缩机组压缩模型，分别计算 6 种压缩机组在不同级后压力下的机组总功率变化情况，如图 7 所示。

LAES 系统释能阶段与储能阶段类似，同样需要采用多级膨胀机进行串联组合，只是做功原理相反。利用建立的 LAES 系统释能数学模型，搭建 1~6 级膨胀机组做功模型，分别计算 6 种膨胀机组在不同级前做功压力下的机组总功率变化情况，如图 8 所示。

由图 7 可知：选择 4 级压缩机组用于 LAES 系统的储能阶段更加合理，并且能够使 LAES 系统更具发展优势。由图 8 可知：与系统压缩机组级数的选择依据相同，选择 4 级膨胀机组作为 LAES 系统释能阶段的做功机组会更加符合储能系统的设计需求。

选择 4 级压缩机组用于 LAES 系统，每级压缩过程功率消耗为：

$$W_{c,i}=\frac{k}{k-1}\frac{m_i R_g T_{c,in}}{\eta_c}[(\beta_c)^{\frac{k-1}{k}}-1]$$

综合考虑 LAES 系统效率及复杂程度，膨胀机组级数同样选择 4 级膨胀，输出功率为：

$$W_{e,i}=\frac{k}{k-1}\frac{m_i R_g T_{e,in}}{\eta_e}[1-(\beta_e)^{\frac{-(k-1)}{k}}]$$

经过计算，LAES 空气压缩系统的空气压缩机相关参数值和 LAES 膨胀发电系统的空气膨胀机相关参数值，见表 2。

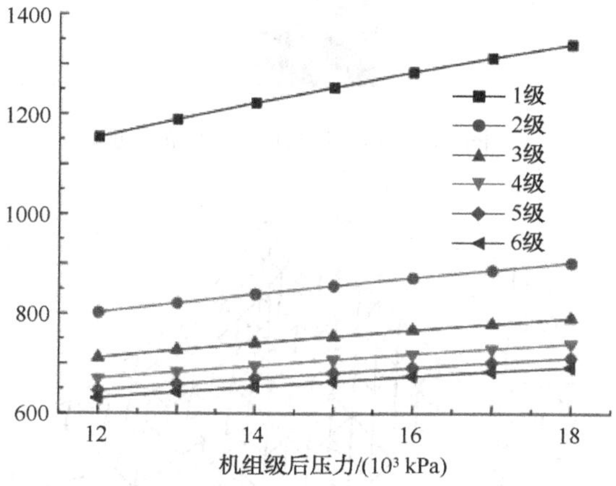

图 7 不同级数压缩机组总功率变化图

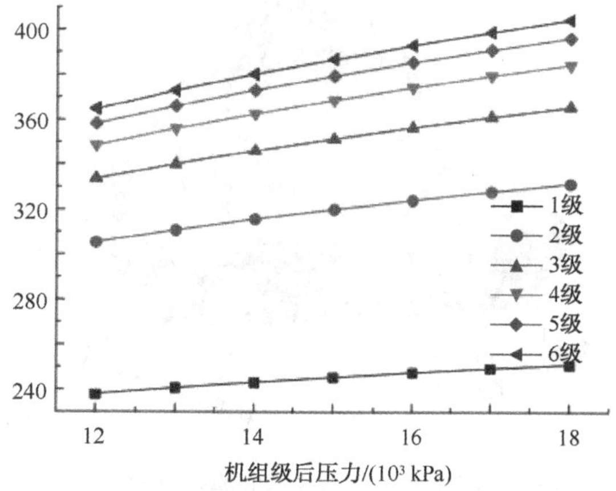

图 8 不同级数膨胀机组总功率变化图

表 2 空气压缩机/空气膨胀机参数一览表

	压缩机 1	压缩机 2	压缩机 3	压缩机 4	膨胀机 1	膨胀机 2	膨胀机 3	膨胀机 4
级前空气压力/MPa	0.10	0.30	0.90	2.30	10.00	5.62	0.32	0.18
级后空气压力/MPa	0.30	0.90	2.30	6.20	5.62	0.32	0.18	0.10
级前空气温度/K	298.00	298.00	295.76	298.00	273.15	273.15	273.15	273.15
级后空气温度/K	449.32	449.34	430.07	433.23	339.36	225.00	341.40	341.33
压缩比	3.0	3.0	2.7	2.7	—	—	—	—
等熵效率/%	72.0	72.0	72.0	72.0	0.72	0.72	0.72	0.72

储能环节将空气压缩到高压状态，目的是为了提高空气的液化温度，并且使其通过节流减压阀产生冷量用于高压空气的液化。在合适的温度和压力范围内，研究空气在不同参数条件下通过节流减压阀后的空气液化率的变化情况，如图 9 所示。

蓄冷换热器的冷量温度和换热温差是限制空气液化环节的主要因素，蓄冷换热器也是冷量存储和冷量利用的关键环节，因此蓄冷换热器既要满足冷量的需求，又要使换热温差在合适范围内。在不同压力条件下，蓄冷换热器计算换热温差结果，如图10所示。

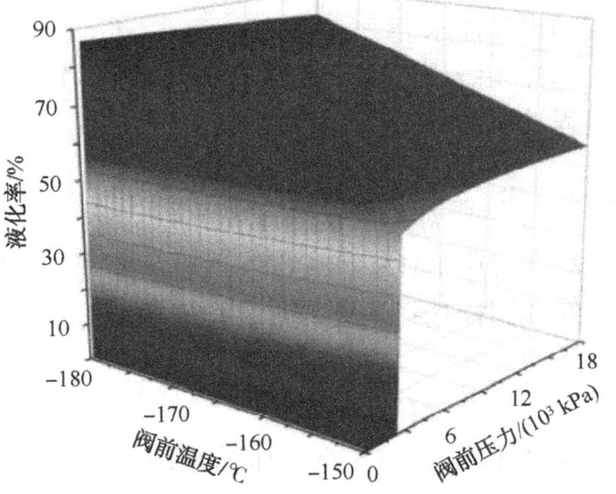

图9　阀前空气参数对空气液化率的影响图

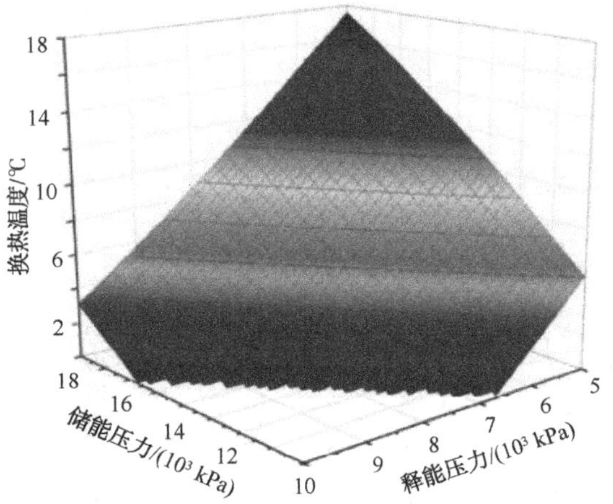

图10　不同压力蓄冷换热器的换热温差图

采用混合工质制冷LAES循环，构建LAES热力系统循环流程以及热力计算分析模型。应用丙烷预冷系统，压缩机驱动混合致冷机液化空气，利用遗传算法(Genetic Algorithm)进行组分优化，开展设计工况下系统热力学的研究。其中液化过程中主要部件混合器、节流阀、回热换热器、后冷却器、压缩机的㶲损失分布比例，如图11所示。

在LAES基础上，建立耦合有机朗肯循环的液化空气储能系统(ORC-LAES)，设定标准工况下系统的运行参数，建立热力学性能模型，进行了热力学分析。经分析：压缩机出口压力和膨胀机入口压力的选择对循环效率有很大的影响，其影响规律，如图12所示。

在参数相同的条件下，增加膨胀机级数，对LAES系统和ORC-LAES系统进行性能对比分析。膨胀机级数为4级时，能够完全利用剩余的压缩热量，当级数大于4级时，压缩热量不足以充分带动所有膨胀机做功，故级数最多可设为4级。膨胀机级数对循环效率、㶲效率和膨胀机出口温度的影响变化，如图13所示。在基本设计参数相同的条件下，与LAES系统不同，由于ORC-LAES系统充分利用了储热器中未利用的热量，提高了系统的循环效率和㶲效率，其对比结果，如图14所示。

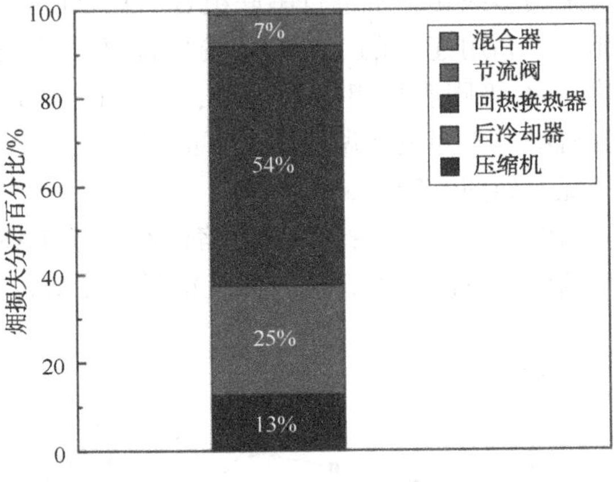

图11　主要部件㶲损失分布比例图

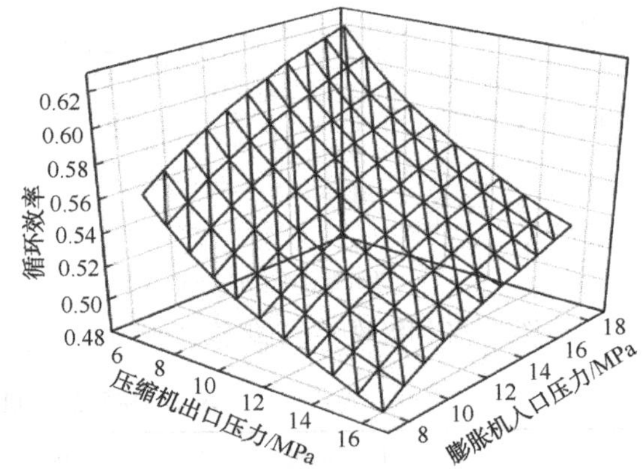

图12　出口/入口压力与效率关系图

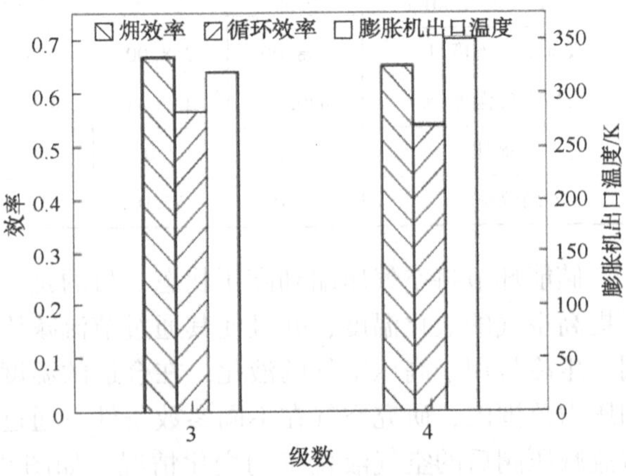

图13　级数与效率和出口温度图

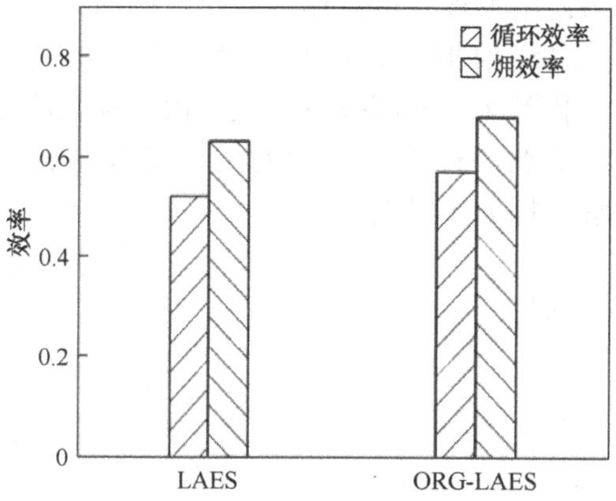

图 14　LAES 和 ORC-LAES 系统性能对比图

最终计算结果表明：基本设计参数相同时，与 LAES 系统相比，ORC-LAES 系统的循环效率提高了 4.8%，㶲效率提升了 5.1%。

4.3　ECSP 技术的应用研究

根据乙烯装置中低温分离的用冷需求，设置混合冷剂制冷和纯工质冷剂复叠制冷相组合的制冷系统，将乙烯装置的深冷分离过程分为变温冷却过程和定温冷凝过程，即：在裂解气预冷的变温冷却过程采用混合冷剂制冷，而在分离系统各精馏塔的塔顶的定温冷凝采用纯工质冷剂制冷。组合制冷系统中的混合冷剂系统使换热过程的换热温差尽可能减小，以降低换热过程的不可逆损失。

运用 Aspen Hysys 进行模拟分析，使用㶲分析法计算乙烯装置深冷分离系统、丙烯制冷系统、乙烯制冷系统的㶲损失和㶲效率，换热器计算结果，如图 15 所示，压缩机各段计算结果，如图 16 所示。

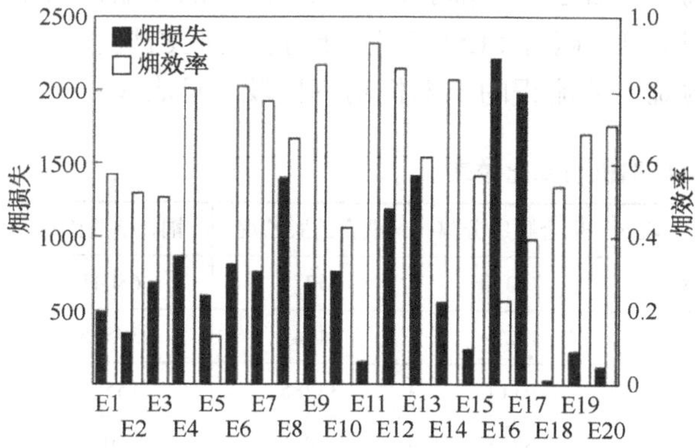

图 15　换热器㶲损失及㶲效率

从计算结果得知整个系统㶲损失中压缩机㶲损失占整体㶲损失 29.2%，平均㶲效率为 77.9%；换热器㶲损失占整体㶲损失 53.8%，平均㶲效率为 57.2%，二者㶲损失占整体㶲损失 83.0%。

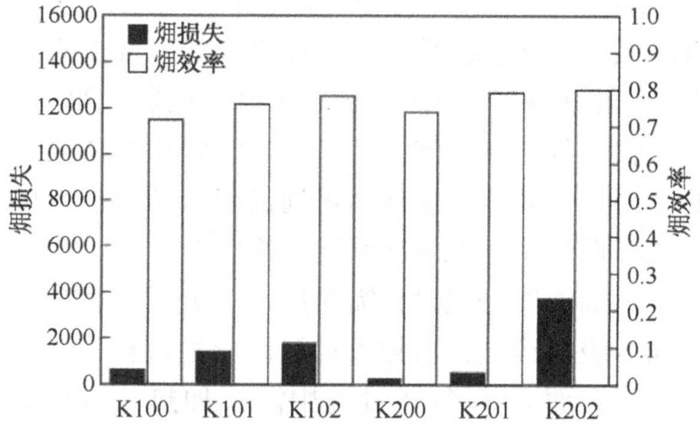

图 16　压缩机㶲损失及㶲效率

乙烯装置三元制冷技术使用甲烷、乙烯、丙烯按一定配比组成的混合物作为制冷工质，通常摩尔比为 1∶1∶8，使用压缩机将冷剂压缩，通过逆卡诺循环为深冷分离过程提供冷量。提取分离过程的工艺物流，作出工艺物流复合(EGCC)曲线；再提取循环水、冷剂等二部分冷却公用工程数据，作出公用工程复合(EGCC)曲线；并将工艺物流 EGCC 曲线与公用工程 EGCC 曲线相互匹配，结果如图 17 所示。使用可避免㶲损失和不可避免㶲损失的概念，将㶲损失分为二类，分别计算每一类设备的二种㶲损失，结果如图 18 所示。

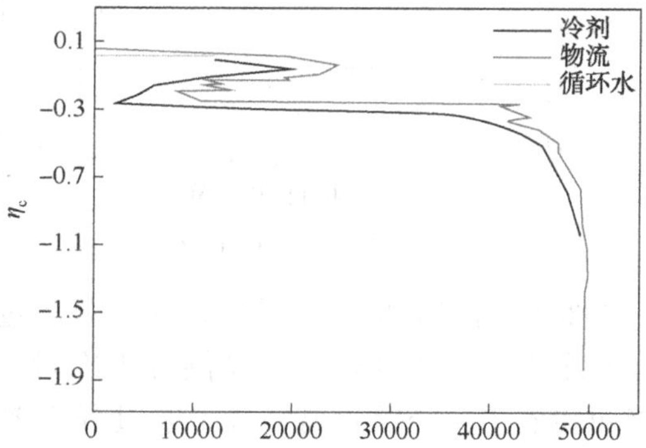

图 17　工艺物流与公用工程 EGCC 匹配图

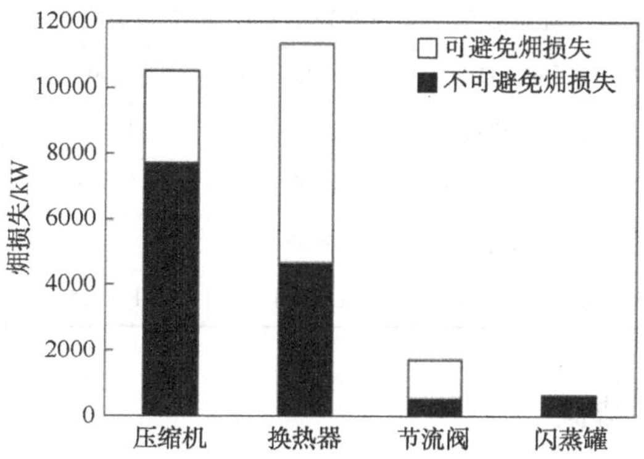

图 18　三元制冷㶲损失分类图

通过㶲分析可知：乙烯装置三元制冷系统EGCC图上的冷剂配置是非常合理的，㶲损失较小。㶲损失主要集中在压缩机和换热器二部分，约占整体损失的90%。压缩机可通过提高设备的等熵压缩效率，换热器可通过降低传热温差的方式降低整个三元制冷系统的㶲损失。

乙烯深冷分离过程需要冷剂为分离过程提供不同等级的冷量，可把乙烯深冷分离过程作为一个冷阱；而LNG气化过程中需要加热，可作为冷源。将冷阱与冷源相互匹配，通过LNG轻烃分离，为乙烯深冷分离提供冷量，以降低制冷公用工程消耗，同时LNG气化过程降低了加热公用工程消耗，且LNG分离出的轻烃直接供给乙烯装置作为裂解原料使用，以优化乙烯装置裂解原料。使用Aspen Energy Analyzer进行分析，提取乙烯装置工艺过程物流，作出物流的GCC曲线，如图19所示；同样提取轻烃分离装置工艺物流，作出过程的GCC曲线，如图20所示。

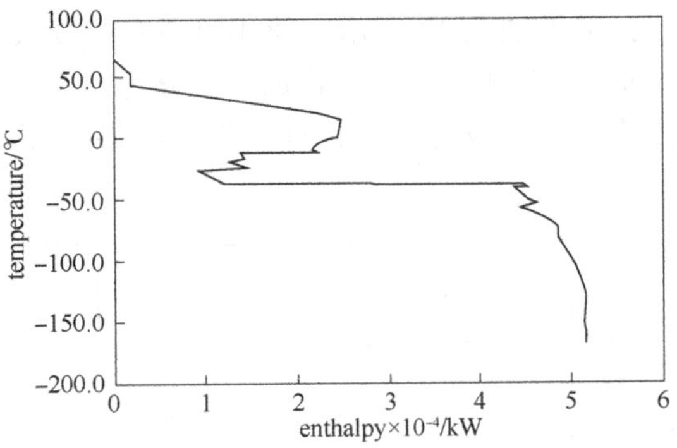

图19　乙烯装置GCC图

从图19可以看出，乙烯装置深冷分离过程为一个冷阱，需要界外冷源提供各级冷量。从图20可以看出，轻烃分离装置工艺过程需要界外加热公用工程，可以作为一个冷源向界外提供冷量。最终模拟计算可知：LNG轻烃分离装置为乙烯装置深冷分离提供冷量，由此降低乙烯装置三元冷剂消耗75%，同时为乙烯装置提供优质裂解原料1/3以上。

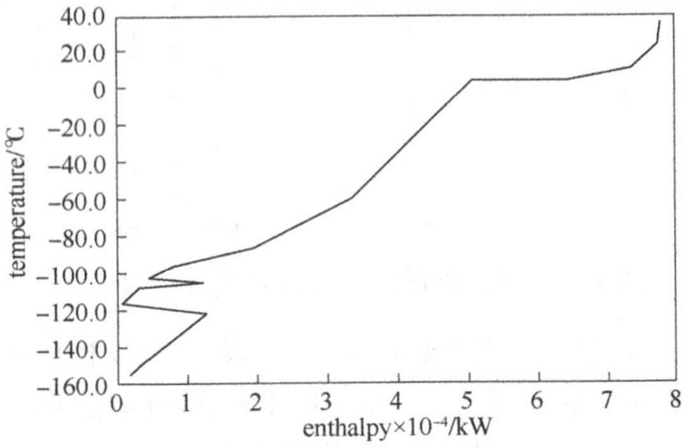

图20　轻烃分离装置GCC图

4.4　耦合技术的研究结果

根据以上LAES技术应用研究和ECSP技术应用研究的结果，假定LAES保持不变，将LAES释能过程中，液化空气气化推动膨胀发电机组发电，该电能的一部分用于乙烯装置裂解炉中加热裂解原料，从而减少裂解炉燃料的消耗；该电能的另一部分用于电机驱动乙烯装置“三机”，之后进一步用于ECSP将乙烯装置的乙烯产品、丙烯产品分离出来。而乙烯装置急冷锅炉产生的高压蒸汽用蒸汽透平驱动LAES空气压缩机，能够发挥出LAES耦合ECSP的协同效应，由此用于ECSP的“三机”功率有可观的降幅。以公称能力1.5Mt/a乙烯装置为例，常规顺序分离、前脱乙烷、前脱丙烷工艺流程的压缩机功率与LAES耦合ECSP顺序分离、前脱乙烷、前脱丙烷工艺流程的压缩机功率比较，见表3。

表3　常规压缩机功率与耦合压缩机功率比较表

压缩机功率	常规顺序分离	常规前脱乙烷	常规前脱丙烷	耦合顺序分离	耦合前脱乙烷	耦合前脱丙烷
裂解气压缩机/kW	72225	67093	72748	71019	65771	68041
丙烯致冷压缩机/kW	50963	36111	43838	47278	34641	39555
乙烯致冷压缩机/kW	6521	35771	17121	6114	33285	15588
甲烷致冷压缩机/kW	5955	0	0	3725	0	0
压缩机总功率/kW	135664	138975	133706	128135	133697	123184

5　结论

(1) 近年来，高效率、高储能密度LAES格外引人关注；而ECSP涉及物质品种多，物性复杂，二种技术方法不同，二个工艺涉及的行业跨度大，故LAES与ECSP耦合难度较大。

（2）假定按 LAES 保持工艺参数不变考虑，将 LAES 膨胀发电机组发电的电能用于裂解炉加热裂解原料，从而减少燃料的消耗。乙烯装置急冷锅炉产生的高压蒸汽驱动 LAES 空气压缩机，由此能够发挥出 LAES 耦合 ECSP 的协同效应。

（3）与常规乙烯装置分离工艺相比，采用 LAES 耦合 ECSP 顺序分离、前脱乙烷、前脱丙烷工艺流程的压缩机总功率分别下降到常规分离工艺的 94.45%，96.20%，92.13%，尤其是顺序分离的甲烷致冷压缩机功率下降到 62.55%，压缩机总功率的降低折合压缩单元减排二氧化碳 3.80～7.87%，折合乙烯装置减排二氧化碳 1.27～2.62%。

参考文献

[1] 史幸平，刘乙学，王妍，等. 与燃煤机组耦合的液化空气储能系统技术经济分析[J]. 动力工程学报，2024，44(03)：385-395.

[2] 冯瑗. 液化空气储能技术研究综述[J]. 山东化工，2024，53(01)：148-151.

[3] 肖仕辉，王丽，易广坤，等. 乙烯工业发展现状及分析[J]. 生物化工，2023，9(03)：190-197.

[4] 田峻，李琰，廖丽华，等. 乙烯装置深冷分离系统的优化研究[J]. 石油石化绿色低碳，2019，4(05)：22-28.

[5] CN201911196036. 0 一种燃煤发电机组耦合液化空气储能发电系统.

[6] CN201911313628. 6 一种深度耦合燃煤机组液化空气储能发电系统.

[7] CN201911313671. 2 一种耦合燃煤发电机组汽水系统的液化空气储能发电系统.

[8] CN202010224229. 9 适应不同季节的变工况多能联供系统及方法.

[9] CN202210005239. 2 一种液化空气与新能源耦合循环储能的装置系统和方法.

[10] CN202310955927. X 一种液化空气储能与深冷空气分离耦合的装置及方法.

[11] 孙潇，蔡春荣，罗志斌，等. Highview Power 液化空气储能中试装置热力学分析[J]. 南方能源建设，2024，11(02)：112-124.

[12] 杨德州，贾春荣，迟昆，等. 深冷液化空气储能系统热力学建模与效率分析[J]. 电力电容器与无功补偿，2020，41(06)：185-190.

[13] 汪慧，苏苗印. 液化空气储能技术应用现状和展望[J]. 中外能源，2021，26(02)：90-95.

[14] 张小锋，湛世辉，冯霄. 乙烯分离与复叠制冷系统用能的综合优化[J]. 化工进展，2015，34(12)：4191-4197.

[15] 王盛加. 乙烯装置深冷分离系统的优化和改进[J]. 化工管理，2017，(22)：24.

[16] 白宇辰，李仑. 乙烯装置脱甲烷塔系统乙烯损失的影响因素及相应措施[J]. 石油炼制与化工，2020，51(07)：11-15.

[17] 吴翔. 乙丙烷原料比例对乙烯装置深冷分离系统的影响[J]. 乙烯工业，2023，35(03)：1-4+16+65.

[18] 田野，赵百仁，王振维. 考虑 LNG 冷能利用的乙烯装置制冷系统节能分析[J]. 乙烯工业，2021，33(03)：58-61+5.

[19] 何青，王立健，郝银萍，等. 深冷液化空气储能系统的优化与方案设计[J]. 中国电机工程学报，2019，39(15)：4478-4487.

[20] 孙彧炜，王昊成，郭浩，等. 混合工质制冷的液化空气储能系统分析与优化[J]. 工程热物理学报，2023，44(11)：3032-3038.

[21] 梁子阳，刘春涛，董益华，等. 耦合有机朗肯循环的液化空气储能系统性能研究[J]. 热能动力工程，2023，38(01)：173-180.

[22] 谢娜，刘金平，许雄文，等. 乙烯深冷分离中变温冷却过程制冷系统的设计与优化[J]. 化工学报，2013，64(10)：3590-3598.

[23] 张小锋，冯霄. 三元制冷系统分析[J]. 化工进展，2016，35(02)：432-438.

[24] 张小锋，冯霄. LNG 轻烃分离与乙烯冷分冷量联合[J]. 化工学报，2014，65(12)：4844-4849.

连续重整装置高碳催化剂的活性恢复

吴宗祥　李俊奎　罗子明　左晓甜　陈　澜　郭秀萍

（中国石油庆阳石化分公司）

摘　要　本文介绍了因重整原料中重组分超标，引起重整催化剂积碳升高，活性下降，通过工艺调整措施，如优化原料、降低反应加工量、反应温度、加强再生烧焦等措施，使催化剂积碳含量达到正常指标，装置运行恢复正常；并对预防原料污染提出了相关措施。

关键词　原料污染；连续重整；催化剂积碳；再生烧焦

某公司 60 万 t/a 连续重整装置采用 AXENS 公司连续重整技术工艺包，预处理部分采用先加氢后分馏，预分馏塔与蒸发塔“合二为一”的工艺方案，并设拔头油汽提塔为下游装置提供合格原料，重整反应部分设置四台重整反应器，以生产 RON 为 102 的高辛烷值汽油组分为目的，同时还副产纯度为 90% 以上的氢气，供下游加氢装置使用。

催化剂再生部分采用 REGENC2 技术，最大催化剂循环速率为 500kg/h，使用催化剂为石油化工科学研究院开发的低积碳率、高选择性的连续重整催化剂 PS-VI，为保证催化剂的活性，该装置待生催化剂积碳质量分数控制范围为 3%～6%，再生催化剂积碳质量分数控制不大于 0.2%。

1　催化剂积碳的影响因素分析

1.1　原料性质的影响

重整原料的馏程可根据目的产品的要求进行选择，原料油的干点高，重组分多，有利于多产芳烃，但使用馏程较宽，干点较高的原料油生成积碳必然要高。重整原料干点在 204℃ 附近时，干点每升高 1℃，催化剂的周期寿命下降 2.1%～2.8%，在更高的温度下，催化剂的周期寿命下降的还要快。本装置原料由常压直馏石脑油和加氢改质石脑油混合而成，其中加氢改质石脑油占比 8%，工艺卡片要求，精制石脑油控制干点≯180℃，在正常生产条件下，精制石脑油中 C12+组分质量分数≯0.15%。

1.2　反应苛刻度的影响

提高重整反应温度有利于芳烃的生成和产品辛烷值的提高，但高温会加速加氢裂化、积碳等副反应的进行，从而使催化剂上的积碳量增加。这是由于在高温下不饱和产物增加，而这些不饱和产物是积碳的前身物。本装置工艺卡片规定重整反应温度控制范围 480～530℃，因截至 2017 年 10 月，该批催化剂使用 7 年，处于运行末期，结合加工负荷，控制反应温度 520℃。

1.3　加工量的影响

在反应温度、压力和氢油比不变的情况时，加工负荷增加，催化剂上的积碳量增加，重整装置加工负荷随全厂物料平衡进行调整，按照设计，满负荷运行时加工量为 71t/h。

1.4　氢油比的影响

重整反应系统氢油比为重整反应循环氢与重整原料油的摩尔比，控制较高的氢油比有助于抑制生焦反应，保护催化剂的活性和寿命。在正常生产时，要求轻油比≮2.4(摩尔比)。

1.5　催化剂循环速率的影响

连续重整装置的催化剂循环速率可通过提升压差来控制，降低循环速率，催化剂在反应器内的停留时间增加，参与更多的原料油的反应，积碳量增加，在正常生产中，催化剂循环速率控制 350kg/h，待生催化剂、再生催化剂积碳量均在工艺指标范围内。

2　异常的出现

2017 年 10 月 13 日，装置出现异常变化，初期工艺表现有如下几点：

（1）重整一反温降出现缓慢下降，8h 后，各反应器温降均出现不同程度下降。

（2）催化剂再生系统烧焦耗氧量增加，再生器床层温度出现升高等现象。

(3) 重整产氢量出现大幅下降，氢气管网出现氢气不平衡现象。

(4) 对待生剂、再生剂取样观察，待生剂深黑发亮，再生剂整体偏灰，未烧焦彻底。

(5) 重整生成油颜色发黄，分析终馏点达220℃，高于控制指标10℃，辛烷值下降至90（RON），较正常水平下降10个单位。

表1为正常生产条件、13日、16日主要操作参数对比，从表1可以看出，从出现异常至16日，重整运行处于持续恶化的过程，至16日8时一反温降达到最低值39.6℃，反应总温降达到最低值103.3℃，随后基本稳定。

表1　操作参数对比表

项目	正常操作条件	10月13日	10月16日
加工量/(t/h)	62	58	43
反应温度/℃	520	520	500
一反温降/℃	121	87	43
二反温降/℃	80.2	53	24
三反温降/℃	53.1	34	28
四反温降/℃	39.2	34	17
重整产氢量/(Nm^3/h)	29501	22213	10039
再生烧焦耗氧量/(Nm^3/h)	188	395	483
再生床层峰值温度/℃	535	547	550

3　原因排查分析

10月13日重整反应出现异常后，对装置进行全面排查分析，发现柴油加氢改质装置分馏塔于10月11日15时出现操作波动，塔顶温度最高136℃(工艺指标110~130℃)，塔顶温度在130℃以上持续5min，随后恢复正常；分馏塔操作波动后，按最大瞬时流量计算，约2t左右不合格石脑油进入重整原料罐303~105C。

10月13日，重整原料改罐至303~105C，引发重整装置异常。

4　采取的措施

4.1　优化原料

10月15日查明异常原因后，将加氢石脑油改出重整原料罐，重整进料全部为常压直馏石脑油，控制常压石脑油干点≯175℃，并加强对精制石脑油组成分析，确保重整进料中C12+含量≯0.15%(w)，防止原料再次污染。图1为精制石脑油中C12+含量变化趋势图。

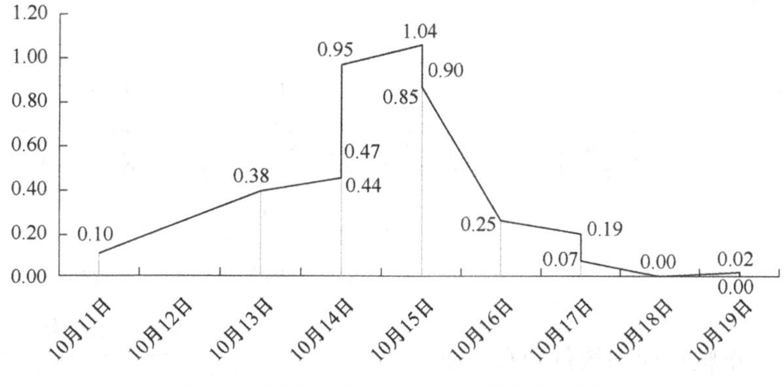

图1　精制石脑油碳12+含量变化趋势

4.2　降低反应苛刻度

重整反应加工量由62t/h降低至最低负荷43t/h，反应温度由520℃降低至490℃，通过降低重整反应加工量、反应温度，提高氢油比，抑制催化剂生焦量。

4.3 强化再生烧焦

在正常运行情况下，本装置待生催化剂积炭3.0%~4.0%，再生催化剂碳含量0.02%~0.05%，催化剂循环速率约300kg/h，再生烧焦总注氧总量约180Nm³/h，再生系统运行平稳，催化剂再生效果良好。

重整原料被重组分污染后，重整催化剂积碳含量的快速上升，最高达13.85%(w)，为快速降低催化剂积碳，恢复活性，10月13日将催化剂提升速率提高至500kg/h，再生系统满负荷运行，以达到尽快降低催化剂积碳的目的，运行过程中再生烧焦床层峰值温度550℃，10月15日，因烧焦床层峰值温度达到561℃，超过工艺指标，为防止烧焦床层飞温，再生系统转为黑烧，维持再生系统高强度烧焦，至10月21日6时待生催化剂积炭降至4.04%，再生催化剂0.05%，再生系统转为白烧，图2为烧焦过程中催化剂积碳变化趋势图。

随着催化剂的高强度烧焦，以及黑烧时间的延长，催化剂失氯明显，为保持系统水氯平衡，根据催化剂氯含量分析结果，加大了重整进料注氯量，最高为10月20日提高至30ppm(对重整进料)，10月21日白烧后，再生注氯为0.16%(催化剂循环量)，10月25日催化剂氯含量正常后将再生注氯调整为正常水平，图3为异常处置期间催化剂氯含量变化趋势。

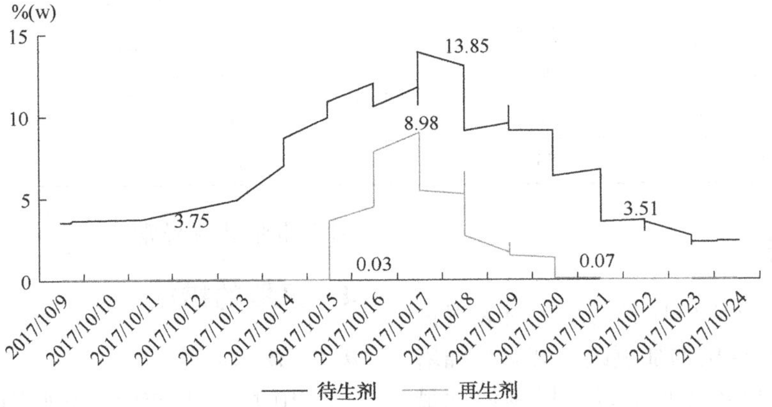

图2　催化剂积碳量

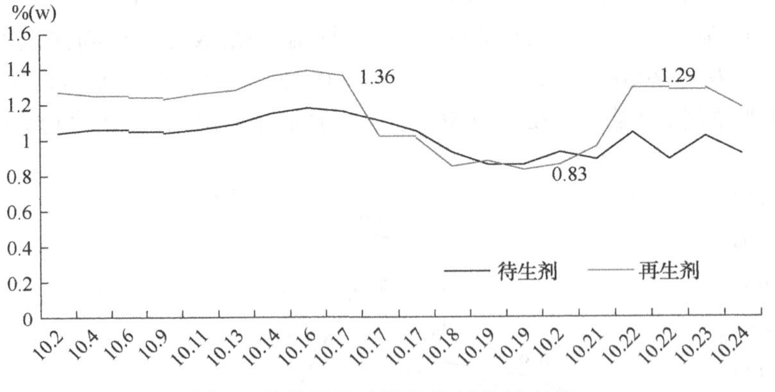

图3　异常处置时间催化剂含量变化

5　取得的成果

在加强原料管控，重整反应系统低负荷、低苛刻度运行，再生系统高强度烧焦的措施下，催化剂积碳得到控制，并逐渐下降正常控制指标范围内，装置恢复至正常运行水平，避免了一次非计划停工事件。表2为10月25日操作参数表，从表中可以看出，装置恢复正常生产。

表2　关键操作参数表

项目	正常操作条件	10月26日
加工量 t/h	62	62
反应温度℃	520	520
一反温降℃	121	118

续表

项目	正常操作条件	10月26日
二反温降℃	80.2	79.5
三反温降℃	53.1	54.0
四反温降℃	39.2	40.1
重整产氢量 Nm^3/h	29501	29823
再生烧焦耗氧量 Nm^3/h	188	156
再生床层峰值温度℃	535	532

6　处理过程中存在的问题

6.1　存在再生床层超温风险

因催化剂积碳含量过高，且采用最大最大强度烧焦，为防止再生床层超温，将烧焦烟气从 $6000Nm^3/h$ 提高至 $7000Nm^3/h$，同时降低烧焦烟气电加热温度，以控制再生床层温度，出现床层温度大于560℃时立即将再生烧焦转为黑烧，防止超温损伤再生器内构件；

6.2　闭锁料斗阀门卡涩频繁

在强化烧焦期间，因催化剂积碳高，待生剂中粉尘量增多，引起闭锁料斗隔剂阀、隔气阀频繁卡涩，闭锁料斗程序多次停运，岗位人员需对阀门进行敲击方可正常运转；

7　结论

重整装置因原料重组分污染而导致重整催化剂严重积碳，装置运行受到严重威胁。在保证原料合格的前提下，重整反应降低加工负荷，降低反应温度，提高氢油比，再生系统强化烧焦等措施，能够尽快的恢复催化剂活性。

为防止类似问题再次发生，需重点加强原料管控，具体措施如下：

（1）严格控制重整原料干点（混合石脑油干点≯178℃，加氢石脑油≯165℃），完善混合石脑油控制指标，控制重整原料中C12+组分≯0.15%（w）。

（2）加强加氢石脑油质量管控，当加氢石脑油作为重整原料时，必须严格监控馏出口指标，每班对加氢石脑油馏程分析一次，加氢装置出现波动，石脑油不出装置打回流，立即汇报调度改走不合格线，分析合格后，改进重整原料罐。

（3）重整原料罐两罐切换使用，杜绝原料单罐直供料，改罐前必须分析杂质、馏程和组成，合格后方可作为重整装置原料。

参考文献

[1] 徐承恩. 催化重整工艺与工程[M]. 北京：中国石化出版社，2014；679.

[2] 白璐. 连续重整催化剂性能影响因素分析与优化控制[J]. 工程技术，2016(16)：125.

[3] 徐承恩. 催化重整工艺与工程[M]. 北京：中国石化出版社，2014；680.

[4] 孟令峰. 高频红外法测定芳烃联合装置重整催化剂的碳含量[J]. 科技创新与引用，2016(10)：64.

烷基化反应器长周期运行探究与优化措施

韩　刚　李彦林　赵庆胜　陈泽阳　焦鸿亮

（中国石油庆阳石化公司）

摘　要　硫酸腐蚀是烷基化装置最普遍的腐蚀方式，防止硫酸腐蚀是烷基化装置平稳运行的根本保障。通过某炼油厂烷基化装置反应器管束泄漏的现象，着重分析酸温度、浓度、流速和冲刷腐蚀等因素对设备腐蚀的影响，以及对烷基化装置反应器长周期运行的瓶颈问题进行全面的分析研究，围绕生产过程中出现的案例进行分析，找寻腐蚀原因并制定相应措施，探究反应器长周期运行的优化措施。

关键词　反应器；管束；检修；优化措施

1　烷基化搅拌反应器简介

中国石油庆阳石化公司运行四部烷基化搅拌反应器(以下简称反应器)是烷基化装置的核心设备，在浓硫酸催化剂的作用下，醚后碳四中的异丁烷分别与1-丁烯、异丁烯、顺2-丁烯、反2-丁烯发生烷基化加成反应，生成 C_6～C_{10}的混合产物—高辛烷值汽油。

反应器为兰州寰球工程有限公司专利设计，中油二建制造，2018 年 9 月出厂，是一种装有内循环夹套、取热管束和搅拌叶轮的压力容器。自 2019 年 4 月 24 日启运至今，累积运转 1 年 6 个月。设备主要参数如下：规格：Φ2300mm×14000mm，管、壳程设计压力均为 0.8MPa。实际操作管程压力为 0.45MPa，壳程压力为 0.5MPa。设计温度：壳程 1℃，管程-5℃，工作温度：壳程 6℃，管程 0℃。设备总长约 19.5m(包括电机伸出长度)，取热 U 型管束正方形排列，共计 615 根，Φ25mm×3mm 规格，传热面积 962m^2，分两程，管束材质 10#碳钢。搅拌桨直径 900mm，GT 合金材质。腐蚀余量：3mm，设计腐蚀速率：0.2mm/a，设备最大质量：114825kg，保冷厚度：150mm。搅拌密封为原厂配套的福斯机械密封 QBW/QB，带有整套撬装式 PLAN54 油站系统，为机械密封提供循环冲洗封液，带走密封腔热量，保证密封正常运行。配套 10kV，400kW 电机，600r/min。

2　反应器检修情况

2020 年 8 月 7 日反应器开始跑酸，机械密封泄漏，跑酸量为 900～1000kg/h，且有逐渐增大的趋势，于 2020 年 8 月～9 月分两次对两台反应器进行停工检修。此次检修主要对反应器管束打压查漏，更换机械密封，检查搅拌桨及混合碳四进料分布管腐蚀冲刷情况。两台反应器检修时间总计为 7 天，比计划提前 2 天完成。本次检修过程中发现泄漏管束 2 根，堵塞管口 6 个，均处于管束分程边缘部位，堵塞后未出现压降，其中对 R201B 管束抽出 500mm 距离修复处理管箱侧垫片。反应器前端大盖打开后，搅拌桨、桨叶光滑，无明显腐蚀及冲刷痕迹，但导流管筒体管口和叶轮处管口边缘冲刷明显，存在大量坑点，同时 C_4 进料喷淋分布管上的开孔大小不一，冲刷痕迹明显，但主体完好(图 1)。

原因分析：管束打开后基本无腐蚀现象，该取热管束无折流板设计，管束支撑是由错位交叉布置的格栅网完成的，在运行过程中反应介质在流体状态下进行乳化，流体在复杂交织的格栅网格中形成了涡流状态并且局部流速增大造成该部位的管束与格栅支撑部位冲刷、摩擦、减薄直至穿透，一方面发生机械磨损，另一方面也会使钝化膜无法形成，最终导致管束腐蚀。从抽出管束的外观看，在浓酸环境下，大部分管束外壁形成了均匀的碳灰色钝化膜，因此在严格控制酸浓度和操作参数的情况下，因腐蚀减薄泄漏基本不会产生。

其他厂同类装置搅拌反应器也出现数次管束泄漏，主要原因为：管束位于支撑圈处外壁腐蚀较为严重，主要现象为外管壁有大量坑蚀。此类腐蚀均位于管束与支撑圈相近部位，通过拆解，管束迎着介质流动方向腐蚀明显，背对介质流动方向无腐蚀，且迎着介质流动方向的支撑圈也有明显的腐蚀，而背对介质流动方向的支撑圈则未见腐蚀。介质流经支撑圈位置，流速增加，容易导致支撑圈和支撑格栅条的迎流面受到湍流和冲蚀作用，导致管束腐蚀多发生于支撑圈和支撑格栅条的迎流面，而背流面支撑格栅和管束腐蚀情况相对要好。因此判断此处腐蚀为硫酸在流动过程中遇支撑件，改变流动方向，在局部形成涡流，不断冲刷碳钢表面，使其无法形成钝化膜，进而发生冲刷腐蚀。

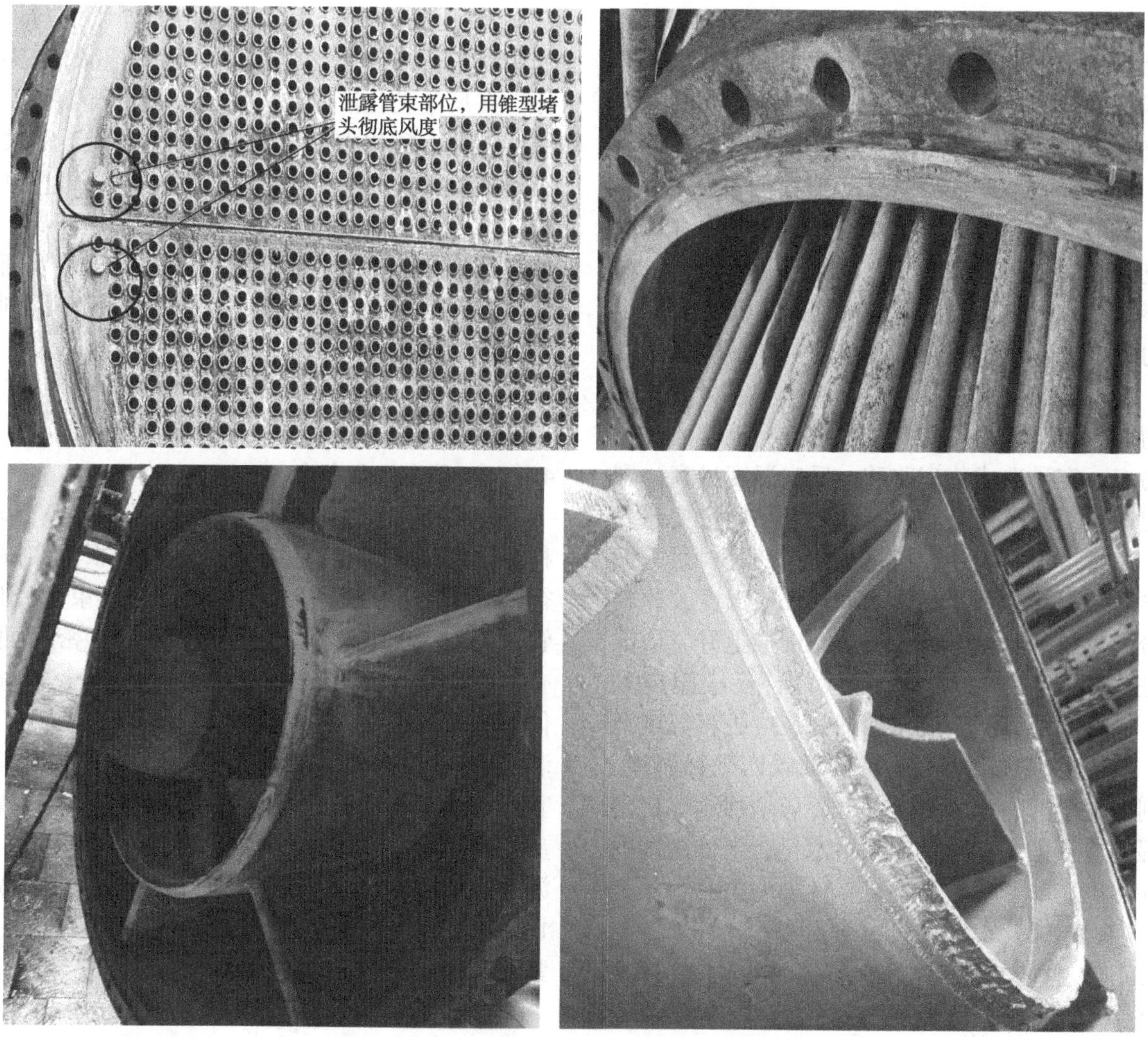

图 1　导流管筒体秘口和叶轮处管口冲刷痕迹

采取的措施：

（1）R201A 与 R201B 泄漏部位与原因均一致，目前管束振动无消除措施与监测手段，因此很难提前发现，但从日常运行经验看，管束出现振动后，反应器会出现异响，此时工艺操作上应及时对壳程、管程的进料压力、温度进行调整，并保持进料工况稳定。同时应定期在管程入口处取样观察烷基化产物带酸情况，并分析酸液浓度。

（2）根据同类装置搅拌反应器出现的数次腐蚀泄漏情况，可以考虑对原管束的整体固定支撑圈进行改造为独立的固定格栅圈型式，每组四层，共三组，可以满足介质沿轴向流动时，减缓介质流经格栅圈的轴向线速度突变；在新型格栅圈截面内尽量分散均布换热管，使壳程各截面处流速尽量均匀；管束材质由 10#钢改为 20#钢，增加强度。

3　工艺参数影响因素

3.1　酸浓度

正常生产过程中反应器的循环酸浓度应控制在 90%~98%范围内。根据酸浓度的下降幅度及时补充新酸，新酸浓度一般在 97%～99%。为了得到较高的辛烷值，使浓硫酸消耗量最小且利用率最高，反应系统循环酸浓度控制在>90%，用 97%新酸来调节，过低的酸浓度不但对设备造成腐蚀，而且会降低产品的质量。如果酸浓度下降幅度增大，则排查原料杂质含量是否升高，如水、甲醇、二甲醚、硫、丁二烯等，可联系上游装置进行优化操作，丁二烯可通过预加氢处理，也可通过提高补充新酸量和加大排废酸量来提高反应器酸浓度。

3.2　反应温度

正常操作中反应温度应控制在 5.5～13℃。反应温度的控制主要由原料流量、循环冷剂量和循环异丁烷量来控制，反应温度的高低对烷基化油的收率、质量及酸耗有直接影响。反应温度过低，酸与其乳化液粘度增大，使反应原料与酸难于均匀分离，阻碍反应的正常进行，也增大了搅拌功率，容易造成物理跑酸。反应温度过高，副反应增加，单位产品酸耗增加，产品质量变差。

正常生产过程中，通过调整碳四进料量、循环异丁烷量和循环冷剂量来调节反应温度。原料组份中总烯烃含量升高，反应温度会上升，应降低进料流量。循环异丁烷温度高，反应温度升高，应开大循环异丁烷水冷器。反应进料温度升高，反应温度也会升高，应降低碳四进料温度。冷剂温度上升，反应温度上升，应增加压缩机出口湿空冷器的负荷，加大喷淋水量，降低冷剂的冷却温度。

3.3　反应压力

正常生产操作中，反应器的压力控制在 0.35～0.5MPa 范围内，反应压力对烷基化油的收率无显著影响，控制反应器的压力主要是保持烷基化反应在液相状态下进行，要求压力控制相对稳定。反应器压力的波动将破坏沉降罐内的沉降效果，引起出沉降罐的反应产物带酸较多。反应器管程出口和压缩机入口应保持调节阀前后的压差，有利于异丁烷气化取反应热。

影响反应器压力的主要因素是碳四进料量、循环冷剂量、闪蒸罐冷剂侧液位、循环异丁烷量。如果原料流量波动较大，则用脱轻塔底部液位控制原料流量。如果循环异丁烷流量波动较大，则稳定流量。如果循环冷剂流量波动较大，则调整闪蒸罐冷剂侧液位来稳定循环冷剂量。如果原料、冷剂、循环异丁烷中的丙烷含量较高，则从冷剂缓冲罐顶部排放部分丙烷。如果闪蒸罐的压力高，则提高压缩机的出口流量。在正常生产操作过程中，当反应压力突然升高，容易造成反应器机封泄漏。

3.4　烷烯比

正常生产操作中，烷烯比控制在(9～10)：1。烷烯比是指反应器总进料中的异丁烷与烯烃的比例(mol)，是影响烷基化油质量的重要指标。在反应乳化液中，需要有过量的异丁烷，以便迅速补充酸相中被反应移走的异丁烷，本装置设计的烷烯比为(8～10)：1。正常生产过程中，影响烷烯比的主要因素是原料流量、循环异丁烷纯度和流量、循环冷剂纯度和流量，可分别通过调整原料的流量、循环异丁烷流量、循环冷剂流量调节烷烯比。

4　检维修影响因素

4.1　U 型管换热部分

根据《压力容器安全技术检查规程》要求，检修周期一般为 2～3 年。检修内容根据实际运行情况来定，一般为：抽芯、清洗管束和壳体、管束焊口、管箱及内附件、接管及其密封面检查，更换垫片并试压，检查螺栓、螺母，检查壳体保温及防腐。需要注意的是在换热管束抽芯、装芯、运输和吊装作业中，不得用裸露的钢丝绳直接捆绑。移动和起吊管束时，应将管束放置在专用的支撑结构上，以避免损伤换热管。管束堵漏，在同一管程内，堵管数一般不超过其总数的 10%。拧紧螺栓时，一般应对称进行螺栓的拧紧，并应涂抹适当的螺纹润滑剂或防咬合剂。

若需要更换换热管，应注意以下几点(适用于和本台同类型的反应器)：

(1) 管子与管板采用胀接时应检验管子的硬度，一般要求管子硬度比管板硬度低 30HB。管子硬度高于或接近管板硬度时，应将管子两端进行退火处理，退火长度比管板厚度长 80～100mm。

(2) 管子两端与管板孔应干净，无油脂等污物，并不得有贯通的纵向或螺纹状刻痕等影响账接紧密性的缺陷。

(3) 管子两端应伸出管板，其长度(4±1)mm。

(4) 管子与管板的账接宜采用液压胀。每个胀口重胀不得超过两次。

(5) 管子与管板采用焊接时，管子的切口表面应平整，无毛刺、凹凸、裂纹、夹层等，且焊接处不得有熔渣、氧化铁、油垢等影响焊接质量的杂物。

4.2 搅拌部分(适用于和本台同类型的反应器)

搅拌部分应定期(至少每周一次)检查机械密封、轴承箱、导向盘等。检查润滑脂、密封油系统及冷却水系统。大修周期一般为 2~4 年，包括检查搅拌桨、搅拌轴、联轴器、轴承及密封。两对轮找正时，轴向、径向允许偏差值一般≯0.10mm，两对轮之间的端面间隙允许误差≯1mm。装配联轴器时不能使用大锤或手锤敲击，应垫上木板等软质材料后再敲击，装配时应测量轴颈和孔颈，若轴与联轴器配合过松时，不能采用打样冲眼，加垫片的方法解决，应采用焊补、镀铬、喷涂和联轴器内孔镶套等方法解决。拆卸联轴器时应使用专用工具，严禁敲打，可用加热方法，加热时应使联轴器均匀受热，温度不得超过 250℃。

轴承在轴颈上的装配紧度应符合设备技术要求的规定，内圈与轴不得产生滑动，不得安放垫片。一般情况下，轴承内圈与轴颈的配合间隙为 0.02~0.05mm。滚动轴承的椭圆度和锥度不得大于 0.05mm，必要时检查轴的弯曲度，除特殊要求外，一般不大于 0.10mm。轴承外圈与轴承盖间一般有 0.55~0.8mm 的径向间隙。

5 优化措施及建议

5.1 工艺操作优化措施

为保证烷基化核心设备反应器的长周期运行，结合本次检修过程中采取的措施，现就反应器正常运行操作过程中需关注的电流、反应温度、反应乳化液性质、反应酸烃比及密封油控制系统等监测提出如下建议：

(1) 叶轮差压及电机电流：反应器靠近叶轮部位导流筒内和导流筒外均设有引压点，可以监测叶轮压差，从而监测酸烃乳化混合情况，同时电流也可以直接反映酸与烯烃混合比例情况，当酸与烃之间的比例下降时，电流会下降。如果出现叶轮差压低，可能是叶轮磨损或酸烃比低造成的。如果电流异常低，可能是反应器损坏，导致反应乳化液短路(导流筒内外连通)。同时在监测差压时得确保引压管完好，读数准确，引压管应该定期(每周)用反应流出物冲洗一次，以清除废酸反应中形成的焦油。

(2) 反应温度：一般情况，低浓度酸要比高浓度酸对管束的腐蚀更为严重，但是，反应温度超过 13℃时也会提高腐蚀速率，应严格控制反应温度，避免管束泄漏造成跑酸。

(3) 乳化液性质和酸烃比：反应器中的酸烃乳化液的稳定性是产品质量的重要指标，通过反应器酸烃比例计，可以观察乳化液的两个重要性质：破乳时间和酸烃比。反应器乳化液样品取样后，烃相及酸相将相互分离，乳化液酸烃完全分离需要约 30 分钟。如果乳化液性质不好，乳化液酸烃可能立即开始分离，并在 10 分钟内完全分离。如果乳化液完全分离所需要的时间远远超过 30 分钟，乳化液可能是过乳化。

(4) 烷烯比：保证原料烷烯比稳定，减少频繁提、降量操作，避免反应器负荷波动过大，减少流体对设备内构件尤其是管束的冲刷腐蚀。烷烯比过低会造成副产物生成，如：烯烃与硫酸反应生成的中间产物硫酸酯，被大量带至精制系统，由于碱洗、水洗系统负荷限制，部分未脱除的硫酸酯被带入异丁烷塔，在异丁烷塔受热分解生成二氧化硫，二氧化硫遇水形成亚硫酸，导致分馏系统发生腐蚀。

(5) 降低杂质：定期分析烷基化原料碳四中的水、甲醇及丁二烯等杂质，这些杂质超标会使烷基化反应器酸浓度降低，同时会缩短加氢催化剂的使用寿命。

(6) 稳定工艺操作：工艺操作波动大，会造成叶轮搅拌负载交变，同时搅拌器叶轮及转轴的长期动不平衡也会对转轴的力矩产生负载，甚至会导致转轴疲劳断裂。因此工艺应平稳操作，尽量避免大的操作波动导致反应器内介质密度和粘度的大幅变化对转子的冲击，降低对转轴的负荷影响。

(7) 酸浓度与温度：酸浓度低和酸温度高易造成碳钢管束腐蚀。酸浓度高的硫酸易在金属表面形成钝化膜，所以在反应器运行期间要保证酸浓度，根据化验测量数据补充新酸，将酸浓度控制在 90%以上。反应温度高也将加速腐蚀速率，低反应温度可抑制聚合反应，并促进烷基化反应。但反应温度低于 4℃，会抑制烃中的酸沉降分离，大量的酸从酸沉降器中携带出来，导致酸耗增加，腐蚀加剧。因此反应温度控制在 5.5~13℃之间。

5.2 密封油系统优化措施

密封油系统具体工艺参数为：工艺介质为98%浓硫酸，C_4 等，温度：<12℃，反应压力：0.46MPa。冲洗介质：C_4，压力：0.7MPa。密封油介质：15#工业白油，温度：25～45℃，回油压力：0.75～0.8MPa。机械密封泄漏量控制≤10mL/h。

密封油系统日常操作只需要注意各冲洗压力即可，要求：冲洗液压力比反应器内部压力高0.15～0.2MPa（如果反应器内部压力为0.5MPa，冲洗液压力为0.65～0.7MPa），机封回油压力（过滤器前压力）比冲洗液压力高0.1～0.2MPa。

在搅拌器开停工过程中密封油系统的控制尤为重要，各冲洗投用顺序及压力控制若出现错误可能会导致密封损坏。开搅拌器前投用顺序：检查蓄能罐气囊压力是否稳定、密封油箱液位是否正常—启动齿轮泵—投用密封油并调整压力比正常操作压力稍低0.1MPa—投用外冲洗液并调整压力比正常操作压力稍低0.1MPa—反应器缓慢进料—反应器内部压力趋于正常操作压力的同时调整密封油及冲洗液压力至正常操作压力—观察各密封点无泄漏—启运搅拌器。首次启运齿轮泵后应打开泄压阀门排净管线内残留的空气，避免机封憋压。蓄能罐气囊压力要高于冲洗液压力0.05～0.1MPa。停搅拌器时密封油系统停用顺序：停搅拌器—停搅拌器后1～2h停冲洗液—停冲洗液后2～4h停密封油（此时确保壳体内无介质及压力）。

需要注意的是：只要反应器壳体内存在介质及压力时，密封油始终不能停，确保密封油回油（回油箱过滤器前）压力比壳体内介质压力高0.15～0.2MPa。在搅拌器开车前12h内投用密封油系统，1～2h内投用冲洗液。要始终保证密封油压力>冲洗压力>壳体内部压力，避免因压力下降导致介质（浓硫酸）反窜，损坏机封内部结构，造成密封油系统腐蚀，影响设备长周期运行。

6 结束语

通过搅拌反应器管束泄漏的情况，可以推断硫酸腐蚀主要是流体部分形成涡流流速增加加之管线振动与格栅网的摩擦碰撞，无法形成有效的钝化膜，因此产生了冲蚀。同时温度、烷烯比、杂质、酸浓度与品质、乳化性质等工艺参数也是影响反应器长周期运行的重要因素。通过以上优化控制，检修后的两台反应器已累计运行近四个月，目前各运行参数平稳，产品合格。通过以上措施的优化与调整，目前较为有效的控制反应器管束腐蚀与机封泄漏，同时，反应器日常运行过程中要加强在原料管控、操作方法、管理方式等方面全过程进行精细化管控，达到长周期运行的预期目标。

参 考 文 献

[1] 于福州. 腐蚀与防护手册. 北京工业出版社. 1991. 148.
[2] 欧阳健，郑明光. 硫酸烷基化装置的腐蚀与防护[J]. 石油化工腐蚀与防护，2012，29(6)：33-34.
[3] 陈子香. 硫酸烷基化工艺腐蚀分析及应对措施[J]. 天津化工，2016(06).

输油臂旋转接头泄漏技术研究

于新帅　马俊杰

(中国石油大连石化公司)

摘　要　新输油臂短期内连续多次出现泄漏严重影响码头安全生产和环境保护。主密封压缩量不足、输油臂使用频繁、泊位海况复杂、以及部分位置旋转接头强度不足、旋转接头密封面不满足规范、输送介质有杂质和主密封安装施工质量问题都会造成旋转接头出现泄漏，通过现场打开检查和实际使用情况进行分析，提出了改进主密封结构、定期做好输油臂维护保养、做好输油臂日常使用管理和采用先进的泄漏检测技术的措施，确保输油臂安全运行。

关键词　输油臂；旋转接头；主密封；泄漏

1　前言

某公司同期新增了3台具有紧急脱离功能的输油臂，要求制造单位严格按照《液体装卸臂工程技术要求》生产制造和验收，但是投入使用不足一年时间里先后发生了8次旋转接头泄漏故障。输油臂的频繁泄漏给码头带来极大的安全环保隐患，并且频繁维修也会带来较大施工作业风险，与此同时还严重影响装卸产品的进出厂，为确保码头输油臂的安全使用，必须深入分析旋转接头泄漏原因，提出有效的解决方案。

输油臂的设计压力分别为0.6MPa和2.18MPa，材质为20#，设计温度为常温，输送介质分别为石脑油和液化气，每次泄漏程度由轻微到严重不等，现场出现泄漏时，都被现场巡检作业人员及时发现，并及时进行有效的处置和维修，未造成火灾爆炸等安全事故。输油臂旋转接头采购技术要求详见表1，泄漏的位置位于旋转接头结构图中红色圆圈处(图1)，8处泄漏的旋转接头分布于输油臂各处，其中2台输油臂在同一个三维接头顶部位置(图2和图3)泄漏过2次。泄漏时，输油臂装卸船最短使用6次时长100h，最长使用54次时长1600h。

表1　输油壁旋转接头采购技术要求

旋转接头(法兰连接结构)	内圈	35CrMo锻件(密封面堆焊ER308L)
	法兰	锻件：20#
	外圈	35CrMo锻件
	主密封圈	增强PTFE+不锈钢弹性钢卡。使用寿命不低于3年
	副密封	增强PTFE
	钢圈	304
	O形圈	氟橡胶
	旋转接头滚珠	GCr15。*DN*150输油臂每个滚道上均布不低于3个注油孔，*DN*200输油臂及以上每个滚道上均布不低于4个注油孔

2　旋转接头泄漏原因分析

2.1　主密封压缩量不足

打开泄漏处旋转接头检查旋转接头密封面平整光滑(图4)，主密封的密封面无划痕，但密封面局部位置明显不在同一平面(图5)。当输油臂与船舶连接时，潮水涨落、风力和涌浪等作用到船舶，通过船舶传递到输油臂，输油臂通过6个旋转接头获得6个自由度来适应船舶的运动，液化气输油臂为双管臂气相线还有4个旋转接头。

旋转接头转动时，对密封有一定的挤压，而密封回弹效果不好的位置，就会造成泄漏。环境气温低，密封回弹效果会更差。聚四氟乙烯密封的回弹效果主要依靠内部镶嵌的不锈钢弹性钢卡，虽然不锈钢骨架耐腐蚀性好，但弹性较小，所以主密封压缩量不足的原因与不锈钢材质质量相关。

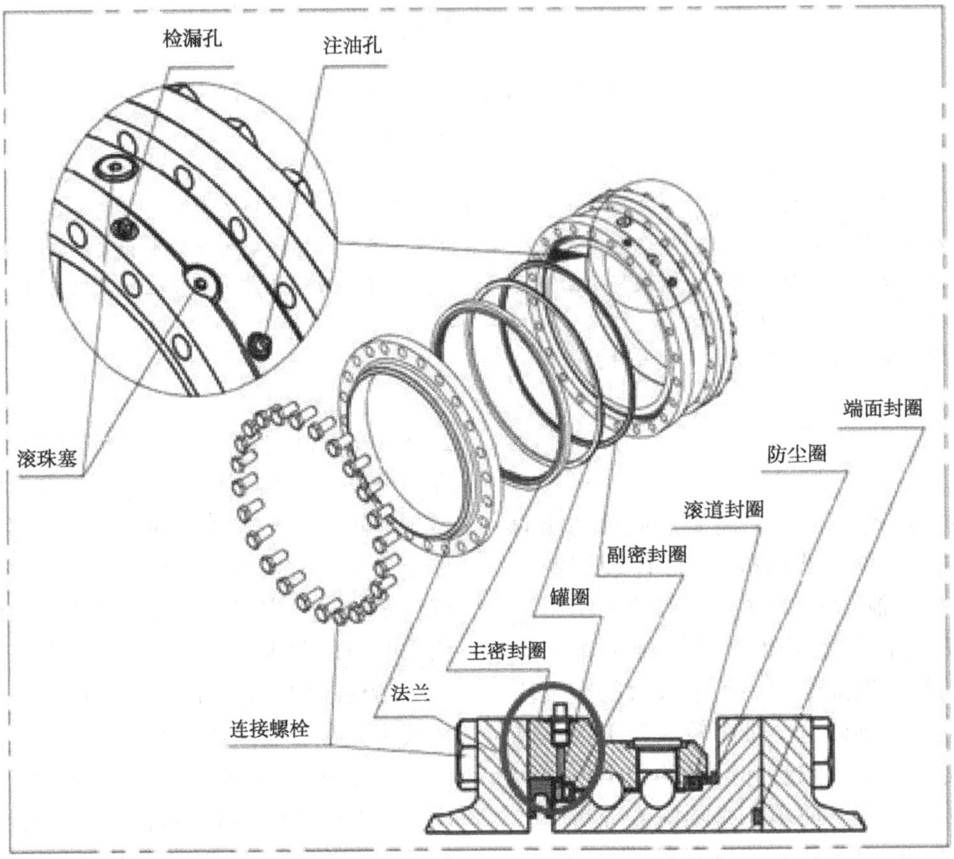

图 1　旋转接头结构

图 2

图 3　输油臂在三维接头顶部

图4 旋转接头

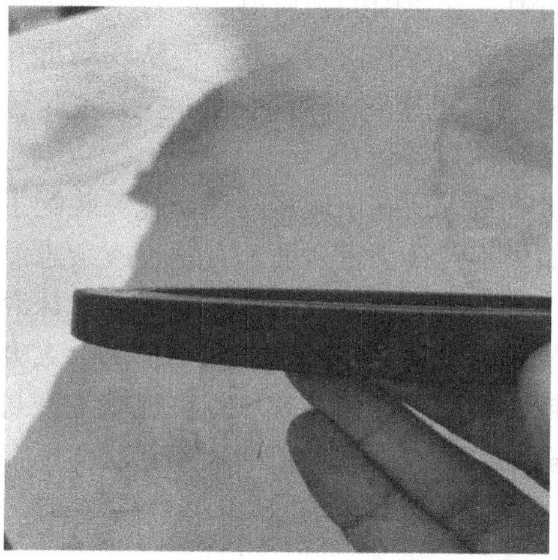

图5 主密封面

刚开始输油臂旋转接头出现泄漏时，输油臂制造厂家答复主密封入厂时都经过抽检，检验合格，极个别主密封可能出现质量问题，但是之后出现的接二连三的旋转接头泄漏都是主密封出现同样的问题，泄漏时更换了随机主密封配件，使用也不足1年就有泄漏迹象。输油臂检修规程要求输油臂主密封一般3年检查更换一次，输油臂的采购技术协议也要求主密封设计使用寿命不低于3年，根据此种现象，可以判断该批次主密封多数不满足输油臂采购技术要求，存在一定的质量问题。

2.2 部分输油臂使用频繁

输油臂旋转接头密封圈的更换次数与作业台时有一定的线性关系。作业台时越长，密封圈更换次数就越多，使用周期就越短。一般油气化工码头都非单一品种装卸，如果按照50%的设计泊位利用率计算，每个泊位所有输油臂装卸总时长为4380h，如果泊位装卸品种多，每台输油臂使用时长相对减少，如果泊位装卸品种少，每台输油臂的使用时长就会增加，按照1个泊位3个装卸品种，平均每台臂的使用时间约1460h，此前该泊位原输油臂因为使用频繁，主密封使用1~2年，总使用时长在1500h左右，也曾出现泄漏。所以输油臂使用时间越长，密封磨损和老化就越重，不锈钢的弹性也越差，发生泄漏的概算会越大。

2.3 泊位海况复杂

新增输油臂安装在开敞式顺岸式码头，其位置受东南风和外海海浪影响较大，日常装卸船时涌浪比其他码头偏大，船舶和输油臂晃动相对频繁，输油臂各部位旋转接头旋转的速度相对较快，也会加速主密封的磨损，进而降低了主密封的使用寿命。《旋转接头》中关于柱面弹性体密封旋转接头，转速不大于10r/min时，不低于3000h，转速大于10r/min时，不低于1500h。转速加快后密封使用寿命缩短了一半，并且与2.2分析的平均使用1460h接近。因而，泊位海况复杂，旋转接头的主密封使用寿命一般在1500h左右，超过1500h使用寿命，主密封泄漏发生的概算就会增大。

2.4 可能存在的其他问题

（1）部分位置旋转接头制造强度不足。输油臂上的各旋转接头均按照规范制造，并且制造强度相同，而在输油臂实际使用时，由于每台输油臂新增了紧急脱离装置，三维接头顶部的旋转接头受力要大于其他位置的旋转接头，三维接头中部和下部的旋转接头受力与原来相比无变化，立柱、耳轴箱和内外臂旋转接头由于输油臂方箱和上绳轮的支撑受力也基本无变化，所以主密封用在受力变形量大的旋转接头上就会产生不稳定状态，导致可能产生泄漏的概率加大。连续2台输油臂2次都在三维接头顶部主密封泄漏印证了前述分析。

（2）旋转接头密封面不满足规范要求。当旋转接头密封面的加工精度偏差较大时，就需要主密封进行补偿，主密封补偿后就会造成其使用寿命降低。如果确定主密封质量无问题，旋转接头再次发生泄漏，就需要拆下旋转接头对其各项性能指标进行检测，确定是否满足规范要求。

（3）输油臂输送介质存有杂质。当输油臂转动时，由于转动过程中可能存在密封面和主密封出现瞬间间隙，介质中的杂质窜入后对主密封的密封面造成划痕，致使密封失效。但从现场拆开旋转接头检查，主密封密封面完好，排除此种可能。

（4）主密封安装施工质量问题。施工装配主密封时，如果旋转接头密封面上有锈迹或杂志没有处理干净、主密封有划痕没检查到或未涂抹润滑脂、以及紧固螺栓时主密封位置不正都会大大降低主密封使用寿命。但从现场拆下现场主密封除局部压扁无法回弹外无其他问题来判断，不存在主密封安装施工问题。

3　整改及防范措施

3.1　改进旋转接头主密封结构

关于输油臂旋转接头主密封结构并无相应规范要求，目前普遍采用的结构形式为增强聚乙烯四氟加撑簧结构。之前，曾发现使用超过15年的老旧输油臂的受力旋转接头内部轨道间隙磨损严重致使密封面的平面度偏大，原有密封结构型式使用10船次约200h就会在同一位置泄漏，随后将主密封改造为增强聚乙烯四氟密封面迁入O形圈(图6)，用以补偿密偏差，主密封使用寿命可以增加到1500h左右。但是此种类型主密封出现泄漏，泄漏量要大于原有密封结构形式，打开检查会发现主密封上O形圈出槽或者主密封槽边损坏，此种改造增加了泄漏不可控风险。

图6　密封面迁入O形圈

因近期泄漏的主要原因是主密封压缩量不足，本次改造主要考虑增加主密封的弹性。主密封内弹性钢卡更换为高弹性不锈钢卡并进行热处理、主密封的弹性钢卡内增加O形圈补偿和主密封内增加双不锈钢弹性钢卡都可以增加主密封弹性。本次输油臂制造厂家提供主密封内部镶嵌双不锈钢弹性钢卡支撑的密封结构(图7)，以增加主密封的压缩量。截止目前已更换为该结构形式的主密封最长使用时间为10船次264h，暂未出现异常，待继续观察。

图7　双不锈钢弹性卡支撑的密封结构

3.2　定期做好输油臂维护保养

根据输油臂制造厂家提供的说明书，旋转接头维护保养，在正常使用情况下，可在较长时间内不必进行维护保养。根据使用频率，一般可在1~2年后进行一次常规检查，即对润滑和泄漏情况。目前对输油臂的定期维护保养采取每年进行润滑和泄漏检查，考虑泄漏风险较大，建议可提升至半年进行泄漏检查。

输油臂定期维护保养除了做好润滑和泄漏检查外，还要定期更换主密封。使用次数少时间短的输油臂，考虑主密封性能自然老化，一般5~6年更换一次主密封，使用次数多、时间长、工况较差的输油臂，使用2~3年更换一次主密封，还要根据输送介质的危害特性和泄漏影响的程度，更加合理优化主密封的更换时限，确保输油臂使用无泄漏。

3.3　做好输油臂日常使用管理

（1）严格遵守输油臂操作规程要求使用输油

臂。当码头出现恶劣海况前，应及时做好预警，停止装卸船并拆除输油臂，减少输油臂非正常工况磨损。

（2）加强输油臂气密检查。接臂后应确保船方达到所需气密试验压力，并且认真检查各旋转接头有无泄漏。

（3）做好输油臂使用巡检。输油臂装卸船时，操作员必须做好现场巡检检查，发现泄漏及时处置。

（4）强化船方管理。落实好装卸船期间船方甲板人员值班值守要求，确保装卸船设施出现问题能及时发现。

3.4 采用先进的泄漏检测技术

按照设计规范要求，距输油臂 15m 范围内安装固定式可燃气体报警器。但是输油臂旋转接头泄漏量不大，泄漏的位置可能距离固定式可燃气体报警器较远，以及现场风力和风向的原因，每次输油臂旋转接头泄漏，固定式可燃气体报警器都无报警，发现泄漏的操作人员拿便携式可燃气体报警器到相应旋转接头很近的位置才会出现数值或报警。由于固定式可燃气体报警器不能第一时间发现输油臂旋转接头泄漏，所以有人开发了输油臂密封泄漏检测系统，主要是在输油臂旋转接头泄漏检测孔加装检测装置，可以第一时间发现介质泄漏并远传至控制系统，已经在天津港石化码头公司成功应用。

4 结语

（1）主密封失效是输油臂旋转接头泄漏的直接原因，无论主密封结构如何改进，其产品质量问题都会直接影响主密封的使用寿命，所以必须采用质量合格的主密封。

（2）旋转接头泄漏除了主密封质量因素外，还与输油臂使用时长、输油臂内部工况、外部气相环境以及旋转接头的质量等因素相关，所以每次泄漏要综合分析，准确找出泄漏原因才能进行有效的整改。

（3）每年对输油臂的维护保养定期更换部分主密封，同时对旋转接头有泄漏迹象的主密封及时更换。但输油臂使用时仍有泄漏可能，所以每次接臂的气密检查、定时的巡检和现场的值守都是非常重要，确保及时发现及时处置。

（4）关于泄漏的检查还应择机采用新的技术检测手段，实现对旋转接头泄漏人工监控和仪表自动监控双重管控。

参 考 文 献

[1] HG/T 21608—2012，液体装卸臂工程技术要求[S]. 北京：中国标准出版社，2012.

[2] 周作桥．输油臂故障原因分析与防范措施[J]. 中国科技信息．2015(08). 155.

[3] 康亚军，曾茹．输油臂常见故障分析及预控措施[J]. 能源与环保．2017. 9(下). 154.

[4] JTS 165—2013，海港总体设计规范[S]. 北京：中国标准出版社，2013.

[5] JB/T 8725—2013，旋转接头[S]. 北京：中国标准出版社，2013.

[6] 姜红姣．醋酸输油臂密封泄漏问题研究与改进[J]. 技术应用与研究．2020(24). 26.

[7] GB 50493—2009，石油化工可燃气体和有毒气体检测报警设计规范[S]. 北京：中国标准出版社，2009.

[8] 皮戈．输油臂密封泄漏检测系统在天津港石化码头公司的应用[J]. 2016(8). 96-98.

炼油废水双膜技术应用存在问题的探讨

王浩英　张　野　周向忠　罗子明　余颖庆　杜　楠

（中国石油庆阳石化公司）

摘　要　为了降低企业生产过程中新鲜水消耗，目前各炼化企业将达标污水作为原料水进行深度处理后回用。但各企业采用的污水深度处理工艺不同，运行效果也各不相同。本文通过系统介绍了庆阳石化 300 万 t 新厂污水回用装置预处理+双膜工艺的工艺的原理、工艺路线、主要工艺单元机理、性能以及在应用过程中存在的问题及解决方法，为石化企业的污水回用成功应用提供技术支持。

关键词　炼油废水；初级再生水；优质再生水；预处理+双膜工艺；节水

1　前言

石化企业是用水大户，近年来，随着水资源日益匮乏，水源的供给及污水的减排已经成为限制企业扩产、增产的制约因素。因此，为了响应国家节能减排号召，达到中国石油炼油生产新鲜水消耗先进指标 0.29t 水/t 原油的要求，庆阳石化公司在新厂设计时牢固树立污水是企业生产第二水源的思想，将全厂炼油废水经污水处理厂处理后的达标污水（其中包含取市政达标生活污水）作为回用水的原料水，采用预处理+双膜工艺技术，经处理后的再生水作为生产用水补水。原设计环评要求，为了降低新水用量，要求庆阳石化取用 200t/h 的市政中水深度处理后回用。

2　目前现状

回用水装置预处理系统设计处理能力 400t/h，一期工程双膜系统设计处理量为 200t/h；2016 年双膜扩能改造 100t/h，双膜系统总处理能力达到 300t/h，其中管式超滤 3×80t/h，浸没式超滤处理能力 100t/h，反渗透处理能力 3×100t/h；2019 年新建浓水回收装置，引部分初级再生水（50~60t/h）作为其原料水处理。综合以上，回用水超滤处理规模已达到 80×3+100+60=400t/h；反渗透处理能力 100×3+50=350t/h。目前水量情况，全厂含油污水 160~170t/h，生活污水 30~40t/h。目前双膜系统实际运行质量差，效能低，制约着市政中水回用量；其中管式超滤膜设计产水率 92%，实际产水率只能达到 30%~50%；反渗透设计产水率 75%，实际只能达到 50%~60%；双膜产水率均未达到设计要求。

庆阳石化新厂自开工运行至今，经过优化运行、技术改造，中水回用率逐年提高至 67%，市政中水回用量也逐年提高至 100~120t/h。但因中水回用装置双膜系统运行效能低，主体装置升级改造用水量、排水量增加、双膜系统规模不匹配等各中原因，市政中水取用量达不到环评要求。因此，公司提出对中水回用扩能改造，以达到市政中水回用量的要求。但通过目前设计能力及取水量分析，双膜系统目前还存在诸多影响产能的问题，需整体优化，以达到提高双膜运行效能，降低运行成本的目的。

3　污水回用技术方案

3.1　原料水来源

原料水为经过污水处理装置处理后水质达到国家排放标准《综合污水排放标准》二类Ⅰ级要求的达标污水；包括二级生化取市政达标生活污水。

3.2　设计水质指标（表 1）

表 1　回用水进出水水质指标

序号	项目	单位	进水水质	初级再生水水质	优质再生水水质
1	pH 值		6~9	6.5~9.5	5.8~7.2
2	BOD_5	mg/L	20	≤5.0	≤0.5
3	SS	mg/L	70	≤10	0.1
4	COD_{Cr}	mg/L	60	≤60	≤2
5	NH_3-N	mg/L	15	≤3	≤0.5
6	油	mg/L	5	≤1	未检出
7	挥发酚	mg/L	≤0.5		

续表

序号	项目	单位	进水水质	初级再生水水质	优质再生水水质
8	硫化物	mg/L	≤0.5		
9	浊度	NTU		≤5	≤0.3
10	游离氯	mg/L		0.1~0.2	
11	电导率	μS/cm	1200		≤100
12	总硬度	mg/L	≤450		≤15

3.3 污水回用装置工艺流程及原理(图1)

自污水处理厂来的达标微污染污水，自流至气浮氧化池，投加臭氧对污水中的双键、三键有机物进行氧化，提高其可生化性；然后泵送至精密过滤器经过石英砂过滤，再进入生物活性炭过滤器进行吸附截留，去除一定量有机污染物及杂质颗粒物，一部分(初级再生水)作为普通循环水补水送出装置；另一部分经过盘滤、超滤、保安过滤器、反渗透脱盐后产生的优质再生水，泵送至化水站作为除盐水或优质循环水的补充水。产生的浓水送至污水场经臭氧催化氧化处理后达标排放。为了保证污水回用装置的进水水质，根据石化行业水质复杂、可生化性差的特点，污水处理厂生化系统采用A/O+BAF工艺。

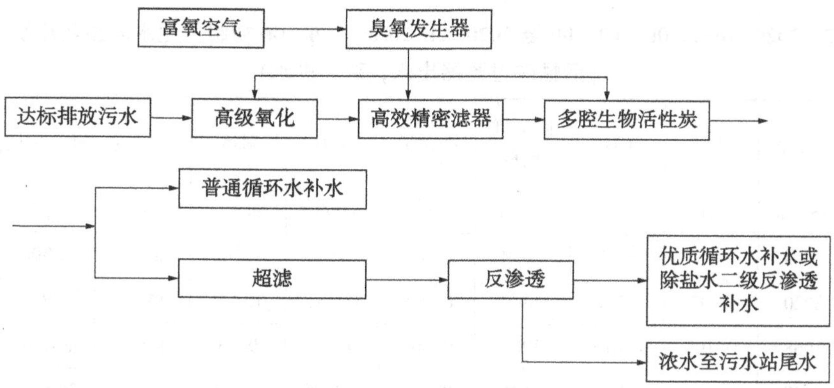

图1　污水回用装置工艺流程及原理图

4　主要工艺单元的工作机理和性能

4.1 气浮氧化系统

在污水回用装置的前端设气浮氧化系统，利用气浮工艺原理进一步去除悬浮物、石油类，使非溶解性污染物得以最大程度的去除；同时投加臭氧和氧化剂对污水进行强氧化处理，提高微污染污水的可生化性。气浮氧化池能够有效的去除水中的悬浮物，降低CODcr和油，使非溶解性污染物得以最大程度的去除。

4.2 过滤系统

采用石英砂过滤与活性碳过滤双重过滤，石英砂过滤吸附、拦截污染物，可去除CODcr10%~20%、石油类10%~20%，出水浊度≤5NTU。活性炭过滤器分上下腔，在活性炭表面形成薄薄的生物膜，吸附降解CODcr等有机污染物，上下腔臭氧再生与吸附降解有机物交替运行，去除大量CODcr。实际运行表明经过滤系统后CODcr由进水56mg/L降低到20~30mg/L，满足双膜系统进水要求。

4.3 超滤(UF)

原设计中选用UF膜作为RO膜的前处理技术，用以保护RO膜长期稳定运行，UF膜的作用是阻截初级再生水中存在的微量大分子有机物、胶体、蛋白质、细菌等杂质，确保出水水质SDI≤3，浊度<1.0mg/L，符合RO膜的安全进水水质指标。超滤是一种筛孔分离过程。超滤膜上具有一定形状和大小的孔，在压力的作用下，溶剂水和小溶质粒子透过膜而到达低压侧，大离子组分被膜阻挡，超滤膜所截留的分子为100~150kPa(相当于0.01~0.015μm的孔径)；可以将初级再生水中粒径大于0.04μm的悬浮物全部滤掉，避免RO膜的污堵现象。

4.4 反渗透

反渗透膜选用抗污染膜，其工作原理是当渗透膜原料水一侧施加的压力大于该原料水渗透压时，可迫使渗透反向进行，实现反渗透过程。反渗透的操作压力0.8~1.7MPa，膜孔径2~3nm，能够截留分子量小于100的小分子物质，无机离子等。回用水装置根据水质选用中空纤维管式膜，除盐率 92~96%，产出的优质再生水作为优质循环水的补充水。并过定点定量投加酸剂、阻垢剂、还原剂等工序，避免了后续的反渗透系统生物结垢，可延长膜的使用寿命，减少化学清洗次数，减少膜的故障率，从而降低了运行成本。

5 工艺特点

（1）庆阳石化公司新厂污水处理装置在设计时，根据石化行业水质复杂、可生化性差的特点，在污水处理厂 A/O 生化池后段增加 BAF 工艺，满足污水回用装置进水水质要求。

（2）污水回用的膜工艺技术运行效果的关键是的污水预处理技术，而不是膜本身。RO 膜工艺技术应用于污水回用有其特殊性，它不同于常规的净水处理，最大的威胁是有机物污堵，当进入 RO 膜的被处理水中有机物超出膜的承受能力时，用于膜的所有维护措施也将失去作用，预处理装置采用气浮氧化+过滤的前置工艺技术，有效的保护了反渗透膜正常运行。

（3）根据两种产品水水质情况，在运行过程中，采取灵活运行方式，提供不同的产水量，最大限度提高水利用率。

6 污水回用装置运行存在问题及建议

污水回用装置运行存在问题及建议（表 2、表 3）。

表 2　2020-10-20 00：00：00 至 2020-11-20 00：00：00 初级再生水质量数据统计（活性碳过滤器出水，双膜进水）

	pH 值	电导率	浊度	CODcr	菌落群总数	铁含量	氨氮	碱度	总硬度	氯根含量	镁离子	钙离子
单位	–	μS/cm	FTU	mg/L	个/mL	mg/L	mg/L	mg/L	mg/L	mg/L	mg/L	mg/L
	6.5~9.0	实测	≤5	≤40	实测	≤0.3	≤8.0	≤300	≤450	≤300	实测	实测
最大值	7.87	3220	1.03	31	4400	0.005	0.152	158.4	467.5	298.4	196.5	200.7
最小值	6.81	1968	0.107	10	3900	0.005	0.092	98.3	428.5	261.4	54	61.2
平均值	7.3123	2447	0.3716	18	4125	0.005	0.1318	122.5	448	289.42	116.24	122
累计平均值	7.5093	2495	0.6681	19	3841.3043	0.0050	0.1997	143.6130	0	369.11	77.66	90.83

表 3　2020-10-20 00：00：00 至 2020-11-20 00：00：00 优质再生水质量数据统计（反渗透产水）

	电导率	pH 值	浊度	碱度	总硬度	氯根含量	菌落群总数	铁含量
单位	μS/cm	–	FTU	mg/L	mg/L	mg/L	个/mL	mg/L
	≤350	6.5~8.5	≤2	≤50	≤80	≤50	实测	≤0.02
最大值	325	8.12	0.631	17.4	0	44.9		0.005
最小值	84.8	7.25	0.093	11.5	0	33.6		0.005
平均值	224.6258	7.76	0.26	14.82	0.0000	39.1800		0.0050
累计平均值	221.7433	7.75	0.24	20.27	0.0000	38.3326		0.0050

通过对双膜进水及产水水质分析，双膜进水 pH 值控制偏高，碱度及硬度偏高，超滤及反渗透膜元件易结垢；其次双膜进水细菌数量偏高，杀菌效果差，双膜易细菌污堵；进水电导高，造成反渗透脱盐率降低；进水氯离子偏高，管线易腐蚀。

6.1 超滤、保安过滤器、反渗透污堵问题及建议

虽然原设计预处理加双膜工艺流程是可行、科学的，但在实际运行过程，污水回用装置预处理段各过滤单元效果差，造成双膜系统污堵块，产水率低，达不到设计指标；运行效能低，运行成本高，是目前影响回用水装置主要瓶颈问题。在扩能改造中，建议对各单元运行指标及对后续工序影响的问题进行分析评价，完善解决方案，在扩能改造中总体进行优化，以提高回用水装置的运行效能。

回用水过滤工艺为石英砂+活性碳过滤(出水浊度小于5NTU)+盘滤(过滤精度100μm)+超滤(过滤精度0.01~0.015μm)+保安过滤器(过滤精度5μm)+反渗透(过滤精度2~3nm)，每级过滤都是后续工序的保护，否则其失效就造成后续过滤设备的污堵、影响其正常的运行。石英砂+活性炭过滤主要是去除大颗粒的机械杂质，盘滤主要过滤机械杂质、颗粒物等，超滤主要过滤粒径大于0.04μm的悬浮物、胶体、粘泥全部滤掉，避免RO膜的污堵现象；保安过滤器则是RO膜的最后一道防线，截留穿过超滤的部分细菌、粘泥、胶体等污染物，防止RO污染。整个运行过程中，污染物主要为大颗粒的杂质、胶体，细菌及滋生的生物粘泥，还有由于水体中硬度高造成膜表层结垢等。目前表现最突出的问题是超滤易堵塞，产水率低；保安过滤器易堵塞、滤芯更换频繁；反渗透膜易堵塞，压差升高、脱盐率降低、产水率降低等问题。

6.1.1 超滤污堵、通量降低、产水率降低的问题

原设计超滤3台，每台80t/h，超滤采用的是管式中孔纤维膜；在运行过程中，膜丝易堵塞、通量衰减块、运行效能低，产水量只能达到30~50。2016年回用水二期扩能改造过程中，采用不易污堵的浸没式超滤。但在实际运行过程中发现，浸没式超滤也不是万能的，也会受到细菌、生物粘泥的污堵、结垢污堵，还需每天用杀菌剂次氯酸钠及碱液进行离线化学清洗1~2h，已保证膜的运行通量；在此期间造成浸没式膜不能连续运行，造成综合产水率降低。

判断方法：超滤污堵后，采用碱洗(氢氧化钠+次氯酸钠)化学清洗，清洗后通量恢复正常，说明超滤膜是细菌、滋生的生物粘泥污堵；其次，观察浸没式超滤膜丝表面，有粘性物质，初步膜污染堵塞的主要原因是细菌滋生有机物、生物粘泥，堵塞膜孔径，造成膜的通量降低。还有一种情况，碱洗后，通量难以恢复，则初步判断为金属盐(钙、镁离子)结垢污堵；则采用酸(柠檬酸、盐酸)浸泡化学清洗后，通量恢复正常。

影响的主要因素：①在实际运行中，因活性碳滤料在使用过程中，滤料机械强度降低，机械磨损严重，易产生活性碳粉末带入超滤；因此，为避免碳粉堵塞超滤，已改造将活性碳过滤器切出；虽然消除了碳粉的污堵，但任然未解决其他杂质都超滤的污堵，且减少了一级过滤。②气浮氧化池投加的聚合氯化铝超量，形成的氢氧化铝等胶体带入超滤。③盘滤因结构缺陷，过滤失效，碳粉及机械杂质易带入超滤。初级再生水浊度指标小于5NTU，经对初级再生水取样观察，初级再生水浊度虽然达标，但有时仍然控制在指标上限，浊度控制在3~5NTU。④前端的杀菌效果差，细菌滋生粘泥、有机物带入超滤；⑤回用装置的原料水是达标污水，电导约在2000~3500μS/cm，硬度较高在300~450mg/L，碱度在140mg/L，污水中硬度高，钙镁造成超滤膜结垢。

可委托进一步对超滤进水细菌总数、金属离子分析监测、电镜分析、能谱分析判断超滤污堵的原因，才可找到解决措施。

6.1.2 保安过滤器污堵、滤芯更换频繁问题

保安过滤器作为超滤后反渗透前的过滤设备，对反渗透膜起到最后一道保护作用；其堵塞、滤芯更换频繁的主要原因就是超滤过滤效果差造成。

目前现状：原设计两台保安过滤器，设计过滤精度5μm，处理能力100t/h。在使用过程，因隔板端面密封效果差，过滤效果差，达不到1、2套反渗透的保护作用。2016年扩建新增1套3#双膜系统，其保安过滤器虽然达到了对3套反渗透膜的保护作用，但其滤芯易堵塞，更换频繁。对其滤芯进行检查，发现表面附着大量生物粘泥，则初步判断为细菌滋生粘泥造成。

影响的主要因素：①前端超滤运行存在问题，膜丝断裂，粘泥带入后段；②前端杀菌效果差，保安过滤器前投加还原剂，余氯为零，造成细菌在保安过滤器滋生，造成滤芯严重堵塞。

6.1.3 反渗透污堵，产水率降低，脱盐率降低问题

影响的主要因素：反渗透因有前端超滤、保安过滤器等多重过滤保护设施，所以一般污堵的原因主要为膜受金属盐离子结垢造成；回用装置的原料水是达标污水，电导约在2000~3500μS/cm，硬度较高在300~450mg/L，在前预处理过程中可以对有机污染物进行最大程度的去除，但对无机离子不但没有去除能力，并且会随着化学药剂的投加而有所增加，很容易引起反渗透膜的结垢而造成危害。超滤、保安过滤器双层过滤一旦失效；余氯、SDI监测系统不完善，氧化性杀菌剂

及还原剂投加量控制不精准，杀菌效果差，也会在反渗透膜表面造成细菌污染而堵塞，且很难清洗恢复通量。

判断依据：污水回用反渗透每月清洗一次，更换下来的膜元件重的达到25kg/支，高于膜设计质量14.5kg/支，膜元件上有白色结晶物质，用酸可溶。酸清洗后，产水量可恢复到原设计。

6.1.4　建议

（1）改造原设计已停运的活性炭过滤器为多介质过滤器（石英砂加无烟煤），将内结构改造为水帽，不但增加一级过滤，提高过滤效果，而且还避免了原活性炭过滤器的机械磨损及跑料问题；同时将盘滤过滤头进行改造，解决盘滤失效问题或改造更为盘滤为自清洗过滤器。通过以上在原设备基础上的改造，提高预处理机械杂质的过滤效果，消除超滤机械杂质的污堵问题。

（2）膜受生物粘泥的污堵原因主要为进水COD偏高、微生物量高造成。因此解决微生物、生物粘泥、有机物的污堵的主要措施是降低膜进水COD、有效对各处理单元进水微生物杀菌。目前，污水回用装置杀菌主要措施是在净水池（盘滤进水）投加杀菌剂，在气浮氧化池出水及石英砂过滤器出水投加臭氧。目前由于臭氧回收设施效果差，投加量大，现场异味大，因此臭氧投加量达不到设计要求，杀菌效果差。原设计臭氧投加点不合理，目前臭氧投加在气浮氧化出水、石英砂过滤出水端，臭氧将微污染污水中有机物开环、断链后，后端无生化系统处理，有机物无法进一步降解降低，造成双膜进水细菌滋生。杀菌剂投加点在净水池，还原剂投加点在保安过滤器出水端，反渗透进水氧化还原电位控制在120～180mV，双膜进水COD控制在20～40mg/L，反渗透进水无余氯监测分析仪。

建议：

① 建议将臭氧投加点设在污水场AO生化后端，经臭氧氧化后的污水进一步经BAF生物降解后，双膜进水COD会进一步降低，降低双膜的细菌污堵。

② 完善臭氧吸收系统，臭氧吸收器可选型为臭氧破坏器，消除现场臭异味，氧提高臭氧投加量，降低污水中COD，同时达到杀菌的目的。

③ 优化杀菌剂投加点及增加在线监测仪表。对杀菌剂采用多种类型，多点投加，抑制处理过程细菌的滋生污染。将净水池氧化性杀菌剂投加点保改至前端气浮氧化池出口投加点，达到延长杀菌剂反应时间；同时可适量提高其投加量，改造后的多介质过滤器内的无烟煤可吸附余氯，其次保安过滤器进口投加还原剂；同时在反渗透进水端增加余氯在线监测仪，同时将余氯、氧化还原电位与还原剂投加泵自动连锁，以防止杀菌剂投加过量损坏反渗透膜元件。为防止保安过滤器滤芯、反渗透膜元件细菌污染，可在保安过滤器进水端增加非氧化性杀菌剂。

④ 中水回用超滤为外压式超滤，运行时采取死端过滤的方式。随着超滤运行时间的累积，产水流量衰减明显。建议采取错流过滤，适当降低超滤的回收率，有利于超滤膜丝上吸附的污染物及时随着浓排水排出。

⑤ 更新改造目前反渗透膜进水保安过滤器（过滤精度5μm），解决滤芯隔板密封不严问题，提高保安过滤器的前置保护作用，防止反渗透膜的生物粘泥污堵；同时在保安过滤器进口增加非氧化性杀菌剂，采用冲击投加方式，并定期更换其品种避免细菌适应，降低保安过滤器的污堵。

⑥ 在反渗透进水增加余氯、SDI在线分析仪表，提高杀菌效果。

（3）降低双膜进水硬度，防止膜结垢问题。

① 为了防止双膜结垢（含超滤），可以在回用水进水段增加除硬软化设施，将钙、镁、锶、钡等离子能去除一部分，降低膜进水硬度，为双膜系统的运行提供保障。经过除硬后，将污水回用装置进水硬度降了低50～80mg/L，有效的减轻了膜系统无机盐的结垢。

② 完善酸碱投加设施，严格控制反渗透进、出水PH。为防止反渗透膜结垢，要求反渗透膜进水pH值为6.5～7；为了防止产水对使用方管线的腐蚀，反渗透产水pH值要求控制为7～8。目前，原设计无产水pH值调节系统，为保证产水指标控制在7～8，反渗透进水pH控制过高，在7～8，容易造成结垢。因此，需完善产水pH值调节系统，严控反渗透进水、产水pH值指标，防止膜结垢及管线腐蚀问题。

（4）着力解决化学清洗问题。原设计化学清洗保安过滤器为碳钢衬胶，且化学清洗罐无加热系统，衬胶脱落铁锈杂质带入膜系统；同时化学清洗时，无加热设施，清洗液温度达不到30～40℃，造成清膜洗效果差，清洗不彻底。建议更新化学清洗保安过滤器，完善清洗罐加热设施，提高膜化学清洗效果。

6.2 解决回用水装置管线、设备腐蚀问题

回用水装置投加药剂为盐酸、次氯酸钠、氢氧化钠、还原剂、聚合氯化铝，且原料水为达标污水，因此易造成管线设备酸、碱腐蚀、垢下腐蚀、粘泥腐蚀、氯离子腐蚀等，管线设备易出现漏点，影响正常生产。

因此，建议在设计时应该提高管线、设备材质等级、压力等级，防止腐蚀产生，建议材质选用316L；同时严格管控药剂投加及水质指标控制，防止管线、设备腐蚀。

6.3 运行管理问题

双膜运行是比较精细的操作，因此必须严格制定污水回用装置运行管理规定，规范过滤器反洗、膜化学清洗、反洗、加药操作要领，保证污水回用装置的最佳运行。

（1）严抓污水场的运行管理，保证回用水站的进水水质。双膜要求水质越优，膜运行越平稳、运行寿命越长。因此，水质源头管理是关键，要严控污水场及回用水站进水水质管理，做到清污分流、污污分流，严控高盐水、含碱废水进入，降低进水电导，减轻给双膜运行造成隐性的危害，形成良性生产运行状态。

（2）将精密滤器、活性炭滤器的反洗频次由4天调整到2天，降低初级再生水浊度。

（3）制定污水回用装置药剂投加管理，根据水质情况对药剂实行动态管理；且对药剂投加、浓度方法进行规范，提高药剂投加效果。

（4）强化超滤、反渗透化学清洗，提高了超滤通量；根据超滤产水量，对反渗透A、B运行实行动态管理，提高了反渗透产水量。

7 结论

（1）污水回用技术在国外已成熟的应用，在国内正在逐步推广，其处理工艺各不相同。深度预处理+双膜污水回用技术成熟可靠，在庆阳石化污水回用中得到实际工程应用，既节约了新鲜水水，又降低了污水排放量，降低企业的生产成本，是实现环保和节水减排的重要措施。

（2）污水回用装置的双膜运行的关键在于预处理系统的运行质量；如何解决双膜进水杂质、细菌、生物粘泥、盐结垢的污堵问题，是保证双膜高质量、高效能及降低运行成本的关键。在设计时，应综合考虑以上影响因素，保证各单元的运行质量，提高污水回用装置整体运行效能、降低运行成本。

参 考 文 献

[1] 陈燕青，苑宏英，李银磊. 臭氧-活性炭组合工艺在污水再生中的应用[J]. 天津城市建设学院学报，2010(4).

[2] 高富，刘发强，王中元. O_3-BAF工艺用于炼油废水深度处理的中试研究[J]. 给水排水，2010(1).

[3] 郭志红，黄军荣，郑贤斌. 炼油污水深度处理回用工艺实验研究[J]. 油气田环境保护，2006(4).

[4] 郭景玉，贺春梅，陈波，等. 生物制剂在炼油污水处理中的应用研究[J]. 石化技术与应用，2006(2).

[5] 姚丹郁，张妍，杨庆洲，等. 炼油污水深度处理回用技术的工业应用[J]. 石油炼制与化工，2004(8).

5A 分子筛对戊烷油装置混合碳六组分吸附分离工艺的研究

方　怡　孙　艳　马　军

（中国石油乌鲁木齐石化公司）

摘　要　以戊烷油装置混合碳六组分为原料，采用 5A 分子筛进行吸附分离提纯高纯度正己烷产品，考察吸附温度、空速、压力、脱附温度对正己烷纯度的影响。吸附温度 120～160℃，脱附温度 140～180℃，氮气空速为 0.07～0.44h^{-1}，流量为 80L/h，脱附油中正己烷的纯度均可以达到 99%以上。

关键词　戊烷油；5A 分子筛；吸附分离

1　引言

脱戊烷油装置 C-106 塔顶混合碳六组分中含有 50%～80%左右的正己烷。苯含量小于 0.1%，这部分物料的辛烷值为 45，利用 5A 分子筛进行分离提纯生产高纯度正己烷产品，吸余油的辛烷值大大提高，可以作为高辛烷值汽油的调和组分。

将戊烷油装置混合碳六组分通过 5A 分子筛固定床吸附分离工艺实施同族分子定向分离，分离为富含非正构烃的吸余油（高辛烷值汽油调合组分）和高纯度正构烷烃的脱附油（试剂级正己烷），可以为企业带来巨大的效益空间。

2　技术思路和研究方法

2.1　原料、试剂与仪器

原料：脱戊烷油装置 C-106 塔顶混合碳六组分（表 1）。

表 1　脱戊烷油装置 C-106 塔顶混合碳六组分原料性质分析

编号	2,3 二甲基丁烷+环戊烷/%	异己烷/%	3-甲基戊烷/%	正己烷/%	苯/%	其他碳六组分的和/%
1	0.08	1.48	12.22	57.18	0.07	28.67
2	0.02	0.65	13.46	69.61	0.05	16.21
3	0.01	0.27	6.13	78.69	0.06	14.82

吸附剂：5A 分子筛；

脱附剂：N_2、水蒸气；

仪器：AD-100 吸附分离试验装置。

2.2　试验原理

由于 C_6 烷烃的正、异构烷烃的沸点接近，故采用精馏等工艺难以获取高纯正己烷，且分离能耗大。分子筛吸附是利用 5A 分子筛能选择性地吸附临界直径为 0.49nm 的正构烷烃分子，而对其他非正构烷烃只在分子筛晶粒外表面因非选择性作用才略有吸附的原理，进行吸附分离，可以将正己烷从混合碳六组分中分离出来，同时馏分中的异构烷烃吸余油则作为高辛烷值汽油的调和剂。

分子筛脱附是利用竞争吸附特性，采用更易吸附的介质——氮气，置换出烷烃类分子，此法可有效避免分子筛内结焦、积炭，也是比较好的分子筛再生方法。

3　结果和效果

3.1　分子筛吸附温度对正己烷吸附量的影响

为保证吸附分离过程在气相状态下操作稳定，考虑到油品分子在颗粒微孔内的毛细管冷凝现象，吸附过程的操作温度应高于脱戊烷油装置 C-106 塔顶混合碳六组分的干点。选择进料量为 30g/h，试验温度为 120～160℃，气相吸附，考察吸附穿透曲线（图 1）。

由图 1 可知，随着吸附温度的提高，正己烷在 5A 分子筛的吸附速度逐渐减慢。当进料量为

30g/h，试验温度为 120～160℃，分子筛吸附容量逐渐减小，吸附穿透时间逐渐延长，这是由于吸附是一个放热过程，低温有利于吸附。但温度过低会影响吸附效率，

3.2　不同空速下的吸附穿透情况

设定空速为 0.07～0.44h^{-1}，120～160℃气相吸附，考察吸附穿透情况(图 2)。

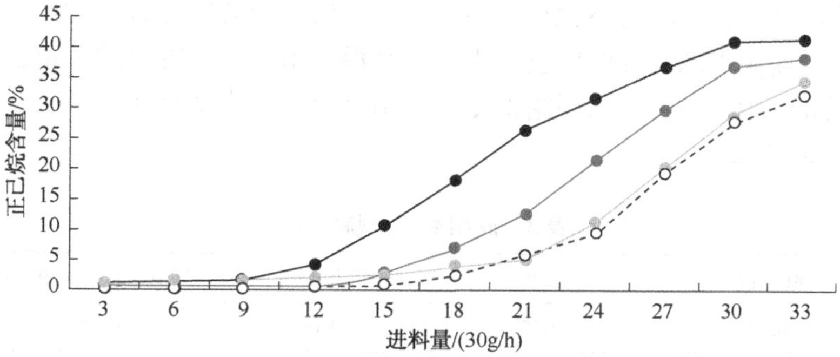

图 1　正己烷吸附量随温度变化曲线

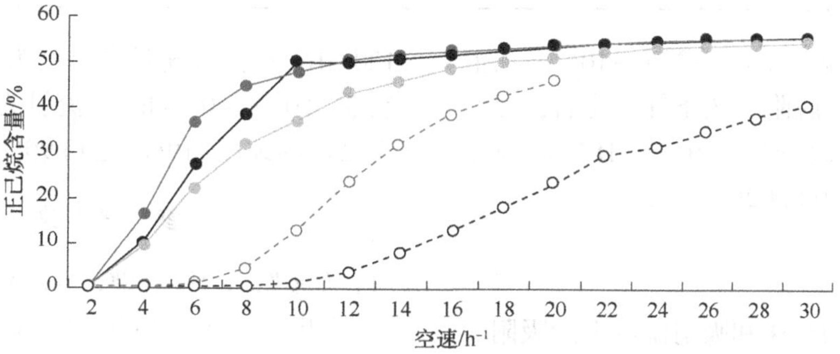

图 2　不同进料量正己烷吸附穿透情况

从试验结果可以看出，空速为 0.07～0.44h^{-1} 时，随着空速的增大，吸附穿透时间缩短，考虑到装置切换需要时间，空速不能过大，空速为 0.11h^{-1}，吸附穿透时间为 10min 左右。

3.3　不同压力对吸附穿透效果的影响

由试验可知，同一温度和空速下，不同压力的正己烷的吸附穿透曲线基本一致。不同压力下的穿透吸附容量基本相同。故压力对正己烷的吸附的影响很小，可忽略。

3.4　氮气脱附温度的影响

脱附是放热过程，高温有利于脱附。选择氮气脱附温度为 140～180℃，120～160℃吸附，考察正己烷纯度(图 3)。

由图 3 可以看出，随着脱附温度的提高，脱附后正己烷的收率逐渐增高，但是，脱附温度高于 300℃，分子筛表面因温度过高颜色发黑而碳化结焦，且部分分子筛发生碎裂。这是由于 5A 分子筛吸附分离正构烷烃时，烷烃类分子在较高的温度下会发生复杂的环化、缩聚等化学反应，生成难以挥发的化合物，该化合物覆盖分子筛吸附位或堵塞 5A 分子筛吸附孔道，将导致分子筛吸附活性的丧失。脱附温度控制在 180℃，脱附纯度可以达到 99%以上。

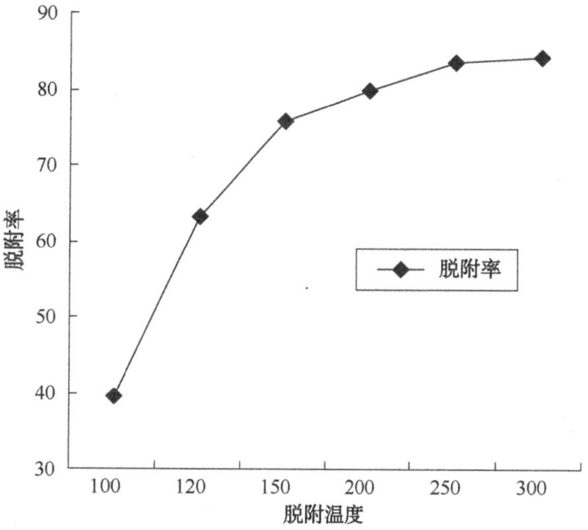

图 3　脱附率随温度变化曲线

3.5　氮气流量对脱附效果的影响

在操作温度为 140～180℃，空速为 0.07h^{-1}，

出馏后继续吸附 30min，用氮气进行 5min 吹扫分子筛表面残留的混合碳六组分，180℃惰性气体氮气不同流速吹扫床层 10min，当氮气流速由 40L/h 增加到 100L/h 时，正己烷的脱附率从 51.2%增加到 70.6%，而当氮气流速增大到 80L/h 时，正己烷的脱附率已经达到 68.5%，当氮气流速继续增大时，脱附率的增加幅度已经十分微小。考虑到能耗和动力成本，所以脱附剂氮气的流速选择为 80L/h(表 2)。

表 2　脱附剂用量对脱附效果的影响

氮气流量/(L/h)	40	60	80	100
脱附率/%	51.2	59.8	68.5	70.6

3.6　脱附油的组成

戊烷油装置混合碳六组分，采用 5A 分子筛高温吸附，氮气脱附后，正己烷样品进行气相色谱分析，分析结果如下见表 3。

表 3　脱附后正己烷性质

正己烷/%	异己烷/%	苯/%	3-甲基戊烷/%	其他碳六组分和/%	微量水/(mg/kg)
99.54	0.05	0.02%	0.06	0.05	2.5
硫含量/(mg/kg)	密度/(kg/m^3)	折光率	—	—	—
7.3	0.6621	1.375	—	—	—

由表 3 可知，脱戊烷油装置 C-106 塔顶混合碳六组分经吸附、脱附工艺条件优化后，氮气脱附，脱附后正己烷的纯度由 57.18%提高至 99.54%，苯的含量为 0.02%。

4　结论

分子筛在不同的空速和吸附温度下的吸附容量和吸附穿透时间不同。随着温度的升高，吸附容量逐渐减小，吸附穿透时间延长。随着空速的增大，吸附容量逐渐增大，吸附穿透时间缩短。

以脱戊烷油装置 C-106 塔顶混合碳六组分为原料，利用 5A 分子筛吸附，吸附温度为 120~160℃，氮气脱附温度为 140~180℃，氮气空速为 0.07~0.44h^{-1}，流量为 80L/h。脱附油中正己烷的纯度均可以达到 99%以上。

参考文献

[1] 蒋龙飞，彭磊，于萍，等.5A 分子筛分离工业异己烷中低含量正己烷[J]. 能源化工，2016(1)：69-72.

[2] 徐亚荣. 5A 分子筛对重整拔头油吸附分离工艺的研究[J]. 化工科技，2008，16(3)：40-42.

[3] 刘海澄，黄鹤，王宏德，等. 辽河劣质超稠油试制高品质石油焦的试验研究[J]. 中外能源，2006，(1)：69-72.

叔丁醇异丁烯二步法氧化制甲基丙烯酸甲酯工艺防爆性研究

聂宏元

（中国石油乌鲁木齐石化公司）

摘　要　叔丁醇异丁烯两步法制氧化制甲基丙烯酸甲酯工艺中是目前开发的一种绿色环保的新工艺方法，但在反应过程中存在氧气和有机物蒸气共存的现象，这种工况下有机物蒸气和氧气的含量是否处于爆炸极限范围之内，对于工艺的安全性而言至关重要，因此需要测试这些状态下的混合气体的爆炸极限或能否发生燃爆，针对气相原料组成在工况条件下的燃爆特性进行研究。在此基础上，提出相应的安全控制措施建议，为该工艺的工业实施提供安全技术支持。

关键词　叔丁醇；异丁烯；氧化；甲基丙烯酸甲酯；防爆

甲基丙烯酸甲酯(MMA)是重要的丙烯酸树脂单体，主要用于 PMMA 的生产，在化工其他方面也有所应用。市场应用前景十分广阔。2020年全球 MMA 总产能在 419 万 t 左右，其中，欧洲 MMA 产能共 83.6 万 t。据了解，预计到 2021年全球甲基丙烯酸甲酯(MMA)需求还将以每年2%~3%增速增长，到 2022 年全球甲基丙烯酸甲酯(MMA)需求将达到 450 万 t。但目前工业生产 MMA 的主要工艺是以丙酮和剧毒的氢氰酸为原料的传统丙酮氰醇法，反应过程中还需使用高腐蚀性的硫酸，并副产大量难以处理的硫酸氢铵。目前生产甲基丙烯酸甲酯的方法有多种，本文主要介绍叔丁醇两步氧化法制甲基丙烯酸甲酯过程中有机物蒸汽和氧气反应过程中安全防爆的控制研究。

乌石化公司和中科院过程所联合开发的叔丁醇两步氧化法制取甲基丙烯酸甲酯。即叔丁醇/异丁烯在催化剂作用下氧化生成甲基丙烯醛 MAL(1)，然后 MAL 在催化剂作用下酯化生成甲基丙烯酸甲酯 MMA(2)；此方法在工艺进一步简化，也避免了其他方法过程中间酸的生成，绿色化程度进一步提高。但由于存在氧气和有机物蒸气共存的现象，这种工况下有机物蒸气和氧气的含量是否处于爆炸极限范围之内，采取工艺手段降低爆炸风险，是本次实验研究的主要内容。

$$C_4H_8+O_2 \rightarrow C_4H_6O(MAL)+H_2O \quad (1)$$

$$C_4H_6O+1/2O_2+CH_3OH \rightarrow C_5H_8O_2+H_2O \quad (2)$$

1　实验部分

实验手段和安全分析方法，对叔丁醇氧化制甲基丙烯醛(MAL)工艺进行安全技术研究。对混合器、预热器两个过程的安全相图进行研究，针对反应器气相原料组成、R201 上方气相组成在工况条件下的燃爆特性进行研究。在此基础上，提出相应的安全控制措施建议，为该工艺的工业实施提供安全技术支持(图 1)。

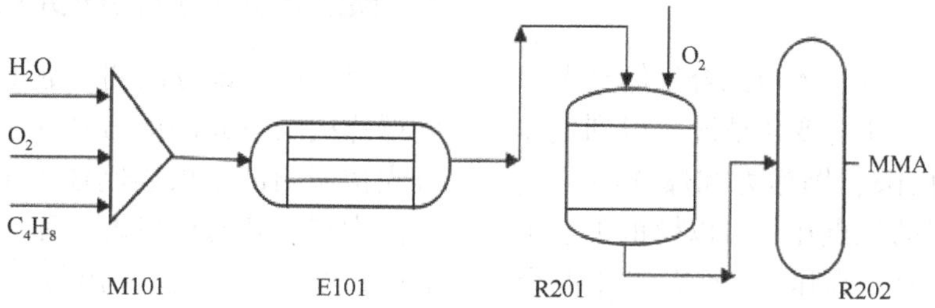

图 1　叔丁醇法生产 MMA 简要流程图

实验内容具体内容包括四个方面：

混合器 M101：温度 80℃，压力（绝压）1.5kg/cm^2 下，“叔丁醇/异丁烯-氧气-氮气”物系火灾爆炸三元相图研究，检测该物系不同组成的爆炸极限，绘制氧含量为 30%以下部分的火灾爆炸相图。“叔丁醇/异丁烯-空气-水蒸气”物系火灾爆炸三元相图研究，检测该物系不同组成的爆炸极限，绘制氧含量为 30%以下部分的火灾爆炸相图。

预热器 E101：温度 170℃，压力（绝压）1.5kg/cm^2 下，“叔丁醇/异丁烯-氧气-氮气”物系火灾爆炸三元相图研究，检测该物系不同组成的爆炸极限，绘制氧含量为 30%以下部分的火灾爆炸相图。“叔丁醇/异丁烯-空气-水蒸气”物系火灾爆炸三元相图研究，检测该物系不同组成的爆炸极限，绘制氧含量为 30%以下部分的火灾爆炸相图。

反应器（R201）上方气相组成工况条件是否燃爆：温度：80℃，压力（绝压）：4kg/cm^2，6kg/cm^2，气相组成如表 1 所示。在两个压力和三种组成的六个状态点下是否能发生燃爆。

表 1　三个气相组成

气体	摩尔含量/%		
	组成一	组成二	组成三
N_2	76.86	84.81	88.46
O_2	10.04	10.20	9.89
CO_2	0.22	0.54	0.27
H_2O	2.13	0.14	0.10
C_3H_6（丙烯）	0.21	0.09	0.10
MeOH	8.23	2.23	0.37
甲酸甲酯	1.03	1.08	0.50
MAL	1.30	0.92	0.33

2　研究方法

2.1　测试装置

爆轰管——通过测量管体内混合气体经点燃后，火焰传播、温度、压力变化情况，得到气体（蒸气）混合物爆炸极限、爆炸力和爆炸波传播速度的装置。本装置的优点在于可以模拟工业生产的实际情况（如高温、高压），研究气相混合物的燃爆性能，且安全性高，操作简便。

实验装置主要由长 1.5m 的 Φ150mm×25mm 爆轰管管体（使用压力 30MPa）、点火装置、高压蒸气发生器、气源、管体温度压力监控表、真空泵、连接管线和摄像机组成。在管体上安装了真空表、压力表和温度传感器，用于观测管内压力和温度。高压蒸气发生器上也安装了控温装置和压力表。装置示意图和照片如图 2 所示。

2.2　测试方法

加热爆轰管至预定温度，在充分吹扫并抽真空后，向爆轰管内按照组分由小到大的含量先后通入各组分至预定的压力。待气体充分混合并且温度恒定后点火，根据点火后的火焰传播情况确定该浓度是否在爆炸极限范围之内。

（1）将爆轰管管体升温至预定温度，用空气充分吹扫后抽真空。

（2）按照组分含量由小到大的顺序依次通入各组分的蒸气或气体，由组分摩尔含量计算通入气体的分压大小。

（3）等到爆轰管内气体混合均匀并且温度恒定后，开启摄像机，点火并记录爆轰管内的燃烧传播情况。

（4）开启尾气阀门，同时向爆轰管中通入空气吹扫，重复吹扫至少三次，重复前面的测试，直至找到燃烧区域的极限值。

3　试验结果

3.1　反应器 R101 内物料的燃爆情况

反应器 R101 内，温度为 380℃、压力（绝压）为 1kg/cm^2，气相组成（摩尔含量）为：叔丁醇/异丁烯：空气：水蒸气=1：6：4.3。进行气相点火，3min 时间内未发现燃爆现象。

3.2　反应器 R201 内物料的燃爆情况

反应器 R201 内，温度为 80℃、压力（绝压）为 4kg/cm^2、6kg/cm^2、物料组成摩尔比为表 1 所列出的三种组成的六种条件下，经 3min 时间的点火实验，均未发现燃爆现象。

4　预热器及反应器研究结果分析

对于第三部分的测试数据，我们用混合气体的爆炸极限三元图的方法来分析其燃爆危险性。首先按照测试结果绘制体系的爆炸极限三元图。在图中每一状态点代表三种物质的某一个固定组成（按照下面的方法读出每一状态点的某组分的含量读数：旋转三元图，将该组分的坐标轴置于正下方，通过状态点做一条与右侧坐标轴平行的直线，与正下方的坐标轴相交，交点的坐标读数值即为该组分的含量）。图3和图5中粉色的线代表在这条线上氧气和氮气的比例是固定的。

对于“燃料-氧-惰性气体”的三元混合气体体系，存在一个氧含量的极限值，只要体系内的氧含量低于该极限值，无论其余两种组分含量如何变化，都不会进入到燃爆区域之内，该点被称为体系的极限氧含量(Limiting Oxygen Concentration，LOC)。按照实验数据在爆炸极限三元图上可找出其极限氧含量。

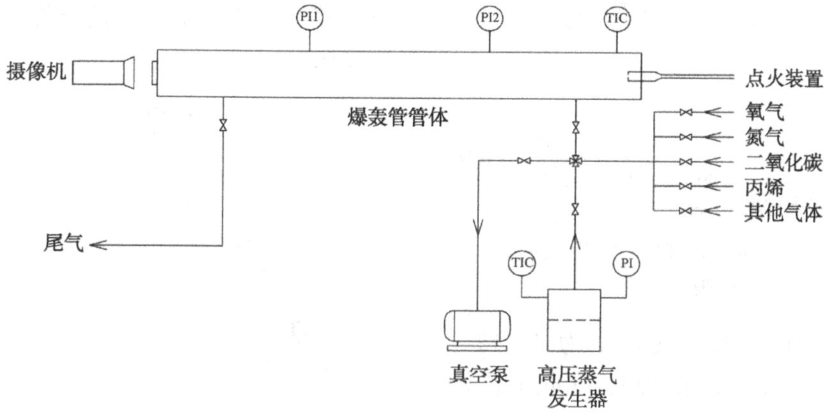

图2　气相爆破测试装置

5　混合器M101内物料的燃爆危险性分析

5.1　含水蒸气的情况

由混合器M101内不含水蒸汽的物料体系的爆炸极限数据绘制爆炸极限三元图(图3)，由图可以看出：在80℃、1.5kg/cm^{2}绝压下，“叔丁醇/异丁烯-氧气-氮气”的三元体系中，随着空气中氧浓度的提高，叔丁醇/异丁烯的爆炸极限变宽，空气进气的氧浓度如果降低到15.3%，则体系不会发生燃爆。由图3的计算可知，该体系的极限氧含量约为14.9%。若采用控制氧含量的方法保证体系的安全性，推荐将空气的氧含量控制在8%以下。

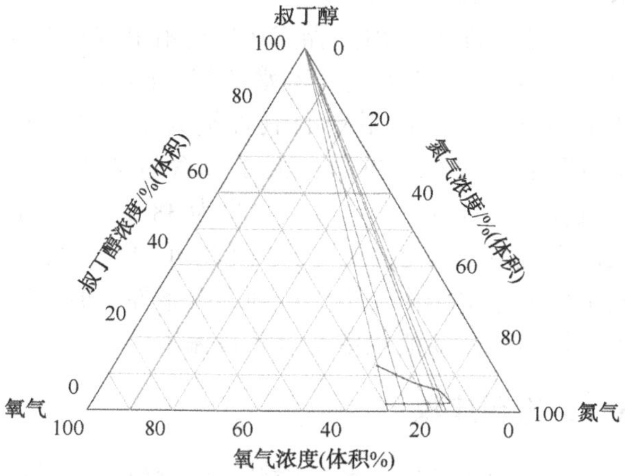

图3　80℃、1.5kg/cm^{2}下“叔丁醇-氧气-氮气”爆炸极限三元图

工艺条件下，混合器(M101)气相组成(摩尔含量)为：叔丁醇/异丁烯：空气：水蒸气=1：6：4.3。经计算可知，若体系中不含水蒸气，在空气和叔丁醇/异丁烯的二元体系中，空气相对含量为85.7%，氧含量为18%，高于极限氧含量(14.9%)。因此不含水的空气-叔丁醇/异丁烯二元体系中，工艺条件下的物料组成处于燃爆区域内。

5.2　含水蒸气的情况

由混合器M101内含水蒸汽的物料体系的爆炸极限数据绘制爆炸极限三元图(图4)，由图可以看出：在80℃、1.5kg/cm^{2}绝压下，“叔丁醇/异丁烯-空气-水蒸汽”的三元体系中，随着水蒸汽浓度的提高，叔丁醇/异丁烯的爆炸极限变窄，上限从7.3%下降到5.6%，下限从2.2%上升到2.7%。但由于受温度限制，水蒸汽的分压达到20%后不能进一步提高，因此无法做出体系的最小水蒸汽含量。经估算，80℃、1.5kg/cm^{2}条件下，惰化体系的最低水蒸汽含量约为30%(V)。

工艺条件下，混合器(M101)气相组成(摩尔含量)为：叔丁醇/异丁烯：空气：水蒸汽=1：6：4.3。经计算可知，空气含量为53.1%，氧含量为11.2%，叔丁醇/异丁烯含量为8.8%，水蒸气含量为38.1%。

此条件下，三元体系中的氧含量为11.2%，小于极限氧含量(14.9%)，大于氧含量的推荐

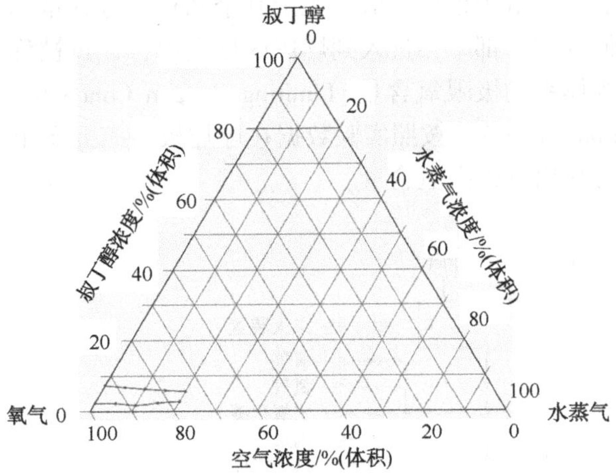

图4　80℃、1.5kg/cm^2 下"叔丁醇-空气-水蒸气"爆炸极限三元图

控制值(8%)。M101的水蒸气含量为38.1%，大于最低水蒸气含量值。由此可知，在此工艺条件下稳定操作，不会达到燃爆条件，但是给工艺控制的波动值预留安全系数偏小。实验研究过程可知，若叔丁醇/异丁烯和空气含量不变的条件下，水蒸气含量降低会导致氧含量增大，使体系接近或处于燃爆区域内。尤其是80℃条件下，不易于实现高浓度水蒸气的稳定控制，建议采取有效措施保证水蒸气的工艺指标。

5.3　预热器E101内物料的燃爆危险性分析

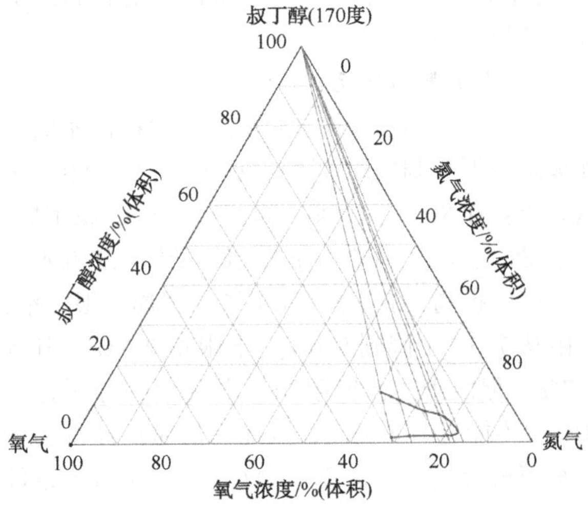

图5　170℃、1.5kg/cm^2 下"叔丁醇-氧气-氮气"爆炸极限三元图

5.3.1　不含水蒸气的情况

由预热器E101内含不含水蒸汽的物料体系的爆炸极限数据绘制爆炸极限三元图(图5)，由图可以看出：在170℃、1.5kg/cm^2 绝压下，"叔丁醇-氧气-氮气"的三元体系中，随着氮氧混合气中氧浓度的减小，叔丁醇的爆炸极限变窄，氧浓度降低到15.3%后，体系不会发生爆炸。经计算可知该体系的极限氧含量约为14.9%。

工艺条件下，预热器E101气相组成(摩尔含量)为：叔丁醇：空气：水蒸汽=1：6：4.3。分析方法见5.1.1。由此可知，不含水的空气-叔丁醇二元体系中，工艺条件下的物料组成处于燃爆区域内。

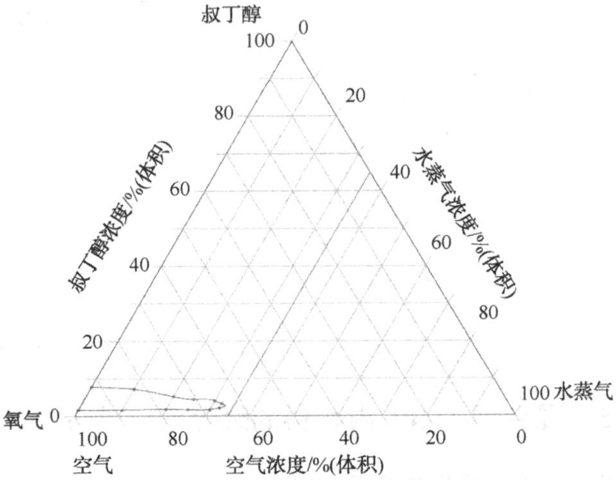

图6　170℃、1.5kg/cm^2 下"叔丁醇-空气-水蒸汽"爆炸极限三元图

5.3.2　含水蒸气的情况

由预热器E101内含水蒸汽的物料体系的爆炸极限数据绘制爆炸极限三元图(图6)，由图可以看出：在170℃、1.5kg/cm^2 绝压下，"叔丁醇-空气-水蒸气"的三元体系中，随着水蒸气浓度的提高，叔丁醇的爆炸极限变窄，当水蒸汽的含量提高到35%时，体系不发生燃爆，也不存在爆炸极限。经计算可知，预热器E101中最低水蒸气含量值约为35%。

工艺条件下，预热器E101气相组成(摩尔含量)为：叔丁醇：空气：水蒸气=1：6：4.3。此条件下，三元体系中的氧含量为11.2%，小于极限氧含量(14.9%)，大于氧含量的推荐控制值(8%)。E101的水蒸气含量为38.1%，大于最低水蒸气含量值(35%)。由此可知，在此工艺条件下稳定操作，不会达到燃爆条件，但是给工艺控制的波动值预留安全系数偏小。

6　结论和建议

根据对工艺状况和实验结果的分析及建议：

6.1　混合器(M101)和预热器安全分析

混合器(M101)和预热器(E101)的工艺条件

下，体系的极限氧含量约为 14.9%。若采用控制氧含量的方法保证体系的安全性，推荐将空气的氧含量控制在 8%以下。混合器（M101）和预热器（E101）的最低水蒸气含量值分别为 30%和 35%，综合考虑，取危险性大的进行控制，最低水蒸气含量值为 35%，水蒸气含量的推荐控制值为 40%。

6.2　混合器和预热器安全运行建议

经实验研究可知，混合器（M101）和预热器（E101）的工艺组成处于安全区，但是安全裕度偏小，建议将水蒸气含量提高至 40%。

各设备中氧含量对燃爆危险性至关重要，建议采用可靠的方法监控混合器、预热器及反应器中的氧气含量。若叔丁醇和空气含量不变的条件下，提高水蒸气含量，会起到稀释可燃气体（叔丁醇）的浓度、惰化体系、降低体系的氧含量的作用。80℃条件下，不易于实现高浓度水蒸气的稳定控制，生产过程中应采取有效措施保证体系的水蒸气含量值达到工艺指标。

6.3　反应器安全分析

对反应器 R101 工艺条件下的气相点火实验，3min 时间内未发现燃爆现象。对反应器 R201 六种工艺条件下的气相点火实验，3min 时间内均未发现燃爆现象。

6.4　反应器安全运行建议

建议在预热器及反应器之间的管线上安装阻火器。工艺装置中具有燃爆危险的设备都严格接地，尽可能消除静电。

参　考　文　献

［1］高爽．甲基丙烯酸甲酯制备工艺研究，当代化工．［J］．北京：石油工业出版社，2021.05：88-89.

［2］曹水，林森，段林海，等．新形势下异丁烯应用的发展方向［J］．能源化工，2019，40(06)：25-31.

［3］李敏．MMA 市场分析及前景展望［J］．中国石油和化工经济分析，2019(09)：56-58.

［4］宋迪．甲基丙烯酸甲酯产业发展展望［J］．化工设计通讯，2020，46(03)：79-80.

［5］王定博．C_4 烯烃制丙烯和乙烯催化剂及应用［J］．化工进展，2011(03)：530-535.

［6］周春艳，付伟，张子龙，等．甲基丙烯酸甲酯市场分析［J］．化学工业，2019，37(04)：42-47.

SCR 脱硝催化剂失活与再生技术概述

倪　明[1]　尹　喆[1]　王宽岭[2]　梁亚凝[1]

［1. 中国石化催化剂(北京)有限公司；2. 中国石油化工股份有限公司大连石油化工研究院］

摘　要　氮氧化物(NO_x)作为主要的空气污染物给全球范围的生态环境和人类生活造成严重的影响，如何有效控制 NO_x 排放已成为当前环境保护中令人关注的重要课题。选择性催化还原法(Selective Catalytic Reduction，SCR)具有脱除效率高(可达 90%以上)、无副产物、装置简单并且运行可靠、便于维护等优点，是烟气脱硝的主流工艺，其中所采用的催化剂是该工艺的核心。普遍使用的干法烟气脱硝技术中钒钛基 SCR 催化剂随着使用时间的增长，活性将逐渐降低，也会因化学中毒、高温烧结、活性成分的挥发、孔道堵塞、磨蚀等原因受损，严重时甚至导致失活。失活的主要原因是：催化剂堵塞与磨损、高温引起的烧结和活性组分挥发、金属及碱土金属氧化物引起的催化剂中毒、非金属氧化物引起的催化剂中毒等。可逆性中毒和活性降低的催化剂可以通过再生重新利用，再生可以降低用户成本、增加经济效益、减少废催化剂处理带来的环保压力，开发的相应再生技术包括清洗除尘、加热处理、酸或碱处理和补充活性成分等。具体来说，水洗除尘是通过冲洗催化剂表面的溶解性物质以及部分颗粒物实现再生；酸液(一般为 H_2SO_4)处理与 SO_2 酸化热处理多用于催化剂碱中毒后的再生，提高催化剂表面的酸位点；碱性溶液能有效去除催化剂中 As、S、Si 等杂质；在酸洗和碱洗过程中容易导致 V、W 的严重损失以及设备腐蚀，可以采用表面活性剂替代；热再生主要可以分解积累在催化剂表面吸附的铵盐，可将催化剂表面吸附的铵盐分解形成 SO_2，高温水蒸气原位再生废钒钛基 SCR 催化剂是一种绿色洗涤方法；通过活性组分补充增加催化剂活性；SCR 系统实际运行过程中受多种因素共同影响，失活原因较复杂，单一的再生方法对催化剂活性恢复的效果可能并不明显，因此需考虑采用多种再生方法联用的方式进行复合再生，以上所述再生方法均可将催化剂活性恢复到 90%~100%。开发使用环境友好的新型试剂对废催化剂进行绿色再生，并避免活性成分流失，是 SCR 催化剂再生利用的未来发展方向。

关键词　烟气脱硝；选择性催化还原；催化剂；再生

氮氧化物(NO_x)作为主要的空气污染物会对人的呼吸系统产生损害。此外，氮氧化物也是形成酸雨、光化学烟雾、高浓度臭氧和细颗粒物等现象的主要污染物，给全球范围的生态环境和人类生活造成严重的影响。如何有效控制 NO_x 排放已成为当前环境保护中令人关注的重要课题。在众多的脱硝技术中，选择性催化还原法(Selective Catalytic Reduction，SCR)已成为现阶段世界上应用最为广泛的烟气脱硝技术，它具有脱除效率高(可达 90%以上)、无副产物、装置简单并且运行可靠、便于维护等优点。

当前脱除氮氧化物的工艺主要包括湿法烟气脱硝技术和干法烟气脱硝技术。其中干法烟气脱硝技术中选择性催化还原法(Selective Catalytic Reduction，SCR)的氮氧化物脱出效率最高，得到了广泛的应用。性能优良的脱硝催化剂是 SCR 技术的关键，它直接影响到 SCR 系统的整体脱硝效果。经过多年的工业实践和验证，目前广泛使用的脱硝催化剂温度范围是 320~400℃，载体为锐钛矿型二氧化钛，钒氧化物作为活性物质，辅以氧化钨或氧化钼为助催化剂的金属氧化物催化剂。随着 SCR 脱硝催化剂使用时间的增长，催化剂的活性将逐渐降低，不能满足 SCR 脱硝要求，直至催化剂失活需要更换。催化剂在实际使用过程中，会因化学中毒、高温烧结、活性成分的挥发、孔道堵塞、磨蚀等原因受损，严重时甚至导致失活。钒钛基 SCR 催化剂的平均运行寿命约为 24000h 左右，而我国每年都会有大量的废钒钛基 SCR 催化剂产生。预计 2020 年后我国废钒钛基 SCR 催化剂的年产量将稳定在 25 万~30 万 m^3/年。

由于新催化剂的价格较高，处理废旧催化剂也需要一定的费用，对失活的脱硝催化剂进行再生成为更好的选择。对于可逆性中毒的催化剂和活性降低的催化剂可以通过再生重新利用，再生费用约占更换新催化剂费用的 50%，而活性可恢复到原来的 90%～100%，甚至更高。因此，利用好废 SCR 脱硝催化剂不仅具有经济效益，而且具有良好的社会效益。

1 SCR 脱硝催化剂的失活机理

催化剂是 SCR 烟气脱硝系统的核心，其性能直接影响 SCR 烟气脱硝系统的整体脱硝效果。由于造成催化剂失活的因素很多，因此研究总结催化剂的失活机理，针对具体的烟气特性，制定恰当的防范措施，对延长催化剂寿命、降低 SCR 烟气脱硝系统的运行费用具有重大意义。进一步的了解催化剂的失活原因，对制定有针对性的再生工艺具有实际的指导意义。本文从催化剂堵塞与磨损、催化剂热烧结、催化剂中毒三个方面分别阐述催化剂的失活机理。

1.1 催化剂堵塞与磨损的机理

催化剂的堵塞主要是由于烟气中的飞灰的小颗粒及反应过程中形成的铵盐，它们沉积在催化剂表面的小孔中，阻碍 NO_x、NH_3 和 O_2 到达催化剂活性位，从而引起催化剂钝化。另外，在催化剂的安装和更换过程中，难免会对催化剂有所冲击；并且由于 SCR 反应器中的催化剂垂直布置，烟气自反应器顶部垂直向下平行催化剂孔道流动，在较大烟气流速下，烟气中的大颗粒物质会对催化剂造成较大磨损。烟气流速、飞灰特性、冲击角度和催化剂本身特性等都会对催化剂的磨损有一定程度的影响。一般来说烟气流速越大，磨损越严重；冲击角度越大，磨损越严重。通过合理设计脱硝反应器流场，使流速均匀，避免在反应器局部出现高流速区，可以避免催化剂局部出现较严重的磨损。此外，对催化剂顶端进行硬化也可以有效减少飞灰对催化剂的磨损。

1.2 高温引起的烧结、活性组分挥发

烧结会导致催化剂的活性下降。催化剂载体为锐钛矿型 TiO_2，具有较好的抗 SO_2 性能。但是在高温条件下 TiO_2 的晶型会由锐钛矿型向金红石型转变，导致晶体的粒径增大，孔容与孔径减少，影响催化剂活性点位数量，从而降低催化活性。另外，催化剂长期暴露在高温条件下，也会导致活性组分的挥发而使活性位减少。适量增加催化剂中 WO_3的含量可以提高催化剂的热稳定性，进而提高其抗烧结能力。一般在烟气温度高于 400℃时，烧结就开始发生，若长期暴露于 450℃以上的工作温度和环境下，催化剂的使用寿命将大大地降低。

1.3 金属、碱土金属氧化物引起的催化剂中毒

飞灰中的可溶性碱金属主要包括 Na 与 K 这两种物质，在水溶液离子状态下，它们能够渗透到催化剂深层直接与催化剂酸中心反应，使酸性位中毒，对 NH_3的吸附量和吸附活性降低，继而降低催化剂活性。碱金属元素被认为是对催化剂毒性最大的一类元素，因此碱金属中毒本质成为探讨的焦点。碱土金属元素（Ca、Mg）对于 SCR 催化剂的影响主要表现在氧化物在催化剂表面的沉积并进一步发生反应而造成孔结构堵塞。

1.4 非金属氧化物引起的催化剂中毒

砷（As）是大多数煤种中都存在的成分，SCR 催化剂的砷中毒是由烟气中的气态砷的化合物扩散进入催化剂表面及堆积在催化剂小孔中，然后在催化剂的活性位置与其他物质发生反应，引起催化剂活性降低。烟气中气态砷的主要形态为 As_2O_3，在 SCR 催化剂所处的温度区间会部分生成 As_3O_5或 As_4O_6。磷与砷同属于 VA 族的元素，存在于烟气中磷化合物主要以 P_2O_5的形式存在，P_2O_5不是机械地固定在催化剂的表面上的，而是也通过与催化剂的活性组分进行化学反应，从而导致 SCR 催化剂钝化。

2 SCR 催化剂的再生技术

对采用 SCR 技术的装置而言，催化剂中毒失活不仅会增加 SCR 系统的运行成本，同时也会带来不可忽视的环境问题和处置问题。考虑到催化剂的运行成本和催化剂处置的难度，催化剂再生是处理失活催化剂的首选方法。催化剂的再生处理是指通过一定方法对失活催化剂进行处理，脱除有害杂质并提升催化剂脱硝效率的过程。钒钛基 SCR 催化剂的成本较高，使用再生后的废 SCR 催化剂能有效降低脱硝系统的成本。因此，考虑到环境影响和经济价值，如果废钒钛基催化剂的结构没有明显损坏，再生处理是其最佳处理方法。通常，废 SCR 催化剂可以再生 3 至 5 次。对于已失活的催化剂，不少学者做了很多研究工作，发展了许多具有针对性的再生技术。主要的再生技术包括清洗除尘，加热处理，酸或碱处理和补充活性成分等。

2.1 清洗吹灰除尘

水洗是一种简单、常用的再生方法，水洗的一般步骤如下：失效的催化剂首先通过无油干燥

压缩空气吹扫，以去除催化剂表面浮尘，然后用去离子水冲洗催化剂，水洗过程通常也会结合超声等强化手段。水洗再生的基本原理是通过去离子水冲洗催化剂表面的溶解性物质以及部分颗粒物，从而除去导致催化剂失活的部分毒性物质以及改善催化剂表面微观形貌。

2.2　酸液处理再生与 SO_2 酸化热再生

酸液（一般为 H_2SO_4）处理与 SO_2 酸化热处理多用于催化剂碱中毒后的再生。酸液处理再生的一般过程如下：将中毒的催化剂在一定浓度的酸溶液中浸泡若干时间，再用清水洗涤至 pH 值接近 7，将处理好的催化剂在低于 110℃ 的温度下干燥；SO_2 酸化热再生的一般过程如下：首先将已经钝化的催化剂在去离子水中清洗，在 110℃ 条件下烘干 1h，然后置于 SO_2 气体中于 350~420℃ 温度条件下煅烧，达到恢复催化剂活性的目的。酸液处理再生和 SO_2 酸化热再生的基本原理是一致的，其目的在于提高催化剂表面的酸位点，酸位点的恢复是催化剂活性恢复的关键。另外，经过表面硫酸化后，催化剂的比表面积会有一定程度的增加。

张沛等研究了碱金属（K 和 Na）、As 和硫酸铵中毒的废钒钛基 SCR 催化剂通过使用 H_2SO_4 洗涤的再生方法。与废催化剂相比，再生催化剂的脱硝效率显著提升，但是再生催化剂中仍残留许多 As 物质。Tian 等对硫酸浸出过程进行了研究，发现 H_2SO_4 洗涤只能有效去除 As^{3+}，而 As^{5+} 仍然存在催化剂中。Yu 等研究了使用不同种类、浓度以及组合的酸溶液处理废钒钛基 SCR 催化剂的再生解决方案，发现使用 0.04mol/L EDTA-$2Na^+$0.04mol/L H_2SO_4 进行洗涤后，再生催化剂的转化效率最大，在 380℃ 下为 93.7%，催化剂中 K、Pb、Na、Ca 等杂质得到了有效去除。强酸溶液在对催化剂进行再生处理的同时，也会将催化剂中一定组分（如 V2O5）溶解，造成有效成分流失。Li 等通过乙酸和硫酸对铅、砷和碱金属中毒的废钒钛基 SCR 催化剂进行再生处理。结果表明：乙酸作为一种非还原性有机酸，其酸洗效果与硫酸相似；经乙酸洗涤后，废催化剂中铅、砷、钠、钾杂质的去除率分别为 99.2%、98.8%、99.9% 和 93.9%。此外，与硫酸再生技术相比，乙酸再生技术不会将催化剂中 V2O5 浸出，可省去补入活性物质的步骤，节约了成本。

2.3　碱洗再生工艺

碱性溶液能有效去除催化剂中 As、S、Si 等杂质，是处理废钒钛基 SCR 催化剂的另一种洗涤试剂。Yu 等研究了用 NaOH 溶液洗涤再生废钒钛基 SCR 催化剂。将废催化剂在 1L 的 0.2mol/L NaOH 溶液中洗涤 40 分钟。随后，将再生的催化剂在 60℃、120℃ 下分别干燥 2h。结果表明：NaOH 溶液洗涤能够去除 S、Ca、Si、Mg 和 K 等污染物，并且增加了催化剂的比表面积和 V4+/V5+比，部分恢复再生催化剂的活性。李想等利用碱性 Ca（NO3）2 和酸溶液对砷中毒的废催化剂进行再生处理，结果显示砷脱出率在 91.2%，处理后催化剂的脱硝效率可恢复到新催化剂的 80% 以上。Qi 等通过实验和理论计算，对比了去离子水、碱性溶液、酸性溶液和络合剂对中毒 SCR 催化剂的再生效果。结果表明：利用去离子水、1mol/L 乙酸、1mol/L 三乙烯四胺混合洗涤铅中毒催化剂效果良好脱硝效率达到新催化剂 98.43%；对与 As2O5 中毒的催化剂，利用去离子水、1mol/L 乙酸、1mol/L 碳酸钠的组合进行再生的效果良好，脱硝效率达到新催化剂的 98.45%。但是，碱性溶液能够将钒钛基 SCR 催化剂中钒、钨组分浸出，造成活性组分的丢失，且容易在除杂过程中引入新的杂质元素。因此需要根据催化剂中毒情况选择是否使用碱洗再生工艺。

酸洗和碱洗对于废钒钛基 SCR 催化剂的再生具有显著的效果，但是在酸洗和碱洗过程中容易导致 V、W 的严重损失以及设备腐蚀。因此，有学者研究了将聚醚作为再生废钒钛基 SCR 催化剂的洗涤试剂。Li 等使用了三种不同基团（苯基、羟基和双键）的表面活性剂，烷基酚聚氧乙烯（10）醚（OP-10）、聚乙二醇（9）单十二烷基醚（AEO9）和聚氧乙烯蓖麻油 EL 60（EL-60）用于处理 Ca 中毒的废钒钛基 SCR 催化剂。研究发现：烷基酚聚氧乙烯（10）醚（OP-10）表面活性剂能够高效去除催化剂上的 Ca^{2+}，这使得催化剂活性位点的损失最小化，并在再生过程中平衡再生催化剂的表面酸度和氧化还原特性。与传统的 H_2SO_4 洗涤再生相比，OP-10 样品具有更宽的操作温度窗口，并且再生催化剂中钒损失不到 15%。

2.4　热（还原）再生

热再生主要可以分解积累在催化剂表面吸附

的铵盐，可将催化剂表面吸附的铵盐分解形成 SO_2。热再生的一般过程如下：在惰性保护气体氛围下，以一定速率升高催化剂温度，保持一段时间后降温，整个过程惰性气体可以防止氧化等反应发生。热还原再生过程与热再生过程类似，在惰性气体中混合一定比例的还原性气体，在高温环境中利用还原性气体与催化剂表面与金属结合的硫酸盐发生反应，实现催化剂的脱硫再生过程。

考虑到化学溶液洗涤可能对环境造成二次污染，Shi 等开发了一种使用高温水蒸气原位再生废钒钛基 SCR 催化剂的绿色洗涤方法。他们将废钒钛基 SCR 催化剂在 300～350℃的水蒸气中原位处理 336h，从而除去催化剂表面上含钾、砷和硫酸盐的沉积物，并增加了表面活性物质和比表面积，使得废催化剂的脱硝速率大幅提高。

2.5 活性组分补充

催化剂的失活常常也伴随着活性组分的流失，因此，需要对失活催化剂补充相应的组分。为了恢复或修补催化剂的活性组分和微孔结构，将预先处理好的催化剂放入活性盐溶液中进行活化，达到恢复和提高催化剂脱硝活性的目的。崔力文等将燃煤电站运行 3 年的 SCR 催化剂进行水洗、酸洗后，采用偏钒酸铵/偏钨酸铵溶液（V/W 质量比 = 1：5）对催化剂进行活化清洗，有效地恢复了失活催化剂的脱硝活性。

2.6 复合再生

SCR 系统实际运行过程中受多种因素共同影响，催化剂失活原因较复杂，单一的再生方法对催化剂活性恢复的效果可能并不明显，因此需考虑采用多种再生方法联用的方式对失活催化剂进行复合再生，并且催化剂在使用一定时间后活性组分流失严重，单纯对催化剂进行水洗、酸洗等方式再生后催化剂活性并不能恢复到初试状态，故应考虑对催化剂进行活性组分补充。

3 结束语

当前，每年有大量的钒钛基 SCR 催化剂的被使用于各个行业的烟气脱硝，每年约产生 25 万～30 万 m^3 的废催化剂，需要我们进行处理。对废钒钛基 SCR 催化剂进行再生处理是符合我国可持续发展战略和绿色发展理念的必行之策。随着我国环境保护意识、法律、法规和标准的日趋完善，降低 NO_x 排放工作势在必行，此外我国政府大力支持失效催化剂应优先进行再生处理，无法再生的催化剂应进行无害化处理，鼓励低成本高性能催化剂原料、新型催化剂和失效催化剂的再生与安全处置技术的开发和应用，将使 SCR 脱硝催化剂再生技术进入环保领域并更好地发挥其独特作用。

对于当前用于废钒钛基 SCR 催化剂的再生处理工艺，我们提出以下建议：考虑到环境影响和经济成本，当废催化剂结构完整且仅发生可逆失活的条件下，对其进行再生处理是最优选择。化学除杂步骤是再生处理过程的关键步骤，但是当前主要采用一些强酸、强碱等有害的化学物质进行化学除杂，这使得催化剂的再生处理过程往往是治废产废的过程。另外，在进行化学除杂时，部分活性成分会从载体上脱出，造成资源的浪费。因此，应研发、使用环境友好的试剂对废催化剂进行绿色再生，同时尽量避免活性成分从废钒钛基 SCR 催化剂中脱出。

参 考 文 献

[1] Pio F. Present status and perspectives in de-NO_x SCR catalysis[J]. Applied Catalysis A：General，2001，222(1-2)：221-236.

[2] 彭富昌．钒系脱硝催化剂的研究现状及发展趋势[J]．当代化工，2013，42(11)：1562-1564.

[3] 王学海，李勇，刘忠生，等．锅炉烟气脱硝工业侧线试验[J]．当代化工，2013，42(11)：1485-1488.

[4] Zheng Y，Anker D J，Johnsson J E. Deactivation of V_2O_5-WO_3-TiO_2 SCR catalyst at a biomass-fired combined heat and power plant. Applied Catalysis B：Environmental 2005(60)：253-264.

[5] Larsson A C，Einvall J，Andersson A，et al. Targeting by comparison with laboratory experiments the SCR catalyst deactivation process bypotassium and zinc salts in a large-scale biomass combustion boiler[J]. Energy and Fuels，2006，(20)：1398-1405.

[6] 沈伯雄，施建伟．选择性催化还原脱氮催化剂的再生及其应用评述[J]．化工进展，2008(27)：64-67.

[7] Lisi L，Lasorella G，Malloggi S，et al. Single and combined deactivating effect of alkali metals and HCl on commercial SCR catalysts[J]. Applied Catalysis B：Environmental，2004，50(4)：251-258.

[8] Shang X，Hu G，He C. Regeneration of full-scale commercial honeycomb monolith catalyst (V2O5 - WO3/TiO2) used in coal-fired power plant[J]. Journal of In-

dustrial and Engineering Chemistry, 2012, 18(1): 513-519.

[9] 孙克勤，钟秦，于爱华．SCR 催化剂的砷中毒研究[J]．中国环保产业，2008，(1)：40-42.

[10] 王静，沈伯雄，刘亭，等．钒钛基 SCR 催化剂中毒及再生研究进展[J]．环境科学与技术，2010，33(9)：97-101.

[11] 段竞芳，史伟伟，夏启斌，等．失活钒钛基 SCR 催化剂性能表征及其再生[J]．功能材料，2012，16(43)：2191-2195.

[12] Khodayari R, Odenbrand C U I. Regeneration of commercial SCR catalysts by washing and sulphation: effect of sulphate groups on the activity[J]. Applied Catalysis B: Environmental, 2001, 33(4): 277-291.

[13] 张沛，吴思明，方拓拓，等．660MW 燃煤电厂商用 SCR 催化剂的失活与再生[J]．高校化学工程学报，2017，31(5)：1186-1192.

[14] Yuanmeng T, Jian Y, Lan L, et al. Insight into regeneration mechanism with sulfuric acid for arsenic poisoned commercial SCR catalyst[J]. Journal of the Energy Institute, 2020, 93(1): 387-394.

[15] Yu Y, Wang J, Chen J, et al. Regeneration of commercial selective catalyst reduction catalysts deactivated by Pb and other inorganic elements[J]. Journal of Environmental Sciences, 2016, 47(9): 100-108.

[16] Li J X, Zhang P, Chen L, et al. Regeneration of Selective Catalyst Reduction Catalysts Deactivated by Pb, As, and Alkali Metals[J]. ACS Omega, 2020, 5(23): 13886-13893.

[17] Yu Y, He C, Chen J, et al. Regeneration of deactivated commercial SCR catalyst by alkali washing[J]. Catalysis Communications, 2013, 39: 78-81.

[18] 李想．废旧脱硝催化剂中毒机制与再生技术研究[D]．清华大学，2017.

[19] Xiansheng, Li, Changdong, et al. A neutral and coordination regeneration method of Ca-poisonedV_2O_5-WO_3/TiO_2 SCR catalyst[J]. Catalysis Communications, 2017, 100: 112-116.

[20] 吴凡，段竞芳，夏启斌，等．SCR 脱硝失活催化剂的清洗再生技术[J]．热力发电，2012，41(5)：95-98.

[21] Yao S, Pei Z, Tuotuo F, et al. In situ regeneration of commercial NH3-SCR catalysts with high-temperature-water vapor[J]. Catalysis Communications, 2018, 116: 57-61.

[22] 崔力文，宋浩，吴卫红，等．电站失活 SCR 催化剂再生试验研究[J]．能源工程，2012(3)：43-54.

FCC催化剂生产污水电化学氧化脱氮研究

李春毅

（中国石化催化剂有限公司齐鲁分公司）

摘　要　因FCC催化剂生产过程中使用氨水和无机铵盐等原材料，生产过程中所产生的污水为含氨氮污水，其又分为低氨氮污水（氨氮含量100~300mg/L）和高氨氮污水（氨氮含量5000~10000mg/L）。FCC催化剂生产污水污染物组成特殊、成分复杂，其水质特点为温度较高，悬浮物和盐度含量高，氨氮浓度高、有机物含量低，C/N低，可生化性差，并且水质波动较大，属于难处理工业污水。针对含氨氮污水，FCC催化剂生产企业多采用汽提法处理高氨氮污水，采用生物法主要是硝化反硝化或短程硝化反硝化法处理低氨氮污水。随着国家对环保的日益重视、环保政策的收紧以及环保技术的发展，传统的生化脱氮技术、汽提脱氨技术存在处理效果不佳、运行成本偏高等问题。近年来，电化学氧化等新型脱氮技术研究及工业化被广泛关注，电化学氧化技术具有无需加入药剂，不会造成二次污染，能有效降解污水COD、氨氮、色度等优点。本研究探索了采用电化学氧化技术对催化剂生产低氨氮污水进行处理，通过小试试验初步验证了电化学氧化技术用于FCC催化剂生产污水脱氮处理的可行性，在小试试验基础上开展了中试试验，通过静态试验确定了中试装置最佳运行电流及处理量范围，通过动态试验考察了处理量以及进水氨氮变化时的处理效果，通过较高进水氨氮静态试验考察了进水氨氮在200~350mg/L时的处理效果，进一步验证了电化学氧化技术用于FCC催化剂生产污水脱氮处理的可行性。

关键词　FCC催化剂；污水处理；脱氮技术；电化学氧化

1　前言

1.1　概述

催化裂化工艺（FCC）是国内重要的原油二次加工过程，在该工艺过程中FCC催化剂发挥了极其关键的作用。目前，国内FCC催化剂年产能超过30万t。FCC催化剂生产过程主要包括水热合成NaY分子筛、分子筛改性和催化剂制造三个工艺阶段，因生产过程中使用氨水和无机铵盐等原材料，催化剂生产污水为含氨氮污水，其又分为低氨氮污水（氨氮含量100~300mg/L）、高氨氮污水（氨氮含量5000~10000mg/L）。

FCC催化剂生产污水污染物组成特殊、成分复杂，其水质特点为温度较高，悬浮物和盐度含量高，氨氮浓度高、有机物含量低，C/N低，可生化性差，并且水质波动较大，属于难处理工业污水。针对含氨氮污水，FCC催化剂生产企业多采用汽提法处理高氨氮污水，采用生物法主要是硝化反硝化或短程硝化反硝化法处理低氨氮污水。

近年来随着国家对环境保护的日益重视，国家和地方先后出台了多项国家和地方标准，对含氮污染物排放浓度及排放总量进一步提出更高要求。国家和行业对于外排水中氨氮和总氮的严格限制，需要研发新的污水处理技术，不断提升环保处理能力。特别是随着环保政策的收紧以及环保技术的发展，当前对总氮的去除要求日益突出，传统的生化脱氮技术、汽提脱氨技术存在处理效果不佳、运行成本偏高等问题。近年来，电化学氧化等新型脱氮技术研究及工业化被广泛关注，鉴于以上情况，本研究探索了采用电化学氧化技术对催化剂生产低氨氮污水进行处理，通过中、小试试验考察了处理效果。

1.2　传统FCC催化剂生产污水脱氮技术

含氨氮污水处理方法主要有物化法和生物法。常用的物化法有汽提法（或吹脱法）、折点氯化法、化学沉淀法、化学氧化法等，生物法主要有硝化反硝化、短程硝化反硝化法。FCC催化剂生产一般采用汽提法处理氨氮含量5000~10000mg/L的高氨氮污水，采用传统生物法（硝化反硝化或短程硝化反硝化法）处理氨氮含量100~300mg/L的低氨氮污水。

汽提法是在高碱度条件下将污水中的铵离子（NH_4^+）将转变为游离氨（NH_3），并通过蒸汽汽提的方法使游离氨从液相进入气相，从而降低污水中氨浓度的过程。汽提法一般采用填料塔或板式塔，处理污水后所逸出的氨气可进行回收，用硫酸吸收作为硫铵或冷凝为1%的氨溶液回用。相比于化学沉淀法、折点氯化法等其他脱氮技术，汽提法工艺简单、无二次污染、可实现氨资源化回收，但因液碱、蒸汽耗量高，随着液碱、蒸汽价格飞涨，汽提脱氨成本日益升高。

传统的氨氮生物处理方法是硝化反硝化工艺，氨氮由自养型硝化细菌将氨氮转化为NO_3^-，再由反硝化细菌将NO_3^-还原成N_2从水中逸出，从而完成脱氮的目的。硝化反硝化技术应用广泛，但难以对高浓度氨氮污水有效处理。一方面，为了能使微生物正常生长，必须增加回流比来稀释原污水；另一方面，不仅硝化过程需消耗大量氧气，且反硝化需要大量的碳源，因催化剂生产污水氨氮浓度高、COD低，必须补充较多外加碳源，使处理成本显著增加。

短程硝化反硝化工艺是在传统的硝化反硝化工艺基础上开发的第二代生物脱氮技术，通过把硝化反应过程控制在氨氧化产生NO_2^-的阶段，阻止NO_2^-进一步氧化，直接以NO_2^-作为菌体呼吸链氢受体进行反硝化。在短程生物反应池前半段溶解氧都被微生物降解有机物消耗较多，在短程生物反应池后半段，有机物负荷降低，溶解氧开始有富余，这样在池中就出现了厌氧、兼氧、好氧交替出现的区域，从而提供了一个硝化反硝化同时进行的最佳条件。与全程硝化反硝化相比，短程硝化反硝化虽在降低能耗、提高反应速率等方面具有一定优势，但在应用于催化剂生产污水处理过程中，仍存在总氮难以达标的问题。

1.3 电化学氧化技术

近年来，电化学氧化技术研究和工业化应用取得了不错的进展，该技术主要是通过正负极之间的电场作用下，电极之间产生氧化性较强的物质，直接氧化分解氨氮为氮气。电化学氧化过程按照作用机理的不同，可分为直接电化学氧化和间接电化学氧化，最终产物主要为氮气，含少量NO_2^-，NO_3^-。

1.3.1 直接电化学氧化

污染物在电极上直接被氧化或还原而从污水中去除。直接电解可分为阳极过程和阴极过程。阳极过程就是污染物在阳极表面氧化而转化成毒性较小的物质或易生物降解的物质，甚至发生有机物无机化，从而达到削减、去除污染物的目的。阴极过程就是污染物在阴极表面还原而得以去除，主要用于卤代烃的还原脱卤和重钛的回收。

1.3.2 接电化学氧化

利用电化学产生的氧化还原物质作为反应剂或催化剂，使污染物转化成毒性更小的物质。间接电解分为可逆过程和不可逆过程。可逆过程（媒介电化学氧化）是指氧化还原物在电解过程中可电化学再生和循环使用。不可逆过程是指利用不可逆电化学反应产生的物质，如具有强氧化性的氯酸盐、次氯酸盐、H_2O_2和O_3等氧化有机物的过程，还可以利用电化学反应产生强氧化性的中间体。

该技术不加入任何药剂，不会造成二次污染，能有效降解污水COD、氨氮、色度等，目前在化工、钢铁、医药等行业污水处理中均有应用，例如，福建三明钢铁焦化污水，徐州工业园区、吴桥宋门等化工工业园区污水处理均应用了电化学氧化技术（图1）。

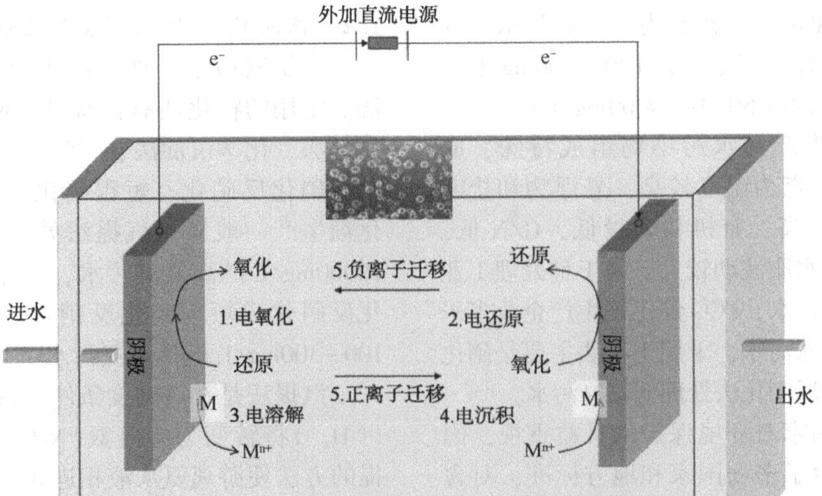

图1 电化学氧化原理图

2　电化学氧化小试研究

FCC 催化剂生产污水水质分析见表 1，通过电化学氧化小试装置，对该污水进行电解处理，控制电流 16A，电压 4.5~5.0V，电解处理结果见表 2，电解 18min 出水氨氮低于 45mg/L，总氮低于 70mg/L，电解 21min 出水氨氮低于 25mg/L，氨氮、总氮降低效果明显，初步验证了通过电化学氧化对 FCC 催化剂生产污水进行脱氮处理的可行性。

表 1　FCC 催化剂生产污水水质分析

氨氮/(mg/L)	TN/(mg/L)	COD/(mg/L)	TDS/(mg/L)	氯离子/(mg/L)
132.25	153	69	20400	6097

表 2　FCC 催化剂生产污水电解小试结果

	原水	15min	18min	21min
电流/A	16	16	16	16
电压/V	5.0	4.5	4.5	4.5
氨氮/(mg/L)	132.3	52.8	36.7	22.9
总氮/(mg/L)	153	71.1	54.2	38.6
COD/(mg/L)	69	20	未检出	未检出

3　电化学氧化中试研究

3.1　工艺流程

在小试试验基础上，开展 FCC 催化剂生产污水电化学氧化中试研究。电化学氧化中试装置为一体式车载撬装设备，处理量为 0.2~1m^3/h，核心部分由两套电极桶并联组成，所选用电极材料以稀有金属和贵重金属为活性成分，具有高析氧电位，可以确保电能主要用于主反应、减少副反应的发生，即减少水电解析出氧气，减少电极材料被氧化消耗。

工艺流程如图 2 所示，FCC 催化剂生产污水由泵提升至过滤+精虑装置，出水流到原水箱。原水箱出水和循环水箱出水经各自水泵同时打到电催化氧化中试装置，污水经电解、催化反应出水流到循环水箱。循环水箱出水一部分回流稀释，一部分达标外排。

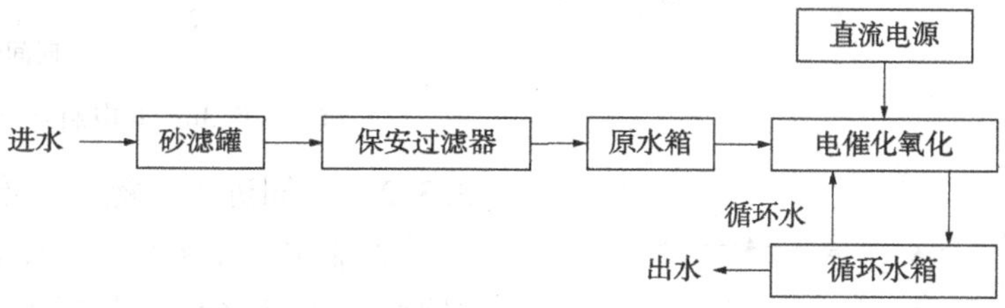

图 2　电化学氧化中试工艺流程

3.2　静态循环试验

依据小试试验数据，进行静态循环试验验证处理效果及停留时间，同时调整电流验证不同电流密度下的设备处理量。在氨氮浓度为 70~100mg/L 时，进行了电流分别为 600A、500A、400A 的三组静态试验，考察污水的处理效果，结果如图 3~图 5 所示，不同电流密度下均可将污水中氨氮降至小于 25mg/L；且由于污水存在波动性，污水静态达标电解时间存在偏差，折算原水浓度固定时，600A 下处理量最大，因此确定静态条件电流为 600A；此时出水氨氮浓度较低，较大处理量约为 0.4~0.5m^3/h。

研究表明，电流密度对电化学反应速率的影响十分显著，当固定电极表面积，随着电流密度增加，单位面积所能提供的电量也随之增加，同时电化学反应速度也相应增大。但电流密度存在峰值，不能无限度提高，当超过其最佳峰值后，相对过量的电子直接进入电解液而不经过电极反应，导致电流效率降低。极板面积在电化学氧化反应过程中是恒定的，因此在电化学反应过程中的电解电流决定了电流密度，电解电流增大，电流密度增大，反之电流密度减小。

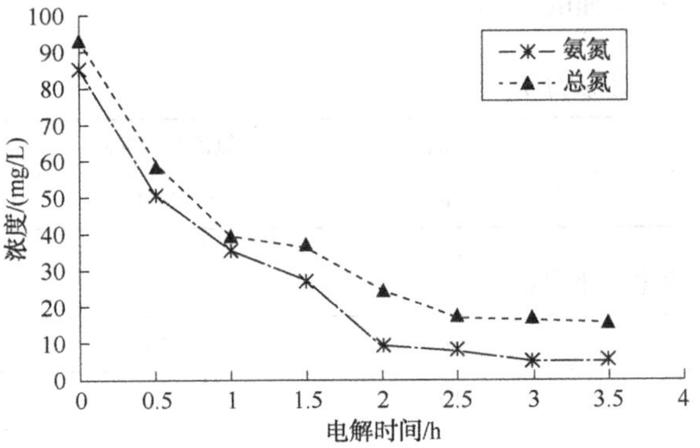

图 3　600A 下电解污水静态试验数据

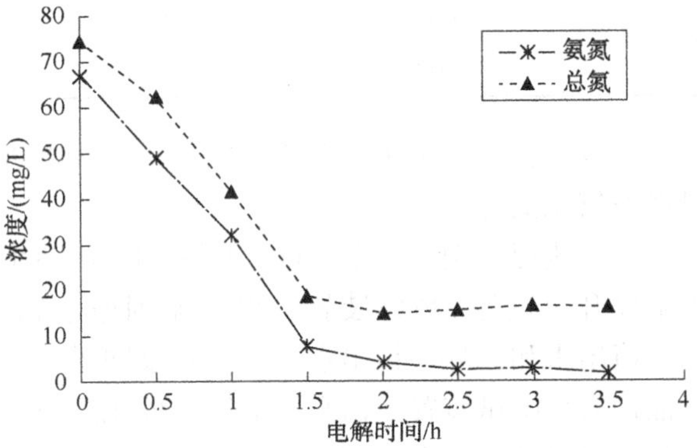

图 4　500A 下电解污水静态试验数据

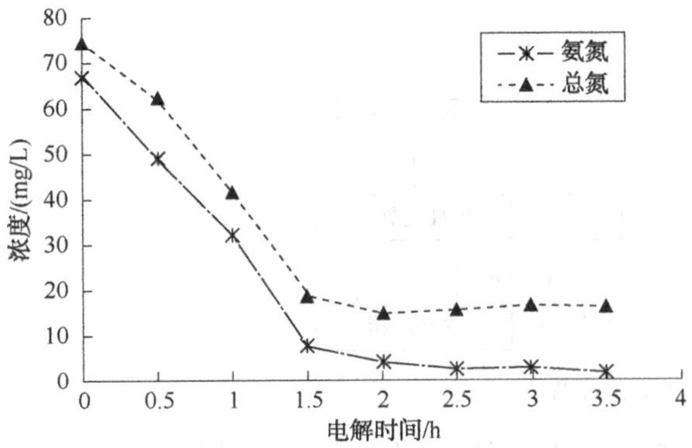

图 5　400A 下电解污水静态试验数据

3.3　动态连续试验

基于中试静态试验情况，确定设备的最佳运行电流及最佳设备处理量，进行连续动态进出水试验。

3.3.1　动态连续试验处理量考察

控制电流 600A、进水流量 0.5m^3/h 进行连续试验，随着电解时间延长，出水氨氮、总氮呈升高趋势，如图 6 所示，连续运行 8h 氨氮含量升高至 30mg/L，分析原因 1 是进水氨氮浓度升高，导致 0.5m^3/h 处理量偏高；2 是进水氯离子含量降低，电解效率变差。调整进水流量为 0.3m^3/h，连续运行 8h，结果如图 7 所示，出水氨氮含量均在 25mg/L 以下，此时氯离子含量较高、原水氨氮较稳定，均保持在 130mg/L 左右，因此出水数据较稳定，这表明在 0.3m^3/h 为最佳处理量。

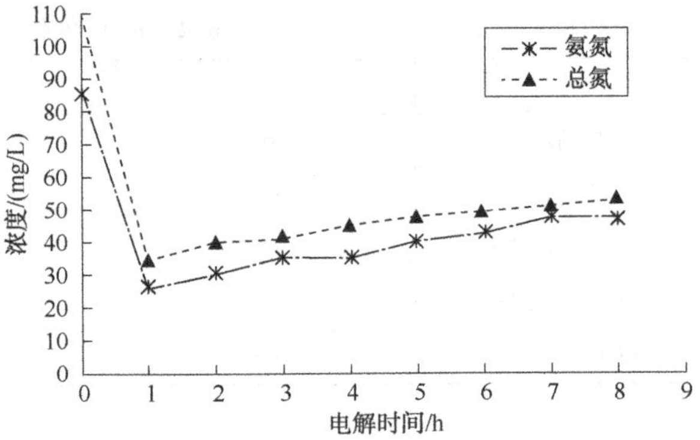

图 6　0.5m^3/h 电解污水连续试验数据

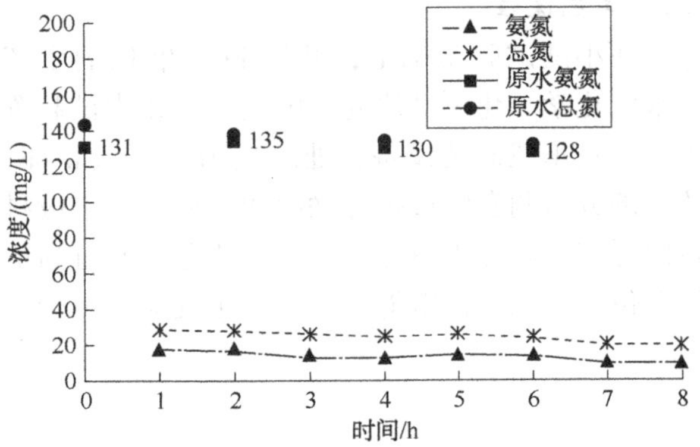

图 7　0.3m^3/h 电解污水连续试验数据

3.3.2　不同进水氨氮动态连续试验考察

控制电流 600A、进水量 0.3m^3/h 进行连续试验，连续运行 8h 考察进水氨氮低于 200mg/L 运行效果，结果如图 8 所示，出水氨氮含量均在 25mg/L 以下，但出现出水氨氮逐渐上升的趋势，分析原因为连续运行过程中进水氨氮持续升高，从 113mg/L 增加至 174mg/L，氨氮的理论去除量达到 130mg/L 以上。

控制电流 600A、进水量 0.3m^3/h 进行连续试验，连续运行 32 考察进水氨氮升高至 200mg/L 以上运行效果，结果如图 9 所示。前 8h 进水氨氮均在 170mg/L 左右，出水均在 20mg/L 左右，进出水较稳定；10～12h 进水氨氮增至 231mg/L，出水氨氮为39.3mg/L，氨氮去除量超过150mg/L；12~28h进水氨氮浓度持续高于220mg/L，出水氨氮稳定在75mg/L左右，氨氮去除量为145mg/L。

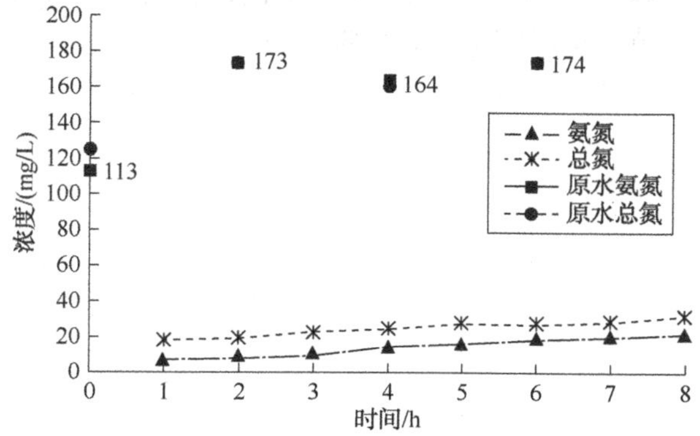

图8 较低进水氨氮电解污水连续试验数据

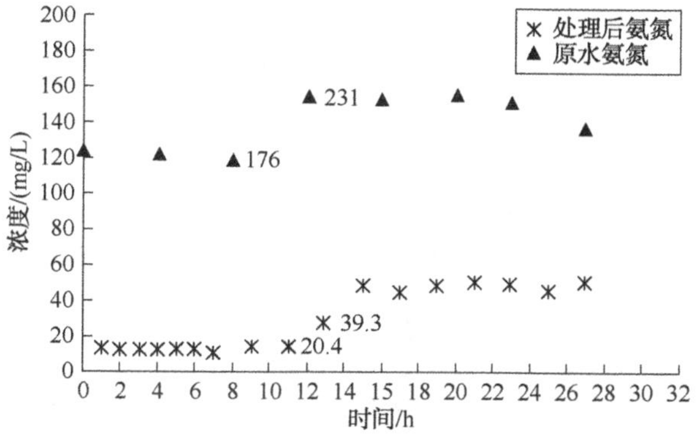

图9 较高进水氨氮电解污水连续试验数据

3.4 较高进水氨氮静态试验

根据不同进水氨氮动态连续试验考察结果，受中试装置处理量限制，在进水氨氮超过200mg/L时，出水氨氮偏高，为进一步验证在较高进水氨氮条件下电解处理效果，开展了较高进水氨氮静态试验，在电流电压为600A/4.6V，进水流量0.2m^3/h条件下，分别考察了进水氨氮在210mg/L、270mg/L、350mg/L时电解效果，结果如图10~图12所示，氨氮、总氮降低效果明显，说明较高进水氨氮条件下电解脱氮可行。

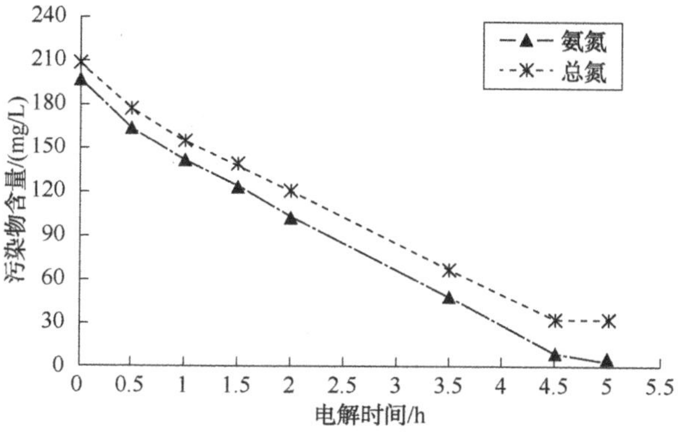

图10 进水氨氮210mg/L电解静态试验数据

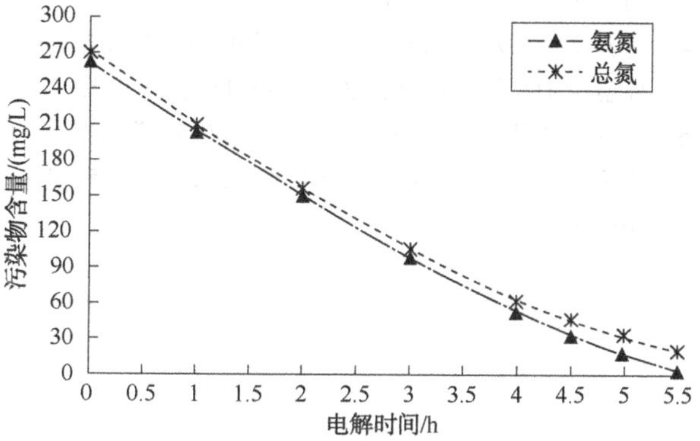

图11 进水氨氮270mg/L电解静态试验数据

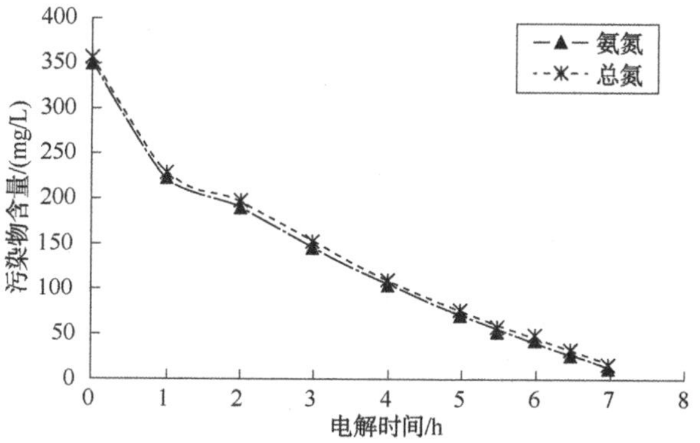

图12 进水氨氮350mg/L电解静态试验数据

4 结论

（1）通过小试试验初步验证电化学氧化技术用于FCC催化剂生产低氨氮污水脱氮处理的可行性，氨氮、总氮降低效果明显。

（2）在小试基础上开展了中试试验，通过静态试验确定了中试装置最佳运行电流及处理量范围，通过动态试验考察了处理量以及进水氨氮变化时的处理效果，结果表明，电流600A、进水量0.3m^3/h为最佳运行条件，在此条件下，进水氨氮在130~230mg/L，出水氨氮在10~75mg/L，氨氮去除量120~150mg/L。

（3）通过较高进水氨氮静态试验，考察了进水氨氮在210mg/L、270mg/L、350mg/L时电解效果，氨氮、总氮降低效果明显，说明较高进水氨氮条件下电化学氧化脱氮可行。

参 考 文 献

[1] 李豫晨，陆善祥．FCC催化剂失活与再生[J]．工业催化，2006，24(11)：26-30.

[2] 杨守联．汽提脱氨技术在高氨氮废水处理中的应用[J]．科技创新与应用，2022，18：123-129.

[3] 李璟．汽提法在高氨氮废水脱氨中的研究与应用

[J]. 广州化工，2023，51(20)：96-98.
[4] 肖文涛. 污水生物脱氮除磷工艺的现状与发展[J]. 环境保护与循环经济，2010，30(11)：59-62.
[5] 吴剑，齐鄂荣，程晓如，等. 废水生物脱氮技术的研究发展[J]. 武汉大学学报，2002，35(1)：76-79.
[6] 肖文胜，郭建林. 短程硝化反硝化生物脱氮工艺及影响因子[J]. 黄石理工学院学报，2005，31(1)：21-23.
[7] 陈金銮. 氨氮的电化学氧化技术及其应用研究[D]. 清华大学博士论文，2008.

低成本低碳烯烃生产技术研究进展

徐亚荣

（中国石油乌鲁木齐石化公司）

摘　要　低碳烯烃乙烯、丙烯是石油化工行业中重要的基础化工原料。本论文综述了低成本低碳烯烃生产技术的研究进展情况，包括甲醇耦合轻烃催化裂解制烯烃技术、轻汽油改质联产低碳烯烃催化剂及工艺研究、甲醇制丙烯(MTP)催化剂及工艺技术耦合脱酸剂开发、丙烷脱氢制丙烯技术。其中甲醇耦合轻烃改质生产低碳烯烃技术，通过甲醇与轻烃在物质、能量的耦合，实现低质产品的高效利用；FCC轻汽油改质联产低碳烯烃技术，在解决汽油池降烯烃的同时，联产低碳烯烃和氢气，为炼厂产品的结构调整提供技术基础。

关键词　低碳烯烃；工艺技术；催化剂；耦合

低碳烯烃主要指 C_2、C_3 烯烃，以乙烯、丙烯为代表的轻质烯烃是石油化工行业中重要的基础化工原料，可以广泛的用于石油化工的各个环节。乙烯、丙烯经过聚合反应，可以生成各种高分子材料；乙烯、丙烯经过氧化、卤化、歧化、烷基化等反应后可以生成不同的化工中间体，进而延伸生成各类不同的化工产品。中国乙烯供应存在一定缺口，2019 年到 2024 年，中国将新增乙烯产能约 1800 万 t，年均复合增速 11%，原料结构优化、工艺多样化、先进技术产业化、市场参与主体多元化、下游产品高端化进一步加深，需求仍将稳步增长，预计 2024 年乙烯的当量缺口在 20002 万 t 以上，仍需进口大量单体及衍生品。近年来，国内丙烯产量持续上行，2023 年中国丙烯产量约为 4782.3 万 t，同比增长 10.35%，有研究机构预测 2024 年中国丙烯需求量将增长至 5284 万 t。目前乙烯的主要生产技术是蒸汽裂解技术，探索新的低碳烯烃生成技术，开发能耗更小、转化率更高的烯烃生成技术是研究者长期以来的目标。

本论文笔者综述了研究团队近几年从事低成本低碳烯烃生产技术研究的进展情况，以期待加快新技术的推广应用。

1　甲醇耦合轻烃催化裂解制烯烃技术

轻烃主要 $C_5\sim C_7$ 烷烃，来源于炼厂的副产物，这些轻烃来源广泛，芳潜含量低，饱和蒸汽压高，辛烷值低(60~70)，不适合用作高标号汽油的调和组分和芳烃重整原料。开发轻烃耦合甲醇改质富产低碳烯烃技术，是在轻烃裂解过程中引入甲醇，甲醇作为反应的起活剂，降低反应初始活化能，通过高活性催化剂的催化作用，促使甲醇的放热反应和轻烃裂解的吸热反应发生热量耦合，降低反应温度，同时反应过程发生了物质耦合效应，在温和的反应条件下，即可得到高选择性的乙烯和丙烯气相产物。

本课题组从 2018 年开始进行甲醇耦合轻烃催化裂解制烯烃的技术开发，研制了低成本、高效甲醇耦合轻烃改质富产低碳烯烃催化剂、开发了温和的甲醇耦合轻烃改质富产低碳烯烃工艺技术，催化剂在反应温度 480℃，在一定的空速、压力条件下，甲醇耦合轻烃催化裂解在一个反应器，催化剂活性位利用率高，单程反应，甲醇转化率大于 99%；气相产物中“三烯”选择性大于 80%；产品中 P/E 比 1.5；液相产品 RON 大于 90；催化剂的单程寿命达到 1000h。图 1 是催化剂运行一个周期产物分布情况。

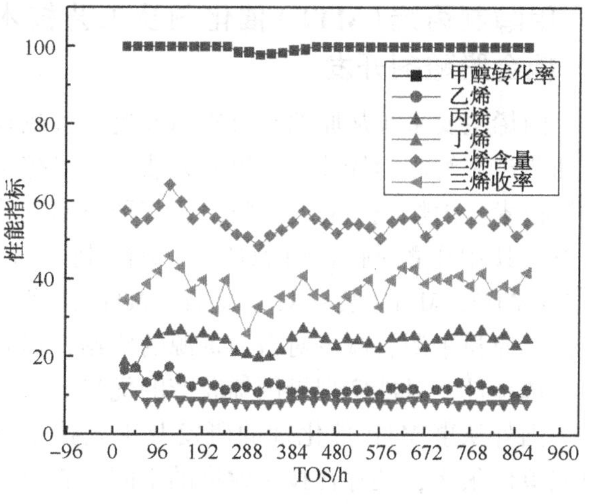

图 1　甲醇耦合轻烃催化裂解生产烯烃产物分布

该技术目前已经完成了催化剂的工业放大和中试研究，于2023年中国石油炼化分公司组织在锦西石化开展万吨级工业试验，装置建设预计2024年8月底中交，开展工业试验。

2 轻汽油改质联产低碳烯烃催化剂及工艺研究

油品消费增速放缓，化工原料需求旺盛，炼油化工一体化已成为石油化工行业的重要发展战略。

环保法规日益严格，清洁汽油的生产继续在控制硫、芳烃、烯烃等有害杂质的同时，重点优化油品组成结构，增产高辛烷值汽油组分，催化裂化汽油降烯烃技术是研发重点。

本项目采用的技术路线是针对FCC全馏分汽油，通过馏分切割分为富烯低硫轻汽油（终馏点≤90℃），这部分馏分烯烃主要是$C_5^=$和$C_6^=$烯烃，采用合适的催化剂非临氢改质，液相降烯烃改质，烯烃异构化、芳构化，辛烷值不损失，气相富产低碳烯烃（$C_2^=$、$C_3^=$、$C_4^=$）。

FCC汽油改质联产低碳烯烃技术合适的工艺条件：反应温度为360～420℃；空速在0.8～2.0h^{-1}；反应压力为0.1～1.5MPa。液相产物烯烃含量降低50%以上，满足国Ⅵ汽油调和组分要求，气相产物烯烃（$C_2^=$、$C_3^=$、$C_4^=$）+H_2选择性在90%以上，C_5^+质量收率大于70%。

该技术于2022年在中国石油长庆石化完成了万吨级工业试验的运行、标定，催化剂的性能指标达到实验室的指标要求，满足工业设计要求。2023年完成了60万t FCC汽油改质联产低碳烯烃技术工艺包。

3 甲醇制丙烯（MTP）催化剂及工艺技术耦合脱酸剂开发

丙烯主要来源从原油经重质油催化裂解或石脑油蒸汽裂解制丙烯技术、煤或天然气经甲醇制丙烯技术、丙烷脱氢制丙烯技术，三种技术三分天下。其中甲醇制丙烯（MTP）、甲醇制乙烯、丙烯（MTO，MTP）装置效益显著。MTP技术对于拓宽原料来源，减少对石油资源的依赖，提高丙烯选择性，且能实现聚丙烯联产的优势。

国外从事MTP催化剂的研发及工艺技术的研究单位很多，还存在技术改进的空间，着重加大开发该技术的开发力度，加紧开发出丙烯收率高、催化寿命长、抗积碳能力强的催化剂。

乌鲁木齐石化公司研究院从2014年开始，与石油大学、寰球工程公司共同开发甲醇制丙烯催化剂和工艺技术的开发，研制了小晶粒纳米ZSM-5分子筛进行改性制备的催化剂，采用固定床催化甲醇制备丙烯，甲醇转化率100%，丙烯单程选择性45.2%～46.0%，催化剂的单程寿命达到1000h以上，并且反复再生，催化剂的性能指标基本不下降。针对反应过程中酸性水的问题（产物水pH值是3左右）开发了与甲醇制丙烯反应级配的脱酸催化剂。甲醇制丙烯的催化剂与脱酸催化剂级配后，在同样的反应条件下（反应温度480℃，压力0.2～0.5MPa），产物中丙烯的单程收率不降低，产物外排水的pH值为6.5～7，COD在800～1000，解决了反应过程中酸性水对装置设备的腐蚀问题，可以达到外排污水的指标要求。

4 丙烷脱氢制丙烯

截至2019年底，国内传统石化路线的丙烯产能占比57.7%，煤/甲醇制烯烃路线丙烯产能占比24.4%，PDH/MDH路线丙烯产能占比为17.6%。随着炼油量的增加和重油轻质化的发展以及油田页岩气的开发，国内丙烷的资源将逐渐增多。

截至2020年底，全球投产的丙烷脱氢装置产能约1300万t/a，中国投产的丙烷脱氢装置达到18套。丙烯产能达到818万t/a。新建和拟建的丙烷脱氢装置约40多套，近3000万t/a产能。丙烷脱氢制丙烯主要是Lummus的Catofin工艺和UOP的Oleflex工艺。

Catofin工艺，技术商：ABB Lummus；催化剂：Cr_2O_3/Al_2O_3（科莱恩）；反应器：固定床绝热反应器；操作压力：0.5bar（1bar=10^5Pa）；操作温度：540～640℃再生方式：15～30min切换，循环再生。Catofin工艺优点是转化率高，烷烃单程转化率可高达50%，现Lummus保证值为45%；使用Cr系催化剂，废催化剂的处理，废催化剂的处理难度大；催化剂的运行周期短，反应器频繁切换，设备投资大；全球共有20套新建丙烷脱氢装置采用Catofin工艺。未来Catofin工艺将在提高催化剂性能的同时，开发低Cr催化剂应对重金属污。

Oleflex工艺，技术商：UOP；催化剂：Pt/

Al_2O_3；反应器：移动床绝热反应器；操作压力：2bar；操作温度：500～650℃；再生方式：连续再生。Oleflex 工艺采用贵金属铂催化剂，反应温度 500～650℃，不用稀释剂，烷烃单程转化率 35%～40%，选择性 84%～89%；催化剂由于磨损，需要定期添加新的催化剂；系统较为复杂，投资较高。Oleflex 工艺的改进主要集中在提高催化剂性能上，同时通过对装置的不断改进，缩短开工时间，延长装置运行周期，进一步减少运行消耗，提高投资回报率。

乌鲁木齐石化公司研究院一直从事非 Cr，非贵金属丙烷脱氢催化剂的研究。开发了采用 γ-氧化铝做载体时，负载非贵金属制备的催化剂，丙烷转化率达到 47.18%，丙烯选择性为 80%以上，丙烯的单程收率可达到 36.32%。在 580℃、丙烷空速 500～800h^{-1}下进行催化剂的再生性能评价试验，改进后的催化剂经过多次再生后，催化剂性能良好，在 60min 的反应时间内，丙烷转化率>40%，丙烯选择性>80%，接近工业运行指标(图 2)。

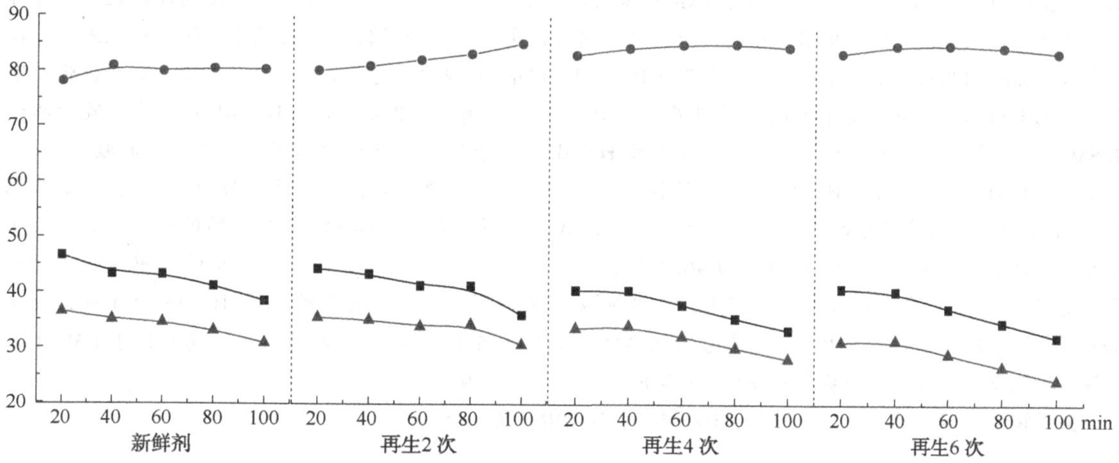

图 2　催化剂再生后性能评价

5　结论与展望

(1) 以乙烯、丙烯为代表的轻质烯烃是重要的基础化工原料，探索新的低成本的低碳烯烃的生成技术是今后的研究方向。

(2) 传统石化路线的催化裂化(DCC、FCC 等)和蒸汽裂解联产仍是国内低碳烯烃生产的主流。新增产能中，传统石化路线占比明显下降，煤制烯烃(CTO)、甲醇制烯烃(MTP \ \ MTO)、丙烷脱氢(PDH)、混合烷烃脱氢(MDH)等新兴工艺产能不断增加，低碳烯烃原料多元化趋势不断加深。

(3) 甲醇耦合轻烃改质生产低碳烯烃技术，通过甲醇与轻烃在物质、能量的耦合，实现低质产品的高效利用；FCC 轻汽油改质联产低碳烯烃技术，在解决汽油池降烯烃的同时，联产低碳烯烃和氢气，为炼厂产品的结构调整提供技术基础。

参　考　文　献

[1] 吴佳晨．浅析我国石油化工行业发展趋势与应对措施[J]．石油化工设计，2022，39(2)：63-66.
[2] 黄格省，丁文娟，王红秋，等．丙烷脱氢制丙烯发展现状与前景分析[J]．油气与新能源，2022，34(2)：8-13，19.
[3] 张健．我国丙烯下游产业发展现状及趋势分析[J]．石化技术与应用，2022，40(1)：66-77.
[4] 陈永利，浩陈，郭振宇．丙烯产业发展现状及趋势分析[J]．2019，49(12)：1-5.
[5] 魏书梅，徐亚荣，聂宏元，等．甲醇耦合轻烃反应制芳烃/烯烃研究进展与经济性分析[J]．现代化工进展，2020(s).
[6] 冯丽梅，徐亚荣，张力，等．一种 ZSM-5 和 ZSM-11 共晶分子筛及其制备方法和应用[P]，CN111484033B，2022-03-29.
[7] 张力，徐亚荣，王正魁，等．一种催化裂化汽油改质方法及产品[P]，CN115368936B，2021.05.17.
[8] 徐亚荣，魏书梅，樊金龙，等．一种甲醇转化制丙烯催化剂及其制备方法和应用[P]，CN112206811A，2021-01-12.
[9] 徐亚荣，许磊，樊金龙，等．一种钒基催化剂及其制备方法[P]，CN113908823A，2022-1-11.

甲苯歧化反应中 ZSM-5/MOR 复合分子筛的催化性能研究

张 力 徐亚荣 刘 键

（中国石油乌鲁木齐石化公司）

摘 要 采用 HZSM-5 分子筛、HMOR 分子筛催化剂、HZSM-5/MOR 原粉机械混合复合催化剂及 HZSM-5 与 MOR 分子筛分层复合装填，以纯甲苯为歧化反应原料，在 50mL 固定床催化剂评价装置上进行甲苯歧化反应试验，考察了甲苯歧化反应中，在相同反应条件下，四种催化剂的性能。试验结果表明，在反应温度 360~480℃，空速 $2.0h^{-1}$，压力 2.0MPa，$H_2/T(mol)=4.0$，随着反应温度的升高，四种催化剂甲苯的转化率增加，反应产物中苯的选择性基本符合热力学平衡值（42.4%wt）。HMOR 分子筛的酸量高于 HZSM-5 分子筛，其比表面积、孔径和孔容大于 HZSM-5 分子筛，更有利于二甲苯、三甲苯的歧化反应，因此，在相同反应条件下，HMOR 分子筛活性最高，甲苯的转化率最高，反应温度为 360℃时，甲苯转化率为 31.95%，反应产物中的二甲苯选择性最低，C_9^+A 的选择性最高。HZSM-5 分子筛的酸量及孔道尺寸决定了甲苯的转化率最低，反应温度为 460℃时，甲苯转化率为 33.88%，反应产物中的二甲苯选择性最高，C_9^+A 选择性最低。采用复合催化剂，在相同反应条件下，甲苯转化率略低于 HMOR 分子筛，高于 HZSM-5 分子筛，反应产物中的二甲苯选择性略低于 HZSM-5 分子筛，C_9^+A 的选择性高略低于 HMOR 分子筛，提高反应温度，可以提高产物中苯/二甲苯摩尔比到 1.19。

关键词 甲苯；歧化；烷基转移；HZSM-5；HMOR；复合分子筛

甲苯歧化及烷基转移单元作为芳烃联合装置的重要组成部分，提供了联合装置中 50% 左右的混合二甲苯。传统的甲苯歧化与烷基转移技术是利用甲苯和低附加值的碳九芳烃（C_9A）、碳十芳烃（$C_{10}A$）生产苯和二甲苯，具有处理原料比例可调、可灵活调整苯和二甲苯产量的特点。近年来，针对碳九芳烃（C_9A）、碳十芳烃（$C_{10}A$）的高值化利用技术在不断开发研究，以及苯与二甲苯的市场需求及价格变化，传统以二甲苯生产为主的甲苯歧化及烷基化工艺的产品结构不适应市场需求，需开发新型催化剂，有效调整原料与产品结构，提高装置经济效益。本文研究了 HZSM-5 和 MOR 复合分子筛在甲苯歧化制苯及二甲苯反应中的催化性能比较分析。

1 甲苯歧化反应机理

甲苯歧化技术是目前最为成熟、市场应用范围最广的二甲苯和苯的生产技术，其原理是利用芳烃之间的甲基转移反应，将一个甲苯分子中的甲基转移到另一个甲苯分子上，进而生成苯和二甲苯。理论上，2 摩尔的甲苯分子可以生产 1 摩尔苯和 1 摩尔的二甲苯，苯的理论选择性仅为 42.4%wt，产物大部分以二甲苯为主。

甲苯歧化与烷基转移反应是在固体酸催化剂存在下进行的，属于正碳离子反应机理。

（1）正碳离子的形成：各种酸性催化剂能够提供 H^+ 质子，H^+ 质子只带一个正电荷，其转移速度极快，容易与其他极性分子中带负电荷的一端形成化学键。而且 H^+ 质子半径特别小，呈现很大的电场强度，容易激化接近它的分子而形成新的化学键。甲苯歧化与烷基转移反应的反应物是芳烃，它们是对质子具有一定亲和力的弱碱。因此，芳烃容易与催化剂提供的 H^+ 质子亲和而形成正碳离子：

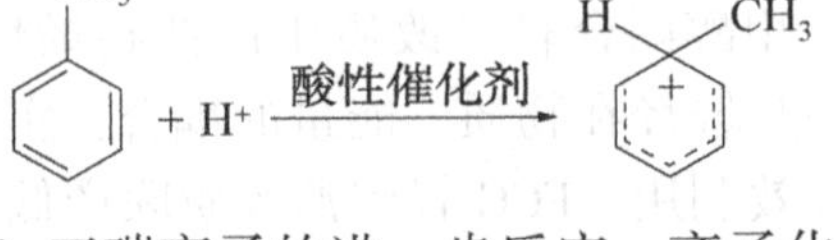

（2）正碳离子的进一步反应：离子化了的反应物具有强的电荷中心，具有强的反应活性。一个烷基芳烃正碳离子上的烷基，转移到另一个烷基芳烃上去，然后此烷基芳烃再脱去质子，生成与原来不同烷基数的两种芳烃，完成甲苯歧化反应：

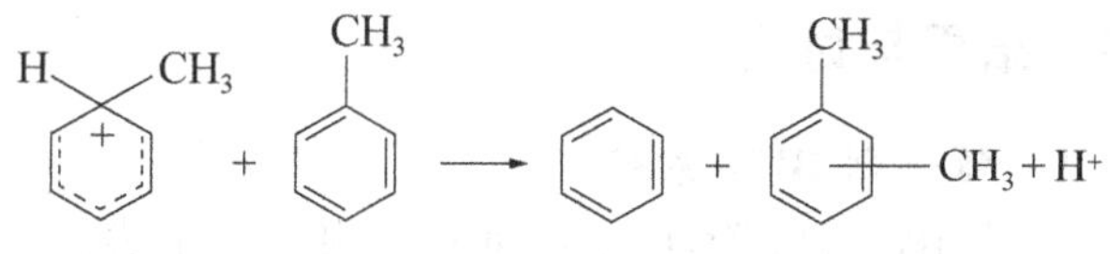

2　实验部分

2.1　实验原料

本实验采用某炼厂芳烃联合装置甲苯为原料，其详细族组成见表1。

2.2　催化剂制备

2.2.1　HZSM-5($SiO_2/Al_2O_3=60$)催化剂制备

采用天津南开大学催化剂厂生产的NaZSM-5($SiO_2/Al_2O_3=60$)原粉，用NH_4Cl交换成氢型。混和物经过抽滤、洗涤、干燥、焙烧，制得HZSM-5分子筛原粉。将HZSM-5分子筛原粉与拟薄水铝石、田箐粉、2~4% HNO_3溶液按一定比例进行机械混合、挤条、干燥、焙烧，得到HZSM-5分子筛催化剂。

表1　甲苯原料族组成　　%(wt)

序列	正构烷烃P	异构烷烃I	烯烃O	环烷烃N	芳烃A
6		-	-	-	1.53
7	-	-	-	-	98.28
8	-	-	-	-	0.19
Total	-	-	-	-	100

2.2.2　MOR($SiO_2/Al_2O_3=30\sim40$)催化剂制备

采用天津南开大学催化剂厂生产的Na型MOR($SiO_2/Al_2O_3=30\sim40$)原粉，用NH_4Cl交换成氢型。混和物经过抽滤、洗涤、干燥、焙烧，制得氢型MOR分子筛原粉。将氢型MOR分子筛原粉与拟薄水铝石、田箐粉、2%~4% HNO_3溶液按一定比例进行机械混合、挤条、干燥、焙烧，得到氢型MOR分子筛催化剂。

2.2.3　HZSM-5/MOR原粉机械混合制备复合催化剂

将HZSM-5分子筛原粉和HMOR分子筛原粉，按质量比1∶1进行混合均匀，将混合分子筛原粉与拟薄水铝石、田箐粉、2%~4% HNO_3溶液按一定比例进行机械混合、挤条、干燥、焙烧，得到HZSM-5/MOR复合分子筛催化剂(机械混合)。

2.3　催化剂表征

采用美国公司的化学吸附物理吸附分析仪进行分析NH_3-TPD。采用美国Micromeritics公司的ASAP2460型多功能吸附仪(氮气物理吸附(N_2adsorption-desorption)法)对分子筛样品的比表面积和孔径及孔结构进行分析。根据吸附等温线，通过Brunauer-Emmet-Teller(BET)方程计算出样品的比表面积，采用Barret-Joyner-Halenda(BJH)法得到相应的孔体积和孔径等情况，t-plot法计算出分子筛的外比表面积。

2.4　催化剂评价

在50mL固定床评价装置上进行甲苯歧化反应的研究。催化剂装填量20g，甲苯原料经过计量泵以稳定的流量抽出后与H_2混合进入预热器、反应器，升温至反应温度后进入催化剂床层进行歧化反应。反应产物采用AglientGC-7890气相色谱分析仪进行族组成分析。催化剂评价装置示意图如图1所示。

催化剂评价条件：高纯H_2载气，反应温度360~480℃，空速$2.0h^{-1}$，压力2.0MPa，$H_2/T(mol)=4.0$。

采用了四种不同的催化剂装填形式进行评价实验：①HZSM-5分子筛催化剂；②HMOR分子筛催化剂；③HZSM-5/MOR原粉机械混合复合催化剂，记为FH-1；④HZSM-5与MOR质量比1∶1，在同一反应器内上下层装填(上层为HZSM-5，下层为MOR)，记为FH-2，装填示意如图1所示。

2.3　数据处理

运用式(1)~式(3)对实验数据进行处理，得出催化剂主要性能情况。

$$\text{甲苯转化率}=\frac{\text{甲苯反应进料量}-\text{甲苯的反应产物量}}{\text{甲苯的反应进料量}}\times100\% \tag{1}$$

$$i\text{组分的选择性}=\frac{i\text{组分的反应产物量}-i\text{组分的反应进料量}}{\text{甲苯的反应进料量}-\text{甲苯的反应产物量}}\times100\% \tag{2}$$

$$i\text{组分的收率}=\frac{i\text{组分的反应产物量}-i\text{组分的反应进料量}}{\text{甲苯的反应进料量}}\times 100\% \quad (3)$$

3 结果与讨论

3.1 催化剂 BET 表征

使用物理吸附法对两种催化剂进行了表征，表 2 为其对应的基本物理性质。

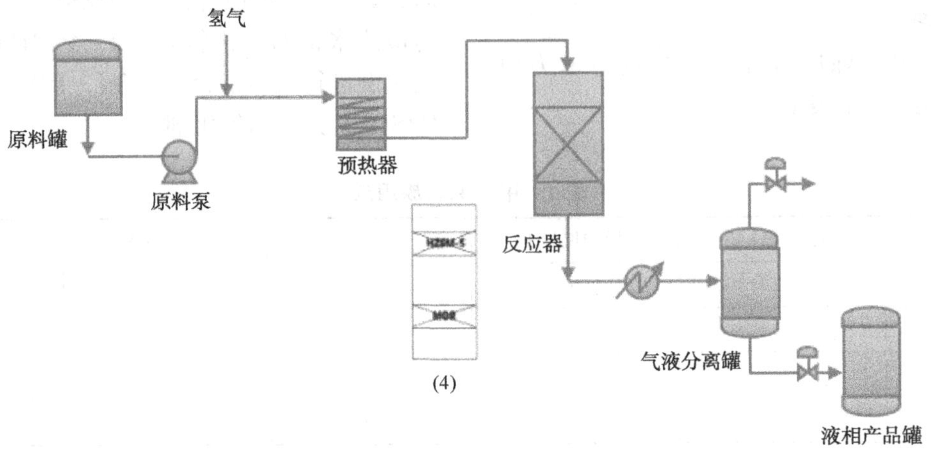

图 1　催化剂评价装置示意图

表 2　HZSM-5 及 MOR 两种分子筛物理性质

分子筛	比表面积/(m^2/g)	孔容/(cm^3/g)	外比表面积/(m^2/g)	微孔比表面积/(m^2/g)	最可几孔径/nm
HZSM-5	332.54	0.23	133.83	188.71	0.537
MOR	425.68	0.32	142.64	283.14	0.685

从表 2 中可以看出，MOR 具有较大的 BET 比表面积，到 425.68m^2/g，HZSM-5 的 BET 比表面积和微孔比表面积比 MOR 催化剂小 90~110m^2/g，HZSM-5 的外比表面积比 MOR 低 8.81m^2/g，MOR 的孔容高于 HZSM-5 催化剂，HZSM-5 和 MOR 间孔结构差异是由两种分子筛自身结构决定的，MOR 和 ZSM-5 是两种孔结构不同的沸石材料，MOR 具有十二元环和八元环直孔道，孔径尺寸分别为 0.65nm×0.70nm 和 0.26nm×0.57nm；ZSM-5 具有二维十元环孔道，孔经尺寸为 0.51nm×0.55nm 和 0.53nm×0.56nm。

3.2 催化剂 NH_3-TPD 表征

利用化学吸附（NH_3-TPD）对 HZSM-5 及 MOR 的酸性质进行了表征，结果如图 2 所示。在 NH_3-TPD 曲线上，出峰面积代表酸量多少，出峰温度代表酸的强弱。两个样品均呈现两个明显的脱附峰，290℃以下的 NH_3脱附峰温度为弱酸中心，290~500℃的脱附峰温度为中强酸中心。由图可见，MOR 的峰面积大于 HZSM-5，表明其酸量较大。MOR 和 HZSM-5 二者均在 550℃附近有一个信号峰，且此处 MOR 的峰面大于 HZSM-5，表明 MOR 和 HZSM-5 上存在强酸，MOR 的强酸量大于 HZSM-5。甲苯歧化与烷基转移反应是在固体酸催化剂存在下进行的，属于正碳离子反应机理，催化剂的酸中心是其反应活性中心。

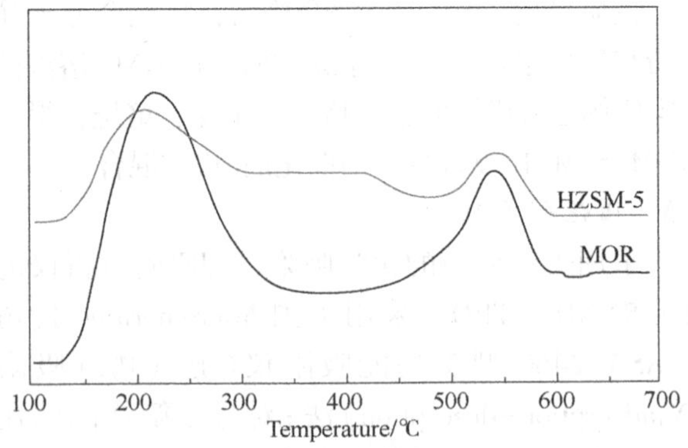

图 2　HSZM-5 及 MOR 催化剂 NH_3-TPD 图

3.3 催化剂的评价

采用了四种不同的催化剂装填形式进行评价实验。①反应器单独装填 HZSM-5 分子筛催化剂；②反应器单独装填 HMOR 分子筛催化剂；③反应器装填 HZSM-5/MOR 原粉机械混合复合催化剂(FH-1)；④两种催化剂在同一反应器内上下层装填(上层为HZSM-5，下层为MOR)，HZSM-5与MOR质量比1∶1(FH-2)。评价结果分析如下。

3.3.1　反应温度对甲苯转化率的影响

表3是不同反应温度下，甲苯转化率的结果。

表3　不同催化剂装填方式、不同反应温度下，甲苯转化率　　%(wt)

温度/℃	HZSM-5	HMOR	FH-1	FH-2
360	5.29	31.95	23.69	23.94
380	7.32	39.09	30.62	31.03
400	10.37	46.22	38.28	40.48
420	15.78	50.27	45.04	46.94
440	24.26	52.80	49.02	50.77
460	33.88	54.18	52.03	53.19
480	43.09	54.94	53.47	54.46

由表3可以看出，催化剂四种方式装填时，随着反应温度的升高，甲苯转化率均增加。反应器内单独装填HZSM-5时，反应温度360℃时甲苯的转化率较低，仅为5.29%，当反应温度达到440℃时，甲苯转化率提高到24.26%，反应温度为480℃时，甲苯转化率提高到43.09%。反应器内单独装填HMOR时，反应温度360℃时甲苯的转化率达到31.95%，当反应温度达到420℃时，甲苯转化率增加到50.27%，继续提高反应温度，甲苯转化率增加趋势减缓，反应温度为480℃时，甲苯转化率增加到54.94%。反应温度360~480℃，在同样的反应条件下HMOR活性高于HZSM-5。采用HZSM-5/MOR复合催化剂时，两种复合方式下，在相同的反应条件下，上下层装填复合方式比原粉机械混合复合方式，甲苯的转化率略高约0.3%~2.2%。四种催化剂装填方式，在相同的反应条件下，甲苯转化率对比情况：HMOR>FH-2≈FH-1>HZSM-5。HMOR分子筛的酸量强于HZSM-5分子筛，其比表面积、孔径和孔容大于HZSM-5分子筛，因此，在相同工艺条件下，HMOR分子筛活性高，甲苯的转化率高。

3.3.2　反应温度对苯和二甲苯的选择性的影响

表4是不同反应温度下，产物中苯和二甲苯的选择性的结果。

表4　不同催化剂装填方式、不同反应温度下，产物中苯、二甲苯及C_9^+A的选择性　　%(wt)

温度/℃	HZSM-5			HMOR			FH-1			FH-2		
	苯	二甲苯	C_9^+A	苯	二甲苯	C_9^+A	苯	二甲苯	C_9^+A	苯	二甲苯	C_9^+A
360	40.36	55.93	2.49	42.01	50.72	6.30	41.36	52.78	5.18	41.22	51.85	5.20
380	40.37	55.79	2.58	42.37	48.87	7.65	42.12	51.28	5.88	41.82	49.97	6.82
400	40.38	54.95	2.73	42.11	47.38	9.11	42.45	49.51	7.13	41.90	47.29	7.54
420	41.57	54.99	2.88	41.57	45.51	11.05	42.79	47.41	8.63	42.12	44.61	9.10
440	42.22	54.34	2.98	41.91	44.31	11.56	42.94	45.70	9.83	42.18	42.94	10.35
460	43.21	52.47	3.54	41.98	43.07	12.24	43.32	44.06	10.89	42.63	41.58	11.29
480	43.09	51.00	4.99	41.69	42.39	12.90	43.73	42.69	11.29	43.96	40.02	11.83

由表4可以看出，反应器内单独装填HZSM-5、FH-1、FH-2时，随着反应温度的升高，苯的选择性增加，二甲苯的选择性降低，C_9^+A的选择性增加；单独装填HMOR时，随着反应温度的升高，苯的选择性和二甲苯的选择性均降低，C_9^+A的选择增加。产物中苯的选择性符合热力学平衡值(苯的理论选择性为42.4%wt)。四种催化剂装填方式下，在相同的反应条件下，苯的选择性对比情况：HZSM-5≈HMOR≈FH-1≈FH-2；二甲苯的选择性对比情况：HZSM-5>FH-1>FH-2>HMOR；C_9^+A的选择性对比情况：HMOR>FH-2>FH-1>HZSM-5；催化剂为HZSM-5时C_9^+A的选择性远低于其他三种方式的结果。甲苯歧化反应生成苯和二甲苯的同时，也会发生甲苯与二甲苯的烷基转移反应生成苯和三甲苯，三甲苯歧化、甲苯与三甲苯烷基转移的反应也会发生。比表面积越大、孔道适合、孔容孔径越大，因此随着反应温度的升高，

催化剂的活性增强，产物中 C_9^+A 越来越多。HMOR 分子筛的酸量强于 HZSM-5 分子筛，其比表面积、孔径和孔容大于 HZSM-5 分子筛，因此，以 HMOR 分子筛为催化剂时，产物中的二甲苯选择性相对低，C_9^+A 的选择性最高。HZSM-5 分子筛的孔道尺寸决定了，产物中的二甲苯选择性最高，C_9^+A 选择性最低。

3.3.3　反应温度对苯、二甲苯及 C_9^+A 的收率的影响

表 5 是不同反应温度下，产物中苯、二甲苯及 C_9^+A 的收率的结果。

表 5　不同反应温度下，不同催化剂装填方式的苯、二甲苯及 C_9^+A 的收率　　%(wt)

温度/℃	HZSM-5			HMOR			FH-1			FH-2		
	苯	二甲苯	C_9^+A	苯	二甲苯	C_9^+A	苯	二甲苯	C_9^+A	苯	二甲苯	C_9^+A
360	1.20	1.67	0.09	13.42	16.21	2.01	9.80	12.51	1.23	10.02	12.47	1.24
380	2.15	2.97	0.11	16.57	19.11	2.99	12.90	15.70	1.80	12.57	16.13	2.12
400	4.19	5.70	0.31	19.47	21.90	4.21	16.25	18.95	2.73	17.26	19.68	3.05
420	6.56	8.68	0.42	20.90	22.87	5.55	19.27	21.36	3.89	20.07	21.98	4.27
440	10.24	13.19	0.69	22.13	23.39	6.10	21.05	22.40	4.82	21.73	22.84	5.25
460	14.64	17.78	1.20	22.75	23.33	6.63	22.54	22.92	5.67	22.79	23.20	6.01
480	18.57	21.98	2.15	22.90	23.29	7.09	23.38	22.83	6.04	23.56	22.95	6.44

由表 5 可以看出，催化剂四种方式装填时，随着反应温度的升高，苯、二甲苯及 C_9^+A 的收率均增加。

反应器内单独装填 HZSM-5 时，反应温度 360℃时，因甲苯转化率低，产物中苯、二甲苯及 C_9^+A 的收率低，仅为 1.20%、1.67%、0.09%，当反应温度达到 440℃时，甲苯转化率提高到 24.26%，产物中苯、二甲苯及 C_9^+A 的收率提高到 10.24%、13.19%、0.69%，反应温度为 480℃时，甲苯转化率达到 43.09%，产物中苯、二甲苯及 C_9^+A 的收率提高到 18.57%、21.98%、2.15%。反应器内单独装填 HMOR 时，反应温度 360℃时，甲苯的转化率达到 31.95%，产物中苯、二甲苯及 C_9^+A 的收率较高，为 13.42%、16.21%、2.01%，当反应温度达到 420℃时，继续提高反应温度，产物中苯、二甲苯及 C_9^+A 的收率增加趋势减缓，趋于稳定。采用 HZSM-5/MOR 复合催化剂时，两种复合方式下，在相同的反应条件下，上下层装填复合方式比原粉机械混合复合方式，产物中苯、二甲苯及 C_9^+A 的收率略高。四种催化剂装填方式下，在相同的反应条件下，苯、二甲苯及 C_9^+A 的收率对比情况：HMOR>FH-2≈FH-1>HZSM-5。

3.3.4　反应温度对苯与二甲苯的摩尔比的影响

表 6 是不同反应温度下，产物中苯/二甲苯摩尔比的结果。

表 6　不同反应温度下，不同催化剂装填方式的 B/X　　%(mol)

温度/℃	HZSM-5	HMOR	FH-1	FH-2
360	1.62	1.00	0.98	1.00
380	1.28	1.03	1.00	0.95
400	1.07	1.04	1.02	1.04
420	1.00	1.07	1.06	1.07
440	0.97	1.10	1.10	1.11
460	0.99	1.13	1.14	1.14
480	0.99	1.14	1.19	1.19

由表 6 可以看出，催化剂为 HZSM-5，产物中苯/二甲苯摩尔比在 0.99%~1.62%，随着反应温度的升高，苯/二甲苯摩尔比呈降低趋势。催化剂为 HMOR，产物中苯/二甲苯摩尔比在 1.00%~1.14%，随着反应温度的升高，苯/二甲苯摩尔比呈增加趋势。催化剂为 FH-1，产物中苯/二甲苯摩尔比在 0.98%~1.19%，随着反应温度的升高，苯/二甲苯摩尔比呈增加趋势。催化剂为 FH-2，产物中苯/二甲苯摩尔比在 0.95%~1.19%，随着反应温度的升高，苯/二甲苯摩尔比呈增加趋势。四种催化剂装填方式下，产物中苯/二甲苯摩尔比基本达到热力学平衡值(理论值 1.0)，采用复合催化剂，提高反应温度，可以提高产物中苯/二甲苯摩尔比。

4 结论

（1）HMOR分子筛的酸量强于HZSM-5分子筛，其比表面积、孔径和孔容大于HZSM-5分子筛，因此，在相同反应条件下，HMOR分子筛活性高，甲苯的转化率最高，反应温度为360℃时，甲苯转化率为31.95%。采用复合催化剂，在相同反应条件下，甲苯转化率略低于HMOR分子筛，高于HZSM-5分子筛，反应温度为380℃时，甲苯转化率分别为30.62%、31.03%。HZSM-5分子筛的酸量及孔道尺寸决定了甲苯的转化率最低，反应温度为460℃时，甲苯转化率为33.88%。

（2）HMOR分子筛的比表面积、孔径和孔容大于HZSM-5分子筛，更有利于二甲苯、三甲苯的歧化反应，因此HMOR分子筛反应产物中的二甲苯选择性相对低，C_9^+A的选择性最高。HZSM-5分子筛反应产物中的二甲苯选择性最高，C_9^+A选择性最低。采用复合催化剂，在相同反应条件下，甲苯转化率略低于HMOR分子筛，高于HZSM-5分子筛，产物中的二甲苯选择性略低于HZSM-5分子筛，C_9^+A的选择性高略低于HMOR分子筛。

（3）四种催化剂装填方式下，甲苯歧化反应中产物中苯的选择性符合热力学平衡值（42.4% wt），采用复合催化剂，提高反应温度，可以提高产物中苯/二甲苯摩尔比。

参 考 文 献

[1] 戴厚良．芳烃技术[M]．北京：中国石化出版社，2014：162-163.

[2] 赵仁殿，等．芳烃工学[M]．化学工业出版社，2001.93-97.

[3] 于政锡，徐庶亮，张涛，等．对二甲苯生产技术研究进展及发展趋势[J]．化工进展，2020，39(12)：4984-4911.

[4] 孔德金，杨为民．芳烃生产技术进展[J]．化工进展，2011，30(1)：16-25.

[5] 刘红星，谢在库，张成芳，等．甲苯歧化与三甲苯烷基转移反应体系的化学平衡[J]．石油化工，2003，32(1)：28-32.

一种新型重整生成油液相脱氯剂的研制和侧线试验

陈蓝天　徐亚荣　樊金龙　杜建卫　龚　涛　魏书梅

（中国石油乌鲁木齐石化公司）

摘　要　本文采用两种方法制备了重整生成油液相脱氯剂，对其进行了物性表征分析和脱氯活性评价。研究表明：钠基脱氯剂的晶粒、孔体积和孔径小于钙基脱氯剂，但两者的脱除率均大于80%，脱氯活性相当。钠基脱氯剂的强度比钙基脱氯剂更稳定。最后，进行了两种脱氯剂的工业侧线试验，钙基脱氯剂和钠基脱氯剂与在用剂的脱氯效果相当，具备了进一步工业试验的条件。

关键词　重整生成油；脱氯；侧线试验

重整生成油中的氯，除了原油中随加工过程带过来的氯，还有为了保持重整催化剂的酸性功能，在运转过程中需连续加入氯来补充催化剂上不断流失的氯。而这些氯化物在重整反应后最终会进入到重整生成油中，造成设备腐蚀和堵塞，尤其是会对后续装置催化剂产生毒害，因此，对重整生成油脱氯十分必要。

重整生成油液相脱氯属于化学吸收法。要使氯化物与脱氯剂活性组分反应得到充分进行，脱氯剂载体需要提供适宜的比表面积、孔隙率等，使活性中心能够更均匀的分散，有利于化学吸附反应的进行。载体的功能是对活性组分起承接作用，使脱氯剂有较大的比表面积、合适的孔体积和孔径，有利于反应和传质。

在前期大量试验的基础上，放大制备出了公斤级钙基和钠基两种重整生成油液相脱氯剂，对其进行了表征分析和性能评价。在某炼油厂100万t/a连续重整装置脱氯单元进行了侧线对比试验，考察了脱氯剂的活性和稳定性，为该技术的推广奠定了技术基础。

1　实验部分

1.1　原料性质

原料来源于某炼油厂100万吨/年连续重整装置的重整生成油，平均氯含量2.28mg/kg，典型组成见表1。

表1　重整生成油原料的典型组成　　%(w/w)

序列	正构烷烃 P	异构烷烃 I	烯烃 O	环烷烃 N	芳烃 A
C_3			0.478		
C_4	0.934	0.973	0.024		
C_5	2.057	2.847	0.195		
C_6	3.221	7.438	1.105	0.246	7.092
C_7	1.237	4.526	0.303	0.254	17.223
C_8	0.229	0.938		0.065	23.373
C_9	0.019			0.021	17.764
C_{10}	0.034	1.549		0.053	3.681
C_{11}					1.271
C_{12}		0.334			0.481
总和	7.765	18.605	2.105	0.639	70.885

1.2　实验设备

（1）电子分析天平：FA2004B，上海精密科学仪器有限公司。

（2）恒温水浴锅：HHS-11-1，常州市人和仪器厂。

（3）马弗炉：DC-H8/11，额定功率：4kW，额定温度：1000℃，北京独创科技有限公司。

（4）30 升单层玻璃反应釜：F-30L，上海一凯仪器设备有限公司。

（5）电热恒温鼓风干燥箱：DHJ-9070AH，上海华连医疗器械有限公司。

（6）高速多功能粉碎机：70-300 目，永康市铂欧五金制品有限公司。

（7）挤条机：ZYDJ-35，淄博悦诚机械有限公司。

（8）纯水仪：UPH-II-20T，四川优普超纯科技有限公司。

（9）两通道 100mL 中试评价装置：反应器内径 Φ50mm×2.5mm，长 L=1000mm，北京拓川科研设备有限公司。

（10）工业侧线装置：自建撬装试验装置，温度 10~60℃，工作压强≤2.02MPa，流量 3~15kg/h。

1.3 液相脱氯剂的制备

1.3.1 钙基脱氯剂的制备方法

以硝酸钙和硝酸铝为原料，尿素、碳酸氨为沉淀剂，采用双并流进料共沉淀法，老化一定时间后，过滤、洗涤、干燥、焙烧，制备了不同钙铝比的钙铝粉。将上述原粉与粘接剂和助挤混合均匀后，挤条，烘干，焙烧得到钙基脱氯剂。

1.3.2 钠基脱氯剂的制备方法

在合成的钙铝粉中，加入钙质膨润土，粉碎至一定细度，滴加碳酸钠或碳酸氢钠溶液，捏合 30~40min 后挤条、干燥、焙烧后得到钠基脱氯剂。

1.4 液相脱氯剂的物性表征

比表面测定方法为在-196℃（液氮浴）条件下，向样品管内通入一定量的吸附质气体（N_2），通过测定样品在吸附过程中导致样品管中气体压力的变化，采用气体状态方程计算得出各分压点的吸附量，通过改变注入样品管中吸附质气体的量增大体系中的吸附平衡压力，综合以上数据绘制吸附等温线；通过逐渐抽出样品管中吸附质气体的量降低体系中的吸附平衡压力，将此数据绘制成脱附等温线，最后利用 BET 方程模型进行计算得到比表面积。采用美国麦克公司的 ASAP2460 表面积及孔径分析仪，在液氮条件下测量，得到比表面积、孔径、孔容等数据。

扫描电子显微镜（Scanning Electron Microscope，简称 SEM）是利用二次电子信号成像技术对样品表面形态进行表征。用一束极细的电子束扫描样品，在样品表面激发出次级电子，反应出的扫描图像即为样品表面结构。扫描电镜的成像放大范围广分辨率高，试样制备简单，对样品的性状及内部结构基本无损伤，可直观的表征样品表面形貌。采用日本电子 JEOL 公司的 JSM-6510 型扫描电镜对样品进行 SEM 分析，观察其微观形貌。

催化剂颗粒强度测定方法符合化学工业部标准 HG/T 3927—2020 工业活性氧化铝中的 6.11 抗压强度的测定。采用大连鹏辉科技开发有限公司的 DLIII 颗粒强度测定仪。

1.5 脱氯剂性能评价

在 100mL 固定床反应器评价装置上，反应器内径 Φ50mm×2.5mm，长 L=1000mm，脱氯剂的装填量 20g，装填于反应管下部。试验原料采用 1.1 的所列原料。脱氯反应条件：温度 35~45℃，原料空速 2~5h^{-1}，反应压力 1.5~1.8MPa。

1.6 氯含量分析

重整生成油中的氯含量采用 XOS 单波长 X 荧光氯含量分析仪测定，测定方法依照 SH/T 0977—2019 执行。分析间温度应保持在 20~25℃，清洁干净。分析开始前，仪器应至少预热 60min。

用移液管取脱前或脱后的重整生成油 2.5~3.0mL，加入样品池中，样品池覆盖专用一次性样品膜，用配套的压环用力均匀下压，将膜封住样品油，将封好的样品池膜朝下放入分析仪样品台上，盖上仪器上盖后就可以开始测量。

2 结果与讨论

2.1 放大制备的脱氯剂的物性表征分析

重整生成油液相脱氯剂的合成制备如 1.3。实验室公斤级放大制备采用两种制备方法，均采用双并流进料共沉淀法制备钙铝粉。第一种是将制备的钙铝粉与粘接剂和助挤混合均匀后，挤条，烘干，焙烧得到钙基脱氯剂。另一种则是在钙铝粉中加入粘接剂，滴加碳酸钠或碳酸氢钠溶液捏合后，挤条、干燥、焙烧得到钠基脱氯剂。两种方法制备的脱氯剂的电镜照片如图 1 所示，钠基脱氯剂的晶粒更小一些。

图1　钙基脱氯剂(左)和钠基脱氯剂(右)的SEM图

不同制备方法的两种脱氯剂进行了BET分析见表2。可以看出两种脱氯剂的比表面积均在80m^2/g左右。钠基脱氯剂因加入了碱金属碳酸盐，孔体积和孔径比钙基脱氯剂小。这可能是由于钠基脱氯剂中的碱金属碳酸盐占据了一部分孔道所导致。

表2　钙基脱氯剂和钠基脱氯剂表面性质分析

	钙基脱氯剂	钠基脱氯剂
比表面积/(m^2/g)	74.2	86.9
孔体积/(mL/g)	0.34	0.22
孔径/nm	25.1	9.5

两个放大样品钙基脱氯剂和钠基脱氯剂的强度均大于60N/cm，钙基脱氯剂的强度为63.7N/cm，钠基脱氯剂的强度为69.3N/cm。钠基脱氯剂的强度比钙基脱氯剂更稳定，10个样品强度测试中，强度偏差不大于5N/cm，而钙基脱氯剂强度偏差则有13N/cm，存在强度不稳定的现象。钠基脱氯剂解决了钙基脱氯剂强度不稳定的问题。

2.2　脱氯剂脱氯活性评价

在100mL固定床评价装置上，在吸附温度45℃，压力1.5MPa，空速4h^{-1}的条件下，进行了钙基脱氯剂和钠基脱氯剂的脱氯活性评价，结果如图2所示。从试验结果可以看出，这两种脱氯剂的脱后氯含量相近，脱除率大于80%，脱氯效果相当。虽然钠基脱氯剂的孔体积和孔径小于钙基脱氯剂，不利于传质的进行，但活性组分碱金属碳酸盐的加入，又增强了脱氯活性。所以，脱氯剂的脱氯活性不仅与脱氯剂的表面性质有关，还和脱氯活性组分的分散有关。

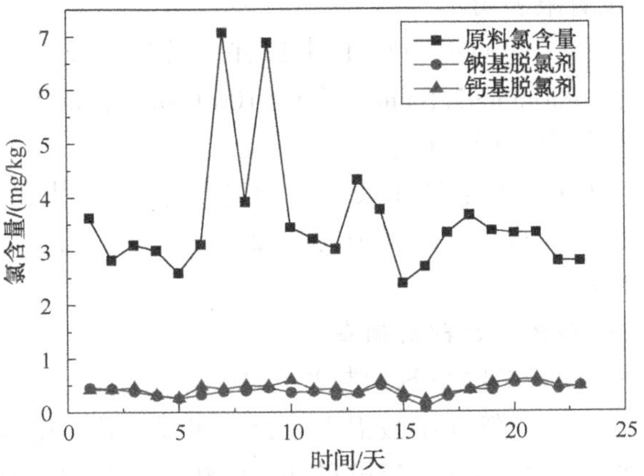

图2　钙基和钠基脱氯剂脱氯活性对比评价

2.3　脱氯剂的侧线试验

工业侧线装置流程如图3所示，脱氯剂装填于脱氯罐中下部，上下填充惰性瓷球。制备出的钙基和钠基脱氯剂强度在64~75N/cm，符合工业侧线试验对脱氯剂强度的要求。

第一次工业侧线试验于2020年7月4日开始进料试验，至2021年4月26日结束，共运行212天。进行了钙基脱氯剂与在用剂的侧线对比实验(C101装填钙基脱氯剂；C201装填在用剂)。图4是脱氯剂脱氯效果跟踪数据。从试验结果来看，在常温，质量空速3.3~5.0h^{-1}，反应压力1.2~1.4MPa的条件下，钙基脱氯剂与在用剂的脱后氯含量相近，脱氯效果相当。

第二次工业侧线试验于2021年5月16日开始至9月23日结束，共运行95天。进行了钠基脱氯剂与在用剂的侧线对比实验(C101装填钠基脱氯剂；C201装填在用剂)。从试验结果来看，在常温，质量空速3.3~5.0h^{-1}，反应压力1.2~1.4MPa的条件下，钠基脱氯剂与在用剂的脱氯效果相当(图5)。

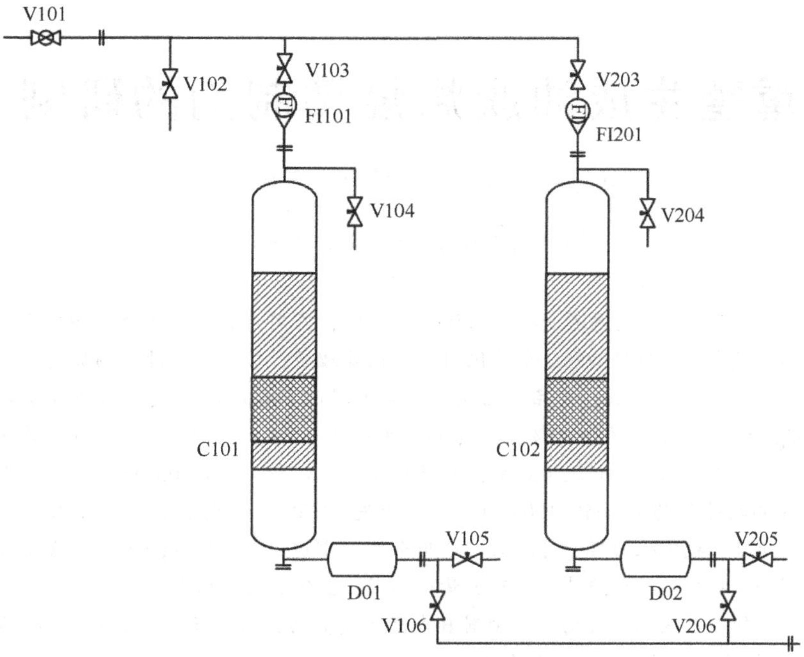

图 3 脱氯剂工业侧线流程示意图

V101—界区进料阀；V102—原料取样阀；V102、V203—进料流量调节阀；
FI101、FI201—流量计；V104、V204—脱氯罐顶部排气阀；C101、C201—脱氯罐；
D01、D02—脱后产品缓冲罐；V105、V205—脱后产品取样阀；V106、V206—脱后产品出口阀

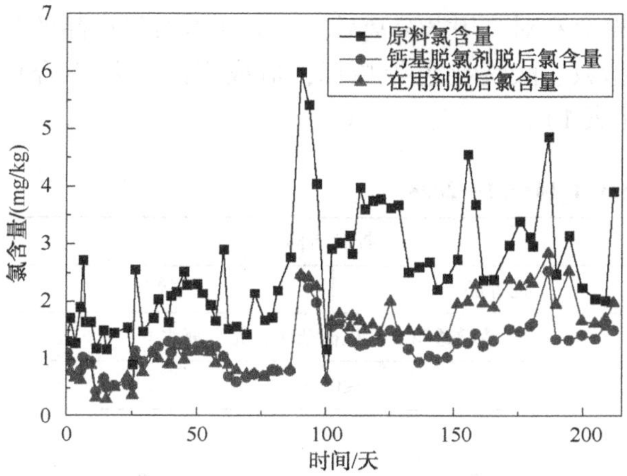

图 4 钙基脱氯剂与在用剂工业侧线脱氯效果对比

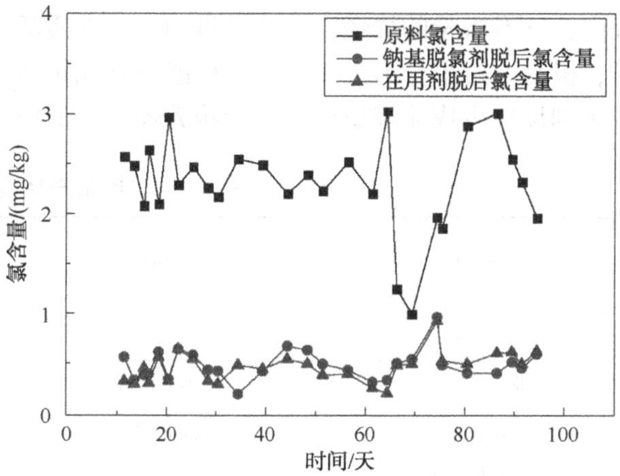

图 5 钠基脱氯剂与在用剂工业侧线脱氯效果对比

3 结论

（1）采用双并流进料共沉淀法制备钙铝粉，公斤级放大制备了两种重整生成油液相脱氯剂，进行了物性表征和性能评价。钠基脱氯剂的晶粒、孔体积和孔径小于钙基脱氯剂，但两者的脱除率均大于80%，脱氯活性相当。

（2）钠基脱氯剂的强度比钙基脱氯剂更稳定。

（3）工业侧线试验表明，钙基脱氯剂和钠基脱氯剂与在用剂的脱氯效果相当，具备了进一步工业试验的条件。

参 考 文 献

[1] 张秋平. 催化重整过程中的脱氯工艺技术[J]. 炼油技术与工程，2012，42(3)：25-28.
[2] 李生运，杜彩霞. 催化重整系列脱氯剂的研究与应用[J]. 石油炼制与化工，2006，37(2)：24-29.
[3] 樊秀菊，朱建华，宋海峰，等. 原油中氯的危害、来源及分布规律[J]. 现代化工，2009，29(增刊1)：340-343.

重整生成油脱烯烃精制剂的研制

许　磊　廖新文　樊金龙　魏书梅

（中国石油乌鲁木齐石化公司）

摘　要　本文以重整生成油为原料进行脱烯烃技术研究，采用自制的脱烯烃剂和工业在用剂，考察脱烯烃处理后的产品组成变化，原料油经 2 个催化剂脱烯烃处理后，芳烃基本没有损失，环烷烃、异构烷烃保持不变，C_{12}及以上组分略有增加，产品油的溴指数从原料的 686mgBr/100g 大幅下降至 43.55mgBr/100g 和 58.76mgBr/100g 油，烯烃脱除率达 93%，C_8 芳烃损失小于 0.2%；对两个催化剂进行的连续运转评价表明，在单段反应的情况下，采用自制脱烯烃剂，原料油经处理后溴指数从 868mgBr/100g 降至 50mgBr/100g，30 天内产品油的溴指数平均为 97mgBr/100g，C_8 芳烃损失<0.3%，达到装置指标要求；通过连续运转对比，自制剂的初始活性、稳定性均好于对比剂。对两个催化剂进行了 NH_3-TPD、N_2 物理吸脱附、SEM 等表征分析，自制剂除了有较多的弱酸外，还有少量中强酸，2 个催化剂均有介孔的存在，对比剂的孔径分布较窄，最可几孔径集中在 3.0nm 左右；自制剂 B 表现出更宽的孔径分布，其最可几孔径集中在 3.7nm 和 12nm 左右，且自制剂的粒径小，晶粒分布均匀。

关键词　重整生成油；脱烯烃；溴指数；C8 芳烃损失

目前，苯、甲苯、二甲苯主要通过催化重整工艺得到，然而重整工艺在生产的芳烃产品的过程中会含有微量的烯烃，这些微量的烯经性质活拨，极易通过聚合形成胶质，还可能与其他物质发生副反应生成非理想组分，影响芳烃产品的质量。在对二甲苯精制过程中，这些微量的烯烃形成胶质后会吸附在昂贵的吸附剂上，影响吸附剂寿命和对二甲苯分离效果，并影响芳烃产品的溴指数、酸洗比色等指标，造成产品质量不合格（表 1）。

表 1　对二甲苯产品指标（SH/T 1486.1—2008）

项目		单位	控制指标	
			优等品	一等品
外观		—	清澈透明，无机械杂质，无游离水	
非芳烃含量		%（m/m）	≤0.10	
溴指数		mgBr/100g	≤20	
总硫含量		mg/kg	≤1.0	≤2.0
酸洗比色		—	酸层颜色应不深于重铬酸钾含量为 0.10g/L 标准比色液的颜色	
纯度	不小于	%（m/m）≥99.7	≥99.5	
甲苯含量	不大于	%（m/m）	≤0.10	
乙苯含量	不大于	%（m/m）	≤0.20	≤0.30
间二甲苯含量	不大于	%（m/m）	≤0.20	≤0.30
邻二甲苯含量	不大于	%（m/m）	≤0.10	

而且，为了增产更多的芳烃和氢气，重整装置提高苛刻度，向低压、高温下操作是必然趋势，在更苛刻的操作条件下会导致重整生成油中的烯烃，特别是二烯烃、苯乙烯等性质活泼烃类不可避免地增多，更加对苯、甲苯、二甲苯的下游利用单元造成不利的影响。因此，为了得到合格的芳烃产品以及保证后续工艺的安全稳定生产，必须将芳烃中的这部分微量烯烃杂质采取有

效的方法脱除。

目前，工业上普遍使用的脱除芳烃中微量烯烃的方法是白土精制工艺。白土精制利用白土孔隙率高、有酸性的特点通过吸附作用，将重整油中的微量烯烃脱除，芳烃联合装置的白土精制工艺流程如图1所示。由于白土吸附能力有限，很快就达到吸附饱和，所以白土的使用周期短，更换频繁，一般60天左右就要更换，频繁切换增加了装置安全平稳运行风险，而且人员劳动强度大、白土运行末期产品指标易超标、吹扫切换污油造成经济损失等问题，而且失活的白土由于不能再生只能采用填埋的办法处理，产生大量的固体废弃物，处置费用高，环保压力很大。可以通过对白土进行改性来提高白土的性能，延长寿命，但改性白土的性能提高仍然有限，依旧无法克服再生的问题，仍会对环境造成负担。

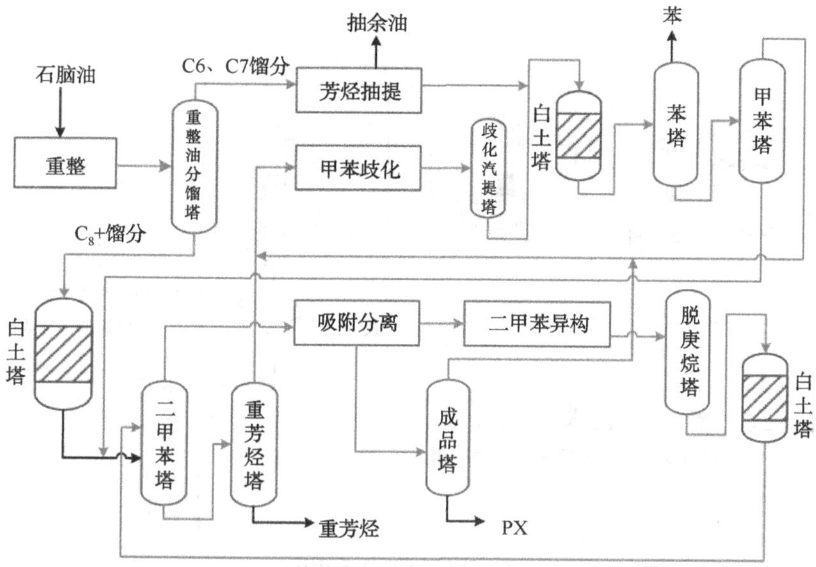

图1　芳烃联合装置白土精制工艺流程

加氢精制也是另一种脱除烯烃的方法，这种工艺脱除烯烃的效率很高，但是加氢的选择性难以控制，在脱除烯烃的同时也会对芳烃中的苯、甲苯和二甲苯进行加氢，从而造成了芳烃的损失。另外，加氢精制反应条件比较苛刻，大多需要在高温、高压下进行，催化剂通常选用贵金属催化剂，投资成本、运行成本较高。

正是由于加氢精制和白土精制两种脱除重整芳烃中微量烯烃方法存在缺陷，迫切需要高效环保的脱除芳烃中微量烯烃的催化剂。分子筛脱烯烃催化剂是针对白土缺点研发的用于替代白土的环保催化剂。其脱烯烃原理是利用分子筛的酸性使混合芳烃中的微量烯烃和芳烃发生烷基化反应生成高沸点化合物，继而在后续分馏过程中将烯烃脱除，从而实现脱烯烃的目的(图2)。分子筛是结晶型的硅铝酸盐，具有均匀的孔隙结构、高比表面积、良好的热稳定性和可调变的酸位中心等优势，在催化脱烯烃反应中具有很大的发展前景，其催化活性远高于工业白土，而且可再生，是一种绿色环保的催化剂。

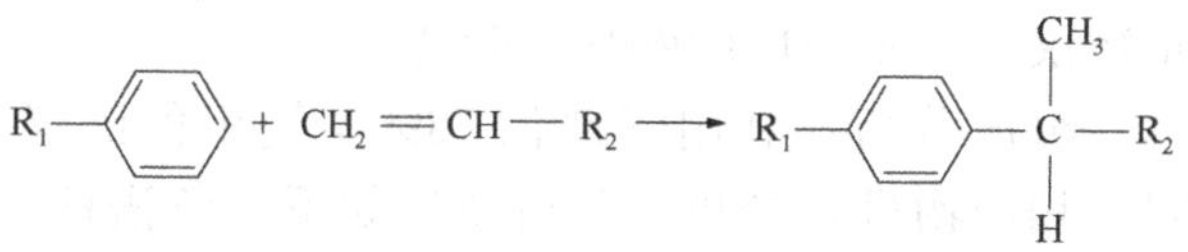

图2　分子筛脱烯烃反应原理

分子筛虽然有诸多优势，但生产成本较高，在达到烯烃脱除指标的前提下，如何获得高性能低成本长寿命的脱烯烃剂非常重要。

本实验针对脱除难度最大的重整生成油的脱烯烃进行精制剂研发，旨在开发高效长寿命的脱烯烃精制剂。

1　实验部分

1.1　*原料与试剂*

重整生成油原料取自某石化公司重整装置重整油分离塔塔底，原料性质见表2；分子筛精制剂B为自制催化剂，对比剂Z为某石化公司重整装置工业在用剂；氮气购自新疆科源气体制造有限公司，纯度含量>99.999%。

表2　重整生成油原料性质

项目	数据
ϕ(芳烃)/%	≥99
ρ，20℃/(kg/m^3)	873.6
ϕ(水)/(mg/kg)	≤60
溴指数/(mgBr/100g)	680~1080
ω(氯含量)/(mg/kg)	≤0.5
C_{12}及以上/%	2.72

1.2　反应评价流程

在百毫升模式评价装置上进行重整生成油脱烯烃的试验，工艺流程主要有进料单元、反应单元、产品分离三部分组成。通过对原料和产品的分析获取溴指数、烯烃脱除率、C_8芳烃损失、催化剂处理量等性能数据。反应工艺流程如图3所示。

各工艺参数范围为：反应温度160~200℃；进料空速WHSV：1.0~2.0h^{-1}；反应压力：1.0~1.2MPa；载气：N_2、6L/h。

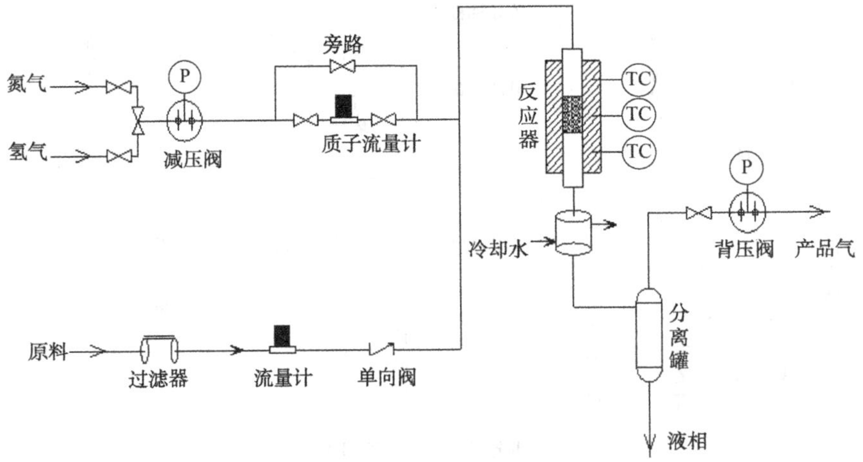

图3　催化剂评价流程图

1.3　数据处理

溴指数分析：采用瑞士万通Metrohm 851溴指数仪，按照SH/T 0630标准进行。

组成分析：利用安捷伦7890B气相色谱仪对油相产物进行分析。分析条件如下：色谱柱：HP-5MS(Φ0.32mm×30m×0.25μm)；检测器：FID，进样温度：280℃检测器温度：300℃。

$$\text{烯烃脱除率}=\frac{\text{原料油溴指数}-\text{产品油溴指数}}{\text{原料油溴指数}}\times100\%$$

$$C_8\text{芳烃损失}=\text{原料中}C_8\text{芳烃质量含量}-\text{产物中}C_8\text{芳烃质量含量}$$

2　结果与讨论

2.1　两种脱烯烃剂的的产品组成对比

在百毫升模式评价装置上，采用重整生成油，在反应温度160℃，进料质量空速2.0h^{-1}，反应压力1.2MPa的条件下，分别考察自制脱烯烃剂B和工业在用对比剂Z的反应效果，其产品组成见表3。

表3　两种脱烯烃剂的产品组成

组成	自制剂B		对比剂Z	
	原料	产品	原料	产品
Φ(正构烷烃)/%	0.13	0.18	0.26	0.30
Φ(异构烷烃)/%	0.01	0.06	0.21	0.21
Φ(环烷烃)/%	0.15	0.16	0.27	0.24
Φ(环烯烃)/%	0.21	0.18	0.23	0.20

续表

组成	自制剂 B		对比剂 Z	
	原料	产品	原料	产品
Φ(烯烃)/%	0.21	0.17	0.62	0.48
Φ(芳烃)/%	99.28	99.25	98.41	98.57
其中：C_8A	45.45	45.32	43.43	43.26
C_{12}^+	2.66	3.23	2.72	3.59
溴指数/(mgBr/100g)	686	43.55	825	58.76
烯烃脱除率/%		93.65		92.88
液收/%		99.78		99.54
C_8 芳烃损失/%		0.13		0.17

从表 3 中可以看出，两种剂经脱烯烃处理后，产品组成变化不大，液收都大于 99.5%，C_8 芳烃损失均小于 0.2%，溴指数大幅下降，分别降至 43.55mgBr/100g 和 58.76mgBr/100g 油，达到了装置的指标要求，自制剂 B 的烯烃脱除率、碳八芳烃损失等略好于对比剂 Z；同时可以发现，烯烃+环烯烃的含量并没有显著下降，溴指数是工业上通用的衡量物料中不饱和烃含量的重要指标，重整生成油中的高溴指数除了链烯烃外，更多来自于苯乙烯类、茚类等含有不饱和双键的芳烃，这些大分子不饱和烃会优先吸附在催化剂或吸附剂上，直接影响催化剂或吸附剂的活性和寿命。对反应前后的各不同碳数组分的变化如图 4 所示。

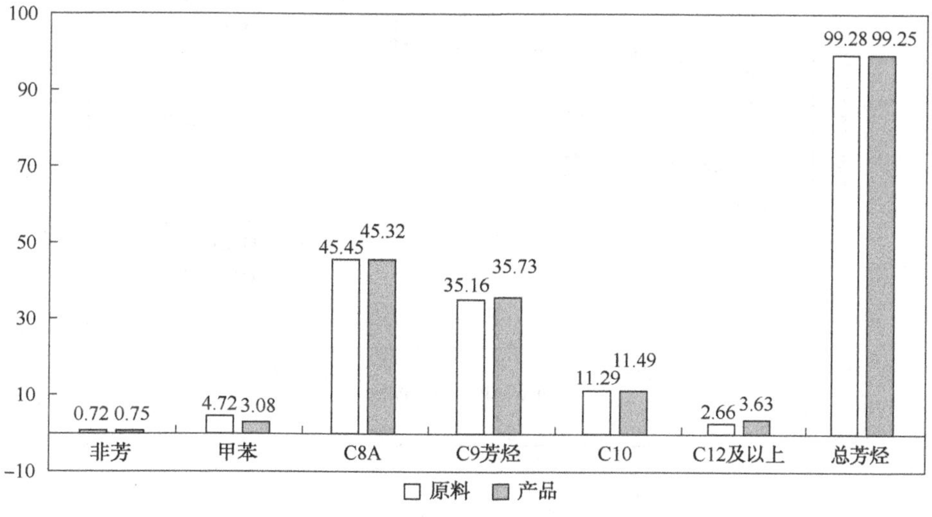

图 4 在自制剂上反应前后物料组成变化

从图 4 中可以看出，经反应后，总芳烃含量从 99.28% 变为 99.25%，芳烃基本没有损失，C_8A 的含量从 45.45% 略降至 45.32%，C_{10} 组分的含量从 11.29% 略增至 11.49%，C_{12} 及以上组分的含量从 2.66% 增加至 3.63%，C_{10} 及以上组分的增加是由于在分子筛催化剂上，微量的苯乙烯类与大量的芳烃发生烷基化反应和烷基转移反应，生成了少量的大分子芳烃，总体来看产品组成，尤其是 C_8 芳烃变化不大，在大幅脱除烯烃的同时，避免了芳烃的损失。

2.2 物性表征

催化剂的酸性、孔结构等微观物性对脱烯烃反应非常重要，合适酸性和孔结构的催化剂能够高效脱除重整生成油中的微量烯烃，同时避免芳烃饱和、断链等副反应的发生。

对两个催化剂分别进行了 NH_3-TPD 化学吸附、N_2 物理吸脱附、SEM 扫描电镜等表征，研究催化剂微观结构和宏观性能的关联，对 NH_3-

TPD 的表征结果如图 5 所示。

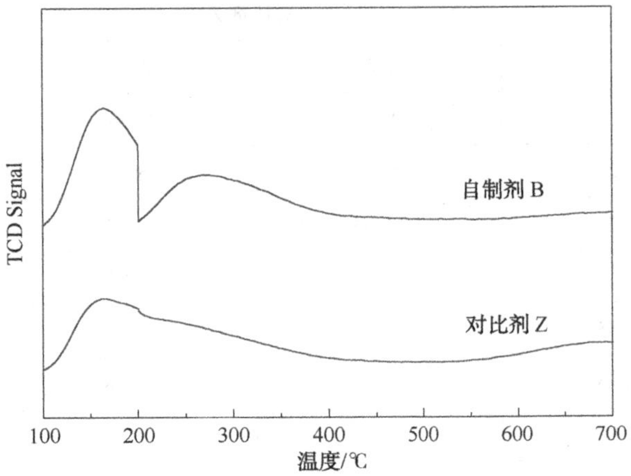

图 5　2 个催化剂的 NH_3-TPD 谱图

根据 NH_3-TPD 谱图，两个催化剂在 150～200℃均存在弱酸峰，而自制剂 B 在 250～300℃处还存在中强酸，可见自制剂 B 的酸性强于对比剂 Z，分子筛催化剂的酸性对非常重要，适当的酸性有助于微量烯烃的快速脱除。

两个催化剂的 N_2 物理吸脱附曲线和孔径分布如图 6 所示。

2 个催化剂的吸脱附等温曲线均属Ⅳ型，在相对压力 P/Po 较大时，2 个催化剂均出现回滞环，表明有介孔的存在。从孔径分布中也可以看出两个催化剂的平均孔径均大于 3nm，具有较多的介孔，对比剂 Z 的孔径分布窄，最可几孔径集中在 3.0nm 左右；自制剂 B 表现出更宽的孔径分布，其最可几孔径集中在 3.7nm 左右和 12nm 左右。较大的孔径有助于分子的快速扩散，减少中间产物在催化剂孔内的滞留，进而减少副反应发生，并延长催化剂寿命。

对两个催化剂的 SEM 扫描电镜如图 7 所示。

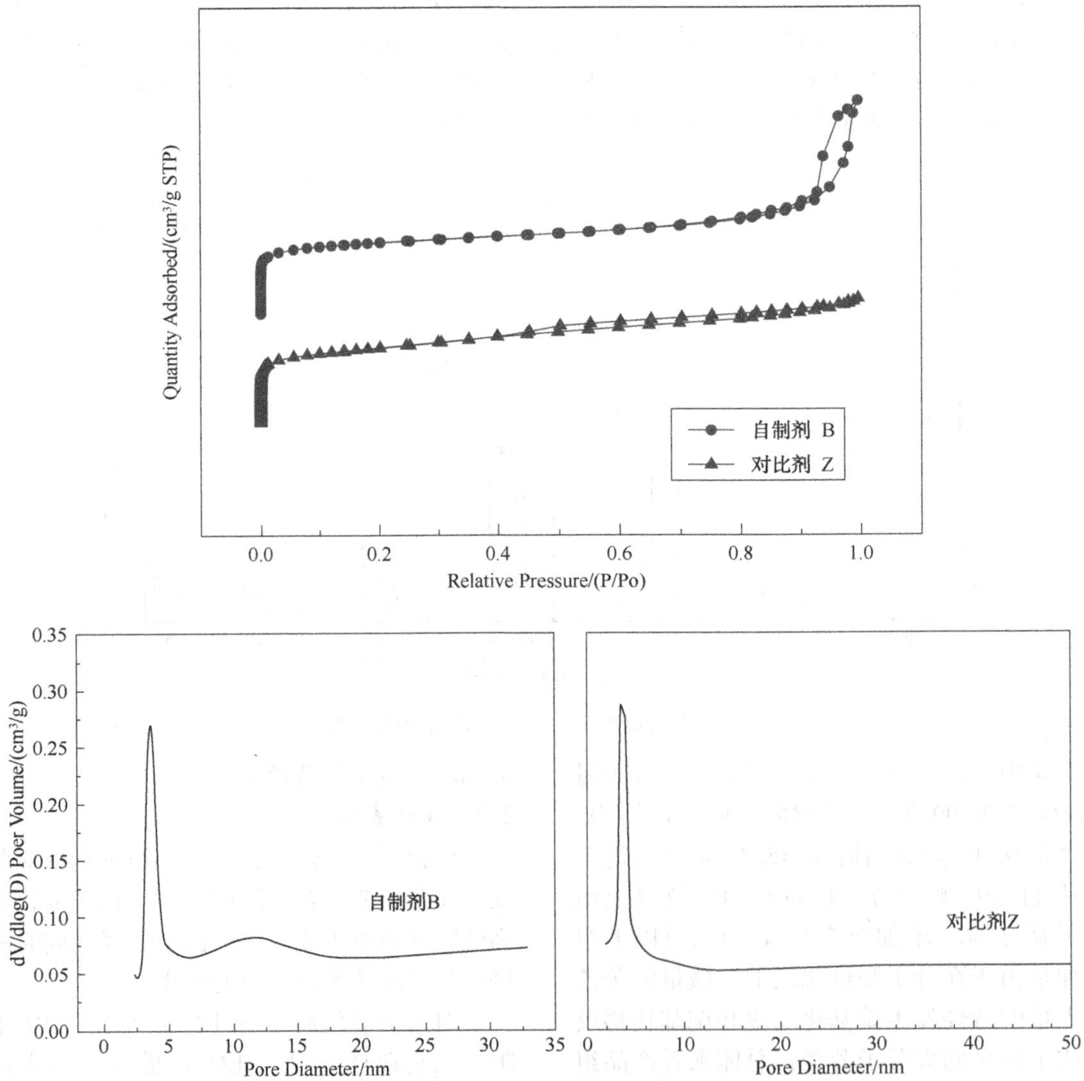

图 6　两种催化剂的 N_2 吸脱附曲线(上)和孔径分布(下)

图7　2个催化剂的SEM图

通过SEM图可以看出自制剂B的催化剂的粒径小，晶粒规整，分布均匀；对比剂Z的粒径较大，且有少量杂晶相。

2.3　长周期运转评价

在前期考察优化的基础上，对两个催化剂进行长周期运转评价，考察催化剂的稳定性，评价实验在百毫升模式装置上进行，原料重整生成油的溴指数为862mgBr/100g，采用单段反应，催化剂装填量为30g，反应温度为160~180℃，反应压力1.2MPa，进料空速$2h^{-1}$，其长周期运转评价结果如图8所示。

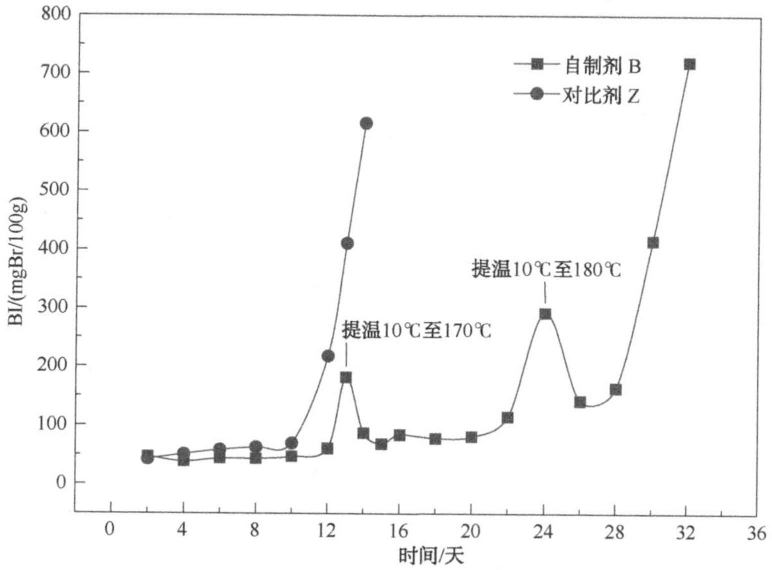

图8　两个催化剂的长周期运转评价

自制剂B的初始活性较好，溴指数从原料的862mgBr/100g降至50mgBr/100g，在单段反应的情况下烯烃脱除率为94.2%，在起始温度160℃下反应了13天后开始提温，在30天内产品油的平均溴指数为97mgBr/100g，产品中碳八芳烃损失小于0.3%，达到了装置指标要求，对比剂Z初始活性较好，溴指数在48~60mgBr/100g，经10天运行后，产品油溴指数迅速升高至200mgBr/100g以上，通过连续运转对比，自制剂的初始活性、稳定性均好于对比剂，后续将进一步优化催化剂及工艺，提高催化剂的活性和稳定性，降低催化剂成本。

3　结论

（1）考察了自制脱烯烃剂B和工业在用剂Z的脱烯烃性能，两种剂经脱烯烃处理后，液收大于99.5%，芳烃基本没有损失，环烷烃、异构烷烃保持不变，C_{12}及以上组分略有增加，C_8芳烃损失小于 0.2%，溴指数分别大幅下降至 43.55mgBr/100g 和 58.76mgBr/100g 油。

（2）开展的长周期运转实验表明，采用自制脱烯烃剂，原料油经处理后溴指数 86mgBr/100g 降至 50mgBr/100g，在单段反应的情况下，30 天内产品油溴指数平均为 97mgBr/100g，C_8 芳烃损失<0.2%，达到装置指标要求；通过连续运转对比，自制剂的初始活性、稳定性均好于对比剂。

（3）对两个催化剂进行的表征分析表明，自制剂具有较强的酸性和较大的孔径，且粒径小，晶粒均匀。

参 考 文 献

[1] 刘冠峰，等. TCDTO-1 精制剂在芳烃装置上的工业应用[J]. 工业催化，2015，23(5).

[2] 时宝琦，周亚新. 芳烃重整油脱烯烃技术进展[J]. 石油化工技术与经济，2020，36(4).

[3] 张婷. 分子筛改性及其在烷基化脱除芳烃中的烯烃的研究[D]. 华东理工大学，2021.

[4] 张江洪，等. DOT—200 重整油脱烯烃催化剂的研制与工业应用[J]. 化学反应工程与工艺，2017，33(6).

常减压装置常顶循系统腐蚀原因分析与防护

逯红江

（中国石化齐鲁分公司）

摘　要　中国石油化工股份有限公司齐鲁分公司胜利炼油厂第四常减压装置于2010年4月投产运行至今，期间常压塔顶循系统多次出现腐蚀问题。本文简要阐述了常顶循流程，介绍了常顶循流程设备、管线腐蚀、泄漏情况，包括常顶循油/原油换热器管束内漏、常顶循泵机械密封泄漏、常顶循泵自冲洗线泄漏、常顶循系统阀门关闭不严、常顶循工艺管线腐蚀减薄、小接管泄漏，对设备管线腐蚀泄漏原因进行了分析，从电脱盐、工艺防腐、材料选择、腐蚀检测等方面提出了腐蚀防护措施。

关键词　常减压；常压塔；常顶循；腐蚀；氯化铵结晶

中国石化齐鲁分公司胜利炼油厂第四常减压装置于2010年4月投产，加工能力8.0Mt/a，为燃料-化工型蒸馏装置。设计加工的原油为高硫高酸原油和胜利原油的混合油，其中高硫高酸原油6.7万t/a，胜利原油1.3万t/a。最初设计采用电脱盐—闪蒸罐—常压塔—减压塔的工艺路线，混合原油酸值为1.685mgKOH/g，硫含量为1.97%，属高硫高酸-中间基原油。2012年10月将闪蒸塔改为初馏塔流程。2015年4月再次进行了材质升级，混合原油酸值提升为≤2.3mgKOH/g，硫含量提升为≤2.0%（wt）。开工以来，在加工胜利高硫高酸原油基础上，曾掺炼第二常减压装置拔头后的杜巴、沙重、扎库姆、伊斯姆斯、玛雅、卡斯提拉、阿尔巴克拉、伊重、索鲁士、奥瑞特和埃斯科兰特等原油，掺炼比约为30%左右。

自开工以来，常顶循系统流程管线、设备、小接管多次出现腐蚀减薄、泄漏、管线结盐堵塞等问题，文章对常顶循系统腐蚀的原因进行了分析，从电脱盐、工艺防腐、材料选择、腐蚀检测等方面提出了腐蚀防护措施。

1　常顶循工艺流程腐蚀回路及运行情况

1.1　常顶循工艺流程腐蚀回路

常顶循油自常压塔4层抽出，经常顶循泵P104A/B、常顶循油/原油换热器E101A/B/C至常压塔1层塔盘返塔，图1中为第二腐蚀回路。常顶循系统管线主要为碳钢材质，所在腐蚀回路腐蚀机理主要为氯化铵盐沉积结晶产生的垢下腐蚀，及可能存在$HCl+H_2S+H_2O$腐蚀。

2　常顶循系统运行中典型的腐蚀案例分析

装置自2010年4月开工运行至今，分别于2012年10月进行了闪蒸塔改为初馏塔流程改造，2015年4月进行了材质升级，装置设防值也进行了相应的调整。2次大的改造实施后，装置腐蚀问题较改造前有了较大的改善，但自2015年4月至今，常顶循系统仍然发生了多次腐蚀泄漏案例，集中体现在常顶循油/原油换热器管束内漏、常顶循泵机械密封泄漏、常顶循泵自冲洗线泄漏、常顶循系统阀门关闭不严、常顶循工艺管线腐蚀减薄、小接管泄漏等方面。

2.1　常顶循油/原油换热器管束内漏

常顶循油/原油换热器E101A/B/C管束原材质为09Cr2AlMoRe，管程为常顶循油，带防腐涂层。结合历年检修拆检情况，管束内氯化铵盐沉积结垢较重，管束使用2~3年后，换热管内壁明显出现因氯化铵盐结晶产生垢下腐蚀的蚀坑，随着运行时间延长，发生泄漏的概率会逐渐增大。从目前的运行情况来看，09钢+防腐涂层管束使用5~6年后，发生泄漏的概率较大，给平稳生产带来较大的不稳定因素。2016年9月E101B管束材质升级为双相钢S22053，2020年9月拆检管束状态良好，未见明显腐蚀，截至2023年8月，已使用7年。需要特别关注的是由于上述部位材质升级可能导致腐蚀区域后移，对工艺流程后续设备或装置造成新的腐蚀。

2.2　常顶循泵机械密封泄漏及泵体内腐蚀

常顶循泵P104AB型号为SBB2-250-150-250ATJ，该泵密封采用PLAN32方案，冲洗油为常压塔顶油。该泵自投用以来，密封泄漏较为频繁。据统计该泵自 2010 年 4 月至 2022 年 9 月以来进行维修 39 次，两台泵大修各 6 次，更换管线弯头 3 次（包含生产期间更换 1 次），其中密封更换原因多为密封波纹管结盐造成密封补偿作用失效，最终造成密封泄漏。随着环保要求越来越严格，LDAR 检测要求越来越高，该泵在目测无明显泄漏的情况下，多次出现 LDAR 检测超标的情况，且泵附近异味明显。为适应环保要求，消除现场泄漏异味问题，车间采取多项措施效果均不明显，密封因泄漏更换修理频繁。仅 2021 年一年，两台机泵共计更换密封 9 套次、P104B 大修一次，密封平均使用寿命在 3 个月左右。2022 年 10 月该泵已改为干气密封，现场运行正常，异味明显减少，密封寿命及运行情况需要进一步观察（图 2～图 4）。

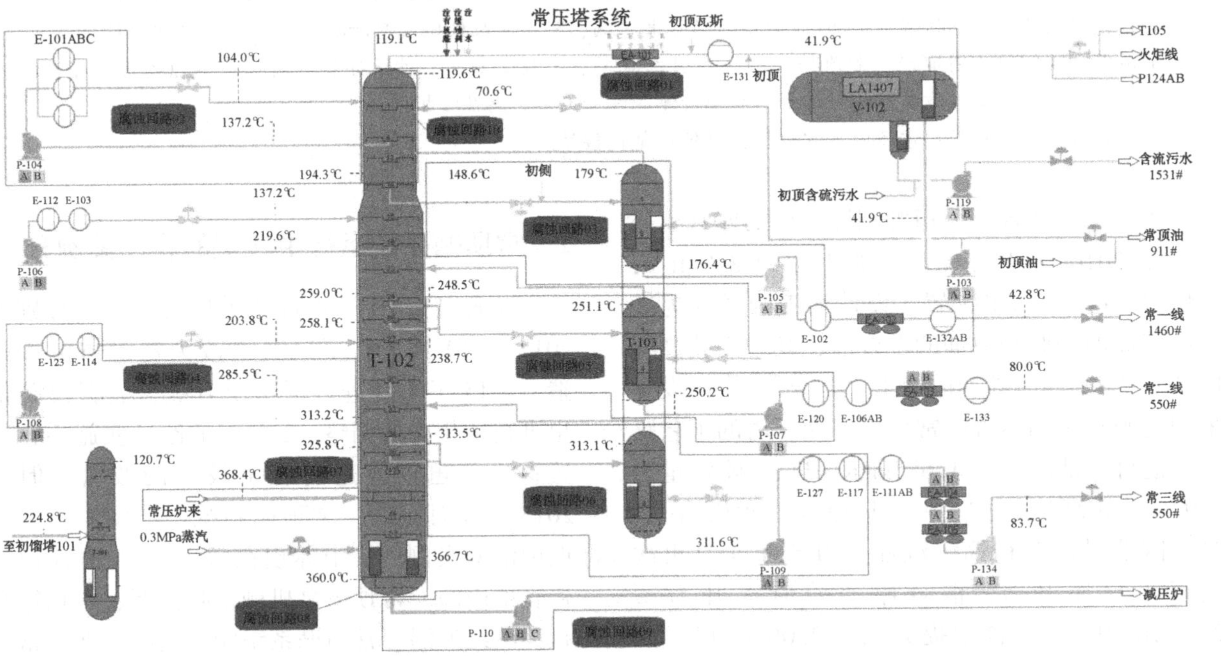

图 1　常顶循工艺流程腐蚀回路

图 2　常顶循泵密封波纹管结盐成块，密封波纹管失弹

2.3　常顶循系统阀门关闭不严

对常顶循泵出入口内漏阀门进行检查，发现入口阀阀道有腐蚀现象，密封面表面目测存在轻微腐蚀，但阀体口径腐蚀变大，流道内腐蚀较重，腐蚀产物在管道闸阀阀体底部堆积，关闭阀门时阀杆带动闸板向下运动，无法全部落下，造成闸板密封面与阀座之间不能完全密封，且检查发现阀座密封面局部有缺口，阀门产生内漏（图 5）。

图3　常顶循泵泵体内轴套腐蚀及叶轮腐蚀

图4　常顶循泵入口过滤器滤网腐蚀损坏

图5　系统阀门内漏，流道腐蚀情况

2.4　小接管腐蚀泄漏

常顶循系统内存在较多小接管，如机泵预热线、泵入口管线腐蚀探针接管、换热器退油线等。这些小接管平时或为介质流动滞缓区，或为介质流动冲刷严重区域，往往会因氯化铵盐沉积产生垢下腐蚀泄漏或介质流动冲刷腐蚀减薄泄漏，需要重点关注(图6、图7)。

3　腐蚀及泄漏原因分析

3.1　盐类物质来源分析

经过分析，在常顶循环系统垢下腐蚀主要是 NH_4Cl 盐结晶析出。形成 NH_4Cl 盐有四个条件：氨离子、氯离子、水和低于210℃氯化铵结晶析出的环境温度。常压系统中的氨氮来源有两个：原油中的氮和电脱盐注水中的氨氮，原油中的氮元素在常减压阶段没有转化，因此，氨氮的主要来源是电脱盐所注净化水中的氨氮。净化水的来源是含硫污水经过双塔汽提后的净化水，其氨氮质量分数一般为 80～90μg/g。氯离子的形成主要是原油中的氯化钙和氯化镁等物质水解或分解后形成的氯化氢。氯化氢气体进入分馏塔以气态上升，遇氨氮后在有水的环境中生成氯化铵溶液。氯化铵溶液在低于 210℃ 时结晶析出，逐渐形成黏稠状垢物，堵塞塔盘，不仅影响塔盘分离效果，并产生严重的氯化铵垢下腐蚀。

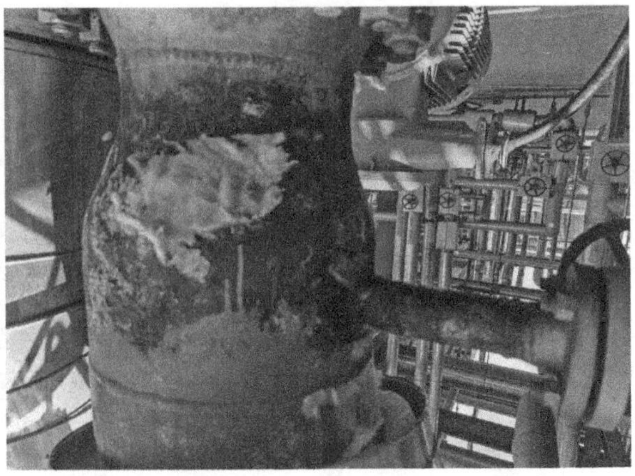

图 6　常顶循泵入口腐蚀探针引出管线腐蚀泄漏

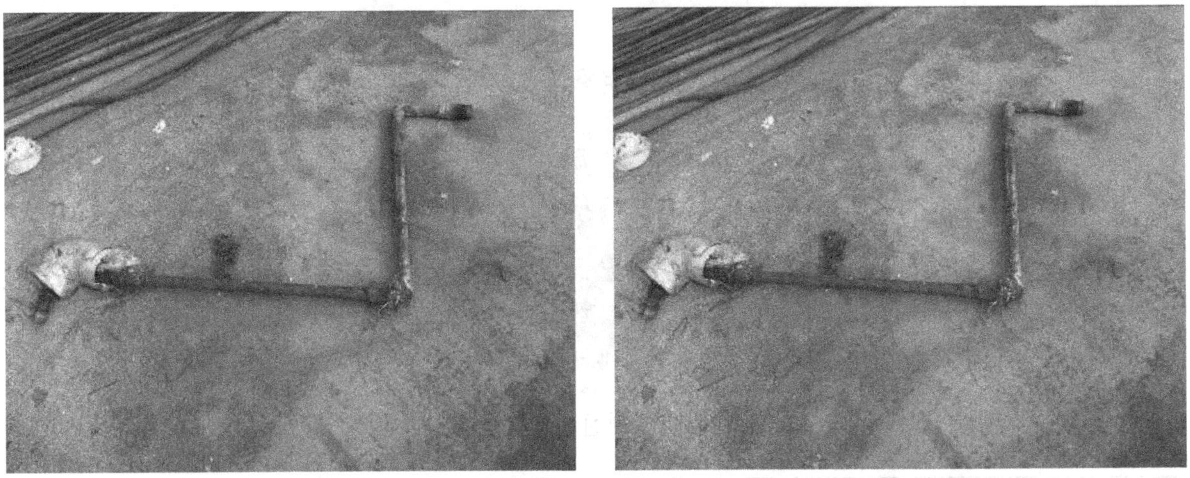

图 7　常顶循预热线角焊缝腐蚀减薄泄漏

3.2　常顶循系统腐蚀及泄漏原因分析

常压系统从塔底到塔顶温度越来越低，轻组分与液体水在油气所占比例越来越高。腐蚀环境的形成是一个渐变过程，在水开始冷凝到大量水出现期间，油气中的腐蚀环境(比如氨气、氯离子、总铁等)会产生变化。在不同的条件下，产生不同的腐蚀环境。一是腐蚀性介质在水中过饱和—饱和—稀释—再稀释的过程，该过程在过饱和及饱和阶段因浓度较大，对设备及管线腐蚀性较强，稀释及再稀释过程腐蚀会逐渐减轻。还有一种是腐蚀性介质在水中过饱和—设备上盐析出—盐逐渐溶解—稀释—再稀释的过程，该过程在过饱和、设备上盐析出、盐逐渐溶解阶段对设备及管线腐蚀性较强，其他阶段逐渐减弱。

氨离子与油气中大量的氯离子和硫离子形成腐蚀性较强的酸式盐类。在一定温度和结构条件下，析出酸式盐附着于设备及管线的滞流区，对设备及管线造成垢下腐蚀。

常顶循泵机械密封频繁泄漏主要原因为密封波纹管结盐严重，密封波纹管失去弹性，密封补偿作用无法正常发挥作用，腐蚀产物中的小颗粒杂质进入机械密封面，加之动、静环工作过程中相互撞击使石墨碎裂剥落，造成静环崩边及密封面磨损，进而导致密封面泄漏。

4　常顶循系统腐蚀防护办法

（1）关注原油性质，加强电脱盐操作，确保电脱盐运行效果良好，因原油性质波动导致电脱盐操作波动时，要及时调整，确保脱后含盐达到设计指标。

（2）持续优化工艺防腐，对于低温部位的腐蚀，由于含有的腐蚀性介质比较复杂，单纯依靠材质防腐无法满足长周期运转的需要，需要增加相应的工艺防腐措施来协助减缓腐蚀。工艺防腐并不是缓蚀剂、中和剂等一注了之，而是要对工艺注剂防腐效果进行科学评价，择优选择。改进注入喷头，使注剂分布更为均匀。增上注剂精准加注，实现注剂量的自动调整。

（3）顶循系统不同材质要制定针对性的腐蚀防护策略。例如常顶循换热器 E101A/B/C，管束材质若升级为双相钢，使用两个周期可靠性较高，之后要利用检修实际对管束腐蚀情况进行详细检查，根据检查情况确定是否继续使用。若仍采用 09 钢+涂层，建议一个检修周期(四年，因工艺流程设计原因，四常装置常顶循换热器生产期间单独切除，装置需要降低处理量配合，生产波动较大)更换 1 次管束。另外材质升级后，可能导致腐蚀区域后移，对工艺流程后续设备或装置造成新的腐蚀，需要重点关注。

（4）增上顶循除盐设施，减轻因结盐导致的顶循系统腐蚀、堵塞、密封易泄漏等问题。

（5）加强腐蚀监测，制定相应的腐蚀检测措施，加强装置的腐蚀在线监测及冷凝水 pH 值监测的力度与频度，以及时发现变化情况，调整生产操作。对系统内管线、设备与换热器本体和短节、进行运行中的定点测厚。

（6）定期对重点管线，小接管开展脉冲涡流扫查、人工检查测厚，了解装置的腐蚀情况。

（7）关注国内外常顶循系统腐蚀防护技术进步情况，通过学习了解到目前存在电磁流体阻垢处理技术，管线外表面安装专用设备，通过电磁感应原理，介质流经感应线圈后，可以增加介质中原来易结垢沉积的阴阳离子结合概率，阴阳离子结合程不显电荷的中性微粒不具备吸附能力随介质流走，从而使结晶不发生在管壁及设备上。建议考察此项技术，若有效，可在顶循环泵入口管线安装使用。

5　结语

长期的实践表明，常减压装置常顶循系统的腐蚀管理是一项综合工程，需要各专业相互配合，涉及原油性质、工艺操作、工艺防腐、材质选择等多方面内容，通过制定合理的腐蚀防护策略，可以做到常顶循系统腐蚀可控，保障常减压装置的长稳优运行。

参考文献

[1] 刘志民，田刚．加工高硫高酸原油常减压蒸馏装置的腐蚀与防护石油化工腐蚀与防护[J]．石油化工腐蚀与防护，2012：29(4)．

[2] 章建华，凌逸群，刘晓辉，等．炼油装置防腐蚀策略[M]．北京：中国石化出版社，2008：10-11．

[3] 侍吉清，吴伟阳，等．常减压蒸馏装置常顶循流程设备腐蚀泄漏分析及改进[J]．石油化工设备，1000-7466(2019)01-0072-05．

沥青基碳材料的制备及其在钠离子电池方面的应用研究

崔荣超　周　琳　段焱鑫　潘　奇　谭　思　蒋文军

（中国石油化工股份有限公司茂名分公司）

摘　要　中共中央曾提出构建以新能源为主体的新型电力系统。为了实现这一目标就必须有强有力的大规模储能系统。目前较为成熟的储能电池主要还是以铅酸蓄电池和锂离子电池为主，不过铅酸电池能量密度太低，而锂资源又较为匮乏且分布不均，导致锂的价格较高且对我国的发展容易造成“卡脖子”的风险。钠离子电池具有和锂离子电池相似的电化学储能原理，其能量密度接近磷酸铁锂基锂离子电池的能量密度，且钠资源储量丰富、价格较低，适合大规模应用。为此，钠离子电池作为锂离子电池的有效补充，受到了越来越多研究者的关注。其中，由于碳基材料具有较低的价格、稳定的电化学性能、能够大规模的生产与应用而被认为是钠离子电池潜在的负极材料。另外，由于硬碳具有较大的层间距、较高的放电容量和循环稳定性，是钠离子电池负极材料的得力候选者。目前制备硬碳材料的前驱体主要包括生物质、树脂、沥青等。由于沥青产量大、价格便宜，被视为将来能够大规模应用的硬碳前驱体。不过，沥青更趋向于形成具有较小的层间距软碳，作为钠离子电池负极材料时具有较低的放电容量。因此，沥青基硬碳仍存在诸多问题，需要研究者们继续努力以提高沥青基碳材料作为钠离子电池时的电化学性能。本文总结了最近几年沥青基碳材料用作钠离子电池负极材料时的研究进展，提高其电化学性能的方式主要是通过结构以及形貌的调整，包括：提高其无序度、杂原子掺杂以及形貌的改变等。另外，本文还系统地总结了沥青基硬碳材料的优势、面临的挑战以及解决办法等，将为制备低成本、高性能的钠离子电池沥青基碳负极材料提供有力的见解。

关键词　沥青；硬碳；无定形碳；钠离子电池；负极材料

1　前言

随着社会的发展与进步，全球环境污染问题日益严重，大力发展清洁可持续能源（例如：风能、太阳能、潮汐能以及各类离子电池）引起了大家的广泛关注。其中，可以反复充放电的各类离子电池因具有较高的能量转换效率以及便携性而受到了广泛的应用。特别是具有较高能量密度和功率密度的锂离子电池迅速占领各类市场，像电动汽车、各类电动工具以及电子设备等领域。近年来，中共中央提出构建以新能源为主体的新型电力系统。为了实现这一目标就必须有强有力的大规模储能系统。目前较为成熟的储能电池主要还是以铅酸蓄电池和锂离子电池为主，不过铅酸电池能量密度太低，而锂资源又较为匮乏且分布不均，无法满足日益增长的需求，特别是在大规模储能领域。这就导致锂的价格较高且对我国的发展容易造成“卡脖子”的风险。因此，我们需要寻求新的能源存储装置来作为锂离子电池的有效补充。近年来，镁离子电池、钙离子电池、铝离子电池、钠离子电池、钾离子电池等一系列储能装置作为锂离子电池的有前途的补充品而受到广泛关注。其中，钠离子电池被认为是最有潜力的候选者。

钠离子电池和锂离子电池具有相似的电化学储能原理（“摇椅式”储能），其能量密度接近锂离子电池中磷酸铁锂基的能量密度（160Wh/kg），且钠资源储量丰富、价格较低，尤其适合在大规模储能领域应用。另外，钠离子电池还具有安全性高、低温性能好的优点。因此钠离子电池可以作为锂离子电池的有效补充，受到了越来越多研究者的关注。不过，钠离子电池也存在一定的问题，比如较大的钠离子（Na^+）半径（1.02Å，锂离子半径为 0.76Å），较高的电化学电位（相较于标准电位 Na/Na^+：−2.71V，Li/Li^+：−3.04V），导致钠离子电池具有较低的放电容量和能量密度。需要注意的是，目前商业化锂离子电池负极材料主要用的石墨负极材料并不适用于钠离子电池。这是因为石墨的层间距相对较小，而钠离子半径尺寸较大，导致钠离子很难在石墨层间自由的嵌入/脱出。

寻找行之有效的负极材料是钠离子电池将来是否能够大规模应用的关键。目前，根据钠离子存储机理，其负极材料主要分为以下几种类型：合金化反应类型（Bi、Sb、SnSb 等）、转化型（SnO_2、$MoSe_2$、FeS_2等）以及嵌入/脱出类型（硬碳、软碳等）。其中，碳基材料具有良好的导电性、优异的结构稳定性以及较低的价格而受到人们的广泛关注。碳基材料中的硬碳（难以石墨化的碳材料）具有较大的层间距、较多的无序结构，作为钠离子电池负极材料时表现出较高的放电容量和优异的循环稳定性。不过，硬碳中较多的无序结构使其具有较低的石墨化度，表现出较差的导电性、较低的库伦效率和较差的倍率性能。目前制备硬碳材料的前驱体主要包括生物质、树脂、沥青等。其中以生物质为前驱体制备的硬碳杂质较少、强度较高，不过国内原材料供应不足，过度依赖进口，且硬碳收率较低。以树脂为前驱体制备的硬碳可控且纯度较高，不过其成本较高，不便于大规模应用。沥青是一种低成本、储量丰富的石油工业副产品，其主要成分为多环芳烃，热解后碳收率高。通常情况下，沥青的直接热解过程由于存在过量的氢和芳香分子之间强烈的 π-π 相互作用，会发生不可控的融合态碳化过程，趋向于形成具有较小层间距、更加有序、缺陷较少的软碳，作为钠离子电池负极材料时表现出较低的放电容量，需要进行交联、预氧化处理，会增加相应的成本。因此，沥青基硬碳仍存在诸多问题，需要研究者们继续努力以提高沥青基碳材料作为钠离子电池时的电化学性能。不过，由于沥青来源广泛、成本低廉，随着生产工艺技术的进步，沥青仍被认为是一种很有前景的钠离子电池用硬碳前驱体。如何调整其微观结构，制备具有高 Na^+存储容量的碳材料是制约钠离子电池用沥青基碳负极发展的主要瓶颈问题。目前，很多研究探索了提高沥青基碳材料电化学性能的方式，主要包括结构（提高其无序度、杂原子掺杂）以及形貌的调整等。在此，我们系统地总结了这些研究，讨论了相应的改进机制，并对沥青基钠离子电池碳负极的发展趋势进行了展望。

2 无序结构的形成

前面也提到，沥青在高温下直接热解得到的软碳石墨化程度较高，层间距较小，不适合 Na^+ 的嵌入/脱出。为了阻止软碳的形成，目前常用的方法是加入交联剂以及进行预氧化处理。交联剂可以改变沥青的微观结构，使其交联化，在高温碳化的过程中可以阻碍石墨微晶的长大，得到更加无序的硬碳。而预氧化可以通过分子间形成交联网络，有效稳定沥青分子的结构，防止其在碳化过程中的软化和熔化，使其晶体结构更加无序，层间距增大，增加储钠容量。

受此启发，Zhang 等人开发了一种原位双干扰化学工艺，并以葡萄糖酸锌（ZG）作为干扰化合物的交联剂，成功地将沥青基碳材料的微观结构从有序的石墨化软碳转变为无序的湍层状结构的硬碳。在热解过程中，ZG 通过分解气态碳氧化物和固体产物（即有机锌盐和 ZnO 纳米颗粒）等化合物产生多机制干扰。气态化合物可能在热解早期消耗了过量的氢，使沥青的熔融态热解转变为固态，从而阻碍了微观结构的有序转变。此外，固体化合物削弱了沥青中芳香链之间的强 π-π 相互作用，扩大了层间间距，并在去除 ZnO 纳米颗粒后在碳基体中引入了大量的封闭孔隙。具体工艺为先通过 450℃进行预碳化，随后进行酸处理，最后 1200℃最终碳化处理成功制备了沥青基硬碳材料（PZHC 450-1200），制备过程如图 1（a）所示。通过 X 射线衍射仪（XRD）、透射电子显微镜（TEM）照片可知制备的硬碳材料具有较大的无序度和较大的层间距（0.378nm）。这使得 PZHC 450~1200 用作钠离子电池负极材料时，在 $30mAg^{-1}$的电流密度下表现出 $320mAhg^{-1}$的放电容量，是未加入 ZG 制备出的软碳（PSC 450~1200）放电容量的两倍（如图 1b 所示）。与此同时，PZHC 450-1200 还表现出了良好的倍率性能［$5Ag^{-1}$的电流密度下放电容量为 $204mAhg^{-1}$，图 1（c）］和优异的循环稳定性［$1Ag^{-1}$的电流密度下循环 1000 圈后放电容量为 $250mAhg^{-1}$，图 1（d）］。通过对其存储机理的研究，发现这种沥青衍生硬碳的钠离子储存机制遵循吸附-插入-孔隙填充模型，平台容量的提高是 Na^+插入假石墨层并填充封闭孔隙的结果。所有这些结果都表明了加入交联剂后双干扰化学策略对微观结构转变的有效性。

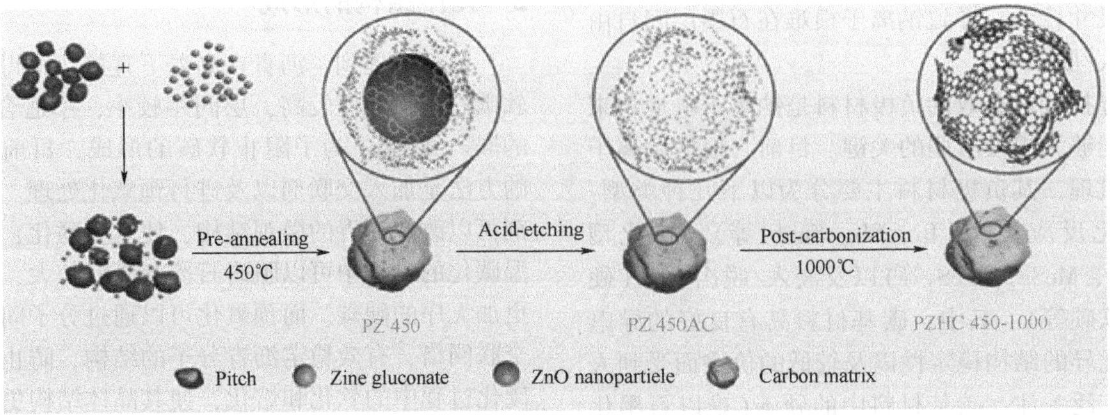

(a)PZHC 450~1000制备流程示意图

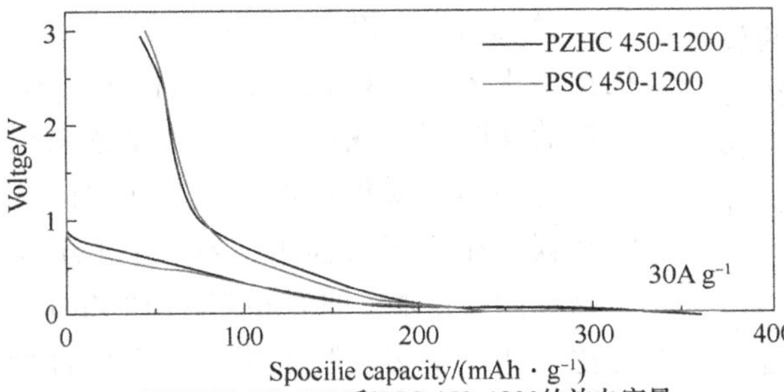

(b)PZHC 450~1200和PSC 450~1200的放电容量、倍率性能和循环性能图

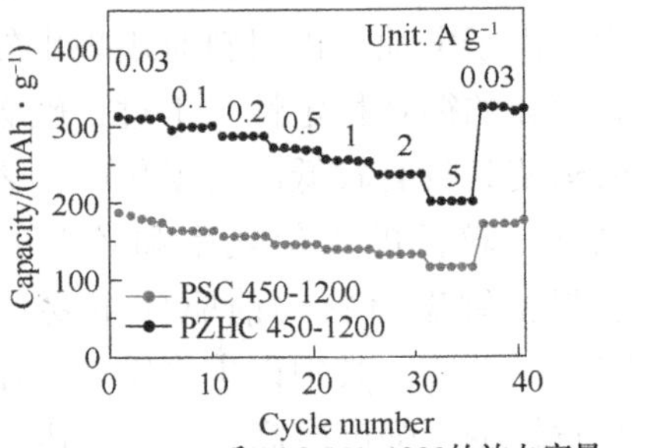

(c)PZHC 450~1200和PSC 450~1200的放电容量、倍率性能和循环性能图

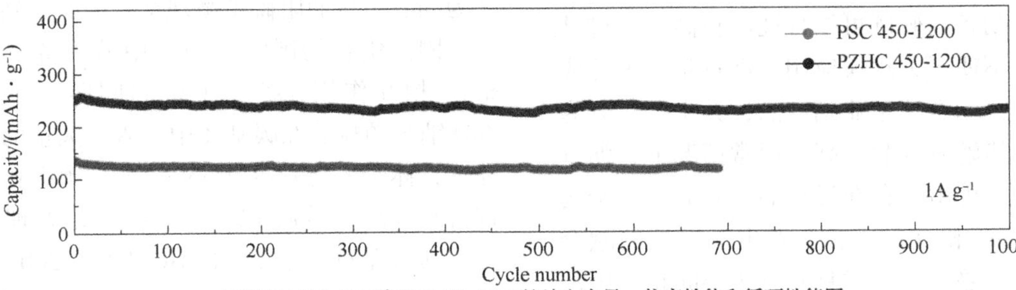

(d)PZHC 450~1200和PSC 450~1200的放电容量、倍率性能和循环性能图

图 1　制备过程

另外，Hu 等人仅仅通过简单地将沥青在300℃的温度下氧化 3h，然后在 1400℃碳化后即制得了具有优异电化学性能的沥青基硬碳材料[CPOP，如图 2(a)所示]。研究发现引入的氧原子以羰基(C=O，如酯和酸酐)的形式存在，这些氧官能团可以产生交联反应，导致结构更加无序，碳收率提高(碳收率从 54%增加到 67%)。所制备的硬碳材料用作钠离子电池负极材料时在 0.1C 的电流密度下表现出了 300.6mAhg^{-1}的放电容量，首次库伦效率为 88.6%；而没有预氧化制得的碳材料(CPP)仅表现出 94mAhg^{-1}的放电容量，首次库伦效率为 64.2%。由图 2(a)的充放电曲线也可以看出，CPP 的充放电曲线上仅表现出单调的高电位斜坡区，而 CPOP 的充放电曲线由低电位平台区和高电位斜坡区组成，具有典型的硬碳储钠行为，表明在空气中预氧化处理实现了从有序到无序的有效结构转化。同时，CPOP 在 0.1C 的电流密度下循环 200 圈后仍具有 93.1%的容量保留率，表现出不错的循环稳定性[图 2(b)]。可见预氧化处理能够很好的提高所制备碳材料用作钠离子电池负极材料时的电化学性能。Raphaël Janot 等人有过类似的研究，也是先将沥青在 300℃的温度下氧化，然后在1400℃，氮气气氛下碳化 2h 后即制得了具有优异电化学性能的沥青基硬碳材料，收率为 49%。该硬碳材料用作钠离子电池负极材料时，在 0.05C 的电流密度下表现出了 312mAhg^{-1}的放电容量，且具有较高的首圈库伦效率。研究还表明

预氧化时间对所制备硬碳的交联水平和石墨化程度具有一定的影响。

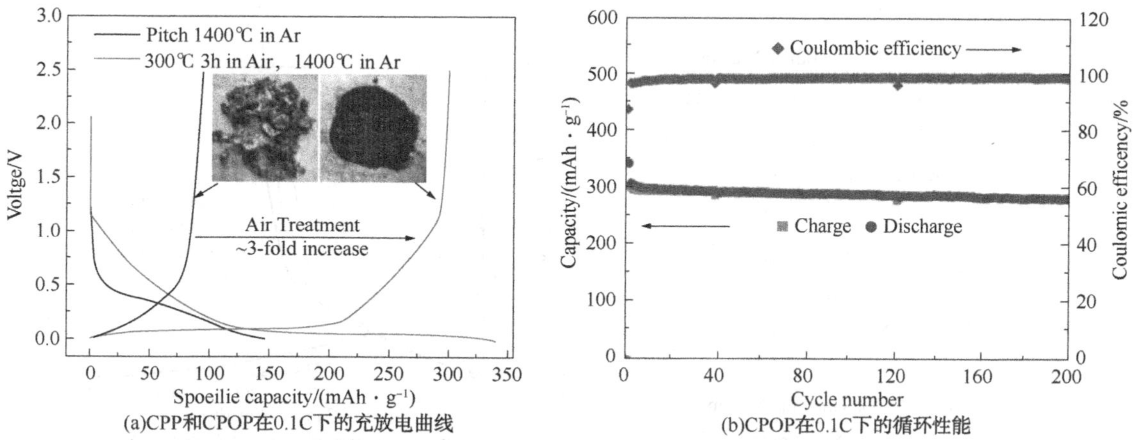

(a)CPP和CPOP在0.1C下的充放电曲线　(b)CPOP在0.1C下的循环性能

图 2　沥青基硬碳材料充放电曲线及循环性能

Sun 等人采用沥青与酚醛树脂混合(质量比 1∶1)后的前驱体，先通过低温预氧化(220℃)然后再高温碳化(1000℃)的方法制备了无定形碳材料。经过空气氧化后，引入的氧官能团能进一步促进交联聚合，导致所制备的碳材料结构上更加无序，其 I_D/I_G 比值由 1.56 增加到 2.20，碳收率从～55%提高到～70%，层间距从 0.353nm 增加到 0.376nm。相比于直接热解得到的碳表现的出较低放电容量(130mAhg^{-1})，经预氧化处理得到的无定形碳表现出更高的储钠性能，在 30mAg^{-1}的电流密度下其初始可逆放电容量可达到 268.3mAhg^{-1}，首圈库伦效率为 82%。

综上所述，在空气中进行预处理或引入额外的试剂可以形成交联网络，从而抑制沥青材料在热解过程中的熔融和石墨化。使制备的沥青基碳的无序程度增加、层间距扩大而形成硬碳。此外，在充放电曲线中出现的低电位平台区有助于理解碳材料的结构与储钠行为之间的关系，能够会很好的判断所制备的碳材料为软碳还是硬碳。

3　杂原子掺杂

杂原子掺杂(像 N、S、P 等)能够增加碳材料的活性位点、导电性以及调节碳材料的层间距，从而提高碳材料的电化学性能。因此，杂原子掺杂已被广泛应用于储能领域，包括用于提高沥青基硬碳材料的储钠性能。

氮(N)元素掺杂是最常用的掺杂方式。如图 3(a)所示，掺杂的 N 元素可以分为吡啶 N(N-6)，吡咯 N(N-5)和石墨 N(N-Q)，其中 N-6 和 N-5 能够在碳材料中制造更多的缺陷，贡献更多的储钠活性位点，促进 Na^+的扩散及传输，增加储钠容量，N-Q 则能够增加碳材料的导电性，有利于其倍率性能的提高。Qiu 等人以沥青作为前驱体，NaCl 作为模板，分别在 Ar 气氛下 700℃，以及 NH_3/Ar 混合气氛下 1000℃退火后制得 N 掺杂的多孔碳纳米片(PCNS1000)。NH_3蚀刻导致无序碳的纳米晶簇减少，并将 N 原子引入碳框架中。所制备的 PCNS1000 含有 4.7%的 N，层间距为 0.382nm。作为钠离子电池负极材料，在 0.1Ag^{-1}下表现出 448mAhg^{-1}的放电容量[图 3(b)]。如图 3(c)所示，PCNS1000 也表现出了优异的倍率性能，在 10Ag^{-1}下仍具有 124mAhg^{-1}的放电容量，远远超过没有经过 NH_3处理的碳纳米片(CNS1000)所具有的放电容量(10Ag^{-1}下的放电容量为 63mAhg^{-1})。与此同时，PCNS1000 也具有优异的循环稳定性，其在 500mAg^{-1}下循环 1000 圈后具有 176mAhg^{-1}的放电容量[图 3(c)]，在 2Ag^{-1}下经过超长的 10000 圈循环后仍具有 123.8mAhg^{-1}的放电容量[图 3(d)]。

磷(P)原子的共价半径为 111pm，比 C(75pm)、S(103pm)、N(71pm)和 O(63pm)原子的共价半径都要大。因此，P 掺杂可以显著扩大碳材料的层间距，有利于 Na^+的传输与扩散。相关研究结果表明，P 掺杂可以提高碳材料对 Na^+的吸附、提高离子电导率、降低扩散能垒以及促进电荷转移。Miao 等人通过将沥青与 H_3PO_4混合后碳化制备了 P 掺杂的无定形碳(PSC)，其具有 3.42at%的 P 掺杂。当 PSC 用作钠离子电池负极材料时，在 100mAg^{-1}下具有

176mAhg^{-1}的放电容量，高于没有通过 P 掺杂的无定形碳的放电容量（100mAg^{-1}下的放电容量为 158mAhg^{-1}）。

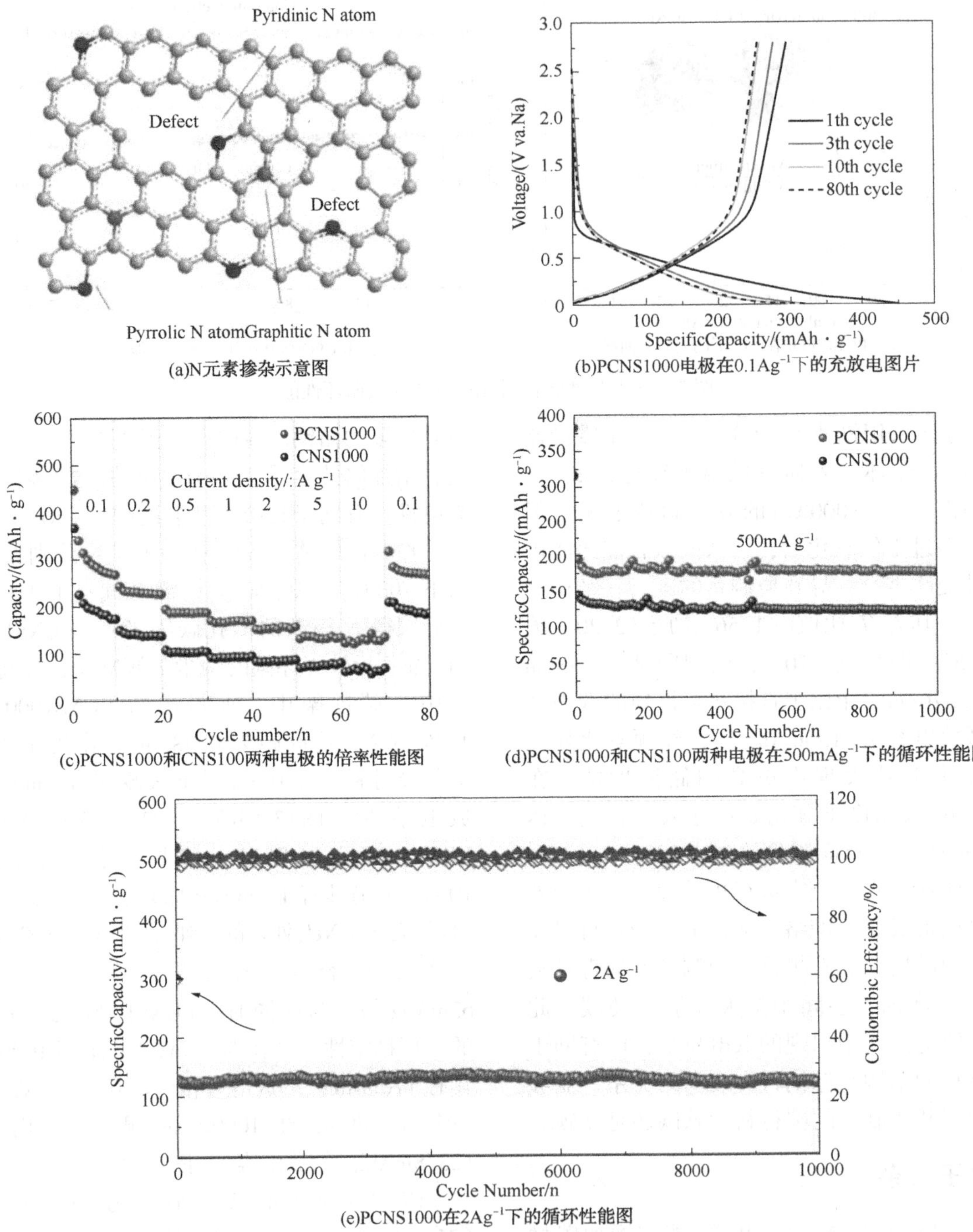

图 3　杂原子掺杂的电化学性能

与单原子掺杂相比，双原子和多原子掺杂可以将不同掺杂原子的性质结合起来，通过协同耦合效应来提高碳材料的电化学性能。例如，N、P 双掺杂可以引入大量的缺陷，扩大层间距，从而增加了离子存储的活性位点，有利于离子的快速扩散/传输。取代原子将被纳入边缘平面位置的结构中，导致电极材料的电导率增加并改善其润湿性。最近的研究提出了在电极表面构建富电子区域的新概念。通过掺杂 N、P 形成富电子区，这是因为 N、P 原子对阳离子具有很强的吸附力，加速了电荷的转移，因此相关的碳材料可以在不牺牲整个电极的密度、电导率和稳定性的情况下增加电极的放电容量。

总之，杂原子掺杂特别是双掺杂或多掺杂策

略在提高沥青基碳材料的性能方面具有很大的潜力。掺杂类型和掺杂量是影响碳材料微观结构、电子分布、活性位点、扩散阻力和能垒的关键参数。因此，选择合适的原子种类和合适的掺杂量进行掺杂杂原子是决定沥青基碳材料未来发展的关键因素。

4　形貌调整

研究表明，碳材料的电化学性能和其微观结构紧密相关。设计并制备多孔结构的碳材料是提高其作为钠离子电池负极材料时电化学性能的有效手段。而制备多孔结构的碳材料常用的就是模板法、固有前驱体结构形成法、物理/化学活化法等。通常，物理/化学活化引入的孔隙主要是微孔(<2nm)，可以为 Na^+的储存提供较大的表面积和充足的活性位点，从而提高表面电容的贡献。通过模板碳化策略，制备的碳材料通常具有较多的中孔(2~50nm)和大孔(>50nm)，该结构有利于电解质的接近，为离子的快速传输/扩散提供通道，从而提高了电极材料的倍率性能。

Cao 等人就以纳米 $CaCO_3$为模板，中间相沥青为前驱体制备了多孔的无定形碳材料。其中纳米 $CaCO_3$价格便宜，而且比较容易去除。$CaCO_3$模板不仅可以有效防止沥青形成高度有序的碳结构，还可以形成多孔结构，提高所制备碳材料的储钠性能。通过该方法所制备的多孔碳具有 113.1m^2g^{-1}的比表面积，当其用作钠离子电池负极材料时，在 30mAg^{-1} 的电流密度下具有 331$mAhg^{-1}$的放电容量。而且该材料在 500mAg^{-1}的电流密度下循环 3000 圈后仍具有 103$mAhg^{-1}$的放电容量，表现出优异的循环稳定性和倍率性能。不过，由于该多孔材料具有较大的比表面积，使其具有较低的首圈库伦效率(45%)。

在沥青基碳材料中引入多孔结构可以贡献更多的 Na^+存储位点、减小离子的传输距离以及可以调节电极材料在充放电过程中的体积膨胀，从而提高电极材料的放电容量、循环稳定性和倍率性能。然而，在充放电时，过多的缺陷和较大的比表面积会分解电解液形成较多的固态电解质膜，从而导致较低的首圈库伦效率。此外，也会有较多的 Na^+会被困在缺陷部位，产生排斥电场而不利于 Na^+的存储。因此，调整沥青基负极材料的多孔结构以达到高存储容量、高首圈库伦效率、良好循环稳定性和倍率性能的最佳平衡仍然是沥青基多孔碳领域的一项具有挑战性的任务。

5　总结与展望

总之，沥青是一种成本低、含碳量高的优良碳材料前驱体，可以满足钠离子电池在商业规模上的需求。然而，沥青基碳材料的石墨化程度高，层间距离小，不适合 Na^+的存储。目前的策略主要集中在沥青基碳材料形态和结构调整上，以便增加活性位点、促进离子的扩散/传输，从而提高其作为钠离子电池负极材料时的电化学性能。适当的形貌调整，如制备多孔结构，可以增加活性位点，提高电容贡献，缩短电子和离子的扩散距离。然而，在这种情况下高暴露区域和缺陷位点的增加，会导致更多的不可逆反应、较低的能量密度和首圈库伦效率。此外，在制备沥青基多孔结构碳材料的过程中，往往会涉及到较为繁琐复杂的制备过程，而且收率较低，不利于其在钠离子电池方面大规模应用。因此，在不牺牲首圈库伦效率和能量密度的前提下，进一步发展简易制备技术，并通过适当的形态调控来平衡沥青基碳材料的储钠活性位点和表面积，进而获得高较高的放电容量。

杂原子掺杂可以通过引入缺陷增加活性位点，提高电导率，有利于提高沥青基碳材料的储钠容量和倍率性能。然而，如何准确控制沥青基碳材料中杂原子的含量和类型仍然是一个很大的挑战。沥青前驱体的合成过程通常涉及含杂原子化合物的热处理，这将导致杂原子的损失，从而导致掺杂杂原子的含量和类型的不确定性。另外，沥青基碳材料中掺杂杂原子的含量往往很低，掺杂类型(如 N-6 和 N-5)难以调节。因此，为了杂原子掺杂沥青基碳材料的实际应用，需要进一步开发新的掺杂剂以及掺杂途径。对于双掺杂或多掺杂碳，控制杂原子的含量以最大限度地发挥协同效应是未来发展的重点。

预氧化可以通过分子间形成交联网络，有效稳定沥青分子的结构，防止其在碳化过程中的软化和熔化，使其晶体结构更加无序，层间距增大，表现出更高的储钠容量以及较高的首圈库伦效率。更重要的是通过预氧化处理可以是沥青基碳材料更趋于形成硬碳。进一步探讨预氧化方法中相应的结构转化机制和相关的储钠行为具有重要意义。另外，该方法制备工艺简单，且具有较高的平台容量和高首圈库伦效率，使得该改性策略具有广阔的应用前景。

沥青基碳材料在制备低成本的钠离子电池负极材料方面具有显著的应用优势。然而，沥青的组成和结构非常复杂，不同沥青的结构的不同会导致沥青基材料储钠性能具有较大的差异。即使在相同的碳化条件下，不同类型沥青的热解碳的表面形貌和结构也可能存在显著差异。充分了解不同类型沥青制备的碳材料电荷存储机理以及表面组成/微观结构对今后钠离子电池负极材料的发展具有重要意义。

简言之，沥青更趋向于形成具有较小的层间距软碳，作为钠离子电池负极材料时具有较低的放电容量。因此，沥青基碳材料仍存在诸多问题，需要研究者们继续努力以提高沥青基碳材料作为钠离子电池时的电化学性能。如何通过简单有效地方法获得具有高放电容量、高首圈库伦效率的沥青基硬碳材料是其能否商业化应用的关键。因此，为了实现沥青基碳材料的大规模生产，需要开发更多简单环保的改性策略。随着储钠性能的不断提高，低成本的沥青基碳材料作为钠离子电池负极材料具有很大的发展前景。

参考文献

[1] Hosaka T, Kubota K, Hameed A S, et al. Research development on K-ion batteries[J]. Chemical Reviews, 2020, 120, 6358-6466.

[2] Zhang W, Liu Y, Guo Z. Approaching high-performance potassium-ion batteries via advanced design strategies and engineering [J]. Science Advances, 2019, 5, eaav7412.

[3] Jiang M, Sun N, Soomro R A, et al. The recent progress of pitch-based carbon anodes in sodium-ion batteries[J]. Journal of Energy Chemistry, 2021, 55: 34-47.

[4] Hwang J Y, Myung S T, Sun Y K. Sodium-ion batteries: present and future[J]. Chemical Society Reviews, 2017, 46, 3529-3614.

[5] Liu C, Zheng H, Wang Y, et al. Microstructure regulation of pitch-based soft carbon anodes by iodine treatment towards high-performance potassium-ion batteries [J]. Journal of Colloid and Interface Science. 2022, 1, 485-93.

[6] Lu Y, Zhao C, Qi X, et al. Pre-oxidation-tuned microstructures of carbon anodes derived from pitch for enhancing Na storage performance[J]. Advanced Energy Materials. 2018, 8, 1800108.

[7] He H, He J, Yu H, et al. Dual-interfering chemistry for soft-hard carbon translation toward fast and durable sodium storage[J]. Advanced Energy Materials. 2023, 13, 2300357.

[8] Daher N, Huo D, Davoisne C, et al. Impact of preoxidation treatments on performances of pitch-based hard carbons for sodium-ion batteries. Acs Applied Energy Materials[J]. 2020, 5, 6501-6510.

[9] Sun Y, Lu P, Liang X, et al. High-yield microstructure-controlled amorphous carbon anode materials through a pre-oxidation strategy for sodium ion batteries [J]. Journal of Alloys and Compounds. 2019, 25, 468-474.

[10] Cui R C, Xu B, Dong H J, et al. N/O dual-doped environment-friendly hard carbon as advanced anode for potassium-ion batteries [J]. Advanced Science, 2020, 7, 1902547.

[11] Hao M, Xiao N, Wang Y, et al. Pitch-derived N-doped porous carbon nanosheets with expanded interlayer distance as high-performance sodium-ion battery anodes[J]. Fuel processing technology. 2018, 1, 328-335.

[12] Qiao Y, Han R, Pang Y, et al. 3D well-ordered porous phosphorus doped carbon as an anode for sodium storage: structure design, experimental and computational insights [J]. Journal of materials chemistry A. 2019, 7, 11400-11407.

[13] Miao Y, Zong J, Liu X. Phosphorus-doped pitch-derived soft carbon as an anode material for sodium ion batteries [J]. Materials Letters. 2017, 188, 355-358.

[14] Li Y, Wang Z, Li L, et al. Preparation of nitrogen- and phosphorousco-doped carbon microspheres and their superior performance as anode in sodium-ion batteries[J]. Carbon. 2016, 99, 556-563.

[15] Wei J S, Ding C, Zhang P, et al. Robust negative electrode materials derived from carbon dots and porous hydrogels for high-performance hybrid supercapacitors [J]. Advanced Materials. 2019, 31, 1806197.

[16] Cao B, Liu H, Xu B, et al. Mesoporous soft carbon as an anode material for sodium ion batteries with superior rate and cycling performance[J]. Journal of Materials Chemistry A. 2016, 4, 6472-6478.

石油焦制备经济高效多孔碳的 CO_2 吸附性能

武润平　潘　奇　季　澎　李　超　何靖斌

（中国石化茂名石化公司）

摘　要　随着气候变暖，全球自然灾害频发，生态环境遭到严重破坏。二氧化碳(CO_2)的排放是造成全球变暖的主要因素之一。因此为了缓解人类的气候危机，CO_2的排放量必须减少。吸附捕获 CO_2 被认为是减少全球变暖问题的有效技术，因此，CO_2 吸附剂成为目前研究的热点。开展固废综合利用对节约资源、减少碳排放等具有显著的协同效应。因此利用固体废物进行 CO_2 封存是一种经济可行的碳捕获和储存技术。本研究以重油改造后的残炭石油焦(PC)为原料，制备高附加值多孔碳用于 CO_2 捕集。采用不同 KOH/石油焦质量比(1∶1、2∶1、3∶1和4∶1)和活化温度(600℃、700℃和800℃)，通过化学活化法制备石油焦多孔碳材料。经过表征可知活化剂用量和活化温度对PC-X-Y样品的织构和氧官能团含量有影响。所制得的样品的比表面积和总孔容最大分别达到1953m²/g和1.19cm³/g。在KOH/PC质量比为3∶1、活化温度为800℃的活化条件下制备的样品在常温常压下 CO_2 吸附性能最高，为3.62mmol/g。结果表明，具有高表面积和高氧官能团量的活性石油焦衍生炭具有大的 CO_2 吸收量。此外，PC-X-Y样品显示出高的 CO_2/N_2 选择性、良好的可回收性和易于再生的行为。PC-X-Y样品表面对 CO_2 的吸附主要有物理吸附和化学吸附，其中以物理吸附为主。另外 CO_2 的化学吸附方式主要是碳酸氢根离子与样品的羟基相结合。

关键词　石油焦；多孔碳；CO_2；捕集

目前，由温室效应引起的全球变暖已成为世界各国共同关注的重大环境问题。大气中 CO_2 浓度显著增加，导致全球气候变暖、冰川融化、海平面上升、热浪和水旱灾害增多。这些灾害对地球生态系统造成巨大破坏，严重威胁人类生存。因此，控制 CO_2 排放已成为科学研究的迫切需要。已开发出一系列的 CO_2 吸附材料，如胺液、硅基材料、金属有机骨架(MOF)、金属氧化物和多孔炭等。在这些材料中，多孔炭吸附剂因其制备简单、热稳定性好、来源广、疏水性好而受到广泛关注。

石油焦是重油改造后的一种废渣。为了满足日益增长的轻质油需求，必须通过各种升级技术将重油馏分转化为更有价值的轻质油。在升级热解过程中，重质油馏分被热裂解生成轻质产品。在这个过程中留下富含固体碳的副产品(PC)。PC含碳量高，挥发分和灰分含量低，可作为活性炭的良好碳前驱体。一般来说，通过化学活化可以改善碳材料的结构参数，增加碱活性中心，从而提高其对 CO_2 的吸附性能。常用的化学试剂有 K_2CO_3、KOH 和 $ZnCl_2$ 等，其中 KOH 能有效地在生物炭表面生成良好的孔结构。通过适当的化学活化过程，工业废 PC 可以转化为具有成本效益的增值产品。

本研究以废 PC 为原料，通过 KOH 活化法制备多孔炭作为 CO_2 吸附剂。在实验室条件下，通过对减压渣油(VR)的热解改造，获得了副产物 PC。通过改变 KOH/PC 的质量比和活化温度，制备了具有不同表面积和孔容的样品。然后，对制备的多孔碳样品进行 CO_2 吸附测试。根据实验结果，研究了孔隙率与 CO_2 吸附量的关系，确定了 CO_2 吸附的关键孔径。此外，还进行了 CO_2/N_2 选择性和循环稳定性测试，以检验所制备吸附剂的实用性。

1　实验部分

1.1　原料及仪器

石油焦，灵寿县中润石油助剂加工厂；氢氧化钾(KOH)，分析纯，国药集团化学试剂有限公司；盐酸(HCl)，分析纯，国药集团化学试剂有限公司；蒸馏水，实验室自制。

电子天平，TM-P-2，湖南省湘仪天平厂；磁力搅拌器，85-2B，北京中仪泓瑞科技发展有限公司；恒温干燥箱，101，北京中兴伟业仪器有限公司；管式加热炉，Controller B170，北京中兴伟业仪器有限公司；超纯水机，EU-K1-T，南京欧铠环境科技有限公司；钢瓶，北京普莱克斯公司；PH 计，PHSJ-3F，上海仪电科学仪器股份有限公司；X 射线衍射仪(XRD)，Bruker D8，德国布鲁克 AXS；比表面积及孔径分析仪，JW-BK200，精高微博仪器有限责任公司；扫描电子显微(SEM)，JEOL—2010，日本电子株式会社；同步热分析仪(TG)，NETZSCN-STA 449 F5，德国耐驰公司。

1.2　石油焦多孔碳的制备

用 HCl 和去离子水反复清洗石油焦，将清洗后的石油焦置于烘箱干燥以去除杂质。然后将石油焦粉碎并筛分成约 40～100 目的石油焦材料。将制备石油焦粉与不同量的 KOH(KOH/玉米颗粒的质量比分别为 1、2、3 和 4)混合。然后将混合物在不同温度(600℃、700℃和 800℃)下在管式炉中煅烧 1h，在此期间用连续流动的 N_2进行保护。随后，用 HCl(1.0mol/L)溶液中和活化样品，直到溶液的 pH 值为 7，然后用去离子水洗涤，并在 100℃下干燥 6h。所制备的材料表示为 PC-X-Y，其中 X 表示活化温度，Y 表示 KOH 与碳的质量比。

2　结果与讨论

2.1　样品的产率

样品的收率在制备过程中具有重要意义。表 1显示了 PC-X-Y 样品的产率。由表中可知：当活化剂的量一定时，产率随着温度的升高而减小；当温度一定时，产率随着活化剂的量升高而减小。这表明随着活化温度的升高和 KOH 含量的增加，样品产率明显降低。因此，从能源效率和经济效益出发，活化温度不能太高，同时 KOH 含量不能太多。

表 1　不同条件下石油焦多孔碳样品的产率、结构参数和 CO_2 吸收量

样品	产率/%	比表面积/(m^2/g)	孔体积/(cm^3/g)	微孔体积/(cm^3/g)	孔径/nm	CO_2 吸附量/(mmol/g)
PC	-	24	0.04	0	9.70	0.77
PC-600-1	54	1017	0.59	0.54	2.35	2.18
PC-600-2	41	1460	0.88	0.68	2.29	2.61
PC-600-3	36	932	0.60	0.46	2.62	3.38
PC-600-4	31	754	0.40	0.32	2.10	2.45
PC-700-1	43	1277	0.80	0.63	2.40	2.36
PC-700-2	37	1789	0.86	0.74	2.37	2.82
PC-700-3	34	1322	0.72	0.61	2.29	3.51
PC-700-4	25	1127	0.65	0.46	2.23	2.45
PC-800-1	37	1894	1.16	0.83	2.32	2.47
PC-800-2	36	1953	1.19	0.85	2.27	2.93
PC-800-3	28	1686	1.09	0.71	2.36	3.62
PC-800-4	13	1543	0.95	0.62	2.33	2.55

2.2　样品的 XRD 测试

图 1 显示了 PC-X-Y 样品的 XRD 图。所有的样品在 2θ=26°和 34°处都显示出衍射峰，说明 PC-X-Y 样品是一种典型的碳材料。PC-800-Y(Y=1、2、3 和 4)样品的谱图在 26°处出现了尖锐的窄峰，表明这些多孔碳样品中存在有序的晶体结构。然而，PC-600-1 样品显示出宽的衍射峰，表明其主要是由非晶态结构组成。PC-700-Y 和 PC-800-Y 样品在 26°处的尖峰表明这些样品在较高温度会转变为高结晶度的结构，这主要是由于较低有序的组分在较高的活化温度下被烧掉，导致了非晶态结构的减少。2θ=43°的衍射峰代表样品的无序结构，表明这些样品中有一定的无定形碳，这有利于 CO_2 的吸附。

2.3　样品的 N_2 吸脱附测试

图 2 显示了不同 KOH/PC 质量比和活化温度制备的多孔碳样品的 N_2吸附-脱附等温线和相应的孔径分布图。根据 IUPAC 分类，所有样品均表现出 I 型等温线，表明样品主要以微孔结构存在。图中的孔径分布曲线证实了这一点。同时

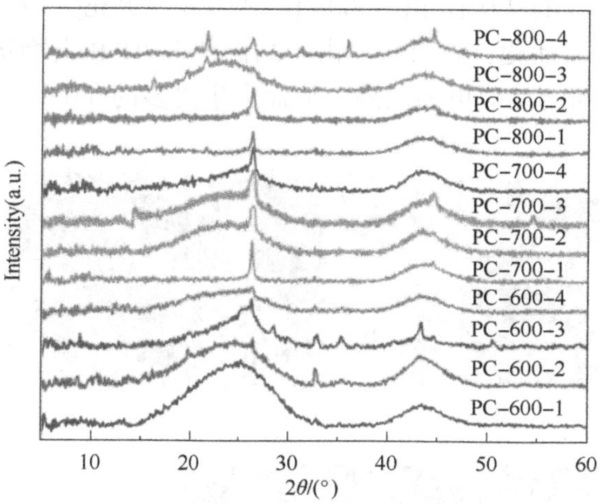

图 1　PC-X-Y 样品的 XRD 图谱

可以看到，样品的比表面积和孔容随 KOH 活化量的增加而增加，表明 KOH 的存在对多孔碳的活化起到了很好的效果。

微孔是二氧化碳吸收的重要因素。在整个样品系列中，随着 KOH 的量的增加，样品的微孔体积(V_{mi})先增大后减小。这主要是由于：在 Y 为 1~3 时，随着活化剂 KOH 的用量增大，样品活化结构被优化；当 Y 为 4 时，KOH 的用量过大会导致活化过程中微孔变为介孔。以上结果表明，通过调整 KOH 的加入量可以有效地控制样品的活化程度。此外，活化温度对样品的 V_{mi} 有一定的影响。由图中可知，样品的 V_{mi} 随着活化温度的升高而增大。结果表明，活化温度也是影响孔参数的重要因素。可以看到，当活化温度为 800℃时，样品的 V_{mi} 最大，但多孔碳的产率相对较小。考虑到经济性和能源效率，高于 800℃的活化样品在本研究不予考虑。

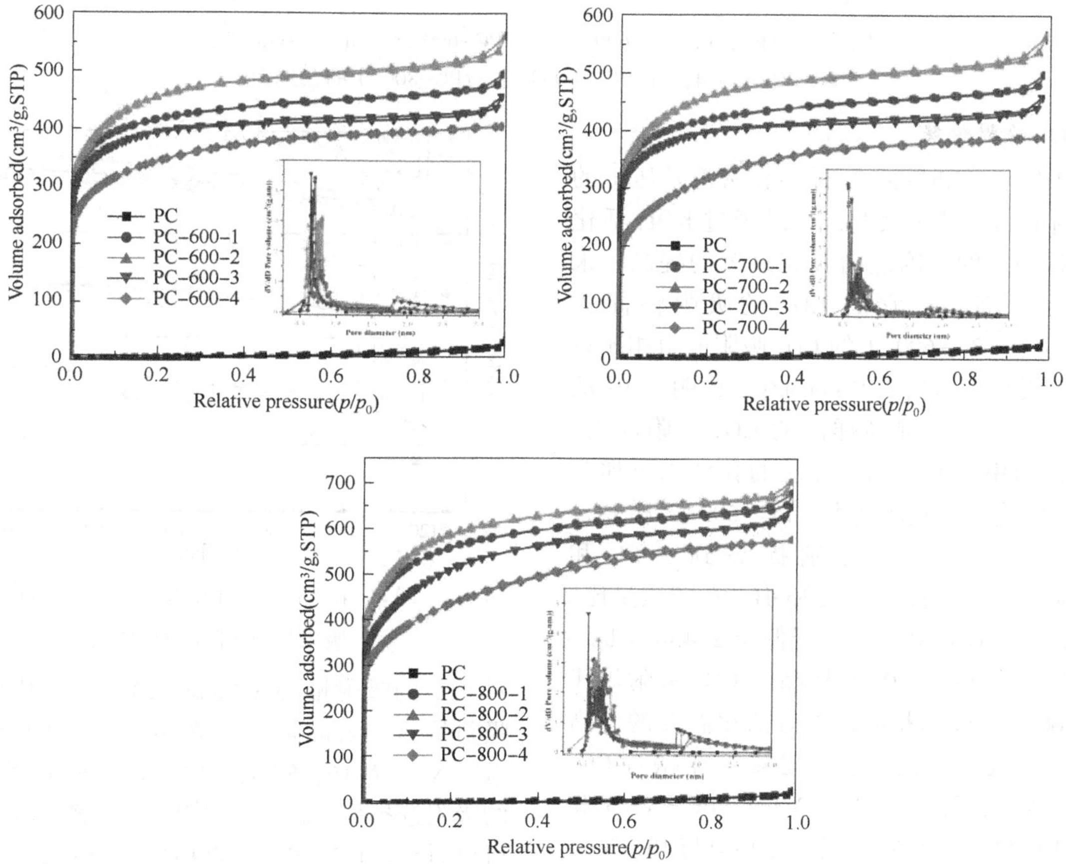

图 2　PC-X-Y 样品的 N_2 吸附-解吸等温线和孔径分布

2.4　样品的 SEM 测试

PC 和 PC-X-Y 样品的 SEM 图像如图 3 所示。石油焦由具有无缺陷和裂纹的完整粉状碳组成[图 3(a)]。在经过 KOH 活化后，多孔碳样品表面开始形成了孔结构。在 PC-600-Y 样品[图 3(b)~图 3(e)]中，PC-600-2[图 3(c)]显示出更丰富的孔隙，这可能是由于 KOH 活化过程中，大量气体从生物炭表面逸出，形成了丰富的孔隙率。导致 PC-600-3[图 3(d)]和 PC-600-4[图 3(e)]的比表面积和孔体积低于 PC-

600-2[图 3(c)]。

图 3b、f 和 g 揭示了活化温度对样品形貌的影响。PC-700-1[图 3(f)]和 PC-800-1[图 3(g)]的结构比 PC-600-1[图 3(b)]更充分地被 KOH 活化，这可能是由于高温使 KOH 和生物炭之间的反应更加强烈，从而产生更多的孔隙。

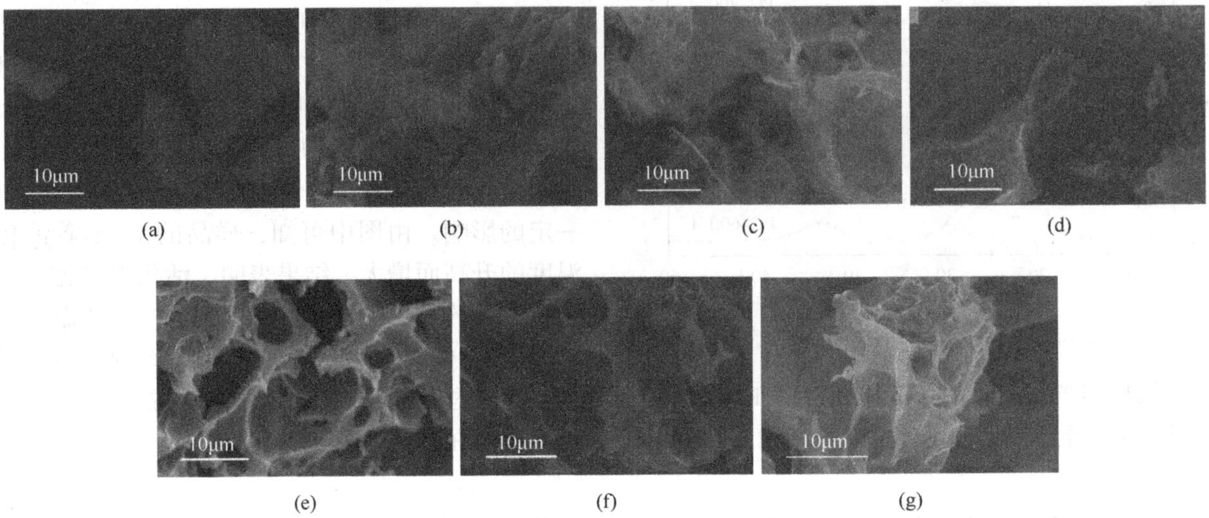

图 3　(a)PC，(b)PC-600-1，(c)PC-600-2，(d)PC-600-3，(e)PC-600-4，(f)PC-700-1，(g)PC-800-1 的 SEM 图

2.5　CO_2 吸附性能

图 4 显示了 PC-X-Y 样品在常温常压下的 CO_2 吸附能力。结果表明，样品经过 KOH 活化后，其对 CO_2 的吸附能力具有显著的提高。未经活化的石油焦，它的 CO_2 的吸附性能为 0.77mmol/g。PC-600-1 的 CO_2 吸附能力相比石油焦显著提高，达到 2.18mmol/g，说明 KOH 活化石油焦能有效地提高样品的 CO_2 吸附能力。随着活化剂用量的增加，样品的孔结构更加丰富，CO_2 吸附容量随之增大。PC-600-2 和 PC-600-3 的吸附性能分别提高到 2.61 和 3.38mmol/g。但是接着增大 KOH/PC 的质量比，PC-600-4 的 CO_2 吸附量会降低至 2.45mmol/g。PC-700-Y 和 PC-800-Y 样品的 CO_2 吸附规律与 PC-600-Y 样品相似，随着活化温度的升高而升高。因此，活化温度也是影响样品对 CO_2 吸附的重要因素之一。PC-X-2、PC-X-3 和 PC-X-4 样品的 CO_2 吸附量变化趋势与 PC-X-1 样品相似。此外，可以看到 PC-800-3 样品对 CO_2 的吸附量最大(3.62mmol/g)。总的来说，本研究工作开发了一种高效低成本的 CO_2 多孔碳吸附剂。

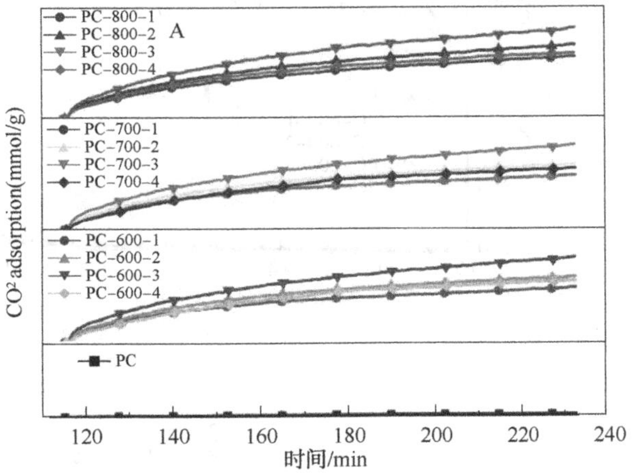

图 4　在 25℃下，PC-X-Y 样品的 CO_2 吸附量与吸附时间的关系

2.6　PC-800-3 的 CO_2/N_2 选择性吸附

图 5(a)显示了在常温常压下 PC-800-3 样品对 CO_2 和 N_2的选择性吸附。显然，PC-800-3 对 CO_2 的吸附量(3.62mmol/g)远大于其对 N_2的吸附量(0.14mmol/g)。在常温常压的条件下，CO_2/N_2比为 16：87 时，PC-800-3 对 CO_2 和 N_2 的吸附选择性(如 IAST 所预测)如图 5(b)所示。可以看到，PC-800-3 的 CO_2/N_2选择性为 18.6，表明 PC-800-3 具有优良的 CO_2/N_2吸附选择性。

2.7　PC-800-3 样品的再生性能

吸附剂的可重复使用性影响着其应用前景，因此研究多孔 PC-800-3 样品的再生效率和稳定性非常重要。通过热重进一步研究了 PC-800-3 的吸附-解吸循环稳定性。将吸附 CO_2 后的样品用盐酸(1.0%wt)和去离子水处理后，在 100℃

烘箱中干燥 6h。将样品在 N_2 流量为 50mL/min、温度为 350℃下进行加热 1h 得到再生样品。

再生实验结果如图 6 所示。PC-800-3 样品经过再生 10 次后，它的 CO_2 吸附量从 3.62 降至 2.90mmol/g。PC-800-3 的再生稳定性表明样品的活性中心与 CO_2 的相互键能较弱。由此可见，石油焦多孔碳吸附剂 PC-800-3 不仅具有良好的吸附性能，而且具有很强的再生性能，是一种廉价质优的 CO_2 吸附剂。

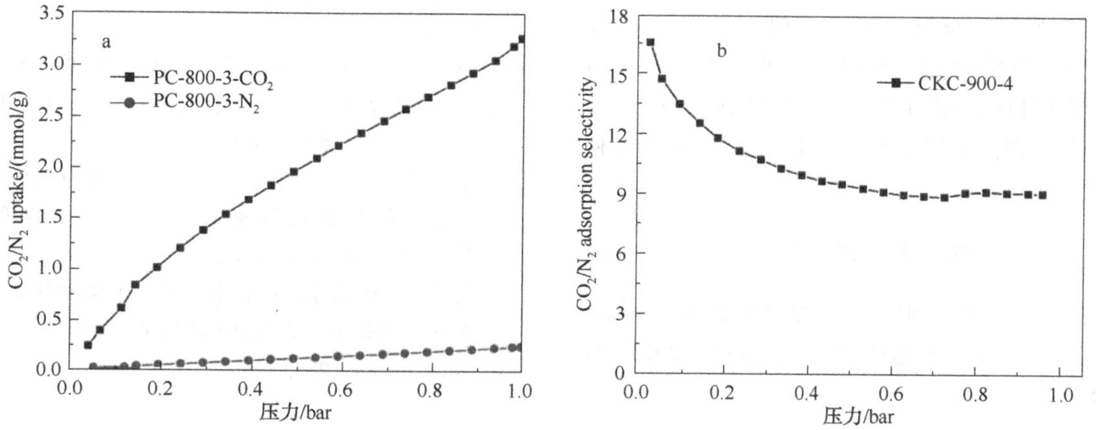

图 5 (a)CO_2 和 N_2 吸附等温线，以及(b)IAST 预测的 25℃下 PC-800-3 样品的 CO_2/N_2 吸附选择性

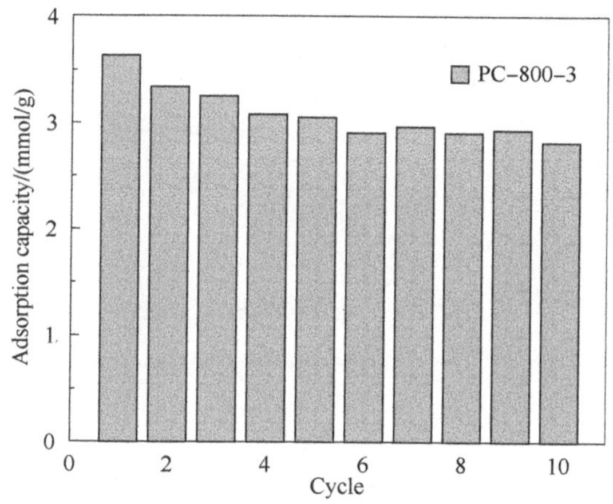

图 6 PC-800-3 吸附 CO_2 样品的再生效率

2.8 PC-800-3 样品的 CO_2-TPD

采用 CO_2-TPD 法对PC-800-3的活性位点进行了测试，结果如图 7 所示。在 PC 样品中，CO_2 的释放量几乎非常微小。而与 PC 样品相比，PC-800-3样品的 CO_2 的释放量的峰面积明显增大，说明活化剂对未活化样品的活化效果显著。在 PC-800-4 样品图中，在 30~210℃范围内有两个 CO_2 释放量峰：低温峰对应 CO_2在30~125℃下的物理吸附量，中温峰对应 CO_2在120~200℃下的化学吸附量。PC-800-3样品中的活性位点与 CO_2 分子表现出不同的结合力。低温峰被认为是 CO_2 的物理吸附，其中的 CO_2 分子被 PC-800-3样品中的微孔吸附。中温峰被认为是碳酸氢盐物种，其中的 CO_2 分子在 PC-800-3样品表面的羟基和羰基上吸附。因此，PC-800-3样品对 CO_2 的吸附行为可能是物理和化学双重作用的结果：它既包括样品中微孔对 CO_2 的物理吸附，也包括样品中的官能团活性中心对 CO_2 的化学吸附。

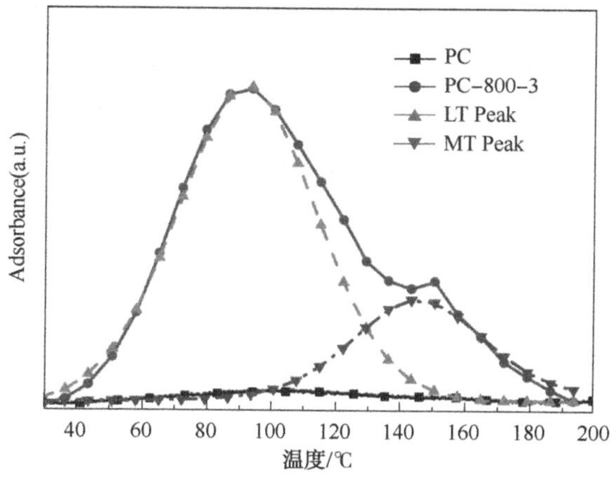

图 7 PC-800-3 样品的 CO_2 释放量曲线

3 结论

本研究以石油焦为原料，采用 KOH 活化法制备了石油焦多孔碳(PC-X-Y)。研究了活化温度和活化剂用量对 PC-X-Y 吸附剂结构和 CO_2 吸附性能的影响。结果表明，PC-800-3 样品具有最好的 CO_2 吸附性能(3.62mmol/g)。同时以

PC-800-3 为代表的 PC-X-Y 样品具有良好的再生稳定性能。此外，石油焦多孔碳样品表现出良好的 CO_2/N_2 选择性。对样品吸附机理进行研究表明 PC-X-Y 样品对 CO_2 的吸附主要包括物理吸附和化学吸附，其中以微孔对 CO_2 的物理吸附为主要吸附，吸附在样品的羟基上的化学吸附也对 CO_2 吸附有一定的贡献。本研究开发了一种低成本可持续的材料，可以从石油焦中制备多功能多孔碳材料来吸附 CO_2。为石油焦捕集 CO_2 的研究提供了理论指导，有效地扩大了石油焦的利用范围。

参 考 文 献

[1] 陆诗建，刘苗苗，刘玲，等．烟气胺法 CO_2 捕集技术进展与未来发展趋势[J]．化工进展．2023，1：435-444.

[2] 邱汉宇，刘红晶，姚辉，等．纳米有机杂化材料(NOHMs)用于 CO_2 捕集的研究进展[J]．材料导报．2023，16：231-241.

[3] 陈崇明，陈秋，宫云茜，等．分子筛基 CO_2 吸附剂研究进展[J]．化工进展．2023，z1：411-419.

[4] 孟园，林莉，陈哲红，等．树脂基固态胺吸附材料的选择性 CO_2 吸附性能[J]．中国环境科学．2022，9：4343-4350.

[5] 杨莹，侯豪杰，黄瑞，等．利用煤焦油中酚类物质 Stöber 法制备碳纳米球用于 CO_2 吸附[J]．化工进展．2023，9：5011-5018.

[6] 郑皓鸣，朱文富，罗颖鸿，等．掺氮石油焦基活性炭常温催化氧化硫化氢研究[J]．中国环境科学．2023，9：4550-4560.

[7] 吴连永，张大琴，贾志刚，等．木焦油基活性炭的制备及其对亚甲基蓝的吸附性能．精细化工．2023，1：177-184，232.

涡流管在聚乙烯装置固体添加剂系统的应用

孙　浩　贺玉存　姚　毅　刘同宇　赵建鑫

（中国石油天然气股份有限公司兰州石化分公司）

摘　要　针对兰州石化公司30万t/a全密度聚乙烯装置挤压造粒单元固体添加剂下料秤频繁故障导致产品质量波动较大的问题，结合添加剂物理特性并基于Fluent软件，验证了添加剂系统温度高是导致固体计量秤故障的主要原因，利用涡流管特性增设了预冷流程，并通过模拟验证了该流程的最佳工况，实现了固体添加剂系统的长周期运行。

关键词　全密度聚乙烯装置；固体添加剂；Fluent；涡流管；系统改造

1　引言

兰州石化公司30万t/a全密度聚乙烯装置引用美国UNIVATION公司的UNIPOL气相法聚乙烯专利技术。精制后的乙烯、共聚单体、氢气等原料进入聚合反应器，在高效齐格勒-纳塔型催化剂的作用下生成聚乙烯树脂粉料被送入挤压造粒系统造粒成型，最终由风送系统送至成品料仓等待包装。为保证产品质量，须在进入挤压机前将抗氧剂以及爽滑剂等添加剂与聚乙烯树脂粉料进行混合。

为了有效避免树脂在后加工及贮存运输过程中因机械力、热、氧、光等作用下而被破坏原有性能的影响，树脂进行造粒前须按照比例加入不同品种的添加剂。因此，添加剂系统的运行状况直接影响到了产品的最终性能。

2　添加剂系统运行状况

兰州石化公司30万吨/年全密度聚乙烯装置固体添加剂系统主要六条添加剂线组成，每条线由缓冲料斗、插板阀以及下料旋阀组成，可根据生产牌号独立输送添加剂，经螺杆下料器S6220充分混合后进入混炼机下料斗Y6260并开始挤压造粒工作（图1、图2）。

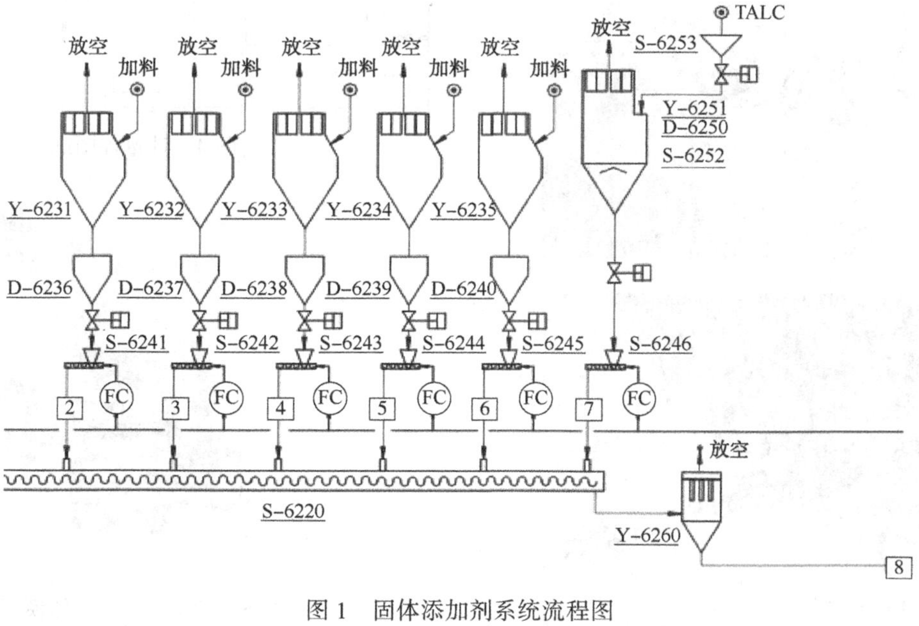

图1　固体添加剂系统流程图

固体添加剂系统使用的添加剂下料秤由美国ACRISON公司生产制造，颗粒状的固体添加剂经下料秤螺杆剪切搅拌后被送至下游设备。由自装置开工以来，随着生产聚乙烯产品牌号的切换，计量秤频繁因不同添加剂在输送腔内板结而被迫停机进行清理，经检查发现其内部的输送螺杆经常出现变形甚至断裂而无法继续使用(图 3)。

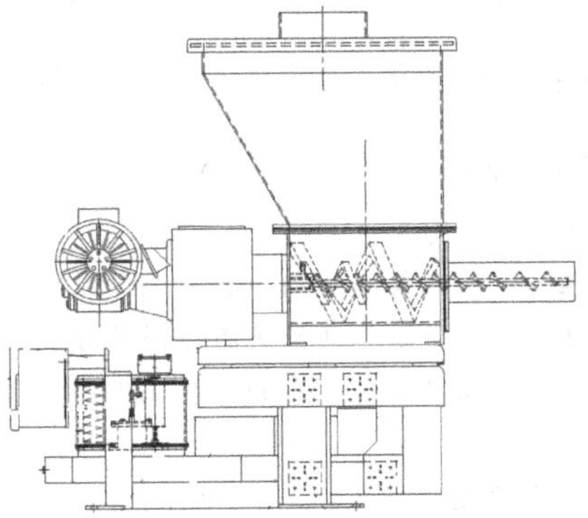

图 2　ACRISON 公司计量秤

图 3　添加剂板结及计量秤螺杆的扭曲和断裂

3　基于 Fluent 的温度场分析

根据装置实际运行情况可知，在整个固体添加剂运行过程中，最易因温度过高而发生板结的部位是计量秤螺杆处。导致板结的热量来源主要有三部分：其一是树脂粉料与添加剂在螺杆下料器 S6220 螺杆作用下产生剪切热并经下料管线传递至计量秤螺杆处；其二是混炼机所产生的的高温经下料斗 Y6260 传递至 S6220，进而进一步传递至计量秤螺杆处；其三是添加剂经过计量称时，添加剂与螺杆所产生的的剪切热，对于上述两种热量来源可忽略不计。

根据以上结论，本文结合现场温度表指示并基于 Fluent 软件对计量秤螺杆处的温度场进行了模拟。

3.1　建立三维实体模型

根据厂家提供的计量秤螺杆输送段图纸及相关尺寸，建立三维实体模型如图 4 及图 5 所示。

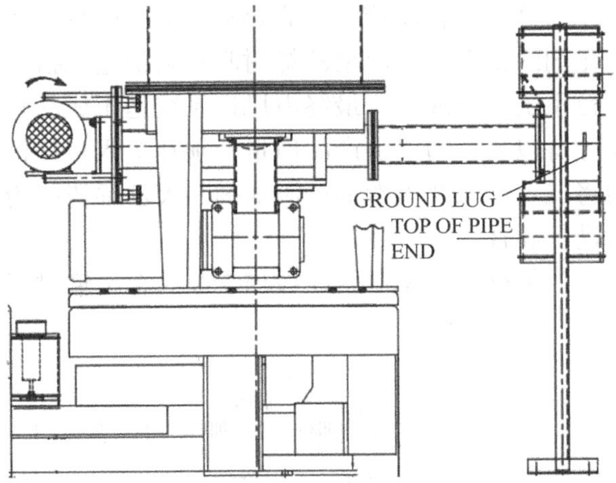

图 4　计量秤图纸

图 5　计量秤三维实体模型

3.2　流体域网格划分

因添加剂的板结主要发生在计量秤螺杆管线

处，因此以该区域为研究对象，抽取流道并对网格进行划分。其中，共划分网格 256580 个，产生节点 70594 个(图 6、图 7)。

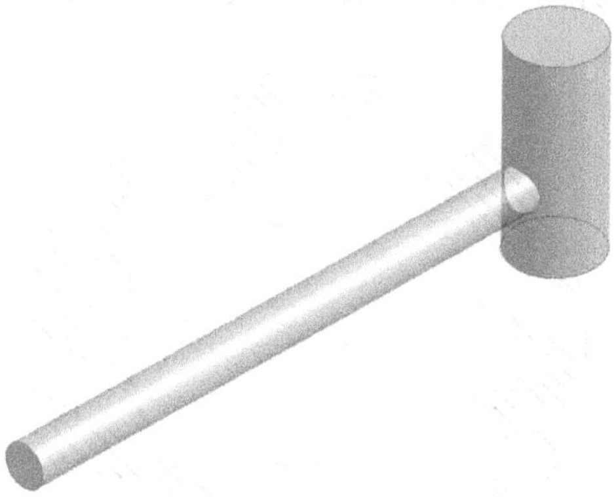

图 6　计量秤抽取流体域

图 7　流体域拓扑网格模型

3.3　温度场模拟结果

整理装置实际生产过程中的工艺参数，并将相关数值代入边界条件，经 341 步迭代后收敛，可得计量秤螺杆处下料管线温度场分布(图 8)。

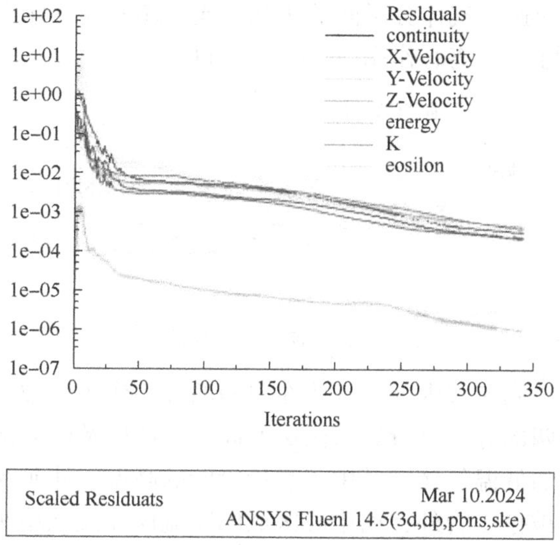

图 8　Fluent 迭代求解收敛情况曲线

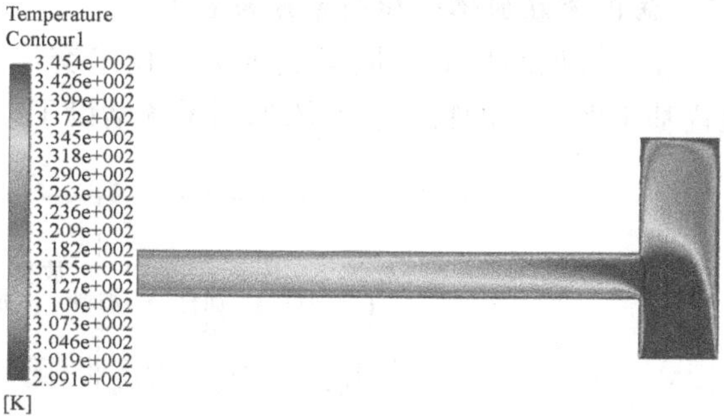

图 9　计量秤下料管线温度场分布模拟

由图 9 可知，在不考虑计量秤螺杆在输送固体添加剂过程中产生剪切热的情况下，下料管线的最高温度可达 72.3℃，但生产高密度牌号产品时使用的抗氧剂 1076 的最高熔点仅为 55℃，因此导致添加剂在被输送过程中融化并在与聚乙烯树脂粉料混合后产生了板结现象(表 11)。

表 1　固体添加剂相关理化参数

品名	外观	挥发分/%	熔点范围	灰分/%	备注
抗氧剂 168	白色粉末或颗粒	≤0.30	183.0~187.0	—	根据生产产品牌号切换不同抗氧剂进行使用
抗氧剂 1010	白色粉末或颗粒	≤0.50	110.0~125.0	≤0.10	
抗氧剂 1076	白色粉末或颗粒	≤0.20	50.0~55.0	≤0.20	

4　涡流管的原理及应用

因涡流管具有高效节能、环境友好、结构简单、维护简便、可靠性高以及能够快速制冷等优点而被广泛应用于冷却机械加工零件，冷却电子元件，为核磁共振探针提供冷空气，给采样气体降温，以及焊接零件和固化热融化物等领域。此外，在石油天然气工业中，涡流管制冷也被用于井口原生气脱水净化方案，有效去除天然气、石油伴生气中的水和其他杂质，从而提高能源综合利用率。

4.1　涡流管的原理

涡流管作为一种高效的气体冷却装置，可同时将输入的压缩气体转换为低温气体和高温气体。压缩气体于涡流管的中部进入，经特殊的喷嘴的作用，形成高速旋转的涡流。在此过程中不仅加速了气体分子间的相互碰撞，还使得气体产生强烈的离心作用(图 10、图 11)。

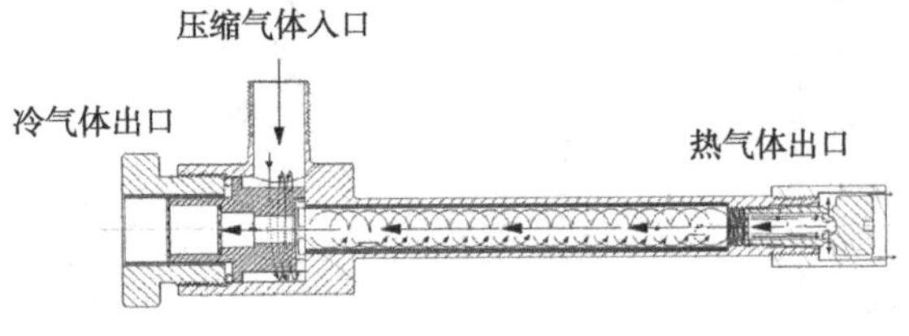

图 10　涡流管工作原理简图

涡流管内部的气体在强烈的离心作用下被分为两部分：靠近管壁区域的高温气体以及中心区域的低温气体。其中，靠近管壁的高温气体延流道被排出管外，而中心区域的冷流体在碰到堵头后反向流动并在另一端被排出，形成低温气体。

4.2　涡流管在固体添加剂系统的应用

经与添加剂厂家及同类装置进行技术交流，装置基于涡流管的特性，对添加剂系统增设了以涡流管为核心部件的预冷流程，如图 12 所示。涡流管输出的冷流体直接进入计量秤螺杆下料管线对添加剂系统进行冷却，输出的热流体则通过预制的排放总管直接排放至大气中(图 13)。

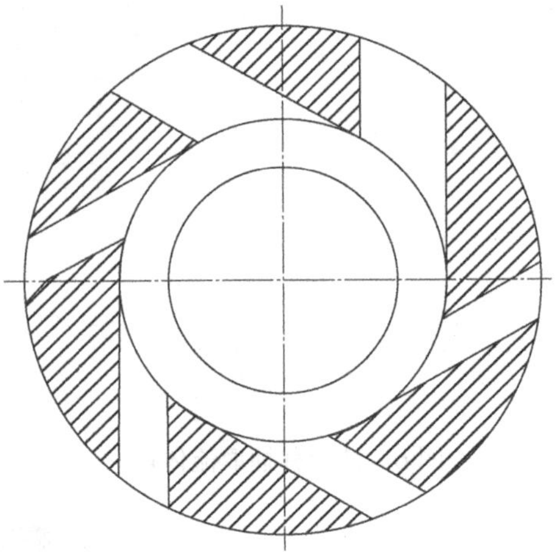

图 11　涡流管内的特殊流道结构

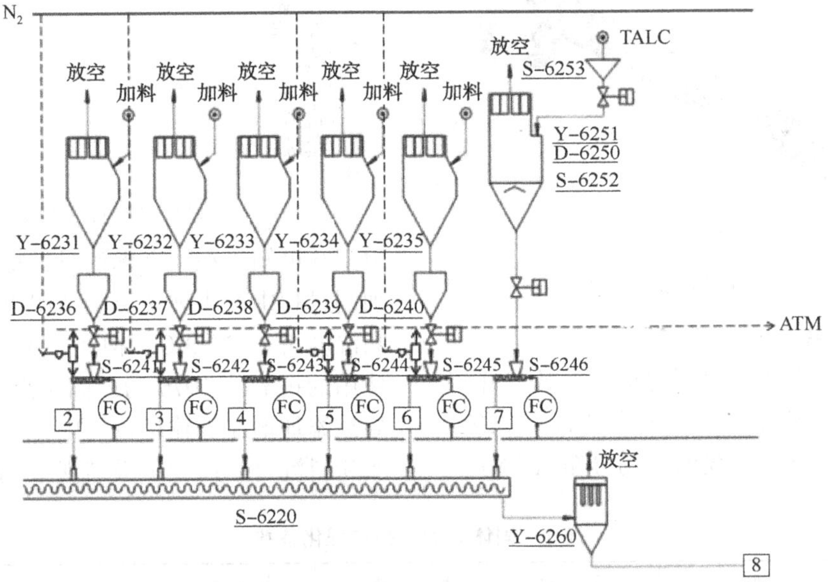

图 12　固体添加剂新增预冷流程 PID 图

图 13　涡流管在固体添加剂系统的应用

根据装置实际情况对使用涡流管进行选型，厂家提供的涡流管参数见表 2。在预冷流程工作的情况下，可通过手阀及定压阀对涡流管入口的气体流量及压力进行调节，从而控制涡流管输出的冷气体温度及流量。

4.3　不同工况下的制冷效果对比

由相关文献可知，涡流管制冷性能主要由以下参数决定：

冷流率：$$\mu=\frac{m_c}{m_{in}} \tag{1}$$

制冷效应：$$\Delta T_c=T_{in}-T_c \tag{2}$$

表 2 装置使用涡流管参数

型号	材质	最大进气压力/MPa	耗气量 SLPM	制冷量/(Kcal/h)	备注
VT-3008	SS304	0.69	283	170	—

制冷量： $Q_c = m_c C_p (T_{in} - T_c)$ (3)

单位制冷量： $q = \frac{m_c C_p (T_{in} - T_c)}{m_{in}}$ (4)

式中，T_{in}为涡流管入口工作介质温度,℃；T_c为涡流管冷端出口流体温度,℃；m_{in}为涡流管入口工作介质质量流量，kg/s；m_c为涡流管冷端出口流体质量流量，kg/s；C_p为介质定压比热容。

根据装置实际生产情况，氮气因成本相对较低且排放后对环境无污染等优点而被作为预冷流程的工艺气进行使用。其中，用于固体添加剂系统预冷流程的氮气主要工艺参数见表 3。

表 3 固体添加剂系统用氮气主要参数

名称	介质最大压力/MPa	介质温度/℃	介质最大流量/(kg/s)	压力可调范围/MPa	流量可调范围/(kg/s)	备注
氮气	0.60	20.0	0.015	0.20~0.60	0~0.015	—

为了验证以涡流管为核心的预冷流程的冷却效率，装置通过控制进入涡流管的氮气压力及流量，观察涡流管冷端出口温度，验证最佳工况。

本文对涡流管入口氮气压力在 0.2~0.6MPa 时，不同冷流率情况下的制冷量及单位制冷量进行了试验和计算，结果如图 14(a)及图 14(b)所示。

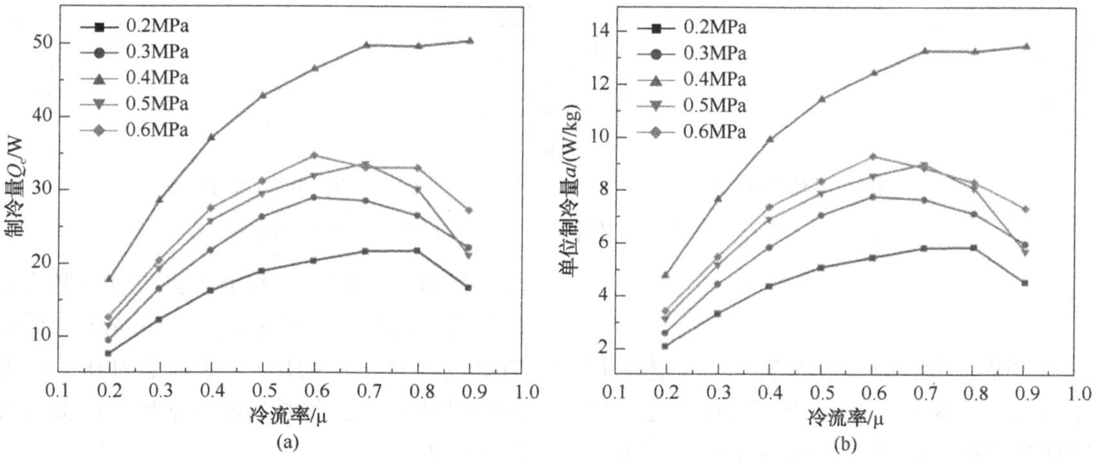

图 14 入口压力对涡流管制冷量、单位制冷量

由图 14 可知，涡流管的制冷量及单位制冷量均随着冷流率的增大而先增大后减小，并且在冷流率为 0.7 时达到峰值，随后又呈现下降趋势。入口压力设定为 0.2~0.6MPa 时，涡流管的制冷量及单位制冷量起初逐渐增大且在入口压力为 0.4MPa 时达到最大，而随着入口压力的继续增大，结果却呈现下降趋势。分析主要原因为：当入口压力为 0.4MPa 时，进入涡流室的气流旋流速度达到最大，内层气流对外层气流所做的切向剪切功加强，因此制冷量在此时达到最大；而当压力继续增大时，进入涡流室的气流旋流速度增大，但是因喷嘴临界压比的限制，切向速度最大只能达到音速。因此当入口压力为 0.4MPa 时，涡流管的制冷温度效应达到最佳，涡流管冷端出口的氮气温度为-30.4℃；而入口压力为 0.2MPa 时涡流管的制冷温度效应最差，此时的涡流管冷端出口氮气温度仅为-18.2℃(图 15~图 17)。

为验证不同入口压力下增设预冷流程的冷却效果，文章基于 Fluent 软件建立实体及有限元模型，分别模拟了介质压力为 0.2MPa，冷流率为 0.2 以及介质压力为 0.4MPa，冷流率为 0.7 的情况下，增设预冷流程后计量秤下料螺杆处管线的温度场分布。

通过迭代计算后，得到入口压力为 0.2MPa 时，冷流率为 0.2 时，管线内的最高温度为 48.6℃；而入口压力为 0.4MPa 时，冷流率为 0.7 时，管线内的最高温度仅为 39.4℃，均低于抗氧剂 1076 的熔点温度(55℃)，验证了新增预冷流程的有效性及冗余度。

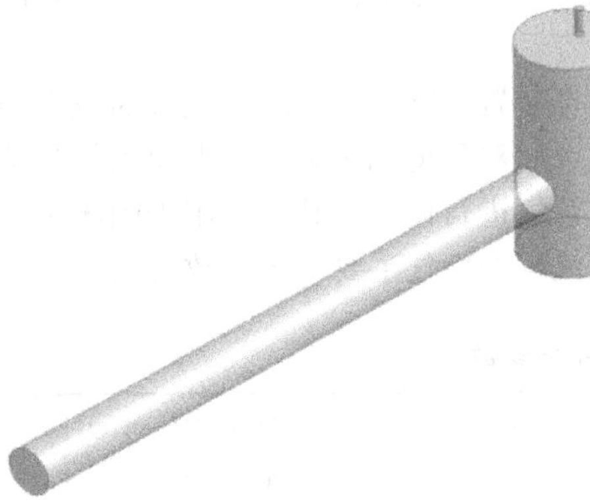

图 15　增设系统的计量秤下料管线流体域模型

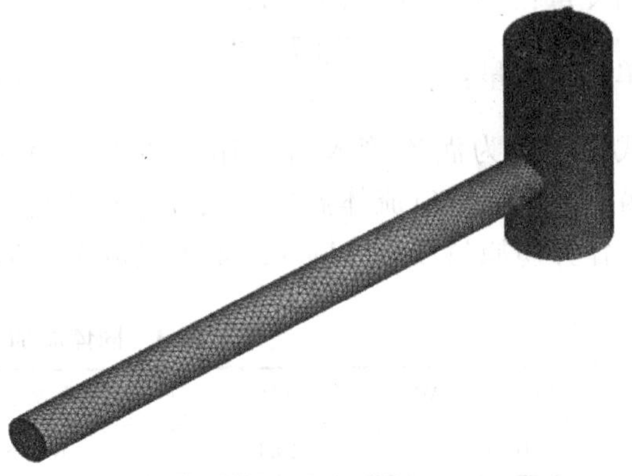

图 16　增设系统的计量秤下料管线拓扑模型

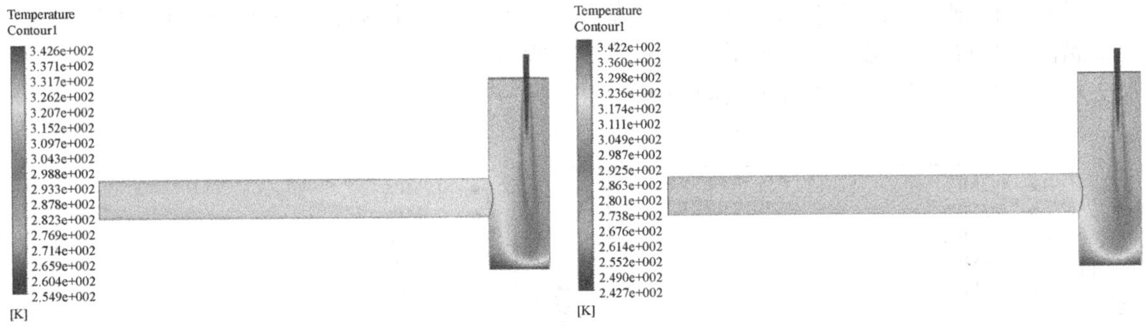

(a)压力为0.2MPa，冷流率为0.2时　　(b)压力为0.4MPa，冷流率为0.7时

图 17　不同介质压力及冷流率下计量秤下料管线的温度场分布

5　结论

文章基于涡流管特性，在装置原有工艺流程基础上，结合固体添加剂系统实际情况，以 Fluent 软件为依托，通过增设预冷流程，实现了固体添加剂系统的长周期运行，并得出以下结论。

(1) 根据装置实际运行情况可知，计量秤下料螺杆管线处在固体添加剂系统运行时温度高达 72.3℃，从而导致部分牌号产品使用的添加剂发生板结。通过分析可知，该处产生高温的原因主要有三个：一是树脂粉料与添加剂在螺杆下料器 S6220 螺杆作用下产生剪切热；二是混炼机所产生的的高温经下料斗 Y6260 逐步传递至计量秤螺杆处；三是计量称输送添加剂时产生的的剪切热，但对于上述两种热量来源可忽略不计。

(2) 增设预冷流程后，通过对介质的压力及流量参数进行调节，验证了涡流管的制冷量及单位制冷量均随着冷流率的增大而先增大后减小且当氮气压力为 0.4MPa，冷流率为 0.7 时为该系统的最佳工况，此时涡流管输出的冷氮气温度可达-30.4℃。

(3) 文章基于 Fluent 软件，分别模拟了最差工况(压力为 0.2MPa，冷流率为 0.2)及最佳工况(压力为 0.4MPa，冷流率为 0.7)时计量秤下料管线的温度场分布。结果表明，经冷却后的下料管线最高温度为 48.6℃，低于装置生产产品牌号中使用的添加剂最低熔点(55℃)，验证了固体添加剂系统预冷流程的有效性及冗余度。

自固体添加剂系统预冷流程投用以来，装置在生产不同牌号产品时再未出现过因添加剂板结而造成计量秤故障及挤压单元停车的现象，打破了装置转产不同牌号产品时无法实现高负荷、长周期的技术壁垒，有效规避了管线清理作业时产生的安全隐患及添加剂的浪费，在具有显著社会及经济效益的同时，为同类装置提供了参考价值。

参 考 文 献

[1] 彦启森，石文星，田长青．空气调节用制冷技术（第三版）[M]. 北京：中国建筑工业出版社，2004：1.

[2] 曹勇．小流量涡流管特性的理论与实验研究[D]. 浙江：浙江大学，2003. [3]高彦宁．涡流管性能研究与参数优化[D]. 大连：大连理工大学，2007.

[3] 龚迪澜，毛军逵，邓明，等．进气温度与压力对涡流管性能影响的实验[J]. 航空动力学报，2017，32(03)：599-606.

[4] 郭欣炜，郭宪民，赵硕．冷端孔径及进口压力对涡流管性能影响的实验研究[J]. 制冷技术，2016，44(2)：73-79.

[5] 何丽娟，李海燕，马文清，等．涡流管的入口压力对其性能影响的研究[J]. 机械工程学报，2008，44(1)：227-232.

GX 型螺旋输送机结构改造设计

王玉平

（中国石油兰州石化公司）

摘　要　催化剂事业部三套分子筛共有 4 台焙烧炉，每台焙烧炉配套有一台进料螺旋输送机，其作用为将上道工序的物料输送至炉内进行高温焙烧处理。该螺旋输送机为两端轴承支撑方式，其中一端伸入炉膛内的滑动轴承因炉内高温、无法加注润滑脂等原因，运行一段时间后就会因干摩擦发生支撑件损坏故障，每年每台螺旋输送机需检修 2 次。检修螺旋输送机时需将焙烧炉停转、降温，拆除电动机、减速机、联轴器、连接盘等处地脚螺栓、紧固螺栓，将电机、减速机吊至地面，将螺旋输送机从焙烧炉炉膛中抽出。再将设备拉运至车间检修基地对损坏部件进行焊接修复，更换轴套和护套。且螺旋输送机安装在三套分子筛装置一楼半框架上，检修空间狭小，安装在中间的两台螺旋输送机不具备吊装条件，检修过程全靠人力，导致员工检修劳动强度极大，安全风险很高。本文通过分析螺旋输送机主要故障原因，针对设备一端轴承频繁损坏的问题，提出将两端轴承支撑方式改为悬臂式支承的设计思路，并通过轴径初步估算、第三强度理论分析，证明设计结构的合理性和安全性。并通过轴承的类型选择和校核计算，选择合适的角接触轴承和圆柱滚子轴承，计算轴承跨距，为即将开展的攻关项目提供充分的理论依据，使设备改造后能够达到延长运行周期，降低劳动强度和检修风险的目的。

关键词　螺旋输送机；支承；结构；改造；设计

1　前言

螺旋输送机是一种常用的不具有挠性牵引构件的连续输送机械，它利用带有叶片的螺旋轴的旋转，使物料产生沿螺旋面的相对运动，物料受到料槽或输送管壁的摩擦力不与螺旋一起旋转，从而将物料轴向推进，实现物料的输送。

三套分子筛装置 4 台焙烧炉进料螺旋输送机（图 1）是装置关键设备，其结构主要由驱动装置、管形料槽、螺旋轴、进/出料口、填料密封和前后支承轴承、轴承座等结构部件组成。它的主要作用是将交换过滤形成的仍含一定钠离子的分子筛滤饼，输送至焙烧炉，经高温焙烧处理后，使其钠离子由分子筛孔道内部迁移到外部，以便后序工序去除，并使分子筛结构得以部分重新排列，提高分子筛的活性和稳定性。螺旋输送机工作参数见表 1。

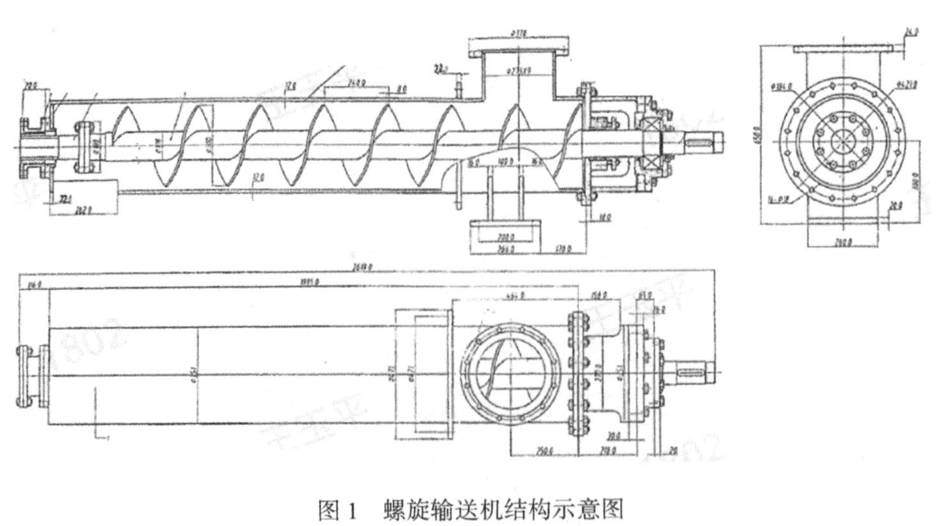

图 1　螺旋输送机结构示意图

表 1　设备工作参数

设备规范		工艺条件	
设备型号	GX300	介质	一交/二交分子筛
料槽直径/mm	Φ351	温度/℃	100
转速/(r/min)	41.4	压力	常压
功率/kW	5.5	材质	1Cr18Ni9Ti
传动方式	齿轮传动	输送量/(t/h)	1.1

2　螺旋输送机主要故障分析

2.1　故障现象

螺旋输送机运行数月后，从炉体外能听到零部件磨擦的响声，打开检查发现伸入炉膛内的螺旋轴后支承轴承损坏，轴套、护套、短轴等零部件磨损严重，需立即更换。

2.2　故障原因

该螺旋输送机螺旋轴支承结构为两端轴承支承方式(图 2)，前端(动力端)支承采用圆锥滚子轴承，型号 32218，后端支承采用轴套和护套组合的滑动轴承。螺旋轴带叶片部分基本安装于炉膛中，运行环境温度达 100℃，温度传递至后端轴承上致使润滑脂乳化。在粉尘环境，介质易窜入后端轴承内部，使润滑脂变质，润滑性能失效，导致轴套、护套配合面剧烈摩擦直至损坏。日常维护中，无法加注润滑脂对后端轴承进行润滑。

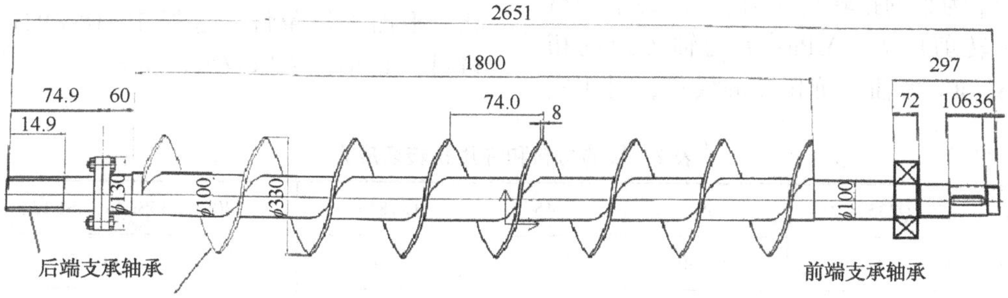

图 2　螺旋轴两端支承结构

2.3　处理方法

需将焙烧炉停转、降温，拆除电动机、减速机、联轴器、连接盘等处地脚螺栓、紧固螺栓，将电机、减速机吊至地面，将螺旋输送机从焙烧炉炉膛中抽出。对损坏部件进行焊接修复，更换轴套和护套。

2.4　遗留问题

三套分子筛 4 台螺旋输送机故障频次高，运行周期约 6 个月。因安装于钢架平台，环境空间狭窄，拆卸必须将螺旋输送机整体吊装出装置，用叉车拉回检修基地实施检修作业，劳动强度大。完成一台设备检修作业至少需要 5 人 7 天时间，检修时间长。检修中涉及吊装、动火、受限空间等多项危险作业，安全风险高。

3　螺旋输送机结构改造设计

3.1　重新设计螺旋轴支承结构

针对上述故障原因分析和遗留问题，通过测量和计算，对螺旋输送机结构进行改造设计。将螺旋输送机后端支承结构的轴套、护套和短轴拆除。因螺旋轴为空心轴，在轴末端将空心轴封堵。延长螺旋轴长度，在联轴器后侧加装一对角接触轴承，原前端轴承安装位置不变，选用一套承受较大径向承载能力的圆柱滚子轴承，使螺旋轴从两端支承结构改为悬臂式(图 3)。根据现场检修空间大小，轴承跨距须控制在 400mm 以内，以 300mm 为宜。两套轴承安装于与管型形料槽同心的轴承箱支座上，为了实现轴承定期补油，在两个轴承座上设计两个补油嘴。

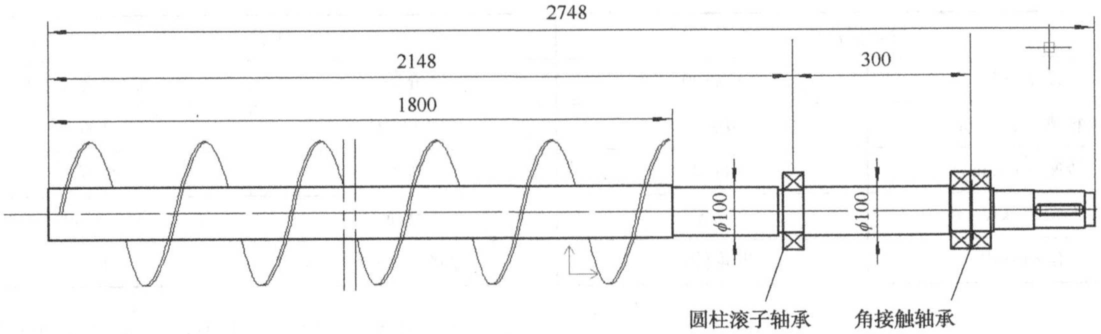

图 3　悬臂式螺旋轴支承结构

3.2　主轴强度校核

3.2.1　螺旋轴轴径的初步估算

根据减速机传递的扭矩，按扭转强度条件来初步估算轴的直径(表 2)。该螺旋轴受扭矩作用时，其强度条件为：

$$\tau_T=\frac{T}{W_T}=\frac{9550\times10^3}{0.2[d(1-\beta^4)]^3 n}\leqslant[\tau]$$

式中，τ_T 为轴的扭转剪应力；$[\tau]$为轴的材料的许用扭转剪应力，MPa；T 为轴传递的扭矩，N · mm；W_T 为轴的抗扭截面模量，对于实心轴 $W=0.2d^3$；n 为轴的转速，r/min；P 为轴传递的功率，kW；d 为轴的直径，mm。

为了补偿弯矩的影响，把许用扭转剪应力$[\tau]$的值降低，得：

$$d\geqslant A_0\sqrt[3]{\frac{P}{n(1-\beta^4)}}=148\times\sqrt[3]{\frac{5.5}{41.4(1-0.6^4)}}\approx$$

79mm，计算出的该直径为轴最细处的直径。

式中，A_0 是轴的材料和承载情况确定的常数，根据工作条件，选择 1Cr18Ni9Ti 作为轴的材料，A_0 值查表取较大值 148。

表 2　轴的材料和许用扭转切应力

轴的材料	Q235，20	35	45	1Cr18Ni9Ti	40Cr，35SiMn，2Cr13，42SiMn
$[\tau_T]$/MPa	12~20	20~30	30~40	15~25	40~52
A_0	160~135	135~118	118~107	148~125	100.7~98

$\beta=d_1/d$，d_1 为空心轴的内径，通常取 $\beta=$ 0.5~0.6，在此取 0.6。轴上联轴器处开有一个键槽，考虑到键槽对轴的削弱作用，轴径应增大 3%左右，按 3%计算，则轴径尺寸为 79×(1+3%)= 81.4mm。

3.2.2　按弯扭合成强度条件计算

螺旋轴既传递扭矩又承受弯矩，则应以弯扭组合应力计算其强度。B 支承点左侧螺旋轴在自身重力作用下，会使轴发生弯曲变形，该分布载荷简化为一集中力 G_1。将螺旋轴分离出来，简化为一简支梁，其载荷分析如图 4 所示。

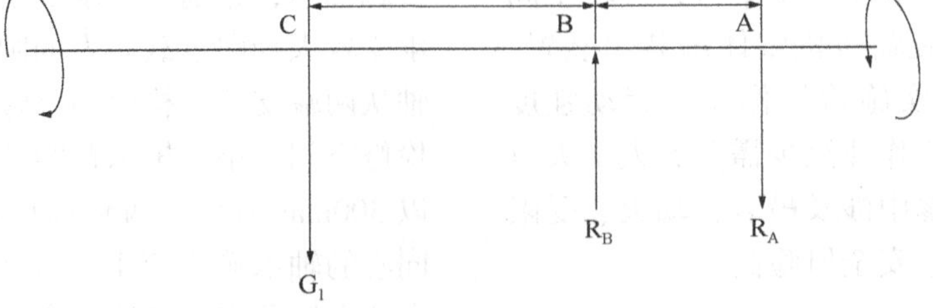

图 4　螺旋轴受力简图

弯矩图：

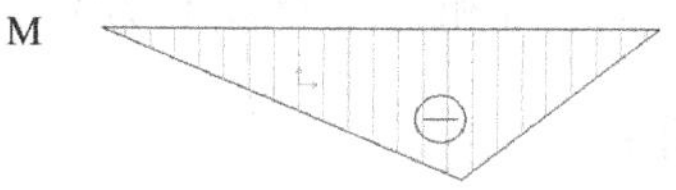

扭矩图：

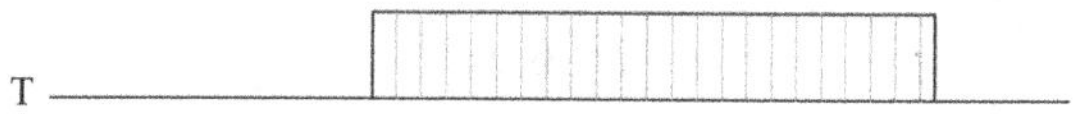

3.2.2.1　计算 B 支点至轴末端重力 G_1

为了减小载荷，螺旋轴由带螺旋叶片段的空心轴与其余实心轴焊接组成，为了简化计算，将整轴视为空心轴。

（1）螺旋叶片质量计算。

根据图 5 中尺寸，已知：螺旋叶片宽 $h=(300-108)/2=96$mm。

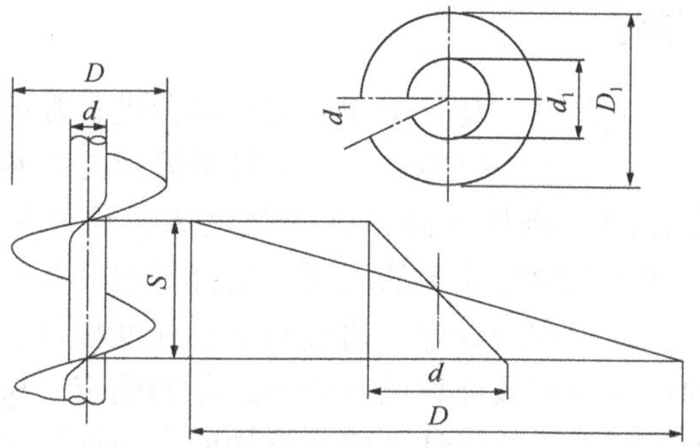

图 5　螺旋叶片展开图

根据已知条件，求得内螺旋线实长 $l=\sqrt{(\pi d)^2+P^2}=\sqrt{(3.14\times108)^2+240^2}=339$mm，外螺旋线实长 $L=972$mm。内圆半径：$r=(l\times h)\div(L-l)=49.8$mm，外圆半径：$R=r+h=145.8$mm

单个叶片面积 $\approx\pi(R^2-r^2)=589.6\text{cm}^2$，螺旋轴叶片体积 $=589.6\times1995/240\times0.8=3920\text{cm}^3$，选用的螺旋轴材质为 1Cr18Ni9Ti 不锈钢，密度为 7.85g/cm^3，则螺旋轴叶片质量为 $3920\times7.85\approx31$kg。

（2）B 点至轴后端质量 m_1 计算。

B 点至轴后端轴径选择 Φ108mm，空心轴内径一般为外径的 0.5～0.6，选择 0.6，则内径为 64.8mm，B 点至轴后端距离 2148mm。则 $m_1=\pi(R^2-r^2)\times l\times\rho=395$kg

③ $G_1=m_1g=(395+31)\times9.8=4175$N。

3.2.2.2　按弯扭组合应力计算其强度

根据已知条件，可知扭矩 $T=\dfrac{9550\times P}{n}=\dfrac{9550\times5.5}{41.4}=1269$（N·m），它沿轴的长度不变。

从弯矩图可见，最大弯矩（绝对值）在轴承 B 处的轴横截面内，将分布载荷集中到 G_1 点，则弯矩 $M_{\max=}\left|G_1\times\dfrac{2148}{2}\right|=4483$（N·m），所以该截面就是轴的危险截面。

若采用第三强度理论，轴的强度条件为 $\sigma=\sqrt{\dfrac{M^2+M_T{}^2}{W}}\leqslant[\sigma_{-1}]$

取螺旋轴 B 点轴颈处直径 $d=90$mm，对于圆轴，$\sigma=\sqrt{\dfrac{M^2+M_T{}^2}{W}}=\dfrac{10\sqrt{M^2+(\alpha T)^2}}{d^3}$

式中 α 为根据扭应力变化性质而定的校正系数，假设轴上扭应力脉动循环变化，取 $\alpha=0.6$，则 $\sigma=\dfrac{10\times\sqrt{4483^2+(0.6\times1269)^2}}{0.09^3}=62.4$MPa 轴材料的许用应力 $[\sigma_{-1}]$ 为 130MPa，σ $[\sigma_{-1}]$，故轴安全。

4　轴承的选择与校核

在该螺旋输送机改造设计中，轴承选择是否得当，直接影响轴承寿命和设备运行周期。

4.1　轴承类型的选择

从轴的受力图 4 分析，螺旋轴最终达到径向平衡，B 支点轴承承受较大的径向载荷。同时在考虑轴颈转速、空间位置、支承刚度要求等条件下，因物料在进料输送过程中，有冲击载荷，且转速较低，则根据轴颈处轴径 $d=90$mm，通过类比选择外径 $D=190$mm、宽度为 43mm，且轴承内圈可分离型的列圆柱滚子轴承为宜，轴承代号试选择 NU318。A 支点既要承受较大的径向力，还需平衡物料推送中对轴的反向力，则需选择既能承受径向力，又能承受轴向力的角接触球轴承。由于角接触轴承承受径向载荷后会产生内部轴向力，为使内部平衡，故要成对使用，根据轴径尺寸和工作经验，试选两套 7318 角接触球轴承，并背靠背安装。

4.2　轴承校核计算

螺旋输送机是装置重要设备，需对选用的轴承进行校核计算。

如图 4 中，支反力 $R_A=G_1\times\dfrac{1074}{300}=14946$N，

支反力 $R_B=G_1\times\frac{1074+300}{1074}=19121\mathrm{N}$，物料给螺旋轴的轴向反力 $F_a=\mu\times N$，μ 为料槽内壁与物料的摩擦系数，N 为物料对料槽的正压力，当物料装满料槽时，物料对料槽的正压力 $N=G=3.14\times(300^2-108^2)\times2148\times0.7\times9.8=3624.5N$。式中的 0.7 为物料堆积密度，设物料与不锈钢摩擦系数为 0.4，则轴向反力 $F_a=0.4\times3625=1450\mathrm{N}$。

轴承应具有的额定动载荷，$C=\frac{f_pP}{f_t}\sqrt[\varepsilon]{\frac{nL'_{10}}{16670}}$。

式中，f_t 为温度系数，f_p 为载荷系数；P 为当量动载荷；L'_{10h} 为预期计算寿命。

4.2.1　圆柱滚子轴承校核计算

查设计手册，NU318 圆柱滚子轴承，$C_r=243\mathrm{KN}$，$C_{0r}=265\mathrm{KN}$。由于该轴承只承受径向载荷，故当量动载荷 $P=R_B=19121\mathrm{N}$。根据螺旋输送机使用条件及可靠性要求，确定轴承预期寿命 $L'_{10h}=30000\mathrm{h}$。轴承工作温度<120℃，取 f_t 取值 1，f_p 取 1.2，对滚子轴承 $\varepsilon=\frac{10}{3}$，则 $C=1.2\times19121\times\sqrt[\frac{10}{3}]{\frac{41.4\times30000}{16670}}=83.6\mathrm{KN}$。

计算所得的 C 比 NU318 轴承的 C_r 小，故所选圆柱滚子轴承合适。

4.2.2　试选的角接触球轴承校核计算

查设计手册 $C_r=110.82\mathrm{KN}$。对于既受径向，又受轴向载荷的向心轴承，径向当量动载荷为 $P_r=XF_R+YF_A(N)$，单列角接触球轴承的内部轴向力 $S=eF_R$，取 $e=0.46$，则 $S=0.46\times14946/2=3438\mathrm{N}$，背靠背两套轴承轴向力分别为 $A_1=F_a+S=1450+3438=4888\mathrm{N}$，$A_2=S=3438\mathrm{N}$，取 $X=1$，$Y=1.38$，对球轴承，$\varepsilon=3$，$P_r=7473+1.38\times4888=14128(\mathrm{N})$，$C=1.2\times14218\times\sqrt[3]{\frac{41.4\times30000}{16670}}=23.2\mathrm{KN}$。

计算所得的 C 比 7318 轴承的 C_r 小，故所选角接触球轴承型号和背对背安装方式合适。

5　轴承跨距

受设备运行条件的限制，参考相关文献资料，得轴承跨距的上限：

$$l\leqslant6D$$

对轴承跨距 l 和轴径 D 作如下推荐：

$$D\geqslant400\mathrm{mm},\ l\geqslant4D$$

$$D\leqslant400\mathrm{mm},\ l\geqslant2D$$

该螺旋轴径为 90mm，因此轴承跨距应符合：

$2D\leqslant l\leqslant6D$，得：$180\leqslant l\leqslant540$。根据现场的装配空间和联轴器尺寸及轴承箱尺寸取 $l=300\mathrm{mm}$，符合轴承跨距的要求。

6　结论

本文针对三套分子筛焙烧炉四台进料螺旋输送机存在的主要故障，分析了设备故障原因和现实存在的检修频次高，劳动强度大，检修周期长，涉及危险作业多的问题。结合其他设备改造经验，提出改造设想。通过对主轴强度校核、轴承的选择和校核计算以及轴承跨距的确定，从理论上分析了改造设计螺旋轴结构的合理性，为生产装置和车间下一步联合开展螺旋输送机技术攻关改造提供了理论依据。

参考文献

[1] 徐灏. 机械设计手册，第 4 卷[M]. 北京：机械工业出版社，1998.

[2] 天津大学. 材料力学[M]. 北京：人民教育出版社，1979.

[3] 陈国桓. 机械基础[M]. 北京：化学工业出版社，2001.

[4] 强建国，马晓，等. 机械设计课程设计[M]. 北京：西南交通大学出版社，2007.

活性炭钝化的安全管理与探讨

何　彬

（中国石油兰州石化公司）

摘　要　本文依据作者自身油气回收装置活性炭钝化的安全管理经历以及对照国家标准《油品装载系统油气回收设施设计规范》(GB 50759—2012)的相关要求，结合油气回收装置运行经验和石油化工安全管理经验，分析探讨了吸附法油气回收装置活性炭钝化过程中存在的安全性风险以及应当采取的措施，以促进VOCs治理工作更安全、健康地发展。

关键词　油气回收装置；活性炭；钝化；安全

采用吸附+吸收处理工艺的油气回收装置，目前国内普遍采用活性炭作为油气吸附剂。活性炭吸附能力的高低直接关系到油气回收装置尾气排放能否达标，是装置的核心设施。目前国内介绍吸附工艺和吸附能力的相关资料比较多，但是对活性炭的更换和钝化介绍却鲜有相关资料。活性炭钝化比较危险，对于钝化的操作标准，国内也没有出台相关的规定和要求。

1　油气回收处理装置介绍

自八十年代初美国在汽油装车系统实施油气回收以来，特别是计算机控制在工业应用领域普及开始，以逻辑控制为主的吸附法油气回收工艺，以其所具有的回收率高、运行故障率低，投资和运行费用较低等特点，在油气回收工艺领域一直被广泛应用。但从实际的应用情况来看，该工艺仍存在一些不容忽视的安全性风险需要予以重视。

2　吸附法油气回收工艺简介

2.1　油气的产生

石油化工行业油气主要来自：储罐的“大、小呼吸”、装车栈桥无组织排放、密封点泄漏以及含油污水油气逸散等多个方面。油气的产生量受介质的蒸汽压、温度、压力、储存、输转方式等因素的影响。我厂的油气主要来自于车用汽油汽车装油过程中，汽车槽车气相空间内被置换出来的空气和挥发性有机物的混合油气。油气浓度受外界环境温度的影响，一般在600~1800g/m³，产生的油气量一般是装车液体体积的1.0~1.3倍左右，装车货位气相线支管的压力在2~4.5kPa(表压)。

2.2　油气回收装置工艺简介

装车油气经栈桥密闭收集气相线和止回阀后，汇集入油气总线进入油气回收装置，进入两座炭罐吸附床。当吸附床处于吸附步骤时，油气在穿过吸附床过程中，其中吸附力较强的有机物被活性炭吸附下来，空气则被直接排入大气。当吸附床达到达设定的吸附饱和度时，装置自动切换操作，对吸附油气的吸附床进行解析再生。通过抽真空、真空清洗等步骤将吸附在活性炭上的有机物脱附下来，脱附气经真空泵压缩后进入吸收塔，用罐区来的贫油进行吸收，吸收有机物后的富油经富油泵返回罐区储罐，塔顶不凝气则与原料气混合返回炭罐。解析再生步骤完成后，吸附床得到再生，最后引入空气将吸附床破真空恢复至常压。两座吸附床在计算机控制下交替循环运行，实现整个工艺过程的连续运行(图1)。

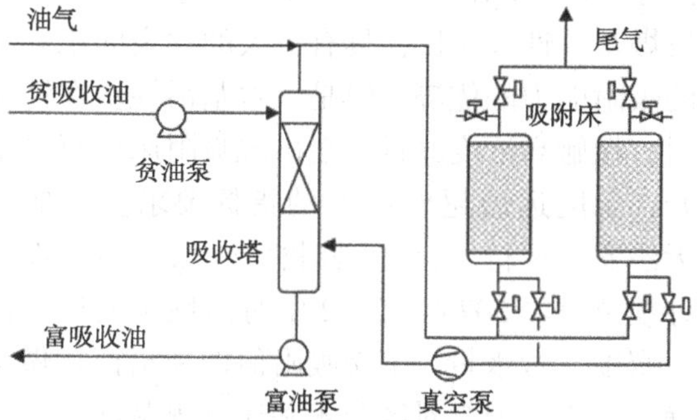

图1　油气回收装置工艺流程图

3　活性炭钝化安全性问题探讨

3.1　活性炭钝化的目的及风险

油气回收装置的活性炭，作为最主要的吸附

剂，处理吸附油气。但是新鲜活性炭有个特性十分危险，就是在首次吸附油气等有机物时，由于新鲜活性炭中的所有吸附位都未被占据，因此活性炭的初始吸附容量很大，产生吸附热。比如常温下对饱和汽油油气的初始吸附容量在100~200kg/m³左右。而工业应用中经过多次吸附脱附运行稳定后的平衡活性炭中，大量的微孔吸附位已被有机物分子占据，装置再生工况下很难将这部分吸附的有机物脱附下来，因而有机物分子的吸附脱附主要发生在合适孔径的吸附位。这时活性炭吸附脱附过程的吸附容量也就是动态吸附容量往往只有初始吸附容量的1/10左右。因此，活性炭初始放热量是正常运行工况下放热量的10倍左右，炭床急剧升温，温度达到200℃以上以上，高温引燃装置内油气发生着火爆炸事故。这就是新鲜活性炭必须要钝化的原因。活性炭钝化是活性炭正常投运前必不可少的操作程序，不可或缺。活性炭钝化的目的就是，在制定完备安全措施和有效落实下，精准控制活性炭的吸附热和温升，杜绝安全事故的发生。

3.2 钝化风险的安全防范措施

钝化的安全措施主要包括：活性炭的选用、吸附罐的工艺处置、气密性检测、钝化温度控制、降温措施等5个方面。

3.2.1 活性炭的选用

《油品装载系统油气回收设施设计规范》5.27条明确要求：油气回收设施选用的活性炭，应为煤基活性炭。但是国内的活性炭市场却存在着诸多问题，由于需求方缺少质量检测手段，检测报告都是生产厂家提供，以木基活性炭冒充煤基活性炭的情况也曾发生。单位重量的木基活性炭较煤基活性炭相比，具有更大的比表面积和更强的吸附能力的优势，但是，木基活性炭在钝化以后，接触高浓度原料气会出现吸附床反复异常温升，温度远远超出65℃的指标要求，造成装置无法安全运行。《油品装载系统油气回收设施设计规范》GB 50759—2012中对活性炭的比表面积、密度、含水量、丁烷吸附值四项指标均做了明确的要求，但是对区分木基还是煤基活性炭的重要指标灰分和强度却没有明确要求。因此建议在活性炭采购技术协议中，增加灰分和强度两项指标，灰分≮10%，强度不小于95，并要求活性炭生产厂家提供具备检测资质的第三方质量检测报告。

3.2.2 装置气密性检测

新鲜活性炭装入炭罐后，立即将装卸口进行封闭，对装置的每个连接处进行检查，认真检查螺栓是否上紧，垫片是否安装严密，有没有泄露，发现漏点必须立即处理。为了确保后续钝化高温作业安全，防止钝化过程中空气进入炭罐，在钝化前必须对装置进行气密性检测。在调试模式中关闭炭罐进气阀门，人工打开真空泵对炭罐进行解析操作，将炭罐真空度抽至5kPa(绝压)以下后，关闭真空泵和全部阀门，观察炭罐压力有无变化。15min后如果压力没有发生变化，则说明气密性完好，可以进行钝化工作。如果压力出现上升，则说明存在泄漏，消除漏点后方可进行钝化作业。

3.2.3 吸附罐的工艺处置

气密测试合格后，将氮气分别通入炭罐和喷淋塔进行吹扫，使用氮气将系统内氧气进行置换。氮气压力要严格控制，控制在0.1MPa以下，喷淋塔吹和炭罐连续吹扫2h，对系统内气体进行采样分析，要求氧含量均降至5%以下，可燃气浓度降至3%以下，才能确保钝化工作安全。如果分析不合格，再次进行氮气置换。

3.2.4 钝化温度控制

(1) 工艺处置合格后，开始进行活性炭钝化。活性炭钝化严禁使用装车高浓度油气进行。进入油气回收装置手动模式，关闭炭罐温度连锁设置，将两具炭罐进行串联，手动打开真空泵、贫油泵、富油泵，使用喷淋塔塔顶回流气进行钝化作业。塔顶回流气从V102罐底部进入顶部排出，再从V103罐顶部进入、底部抽出后返回喷淋塔中，形成一个闭路循环系统(图2)。

(2) 整个钝化过程中接入少量的氮气(压力控制在0.05MPa左右)进行正压保护，并少量打开尾气排空阀，保持系统压力平衡。

(3) 钝化中，炭罐温度会从底部逐渐出现升温，30min左右温度达到顶点，随后中间温度和顶部温度先后上升(图3)。

(4) 钝化过程中要严密关注炭罐温度，最高温度要求控制在120℃左右，过高的温度容易产生危险。

(5) 温度超过100℃时可以通入氮气进行降温，温度超过120℃时，装置必须停止运行，暂停钝化确保安全，自然降温。

(6) 钝化过程不宜过快，要让活性炭和油气充分接触，充分放热。

(7) 等到炭罐底、中、顶温度均达到最高点开始回落或不再升温时，可以停止钝化开始降温。

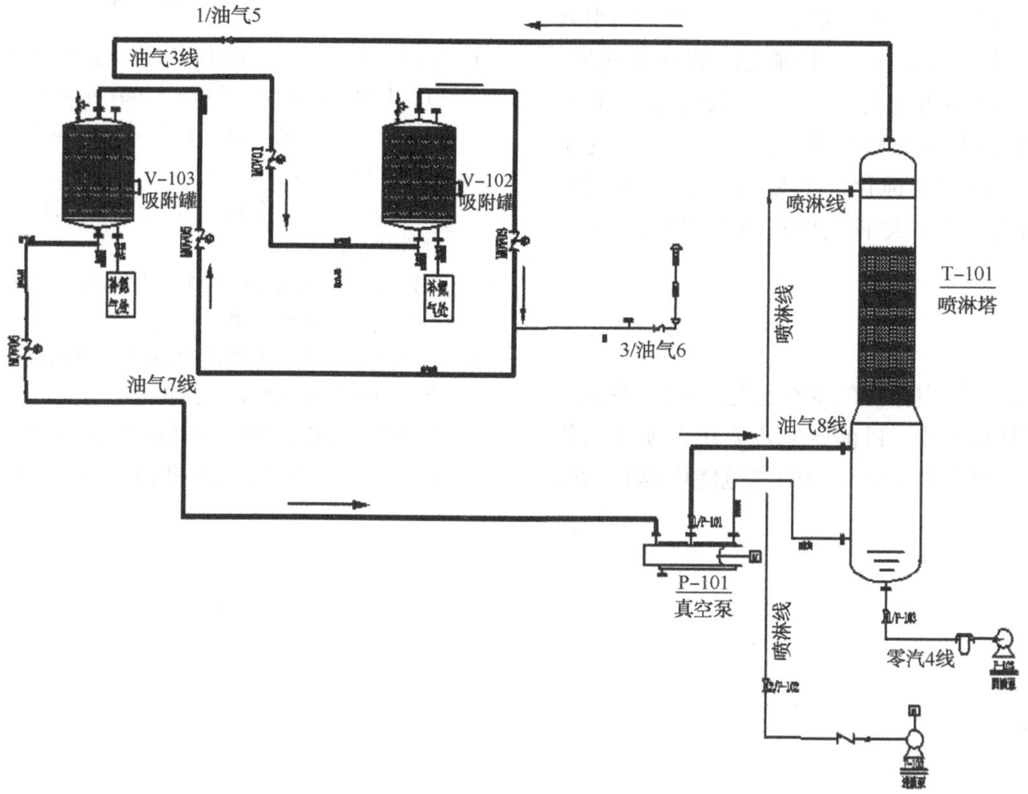

图 2　活性炭钝化示意图

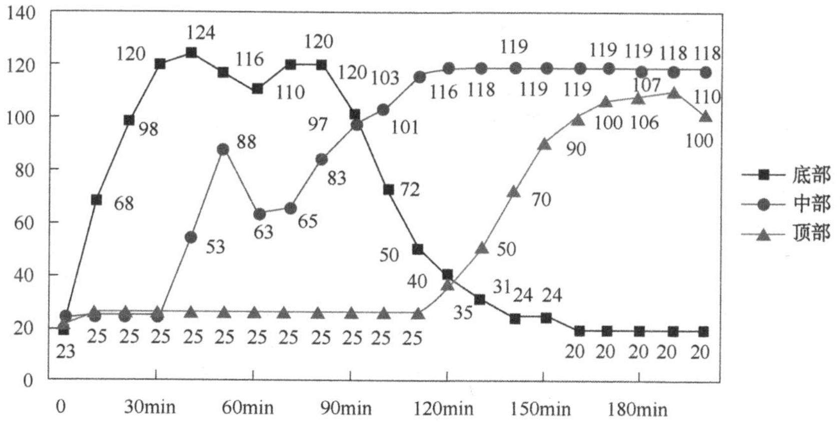

图 3　钝化温升示意图

(8) 降温过程中，关闭尾气排放口，并通入少量氮气进行正压保护，重点关注压力变化，防止空气进入。

(9) 当炭罐温度均降到 40℃以下时，可以进行二次钝化，让活性炭再次与油气接触。活性炭会再次出现放热温升，如果底、中、顶最高温度均未超过 65℃，可以认为钝化完成。如果温度仍然超过 65℃，并且持续维持在高温，则需要进行三次钝化。

(10) 作为安全性气体，氮气在油气回收装置钝化过程中可以起到有效的保护作用，是保证作业达到本质安全的重要措施。

(11) 在活性炭钝化过程和降温过程中，氮气不宜作为加速降温的措施来使用，因为大量的氮气不仅把吸附热带走了，也把炭床上附着的油气吹出了罐外，减少了油气与活性炭的接触放热，影响钝化效果，在二次钝化时，吸附热放出温升更高。

（12）钝化工作完成后，首次引入高浓度油气进行运行时，必须要少量、缓慢将油气的引入油气回收装置，重点关注炭罐温度的升温速度，要求最高温度不得超过65℃。如果超过65℃要立即停止运行并接入氮气进行保护，说明钝化不完全再次进行完全钝化。如果温度稳定不再温升，则可以逐渐加大油气的进入量和提升油气浓度。

4 结论

活性炭钝化中存在的安全问题，都是在实际运行管理中发现的。目前国家没有出台明确的规范要求。希望在后续颁布新的规范能中够将活性炭钝化安全问题做出相关的规定和强制性要求，从根本上提高油气回收装置运行的安全性。

参 考 文 献

[1] 李自力，段剑锋．活性炭吸附法油气回收系统研究[D]中国石油大学(华东)，2007年4月.

[2] 王晓慧．浅谈装车油气回收技术的应用[J]化工管理，2016年11月.

[3] 郭继坤，等．油库安全管理[M]．北京：中国石化出版社，1997.

[4] 孔繁荣．油品储运过程中油气挥发问题的研究[J]．油气储运，2004年08期.

[5] 陈家庆．朱玲．油气回收与排放控制技术[M]．北京：中国石化出版社，2010.

[6] 吴丽静．俞莉．郭磊．对《油品装载系统油气回收设施设计规范》的几点建议 IPPTC—2017829

丙烯腈装置AOGC单元尾气达标排放的探讨及对策

罗建军　刘宗锋　刘　涛　侯昊飞　费行涛

(中国石油兰州石化公司)

摘　要　本文介绍了丙烯腈装置吸收塔塔顶尾气(成分为丙烯腈、乙腈、氢氰酸、丙烯、氨、丙烷、氮气、氮氧化物等)进入吸收塔尾气处理AOGC单元，经过CO反应器催化氧化以及SCO反应器选择性还原，处理吸收塔顶尾气中含有的氰化物、非甲烷总烃等有害物质，同时，该过程为放热反应，产生0.87~1.35t/h，1.65MPa(G)、300℃的过热中压蒸汽，AOGC单元处理后的尾气最终从烟囱达标排放。近些年，丙烯腈装置AOGC单元运行过程中出现了反应器温度逐步升高，活性逐渐下降，烟囱废气排放数据接近《石油化学工业污染物排放标准》(GB 31571—2015)的排放标准，为了杜绝以上现象发生，通过不断地优化AOGC单元和前系统的操作，不断地积累数据、总结操作经验，使AOGC单元催化剂在运行后期，实现了AOGC单元的平稳运行，也保证了环保数据达标排放，并为后期更换催化剂后的操作运行积累了宝贵的经验。

关键词　丙烯腈；非甲烷总烃；氮氧化物；催化剂；尾气排放

1　前言

丙烯腈装置正常生产时吸收塔顶会排放气体，称为吸收塔尾气(AOG)，该尾气中主要成分为氮气、水蒸气、二氧化碳，同时含有一定量的一氧化碳、氮氧化物、丙烯腈、氢氰酸、丙烯及丙烷等有害物质，直接排人大气将对环境造成污染，为了降低对大气的污染，3.12t丙烯腈装置目前采用上海东化环境工程有限公司所提供的尾气处理技术(AOGC尾气处理装置)。

利用催化氧化法在贵金属铂、钯金属蜂窝催化剂的作用下，在200~600℃的条件下催化氧化丙烯腈尾气中的挥发性有机物，形成对环境无害的二氧化碳和水，催化氧化反应如下：

$$C_3H_3N+3.75O_2 = 3CO_2+1.5H_2O+0.5N_2$$

$$C_3H_6+4.5O_2 = 3CO_2+3H_2O$$

$$C_3H_8+5O_2 = 3CO_2+4H_2O$$

$$CO+0.5O_2 = CO_2$$

采用选择性还原技术将丙烯腈尾气中的氮氧化物，在陶瓷蜂窝催化剂310~400℃的条件下，利用补加氨将氮氧化物还原成为对环境无害的氮气和水，催化还原反应如下：

$$HCN+NH_3+2O_2 = N_2+2H_2O+CO_2$$

$$(2x+4)/3NH_3+NO_x+O_2 = [(x+2)/3+1/2]N_2+(x+2)H_2O$$

由于丙烯腈装置AOGC单元反应器中的催化剂运行到后期(已运行4年)，导致AOGC单元CO反应器和SCO反应器的催化剂活性下降，在正常生产时AOGC单元尾气排放中的非甲烷总烃、氮氧化物等数据排放不符合《石油化学工业污染物排放标准》(GB 31571—2015)的相关排放要求(表1)。

表1　尾气排放指标保证值

组分	指标保证值
NMHC	脱除率≥97%
NMHC	≤120mg/Nm^3
丙烯腈	≤0.5mg/Nm^3
NO_x	≤100mg/Nm^3
氢氰酸	≤1.9mg/Nm^3

2　丙烯腈装置AOGC单元的工艺流程

从吸收塔顶部来的丙烯腈尾气进入AOGC系统后，首先经气液分离器V-8901分离游离废水，然后尾气与催化氧化所需的空气混合，经尾气换热器(E-8901)换热后后再经电加热器(E-8902)(开工时使用：尾气处理系统在开工阶段利用电加热器加热的方式进行系统预热）加热至300℃后进入CO反应器，在CO反应器中进行催化氧化反应，将挥发性有机物（主要为丙烯腈、丙烯、丙烷、非甲烷总烃）转化为二氧化碳和水。

从CO反应器出来的520~560℃的气体进入蒸汽过热器（E-8903）、蒸汽发生器（B-8901）回收部分热量后进入SCO反应器。在SCO反应器催化剂作用下与补加的氨进行选择性还原反应，氮氧化物、氢氰酸、丙烯腈和氨等含氮物质被转化成N_2、CO_2和水，净化尾气经换热器回收热量后排入烟囱（S-8901），工艺流程图如图1所示。

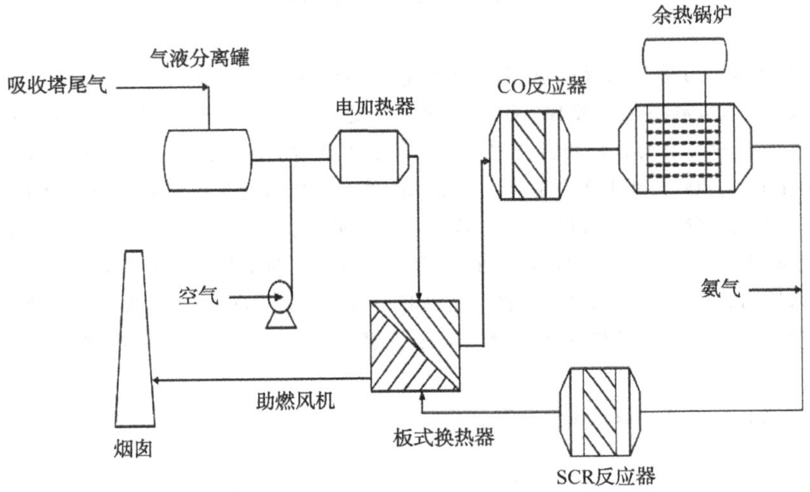

图1　AOGC单元工艺流程图

3　丙烯腈装置AOGC单元运行过程中存在的问题和影响因素

3.1　非甲烷总烃排放控制

3.1.1　目前运行过程中非甲烷总烃调整存在的问题

由于AOGC单元CO反应器贵金属催化剂已运行四年，导致催化剂活性逐年下降，为了保证尾气中的非甲烷总烃去除率以及排放数值达标，随着CO反应器催化剂的使用年限增长不得不提高床层温度（表2），但是CO反应器高温下易受前系统波动而导致进入AOGC单元中的有机物发生变化，引起CO反应器床层温度异常上升而触发联锁（联锁值620℃），造成AOGC单元停车尾气排放不达标，为了避免AOGC停车需要岗位精心监盘及时调整CO反应器床层温度，同时，保证尾气排放满足《石油化学工业污染物排放标准》的排放要求。

由表2统计情况来看，为了保证AOGC单元烟囱尾气符合要求排放，反应器的床层温度随着时间的延长催化剂活性开始下降，床层温度开始逐年上升，并逐渐接近联锁值。

表2　AOGC单元反应器的床层温度统计表

时间	CO反应器床层温度/℃	SCO反应器床层温度/℃
2019年	520~530	400~410
2020年	530~540	410~420
2021年	540~550	420~430
2022年	560~580	430~450

3.1.2　在正常运行中影响CO反应器床层温度波动的因素

1）原料丙烯的纯度

丙烯腈装置反应器R-101的生产原理是丙烯、氨、空气按1∶1.15~1.25∶9.3~9.8的比例在钼系催化剂作用下，发生气固相催化氧化反应，生成丙烯腈、乙腈、氢氰酸及其他副产物。若原料丙烯的纯度不高，导致原料丙烯中的丙烷等其他烃类物质含量偏高，进入AOGC单元CO反应器后，烷烃类物质发生强氧化反应致使CO反应器的床层温度异常上升，最终因温度上升过快触发联锁而停车。

2）反应器R-101的床层温度

反应器R-101床层温度TC-1103波动也会引起AOGC单元的运行发生波动。当R-101床层温度 TC-1103 下降时，反应器中的丙烯转化率开始下降，会使进入 AOGC 系统尾气组分中的丙烯含量升高，导致 CO 反应器的床层温度明显上升，尾气中的非甲烷总烃去除率上升，非甲烷总烃数值开始下降，可通过调节 AOGC 蒸汽发生器 B-8901 的旁路阀门以及提高 TC-1103 温度等措施及时调整 CO 反应器温度，若不及时调整会触发联锁，这就需要反应器在调整负荷时要监控好 R-101 的床层温度，反应器的"U"采用先撤后投的方式。

反应器 R-101 的床层温度开始上升时，丙烯转化率提高，会使进入 AOGC 单元的有机物组分降低，CO 反应器床层温度开始下降，则尾气排放中的非甲烷总烃去除率开始下降，非甲烷总烃数值开始升高，若不及时调整会引起排放不达标，需要及时调整蒸汽发生器 B-8901 的旁路调节阀以及降低 R-101 反应器的床层温度来稳定 AOGC 单元的运行。

3）反应器 R-101 的空气量

因早晚温差原因空压机 C-101 出口空气量波动，使得反应器 R-101 的空气量也发生变化，则使 AOGC 单元的 CO 反应器床层温度发生波动，导致非甲烷总烃排放发生变化。若进入反应器 R-101 空气量上升，丙烯转化率升高，既进入 AOGC 单元有机物组分降低，CO 反应器的床层温度下降，反之亦然，故及时调整反应器 R-101 的空烯比以及蒸汽发生器 B-8901 旁路调节阀来稳定 CO 反应器床层温度，保证非甲烷总烃排放达标。

4）吸收塔吸收效果

吸收塔 T-103 作用是利用反应气体各组分同温度下在水中溶解度不同的原理，用贫水作溶剂，吸收反应气体中的丙烯腈、氢氰酸、乙腈等有机物，生产含丙烯腈在 4.5%～6.5%的富水。如果吸收塔效果不好，导致吸收塔顶部出去的有机物组分增多，进而影响 AOGC 单元氰化物的去除效果，引起排放数据不达标，所以，正常生产时降低吸收水温度和提高吸收水量的手段来提高吸收塔的吸收效果，从而降低了进入 AOGC 单元的有机组分。

5）AOGC 单元风机 F-8901 的助燃风量

AOGC 单元 CO 反应器是在催化剂作用下催化氧化去除氰化物以及非甲烷总烃等组分，而所需助燃风量是通过风机 F-8901 引入的，当风机量提高时非甲烷排放会呈现先降低回升高的现象，因助燃风量在提高的时候，缩短了尾气在固定床反应器 CO 的停留时间，导致非甲烷总烃处理不完全而超标排放。

6）冰机 C-401 故障停车，造成盐水温度异常上升

丙烯腈装置冰机 C-401 若故障停机后，会使装置的盐水温度大幅度上升，从而影响吸收水温度上升，丙烯、氨蒸发器中的贫水温度上升，造成丙烯、氨蒸发器的蒸发压力波动（丙烯沸点-47.7℃、氨沸点-33.35℃），使得进入反应器 R-101 中的空烯比、氨烯比波动，最终使反应器 R-101 的反应效果变差，生成的副产物增多，进入 AOGC 单元有机组分波动，严重时会触发联锁而导致 AOGC 单元停车。

所以当冰机 C-401 停车后，要立即 E-110 循环水阀门尽可能的降低吸收水温度，进入丙烯、氨蒸发器中的贫水温度降低，从而稳定了反应器 R-101 的空烯比和氨烯比，稳定了反应器 R-101 反应效果，避免了进入 AOGC 单元的有机组分大幅度波动。

3.2　氮氧化物排放控制

由于目前丙烯腈装置 AOGC 单元烟囱 S-8901 排放口未设有在线氮氧化物监测仪表，导致 AOGC 单元如何控制氮氧化物达标排放的操作经验较少，丙烯腈装置专区负责技术人员只能借助于兰州石化公司以及政府环境监测部门所使用的相关仪器所测的数据，通过摸索和积累逐渐掌握了在日常生产中控制氮氧化物达标排放的操作方法。

AOGC 单元尾气中的氮氧化物主要是在 SCO 反应器在陶瓷蜂窝煤催化剂作用下，利用喷氨设施将装置气体氨喷入，进行选择性还原反应，将氮氧化物转化成氮气和水。为了保证尾气排放氮氧化物达标，就要及时调整 SCO 反应器的床层温度，保持该反应器的催化剂活性在合适的温度范围内操作。以下是相关部门所测氮氧化物数据统计表（表 3）。

由表 3 数据统计情况分析，尾气排放中的氮氧化物的含量随着 CO 反应器床层温度的升高，促使氮气在高温下转化为氮氧化物的生成量也逐渐增多，分析仪器所测尾气中排放的氮氧化物含量也较高，同时，从上表还可以看出 SCO 反应器催化剂活性最高时，它的最佳反应温度在

400~420℃，在此温度之间SCO反应器的催化剂去除氮氧化物的能力最强，也就证明了SCO反应器的催化剂为低温型催化剂。

表3 氮氧化物数据排放统计表

时间	CO反应器床层温度/℃	SCO反应器床层温度/℃	NO_x 排放值/(mg/Nm^3)	非甲烷总烃去除率/%	采样部门
2021.10.14	535	423	76	>97	政府
2022.04.27	543	413	71	>97	政府
2022.03.15	559	421	89	>97	兰州石化
2022.05.27	561	414	81	>97	兰州石化
2022.06.22	563	410	85	>97	兰州石化
2022.07.26	546	409	80	>97	兰州石化
2022.08.29	553	425	77	>97	兰州石化
2022.10.13	569	437	98	>97	兰州石化

所以，通过上表的统计数据来看，在日常生产中要严格控制CO反应器的床层温度，在保证非甲烷总烃去除率合格的情况下，CO反应器的床层温度要尽可能地控制到560℃以下，目的是为了降低CO反应器中氮气高温下氧化成氮氧化物的生成量。

除此之外，SCO反应器除了出去氮氧化物能力外还有处理氨的能力，所以要控制好AOGC单元的喷氨量在指标范围内，以防止过量的氨超过了SCO反应器处理能力，造成尾气排放中氨逃逸(目前暂未有手段检测氨逃逸量)。

4 结论

根据目前丙烯腈装置AOGC单元的运行情况来看，CO反应器的出口温度TI-8908控制在540~560℃，SCO反应器的出口温度控制400~420℃，才能保证氮氧化物以及非甲烷总烃排放符合《石油化学工业污染物排放标准》(GB 31571—2015)要求。但是，由于催化剂运行后期，尤其CO反应器温度控制在560℃以下时，非甲烷总烃去除率接近97%排放指标，需要从以上方面去进行调控，必要时可适当降低丙烯转化率来维持CO反应器床层温度在560℃以上。

5 下一步打算

目前丙烯腈装置AOGC单元的催化剂已运行四年，催化剂活性有了明显下降，针对催化剂活性下降的存在的生产运行隐患，公司已采购催化剂，解决催化剂活性衰减的带来的环保运行风险问题。

下一步新催化剂更换后，积累投入运行的数据收集，总结日常的操作调整指导，并将运行过程中存在的问题及时与厂家沟通解决，确保丙烯腈装置AOGC单元尾气实现达标排放，杜绝环境污染事件发生。

参考文献

[1] 邱克. AOGC废气焚烧炉在丙烯腈装置工业化的应用[J]. 弹性体，2009，(1)：70-73.
[2] 兰州石化公司石油化工厂丙烯腈装置操作规程，2022.

高浓度甲醇水综合处置利用研究

梁羽胜　李鸿莉　李　琦

（中国石油兰州石化公司）

摘　要　针对兰州石化公司外采上古油田液化气水洗后产生的高浓度甲醇废水处理难题，分别研究论证送丙烯酸装置废水焚烧炉焚烧处理、300万重催装置提升管掺炼加工及送两套MTBE装置萃取回收单元处理方案，通过方案比选及现场试验寻求最优解决途径，经连续12周试验及数据分析，确定高浓度甲醇水送橡胶运行部8万t/a MTBE装置萃取回收单元处理方案，装置可回收甲醇0.3t/h，污水COD去除率高达99.96%以上，通过流程改造实现甲醇水管输MTBE装置处理，将废水中甲醇萃取后做为装置原料回用，实现污水资源化利用，不仅经济效益显著，还有效解决了高浓度废水排放对下游污水处理装置的影响。

关键词　甲醇水；水洗塔；COD；MTBE；萃取；资源化利用

1　前言

兰州石化公司于2020年实施乙烯产能恢复项目，配套建设乙烯原料罐区，主要用于接卸、存储长庆油田上古液化气原料及乙烯、丙烯等产品，由于上古液化气开采过程会注入适量甲醇做为水合物抑制剂，防止液化气在开采、输转过程中产生水合物引发安全风险；为确保公司乙烯装置原料含氧化合物稳定合格，2021年公司配套建设液化气水洗脱甲醇系统，确保水洗后乙烯原料甲醇含量小于150ppm（$1ppm=10^{-6}$），保障乙烯装置运行安全稳定；然而，随着公司外采上古液化气含氧化合物大幅上升及接卸采购量日渐增大，水洗后产生的高浓度甲醇水长期连续排入下游污水处理装置，造成化工污水处理装置总入来水COD持续上升，污染物总量增高，影响装置稳定达标运行，急需探索研究高浓度甲醇水处置新路径。

2　甲醇水现状

公用工程一部原料罐区共计5具$3000m^3$液化气球罐，设计存储长庆油田上古液化气，为有效去除液化气开采过程中注入的甲醇，配套建设液化气水洗脱甲醇系统，设计处理液化气36×10^4t/a，年操作时间8400h，以除盐水为萃取水，利用甲醇和液化气在除盐水中溶解度差异，将液化气中甲醇萃取至除盐水，实现分离液化气中甲醇目的，确保水洗后液化气含氧化合物≯150ppm，保障乙烯原料质量稳定。

液化气水洗单元设计除盐水用量1.5~5.0t/h，液化气与除盐水在甲醇水洗塔逆流接触脱除甲醇，水洗单元设计含醇废水甲醇含量约0.7%~2.5%（w），COD约10679.3~37679.3mg/L，日常生产控制除盐水补水量1.0~1.3t/h，水洗后甲醇废水量约1.5t/h，COD浓度50000mg/L以内，经分析后限流排入化工污水处理装置。

公司化工污水处理装置接收处理化工区乙烯、橡胶等装置排水，正常工况处理水量850~900t/h，入口COD浓度500~650mg/L，甲醇水排入化工污水处理装置约增加总入COD浓度100~120mg/L，上古液化气接卸初期，甲醇水排入化工污水系统，甲醇做为优质有机碳源，对污水生化系统反硝化进程起到积极促进作用，下游污水处理装置运行总体稳定受控。

2022年，随着公司减油增化及乙烯原料轻质化总体要求实施，乙烯装置负荷不断提升，由上古采购的液化气量逐步增加，同时监测分析发现，外采上古液化气中含氧化合物浓度自2022年3月起显著上升，导致甲醇废水COD由初始50000mg/L左右快速上涨至300000mg/L以上，至2022年10月、11月均值达到450000mg/L以上，如下图所示，导致化工污水总入COD浓度上升250~350mg/L，甚至频繁出现总入来水COD预警或超标问题，持续高浓度甲醇水排入系统，导致化工污水处理装置来水污染物总量大幅上升，由于高浓度甲醇对生化系统微生物菌群具有一定致毒性，装置生化系统频繁出现波动，只能间歇接收甲醇水，多余部分甲醇水只能通过配置临时管线，送至原苯胺罐区停用苯罐R-101B临时暂存，高浓度甲醇水如何有效处置成为困扰公司生产运行及环保稳定达标的难题(图1、图2)。

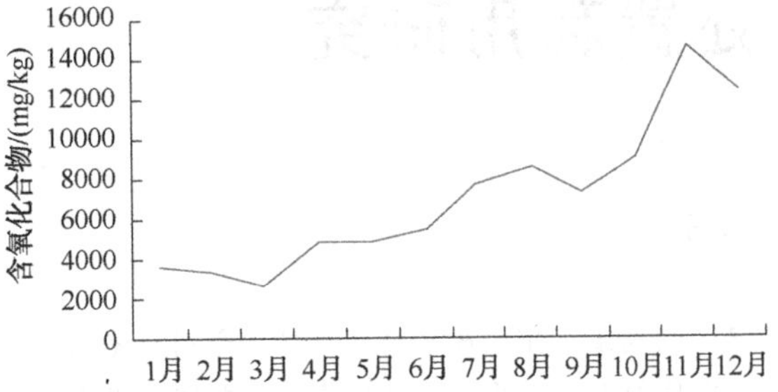

图1　2022年液化气原料含氧化合物变化趋势图

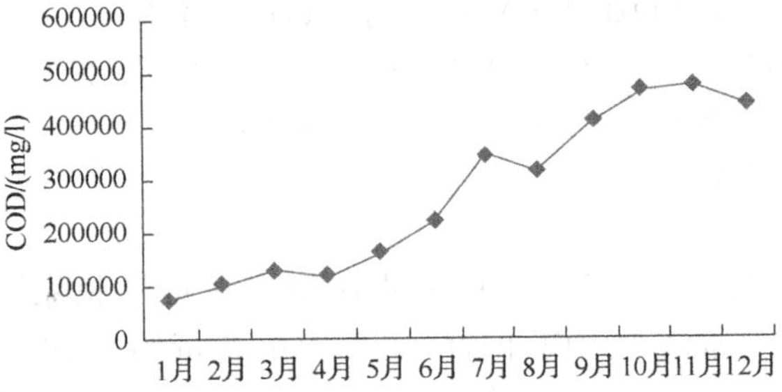

图2　原料罐区甲醇水COD浓度变化趋势图

3　高浓度甲醇废水处置方案论证

为解决高浓度甲醇水处理难题，避免影响乙烯装置负荷及对下游污水处理装置造成冲击，解决高浓度甲醇水临时存储且持续涨罐安全风险，组织研究论证甲醇水综合处置方案。

3.1　甲醇水送丙烯酸焚烧炉处置

丙烯酸装置焚烧炉设计处理丙烯酸、丙烯酸酯工艺废水，采用热力焚烧技术，废水经预处理汽提浓缩、焚烧、后处理热回收后调节pH值至中性排放，经综合论证，由于甲醇沸点仅有64.7℃且易挥发特性，装置现有汽提、双效浓缩工艺无法达到提浓甲醇水目的，同时，大量含甲醇废气经储罐呼吸阀进入TVG系统，废气风机运行存在安全风险，因此，甲醇废水不具备直接送丙烯酸焚烧炉现有工艺流程掺烧条件。而通过工艺技术改造，甲醇废水避开焚烧炉预处理系统及污水储罐，由原料罐区甲醇污水外送泵配置管线直送两支备用枪焚烧处理，需配套流量控制阀、喷枪前增设紧急切断阀并带入焚烧炉废水联锁保护逻辑，一旦甲醇水量波动或焚烧炉运行异常甚至联锁停车，存在焚烧炉烟气超标及甲醇水系统憋压风险，因此，该方案不经济且存在一定安全风险(图3)。

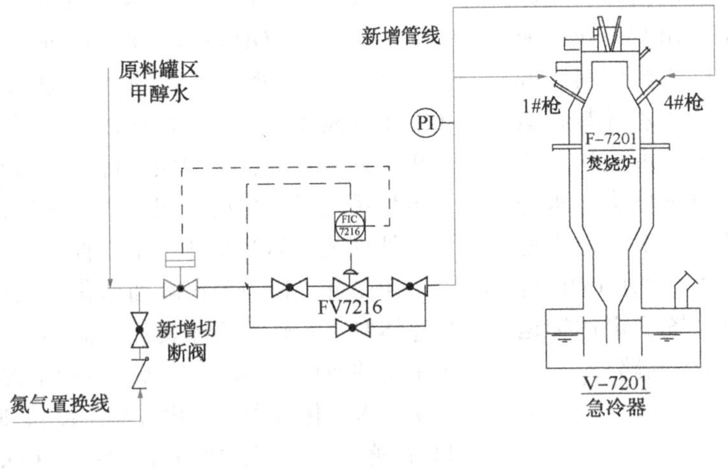

图3　甲醇水送丙烯酸焚烧炉改造方案示意图

3.2　甲醇水送300万催化装置提升管处理

经查阅文献，华东理工大学曾开展过将甲醇做为催化裂化装置部分进料相关研究，甲醇经反应生成低碳烯烃，理论上转化率接近50%，因此，组织开展甲醇废水送300万重催装置提升管试验，探索催化装置处理甲醇水可行性。

2022年9月，公司组织将甲醇废水通过罐车拉运方式，转运至老83/3罐区闲置储罐V-4402/B，再转输至重化物储罐G-132，以重化物回抽处理方式，送至300万重催装置提升管急冷油喷嘴加工处理，控制甲醇水处理量4~5t/h，提升管出口温度501℃左右，试验共计开展60h，相关分析数据汇总见表1。

表 1 300 万 t/a 重催装置处理甲醇水数据分析表

日期	D201 酸性水		催化稳定汽油		净化水(120)	净化水(110)	汽油半成品	汽油成品
	甲醇含量/%(m)	COD/(mg/L)	氧含量/%(m)	甲醇含量/%(m)	COD/(mg/L)	COD/(mg/L)	氧含量/%(m)	氧含量/%(m)
9 月 22 日(空白试验)	0.66	1660	—	—	663	—	—	—
9 月 23 日	1.75	2640	0.29	未检出	647	—	0.65	1.18
9 月 24 日	0.72	3960	0.3	未检出	662	2400	0.66	1.02
9 月 25 日	0.35	6700	0.33	未检出	246	976	0.66	0.93

通过甲醇水 60h 连续加工试验，结合装置关键工艺控制参数变化、数据分析及下游酸性水汽提装置运行工况，初步得出以下结论。

(1) 甲醇水试验期间，装置反应系统运行平稳，分馏塔顶分离罐 D-201 酸性水增加 4~5t/h，D-201 酸性水甲醇含量及 COD 上升明显，甲醇含量增加约一倍，COD 均值达到 4433mg/L，较实验前增加 2773mg/L，判断原因为未反应甲醇经分馏后进入塔顶酸性水系统；

(2) 试验期间，300 万催化两器差压无明显变化，从分析看，催化汽油氧含量无明显变化，甲醇未检出，D-201 酸性水中甲醇含量明显上升，较加工前上升 0.58%，判断当前工况下，甲醇在提升管反应转化率 30%~40%，含甲醇酸性水排入酸性水系统送至下游酸性水汽提装置处理，由于甲醇沸点与汽提塔顶温度接近(60℃)，塔顶酸性气夹带甲醇经冷凝后返回酸性水系统，导致汽提塔压力出现明显波动，影响酸性水汽提装置正常运行，同时，鉴于甲醇水经罐车拉运、重化物储罐二次输转费用高、流程复杂，因此，甲醇水送催化装置加工处理方案不可行。

3.3 甲醇水送 MTBE 装置萃取回收利用

公司现有两套 MTBE 装置，均由齐鲁石化院设计，都设有甲醇萃取回收单元，因此，原料罐区甲醇废水具备送 MTBE 装置回收处理可行性，由于 MTBE 装置醚化反应器催化剂对硫化物、碱性氮及金属等杂质敏感，连续分析确定甲醇水 pH 值稳定至 7.0~8.5，硫化物稳定在 0.5mg/L 以下，委托研究院分析亦未检出重金属，甲醇水理论上具备送 MTBE 装置回收处理条件。经现场勘察，确定先由炼油运行一部 6 万 t/a MTBE 装置开展甲醇水回收试验，根据试验结果确定橡胶运行部 8 万 t/a MTBE 装置甲醇水回收利用方案。

3.3.1 6 万 t/a MTBE 装置甲醇水攻关试验

以 6 万 t/a MTBE 装置甲醇回收塔进料罐(V-110)顶部放空做为甲醇水临时接卸点，配置临时流程，通过隔膜泵将罐车甲醇水转入装置处理，控制甲醇水掺兑量 0.3~1.0t/h。

工艺调整方面，将甲醇回收塔(T-103)汽提蒸汽由 2700kg/h 逐步提高至 3200kg/h，控制塔底再沸器最大循环量 5t/h 运行，塔底温度≮103℃，适当提高塔顶回流量至 3.5t/h，控制进料温度 85℃左右、塔顶温度 63~64℃。经连续三周试验，甲醇水掺兑量由 0.3t/h 逐步提高至 1.0t/h，最大达到 1.1t/h，结果表明，甲醇水处理期间，MTBE 装置产品质量稳定合格，装置各项指标均运行正常，甲醇水 COD 去除率达到 96%以上，达到预期目标(表 2)。

表 2 6 万 t/a MTBE 装置加工原料罐区甲醇水数据分析表

加工周期	甲醇水掺兑量/(t/h)	甲醇水分析			萃取水分析			COD 去除率/%
		COD/(mg/L)	硫化物/(mg/L)	pH 值	COD/(mg/L)	硫化物/(mg/L)	pH 值	
第一天	0.3	275000	0.31	7.9	786	0.31	7.9	99.71
第二天	0.3	126000	0.44	8.0	5660	0.04	8.1	95.51
第三天	0.3	278000	0.27	7.7	8530	/	8.3	96.93
第四天	0.5	236000	/	8.0	6170	/	8.5	97.39

续表

加工周期	甲醇水掺兑量/(t/h)	甲醇水分析			萃取水分析			COD 去除率/%
		COD/(mg/L)	硫化物/(mg/L)	pH 值	COD/(mg/L)	硫化物/(mg/L)	pH 值	
第五天	0.5	216000	/	6.6	11700	/	8.3	94.58
第六天	0.5	206000	0.16	7.9	146	/	8.8	99.93
第七天	0.6	206000	0.32	7.9	146	0.04	8.2	99.93
第八天	0.6	322000	0.27	8.1	3260	0.03	8.3	98.99
第十天	0.8	267000	/	7.4	21900	/	8.9	91.80
第十二天	0.8	245000	/	7.3	1600	/	7.6	99.35
第十四天	0.8	311000	0.19	7.1	167	/	7.3	99.95
第十六天	1.0	326000	0.28	7.1	17200	/	6.8	94.72
第十八天	1.0	398000	0.22	7.7	30000	/	8.7	92.46
第二十天	1.1	282000	/	7.8	14000	/	8.7	95.04
均值		263857		7.6	8661.786	/	8.2	96.88
最大值		398000		8.1	30000	/	8.9	99.95
最小值		126000		6.6	146	/	6.8	91.80

经济效益估算，甲醇水加工期间，影响装置总体能耗的主要因素为汽提蒸汽，较正常工况约增加 0.5t/h，按月加工 720h、蒸汽 174 元/t 计算，月度费用增加 62640 元；甲醇废水中甲醇含量按 20%估算，掺兑量 1t/h，装置可回收甲醇 0.2t/h，每月可回收原料甲醇 144t，按甲醇 2200 元/t 均价计算，每月可产生效益 316800 元；综合计算，甲醇废水按 1t/h 回收至 6 万 t/a MTBE 装置，每月可增加经济效益 254160 元。因此，甲醇水送 MTBE 装置回收处理方案可行。

3.3.2 甲醇水管输 8 万 t/a MTBE 装置回收利用

通过论证，综合考虑 MTBE 装置甲醇回收单元处理能力及输送成本，确定原料罐区甲醇水经管线输送橡胶运行部 8 万 t/a MTBE 装置处理回收方案。

经现场勘查，油品调合中心甲醇罐区经 8 万 t/a MTBE 装置送 46 万 t/a 乙烯装置甲醇管线长期停用，管径 *DN*50，可利旧该管线作为甲醇水线，需新增 *DN*50 管线约 600m；原料罐区甲醇水洗塔正常工况操作压力 1.0MPa，8 万 t/a MTBE 装置停用甲醇罐(V-206)有效容积 $46m^3$，可利旧作为甲醇水缓冲罐，停用原料罐区现有甲醇水污水池及外送泵，甲醇水直接由原料罐区水洗塔送至 MTBE 装置 V-206 罐，配套改造 V-206 罐出口泵 P-210/A 做为甲醇回收塔(T-204)进料泵，并新增流量控制阀及流量计，实现甲醇水管线输送、流量可调控加工(图 4)。

经为期三个月监测运行，控制甲醇回收塔汽提蒸汽 2t/h 左右，保障塔底温度≮103℃，甲醇水掺兑负荷由 0.5t/h 逐步提高至 1.5t/h，最大可达 1.8t/h，装置运行稳定，在甲醇水 COD 均值高达 43 万 mg/L 工况下，处理后外排萃取水 COD 均值仅有 163mg/L，COD 去除率高达 99.96%，萃取效果显著见表 3。

经济效益估算，原料罐区控制水洗塔补水量 1.0~1.2t/h 左右，尽量提高甲醇水浓度，外送甲醇水量约 1.5t/h，甲醇含量 20%，全部送 MTBE 装置回收处理，装置可回收甲醇 0.3t/h，每月可回收原料甲醇 216t，按照甲醇 2200 元/t 均价计算，每月回收甲醇原料效益 475200 元；能耗方面，MTBE 装置汽提蒸汽量增加约 0.4t/h，按蒸汽 190 元/t 计算，月度费用增加 54720 元，电耗方面，停用原料罐区污水池外送泵与增加 MTBE 装置甲醇回收塔进料泵基本相抵；综合计算，甲醇废水全部回收至 8 万 t/a MTBE 装置处理，每月可增加经济效益 420480 元，全年经济效益高达 504 万元。

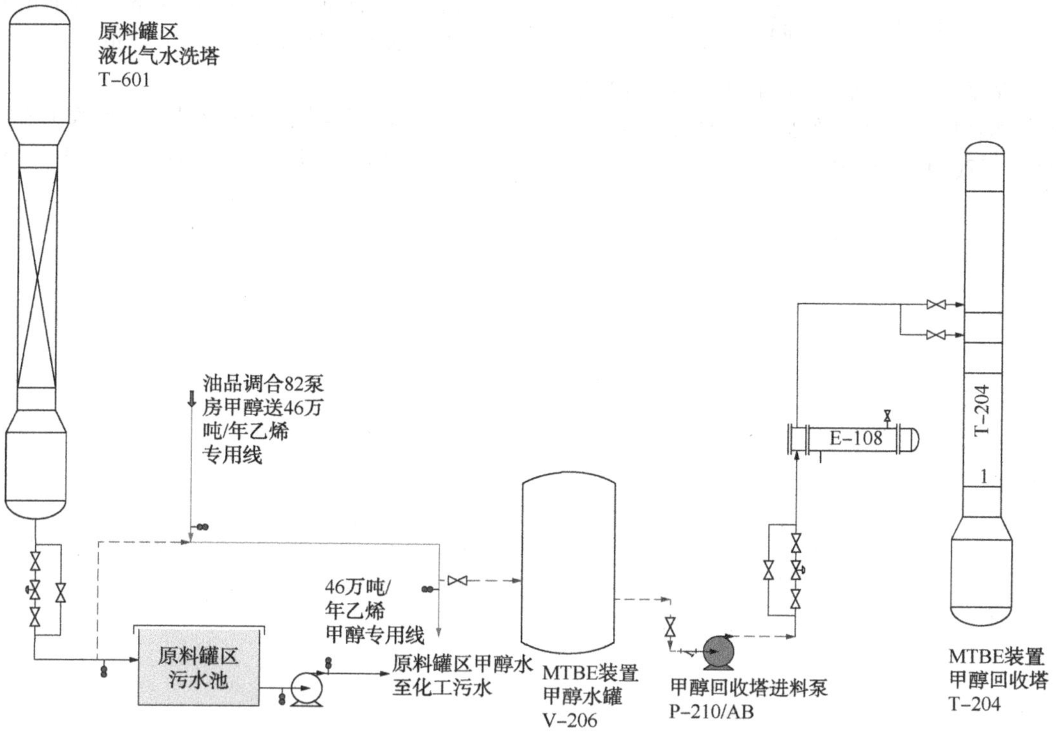

图 4　原料罐区甲醇水送 8 万 t/a MTBE 装置管输改造流程示意图

表 3　8 万 t/a MTBE 装置加工原料罐区甲醇水数据分析表

加工周期	甲醇水掺兑量(t/h)	甲醇水分析			萃取水分析			COD 去除率/%
		COD/(mg/L)	甲醇含量/%(w)	pH 值	COD/(mg/L)	甲醇含量/%(w)	pH 值	
第一周	0.5t/h	429000	23.19	8.05	670	0.000002	8.39	99.84
第二周	0.5t/h	431000	25.45	6.92	64	0.000001	6.97	99.99
第三周	0.6t/h	391000	21.62	6.99	218		8.50	99.94
第四周	0.6t/h	448000	25.42		75		8.72	99.98
第五周	0.8t/h	438000	21.85	7.84	268	0.000478	8.85	99.94
第六周	0.8t/h	417000	24.22	7.11	64	0.00091	8.05	99.98
第七周	1.2t/h	386000	22.67	6.18	58	0.001006	8.02	99.98
第八周	1.2t/h	460000	29.42	8.06	42		9.46	99.99
第九周	1.2t/h	432000	24.67	7.33	88	0.000002	9.34	99.98
第十周	1.5t/h	441000	24.83	6.67	277		6.49	99.94
第十一周	1.5t/h	460000	28.88	7.78	59	0.000001	8.14	99.99
第十二周	1.5t/h	423000	22.97	8.1	67		8.42	99.98
均值		429667	24.60	7.37	163		8.28	99.96

4　结论

通过高浓度甲醇水处置方案综合论证评估，经试验确定送 8 万 t MTBE 装置回收处理方案，有效回收甲醇做为装置原料，即解决了高浓度甲醇水处置后路，避免对下游污水处理装置造成影响，同时废水资源化利用也能产生可观的经济效益，为公司污水资源化回收利用、高质量发展提供新思路。

参 考 文 献

[1] 赵宝利，张昆，贾腾，等．长庆榆林气田甲醇再生系统凝结水回收工艺升级改造[J]．油气田地面工程，2018，37(10)：28-31.

[2] 潘澍宇，江洪波，翁惠新．甲醇作为催化裂化部分进料的反应过程[J]．化工学报，2012，57(4)：785-790.

[3] 王登海．长庆气田含醇污水甲醇回收工艺技术探讨[J]．石油与天然气化工，2001，30(3)：151-153.

挤压机辅助轴旋出原因分析

李　勇　白耀文　杨富民

（中国石油兰州石化公司）

摘　要　本文针对高压聚乙烯装置在生产运行中挤压机辅助轴旋出做了理论和仿真分析。首先，对法兰盘上螺栓的断裂进行了理论计算，并结合计算数据对其进行了强度分析，通过正常状态和非正常状态的对比，分析螺栓断裂的原因。其次，针对机组振动导致法兰盘螺栓松动给出了相应的防松措施，通过模型简化及仿真，对比出所给防松措施的有效性。最后，结合挤压机实际工况，列举了其他的防松措施。

关键词　辅助轴；进给螺杆；强度分析；振动；防松措施

1　前言

主挤压机 G1701 由日本 KOBE 公司设计制造，属于公司关键机组之一，2006 年 12 月投入使用至今。主要作用是将反应后的熔融 LDPE 通过低压分离器 S1402 进入挤压机中进行混炼、掺混，由挤压机螺杆将熔融的 LDPE 输送至挤压机模头，后经切粒机旋转造粒，最终经风送系统送至料仓。在装置生产流程中，挤压造粒系统作为产品的成形单元，是装置流程中极为重要的部分。由于高压聚乙烯生产流程属于直通式流程，一旦挤压机长时间停车，则会导致整个生产流程的停车，这会严重影响装置的长周期运行。因此，对于挤压机的维护和检查极为关键。

2　问题描述

2023 年 3 月 29 日，G1701 挤压机外置辅助轴与防护罩发生接触，导致防护罩破裂。经现场检查，发现挤压机辅助轴向电机侧发生了轴向移动，移动距离为 8cm，后检查主挤压机减速箱止推瓦温度 TI-17113A/B/D/E DCS 画面无异常波动，减速箱水平/竖直振动 0.9mm/s 均在正常范围内，故排除了减速箱止推轴承损坏的可能性。因而，初步判断为挤压机辅助轴与挤压机进给螺杆连接处松动处，经装置研判后立即停车（图 1、图 2）。

装置停车检修后发现辅助轴有旋出现象，串联螺栓防松钢丝断裂，且辅助轴法兰盘上四个螺栓松动掉落，两个螺栓断裂（图 3、图 4）。

图 1　主挤压机减速箱

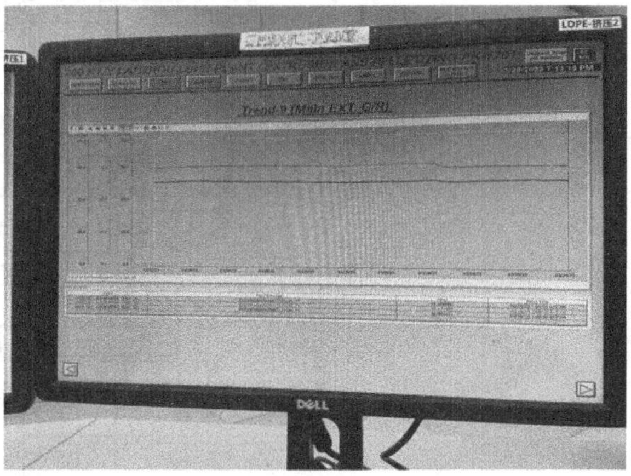

图 2　减速箱 DCS 趋势

图 3　螺栓连接前后对比

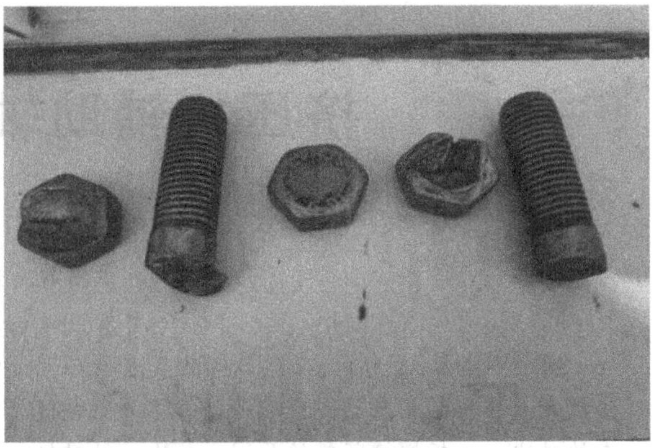

图 4　螺栓断丝

原因分析：

装置长期运行过程中，串联螺栓防松钢丝长期服役于交变载荷，导致固定六角螺栓的防松钢丝断开，失去了防松的作用。法兰盘上的紧固螺栓使用材质为 SCM435，螺栓强度为 10.9 级，其抗拉强度 δ_b 为：1000MPa，屈服强度 δ_s 为：900MPa，螺栓长期服役于交变的载荷中，材质劣化，导致材料力学性能下降。且在机组持续运行过程中，使部分螺栓发生松动掉落，其实际受到的扭矩仅仅有两个螺栓承担，最终导致螺栓被剪断。同时，因辅助轴螺纹旋转方向与主挤压机螺杆旋转方向相反，久而久之，辅助轴外螺纹旋出进给螺杆内螺纹，最终导致辅助轴发生轴向位移。

3　理论分析

挤压机电机的扭矩与进给螺杆的扭矩是通过减速箱来进行传递的。本装置的减速器为三级齿轮减速器，电机输出侧通过联轴器连接在减速箱输入轴(最小齿轮轴)，进给螺杆通过键与减速器的输出轴(最大齿轮轴)相连接，这种连接方式使挤压机进给螺杆达到了很好的减速的效果(减速箱的减速比为 1∶16.545)。挤压机进给螺杆与辅助轴有两种不同的连接方式，一种为辅助轴前端外螺纹与进给螺杆尾端内螺纹连接，另一种为辅助轴前端法兰面与挤压机进给螺杆尾端通过六个六角螺栓进行固定，这种连接方式使得进给螺杆的安装与拆卸更为便利。下图为减速箱结构图与辅助轴连接方式图(图 5、图 6)。

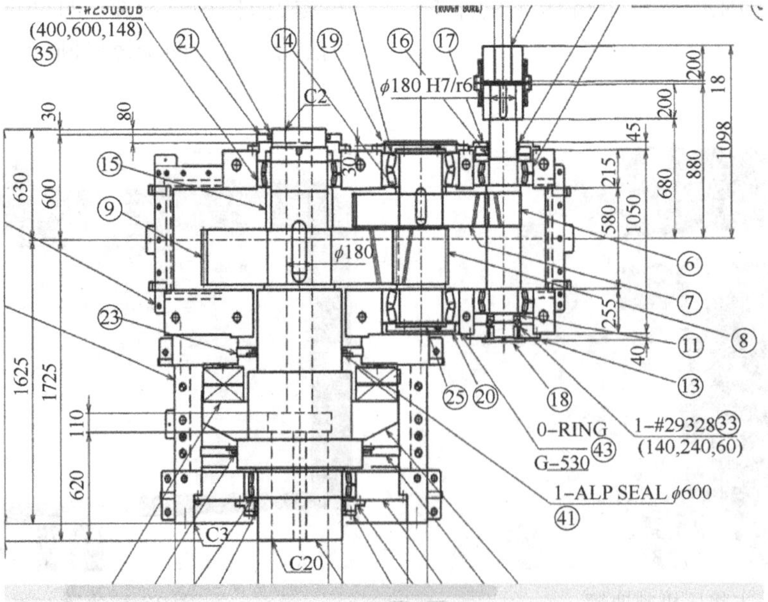

图 5　减速箱结构图

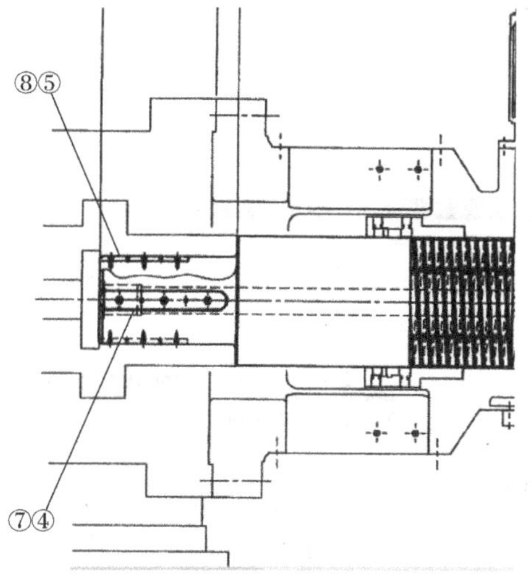

图 6　辅助轴与进给螺杆连接

在挤压机运行过程中，挤压机螺杆主要受到四部分的扭矩，分别为：电机通过减速器传递给螺杆的扭矩 M，物料给与螺杆的反扭距 M_1，法兰螺栓反扭矩 M_2，辅助轴前端螺纹扭矩 M_3。进给螺杆主要由电机通过减速器来进行带动，电机的输出功率和减速器的速比直接影响着螺杆扭矩的输入扭矩，结合主电机在日常生产中的参数，可以得到进给螺杆扭矩计算：

$$M=9550\times P\times I\times \eta/n \quad (1)$$

式中，P 为主挤压机电机功率；I 为减去器减速比；η 为主电机的传动效率；n 为减速箱的输出转速。在装置正常生产中，物料对于挤压机进给螺杆有一定的反扭距，通过挤压机进给螺杆的参数，可以得到进给螺杆扭矩与产生推力之间的关系式：

$$M_1=F\times \tan(\lambda+\theta)\times \frac{D}{2}=\frac{F\times s}{2\times \pi\times \mu} \quad (2)$$

式中，F 为主机压机的轴向推力；λ 为螺杆的螺纹升角；θ 为螺杆牙型角度；s 为螺杆螺纹的导程；μ 为螺杆传动效率。而挤压机螺杆的轴向推力可以通过经验方程计算得到：

$$F=(7.426-3.093\ \lg^{p})\times p\times S_l \quad (3)$$

式中，S_l 为挤压机进给螺杆截面积；p 为主挤压机的模头压力。

当辅助轴法兰盘上螺栓由于振动掉落四颗后，法兰盘上螺栓所受的剪切力为：

$$\tau=\frac{F_1}{A_s}=\frac{M_2}{2rA_s}=\frac{M-M_1-M_3}{2rA_s} \quad (4)$$

式中，A_s 由标准查得为 157mm^2，由于 M_3 所受到的预紧力较小，因此其对进给螺杆所产生的反扭据极小，故在本文计算中对该参数做了模型简化。

由于法兰盘上的螺栓使用材质为 SCM435，螺栓强度为 10.9 级，其抗拉强度 δ_b：1000MPa，屈服强度 δ_s 为：900MPa，则可以得到螺栓的许用切应力为：

$$[\tau]=\frac{\delta_s}{z} \quad (5)$$

式中，z 为安全系数，在本文中取安全系数为 3.5。根据计算可以得到当只有两个螺栓时，螺栓受到的剪切力大于许用剪切力，因而螺栓发生了断裂。

4　螺栓断裂仿真分析

有限元分析利用数学近似的方法对真实物理系统(几何和载荷工况)进行模拟，即利用简单而又相互作用的元素(即单元)，就可以用有限数量的未知量去逼近无限未知量的真实系统。在本次仿真中，主要分析螺栓所受到的剪切力和变形量，因此在进行分析时选择查看模型的等效应力云图和总的变形量云图。

在本装置中，进给螺杆是一根长为 12m，重约为 16t 的空心螺纹轴，该螺杆主要分为四部分，分别为进料段、挤压段、均化段、挤出段。挤压段：通过螺杆螺纹深度的逐渐减小，达到对物料进行挤压的作用；均化段：通过螺纹的旋转，将不同指数的物料进行混合，使得产生的物料指数更加均匀；挤出段：该段主要是通过进给螺杆旋转产生推力，配合模板使得熔融物料更加均匀的挤出。同时，在进给螺杆尾端存在一段牙距较小的螺纹段，该螺纹段的主要作用为防止低分排除的料由于螺杆的反作用力挤入后脱气系统；而在本文中，为了能更好的对螺栓受力进行分析，因此对进给螺杆的螺纹形式进行了简化。

4.1　正常状态下螺栓受力分析

4.1.1　模型建立(图 7)

4.1.2　模型网格划分

模型的网格划分数目直接影响着仿真的质量，当单元尺寸过大会导致结构分析结果不准确，尺寸过小会导致每次的计算分析时间较长。在这里，我们定义网格相关度为 60，划分质量为中等，采用网格自动网格划分的形式，具体如图 8 所示。

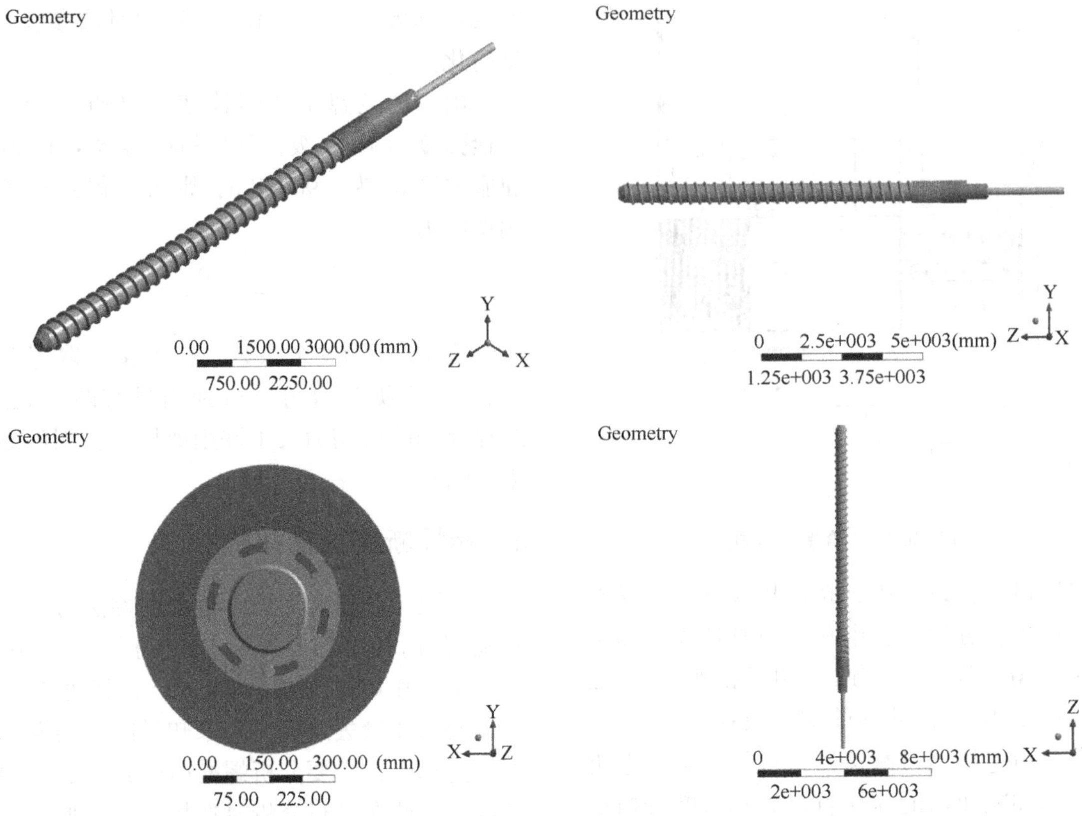

图 7　模型建立

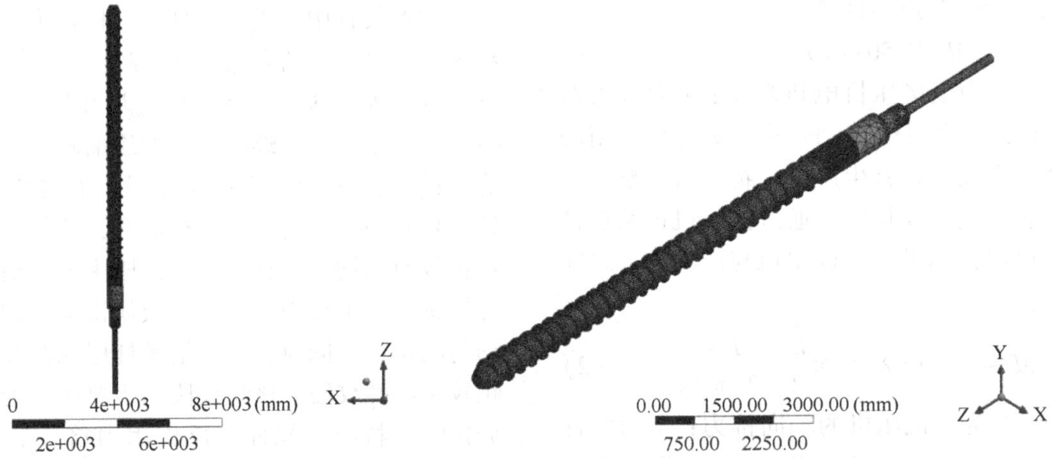

图 8　模型网格划分

通过网格统计信息(表 1)可以看到，该模型节点数量为 689289 个，总单元数量为 180775 个。

表 1　网格划分表

Display	
Display Style	Body Color
Defaults	
Physics Preference	Mechanical
□Relevance	60
Element Midside Nodes	Program Controlled

续表

Sizing	
Quality	
Inflation	
Advanced	
Statistics	
□Nodes	689289
□Elements	180775

4.1.3 结构应力分析

计算完成之后我们选择查看模型的等效应力云图。通过查看结构应力云图可以看出，结构最大剪切应力为125.68MPa，发生在整个模型的螺栓连接位置，且该切应力小于螺栓的许用切应力。因而，当法兰盘上有六个螺栓进行连接时，螺栓的强度完全满足设备的正常运行。

同时，在进给螺杆其他位置，应力云图以蓝色和绿色分布为主，大部分区域的剪切应力都比较小，说明在承受上述载荷的工况下，结构能够正常运行(图9)。

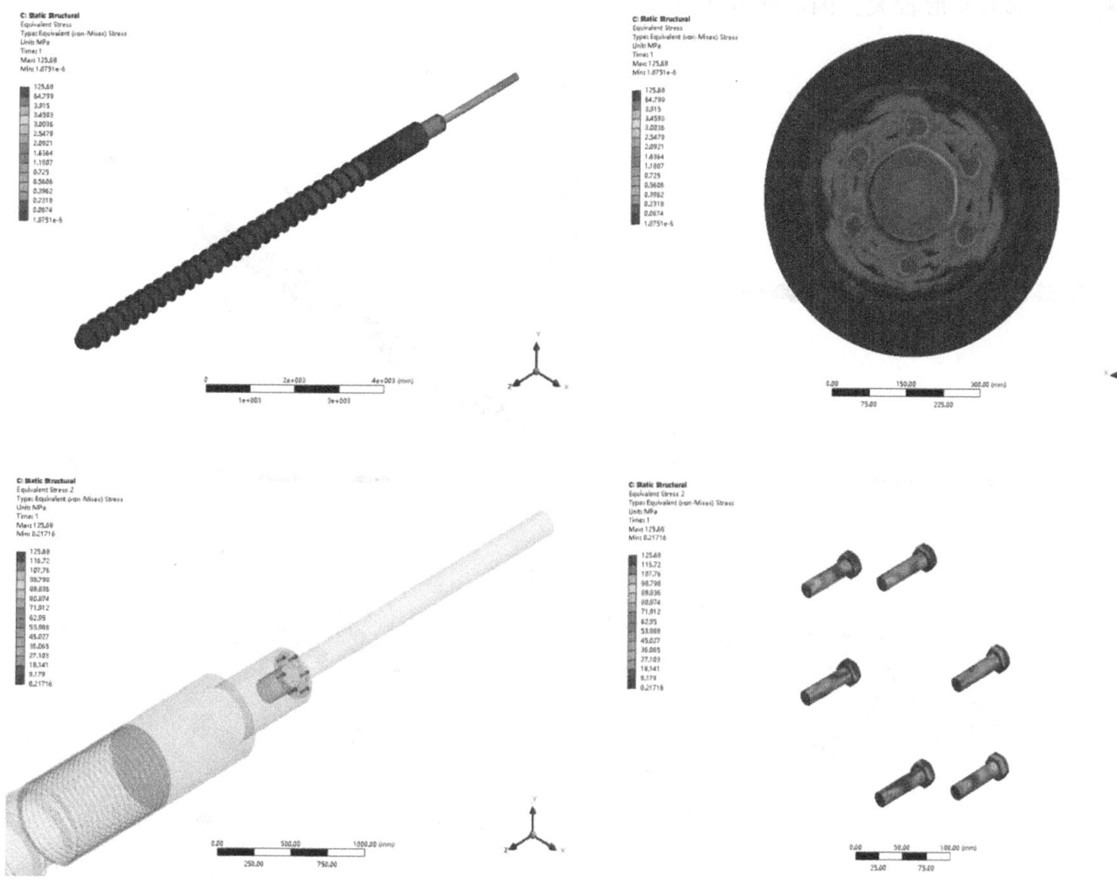

图9　模型应力分析

4.1.4 结构变形分析

结构变形云图可以直观的反应仿真元件的变形情况，以及可以结合实际工况，对发现的变形问题给出相应的解决措施。通过该位移云图可以看出，仿真结构的最大位移为0.6162mm，发生在进给螺杆的前端。在进给螺杆的其他位置，结构变形量极小，位移云图以蓝色和绿色为主(图10)。

同时，结合法兰盘上螺栓的变形分析可以看出，当装置运行时，相较于其他部位，六角螺栓头部的变形较大，但整体结构的最大位移比较小，并不会影响结构的正常运行，因此结构在此荷载工况下，能够安全稳定运行。

4.2 螺栓异常连接仿真

在机组长时间运行过程中，会产生复杂的交变载荷和不同频率的振动，这会使螺栓产生松动的现象。在本文中，辅助轴法兰盘螺栓由于交变载荷和振动掉落四颗，仅剩两颗螺栓固定，最终因为剩余两颗螺栓所受的剪切力大于其许用剪切力发生了断裂。针对该现象，下文进行了结构应力分析和结构变形分析。

4.2.1 模型建立(图11)

4.2.2 结构应力分析

通过查看结构应力云图可以看出，结构最大剪切应力为288.71MPa，发生在整个模型的螺栓连接位置，这个数值大于螺栓正常状态下的许用切应力，因此螺栓发生了断裂，这与实际情况比较相符。在模型的其他部位，应力云图以蓝色和绿色分布为主，大部分区域的应力都比较小，说明在承受上述载荷的工况下，进给螺杆结构能够维持正常状态(图 12)。

4.2.3　结构变形分析

通过该位移云图可以看出，在法兰盘螺栓连接区域，螺栓头部的变形较大，因而在发生断裂时，首先在头部发生断裂，这与实际发生情况相符合(图 13)。

通过对上述两种情况的描述，可以明显分析出螺栓断裂的原因，而产生这种问题的根本原因在于螺栓因为振动导致脱落。针对螺栓松动问题，本文在第五部分做了简单分析，并给出了相应的措施。

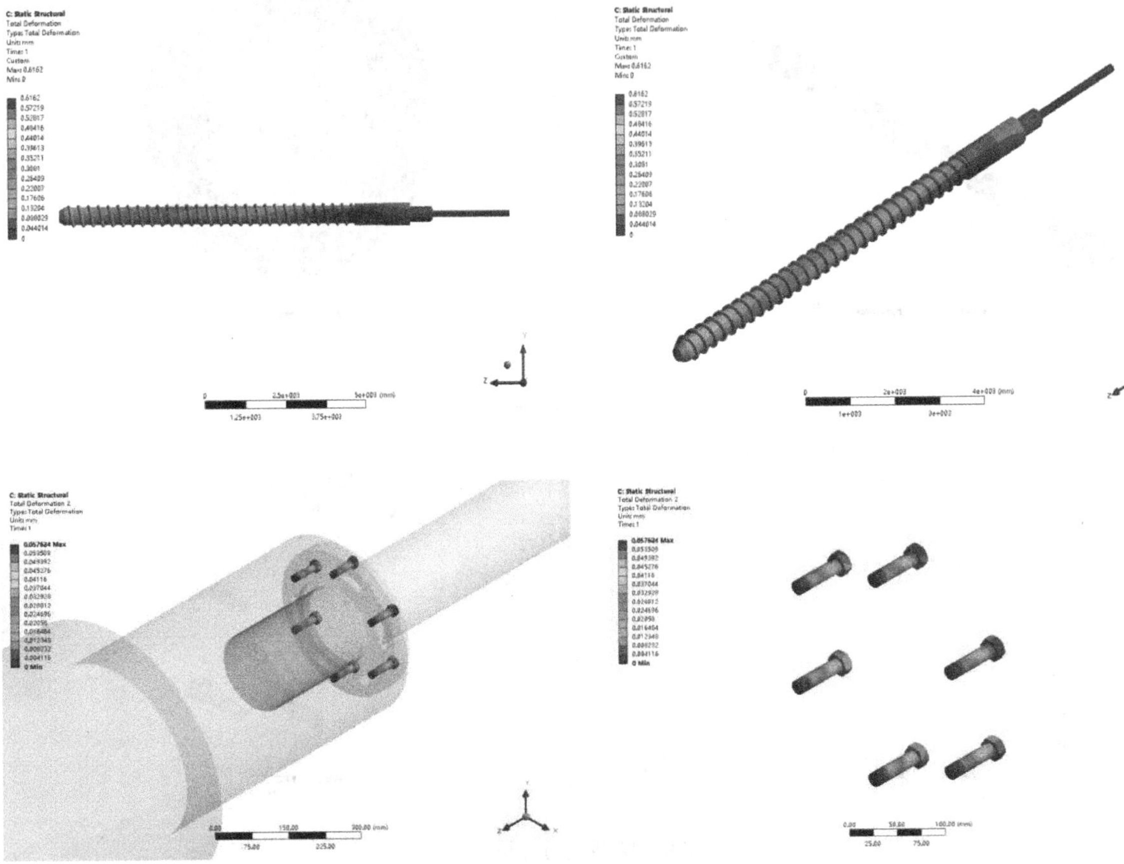

图 10　模型变形分析

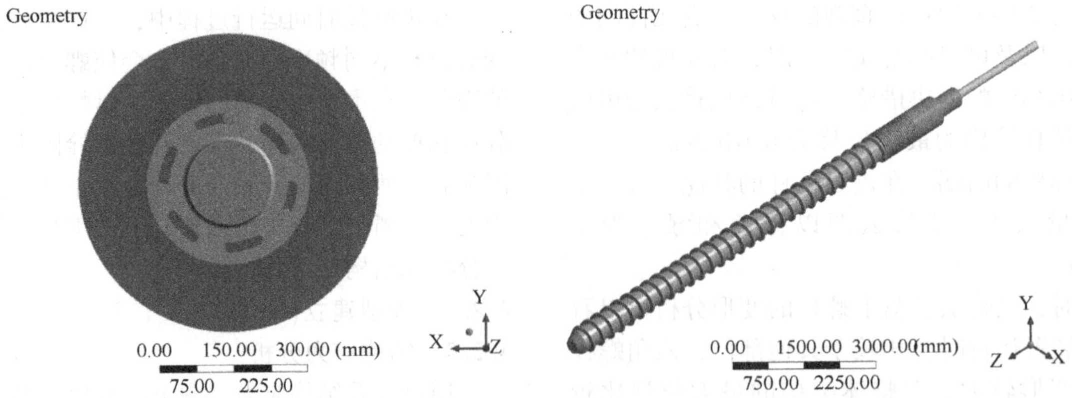

图 11　模型建立

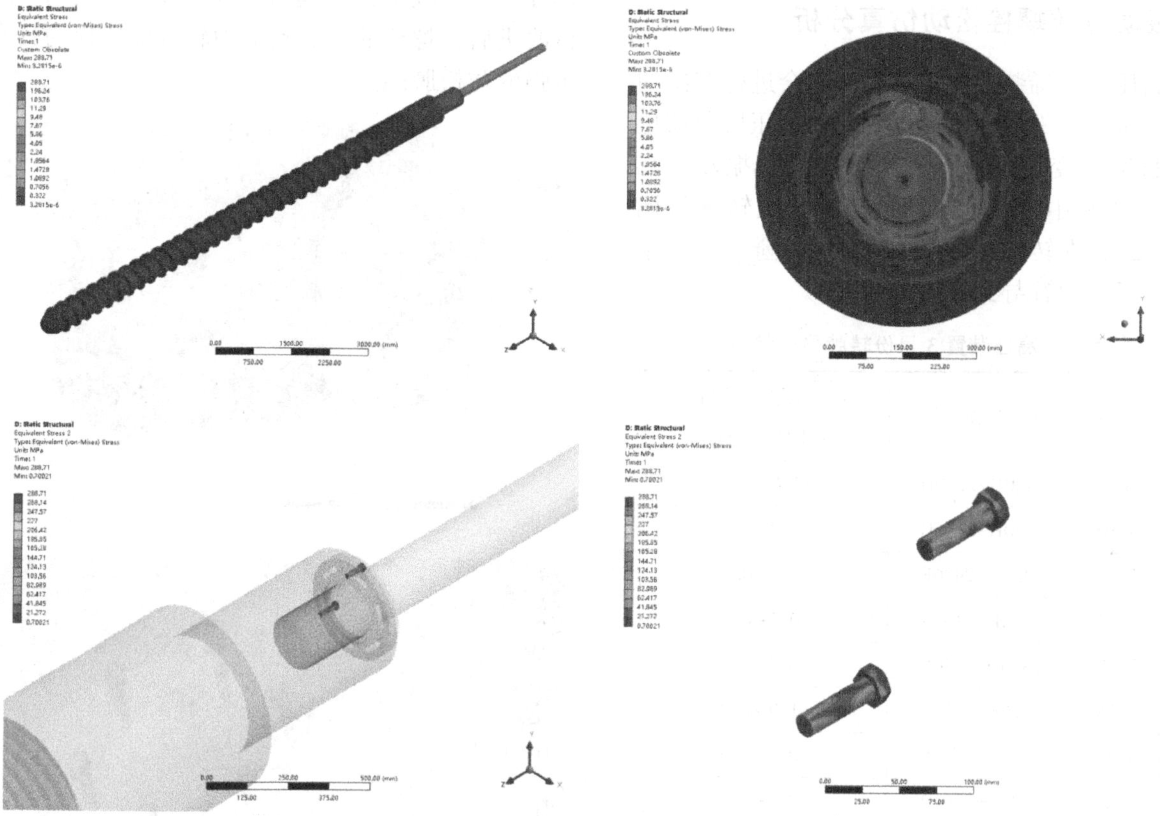

图 12　两颗螺栓连接模型应力分析

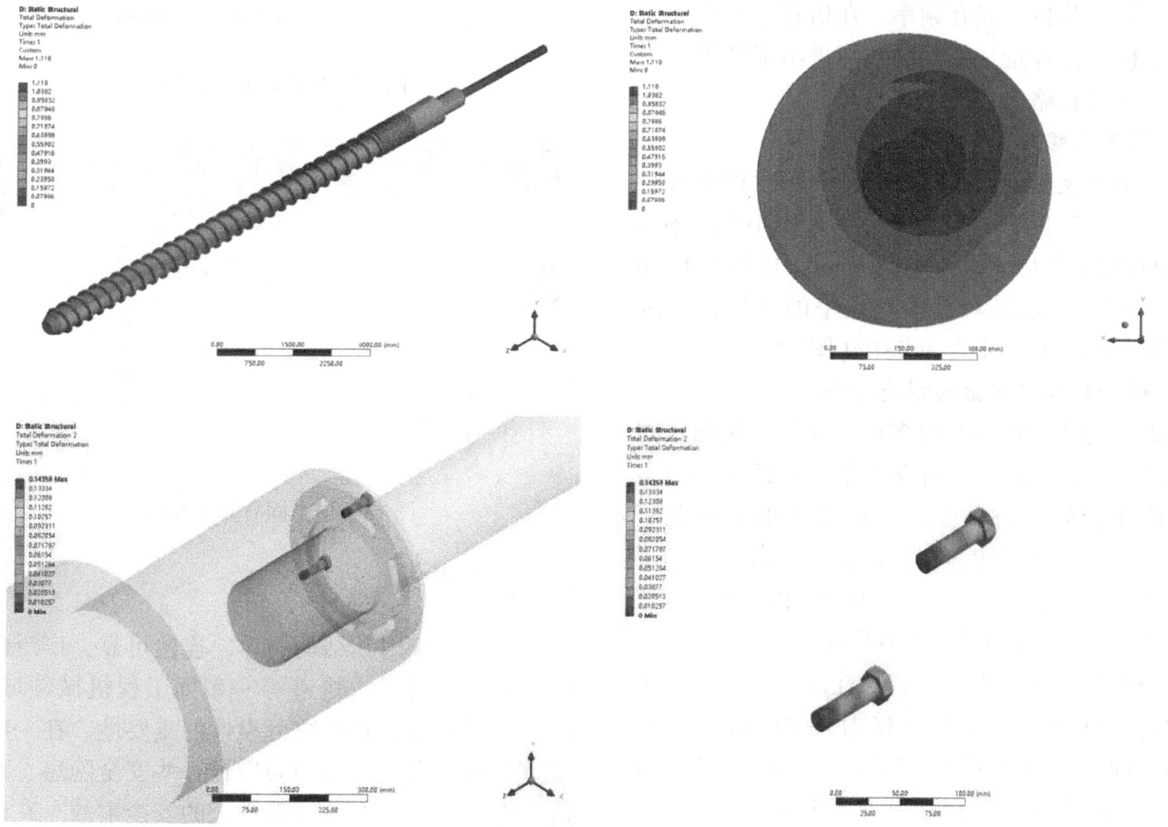

图 13　两颗螺栓连接模型变形分析

5　振动导致螺栓松动仿真分析

高压聚乙烯装置在日常生产中会进行多次的转牌号调整，螺杆转速发生变化，挤压机负荷也会不断发生变化，进而会产生较大的振动。在 2023 年 3 月中，装置共计进行过 8 次转牌号调整(表 2)，在转牌号过程中机组不可避免会产生波动，长期以往导致螺栓松动。

表 2　高压装置 3 月份转牌号调整

序号	日期	牌号转换操作	牌号转化后的指数范围/(g/cm^2)
1	3.3	2420H-2240H	1.8~2.3
2	3.10	2240H-2426H	1.7~2.2
3	3.13	2426H-2426F	0.7~0.9
4	3.13	2426F-1810D	0.2~0.4
5	3.17	1810D-2426F	0.7~0.9
6	3.18	2426F-2426H	1.9~2.2
7	3.28	2426H-2426F	0.7~0.9
8	3.28	2426F-1810D	0.2~0.4

基于上述原因，现对辅助轴法兰盘螺栓进行模态分析，分析其固有频率。在仿真过程中，为了减少模型计算量，将辅助轴与进给螺杆进行了部分简化及省略。

5.1　法兰盘螺栓连接

当螺栓无任何防松措施时，对简化模型进行模态分析，发现在六阶模态中，6 枚小螺栓在 z 方向的定向最大位移为 10.83mm，具体分析如图 14。同时，通过对其固有频率的分析，发现螺栓最大的固有频率为 3698Hz(图 15)。

5.2　增加防松措施后的模态分析

螺栓的防松措施有很多种，这里采用加入固定板片的防松措施。这种防松措施广泛应用与实际生产中，如在挤压机减速箱减速轴承端盖上等。因此，在本文中，在辅助轴法兰盘上增加了三个固定板片，来增加螺栓的抗松脱能力。对该措施进行建模，仿真如图 16 所示。

根据仿真可以看出，当螺栓发生振动而产生松动时，其发生的最大位移为 1.795mm，位移较小。同时，由图 17 可以看出，当施加防松措施后，螺栓的最大固有频率为 5773Hz。

对比上述两种模型的仿真分析，可以看出，当施加固定板片防松措施后，辅助轴法兰盘上的螺栓位移量较小，且其固有频率较大，表明在进行改进后，螺栓的抗振动能力较强即螺栓的具有更强的防松脱能力。

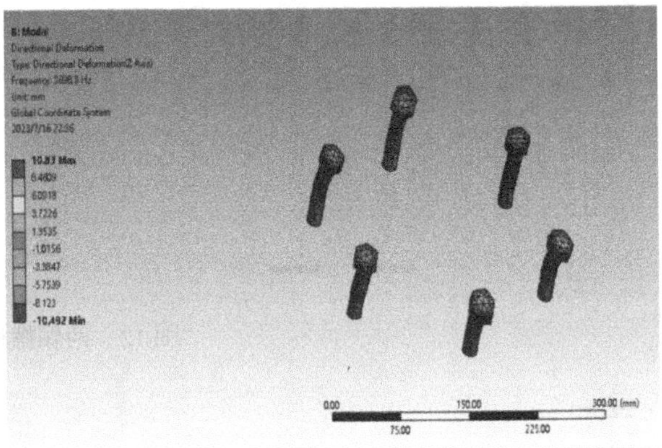

图 14　模态仿真位移图

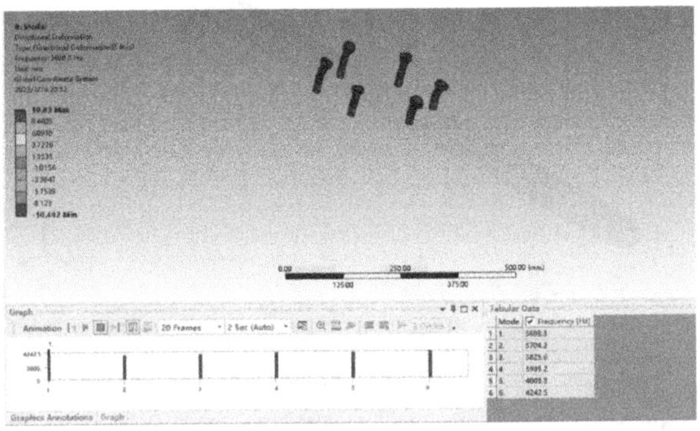

图 15　模态固有频率分析

6　防松措施

螺纹连接因其结构简单，连接可靠，广泛使用于化工、航天、轨道等一系列工程机械领域，而这同样也标志着螺纹可靠性的重要性。在一些安全领域，螺纹的松动会导致一些安全隐患，而这些隐患最终可能会导致重大的安全事故。在许多工业领域，螺纹连接松动可能会导致设备泄露，发生振动等现象，最终可能会导致生产波动或安全事故。因此，对于螺栓防松措施的研究极为重要。现在常用的螺栓防松措施主要有10种：双螺母、30°楔形螺纹防松技术、自锁螺母、螺纹锁固胶、楔入式锁紧防松双叠垫圈、开口销与开槽螺母、串联钢丝防松、止动垫片、弹簧垫圈、热融紧固技术。

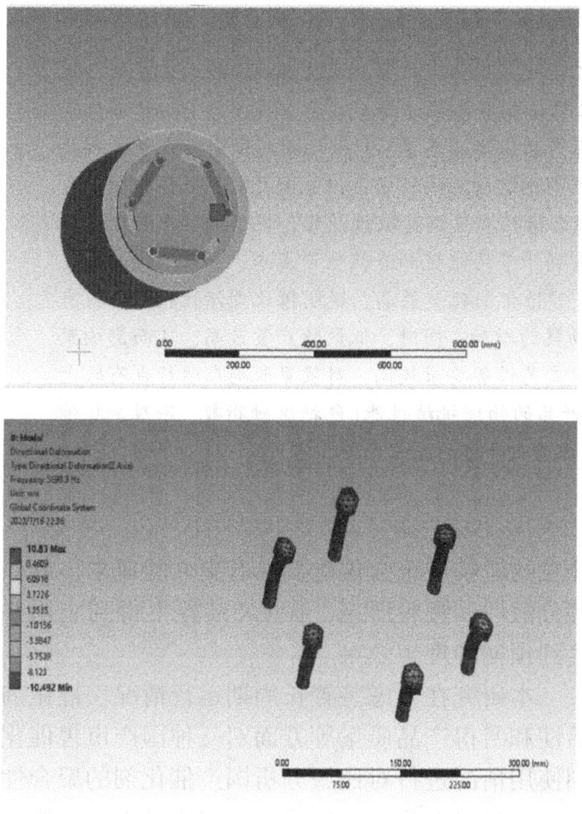

图16　模型建立及模态仿真分析

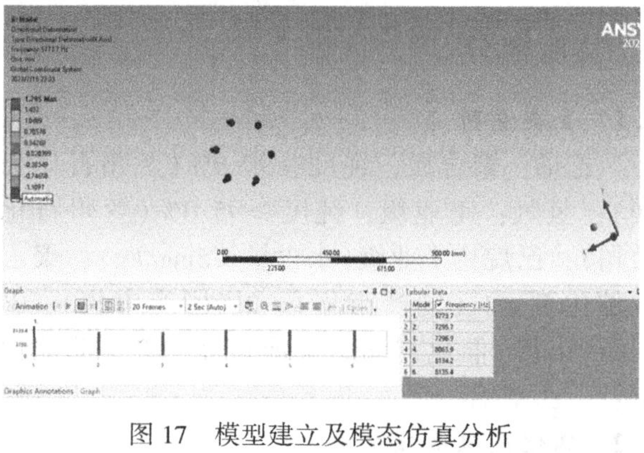

图17　模型建立及模态仿真分析

本装置辅助轴法兰盘上螺栓的防松措施选取了较为简单可靠的螺栓串联钢丝的方式，如图18所示。这种防松措施的原则就是：当一个螺栓有松动的趋势，它应该拉动铁丝，让临近的螺栓有旋紧的趋势，通过两个螺栓所受力矩相反的原理，来限制螺栓的松动。

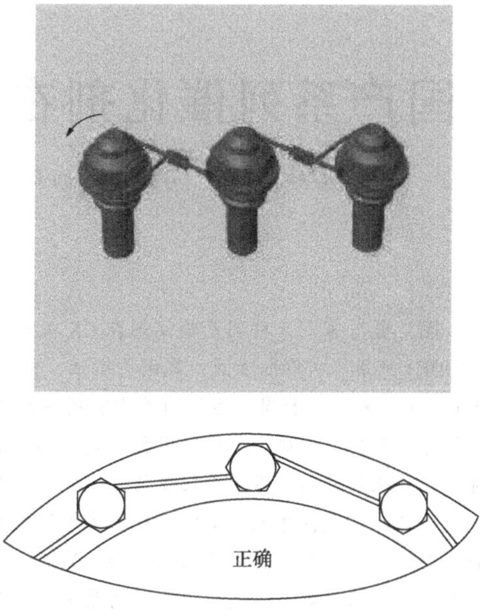

图18　串联钢丝安装图

7　总结

本文针对高压聚乙烯装置挤压机辅助轴由于螺栓松动而旋出的问题，进行了简单的理论计算与仿真分析，并提出了两种防止螺栓松动的解决措施。在本文中，对加入固定板片的防松措施进行了仿真分析。实验结果表明，在相同的工况结构下，加入固定板片的螺栓具有更强的抗振动能力，说明该措施有效可行。

参　考　文　献

[1] 张涛然，晁晓洁，郭丽红，等．材料力学[M]．重庆大学出版社:，201806. 231.

[2] 王平，沈晓阳，孙建辉，等．双螺杆磨浆机螺杆扭矩和轴向推力的测量与研[J]天津科技大学学报，2009，24(06)：45-49.

[3] 陈伦纪，王为德．挤出机螺杆轴向力的计算[J]．特种橡胶品，1984(04)：45-50.

[4] 郭英．纺丝螺杆挤压机中机头压力与螺杆轴向力的关系[J]．合成纤维工业，1984，No.35(03)：33-35

[5] 张敬华．工程机械螺栓防松脱的研究[D]．山东大学，2016.

[6] 熊承添．横向激励下螺纹连接松动过程及防松装置研究[D]．华南理工大学，2021.

国产系列催化剂在 CX 装置的性能对比研究

陈敏章　柳和平　张晋波　黄晓斌　胡晓彤

（中国石油兰州石化公司）

摘　要　采用三种国产催化剂在 CX 工艺装置上进行工业化应用，生产了牌号为 5000S 的高密度聚乙烯（HDPE）产品。从催化活性、氢调灵敏性、低聚物产量和工艺设备条件等方面考察了三种国产 HDPE 催化剂在 CX 工艺装置上长周期运行的性能及制备的高密度聚乙烯产品的产品质量。1#催化剂对低聚物产量控制效果最好，有利于溶剂的回收利用和提高产品性能，对装置长周期运行影响较小；但氢调灵敏性最弱，相同负荷下氢气耗量最高，不利于装置物耗的控制。2#催化剂的聚合活性和氢调灵敏性最好，应用过程中装置运行平稳，聚合釜搅拌电流和干燥下料温度等运行参数较低，有利于节约能耗和降低生产成本，并在同样的氢气条件下能得到加工性能优异的聚合物。3#催化剂相较于 1#、2#催化剂耗量最高，说明催化剂活性较低，虽有利于控制工艺参数，但更多催化剂用量易造成生产成本和物耗的增加；同时，低聚物产量最高，从而影响聚合釜搅拌电流和干燥机下料温度等，造成装置能耗增加，对工艺设备要求较高，对装置长周期运行也有较大影响。工业应用结果表明，通过测试使用三种催化剂所得产品的物理机械性能（包括熔融指数、密度、拉伸屈服应力、拉伸断裂标称应变），三种国产催化剂均能生产出质量合格的高密度聚乙烯产品。

关键词　高密度聚乙烯；CX 工艺；催化剂

高密度聚乙烯（HDPE）作为线性高分子材料，因其具有高强度、高耐磨性和高韧性以及优异的抗冲击、防腐防渗性能，广泛应用于薄膜、吹塑及注塑制品的生产。随着大炼化扩能时代的来临，我国聚乙烯产业得到快速发展，产量和消费量逐年递增。2022 年国内聚乙烯表观消费量为 3754 万 t，产量达到 2532 万 t，其中高密度聚乙烯产量 1102 万 t，占聚乙烯产量的 43.51%。而扩能步伐的加快，也会加速国内 PE 行业产品结构的改革。

淤浆法是 HDPE 主要的生产工艺之一。其中，CX 工艺作为搅拌釜式淤浆法的代表性工艺，具有反应条件易与控制、双釜串/并联可灵活切换、可生产牌号和相对分子质量分布范围宽等特点，在国内多套生产装置上得到应用。使用的催化剂主要有三井油化 PZ 催化剂和国内基于 PZ 催化剂开发的改良催化剂。进口 Z-N 催化剂催化性能优异，但供货周期长、价格高。而国内开发的淤浆型聚合催化剂具有更低的成本，良好的分散性、颗粒形态，在 CX 装置上得到应用并达到预期的理想效果。

本研究在考虑装置长周期运行情况、催化剂活性和所得产品质量等方面对三种国产市售催化剂使用情况进行对比，分析国产催化剂的聚合性能。通过对催化剂在装置上的应用结果，分析其在 CX 装置应用的经济性和可行性。

1　实验部分

1.1　主要原料

乙烯：聚合级，纯度≥99.9%（兰州石化公司）；氢气：工业级，纯度≥95.0%（兰州石化公司）；己烷：工业级（水含量≤5mg/kg）；聚乙烯催化剂：1#（国产市售）、2#（国产市售）、3#（国产市售）催化剂均为浆液型催化剂；助催化剂：三乙基铝。

1.2　催化剂组成及性能

表 1　1#催化剂、2#催化剂和 3#催化剂组成及性能

项目		质量指标	1#催化剂	2#催化剂	3#催化剂
钛含量/%（质量分数）		5.00~10.00	5.58	6.90	5.91
镁含量/%（质量分数）		15.00-25.00	—	14.17	16.87
催化效率	gPE/gTi 质量比	$\geq 5\times10^5$	6.29×10^5	—	9.2×10^5
	gPE/gCat 质量比	$\geq 3\times10^4$	—	4.31×10^4	—

续表

项目	质量指标	1#催化剂	2#催化剂	3#催化剂
聚合物表观密度/(g/cm^3)	≥0. 31	0. 33	0. 31	0. 32
平均粒径/μm	4. 00-9. 00	6. 96	6. 67	7. 66

表 1 为三种国产催化剂的组成及性能。可以看出，三种催化剂的组成和性能均在质量指标范围内。2#催化剂 Ti 含量更高，而 3#催化剂的粒径略大。

1.3 测试与表征

MFR 按照 GB/T 3682—2018 测试；密度按照 GB/T 1033. 2—2010 测试；表观密度按照 GB/T 1636—2008 测试。

1.4 催化剂工业应用

装置采用并联方式生产 5000S 牌号，共聚单体为丙烯，用氢气调节聚合物相对分子质量，在己烷溶剂中进行聚合反应，工艺流程如图 1 所示。在生产期间，催化剂采取直接切换的方式，切换过程容易，釜温釜压波动小，反应平稳，能保证装置长期生产，长时间应用也能体现对装置长周期运行的影响。

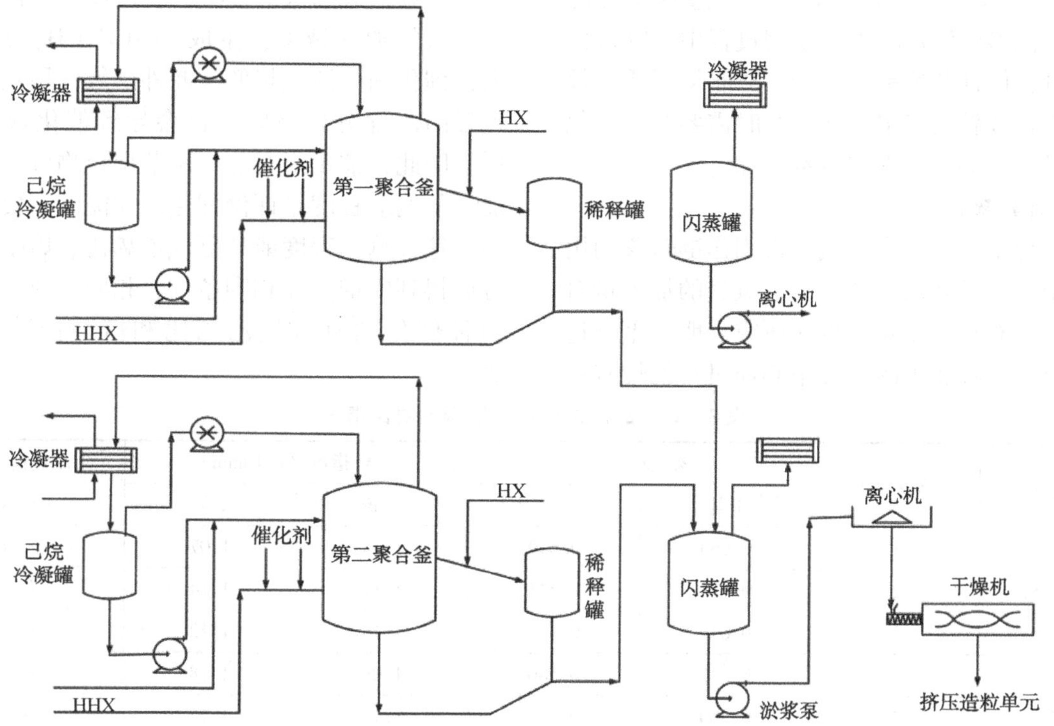

图 1 生产工艺流程(并联)

2 国产催化剂应用对比情况

2.1 催化剂用量

从装置运行的平稳性和经济性结果来说，相同负荷、相同生产条件下，催化剂活性能直接通过催化剂用量来反映。用较少的催化剂耗量达到相同的产量，对装置能耗物耗降低具有很大影响。表 2 选取了使用三种催化剂时催化剂耗量情况以及部分工艺参数。

表 2 1#、2#和 3#催化剂耗量情况

催化剂	测量样品	配制浓度/(mol Ti/L HX)	催化剂量(kg/h)		生产负荷/(t/h)	
			1 釜	2 釜	1 釜	2 釜
1#催化剂	1	0. 0048	27. 1	25. 9	4. 7	4. 7
	2	0. 0049	26. 8	27. 6	4. 7	4. 7
	3	0. 0048	25. 2	23. 9	4. 7	4. 7

续表

催化剂	测量样品	配制浓度/(mol Ti/L HX)	催化剂量(kg/h)		生产负荷/(t/h)	
			1釜	2釜	1釜	2釜
2#催化剂	1	0.0048	21.2	18.3	5.0	5.0
	2	0.0049	19.3	20.7	4.7	4.7
	3	0.0049	18.9	19.1	4.7	4.7
3#催化剂	1	0.0048	32.4	30.5	4.6	4.6
	2	0.0047	35.2	36.4	4.7	4.7
	3	0.0049	41.6	36.5	4.6	4.6

表2中可以看出，使用三种催化剂时，在配置浓度及生产负荷相近的情况下，2#催化剂耗量最低，3#催化剂耗量最高，说明2#催化剂活性相对于1#和3#催化剂更高，但在生产过程中可能会造成工艺参数波动较大，使用过程中应降低催化剂用量，保证装置平稳运行。3#催化剂活性较低，活性释放较为稳定，在生产时需要提高催化剂加入量，但会造成生产成本增加。

2.2　氢调灵敏性

在乙烯聚合反应中，氢气常用作链转移剂用来调控聚合物的相对分子质量，氢气的加入量对聚合活性也有很大影响。以往研究表明，聚合过程中带有烷基和正电的活性中心通过与乙烯双键上的Π电子配位从而引发反应，烷基向链末端转移，乙烯在活性中心不断聚合。而氢气的加入容易形成 Ti^{+}—H 活性中心，生成 $Ti-CH_2CH_3$，乙烯很难继续插入活性中心，从而影响催化剂活性。氢气加入越多，生成 $Ti-CH_2CH_3$ 的概率越大，催化剂活性就越低。此外，氢气用量增加导致釜内乙烯分压下降，也会导致催化效率的降低。因此，催化剂对氢气调节聚合物分子量大小能力的响应程度是评价催化剂性能的重要指标之一。这种响应程度能从氢气乙烯比、熔融指数等方面得到印证。在相同条件，相同负荷下，使用两种催化剂时氢气乙烯比和熔融指数变化见表3。

表3　1#、2#和3#催化剂氢调性对比情况

催化剂	测量样品	氢气乙烯比		熔融指数/(g/10min)		生产负荷/(t/h)(1#线)
		1釜	2釜	1釜	2釜	
1#催化剂	1	0.660	0.640	1.13	1.07	9.0
	2	0.653	0.645	1.11	1.14	9.0
	3	0.656	0.645	1.15	1.12	9.0
2#催化剂	1	0.575	0.580	1.08	1.18	9.0
	2	0.580	0.573	1.15	1.12	9.0
	3	0.575	0.582	1.10	1.15	9.0
3#催化剂	1	0.600	0.595	1.10	1.16	9.2
	2	0.610	0.585	1.16	1.20	9.2
	3	0.610	0.573	1.13	1.13	9.2

使用三种催化剂期间，在负荷相近的情况下，可以看出使用2#催化剂对氢气响应更好，氢气用量更低。而要得到熔融指数相近的产品，1#催化剂和3#催化剂需要更多氢气加入量。因此，在氢调灵敏性方面：2#催化剂>3#催化剂>1#催化剂。

2.3　低聚物产量对比

低聚物产量是影响装置长周期运行的关键因素之一，低聚物量增加对装置有以下影响：

（1）低聚物含量高，析出后容易造成母液管线堵塞，目前装置母液管线虽有伴热，可减少析出，但阀门、法兰处无伴热或伴热效果很差，时间较长低聚物析出会造成堵塞；同时，母液管线长期投用伴热会造成进入溶剂系统的母液温度偏高，放空量增加，己烷损耗增加。

（2）低聚物含量高会造成离心机液相端料斗

堵塞、下料管线缩径，长时间运行会造成液相端下料无法满足生产需求，需停车进行清理。

(3) 低聚物含量高增加了溶剂系统的处理量，影响己烷蒸馏塔的正常运行。低聚物过多会增加低聚物装车次数，大幅增加操作人员的安全风险。

(4) 低聚物过多使母液中固含量过高，返回聚合釜会造成淤浆浓度偏差较大，淤浆浓度不易控制，影响聚合反应和产品收率，同时影响产品指数的控制。

而影响低聚物产量的因素主要包括催化剂在反应釜中的停留时间以及催化剂的强度。由于该工艺是通过溢流的方式出料，部分未充分反应得催化剂被排出，得到低分子量聚合物。在催化剂强度方面，快速增长的聚合物链使催化剂内部产生较大的应力作用，催化剂无法承受而发生破碎，产生低聚物。而催化剂在反应釜中的停留时间为共性问题，因此，催化剂的选择至关重要。

表 4　使用 1#、2#和 3#催化剂时低聚物含量对比

催化剂	测量样品	低聚物罐液位/(%/h)	母液固含量/%	生产负荷/(t/h)	
				1#线	2#线
1#催化剂	1	0.78	0.72	9.0	11.0
	2	0.82	0.61	9.4	11.0
	3	0.67	0.73	8.9	10.9
2#催化剂	1	1.42	0.82	9.0	10.6
	2	1.58	0.86	9.4	10.8
	3	1.51	0.79	9.0	10.8
3#催化剂	1	2.68	1.46	9.0	10.2
	2	2.25	1.39	9.0	10.2
	3	2.33	0.89	9.0	10.4

低聚物的产量主要通过每小时低聚物闪蒸罐液位上涨情况(图 2)和母液固含量进行判断。如表 4 所示，生产负荷相近的情况下，装置使用 3#催化剂型催化剂时，低聚物产量明显要高于 2#催化剂和 1#催化剂催化剂，达 2.68%/h，而 1#催化剂对低聚物量的控制效果最好，能控制在 0.8%/h 左右，2#催化剂次之，说明 1#催化剂更利于溶剂的回收利用和提高产品性能。从母液固含量分析也能看出，使用 3#催化剂催化剂，母液固含量同样明显高于 1#和 2#催化剂。上述结果说明，从低聚物产量控制来说：1#催化剂>2#催化剂>3#催化剂。

2.4　工艺设备条件对比

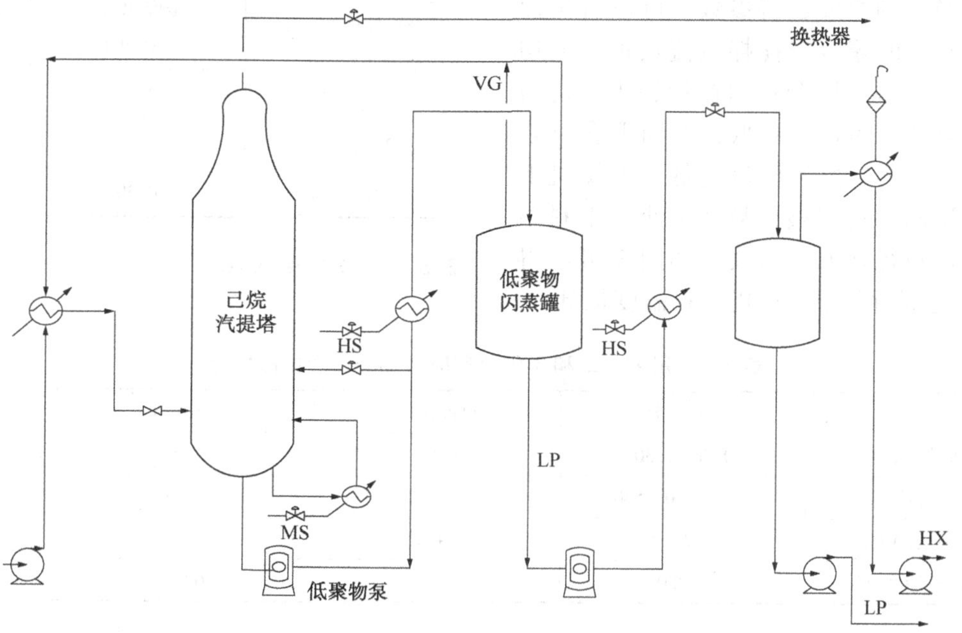

图 2　低聚物处理工序

表 5　使用 1#、2#和 3#催化剂工艺设备条件对比

催化剂	测量样品	生产负荷/(t/h)		搅拌电流/A		干燥机下料温度
		1 釜	2 釜	1 釜	2 釜	
1#催化剂	1	4.5	4.5	106.2	105.2	93.5
	2	4.5	4.5	108.1	110.0	93.3
	3	4.7	4.7	109.9	109.6	93.4
2#催化剂	1	4.5	4.5	111.1	106.7	91.6
	2	4.5	4.5	109.3	102.9	90.9
	3	4.5	4.5	110.9	111.3	91.7
3#催化剂	1	4.5	4.5	118.3	115.6	94.9
	2	4.5	4.5	120.9	114.1	95.1
	3	4.5	4.5	116.9	121.1	95.6

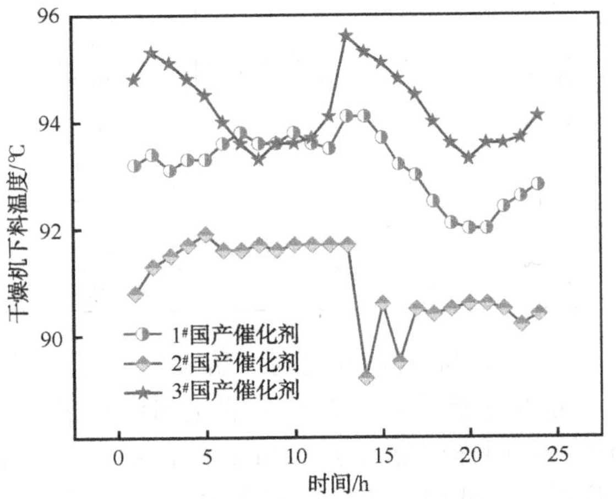

图 3　使用国产催化剂时干燥机下料温度对比

表 5 为在相近负荷下，在装置分别使用 1#、2#和 3#催化剂长周期生产 5000S 产品时，聚合釜和干燥机的主要运行参数。可以看出使用 1#、2#催化剂时聚合釜搅拌电流接近，但均低于 3#催化剂，说明聚合物细粉量较少，这与母液固含量有关。固含量越低，返回聚合釜浆液浓度越低，聚合釜搅拌电流越低。干燥机下料温度反映聚乙烯粉末整体粒径大小。下料温度越低，整体粒径越大。从表 5 和图 3 可以得到使用 2#催化剂过程中干燥机下料温度最低，3#催化剂下料温度最高，结合低聚物产量分析说明使用 3#催化剂生产的聚合物具有较高的细粉含量，有利于干燥机的干燥效果，粉末湿含量更低，下料温度提高。

聚乙烯粉末的堆积密度是装置生产能力提高的关键因素。从所测得的堆积密度(表 6)来看，三种催化剂得到的聚合物堆积密度相差不大。使用 1#催化剂得到的聚合物堆积密度较 2#催化剂和 3#催化剂高，说明使用 1#催化剂有利于提高装置的产能。但使用 3#催化剂时干燥机下料温度最高，是由于 3#催化剂制备的聚乙烯粉末低聚物含量过高，导致粉末偏细，下料温度高，但堆积密度较低的原因。

表 6　使用 1#、2#和 3#催化剂时堆积密度对比

催化剂	一釜堆积密度/(g/mL)	二釜堆积密度/(g/mL)
1#催化剂	0.31	0.33
2#催化剂	0.29	0.30
3#催化剂	0.30	0.31

2.5　产品质量对比

表 7　使用 1#、2#和 3#催化剂时产品的物理机械性能

项目	质量指标	1#催化剂	2#催化剂	3#催化剂
熔体质量流动速率/(g/10min)	0.70~1.30	0.98	1.18	1.01
密度/(g/cm³)	0.9480~0.9540	0.9500	0.9510	0.9524
拉伸屈服应力/MPa	≥21.0	24.4	23.6	24.5
拉伸断裂标称应变/%	≥350	616	609	612

使用1#、2#和3#催化剂制备的5000S产品的性能如表7所示。可以看出三种催化剂制备的5000S产品均能达到优级品质量标准，说明1#、2#和3#催化剂适用于生产高密度聚乙烯5000S产品。

3 结论

（1）从催化剂耗量情况来看，2#催化剂的活性较1#催化剂和3#催化剂高，有利于降低生产成本。而1#催化剂生产的聚合物堆积密度更高，有利于提高装置产能。

（2）氢调灵敏性方面，2#催化剂具有催化活性高、氢调性能优异的特点，在同样的氢气条件下能得到加工性能更优异的聚合物。而1#催化剂相较于2#催化剂和3#催化剂氢气加入量明显增多，氢调敏感性最弱。

（3）使用1#和2#催化剂的聚合产物中低聚物含量较低，均低于3#催化剂催化剂，更利于溶剂的回收利用和产品性能的提高。更少的低聚物含量也有利于装置长周期运行。

（4）使用三种催化剂生产的产品，拉伸屈服应力和拉伸断裂标称应变等力学性能均在质量指标范围内，均适用于5000S产品的生产。

参考文献

[1] 崔侨. 国外高密度聚乙烯生产工艺对比[J]. 科学管理，2023(7)：251-253.

[2] 秦金来，陈新，张文平，等. BCES催化剂催化剂在CX工艺装置上的工业应用[J]. 石油化工，2013，42(6)：656-660.

[3] 张兰，侯昊飞，綦雪梅，等. 釜式淤浆法HDPE产品质量控制[J]. 石化技术，2013，20(2)：47.

[4] 李大伟. BCES催化剂系列催化剂在燕山低压装置的应用[J]. 科学管理，2020(9)：196-198.

[5] 岳晓菲，申宏鹏，杨玮婧，等. Ziegler-Natta催化剂丙烯聚合性能对比研究[J]. 合成材料老化与应用，2023，52(5)：44-46.

[6] 任合刚，高晶杰，姚棋，等. 聚合条件对有机载体钛系催化剂催化乙烯聚合的影响[J]. 广东石油化工学院学报，2023，33(4)：43-47.

[7] 鲁成祥，黄富，彭国峰，等. 淤浆法乙烯聚合催化剂在聚乙烯管材专用料中的应用[J]. 工业技术，2018，36(3)：187-190.

[8] 尹志伟. 乙烯三聚工艺低聚物产生影响因素研究[J]. 科学管理，2022(11)：228-229.

[9] 董春明. 乙烯淤浆聚合催化剂的放大研究[D]. 东北石油大学，2011.

乙烯装置开停工节能减排研究与应用

杜　强　梁博文　韩蕊笑　高迎博

（中国石油兰州石化公司）

摘　要　化工生产装置开停工过程，会产生大量的不合格产品，这类不合格产品大多需排放至火炬系统进行燃烧。现阶段环保要求日益严格，企业对节能减排的要求愈加严格，促进了节能减排的研究。本文主要介绍了兰州石化公司 2023 年 46 万 t/a 乙烯装置大检修开停工节能减排措施，有效降低了开停工期间火炬及高浓度废水排放量，为推动企业节能减排提供了优秀经验。

关键词　乙烯装置；开停工；节能减排；裂解炉

乙烯装置运行周期长、反应过程复杂，涉及的工艺流程长、设备多、操作要求严格，为确保装置生产运行安全稳定且满足运行周期要求，需定期开展检维修工作。装置停工过程中，生产运行处于非稳定状态，会产生大量不合格产品，部分可返回不合格产品储罐进行储存，剩余产品均需排放至火炬系统进行燃烧。这个过程不仅会增加开停工成本，同时火炬系统的燃烧也会产生大量的环境有害气体，在环保形势日趋严峻的当下，如何实现开停工过程的节能减排成为企业研究与攻关的一大难题。

1　乙烯装置停工过程

1.1　乙烯装置停工过程节能减排措施

1.1.1　控制高压脱丙烷塔 300E 塔顶温

2023 年大检修停车过程中，始终将高压脱丙烷塔 300E 顶温控制处于较低范围，高压脱丙烷塔回流罐 302F 底部液相物料大量送至 300E 作为回流，在工艺指标范围内 300E 持续保持低顶温，可避免重烃被带入碳二加氢反应器和深冷系统，延长乙炔加氢反应器 301D 的运行时间、推迟高压脱丙烷塔回流罐 302F 与深冷系统的切断时间，从而更好的回收分离系统的物料/冷剂，减少脱乙烷塔 501E 塔顶火炬排放。

1.1.2　优化裂解炉倒油操作

在裂解炉倒油期间，采用 MS 吹扫至油洗塔的方式，大幅度缩短了裂解炉倒油时间（单炉仅需 40~50min，之前的方式单炉需要 4~6h），降低了操作风险，杜绝了物料损失。具体操作方式如图 1 所示（以液相裂解炉为例）：裂解炉提前在一楼原料总管倒淋处接好金属软管，在裂解炉停止投油之后，将金属软管与 MS 系统相连，开始对炉管原料管道进行 MS 吹扫，由原料总管接入 MS，以每次两个通道的方式，将裂解炉一楼原料总管至十楼原料根部阀之间的原料扫入油洗塔。吹扫过程中通过观察对应通道横跨压力的变化，来确定吹扫结束的时间（每组吹扫时间约 10min）。

1.1.3　回收不合格丙烯

将球罐区 302C 作为不合格丙烯罐，停工过程中将丙烯精馏塔内的不合格丙烯物料通过丙烯产品泵送入 302C 丙烯罐进行回收，塔釜丙烷经过再沸器加热蒸发后，同样送入不合格丙烯罐。停工期间回收不合格丙烯约 267t。

1.1.4　降低天然气及氮气使用量

停工过程中，随着投油量的减少，通过燃料气罐 419F 向裂解气压缩机一段吸入罐 201F 补入天然气，待高压脱丙烷塔回流罐 302F 切断后，通过急冷水塔 102E 向 201F 补入氮气。装置停工过程中，将尾气中甲烷和多余的氢气、乙烷串入燃料气罐，送至裂解炉和 201F。装置停工期间，天然气最大外界量为 12.1t/h。氮气最大接入量为 15500Nm³/h。天然气和氮气最大接入量较 2019 年停工相比，均有所下降见表 1。

表 1　2019 年对比 2023 年天然气量及氮气量对比

	2019 年	2023 年	差值
天然气最大量/(t/h)	16	12.1	-4
氮气最大量/(Nm^3/h)	18000	15500	-2500

1.2　停车过程火炬排放总量计算

火炬排放流量表 160FIC-030 自 00：33 开始

出现流量，乙烯装置丙烯压缩机 601J 于 03：30 停车，故认为 00：33 至 03：30 这段时间内的火炬排放为乙烯装置停工火炬排放(后续火炬排放为系统倒空火炬排放)，观察 160FI-030 的 DCS 趋势，将其简化为相对规整的面积图示，如图 2 所示。

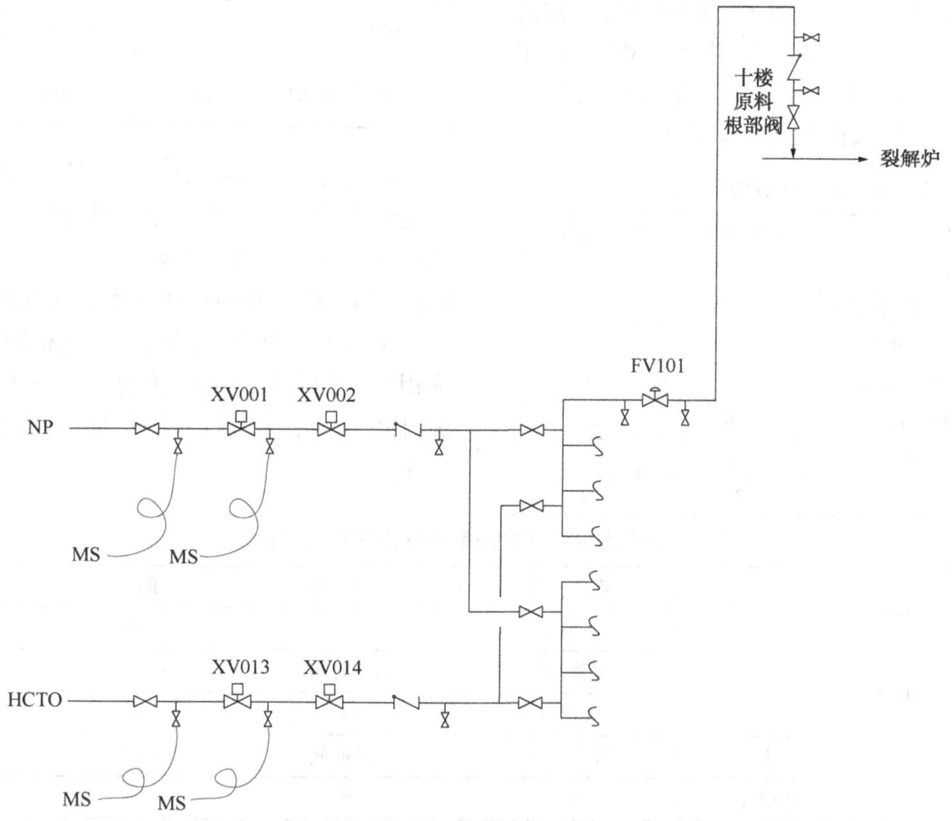

图 1　中压蒸汽吹扫金属软管接入图示

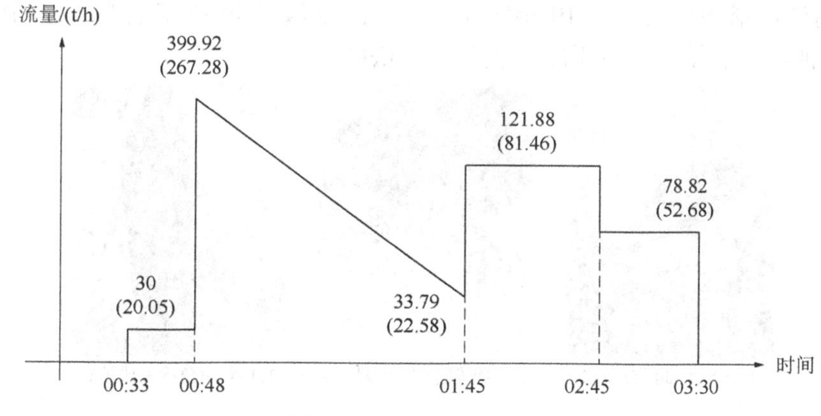

图 2　火炬排放流量图示

计算火炬排放量为：

$$20.05\times\frac{15}{60}+\frac{267.28+22.58}{2}\times\frac{12+45}{60}+$$

$$81.46\times\frac{60}{60}+52.68\times\frac{45}{60}=263.66\text{t}$$

所以停工阶段乙烯装置的总火炬排放量为 263.66t。

同时由于在高压脱丙烷塔回流罐 302F 开始放火炬后，压缩系统内开始充入氮气，因此 302F 排入火炬系统的物料中，必然含有一定量的氮气，且含量随时间的推移逐步上升，故在总火炬排放量 263.66t 中，实际包含一定量的氮气。

2　乙烯装置急冷系统化学清洗及钝化

2.1　乙烯装置急冷系统化学清洗及钝化措施

为避免急冷油塔、裂解气管线及换热器打开过程中发生自燃，确保检修过程安全受控，同时，尽可能去除塔内聚合物，缩短系统清理交出时间，需要对急冷系统进行化学清洗及钝化处理，以达到消除安全隐患，减少塔内聚合物的目的。本次化学清洗首次采用了气相清洗与液相清洗相结合的方案，循环清洗共用时约 30h，液相化学清洗用时约 17h，相较于往年耗时明显减少。本次清洗过程数据见表 2 及表 3。

表 2　清洗各阶段耗时统计表

项目	计划用时/h	实际用时/h
油洗过程	8	4
水洗、蒸煮、气相清洗过程	24	21
水洗、蒸煮完倒空	—	27
化学清洗管线配接与系统上水	4	3
加剂、循环清洗	16	17
系统废液排放	4	3
系统氮气置换	24	24

表 3　清洗前后水样分析数据表

样品名称	石油类	COD	pH 值
化学清洗开始水样	2120	36900	8.03
化学清洗结束水样	62000	21500	7.10

通过分析数据可知：急冷油塔化学清洗前后清洗液中油含量明显增加，说明通过化学清洗已将系统中的残油洗涤出来。

2.2　乙烯装置急冷系统化学清洗及钝化效果

本次大检修急冷系统采用气相清洗与液相清洗相结合的方案进行化学清洗及钝化，整体的清洗时间减少，化学清洗水量并无明显增加见表 4。

表 4　历次大检修急冷油塔化学清洗情况对比表

2016 年		操作步骤	清洗时间	倒空	累计排污量
		用时/h	33	29	4500t
2019 年		操作步骤	清洗时间	倒空	累计排污量
		用时/h	24	20	1890t
2023 年	清洗步骤	操作步骤	清洗时间	倒空	累计排污量
	气相清洗	用时/h	15	30	1036t
	液相清洗	用时/h	17	4	954t

2023 年化学清洗后塔内件对比 2019 年明显更为干净，轻急冷油段散装填料比较干净；重急冷油段散装填料聚合物虽然比较多，但较为松散。

2019年重油段分布器　2019年轻急冷油段填料　2019年重急冷油段填料
2023年重油段分布器　2023年轻急冷油段填料　2023年重急冷油段填料

图 3　塔内件清洗效果对比图

从图 3 中对比可以看出，2023 年 46 万 t/a 乙烯装置急冷油系统经过化学清洗后，塔内件干净，轻急冷油段散装填料比较干净；重急冷油段散装填料聚合物较为松散易清理。

本次急冷油塔化学清洗采用气相清洗与液相清洗相结合的方式，通过在蒸煮过程添加气相清洗剂，去除急冷油塔、重急冷油换热器设备表面附着的焦油，以及使塔内聚合物得以松散。液相化学清洗约耗时 17h，相对于 2019 年清洗时间大幅缩短；为减少高浓度废水量，本次化学清洗采用建立最小循环量、多次少量补水等方法，较 2019 年高浓度废水排放量减少约 800t。

3　乙烯装置开工过程

3.1　乙烯装置停工过程节能减排措施

46 万 t/a 乙烯装置开车一直采用“逆式开车”技术，但是受限于工艺流程，无法对深冷系统进行氮气预冷，而是直接通过实物料对分离系统进行降温。本次开车尝试在此基础上进行优化：首先降低初始投油负荷，在相对较低的负荷下打通压缩系统与分离系统的流程，从而降低高压脱丙烷塔回流罐 302F 处的火炬排放量；其次通过采用 102B 裂解炉 SHS 快速并网的方式，尽可能的为裂解气压缩机 201J 提供足量的驱动蒸汽，进一步降低乙炔加氢反应器 301D 开车时的投油负荷，来减少脱乙烷塔 501E 塔顶的火炬排放。

3.1.1　低负荷开车减少火炬排放

本次 46 万 t/a 乙烯装置开车首次在仅投油两台裂解炉的前提下实现深冷系统实气进料；首次在投油负荷仅 120t/h 时完成碳二加氢系统开车。相较于传统全程负荷 145t/h 左右的开车方式，在放火炬阶段大幅度降低投油负荷。

3.1.2　维持 101E 焦油段高温

在本次投油开车前，初分馏岗位通过保持焦油段的调制油外送、配合调质油倒加热的手段，实现了焦油段热油的持续流通，使得焦油段在裂解炉投油前温度一直维持在 106℃以上。避免了投油初期因焦油段温度过低，油水混合造成 110JA/B 不上量的问题，使乙烯装置“零污油排放开车”成为可能。

3.1.3　利用焦油余热倒加热急冷水

本次开车利用焦油外送流程，使高温焦油通过 140C 倒加热急冷水，实现了开车初期急冷水温度的快速提升(温度快速提升至 67℃)，为高低压脱丙烷系统循环的快速建立提供了保障。

3.1.4　液相物料近零排放

本次开车过程仅脱甲烷汽提塔 400E 在液相进料后进行了一次排空(排出首次进料时可能存在的重组分)，液相物料排放量的减少，大幅度降低了火炬蒸发过热系统的负担，使得本次开车火炬排放温度全程保持在 0℃以上，杜绝了火炬管线过冷泄漏的风险。

3.1.5　102B 裂解炉 SHS 快速并网

提前进行 102B 裂解炉的点火，合理规划裂解炉投油顺序，在 101B 裂解炉进塔后立即开始 102B 裂解炉的升温，尽快完成 SHS 的并网，为乙炔加氢反应器 301D 的开车提供 SHS 保障，降低 301D 开车时的投油负荷，从而减少火炬排放。

3.2　开车期间火炬排放量计算

46 万吨/年乙烯装置开车阶段火炬排放情况见表 5。

表 5　乙烯装置开车阶段火炬排放情况

	火炬排放时间统计			
日期	8.7	8.8		
时间	19：40-00：30	00：30-04：40	04：40-10：00	10：00-11：15
负荷	76t/h	115t/h	120t/h	140t/h
201F	20：57-22：04			
302F	20：32-01：02			
606E	23：23-05：53			
501E		01：54-11：15		
尾气	00：26-03：44			
氢气	01：23-04：27			

开车火炬排放量按照物料类型和对应收率进行估算，由于开车阶段裂解炉为了多产 SHS，整体深度较高，因此各种物料的收率按照表 6 进行估算。

表 6　开车期间各种物料估算值

序号	物料名称	估算收率/%
1	氢气	1
2	甲烷氢	17
3	乙烯	32
4	丙烯	16
5	裂解碳四	10
6	裂解汽油	18
7	裂解燃料油	6
8	合计	100%

3.2.1　201F 火炬排放量估算

PGC 一段吸入罐 201F 在 104B 开始投油后出现火炬排放，因此认为在 201F 放火炬的阶段，104B 裂解炉投入的原料仅回收了裂解燃料油，其余所有物料均通过 201F 排放；201F 火炬排放时间为 1h7min，估算其火炬量如下：

$$38\times(1-60\%)\times\left(1+\frac{7}{60}\right)=39.89\text{t}$$

3.2.2　302F 火炬排放量估算

302F 火炬排放包含了氢气、甲烷、碳二组份和碳三组分，除去与 201F 同时放火炬阶段 104B 裂解炉投油量的影响，将其火炬排放分为三个阶段：

	时间	负荷/(t/h)	排放率/%
阶段一	20：32-22：04	38	66
阶段二	22：05-00：30	76	66
阶段三	00：31-01：02	115	66

估算 302F 的火炬量如下：

$$38\times60\%\times\left(1+\frac{32}{60}\right)+76\times66\%\times\left(2+\frac{25}{60}\right)+$$

$$115\times66\%\times\left(\frac{31}{60}\right)=198.9$$

3.2.3　606E 火炬排放量估算

脱丁烷塔 606E 的不凝气主要为碳三组份，由于高压脱丙烷塔回流罐 302F 在估算火炬量时将所有的碳三均包含在内，因此脱丁烷塔实际火炬量应从高压脱丙烷塔回流罐 302F 停止火炬排放时开始计算，排放率计 5%，根据装置负荷变化将其火炬排放分为两个阶段：

	时间	负荷/(t/h)	排放率/%
阶段一	01：02-04：40	115	5
阶段二	04：41-05：53	120	5

估算脱丁烷塔 606E 的火炬量如下：

$$115\times5\%\times\left(3+\frac{38}{60}\right)+120\times5\%\times\left(1+\frac{12}{60}\right)=28.09$$

3.2.4　501E 火炬排放量估算

脱乙烷塔 501E 排放的物料为乙烯、乙烷、乙炔，排放率按照 35% 估算，根据装置负荷变化将其火炬排放分为三个阶段：

	时间	负荷/(t/h)	排放率/%
阶段一	01：54-04：40	115	35
阶段二	04：41-10：00	120	35
阶段三	10：01-11：15	140	35

估算脱乙烷塔 501E 的火炬量如下：

$$115\times35\%\times\left(2+\frac{46}{60}\right)+120\times30\%\times\left(5+\frac{19}{60}\right)+$$

$$140\times35\%\times\left(1+\frac{14}{60}\right)=394.09$$

3.2.5　尾气火炬排放量估算

冷箱尾气为甲烷氢，由于高压脱丙烷塔回流罐 302F 在估火炬量时将全部甲烷氢包含在内，因此尾气实际火炬量应从 302F 停止火炬排放时开始计算，排放率按照 17% 估算如下：

$$115\times17\%\times\left(2+\frac{43}{60}\right)=52.79$$

3.2.6　氢气火炬排放量估算

氢气排放率按 1% 估算如下：

$$115\times1\%\times\left(3+\frac{4}{60}\right)=3.53$$

3.2.7　总火炬排放量计算

将 201F、302F、606E、501E、尾气、氢气的火炬排放量累计，可知本次 46 万 t/a 乙烯装置开车，共向火炬系统中排放物料约 718.29t，较 2019 年大检修开车减少火炬排放 1921.11t（2019 年乙烯装置开车火炬排放量为 2639.4t）。

4　结语

上述开停工节能减排措施的应用有效减少了乙烯装置开停工过程中的火炬排放和高浓度废水排放，有效缩短了乙烯装置开停工检修时间，为后续装置检维修工作提供了优秀经验。此外，该方案还有较多可以提高的部分，部分系统的实际完成效果和预期效果仍存在较大差距，后续我们会不断吸收借鉴先进经验和技术，加大对装置开停工过程中节能减排的探索，不断推动企业绿色环保发展。

延迟焦化装置环保问题分析及技术改造

李　林　张　剑　杨万强

（中国石油兰州石化公司）

摘　要　分析了某石化公司 120 万 t/a 延迟焦化装置运行过程中存在的环保问题，主要表现为：溢流冷焦过程中产生的冷焦水进入热水罐后产生大量蒸汽，并携带部分油气，导致冷焦水罐 VOCs 较高；水罐区冷焦水罐、切焦水罐、污水沉降罐为敞口罐直排大气，冷焦热水罐、污油罐罐顶密闭，但罐顶排气孔直排大气，不符合环保要求；分馏塔顶酸性带油、带焦粉，对下游酸性水汽提装置的稳定运行造成影响。针对装置存在的环保问题，通过实施技术改造，在放空塔回流罐顶挥发线上增加蒸汽抽空器，通过蒸汽抽空器将焦炭塔给水冷焦过程中的蒸汽、油气抽至分馏系统，利用冷焦水的汽化潜热带走焦层中的热量，实现焦炭塔由溢流冷焦工艺转变为泡焦冷焦工艺，改造后冷焦热水罐罐顶 VOCs 在冷焦过程中从 50~400mg/m³ 下降至 10~20mg/m³，解决了溢流冷焦过程中 VOCs 逸散问题；对水罐区敞口储罐加装顶盖及呼吸阀，固定顶储罐加装呼吸阀，改造后水罐区储罐均实现密闭运行，异味明显减少，各罐罐顶 VOCs 均下降至 3mg/m³ 以下，解决了水罐区储罐直排大气问题；通过增加酸性水沉降罐及酸性水反冲洗过滤器，改造后酸性水基本不带明油，不携带肉眼可见焦粉颗粒，酸性水油含量从 881.7mg/L 下降至 162mg/L，脱除率 81.63%，焦粉含量从 474.7mg/L 下降至 8.7mg/L，脱除 98.12%，解决了酸性水带油及带焦粉问题，实现了装置的环保运行。

关键词　延迟焦化；泡焦冷焦；呼吸阀；酸性水；反冲洗

1　前言

延迟焦化工艺是一种广泛应用于重油、渣油加工的工艺技术，具有技术简单、投资和操作费用低、经济效益好等优点。近年来，原油品质逐年变差，重质化、劣质化程度加大，且随着安全环保及节能减排标准日趋严格，作为重质油轻质化重要手段的延迟焦化装置面临着极大挑战，要求装置开工率不断提高，连续运转周期不断延长，安全环保平稳运行程度不断提高。某公司 120 万 t/a 延迟焦化装置在运行过程中存在以下环保问题：①焦炭塔溢流冷焦过程中，冷焦水进入热水罐后产生大量蒸汽，并携带部分油气，导致热水罐 VOCs 较高，且冷焦水含油，排入热水罐中的冷焦水中有可见浮油，因 VOCs 较高及冷焦水含油，使现场存在异味；②水罐区冷焦水罐、切焦水罐、污水沉降罐为敞口罐直排大气，冷焦热水罐、污油罐罐顶密闭，但罐顶排气孔直排大气，不符合环保要求；③分馏塔顶酸性带油、带焦粉，在焦炭塔预热和污油、废渣回炼时尤为明显时，对下游酸性水汽提装置的稳定运行造成影响。针对装置运行过程中存在的环保问题，通过进行技术改造，将溢流冷焦工艺改造为泡焦冷焦工艺，同时对水罐区敞口储罐加装顶盖及呼吸阀，固定顶储罐加装呼吸阀，解决了溢流冷焦过程中冷焦水罐 VOCs 逸散问题；通过增加酸性水二次沉降罐及酸性水反冲洗过滤器，解决了酸性水带油及带焦粉问题，实现了装置的环保运行。

2　运行问题分析及技术改造

2.1　泡焦冷焦工艺改造

焦炭塔大吹气结束后进行给水冷焦，当老塔塔顶温 120~130℃，塔顶压力 0.02MPa 时，将塔

焦炭塔大吹气结束后进行给水冷焦，当老塔塔顶温 120~130℃，塔顶压力 0.02MPa 时，将塔顶出口由至放空塔改溢流至冷焦热水罐进行溢流冷焦，冷焦水装满老塔后由塔顶溢流至冷焦热水罐，由于溢流冷焦过程中老塔塔顶温度在 100℃以上，冷焦水进入热水罐后产生大量蒸汽，并携带部分油气，导致热水罐 VOCs 较高，经检测溢流期间热水罐顶 VOCs 达到 647mg/m³，未溢流期间热水罐顶 VOCs 为 482mg/m³，且冷焦

水含油，排入热水罐中的冷焦水中有可见浮油，因 VOCs 较高及冷焦水含油，使现场存在异味。为解决此问题，经调研国内同类装置，泡焦冷焦工艺能有效解决溢流冷焦存在的环保问题，泡焦冷焦与溢流冷焦相比，其特点见表 1。

表 1 泡焦冷焦与溢流冷焦工艺特点对比

项目	溢流冷焦	泡焦冷焦
冷焦原理	冷焦水溢流，显热	冷焦水蒸发，潜热
冷焦能耗	用水量大，给水泵运行时间长，能耗较高	用水量小，给水泵运行时间短，能耗较低
其他	冷焦溢流水带油，导致冷焦水罐 VOCs 高，影响环境	通过蒸汽抽空器将焦炭塔冷焦过程中的油气最大限度的回收至分馏系统，能解决冷焦水带油及冷焦水罐 VOCs 逸散

2.1.1 技术改造方案

泡焦冷焦工艺是对装置现有溢流冷焦工艺进行适当改造，在放空塔回流罐顶挥发线上增加蒸汽抽空器，通过蒸汽抽空器将焦炭塔给水冷焦过程中的蒸汽、油气抽至分馏系统，利用冷焦水的汽化潜热带走焦层中的热量，使焦炭冷却至所需的温度，其工艺流程如图 1 所示。

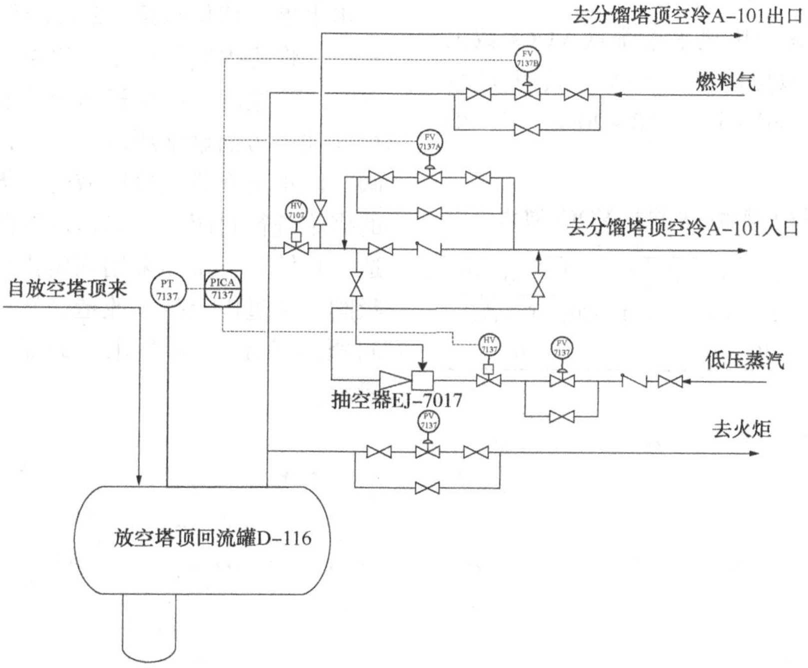

图 1 泡焦冷焦工艺流程图

焦炭塔大吹气结束后，开始进行给水冷焦，给水冷焦初期，油气、蒸汽通过自压至分馏塔顶空冷入口，待 D-116 顶压力低于分馏塔顶压力且不再上升时，开启蒸汽抽空气，继续给水至焦炭塔上料位，完全淹没生焦层后停止给水进行泡焦冷焦，控制 D-116 顶压力在 0.015～0.022MPa。泡焦冷焦过程中，若 D-116 顶压力低于 0.015MPa 时，蒸汽抽空气出口返入口补压阀自动打开进行补压，补压至 0.03MPa 时关闭；若 D-116 顶压力低于 0.005MPa 时，燃料气补压阀自动打开进行补压，补压至 0.015MPa 时关闭，防止蒸汽抽空器将 D-116 顶压力抽的过低导致设备损坏。当冷焦塔塔壁温度<105℃、冷焦塔顶温度<120℃、冷焦塔顶压力<0.04MPa 时，关闭抽空器蒸汽，冷焦塔顶压压力持续 20min 保持<0.04MPa 时，停用抽空器，关闭焦炭塔至放空塔阀门，打开呼吸阀阀门，继续泡焦 1～3h，待焦炭塔顶压力<0.02MPa，塔顶温度<100℃，泡焦冷焦结束，打开放水阀放水。

2.1.2 改造后运行效果

装置 9 月 24 日进行泡焦冷焦系统首次投用，经逐步操作摸索，通过优化 D-116 顶压力控制范围、蒸汽抽空器开启时间、焦炭塔给水高度等操作参数，目前泡焦冷焦系统已稳定运行，投用后有效解决了溢流冷焦过程中冷焦水带油及冷焦水罐VOCs逸散问题。

2.1.2.1　投用前后冷焦时间对比

从表2可看出，投用后冷焦时间没有发生变化，在12h内焦炭塔可以达到放水条件，对装置生产周期没有影响。

表2　投用前后冷焦时间对比

项目	溢流冷焦/h	泡焦冷焦/h
小吹汽	1.0	1.0
大吹汽	2.5	2.5
给水	5.0	5.0
溢流	3.5	0
泡焦	0	3.5

2.1.2.2　投用前后VOCs对比

投用前后VOCs冷焦热水罐罐顶VOCs数据见表3，可看出，泡焦冷焦投用后，冷焦过程VOCs从50~400mg/m^{3}下降至10~20mg/m^3，效果明显。

表3　泡焦冷焦投用前后冷焦过程VOCs对比

项目	溢流冷焦/(mg/m^3)	泡焦冷焦/(mg/m^3)
冷焦热水罐顶	50~400	10~20(呼吸阀处)
放水时焦池	10~20	10~20

2.2　水罐区储罐改造

水罐区2具冷焦热水罐D-222/1.2、1具污油罐D-223为固定顶罐，罐顶为排气孔，罐内气相直排大气，1具冷焦水罐D-221、1具切焦水罐D-220、1具污水沉降罐D-224为敞口罐，无罐顶，管内水体上有浮油，气相直排大气，异味大，不符合环保要求。在2021年下半年板块体系审核过程中提出，冷焦水罐和切焦水罐等水罐排气未治理直排大气，部分罐敞口无罐顶，水上有浮油的问题，并将此问题定性为严重问题。

2.2.1　技术改造方案

经多次研究论证，冷焦水罐、切焦水罐为敞口罐，采用反吊膜进行封顶，并加装呼吸阀；2具冷焦热水罐已有罐顶，罐顶加装呼吸阀，并在冷焦水罐、切焦水罐、2具冷焦热水罐罐顶加装管线，将罐内废气引至三级沉淀池中，然后利用三级沉淀池现有引风机送至已有废气处理设施进行处理；污油罐常压罐已有罐顶，罐顶加装呼吸阀；污水沉降罐因罐壁减薄，无法采用加装罐顶的措施进行封闭，拆除污水沉降罐，重新设计建造一具储罐，罐体采用固定拱顶罐，罐顶加装呼吸阀。通过以上技术改造，解决储罐无组织排放问题，满足环保要求，改造工艺流程如图2所示。

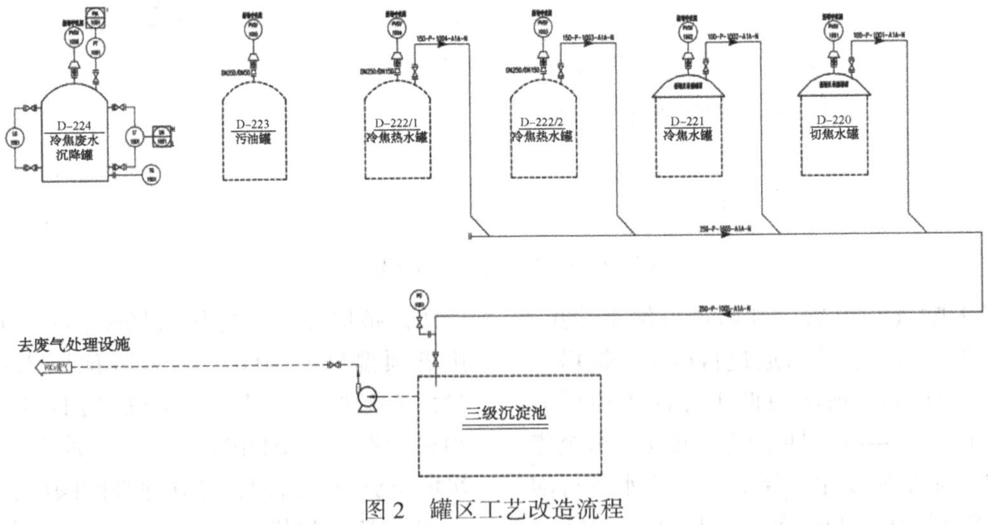

图2　罐区工艺改造流程

2.2.2　改造后运行效果

改造后所有储罐均实现密闭运行，水罐区异味明显减少，经检测，在投用前后，各罐罐顶VOCs均下降至3mg/m^{3}以下，达到环保要求，改造前后各罐顶VOCs对比见表4。

表4　改造前后各罐顶VOCs对比

项目	改造前/(mg/m^3)	改造后/(mg/m^3)
切焦水罐D-220	377.561	0.635
冷焦水罐D-221	351.437	0.570
冷焦热水罐D-222/1	442.801	2.594
冷焦热水罐D-222/2	482.396	1.119
污油罐D-223	1377.561	0.635
污水沉降罐D-224	351.437	0.570

2.3 增上酸性水沉降罐及反冲洗过滤器

近年来，装置加工原料中掺入了催化油浆、乙烯裂解重油及苯乙烯焦油，重油组分掺入后会导致装置气体产量增加，分馏塔气相负荷增大，导致焦粉携带现象加重，同时使得塔盘分离效果下降，分馏塔顶酸性水乳化程度增加。另外，装置酸性水量设计值为5~11t/h，目前实际工况下为6~14t/h，分馏塔顶油水分离罐D-102/1容积为15.35m^3，无法满足酸性水足够的停留时间进行油水分离后出装置的需求，使装置酸性水系统运行出现异常，主要表现为出装置酸性水带油、带焦粉，在焦炭塔预热和污油、废渣回炼时尤为明显时，对下游酸性水汽提装置的稳定运行造成影响，通过增加一具沉降罐解决酸性水带油问题，增设反冲洗过滤器解决酸性水带焦粉问题。

2.3.1　技术改造方案

经计算，分馏塔顶酸性水在D-102/1中停留时间为1.10~2.56h，停留时间偏短，为增加油水分离效果，需延长停留时间，通过在D-102/1后新增一具33.5m^{3}的卧式储罐，将停留时间延长至4h左右；另外，通过新增反冲洗过滤器，脱除酸性水中>10μm的焦粉颗粒，以降低酸性水中焦粉携带量，其改造工艺流程如图3所示。

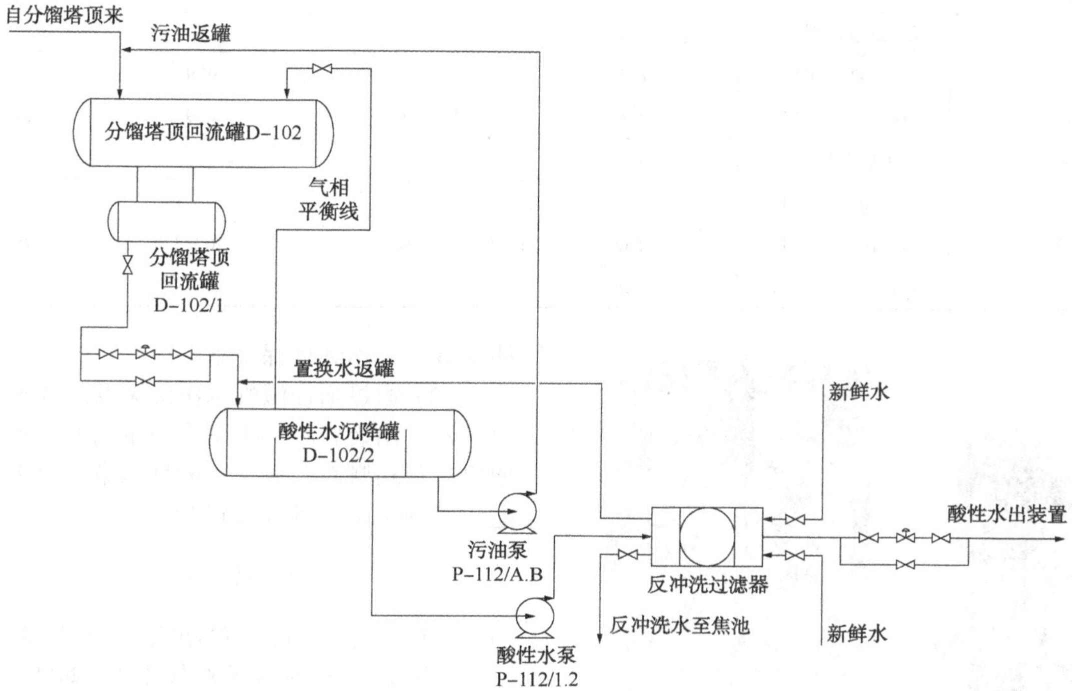

图3　增上酸性水沉降罐及反冲洗过滤器工艺流程

酸性水自分馏塔顶油水分离罐D-102/1底部自流至新增沉降罐D-102/2进行沉降撇油，新增控制阀控制原有D-102/1液位，将原有控制阀与D-102/1控制断开，改为控制新沉降罐D-102/2液位。酸性水在D-102/2中进行静止沉降约2小时，其中沉降后油相自罐底由P-112/A.B提升至罐D-102，水相自D-102/2罐中段底部由P-112/1.2输送至反冲洗过滤器V-110进行脱焦粉，过滤后的酸性水出装置到酸性水汽提装置进行后续处理，反冲洗后的滤渣排入焦池。

2.3.2　改造后运行效果

增上酸性水沉降罐及反冲洗过滤器后，随装置本次检修后开工投用，经操作摸索，目前系统运行稳定，酸性水沉降罐及反冲洗过滤器运行主要操作参数见表5。

表5　酸性水沉降罐及反冲洗过滤器运行参数

项目	D-102/1液位/%	D-102/2液位/%	D-102/2界位/%	置换时间/s	反冲洗时间/s	反冲洗条件	
						进出口压差/kPa	时间/h
参数	20~90	20~90	20~90	30	12	120	12

反冲洗过滤器自动反冲洗条件设定为进出口压差 120kPa 或 12h，即压差和时间任一条件达到即开始反冲洗，反冲洗后过滤器压差由 39～111kPa 降至 1-9kPa，效果明显。另外，对酸性水进行采样观察和分析，酸性水沉降罐及反冲洗过滤器投用前，酸性水带油较多，且携带黑色焦粉颗粒(图 3 投用前)，从图 3 投用后采样可看出，酸性水基本不带明油，不携带肉眼可见焦粉颗粒，从分析数据来看，酸性水油含量从 881.7mg/L 下降至 162mg/L，脱除率 81.63%，焦粉含量从 474.7mg/L 下降至 8.7mg/L，出率 98.12%，效果明显(表 6)。

表 6　酸性水沉降罐及反冲洗过滤器运行参数

项目	监测点	含油量/(mg/L)	脱油率/%	焦粉含量/(mg/L)	焦粉脱除率/%
分析 1	D-102/1 出口	900	82.67	482	98.11
	D-102/2 出口	156		477	
	反冲洗过滤器出口	140		9	
分析 2	D-102/1 出口	880	81.82	463	98.24
	D-102/2 出口	160		454	
	反冲洗过滤器出口	152		8	
分析 3	D-102/1 出口	865	80.35	479	98.04
	D-102/2 出口	170		459	
	反冲洗过滤器出口	166		9	
平均值	D-102/1 出口	881.7	81.63	474.7	98.12
	D-102/2 出口	162		463.3	
	反冲洗过滤器出口	152.7		8.7	

投用前　　投用后

图 4　增上酸性水沉降罐及反冲洗过滤器投用前后对比图

3　结论

(1) 通过将溢流冷焦工艺改造为泡焦冷焦工艺，并对水罐区敞口储罐加装顶盖及呼吸阀，固定顶储罐加装呼吸阀，解决了溢流冷焦过程中冷焦水罐 VOCs 逸散问题，冷焦时冷焦热水罐 VOCs 从投用前的 50～400mg/m^3 下降至 10～20mg/m^3，投用后焦炭塔冷焦时间受控，对生焦周期没有影响。同时，水罐区储罐密闭后，各罐罐顶 VOCs 均下降至 3mg/m^3 以下，水罐区异味明显减少，达到环保要求。

(2) 通过增加酸性水沉降罐及酸性水反冲洗过滤器，出装置酸性书基本不带明油，不携带肉眼可见焦粉颗粒，解决了酸性水带油及带焦粉问题，实现了装置的环保运行。

参　考　文　献

[1] 李林，陈小龙．提高延迟焦化装置运行周期的技术措施[J]．石油与天然气化工，2014，43(1)：29-32.

[2] 何健，孙宇，韩少锋．延迟焦化装置冷焦工艺技术分析[J]．石油化工技术与经济，2019，35(3)：26-29.

[3] 杨军，李晓昌，王志刚，等．焦炭塔给水泡焦操作在延迟焦化装置的应用[J]．炼油技术与工程，2016，46(6)：5-7.

[4] 杨光．焦炭塔给水泡焦操作可行性探讨与应用[J]．石化技术，2020，(2)：351、353.

[5] 王航空，张梅，杨洋，等．延迟焦化装置含硫污水治理措施与建议[J]．石油炼制与化工，2011，42(9)：83-85.

[6] 王晓强，杨有文，赵永山，等．延迟焦化装置环保提标中存在问题及解决措施[J]．中外能源，2017，22(10)：76-80.

轻汽油醚化装置工艺腐蚀原因分析与改进措施

郭　军　杨万强

（中国石油兰州石化分公司）

摘　要　2020年5月汽油醚化装置停工检修，发现醚化反应器R-101、R-102下封头底部，甲醇回收系统尤其是甲醇回收塔C-103的31至52层塔盘腐蚀严重，通过对原料、催化剂特性、醚化反应操作条件等因素进行分析，找到了装置甲醇回收系统萃取水呈酸性的原因，并制定了萃取水pH值监控、除盐水置换、增加脱酸罐等针对性措施，有效减少了酸性腐蚀对装置长周期运行的影响。

关键词　原料；催化剂；甲醇回收；腐蚀

1　前言

兰州石化炼油厂50万t/a汽油醚化装置是以催化汽油加氢装置轻汽油为原料，生产低烯烃、高辛烷值汽油调和组分的连续化生产装置。该装置采用中国石油化工研究院开发的催化轻汽油醚化生产工艺，由兰州三叶公司投资，华东勘察设计研究院设计，中国石油第二建设公司总包承建，装置于2012年3月开始建设，2012年11月投料生产。装置设计加工能力为50.4万t/a(轻汽油)，同时消耗甲醇4.6万t/a，110%的操作弹性，于2012年11月开工投产。该装置主要包括：轻汽油醚化反应单元、醚化产物分离单元、甲醇回收单元，采用EMERSON公司的DeltaV控制系统。

2　装置的腐蚀情况

2.1　醚化反应器R-101、R-102下封头底部腐蚀情况

汽油醚化装置每2年停工更换一次催化剂，每次对反应器进行腐蚀情况检查，上周期检查情况来看，反应器均为坑蚀，从本次检查情况看，两台反应器仍以坑蚀为主。如下图这样的坑蚀，反应器R-101、R-102下封头内共计二十多处。第一、二醚化反应器(R-101、R-102)腐蚀现状及检测报告如图1、图2所示。

2.2　甲醇回收系统腐蚀情况

2.2.1　甲醇回收系统工艺流程

萃取水自甲醇回收塔C-103底流出，通过甲醇回收塔底泵P-105加压后经E-108(甲醇回收塔/萃取水换热器)管程换热，再经E-107(萃取水冷却器)冷却至40℃后循环进入甲醇萃取塔C-102上部，萃取水在甲醇萃取塔C-102和甲醇回收塔C-103之间的密闭循环系统中循环利用。

水/甲醇混合物从甲醇萃取塔C-102底部流出，经E-108(甲醇回收塔进料/萃取水换热器)壳程换热至约84℃后进入甲醇回收塔C-103，将水和甲醇分离。甲醇回收系统流程如图3所示。

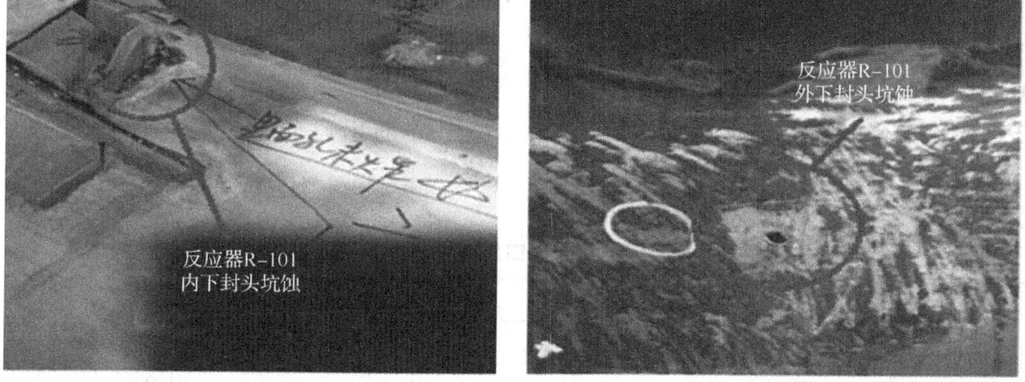

图1　第一、二醚化反应器(R-101、R-102)腐蚀现状

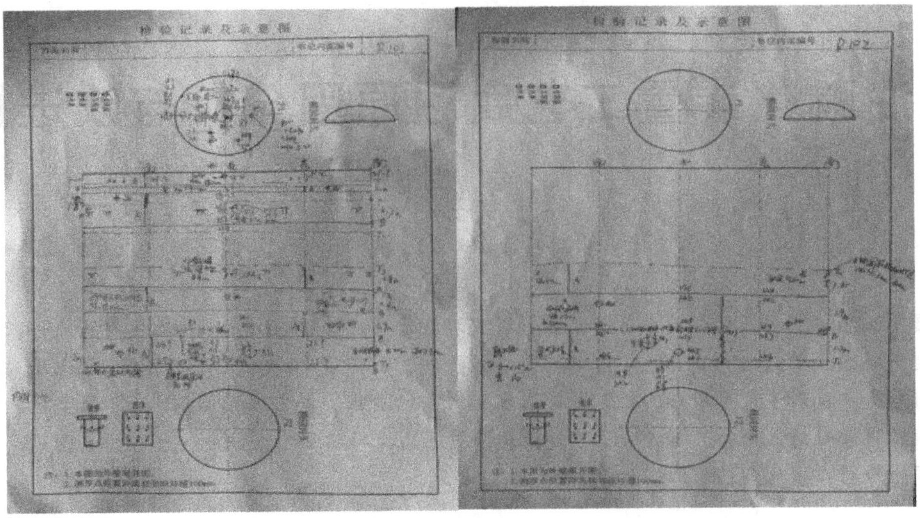

图 2 第一、二醚化反应器(R-101、R-102)检测报告

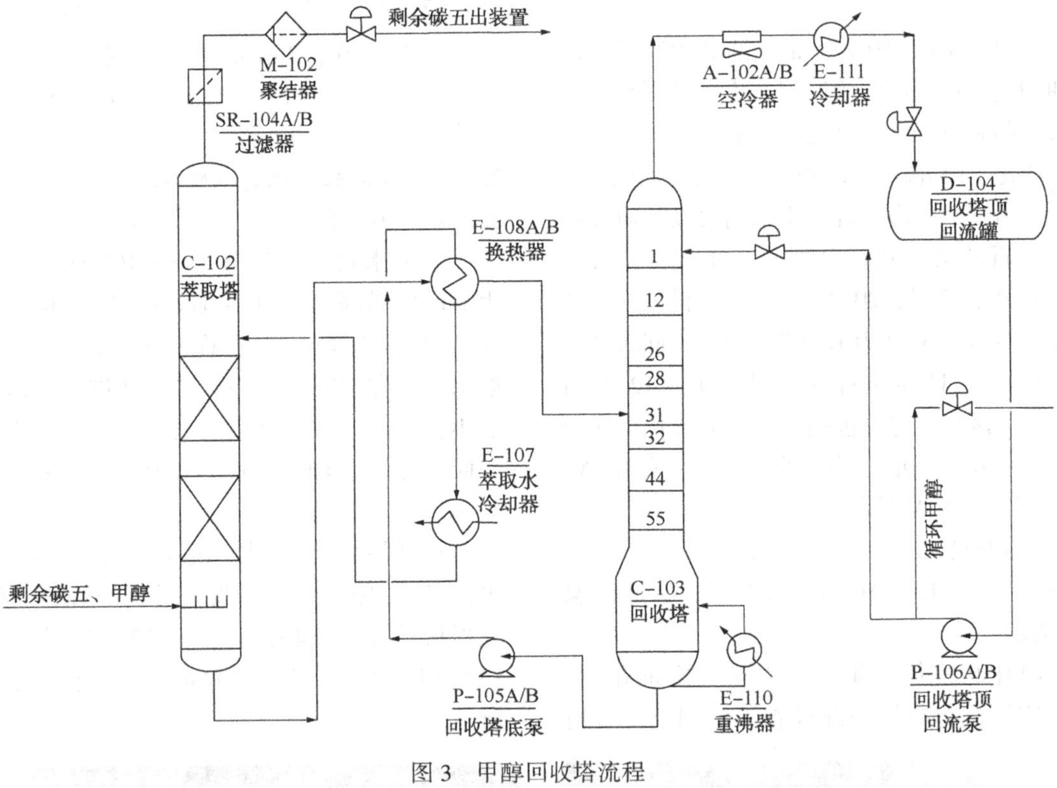

图 3 甲醇回收塔流程

2.2.2 甲醇回收系统腐蚀现状

自 2019 年 7 月开始，回收塔 C-103 的塔盘 28 层至 12 层没有温降梯度，增大塔顶回流(由正常调节 6~8t/h 增大到 11~13t/h)，作用有限，12 层塔盘温度略降，从 26 层塔盘(灵敏点温度)至 12 层塔盘温度持续升高至 119℃，造成冲塔现象。甲醇回收塔 C-103 冲塔如图 4 所示。循环甲醇馏出口质量分析水含量也持续偏高见表 1、图 5。

表 1 循环甲醇馏出口质量分析(检修前)

日期	分析项目	水含量/(mg/kg)
	质量指标	≤10000
2019.1		1990

续表

2019. 2	2278
2019. 3	2265
2019. 4	2216
2019. 7	5906
2019. 8	6298
2019. 9	6717
2019. 10	6600
2019. 11	6300
2019. 12	6244
2020. 01	4753
2020. 02	4375
2020. 03	3970
2020. 04	4247
2020. 05	4439
均值	5116

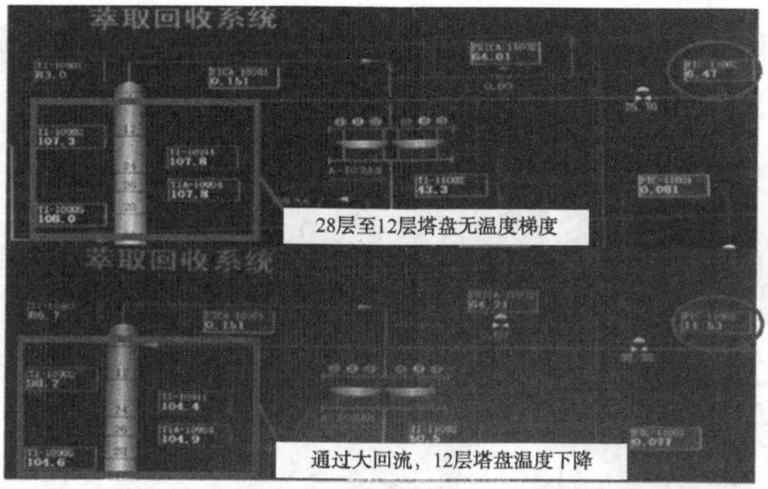

图 4　回收塔 C-103 冲塔

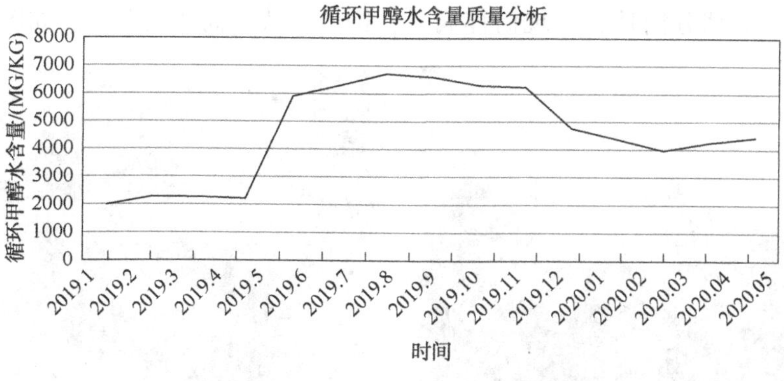

图 5　循环甲醇馏出口质量分析折线图

通过表 1、图 5 看到，循环甲醇自 2019 年 7 月开始，水含量逐步持续偏高，通过除盐水置换萃取水、降低 C-103 塔底温度等措施作用有限，循环甲醇水含量仍然很高，2020 年 1 月开始 C-103 顶增大回流，循环甲醇水含量略降，仍高于 2019 年 5 月前的正常值。据此现象可以判断，回收塔 C-103 内部塔盘存在腐蚀，尤其是中上部塔盘腐蚀严重。

2020 年 5 月醚化装置停工检修，打开回收塔 C-103 各段人孔，发现中、上段塔盘腐蚀减薄、发黑，C-103 进料口及塔内件分流器腐蚀发黑，局部分流器因腐蚀断落在塔板上，如图 6、图 7 所示。

图 6　C-103 进料线及分流器腐蚀

图 7　C-103 中、上段塔盘腐蚀

切割 C-103 中、上部分筒体，发现筒体腐蚀、减薄，筒体内壁发黑如图 8 所示。

图 8　C-103 中、上段筒体腐蚀、发黑

打开甲醇回收塔/萃取水换热器E-108，抽芯过程中，发现换热器内部同样腐蚀严重，换热器附件管线、弯头均腐蚀减薄如图9所示。

3　腐蚀原因分析

3.1　甲醇

3.1.1　甲醇中的甲酸

甲醇含有少量的有机酸，甲醇的纯度大约只有96%，其余4%为杂质，杂质组成较为复杂，目前我们的分析部门没法分析出杂质的具体成分。但按照甲醇的生产工艺，杂质成分除了水外，还含有十几种微量的有机杂质，包括：醛、酮、醚、酸、酯等，即使是99.9%的极优品甲醇，也含有0.0014%的甲酸。按照轻汽油加工量60t/h，每天甲醇使用量85t计算，每天至少有1.19kg的甲酸进入系统，足以使工艺水PH呈现弱酸性，甲醇中的甲酸含量见表2。

图9　E-108内部腐蚀腐蚀及更换管线、弯头

反应器更换完催化剂后，必须先用甲醇进行浸泡，这部分甲醇含有较多的残余硫酸和部分催化剂脱落的磺酸根离子，酸性较强。浸泡后的甲醇最后又回到C-103进行回收，尽管这期间会通过大量除盐水进行置换，但也难以彻底置换干净酸性物质，最终这部分甲醇还是进入系统进行循环使用。当酸性物质进入甲醇回收塔C-103后，其水溶液会给塔内部的设备和管线造成较严重的腐蚀。2018年炼厂大检修期间，将回收塔C-103的重沸器E-110顶至回收塔的进料线、P-105的出、入口管线进行更换，换下的旧线腐蚀减薄，尤其是各弯头处腐蚀严重。

3.1.2　甲醇中的水

原料和催化剂一旦含水、水能够和催化剂树脂上的磺酸根发生反应，导致树脂磺酸根($-SO_3H$)脱落。催化剂中含有的部分水通过诱导树脂磺酸根脱落而构成强酸性的腐蚀环境，导致醚化反应器碳钢及不锈钢内件产生严重的电化学腐蚀。甲醇中的水含量，见表2。

表2　甲醇质量分析

日期	分析项目	甲酸/%（质量分数）	水含量/%（质量分数）
	质量指标	≤0.005	≤0.2
2020.3.5	0.001	0.03	
2020.3.16	0.005	0.02	
2020.3.18	0.0005	0.03	
2020.4.5	0.0014	0.08	
2020.4.15	0.0004	0.02	
2020.7.4	0.0014	0.08	
2020.7.6	0.0007	0.05	
2020.7.9	0.0006	0.03	
均值	0.0014	0.04	

3.2　轻汽油

3.1.1　轻汽油中金属离子和碱性阳离子与催化剂中氢离子交换

轻汽油和甲醇依次通过过滤器、聚结器、混合器后，进入醚化反应器与催化剂接触的过程中，轻汽油中的金属离子和碱性物与催化剂中的H^+进行了离子交换，金属离子和碱性物被催化剂吸附，同时催化剂也释放出等摩尔的 H^+ 到碳五中。其反应式如下：

$$R-SO_3H+M^+\longrightarrow R-SO_3M+H^+$$

这些 H^+ 随着醚化反应后的剩余碳五进入甲醇萃取塔，H^+ 和甲醇同时被萃取水吸收，由于萃取水是循环使用，因此，H^+ 在水中的浓度是不断累积，从而造成了甲醇回收系统设备管道的化学和电化学腐蚀。

3.2.2　轻汽油中的氮化合物

氮化合物主要指轻汽油进料中的乙腈、丙腈，腈类水解后与催化剂中的阳离子交换树脂发生中和反应引起催化剂中毒。中毒过程可分为两步：①原料中的腈被吸附于树脂中，吸附量取决于腈在原料与树脂之间的分配系数（partition coefficient），根据 Neste（Fortum）工程公司提供的实验数据，存在于甲醇与非活性轻烃中的腈，在饱和状态下，其被吸附量可达 6kg/100kg 树脂（干基）；②被吸附的腈与水反应首先生成氨基化合物，再与水反应生成有机酸和氨，氨离子与树脂中的磺酸基发生中和反应，造成催化剂中毒。水解反应中的水主要来自甲醇或轻汽油携带的水及甲醇聚合为二甲醚时生成的水。由腈合物水解造成的催化剂中毒不同于金属阳离子等造成的中毒，其特点是腈合物首先被吸附于整个催化剂床层，然后再进行水解反应，导致整个催化剂床层活性下降。

3.3　醚化催化剂

醚化反应的催化剂主要有强酸性阳离子交换树脂催化剂、分子筛催化剂、负载型杂多酸催化剂等，目前国内醚化装置中多采用强酸性阳离子交换树脂催化剂，该催化剂具有较高的醚化活性，但其热稳定性差，磺酸组分易流失，是醚化腐蚀的主要根源，醚化反应器中酸的来源主要有二种途径。

3.3.1　催化剂中的游离酸

强酸性阳离子交换树脂催化剂是采用乳液悬浮聚合制备大孔径交联聚苯乙烯骨架，再经物理结构稳定化、磺化等工艺制成的。催化剂出厂前必须进行严格的脱酸处理，以脱除磺化反应后催化剂孔道中残留的低分子苯磺酸等杂质。不同催化剂的游离酸的含量差别较大，残留的游离酸在催化剂填装到反应器内后可以析出，新催化剂装填的初期游离酸的量最大，其对设备造成的腐蚀最严重，随着时间的推移游离酸造成的腐蚀逐渐减弱。

（1）催化剂本身含有磺酸根离子，在水溶液中呈强酸性。TAME 的合成反应是一种酸催化反应，它的催化剂是以烯烃聚合物为载体，经浓硫酸磺化反应制成的一种大孔径强酸性阳离子交换树脂。使用硫酸作为磺化剂，一般情况下都是采用过量硫酸磺化的方法，如果催化剂在出厂前质量把关不严，除酸不彻底，催化剂孔道中残留少量的磺酸化合物。另外，用硫酸进行磺化是可逆反应，在一定条件下生成的磺酸又会水解。在反应器更换催化剂期间，甲醇浸泡期间甲醇水的 pH 值普遍较低，最低达到 pH＝2 左右，说明催化剂中确实存在少量强酸性的磺酸化合物。

（2）在高温状态下，树脂的耐温性较差，部分催化剂颗粒中的磺酸基团会脱落下来，在水中形成弱酸性

3.3.2　催化剂中磺酸基团的脱落

强酸性阳离子交换树脂催化剂热稳定性较差，磺酸根最不稳定，在正常操作温度范围内催化剂中的磺酸基团一般不会脱落，一旦生产过程中超过一定温度活性磺酸基团就会脱落，磺酸基团的脱落速率与温度和含水量成正比。醚化反应为放热反应，操作不平稳或遇紧急情况易导致催化剂床层“飞温”，流动分布不均匀也易造成催化剂床层局部超温，脱落的磺酸基团与水作用生成 H_2SO_4 造成设备的腐蚀。

磺酸根脱落主要原因是高温和水浸泡。催化剂在使用过程中，会产生磺酸根脱落现象，磺酸根的脱落速度与温度有很大关系，温度越高脱落速度越快。当温度超过 75℃，磺酸根的脱落速度加快，而温度超过 120℃，催化剂磺酸根大量脱落。

高温磺酸基团脱落：$RHSO_3\longrightarrow RSO_3^-+H^+$

水浸泡磺酸基团脱落：$RHSO_3+H_2O\longrightarrow HR+H_2SO_4$

3.4　小结

综上以上分析，装置酸的来源主要有三个途径，一是甲醇中含有的微量甲酸；二是新催化剂微孔中吸附的残余硫酸；三是催化剂在运行过程中脱落的磺酸基。

根据工艺流程分析，酸性物质最终会进入到甲醇萃取塔，从甲醇萃取塔底采样，经监测分析，萃取水 pH 值呈酸性。C－102、C－103 塔底萃取水采样分析的检测数值，见表 3。

表 3　萃取水采样分析

分析名称	C-102 塔底萃取水	C-103 塔底萃取水
分析项目	pH 值	Fe^{3+}含量/(mg/L)
7 月 21 日	6.57	4.89
8 月 13 日	6.32	—
8 月 26 日	6.00	—

通过表 3 的检测表明：甲醇回收系统中水溶液呈酸性，是典型的电化学腐蚀环境，极易造成碳钢设备的腐蚀。

上述金属阴极反应中，包括了氢去极化腐蚀（析氢腐蚀）和氧去极化腐蚀（吸氧腐蚀）等两种阴极去极化过程。

回收系统补水采用除盐水（并非除氧水），甲醇采用槽车拉运进储罐储存，在进入装置甲醇罐 D-102A/B，因此其中溶有一定量的氧气，进入回收系统会携带氧，发生吸氧腐蚀。

酸性物质都具有亲水性，其进入萃取塔后与水充分接触，在较短的时间内即转移到水相中，溶有大量酸性物质的萃取水经 E-108（甲醇回收塔进料/萃取水换热器）后随着温度的升高对进换热器的腐蚀增强，腐蚀变得异常剧烈，大部分的酸性物质都在此耗尽。因此，E-108（甲醇回收塔进料/萃取水换热器）及其出口管线腐蚀较为严重。

在甲醇回收塔塔板上采集到黑色的垢样，这种黑色物质具有磁性，并具有金属光泽，可被吸铁石吸附，因此初步判断这种物质是四氧化三铁，这说明萃取水经过甲醇回收塔进料加热器前后腐蚀机理发生了变化，在经过加热器之前以酸腐蚀为主，由于酸的浓度较低，氧化性较弱，产生的是低价铁氧化物，经过加热器之后物料温度升高，随着温度升高氧的活性增加，在发生酸腐蚀的同时也发生了吸氧腐蚀，产生了氧化铁，并且氧腐蚀占主导地位如图 10 所示。

图 10　回收塔 C-103 塔板垢样

4　腐蚀对策及效果

4.1　选用酸残余量低的树脂催化剂

醚化装置使用的是丹东明珠特种树脂有限公司生产的 D-005Ⅱs 树脂催化剂，前文提过催化剂是在酸性环境中制备的，催化剂在出厂时携带游离酸，在此次催化剂技术协议中明确要求厂家到货湿剂所带水分 pH 值>6，降低树脂催化剂酸残余量。

此次新催化剂送样至化验室化验分析，催化剂（湿剂）水分 pH 值 = 6.7，符合催化剂技术协议中对催化剂的要求。另外，新催化剂装填至醚化反应器，严格按照催化剂装填方案执行，除盐水浸泡 24h 后再用甲醇反复置换反应器中含酸的除盐水，直到反应器中的甲醇水含量<10%（质量分数），降低了催化剂酸残余量。

4.2　稳定工艺操作

稳定工艺操作，严格控制醚化反应器 R-101、R-102 床层温度在 85℃以下，避免催化剂超温、催化剂床层偏流等现象的发生。

催化剂具有一定的稳定性，催化剂的活性中心磺酸基是通过硫酸在一定条件下磺化而成，因此磺酸基团在催化剂表面吸附是否牢固是关系到催化剂活性的关键。在实际生产中，反应温度过高将导致磺酸基团脱落，引起催化剂失活。在 60℃以下催化剂基本不会发生磺酸根脱落的情况，在 80℃以下催化剂磺酸根脱落速率较低。故在日常操作过程中，控制反应温度在 55～75℃。根据化验分析结果及时调整醇烯比，将反应器床层温度控制在 75℃以内，避免飞温造成磺酸根基团的脱落。醚化反应器操作如图 11 所示。

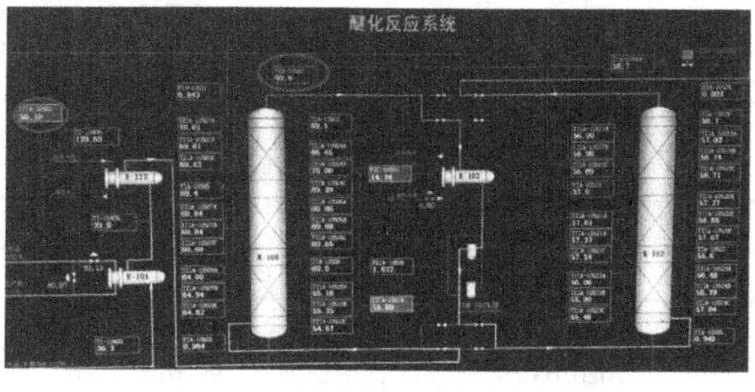

图 11　醚化反应器 DCS 操作

通过图 11 可以看到，醚化反应器入口温度控制在 50℃左右，出口温度 69℃，温升 19℃，床层温度严格控制在75℃以内，切实有效的避免飞温造成磺酸根基团的脱落。

4.3　更换甲醇回收塔腐蚀的筒体、塔盘

车间在检修期间打开甲醇回收塔C-103各处人孔，发现C-103中、上段塔盘及塔内件腐蚀严重，开工后不能满足装置的正常生产，经过车间慎重讨论决定将将C-103的31层至52层塔筒体及内部塔盘、附件整体更换如图12、图13所示。

图12　C-103更换新的筒体、塔盘

图13　C-103筒体更换前后对比

通过对甲醇回收塔C-103已腐蚀筒体的更换，消除了汽油醚化装置安全生产的隐患，回收塔C-103冲塔现象不在发生，循环甲醇水含量分析恢复至正常值，为装置长周期安全、平稳生产奠定基石，见表4。

表4　循环甲醇馏出口质量分析(检修前、后)

日期	分析项目	甲醇/%(质量分数)	水含量/(mg/kg)
	质量指标	≥94	≤10000
2019.10	99.35	6600	
2019.11	99.37	6300	
2019.12	99.33	6244	
2020.01	99.48	4753	
2020.02	99.60	4375	
2020.03	99.61	3970	
2020.04	99.58	4247	
2020.05	99.60	4439	
均值(检修前)	99.49	5116	
2020.07	99.85	1915	

续表

日期	分析项目	甲醇/%(质量分数)	水含量/(mg/kg)
	质量指标	≥94	≤10000
2020.08	99.72	2017	
2020.09	99.88	1329	
均值(检修后)	99.82	1754	

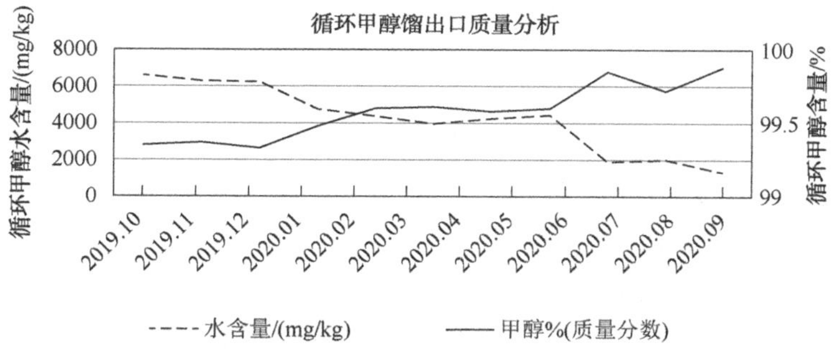

图 14 循环甲醇馏出口检修前后折线图

通过表 4、图 14 看到，循环甲醇馏出口质量分析中，甲醇含量由检修前的 99.49%提高至检修后的 99.82%，提高了 0.33%；水含量由检修前的 5116mg/kg 降低至检修后的 1754mg/kg，降低了 3362mg/kg，恢复至 2019 年 5 月前水平。

4.4 加强甲醇回收塔底萃取水 pH 值监控

醚化装置甲醇回收塔底萃取水 9 月开始每周三、五做 PH 分析，发现 PH 值偏低时及时置换萃取水，萃取水 pH 值分析见表 5。

表 5 萃取水 PH 分析

分析名称	C-102 塔底萃取水
分析项目	pH 值
2020.9.16	5
2020.9.18	5
2020.9.22	5
2020.9.25	6
2020.9.29	6
2020.10.02	5
2020.10.06	5
2020.10.09	5
2020.10.13	5
2020.10.16	6
2020.10.20	6
2020.10.23	6
2020.10.27	6
均值	5.46

通过表 5 看到，甲醇回收塔底萃取水 pH = 5.46，说明塔底萃取水呈酸性，车间根据萃取水的分析，每月对回收系统萃取水置换 2 次，每次置换 8t 除盐水，降低萃取水对回收系统的腐蚀。

车间计划增加萃取水脱酸工艺流程，提高萃取水的 pH 值后再进行循环使用，利用本次检修对脱酸处理工艺甩头，尽快落实脱酸措施实施。

5 结语

醚化反应器内件的腐蚀主要由于催化剂中的游离酸以及反应器在运行过程中催化剂的磺酸根($-SO_3H$)的脱落，采用酸残余量低的树脂催化剂并严格按照催化剂装填方案执行操作，腐蚀附件(尤其是反应器下封头)利用检修及时更换管线、弯头，下封头内采取堆焊，减缓了醚化反应器及附件的腐蚀速率。

回收系统腐蚀利用检修，更换腐蚀筒体及塔盘、附件，工艺上采取萃取水 pH 值监控，及时置换萃取水，以及增加脱酸罐，降低萃取水对回收系统的腐蚀。

参 考 文 献

[1] 梁文，吴斐，冯建钢．MTBE 装置催化剂失活原因分析及对策探讨[J]炼油技术与工程，2008，38(1)：55-58.

[2] 胡永涛．MTBE 装置催化剂失活原因及解决方案[J]．化工管理，2014，(7)：129.

[3]刘成军，曲鑫，周璇，等．催化轻汽油醚化原料预处理的方法[J]．石油与天然气化工，2016，45(6)：

6-9.
[4] 尹克新，王红晓，王金明 . MTBE 装置甲醇回收系统操作异常分析及处理[J]. 化学工业与工程，2011，28(6)：59-62.
[5] 魏刚，张婕 . MTBE 装置催化剂失活原因分析及解决方法研究[J]. 石油化工应用，2012，31(12)：86-88.
[6] 张向东 . MTBE 生产中的设备腐蚀问题分析[J]. 腐蚀科学与防护技术，2001，13(5)：300-301.
[7] 高晓斌，杨开研，左玉梅 . MTBE 催化蒸馏塔反应床层丝网腐蚀原因分析及对策[J]. 河南化工，2011，28(14)：59-61.
[8] 张雪松，周国华 . MTBE 装置甲醇回收系统腐蚀原因分析及对策[J]. 化工科技，2007，15(3)：37-40.

碳资源清洁高效利用技术与理论基础研究

陈旭年

（兰州中陆集团翔鑫公司）

摘　要　本论文深入剖析了碳资源在全球能源结构中的战略地位，并对其清洁高效利用的新技术与理论基础进行了系统性的研究。论文重点关注了碳捕集、利用与封存(CCUS)技术、直接空气捕集(DAC)技术、生物能源碳捕集与封存(BECCS)技术以及化学循环碳捕集(Cyclic Carbon Capture)技术等前沿领域。同时，论文对这些技术的原理、发展现状、潜在应用前景以及在实际应用中所面临的技术挑战和经济可行性问题进行了全面的分析。此外，论文还从政策框架、市场机制以及国际合作的角度出发，提出了推动碳资源清洁高效利用技术发展的策略建议，并展望了未来研究方向。通过本论文的研究，旨在为企业提供有价值的参考依据，共同推动碳资源的清洁高效利用，为应对全球气候变化做出积极贡献。

关键词　碳资源；清洁高效利用；新技术；新理论；基础研究

1　碳资源的战略意义与全球能源结构中的角色

随着全球气候变化和能源需求的日益增长，碳资源的清洁高效利用已成为当今世界面临的重要挑战。碳资源，尤其是化石燃料，在全球能源结构中占据着主导地位，为人类社会提供了主要的能源供应。然而，化石燃料的燃烧产生大量的二氧化碳，是导致全球气候变暖的主要温室气体之一。因此，如何实现碳资源的清洁高效利用，减少温室气体排放，已成为全球能源转型的关键课题。

在全球能源结构中，碳资源扮演着至关重要的角色。据国际能源署(IEA)统计，截至2020年，全球能源消费中约84%来自化石燃料，其中煤炭、石油和天然气分别占比27%、33%和24%。这些化石燃料在提供能源的同时，也带来了大量的碳排放。据估算，全球每年约有330亿t的二氧化碳排放来自化石燃料的燃烧，这一数字在过去几十年里持续上升。

碳资源的清洁高效利用对于减缓全球气候变化具有重要意义。通过采用先进的技术手段，如碳捕集、利用与封存(CCUS)技术、直接空气捕集(DAC)技术、生物能源碳捕集与封存(BECCS)技术以及化学循环碳捕集(Cyclic Carbon Capture)技术等，可以显著降低化石燃料燃烧过程中的碳排放量。这些技术不仅能够提高能源利用效率，还能将碳转化为有用的化学品或材料，从而实现碳资源的循环利用。

此外，碳资源的清洁高效利用对于保障能源安全也具有重要作用。随着全球能源需求的不断增长，化石燃料资源的供应压力也在增加。通过提高碳资源的利用效率，可以减少对化石燃料的依赖，从而降低能源供应风险。同时，通过发展可再生能源和替代能源，可以进一步减少对化石燃料的需求，实现能源结构的多元化和可持续发展。

2　前沿技术进展与理论基础

2.1　碳捕集、利用与封存(CCUS)技术

碳捕集、利用与封存(CCUS)技术是实现碳资源清洁高效利用的关键技术之一。该技术主要包括碳捕集、碳运输和碳封存三个环节。碳捕集是指从工业排放源或大气中捕获二氧化碳；碳运输是指将捕获的二氧化碳运输到储存地点；碳封存是指将二氧化碳长期储存于地下或海洋中，防止其释放到大气中。

目前，CCUS技术已经取得了一定的进展。在碳捕集方面，已经有多种技术被开发出来，如化学吸收法、膜分离法和低温蒸馏法等。其中，化学吸收法是目前应用最广泛的碳捕集技术，其原理是使用含有氨基的溶剂与二氧化碳发生化学反应，生成稳定的化合物，从而实现二氧化碳的捕集。在碳运输方面，管道输送是目前最常用的运输方式，其优点是成本低、效率高。在碳封存方面，地质封存是目前最常用的封存方式，其原

理是将二氧化碳注入地下的岩石孔隙中，使其与岩石发生反应，形成稳定的矿物。

虽然CCUS技术已经取得一定的进展，但仍存在一些技术难题需要解决。首先，碳捕集技术的能耗较高，需要进一步提高捕集效率和降低能耗。其次，碳运输和封存的安全问题也需要得到重视，需要建立完善的监管机制和安全标准。最后，CCUS技术的经济性也是一个重要的挑战，需要降低成本并提高市场竞争力。

2.2 直接空气捕集(DAC)技术

直接空气捕集(DAC)技术是一种从大气中直接捕获二氧化碳的技术。与传统的碳捕集技术相比，DAC技术具有更大的灵活性和适应性，因为它不依赖于特定的排放源。DAC技术的核心在于开发高效的吸附剂或催化剂，能够从大气中选择性地吸收二氧化碳。

目前，DAC技术的研究主要集中在吸附剂的开发上。研究人员正在探索各种新型的吸附材料，如金属有机骨架(MOFs)、共价有机框架(COFs)和离子液体等。这些材料具有高比表面积、高孔隙率和良好的化学稳定性，能够有效地吸附二氧化碳。此外，研究人员还在探索如何提高吸附剂的再生能力和降低成本。

尽管DAC技术具有巨大的潜力，但目前仍处于研发阶段，尚未大规模商业化。DAC技术面临的主要挑战包括提高吸附效率、降低能耗、降低成本以及处理大量捕获的二氧化碳。此外，DAC技术的环境影响也需要进一步评估，例如吸附剂的生产和废弃处理可能会对环境造成一定的负担。

2.3 生物能源碳捕集与封存(BECCS)技术

生物能源碳捕集与封存(BECCS)技术是一种结合生物质能源生产和碳捕集的技术。BECCS技术的核心在于利用生物质能源的生产过程来捕集二氧化碳，并将其储存起来。生物质能源是一种可再生能源，其生产过程中会吸收大量的二氧化碳，因此BECCS技术具有负排放的潜力。

目前，BECCS技术的研究主要集中在生物质资源的开发和利用上。研究人员正在探索如何提高生物质能源的产量和效率，以及如何将生物质转化为可用于发电、供热和交通等领域的能源。同时，研究人员还在探索如何将二氧化碳从生物质燃烧过程中捕集并储存起来。

BECCS技术面临的主要挑战包括生物质资源的可持续性、碳捕集效率、储存安全以及经济性等问题。首先，生物质资源的可持续性是一个关键问题，需要确保生物质的生产不会对生态系统造成破坏。其次，碳捕集效率需要进一步提高，以降低成本并提高技术的实用性。此外，储存安全也是一个重要的考虑因素，需要确保二氧化碳的长期储存不会对环境造成负面影响。最后，BECCS技术的经济性也是一个重要的挑战，需要降低成本并提高市场竞争力。

2.4 化学循环碳捕集(Cyclic Carbon Capture)技术

化学循环碳捕集(Cyclic Carbon Capture)技术是一种利用化学循环过程来捕集二氧化碳的技术。该技术的核心在于开发高效的化学循环系统，通过化学反应将二氧化碳转化为易于储存的化合物。与传统的碳捕集技术相比，化学循环碳捕集技术具有较高的捕集效率和较低的能耗。

目前，化学循环碳捕集技术的研究主要集中在催化剂的开发和反应机理的研究上。研究人员正在探索各种新型的催化剂，如金属氧化物、金属硫化物和金属氮化物等。这些催化剂能够促进二氧化碳与其他物质的反应，从而实现二氧化碳的转化和储存。同时，研究人员还在探索如何优化化学循环的条件，以提高反应效率和降低成本。

化学循环碳捕集技术面临的主要挑战包括催化剂的稳定性、反应效率的提高、成本的降低以及环境影响的评估等问题。首先，催化剂的稳定性是一个关键问题，需要确保催化剂在长期运行过程中不会失去活性。其次，反应效率的提高也是一个重要的挑战，需要优化反应条件并探索新的反应路径。此外，成本的降低也是一个重要的考虑因素，需要降低催化剂的生产成本和反应过程中的能耗。最后，环境影响的评估也是一个重要的挑战，需要确保化学循环碳捕集技术的环境友好性。

3 技术挑战与经济可行性分析

3.1 技术难题及突破途径

虽然碳资源清洁高效利用的新技术取得了一定的进展，但仍面临许多技术难题。首先，提高碳捕集效率是当前研究的重点。目前，碳捕集技术的能耗较高，捕集效率有待提高。例如，化学吸收法虽然捕集效率较高，但能耗较大，需要消耗大量的热能。因此，研究人员正致力于开发低能耗的碳捕集技术，如膜分离法和低温蒸馏法等。此外，提高碳捕集技术的适应性也是一个重要的研究方向。目前，大部分碳捕集技术都是针对特定的排放源设计的，无法适应不同类型的排放源。因此，研究人员正在探索如何开发通用型的碳捕集技术，以适应不同类型的排放源。

3.2 经济成本效益评估

经济成本效益评估是推动碳资源清洁高效利用技术发展的重要因素。目前，许多碳捕集技术的成本较高，使得其在商业应用中面临一定的困难。例如，DAC 技术需要消耗大量的能源来驱动吸附剂的再生，导致其成本较高。因此，降低成本是推动这些技术发展的关键。同时，政府和企业也需要加大对碳资源清洁高效利用技术的投入，提供财政补贴和税收优惠等政策支持，以促进技术的研发和应用。

3.3 环境影响与可持续性考量

环境影响与可持续性是碳资源清洁高效利用技术发展的重要考量因素。首先，碳捕集技术的环境影响需要得到充分评估。例如，化学吸收法使用的氨基溶剂可能对环境造成污染，需要寻找更加环保的替代品。其次，碳储存的安全性也需要得到保证。例如，地质封存需要确保二氧化碳不会泄漏到大气中，对环境造成破坏。此外，可持续性也是一个重要的考虑因素。例如，生物质能源的生产需要占用大量的土地资源，可能会对生态系统造成破坏。因此，研究人员需要探索更加可持续的生物质能源生产方式。

4 政策框架、市场机制与国际合作

4.1 政策支持与激励措施

政府政策对于推动碳资源清洁高效利用技术的发展具有重要作用。政府可以通过制定相关法规和标准来推动技术的研发和应用。例如，政府可以规定新建电厂必须采用 CCUS 技术，或者对采用 CCUS 技术的企业给予税收优惠等政策支持。此外，政府还可以设立专项基金来支持碳资源清洁高效利用技术的研究和发展。

市场机制也是推动碳资源清洁高效利用技术发展的重要因素。例如，碳交易市场可以为碳排放设定价格，促使企业采取减排措施。此外，绿色金融也可以为低碳项目提供资金支持，推动技术的研发和应用。政府可以通过建立碳交易市场和绿色金融体系来推动碳资源清洁高效利用技术的发展。

4.2 市场机制设计与优化

市场机制的设计和优化对于推动碳资源清洁高效利用技术的发展具有重要作用。首先，市场机制需要公平、透明和有效，以便企业和投资者能够准确评估碳排放的成本和收益。例如，政府可以通过建立统一的碳排放核算和论文制度来提高市场的透明度。其次，市场机制需要具有灵活性，以便适应不同行业和不同规模企业的需求。例如，政府可以通过设立不同的碳排放配额和交易规则来满足不同行业的需求。此外，市场机制还需要与政策支持相结合，以促进技术的研发和应用。例如，政府可以通过提供财政补贴和税收优惠等政策支持来降低企业的减排成本。

4.3 国际合作与技术转移

国际合作与技术转移对于推动碳资源清洁高效利用技术的发展具有重要作用。首先，国际合作可以促进技术的交流和共享。例如，各国可以共同开展碳捕集技术的研发项目，共享实验数据和研究成果。其次，国际合作可以促进技术的转移和应用。例如，发达国家可以向发展中国家转让碳捕集技术，帮助其提高减排能力。此外，国际合作还可以促进政策和标准的统一。例如，各国可以共同制定国际碳排放标准，推动全球范围内的减排行动。政府可以通过参与国际组织和签订国际协议来推动国际合作与技术转移。

5 促进碳资源清洁高效利用的策略建议

5.1 加强研发投入与技术创新

为了推动碳资源清洁高效利用技术的发展，政府和企业需要加强研发投入和技术创新。首先，政府应加大对碳资源清洁高效利用技术的研发投入，提供财政补贴和税收优惠等政策支持。同时，企业也应加大对技术创新的投入，积极探索新的碳捕集、利用和储存技术。此外，政府和企业还可以加强与科研机构的合作，共同开展技术研发和应用推广工作。

5.2 推动跨学科整合与协同创新

碳资源清洁高效利用技术涉及多个学科领域，如化学、物理、材料科学、环境科学等。为了推动技术的发展，需要加强跨学科整合与协同创新。政府可以通过设立跨学科研究项目和资助跨学科研究团队来促进学科交叉融合。同时，企业也可以积极寻求与高校、研究机构等的合作，共同开展技术研发和应用推广工作。此外，还可以通过举办学术会议、研讨会等活动来促进学科交叉融合和技术交流。

5.3 优化产业结构与市场布局

为了推动碳资源清洁高效利用技术的发展，还需要优化产业结构与市场布局。政府可以通过制定产业政策和规划来引导企业向低碳、环保方向发展。例如，政府可以鼓励企业采用低碳生产技术和设备，推动传统产业的绿色转型升级。同时，政府还可以通过建设低碳产业园、绿色能源基地等来优化市场布局，促进低碳产业的集聚发展。此外，还可以通过培育低碳产业链和推动产业协同发展来提高整个产业链的低碳水平。

5.4 完善政策体系与监管框架

为了推动碳资源清洁高效利用技术的发展，还需要完善政策体系与监管框架。政府应建立健全的法律法规和政策体系，明确碳排放的责任和义务，为技术的研发和应用提供法律保障。同时，政府还应加大监管力度，确保企业遵守相关法规和标准，推动技术的规范化和标准化发展。此外，还可以通过建立碳排放权交易市场等市场化手段来促进企业的减排行为。

5.5 提升公众意识与社会参与度

为了推动碳资源清洁高效利用技术的发展，还需要提升公众意识与社会参与度。政府和企业应加强宣传教育工作，提高公众对碳资源清洁高效利用技术的认识和了解。同时，政府还可以通过开展科普活动、发布宣传资料等方式来普及相关知识，增强公众的环保意识。此外，还可以通过鼓励公众参与低碳生活实践、推广绿色出行等方式来促进社会的低碳发展。

6 未来研究方向与展望

6.1 跨学科整合与系统优化研究

未来研究方向之一是跨学科整合与系统优化研究。碳资源清洁高效利用技术涉及多个学科领域，需要加强跨学科的合作与交流。未来的研究可以探索如何将不同学科的理论和方法相结合，形成更加完善的技术体系。同时，还可以研究如何优化整个系统的运行效率和经济性，降低成本并提高技术的实用性。

6.2 新材料与新工艺的开发应用

未来研究方向之二是新材料与新工艺的开发应用。随着材料科学的不断发展，新型的吸附剂、催化剂和储存材料不断涌现。未来的研究可以探索如何利用这些新材料来提高碳捕集效率和降低成本。同时，还可以研究如何优化工艺流程和设备设计，提高整个系统的运行效率和稳定性。此外，还可以探索如何将碳资源转化为有用的化学品或材料，实现碳资源的循环利用。

6.3 长期监测与数据积累

未来研究方向之三是长期监测与数据积累。为了评估碳资源清洁高效利用技术的效果和可持续性，需要进行长期的监测和数据积累。未来的研究可以建立长期的监测网络和数据收集体系，对碳捕集、利用和储存过程进行实时监测和数据记录。同时，还可以利用大数据和人工智能技术对监测数据进行分析和挖掘，为技术的改进和优化提供科学依据。此外，还可以探索如何利用监测数据来评估技术的环境影响和社会经济效益。

6.4 国际标准化与技术规范制定

未来研究方向之四是国际标准化与技术规范制定。随着全球气候变化问题的日益突出，各国对于碳排放的控制越来越严格。未来的研究可以参与国际标准化组织的活动，推动国际标准化的制定和发展。同时，还可以探索如何制定国际通用的技术规范和标准，促进全球范围内的技术交流和合作。此外，还可以探索如何利用国际标准化和技术规范来推动国内技术的发展和应用。

6.5 社会经济影响评估与政策模拟

未来研究方向之五是社会经济影响评估与政策模拟。碳资源清洁高效利用技术的发展不仅涉及技术层面，还涉及社会经济层面。未来的研究可以探索如何评估技术的社会经济影响，包括对就业、经济增长、环境保护等方面的影响。同时，还可以利用模型和模拟技术对政策进行模拟和预测，为政府决策提供科学依据。此外，还可以探索如何利用社会经济影响评估和政策模拟来推动技术的发展和应用。

7 结论

随着全球气候变化和能源需求的日益增长，碳资源的清洁高效利用已成为当今世界面临的重要挑战。本论文通过对碳资源清洁高效利用的新技术与理论基础进行系统性的研究，为政府决策部门、科研机构和企业提供了有价值的参考依据。

本论文指出，碳资源在全球能源结构中占据着主导地位，但其燃烧产生的大量二氧化碳是导致全球气候变暖的主要温室气体之一。因此，实现碳资源的清洁高效利用对于减缓全球气候变化具有重要意义。同时，碳资源的清洁高效利用也有助于保障能源安全，降低对化石燃料的依赖，实现能源结构的多元化和可持续发展。

本论文详细介绍了碳捕集、利用与封存(CCUS)技术、直接空气捕集(DAC)技术、生物能源碳捕集与封存(BECCS)技术以及化学循环碳捕集(Cyclic Carbon Capture)技术等前沿领域。这些技术各有特点和优势，但仍存在技术难题和经济可行性问题。例如，CCUS 技术的能耗较高，DAC 技术的成本较高，BECCS 技术的可持续性问题以及 Cyclic Carbon Capture 技术的环境影响问题等。因此，需要进一步加强技术研发和创新，解决这些问题，推动技术的成熟和应用。

本论文还从政策框架、市场机制以及国际合作的角度出发，提出了推动碳资源清洁高效利用技术发展的策略建议。政府应加大对技术研发的投入和政策支持力度，建立健全的法律法规和政策体系，明确碳排放的责任和义务。同时，应加强市场机制的设计和优化，促进技术的商业化和市场化发展。此外，应积极推动国际合作与技术转移，共同应对全球气候变化问题。

未来研究方向包括跨学科整合与系统优化研究、新材料与新工艺的开发应用、长期监测与数据积累、国际标准化与技术规范制定以及社会经济影响评估与政策模拟等方面。通过这些研究方向的深入探索和实践，有望推动碳资源清洁高效利用技术的进一步发展，为应对全球气候变化做出积极贡献。

参考文献

[1] 张军，王旭，李阳，等，碳捕集与封存(CCS)技术在清洁能源生产中的应用[J]. 可再生和可持续能源评论，66(2020)104-123.

[2] 吕阳，何阳，张军，等，直接空气捕获 CO_2：技术、进展与挑战[J]. 化学工程杂志，390(2020)121-138.

[3] Melchior S，Hegg C，Persson K A，et al. 碳捕集与利用：现状技术及未来潜力评述[J]. 化学学会评论，47(2018)6385-6420.

[4] Bauer S J，经济评估碳捕集与封存技术[J]. 能源程序，114(2017)362-369.

[5] Persson K A，碳捕集与利用：现状技术及未来潜力评述[J]. 化学学会评论，47(2018)6385-6420.

[6] Melchior S，Hegg C，Persson KA，碳捕集与利用：现状技术及未来潜力评述[J]. 化学学会评论，47(2018)6385-6420.

[7] Bauer S J，经济评估碳捕集与封存技术[J]. 能源程序，114(2017)362-369.

[8] Persson K A，碳捕集与利用：现状技术及未来潜力评述[J]. 化学学会评论，47(2018)6385-6420.

ICPE-OES 法在化验分析的应用与优化

陈　楠　纪雯施　张桂贤

（中国石油大港石化公司）

摘　要　近年来，中国石油天然气股份有限公司大港石化分公司（简称大港石化）积极响应集团公司“减油增化减油增特”的战略部署，加大石油化工产品的研发投产力度，投建了一系列新装置。石油石化产品种类显著增多，对质量检验中心的化验分析水平提出了更高的要求。质量检验中心现有的原子分析仪难以满足现有工况下对多元素金属含量测定的需求。为此，质检中心于 2022 年引进了岛津公司生产的电感耦合等离子体发射光谱仪 ICPE9820。参考 GB/T 34099—2017《残渣燃料油中铝、硅、钒、镍、铁、钠、钙、锌及磷含量的测定电感耦合等离子发射光谱法》、GB/T 37160—2019《重质馏分油、渣油及原油中痕量金属元素的测定电感耦合等离子体发射光谱法》等方法标准，并结合生产实际需求进行了一系列实验探索，逐步建立了水溶液中铁、镍、铜、钠、钙、镁、锑、钒、铝九种金属元素含量的测定方法。在一定的测试条件下，该方法中各元素分析线性范围较宽，检测灵敏度高，检出限低，方法精密度和准确度良好，节省了时间成本和物料成本，为大港石化生产装置所需数据的获取提供了必要保障。同时对方法的精密度、重复性进行了考察。在这个过程中对部分元素的测定方法进行了优化，并对标准样品的购买提供了合理的建议，降低了原材料的使用成本。

关键词　金属含量；电感耦合等离子体；精密度；优化

为了增产高辛烷值汽油，大港石化的烷基化装置于 2022 年正式开工投产。在新装置运行过程中，出现了针对多种水样以及油品中的金属元素含量进行分析的客观需求。现有的原子吸收仪因使用年限过长，仪器状态不稳定且故障频发，且能测定的元素种类有限，难以满足实际需求，公司经过多方调研，决定引进现阶段应用较为普遍的电感耦合等离子体发射光谱仪以支持装置生产。

1　实验仪器与试剂

1.1　主要仪器、器材与试剂

电感耦合等离子体发射光谱仪：型号 ICPE-9820，岛津公司。

试剂：（1）单元素标样（Na，GBW（E）080260；Al，GBW（E）080219；Mg，GBW（E）080262；Ca，GBW（E）080261；V，GBW（E）080216；Sb，GBW（E）080545；Ni，GBW08618；Fe，GBW（E）080123；Cu，GBW（E）080123），Ni 元素和 Cu 元素质量浓度为 1000mg/L，其他元素质量浓度为 100mg/L，中国计量科学院。

（2）多元素混合标样 1（含 Al、As、B、Ba、Be、Bi、Cd、Co、Cr、Cu、Fe、Ga、Li、Mg、Mn、Ni、Pb、Sb、Sn、Sr、Ti、Tl、V、Zn），GBW（E）083549，元素质量浓度为 100mg/L，介质：15%HNO3-trHCL-trHF，钢研纳克检测技术股份有限公司。

（3）多元素混合标样 2（含 Fe、Ni、Cu、Na、Ca、Mg、Al、Pb、Sb、V），GNM-M1013130-2013，元素质量浓度为 100mg/L，介质：15%HCL，5%HNO3，国家有色金属及电子材料分析测试中心。

1.2　仪器测试条件

ICP-OES 仪器基本测试条件见表 1，需要注意的是前期观测方向均为轴向观测。

表 1　ICP-OES 仪器测试条件

测试参数	设定值
高频功率/W	1200
等离子体气/（L/min）	10.0
辅助气/（L/min）	0.6
载气/（L/min）	0.7
曝光时间/s	20
灵敏度	宽范围
观测方向	轴向观测/纵向观测

2 实验步骤

2.1 样品前处理

油品以及催化剂的处理方法分别参考企业标准 Q/SY GS 1022—2016《重质组分油中铁、镍、铜、钙、钠、锑测定方法》和 Q/SY GS 1023—2016(2022)《催化裂化催化剂中铁、镍、铜、钙、锑、钠测定方法》，主要是采用干法灰化以及酸消解法提取出样品中的金属元素。最终测定的样品以水溶液的形态存在。

2.2 标准曲线的建立

2.2.1 用单元素标样配制成混合标样探索建立标准曲线

利用 ICP-OES 法建立多元素标准曲线，这里参考原子吸收法建立标准曲线时各元素的标准浓度，将单元素标样按照一定比例混合配制成混合标样，元素质量浓度及观测波长见表 2。经前期反复验证，Na、Ca、Mg 元素的测定干扰因素较多，数据波动较大，因此这三种元素将在后续单独考察及讨论。

表 2 各元素建立标准曲线时选取的浓度及观测波长列表

元素	浓度/(mg/L)			波长/nm
Fe	0.35	1	2.5	238.204
Ni	0..35	1	2.5	231.604
Ca	0.025	0.05	0.1	393.366
Cu	0.125	0.25	0.5	324.754
Mg	0.1	0.3	0.6	279.533
Sb	0.25	0.5	1	217.581
V	1	2	3	292.402

得到的标准曲线如图 1 所示。

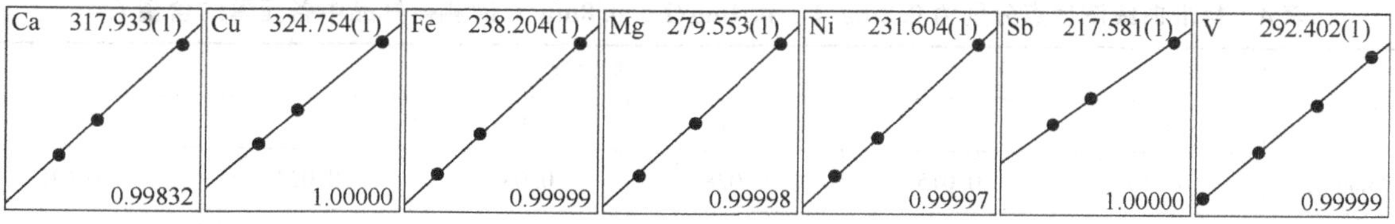

图 1 ICP-OES 法得到的各元素标准曲线图

2.2.2 对比 ICP 和原子吸收法测定相同样品的数据

对比 ICP-OES 法和原子吸收法测定同一批次原料油和催化裂化再生剂中元素含量数据的差异，测定数据见表 3。

表 3 ICP-OES 法和原子吸收法测定相同元素的数据对比

	原料油		再生剂	
元素	ICP 测定值/(mg/L)	原子吸收测定值/(mg/L)	ICP 测定值/(mg/L)	原子吸收测定值/(mg/L)
Fe	6.3	6.3	6460	6075
Ni	8.88	8.4	9500	9350
Cu	0.0134	未检出	78.3	92.5
Sb	0.28	未检出	1420	862.5

由表 3 可知，整体而言，上述四种元素所得标准曲线相关系数均达到了 0.999 以上。两种方法测定原料油和再生剂中的金属含量所得数据仅 Sb 元素含量相差较大，该方法准确性和精密度有待进一步考察。

2.2.3 用多元素标样探索各元素建立标准曲线的最佳浓度

前期利用单元素标样复配混合标样探索实验中，Fe、Ni、Cu、Sb 这几种元素虽然得到了较为理想的标准曲线，但是单元素浓度的差异给混标配制增加了很大的工作量，因此考虑购买多元素混合标样 1（由于生产实际需求，该混合标样中添加了 Al 元素，同步建立 Al 元素的测定方法），探索是否能将各元素的最佳浓度达成统一。配制三组不同浓度范围的标准溶液，得到的标准曲线如图 2～图 4 所示，得到的数据见表 4～表 6。

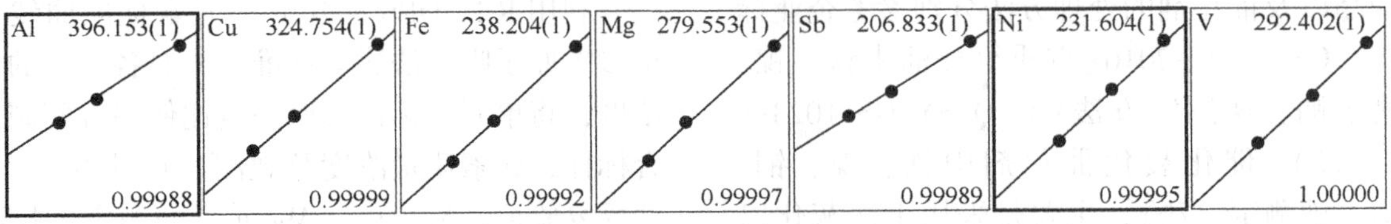

图 2　元素浓度分别为 0.2、0.4、0.8mg/L 得到的标准曲线图

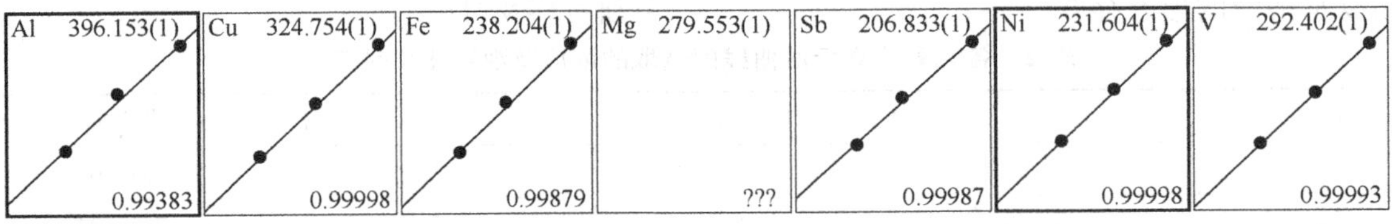

图 3　元素浓度分别为 3、6、10mg/L 得到的标准曲线图

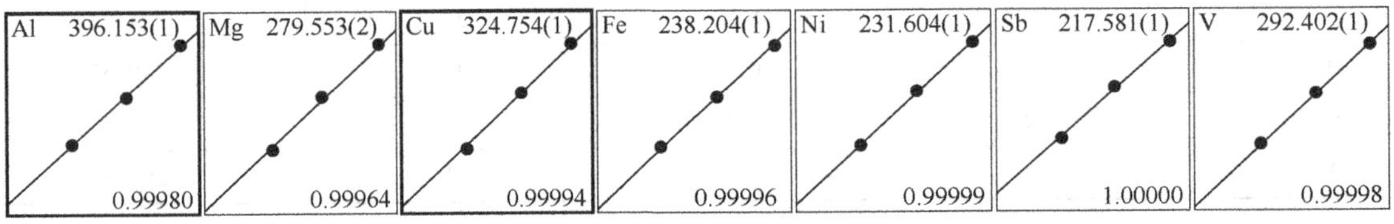

图 4　元素浓度分别为 1、2、3mg/L 得到各元素的标准曲线图

表 4　标准曲线浓度点分别为 0.2mg/L、0.4mg/L、0.8mg/L 时测得样品中各元素的含量表

样品浓度	元素种类					
	Fe	Ni	Cu	V	Sb	Al
0.025mg/L	0.015	0.015	0.028	0.031	0.022	0.018
0.125mg/L	0.117	0.115	0.113	0.120	0.117	0.121
0.25mg/L	0.21	0.21	0.23	0.21	0.21	0.22
1.0mg/L	0.97	0.97	0.96	0.97	0.97	0.96
2.0mg/L	1.97	2.02	2.03	2.01	1.97	1.96
3.0mg/L	2.96	2.95	2.95	2.93	2.95	2.93

表 5　标准曲线浓度点分别为分别为 3.0mg/L、6.0mg/L、10.0mg/L 时测得样品中各元素的含量表

样品浓度	元素种类					
	Fe	Ni	Cu	V	Sb	Al
0.025mg/L	0.011	0.008	0.042	0.035	0.018	0.033
0.25mg/L	0.18	0.18	0.20	0.28	0.30	0.30
1.0mg/L	1.05	1.08	0.93	1.05	1.08	1.10
2.0mg/L	2.03	2.02	2.00	2.00	1.99	1.99
3.0mg/L	2.99	2.99	3.00	3.00	2.99	2.99
5.0mg/L	5.01	5.00	5.02	5.03	4.99	4.98

表 6　标准曲线浓度点分别为分别为 1.0mg/L、2.0mg/L、3.0mg/L 时测得样品中各元素的含量表

样品浓度	元素种类					
	Fe	Ni	Cu	V	Sb	Al
0.025mg/L	0.017	0.015	0.022	0.020	0.020	0.022
0.125mg/L	0.123	0.120	0.121	0.123	0.126	0.127
0.25mg/L	0.28	0.28	0.23	0.24	0.26	0.24
1.0mg/L	1.01	1.00	0.98	1.01	1.00	1.00
2.0mg/L	2.01	2.00	2.00	2.01	1.99	1.99
3.0mg/L	2.98	2.99	3.01	3.01	2.99	2.98

由表 4～表 6 的数据结果以及相对应的标准曲线图 2～图 4 可知，Fe、Ni、Cu、V、Sb、Al 标准浓度点选取 1mg/L、2mg/L、3mg/L 时，得到的标准曲线最佳，相关系数均达到 0.999 以上，且测定数值与标准数值的偏差相对最小。元素浓度越接近建立标线时所选取的浓度范围，测定值越准确。

由于本批次购买的混合标样含有 Ti 元素，因此基底液中添加了 HF 以保持该元素的稳定性。混合标样最终用容量瓶定容，玻璃材质的容量瓶其主要成分为硅酸盐复盐，化学组成包含 Na、Ca、Mg 等元素，而 HF 对玻璃有腐蚀性，HF 的存在势必会对 Na、Ca、Mg 这三种元素的测定存在干扰，这也是厂家未在该多元素混合标样 1 中添加 Na、Ca、Mg 三种元素的原因。这里对上述三种元素分别配制单标样来考察。

2.2.4　单独考察 Ca 元素

确定 Ca 元素的合适波长：

多次利用 ICP-OES 法测定同一样品中 Ca 元素含量，发现选取 393.366nm 波长观测时所得数据不稳定，且存在标准曲线的截距偏高，相关系数偏离 1 的现象。经参考相关文献[5]，考虑重新选取 Ca 元素的波长，将原有的 393.366nm 观测波长替换为 317.933nm，配制 Ca 元素质量浓度为 1mg/L、2mg/L、3mg/L 的标准样品建立标准曲线，两个波长下得到的 Ca 标准曲线如图 5 所示。

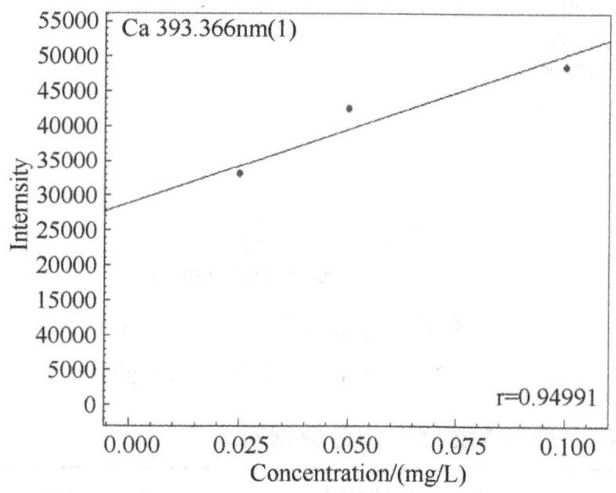

R=0.94991　波长393.366nm

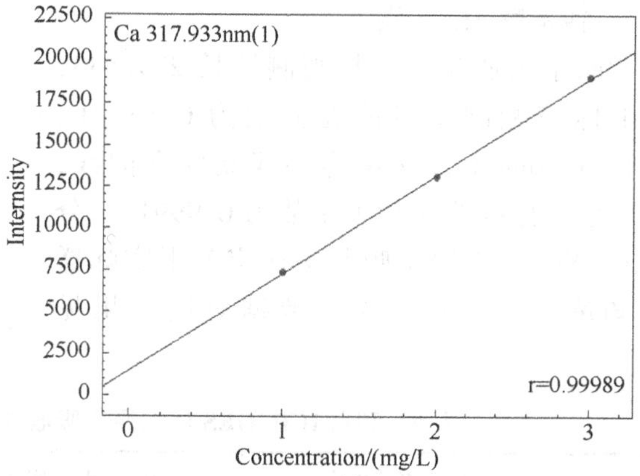

R=0.99989　波长317.933

图 5　不同特征波长下得到 Ca 元素标准曲线

由图 5 可知，选择 317.933nm 波长时所得到的标准曲线明显优于 393.366nm 时的标准曲线，且相关系数大于 0.999。分别用 ICP-OES 法与原子吸收法测定若干实际样品及已知浓度的标准样品，数据对比结果见表 7。

表 7　利用 ICP-OES 法和原子吸收法测定样品中 Ca 元素含量数据对比

样品	7.17 催化原料	7.18 催化原料	7.18 汽柴加原料	7.19 催化原料	Ca 元素浓度为 2mg/L 的标准样品	Ca 元素浓度为 3mg/L 的标准样品
ICP-OES 法	23.6	25.4	2.9	16.5	2.08	3.06
原子吸收法	16.2	17.6	1.2	7.4	1.88	2.85

由表 7 可以看出，测定实际样品时，两种方法所得数据存在一定偏差。结合测定标准样品的数据，可知在该实验条件下，ICP-OES 法测定准确性明显高于原子吸收法。

2.2.5　单独考察 Na 元素

参考原子吸收法，选择观测波长 589.592nm，用 Na 单标液配制质量浓度分别为 0.5mg/L、2.5mg/L、5mg/L 的标准样品建立标准曲线，如图 6所示，标准曲线相关系数为 0.99932。分别用 ICP-OES 法与原子吸收法测定若干实际样品及已知浓度的标准样品，数据对比结果见表 8。

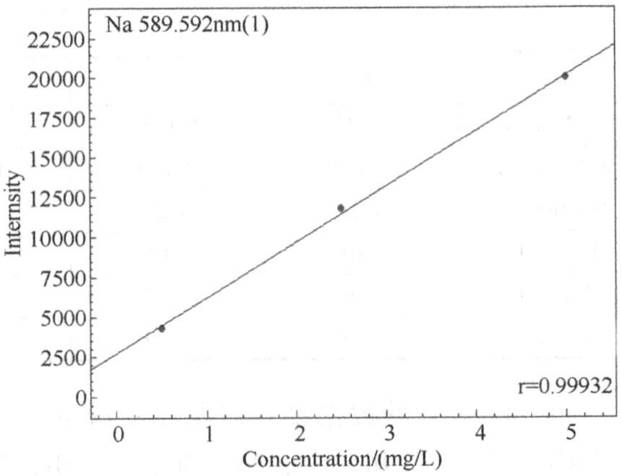

图 6　Na 元素浓度分别为 0.5mg/L、2.5mg/L、5mg/L 建立的标准曲线

表 8　利用 ICP-OES 法和原子吸收法测定样品中 Na 元素含量数据对比

方法	SR-201 水样	C-203 水样	D-210 水样	D-105 水样	D-103 水样	Na 元素浓度为 1mg/L 的标准样品	Na 元素浓度为 3mg/L 的标准样品
ICP-OES 法	407	289	33.4	72.5	未检出	1.02	2.98
原子吸收法	366	232	48.3	97	未检出	0.89	2.84

由表 8 可以看出，测定实际样品时，两种方法所得数据结果较为接近。结合测定标准样品的数据，可知在该实验条件下，ICP-OES 法测定准确性明显高于原子吸收法。

2.2.6　单独考察 Mg 元素

参考原子吸收法，选择观测波长 279.533，用 Mg 单标液配制质量浓度分别为 0.1mg/L、0.2mg/L、0.4mg/L 的标准样品建立标准曲线，如图 7 所示，标准曲线相关系数为 0.99912。分别用 ICP-OES 法与原子吸收法测定若干实际样品及已知浓度的标准样品，数据对比结果见表 12。

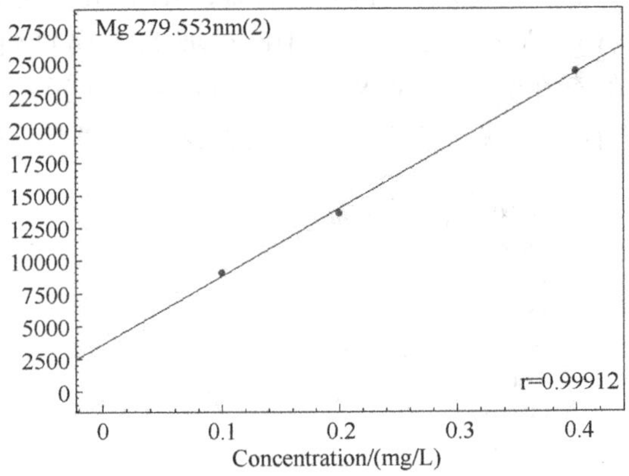

图 7　Mg 元素浓度分别为 0.1、0.2、0.4mg/L 建立的标准曲线

表 9　利用 ICP-OES 法和原子吸收法测定样品中 Mg 元素含量数据对比

样品	Mg 元素浓度为 0.5mg/L 的标准样品	Mg 元素浓度为 1.0mg/L 的标准样品	Mg 元素浓度为 1.5mg/L 的标准样品	Mg 元素浓度为 2.0mg/L 的标准样品
ICP-OES 法	0.50	1.01	1.54	1.92
原子吸收法	0.47	1.12	1.44	2.11

由表 9 可以看出，测定实际样品时，两种方法所得数据结果较为接近。结合测定标准样品的数据，可知在该实验条件下 ICP-OES 法准确性高于原子吸收法。

结合前期的实验结果，最终确定 ICP 法测定常见的金属元素含量，建立标准曲线所需浓度点的数值见表 10。

表 10　ICP-OES 法测定样品中金属含量建立标准曲线选取浓度点的数值

	元素	Fe	Ni	Cu	Ca	V	Sb	Al	Na	Mg
标准曲线浓度点浓度/(mg/L)	cal1	1	1	1	1	1	1	1	0.5	0.1
	cal2	2	2	2	2	2	2	2	2.5	0.2
	cal3	3	3	3	3	3	3	3	5	0.4

2.2.7　进一步优化标准曲线建立的实验条件

由于 Na、Ca、Mg 在酸性条件下更稳定，因此选取 2%的硝酸为基底配制标准溶液。

2.2.7.1　探索 Na、Ca、Mg 三种元素共存情况下的最佳测实验条件

用单元素标准溶液配制含有 Na、Ca、Mg 三种元素的混标做标准曲线，各元素浓度分别为 1mg/L，2mg/L，3mg/L。得到的标准曲线如图 8 所示。

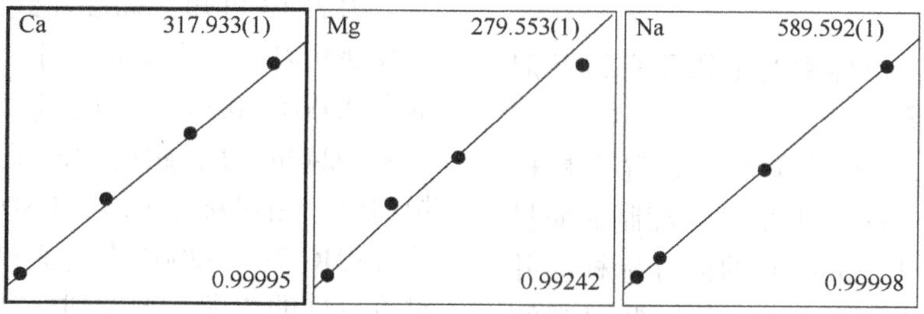

图 8　Na、Ca、Mg 混标标准曲线图

由图 8 可以看出，Na 和 Ca 元素标准曲线相关系数均能达到 0.999 以上，Mg 元素相关系数稍小于 0.999，说明 Na 和 Ca 在此实验条件下标准曲线浓度能够大致统一，但需进一步探索 Mg 元素的最佳实验条件。

2.2.7.2　更改 Mg 元素的观测方向

将 Mg 元素观测方向更改为纵向观测，分别于条件 2 和条件 3 处将观测方向更改为纵向观测（观测位置高）和纵向观测（观测位置低），用多元素混合标样 1 配制浓度为 1mg/L、2mg/L、3mg/L 的混合标样，建立了元素（部分）的标准曲线，其中图 9 为实验条件设定界面截图。

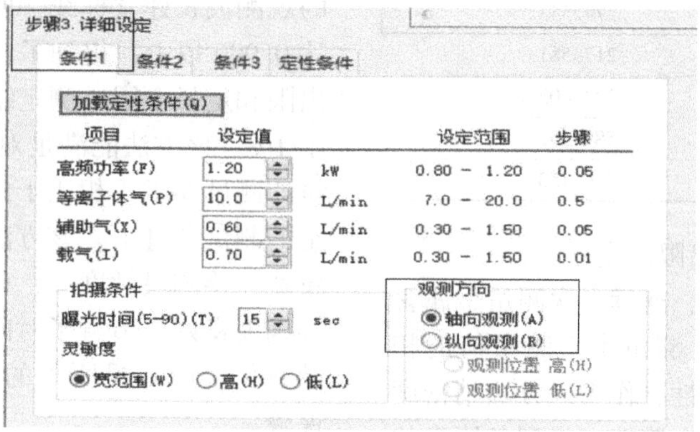

图 9　条件设定界面截图

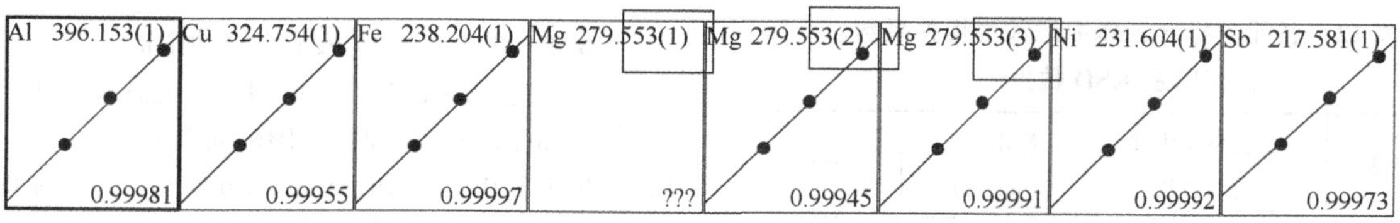

图 10　2.2.7.2 所述条件下得到的标准曲线图

注：图 10 中用方框圈出来的部分代表选择的是具体哪个测定条件

由图 10 可知，采用条件 1 轴向观测时，Mg 元素未出标准曲线，采用条件 2 和条件 3 纵向观测，Mg 元素标准曲线相关系数均能达到 0.999 以上，其他元素标准曲线较好，相关系数均达到 0.999。表明在 Mg 元素的浓度也不再受限于 1mg/L 以下，且可以实现与大部分被测元素共存，分析认为酸性条件下 Mg 更加稳定，且纵向观测方向更适合高灵敏度元素。

综上，我们认为在酸性条件下，前述提到的九种元素能够以混合标样的形式存在以供实验，且目前确定的最佳标准曲线浓度点为 1mg/L，2mg/L，3mg/L。

2.2.8　最终确定混合标样中的金属元素以及混合标样的浓度

根据实际需要，定制购买多元素混合标样 2，用浓度为 2%的 HNO_3 作基底液，配制成质量浓度为 1mg/L、2mg/L、3mg/L 的混合标样，并作标准曲线，观测方向除 Mg 元素是纵向观测外，其他元素均为轴向观测，别的实验条件与表 1 一致，最终确定的各元素观测波长见表 11。

表 11　最终确定元素的观测波长表

元素名称	波长/nm
Fe	238.204
Ni	231.604
Ca	317.933
Cu	324.754
Mg	279.553
Sb	217.581
V	292.402
Na	589.592
Al	396.153

2.2.9　方法精密度及检出限测定

基于前期的实验结果，连续十次测量金属含量为 1mg/L 的标准溶液，测量十次测量值的相对标准偏差(RSD)为重复性，作为该方法精密度的依据。连续十次测量空白溶液，得到各元素的检出限，结果见表 12。

表 12　各元素标准工作曲线线性相关系数、检出限及 RSD 数据表

元素名称	标准曲线线性相关系数	检出限/(mg/L)	RSD
铁	0.99998	0.0016077	0.47
镍	0.99996	0.0024434	0.4

续表

元素名称	标准曲线线性相关系数	检出限/(mg/L)	RSD
铜	0.99998	0.0037198	0.49
钙	0.99995	0.0021366	0.28
锑	0.99994	0.0094264	0.38
钒	1.00000	0.0015968	0.44
钠	0.99907	0.0035217	0.91
镁	0.99992	0.0000249	0.62
铝	0.99983	0.0053654	0.4

由表 12 可知，标准曲线线性相关系数均达到 0.999 以上。除镁元素外，其余元素检出限范围在 0.001～0.009mg/L，镁元素检测限达到了 0.0000249mg/L，跟前述该元素灵敏度高的结论相吻合。相对标准偏差(RSD)结果均小于 1%，符合《JJG 768—2005 发射光谱仪检定规程》中针对重复性的要求。考虑到样品前处理引入的偏差以及仪器本身存在的测试误差，本方法精密度较为理想。

3　结论

建立了电感耦合等离子体发射光谱法(ICP-OES)测定水样中铁、镍、铜、钠、钙、镁、铝、锑、钒 9 种金属元素含量的方法。确定了 9 种金属元素在 0～3.0mg/L 的测试范围内，选取合适的观测波长建立标线，所得标线线性相关系数均达 0.999 以上；得到了该仪器针对上述元素的检出限和定量下限，测定结果的相对标准偏差均小于 1%。该方法能满足对水样中 9 种金属元素含量的测试要求。相比于传统的原子吸收法，在指定的测试条件下，该方法中各元素分析线性范围较宽，检测灵敏度高，检出限低，方法精密度和准确度良好，节省了时间成本和物料成本，为大港石化生产装置所需的数据的获取提供了必要保障。

参　考　文　献

[1] GB/T 34099—2017，残渣燃料油中铝、硅、钒、镍、铁、钠、钙、锌及磷含量的测定电感耦合等离子发射光谱法[S]. 北京：中国标准出版社，2017.

[2] GB/T 37160—2019，重质馏分油、渣油及原油中痕量金属元素的测定电感耦合等离子体发射光谱法[S]. 北京：中国标准出版社，2019.

[3] Q/SY GS 1022—2016，重质组分油中铁、镍、铜、

钙、钠、锑测定方法[S].[S].北京：中国标准出版社，2016.

[4] Q/SY GS 1023—2016，催化裂化催化剂中铁、镍、铜、钙、锑、钠测定方法[S].北京：中国标准出版社，2016.

[5] 王树加，陈晓丽，关进安，等．微波消解-电感耦合等离子体发射光谱(ICP-OES)法测定生物质中的碱金属和碱土金属[J].中国无机分析化学，2022，12(1)：107-133.

[6] 李海平，井婷婷．微波消解-从 NIST Ca 标准溶液证书的演变规律揭示标准溶液的使用原则[J].化学分析计量，2019，28(2)：111-113.

[7] 李海平．无机标准溶液的稳定性[J].化学分析计量，2016，25(6)：106-108.

[8] JJG 768—2005. 发射光谱仪检定规程[S].北京：中国标准出版社，2005.

柴油注剂精准控制优化的研究

孙叔禹　李会欣　尹连军

（中国石油大港石化公司）

摘　要　针对柴油抗磨剂注剂系统注剂比例调节滞后、注剂量不精确、人工现场调节频繁、调合记录人工填报等生产问题，从工艺和自动化控制方面提出柴油注剂精准控制优化方案和调合记录数字化方案，实现柴油抗磨剂注剂量实时调节、精准注剂、减少人工现场调节频次，解决注剂量波动、质量过剩问题同时减轻操作工人的劳动强度和降低内操盯盘控制负担，同时在提质增效方面实现了柴油抗磨剂的精细化管理。

关键词　柴油注剂；控制优化；自动注剂控制系统；PID 串级控制

1　生产概况

1.1　柴油调和生产工艺

目前，公司成品柴油主要品种为 0#和－10#柴油，参与柴油调合的组分油主要包括：汽柴油加氢柴油和加氢裂化重柴及其他掺调柴油组分。采用管道调和的工艺进行在线生产调和。现场设置两个调合头，各组分油与柴油抗磨剂按一定比例进入调合头，经过静态混合器后进入成品柴油罐，调和罐满罐后，罐内油品经过静置、化验分析，合格后销售出厂。主要的调和工艺流程如图 1 所示。

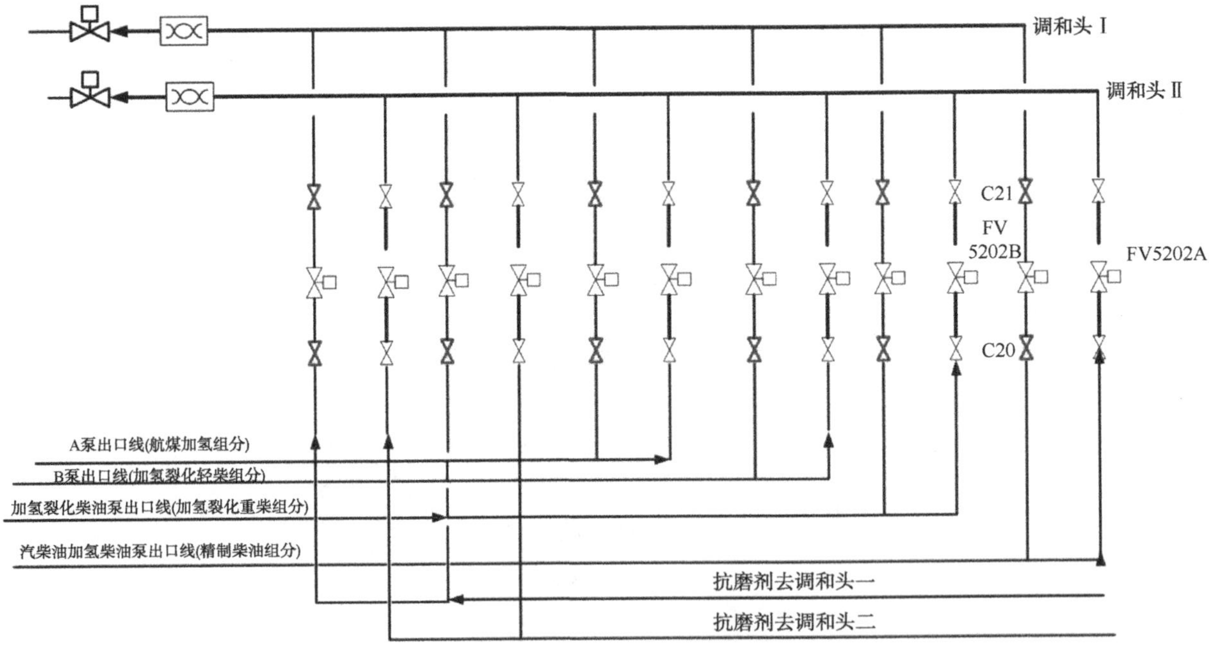

图 1　柴油调合 DCS 工艺流程图

1.2　抗磨剂加注工艺

柴油抗磨剂在线加注系统由抗磨剂储罐及注剂撬块组成，该系统于 2017 年 7 月建成。工艺原则流程图如图 2 所示。包括 1 具 $50m^3$ 卧罐（中间有隔板，分为 2 个 $25m^3$ 容积）

注剂撬块流程为 3 台隔膜计量泵（P－101/P－102/P－103），从容－1 或容－2 抽取抗磨剂加注到调合头 Ⅰ 或 Ⅱ。正常情况下两备一用；卸剂流程为 2 台卸剂齿轮泵（P－525/P－527）从罐车抽取抗磨剂进容－1 或容－2。

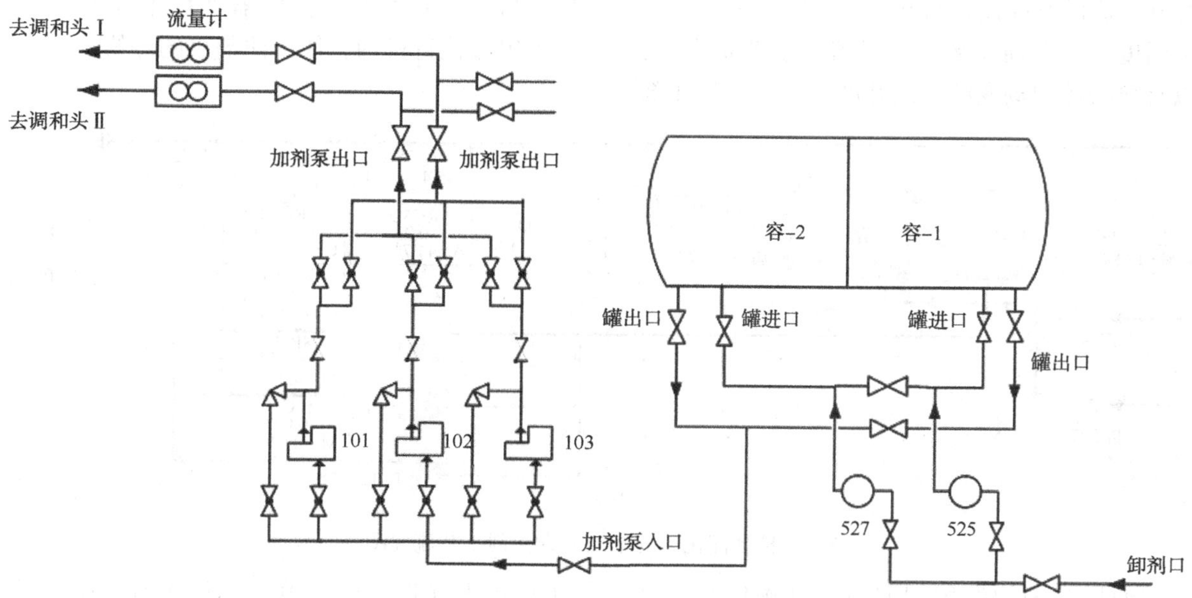

图 2　柴油抗磨剂加注工艺流程图

2　注剂过程问题分析

2.1　组分油质量、数量波动频繁，抗磨剂加注比例调节滞后

由于来自装置的组分油量随装置的调整波动较大，而现场是采用工频隔膜注剂泵定刻度注剂，注剂量相对稳定，来油量变化时，注剂量不能实时跟踪进油量的量变化而变化，只能依靠人工手动调整；其次柴油抗磨剂注剂比例由技术员根据组分油馏出口成绩及成品油成绩要求，通过计算确定注剂比例，然后以生产指令的形式下发班组执行，数据来源本身就具有一定的滞后性，致使比例调节绝对滞后。注剂比例调节滞后，很可能引起注剂量过剩或不足，进而影响产品质量。

2.2　调节方法粗犷不精确

操作岗位接到抗磨剂注剂比例调整的指令后，由内操作岗位指挥外操人员到现场进行人工调整柴油抗磨剂注剂泵出口开度，一方面极易出现刻度看不准、调节不细致等造成加剂量不准，另一方面同样存在调整时间滞后的问题。

2.3　离线填写调和记录，工作强度大且易出错

现有柴油调合记录采用传统的离线填报方式，依靠人工进行电子表格数据填报。填报期间需要查阅 MES 系统上的多个表单，用计算器进行逐项计算，工作强度大且效率低、易出错。

针对抗磨剂加注过程存在以上弊端，专门成立攻关小组，开展立项攻关，逐一解决上述问题。

3　问题解决方案

3.1　精准控剂优化设计

攻关小组通过大量的现场调研，相关专业经过充分的理论论证，在利用现有设备设施的基础上，结合连续生产的实际情况，确立了改造现有注剂泵，增加变频器，开发自动注剂控制系统，将组分油进油量、注剂出口流量计及注剂泵频率关联的解决方案。

采取用注剂泵的刻度控制加剂量上限，变频最小值(预设 30%开度)控制加剂量的下限，通过 DCS 增设注剂泵变频控制回路调整控制加剂量在上下限区间内，成功解决了柴油注剂系统注剂量调整不科学的诸多问题。注剂系统精准控制主要流程如图 3 所示。

柴油抗磨剂加注控制回路由四部分组成，一是计算块 FI5200 完成调合进油总量的计算。二是比例控制器 FRC5200 提供注剂比例设定，完成计算后以百分比输出。三是 PID 控制器 FIC528 接收来自比例控制器的柴油抗磨剂注剂量设定值，抗磨剂现场两台质量流量计流量经切换器选择一路作为 PID 控制器的输入值，而 PID 控制器输出值给变频器手操器 SIC101(三台注剂泵一开两备)的设定值。四是变频器手操器模块 SIC101，可设定变频器的开度，通过 DCS 系统的现场 AO 通道控制现场变频器，变频器的实际开度信号通过现场 AI 通道反馈给手操器

SIC101。这样设计控制回路，旨在增加操作控制的灵活度，一方面变频器手操器在手动状态下，可以直接操控现场变频器的开度，实现定频注剂量。另一方面主 PID 控制器选择不同的变频器作为串级执行机构，便于注剂泵的停修。

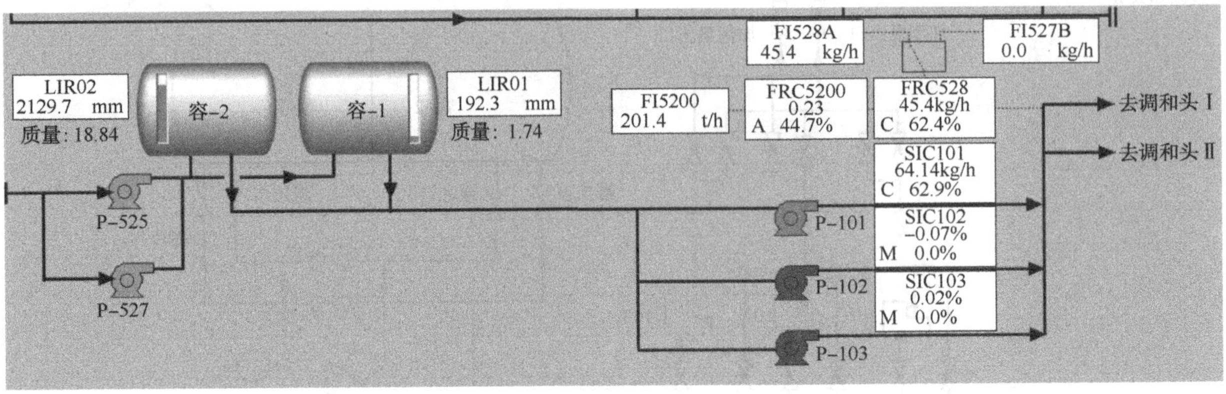

图 3　控制优化后的柴油调合注剂工艺流程图

柴油抗磨剂加注控制回路设计操作起来简单，控制结构精巧，每个模块的数据都有实际意义：一是比例控制器 FRC5200 的比例实际就是抗磨剂加注单耗；二是比例控制器 FRC5200 输出实际就是与当前调合组分总量匹配的抗磨剂加注绝对量；三是 PID 控制器 FIC528 的输入是可以选择的现场流量计的，这与实际工艺哪一个调合头加注剂相对应的；四是 PID 控制器 FIC528 的输出是通过变频器手操器可以选择现场注剂泵的，这也与实际工艺一致。以上设计清晰，岗位人员操作起来不会混淆。

3.2　实施及调试

经 DCS 组态并完成柴油抗磨剂控制方案测试后进行现场调试。首先进行控制回路执行机构的调试：根据经验调整注剂泵的刻度满足当前生产需要的注剂量，可适当偏大一些。现场切换工艺流程启动变频器控制的注剂泵，通过手操器模块 SIC101 逐步设置变频器开度 60%，调整注剂泵的刻度使流量计数值保持在预定数值。完成以上步骤说明执行机构运行状态良好。其次控制回路投串级实现自动控制：比例控制器 FRC5200 作为主控制器设置为手动状态（MAN），设置 PID 控制器 FIC528 手动状态并调整控制参数，其中比例和积分可以通过分析历史数据获取或按经验值设定初始值。通过切换器选择注剂流量计 FI528A 或 FI528B 作为 PID 控制器 FIC528 输入。依次调整手操器模块 SIC101、PID 控制器 FIC528 为串级状态（CAS）。比例控制器 FRC5200 因处于手动状态，其比例为初始化状态，数值上自动跟踪串级反馈值，读取该数值乘以 1000 与预期加注剂单耗进行比对，通过手动调整比例控制器 FRC5200 的输出值使偏差达到最小，此时更改比例控制器 FRC5200 为自动状态（AUTO），实现无扰动投用串级控制。最后设定设置比例控制器 FRC5200 的比例并优化 PID 控制参数：把预期注剂单耗除以 1000 得到的数值作为比例，观察 PID 控制器运行状况：一是变频器的开度控制在 60%左右，如果偏离较大就微调现场注剂泵的刻度；二是调取 PID 控制器 FIC528 参数整定画面，根据历史数据反映出来的控制回路响应特性，微调 PID 控制参数，调试前初始值设置比例 2.0，积分时间 6.0，基本满足预期控制效果。运行一周从数据历史趋势看 PID 控制器 FIC528 调节幅度偏大，采取再次调整比例为 1.5，微调积分时间为 12.0，达到了变频调整最小的稳定最优控制（图 4）。

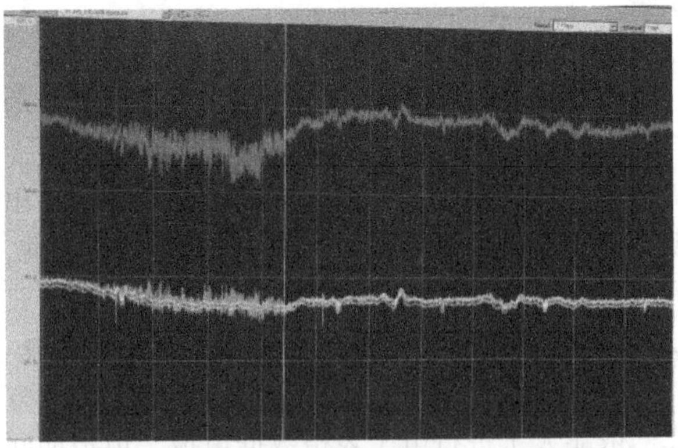

图 4　PID 控制器参数整定前后对比图

3.3　柴油调合记录的自动生成

柴油调合精准控剂优化后，针对柴油调合记录线下填报、数据重复录入等困扰操作岗位痛点问题，通过数字化转型创新实践，提升柴油调合整体信息化管理水平。

采取深化应用 MES2.0 系统，梳理数据形成的源头，通过采集柴油抗磨剂罐液位，利用计算模型生成罐容表，搭建物料平衡路径，编制组分柴油和抗磨剂相关数据采集时长、采集方式、计算方式等详细方案，通过提取和整合，实现柴油调合记录表的线上自动生成。

4　优化控制效果及经济效益

4.1　优化控制效果

柴油调合经过优化后，抗磨剂自动加注控制取得良好效果。一是实现柴油抗磨剂注剂量的精准控制，解决了添注剂量波动、过剩问题。改造后的注剂系统投运后，数据跟踪发现抗磨剂的加注量随进油总量实时变化，降低了注剂量过剩的可能性；注剂泵电机频率随注剂量大小实时变化，消除了注剂泵工频运转对给定注剂量的干扰，注剂量均匀稳定；二是实现了注剂比例的远程调节，消除了注剂比例调节滞后、现场调节频繁问题。注剂系统改造后，实现了在 DCS 系统中远程调节注剂比例的目标，不需去现场频繁调节注剂泵出口开度来达到调加注量的目的，操作员只需在 DCS 系统中输入注剂比例，就能轻松实现注剂量的即时调节，无任何调节滞后问题；三是实现了注剂泵电机的变频控制，节约了电能。注剂泵实现变频控制后，在满足生产需求的前提下，注剂泵电机的工作频率范围一般为工频状态的60%左右，可节约电能 40%左右；四是用计算机代替人解决了数据重复录入等实际问题。

4.2　经济效益

柴油调合精准控剂优化实施两周后，抗磨剂加注平均单耗就降低 88ppm。自优化后经过一年持续长周期控剂优化攻关，从注剂单耗看呈现幂指数下降趋势，2023 年 4 月开始进入平缓期，精细化管控取得的经济效益非常明显。这也说明坚持“让数据说话，用数据科学决策”对应抓工艺注剂精细管理来说效果非常显著。柴油抗磨剂注剂变频改造后抗磨剂单耗效果图如图 5 所示。

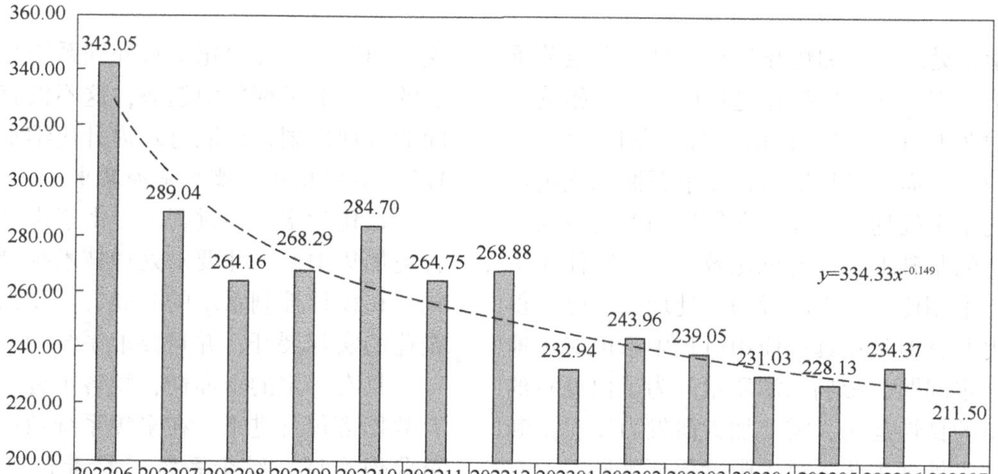

	202206	202207	202208	202209	202210	202211	202212	202301	202302	202303	202304	202305	202306	202307
□抗磨剂单耗	343.05	289.04	264.16	268.29	284.70	264.75	268.88	232.94	243.96	239.05	231.03	228.13	234.37	211.50

图 5　柴油调合优化实施一周年抗磨剂单耗成效图

5　结束语

通过柴油调合精准控剂优化控制，解决了长期困扰的技术难题，提升了柴油调合自动化控制水平，应用信息化技术实现了柴油调合记录的自动生成，实现注剂的精细化管理和质量与成本的精准控制。降低劳动强度，最大限度减少化验分析频次，提高柴油一次调和合格率。

热力发电厂化学水处理技术在石油炼化企业中的应用和探究

张　楠　尹连军

（中国石油大港石化公司）

摘　要　热力发电厂生产过程中，水质的优劣直接关系到设备的运行情况，若水质不达标，则可能导致设备运行稳定性下降，为避免这一问题的发生，应当采取合理可行的方法和技术措施，对化学水处理过程进行优化，避免水质不达标引起设备故障，以此来提高设备的运行可靠性，确保生产能效，增加热力发电厂的经济效益。电厂的高效，安全运营牵扯到了各个方面，其中最为重要的就是化学水的处理，电厂化学水处理技术的高低决定了化学水处理的质量。在热力发电厂中，水的使用至关重要，倘若没有及时的对水进行妥当的化学处理，那么长期以往就会对设备有所损伤，埋下安全隐患。因此，要想电厂正常经营运转，就必须对电厂化学水的处理技术进行研究，在石油炼化设备的运行过程中，水同样是必不可少的。如果不对水源进行专业化处理，就会影响整个系统的稳定运行，因此水源前期的化学处理步骤是非常重要的。随着我国科技的不断进步，热力发电厂的化学水处理技术也得以不断更新换代，极大地促进了石油炼化企业的良性运转。文章将在分析热力发电厂化学水处理技术特点的基础上，具体探究其在石油炼化企业的有效应用办法。

关键词　石油炼化企业；化学水处理技术；应用

化学水处理在石油炼化过程中是一个至关重要的环节，因此在具体操作过程中，需要相关人员加大对处理工艺和流程的管控。新时代背景下，石油产品需求日趋增大，要求石油炼化企业加大对化学水处理的关注，在保证相关设备安全稳定运行的基础上，提升炼化效率。与以往化学水处理技术相比较，现阶段的水处理工艺已经得到大幅提升，但是在具体应用过程中不可避免地会面临一定问题，影响水源质量。为了保证石油炼化设备的良性运转，需要加大研发力度，不断创新化学水处理工艺，最大限度保证水质。

1　热力发电厂中化学水处理技术的特点

1.1　水处理设备布置更加集中

在化学水处理过程中，在不同环节所需要的处理技术也各不相同。例如，在处理污水或者废水时，主要包括给循环水加氯、加药或者蒸汽水的取样等环节，通过这些步骤能够对化学水处理技术进行有效解析，更好探查处理过程中存在的不足，并进行针对性改进，最大限度保障水质。但是，现阶段我国在处理系统设置方面，普遍存在岗位较多且较为分散，各部门之间沟通不足的问题，严重影响化学水处理效率。为了有效应对这一问题，在设置化学水处理系统时，在相关设备的布置上呈现集中趋势，这不仅有利于厂区空间的合理规划，还能有效提升化学水处理效率。

1.2　水处理技术控制更加集中

在化学水处理过程中，由于水处理设备的布置更加集中，因此要求处理技术控制也应该集中化。在设计控制系统的时候，需要依据石油炼化企业的实际展开，并且要求系统内容

具有一定的全面性，将各个处理环节中的所有数据都包含进来。在采集系统数据时，相关人员要想实现对整个系统的精准控制，可以借助PLC系统中的编程功能，在采集通信数据的基础上，实现PLC系统上下级之间的联通，将主控制和子系统进行有效连接，以达到自动化集中控制目的，更好监视整个化学水处理过程。

1.3　水处理理念更加绿色环保

十八大召开以来，国家加大了对环保工作的重视，确立了绿色生态发展方向，并多次提出不能以牺牲环境来换取经济发展。为了响应国家号召，顺应时代发展趋势，在化学水处理过程中，也积极融入了绿色环保理念，并将其看做是推动企业良性发展的基础保障，力求在处理化学水的过程中实现零排放。另外，在石油炼化系统运行

过程中，水资源的消耗量是非常大的，随着绿色环保理念的逐步渗透，水资源的利用率也在逐步提升，有效节约了水资源，促进了节能减排理念的贯彻落实。可以说，绿色环保理念在化学水处理过程中的合理渗透，能够助力石油炼化企业的持续性发展，促进社会和谐稳定。

1.4 水处理工艺更加多元

在以往化学水处理工艺中，混凝过滤、磷酸盐以及离子交换这几种形式应用最为频繁。但是，随着科技的不断进步，为了有效提升化学水处理质量和效率，相关人员加大了对处理技术的探究，促使愈来愈多的处理工艺被研发出来，并得到有效运用。膜技术就是在这一背景下产生的，在具体应用过程中，在很大程度上拓宽了树脂的使用范围和条件，特别是在节能节水方面，粉末型树脂在化学水处理过程中的合理应用，能够有效满足使用预期，因此得到业界人士的普遍认可。

2 热力发电厂化学水处理技术的应用

2.1 FCS 技术

随着化学水处理工艺的更新换代，处理设备的自动化以及分散化程度得到一定提升。但是与一些发达国家的处理技术相比较，我国在化学水处理方面仍然存在一定问题，例如设备设置较为分散，监控点较多等，对化学水处理效率带来一定不良影响。FCS 技术在水处理过程中的合理应用，有效应对了这一问题。这主要是由于这项技术是数字通信、传感器以及微处理器等多项现代化处技术的有效融合，因此能够提升监控成效，加上数字化特征以及应用成本较低等优势，促使其在水处理技术中得到有效应用。借助 FCS 及其相关辅助技术，能够构建一个可以进行远程操作并且能够集中采集处理信息的即时监控平台，在分解重建相关理论的支撑下，可以将总线视为控制中心，将各个监测设备视作网络监控节点，以各种高科技设备和手段为依托，来自动控制化学水处理全过程，实现整个处理过程的数字化和自动化。

2.2 膜分离技术

在利用热力发电厂化学水处理技术的时候，在锅炉相关设备运转的同时，需要添加除盐水，并且由于天然水中通常含有不同类型的化学物质，当两种水互相接触时，可能会有化学或者物理反应发生，影响锅炉的正常运行，因此需要注意这两种水之间存在的差异，并在使用天然水之前对其进行加工和处理。依据水源特性不同，具体处理过程又可以分为盐处理和化学处理。由于这项操作较为复杂，因此对自动化程度要求较高，以免对周边环境和设备的正常运转带来不良影响，这也是影响石油炼化企业良性发展的主要因素。膜分离技术在水处理过程中的合理应用，有效提升了水处理过程的自动化水平和处理效率，因此能够在保证相关设备高效运行的同时，还能有效降低污染物的排放量。

2.3 平衡磷酸盐技术

在石油炼化设备的长期运行过程中，不可避免地会出现钙垢，随着钙垢的堆积，不仅会影响设备的正常运行，还会增加钙垢的清理成本。平衡磷酸盐技术主要通过将氢氧化钠等药剂加入锅炉中，有效平衡锅炉中水的酸碱值，从而达到消耗钙离子的目的，最大限度抑制水垢的产生。需要注意的是，在使用磷酸盐的时候，需要将其下限控制在每升 0.3～0.5mg，上限则应控制在每升 2～3mg，以保证最佳使用效果。同时，还要注意将锅炉中处于游离状态的氢氧化钠控制在每升 1mg 以内，保证锅炉水的 pH 值酸碱度始终在 9.0~9.6 之间波动。

3 结语

综上，化学水处理技术是石油炼化企业正常运转的基础和保证，并且为了能够提升化学水处理效率和质量，需要不断进行优化和创新，促使水处理技术和理念能够始终符合社会发展需求，促进石油炼化企业的持续性发展。

参 考 文 献

[1] 马万民．浅谈电厂化学运行中的问题及解决策略［J］．科技风，2018（35）：203. DOI：10.19392/j.cnki.1671-7341.201835173.

储罐 VOCs 治理技术应用实践

尹博文　郭香宝

（中国石化扬子石油化工有限公司）

摘　要　储罐收料、汽车/火车装车、码头装船作业中，会产生大量的尾气，挥发至储罐现场周围，不仅对环境产生污染，更会影响作业人员的健康。本文介绍了 VOCs 治理技术在储罐运行上的应用案例，包括 CEB 装置和冷凝吸附装置的工作原理及当前运行情况，分析了 VOCs 治理装置安稳长周期运行的影响因素，针对分析出的问题提出了解决措施。目前 CEB 和冷凝吸附技术可以治理储罐 VOCs，挥发性有机物去处理率≥99.9%，排放尾气达到国家及行业环保排放标准。

关键词　储罐尾气；CEB 装置；冷凝吸附装置；VOCs 治理；装车；装船

扬子公司贮运厂成立于 1987 年 9 月，主要担负着物料贮存、装卸和输转任务，现有物料储罐 163 座，总罐容 115.72 万 m^3，液体装卸码头 7 座，洗舱站 1 座，铁路装车栈台 8 个，汽车装车台 16 座（液体 5 座、固体 11 座），工艺外管 861 公里，低温贮存装置 2 套，火炬气回收装置 1 套，年吞吐量达 2600 万 t，是公司主要原辅料及产成品的贮存"基地"，进出厂的"咽喉"、物流的"枢纽"，主要物流作业模式包括管路、水路、公路、铁路四种。

江苏省环保厅颁布了《化学工业挥发性有机物排放标准》（DB 32/3151—2016），要求 2019 年 2 月 1 日起执行，化工企业排放尾气的非甲烷总烃≤80mg/m^3，苯≤4mg/m^3，甲苯≤15mg/m^3，二甲苯≤20mg/m^3）。中国石化总部炼油事业部《关于加快推进炼油企业 VOCs 提标治理工作的通知》（股份工单炼能〔2017〕546 号）要求：VOCs 污染源治理项目排放浓度原则上应小于 50mg/m^3（焚烧法小于 15mg/m^3）；涉苯类 VOCs 项目的排放浓度原则上要求苯含量小于 2mg/m^3、甲苯小于 10mg/m^3；二甲苯小于 10mg/m^3。

为顺应保护大气环境质量、彻底实现大气污染治理的趋势、贯彻国家政策、满足国家法律法规、标准要求，扬子公司贮运厂开始建设 VOCs 尾气治理设施，2020 年 4 月完成投用。VOCs 治理技术可分为回收法和破坏法。回收法包括吸附法、吸收法、冷凝法和膜分离法；破坏法包括直接燃烧法、热力燃烧法、催化氧化法和蓄热氧化法。扬子公司贮运厂 VOCs 尾气治理设施采用回收法和破坏法（CEB）。

1　CEB 装置简介

贮运厂共建设 3 套 CEB 装置，处理能力分别为 2480Nm^3/h、1200Nm^3/h、1000Nm^3/h，共处理 43 台储罐罐顶气、7 个码头装船尾气、汽车装车台及 204 火车栈台汽油尾气。

超低排放燃烧 CEB 设备采用先进高效的全预混金属纤维表面燃烧技术，能够使含烃气体与空气预混后在金属纤维表面燃烧，火焰为蓝色短火焰，火焰温度约 1200℃。VOCs 废气与空气充分预混后至专用燃烧器进行彻底氧化处理。该专用燃烧器由具有专利技术的铁铬合金纤维编制丝网构成，这种丝网结构将预混气流分隔成众多的微小气流，在丝网表面形成均匀的表面燃烧。该技术具有燃烧速度快、燃烧温度高、燃尽率高、CO 和 NO_x 生成率极低等优势（图 1）。

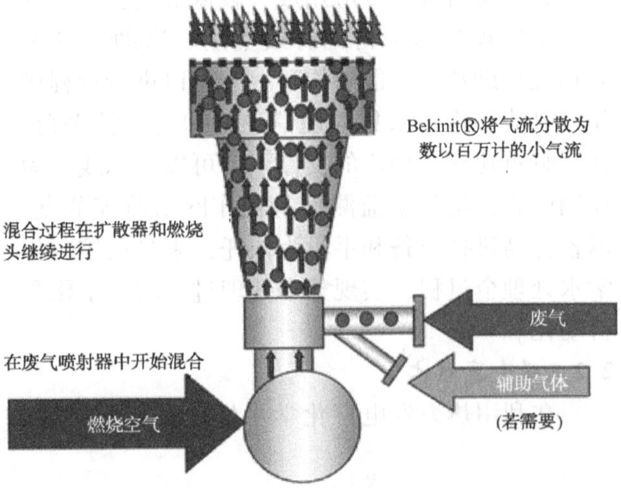

图 1　燃烧过程简图

1.1　CEB100#装置

液体装卸作业区 CEB100 由碳九/汽油/邻二甲苯等九个储罐的油气收集系统、部分物料(苯、邻二甲苯、重芳烃等)公路装车的油气收集系统、汽油火车槽车装车的油气收集系统及 CEB100 装置组成。将甲醇、航煤、汽油、C_9 等 9 台储罐、汽油铁路罐车、苯/邻苯等公路槽车作业过程中挥发出的油气经收集系统进入 CEB100 装置，经高温处理后合格排放(图 2)。

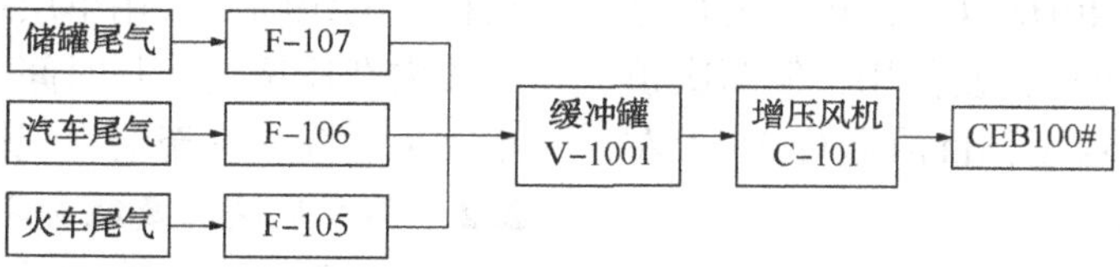

图 2　CEB100#装置流程简图

1.2　CEB200#装置

液体码头作业区 CEB200 由烷基化油、甲苯、重整料、邻苯、汽油、航煤等 17 个储罐的油气收集系统、7 个码头装船的油气收集系统及 CEB 装置组成。101#、102#、11#、12#、14#、15#、16#码头相关输油臂装船过程中产生的油气，通过各自码头气相输油臂收集后，首先进入各自对应的船岸界面安全装置，经过后方配套风机(C-2101A、C-2101B、C-2011、C-2012、C-2014、C-2015、C-2016)的增压，汇入集气总管，排向 CEB200 尾气处理装置。储罐罐内压力升至 0.95kPa 时，对应的尾气线阀打开，排放罐内尾气至尾气总管，经由新增引风机送往 CEB200 尾气处理装置。当罐内压力降至 0.55kPa 时，尾气线阀门关闭(图 3)。

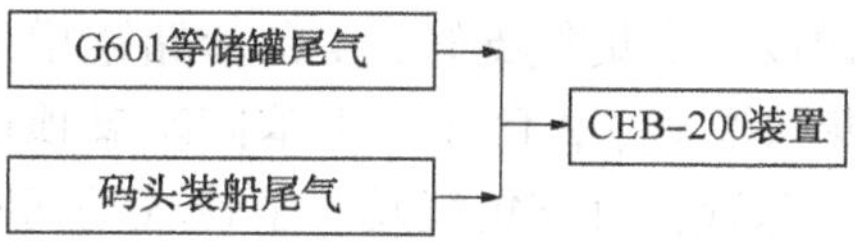

图 3　CEB200#装置流程简图

1.3　CEB300#装置

油品作业区的 200#、500#、800#罐组产生的储罐排放尾气，经风机 C201/C202/C203 增压，通过尾气管线进入缓冲罐 V-001。当缓冲罐 V-001 的压力升至 2kPa 时，超低排放燃烧装置(CEB)启动(图 4)。

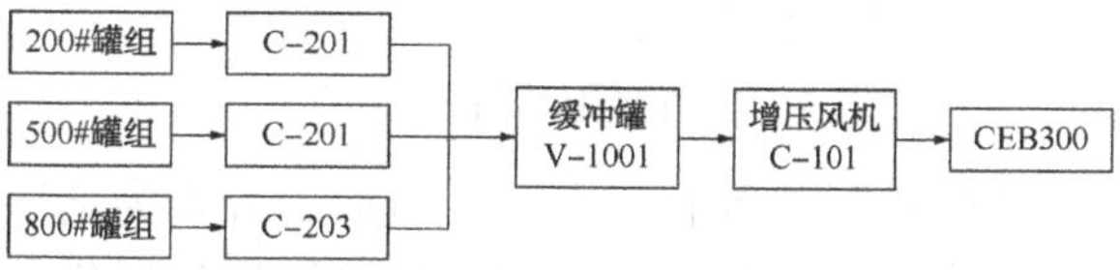

图 4　CEB300#装置流程简图

1.4　CEB 装置标定情况

在 CEB 装置以最大处理量工作，即同时引入各种尾气时，委托第三方对 CEB 装置入口尾气、出口废气浓度进行取样，分析经处理后废气中苯、非甲烷总烃等含量，对装置排放废气是否达标进行评价。

标定期间，装置整体运行稳定正常，表现为各动静设备、仪表运转正常，各工艺参数能满足设计要求，尾气处理能力符合《关于加快推进炼油企业 VOCs 提标治理工作的通知》(股份工单炼能〔2017〕546 号)的要求：

(1) 非甲烷烃排放浓度为 2.19mg/m^3；挥发性有机物去处理率≥99.9%。

(2) 苯、甲苯、二甲苯含量低于检测下限(苯检出限 0.0015mg/m^3，甲苯检出限 0.0015mg/m^3，二甲苯检出限 0.0015mg/m^3)。

2　CEB 装置存在的问题及解决措施

2.1　国产化燃烧头稳定运行周期缩短

燃烧头是 CEB 装置的核心部件，其质量好坏直接影响 CEB 装置能否稳定运行。CEB 装置最初使用进口燃烧头，为了降低对关键进口部件的依赖，贮运厂联合 CEB 装置厂家开展了关键设备燃烧头国产化攻关。燃烧头所用的关键材料是特殊铁铬铝纤维，直径约 30~50μm，将这种纤维通过烧结或针织方式制成特殊的具有立体网状结构的通透性材料，就可以用于金属纤维燃烧头。CEB 燃烧头需长期在 1000℃左右的环境下使用，最高可短时承受 1250℃以上温度。

(1) 进口燃烧头采用单层织物，织物材质是特殊铁铬铝纤维，运行有效时间长达 450 天，且两次预防性检修时间间隔最长可维持 4 个月，缺点是使用期间由于细纤维逐渐碳化，孔隙变大，助燃气消耗量会增大(图 5)。

(2) 国产燃烧头采用双层织物，织物材质为特殊铁铬铝纤维，但纤维质量与进口燃烧头相比，肉眼可见不同，虽然透气率相差不大，但孔隙密度明显有所差别，使用寿命可达 95～210 天。双层织物对尾气中的杂质阻挡作用明显，运行 30 天后，会明显发现助燃风机频率逐渐上升，45 天时风机频率持续在 40Hz 以上，必须进行停机检修。燃烧头清洗后可以恢复使用，但两次预防性检修时间间隔越来越短，目前运行 30 天左右就必须进行清洗(图 6)。

图 5 进口燃烧头

图 6　国产燃烧头

(3) 进口燃烧头燃烧温度稳定性更好。进口燃烧头燃烧温度波动范围为 1110～1210℃，而国产燃烧头燃烧温度波动范围为 1050～1245℃，燃烧稳定性远不如进口燃烧头。原因主要有以下两点：一是燃烧头本体性能存在不足，虽然厂家根据外方燃烧头的参数进行设计和制造，但还是存在技术上的差别，需厂家对国产燃烧头进一步优化；二是运行过程助燃气阀门、风机等调节的 PID 参数不完全匹配，需厂家专业技术人员不断进行调节优化。

(4) 国产燃烧头助燃气消耗量比进口燃烧头高，为了维持燃烧温度，国产燃烧头运行时助燃气阀门设置了最低开度。

目前国产燃烧头可以初步替代进口燃烧头，但从近期的运行情况来看，燃烧头本体、燃烧性能、使用寿命等方面均存在一定的问题，还需要进一步改善燃烧头织物材质，采用类似进口燃烧头材质的织物；采用单层织物，双层织物会阻挡气体内杂质透过，长时间运行会造成助燃风机频率越来越高，甚至会出现回火现象。

2.2　冬季环境温度低易导致 CEB 装置停机

CEB 装置使用丙烷作为助燃气，丙烷中会含有微量重组分丁烷。在冬季 0℃ 左右的环境温度下，碳四组份会在外管凝成液相。助燃气中液相进入燃烧室后，可燃物剧增，短时间温度异常升高，又迅速因供气不足大幅降温，燃烧不均匀造成波动，温度震荡至联锁值，导致装置停机。

目前，加强了 CEB 装置助燃气的分析，收贮丙烷组分浓度在 99% 以上，并组织落实内部防串措施；优化了冬季碳三气化系统的运行控制，保证供气压力，供气线按表压 0.25MPa 设定。

3　冷凝吸附装置

3.1　冷凝吸附工艺简介

冷凝吸附装置设计尾气处理能力 $400m^3/h$，用于 4 台 $3000m^3$ 苯罐、2 台 $3000m^3$ 邻二甲苯罐挥发性废气的回收。6 台储罐属于同一个罐组，每个储罐设一支集气支管，4 台苯储罐罐顶尾气设一支集气总管、2 台邻二甲苯储罐罐顶尾气设一支集气总管，每支集气总管上设气动切断阀和压力变送器，切断阀前后设手阀及旁路，阀位信号接入车间 DCS 系统。尾气总管上氧含量≥3%(v/v)时中控室 DCS 报警，提醒人工干预。尾气总管上氧含量≥8%(v/v)时关闭尾气总管切断阀和氮气切断阀(图 7)。

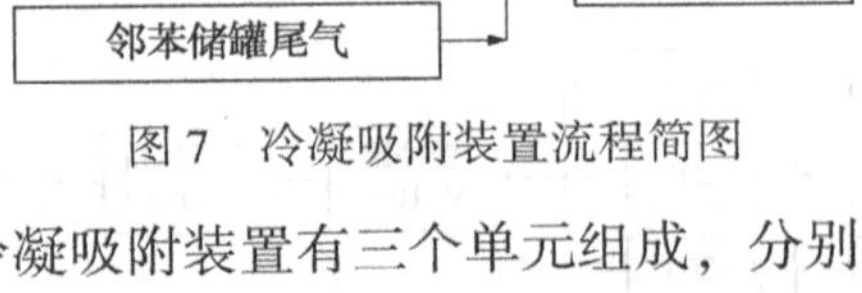

图 7　冷凝吸附装置流程简图

冷凝吸附装置有三个单元组成，分别为增压单元、冷凝单元及吸附单元。储罐挥发气经集气管收集后送至油气回收装置，进入油气缓冲罐，缓冲罐后设置一台罗茨风机，与缓冲罐压力进行变频联锁，为油气处理装置提供动力，风机采用变频控制，通过缓冲罐压力调节转速。

冷凝工艺采用“三级梯度式”冷凝：第一级将油气冷到 6℃ 左右，除去大部分水分和 C_6 以上组分；第二级将油气冷到 -25℃ 左右，除去部分 C_5 组分和剩余水分；第三级将气冷到 -45℃ 左右，使部分 C_4 组分液化。冷凝单元采用双通道设计，通道 A 运行一段时间后，阻力达到一定值后，需切换至通道 B 继续运行，而通道 A 则进入除霜阶段。通道 A 融霜结束后预冷备用，双通道始终保持其中一个通道进行冷凝，另一通道进行融霜，循环切换，确保装置长时间稳定运行。

经过冷凝处理后的油气，其中的绝大部分挥发性有机物从油气中分离出来，接着进入吸附单元做进一步的处理。油气进入吸附罐，在通过吸附剂床层的过程中，其中的有机物被吸附在吸附剂的表面实现与惰性气体的分离，吸附后的气体通过 15m 高排气筒排放。吸附采用变压吸附工艺，常压吸附，真空脱附，单元内并联设置两塔，切换进行吸附/脱附操作，吸附剂脱附再生采用真空泵抽吸真空脱附，真空泵出口的脱附气体回到油气缓冲罐，循环处理。控制单元控制风机转速，控制制冷机组温度，控制各个吸附罐的进出口阀门的开关，以及吸附、再生等过程（图 8）。

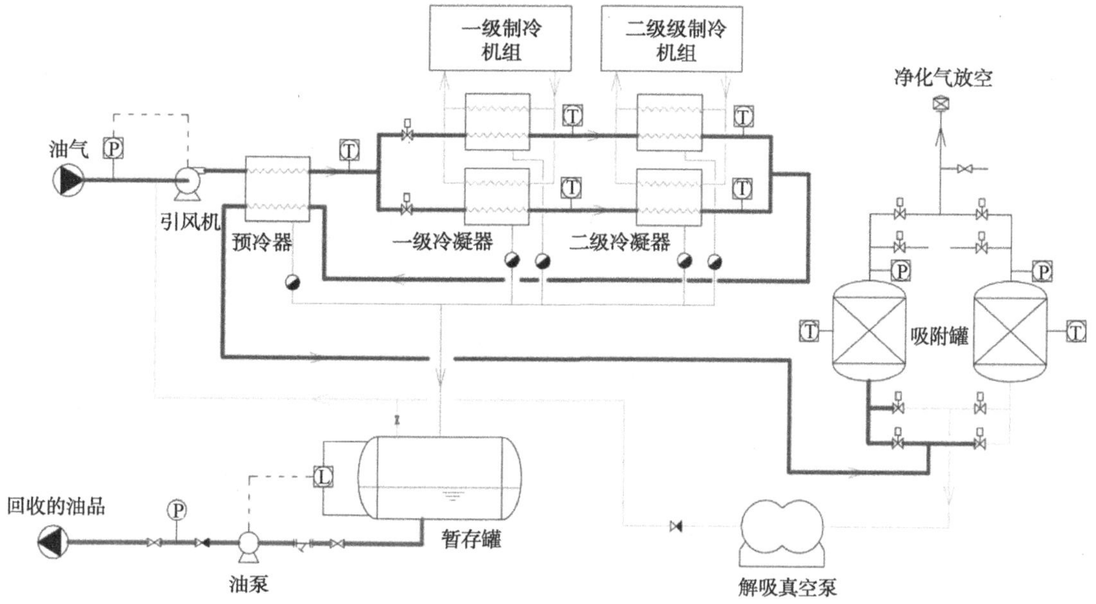

图 8　冷凝吸附装置工艺流程图

冷凝吸附装置于 2020 年 7 月开始运行，目前各动静设备、仪表运转正常，各工艺参数能满足设计要求，尾气处理能力良好，进口非甲烷总烃排放浓度 96.2mg/m³，苯排放浓度 96mg/m³，甲苯排放浓度 0.27mg/m³，二甲苯排放浓度 0.14mg/m³；出口非甲烷总烃排放浓度 27.2mg/m³，苯排放浓度 0.32mg/m³，甲苯排放浓度 0.18mg/m³，二甲苯排放浓度 0.094mg/m³。

3.2　存在的问题及解决措施

冷凝吸附装置实际运行时，储罐尾气量不稳定，波动大，气量最大超 580Nm³/h，超过设计处理量最大值 440Nm³/h，解决措施如下：①限制罗茨风机最高频率（50Hz 降至 29Hz），进冷凝机组最大气量控制在约 440Nm³/h 以下；②调整缓冲罐压力设定，由微正压（0.15kPa）调整为微负压（-1kPa），储油罐和缓冲罐平衡阀常开。

该装置投用初期，对通道切换时间、膨胀阀等阀门开度设定、预冷时间和双通道共同运行时间设置不合理，减少了融霜时间和温度，参数没有最优化，三级蒸发器 A 通道温度控制范围长期在 -30 ~ -75℃，融霜效果不佳，造成冰堵停机。后采取如下解决方法缓解了冰堵问题：①将三级制冷融霜线手阀开大，由 50% 调整至 60%，提高融霜效果；②调整三级蒸发器 A、B 通道融霜参数，将温度控制到 10 ~ -55℃。

5　总结

（1）CEB 和冷凝吸附技术可以治理储罐 VOCs，排放尾气达到国家及行业环保排放标准，CEB：出口非甲烷总烃排放浓度为 2.19mg/m³；

挥发性有机物去处理率≥99.9%；苯、甲苯、二甲苯含量超低；冷凝吸附：出口非甲烷总烃排放浓度27.2mg/m³，苯排放浓度0.32mg/m³，甲苯排放浓度0.18mg/m³，二甲苯排放浓度0.094mg/m³。

（2）夜间储罐产生的VOCs尾气很少，但是环保装置依旧需要按正常工况运行，存在不可避免的能源浪费。这种间歇性运行状况需要在设计阶段重点考虑，可以节约很多燃料气和电力等能源。

（3）CEB装置的国产燃烧头可以满足生产需要，温度范围控制和环保指标达标，已经初步替代了进口燃烧头，但燃烧头本体材质、燃烧性能、使用寿命与进口燃烧头无法比拟，需要进一步攻关和提高。

参考文献

［1］方向晨，刘忠生，王学海．炼油企业恶臭气体治理技术［J］．石油化工安全环保技术，2008，5（24）：48-50.

［2］国家环保局．石油化学工业废气治理［M］．北京：中国环境科学出版社，2004.

［3］方向晨．石油石化企业环境保护技术［M］．北京：中国石化出版社，2016.

［4］闫柯乐，张红星，邹兵，等，吸附法处理含苯系物废气研究进展［J］．广州化工，2015，9（43）：28-30.

节能型碳四碳五全加氢工艺开发

樊小哲　李春芳　田　峻　李　琰

（中国石化北京化工研究院）

摘　要　我国炼化一体化大规模发展，副产了大量的碳四、碳五资源，其价值并没有得到充分利用。中国石化北京化工研究院成功研制了不饱和烃全加氢 Ni 基催化剂并开发了两段全加氢工艺，该技术可将物料中的炔烃、烯烃加氢饱和转变为烷烃，产品可作为优质原料供给乙烯装置，且已经成功工业化应用。本论文采用 Advanced Peng-Robinson 状态方程针对某炼化企业不饱和碳四碳五混合原料特点，开发了两段全加氢工艺，将碳四、碳五原料全加氢转化为烷烃，产品指标烯烃≤1%(wt)，满足乙烯裂解原料要求。基于此，降低二段反应催化剂起活温度、优化匹配两段加氢工艺的反应放热并进行能量充分利用，分别将装置能耗相对降低了 17.80%和 31.88%。

关键词　炼化一体化；碳四碳五组分；Ni 基催化剂；全加氢工艺；能耗

我国炼化一体化大规模发展，催化裂化装置、焦化装置、加氢裂化装置等炼油装置及裂解乙烯装置、MTO 装置副产了大量的碳四、碳五资源，其价值并没有得到充分利用。乙烯是石油化工的龙头产品，是生产有机原料的基础，其生产规模、产量、技术都标志着一个国家石化工业的发展水平。近年来，我国乙烯生产能力持续扩张，截至 2023 年，生产能力已经达到 5174 万 t/a，产量 4519 万 t/a。目前蒸汽裂解是主要的乙烯生产工艺，其过程中生成的碳四、碳五馏分大约分别为乙烯产量的 15%和 35%。碳四、碳五馏分由于其沸点较低，常压下易气化，使得该类资源没有得到合理利用，相当一部分作为燃料烧掉，不符合当今环保的要求，且价值没有得到充分利用。另外，丁二烯是碳四馏分中重要的石油化工基础原料，目前工业上从乙烯裂解副产品碳四馏分中抽提丁二烯，丁二烯抽提装置排放的尾气中乙烯基乙炔（VA）、乙基乙炔（EA）浓度较高，其中 VA 一般大于 20%（wt），最高可超过 40%（wt），具有自分解爆炸的风险，这些富含炔烃的尾气（简称丁二烯尾气）需用碳四抽余液稀释后排放火炬管网，造成大量碳四烃的浪费。此外，随着裂解深度的增加，碳四馏分中炔烃含量逐步升高，导致丁二烯抽提装置排放的尾气量增大，装置物耗能耗增加。

碳四、碳五馏分均为低碳链烷烃和低碳链烯烃，是非常优质的乙烯裂解原料，碳五馏分中正戊烷和异戊烷是可发性聚苯乙烯的新型发泡剂。无论是用作乙烯裂解原料还是生产发泡剂，都要求对原料中的烯烃加氢，使其转变成相应的烷烃。

中国石化北京化工研究院成功研制了不饱和烃全加氢 Ni 基催化剂并开发了两段全加氢工艺，一段主要是将物料中的二烯烃和炔烃选择加氢生成烯烃；二段主要是将剩余烯烃进一步加氢饱和生成烷烃。

因此，本研究采用两段全加氢技术，将碳四、碳五馏分全加氢生成烷烃，可以返回裂解炉作为优质裂解原料进而生产乙烯和丙烯，不仅可以拓宽乙烯装置原料来源，还可以增加乙烯、丙烯产量，有效降低生产成本，使有限的资源得到充分利用，实现装置效益最大化。

1　原料组成

本工艺以某炼化企业自丁二烯抽提装置来的抽余碳四及丁二烯尾气，自碳五分离装置来的抽余碳五的原料为研究对象。原料组成见表 1，反应需要的氢气纯度为 95mol%min。

表 1　碳四碳五加氢原料组成

组成%（wt）	抽余碳四	丁二烯尾气	抽余碳五
丙烯	0.00	0.01	0.00
丙炔	0.00	0.45	0.00
丁烷	44.80	3.16	0.00

续表

组成%(wt)	抽余碳四	丁二烯尾气	抽余碳五
异丁烷	0.01	2.41	0.00
1-丁烯	1.30	9.19	0.00
异丁烯	0.05	15.44	0.00
顺-2-丁烯	12.36	32.86	0.00
反-2-丁烯	41.48	3.03	0.00
1,2-二丁烯	0.00	0.68	0.00
1,3-二丁烯	0.00	6.31	0.00
乙基乙炔	0.00	3.47	0.00
乙烯基乙炔	0.00	14.11	0.00
正戊烷	0.00	0.50	11.39
异戊烷	0.00	4.67	7.95
1-戊烯	0.00	0.00	3.10
顺-2-戊烯	0.00	0.00	1.48
反-2-戊烯	0.00	0.00	2.96
2-甲基-2-丁烯	0.00	0.00	4.46
3-甲基-1-丁烯	0.00	0.00	0.00
2-甲基-1-丁烯	0.00	0.00	3.63
环戊烷	0.00	0.00	0.10
环戊烯	0.00	0.00	3.20
2-甲基-1,3-丁二烯	0.00	0.00	18.75
1,4-戊二烯	0.00	0.00	1.40
1,3-戊二烯	0.00	0.00	11.67
环戊二烯	0.00	0.00	21.54
正辛烷	0.00	3.73	0.00
二环戊二烯	0.00	0.00	8.37

2　研究方法

2.1　基本原理

本装置以抽余碳四、丁二烯尾气和抽余碳五为原料，与氢气按一定比例混合后在装有催化剂的固定床反应器中进行炔烃、二烯烃、烯烃与氢气生成烷烃的加氢反应。

主反应方程式如下：

$$C_{4==}+2H_2\longrightarrow C_{40}$$

$$C_{4\equiv}+2H_2\longrightarrow C_{40}$$

$$VA+3H_2\longrightarrow C_{40}$$

$$C_{4=}+H_2\longrightarrow C_{40}$$

$$C_{5==}+2H_2\longrightarrow C_{50}$$

$$C_{5\equiv}+2H_2\longrightarrow C_{50}$$

$$C_{5=}+H_2\longrightarrow C_{50}$$

经加氢、分离后得到碳四、碳五烷烃中烯烃含量满足产品指标(烯烃含量≤3%(wt)，计算方法见公式(1)，然后可以去乙烯装置作裂解原料。

$$烯烃含量\%=\frac{碳四烯烃\%(wt)+碳五烯烃\%(wt)}{碳四碳五原狗\%(wt)} \quad (1)$$

其中：

碳四烯烃%(wt)：包括丁烯-1、异丁烯、顺-2-丁烯、反-2-丁烯、1,3-丁二烯、1,2-丁二烯。

碳五烯烃%(wt)：2-甲基-2-丁烯、3-甲基-1-丁烯、反-2-戊烯、环戊烯等。

2.2　工艺模拟方法及参数

针对不饱和碳四碳五加氢过程，采用VMG模拟软件对加氢过程进行模拟，模拟方法采用Advanced Peng-Robinson(修正的状态方程法)。其工艺流程如图1所示。

采用两段绝热反应器进行模拟，其模拟条件如下所示：

一段加氢反应器：放热量=0，压降=200kPa，并设置相应反应。

二段加氢反应器：放热量=0，压降=200kPa，并设置相应反应。

2.3　能耗计算方法

根据《石油化工涉及能耗计算标准GB/T 50441—2016》，将生产过程中所消耗的各种工质按规定的方法和单位折算为一次能源量(标准燃料)的总和。折算值见表2。

表2　耗能工质的统一折算值

序号	类别	单位	能源折算值(kg标准油)	备注
1	电	kWh	0.22	
2	循环水	t	0.06	
3	高压蒸汽	t	80	1.2MPa≤P<2.0MPa
4	低压蒸汽	t	66	0.3MPa≤P<0.6MPa
5	冷冻水	MJ	0.01	7~12℃冷量，显热冷量

耗能体系的能耗计算公式：

$$E = \sum (G_i C_i) + \sum Q_i \quad (2)$$

式中，E 为耗能体系的能耗，正值时表示消耗能源，负值时表示输出能源；G_i 为电及耗能工质消耗量，消耗时为正值，输出时计为负值；C_i 为电及耗能工质的能源折算值；Q_i 为能耗体系与外界交换热量所折成的标准能量源，输入时为正值，输出时为负值。

单位能耗计算公式：

$e=E/G(3)$

式中，e 为单位能耗，kg/t；E 为耗能体系的能耗，kg/h；G 为耗能体系的原料量或产品量，kg/h。

3 碳四碳五全加氢工艺

3.1 工艺流程

针对乙烯裂解产生的碳四、碳五资源原料特性，开发碳四碳五全加氢工艺流程如图 1 所示。从界区外来的碳四碳五混合原料与氢气混合，送入选择加氢反应器，加氢过程采用两段顺序反应器，两段反应器装填不同的催化剂。一段反应器为低温反应，炔烃、二烯烃等反应活性较高的组分在一段反应器中发生加氢反应。一段反应产物送入二段反应器，该段为高温反应器，大部分单烯烃组分在二段反应器中发生加氢反应。二段加氢产物送入稳定塔，进行不凝汽、碳四和碳五组分的分离。加氢产品作为蒸汽裂解装置原料，可依托现有蒸汽裂解装置，最大化利用碳四、碳五资源。

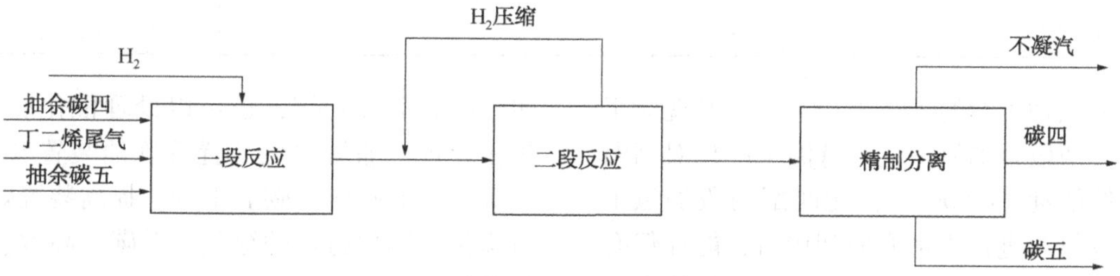

图 1 全加氢工艺流程图

3.2 节能工艺优化

目前的加氢工艺中，一方面，二段催化剂起活温度高，二段反应器入口需设置加热器，以满足催化剂反应要求。另一方面，一段反应器反应温度低，其反应产物温位低，热量难以利用；二段反应器反应温度比较高，其反应产物温位高，但由于大部分反应放热集中在一段加氢反应，二段反应器放热量少，故难以对反应热进行充分利用。因此，对以上工艺进行改进，依托高性能的二段加氢催化剂，反应起活温度由 180℃ 降低至 130℃，降低加热蒸汽品位和消耗量，降低装置能耗；同时，优化匹配两段加氢工艺的反应放热，即调整一段加氢深度，将二段反应出口物料进行二段入口物料加热、精馏塔前预热及精馏塔中沸器供热，充分利用反应放热，进一步达到节能降耗的目的。

3.3 能耗计算

根据 2.3 能耗计算方法，研究了全加氢工艺在二段反应高温工况、低温工况及低温工况-热量优化工况三种条件下的能耗情况，结果见表 3～表 5。

表 3 二段反应入口高温工况能耗折算表

名称	正常量	能耗折算值		能耗 kg 标油
		单位	数量	
循环水	1129. 06t/h	kg 标油/t	0. 06	67. 74
低压蒸汽	0. 54t/h	kg 标油/t	66	35. 31
高压蒸汽	1. 52t/h	kg 标油/t	80	121. 44
电	257. 79kW · h	kg 标油/kw · h	0. 22	56. 71
冷冻水	327. 24t/h	kg 标油/t	0. 01	3. 27
合计				22. 10kg 标油/t 产品

表 4　二段反应入口低温工况能耗折算表

名称	正常量	能耗折算值		能耗/kg 标油
		单位	数量	
循环水	1113.91t/h	kg 标油/t	0.06	66.83
低压蒸汽	1.74t/h	kg 标油/t	66	114.71
电	257.68kW·h	kg 标油/kW·h	0.22	56.69
冷冻水	329.25t/h	kg 标油/t	0.01	3.29
合计				18.76kg 标油/t 产品

表 5　二段反应入口低温工况–热量优化工况能耗折算表

名称	正常量	能耗折算值		能耗/kg 标油
		单位	数量	
循环水	1020.44t/h	kg 标油/t	0.06	61.23
低压蒸汽	0.66t/h	kg 标油/t	66	43.61
电	256.31kW·h	kg 标油/kW·h	0.22	56.39
冷冻水	327.38t/h	kg 标油/t	0.01	3.27
合计				12.78kg 标油/t 产品

将以上三种工况的能耗进行对比，发现对于碳四、碳五两段全加氢工艺，低温工况相对高温工况的节约能耗 17.80%，优化匹配两段加氢工艺的反应放热并进行能量充分利用后，能耗仅有 12.78kg 标油/t 产品，相对低温工况节约能耗 31.88%。

4　结果与讨论

针对蒸汽裂解产生的抽余碳四、抽余碳五及丁二烯尾气组分，依托不饱和烃全加氢催化剂开发了两段全加氢工艺，将碳四、碳五不饱和烃混合原料全加氢生成烷烃，产品中烯烃含量≤1%(wt)。依托高性能的二段加氢催化剂，反应起活温度由 180℃降低至 130℃，降低加热蒸汽品位和消耗量，降低装置能耗 17.80%；优化匹配两段加氢工艺的反应放热并进行能量充分利用后，能耗降低显著，节约能耗 31.88%。将碳四、碳五资源充分利用，节约装置能耗，实现生产效益最大化。

该技术不仅可以单独用于不饱和碳四、碳五组分分别进行全加氢，在碳四和碳五组分混合全加氢过程中也达到了优良的产品指标，产品可以返回裂解炉作为优质裂解原料进而生产乙烯和丙烯，不仅可以拓宽乙烯装置原料来源，还可以增加乙烯、丙烯产量，有效降低生产成本。该技术不局限于蒸汽裂解制乙烯装置产生的不饱和碳四、碳五资源利用，也可以处理催化裂化装置、焦化装置、加氢裂化装置等炼油装置及 MTO 装置等产生的碳四、碳五组分，提高装置效益，助力炼化一体化行业的绿色、低碳、高效、可持续的发展。

参 考 文 献

[1] 苏培芳，黄燕青，陈辉．蒸汽裂解生产乙烯工艺对比[J]．山东化工，2022，51(4)：149-153.

[2] 崔晓飞．2023—2024 年中国乙烯市场年度报告[R]．淄博：隆众资讯，2023.

[3] 中国石油化工股份有限公司，中国石油化工股份有限公司北京化工研究院．混合碳四碳五物料的综合利用方法，CN114456030A[P]．2022.

[4] 何庆阳．碳四烃类资源综合利用现状及展望[J]．云南化工，2021，48(5)：24-26.

[5] 胡旭东，傅吉全，李东风．丁二烯抽提技术的发展[J]．石化技术与应用，2007，25(6)：553-558.

[6] 汤红梅，王瑞军．碳四馏分中烯烃资源的利用调研[J]．炼油与化工，2005，16(1)：28-32.

[7] 罗淑娟，李东风．碳四资源综合利用[C]// 中国化工学会，中国石化出版社．第八届炼油与石化工业技术进展交流会，2017.

[8] 魏文德．有机化工原料大全(上卷)[M]．北京：化学工业出版社，1999：425-456.

[9] 张铁．丁二烯装置中乙烯基乙炔危险性研究[J]．中国安全生产科学技术，2015，11(2)：83-87.

[10] 张爱民．丁二烯抽提技术的比较和分析[J]．石油

化工，2006，35(10)：907-918.

[11] 王淑兰．炼厂碳四作为乙烯裂解原料的开发现状[J]. 化工中间体，2009(5)：5-8.

[12] 李越明，郭仕清．开发生产戊烷发泡剂[J]. 扬子石油化工，2000，15(4)：10-12.

[13] 季静，杜周，纪玉国，等．一种碳四烃全加氢催化剂及其制备方法和碳四烃加氢方法，CN112007646A[P]. 2019.

[14] 中国石油化工股份有限公司，中国石油化工股份有限公司北京化工研究院．一种丁二烯尾气加氢装置及方法，CN103787813B[P]. 2015.

[15] 中国石油化工股份有限公司，中国石油化工股份有限公司北京化工研究院．一种丁二烯尾气的加氢方法，CN103787811B[P]. 2015.

[16] Mathias P M，Copeman T W. Extension of the Peng-Robinson equation of state to complex mixtures：Evaluation of the various forms of the local composition concept [J]. Fluid Phase Equilibria，1983，13：91-108.

[17] 中国石油化工股份有限公司，中国石油化工股份有限公司北京化工研究院．一种氧化钛-氧化铝复合载体及其制备方法和应用，CN113649079A[P]. 2021.

芳烃装置碱应力腐蚀开裂分析及预防措施

王炎强

（中国石化镇海炼化分公司）

摘　要　针对某公司芳烃抽提装置水汽提系统焊缝及热影响区频繁发生泄漏，从工艺介质特性、设备制造工艺、施工工艺等因素出发，通过宏观检查、工艺参数分析、材料理化试验、金相分析等方法，得出水系统腐蚀泄漏主要处于焊缝热影响区，主要原因为当前工艺条件下引起的碱应力腐蚀开裂，并针对此类问题提出了应对措施。

关键词　芳烃抽提；水汽提塔；碱应力开裂；热影响区；热处理

某石化企业芳烃抽提装置近几年水汽提塔系统频繁出现腐蚀泄漏，主要发生在汽提塔釜液再沸器壳体环焊缝部位、水汽提塔 T 字焊缝部位、釜液管线管道支撑部位和承插焊管件部位、汽提气管线弯头等部位。对水汽提塔系统多次发生腐蚀泄漏进行原因分析以及寻找相应的解决方法，对于后续芳烃抽提装置的长周期稳定运行及选型设计具有指导性意义。

1　设备运行概况

芳烃抽提装置水系统循环主要由抽余油水洗塔（T－102）、水汽提塔（T－105）、水汽提塔再沸器（E－107）、水汽提塔釜泵（P－110）及相应管道组成。水汽提塔再沸器（E－107）为釜式换热器，主要利用回收塔底贫溶剂作为热源对来自抽余油水洗塔（T－102）和汽提塔顶回流罐（V－102）的水进行汽提，水汽提塔顶含少量烃的蒸汽送至汽提塔冷凝器，塔底出来的含有溶剂的水送至回收塔底，塔釜蒸汽作为溶剂再生塔溶剂再生的汽提蒸汽（图 1）。

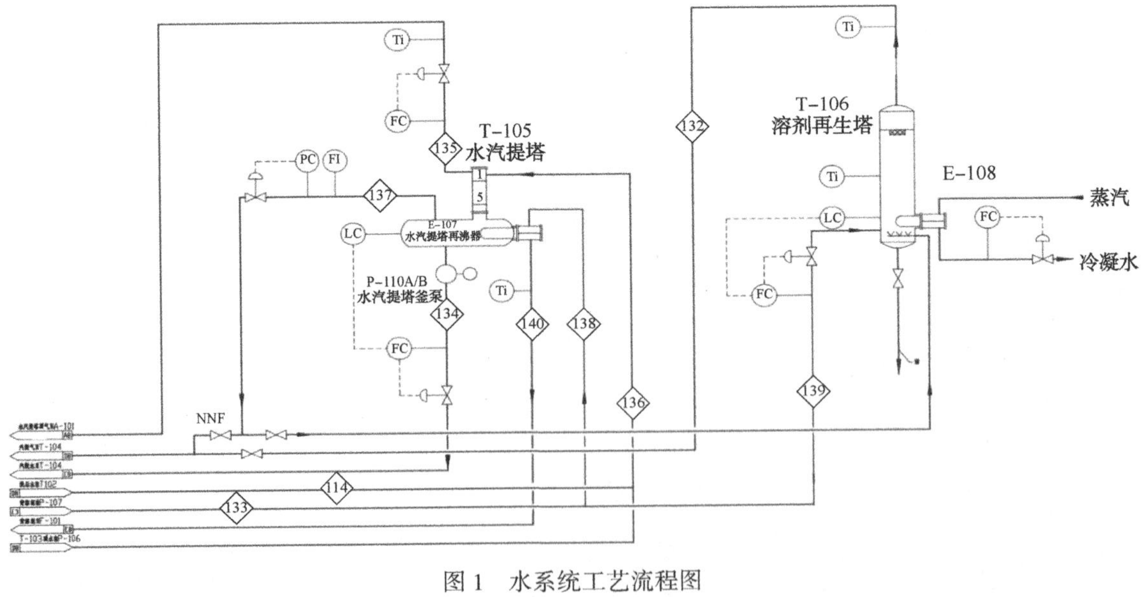

图 1　水系统工艺流程图

水汽提塔（T－105）和水汽提塔再沸器（E－107）通过法兰连接形成一台联合设备，其设计压力 0.38MPa，设计温度 140℃，筒体材质 16MnR，制造壁厚 10mm，设计腐蚀余量 3mm。装置生产运行过程中日常操作压力 0.07MPa，再沸器壳体操作温度 115℃，釜式换热器液位在 40%～60%。

2014 年至今，水汽提系统设备和管道泄漏已达 12 处，其中设备 3 处，管道 9 次，其中 2016—2017 年期间泄漏次数明显增加，2018 年对易泄漏部位进行管道及水汽提塔再沸器 E-107 更新，2022 年水汽提塔 T-105 又发生与水汽提塔再沸器 E-107 同现象泄漏。

2 泄漏部位材质和性能分析

由于上述泄漏部位处于同一个系统，现象类似，本文选取水汽提塔泄漏为例进行研究分析。水汽提塔 2022 年 5 月份首次发生泄漏，其泄漏部位为塔底筒体环焊缝与降液板焊接交叉位置附近(图 2，检修时已验证)。拆除保温层后泄漏现象为含环丁砜水渗漏，渗漏周边表面局部坑蚀较为严重，坑蚀深度约 2~3mm(图 3)。

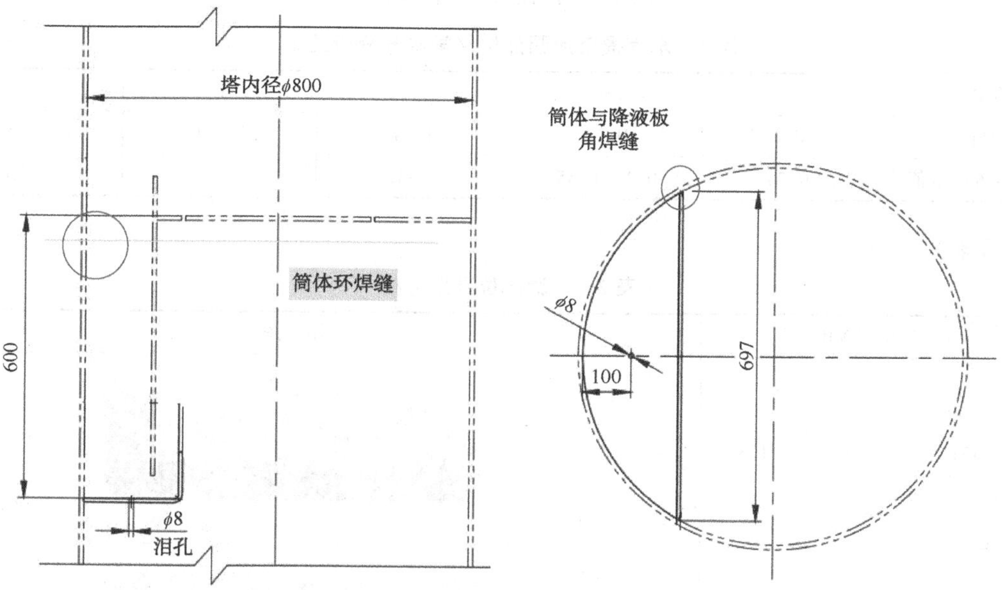

图 2 水汽提塔泄漏位置示意图(筒体环焊缝与降液板焊缝交接处)

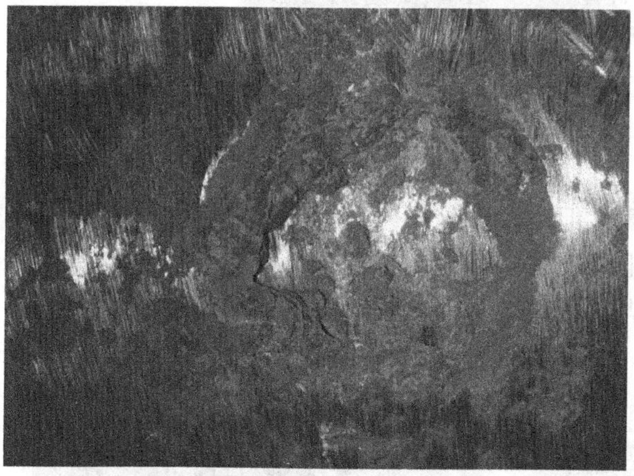

图 3 水汽提塔泄漏部位外表面腐蚀现象

泄漏部位的表面坑蚀原因相对比较明确，通过以前此系统的泄漏情况比较判断：塔体先泄漏后导致设备表面发生次生腐蚀，而非外部腐蚀引起穿孔导致泄漏。由于泄漏介质中含有的环丁砜渗漏后在容器表面在空气环境中高温受热降解，生成酸性介质，并在保温棉内无法及时排走，在局部空间积聚，较快形成酸性腐蚀导致外表面的局部坑蚀。

2.1 泄漏部位裂纹情况

2022 年水汽提塔泄漏后，采取临时堵漏措施监控运行，2023 年大修对水汽提塔进行了整体更新，对旧塔泄漏部位割板检查，泄漏点对应位置内壁为塔盘降液板与筒体连接部位附近，经初步打磨出现一条较为明显裂纹，筒体已全部穿透，介质泄漏至外部。降液板母材打磨后也发现较多小裂纹，全部打磨至筒体母材，也同样出现较多细小裂纹，整体降液板与筒体连接焊缝及热影响区均出现了不同程度的开裂，因还没完全穿透，这些部位未发现泄漏(图 4)。

2.2 化学成分分析

采用光谱仪对水汽提塔缺陷钢板上切取块状样品(材质：16MnR)进行化学成分分析，结果见表 1。由表 1 数据可知，该设备材质的化学成分基本上符合 GB 6654—1996《压力容器用钢板》规范要求，说明设备在使用过程中，材料的化学成分没有发生明显的劣变情况。

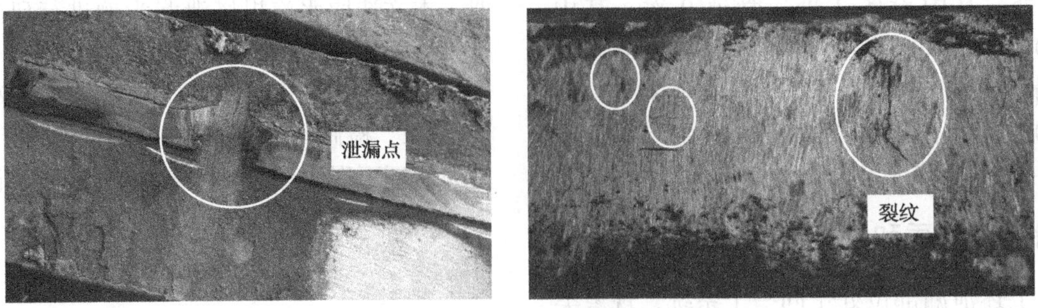

图 4　水汽提塔内表面裂纹

表 1　水汽提塔泄漏部位化学成分分析结果

化学成分	C	Si	Mn	P	S
试样实测值	0.073	0.27	1.44	0.031	0.020
GB 6654—1996 标准值	≤0.20	0.20~0.55	1.20~1.60	≤0.03	≤0.02

2.3　硬度分析

表 2　泄漏部位硬度分析

试样位置	硬度(HV10)			示意图
焊缝	171	173	173	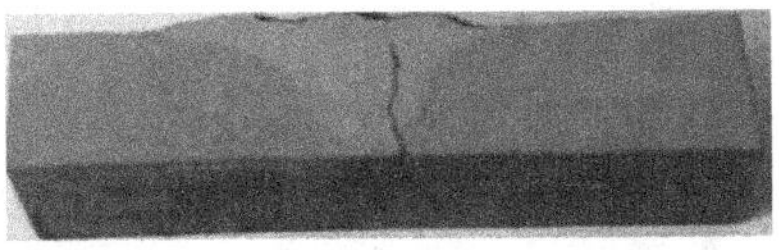
母材	169	170	169	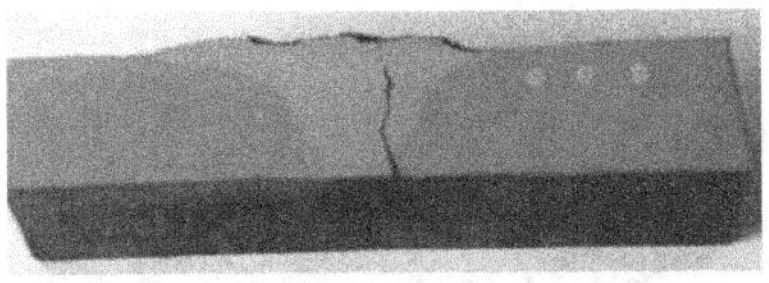

对试样 1 按 GB 4340—2009《金属维氏硬度试验方法》进行硬度检测，测试出焊缝与热影响区的母材部位的硬度均在 170HV 左右，碳钢母材硬度一般在 120HV 左右，说明焊缝及热影响区部位存在较大的应力。

2.4　金相分析

通过宏观观察，内壁未发现明显腐蚀和减薄，但发现多处裂纹，裂纹源不完整，裂纹两侧组织正常，裂纹由内壁向外壁扩展，方向垂直于焊接应力的方向(图 5)。

试样1(焊缝)　　试样2(母材)　　试样3(焊缝)

图 5　泄漏部位宏观检查裂纹情况

从泄漏部位钢板分别切取焊缝、母材处小块试样，经 4%硝酸酒精电解侵蚀后，观察其金相组织及腐蚀形貌。

母材金相组织为铁素体+珠光体，晶粒细小，呈带状分布(图 6)。

焊缝金相组织为铁素体+珠光体+少量贝氏体，其中部分先共析铁素体呈针状，形成魏氏组织(图 7)。

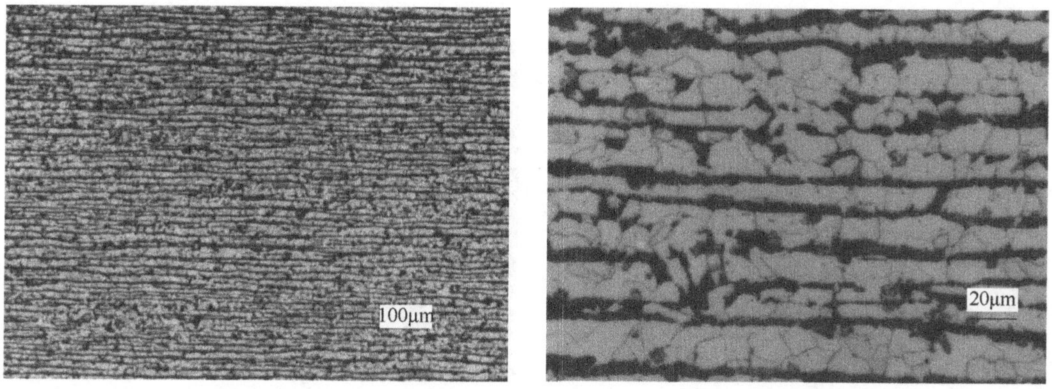

放大倍数：100×　　放大倍数：500×

图 6　母材金相组织

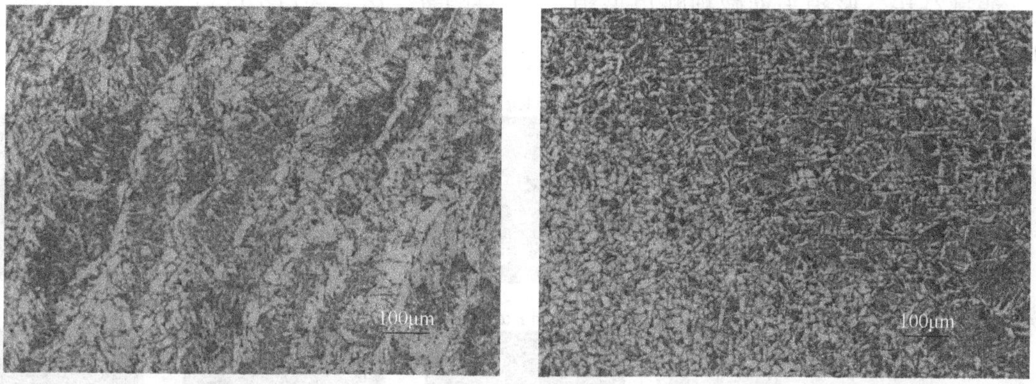

放大倍数：100×　　放大倍数：200×

图 7　焊缝金相组织

取试样 2 裂纹处进行金相分析，由裂纹部位的金相组织照片可以看到，裂纹源不完整，裂纹周边晶粒无明显形变，长宽不成比例，多数起源于内侧焊缝或热影响区处向外壁沿晶开裂，末端呈现树根状延展，符合应力腐蚀形貌(图 8～图 10)。

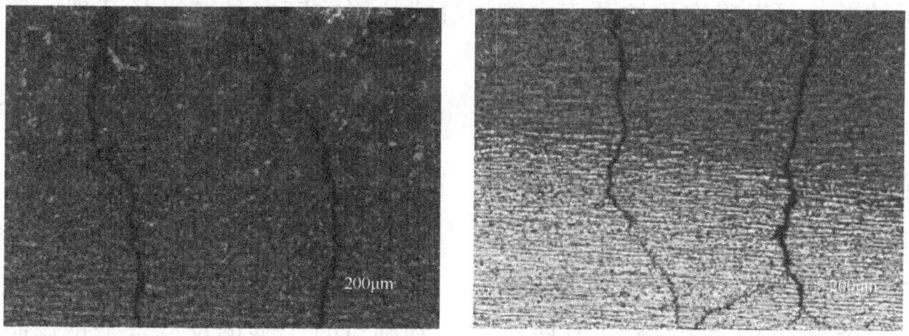

图 8　试样 2 热影响区裂纹(50×)

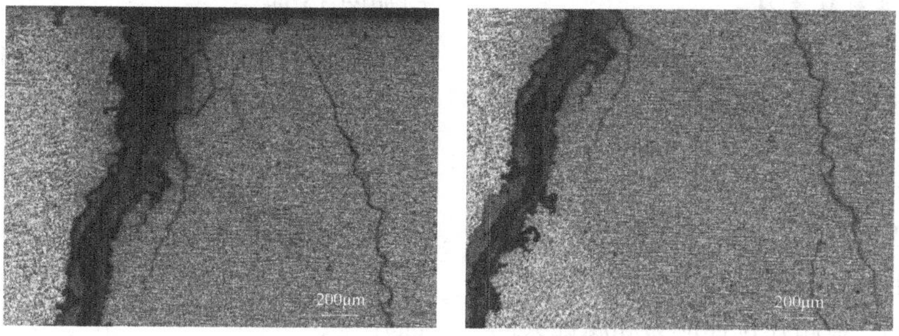

图 9　试样 3 焊缝裂纹(50×)

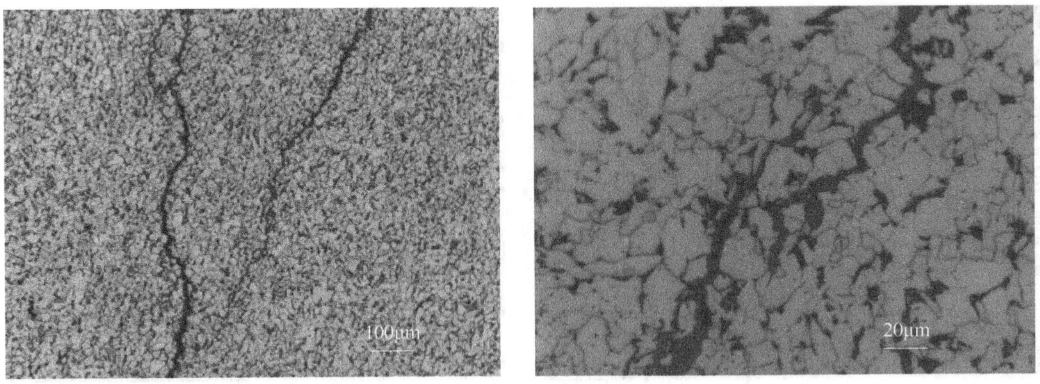

图 10　试样 3 沿晶开裂(50×)

试样 3 在液氮冷却的环境中打断，对其断口进行电镜、能谱分析，形貌为准解理断口形貌；对裂纹的破裂面的腐蚀产物进行能谱分析，结果显示，裂纹处除了基体元素分布之外，发现一定量的氧、硫元素(图 11)。

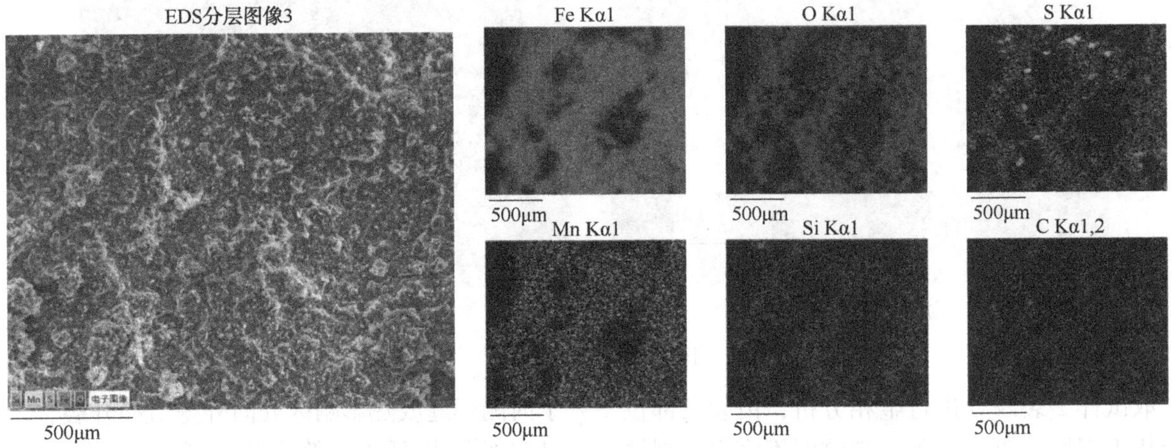

图 11　试样 3 裂纹断口形貌电镜、能谱扫描(500×)

综合上述分析结果，可以确定裂纹源于内侧焊缝或热影响区向外壁沿晶开裂，符合应力腐蚀开裂特征。

3　产生裂纹的原因分析

通过对水汽提塔发生裂纹部位的材质、性能、裂纹形貌及腐蚀产物等全面分析和工艺条件的识别，我们认为焊缝及热影响区产生的裂纹则在拉应力和碱环境条件下引起的碱应力腐蚀开裂。

3.1　碱应力腐蚀开裂的条件

碱应力腐蚀开裂一般需同时具备三个条件，高的温度、高的碱浓度和拉伸应力。

容器用碳钢主体材质一般为 16MnR，力学性能、可焊性良好，通常情况下不易产生裂纹，但因容器内部介质为汽相或碱液，在温度较高等一定的环境条件下，易形成碱应力腐蚀开裂。

高温碱环境下，金属在拉伸应力和腐蚀共同作用下的开裂，裂纹在本质上主要是晶间裂纹，铁素体具有开裂敏感性，增加碱浓度或温度可增加开裂速度。

关于碱液浓度，《钢制化工容器材料选用规范》相关标准已说明，NaOH 溶液温度超过 46℃到沸点时，碳钢及低合金钢焊制化工容器易发生碱应力腐蚀开裂。碳钢及低合金钢发生碱脆的趋向如图 12 所示。

碳钢及低合金钢焊制化工容器，在温度和 NaOH 溶液浓度位于 A 区时，容器焊后或冷加工后不需要消除应力热处理；温度和 NaOH 溶液浓度位于 B 区时，碳钢及低合金钢焊接接头及弯管应进行消除应力热处理。当 NaOH 溶液浓度≤5%时，理论上在任何条件下不会发生碱应力腐蚀开裂。

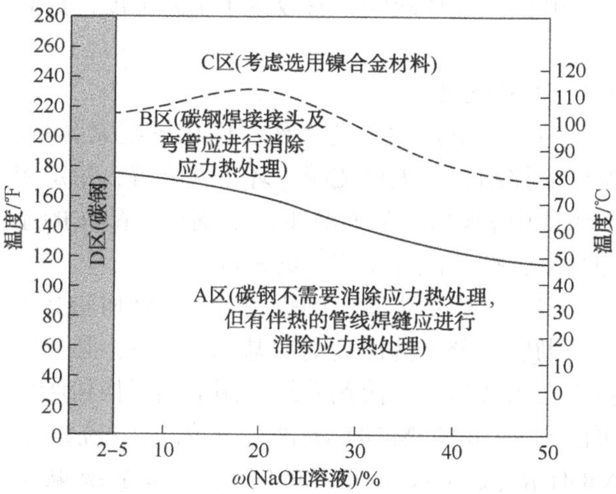

图 12　钢材在 NaOH 溶液中的使用限制

碱应力腐蚀的过程中，腐蚀对裂纹的最终形成也起了重要作用。由于材料表面的缺陷如机械撞击、焊接造成的飞溅物和微小裂纹，加上腐蚀介质的作用，在物体表面形成点蚀，在点蚀形成应力集中，应力集中随点蚀的扩大而上升，超过一定限度时，使金属发生塑性变形，表面保护膜局部破坏，产生微小裂纹并住渐扩展，裂纹附近金属组织发生变化，产生伴错等晶格缺陷，再加上腐蚀产物起的楔入作用，造成晶间破裂，提供了扩大裂纹的通道，此后裂纹进一步扩展，直到裂纹增大导致金属破裂。碱应力腐蚀裂纹一般起源于焊接热影响区的粗晶区部位，沿晶界走向，属于典型的沿晶开裂。

碳钢和低合金钢容器经常发生的碱应力腐蚀开裂，其形貌特征均为沿晶开裂。主要是在其晶界处富集一些低熔点共品物质(如硫、磷、碳)，在碱液中这些物质成为腐蚀电池的阳极，而晶粒由于钝化而成为腐蚀电池的阴极。碳钢和低合金钢在碱溶液中的应力腐蚀开裂多数是阳极溶解引起的，在拉应力集中部位阳极溶解加速。因此其反应为：

$$Fe+4OH^- \longrightarrow FeO_2+2H_2O+2e^-$$

$$3FeO_2+4H_2O \longrightarrow Fe_3O_4+6OH^-+H_2$$

结果表面形成四氧化三铁的保护膜，此膜受拉应力作用而被破坏，继而再钝化使膜修复，当这两方面处于平衡时发生阳极溶解型的应力腐蚀破裂。因此，在碱液介质和拉应力的共同作用下，裂纹不断沿晶界扩展而形成裂纹。

3.2　裂纹产生原因

查找原始设计资料，设计图纸中只仅要求对水汽提塔再沸器 E-107 的管箱需要焊后热处理，再沸器壳体及水汽提塔 T-105 不需要焊后热处理，通过对试样焊缝及热影响区的维氏硬度检测，焊缝与母材部位的硬度均在 170HV 左右，而碳钢母材硬度一般在 120HV 左右，说明焊后未做消除应力热处理，焊缝及热影响区部位存在较大的应力。满足了发生碱应力腐蚀开裂的因素之一。

芳烃抽提装置设计采用以环丁砜作为萃取溶剂的抽提工艺技术，环丁砜溶剂在高温环境下容易劣化分解生成酸性物质，其中酸性物质主要是磺酸、硫酸等，系统中 pH 值下降。为防止环丁砜降解后系统中呈酸性，工艺在抽提系统中使用单乙醇胺添加剂，目的在于中和环丁砜降解酸化物，保持溶剂系统的 pH 值。

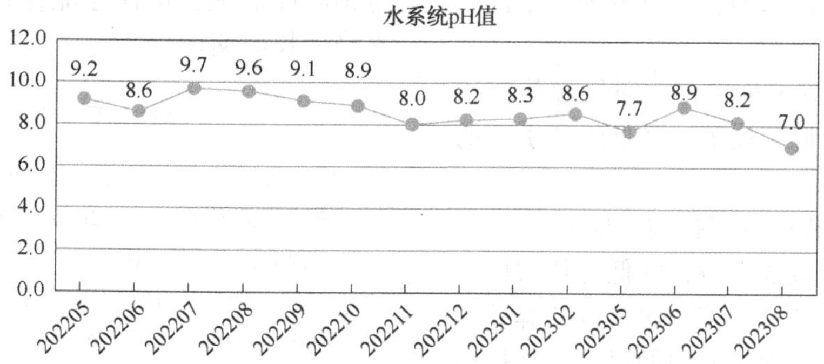

图 13　芳烃抽提水系统中 pH 值

从图 13 对水循环系统的水化验分析结果来看，系统中 pH 值基本在 7～10，碱浓度远未达到 5%，不会产生碱应力腐蚀开裂条件。但在水汽提塔中操作温度为 115℃，在焊缝对接偏差、焊接缺陷等气相空间部位介质往往会被浓缩而提高碱液浓度至 5%以上，这就形成了碱应力腐蚀开裂的碱环境条件。这种现象可能是碱环境产生的其中一个因素。

芳烃抽提装置在 2012 年技措新增了离子交换树脂再生技术，采用离子交换树脂脱除酸性物质和环丁砜溶剂中累积的氯离子。树脂在使用前需用3%左右的稀 NaOH 溶液进行活化，或在使用一段时间后失去活性，树脂同样需用稀 NaOH 溶液再生，激活后用脱盐水进行洗涤至中性。树脂系统投用，部分环丁砜溶剂净化后进入溶剂系统循环。由于树脂系统投用前因树脂具有大孔复杂结构可能会出现洗涤不彻底，当溶剂进入树脂系统后，带出残留在树脂中的 NaOH 溶剂，可能使整个抽提系统 pH 值大于 5%，经水系统循环进入水汽提塔中，在115℃的操作温度下进而浓缩提高浓度，进入了碱应力腐蚀开裂的敏感区间。这是碱液环境产生的第二个因素。

综合上述具备了碱应力腐蚀开裂的三个必要条件：碱环境、高温、拉应力。加上对腐蚀部位的金相组织分析，可以判定水汽提塔筒体泄漏的原因为碱应力腐蚀开裂。

4　防止碱应力腐蚀开裂的措施

4.1　设计优化

（1）装置初始工艺设计或投产后的技措改造设计，充分考虑工艺系统生产过程中是否存在或带入碱环境的可能性，尤其工艺添加剂带来的影响。

（2）设计设备制造考虑设备加工方法，通过采用各种强韧化处理新工艺，改变材料合金相的相组成、相形态及分布，消除杂质元素的偏析，细化晶粒，提高成分和组织的均匀性，提高材料韧性，进而改善金属的抗应力腐蚀性能。

（3）设计中尽可能避免死区，防止碱液滞留、水分蒸发造成碱液浓缩，形成碱环境条件。

4.2　制造质量控制

（1）设备制造组对过程中控制对接部位错边量、接管伸出长度、椭圆度等，降低组装引起的装配应力。

（2）减小制造过程中的焊接残余应力。

①采用较小的焊接线能量，降低受热塑性变形的能力；②安排合理的焊接顺序可以使焊缝自由收缩，从而达到降低焊接应力的目的③焊接后用圆锤锤击焊缝，④整体热处理受热均匀，设备整体温差小，消除残余应力效果较单独焊缝热处理。焊后消除残余应力处理可实现晶体构造的改变，并消除晶体缺陷，有效减小金属强度，提高韧性。

4.3　工艺使用

（1）严格控制工艺操作，优化系统氧含量、温度的控制，尽大可能减少环丁砜降解，稳定溶剂系统中 pH 值，从而减少添加剂单乙醇胺的添加频率，控制碱环境产生的来源。

（2）树脂再生系统的投用时，交换树脂必须清洗彻底，分析洗涤后的脱盐水 pH 值，必要时树脂在水洗后并入溶剂系统前用溶剂置换树脂中可能还残留的 NaOH 溶液，避免未清洗净的 NaOH 溶液带入系统，短时间增加系统碱的来源。

（3）定期对水汽提系统重点部位(如水汽提塔、水汽提塔再沸器)做无损检测，监控设备运行工况。

（4）生产过程中水汽提系统缺陷处理涉及焊接作业时，执行好焊后消除应力热处理，消除焊接残余应力。

5　结束语

通过对芳烃抽提装置水汽提塔泄漏的全方位分析，说明在系统中碱浓度较低的条件下，只要存在拉应力、高温度，在某些特定部位碱液浓缩，也会满足碱应力腐蚀开裂的三个必要因素，最终发生碱应力腐蚀开裂。

腐蚀问题是石油化工企业普遍存在的问题，针对不同类型的腐蚀，我们需要根据其腐蚀原理从设计、制造、使用等多方面研究分析，共同制定预防性措施，这样才能保证设备安全、环保、平稳地长周期运行。

参 考 文 献

[1] 中华人民共和国工业和信息化部. 钢制化工容器材料选用规范：HG/T 20581—2020[S]. 中石化上海工程有限公司，2021.

[2] 肖晖. 碱液应力腐蚀裂纹成因及处理，中国特种设备安全 2010.

[3] 斐加梅. 焊接应力与焊接变形及其控制方式，中国新通信 2015.

聚乙烯产品质量异常问题原因分析和改进措施的研究

胡卫国

（中国石化镇海炼化分公司）

摘　要　聚乙烯产品质量受聚合反应、挤压造粒和掺混包装等各种环节影响，当聚乙烯产品生产过程中出现质量异常问题时，因涉及范围广和环节多，逐一排查费时费力难度大，且不能有效快速地找到其根本原因会进一步导致产品质量问题扩大化。基于此针对以上环节可能出现产品质量问题，本文提出了一种从聚合反应、挤压造粒到掺混包装全方面和多层次的系统快速排查指导思路，此思路包括了反应器聚合反应熔指和密度控制、粉料中带有黑粒或杂质、挤压造粒过程中出现不规则树脂颗粒（片料、块料、蛇皮粒、大小粒、拖尾粒或细粉等）和粒子表面带有杂质、掺混和包装过程中出现粒料带水或粒子带有杂质（铁丝、金属块、金属片、螺丝/螺帽、弹簧、粒料外表面有小黑点等）等可能引起聚乙烯产品质量问题系统地进行了原因分析，并针对以上原因结合装置生产经验分别提出了有效地改进提升措施。这种快速排查指导思路不仅可以快速排查产品质量问题的根本原因和相关提升措施可以降低装置非目标产品和降级料产量，有效地避免了产品质量问题和下游客户投诉，而且能够确保装置安全、稳定和长周期运行。希望此快速排查思路对同类聚烯烃装置发生以上产品质量异常问题时进行原因分析和相关改进措施具有一定的指导和借鉴意义。

关键词　产品质量；原因分析；提升措施；长周期运行；杂质；快速排查；思路

美国 Univation 公司的低压气相法制备全密度聚乙烯工艺（Unipol 工艺），以乙烯为主要原料，丁烯-1 或己烯-1 为共聚单体、氢气为链转移剂、异戊烷（ICA）为诱导冷凝剂，采用钛系淤浆催化剂（目前已实现全国产化替代），在气相流化床反应器中聚合反应生成聚乙烯粉料，经 PDS 系统（粉料输送系统）将粉料输送至脱气仓，粉料经脱气后与复配添加剂混合送至挤压造粒机系统进行造粒，经离心干燥后进入振动筛进行筛分，最后将树脂颗粒送入掺混料仓进行掺混，最后送入包装料仓进行包装出库。

聚乙烯产品质量受多方面影响，如反应器聚合反应参数控制、挤压机造粒系统运行工况和掺混包装过程中杂质或异物进入等问题，以上任一环节出现问题，都会导致聚乙烯产品质量出现异常，严重导致产品降级影响公司效益，甚至会影响下游客户使用和造成经济损失，遭到投诉使公司受到声誉影响。以上出现产品质量问题环节繁多，逐一进行排查比较困难，费时费力，不能及时排查出根本原因会导致产品质量扩大化，因此能够形成一套科学和系统地快速排查产品质量异常问题的指导思路是非常有必要的。本文基于此提出了一种从聚合反应、挤压造粒到最后掺混包装全方面和多层次的系统快速排查指导思路，此思路科学地分析各种可能引起产品质量异常问题的原因和提出有效的改进措施。

1　聚乙烯产品质量异常问题原因分析

1.1　反应器聚合反应环节引起产品质量异常的原因分析

反应器聚合反应过程中导致产品质量出现异常主要有密度和熔指不合格、粉料中带有杂质或黑粒等。以钛系淤浆催化剂做为催化剂反应体系中，密度主要由共聚单体丁烯-1 或己烯-1 进料量控制，C_X/C_2 比（丁烯-1 或己烯-1/乙烯比，以下用 C_X/C_2 比表示）控制偏差较大或不稳定易造成密度不合格，其中 DC/THF 比（一氯二乙基铝/四氢呋喃，以下用 DC/THF 表示）、H_2/C_2 比（氢气/乙烯比，以下用 H_2/C_2 比表示）对密度也有一定影响。熔指主要由氢气进料量比控制，H_2/C_2 比控制偏差较大或不稳定易造成熔指不合格，其中 DC/THF 比、T_3/THF 比（三正己基铝/四氢呋喃比，以下用 T_3/THF 表示）、反应器温度、C_X/C_2 比对熔指也有一定影响，具体影响关系详见表 1。

表 1　聚乙烯产品密度、熔指的影响因素及关系

影响因素	DC/THF 比	T_3/THF 比	反应温度	H_2/C_2 比	C_X/C_2 比	乙烯分压
密度	↓	—	—	↑	↓↓	—
熔指	↓	↓	↑↑	↑↑	↑↑	—

备注：上述 DC/THF 比、T3/THF 比、反应温度等影响因素增加时对密度、熔指的影响关系；
↓表示为轻微降低；↑表示为轻微增加；↓↓表示显著降低；↑↑表示显著增加。

当粉料取样口发现有杂质时，可能是检修部位置换不干净、取样口或 PDS 粉料输送罐体或管线内壁铁锈剥落等原因造成。当粉料中出现灰色或黑粒时，其一原因可能是催化剂压送过程中脱口管线与空气接触未置换干净导致部分催化剂失活引起；另一原因可能是反应器料位控制过高导致部分贴壁粉料冲刷掉落引起。

1.2　挤压造粒系统引起产品质量的原因分析

颗粒外观尺寸是评价聚乙烯产品质量的一个重要质量指标。虽然各装置工艺专利商、设备商规定的标准不尽相同，但根据国内同行业普遍遵循的 SH/T 1541—2006《热塑性塑料颗粒外观试验思路》中的定义，不规则粒料指的是任意方向上尺寸大于 5mm 的粒子(包括连粒)或者小于 2mm 的粒子(包括碎屑和碎粒)。合格的颗粒应规整、均匀饱满，且无棱角和无拖尾粒，不规则颗粒包括片料、块料、蛇皮粒、大小粒、拖尾粒、细粉等，如图 1 所示。

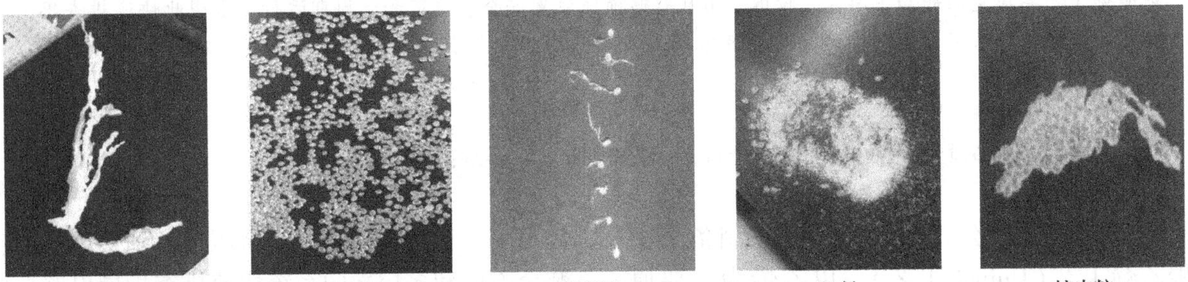

片料　大小粒　拖尾粒　细粉　蛇皮粒

图 1　不规则颗粒外观图示

除以上不规则树脂颗粒外，还有树脂颗粒外观正常却含有黑粒、黑斑粒、色粒(树脂粒子内部)和粒子外表面的带有杂质(树脂粒子外表面)等产品质量问题，如图 2 所示。

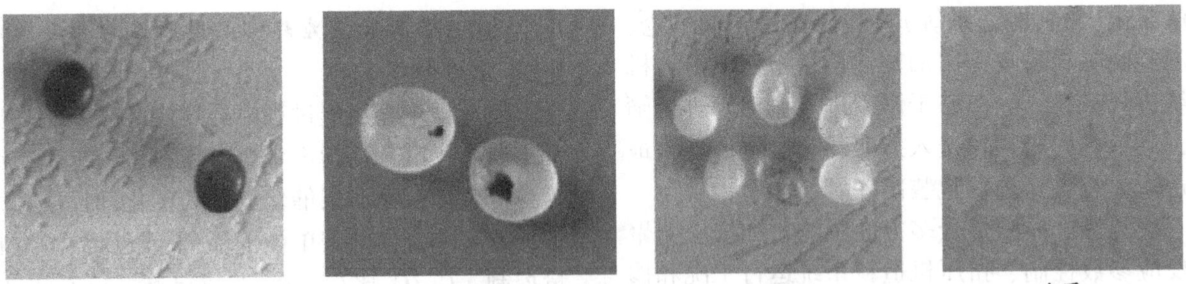

黑粒　黑斑粒　色粒　杂质

图 2　不规则颗粒外观图示

结合装置生产经验，造成上述产品质量异常问题的原因分析见表 2。

表 2　挤压造粒系统产品质量异常问题和相对应的原因分析

产品质量异常问题	原因分析
片料	1. 切粒机转速过低
	2. 切刀发生缠刀垫刀现象
	3. 切刀处于使用末期
细粉	1. 切粒水温度过低
	2. 切刀转速过快

续表

产品质量异常问题	原因分析
大小粒	1. 模板部分堵塞
	2. 模板成型孔孔径变小
	3. 切粒机液压油带气或熔融泵出口压力不稳定
蛇皮粒	1. 熔融树脂过热、结块
	2. 切粒水温度偏高或流量偏低
	3. 切刀磨损严重
拖尾粒	1. 进刀液压油压力不正常
	2. 切粒水温度过高
	3. 切刀磨损严重
	4. 模板对中定位不准
	5. 切刀处于使用末期
黑粒	1. 粉料中有杂质
	2. 添加剂中有杂质
	3. 筒体中氧化或碳化熔融树脂拉料时拉料不充分未拉干净
	4. 冲模不彻底
黑斑粒或色粒	1. 粉料中有杂质
	2. 添加剂中有杂质或添加剂加入比例有误
	3. 因挤压机停机时间较长筒体中的氧化或碳化的树脂拉料时拉料不充分导致偶发性带出
	4. 换网器长时间运行未更换
	5. 冲模不彻底
杂质	1. 切粒水长期未进行置换含有杂质
	2. 离心干燥器抽风机进口滤网破损或密封不严
	3. 振动筛顶部筛网盖板敞口或密封不严
	4. 振动筛软连接或其他部位软连接有破损
	5. 管线或设备连接处垫片为炭黑垫片
	6. 取样管线或取样口有污染

1.3　掺混包装环节引起产品质量异常的原因分析

1.3.1　掺混区域引起产品质量问题原因分析

掺混区域掺混料仓取样口曾出现粒料中带有杂质或粒料中带水的产品质量异常情况，具体原因分析见表3。

表3　掺混区域产品质量异常问题和相对应的原因分析

产品质量异常问题	原因分析
粒料带水	1. 粒料输送风机(将挤压机切粒的粒料送至掺混料仓风机)或掺混风机冷却器内漏
	2. 粒料输送风机或掺混风机出口水冷器、过滤器、水分离器及输送管线低点导淋处于全关状态，不能进行低点排凝
	3. 掺混料仓或管线软连接破损雨水进入
粒料带有杂质	1. 粒料输送风机入口滤网或出口滤网破损或密封不严
	2. 掺混风机入口滤网或出口滤网破损或密封不严
	3. 均化风机入口滤网或出口滤网破损或密封不严
	4. 掺混料仓软连接或其他部位软连接有破损
	5. 掺混料仓取样管线或取样口有污染
	6. 掺混料仓周围环境较差掺混料仓负压导致顶部呼吸阀倒吸带入杂质
	7. 掺混料仓或管线垫片为石墨垫片老化

1.3.2 包装区域引起产品质量问题原因分析

包装区域曾发生粒料中带有铁丝、金属块/片、螺丝/螺帽、粒料外表面有小黑点等杂质或粒料中带水的产品质量异常情况，如图3所示，具体原因分析见表4。

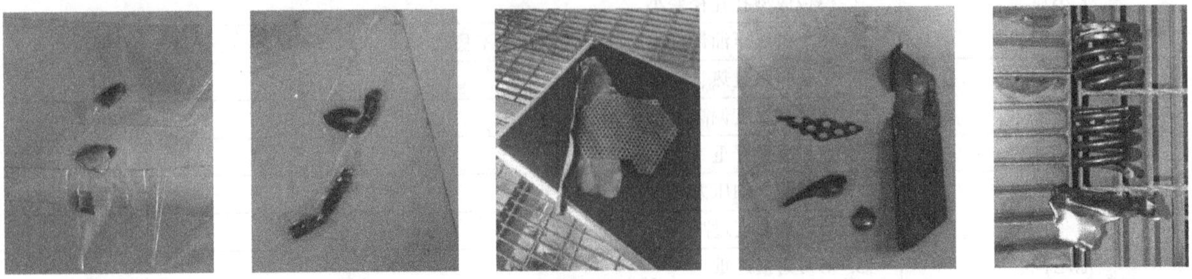

金属块　金属片　消声器支撑网　消声器支撑网碎片　呼吸阀弹簧

图3　金属杂质外观图示

表4　包装区域产品质量异常问题和相对应的原因分析

产品质量异常问题	原因分析
粒料带水	1. 粒料输送风机(将掺混料仓粒料送至包装料仓风机)冷却器内漏
	2. 包装风机冷却器内漏
	3. 粒料输送风机或包装风机出口水冷器、过滤器、水分离器及管线低点导淋处于全关状态;
	4. 掺混料仓或包装料仓软连接或输送管线软连接破损雨水进入
粒料带有铁丝	输送管线软连接更换或风机等设备检修过程中掉入
粒料带有金属块/片	1. 输送管线软连接更换或风机等设备检修过程中掉入
	2. 风机出口消声器网状支撑破损掉入
	3. 输送旋阀保护架脱落
粒料带有螺丝、螺帽或弹簧	1. 风机等设备检修过程中掉入
	2. 掺混料仓或包装料仓顶部呼吸阀弹簧元件固定螺丝或螺帽掉落
粒料带有微小黑色杂质	1. 粒料输送风机(将掺混料仓粒料送至包装料仓风机)入口滤网或出口滤网破损或密封不严
	2. 淘洗风机入口滤网或出口滤网破损或密封不严
	3. 包装风机入口滤网或出口滤网破损或密封不严
	4. 掺混料仓、包装料仓或其他输送管线等部位软连接有破损
	5. 周围环境较差掺混或包装料仓处于负压状态顶部呼吸阀倒吸带入杂质
	6. 包装料仓或输送管线连接处垫片为石墨垫片

2　产品质量异常改进措施

2.1　反应器聚合反应产品质量异常相关改进措施

聚乙烯产品密度和熔指质量指标在正常稳定生产过程中，需按照牌号相对应反应器聚合反应参数进行控制，当在线仪表和化验数据偏大时，及时联系仪表专业对在线仪表进行校正(本装置当在线熔指仪与化验数据偏差±10%时联系在线仪表团队进行校正，密度指标未安装在线分析仪)。气相法工艺与其他工艺相比，缺点是牌号切换时间较长，过渡料或非目标产品较多。当牌号在切换过程中需对反应器参数进行超调控制，以减少过渡时间和非目标产品产量，并及时进行加样化验分析，指导装置牌号切换，避免出现产品质量异常问题。

当粉料取样时发现粉料中有杂质或黑点(在粉料外表面)时，需确认粉料取样口是否背污染、反应器或PDS排料系统检修交回是否置换干净等。当粉料中出现灰色颗粒或黑粒时，其一需考虑是否由催化剂压送过程引起，为保证产品质量，压送前后需确保脱开管线查漏和置换干净，避免部分催化剂失活导致产品带有黑粒。另一需考虑的是反应器扩大段内壁因粉料冲刷导致部分黏壁粉料剥离引起，可采取措施如在反应器工况稳定的情况下适当降低床高减少冲刷效果，避免黏壁粉料带出，影响产品质量。

2.2 挤压造粒系统产品质量异常相关改进措施

2.2.1 不规则树脂粒子质量问题相关改进措施

2.2.1.1 提高挤压切粒机模板的受热均匀性和平整度

本装置的挤压切粒机模板是热通道性模板，热油通过特殊密集排布的加热通道对模板进行加热，使树脂保持良好的熔融状态。模板上均匀地分布着7750个模孔，只有在每个模孔的出料速度一致时，才能够切出大小均匀的颗粒。模板受热不均匀或熔融泵出口压力不稳定，则会造成熔融树脂从模孔中出料速度不一致，在切刀切粒过程中，就会出现尺寸大小不一的树脂颗粒，严重时堵塞模板，影响产品质量。若模板表面黏附熔融树脂，合模后切刀与模板表面不能紧密贴合，导致不规则颗粒产生，严重者会导致垫刀和缠刀现象(图4)。

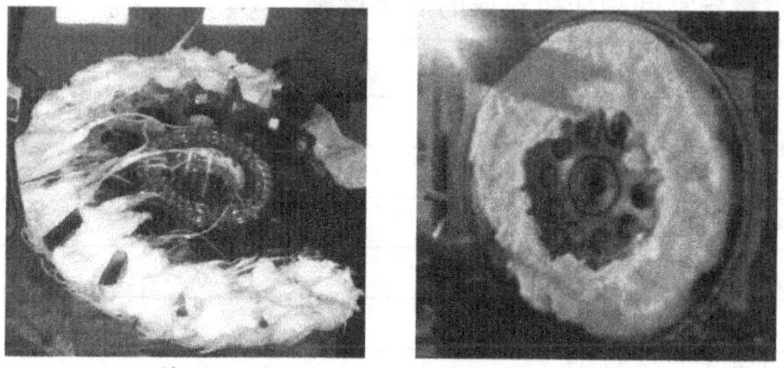

图4　缠刀和垫刀图示

模板不平整或者严重腐蚀导致模板和模孔上出现不规则的斑点，从而致使模孔不再是规则的圆孔，在旋转切刀的作用下，颗粒不再是光滑的平面，从而产生不规则的颗粒。因此提高挤压切粒机模板的受热均匀性和平整度是非常有必要的。

2.2.1.2 选择合适的切刀类型，调整合适的进刀压力和切刀转速

切刀在造粒机中属于核心部件，由于它长时间与模板进行摩擦，它的质量好坏将直接影响到造粒机的平稳运行。目前装置使用的切刀主要有两种：工具钢切刀和合金钢切刀。工具钢刀为整体成型的切刀其特点是质地相对较软、易研磨、对模板损伤较小，但缺点是磨损快、使用寿命短。合金钢刀是刀刃采用合金钢的镶嵌式切刀，其特点是质地相对较硬、刃口可长时间保持锋利、耐磨，缺点是脆性相对较强、不易研磨、易造成模板磨损，因此切刀硬度的选择必须和模板硬度匹配。切刀硬度过硬会导致模板过度磨损，切刀和模板的使用寿命缩短。切刀硬度过软又会引起切刀的过度磨损，造成更换切刀时间频繁影响装置产能。因此切刀的锋利程度对颗粒的形状影响很大，切刀锋利，则颗粒的断面平滑；反之则粗糙，严重时会产生拖尾粒和蛇皮粒等不规则的颗粒。

切刀进刀压力和切刀转速直接影响颗粒尺寸以及切刀的使用寿命。切刀进刀压力过高导致切刀与模板磨损严重，切刀进刀压力过低影响颗粒的外观质量，严重时造成缠刀和垫刀事故。切刀转速过快，导致树脂颗粒尺寸较小，粉末量增加；转速过低时，造成树脂颗粒尺寸较大，影响产品质量。切刀转速与挤压机负荷对应关系见表5：

表5　切刀转速与挤压机负荷对应关系

负荷/(t/h)	34	38	42	48	53	60	65
切粒机转速/(r/min)	220	240	250	270	290	310	330

因此生产不同类型、不同牌号、不同负荷的聚乙烯树脂时，要调节切刀进刀压力和切刀转速，以满足颗粒外观的要求。

2.2.1.3 调整合适的切粒水温度、酸碱度和流量

切粒水的作用是冷却从模孔出来的熔融树脂和输送树脂颗粒。切粒水温度对粒子的外观和切刀的磨损有很大的影响，水温过低导致挤出的颗粒过硬，粒子过硬加大对切刀的磨损，且容易产生细粉，同时高温度的模板遇到低温的切粒水不仅容易产生内部应力损坏模板，而且模孔易堵塞影响造粒，但优点是粒子冷却下来外观饱满且美观。水温过高导致挤出的粒子较软，切出的粒子容易带尾巴，颗粒外形不规则，严重时粒子粘连造成下游堵塞，造成“灌肠”事故，但优点是对切刀的磨损小。本装置切粒水温度工艺参数控制在60℃左右。对颗粒外观要求不是特别高的情况下，切刀前期磨损量小，切割性能好，水温高也不会出现带尾料，这样有利于减少细粉和降低切刀的磨损，但水温高也是在参数范围之内的。

切粒水的pH值对粒子和切刀也有很大的影响。随着装置的运行一般切粒水呈酸性，主要原因是添加剂中存在着在一些弱酸性组分，切粒水经过反复循环使用，颗粒水中溶解的酸性成分不

断累积和增加，切粒水酸性不断增加，严重时会对切刀造成腐蚀。定期打开水箱的补水阀，使切粒水保持一定的溢流，使切粒水的 pH 值维持在 7 左右。

切粒水流量对粒子的外观也有很大的影响。切粒水流量低，则不能及时将颗粒树脂输送到下游设备而堆积在切粒水室，同时也不利于颗粒树脂的降温，严重时会造成“灌肠”。切粒水流量过高容易导致离心干燥器干燥粒子效果不好。因此在造粒过程中，保证切粒水具有合适的温度、酸碱度和流量也是十分重要的。

2.2.1.4　保证切刀与模板严格对中

切粒过程中切刀紧密地贴合在模板表面高速旋转切断熔融树脂，因此切刀轴与切粒机的轴，切刀轴与模板的轴应严格对中，否则容易产生不规则颗粒，甚至出现垫刀和缠刀等事故，并加剧切刀、模板的磨损程度。

2.2.1.5　其他措施

除此之外，粉料中是否有杂质、树脂在筒体中的混炼程度、液压油是否带气、添加剂的加入量和切刀的磨刀情况等因素都会对树脂粒子的外观有很大的影响。在挤压造粒机进行造粒过程中，工艺参数的不合理或者不稳定是造成颗粒外观不规则的主要原因，因此控制工艺参数在合理的范围之内是控制颗粒外观不规则的有效措施。

2.2.2　黑粒、黑斑粒或色粒、杂质等质量异常问题相关改进措施

黑粒、黑斑粒或色粒、杂质质量异常相关改进措施见表 6。

表 6　黑粒、黑斑粒或色粒、杂质等产品质量异常问题和相对应的改进措施

产品质量异常问题	改进措施
黑粒	1. 保证粉料质量，无其他黑色杂质
	2. 保证添加剂质量，无其他黑色杂质
	3. 延长拉料时间，确保筒体中氧化或碳化的树脂拉干净后再开机
	4. 延长冲模时间，确保冲模充分将碳化树脂彻底拉出
黑斑粒或色粒	1. 确保粉料质量，无其他杂质
	2. 确保添加剂质量和添加剂比例正确，无其他杂质
	3. 挤压机停机时间较长时需延长拉料和冲模时间，确保拉料和冲模干净
	4. 定期更换换网器
杂质	1. 切粒水定期溢流置换和挤压机停机时排空置换
	2. 离心干燥器抽风机进口滤网定期更换和加强巡检维护
	3. 振动筛顶部筛网盖板确保密封效果
	4. 振动筛软连接或其他部位软连接定期更换和加强巡检维护
	5. 管线或设备连接处垫片更换为聚四氟乙烯垫片
	6. 取样管线或取样口定期清理

2.3　掺混包装环节产品质量异常相关改进措施

2.3.1　掺混区域环节引起产品质量异常相关改进措施

为避免掺混区域掺混料仓取样口存在粒料中带有杂质或粒料中带水的情况，相关改进措施见表 7。

表 7　掺混区域产品质量异常问题和相对应的改进措施

产品质量异常问题	改进措施
粒料带水	1. 粒料输送风机(将挤压机粒料送至掺混料仓风机)冷却器无内漏，处于良好的工作状态
	2. 掺混风机冷却器无内漏，处于良好的工作状态
	3. 粒料输送或掺混风机出口水冷器、过滤器、水分离器及输送管线低点导淋处于微开或半开状态，确保有排水排气效果
	4. 定期检查掺混料仓和管线软连接情况，有异常及时更换

续表

产品质量异常问题	改进措施
粒料带有杂质	1. 定期检查或更换粒料输送风机入口滤网和出口滤网，使其处于良好的工作状态
	2. 定期检查或更换掺混风机入口滤网和出口滤网，使其处于良好的工作状态
	3. 定期检查或更换均化风机入口滤网和出口滤网，使其处于良好的工作状态
	4. 定期检查或更换掺混料仓软连接或其他部位软连接，确保软连接无破损
	5. 定期检查或清理掺混料仓取样管线或取样口
	6. 掺混料仓处于保持微正压状态
	7. 掺混料仓或输送管线垫片更换为聚四氟乙烯垫片

2.3.2 包装环节引起产品质量问题原因分析

为避免包装环节发生粒料中带有铁丝、金属块/片、螺丝/螺帽等杂质或粒料中带水的产品质量异常情况，相关改进措施见表8。

表8 包装区域产品质量异常问题和相对应的改进措施

产品质量异常问题	原因分析
粒料带水	1. 确保粒料输送风机(将掺混料仓粒料送至包装料仓风机)冷却器无内漏，处于正常工作的状态
	2. 确保包装风机冷却器无内漏，处于正常工作的状态
	3. 粒料输送风机、包装风机出口水冷器、过滤器、水分离器及管线低点导淋处于微开或半开状态，确保有排水排气效果
	4. 定期检查掺混料仓、包装料仓软连接和管线软连接，有异常及时更换
粒料带有铁丝	软连接更换后或风机等设备检修回装前进行现场确认，确认无异物进入
粒料带有金属块/片	1. 软连接更换后或风机等设备检修回装前进行现场确认，确认无异物进入
	2. 风机出口消声器定期进行检查或进行设备更新
	3. 定期对输送旋阀进行检查维护保养
粒料带有螺丝或螺帽	1. 软连接更换后或风机等设备检修回装前现场确认，确认无异物进入
	2. 定期对掺混料仓或包装料仓顶部呼吸阀进行检验
粒料带有微小黑色杂质	1. 定期检查或更换粒料输送风机(将掺混料仓粒料送至包装料仓风机)入口滤网或出口滤网，使其处于良好的工作状态
	2. 定期检查或更换淘洗风机入口滤网或出口滤网，使其处于良好的工作状态
	3. 定期检查或更换包装风机入口滤网或出口滤网，使其处于良好的工作状态
	4. 定期检查或更换包装料仓软连接或其他部位软连接，确保软连接无破损
	5. 保证掺混料仓和包装料仓处于微正压状态，避免呼吸阀倒吸
	6. 包装料仓或管线连接处垫片更换为聚四氟乙烯垫片

3 结论

聚乙烯产品质量受聚合反应、挤压造粒和掺混包装等环节影响，针对以上环节可能出现产品质量问题，本文提出了一种系统地快速排查指导思路，即从聚合反应熔指和密度控制、粉料中带有黑粒或杂质、挤压造粒过程中出现不规则树脂颗粒和粒子中带有杂质、掺混和包装过程中出现粒料带水或粒子中带有杂质等可能引起产品质量问题系统地进行了原因分析，并分别提出了有效地改进措施。这种快速排查指导思路不仅可以快速排查产品质量问题的根本原因，而且可以降低装置非目标产品和降级料产量，有效地避免了产品质量问题，而且能够确保装置安全、稳定和长周期运行，希望此快速排查思路对同类装置发生产品质量异常问题时具有一定的指导意义。

参 考 文 献

[1] 钟士晓，胡志强，胡卫国，等．聚乙烯装置岗位操作法[M]．中国石油化工股份有限公司镇海炼化分公司，2023.10.
[2] 王晓丽，陈宏愿，杨春梅，等．热塑性塑料颗粒外观试验思路[M]．北京：中国石化出社，2006.
[3] 王刚，刘峰．造粒机常见切粒故障分析及处理思路[J]．石化技术，2011.18(2)：35.

大型固定床加氢反应过程强化工程技术开发及应用

陈　强　盛维武　李小婷

[中国石化炼化工程(集团)股份有限公司洛阳技术研发中心]

摘　要　为适应加氢反应器大型化的发展趋势，保障固定床加氢装置的长周期平稳运行，中石化炼化工程(集团)股份有限公司洛阳技术研发中心和中国石化广州工程有限公司以过程强化基本理论为指导，合作开发了大型固定床加氢反应过程强化技术，该技术主要包括双锥形入口扩散器、双层过滤盘、高效管式气液分配器、对撞混合冷氢箱及分块式出口收集器。目前该技术已成功应用于某企业催柴加氢改制单元，并取得良好的实施效果：装置在60%~110%负荷内，两台反应器的各催化剂床层入口径向温差均<3℃，反应器压降均<0.1MPa，分配盘和冷氢箱应用效果良好，能够延缓床层的压降增长，延长催化剂寿命，为装置安全长周期运行提供了保障。

关键词　加氢反应器；过程强化；内构件；分配器；径向温差；压降

1　前言

随着我国经济的发展及环保标准的提高，对于轻质、清洁燃料油的需求逐渐增大，而原油品质却逐年下降，炼化企业面临加工重质原油和高硫原油的挑战，加氢技术是应对这一挑战的有效方法。

为了达到油品质量升级，增产石油化工原料和中间馏分油，以及适应高硫原油、劣质原油深加工的需要和改善环境等目的，石油化工流程中加氢装置的规模逐渐增大。固定床加氢反应器的尺寸也随着炼油产业的集约化和规模化发展而逐渐增大，目前固定床加氢反应器直径基本都达到4~5.8m，封头高度超过2m，其中可利用空间高度超过1m。影响固定床加氢裂化/精制装置运行的问题基本集中在以下两方面：

1.1　反应器压降

反应器压降直接影响装置的运行周期。其关键因素是第一床层的垢物堵塞和催化剂板结现象，其中垢物堵塞的因素占80%以上。

1.2　径向温差

反应器内床层温差过高，会导致局部飞温，造成催化剂烧结失活，进而影响长周期运行。引起反应器径向温差的因素包括物料分布状态和催化剂床层表面堵塞程度。

同时随着反应器大型化的发展，又对反应器内整体空间利用率及内构件实施效果方面提出更高的要求：

(1) 充分利用封头空间，提高反应器的空间利用率。

(2) 传统冷氢箱的设计方法在大直径反应器内占用的轴向高度过高，同时存在混合传热效率低的问题，需要改进冷氢箱的换热混合方式并得到相应的设计方法。

基于以上背景，中国石化炼化工程(集团)股份有限公司洛阳技术研发中心和中国石化广州工程有限公司合作开发了适应大型化反应器要求的固定床加氢反应过程强化技术。该技术主要包括双锥形入口扩散器、双层过滤盘、高效管式气液分配器、对撞混合冷氢箱及分块式出口收集器，如图1所示。

2　大型固定床加氢反应过程强化工程技术介绍

2.1　双锥形入口扩散器

入口扩散器是物流进入固定床反应器接触的第一个内构件，对于大型加氢反应器(直径≥5m)来说，入口扩散器性能的优劣，直接影响初始分布的状态，对于整个反应器内流体的均匀分布至关重要。开发的双锥形入口扩散器的结构形式如图2所示。

该入口扩散器由上部空心锥形体、双侧纠偏挡板、连接腿、下部的两层伞板组成，伞板的开孔及角度可根据工艺条件进行调整。

气液进料进入入口扩散器的筒体后，由于来流方向垂直于双侧纠偏挡板，在双侧纠偏挡板的拦截下，在空心锥形体内绕流后向下流动，在这个过程中，气液相的偏流得以矫正；经初步整形后，由底板开孔流下：一部分物流直接喷洒至上层伞板上，一部分通过上层伞板的顶部开孔喷洒至下层伞板上。在此过程中，气液物流冲击两层伞板溅射、经其上小孔喷射以及伞板边缘的散射的共同作用下，气液进料均匀地分散至入口扩散器下方的反应器截面上。同时，上述的操作过程也使气液进料得到充分混合和缓冲。

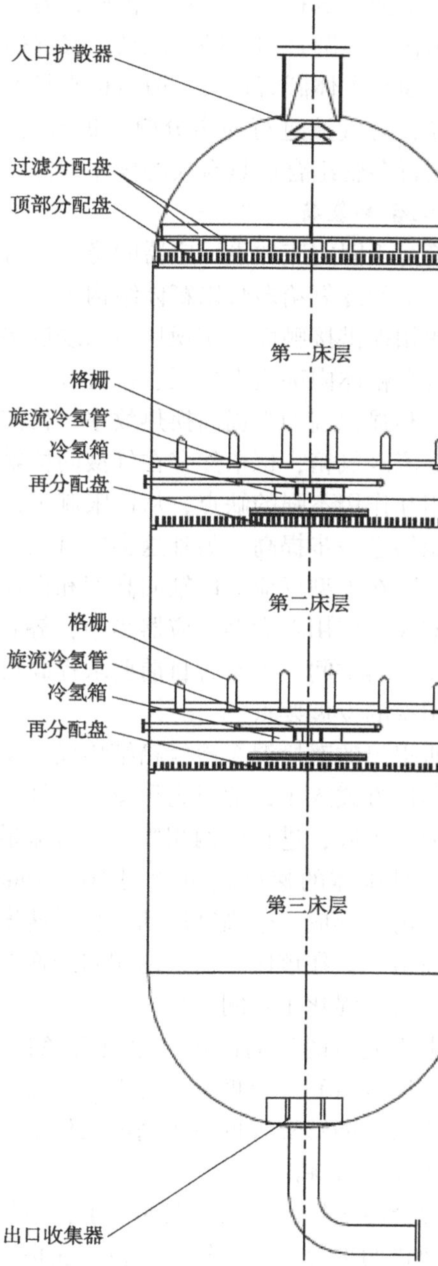

图 1　加氢反应器结构示意图

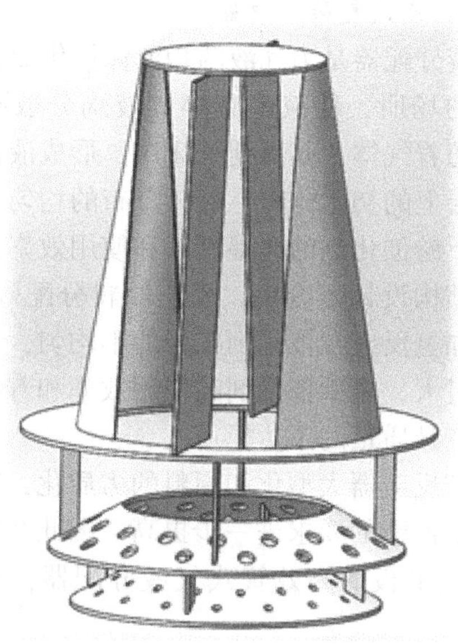

图 2　双锥形入口扩散器结构示意图

2.2　双层过滤盘

随着反应器尺寸的逐渐增大，封头内的体积也逐步增大，为实现对原料中垢污的拦截，同时充分利用封头空间，提出在反应器封头空间内设置两层或多层过滤盘，通过盘框的分块和布局，实现反应物流的过滤。双层过滤盘的结构形式及安装位置如图 3 所示。

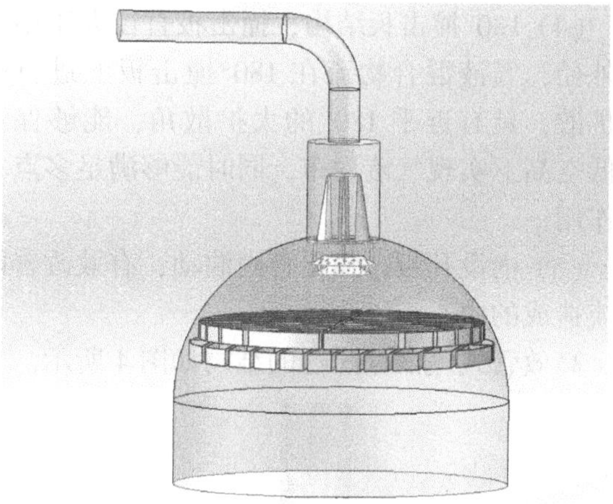

图 3　双层过滤盘结构及安装位置示意图

双层过滤盘根据反应器的封头尺寸进行分块，共设置上下两层过滤槽，呈相互错开 90 度布置，过滤槽底部及侧面为约翰逊网，能够实现在径向截面上的全过滤。盘框之间的缝隙尺寸需满足流通面积是反应器入口管道截面积 25～30 倍之间，保证其不产生太大压降，通过数值模拟计算，正常工况下双层过滤盘产生的压降 <100Pa。

2.3　高效管式气液分配器

气液分配器是为气液两相流体提供混合和相互作用的场所，使液体破碎成液滴分散到气流中，并随着气体一起落到下床层，形成液体在催化剂床层上的初始分布。液体分布的均匀性会直接影响下游催化剂的润湿程度和使用效率，如果分配器结构设计不合理，反应原料分配效果差，会造成加氢反应在催化剂床层的不均匀，导致径向温差过大，降低催化剂的使用效率和寿命，甚至造成产品质量的不达标。

随着反应器大型化和原料的劣质化，对于分配器分配性能的要求进一步提高，因此开发了带有 180°撞击板的高效管式气液分配器，其优势在于：

（1）中心管为直管结构，采用商用标准管径，便于采购和加工，节省制造成本。

（2）顶部设盖板，避免上部来流液体分布对分配器的分布性能产生影响；中心管顶部开槽孔，作为气相通道。

（3）三层溢流孔，当液相负荷较大或者液面较高时，溢流通道逐渐增大，溢流速度加快，通过气液分配器对于分配盘上液位高度的控制，实现较大的操作弹性。

（4）180°撞击板结构，撞击板直径大于中心管外径，气液混合物流在 180°撞击板上进行折流扩散，具有近乎 180°的大扩散角，能够保证在低空高下实现气液均布，同时能够满足多点相互作用。

（5）内设孔板，强化管内湍动，有效改善贴壁流造成的中心汇流。

高效管式气液分配器的结构如图 4 所示。

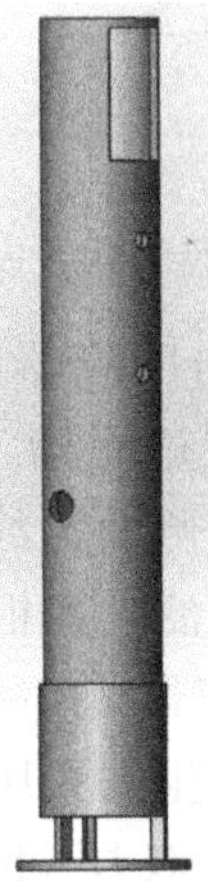

图 4　高效管式气液分配器结构示意图

中心管直径较小，能够实现在分配盘上尽可能多的排布，同时利于流体流速的控制；顶部设盖板，避免上部来流液相未与气相混合而直接流入主体圆管内；上端部开口作为气相通道，主体圆管不同高度位置开三层孔作为液相溢流孔，不同高度位置开孔可满足不同液量条件下液相溢流的需求，结合工艺数据和开孔直径对管内液速进行有效调控，保证其混合和撞击湍动程度满足均布需求；在主体圆管内部下端设置孔板，孔板的作用一方面增强气液相扰动，强化传质，另一方面避免液相在主体圆管内壁贴壁流动；底部撞击板由三条支腿和主体圆管连接，撞击板直径大于中心管直径，对气液进行撞击分散，扩散角大，分配盘上进行多管组合后具有大的操作弹性。

2.4　对撞混合冷氢箱

冷氢箱对于固定床加氢反应器的稳定运行极为重要。传统的冷氢箱多数以箱体结构为主，通过为气液两相提供接触面来实现换热，改进多数集中在通过在箱体内部增设挡板、扰流板等，通过延长流道和强化湍动来提高换热效率。目前研究较多的旋流冷氢箱，也依然存在气液间接触面积有限和相互作用不强的缺点，从而限制了其混合传热性能的进一步提高。另外这类冷氢箱的设计准则决定了在大型反应器内轴向高度和径向直径的同步增大，应用在大型反应器当中，势必要占用大量反应器空间，不符合目前要求提高反应器空间利用率的发展要求。

因此所提出的对撞混合冷氢箱结构设计从气液两相的作用方式入手，通过扇形流道设计，引导流体分为若干股，进行两两相撞。通过流道控制，两股相对流体的速度均可达到 10～30m/s，通过高速撞击，形成一个高度湍动、相对速度成倍增加的撞击区，在该区域内，两相间的换热系数增大，极大的强化了相间传热。

同时由于流道的流通面积可通过直径控制，在适应大型反应器和大处理量工况下，无需在轴向上进行放大，能够实现低占用高度条件下冷氢和油气的快速混合降温。

对撞混合冷氢箱的结构如图 5 所示，包括对撞箱和受液盘两部分。对撞箱由顶板、底板、流道板及曲面挡板组成；受液盘由底板、溢流堰、降液孔组成。

工作状态下：氢气和高温油气经过一次换热后与高温油相由上而下落在对撞箱的底板上，气液混合沿着流通面积逐渐减小的流道板进行加速流动，由两个半封闭流道和两个全开流道的出口流出，两两相对撞击，在圆柱形撞击区域内发生快速的混合和换热，对热油进行降温。之后混合流体折流向下，在受液盘上进行二次快速撞击，受液盘会将大量液体反弹回对撞箱的底板，在底板和受液盘上进行多次往复后流向下一层分配盘。

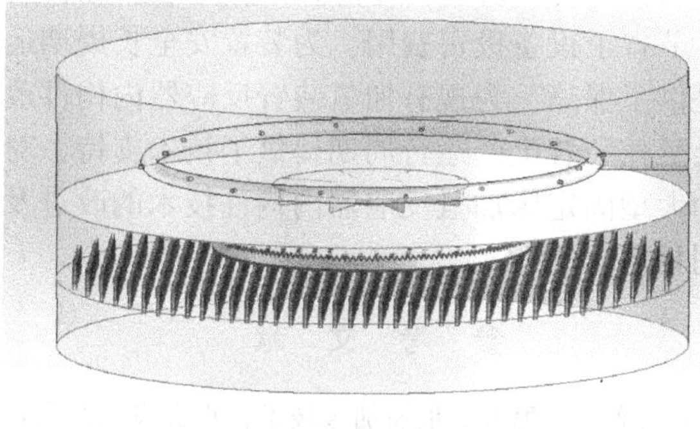

图 5　对撞混合冷氢箱结构示意图

2.5　分块式出口收集器

出口收集器要有足够的支撑强度和过滤精度，对催化剂起到支撑作用，同时对反应物进行过滤，将催化剂固体截留在反应器内，允许气液相反应产品由底部通过。

为解决反应器大型化后出口收集器尺寸变大导致的安装困难问题，需对出口收集器进行分块设置，以便吊装到反应器内后进行组合安装。

所开发的分块式出口收集器的结构如图 6 所示。

3　工业应用情况

将所开发的大型固定床加氢反应过程强化工程技术应用于某企业催柴加氢改制单元（以下简称 2#柴油加氢装置），该装置包括两台反应器（R101 和 R102），其中 R101 为三床层反应器，R102 为两床层反应器，两台反应器由上到下内构件分别设置：入口扩散器、过滤分配盘、管式气液分配器及分配盘、旋流冷氢管、冷氢箱、出口收集器、格栅等。

该套装置设计处理新鲜进料 65×10^4t/a，循环油进料 40×10^4t/a，总进料量为 105×10^4t/a，操作弹性为 60%～110%，设计开工时数为 8400 小时/年，设计催化剂体积空速为 0.6h^{-1}（对新鲜进料），氢油体积比 500/1（对总进料）。

图 6　分块式出口收集器示意图

该套装置以混合催化柴油为原料，通过多环芳烃加氢饱和、脱硫、脱氮等反应，主要生产满足催化单元要求的加氢柴油组分，最终再经催化将加氢柴油转化为高辛烷值汽油或轻质芳烃等，设计为两台串联加氢反应器。装置于 2021 年 4 月 30 日建成中交，6 月 8 日装置进行催化剂预硫化，6 月 11 日装置正式进料，6 月 12 日产品检测合格，装置一次开车成功投产。

对装置进行为期 3 天的全面标定。标定期间测得反应器温度分布情况见表 1。

表 1　反应器温度分布情况

反应器	床层	位置	测温点			水平面平均温度/℃	床层平均温度/℃
			T_1/℃	T_2/℃	T_3/℃		
R101	一床层	上	278.5	279.8	279.2	279.17	294.75
		下	304.6	315.2	311.2	310.33	
	二床层	上	300.9	303.8	302.8	302.50	315.25
		下	327.1	331.3	325.6	328.00	
	三床层	上	323.5	324.3	325.3	324.37	335.57
		下	343.6	348.2	348.5	346.77	

续表

反应器	床层	位置	测温点			水平面平均温度/℃	床层平均温度/℃
			T_1/℃	T_2/℃	T_3/℃		
R102	一床层	上	306.6	307.7	307.6	307.30	312.10
		下	317.1	316.5	317.1	316.90	
	二床层	上	308.5	308.8	308.5	308.60	311.53
		下	313.9	315.2	314.3	314.47	

操作负荷为设计值 60%工况下的运行情况如图 7 所示；操作负荷为设计值 110%工况条件下的运行情况如图 8 所示。

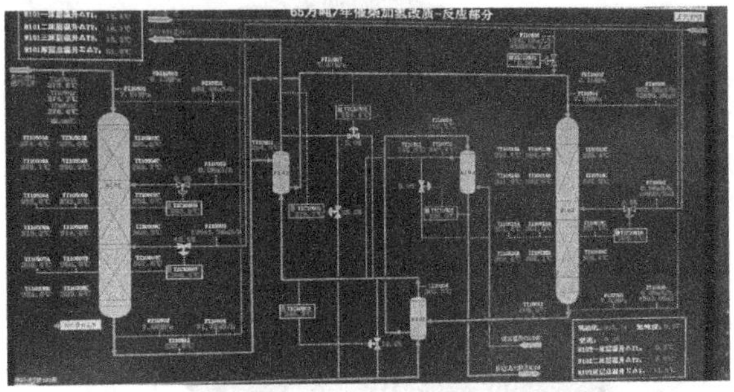

图 7　60%负荷条件下两台反应器的运行情况

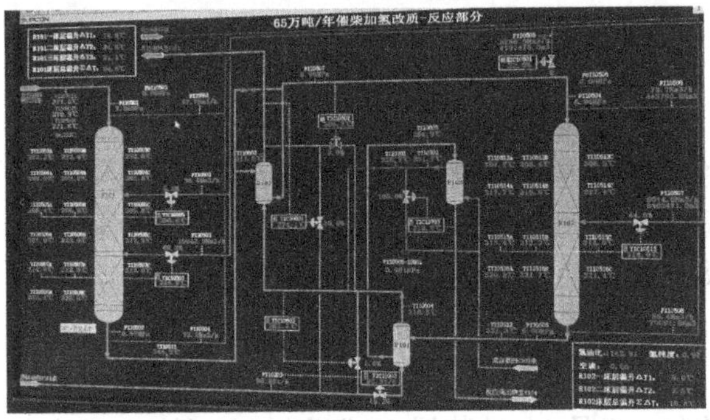

图 8　110%负荷条件下两台反应器的运行情况

可以看出，随调装置操作负荷 60%～110%调整，各催化剂床层入口径向温差均<3℃，大部分床层入口径向温差<2℃，证明分配盘和冷氢箱应用效果好；装置操作负荷为 110%时，R101 反应器压降 0.09MPa，R102 反应器压降 0.05MPa，随装置操作负荷的调整，在 60%～110%负荷条件下，反应器压降均<0.1MPa，反应器压降较低，内构件的过滤性能、混合及分布性能均比较优秀，能够延缓床层的压降增长，延长催化剂寿命。

4　结论

固定床加氢反应器新型内构件技术在某企业催柴加氢改制单元的成功工业应用产生良好的预期效果：降低了反应器压降，减少了装置运行能耗，节省了设备投资费用，为装置安全长周期运行提供了保障，为现有加氢装置反应器内构件改造及延长装置生产运行周期提供了技术支持，对推动大型固定床加氢反应器内构件技术的改进及应用具有重要意义。

参　考　文　献

[1] 龙庆兴，许思维．重油加氢技术特点和发展趋势研究[J]．中国石油和化工标准与质量，2020，40(14)：247-248.

[2] 张甫，任颖，杨明，等．劣质重油加氢技术的工业应用及发展趋势[J]．现代化工，2019，39(06)：15-20.

[3] 史昕，邹劲松，厉荣．炼油发展趋势对加氢能力及加氢技术的影响[J]．当代石油石化，2014，22(09)：1-5.

[4] 任文坡，李雪静．渣油加氢技术应用现状及发展前景[J]．化工进展，2013，32(05)：1006-1013+1144.

[5] 江波．渣油加氢技术进展[J]．中外能源，2012，17(09)：64-68.

[6] 王少兵，毛俊义，王璐璐．应对原料劣质化的新型高效加氢反应器内构件技术[J]．石油炼制与化工，2016，47(06)：99-102.

[7] 杨秀娜，彭德强，金平，等．加氢反应器空间利用率分析及提升技术开发[J]．炼油技术与工程，2021，51(03)：41-43+56.

生物流化床污水处理技术

何庆生

[中国石化炼化工程(集团)股份有限公司洛阳技术研发中心]

摘　要　生物流化床反应器是一种新型流化床组合缺氧/好氧工艺处理污水的生化处理装置，与传统A/O处理工艺相比，具有反应效率高、占地面积小、容积负荷和污泥负荷高、传质快、耐冲击负荷能力强等特点。采用生物流化床污水处理技术分别对煤制乙二醇污水和精对苯二甲酸(PTA)污水开展了工业应用研究，出水水质高标准达标并实现了污水的短流程、装置化、智能化处理，表明该技术在工业废水生化处理领域具有良好的应用前景。

关键词　生物流化床；污水处理；煤制乙二醇污水；PTA污水

随着我国对环境保护的重视程度越来越高，排放标准越来越严苛，企业的环保成本不断上升。同时，随着我国石化行业的持续发展，环境容量的限制，排放总量的指标也被严格规定。因此，尽快提升三废处理工艺技术水平，合理进行给排水系统设计，提高污染治理效率，减少污染物排放总量，才是石化行业绿色低碳发展的未来。

在我国炼化企业，隔油-浮选-生化的“老三套”污水处理工艺一直被广泛采用，近年来一些污水处理场，尽管工艺技术上有些突破，但处理设施大多数采用混凝土结构，占地面积大，能耗高，处理效率相对较低，VOC产生较多和存在污染地下土壤和地下水的风险。为了应对污水提标、污水高效装置化密闭处理要求，亟需开发高效污水处理技术。生物流化床是一种实现生物载体与气相、液相之间的混合、传质、反应的设备。根据气固和液固两相流化床的基本原理，开发了用于污水处理的气液固三相生物流化床工艺和装备。通过气体分布器、生物载体、导流筒和三相分离器等核心内件的开发和特种生物菌群的驯化培养，提高了三相传质效率和处理效果，同时实现了短流程、装置化、智能化操作。

采用生物流化床技术开展了煤制乙二醇污水和精对苯二甲酸(PTA)污水工业应用研究，考察了污水处理效果，测算该技术的经济性，为该技术在工业废水处理领域推广应用提供了支持。

1　生物流化床污水处理技术

1.1　技术原理及特点

缺氧/好氧(A/O)生物流化床技术立足于传统A/O生化法污水处理工艺的基本原理，即好氧硝化与缺氧反硝化耦合反应实现COD、氨氮、总氮同时脱除。A/O生物流化床污水处理技术分别开发了高效好氧生物流化床与缺氧生物流化床反应器。好氧生物流化床反应器是一种气-液-固三相流化床形式，采用活性污泥法和生物膜法混合工艺，通过对气体分布器、内导流筒、顶构件等反应器内构件开发与优化，提高传质效率；通过对载体的筛选优化、细胞固定化以及载体与内构件匹配性研究，提高反应效率；通过反应器结构与工艺匹配性研究，调控反应工艺过程，提高COD、氨氮、总氮协同脱除效果。缺氧流化床反应器，通过内导流筒、布水器和推进器等内构件开发优化，提高液、液传质与气、液分离效率，通过反应器结构与工艺参数匹配性研究，强化缺氧生化反硝化过程。生物流化床污水处理工艺采用塔式钢质结构，替代传统混凝土构筑物，将污水处理技术由横向发展朝纵向发展转变，实现污水处理装置化和密闭化。

A/O生物流化床装置流程如图1所示。污水经调节罐进入缺氧罐，之后溢流至好氧罐，好氧罐中硝化液回流至缺氧罐，上部污水溢流至沉降罐，沉降罐顶部出水，底部污泥回流至缺氧罐中。缺氧罐和好氧罐均采用内外筒的内循环流动形式，缺氧罐内部布置推流器为动力进行混合，好氧罐采用底部曝气作为提升动力进行均匀混合，好氧床中装填生物载体调料。

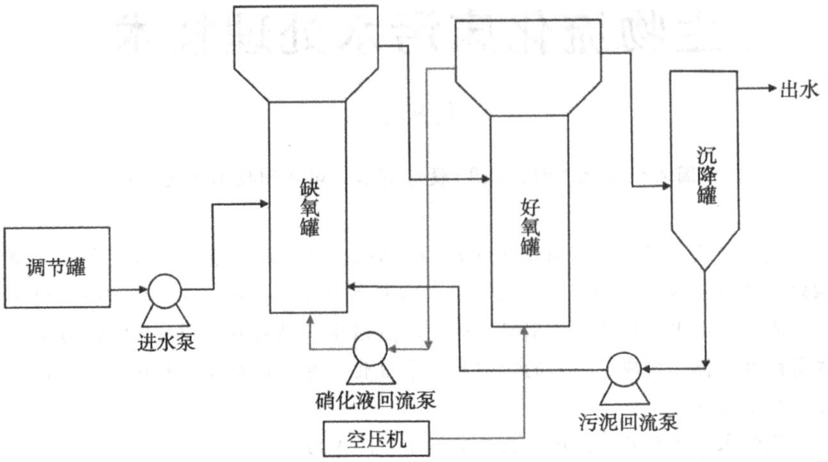

图 1　A/O 生物流化床装置工艺流程

A/O 生物流化床污水处理工艺可同时去除有机物、总氮和总磷，可直接实现达标排放。生物流化床反应器流化均匀、传质效率好，氧利用率高、动力消耗少，载体上附着大量的生物膜，有机负荷去除率高，抗负荷冲击能力强；特种生物活性高，代谢功能强，代谢产物少，产泥量低，降低后续处理费用；A/O 生物流化床技术实现了污水处理装置化、密闭化，占地面积小，投资和操作费用大幅降低，不会产生二次污染。

1.2　技术指标

工艺进水指标：COD = 500 ~ 2000mg/L、NH_3-N = 40 ~ 150mg/L、TN = 40 ~ 300mg/L、TP = 0 ~ 10mg/L、SS = 150 ~ 220mg/L、石油类 = 30 ~ 50mg/L；工艺出水指标：COD≤60mg/L、NH_3-N≤8mg/L、TN≤30mg/L、TP≤0.5mg/L、SS≤40mg/L、石油类≤5mg/L；处理后的水质达到国家一级排放标准。

1.3　技术对比

传统 A/O 污水处理技术与 A/O 生物流化床污水处理技术工艺流程对比如图 2 所示。目前，绝大多数 A/O 生化处理技术采用传统活性污泥法和接触氧化法，存在占地面积大，处理效率低，易产生二次污染的问题。生物流化床技术是将生物膜技术与活性污泥技术结合起来，突破了传统生物处理技术的缺点，进而大幅度提高微生物的处理效果；高密度的微生物群体，将提高生物流化床的反应效率和处理效能，降低水力停留时间；高效的传质效率，提高了空气中溶解氧的转移效率，进而减少了污水处理鼓风量，降低了气水比，最终降低能耗；较小的水力停留时间，减少反应器的占地面积；较充分的回流混合，提升了反应器抗冲击的能力。

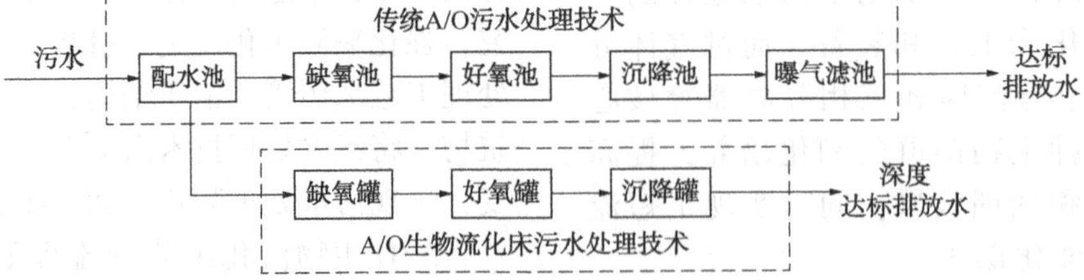

图 2　传统 A/O 污水处理技术与 A/O 生物流化床污水处理技术对比

针对同类废水，传统 A/O 污水处理技术和 A/O 生物流化床污水处理技术工艺参数比较见表 1（处理量：200m^3/h）。

表 1 不同处理工艺参数比较

单元	比选项目	单位	传统 A/O 池技术	A/O 生物流化床技术
	生化主体流程		A 池+O 池+二沉池	A 罐+O 罐+沉降罐
A 段	停留时间	h	10	4
	总有效容积	m^3	2500	1000
	总氮容积负荷	$kgNO_x/(m^3 \cdot d)$	0.14	0.36
	混合功率	kW	20	9
O 段	停留时间	h	15	10
	总有效容积	m^3	3750	2500
	COD 容积负荷	$kgCOD/(m^3 \cdot d)$	0.5	1.4
	氨氮容积负荷	$kgNH_3/(m^3 \cdot d)$	0.07	0.1
	MLSS 浓度	mg/L	3000	膜法+活性污泥法 5000
	硝态液回流比	%	200~400	200~400
	活性污泥回流比	%	50~100	50~100
	曝气风量	Nm^3/h	6500	2500
沉淀	停留时间	h	3	2
	表面水力负荷	$m^3/(m^2 \cdot h)$	0.6	2.0
	二沉池直径	m	15m 两座	8m 两座

2 生物流化床污水处理技术工程应用案例

2.1 中国石化湖北化肥分公司煤制乙二醇综合污水处理

2018 年，A/O 生物流化床技术在中国石化湖北化肥分公司煤制乙二醇综合污水处理中首次实现工业应用。图 3 为 A/O 生物流化床技术处理煤制乙二醇污水工艺流程图，煤制乙二醇污水经絮凝/沉淀池去除大部分颗粒物后进入配水池，由进料泵提升进入缺氧反应器。进料泵出水、好氧反应器经脱气罐回流的硝态液和沉降罐回流的活性污泥、反硝化所需的反硝化甲醇碳源进入缺氧反应器，进行反硝化脱氮反应。缺氧反应器内设置导流筒和推流器，使进水、回流的硝态液和回流污泥充分混合。

缺氧反应器出水依靠重力流入好氧反应器。在好氧反应器进水管投加 Na_2CO_3 溶液，以满足好氧反应器内硝化所需的碱度。好氧反应器内设有导流筒、空气分布系统、生物载体等专有内件，曝气风机则提供好氧生化反应所需的氧气和生物载体形成流化状态所需的动力。

好氧反应器出水依靠重力流至脱气罐。脱气罐底部出水经硝态液回流泵回流至缺氧反应器，回流比依据实际情况进行调节；脱气罐溢流进入沉降罐进行固液分离。沉降罐上清液为处理后出水，依靠重力流至下一单元；底部沉淀的污泥经污泥回流泵回流至缺氧反应器，回流比依据实际情况进行调节。污泥回流泵出口设支管，间歇或连续排放剩余污泥至污泥浓缩池。

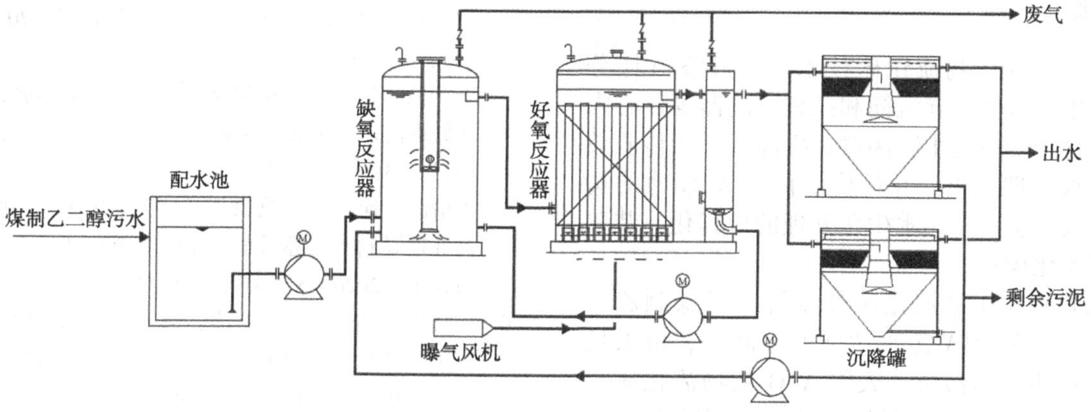

图 3 生物流化床处理煤制乙二醇污水工艺流程图

图 4 为 A/O 生物流化床污水处理技术工业应用装置实景，该技术采用钢制塔式反应器，实现污水处理装置化，反应器顶部设计有拱顶，实现密闭操作，排放的废气通过顶部管线引出至废气处理单元处理。

图 4　A/O 生物流化床污水处理技术工业应用装置实景

应用效果为：在处理水量为 200m^3/h、进水的平均 COD=447mg/L、NH_3-N=59.2mg/L、TN=117.4mg/L、TP=0.11mg/L、SS=148.4mg/L 条件下，处理后出水的平均 COD = 20mg/L、NH_3 - N = 2.6mg/L、TN = 14.9mg/L、TP = 0.04mg/L、SS=22.7mg/L，各项指标均优于设计指标，达到一级排放指标。运行成本比常规技术降低 30%左右。

2.2　上海石化 PTA 污水预处理

2020 年，A/O 生物流化床技术在上海石化应用于 PTA 污水预处理中[6]，其工艺流程示意如图 5 所示。来自内循环(IC)厌氧反应器的 PTA 污水，由增压泵输送到生物流化床进行生化反应。加药罐中的营养液，由加药泵送入流化床。反应所需的空气由底部风线进入流化床。生化处理后的污水，溢流进入沉降罐，进行泥水沉降分离，清水从沉降罐顶部排出，沉降罐底部污泥一部分外排，一部分由回流泵返回流化床。

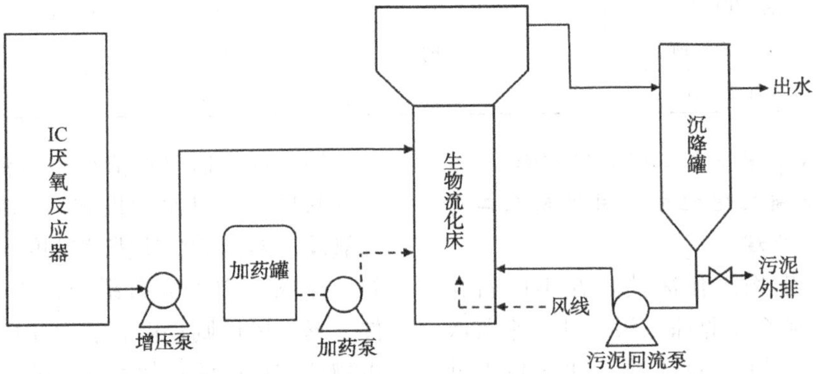

图 5　A/O 生物流化床 PTA 污水预处理流程示意图

应用效果为：在处理水量为 100m^3/h、进水 COD 为 1000~2000mg/L，pH 值为 6~8，温度为 37~40℃，进气量为 600~750m^3/h，水力停留时间为 8h 条件下，处理后的污水 COD<500mg/L，达到企业预处理标准；在相同条件下，生物流化床与传统活性污泥法比较，停留时间减少 3/4，气水比降低 3/4，容积负荷提高 2~5 倍，表明该技术具有先进性。

3　结论

（1）A/O 生物流化床技术通过开发气体分布器、生物载体、导流筒和三相分离器等核心内件和驯化培养特种生物菌群，提高了三相传质效率和污水处理效果，并替代了传统 A/O 池的构筑物形式，实现了污水生化处理的短程化、装置化、密闭化操作。

（2）A/O 生物流化床技术解决了煤制乙二醇生产污水和 PTA 污水达标处理问题，极大地降低了对环境的污染，表明 A/O 生物流化床技术在工业废水处理领域具有良好的应用前景。

参 考 文 献

[1] 李雪凝，栗则，仉潮，等．“新标准下”某炼化企业污水处理厂效果评估研究[J]．环境与发展，2018，30(2)：27-28，30.

[2] 张帆．炼化行业废水处理浅析[J]．化工管理，2020(20)：44-45.

[3] 刘献玲，张建成，曹玉红．生物流化床处理炼油废水工业应用的研究[J]．石油炼制与化工，2006，37(1)：43-46.

[4] 李友臣，何庆生，范景福，等．A/O 生物流化床工艺处理高盐度烟脱废水研究[J]．炼油技术与工程，2023，53(5)：21-24.

[5] 卢衍波，何庆生，范景福．A/O 流化床生物膜反应器处理煤制乙二醇污水工业应用研究[J]．石油炼制与化工，2020，51(10)：112-117.

[6] 何庆生，刘献玲，张建成，等．对苯二甲酸污水好氧生物流化床预处理试验研究[J]．石油炼制与化工，2019，50(11)：102-105.

Unipol 气相聚乙烯反应器结块原因及控制措施

汪思彤

(中国石化镇海炼化公司)

摘　要　某公司装置采用美国 Univation 公司的低压气相法制备全密度聚乙烯工艺(Unipol 工艺)，以乙烯为主要原料，丁烯-1 或己烯-1 为共聚单体、氢气为链转移剂、异戊烷(ICA)为诱导冷凝剂，采用 UCAT-A 或 UCAT-J 淤浆催化剂，在气相流化床反应器中聚合反应。聚乙烯装置自投产以来，总体运行平稳，该工艺过程短，设备结构简单，操作费用少，产品牌号易切换，单体消耗少。

但是由于气相法聚乙烯装置运行条件较苛刻，原料或者反应工况稍有不同，则容易使反应器结片，结片一旦产生，若不及时控制，极易导致装置降负荷甚至停工，严重影响了装置整体的平稳运行。

本文主要围绕反应器结片的原因及预防措施展开研究，通过对反应器形成的块料的外形结构、结片产生的现象、引起结片的原因进行了探讨，提出了反应器温度、床层料位、原料杂质、静电和操作参数控制不当均会导致床层结片和结块。针对这一现象，结合长时间的实际生产工况以及原理探究，本文提出了多项预防结块的措施，通过控制好工艺参数、保证原料精制效果、及时消除静电的产生、控制合适的床层料位、根据牌号严格控制反应器相对应的温度、控制合适的共聚单体浓度等因素，时刻保证严谨、精细的操作，可以很大程度上避免反应器结块的产生，从而保证装置的长周期安全稳定运行。

关键词　聚乙烯装置；反应器结片；静电；共聚单体

1　如何判断结片状态

1.1　分布板温度波动

在反应器内分布板的上方 0.15m 处有四个测温点，即 TI40044A/B/C/D，根据这几个测温点的温度变化，能判断出分布板结块状况。分布板上发生结块现象后，这些测温点因流化气体的分流而降低了温度。同时依据这些测温点温度变化情况，可以判断结块大致部位[2]。

分布板温度明显低于床层温度时，表明在分布板温度指示器附近的气体流动发生堵塞，这种现象是结块的早期征兆。如果出现距离分布板 0.5m 处热电偶温度骤移 5°C 以上 5 分钟、相邻 2 个结块探测器发出警报 1min 以上、产率下降，则说明结块已形成和生长。

1.2　反应器表皮温度波动

当发生以下三种情况时：①表皮温度向上方偏移，到达树脂熔点温度，说明该部位正处于结片状态；②表皮温度向下偏移，低于床温 10～15℃时表明反应器壁粘附粉料；③反应器膨胀段温度先向上偏高，后向下偏低，表明此处已经结片。

1.3　流化床松积密度趋势线带变窄

在正常流化状态下，聚合反应主要发生在反应器下部，所以下部松密度较上部松密度较大。由于床层存在压降，正常流化状态下下部松密度和上部松密度差值应保持在一定范围之内。一旦有结片块料，片料块料会落在反应器底部，引起引起压力监测点 E3 压力升高，导致下部松密度向上走。片料块料的形成，导致床层粉料向上堆积，引起上部松密度压差减小，使得上部松密度向下走。所以当流化松密度差值变大时可能反应器内部有片料块料形成。

1.4　结片探测器报警

反应器静电值正常应在±500V 之间，如果静电连续超出这个范围，表明分布板上可能形成了较多的片料、块料，结片探测器会报警，同时考虑使用 RSC 系统。

2　块料外形对比

目前 Unipol 气相聚乙烯装置生产的牌号主要有膜料、流延/滚塑及注塑产品。在实际生产中注塑产品产生片料最多，约占产量的 1.67‰，其次是膜料产品，片料约占产量的 0.69‰，而滚塑产品不产生片料。

图 1　膜料产生的片料

图 2　注塑料产生的片料

图 3　滚塑料产生的细粉

从图 1~图 3 中可以看出，膜料的片料最厚，一般在 5mm 左右，注塑料的片料在 2mm 左右，而且膜料的片料相比注塑料的片料体积也要稍微再大一点。

3　引起结片的原因

3.1　反应器料位引起的结块

床层料位过高，扩大段的分离效果差，聚乙烯粉末夹带量加大，容易堵塞过滤网及冷却器。床层料位太低会失去冲刷作用，容易使粉末堆积在反应器的扩大段内，导致流化状态差，容易产生热点而结块。

3.2　反应器温度引起的结块

在反应器平稳运行过程中，反应器内不同位置的温度相差不大，循环气压缩机的出口最高，反应器温度次之，反应器入口温度最小。不同牌号粉料的粘结温度由树脂自身特性决定，温度发生波动时，由于局部温度高于粘结温度而产生过热点引起结片。

3.3　静电引起的结块

粉料因静电吸附于器壁上，而催化剂不断反应，热量无法及时撤回，导致粉料熔融，长此以往就会在器壁上形成结片，结片脱落之后在结片处的静电又吸引聚合物，促使结片更快生成。静电的正负波动也会导致结片的发生，静电活动的增加可能引起表皮温度的偏移，若静电量大于±3kV 或静电峰值在±3~6kV，这种情况下反应器很容易结片。

反应器内死区同样也是静电存在的最大区域。在此区域内越靠近反应器壁运动越慢，反应热和静电越难以撤除，故较易在粉料上吸附、形成热点并最终结块。

3.4 原料精制效果引起的结块

本装置对原料杂质要求非常严格，原料乙烯、丁烯-1、氮气和ICA(异戊烷)在精制过程中，如果精制效果不好，容易导致原料中带有杂质(水氧、醇、醛、酮醚等)，这些杂质不仅会影响催化剂活性，由于这些杂质极性的作用，反应系统的正负电荷平衡被破坏，就会产生静电，当静电积累达到一定量时，容易导致粉料被吸附在器壁上形成结片或者结块。

3.5 淤浆催化剂引起的结块

催化剂特性决定树脂特性，如某批催化剂活性高，则易造成聚乙烯粉料颗粒度变小，而颗粒小粉料则易被循环气带至反应器膨胀段、压缩机叶轮、循环气导向叶片、循环气冷却器等设备处，造成设备运行不稳定。因粉料中仍夹有少量催化剂粒子，故粉料中聚合反应仍在进行，当温度上升时，粉料熔融，待粉料达到一定尺寸时就会剥落，这些剥落下来的树脂，阻塞了冷却器及分布板形成了死区，同时受催化剂影响，产生局部热点，粉料熔融进而形成大块料。

3.6 其他原因引起的结块

除此之外，共聚单体丁烯-1和ICA的加入量过大，流化气速过高，种子料发黏，T2

加入量少等原因也是发生结片、结块的原因。

4 反应器结块的预防措施

在流化床反应器中，控制工艺参数在合理的范围之内是防止粉料结片和结块的有效措施。以下为具体措施。

4.1 静电的控制

生产时要密切关注静电变化，当静电趋势线出现一个峰值时不需投用RSC系统，当出现上下波动或±500V范围外的连续波动时，先降低催化剂流量并适当加入T2，并投用RSC系统。同时要对原料杂质含量严格把关，在投用备用床时一定要密切注意静电变化情况，当出现静电波动时立即切换床层。导致负静电的杂质有：水、丙酮、甲基异丁基酮。一般导致正静电的杂质有：乙醇、甲醇、氧气。所以生产时，控制正静电用水，控制负静电用甲醇。

4.2 床层料位和流化气速的控制

开车后要根据工况及时调整床层料位和床重，确保膨胀段有效冲刷。一般控制颈部松密度150mg/m^{3}左右，膨胀段料位10%~30%。粉料牌号不一样控制值会有所不同，一般高融指控制相对低些，低融指控制相对高些。当循环气速低于0.625m/s时反应器内流化会存在大小双环循环模式，会有一定“死区”，正常生产时气速一般控制在约0.68m/s，使大循环尽量占据整个流化床的床层。

4.3 反应器温度的控制

根据粉料树脂牌号，控制好反应器相对应的温度，密切关注反应器温度，避免大幅度波动，同时应经常检查反应器各处壁温。

当表皮温度低于正常值时：①反应器扩大段处理办法：利用扩大段冲刷操作，让床层料位升到扩大段，再尽快返回至正常料位，保持正常的表观气速，重复上述步骤直到表皮温度回到正常范围；②反应器直筒段处理办法：停催化剂；维持T2流量1h；改变SGV；缓慢提升乙烯分压，以增加催化剂活性和减少细粉；当冷带减小时，重新开始催化剂进料并使其最小产率为3000kg/kg。

当表皮温度高于正常值时：可以采用以下步骤：①减少催化剂进料的25%；②保持T2进料，确认系统无T2饥饿；③检查原料中的杂质含量，检查分子筛等；④等到表皮温度返回正常值或产率已下降25%，减慢乙烯分压的上升；⑤缓慢增加催化剂，保持产率在3000~4000kg/kg；⑥仔细检查系统故障(检查震动筛上的块料或爆米花、粉末的平均颗粒尺寸、结块探测器、流化堆积密度等)。

4.4 控制共聚单体的浓度

共聚单体丁烯-1用来调节产品的密度，其含量达到一定程度时，会导致反应温度升高，使树脂发生粘连。通过微调助催化剂T3/DC比例，在保证催化剂活性稳定的前提下，尽可能提高丁烯-1的响应能力，降低丁烯-1在反应器中的浓度，从而提高树脂的粘结温度，减少片料的形成。同时ICA的浓度也会影响反应器结片，如果ICA浓度过高，会因为ICA汽化不完全而造成粉料发黏而出现结片。所以控制适量异戊烷加入量，能明显降低反应平稳时反应器中的静电电势。

参考文献

[1] UNIPOL聚乙烯反应器结片的原因及预防措施孙灿乾[J]. 化学工程与装备，2014-07-15.

[2] LLDPE. 反应器结片原因分析及控制措施刘求林[J]. 化工设计通讯，2019-06-28.

聚乙烯装置开工过程中反应器静电分析及处理措施

林华琪

（中国石化镇海炼化分公司）

摘　要　针对气相法线型低密度聚乙烯（LLDPE）装置的生产特点，分析指出反应器静电变化的主要原因有：在流化床反应器中水、氧、酮、醇类及各种杂质产生的正负静电；本身的化学组分、两个接触面的特性、分子结构、尺寸和形状，接触前的带电状况；温度，气体（组分、压力、湿度），电磁场，接触类型（接触、冲击、摩擦）；接触的部位、方向和持续时间；颗粒本身的速率和它们之间的作用力；三乙基铝（T2）与杂质反应生成的固体产物会吸附在聚乙烯颗粒表面并改变颗粒的表面性质，进而影响其流化带电现象，同时用来清除反应器杂质的三乙基铝（T2）浓度的多少对静电的波动，反应组分中乙烯分压的控制参数、催化剂的加入量和时间点、过冷凝阶段各种物料颗粒的表面被润湿、质量增加，流化气中重组分含量增加后对器壁的冲刷效果及正负电荷碰撞抵消的效果，造成静电的影响等，并提出了一些控制反应器静电的措施：确保各精制床的工作状态，从源头上减少反应器静电的产生，提供稳定合格的原料；反应器在开车前要进行充分的脱水和脱氧，催化剂的注入需要考虑乙烯分压、催化剂的激发时间，回收液切进反应器前应充分排放置换，控制反应器负荷提升的速率等措施。从而为解决气相法流化床静电问题提供一些可借鉴的方法和思路，来确保气相法线型低密度聚乙烯（LLDPE）装置的长周期平稳运行。

关键词　聚乙烯；静电；杂质

Unipol 聚乙烯工艺使用的是气相法流化床工艺，它能提供良好的混合和传热。在反应器中像聚乙烯树脂颗粒这样的流化物质容易产生大的电场。聚乙烯树脂颗粒可列为绝缘材料，这意味它们本身不导电，但它却能容纳电荷。带电颗粒和电场在设备中易引起潜在的严重问题，例如结片（树脂融熔后形成片状）。以

下就某年 4 月 22 日反应器开工过程中静电产生的原因和采取的措施作一初步分析，进而为以后更稳定的控制反应器静电打下坚实的基础。

1　静电概述

1.1　颗粒间接触

在流化床中有两种类型的接触形式，那就是颗粒间接触及颗粒与器壁的接触。颗粒间接触产生了双极带电颗粒在床层中分布，因为颗粒间接触形式是同种物质间的自由接触过程。在 Unipol 工艺的反应器中处处都有不同程度的摩擦产生静电。

1.2　颗粒与器壁的接触

颗粒与器壁的接触会导致接触点附近单极带电，平衡条件是他们的化学电势要相等。在电子或离子从接触点移出的时候，有较高电量的带正电荷，而另外一个就带负电荷。颗粒表面的水份、吸附的气体和杂质使摩擦生电的过程变得更加复杂。

1.3　产生静电因素

流动的颗粒产生静电与下列因素有关：本身的化学组分；两个接触面的特性（组分、水分和粗糙度）；分子结构，尺寸和形状，接触前的带电状况；温度，气体（组分、压力、湿度），电磁场，接触类型（接触、冲击、摩擦）；接触的部位、方向和持续时间；颗粒本身的速率和它们之间的作用力。由于杂质能明显影响颗粒表面的特性，所以仅 ppm（$1ppm=10^{-6}$）级的质量浓度杂质就能引起树脂表面带电。

1.4　静电探头

静电探头用于测量压力容器内的静电活动。通过一个管嘴安装，使探头顶部伸入流化床层 13~26mm。探头的电子功能是 4~20mA 的两线转换器，允许标准信号接入控制室记录仪、报警等。EIA4001-85 指示器的正常范围是 -3000~+3000V，正常为零。

2　开车过程中的静电变化

气相法流化床聚乙烯装置的开车顺序一般包

括干燥脱氧脱水、滴定钝化，调反应组分、加入冷凝剂、投催化剂以及进入冷凝操作等步骤。下面对某年4月聚乙烯装置开车过程中静电变化分两段进行分析。

2.1 开车前段静电变化

第一部分如图1可以看出，流化床干燥脱水的起止时间为22日22：40K4003启动，种子床脱氧脱水，23日4：00反应器分析露点、氧含量合格。EIA4001-85静电检测仪的静电波动在(-500~500V)。这是由于物料在反应器中含有氧、水及各种杂质等，在流化床反应器中，水和酮类会引发负静电，而醇类、氧气和氮的氧化物则会引发正静电。通常认为发生这种现象的原因是三乙基铝(T2)与杂质反应生成的固体产物会吸附在聚乙烯颗粒表面并改变颗粒的表面性质，进而影响其流化带电现象；滴定钝化的起止时间为23日4：00~8：30。在滴定钝化阶段，EIA4001-85静电检测仪的静电波动仍然较大(-3000~-300V)，但是以负静电为主。这是由于在滴定钝化阶段，加入助催化剂三乙基铝(T2)中和种子床的水分，它们的反应产物会引起高的负静电。在这阶段按反应器床重乘以350mL/m^{3}计算要加入的T2量，作为进行T2钝化的量，2h内加完。在无排放的情况下系统循环2h，之后反应器泄压至800kPa，若静电波动平稳，准备建立反应器组分，若静电波动较高，关闭排放阀，加T2继续循环，至反应器压力升至1600kPa，泄压至700kPa，如依然有静电波动，再次加入150ml/m^{3}的T2，继续循环，排放一次后进行建立反应器组分操作；调组分的起止时间为23日9：30至12：00，EIA4001-85静电检测仪的静电波动开始收缩，但仍然在(-800~-400V)，以负静电为主。从理论上剖析，滴定钝化完成后静电应该回归零点，但是实际生产过程中滴定钝化后再调组分，静电仍然很大。这可能是由于调组分时进料原料中的局部杂质造成的。23日12：00注入催化剂，开始反应，负荷逐渐提高，静电波动很小，回到零点。

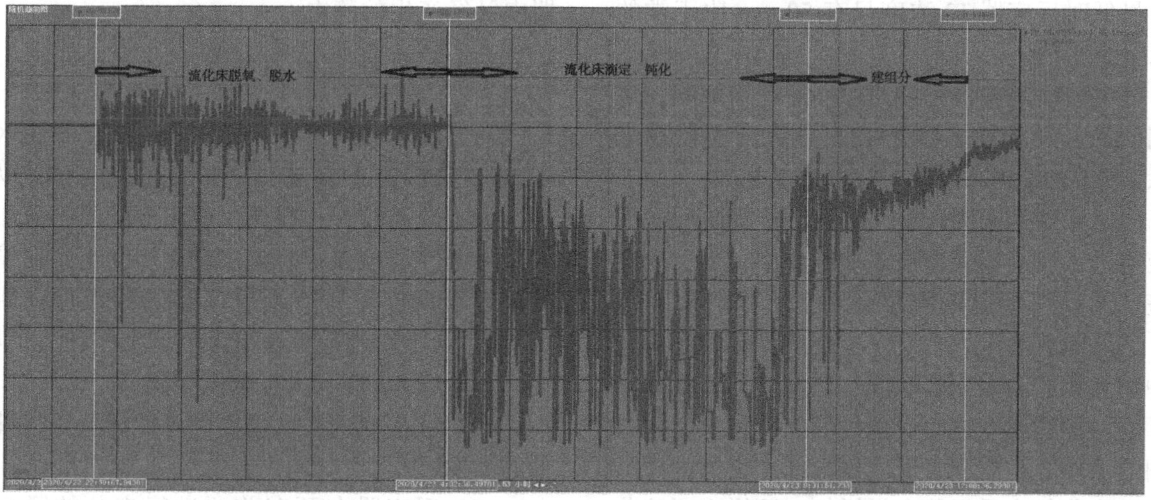

图1　聚乙烯开工过程前半段静电变化趋势

2.2 开车后段静电变化

第二部分如图2可以看出投催化剂反应后的静电变化。23日16：45反应器负荷已提至40t/h，乙烯分压680kPa，反应器总压2017kPa，反应器静电显示±10V左右，反应器温度TIC4001-26稳定在86.5℃，工况趋于稳定，于是16：50开始提催化剂流量FICA4051-2A增加0.3kg/h，17：30发现静电EIA4001-85显示(100~-500V)波动，并有扩大趋势，同时TIC4001-26也开始波动，进行排查及调整。

17：50开始缓慢提高PIC5210-4压力，18：20提至1200kPa，PDS输送气由氮气切至回收气。17：55进反应器异戊烷量FI4001-30由845kg/h提至1600kg/h，17：55T2进料控制Al/Ti串级脱开，逐步缓慢提高T2进料量，目标反应器T2浓度提至100mg/kg，期间通过乙烯进料量调整反应器温度，稳定乙烯分压，提升反应器总压至2250kPa。20：00EIA4001-85显示-30V左右，TIC4001-26显示85.5℃，反应器工况已恢复正常。

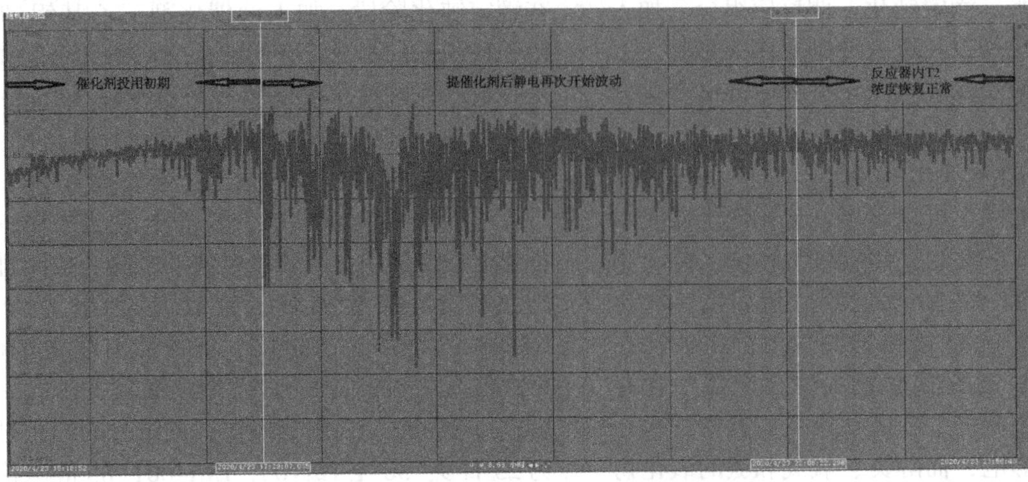

图 2　聚乙烯开工过程后半段静电变化趋势

这一阶段静电波动主要是由于乙烯压力原因，组分建立后延长 15 分钟投催化剂，乙烯分压上升 100kPa，催化剂投进后还需 10min 左右激发期，所以这次反应开始时乙烯分压有 750kPa，造成催化剂活性太高，按正常生产时最高 AL/TI50mol/mol 控制造成 T2 绝对加入量少，最低时反应器 T2 浓度只有 50ppm 比正常的加入量少了一半。

静电波动是在催化剂的加入后开始加剧，催化剂的加入又消耗了部分 T2，导致反应器用来清除杂质的 T2 越来越少，静电波动加大。

同时在这期间刚好是反应器过冷凝阶段，大量液相进入反应器后加强了冲刷作用，把反应器器壁、循环气管道毒物冲刷下来，静电波动加大，之后随着冷凝过后，在冷凝态操作时系统中各种物料颗粒的表面被润湿、质量增加，从而降低了物料颗粒因摩擦而产生的静电电荷量，同时湿润的循环气也有利于反应器内部产生的静电荷导走；流化气中重组分含量增加，还增强了流化气对器壁的冲刷效果及正负电荷碰撞抵消的效果，静电波动也会收缩、恢复正常。

由于 PDS 输送气主要使用未精制高压氮气和部分 K－5206 输送气，随着反应器负荷的提升，输送次数增加，返回气返回反应器，造成杂质含量上升，负静电增大。

T2 在钛系催化剂体系中主要作用是二次还原主催化剂，使主催化剂具有活性。同时消除水、氧等杂质，起到改变床层中的静电势的作用。可以通过 T2 与反应器内的杂质的作用暂时改变粒子表面和反应器壁静电。T2 加入量过低，会使反应器内杂质不能得到很好的消除，造成反应器静电升高。

当然反应器内已经存在静电，可以根据静电探头确定静电的类型，是负静电可以用水，正静电用甲醇来消除。本工艺采用现场注水或注醇消除静电系统，利用精制的氮气把甲醇或水注入反应器中，但量必须控制得当，从而达到消除反应器内已经产生的静电。

3　结论

（1）开车过程中，流化床静电在干燥脱水阶段以正/负静电大幅波动，在滴定钝化阶段以负静电为主波动较大，在调反应组分阶段，液相进入后导电性能加强，静电波动逐步变小，在投催化剂建立反应、过冷凝后逐步回到零点；期间 T2 在反应器作用还原催化剂、清除杂质。以后在开车阶段 T2 加入量按浓度控制。

（2）催化剂的注入需要考虑乙烯分压、催化剂的激发时间。

（3）反应器在开车前要进行充分的脱水和脱氧。

（4）反应调整负荷时要缓慢，防止物料进料量变化太快、破坏静电平衡而造成静电波动。

（5）严密监视各精制床的工作状态，定期再生精制床层，并要求上游装置提供稳定合格的原料，从源头上减少反应器静电的产生。

（6）回收液切进反应器前应充分排放置换，确保连续 2 次分析杂质合格，输送气、回收液投用越早越好；正常运行关注在线仪表变化，异常时取样分析。

（7）反应器开车初期（如静电变化异常）则维持较长时间的低负荷操作，待反应器静电稳定或至少置换3个种子床之后，再逐步提至正常负荷。

参 考 文 献

[1] 史绽春，王晓辉，夏凡．聚乙烯基础知识教材[J]．中国石油化工股份有限公司镇海炼化分公司，2007.12.

[2] 钟士晓，柴国新，马彦军，等．聚乙烯装置岗位操作法[J]．中国石油化工股份有限公司镇海炼化分公司，2018.07.30.

[3] 宫小文，苗春兰，杨宝柱，等．UNIPOL气相法流化床聚乙烯工艺冷凝态技术最新进展[J]．齐鲁石油化工，2002，30(2)：146-149.

加氢裂化循环氢压缩机干气密封非下线修复技术应用

李　聪　毛立力　孟令滨

（中国石油大港石化分公司）

摘　要　加氢裂化循环氢压缩机是装置核心设备，其中干气密封是循氢机的关键组成，也是循氢机最易发生故障的部位。大港石化加氢裂化循环氢压缩机干气密封经过长时间运行后出现漏气量增大、压力增高的现象。经过利用非计划停车的短暂时间段，进行了干气密封吹扫，其性能恢复至开工初始态。

关键词　循氢机；干气密封；吹扫；泄漏；停工

1　基本情况

大港石化加氢裂化装置循环氢压缩机为沈阳鼓风机厂生产的离心式压缩机，型号为 BCL407，额定流量 241394m³/h(标准)，额定转速 10532r/min，入口压力 15.6MPa（绝），排气压力 17.36MPa(绝)。轴封采用约翰克兰 28 型中间带迷宫密封的螺旋槽串联式干气密封(图 1)。原动机为杭汽生产的背压汽轮机。

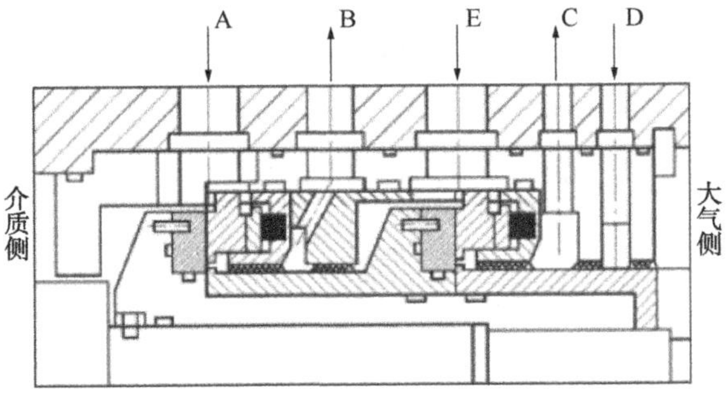

图 1　带中间迷宫的螺旋槽串联式干气密封

A–第一级主密封气的进气口，注入压缩机出口干气或滤后氮气；B–第一级密封和第二级密封的泄漏口，接入火炬；C–第二级密封大气泄漏和轴承箱侧氮气泄漏口；D–隔离气的进气口，隔离轴承箱润滑油，注入氮气；E–第二级密封的进气口，注入氮气

密封设计工作状态如下：主密封气供气参数为 16.052MPa，176Nm³/h。其中 154.23Nm³/h 通过密封面进入机体，21.77Nm³/h 进入一级排放气，同时二级密封氮气有 1.33Nm³/h 进入一级排放气，故一级排放气参数为 0.06MPa，23Nm³/h(图 2)。

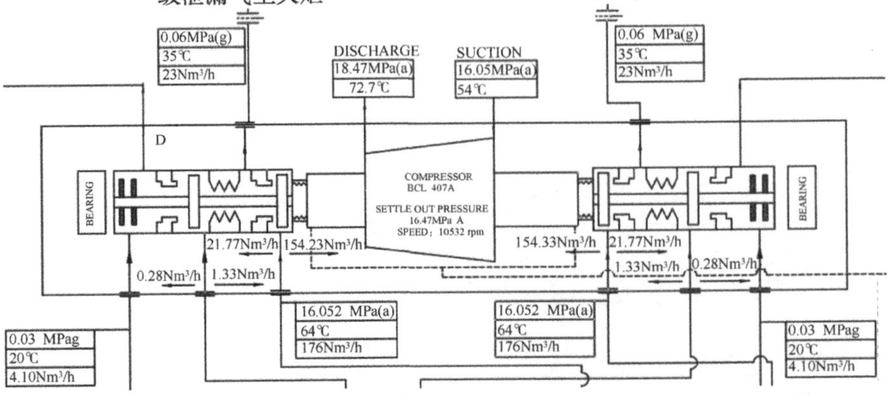

图 2　串联干气密封各路流量示意

2　故障现象

机组自 2021 年 6 月检修后启动，高压端一级密封漏气从最初的 0.05MPa，24.1Nm^3/h 逐渐上涨，至 2023 年 3 月，上涨至 0.15MPa，57Nm^3/h(图 3)。

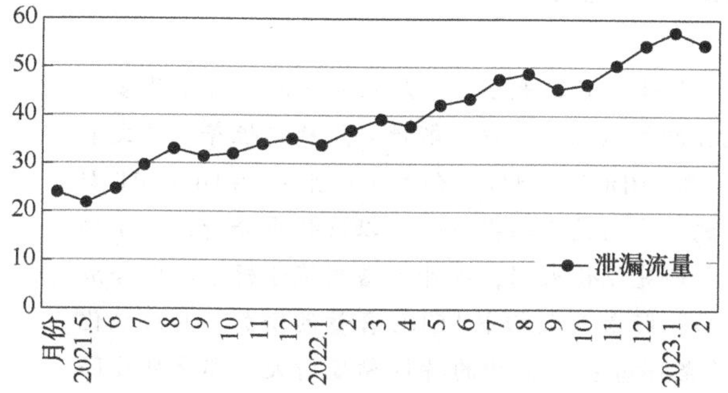

图 3　近两年来一级密封漏气上涨趋势图

车间多次尝试除雾器切液，更换过滤器滤芯等操作，效果不明显，车间分析干气密封动环螺旋槽已被污染。

3　方案制定与风险研判

分析认为如果密封面有温度变化，密封槽内的杂质有可能产生松动，此时加以外力吹扫，有清除或减少杂质的可能性。故公司同意采用纯净氮气进行适当吹扫，以尝试修复干气密封。

可能的结果与主要风险有以下三方面：

(1) 吹扫无效。此风险对进有密封无影响，风险可接受。

(2) 氮气量过大，进入机组系统。氮气量与系统藏量相比，差距甚大，影响可忽略，注意监控反应温度即可。

(3) 大量氮气进入一级泄漏气，造在一级漏气量过大。只需观察控制一级漏气量和压力在报警值以内即可。

4　处理过程

2023 年 3 月 14 日，加氢裂化因上游供氢中断发生非计划停工。加氢裂化停工后，机组停开过程会带来密封环温度变化，车间按计划利用 3μm 滤后氮气进行吹扫，高控两路主密封氮气流量，考虑压力、温度、密度和压缩性系数进行工况补偿后，分支流量达 350Nm^3/h(额定流量为 176Nm^3/h)。静态吹扫 30min 后，在机组低速缓机过程中也保持大于 300Nm^3/h 的吹扫量。因开机过程中转速低，密封槽泵送效果差，通过密封面的气体量有限，观察一级泄漏气控制在 70Nm^3/h 以内。充分吹扫后，提速运行，干气密封漏气流量和压力分别降为 21.2Nm^3/h 和 0.026MPa，已完全符合开工设计值(图 4)。

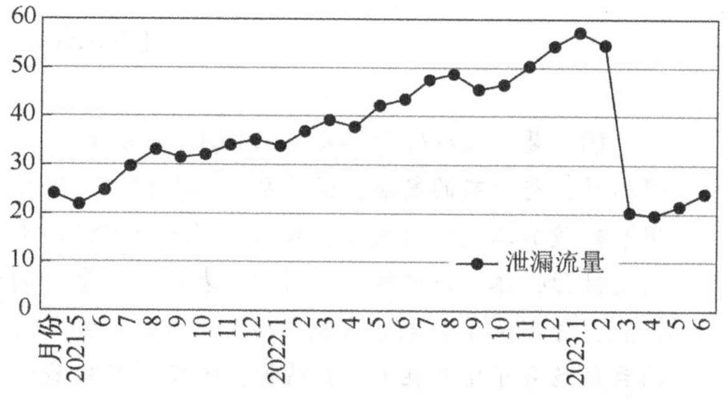

图 4　吹扫恢复前后一级密封漏气对比趋势图

5　推广性

严格来分析，干气密封吹扫恢复的推广性有限。只有满足以下两个条件才有可能尝试使用。

(1) 密封运行效果差，但未到强制维修标准。此“效果差”是指随设备运行，密封漏气流量压力由正常逐渐出现偏差，并不是由于质量问题与安装问题导致的；

(2) 检修时间不充裕，不能开展全面检修，多见于非计划停车的快速恢复阶段。

参　考　文　献

[1] 吕红．干气密封的选用及失效分析[J]．科技创新与应用．2013(15)．

[2] 李永胜．离心压缩机密封失效的原因与完善技术分析[J]．中国石油和化工标准与质量．2012，32(07)．

PCDL-PBT 热塑性弹性体的合成及性能表征

杨　钟

（中国石化仪征化纤有限公司研究院）

摘　要　聚碳酸酯二元醇（PCDL）是分子主链上含有多个碳酸酯基单元、以羟基封端的一种聚酯多元醇品种，与一般的聚酯、聚醚系的二醇相比显现出相当优异的机械性能、抗水解性、热稳定性等。本文采用聚碳酸酯二元醇为软段，对苯二甲酸（PTA）和 1，4-丁二醇（BDO）为硬段，合成了一系列 PCDL-PBT 型热塑性弹性体。通过红外光谱测试表征了共聚物的化学结构，采用差示扫描量热法以及热重分析测试了热性能，并测试了其流动性能、动态热机械性能与力学性能。研究结论表明，红外光谱测试分析了实验合成的共聚物分子中存在 PCDL 结构，生成了聚碳酸酯型弹性体；随着共聚物中 PCDL 含量的增加，其玻璃化转变温度（T_g）和熔点（T_m）逐渐降低，DSC 谱图只出现一个熔融峰；共聚物的特性黏度增大，邵氏硬度降低，并具有较好的流动性能；热失重结果表明，在实验范围内合成的 PCDL-PBT 型弹性体具有良好的热稳定性能，起始分解温度均在 350℃以上；随着共聚物中 PCDL 含量由 0 提高至 30%，样品的拉伸强度由 49.69MPa 降至 29.69MPa，断裂伸长率逐渐提高，基本保持在 450%以上，材料总体表现出良好的韧性；共聚物的储能模量（E'）在 0~60℃明显下降，随着 PCDL 含量的增加，样品的储能模量相应减少，玻璃化转变温度（T_g）从的 35.06℃降低到 15.72℃，损耗因子（$\tan\delta$）升高并且向低温方向移动，$\tan\delta$ 峰值由 0.157 升高至 0.284。

关键词　聚碳酸酯二元醇；热塑性弹性体；结构；热性能；力学性能；动态热机械性能

热塑性弹性体，是指一类由软段、硬段结构共同存在的嵌段型高分子物质，其中软段结构具有橡胶的柔顺性，而硬段结构在塑化加工成型时又体现了塑料的强度，并具有比橡胶优异的强度及塑料的可加工性能、机械性能。

聚碳酸酯二元醇（PCDL）是分子主链上含有多个碳酸酯基单元、以羟基封端的一种综合性能卓越的聚酯多元醇品种，具有较好的机械性能、抗水解性、热稳定性、低温柔顺性、耐油性、耐磨性、抗氧化性以及生物相容性，被广泛应用于新型环保型涂料、生物医疗器械、光学材料等领域。以 PCDL 为软段，采用 PTA 直接酯化法合成新型 PCDL-PBT 型热塑性弹性体，对其结构与性能进行研究，展现聚碳酸酯型弹性体新的性能，随着弹性体需求量的增长，聚碳酸酯型弹性体必将具有广阔的应用前景。

1　实验

1.1　实验原料

聚碳酸酯二醇（PCDL，Mn＝1000），日本旭化成株式会社；

聚对苯二甲酸（PTA）：工业级，中国石化扬子石油化工有限公司；

1,4-丁二醇（BDO）：工业级，蓝山屯河能源有限公司；

钛酸四丁酯（TBT）：分析纯，阿拉丁。

1.2　样品制备

将 PTA、BDO、PCDL 按照一定摩尔比加入自制的 PU2.5 不锈钢反应釜，同时加入一定量的催化剂 TBT，在 180~230℃下进行酯化反应，到达酯化终点后，开启真空泵，升温至 245-255℃，控制真空度小于 100Pa，经一定时间缩聚反应达到预期出料功率，氮气加压切粒后得到弹性体粒料。其中，PCDL 质量添加量分别为 0、10%、15%、20%、25%、30%，相应 PBT 质量分数为 100%、90%、85%、80%、75%、70%，样品分别标记为 PBT、PCDL10、PCDL15、PCDL20、PCDL25、PCDL30。将样品置于 115℃真空烘箱内干燥 6h，氮气保护冷却后进行性能测试。

1.3　结构表征仪器与方法

红外光谱测试：使用美国 Thermo Scientific 公司 Nicolet iS10 傅里叶变换红外光谱仪，扫描波数为 4000~400cm^{-1}。

热性能：使用 Perkin-Elmer 公司 DSC7 热分析仪，氮气氛围，以 10℃/min 的升温速率从 25℃升至 260℃，保持 5min，然后以 400℃/min 的速率降温至 25℃，再次以 10℃/min 的速率从 25℃升至 260℃，保持 5 min，最后以 10℃/min 的速率降至 50℃。

动态热机械性能：使用美国 TA 仪器公司 TA-Q800 动态热机械分析仪(DMA)，测试样品的储能模量(E')和损耗正切值(tanδ)，升温速率为 3℃/min 从 -50℃ 升温至 180℃，固定频率为 1Hz。

热重(TGA)：使用美国 Perkin-Elmer 公司 TGA7 型热失重仪对样品进行测试，在氮气氛围中将样品以 10℃/min 的升温速率从室温升至 600℃，氮气流量 20mL/min。

力学性能：使用英国 LLYOD 公司万能材料试验机，按照 GB/T 528—2009 的规定，测样品条的拉伸强度、断裂伸长率(拉伸速度 100mm/min)。

熔体质量流动速率(MFR)：粒状物料经干燥，使用承德精密试验机有限公司制 XRL-400A 型熔融指数仪，按照 GB/T 3682—2000 的测定要求，实验温度 230℃，负荷 2.16kg。

邵氏 D 硬度：使用温州山度公司的邵氏硬度计，按照 GB/T2411-2008 的规定进行测试。

特性黏数：使用美国 Viscotek 公司制 Y501 型相对黏度仪按照 GB/T 14190—2017 进行测试。

2　结果与讨论

2.1　红外光谱分析

对 PBT、PCDL、PCDL30 样品进行红外光谱测试，结果如图 1 所示。

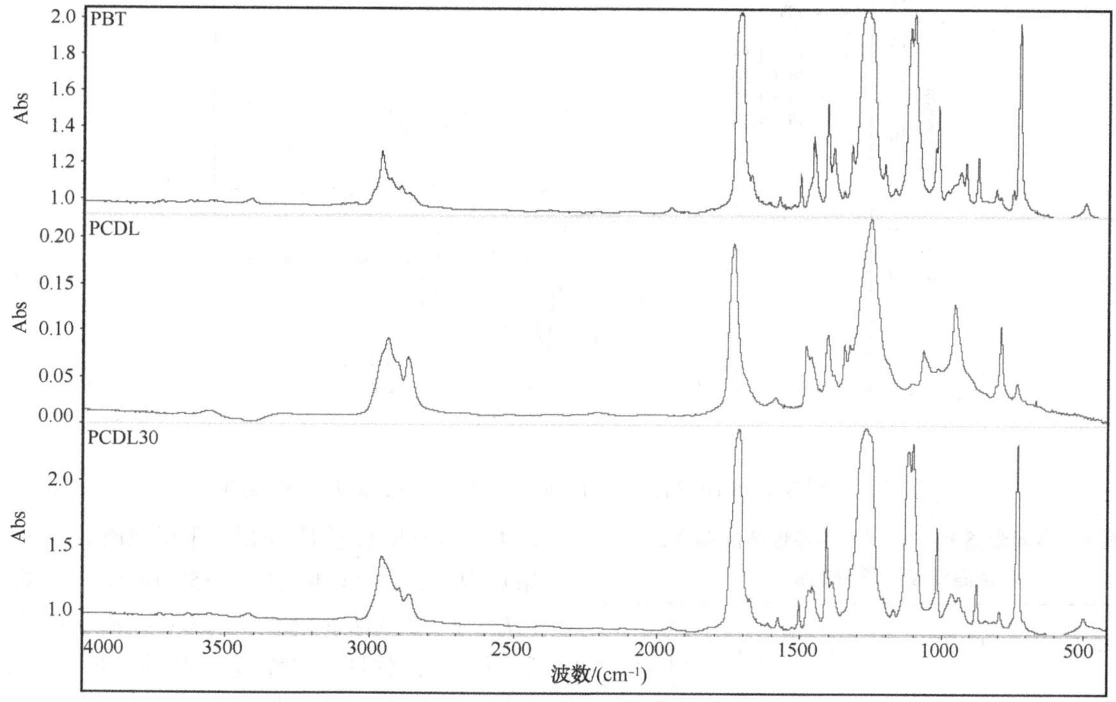

图 1　PBT、PCDL、PCDL30 样品的红外光谱

从图 1 可以看出，PCDL 在 3400~3550cm^{-1}处的宽峰为端—OH 伸缩振动吸收峰，因羟基浓度较低，吸收带强度较弱，2900cm^{-1}附近的两个中强峰对应于主链上饱和亚甲基的两种对称和不对称伸缩振动，1737cm^{-1}处有聚碳酸酯二元醇分子主链中羰基 C ═O 的强吸收峰出现，1254cm^{-1}处的强吸收峰表明碳酸酯基 O—C(O)—O 伸缩振动，950~1000cm^{-1}附近的二重峰对应于直链伯醇的 C—O 伸缩振动，790cm^{-1}附近的吸收峰对应为—CH_2的弯曲伸缩振动，这是分子中存在亚甲基组成的长链时出现的较为稳定的弱吸收峰[13]。

相对于 PBT 谱图，PCDL30 在 FTIR 谱图中，2900cm^{-1}附近明显存在两个中强亚甲基的振动峰，954cm^{-1}处直链伯醇的 C—O 伸缩振动以及 792cm^{-1}处的长链亚甲基峰，此外由于 PCDL 与 PBT 链段发生共聚反应，PCDL 中 3500cm^{-1}处的端羟基—OH 峰消失已基本消失。因此可初步证实聚碳酸酯型弹性体已生成。

2.2 热性能分析

在PCDL-PBT碳酸酯型弹性体中，不同含量的PCDL会影响弹性体的结晶性能。图2为不同含量PCDL改性的聚碳酸酯型弹性体的DSC图，展示了其第二次升温降温过程。

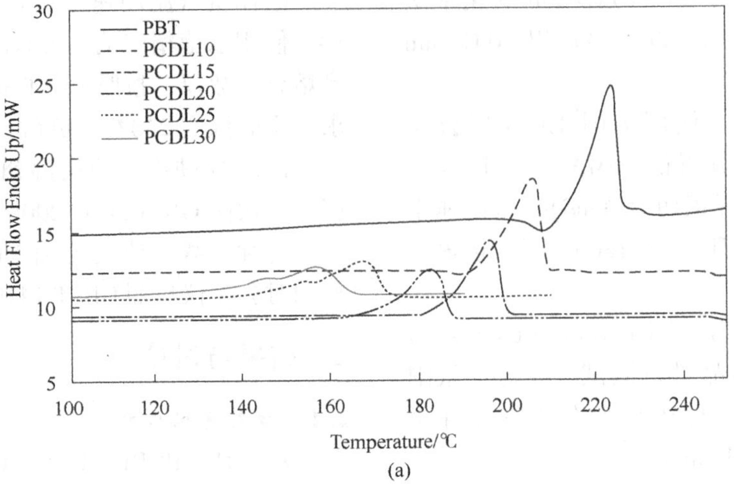

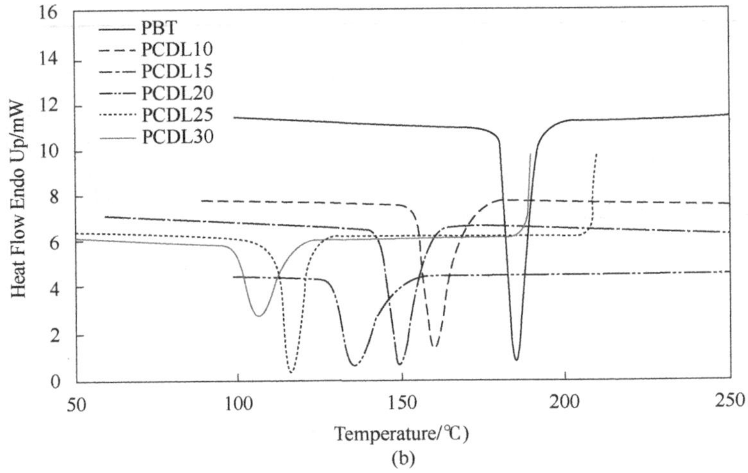

图2　不同含量PCDL制得的弹性体的升温(a)、降温(b)DSC曲线

表1　不同含量PCDL制得的弹性体的熔点、结晶温度和熔融热焓

样品编号	T_m/℃	T_mc/℃	ΔH_m /(J/g)
PBT	224.19	184.97	-52.2767
PCDL10	206.53	160.31	-43.1880
PCDL15	196.69	149.81	-38.8348
PCDL20	183.34	136.16	-36.2322
PCDL25	167.66	116.81	-29.3149
PCDL30	157.68	107.16	-27.0219

表1给出了不同含量PCDL改性弹性体的熔点、结晶温度、焓变。从图2及表1的数据可以看出，PBT熔点为224.19℃，随着PCDL质量分数的增加，聚合物的熔点逐渐降低，当软段PCDL的质量分数从0%提升到30%时，样品的熔点从224.19℃降低至157.68℃，熔融热焓(H_m)从52.28J/g降低至27.05J/g，样品的H_m逐渐变小，弹性体的结晶能力逐渐下降。这是因为随着PCDL单体的加入，一方面是链段本身含有较长的亚甲基链，另一方面是软段的加入破坏了聚合物链段的规整性，减少了氢键含量，熔点产生下降。

此外，在实验范围内，其DSC谱图只出现一个熔融峰，说明PCDL与PBT的软硬段的相容性较好。

2.3 热稳定性

热稳定性是表示物质的耐热性，是产品后加工的一个重要性能。对不同PCDL含量的样品在氮气氛围下进行TG测试，曲线如图3所示，热失重数据见表 2。

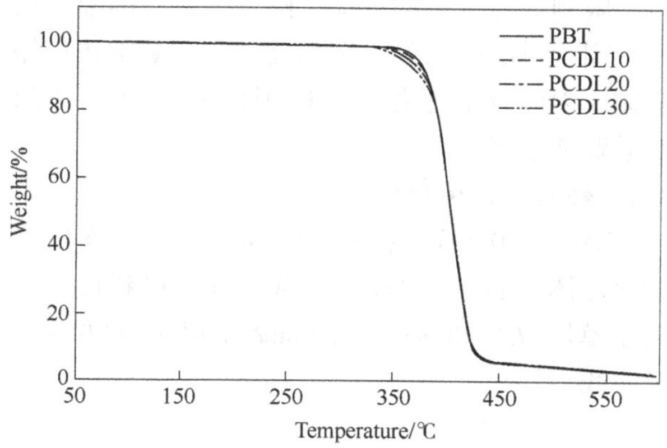

图 3　不同含量 PCDL 制得的弹性体的 TG 曲线

表 2　不同含量 PCDL 制得的弹性体的热重分析数据

样品编号	$T_{3\%}$/℃	$T_{10\%}$/℃	$T_{50\%}$/℃	T_{max}/℃
PBT	362.18	379.97	404.81	386.97
PCDL10	360.51	379.59	405.16	386.26
PCDL20	353.04	377.94	406.37	386.74
PCDL30	350.54	375.81	406.28	386.18

从图 3 和表 2 可以看出，在实验范围内，不同软硬段含量样品的起始分解温度(热失重 3%)均在 350℃以上，在 350℃以下的分解应该是样品中少量水份之类的低挥发性杂质在初始升温阶段挥发所致；从 350℃开始发生分子链的热降解断裂；386℃左右达到最大降解。

随着 PCDL 质量分数的增加，PCDL-PBT 弹性体的热分解温度依次减小，但是所有样品的起始降解温度均大于 350℃。这说明聚碳酸酯型弹性体具有良好的热稳定性。

此外，不同含量 PCDL 样品的热分解峰值温度、失重率和 PBT 样品基本接近，说明 PCDL 软段的引入比例对聚碳酸酯型弹性体的热稳定性影响较小。

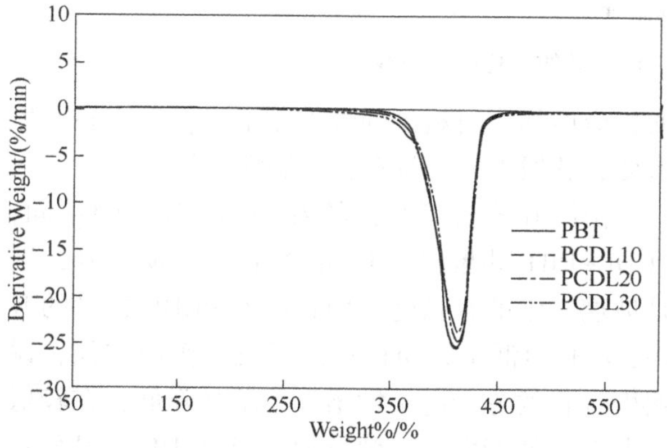

图 4　不同含量 PCDL 制得的弹性体的 DTG 曲线

由图 4 可知，PCDL 型热塑性弹性体只显示一个热分解峰，说明在实验的添加范围内，PCDL 与 PBT 没有微相分离的情况，其软硬段无明显的分步分解现象，这也和 DSC 谱图只有一个熔融温度点相对应。

2.4　熔体流动性能

熔体流动速率(MFR)是指热塑性塑料熔融时流动性的尺度，可以用来表征样品的熔体流动性能。

表 3　不同含量 PCDL 制得的弹性体的硬度和 MFR 数据

样品编号	特性黏度/(dl/g)	邵氏硬度/D	MFR/(g/10min)
PCDL10	0.861	72	30.50
PCDL15	0.883	70	33.50
PCDL20	0.899	68	34.00
PCDL25	0.968	62	28.40
PCDL30	0.983	56	27.20

从表 3 可以看见，样品具有较好的流动性能，可较好的应用于加工注塑。

通过表 3 的指标发现：软段含量越高，样品的特性黏度越大，邵氏硬度越低，说明软段含量增加时，样品的非晶区随之增加。

同时，随着 PCDL 质量分数由 10%提高至 20%时，样品的 MFR 由 30.5g 升高至 34.0g，表明随着弹性体中软段含量增加，弹性体的熔体流动性变好，这主要是由于软段含量的增加使得弹性体熔点降低，因而在相同温度下样品流动性能更好；另外，软段结构增多，柔性基团增加，使得分子链间更加容易移动。但是在 PCDL 质量分数超过 20%时，其 MFR 随着含量的增加而降低，这可能是碳酸酯键增加到一定程度后使得分子键能增大，从而影响了分子链的移动。这其中的原因有待进一步分析。

2.5　力学性能

表 4 为 PBT 及 PCDL 质量分数分别为 10%、15%、20%、25%、30%时的 PCDL-PBT 热塑性聚碳酸酯型弹性体的拉伸性能表。

表 4　不同含量 PCDL 制得的弹性体样品的力学性能

样品编号	拉伸强度/MPa	断裂伸长率/%
PBT	60.765	3.116
PCDL10	49.693	451.050
PCDL15	44.440	468.698
PCDL20	36.252	491.738
PCDL25	33.693	481.247
PCDL30	29.387	468.006

从表 4 中可以看出，随着 PCDL 质量分数由 0 提高至 30%，样品的拉伸强度逐渐减小，拉伸强度由 49.69MPa 降至 29.69MPa，下降 40.25%；而断裂伸长率逐渐提高，并在 PCDL 含量为 20%时达到峰值后又有所降低，但在实验单体添加范围内，样品的断裂伸长率基本在 450%以上，材料总体表现出良好的韧性。

这说明一是 PCDL 单体作为共聚物柔性链段，破坏了聚合物分子链中的规整性，增加了主链的柔顺性，DSC 分析也表明聚合物的结晶度降低，导致样品强度变低；另一方面酯基极性高，形成氢键的能力强，链段之间的分子作用力大，限制了分子链的运动，随着体系中的酯基极性基团含量的提高到一定幅度，酯基氢键化作用明显，因而分子链之间的柔顺性相对降低，以致使柔顺性下降。

2.6 动态热机械分析

对不同软硬段含量的 PCDL-PBT 型聚碳酸酯弹性体样品进行 DMA 测试，可以得到样品的储能模量(E')和损耗因子($\tan\delta$)随温度的变化情况曲线。

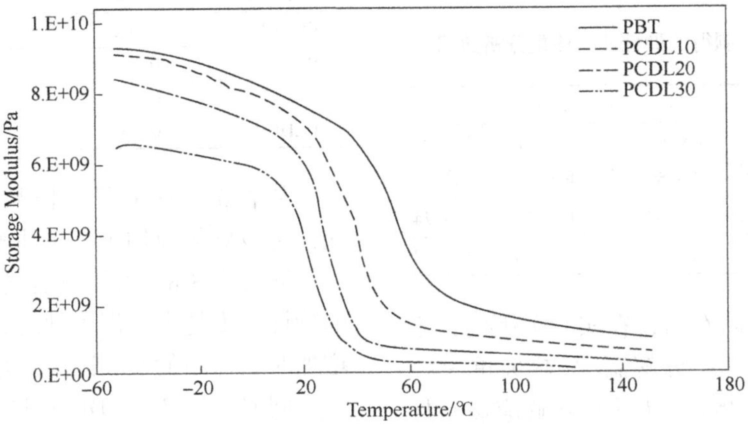

图 5　不同含量 PCDL 制得的弹性体样品的储能模量曲线

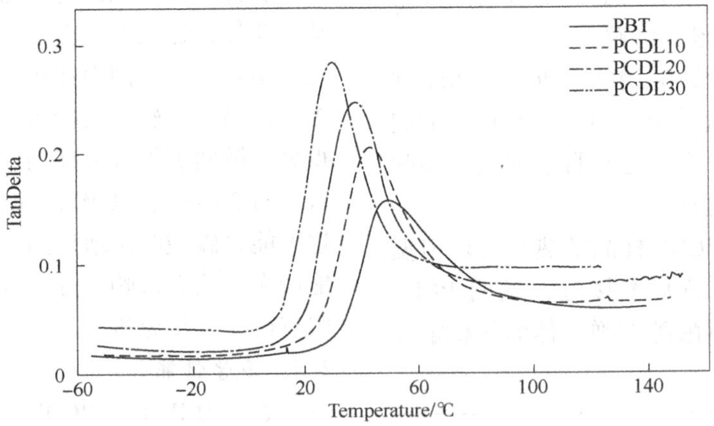

图 6　不同含量 PCDL 制得的弹性体样品的损耗因子曲线

从图 5 可以看出：不同含量 PCDL-PBT 样品的 E' 随温度的变化均呈现相同的变化趋势，在低于 0℃时，高分子链段运动呈现“冻结”状态，温度变化对 E′影响较小；E' 在 0~60℃明显下降，对应样品的玻璃化转变过程。随着 PCDL 质量分数的增加，样品的储能模量相应减少，玻璃化转变温度(T_g)从 PBT 的 35.06℃降低到 PCDL30 的 15.72℃。这是由于随着样品软段含量的相应增加，材料的弹性作用增强，更容易发生形变，软段 PCDL 越多，低温性能越好。

由图 6 分析可知，随着 PCDL 含量的不同，PCDL-PBT 共聚物在 0~40℃有一个损耗峰，这是玻璃态中的 β 松弛，而且随着 PCDL 含量的升高，β 峰向低温方向移动，其阻尼作用增强，说明聚合物的分子链柔性增加，结晶降低，在较低的温度下就能发生松弛行为。当 PCDL 质量分数由 0%提高至 30%时，tanδ 峰值由 0.157 提高到 0.284，这说明当 PCDL 引入时，共聚物中较多的极性碳酸酯基使得共聚物中软硬段相混合较好，软段之间易形成氢键，导致大分子层内摩擦增大，从而限制软段分子链的运动，损耗因子增大，塑性运动加剧。

3　结论

以 PCDL、BDO 和 PTA 为原料，以 TBT 为催化剂，通过直接酯化法合成了 PCDL-PBT 聚碳酸酯型弹性体，通过一系列的性能测试和分子结构表征，得出以下结论：

（1）FTIR 结果表明，实验合成的共聚物分子中存在 PCDL 结构，生成了目标产物即聚碳酸酯型弹性体。

（2）热失重结果表明，在实验范围内，PCDL-PBT 型弹性体初始热分解温度大于 350℃，具有良好的耐热性能。

（3）DSC 和 DMA 分析表明，随着 PCDL 质量分数的增加，聚合物的玻璃化转变温度和熔点呈现降低趋势。而且随着 PCDL 含量的升高，聚合物的储能模量下降，损耗因子升高并且向低温方向移动，动态内生热较大。

（4）随着 PCDL 质量分数的增加，聚合物的断裂强度呈现下降趋势；断裂伸长率出现先升高后降低的趋势，但基本在 450%以上，材料总体表现出良好的韧性。

参 考 文 献

[1] 郑雪．新型热塑性聚酯弹性体的合成及性能研究[D]．沈阳工业大学，2015.

[2] 田璐，姚挺．热塑性聚酯弹性体 TPEE 材料的成型加工技术[J]．化工管理，2016，(29)：219.

[3] 韩吉彬，陈文泉，张世甲，等．热塑性弹性体的研究与进展[J]．弹性体，2020(3)：70-77.

[4] 刘保华，张敏，陈立班．脂肪族聚碳酸酯聚氨酯的合成研究进展[J]．聚氨酯工业，2002，17(4)：6-9.

[5] 冯亚凯，赵海洋，郭锦棠，等．生物相容性聚碳酸酯聚氨酯微纤维人工血管的研究[J]．高分子通报，2010，(8)：73-77.

[6] 薛晓武，王新闻，刘红波，等．水性聚碳酸酯型聚氨酯的制备及性能[J]．材料导报，2019，33(S1)：488-490，494.

[7] 李帅，张均，陈建君，等．聚碳酸酯型形状记忆聚氨酯的合成与表征[J]．高分子材料科学与工程，2019，35(1)：1-6.

[8] Yenan Sun，Can Zhao，Jijun Xiao. Reparation and characterization of water-borne polyurethane based on PCDL or (and) PCL prepolymer[J]. AIP Conference Proceedings，1864，020204 (2017).

[9] Xuechuan Wang，Yuqiao Fu，Juan Li. Evaluation of Environment Impact of PCDL Aliphatic Hyperbranched Polyurethane [J]. Advanced Materials Research Vols. 610-613 (2013) pp 868-871.

[10] 陈立义，占科，何宏林，等．无溶剂环保型单组分潜固化聚氨酯防水涂料的研制[J]．聚氨酯工业，2020，35(1)：46-48.

[11] 沈学霖，朱光明，杨鹏飞．生物医用形状记忆高分子材料[J]．材料工，2017，45(7)：111-117.

[12] 赵亮．高效发光纳米晶与聚氨酯复合材料设计合成及其性质研究[D]．东北师范大学，2018.

[13] 刘静月，侯洪波，等．1，4-环己烷二甲醇型聚碳酸酯二元醇的合成与表征[J]．四川轻化工大学学报(自然科学版)，2021. 34(4)：18-23.

[14] 陈志明，李晶，张建．TPEE 弹性体的合成及其结构与性能研究[J]．合成纤维工业，2023，46(2)：38-42.

[15] 冼文琪．二氧化碳基多元醇(PPCD)及水性聚氨酯的合成与应用研究[D]，广东工业大学，2021.

[16] 唐贤材，等．PCDL/PTMG 配比对复合型水性聚氨酯性能的影响[J]，聚氨酯工业，2016. 31(6)，34-36.

[17] 樊慧娟，王晶，张惠．动态热机械分析在高分子聚合物及复合材料中的应用，化学与黏合，2017. 39(2)，132-134.

[18] 郭珊珊，林晓甜，刘锦春．低聚物二醇软段对聚氨酯弹性体性能的影响[J]．聚氨酯工业，2015，30(6)：35-37.

PET-PTMG 共聚酯热氧降解研究

潘小虎[1,2]　李乃祥[1,2]　王雪盼[1]　庞道双[1]

（1. 中国石化仪征化纤有限责任公司；2. 江苏省高性能纤维重点实验室）

摘　要　以自制的不同聚醚含量的 PET-PTMG 共聚酯为研究对象，利用热失重分析法研究了共聚酯在氮气和氧气存在下的热降解反应。结果表明，在氮气氛围下，引入聚醚结构的共聚酯热稳定性变差，当聚醚质量含量达到 40%时，其最大降解速率对应温度（T_{max}）降低了约 32℃。在空气氛围下，PET 的热稳定性有较大的降低，起始分解温度（T_i）降低了 23℃，最大分解速率温度降低了 10℃，表明氧气参与并促进了降解过程。而 PTMG 的引入则进一步降低了聚酯分子链的稳定性，随着聚醚含量的增加，T_i，T_{max} 均逐渐降低。当聚醚质量含量为 40%时，相比于 PET 而言，T_i 降低了 66℃，T_{max} 降低了 12℃，并且在 268℃处出现了 PTMG 的失重峰，表明共聚酯对氧气非常敏感。利用 kissinger 方法研究了 PET 以及 PET-PTMG 共聚酯的在空气中降解活化能，其中 PET 为两步反应，第一步反应表观活化能（E_a）为 179kJ/mol，第二步反应的 E_a 为 148kJ/mol；不同聚醚含量的共聚酯为三步反应，第一步反应 E_a 为 66~97kJ/mol；第二步反应 E_a 为 196~197kJ/mol，第三步反应 E_a 为 135~142kJ/mol。进一步利用 Flynn-Wall-Ozawa 方法研究对比了 PET 与共聚酯在不同转化率下活化能的差异，结果表明，共聚酯在反应初期表观活化能低，热稳定性差，但随着反应的进行，在反应后期表观活化能逐渐升高，与 PET 相比，还略高。相关研究表明 PET-PTMG 共聚酯在空气氛围下容易与氧气作用，40%PTMG 含量的共聚酯，表观活化能已低至 66kJ/mol，可通过进一步增加 PTMG 含量，以及引入相关催化剂进一步降低其活化能，提升吸氧效率，从而实现室温下的持续吸氧。利用这一特性，有望开发吸氧树脂，应用于 PET 基体材料中，利用共聚酯与 PET 良好的相容性，既保证 PET 材料的透明性，又可通过主动耗氧，进一步提升包装物的保质期。

关键词　聚醚酯；热氧降解；降解动力学

热塑性聚酯弹性体是一种由二元或多元醇和二元酸或多元酸逐步缩聚而制备得到的高分子嵌段共聚物。热塑性聚酯弹性体的分子链段由刚性硬段和柔性软段组成，其刚性硬链段一般为结晶性的芳香族聚酯，而柔性软链段则由无定型聚醚或聚酯构成。这种线型聚酯弹性体具有微相分离结构，聚酯硬段的结晶相分散在无定型软段中并起着物理交联点的作用，使得聚酯弹性体在室温下表现为交联弹性体，在高温下表现为线性聚合物的独特性质。

以无定型聚醚为软链段的热塑性聚酯弹性体的研究已有诸多报道，主要包括聚对苯二甲酸乙二醇酯-聚乙二醇（PET-PEG）聚醚酯、聚对苯二甲酸丁二醇酯-聚乙二醇（PBT-PEG）聚醚酯和聚对苯二甲酸丁二醇酯-四氢呋喃聚醚聚（PBT-PTMG）醚酯等几种体系。其中 PBT-PTMG 商业化较为成功，杜邦、和创、仪征化纤等公司针对不同使用场景，开发了多种牌号产品，广泛应用于汽车配件、线缆、管材、火车垫片等领域。与 PBT-PTMG 分子结构较为类似的，聚对苯二甲酸乙二醇酯-四氢呋喃聚醚（PET-PTMG）聚醚酯的研究及产业化则较少见到报道。因此，开展 PET-PTMG 共聚酯合成以及性能研究，厘清结构与性能的关系，不仅为其工业化生产提供参考，也为后续应用推广提供基础数据。

本文以自制的不同聚醚含量的 PET-PTMG 树脂为研究对象，采用高分子材料热反应过程常用手段研究，即热失重分析法开展相关热降解反应研究。通过样品的热失重分析，可系统性获得样品热降解反应的动力学参数（主要包括速率常数、反应级数、指前因子及反应活化能等），通过这些参数的研究，可以系统的对树脂的热稳定性进行评价。具体地，本文通过不同加热速率下的 TG 测试，采用 Kissinger 法、Flynn-Wall-Ozawa 法对 PET 以及不同聚醚含量的 PET-PTMG 共聚酯进行热降解动力学研究，从而对三种共聚酯的热稳定性有了深入认识，在此基础上，可深入研究共聚酯的结构与性能关系，有助于指导共聚酯的合成以及性能调控，同时为共聚酯的应用加工提供基础数据。

1　试验

1.1　试验原料

PET 以及 PET-PTMG 共聚酯(1#、2#、3#)，均为实验室自制。树脂的 PTMG 含量，黏度以及热性能指标见表 1。

表 1　共聚酯物性指标

样品	PTMG 质量含量/%	特性黏度/(dL/g)	T_g/℃	T_{cc}/℃	T_m/℃	T_{mc}/℃
PET	0	0.640	79.42	166.12	252.50	178.7
1#	20	0.796	40.08	98.51	241.03	198.2
2#	30	0.937	—	85.89	235.14	188.6
3#	40	0.987	—	73.69	224.80	176.3

1.2　仪器设备

差示扫描量热仪，DSC7 型，美国 Perkin-Elmer 公司；热失重仪，TGA7 型，美国 Perkin-Elmer 公司。

1.3　分析测试

树脂的常规性能：采用国标 GB/T 14190—2008 纤维级聚酯切片测试方法。

热性能测试(DSC)：采用美国 Perkin-Elmer 公司 TGA-7 型热失重仪，在氮气气氛中分别将样品以 10℃/min 升温速率从室温升温至 290℃，保持 5min，然后以 400℃/min 的速度降温至 25℃，再以 10℃/min 升温速率从 25℃ 升至 290℃，保持 5min，最后以 100℃/min 的速度降温至 100℃。

热失重(TG)分析：采用美国 Perkin-Elmer 公司 TGA-7 型热失重仪，在空气气氛中分别将共聚酯样品以 5℃/min、10℃/min、15℃/min、20℃/min 升温速率从室温升至 600℃，记录试样在空气气氛中质量损失随温度的变化，空气气流量为 20mL/min。选取 10℃/min 升温速率作为对比，在氮气氛围下进行了相同的测试。

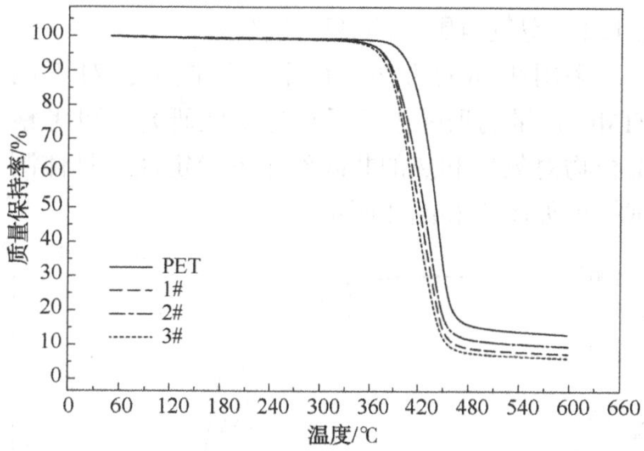

图 1　共聚酯失重曲线

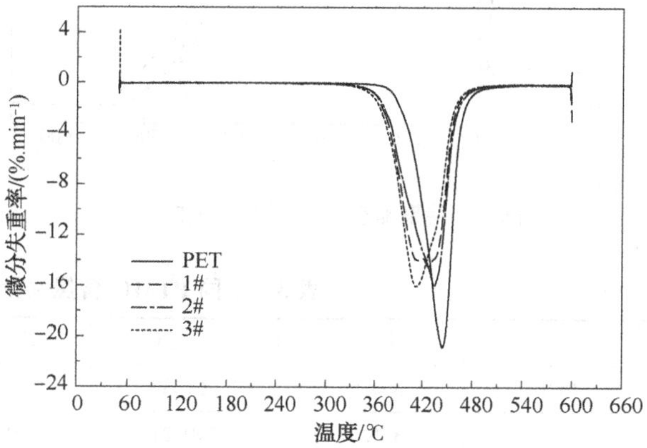

图 2　共聚酯失重微分曲线

2　结果与讨论

2.1　共聚酯热性能

2.1.1　氮气氛围下的热稳定性能

采用 TGA 分析方法对不同 PTMG 含量的聚酯进行了热稳定性研究，实验条件在氮气氛围下进行，可反应聚合反应过程中聚合物熔体的热稳定性。具体测试结果如图 1 和图 2 所示，样品的热失重特征值(T_i，起始分解温度；$T_{d5\%}$，转化率 5%时分解温度；T_{max}最大降解速率对应温度，以及降解完后最终质量百分率 W_f)列于表 2 中。

表 2　不同 PTMG 含量共聚酯氮气氛围热失重特征参数

	T_i/℃	$T_{d5\%}$/℃	T_{max}/℃	W_f/%
PET	417.34	399.32	444.18	13.20
1#	396.01	374.58	434.14	9.71
2#	389.83	375.74	427.17	7.53
3#	386.86	369.90	411.98	6.34

一般而言，氮气氛围下的 TGA 测试反映的是分子链受热作用下的断链的行为。从图中可以看出实验样品的热失重都只有一个台阶，这与缩聚产物热失重分子链无规断裂机理相吻合，说明

四种样品的降解行为主要是分子链无规断裂，并无其他明显副反应。

从表 2 不同 PTMG 含量共聚酯氮气氛围热失重特征参数中可以看出，随着 PTMG 含量的增加，最大降解速率对应温度降低了约 32℃，说明共聚酯的热稳定性明显减弱，因此在聚合反应过程中应适当降低聚合反应温度，避免高温降解反应导致分子量上升困难以及产品品质的恶化。同时，随着 PTMG 含量的增加，热失重完成后的残留质量也逐渐减少，这应该是聚醚组分引入使得分子链中氧含量上升，在高温下促进碳的氧化挥发。

2.1.2　空气氛围下的热稳定性能

采用相同的方法，在空气氛围下，对不同 PTMG 含量的聚酯进行了热稳定性研究，可考察聚合物对氧气和热的共同作用下稳定性。具体测试结果如图 3 和图 4 所示。

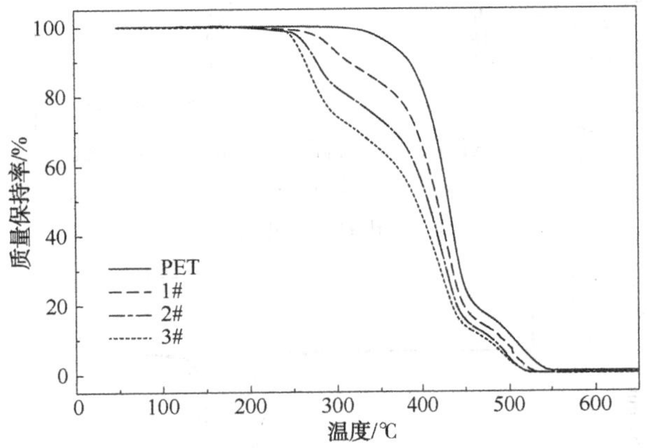

图 3　共聚酯空气氛围下失重曲线

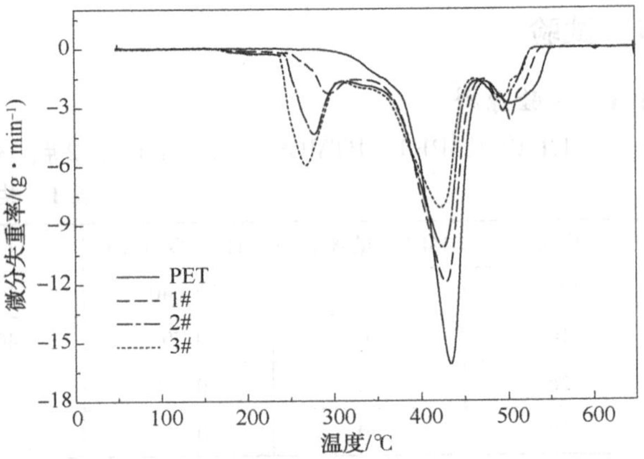

图 4　共聚酯空气氛围下失重微分曲线

从图 3 中可以看出，空气氛围下，PET 的降解过程呈现了两个降解台阶，且第二个台阶比较弱。第一阶段发生的反应与氮气氛围中的相似，应是分子链的无规断裂，而第二阶段产物则是第一阶段产物在空气中进一步氧化引起的。

对于 PET-PTMG 共聚酯而言，其降解过程呈现了三个降解阶段，与 PET 相比，后两阶段基本类似；多出的第一阶段则应是 PTMG 引入导致的。PTMG 热稳定性不佳，在氧气作用下产生了氧降解以及热降解反应。

将不同聚醚含量的共聚酯的失重特征参数列于表 3。

表 3　不同 PTMG 含量共聚酯空气氛围下的热失重特征参数

	T_i/℃	$T_{d5\%}$/℃	T_{max1}/℃	T_{max2}/℃	T_{max3}/℃	W_f/%
PET	394.50	361.37	—	433.90	507.00	0.82
1#	371.57	290.21	294.19	428.56	503.26	0.19
2#	356.35	264.60	277.07	425.58	494.80	0.30
3#	328.07	254.71	268.23	422.52	492.71	0.14

与氮气氛围下的热失重参数相比，空气氛围下，PET 的热稳定性有较大的降低，起始分解温度降低了 23℃，最大分解速率温度降低了 10℃，表明氧气参与并促进了降解过程。

从表中可以看出，PTMG 的引入极大的降低了聚酯分子链的稳定性，随着聚醚含量的增加，T_i、$T_{d5\%}$、T_{max}逐渐降低。当聚醚含量为 40%时，起始分解温度降低了 66℃，最大分解速率温度降低了 12℃，并且在 268℃处出现了 PTMG 的失重峰。相关热失重研究表明，共聚酯对氧气非常敏感，在共聚酯制备以及加工过程中务必避免接触氧气，从而避免热氧降解带来的产品品质恶化。

2.2　降解动力学研究

2.2.1　Kissinger 方法

Kissinger 方法是目前使用最多的一种方法，它最突出的优点是对热分解机制无依赖性，在热分解机理不明确时，使用 Kissinger 法简便准确。

该数据处理方法基于一个假设，即不管样品的加热速率如何，其每个单步反应的最大值可经由相同的转化速率获得。尽管这个假定是在一定条件下成立的，但是利用这一假设获得的计算结果的误差却是可以接受的。采用 Kissinger 方法，利用方程（1）可求解聚合物的降解反应活化能（E_a）。

$$\ln\left(\frac{\beta}{T_p^2}\right)=\ln\left(\frac{AR}{E_a}\right)+\ln(n\ (1-\alpha_p)\,n-1)-\frac{E_a}{RT_P} \quad (1)$$

其中，T_p 是最大失重率时的绝对温度；α_p 是最大失重率时的转化率；A 为指前因子；n 为反应级数；R 为气体常数。

假设共聚酯的降解反应是连串反应，即第一步反应结束后，再进行第二步反应，两者不同时发生。因此，利用方程对 PET 和 PET-PTMG 共聚酯的不同反应阶段进行处理，以 $\ln(\beta/T_p^2)$ 对 $1/T_p$ 作图，拟合直线，通过直线的斜率可计算得到不同反应阶段的 E_a，结算结果列于表 4。

表 4　PET-PTMG 共聚酯空气氛围下不同反应阶段的 E_a

	拟合方程	R^2	E_a	拟合方程	R^2	E_a	拟合方程	R^2	E_a
PET	—	—	—	$y=-21524x+19.633$	0.9992	179	$y=-17787x+11.761$	0.9745	148
1#	$y=-10607x+8.25$	0.9751	88	$y=-23640x+22.93$	0.9953	196	$y=-16335x+10.131$	0.9878	135
2#	$y=-11618x+10.84$	0.9900	97	$y=-23737x+23.21$	0.9978	197	$y=-16916x+10.98$	0.9754	141
3#	$y=-7913.5x+4.1966$	0.9298	66	$y=-23640x+22.933$	0.9834	197	$y=-17037x+11.354$	0.9872	142

由此，不难发现，与 PET 相比，PET-PTMG 共聚酯多出了一个降解活化能较低的降解过程，这一过程的表观活化能仅 66～97kJ/mol，应是 PTMG 从共聚酯主链中断裂；第二阶段对应共聚酯主链以及 PTMG 无规断裂为小分子的过程，其表观活化能为 196～197kJ/mol；第三阶段是聚合物降解残留下的碳含量较高的交联化合物的进一步降解氧化成小分子。

2.2.2　Flynn-Wall-Ozawa 方法

Flynn-Wall-Ozawa 法是根据 TGA 数据探究材料多个热降解过程特别是聚合物热降解动行为的最有效的方法。Ozawa 法探讨的是在不同失重率 α 下样品的热降解动力学参数，该方法可直接求出 E_a 值而不需要预先选择样品的热降解反应的机理函数 $f(\alpha)$，与其他数据处理方法相对比，它减小了因 $f(\alpha)$ 假设的不同而可能带来的偏差，这是 Ozawa 法的一个显著特点。

采用 Flynn-Wall-Ozawa 方程(2)同样可求的聚合物的表观活化能 E_a。

$$\log\beta=\log\frac{AE_a}{g(\alpha)R}-2.315-\frac{0.4567E_a}{RT} \quad (2)$$

其中，$g(\alpha)$ 为动力学机理函数的微分表达式；α 为样品的转化率。

转化率 α：$\alpha=\frac{\Delta W}{\Delta W_\infty}=\frac{W_0-W}{W_0-W_\infty}$；

式中，ΔW_∞ 是最大失质量；ΔW 是某一温度 T 时的失质量；W_0 为初始质量；W 是某一温度 T 时的重量；W_∞ 是最终质量。

选择不同的转化率 α，利用 $\log\beta$ 与 $1/T$ 拟合直线的斜率可计算得到 E_a。不同转化率下对应的 E_a 结果如图 7 所示。

从图 5 中可以看出，PET 的表观活化能 E_a 在 100～182kJ/mol，而 1#共聚酯的表观活化能 E_a 在 98～191kJ/mol，2#共聚酯的表观活化能 E_a 在 106～217kJ/mol，3#共聚酯的表观活化能 E_a 在 76～203kJ/mol。

与 PET 相比，含有不同含量 PTMG 的共聚酯的空气氛围下的降解表观活化能呈现了明显的差异。在转化率较低的反应前期，其表观活化能呈现先下降再上升的趋势，之后达到一个平台，这一趋势与 PTMG 含量成正相关，PTMG 含量越多，低谷区域越大。在反应后期，即对应第三个反应阶段，表观活化能都呈现下降趋势，表明残碳化合物的降解氧化也更容易进行。对不同转化率下的活化能取平均得到各个阶段的活化能，见表 5。

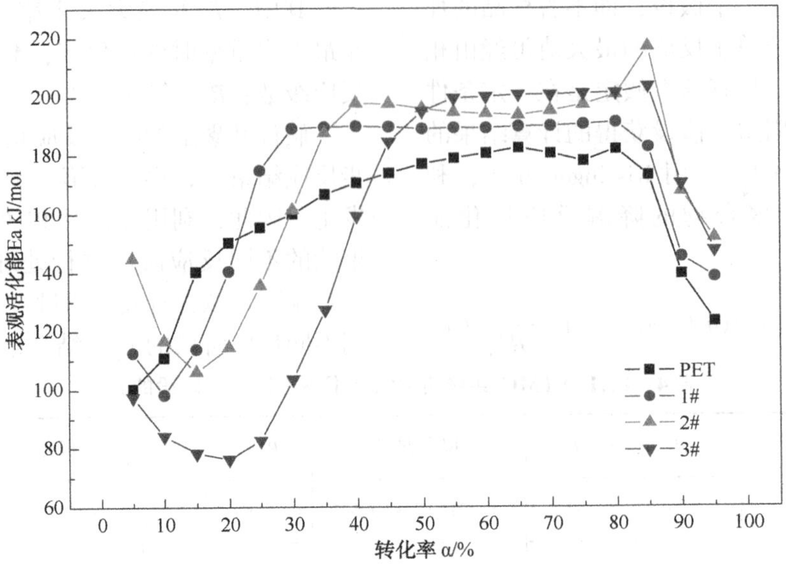

图 5　PET 及共聚酯在不同转化率下的表观活化能

表 5　PET-PTMG 共聚酯空气氛围下不同反应阶段的平均 E_a

	第一阶段	E_a	第二阶段	E_a	第三阶段	E_a
PET	—	—	α=10~80	166	α=85~95	145
1#	α=10~25	132	α=30~80	190	α=85~95	142
2#	α=10~35	137	α=40~80	196	α=85~95	159
3#	α=10~45	112	α=50~80	200	α=85~95	159

与 PET 相比，共聚酯在第二阶段和第三阶段的降解活化能略高，这可能是共聚酯合成过程中加入了稳定剂磷酸三苯酯导致的，该稳定剂随着温度升高，逐步受热分解生成结焦物，包覆在树脂的表面，使共聚酯脱水炭化，形成遮蔽性的炭化层，进而减少共聚酯内部分解气体向环境中释放，同时减少了火焰热量向聚合物内部传递，使得降解活化能比 PET 升高。

与 Kissinger 方法相比，各个阶段的活化能均在一定差异，这主要是由于各个反应阶段的划分导致的，实际反应远偏离了连串反应的假设，而人为划分不同转化率对应某个阶段，显然是不准确的。

3　结论

（1）通过不同氛围下的热失重研究表明，共聚酯热稳定性较差，同时对氧气十分敏感，在共聚酯制备以及加工过程中务必避免高温以及接触氧气，从而避免热氧降解带来的产品品质恶化。

（2）利用 kissinger 方法计算了 PET 以及 PET-PTMG 共聚酯的在空气中降解活化能。其中 PET 为两步反应，第一步反应 E_a 为 179kJ/mol，第二步反应 E_a 为 148kJ/mol，不同聚醚含量的共聚酯为三步反应，第一步反应 E_a 为 66~97kJ/mol；第二步反应 E_a 为 196~197kJ/mol，第三步反应 E_a 为 135~142kJ/mol。

（3）进一步利用 Flynn-Wall-Ozawa 方法研究对比了 PET 与共聚酯之间活化能的差异。共聚酯在反应初期表观活化能低，热稳定性差，但在反应后期表观活化能升高，与 PET 相比，还略高。

4　展望

相关研究表明 PET-PTMG 共聚酯在空气氛围下容易与氧气作用，目前 40%PTMG 含量的共聚酯，表观活化能已低至 66kJ/mol，可通过进一步增加 PTMG 含量，以及引入相关催化剂进一步降低其活化能，提升吸氧效率，从而实现室温下的持续吸氧。利用这一特性，有望开发吸氧树脂，应用于 PET 基体材料中，利用共聚酯与 PET 良好的相容性，既保证 PET 材料的透明性，又可通过主动耗氧，进一步提升包装物的保质期。

参 考 文 献

[1] 杨博，陈伟．热塑性聚酯弹性体(TPEE)的研究现状及发展趋势[J]．化学工程与装备，2022(5)：218-220.

[2] 陈志明，李晶，张建．TPEE 弹性体的合成及其结构与性能研究[J]．合成纤维工业，2023，46(2)：38-42.

[3] 司虎，戴钧明，王树霞，等．PEG-PET 共聚酯的制备及其结构表征[J]．合成纤维工业，2022，45(3)：36-40.

[4] 李伟．PET/PEG 共聚酯合成工艺及动力学研究[D]．华东理工大学．2018.

[5] 于世海，兰建武，刘彩兵，等．PBT/(PEG+IPA)多嵌段共聚醚酯弹性纤维的制备及性能[J]．四川大学学报(工程科学版)，2005，37(2)：71-75.

[6] 张勇，叶玲，冯增国，等．相同软硬段质量配比聚醚酯弹性体 PEG/PBT 的结构与表征[J]．高等学校化学学报，2002，23(10)：1982-1987.

[7] 郑譞，马宁，张群朝，等．不同 1,4-丁二醇含量聚醚酯 PBT/PTMG 的制备和性能[J]．材料研究学报，2013，27(2)：149-156.

[8] 贺高红，张元礼，吴佩华，等．聚醚酯弹性体的中试合成与表征[J]．化工新型材料，2018，46(7)：110-113.

[9] 蒋瑞，胡冬冬，刘涛，等．热塑性聚醚酯弹性体硬段含量对其超临界 CO_2 发泡行为的影响[J]．化工学报，2020，071(002)：871-878.

[10] 戴钧明，王玉合，张忠安，等．Sb/Ti 复合催化剂半光聚酯降解动力学研究[J]．合成技术及应用，2016，31(1)：1-6.

[11] 潘小虎，李乃祥，庞道双，等．仪纶共聚酯热降解动力学研究[J]．合成技术及应用，2019，34(001)：1-5.

[12] 赵彦芳，裴婷婷，卜雯玥等．再生基聚对苯二甲酸丁二醇酯-co-碳酸丁二醇酯(r-PBCT)的热降解动力学[J]．北京服装学院学报(自然科学版)，2023，43(02)：26-35.

[13] 韦丹萍，陈宗琴，黄丽珍，等．聚丙烯/氮磷共掺杂碳点/高岭土阻燃复合材料的非等温热降解动力学研究[J]．塑料科技，2023，51(02)：15-19.

安全环保型硫化剂 FSA-55 的工业应用

邓逸俊

（中国石化上海高桥石油化工有限公司）

摘　要　中国石化大连研究院开发的安全环保型硫化剂 FSA-55 顺利完成工业生产及应用。FSA-55 成功应用于 300 万 t/a 柴油加氢精制装置的湿法硫化工序，起始硫化温度 150℃，硫化过程平稳，未出现“飞温”现象。预硫化实际过程共用时 36h，实际核算注入量为 51.66t，硫化期间切水 33.5t。FSA-55 加氢分解后产生的物质主要为 C_4烷烃，分解物留存于循环油中，不会造成循环氢浓度的明显下降。预硫化后加氢催化剂效果与硫化剂 DMDS 硫化后的效果相当，产品质量合格。工业应用结果表明，硫化剂 FSA-55 具有安全环保等技术优势，在加氢催化剂湿法预硫化领域，可完全替代现有 CS_2，DMDS 和 SZ-54 等硫化剂，具有广阔的应用前景。

关键词　安全环保型；硫化剂；FSA-55；加氢催化剂；湿法硫化

1　前言

加氢工艺在现代炼油工艺中占有重要地位，是当今炼油工业中生产清洁燃料油的重要手段之一。加氢工艺中用到的催化剂大多是以 Co、Mo、W、Ni 等过渡金属氧化物作为催化剂的活性组分，并且这些过渡金属是以氧化物形态负载于催化剂的载体上。为了获取高品质催化剂，需要对加氢催化剂进行硫化处理，使催化剂中氧化物形态的活性组分转化为硫化态。由于硫化反应是放热反应，在反应过程中会放出大量的热，在实际操作中不易控制温度的变化，易引起床层飞温，使催化剂活性降低，甚至影响催化剂的使用寿命。预硫化剂要求具有良好的稳定性，在空气中不易被分解，还要具有较低的分解温度。因此，预硫化剂的研制对加氢催化工业生产具有很高的应用价值。

目前工业中应用最广泛的硫化剂包括 CS_2、二甲基二硫醚（DMDS）、二叔丁基多硫化物（SZ54）等。这些硫化剂均可在一定条件下与 H_2 反应释放出 H_2S，H_2S 和 H_2再与加氢催化剂的金属组分反应，从氧化态转化为硫化态，达到预硫化的目的。而以上这些硫化剂通常存在毒性大、气味难闻、安全性低、价格昂贵等问题。这都给加氢工业带来巨大压力，难以应对日趋激烈的市场竞争和节能环保要求。既要提升硫化剂产品的储运安全性，满足各地相关法律法规要求，又要改善直接接触硫化剂操作人员的工作环境，保障人员安全。因此，开发出一种既性能优异，又安全环保的硫化剂迫在眉睫。

中国石化大连研究院开发了一种安全环保型加氢催化预硫化剂 FSA-55，对其进行了物性分析以及与现有硫化剂二甲基二硫醚（DMDS）的小试应用对比。结果表明 FSA-55 具有分解温度低（150℃）、闪点高（大于 100℃）、硫质量分数适中（52%~56%）、气味小等特点，具有良好的使用性能和安全环保性能。经过 1 年多的装置设计和建设，FSA-55 于 2018 年 7 月顺利完成工业生产及工业应用。产品指标全部合格，应用于加氢催化剂预硫化效果较好。

2　硫化剂 FSA-55 性能分析

硫化剂 FSA-55 性质及与其他硫化剂性质对比见表 1、表 2。

表 1　硫化剂 FSA-55 性质

项目	数值
硫含量/%	52~56
碳含量/%	34~38
氢含量/%	5~8
氯含量/（μg·g^{-1}）	≤1.0
密度（20℃）/（g·cm^{-3}）	1.14~1.16
闪点（开口）/℃	110~125
倾点/℃	<-35
凝点/℃	<-45
动力粘度（20℃）/（mPa·s）	8~18
铜片腐蚀	≤1 级
灰分/%	≤0.005
分解温度/℃	150

表 2　硫化剂性质对比

项目	FSA-55	SZ54	DMDS
密度/(g·cm^{-3})	1.105	1.090	1.063
闪点(开口)/℃	120	100	24
硫含量/%	53	54	68
分解温度/℃	150	160	200
黏度(20℃)/(mPa·s)	10	13	0.62

由表 1、表 2 可知，相比于其他传统 DMDS 等硫化剂，FSA-55 的安全性能(闪点)及使用性能(硫含量、分解温度)均有较大提升，各物性基本接近于国外的 SZ54。

3　FSA-55 工业应用

3.1　装置简介

FSA-55 应用于某石化公司 300 万 t/a 柴油加氢精制装置的湿法硫化工序，本装置采用单段式串联加氢反应工艺，两台反应器共装填 160t 钼镍型加氢催化剂和 87t 钴钼型加氢催化剂，以往均使用 DMDS 进行预硫化操作。2021 年 12 月使用安全环保型 FSA-55 硫化剂进行预硫化。

3.2　预硫化方案

预硫化前的准备工作按以往 DMDS 硫化的方案进行。反应器床层最高温度保持低于 150℃，泄压至 0.2MPa，引氢气置换至氢纯度大于 85%，再升压至操作压力，建立氢气循环。将 FSA-55 装入硫化罐内备用，硫化过程中每 2h 测一次循环氢中的 H_2S 浓度。预硫化温度控制要求见表 3。

由于 FSA-55 具有较低的分解温度，所以起始硫化温度设定在 150℃，可以有效避免硫化过程集中放热引起的问题。

表 3　催化剂硫化阶段温度要求

反应器入口温度/℃	升温速度/℃/h	升、恒温参考时间/h	循环氢 H_2S 控制/%(v)
150	—	1	无
150~230	15	6	0~0.3
230	—	8	0.3~0.8
230~320	~15	6	~1.0
320	—	6	~1.0
320	—	2	>1.0

3.3　FSA-55 硫化参数

FSA-55 硫化过程控制的工艺条件见表 4。本次开工前预备了硫化剂约需 65.6t。实际过程共用时 36h，实际核算注入量为 51.66t，硫化期间切水 33.5t。从反应器各温度测点看，整个硫化过程较平稳，未出现“飞温”现象，温度始终控制在硫化温度范围内。在在实际应用中还发现 FSA-55 的另一个优势，其在加氢分解后产生的物质主要为 C_4 液相烷烃，分解物留存于循环油中，不会造成明显的循环氢浓度下降。

表 4　FSA-55 预硫化阶段工艺条件

时间 单位	注硫量/ (kg/h)	循环氢硫含量/ (mg/m^3)	入口压力 MPa	一反入口温度 ℃	一反出口温度 ℃	二反入口温度 ℃	二反出口温度 ℃
2021/12/3 6：00	1516	0	6.82	152	152	148	148
2021/12/3 8：00	1820	0	6.97	175	177	173	170
2021/12/3 10：00	107	0	7.18	190	194	190	189
2021/12/3 12：00	2159	0	7.08	192	191	187	187
2021/12/3 14：00	2343	0	7.23	219	218	213	212
2021/12/3 16：00	2311	10	7.10	223	228	224	228
2021/12/3 18：00	2652	500	7.42	224	227	223	225
2021/12/3 20：00	2652	700	7.32	223	228	224	226
2021/12/3 22：00	2652	4500	7.29	221	225	222	224
2021/12/4 0：00	500	14200	7.43	223	225	221	222
2021/12/4 2：00	148	12780	7.24	223	224	220	222
2021/12/4 4：00	147	8520	7.38	222	223	219	220
2021/12/4 6：00	382	8520	7.22	225	225	221	221
2021/12/4 8：00	1934	8500	7.16	251	244	239	236
2021/12/4 10：00	2413	17750	7.06	281	279	275	273

续表

时间 单位	注硫量/ (kg/h)	循环氢硫含量/ (mg/m³)	入口压力 MPa	一反入口温度 ℃	一反出口温度 ℃	二反入口温度 ℃	二反出口温度 ℃
2021/12/4 12：00	2412	12000	7.00	312	318	313	312
2021/12/4 14：00	2410	3000	7.05	319	330	327	330
2021/12/4 16：00	2652	600	7.45	317	324	321	323
2021/12/4 18：00	2652	26000	7.47	316	321	317	319
注硫结束							

3.4 DMDS硫化参数(2018年曾用)

2018年5月，DMDS应用于本装置加氢催化剂预硫化的工序，硫化过程控制的工艺条件见表5。

表5 DMDS预硫化阶段工艺条件

时间 单位	注硫量/ (kg/h)	循环氢硫含量 (mg/m³)	入口压力/ MPa	一反入口温度 ℃	一反出口温度/ ℃	二反入口温度/ ℃	二反出口温度/ ℃
2018/5/150：00	407	0	6.52	132	132	128	128
2018/5/152：00	538	0	6.65	131	131	128	128
2018/5/154：00	563	0	6.85	166	168	164	165
2018/5/156：00	475	0	6.74	172	174	170	169
2018/5/158：00	597	0	6.95	196	198	194	195
2018/5/1510：00	553	0	6.82	228	230	227	228
2018/5/1512：00	567	10	7.15	230	235	230	229
2018/5/1514：00	452	5000	7.12	232	235	232	233
2018/5/1516：00	505	13000	7.00	234	236	233	234
2018/5/1518：00	587	15600	7.43	236	237	234	235
2018/5/1520：00	566	14000	7.04	258	260	255	256
2018/5/1522：00	605	9900	7.10	290	292	287	288
2018/5/160：00	895	6500	6.96	317	319	315	316
2018/5/162：00	920	3500	6.87	320	322	317	318
2018/5/164：00	1005	4970	6.75	322	324	320	321
2018/5/166：00	1029	7800	6.73	323	325	322	323
2018/5/168：00	1084	7200	6.77	325	327	324	324
2018/5/1610：00	1205	8400	7.08	323	324	320	321
2018/5/1612：00	1174	2200	7.10	322	323	321	321
2018/5/1614：00	1105	21500	7.12	320	322	319	320
2018/5/1616：00	1124	13000	7.14	319	321	317	318
2018/5/1618：00	978	8500	7.08	321	322	319	320
2018/5/1620：00	954	2000	7.10	322	324	320	321
注硫结束							

实际过程共用时44h，共加入DMDS28t，硫化期间切水2t。

3.5 评价反应工艺条件及评价结果

催化剂硫化后装置引入原料，开始正常生产。运行正常后采样分析，产品精制柴油的硫含量、铜片腐蚀等指标合格，完全符合车用柴油国Ⅵ标准。目前，已稳定运行半年，两台加氢反应器操作条件平稳，产品质量合格。原料性质见表6，产品精制柴油性质见表7。从表6、表7可以看出，使用两种不同硫化剂生产得到油品的分布和性质无差异，说明新型硫化剂FSA-55的硫化性能与DMDS相当。新型硫化剂FSA-55具有良好的硫化性能，同时安全环保性能大大提升，可完全替代现有硫化剂DMDS。

表6 原料性质

采样日期	2021/12/15	2021/12/22	2021/12/29	2022/1/5
硫含量/%(m)	0.814	0.885	0.823	0.702
密度(20℃)/(kg/m³)	827.4	825.2	829.3	831.4

续表

采样日期	2021/12/15	2021/12/22	2021/12/29	2022/1/5
IBP/℃	72	62	80	64
10%/℃	149	146	165	144
50%/℃	252.5	253	263	264
90%/℃	325.5	325	329	329
95%/℃	343	341	348	348
FBP/℃	360	359	361	361
全馏量/%(v)	98	98	98	98

表 7　产品精制柴油性质

采样日期	2021/12/15	2021/12/22	2021/12/29	2022/1/5
硫含量/(mg/kg)	<3.2	<3.2	<3.2	4.3
IBP/℃	180.8	178.6	178.5	181
10%/℃	204.4	210.4	213	220.5
50%/℃	252.8	259.2	265.5	269.5
90%/℃	318.4	321.8	326.5	329
FBP/℃	340.2	342.8	347	348.5
凝点/℃	<-15	<-15	<-15	-15
闪点(闭口)/℃	75	74	74	74
铜片腐蚀(50℃，3h)/级	1	1	1	1
密度(20℃)/(kg/m^3)	829.2	823.9	829.6	830
十六烷指数	52	52	52	52

4　结论

应用结果表明硫化剂 FSA-55 具有以下优点：

(1) FSA-55 成功应用于 300 万 t/a 柴油加氢精制装置的湿法硫化工序，起始硫化温度 150℃，硫化过程平稳，未出现“飞温”现象。预硫化实际过程共用时 36h，实际核算注入量为 51.66t，硫化期间切水 33.5t。硫化方案及控制方法与 DMDS 相同。

(2) 硫化剂 FSA-55 中硫质量分数为 53%，闪点为 120℃，分解温度为 150℃，具有良好的安全使用性能。气味很小，工作现场无味道，改善了工作环境，体现了环保宜用特色。

(3) 硫化剂 FSA-55 具有优异的 H_2S 释放能力，基本接近于 SZ54 指标水平。分解产物为液相烷烃组分，减少了尾气的排放，因此节省了氢气的用量，降低了硫化过程的消耗。加氢催化剂预硫化效果与 DMDS 硫化后相同。

(4) 硫化剂 FSA-55 硫化过程缓和平稳，催化剂床层的温升小，较传统硫化剂 DMDS 低；操作运行更平稳可靠。

(5) 与硫化剂 DMDS 的应用对比评价结果表明，新型硫化剂 FSA-55 硫化性能出色，可完全替代现有硫化剂 DMDS。硫化剂 FSA-55 满足安全、环保、绿色的市场要求，具有良好的应用前景。

参　考　文　献

[1] 刘蕾，宋彩彩，黄汇江，等．加氢催化剂硫化研究进展[J]．现代化工，2016，36(3)：42.

[2] 高玉兰，方向晨．加氢处理催化剂器外预硫化技术研究与展望[J]．化工进展，2010，29(3)：465.

[3] 张喜文，凌凤香，孙万付，等．加氢催化剂器外预硫化技术现状[J]．化工进展，2006，25(4)：397.

[4] 徐海升，许世宁，周安宁．多硫醚混合硫化剂的组成分析及热分解行为[J]．石油学报(石油加工)，2015，31(3)：741.

[5] 徐海升，许世业，邵剑波．二乙基多硫醚混合硫化剂的合成及反应机理研究[J]．石油与天然气化工，2015，44(1)：9.

[6] 汲永钢，黄群，国胜娟．2-丁烯合成有机硫化剂的研究[J]．石油与天然气化工，2007，29(6)：417.

[7] 杨超，关明华，尹泽群．新型高效硫化剂 FSA-55 性能分析[J]．炼油技术与工程，2016，46(7)：40.

加氢裂化装置高压空冷抢修安全风险对策浅析

郭诗锋

（中国石化上海高桥石油化工有限公司）

摘　要　重质化、劣质化是世界原油质量变化的主要趋势，含硫原油和高硫原油的产量已占原油总产量的75%以上。近年来，原油劣质化、重质化对炼油行业影响极大，而炼油行业又面临着环保日益严格、清洁燃料标准不断提高。为最大限度降低原油采购成本，降本增效，持续攻坚创效，石油石化公司不断加强劣质原油加工技术进步，深入开展原油劣质化攻关，努力提升加工原油的劣质化程度，改善装置设备及管线，以适应原油品质的变化。但劣质原油会对装置的设备、管线腐蚀等产生较大影响，引起设备泄漏，例如加氢裂化高压空冷器易出现腐蚀泄漏，对装置平稳运行是个极大考验。

关键词　加氢裂化；高压空冷器；泄漏；风险分析；安全对策

1　装置概况

随着世界原油品质的变化及我国进口石油更多的趋向于高硫、劣质，作为二次加工装置的加氢裂化装置成为加工高硫原料的最重要的手段之一。高桥石化公司加氢裂化装置设计规模为1400kt/a，于2004年10月建成投产，采用抚顺石油化工科学研究院（FRIPP）开发的双剂串联一次通过的加氢裂化工艺，并使用级配技术。反应部分采用国内成熟的炉前混氢方案，热高分流程。装置原料为来自某蒸馏装置的高硫减压二线、三线、四线和五线蜡油，原设计原料硫含量为1.5%左右。所需氢气来自全厂纯度99.9%的制氢氢管网及纯度为93%的重整氢管网，制氢氢与重整氢比例大概为1：1，尽量多吃制氢氢。主要生产符合国Ⅴ以上排放标准的航煤、柴油等清洁油品和轻石脑油、重石脑油及尾油等产品。

2007年9月加氢裂化进行加工含硫2.0%进口原油适应性改造工程，增加循环氢脱硫塔C3101等脱硫设施和部分管道改材质，改造后于2008年12月建成中交。原料硫含量设计值提高到了2.0%。

2018年5月改造，增加一台循环氢脱硫富胺液除油脱气罐D3120和部分管道材质升级，D3120具有抗H_2S应力腐蚀。解决循环氢脱硫系统整体运行不佳的状况，以适应新的高硫原料油工况。2021年5月由于油种变化，进料硫含量达到历史峰值2.47%。

2　空冷器泄漏情况及原因分析

2.1　高压空冷器泄漏情况

2021年8月3日下午13：48，加氢裂化装置一外操在巡检过程中发现高压空冷A3101西侧第三片管箱处出现漏点，油气以喷射状泄漏。装置启动应急预案，进入紧急停工程序，系统降温、降压、降量，分馏系统各产品改至不合格线外甩，循环氢脱硫塔第一时间停运。反应炉F3101熄炉。开启14Bar/min紧急泄压阀进行系统泄压。关闭反应进料泵，装置切断进料。装置紧急泄压并切断进料后进入停工抢修阶段。至8月6日9：18装置开泵进料，历时67h，顺利圆满完成抢修任务。

2.2　高压空冷器服役情况

装置的热高压分离器反应产物高压空冷器（A3101）共8片，型号为GP9×3-6-193-16.7S-23.4/DR-IIt，为鼓风式水平管束，丝堵式管箱，接管密封面为梯形槽面，采用型号为G-TF36HK6-Vs37的风机，皮带传动。管箱材质Q345R（HIC）、换热基管材质10号钢。设计压力16.7MPa，操作压力15.4MPa；设计温度160℃，操作温度140℃，工艺介质包括反应产物油气、循环氢和水等，油气中包含体积分数为2.1%（V）的H_2S、0.2%（V）的NH_3和82.7%（V）的H_2。流程作用是冷却热高压分离器顶部气相，回收烃类，减少循环氢的带烃量。

装置高压部分设置二个注水点用于洗涤铵盐，高压空冷器入口前为连续注水点，热高分气与混氢高压换热器 E3103 前为间断注水点，1次/周。注水设计条件为：温度 40℃，压力 16MPa，流量 18t/h。

空冷器 2014 年 10 月投用。至 2021 年 8 月，累计运行时间约 2428 天，未做清洗。

2.3 空冷器泄漏原因初步分析

加氢裂化装置是炼油厂将重质油转化为轻质油的一种重要的二次加工手段，可以获得高质量的轻质油，即加氢裂化过程通过加氢反应、裂化反应和异构化等反应完成了重质油转化为轻质燃料油或润滑油料的过程。

加氢裂化因其高温、高压、临氢的特点，整个生产过程具有易燃、易爆和有毒的特性。其过程包括加氢精制反应和加氢裂化反应两大类，即：以油品精制和改善质量为主要目的的加氢精制反应以及以重质原料轻质化为主要目的的加氢裂化反应。加氢精制反应除去 S、N 和 Cl 等杂质以改善油品质量，伴随过程会产生大量的 H_2S、HCl、NH_3以及 HCN 等物质，随着温度的降低生成 NH_4Cl 和 NH_4HS 等各种腐蚀介质。NH_4Cl 的结晶温度为 210℃，在此温度以下形成氯化铵盐结晶，有水条件下形成点腐蚀和侵蚀；NH_4HS 的结晶温度约为 121℃，在此温度以下形成硫氢化铵盐结晶，因而此流出物在高压空冷器内被冷却过程中，易在管束及管束交界处形成固态的铵盐的沉积、结垢。在沉积的管壁处形成高浓度的 NH_4HS 水溶液，从而形成介质高流速冲蚀和低流速垢下腐蚀。铵盐对设备的腐蚀危害非常大。腐蚀问题主要的影响因素包括工艺条件、空冷器材质、制造安装水平、生产操作水平、硫化氢氨浓度以及缓蚀剂使用等因素。

本装置空冷器 A3101 由八片空冷片组成，其西面第三片管箱焊缝处有油气泄漏，高压系统无切断手阀，无法在线消缺，故装置切断进料，停工消缺。装置日常生产运行中原料硫含量偏高且经常性超标，循环氢硫化氢含量超指标，经设备分析和运行数据判断应是管束内硫氢化铵腐蚀造成高压空冷泄漏。高压空冷运行历史未出现泄漏事故。

装置 2015 年 6 月 1 日以来的原料分析数据中可以看出，硫含量分析 2159 次，超过装置 2.0%指标的有 1050 个，最高为 2021 年 5 月 19 日的 2.47%；原料其他指标如氮含量分析 1405 次，超标 4 次，最高为 2017 年 6 月 15 日 1854.3mg/kg。

装置第四周期进料原料硫含量最高 2.47%，最低 1.51%，平均含量为 2.02%，大于装置设防 2.0%的指标，2021 年 5 月加工原料硫含量达到历史高值 2.47%。2015 年 6 月至 2021 年 8 月间装置进料硫含量如图 1 所示。

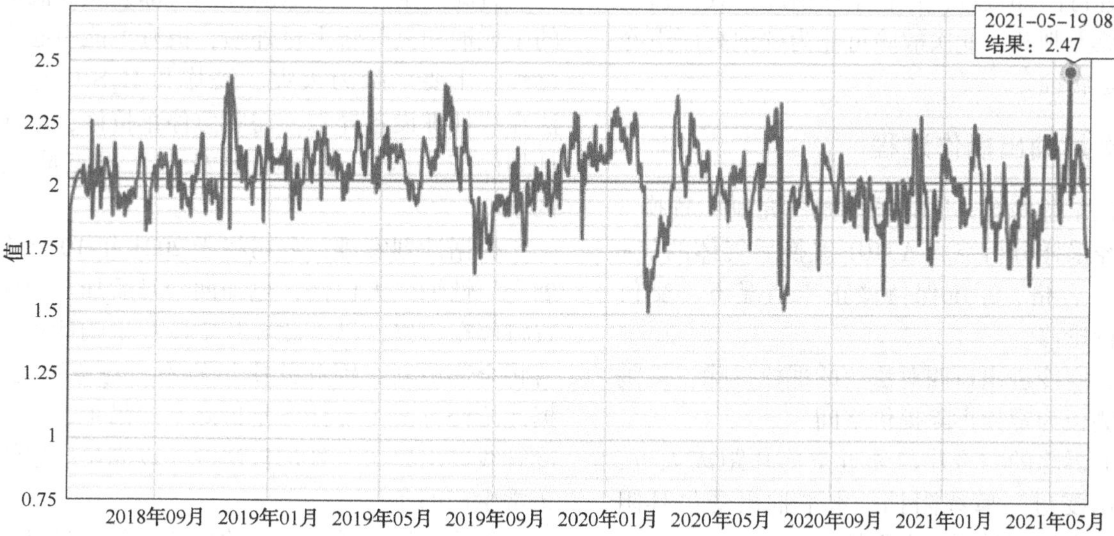

图 1　2015.6~2021.8 装置进料硫含量

装置于 2007 年改造时新增了循环氢脱硫塔 C3101，但该塔运行时差压很高，常发生雾沫夹带现象带液到循环机进口分液罐 D3107，易造成循环机联锁停机，故 C3101 跨线阀常开，导致循环氢脱硫后硫化氢含量较高，进而使系统累积的硫化氢浓度高。

目前 C3101 塔压长期大于 11kPa，使得跨线阀长期处于 100%全开状态，循环氢中硫化氢平均浓度 4000~6000mg/m³，无法达到原设计小于 1000mg/m³的指标要求。2018 年 9 月至 2021 年 8 月间循环氢中硫化氢浓度如图 2 所示。

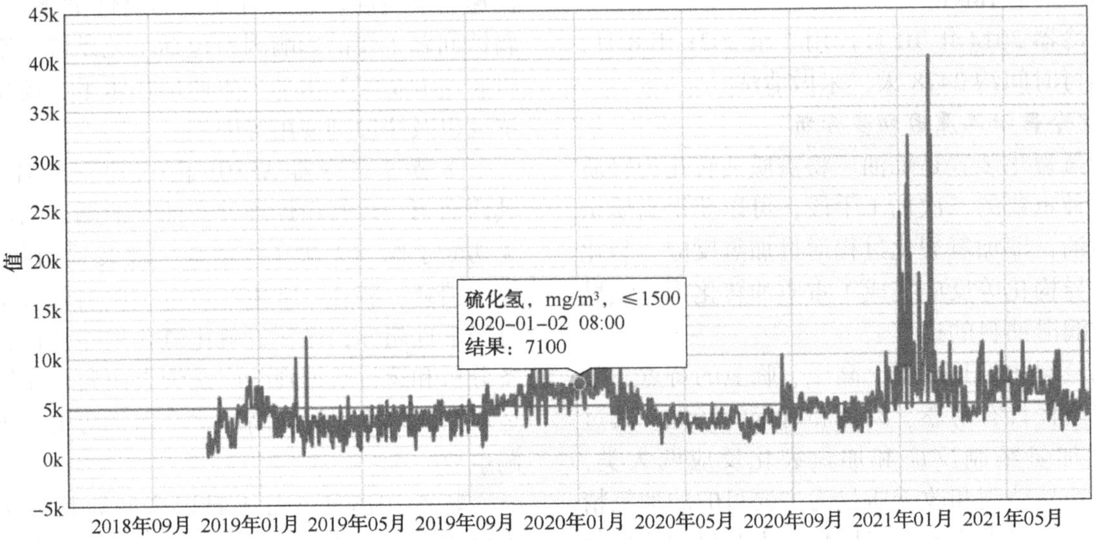

图 2　2018.9~2021.8 循环氢中硫化氢浓度

热高压分离器顶出口油气含有 NH_4HS，此流出物在高压空冷器内被冷却过程中，常在空冷管子、管束和下游管道中发生固体 NH_4HS 盐的沉积、结垢。由于 NH_4HS 能溶于水，一般在空冷器的上游注水予以冲洗，这就形成了值得注意的 $H_2S-NH_3-H_2O$ 型腐蚀。此腐蚀发生的温度范围在 38~204℃，正好是此类空冷器的通常使用温度区间，存在硫氢化铵腐蚀的可能性。对空冷泄漏处进行内部查看，存在结盐情况，其为白色氨盐。综上判断，此次故障可能为碳钢高压空冷硫氢化氨腐蚀。

3　空冷片抽出操作过程

装置紧急停车，反应系统氮气充泄压置换 3 次后，经采样分析空冷 A3101 置换后气体的氢+烃和 H_2S 合格，系统保持微正压情况下，交付设备进行抢修。

(1) 空冷进出口四对法兰的螺栓拆除，需割开空冷侧板为螺栓拆除提供空间。

(2) 拆除的空冷片与邻近空冷片距离太近，竖向抽出受进口管线阻挡，水平抽出受吊耳阻碍，需动火切割吊耳，水平抽出。

(3) 吊车抽出空冷片，吊至地面，空冷运出装置。在外场地进行切割对内部泄漏部位检查，确定泄漏原因。

(4) 空冷进出口法兰口封堵，安装盲法兰。

8 月 5 日 05：00，完成施工，交付工艺进行开工。

4　空冷抽出安全风险问题分析对策

高压空冷器系统属于特种设备，是加氢裂化装置中的重要设备之一，其操作条件为高压、高温、临氢，系统内产生并存在 H_2S、NH_3，承受油气、氢气、硫化氢多相流的冲蚀，易造成腐蚀减薄和穿孔泄漏，从而引发较大安全生产事故。

若高压空冷发生泄漏，其内部介质高温高压的生成油和氢气将大量外喷，极有可能引起火灾爆炸，主要危险为火灾、爆炸和 H_2S 中毒，无法在线处理设备异常，需紧急停车抢修，造成非计划停工，因此该区域是安全上重点防范的区域。

根据计划安排，公司将于 2021 年 10 月份开展全厂性炼油大检修，也即两个月后加氢裂化装置将停车检修，已有此 8 片空冷片采购计划，届时将全部更新，因此此次抢修不考虑空冷更换。据此抢修方案主要任务是拆除空冷吊走，并在空冷管线进出口法兰处加盲法兰，以满足装置恢复正常生产的条件。

管线内原介质含有高浓度硫化氢，虽已多次置换至合格，但仍有微量残余，不排除空冷法兰打开后带出死角高浓度 H_2S 介质。本着以人为本，坚持人民至上、生命至上的原则，为确保人员安全以及这种特殊作业整体过程安全受控，公司组织生产、技术、设备等多个专业部门及作业部人员对施工步骤逐一进行风险分析研判并制定佩戴长管式空呼器、施工器具防爆、蒸汽保护、消防车驻防等多项管控措施。公司总经理指示生命安全是第一位，从源头上防范化解安全风险。要求编制完善施工方案，落实现场安全措施，制定紧急撤离路线，确保现场管理人员和施工人员的安全，确保抢修按节点推进。作业部 HSE 管理科人员带领施工组负责人和施工人员在施工点划定撤离路线，并带领人员试走一遍。凡事预则立。即使紧急撤离没有用到，安全措施怎么做都不为过。

4.1　施工前的防护准备工作

从停工至具备施工条件，开始施工阶段，要做好现场防护、保护及施工准备工作。随着装置紧急停工和空冷及其管线系统吹扫、置换的推进，泄漏点泄漏物逐渐减少、直至停止。停工及施工全过程，公司应急中心消防、气防现场驻防，气防准备正压式长管式空呼器。泄漏点处用蒸汽保护，避免产生静电并稀释泄漏油气和有毒气体。施工人员准备铜质扳手等拆螺栓防爆施工器具。放置消防蒸汽皮带时，人员佩戴便携式空呼器。监护人员也在较远处上风向监查泄漏发展情况，以随时采取应急应对措施。地面设置警戒区域，其他人员远离泄漏点。

4.2　空冷侧板部分割除工作

空冷 A3101 进出口管线的四对法兰与空冷侧板距离很近，正对空冷侧螺栓距离不足以放置扳手。因此螺栓拆除前，需割开空冷侧板为螺栓拆除提供空间。

风险分析：动火处环境可燃气、有毒气体不达标，存在火灾、中毒等风险。

安全措施：空冷内部氮气置换可燃气、有毒气体至合格，动火处蒸汽保护。环境气体中可燃气检测合格，按制度规定审批签发动火作业许可证。动火整个过程做好防火布遮挡，防止高处火花飞溅。

4.3　空冷法兰螺栓拆除工作

空冷法兰螺栓螺帽年久锈蚀难以拆除，现场动火切割。

风险分析：法兰松动后，内部可燃气、有毒气体外漏，电动扳手需临时用电，存在火灾、中毒、触电等风险。

安全措施：螺栓拆除时，割除一根螺栓，更换一根新螺栓螺帽，确保法兰压紧力，防止有毒气体逸出。全部更换为新螺栓后，系统泄压至最低，尽量减少系统内残余可燃气、有毒气体外泄。施工人员佩戴长管空呼再拆除全部螺栓，抽出垫片，以缩短佩戴长管空呼拆除螺栓时间。监管、监护人员站立上风向，且保持一定距离。临时用电电箱符合“一机一闸一保护”规定，电源线检查合格，在设备及平台栏杆上有绝缘钩或绝缘布保护。

4.4　空冷吊耳割除工作

拆除的空冷片竖向抽出受进口管线阻挡。其与左右邻近在用空冷片距离太近，只比吊耳厚度多几个厘米，吊耳交错。水平抽出受吊耳阻碍，需动火切割吊耳，进而水平抽出空冷。吊耳割除后需在原吊耳旁切割孔洞权作新的吊耳。

风险分析和安全措施同 4.2。

4.5　空冷片抽出吊装工作

吊绳绑好，螺栓拆除后，吊车起重，先水平移动空冷，待移出进口管线阻挡位置后再向上移动，转体，下降至地面。

风险分析：空冷内部死角存油可能在吊装过程中流淌地面，存在火灾、中毒、高处坠物、起重伤害、机械伤害、车辆伤害等风险。空冷吊出后，原位置留下孔洞，存在人员坠落、高处坠物等风险。

安全措施：地上拉好警戒区域，准备好冲洗水和消防蒸汽。人员站立上风向，远离警戒线。运输空冷拖车熄火按指定地点停放，非工作人员远离。起重作业的操作人员、司索人员、指挥人员等持证合格。审批签发起重作业许可证。

4.6　空冷进出口安装盲法兰工作

空冷吊出后，因不安装新空冷，原有管线口需要加装盲法兰。跳过原有流程，开工生产。

风险分析：法兰面敞口后，系统内残余油气、有毒气体外泄，存在火灾、中毒、触电等风险。

安全措施：施工人员佩戴长管空气呼，逐片清理法兰密封面，加装盲法兰。铜质扳手预紧螺栓后，用力矩扳手按所需力矩上紧螺栓。装置施工监护人员和管理人员站立上风向，与施工面保持足够距离，佩戴便携式可燃气、有毒气体报警仪，有报警及时撤离。电动力矩扳手注意用电安全。

装置热高压分离器的出口流程就是到空冷的入口，是装置系统压力监控点，压力高达

14.6MPa。为保证承压，此盲法兰直径 DN150，每个质量 75kg，无现货，需要特制，制造厂家连夜开机床 24h 加班打造。从开始拆除新螺栓，到吊装，到预紧盲法兰螺栓，整个过程，施工人员需一直佩戴长管空气呼吸器，以防止毒气伤人。

4.7 空冷侧板割除部分恢复工作

空冷吊出后，侧板位置需恢复。原空冷片下面风扇叶需保护。

风险分析：空冷被割除的部分侧板临近巡检平台，临边，电焊涉及临时用电，存在人员坠落、高处坠物、触电等风险。

安全措施：为防止人员意外坠落，侧板动火恢复原样。吊出空冷片的位置风机扇叶敞口无保护，用原空冷百叶窗覆盖，以防止人员跌落和重物坠落扇叶损坏。临时用电防范触电风险。

5 结束语

加氢裂化装置高压空冷系统的腐蚀泄漏是多种因素综合的结果。需要从设备、配件技术改进——空冷周期更新、更换塔盘提高循环氢脱硫塔负荷率；运行条件、工艺技术改变——监控原料硫含量、提高制氢氢比例；管理操作改进——监测避免高压空冷注水偏流、确保缓蚀剂、脱硫剂量足高效等多方面监测和调整。正常生产时，实时、动态地监控生产运行过程中的各类工艺参数及设备参数，通过一系列针对性措施的实施可以有效地避免高压空冷器的再次泄漏。

本装置空冷器拆除过程中的用火、起重、临时用电、高处等高危特殊作业的直接施工作业环节逐条风险研判，研判每个特殊作业的风险及其大小，采取并落实针对性的安全措施，确保了整个过程安全、有序，受控。边生产边施工的“双边”高危作业的风险及安全措施还需要根据装置现场实际情况进行针对的分析并采取可落实、可操作的有效措施，才能真正保证抢修过程的安全。本次空冷器拆除不涉及更新复位施工过程，降低了风险，缩短了抢修时间。

浅述芳烃抽提装置腐蚀原因与防护措施

王　涛　刘筱涵　马胜泽

（中国石油吉林石化分公司）

摘　要　吉林石化炼油厂芳烃抽提装置在联合芳烃装置中起到承上启下的作用，采用美国环球油品公司的技术，负责接收并处理富含芳烃的裂解汽油及来自上游重整工段的已经芳构化的轻重整油，以环丁砜为溶剂，通过液–液抽提技术将其分离成芳烃和非芳烃。芳烃送往下游二甲苯工段的歧化装置进行分馏处理，非芳烃则分别作为乙烯裂解原料和重整补充原料。由于环丁砜对芳烃的选择性好、溶解能力强，稳定性佳，是抽提工艺中较为理想的溶剂，但在实际生产中环丁砜极易劣化，导致系统酸性增强，发生腐蚀情况，严重影响装置的长周期平稳运行。本文指出，芳烃抽提装置运行中的腐蚀问题主要源于环丁砜劣化，其中包括热分解、水解、氧化分解和氯离子等因素。针对芳烃抽提装置存在的腐蚀问题，本文提出了一系列有效的防护措施。从工艺控制角度出发，需要保持稳定的操作温度和压力，避免不必要的热分解和水解现象的发生。本文还提出了强化装置密闭性的重要性，装置结构合理，密封性强，可以有效地防止环境气体进入系统引起腐蚀。此外，加强溶剂质量管理也是防止环丁砜溶剂变质的有效措施，通过加强质检环节，及时关注溶剂pH值变化情况，以保持其良好的运行状态。这些措施不仅可以有效地提高装置的生产效率和稳定性，也可以减少腐蚀问题的发生，延长装置的使用寿命。希望本文能够为类似领域的研究和实践提供一定的参考意义。

关键词　芳烃抽提；环丁砜；劣化；腐蚀

中国石油天然气集团有限公司吉林石化分公司（以下简称吉林石化）芳烃联合装置抽提装置主要分为重整、加氢两个抽提系列，共用一个回收系统。其中重整系列处理能力为23万t/a；加氢系列处理能力改造后为16.1万t/a。

抽提装置的腐蚀原因主要是环丁砜劣化导致系统酸性增强，可能会带来换热器和塔内件的腐蚀，影响产品质量和芳烃收率，影响装置的稳定性，严重时导致物料泄漏，以至停工检修。因此，如何减少抽提装置的腐蚀问题，保证其长周期运转具有重要意义。

1　环丁砜劣化原因分析

环丁砜是一种优良的非质子性的强极性溶剂，对芳烃的选择性好、溶解能力强，稳定性佳，是抽提工艺中较为理想的溶剂。但在实际运行中环丁砜劣化腐蚀问题却无法忽视，导致环丁砜劣化的原因如下。

1.1　热分解

环丁砜的沸点和稳定性都相对较高，但高温下易于分解，在220℃以下时，分解速度比较慢，但超过220℃时，随着温度的升高，其分解速度急剧上升，促使环丁砜分解生成黑色的聚合物和SO_2，SO_2再与系统中的水生成酸性物质，导致系统pH值下降，产生酸性腐蚀。此外高温还导致聚合物的生成，使溶剂变质。

在实际生产中，回收塔采用真空水蒸气蒸馏，一是降低蒸馏沸点，二是降低溶剂分压，并促进热交换，避免塔操作温度过高而使溶剂热分解。所以吉林石化抽提装置回收塔再沸器温度控制在170℃左右，再生塔塔顶温度不超过185℃。

1.2　氧化分解

环丁砜是无色液体，但正常生产时溶剂呈淡黄色，这是由于环丁砜与空气接触造成氧化分解。吉林石化抽提装置9月两系列溶剂样品如图1所示。

环丁砜氧化分解机理主要是在工艺条件下环丁砜被氧化，开环而形成磺酸R—SO_3H，同时，伴随着环丁砜的开环，生成腐蚀性极强的酸根离子，如SO_4^{2-}、SO_3^{2-}等。而且当有空气存在时，SO_2释放量要增加，SO_2与水分子、游离氧反应生成硫酸，pH值会明显下降，也易造成设备和管道的腐蚀。

1.3　水解

环丁砜是无色液体，且纯环丁砜凝固点较

图 1　抽提装置 9 月两系列溶剂样品

高，装置运转条件下易冻凝，对生产操作极为不利，所以环丁砜中常加入少量的水，使其含有 0.5%～3%的水，如表 1 所示，以降低环丁砜凝固点。

表 1　含有不同水质量分数的环丁砜凝固点

水质量分数/%	凝固点/℃
0	28
0.5	26
1.0	23
1.5	19
2.0	13
2.5	9

同时抽提装置运转进行烃循环、溶剂循环和水循环，所以环丁砜溶剂在此条件下也会发生少量水解，开环生成磺酸根离子。随着溶剂中水含量的增加，系统 pH 值降低，设备腐蚀趋势增加，还会与单乙醇胺反应生成盐导致设备管道堵塞。当环丁砜中水质量分数超过 3%时，环丁砜的劣化速度会迅速增大。

1.4　氯离子存在

氯离子本身在系统中积累，会在有水的条件下反应生成盐酸，对设备造成腐蚀氯离子极易与环丁砜发生化学反应，加剧了环丁砜开环水解，使其变成酸性介质，使系统中的 pH 值迅速下降，并在高温下与烯烃生成聚合物堵塞管道设备。

本装置氯离子主要来源于重整装置的轻重整油，为控制原料氯含量，计划在 2023 年大检修期间重整装置增上生成油脱氯罐，减缓抽提装置的腐蚀情况。目前轻重整油氯离子监测频率为每月一次，含量在 0.2mg/kg。此外若循环水冷却器泄漏，则循环水中可能会夹带氯离子，系统补水也可能含有氯离子。

1.5　其他原因

原料中含有的不饱和烃类和环丁砜分解产生的丁二烯等不饱和烃类会发生聚合反应，随着聚合物增多，又会以固体形态析出，最后造成管道堵塞、设备腐蚀的状况，可根据情况增加重整生成油脱烯烃设施，减少抽提进料中的烯烃含量。此外溶剂再生操作不平稳也会导致溶剂劣化加剧。

2　防护措施

2.1　严格控制温度，防止溶剂受热分解

本装置各再沸器所使用的蒸汽为饱和的中压蒸汽，压力 2.0MPa，温度 214℃，芳烃联合装置的中压蒸汽除二甲苯装置 EA-602/603 发生外还经常由高压管网并入，其高压压力为 3.5MPa，温度高达 350℃左右。为避免换热器管束过热而发生溶剂热分解，造成设备严重腐蚀，同时还会增加溶剂损耗，因此本装置使用的蒸汽必须经消过热处理，经 KL-721 减温减压后，将温度降至 214℃左右，以保护溶剂。同时还应密切关注蒸汽系统的平稳控制，确保蒸汽热源温度的稳定，保证溶剂回收塔和再生塔的液位稳定，严禁由于操作失误造成塔内液位超低而造成塔底再沸器由于热虹吸现象被破坏而造成局部过热，进而导致的溶剂劣化。

2.2　强化抽提密闭性，防止溶剂氧化分解

为避免空气进入系统空间，最大限度地减少空气劣化溶剂的可能性，系统采用氮封并控制压力减少氧气的进入，但本装置加氢系列原料来自乙烯厂，而乙烯厂储罐未采用氮封，原料进氧难以避免。同时系统水循环使用的水是经过热力除氧的透平水，为的是防止水中的氧氧化溶剂。

为保证抽提装置长周期稳定运行，在装置检修开工时期，要严格按照气密方案做好溶剂相关系统的气密保压试验，对检修期间动过的所有接口进行检查，存在泄漏的可能就必须处理。由于溶剂回收系列在正常运行期间为负压状态，需要

对装置分别做正压气密和负压气密，2021 年大检修期间正压系统保压 24h 压力表基本无变化，负压试压时真空度抽至 346mmHg，12h 后压力表显示 349mmHg，12h 压力变化 3mmHg，满足 UOP 设计要求的 8h 变化小于 10mmHg 的要求。

2.3 控制系统水含量，防止溶剂开环水解

在日常生产中，加强对原料含水量的采样分析，强化原料罐脱水管理；定期对装置循环水设备进行监测，防止循环水泄漏；监控系统水循环运转情况，避免注水量过大导致系统水含量过高；在回收塔底加入汽提水，既可把芳烃从溶剂中分离出来，同时获得稳定含水量的贫溶剂，防止汽提水量调整不当对塔盘造成冲击。

检修期间做好回收塔底再沸器的回装及加固，如果固定不好，很容易因蒸汽吹扫造成再沸器震动导致管束或焊口开裂而泄漏，一旦泄漏，系统水含量增加，蒸汽进入影响循环溶剂的质量，同时也造成溶剂损失。

2.4 控制溶剂 pH 值，维持系统弱碱环境

装置正常运转时应维持溶剂呈弱碱性，溶剂的 pH 值越低，劣化速度越快，装置通过合理加注单乙醇胺调节溶剂的 pH 值，控制在 6 以上。但需注意的是单乙醇胺的调节作用只在溶剂劣变之前才有效，如果环丁砜已经发生劣化，在 pH 值很低、酸性较强时，添加单乙醇胺并不能有效缓解溶剂劣化，尤其是当单乙醇胺添加量较多时，回收塔温度较高会导致单乙醇胺分解，分解的胺盐会大量累积，堵塞设备。目前装置两系列溶剂 pH 值监测频率为 2 次/日，一旦发现 pH 值较低，及时按要求加注单乙醇胺，可以较好地防止溶剂酸化、变质。吉林石化抽提装置重整、加氢两系列溶剂 pH 值如图 2 所示。

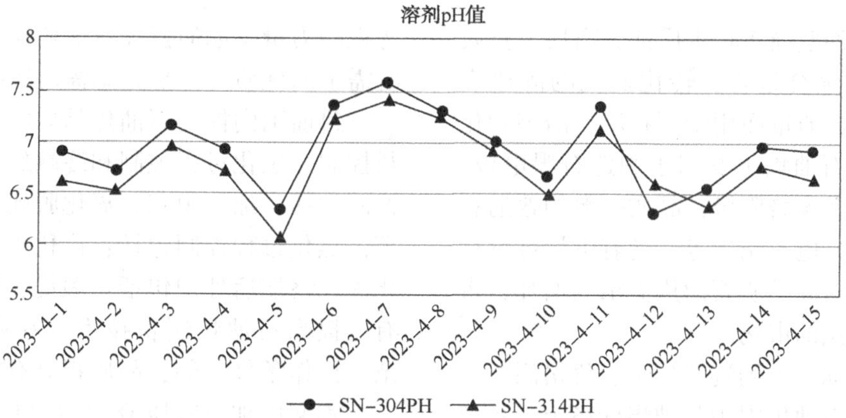

图 2　抽提装置两系列溶剂 pH 值

如图 2 所示，SN-304、SN-314 分别是重整系列、加氢系列的溶剂样品，可以看出加氢系列的 pH 值普遍偏低，经过分析，判断原因为加氢系列原料是来自乙烯厂的乙烯裂解汽油，近期乙烯裂解汽油含硫量较高，且储罐缺少氮封，影响溶剂的 pH 值。

2.5 控制系统平稳操作，保证溶剂再生效果

日常生产中，要加强溶剂再生塔平稳操作，增加排渣频次，减少降解物对溶剂分解的加剧作用，以及设置过滤装置及时清除系统中的杂质。有条件的话可以进行溶剂在线净化服务或增加在线净化设施，有效脱除溶剂中的酸性物质及杂质。

3 结束语

芳烃抽提装置能够维持长周期稳定运行的一个重要因素就是避免溶剂劣化，溶剂不劣化就不会出现抽提塔托塔及汽提塔窜塔现象，系统运行比较平稳。本文针对腐蚀成因分析了各种可能导致溶剂劣化的影响因素，提出温度控制、隔绝氧气、加强再生等手段，可以改善由于溶剂劣化对装置造成的危害。

参 考 文 献

[1] Sharqawy M H, Husain I S, Zubair S M, et al. Thermal performance evaluation of seawater cooling towers [C]. Asme International Mechanical Engineering Congress & Exposition, 2011.

[2] 邹恺．环丁砜劣化机理与应对措施研究进展[J]．应用化工，2013，42(12)：2271-2278.

[3] 陈道宏，罗书祥，廖内平，等．海水冷却塔热力阻力性能及防腐蚀设计初探[J]．电力勘测设计，2007(1)：52-56.

提高石油焦品质工艺技术研究

田　娟　朱国荣

（湖南长炼新材料科技股份公司）

摘　要　国内延迟焦化能力达到 1.48 亿 t/a，中国石油焦产量达到 3000 万 t 以上，其中低品质的高硫石油焦占比 80%以上，近年来，随着下游石墨电极及电池负极材料对高品质石油焦需求的不断增加，出现高品质石油焦价格高、供不应求的局面，如何提高石油焦品质成为急需解决的问题。本文提出了通过预焦化-焦化两步法制备优质石油焦的工艺路线，在焦化条件为：反应温度为 500℃、反应压力为 0.2MPa、反应时间为 2h 时，考察了预焦化反应条件对石油焦品质的影响，研究结果表明：通过预焦化-焦化两步法能制备出相对结晶度及真密度较大的优质石油焦，最佳预焦化反应条件为：反应温度为 440℃，反应压力为 0.8MPa，反应时间为 8h。获得的石油焦相对结晶度为 70.6%，真密度为 2.12g/cm^3，相比一步焦化法，相对结晶度提高 40.6%，真密度提高了 6%。

关键词　延迟焦化；石油焦；真密度；相对结晶度

石油焦是原油蒸馏将轻重质油分离后，重质油在经热裂解和缩合过程，转化而成的固体产品。石油焦可视其质量而用于制石墨、冶炼和化工等行业。优质石油焦主要用于制造石墨电极、新能源负极材料及预焙阳极；品质一般的普通石油焦则用于燃料、电石制造等。随着电炉炼钢行业和新能源行业对高品质石油焦需求的增加，带动了高品质石油焦的市场。

我国优质石油焦市场资源量少、价格高。大庆、抚顺等炼厂石油焦因为基础指标稳定，且煅烧出来的相对结晶度及真密度品质高，是下游高功率石墨电极和负极材料市场的不二选择。正因为如此，以上炼厂石油焦价格从 2017 年下半年开始，价格远远高于其他炼厂石油焦价格，目前，优质 1#石油焦定价稳定 3500～3600 元/吨。普通品质石油焦越 1500～2600 元/吨。中国石油以及中海油系统油田以轻质原油为主，随着时间的累积，我国轻质原油资源储备将持续减少，原油劣质化和重质化程度加大，但是优质石油焦市场需求却在扩大，故长期来看，优质石油焦市场价格处于高端价位是一种必然趋势。

近年来，中国石油焦表观消费量持续高速增长，各消费市场对优质石油焦的需求都在不断扩张。铝用碳素方面对优质石油焦的需求量占总消费量的一半以上；石墨电极对优质石油焦的需求约占五分之一；电池负极材料对优质石油焦的需求不断增加，冶炼、硅行业的需求也是一支不可忽视的力量。如何提高石油焦品质，生产符合下游需求的优质石油焦是急需解决的技术难题。

目前国内提高石油焦品质的主要方法有：原料控制、焦化过程控制和终端后处理。其中原料控制包括：加氢脱硫、氧化脱硫、低硫油品稀释等；焦化过程控制包括：优化焦化操作、灵活焦化等；终端后处理包括：煅烧、催化脱硫等。现有的提高石油焦制备技术存在成本高，工艺复杂，操作条件苛刻，品质提高有限等问题。

本文以加氢减压渣油为原料，采用预焦化-焦化两步法，控制焦化过程反应的剧烈程度，使得反应体系中的稠环大分子芳烃在较低温度下缓慢缩合而提升分子排列有序度，从而提高石油焦相对结晶度和真密度，获得优质石油焦。该方法工艺过程简单且能制备高品质的石油焦。

1　实验

1.1　原料与装置

实验所用原料为中石化某分公司加氢重油装置采取的加氢重油，并对加氢重油进行蒸馏分裂，获得加氢重油>500℃馏分，蒸馏切割实验结果见表 1。

表 1　蒸馏切割实验结果

蒸馏切割温度/℃	收率/%
≤500℃	45.25
>500℃	54.55

本试验以加氢重油>500℃馏分为原料，加氢重油及加氢重油>500℃馏分基本性质见表2。

表2　加氢重油及加氢重油>500℃馏分基本性质

项目名称	加氢重油	加氢重油>500℃馏分
密度(20℃)/(kg/m^3)	930.2	952.5
残炭/%	4.9	9.7
灰分/%	0.005	0.010
S/ppm	1799	3052
N/ppm	4245	5434
族组成/%		
饱和烃	53.29	41.56
芳烃	34.11	40.52
胶质	12.17	17.04
沥青质	1.8	2.08
金属含量/μg/g		
Ni	6.75	14.2
V	4.38	8.44
Fe	3.82	3.96
Ca	2.66	2.28
Cu	0.04	0.06
Na	0.65	0.41

从表1和表2可知，加氢重油蒸馏切割后，加氢重油>500℃馏分收率为54.55%，较加氢重油性质，加氢重油>500℃馏分中灰分、S、N、沥青质及金属含量有一定的富集，但均达到较好的原料指标要求。

预焦化-焦化实验装置为中国石油大学提供的重油热加工评价装置，其示意图如图1所示。

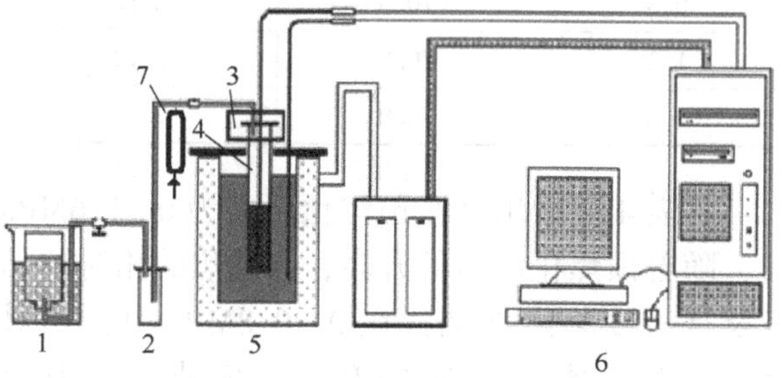

图1　重油热加工评价装置

1—气体收集器；2—液收器；3—加热套；4—反应管；
5—加热套；6—计算机系统；7—沉降分离罐

1.2　试样制备

石油焦试样制备包括预焦化-焦化过程、煅烧、破碎-过筛三个工序进行试样的制备。

1.2.1　预焦化-焦化过程

预焦化-焦化过程在重油热加工评价装置上进行。首先将加氢减压渣油原料装进200mL的反应管中，然后将反应管进行密封并用N_2置换后，再将反应管放入锡浴中按照一定升温程序进行升温，并恒温一定时间，再进行焦化段升温，到达焦化温度后恒温一定时间，泄压、冷却后卸下反应管，取出焦炭，称重计算石油焦收率。

1.2.2　煅烧

煅烧实验在电阻炉密闭环境下进行。将预焦化-焦化获得的石油焦在电阻炉内煅烧，在N_2进行保护下，按照一定升温程序升温至1450℃煅烧2h，然后按一定降温程序进行降温并自燃冷却，获得煅后焦。

1.2.3　破碎-过筛

对获得的煅后焦在研磨机中进行破碎，破碎后的煅后焦通过200目的标准筛进行筛分，获得粒径小于0.075mm的煅后焦粉末试样，用于分析测试。

1.3　结构与性能表征

1.3.1　真密度(SH/T 0033)

真密度是单位体积内石油焦的重量，体现了石油焦内部结构的有序性及空隙大小。具体测试过程为：将煅烧过的粉碎后的石油焦试样置于密度瓶中，加入无水乙醇，根据试样质量及其排开无水乙醇的体积求出其真密度。具体过程为：①取制备的试样2~3g，通过长颈漏斗注入已知质量的干燥的密度瓶内，称重，称准至0.0002g。②向盛有石油焦试样的密度瓶中注入约三分之一容积的无水乙醇，放在砂浴或水浴上煮沸3min，但不要让无水乙醇和试样逸出。同时，在砂浴上煮沸另一烧瓶中的无水乙醇。煮沸后取出密度瓶和烧瓶，在空气中冷却。③计算：石油焦的真密度ρ(g/cm^3)按下式计算：

$$\rho=\frac{m_4}{\dfrac{V\rho_1-(m_5-m_3)}{\rho_1}}=\frac{m_4\rho_1}{V\rho_1-(m_5-m_3)}$$

式中，m_3为盛有石油焦的密度瓶质量，g；m_4为石油焦试样质量((m_3-m))，g；m_5为盛有石油焦和无水乙醇的密度瓶质量，g；V为密度瓶容积，cm^3；ρ_1为20℃时无水乙醇的密度，g/cm^3。

1.3.2　硫含量(SH/T 0689—2000)

将烃类试样直接注入裂解管或进样舟中，由

进样器将试样送至高温燃烧管，在富氧条件中，硫被氧化成二氧化硫(SO_2)，当激发态燃烧生成的气体在除去水后被紫外光照射，二氧化硫吸收紫外光的能量转变为激发态的二氧化硫(SO_2)，当激发态的二氧化硫返回到稳定态的二氧化硫时发射荧光，并由光电倍增管检测，由所得信号值计算出试样的硫含量。

1.3.3　X相对结晶度

XRD积分强度反应了石油焦内部碳层排列的有序度。相对结晶度是实验样品XRD积分强度与水岛针状焦样品XRD积分强度的比值。因为日本水岛针状焦是最好的油系石油焦，以日本水岛针状焦作为参比，可以看出石油焦与最好石油焦之间的差距，也可以消除因仪器变化对结果造成的影响。具体分析过程是：XRD采用日本理学UltimaⅣ-185型X射线衍射仪，操作条件：铜靶辐射，管电压力40kV，管电流40mA。扫描范围10°~70°，步宽度为0.05°。取样方法：一定量的样品置于干净的载玻片上压平，置于X射线衍射仪中进行分析，获得实验样品积分强度，

2　结果与讨论

Mochida等的研究表明了焦化过程中间相的发育程度对最终焦炭结构有着直接的影响。优质焦的制备需要形成大尺寸的中间相，中间相随着温度升高和时间的延长逐渐固化，形成优质焦。由此可见，传统延迟焦化的一步焦化法很难同时满足中间相发育和固化这两个过程，因此使用预焦化-焦化两步法可大幅提升石油焦质量。

本实验采用预焦化-焦化两步法提高石油焦品质，控制焦化条件一致，为传统延迟焦化条件：反应温度为500℃、反应压力为0.2MPa、反应时间为2h。考察了预焦化反应温度、预焦化反应压力及预焦化反应时间对石油焦相对结晶度及真密度的影响。

2.1　反应温度对石油焦品质的影响

以加氢重油>500℃馏分为原料，在重油热加工评价装置上，控制预焦化反应条件为：反应压力为0.8MPa、反应时间为8h，考察预焦化反应温度对石油焦相对结晶度及真密度的影响。

表3　预焦化反应温度对石油焦相对结晶度及真密度的影响

反应温度/℃	相对结晶度/%	真密度/(g/cm^3)
420	68.3	2.11
440	70.6	2.12
460	66.2	2.09
480	61.5	2.06
500	53.2	2.01

从表3可看出，在预焦化温度为420~500℃时，随着预焦化温度的升高，石油焦的相对结晶度及真密度先增加后减少，分析原因，主要是预焦化反应是较深度的热转化反应，预焦化温度过低，反应过程不能较完全转化为有序排列的中间相，预焦化温度过高，热裂解和缩合反应越剧烈，反应体系黏度快速上升，使得反应体系中的稠环大分子芳烃及中间相在没有足够的时间进行有序排列而固化在母液中，形成紊乱结构，导致最终生成的石油焦相对结晶度及真密度较小，最佳预焦化反应温度为440℃。

2.2　反应压力对石油焦品质的影响

以加氢重油>500℃馏分为原料，在重油热加工评价装置上，控制预焦化反应条件为：反应温度为440℃、反应时间为8h，考察预焦化反应压力对石油焦相对结晶度及真密度的影响。

表4　预焦化反应压力对石油焦相对结晶度及真密度的影响

反应压力/MPa	相对结晶度/%	真密度/(g/cm^3)
0	66.6	2.09
0.4	69.1	2.11
0.8	70.6	2.12
1.2	70.8	2.12
1.6	70.9	2.12

从表4可看出，在预焦化压力为0~1.6MPa时，随着预焦化压力的升高，石油焦的相对结晶度及真密度逐渐增加，在0~0.8MPa时，相对结晶度及真密度快速提升，继续升高压力至1.6MPa，相对结晶度及真密度增加较小。分析原因，主要是因为预焦化压力决定气体的逸出速率和体系的黏度，会影响焦炭结构的形成，一方面压力抑制反应产生的轻组分逸出，使反应体系处于低黏度，有利于反应体系中的稠环大分子芳烃有序排列及中间相更好的和融并生成；另一方面，压力会通过抑制反应体系中气体和挥发分的

逸出，削弱气流逸出时产生的拉焦作用，降低石油焦结构的单轴取向性。同时压力过高，对设备要求越高，综合考虑，最佳预焦化反应压力为0.8MPa。

2.3 反应时间对石油焦品质的影响

以加氢重油>500℃馏分为原料，在重油热加工评价装置上，控制预焦化反应条件为：反应温度为440℃、反应压力为0.8MPa，考察预焦化反应时间对石油焦相对结晶度及真密度的影响。

表5 预焦化反应时间对石油焦相对结晶度及真密度的影响

反应时间/h	相对结晶度/%	真密度/(g/cm^3)
0	50.2	2.00
4	61.3	2.06
8	70.6	2.12
12	70.9	2.12
16	71.0	2.13

从表5可看出，在预焦化是为0~16h时，随着预焦化时间的延长，石油焦的相对结晶度及真密度呈增加趋势，在0~8h时，相对结晶度及真密度快速提升，在8~16h时，相对结晶度及真密度增加较缓慢。分析原因，主要是因为预焦化过程需要长时间，以保证中间相生成处于低粘度状态，有利于中间相小球的充分发育，并使反应原料充分转化为中间相；时间太短，反应原料不能充分的转化为中间相，延长预焦化时间，有利于中间相的生长发育，使原料充分转化为中间相；时间太长，原料基本已经转化为中间相，继续延长反应时间，中间相反应较缓慢，对石油焦品质提升较小。综合上述，最佳预焦化反应时间为8h。

3 结论

（1）相比传统一步焦化法，预焦化-焦化两步法能有效提高石油焦相对结晶度及真密度，获得优质石油焦。

（2）预焦化条件优化研究结果表明：最佳预焦化反应条件为：反应温度为440℃，反应压力为0.8MPa，反应时间为8h。获得的石油焦相对结晶度为70.6%，真密度为2.12g/cm^3，相比传统的一步焦化法，相对结晶度提高40.6%，真密度提高了6%。

参考文献

[1] 张浩勇，李云峰，吴世慧，等．石油焦生产及市场分析[J]．化学工业，2021，39(02)：61-65.

[2] 国产石油焦市场2024年供需展望[EB/OL].(2023-12-14).https：//www.oilchem.net/23-1214-18-90b7f50bf5f81350.html.

[3] 罗艳托，陆彬，邓钰暄，等.2023年中国石油焦市场分析及2024年预测[J]．国际石油经济，2024，32(3)：62-68.

[4] 金艳春．国内石油焦市场供需现状及预测[J]．中国石油和化工经济分析，2016，(03)：57-60.

[5] 范艳斌，贾启明．浅谈延迟焦化生产低硫石油焦[J]．精细与专用化学品，2023，31(8)：46-47.

[6] 刘涛，任亮，赵加民，等．生产低硫石油焦的渣油加氢-延迟焦化组合工艺研究[J]．石油炼制与化工，2021，52(12)：32-37.

[7] 肖雪洋，李林，王晓涛，等．通过优化生产工艺提升延迟焦化石油焦品质[J]．石油化工，2019，48(12)：1276-1282.

[8] 钱树安．石油焦的微观结构和石墨化机理的科学现状[J]．碳素，1984，1-19.

[9] 钱树安，宋孝真，范仁礼，等．针状焦的微结构特征—关于针焦品质评价的新观点[J]．燃料化学学报，1980，2(9)：105-115.

[10] 孙义诚，黄启震．几种各向同性石油焦的生成机理[J]．炭素技术，1986，(1)：15-19.

[11] Mochida I，Oyama T，Fei Y，et al. Optimization of carbonization conditions for needle coke production from a low-sulphur petroleum vacuum residue[J]. Journal of Materials Science，1988，23(1)：298-304.

[12] Eser S，Jenkins R. Carbonization of petroleum feedstocks I：Relationships between chemical constitution of the feedstocks and mesophase development[J]. Carbon，1989，27(6)：877-887.

[13] 王茂章．有机化合物的液相炭化化学[J]．化学通报，1990，(12)：22-28.

[14] 钱树安．略论炭素科学的形成和进展：V．液相炭化机理研究的历史和现状[J]．炭素，1996，(2)：6-17.

[15] 李同起，王成扬．碳质中间相形成机理研究[J]．新型炭材料，2005，20(3)：278-285.

无线传动设备在化工领域的应用

陈利君[1] 张列维[2] 梁 康[2] 李宝华[2]

(1. 北京美顿科技开发有限公司；2. 中国石化上海高桥石油化工有限公司)

摘 要 本文旨介绍了物联网技术的基本概念及其在工业生产中的应用。接着通过无线传动设备在化工领域应用的案例，详细阐述了物联网技术在提高生产效率、优化资源利用、改善劳动环境等方面的作用，最后提出了利用物联网技术解决劳动效率低下问题的策略和建议。

关键词 物联网；资源利用；劳动环境；LPWAN；激光；LoRa

1 引言

随着科技的不断发展，物联网(INTERNET OF THINGS)正逐渐成为改进工业场所的重要工具。这种创新的技术不仅能够提高工人的安全性，还可以提高工作效率和生产能力。在当今快节奏的工业和制造业中，安全和效率是最重要的问题。公司越来越多地转向创新技术来改变他们的工作场所文化，物联网成为中心舞台。这项尖端技术不仅颠覆了传统做法，还彻底改变了公司对待工人安全和生产力的方式。在本文中，我们将深入探讨物联网技术目前正在重塑工业和制造业格局的方式，探索物联网的无数好处，并阐明推动这场革命的解决方案。

2 物联网技术概述

2.1 物联网基本概念

物联网是物物相连的互联网，是互联网的延伸，它利用局部网络或互联网等通信技术把传感器、控制器、机器、人员和物等通过新的方式连在一起，形成人与物、物与物相连，实现信息化和远程管理控制。

从技术架构上来看，物联网可分为四层：感知层、网络层、处理层和应用层。每层的具体功能见表1。

表1 物联网各的具体功能

层次	功能
感知层	如果把物联网系统比喻为一个体，那么，感知层就好比人体的神经末梢，用来感知物理世界，采集来自物理世界的各种信息。这个层包含了大量的传感器，如温度传感器、温度传感器、应力传感器、加速度传感器、重力传感器、气体浓度传感器、土壤盐分传感器、二维码标签、RFID(Raio)
网络层	相当于人体的神经中枢，起到信息传输的作用。网络层包含各类型的网络，如互联网、移动通信网络、卫星通信网络等
处理层	相当于人体的大脑，引起存储和处理的作用，包括数据存储、管理和分析平台
应用层	直接面向用户，满足各种应用需求，如智能交通、智慧农业、智慧医疗、智能工业等

2.2 物联网关键技术

物联网是物与物相连的网络，通过为物体加装二维码、RFID标签、传感器等，就可以实现物体身份唯一标识和各种信息的采集，再结合各种类型网络连接，就可以实现人和物、物和物之间的信息交换。因此，物联网中的关键技术包括识别和感知技术(二维码、RFID、传感器等)、网络与通信技术、数据挖掘与融合技术等。

2.2.1 识别和感知技术

二维码是物联网中一种很重要的自动识别技术，是在一维条码基础上扩展出来的条码技术。二维码包括堆叠式/行排式二维码和矩阵式二维码，后者较为常见。矩阵式二维码在一个矩形空间中通过黑、白像素在矩阵中的不同分布进行编码。在矩阵相应元素位置上，用点(方点、圆点或其他形状)的出现表示二进制“1”，点的不出现表示二进制的“0”，点的排列组合确定了矩阵式二维条码所代表的意义。二维码具有信息容量大、编码范围广、容错能力强、译码可靠性高、成本低易制作等良好特性，已经得到了广泛的应用。

RFID(RADIO FREQUENCY IDENTIFICATION)技术用于静止或移动物体的无接触自动识别，具有全天候、无接触、可同时实现多个物体自动识别等特点。RFID 技术在生产和生活中得到了广泛的应用，大大推动了物联网的发展，我们平时使用的公交卡、门禁卡、校园卡等都嵌入了 RFID 芯片，可以实现迅速、便捷的数据交换。从结构上讲，RFID 是一种简单的无线通信系统，由 RFID 读写器和 RFID 标签两个部分组成。RFID 标签是由天线、耦合元件、芯片组成的，是一个能够传输信息、回复信息的电子模块。RFID 读写器是由天线、耦合元件、芯片组成的，用来读取(或者有时也可以写入) RFID 标签中的信息。RFID 使用 RFID 读写器及可附着于目标物的 RFID 标签，利用频率信号将信息由 RFID 标签传送至 RFID 读写器。以公交卡为例，市民持有的公交卡就是一个 RFID 标签，公交车上安装的刷卡设备就是 RFID 读写器，当我们执行刷卡动作时，就完成了一次 RFID 标签和 RFID 读写器之间的非接触式通信和数据交换。

传感器是一种能感受规定的被测量件并按照一定的规律(数学函数法则)转换成可用信号的器件或装置，具有微型化、数字化、智能化、网络化等特点。人类需要借助于耳朵、鼻子、眼睛等感觉器官感受外部物理世界，类似地，物联网也需要借助于传感器实现对物理世界的感知。物联网中常见的传感器类型有光敏传感器、声敏传感器、气敏传感器、化学传感器、压敏传感器、温敏传感器、流体传感器等，可以用来模仿人类的视觉、听觉、嗅觉、味觉和触觉。

2.2.2　网络与通信技术

物联网中的网络与通信技术包括短距离无线通信技术和远程通信技术。短距离无线通信技术包括 ZIGBEE、NFC、蓝牙、WI-FI、RFID 等。远程通信技术包括互联网、2G/3G/4G 移动通信网络、LPWAN、卫星通信网络等。

2.2.3　数据挖掘与融合技术

物联网中存在大量数据来源、各种异构网络和不同类型系统，如此大量的不同类型数据，如何实现有效整合、处理和挖掘，是物联网处理层需要解决的关键技术问题。今天，云计算和大数据技术的出现，为物联网数据存储、处理和分析提供了强大的技术支撑，海量物联网数据可以借助于庞大的云计算基础设施实现廉价存储，利用大数据技术实现快速处理和分析，满足各种实际应用需求。

2.3　物联网在工业生产中的应用

物联网已经广泛应用于智能交通、智慧医疗、智能家居、环保监测、智能安防、智能物流、智能电网、智慧农业、智能工业等领域，对国民经济与社会发展起到了重要的推动作用，具体如下。

(1) 智能交通。利用 RFID、摄像头、线圈、导航设备等物联网技术构建的智能交通系统，可以让人们随时随地通过智能手机、大屏幕、电子站牌等方式，了解城市各条道路的交通状况、所有停车场的车位情况、每辆公交车的当前到达位置等信息，合理安排行程，提高出行效率。

(2) 智慧医疗。医生利用平板电脑、智能手机等手持设备，通过无线网络，可以随时连接访问各种诊疗仪器，实时掌握每个病人的各项生理指标数据，科学、合理地制定诊疗方案，甚至可以支持远程诊疗。

(3) 智能家居。利用物联网技术提升家居安全性、便利性、舒适性、艺术性，并实现环保节能的居住环境。比如，可以在工作单位通过智能手机远程开启家里的电饭煲、空调、门锁、监控、窗帘和电灯等，家里的窗帘和电灯也可以根据时间和光线变化自动开启和关闭。

(4) 环保监测。可以在重点区域放置监控摄像头或水质土壤成分检测仪器，相关数据可以实时传输到监控中心，出现问题时实时发出警报。

(5) 智能安防。采用红外线、监控摄像头、RFID 等物联网设备，实现小区出入口智能识别和控制、意外情况自动识别和报警、安保巡逻智能化管理等功能。

(6) 智能物流。利用集成智能化技术，使物流系统能模仿人的智能，具有思维、感知、学习、推理判断和自行解决物流中某些问题的能力(如选择最佳行车路线，选择最佳包裹装车方案)，从而实现物流资源优化调度和有效配置，提升物流系统效率。

(7) 智能电网。通过智能电表，不仅可以免去抄表工的大量工作，还可以实时获得用户用电信息，提前预测用电高峰和低谷，为合理设计电力需求响应系统提供依据。

（8）智慧农业。利用温度传感器、湿度传感器和光线传感器，实时获得种植大棚内的农作物生长环境信息，远程控制大棚遮光板、通风口、喷水口的开启和关闭，让农作物始终处于最优生长环境，提高农作物产量和品质。

（9）智能工业。将具有环境感知能力的各类终端、基于泛在技术的计算模式、移动通信技术等不断融入工业生产的各个环节，大幅提高制造效率，改善产品质量，降低产品成本和资源消耗，将传统工业提升到智能化的新阶段。

3　传动哨兵在上海高桥石化应用

3.1　背景

美斯顿科技开发有限公司在多年的企业环保治理服务过程中，于上海高桥石油化工厂区中发现，石化厂区内炼化塔有数百台冷却风机，由电机带动皮带进行传动，皮带会因自身老化产生断裂、脱落，从而导致风机停转、慢转等异常事件出现，因风机自身结构和性质导致，风机均为于炼塔顶部设施，对人员巡检、设备维护工作都带来较大工作负担。美斯顿与高桥石化以此为契机，联合推进。以智能物联终端设施为基础，以移动端 APP 平台为支撑，以贯穿全程的服务为保障，打造了一款应用于传动系统监测的智能终端设备+移动端 APP 的"传动哨兵"产品。

3.2　产品描述

3.2.1　网络拓扑图

终端设备通过激光传感器检测风机设备的传动状况，采集数据后通过 LORA 无线传输至网关，网关通过 4G 通信（也支持以太网本地部署）将数据发送至云端，用户手机 APP 通过请求云服务器信息，获得实时的风机设备状态信息与各种告警信息（图 1）。

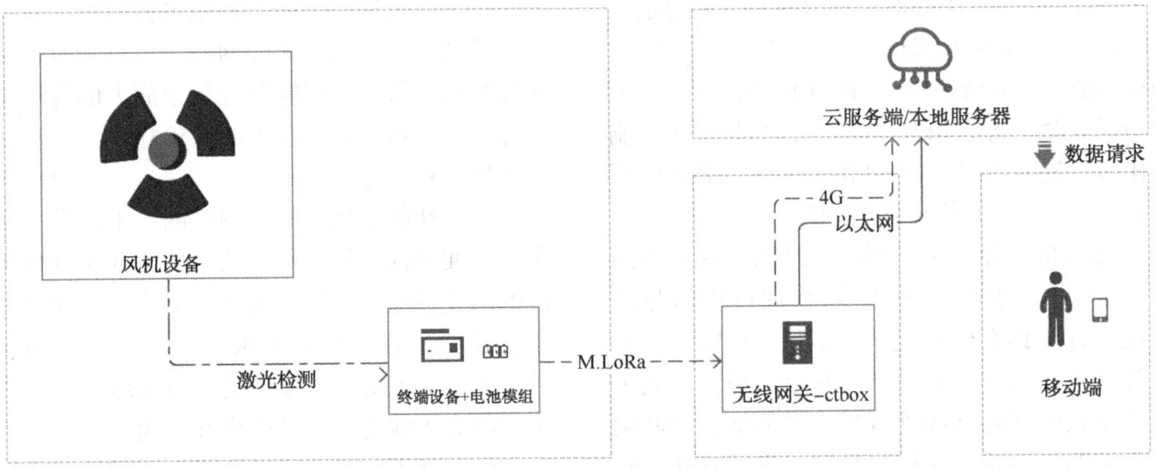

图 1　网络拓扑图

3.2.2　硬件终端设备

信号采集端：LoRa 终端+高频激光探头（图 2）

3.2.3　通过 APP 及现场 PC 端实现设备的实时监控（图 3）激光探头

主要完成以下功能：

（1）机组管理。

（2）传动监测数值实时查看。

（3）数据智能分析。

（4）异常告警。

（5）历史数据查询。

（6）设备指令下发。

3.2.4　传动哨兵产品对传动设备监控的价值

传动哨兵产品将数据采集、应用场景及数据分析集合为一个整体，在原有设备的基础上通过传动哨兵上所搭载的相关物联网技术实现精确的数据采集、多种通路的传输方式以及强大的数据分析运算能力。传动哨兵系统除了解决人力巡检工作量的问题、提高了工作效率、保证了人员的安全性、优化了巡检人员的工作模式与工作场景外。还应用了大数据算法通过检测数据与环境数据的耦合实现设备的智能预警，将隐患消除在事故发生前。既保证了设备的正常运转、人员工作效率的提升也为统筹管理增加了更多的可能性与参考性（图 4）。

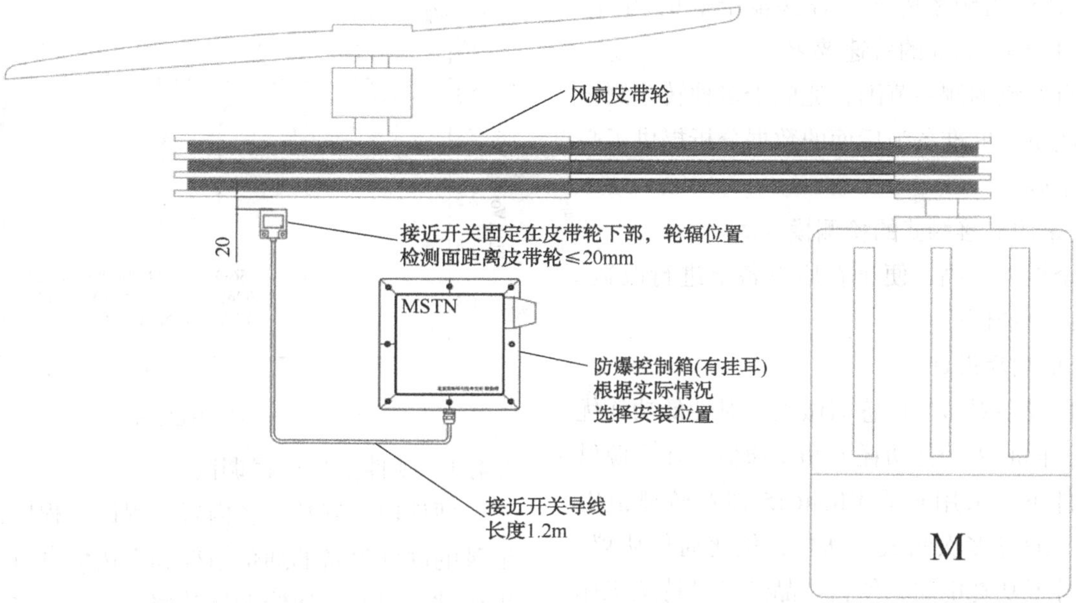

图 2　LaRa 终端+高频

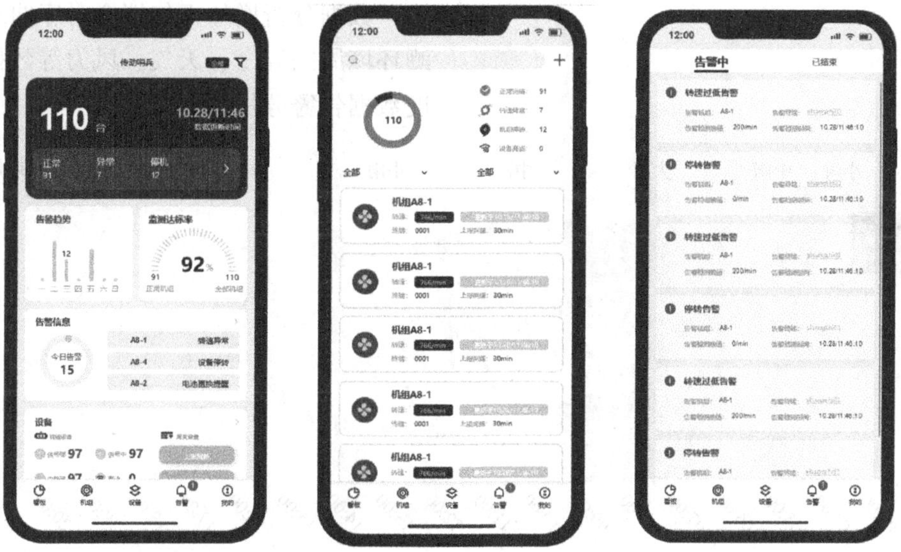

图 3　APP 及现场 PC 端设备

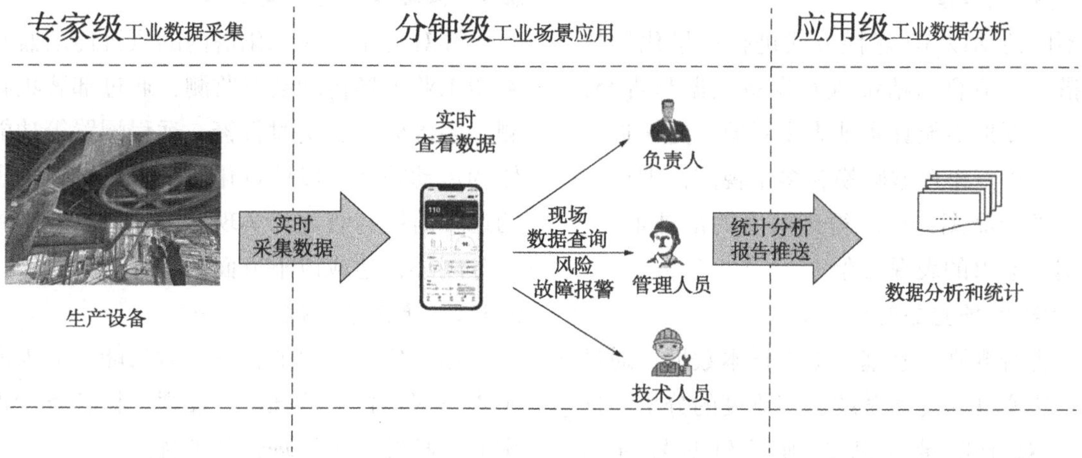

图 4　传动哨兵产品对传动设备和监控

3.4.1 通过高频率的激光探头能准确的测出>10000r/min的转速要求

具有宽泛的测量范围，适应于多种转速测量要求、测量精度准备为后面的数据分析提供了必要的的基础。

3.4.2 采用非接触式的检测模式。

安全性能更高、便于在原设备上进行改造，安装调试更加便捷。

3.4.3 低功耗设计

硬件设备对激光传感器做出针对性低功耗优化设计，同时采用低功耗LORA通信，在无源供电的条件下，采用6节ER34615锂亚硫酰氯电池供电，通过多次测试与迭代，优化通信协议，重新设计低功耗电路，使得产品续航可持续工作天数达360天+，且电池每年自放电率低至1%(图5)。

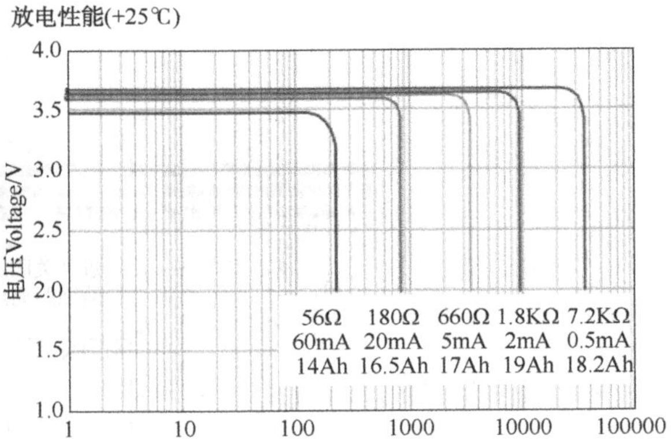

图5 低功耗电路

3.4.4 硬件支持远程调试

硬件通信终端设备内置远程调试程序，根据记录的硬件设备的通信情况和报错信息可进行远程调试，提升了运维调试效率

3.4.5 多维度告警分析

数据分析增加天气拟合时序曲线，可结合检测环境周围温度、天气、风力等数据，进行多维度数据告警分析(图6)

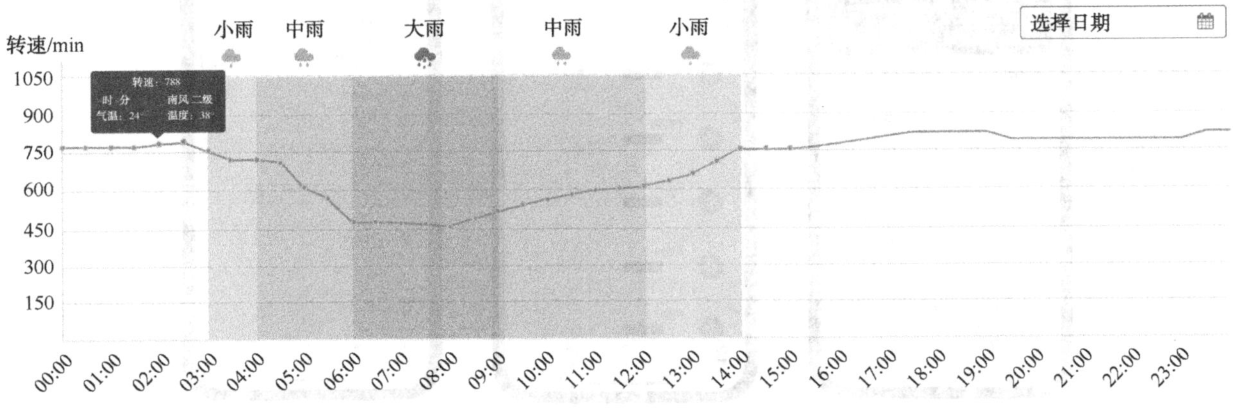

图6 多维度数据告警分析图

3.4.6 可视化建模

将不同传动以3D建模方式进行场景化的数字孪生搭建，适合高精细查看设备数据与告警，相比于二维图形更能真实地表现对象，更接近实物。亦可以将三维模型转换为多个视图，即标有尺寸的二维产品图，从而得到两者的最佳形式。更加真实、形象的表现对象。

3.4.7 完善的预警配置与分析

传动告警规则引擎基于更多样本数据，通过大数据算法实现对传动系统更多维度的分析与预警，例如对于皮带的断裂预测和型号分析(图7)。

3.3 传动哨兵的现实意义

针对石化厂区炼化塔内的风机传动监测或同类型工业现场传动装置监测，通过部署集状态监测、多维分析、实时告警、远程配置等功能于一体的传动哨兵，以信息化、智慧化手段实现设备的远程监控与管理，实现从线下管理运维到线上业务闭环，达成以下方面的提升

3.3.1 维保效率提升

通过传动哨兵的自主监测功能，大大的缩减了人员巡检任务的强度。使得巡检任务变得更加全面、精细与可管理性强的优点。

3.3.2　人员安全保障提升

传动哨兵采取无线感知，即不用巡检人员到高台进行现场查看。对人员的安全性起到了对应的保障措施。即完成了巡检工作又极大地降低了工作的安全风险。

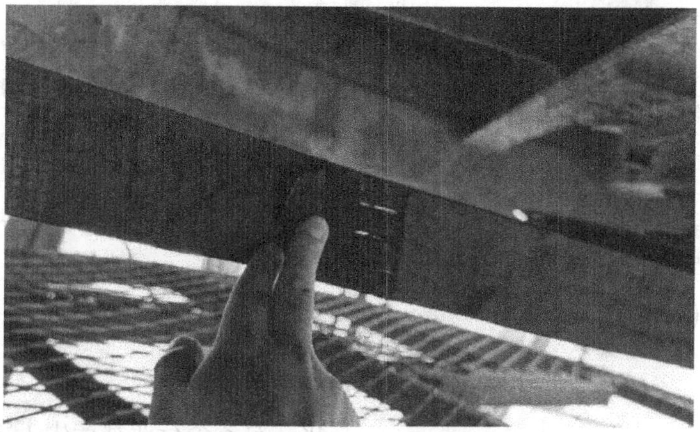

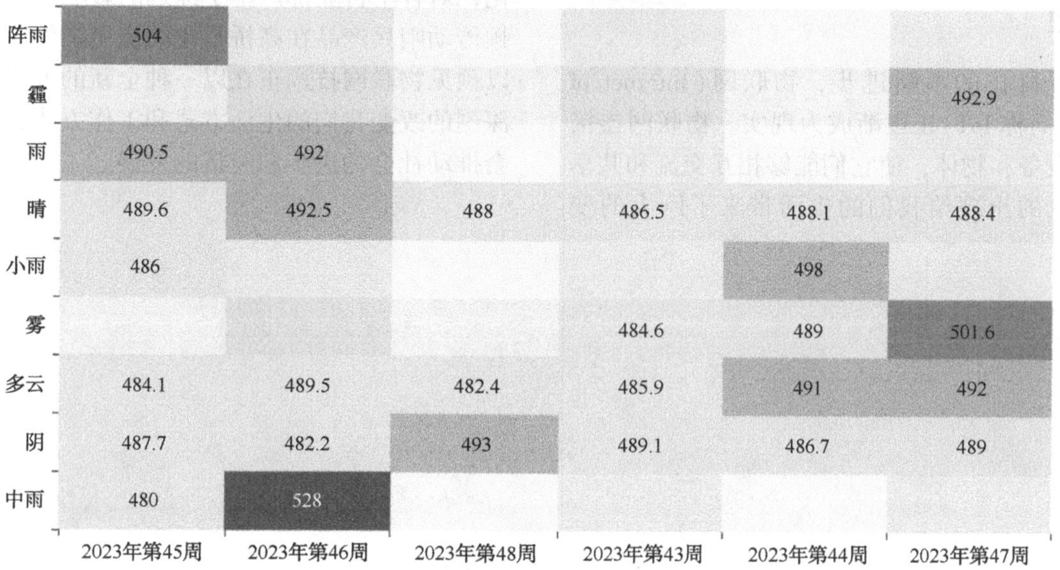

图 7　大数据算法对传动系统更多维度分析与预警

3.3.3　告警及时性提升

通过及时性的告警通知系统，将原来的人为巡检变为自主告知预警、告警系统。极大地提高了告警的及时性。

3.3.4　设备维护管理提升

设备的维护管理由原来的被动维护变为现在的主动维护，通过预警模块与数据分析模块的共同作用下，可提前预知设备的故障发生概率，对设备的维护具有前瞻性与可计划性。

3.3.5　检查全面性提升

摒除人为因素，对设备的检查具有一键查询的功能。可以更加系统全面的了解设备的总体、总貌，提高工作效率。

3.3.6　数据资产提升

通过大量的风机运行数据，建立风机运行的数据库，提升相关的数据资产。

3.3.7　总述

通过对原系统与传动哨兵系统的对比我们可以形象的得出结论。在摒除安全性，全面性，可管理性等多方面比对。只从效率方面考虑的话，原系统(人为巡检模式)以 10 台风机为例其巡检时间大约为 1~2h 而且可控性不高；利用传动哨兵系统对百余台甚至上千台设备的巡检时间为 15~30s，其工作效率存在质的飞跃(图 8)。

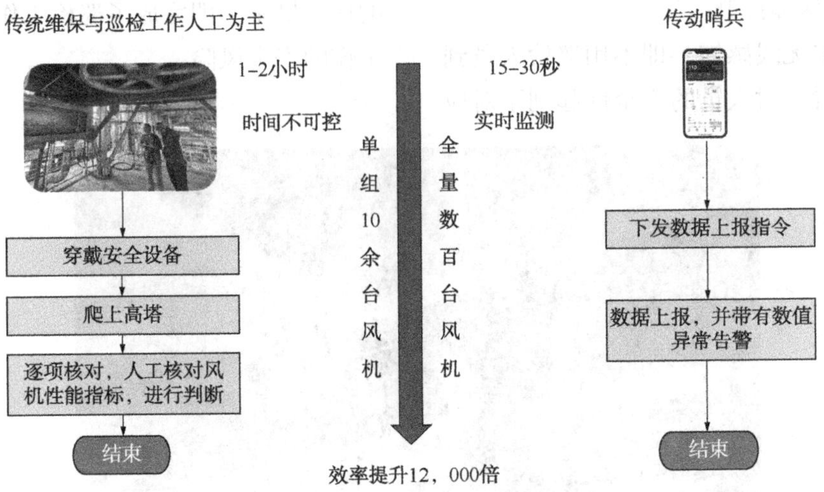

图8　传动哨兵系统的工作效率

4　展望

随着科技的不断进步，物联网(Internet of Things，简称IoT)正逐渐成为现实。物联网连接了各种设备和物体，使它们能够相互交流和共享信息。它的出现给我们的生活带来了巨大的变化，对各个行业都产生了深远的影响。通过美斯顿传动哨兵产品在高桥石化的应用案例，我们可以预见物联网技术正在以一种全新的方式，更加深刻的改变我们的生活方式和工作方式，也必然会推动社会的进步和经济的发展。

拟薄水铝石的粒径对其孔结构的影响

关月明　王永林　袁胜华　张　成　杨　刚

（中国石油化工股份有限公司大连石油化工研究院）

摘　要　针对拟薄水铝石合成工艺中，反应停留时间不同，导致拟薄水铝石晶粒生长、聚集不均匀的问题，以及其他可能产生的拟薄水铝石粒子不均匀的现象。同时设计了一个直径 10 mm 微型水力旋流器，作为粒子分离设备，期望获得性质更稳定、均一的拟薄水铝石产品。分别合成了两组拟薄水铝石，考察粒径对于拟薄水铝石孔结构的影响。结果表明，结果表明，采用水力旋流器分离可以有效地提高拟薄水铝石粒径的集中度，同时可以提高其孔径分布的集中程度。同时分离过程不影响拟薄水铝石的晶相结构。这一发现有助于优化拟薄水铝石的合成工艺，对成胶过程中拟薄水铝石粒子的有效分离和组合，能定向地合成具有特定孔结构的拟薄水铝石材料，提高产品性能。

关键词　拟薄水铝石；粒径；分离；微型水力旋流器

活性氧化铝一般指 $\gamma-Al_2O_3$，常用作石油化工工业中催化剂的载体。$\gamma-Al_2O_3$通常由拟薄水铝石在高温下焙烧得到。氧化铝的孔结构决定于其前身拟薄水铝石的结晶度、形貌、粒子大小和聚集状态。因此，要获得孔径相对集中的氧化铝载体，必须严格控制拟薄水铝石制备过程，使晶核的生长和粒子团聚得到有效控制。拟薄水铝石是一种结晶不完整的一水软铝石，具有孔容和比表面积大、黏结性强、胶溶性好及触变性凝胶的特点。目前已知的制备方法已经有很多报道，例如中和法、醇铝法等。但是目前拟薄水铝石合成工艺存在一定的问题。其中连续法工艺，有反应停留时间不同，导致拟薄水铝石晶粒生长、聚集不均匀的问题。而间歇法工艺，如果搅拌剧烈，搅拌的剪切力和浆液返混现象也会导致拟薄水铝石晶粒聚集不均匀。因此，在拟薄水铝石晶粒聚集后，会产生的粒子不均匀的问题。

固体粒子分离是机械分离等领域中最重要的单元操作之一。在粒子分级领域，水力旋流器分离系统相对于其他固体粒子分离技术而言，具有能耗低、成本低、无化学反应、无运动部件等优点。其原理是利用离心力场实现了轻重组分的分离，并强化分离过程。

在拟薄水铝石的合成过程中，水力旋流器的引入可以实现连续、快速、在线分级，避免拟薄水铝石在反应母液中停留时间过长导致晶粒不可控的变化。将晶粒生长、变化的有效反应过程保留在成胶和老化反应阶段。此外，由于拟薄水铝石粒子尺寸为微米级，相对较小并且分布范围较窄，其中包含大量粒度<10μm 的粒子。这种密度差小、粒子粒度也较小的分离（或分级）过程，具有极大的挑战性。微型水力旋流器（直径在 1~10mm）能有效地分离小粒子，不仅可用于微米级固体粒子的分级，还可用于分离密度差较小的粒子与介质。Hwang 等人采用 10mm 水力旋流器，将平均粒径 14.5μm 的玉米淀粉从悬浮液中分离出来。

在本研究中，采用直径为 10 mm 的微型水力旋流器用于拟薄水铝石粒子的分离。考察粒子粒径对拟薄水铝石孔结构的影响。

1　实验

1.1　拟薄水铝石的合成与分离

采用不同方法合成了两组理化性质不同的拟薄水铝石。其孔结构性质见表 1。

表 1　拟薄水铝石的孔结构性质

样品名称	拟薄水铝石 1	拟薄水铝石 2
孔容/(g/cm^3)	1.03	0.67
比表面积/(m^2/g)	282	190
孔径分布/%		
<6nm	2.1	7.7
6~15nm	42.0	34.8
>15nm	52.9	57.5

拟薄水铝石合成过程为成胶反应阶段。成胶反应结束后，生成物浆液通过蠕动泵以一定的流

速输送至微型水力旋流器。经过旋流器分离后，含小粒子的拟薄水铝石浆液从溢流口流出，含大粒子的拟薄水铝石浆液则从底流口流出。以上两股浆液分别经过洗涤、过滤、干燥过程，得到拟薄水铝石并进行取样表征。成胶反应与分离流程如图 1 所示，在采样点 S1、S2 和 S3 分别取样，进行粒度分析。

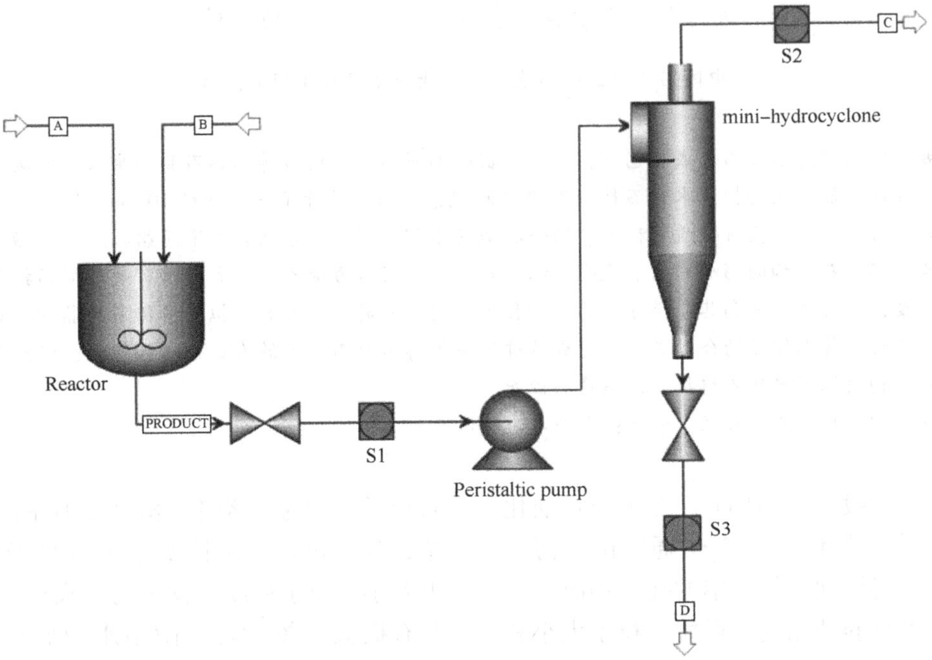

图 1　拟薄水铝石的合成及分离流程示意图

1.2　微型水力旋流器

微型水力旋流器的结构及流体运动方向如图 2 所示。其中旋流器主要结构分为柱段和锥段，流体流向如图 2 所示主要有两种，且具体分离过程为：待分离的流体以一定的切向流速从进口流入，产生高速旋转；在离心力的作用下，密度不同的轻、重组分分离；轻组分跟随向中心运动，形成向上运动的内旋流，从溢流口流出；而重组分则沿旋流器内壁面向下运动，形成外旋流，从底流口流出。而针对拟薄水铝石而言，就是溢流口流出小粒子，而底流口流出大粒子。

1.3　拟薄水铝石表征

采用日本理学株式会社的 D/Max2500 型 X 射线粉末衍射仪（XRD）进行催化剂的晶相性质表征。测试条件：石墨单色器，Cu 靶射线，Kα 辐射源，管电压 40kV，管电流 80mA，扫描范围 5°～80°。拟薄水铝石的孔结构性质的测定采用美国 Micromeritics 公司的 ASAP2020 型物理吸附仪。测试条件：在-196℃下测定的 N_2 吸附和脱附等温曲线，比表面积、孔体积等由脱附曲线按 BJH 模型计算得到。

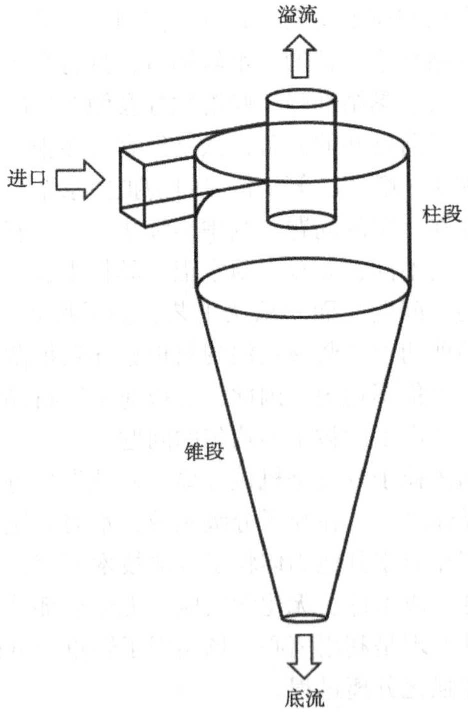

图 2　微型水力旋流器结构示意图

2　结果与讨论

两组拟薄水铝石在成胶反应后，马上进入微

旋流器进行分离。其中第一组拟薄水铝石经分离后，大粒子和小粒子被分离，粒径分布结果如图3所示。成胶反应器出口浆液(拟薄水铝石1)平均粒径为23μm，粒径范围为0.3~140μm，>10μm的粒子体积比为44.2%。经过一次分级以后，对比分离后得到的拟薄水铝石小粒子(溢流1)、拟薄水铝石大粒子(底流1)的粒径分布，底流1>10μm的粒子体积比为71.6%，溢流1<10μm的粒子体积比为61.3%。拟薄水铝石1和底流粒径分布差别比较明显。但是溢流与原拟薄水铝石的粒径分布差别不大，这是由于拟薄水铝石浆液的杂质含量高，粘度偏大，对分级效果造成了一定影响。

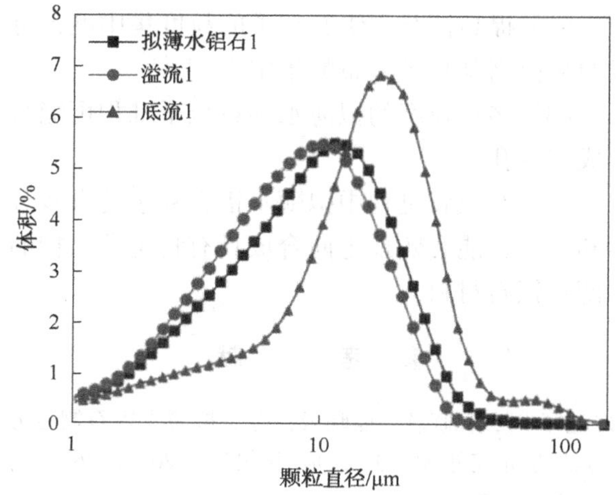

图3　经旋流分离后第一组拟薄水铝石粒子的粒径分布

第二组拟薄水铝石经分离后，大粒子和小粒子被分离，粒径分布结果如图4所示。对比成胶拟薄水铝石2、溢流2和底流2的粒径分布，可以看出分离效果良好。拟薄水铝石2平均粒径为18μm，粒径范围为0.7~150μm，其中>10μm的粒子体积比为65.9%。粒径分布呈弥散状态。经过分离以后，底流2平均粒径为19μm，>10μm的粒子体积比为81.2%；溢流2平均粒径为12μm，<10μm的粒子体积比为43.5%。经分离后，溢流和底流的粒径分布差别明显，大、小粒子分离效果理想。

然后对其中第一组分离后的拟薄水铝石进行晶相分析，如图5所示的X射线衍射谱图。谱图中在14°、28°、38°、49°、65°处均出现了拟薄水铝石的特征衍射峰，说明分离过程没有改变拟薄水铝石的晶相结构。

图6和表2为第一组拟薄水铝石经分离后的孔结构对比。如图6所示，分离过程对拟薄水铝石的孔结构有一定的影响，主要体现在孔径分布。拟薄水铝石粒度集中使孔径分布也趋于集中。但是粒度集中对拟薄水铝石的孔容和比表面积的调节作用不明显。可能是因为该拟薄水铝石的合成过程中，反应生成一次粒子的反应时间非常短，而拟薄水铝石胶体粒子在反应釜内的其余的停留时间，都是一次粒子聚集、长大形成二次粒子的过程。这就导致所有粒子的反应时间和过程相差较小，生成的拟薄水铝石粒子比较均匀。因此拟薄水铝石1粒径集中度很高，基本上都集中在10μm左右，其中7~12μm的比例高达32.5%。粒子的粒度过小且集中，这就导致了孔结构变化较小。

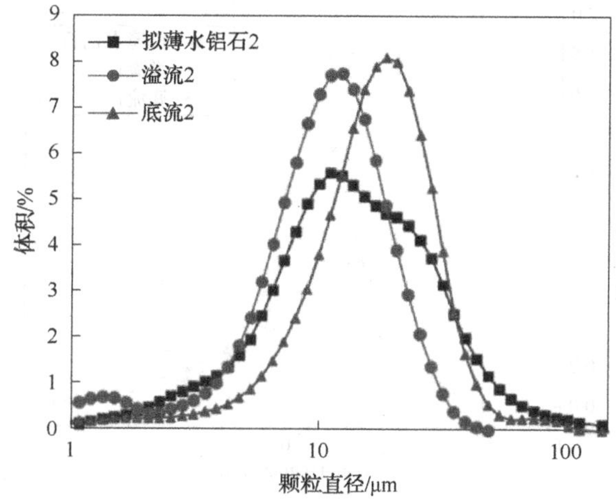

图4　经旋流分离后第二组拟薄水铝石粒子的粒径分布

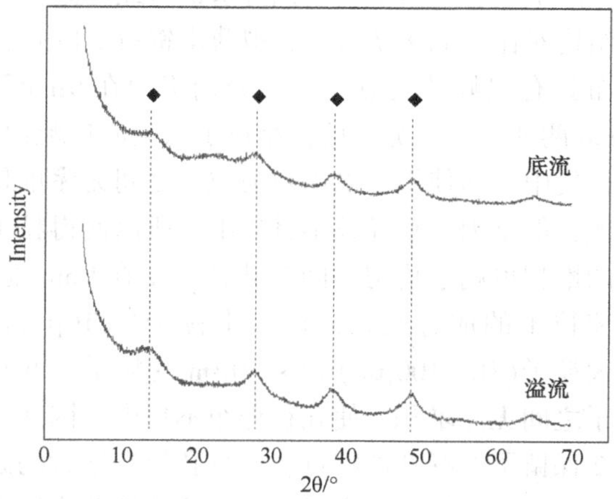

图5　经分离后拟薄水铝石XRD谱图对比

表2　分离后第一组拟薄水铝石的孔结构对比

样品名称	拟薄水铝石1	溢流1	底流1
孔容/(g/cm^3)	1.03	1.00	1.04
比表面积/(m^2/g)	282	270	288

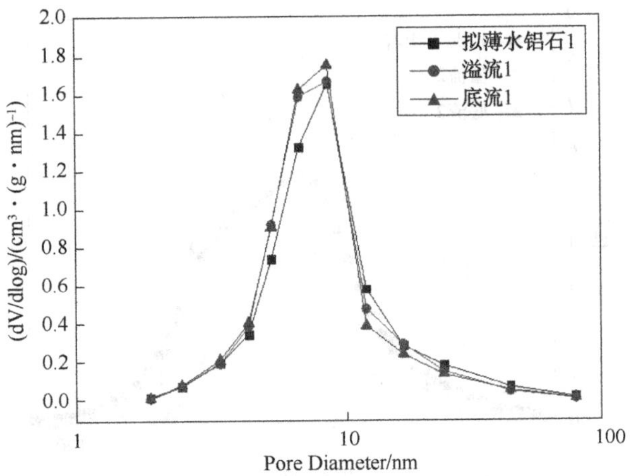

图 6　分离后第一组拟薄水铝石的孔径分布对比

图 7 和表 3 为第二组拟薄水铝石经分离后的孔结构对比。如图 7 所示，拟薄水铝石 2 的孔径分布具有双峰的特点。孔径分别集中在 9nm 和 23nm 两处。经过分离后，小粒子从溢流口流出，粒径集中。即使拟薄水铝石为粒子之间无序堆积形成，但是因为粒径较小且集中，所以使得粒子间的堆积也趋于均匀，因此孔径集中在 9nm 处。底流粒子的成分复杂，包括小粒子(<10μm)、较大粒子(10~100μm)和>100μm 的粒子，并且粒子之间无序堆积，使孔径分布不集中，因此底流 2 保留了双峰孔的特点，而且孔径有增大的趋势。由表 2 可知，分离过程使溢流的拟薄水铝石孔容和比表面积增大；相应的，底流的孔容和比表面积减小。针对拟薄水铝石粒子分离对孔径分布的影响推测，拟薄水铝石小粒子堆积形成较小的孔道，因此生成的拟薄水铝石孔径较小；大粒子堆积形成较大的孔道，因此生成的拟薄水铝石孔径较大。如果多种粒度的粒子堆积形成拟薄水铝石的孔道，可能会形成多峰的孔径分布特点(即多峰孔)。

表 3　分离后第二组拟薄水铝石的孔结构对比

样品名称	拟薄水铝石 2	溢流 2	底流 2
孔容/(g/cm^3)	0.67	0.71	0.58
比表面积/(m^2/g)	190	227	174

3　结论

综上所述，对于拟薄水铝石经过旋流分离后，其中的大粒子和小粒子的被有效分离。该分离对于拟薄水铝石的性质产生如下影响：

(1) 分离过程不影响拟薄水铝石的晶相

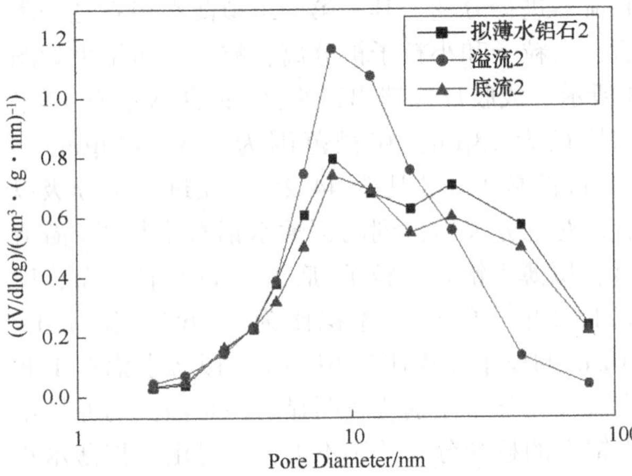

图 7　分离后第二组拟薄水铝石的孔径分布对比

结构。

(2) 提高拟薄水铝石粒子的粒度集中度，可以明显提高其孔径分布的集中程度。

(3) 多种粒度的拟薄水铝石粒子堆积可能会形成多峰孔。

(4) 对成胶过程中拟薄水铝石粒子的有效分离和组合，能有效地定向合成具有特定孔结构的拟薄水铝石材料。

参 考 文 献

[1] 左少卿，杜晓辉，熊晓云，等．拟薄水铝石制备方法的研究进展[J]．应用化工，2017，46(9)：1818-1821.

[2] 吕振辉，薛冬，彭绍忠，等．介孔氧化铝制备方法对其载体及催化剂性能的影响[J]．石油化工，2017，46(1)：17-26.

[3] 刘洪，郭清，胡攀峰，等．国内外液-液水力旋流分离器研究进展[J]．钻采工艺，2007，(5)：78-87.

[4] 刘杨，王振波．水力旋流器分离效率影响因素的研究进展[J]．流体机械，2016，44(2)：39-42.

[5] Yu J F，Fu J，Cheng H，et al. Recycling of rare earth particle by mini-hydrocyclones [J]. Waste Management，2017，61(3)：362-371.

[6] Grady S A Wesson G D，Abdullah M，et al. Prediction of 10-mm hydrocyclone separation efficiency using computational fluid dynamics [J]. Filtration & Separation，2003，40 (9)：41-46.

[7] Hwang K J，Lyu S Y，Nagase Y. Particle separation efficiency in two 10-mm hydrocyclones in series [J]. Journal of the Taiwan Institute of Chemical Engineers，2009，40 (3)：313-319.

威尔金斯型干式气柜橡胶膜泄漏原因简析

曹 杨

（中国石化上海高桥石油化工有限公司）

摘 要 橡胶密封膜是威尔金斯型干式气柜重要组成部件，该部件主体材料为橡胶，使用寿命约为6~8年，因运行时间长橡胶会自然老化和脆化。针对本次橡胶膜的泄漏情况对气柜橡胶膜进行鉴定检查，发现问题通过安装调整消除隐患。

关键词 威尔金斯；气柜；橡胶密封膜

气柜是炼化企业尾气回收存储的关键设备。威金斯干式气柜是目前国内石化企业广泛应用的一种气柜型式。它具有占地面积小，组装精密度高，容积容量大，操作弹性区域广、低负荷运行稳定，日常维护费用低等优点。但也存在密封点数多，橡胶密封膜出现泄漏时，在线检查漏点困难、检测时效性会有延时等缺点。

1 30000m³ 干式气柜基本情况

上海高桥分公司炼油系统火炬设施于1997年7月建成投产，共建有两座低压放空火炬和两座3万 m^3 湿式气柜，及其他相应配套的设施。该2台湿式气柜已使用近20年，接近使用年限，且火炬气中硫化氢含量较高，湿式气柜腐蚀比较严重。上海高桥分公司在2014—2015年将2座3万 m^3 湿式气柜改为2座3万 m^3 干式气柜。1#气柜于2014年8月投用，2017年12月首次检修，2#气柜于2015年投用，2020年12月首次检修。2#气柜在2022年5月气柜常规采样分析中检测到硫化氢，经多次采样和各方讨论分析，怀疑气柜橡胶膜泄漏，公司决定立即停用此气柜进行检修更换橡胶膜。气柜瓦斯气组成见表1。

表1 气柜瓦斯气组成

序号	组 分	实测结果（第一组）	实测结果（第二组）
1	甲烷/%（体积分数）	36.06	36.46
2	乙烷/%（体积分数）	9.48	9.65
3	乙烯/%（体积分数）	1.48	1.51
4	丙烷/%（体积分数）	6.63	6.74
5	丙烯/%（体积分数）	6.37	6.41
6	异丁烷/%（体积分数）	2.66	2.67
7	正丁烷/%（体积分数）	1.96	2.00
8	反丁烯/%（体积分数）	0.44	0.44
9	正丁烯/%（体积分数）	0.91	0.92
10	异丁烯/%（体积分数）	0.95	0.96
11	顺丁烯/%（体积分数）	0.27	0.27
12	C_6 及以上/%（体积分数）	0.71	0.71
13	异戊烷/%（体积分数）	0.55	0.55
14	正戊烷/%（体积分数）	0.39	0.39
15	正戊烯/%（体积分数）	0.00	0.00
16	1,3-丁二烯/%（体积分数）	0.02	0.02
17	C_5 及以上/%（体积分数）	1.65	1.65
18	氢气/%（体积分数）	27.42	27.62
19	氧气/%（体积分数）	1.45	1.35
20	一氧化碳/%（体积分数）	0.00	0.00
21	二氧化碳/%（体积分数）	0.74	0.73
22	氮气/%（体积分数）	1.52	0.62
23	氨气含量/（mg/m^3）	460	570

注：以上数据为2022年5月26日气柜瓦斯实测数据，瓦斯气中含湿硫化氢，根据气柜上次检修2017年11月至2022年5月气柜瓦斯分析结果统计，介质里硫化氢最高值为110000mg/m^3（2018年6月数据），次高值为71000mg/m^3，平均值为27000mg/m^3。

干式气柜的外部包括侧板、底板、顶板等，内部移动部件包括活塞、T型台及连接侧板与T型台的外橡胶膜和T型台与活塞挡板的内橡胶膜。气柜规格及柜体结构参数见表2。

表 2　气柜规格及柜体结构参数

气柜型式	威金斯型
公称容积/m^3	30000
气柜单重/t	972
侧板高度/mm	32810
侧板内径/mm	38200
密封段数/段	2
立柱根数/根	20
活塞最大行程/mm	26136
活塞有效行程/mm	26000
放散管数量	*DN*800×2(公称直径×个数)
调平装置数量/套	5

工作原理：气柜料位最低时，活塞落底降至柜底板上，T 型挡板在 T 型挡板支撑台架上。当气柜收储气体达到一定压力时，气体将活塞顶起后上升，内侧橡胶密封膜随活塞向上移动。这时 T 型挡板及外侧橡胶密封膜因未达到一定高度故均不动作。当气体不断进入气柜，气体将活塞顶升至桁架顶部，活塞碰到 T 型挡板上部桁架顶板时，内部橡胶密封膜已拉直并达到位移最大，活塞已不能单独上升。随着气柜内气体继续进入，气体将活塞与 T 型挡板将同时顶起上升。气柜内气体压力也随顶起重量增加上升，这时，外侧橡胶密封膜开始向上移动。最后，气体将活塞及 T 型挡板顶起上升到最高限位，外侧橡胶密封膜也被拉直并达到位移最大，气柜就达到最高料位同时也是最大储气量。当气柜向外送气料位下降时，活塞运行过程与上述过程相反。气柜结构示意图和气柜密封示意图如图 1、图 2 所示。

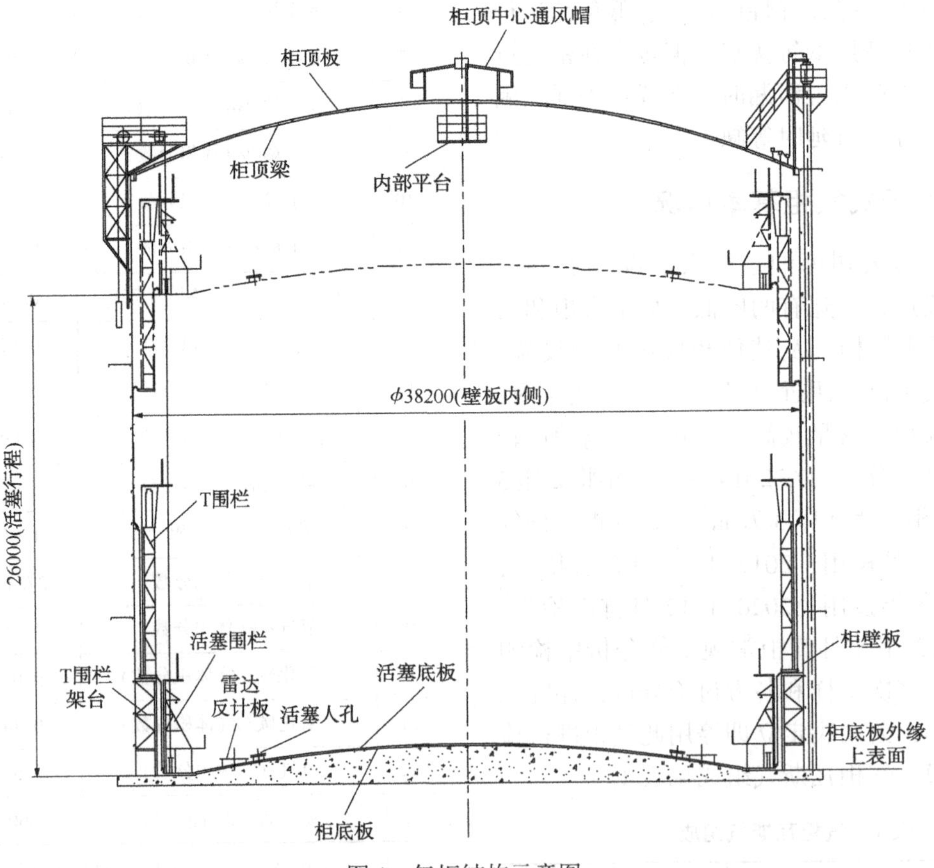

图 1　气柜结构示意图

2　橡胶膜泄漏问题分析

2.1　存在问题

（1）气柜停用后，通过内、外膜四道螺栓连接部位的的检查，发现在外橡胶膜的下部靠近波纹板的下端有一处泄漏点，根据气泡估计面积约 15mm^2，且泄漏点四周的钢结构件均出现较为严重的腐蚀物，其他部位在鼓风工况下通过气密检查，未发现有泄漏点，如图 3、图 4 所示。

（2）内膜有部分区域出现斜皱，调平钢丝绳有松紧不一的张力，气柜活塞有旋转偏移，从活塞平台上安装的橡胶垫板与 T 平台挡板接触的

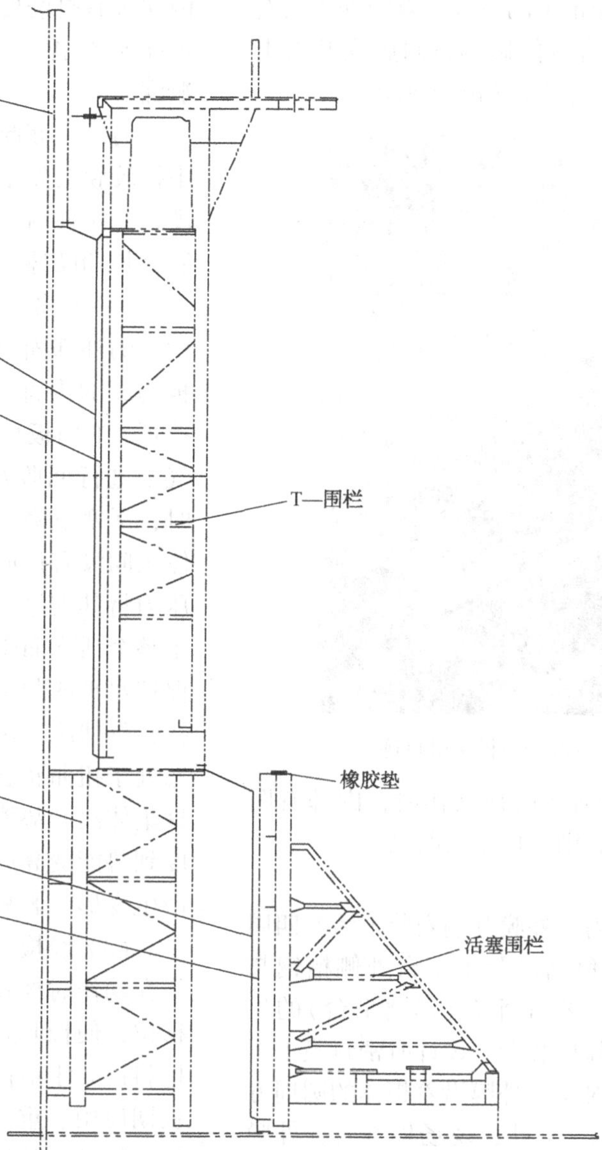

图 2　气柜密封示意图

图 3　橡胶膜泄漏点

图 4　橡胶膜损坏情况

位置可以看有的处于正中的位置，有的处于往右偏转约20~40mm，有可能影响密封膜安装时上下孔的一一垂直对应关系，如图5所示。

图5　T平台橡胶垫板接触痕迹

（3）在2#气柜活塞落地动作时，内部有明显的异声，橡胶膜和钢结构振动明显。

2.2　原因分析

（1）气柜橡胶内、外膜分别安装于活塞四周槽钢与T型台内侧角钢以及T型台外侧槽钢与柜体密封角钢之间，在T平台（活塞平台）的外侧安装时有波纹板保护装置。设计时密封膜上下两排孔的一一垂直对应。外膜沿着柜体的圆周方向上均匀排布有1976个孔，现场检查时，外膜下端14#槽钢实际孔数为1969个。比上端少7个孔，槽钢煨弯半径小约50mm，造成保护橡胶膜的波纹板垂直面偏离，如图6所示。

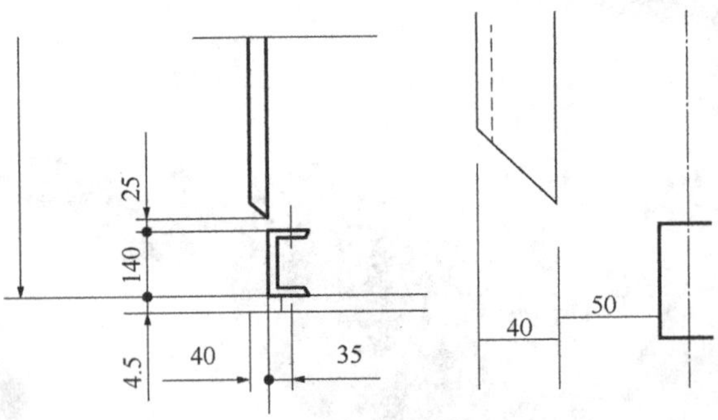

图6　槽钢与波纹板示意图

从2#气柜泄漏的地方正是波纹板离槽钢偏差达到50mm的距离，橡胶膜运行时，高度方向上的余量会紧贴着波纹板两端尖角，虽然波纹板两端头有打磨处理，但此处橡胶膜会长期与波纹板端头摩擦。造成密封膜的划伤破损，引起泄漏。

另一方面此橡胶膜使用时间7年，使用过程中橡胶膜会发生拉伸，材料本身存在自然老化和硬化，拉伸后在与波纹板端头空隙较大处形成折皱，长期摩擦造成磨损。

（2）气柜是由包括侧板、底板、顶板等部件构成的外部固定不动的圆柱体，包括活塞、T挡板构成的内部可活动构件，以及连接侧板与T挡板、T挡板与活塞挡板之间的橡皮膜组成。当气柜进行回收瓦斯气时，活塞上升，气体抽出时，活塞下降。活塞上下运动时，活塞与气柜柜体之间没有任何刚性连接，主要依靠柜内瓦斯气压力将其支撑。由于在活塞上下运动时可能会发生整个活塞面受力不均的现象，活塞并不会始终保持水平或归中状态，会产生不同程度的偏移或扭转等状况。由于活塞的偏转，橡胶内膜工作状态处于扭曲状态，橡胶膜受力时，使橡胶大分子聚集体离开势能变低或熵值较大的平衡，从而过度到势能变高或熵值较小的非平衡状态转变致使产生变形。影响密封膜的安全运行。

（3）经检查部分波纹板紧固件松动，导致活塞在动作时橡胶膜和波纹板摩擦力大造成波纹板移位，使橡胶膜和钢结构振动并发出异声。当气柜料位处于最低橡胶膜处于自由状态，因橡胶膜长期使用、重力和温度等因素的影响出现了橡胶膜被伸长以及拉伸现象，气柜的外膜和内膜下部可以观察到都有不同的向下延伸或下垂现象。当气体进入气柜内部，在气体压力的作用下，气体将橡胶膜鼓起并贴向波纹板一侧，活塞上升带动橡胶膜持续不断翻卷，在内膜上升至最大位移处时，内膜带动波纹板移动的摩擦力被波纹板的重力克服，导致波纹板快速回到原位，橡胶膜发出异常声音并伴有轻微振动。因为橡胶膜沿气柜周围一圈周长长，每块区域或部位的伸长量和摩擦力并不相同，橡胶膜运行时发出异常声音会持续一段时间。同理，在外膜上升至位移最大处时也会出现类似现象。由此带来的振动对气柜钢结构的强度有一定的影响。如果运行中橡胶膜没有完全伸展，外膜和内膜延伸部分都存在着活塞回落或落床时被碾轧开裂的可能，存在橡胶膜破裂泄漏的安全隐患。

3　整改措施

（1）外膜下端导向板进行调整，由原来60mm端面长度增加至100mm，使其在和波纹板下端面同一平面上，避免因错边而引起的摩擦。

（2）新橡胶膜安装时，对内外膜重新定位，外膜上1976个孔位先行吊装紧固，然后按膜下端沿圆周方向螺栓孔均分N个区（不少于20个），有孔位不一致的地方现场改孔作业。内膜安装时，由于活塞偏转，重新定位橡胶内膜1856个孔的垂直中心线。将内膜下端槽钢均布20个区间，每个区间进行适应性改孔。确保密封膜安装时没有褶皱产生。提高了使用的安全性。

（3）本次检修要求对内部所有波纹板进行螺栓紧固件检查并整改。按技术方案要求进行快速升降试验，活塞上升速度2m/min，现场根据升速安装两台大风量鼓风机进行升降试验，保证橡胶膜二段运行完全拉伸展开。

4　结束语

气柜橡胶膜一般寿命周期在6年左右，此台气柜橡胶膜已使用7年，上次检修发现橡胶膜硬度有所增加和发脆等老化现象。橡胶膜的拉伸和老化容易在空隙较大部位形成折皱，运动过程中反复磨损导致泄漏，通过检修减小波纹板与槽钢之间的间隙，让其在同一平面上，使橡胶膜不易在此部位产生折皱，消除隐患，提高橡胶膜使用寿命。

S Zorb 装置再生转剂管线失效原因及对策

林芝颖

（中国石化上海高桥石油化工有限公司）

摘　要　再生转剂管线是汽油吸附脱硫装置吸附剂循环的重要环节，一旦泄漏，吸附剂循环中断，影响产品质量和装置长周期运行。本文介绍了装置再生转剂线在 2021 年技措更新后投用二周时间就发生磨损穿孔泄漏的情况，分析了气力输送含固体颗粒管线磨损的原因，提出了防范措施：调整操作参数，适当降低气提流量，合理安排测厚时间和布点范围，优化吸附剂转剂管线的设计，包括减少弯头数量，使用合理曲率半径的弯管等。

关键词　S Zorb；吸附剂管线；弯管；磨损；泄漏

S Zorb 装置 2021 年检修，对一直困扰装置正常运行的反应、待生和再生转剂线进行了技改，由北京院(SEI)负责设计，首先是将弯管的曲率半径由 5 天扩大到 8 天；其次是增加管道壁厚，由 SCH80 升级到 SCH160；最后是优化了反应与待生转剂线管线走向。但是，在装置检修后开工正常运行 2 周时间，再生转剂线至 D110 器壁编号 A24 的弯管因吸附剂磨损发生了泄漏，使整个闭锁料斗循环系统中断，引起汽油成品出装置质量波动；另外大量吸附剂外流不仅造成经济损失，同时对环境也造成严重的粉尘污染。

1　吸附剂管线失效原因分析

1.1　吸附剂循环系统再生部分转剂线介绍

S Zorb 装置吸附剂循环系统正常运行是确保装置平稳连续生产的一个重要环节，整个循环系统主要由反应转剂线与再生转剂线组成，再生部分主要包括待生转剂线与再生转剂线，主要流程是待生剂由再生进料罐（D107）至再生器（R102），再生剂由再生器到再生器接收器（D110），工艺流程布置见(图 1)，最后由闭锁料斗(D106)输送至反应系统，实现整个吸附剂循环再使用。

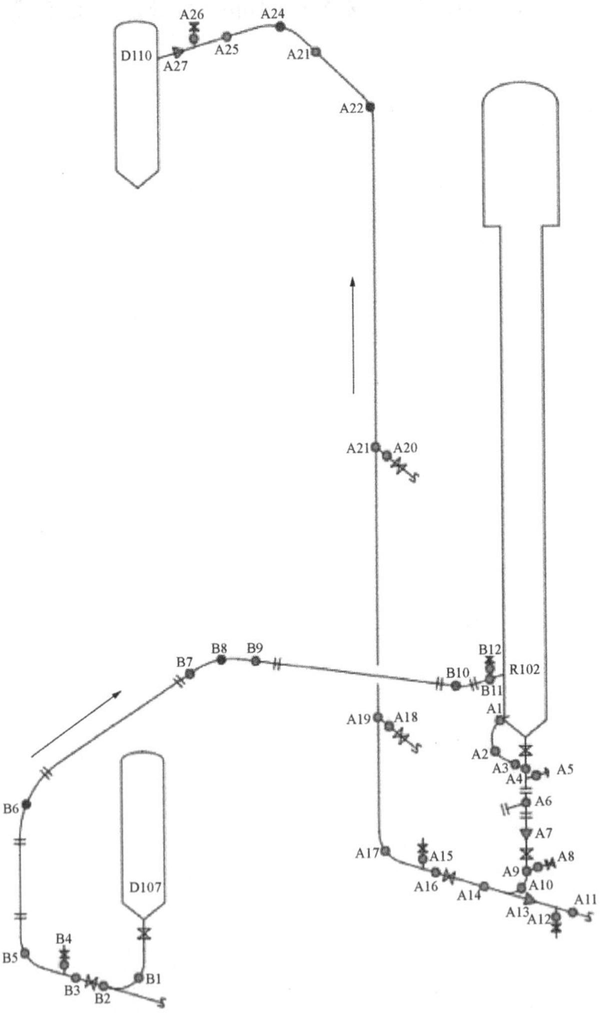

图 1　工艺流程检测布置图

再生部分转剂管线的情况介绍：

（1）50-C-2501 起始从 D107 底部至 R102 下半部，长度 10.9m，垂直距离 6.6m，材质：P11；规格：$DN50$ $R=8D$ SCH160。

（2）80-C-2601 起始从 R102 底部至 D110 顶部，长度 27.7m，垂直距离 25m，材质：P11；规格：$DN80$ $R=8D$ SCH160。

吸附剂管线的设计工况及规格尺寸见表 1 和表 2。

表 1　S Zorb 装置吸附剂管线设计工况

项　　目	50-C-2501	80-C-2601
管道操作介质	热氮气+吸附剂	冷氮气+吸附剂
气提氮气流量/(m^3/h)	45	149
气提氮气温度/℃	232	24
气提氮气压力/MPa	0.57	0.28
吸附剂+氮气流量/(m^3/h)	17.7	55.3
吸附剂+氮气温度/℃	260	350
吸附剂+氮气压力/MPa	0.57	0.28

表 2　S Zorb 装置再生吸附剂管线规格尺寸

序号	名称	50-C-2501	数量	8O-C-2601	数量
1	直管	*DN*50 SCH160	10.9m	*DN*80 SCH160	27.7m
2	弯管	*DN*50 *R*=8*D* SCH160 90°	1 只	*DN*80 *R*=8*D* SCH160 90°	1 只
3	弯管	*DN*50 *R*=5*D* SCH160 90°	1 只	*DN*80 *R*=8*D* SCH160 45°	2 只
4	弯管	*DN*50 *R*=8*D* SCH160 45°	2 只	*DN*50 SCH150 45°	1 只
5	弯管	*DN*40 SCH80 45°	1 只	—	—
6	材质	耐热铬钼钢 P11	—	耐热铬钼钢 P11	—

1.2　再生系统吸附剂管线运行及泄漏情况

2021 年 12 月 14 日，S Zorb 装置检修结束刚开工正常运行 2 周的转剂线 R102 至 D110(8O-C-2601)弯管发生泄漏，泄漏点位置是 A24 弯管外侧，泄漏形式为冲蚀穿孔(图 2)，后采用贴板补强处理。此处弯管的磨损速率达到 6mm/周，因此，对这次检修改造的待生及再生转剂线进行了定点测厚，从检测数据看，弯管的磨损都非常严重，D107 至 R102(50-C-2501)转剂线 B8 弯管减薄速率 1.7mm/周，其余弯管 0.4~0.5mm/周速率减薄。水平横管 A14 减薄速率 0.1~0.2mm/周。对减薄速率大于 0.2mm/周以上的弯管和直管进行贴板处理，延长管线的使用时间。2022 年 9 月对 A24、A14 和 B8 进行了更换。对更换下的弯管观察可知，冲刷形态表现为沟槽分布(图 3、图 4、图 5、图 6)。2023 年 2 月 18 日在 A23 下方的直管垂直正上方发生泄漏(图 7)，后焊接安装夹套使用至 5 月停工消缺，管子内部已冲刷出宽 40mm 左右宽的带状沟槽(图 8)，但夹套内壁冲刷迹象不明显。分析吸附剂冲击磨损状况，主要有 3 个特点：

(1)水平直管的失效穿孔点位置易发生在吸附剂与提升气混合后的管线上部。

(2)吸附剂在向上提升过程中，容易在 45°或 90°弯管外侧发生磨损穿孔。

(3)吸附剂介质在向上提升过程中沿 45°斜向往上输送，直管上部容易发生磨损。

图 2　D110 器壁 A24 弯管外侧外

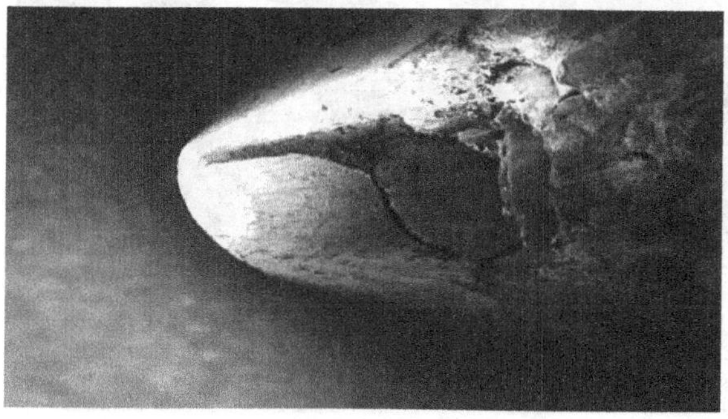

图 3　A24 弯管弯内部冲刷状况

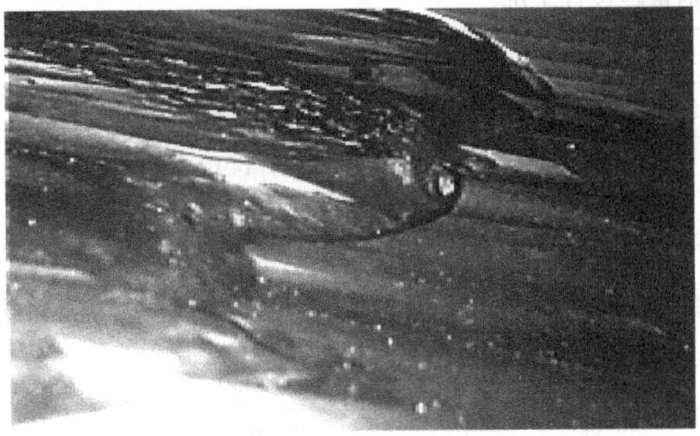

图 4　A14 直管内部冲刷状况

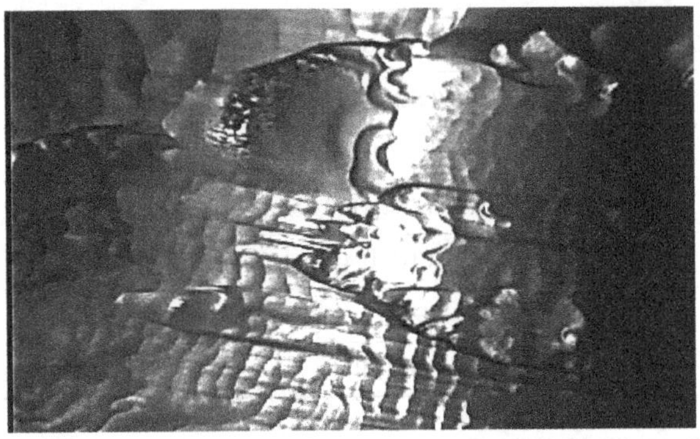

图 5　B8 弯管内部冲刷状况

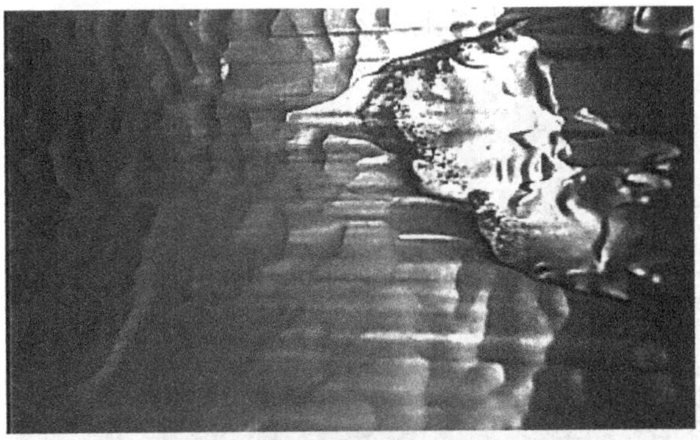

图 6　B8 弯管内部冲刷状况

图 7　A23 直管磨损状况

图 8　A23 直管安装夹套后内部冲刷状况

1.3　磨损泄漏失效原因分析

1.3.1　机理

在固体颗粒输送过程中，固体颗粒与管道内壁存在强烈摩擦和撞击所造成的磨损是输送管道失效的重要原因之一，而输送管道中的弯管是最容易磨损的部位。弯管的磨损率是直管的 50 倍左右。固体颗粒在管道输送过程中所涉及的磨损主要有冲击磨损、表面疲劳磨损和磨粒磨损。冲击磨损是指气体和固体颗粒的两相流混合物以高速和连续不断的方式冲击到管道内壁面，使壁面材料发生塑性变形；而有些颗粒则被内壁面反弹出去，使壁面承受连续不断的交变应力而发生疲劳。内壁面材料在这种持久不断的塑性变形和疲劳状态下发生脱落。固体颗粒对壁面的冲击有垂直方向冲击和斜方向冲击。表面疲劳磨损是由于固体颗粒在壁面的滚动和滑动而引起的。表面疲劳磨损可以发生在输送系统中任何固体颗粒与壁面有接触的地方。磨粒磨损主要是由于硬质固体颗粒的不规则形状而引起。

影响弯管磨损的主要因素包括输送速度、所输送固体颗粒硬度及形状尺寸、固体颗粒撞击角度、弯管的材料和几何尺寸等。

对于相同材料的弯管，气体输送速率是其磨损率最重要的影响因素。气体输送速率和磨损率之间有如下关系式。

$$\varepsilon = kV^{n} \tag{1}$$

式中：ε 为磨损率；V 为气速，m/s；K 和 n 为常数，是通过实验测得。表 3 为计算所得各种材料弯管的 k 值和 n 值。

表 3　各种材料弯管磨损公式中的常数 k 和 n 测试值

项目	10#钢	20#钢	16Mn	18-8 不锈钢
k	0.048	0.414	0.002	0.288
n	1.998	1.268	2.215	1.570

由表3可见，4种材料的 n 值在1.2～2.2。这样磨损率将随着气速的增大而增高，而且气速越高，磨损率增加的速率就越大。

曲率半径对磨损速率的影响，同样材质曲率半径小的弯管磨损率大于曲率半径大的弯管；但是通过实验发现小曲率半径（$R/D=2\sim3$）弯头的耐磨性优于大曲率半径弯头。在物料通过大曲率半径弯头时，流动方向改变，物料与管壁间有猛烈的冲击，物流冲击加剧能量消耗，并随 R/D 比值的增大而冲击点增多，弯头内壁外侧有较多磨损点；实验观察发现小曲率半径弯管存在一个物料堆积密集区，它对管内壁起到一定的保护作用，减少了物料中颗粒对管壁的冲击力和冲击次数，同时由于物料密集区贴近管内壁部分，物料的相对流动速度减缓，对管壁磨损也减弱。

《气力输送系统的弯头结构形式及合理选用》一文中也解释了小曲率半径耐磨性优于大曲率半径的原因，弯管内侧内壁磨损的原因（图9）。弯管内壁磨损点显示了物料与管壁间的猛烈冲击和物料流动方向的改变，物流冲击加剧颗粒破碎、能量消耗，并随 R/D 比值的增大，冲击点增多、能量消耗也愈大，弯管处会产生凹坑。小曲率半径弯管的转弯处可形成物料堆积密集区，对管内壁起保护作用，减少了物料对管壁的冲击力和冲击次数。同时由于物料密集区的贴近管内壁部分的物料相对流动速度减缓，对管壁磨损减弱，此处磨损主要是由于物料粒子与壁面摩擦造成。

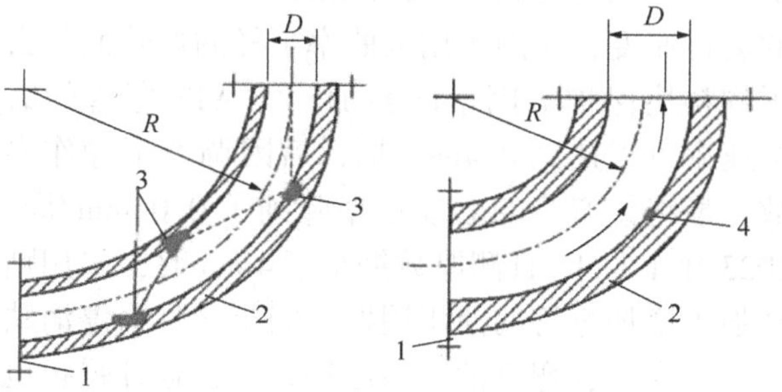

(a)R/D=5~15　　(b)R/D=2~3

1—连接法兰；2—弯头；3、4—磨损点

图9　弯管内物料流动形式及磨损情况

根据以上固体颗粒对弯管冲刷机理的分析，能够准确地发现汽油吸附脱硫装置再生部分吸附剂管线磨损点的分布状况与泄漏失效现象。吸附剂输送由气提前和气提后两部分组成，容器底部出口至水平提升管前为气提前，吸附剂的输送依靠介质的自身重量以及压差，此处的管线及弯管的磨损速率很小，基本可以忽略不计。气提后是依靠氮气的气力输送，转剂线上的所有失效都发生在这段。

1.3.2　直管段磨损减薄原因分析

转剂线水平段减薄点B3、点A14正好处在容器来的吸附剂及氮气与提升气混合后所在的位置，因为特殊的构造容器来管道斜向插入提升管道径向处一半，因此提升气通过此处会遇到一个节流且与容器来的吸附剂与氮气充分混合的过程，如果氮气流速较快，吸附剂会被输送氮气推向并撞击管道上部内壁（图10）。洛阳炼化、茂名炼化、燕山炼化和镇海炼化等多个装置在此位置发生过泄漏，镇海模拟测试，发现当其他条件不变时，提升氮气流速165Nm³/h时，颗粒居于水平段上方，提升氮气流速60.56Nm³/h时，颗粒居于水平段中间（图11）；吸附剂入口气相速度3.65m/s时，颗粒居于水平段上方，吸附剂入口气相速度7.3m/s时，颗粒居于水平段中间（图12）。结果显示，此处磨损点位置与容器来的吸附剂及氮气（红色）和提升气体（蓝色）两者的流速有关，当容器来的吸附剂及氮气（红色）流速输出不变，逐步提高提升气体（蓝色）的流速，则水平段红色部分吸附剂颗粒往管道上半部移动，导致吸附剂颗粒对管线上半部的管壁形成持续的撞击与冲刷；当提升气体（蓝色）流速输出不变，逐步提高容器来介质吸附剂及氮气（红色）的流速，则水平段红色部分吸附剂颗粒由管道顶部往管道中心移动。在实际生产运行过程中，由于容器来吸附剂的流速主要由再生进料罐和再生器的内部压力来确定的，因此容器的操作压力波动会比较平稳。所以在实际生产操作过程中为了确保吸附剂颗粒能平稳连续输送，提升氮气输出量往往会给的比较大，则气体夹带的吸附剂颗粒的流速也会同步上升，加剧吸附剂颗粒对管线内壁的撞击与冲刷，冲刷程度和位置是由吸附剂颗粒与提升气体的流速确定。

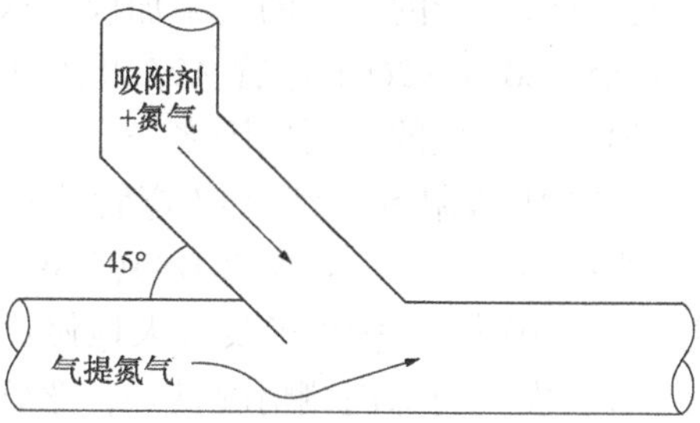

图10　吸附剂混合段特殊结构

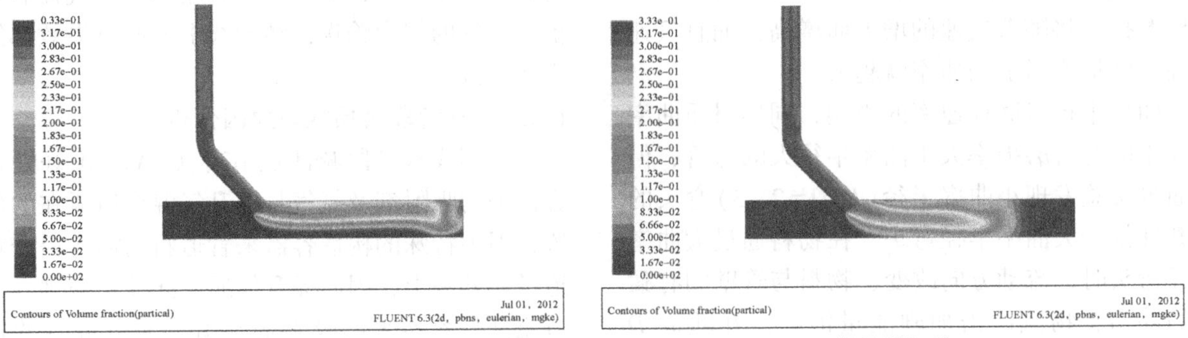

(a)165Nm³/h　　(b)60.56Nm³/h

红色为吸附剂；蓝色为氮气

图 11　气提氮气入口不同流量的颗粒

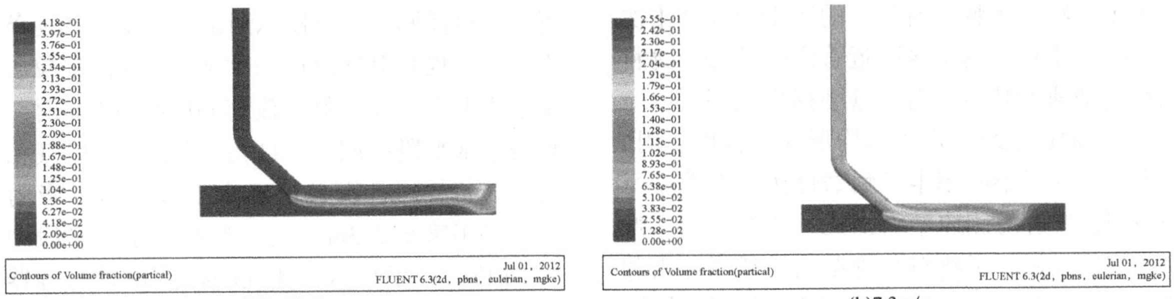

(a)3.65m/s　　(b)7.3m/s

红色和橙色为吸附剂；蓝色为气提氮气

图 12　吸附剂入口气相速度颗粒分布图

1.3.3　弯管段磨损减薄失效原因分析

由于吸附剂颗粒持续不断地在弯管内变换运行轨迹方向，促使吸附剂颗粒对弯管内壁进行连续地撞击、冲刷和磨损，造成了弯管内壁磨损减薄泄漏失效。根据吸附剂输送方向，现场弯管的安装可以分为两种，一种是吸附剂颗粒由水平输送经 90°弯管转向往上输送时，如采用曲率半径较小的弯管时，吸附剂颗粒在弯管内壁外侧易受冲刷位置会堆积一定的物料，形成保护垫来延缓管壁受到吸附剂颗粒的冲击和磨损；另一种是吸附剂颗粒由向上输送经 45°或 90°弯管转向斜上或水平输送时，由于吸附剂颗粒受自身重力的作用下，弯管易受冲刷位置不会有物料堆积形成保护垫，因此管壁是充分暴露在吸附剂颗粒的撞击与磨损中，导致弯管的磨损的速率加快。这也正是再生转剂线 80-C-2601 弯管 A24 开工才 2 周就发生磨损穿孔失效的主要原因之一。

80-C-2601 吸附剂管线 A17 弯管改造前弯管的曲率半径为 5*D*，壁厚为 SCH80(7.62mm)，已在线运行了 10 年，2018 年装置大检修用内窥镜检查弯管，发现内部内侧情况良好，弯管内部外侧靠出口侧情况良好，无冲刷与磨损痕迹(图 13A)。弯管靠进口侧有轻微少量的沟槽冲刷痕迹和凹坑(图 13B)。2021 年装置大检修改造后弯管曲率半径为 8*D*，壁厚为 SCH160(11.13mm)，虽然壁厚增加了 3.51mm，但是在相同管径的情况下，管道内部的流通面积却减少了 18.15%，同时也增加了吸附剂颗粒在管道内的运行速度，又因采用大曲率半径的弯管而失去了物料垫保护等因素的叠加，使 A17 弯管的磨损速率可以达到 0.4mm/周，后因调整了操作参数，最终使弯管的磨损速率降到了 0.03mm/周。2023 年 1 月 17 日测厚数据小于 4mm 时，采用贴补强板增加弯管的使用周期，同年 5 月临停消缺时更换弯管，弯管的本体已经磨穿，且补强板也磨损较严重，A17 弯管的磨损情况(图 14)。

1.3.4　实际生产对转剂管线使用的影响

在使用气体输送吸附剂时，吸附剂对管线及管配件的磨损是必然发生的，特别是当输送吸附剂颗粒运行轨迹发生变化时更为严重，由磨损率公式 $\varepsilon = kV^n$ 推断，磨损率随着气速的提高而增大，而且气速越高，磨损率增加的速率就越快。因此要尽可能降低吸附剂颗粒在管线内运行的速度是可以有效降低吸附剂颗粒对管道的冲击与磨损。

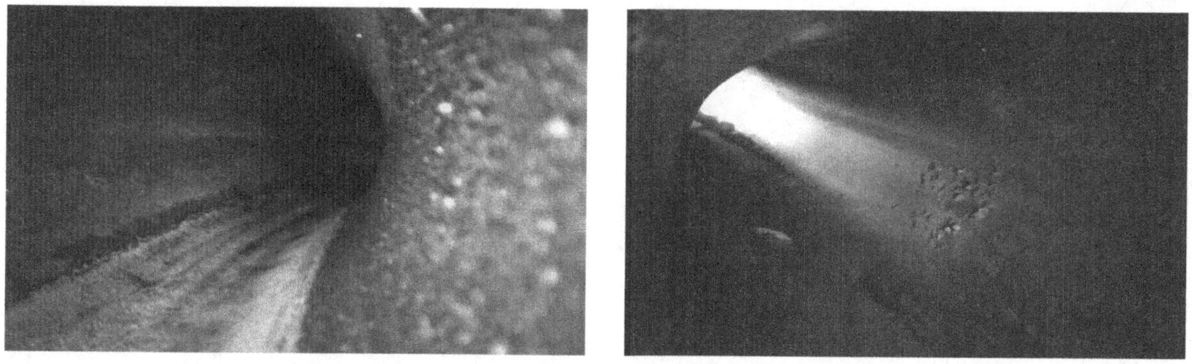

(a)　　(b)

图 13　改造前 A17 弯管内部磨损状况

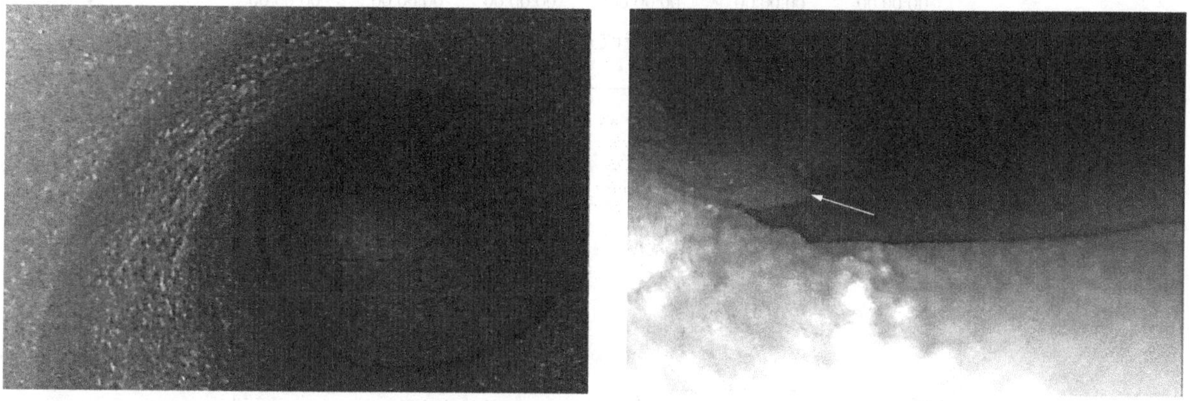

图 14　A17 弯管磨损情况

还有可以在满足安全生产的前提下，再生进料罐(D107)和再生器(R102)的操作压力靠上限运行，也可以缓解水平管段受吸附剂颗粒的冲击与磨损。

2　转剂管线的优化

根据气体输送机理分析得出结论，吸附剂颗粒在管线输送过程中对管线冲击与磨损是不可避免的，合理调整管线布置和优化设计、在实际生产过程中适当调整相关操作参数，延缓吸附剂颗粒对管线的撞击与冲刷，将磨损与泄漏控制在合理范围内，满足装置长周期连续运行。

2.1　优化操作

在吸附剂颗粒输送过程中，影响管道受吸附剂颗粒冲击与磨损的一个主要指标是输送气体的流速，因此在实际操作过程中，前提条件是满足吸附剂输送，同时也满足吸附剂循环的转剂速率，最大限度减少输送吸附剂的汽提气量，降低吸附剂颗粒在管道内的运行速度，同时可以延缓吸附剂颗粒对管道冲击和磨损。运用到实际操作中，参照设计提供的氮气输送气量，根据现场实际生产需求，慢慢减少提升氮气输出气量，寻找出满足生产所需的最小提升气流量。通过一段时间摸索，再生进料罐(D107)底部的氮气输送量由 38Nm^3/h，降到 8.4Nm^3/h(图 15)，再生器(R102)底部氮气输送量由 82Nm^3/h，降到 52Nm^3/h(图 16)。适当提高容器的操作压力或降低提升气体的流速，可以改善吸附剂与气提氮气在管道内的混合形式，尽量把吸附剂堆积层控制在管道的中心位置，避免直管段上部受到吸附剂撞击与冲刷。

2.2　合理安排定点检测

定点涡流扫查是监测管道磨损的主要措施，根据现在已发生吸附剂管线磨损和泄漏失效部位分布情况看，主要集中在吸附剂管线氮气与吸附剂混合区的水平管段上半部，转剂线弯管外侧，以及 45°向上输送的直管，这些部位要重点监测，提高涡流扫查频率，增加布点范围。

2.3　吸附剂管线设计改进

依托气力输送固体颗粒物的管道，常规设计是选用较大曲率半径的弯管，但是，根据现代弯管磨损机理分析，相对较小的曲率半径弯管更适合 S Zorb 装置转剂线上使用，因为物料堆积形成的缓冲保护垫，能够缓解吸附剂颗粒对弯管的撞击与冲刷，因此大曲率半径的弯管并不一定适

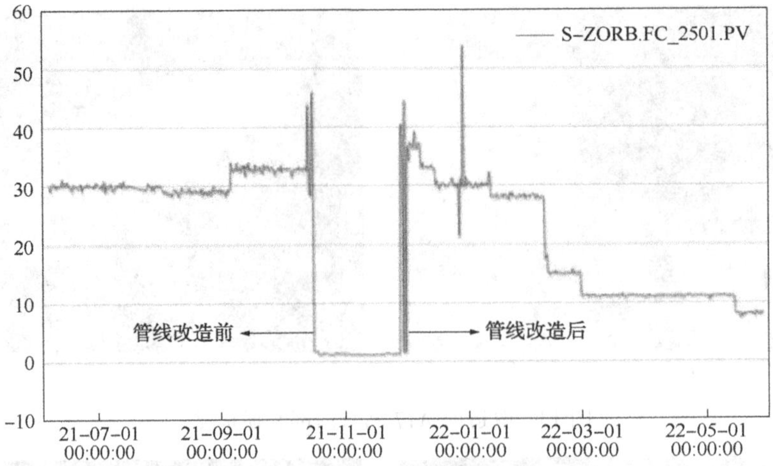

图 15　D107 转剂线改造前后汽提量的对比

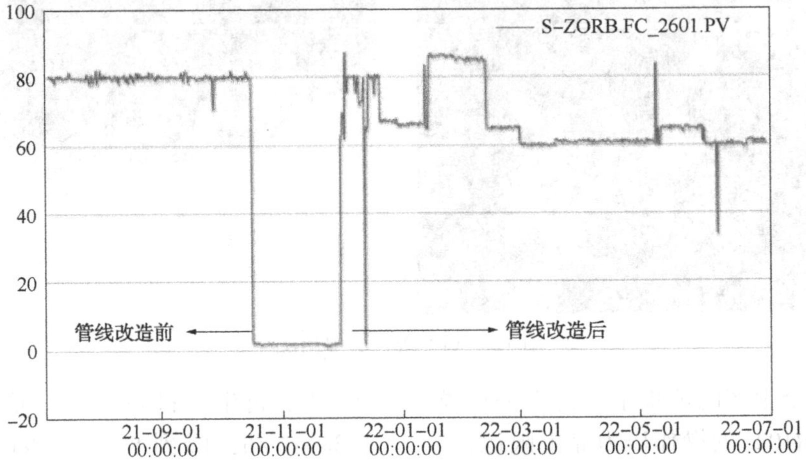

图 16　R102 转剂线改造前后汽提量的对比

合在 S Zorb 装置转剂管线上的使用。优化吸附剂管线布置，尽可能减少弯管数量，采取一些必要的弯管保护措施，如在弯管外侧加补强板(图 17)，一旦弯管磨穿了，还有补强板维持工作，也可以采用安装夹套的方法(图 18)来延长弯管的使用时间，确保弯管能满足装置的长周期运行。

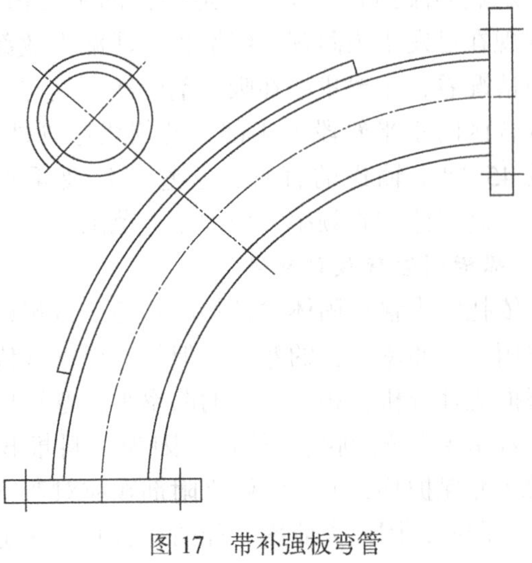

图 17　带补强板弯管

图 18　安装夹套的弯管

3　结论

通过对依靠气力输送固体颗粒物的管道磨损机理分析，对现有吸附剂管线受吸附剂颗粒冲刷磨损泄漏失效的几种状况分别进行了原因分析，在目前工况条件下，为确保装置长周期运行，降低气提流量，减缓对管壁的冲刷磨损；对所有提升部位的弯管采取安装夹套补强，延长弯管的使用时间；加强对易磨损部位的监测，根据检测数据，及时调整涡流扫查的频率和监测点范围，尽快发现管线上的薄弱部位，实现预防性维修；优化吸附剂管线的设计，减少弯管的数量。

参考文献

[1] 王中营. 张海红. 武文斌. 物料颗粒在弯管内的摩擦磨损与运动分析. 粮食与饲料工业. 2014(12)：15-17.

[2] 高万夫. 郑雁军. 崔立山. 管道弯头磨损特性的研究. 石油化工高等学校学报. 2003. 16(4)：56-60.

[3] 马正先. 气力输送系统的弯头结构形式及合理选用. 起重运输机械. 1996(6)：6-11.

FRIPP 固定床渣油加氢处理技术研究进展及工业应用

张　成　袁胜华　耿新国　刘铁斌　王志武

（中国石油化工股份有限公司大连石油化工研究院）

摘　要　本文主要介绍了大连(抚顺)石油化工研究院(FRIPP)开发的新型固定床渣油加氢技术的进展以及近期工业应用情况。新型催化剂体系中的S-Fitrap体系可提高体系的脱/容金属杂质能力，有效保护后段催化剂。针对加工高氮、高酸类原油易引起床层压降升高且氮难以脱除的问题开发了新催化剂体系。典型工业装置运转结果表明，FRIPP开发的新型渣油加氢处理催化剂体系性能达到同类催化剂整体水平，具有长的运转寿命和良好的原料适应性。

关键词　渣油加氢处理；S-Fitrap；新型催化剂固定床

1　前言

进入到21世纪以来，我国成品油需求量逐年增长，石油资源的高效利用和油品清洁化是石化行业要面临的严峻挑战。如何将重质油进行高效转化，满足迅速增长的清洁油品质量升级以及炼化一体需求，是目前炼油技术研究的重点。渣油加氢技术能够增产高品质的轻质油品。因此，在环保法规要求日益严格的今天，渣油加氢处理技术得到了迅速的发展。

为了更好地适应原油市场变化及油品质量升级要求，中国国内炼油企业重点关注渣油加氢处理技术。固定床渣油加氢技术经过几十年的发展，并在装备制造业和电气化水平的快速进步的推动下，技术水平已经日臻成熟。固定床渣油加氢装置大型化已经成为渣油加氢技术发展的主要趋势。在未来几年渣油加氢装置的建设中，固定床渣油加氢技术仍占据主导地位。到2020年底，国内(大陆)固定床渣油加氢装置将达到27套，总加工能力达到7310万t/a。

FRIPP拥有三十余年渣油加氢处理技术开发和工业应用实践，能够根据现有工业装置和原料油性质的特点，有针对性的开发了新型固定床渣油加氢处理催化剂体系以及配套催化剂级配技术。新技术的开发及应用较好的适应了当前渣油加氢技术发展的新形势，有效解决了渣油加工过程面临的诸多难题，最终实现催化剂性能与长周期运转之间的平衡。

2　提高催化剂稳定性的技术

2.1　新型催化材料研发进展

催化剂性能的快速提升离不开催化材料的进步。在渣油加氢处理过程中，催化剂孔道性质起到至关重要的作用。FRIPP开展了新型催化材料的研究并初步取得一定研究成果。采用无机铝源为原料，按照特殊方法制备了一系列氧化铝催化材料。该催化材料形貌历经从纳米线集群形态进化到鸟巢状中空微米球，最后到花状中空微米球的演变。通过调控和优化合成条件，得到一种有开放性介孔和大孔的笼状多级孔氧化铝，其孔壁上的骨架结构由纳米丝缠绕形成。多级孔γ-AlOOH的扫描电镜图和工业氧化铝的扫描电镜图见图1。

以新催化材料制备的催化剂活性评价工艺条件和数据见表1和图2。从图2数据可见，多级孔催化剂的脱金属稳定性优于参比剂，反应150天后，多级孔催化剂的脱金属率由54.1%仅降低至51.8%，而参比剂的脱金属率降至47.6%。良好的脱金属稳定性是确保装置长周期运行的前提。

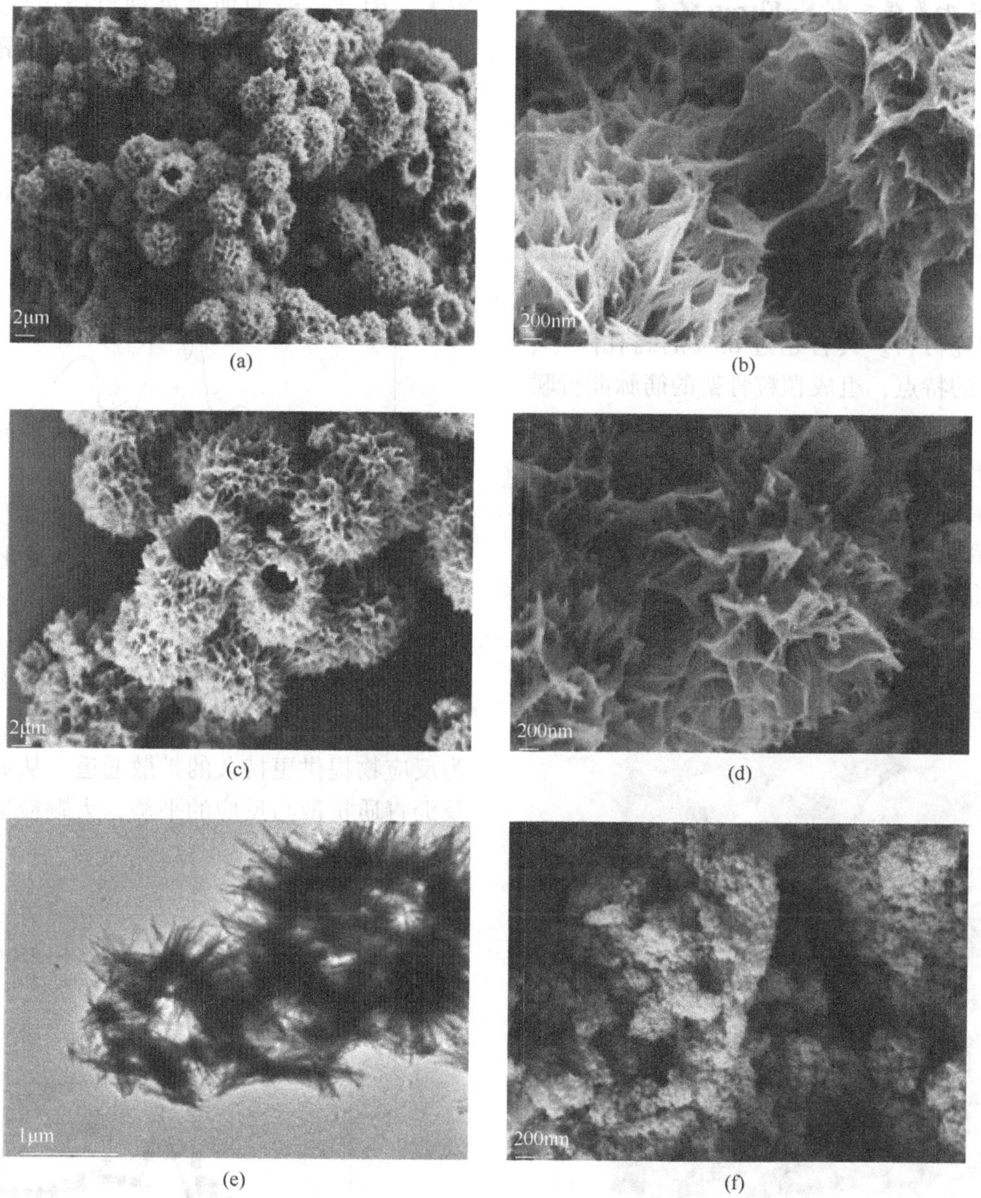

图 1 多级孔γ-AlOOH 的扫描电镜图(A, B)及其 800℃焙烧后的扫描电镜图(C, D),
透射电镜图(E)和工业氧化铝的扫描电镜图(F)

表 1 渣油加氢脱金属性能评价条件

项 目	数 值
原料油性质	
CCR/%	11.5
S/%	3.1
Ni/μg · g^{-1}	22.4
V/μg · g^{-1}	36.8
反应条件	
温度/℃	380
压力/MPa,	15.0
体积空速/h^{-1}	1.0(相对 HDM 催化剂)

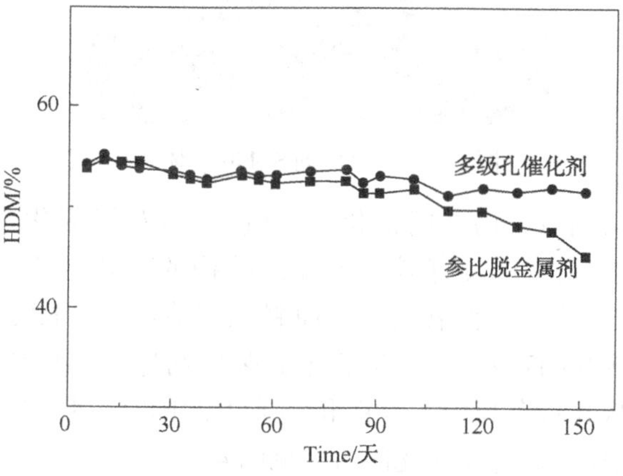

图 2 多级孔氧化铝负载的
NiMo 催化剂的渣油加氢脱金属性能

2.2　FRIPP 加氢保护剂 S-Fitrap 体系

加氢保护剂组合体系是固定床加氢的关键技术之一。长期的实践证明，采用加氢保护剂组合体系解决反应器压降问题是有效手段。因此，FRIPP 开发了加氢保护剂 S-Fitrap 体系，将单一保护剂的性能与保护剂体系有机结合起来，充分发挥体系中每个催化剂的性能优势。S-Fitrap 体系包括：

泡沫陶瓷材料。具有超过 85% 的高孔隙率、高外表面积的特点，组成颗粒骨架的筋脉曲折联通，在制备过程中通过调节骨料浆液的表面张力，筋脉间形成随机分布的膜体，维持块体高均匀通过性的同时，进一步改善对机械杂质的过滤能力，提高机械强度。制备成功有利于物流分配和过滤杂质的能力的高效保护剂 FGF-01 和 FGF-02，见图 3。

图 3　加氢保护剂 S-Fitrap 体系

脱铁/钙专门催化剂。脱铁/钙专门催化剂 FZC-100B 具有微米级孔道结构的高孔隙率的点。选择特种氧化铝为原料制备成载体。FZC-100B 的存在进一步完善了保护剂体系。FZC-100B 具有高脱、容铁和钙能力的同时，强化了胶质和沥青质转化能力，见图 4。

渣油中胶质及沥青质是稠环芳烃组成具有三维结构的大分子，分子量高达 40 万，分子尺寸较大。因此，渣油加氢处理反应更注重反应效率，即各类催化剂孔道结构尽可能缓解大分子内扩散阻力大带来的负面影响。

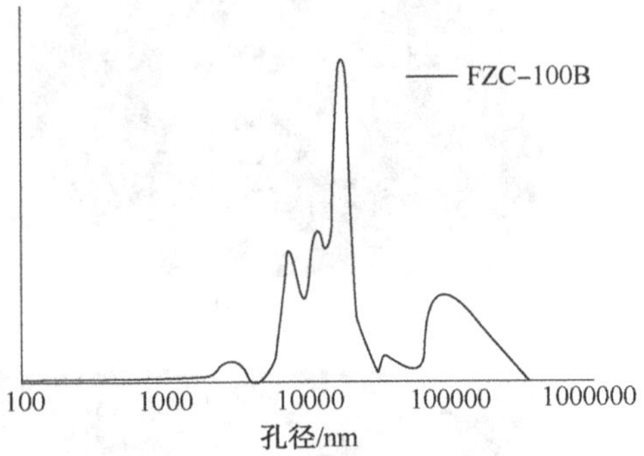

图 4　FZC-100B 保护脱金属剂孔结构(压汞法)

增强型保护剂/脱金属剂。新催化剂具有明显的大孔径和多大孔的特点，并且小于 10nm 范围内的孔明显少于参比剂，大孔比例显著增加，孔结构优于工业参比保护剂孔结构。图 5 为新开发保护剂孔结构(压汞法测试)。较大孔道能够为反应物提供更持久的扩散通道，从而实现胶质及沥青质扩散与反应的平衡，大颗粒催化剂利用率得到提升。

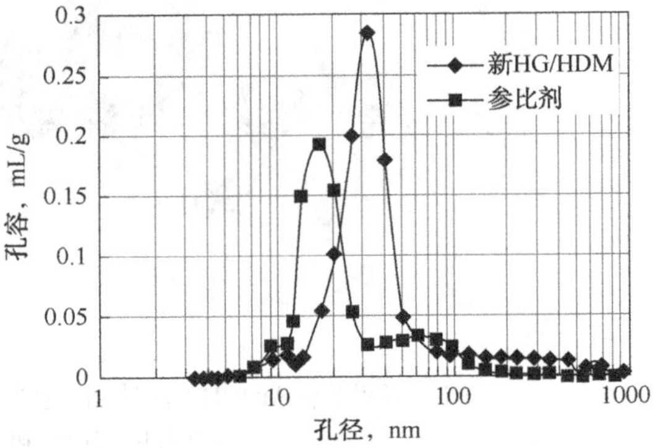

图 5　增强型保护剂/脱金属剂孔结构(压汞法)

增强型保护剂因其孔道更加开放，适宜的孔结构和具有更多高品质反应活性中心，该催化剂强化了脱金属镍、钒能力，在残炭转化方面亦表现出更好的稳定性。这种特点对于充分发挥保护剂脱金属剂的作用尤为重要。

2.3　高加氢性能催化剂体系研发

FRIPP 针对炼厂在加工高氮、高酸类劣质进料过程中易引起床层压降升高且氮难以脱除的问题进行了深入的研究，并开发了相应的催化剂体系。该催化剂体系包括：通过开发的专属脱铁/钙保护剂，优化颗粒形状以及提高床层孔隙率等手段来缓解压降升高；通过优化前段保护剂和脱金属催化剂的孔道结构和活性金属负载方式，提高其对胶质和沥青质的转化能力；通过增加脱硫、脱氮催化剂对含氮化合物的C-N键的开环氢解能力，提升了催化剂的芳烃饱和能力。与现有工业催化剂体系进行对比活性评价结果表明，在同等实验条件下，新催化剂体系整体反应性能明显均优于工业参比剂。新催化剂体系的脱硫率在90%左右，高于参比体系2~3个百分点；脱残炭率在60%左右，高于参比体系3~5个百分点；脱氮率在60%~65%左右，高于参比体系10个百分点。新研制的保护剂和脱金属催化剂注重容金属能力的提升，具有更大孔体积，其脱金属活性略低但稳定性更好，有利于工业装置在较长运行周期内稳定运行，并大幅度降低生成油中的氮杂质含量，为下游装置提供优质进料。

3 延长固定床渣油加氢处理装置运转周期的技术

FRIPP开展了渣油加氢装置与下游催化裂化装置运转周期相匹配技术研究。在催化剂研发方面主要进行催化剂容金属能力提升技术研究；充分总结装置的运行特点，科学剖析热点成因，强化大分子胶质和沥青质梯级转化，通过催化剂级配优化研究，解决装置运转周期的制约因素即床层压降和热点问题。

在工艺研究方面，主要进行前置保护反应器可轮换/切出技术研究和前置保护反应器为沸腾床-固定床组合技术研究。可切出加氢保护反应器技术主要是在第一反应器或第二反应器增设跨线，当第一反应器床层压降达到极限时，将第一反应器切出，原料和氢气的混合物料通过跨线直接进入第二反应器，解决前置反应器压降快速上升的问题，工艺技术流程如图6所示。此外，还可以在第一反应器和第二反应器上增设反应器催化剂在线装卸及硫化系统，将切出后的加氢保护反应器装填新鲜催化剂后再重新投用，进一步延长装置运转周期。保护反应器可切出技术已经实现工业化，前置反应器轮换工艺试验和催化剂级配技术研究可轮换技术，已经在中试装置进行了10000小时以上稳定性运转试验。

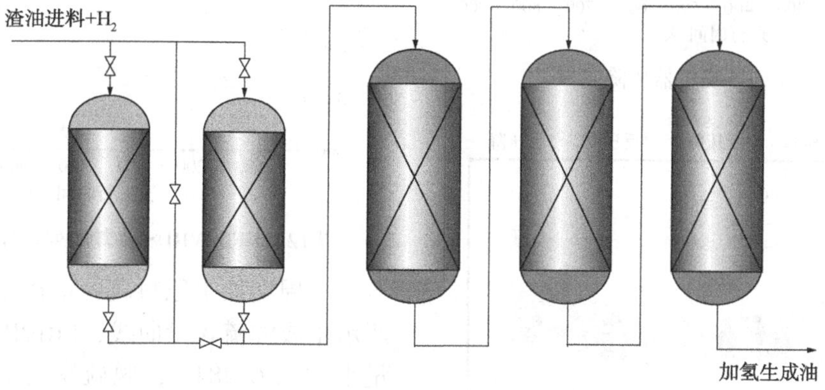

图6　加氢保护反应器可切出工艺流程图

4 新开发固定床渣油加氢处理催化剂的工业应用

4.1 中石油四川石化300万t/a渣油加氢工业装置工业应用

四川石化300万t/a渣油加氢装置采用CLG公司UFR/VRDS技术设计建造，装置第三周期Ⅱ列采用FRIPP开发的FZC系列渣油加氢催化剂，Ⅰ列继续采用国外专利商催化剂。FRIPP系列连续稳定运行28个月后按计划停工换剂，取得了更好的应用效果。装置两个系列的操作温度、系统总压降、各个反应器压降曲线见图7~图10。FRIPP列总压降小于2.5MPa，各个反应器压降低于参比列。

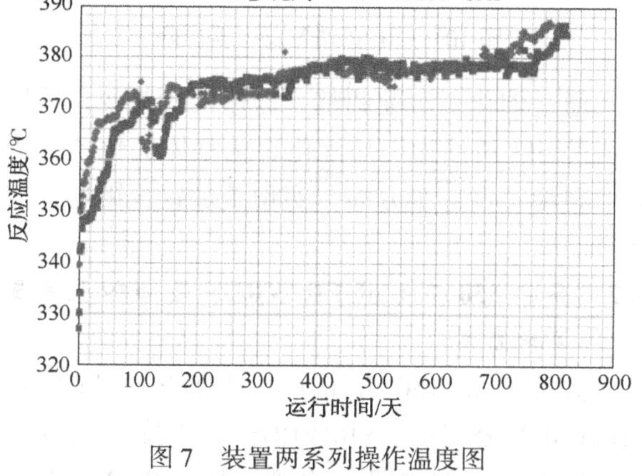

图7　装置两系列操作温度图

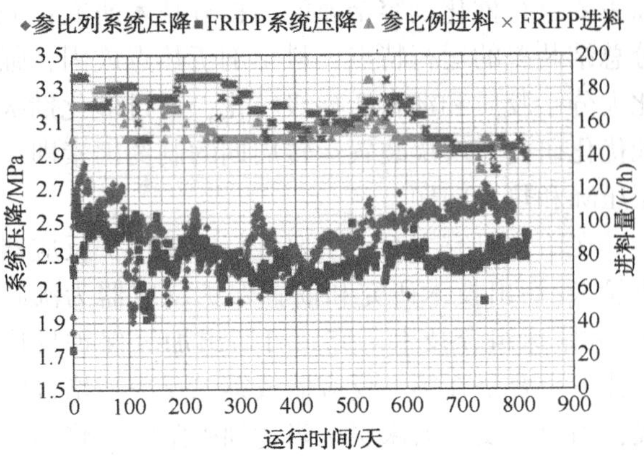

图 8　装置两系列进料及系统压降

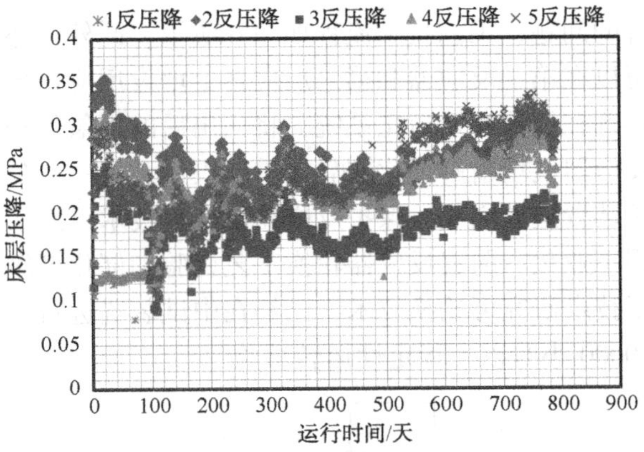

图 9　参比列各反应器压降

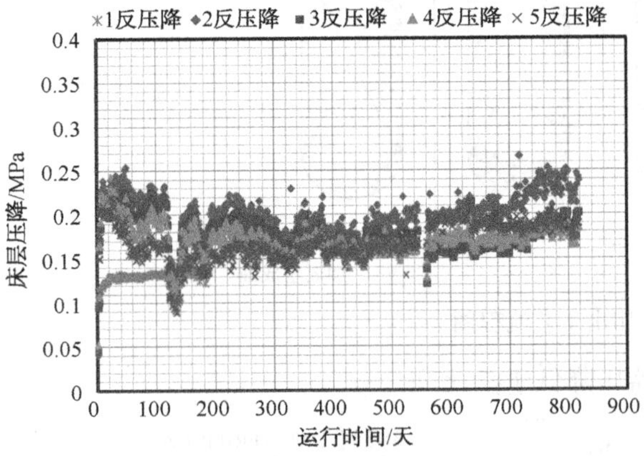

图 10　FRIPP 列各反应器压降

通过催化剂级配调整，操作模式改变，采用抚研院 SFI 渣油加氢与催化裂化整体优化技术提高原料稳定性三个方面，实现了装置长周期稳定运转。

4.2　齐鲁 150 万 t/aUFR/VRDS 渣油加氢装置工业应用

齐鲁石化 150 万 t/a 渣油加氢装置采用 CHEVRON 公司的 UFR/VRDS 工艺技术设计建造。装置第十四周期 A 系列采用 FRIPP 研制的 FZC 系列渣油加氢催化剂，B 系列装填国内一家技术供应商催化剂。第十四周 UFR/VRDS 渣油加氢装置运转 690 天。

本周期装置两列进料量、UFR 和固定床平均温度基本保持一致。图 11 和图 12 分别列出两列装置的进料量和 CAT 分布曲线。

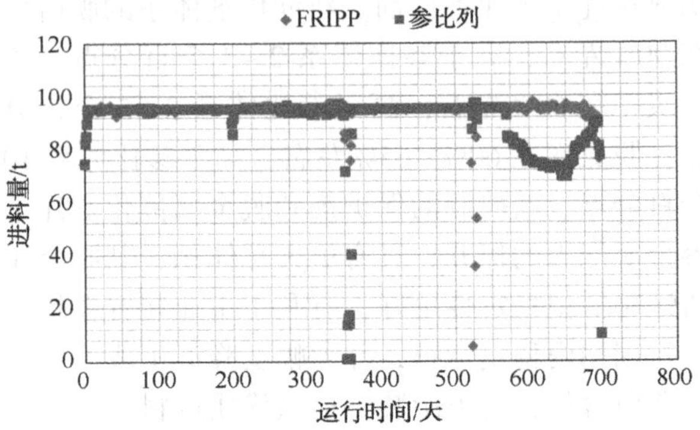

图 11　UFR/VRDS 装置两列进料量曲线

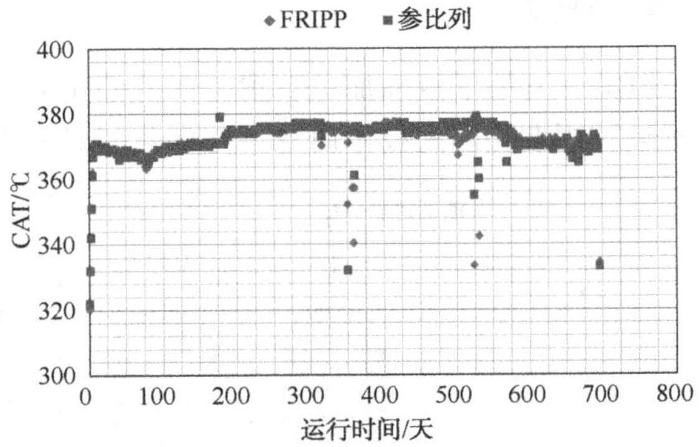

图 12　UFR/VRDS 装置两列总体平均温度曲线

本周期加工原料硫含量在 2%左右，如图 13 所示生成油硫含量曲线，FRIPP 列加氢渣油硫含量平均为 0.284%，脱硫率为 85.49%；原料残炭值基本在 8%~10%之间，如图 14 所示生成油残炭曲线，FRIPP 列加氢渣油残炭含量平均为 2.83%，脱残炭率为 65.15%。

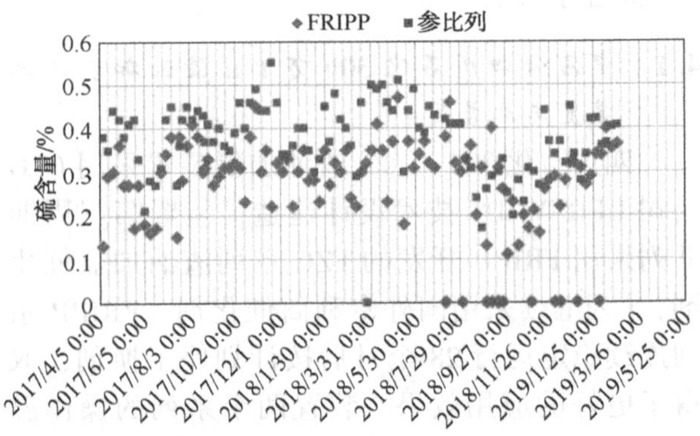

图 13　装置两列生成油硫含量曲线

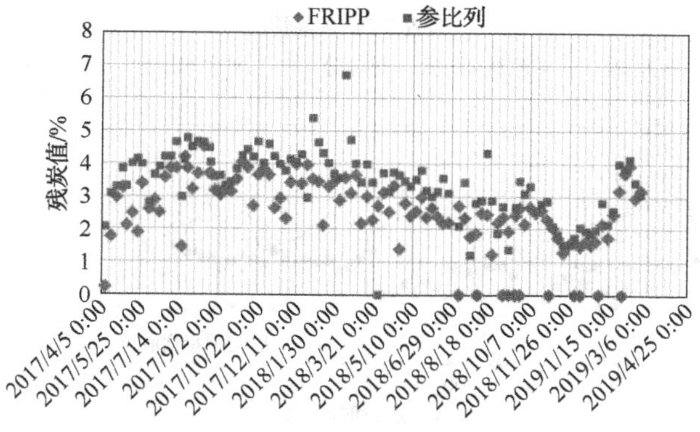

图 14　装置两列生成油残炭值曲线

FRIPP 在第十四周期催化剂级配方案进一步优化，FRIPP 列产品在各项指标上均明显优于参比列。从系统压降来看，FRIPP 列系统压降控制平稳，整个运转过程中压降未出现明显的上升，为本装置长周期运转奠定基础。

4.3 扬子石化 200 万 t/a 渣油加氢处理装置工业应用

中石化扬子分公司 200 万 t/a 渣油加氢装置（设计为单系列）采用 S-RHT 技术设计建设。装置已经完成四个周期的运行，均采用 FRIPP 开发的 FZC 系列渣油加氢处理催化剂。

装置第二周期稳定运行 550 天，加工量达到 330 万吨。原料硫含量平均 3.20%，加氢常渣平均硫含量 0.42%，平均脱硫率 88.14%；原料金属（Ni+V）含量平均 78.96μg/g，加氢常渣平均金属含量 15.45μg/g，平均脱除率 82.32%；原料残炭值平均 11.97%，加氢常渣平均残炭含量 5.32%，平均脱残炭率 59.98%，如图 15～图 18 所示。

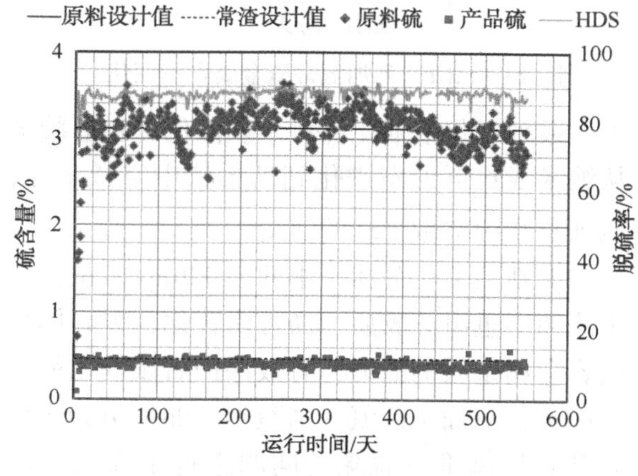

图 15　装置原料油和加氢常渣硫含量变化

工业运转结果表明，催化剂体系具有较高脱杂质活性和加氢活性，通过采用新的催化剂体系和级配理念在实现高金属沉积量的同时，平稳控制装置各个反应器的金属的沉积，实现了装置的最大金属沉积量（约 200 吨 Ni+V）和长周期稳定运行。

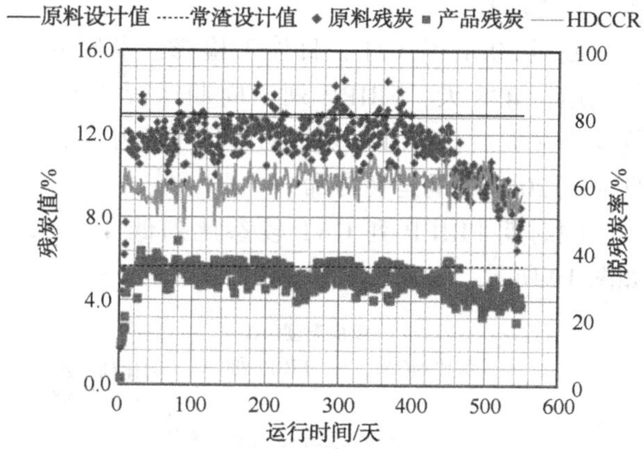

图 16　装置原料油和加氢常渣残炭值变化

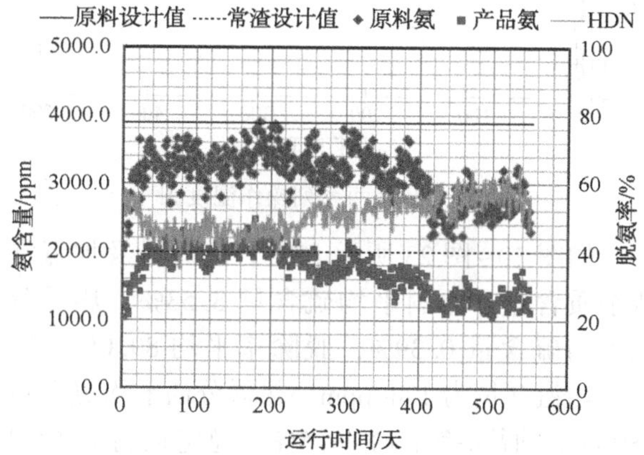

图 17　装置原料油和加氢常渣氮含量变化

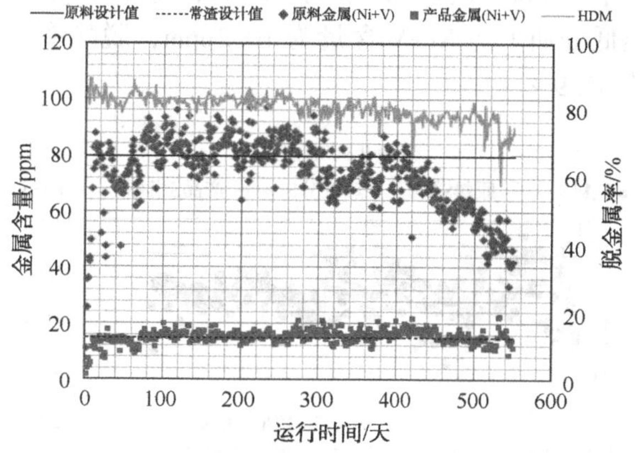

图 18　原料油和加氢常渣金属（Ni+V）含量变化

4.4 中海油惠州石化 400 万 t/a 渣油加氢装置工业应用

中海油惠州石化 400 万 t/a 渣油加氢装置采用 CHEVRON 公司的工艺技术设计建造。装置设置平行两个反应系列，每系列 5 台固定床反应器，反应器直径达到 5500mm。Ⅰ列二周期装填国内某专利商的催化剂（参比列），开工时间为 2020 年 1 月 1 日；Ⅱ列三周期采用 FRIPP 研制的 FZC 系列渣油加氢催化剂，开工时间为 2020 年 5 月 13 日。

截至 2021 年 3 月 3 日停工检修，参比列二周期运行 428 天，FRIPP 列三周期运行 295 天。待检修完成后，FRIPP 列按照计划重新开工，计划完成 20 个月的运转寿命。

同时期 FRIPP 列 CAT 较参比列低 4～9℃，如图 19 所示。

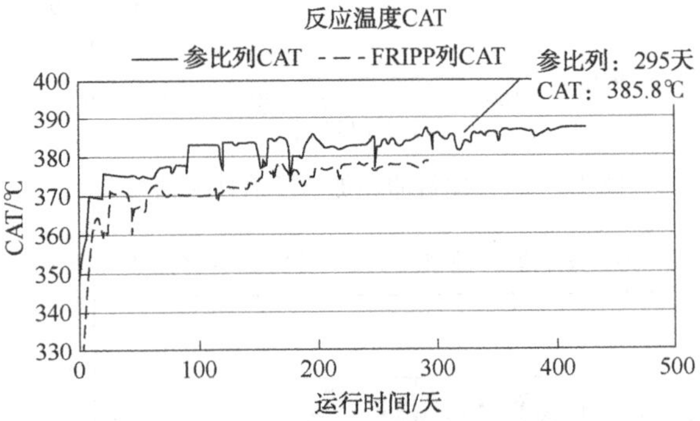

图 19　装置两系列操作温度图

如图 20～图 23 所示 FRIPP 列原料及加氢常渣杂质含量。原料平均硫含量 3.53%。热低分油平均硫含量 0.39%，脱除率平均 89.0%；原料平均氮含量为 1740ppm。热低分油平均氮含量 880ppm，脱除率平均 49.5%。稳定运行后 CCR 平均 11.8%。热低分油 CCR 平均为 4.7%，脱除率平均 60.4%；原料平均 Ni+V 含量 76.4ppm。热低分油平均 Ni+V 含量为 10.2ppm，脱除率平均 85.9%。

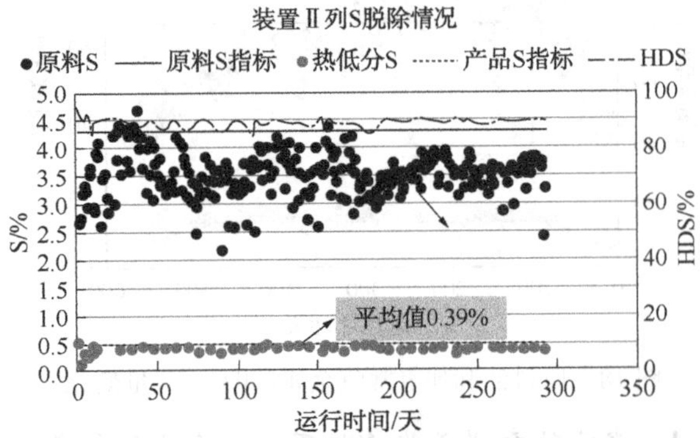

图 20　FRIPP 列加氢常渣硫含量变化

5　结论

（1）采用无机铝源为原料，按照特殊方法制

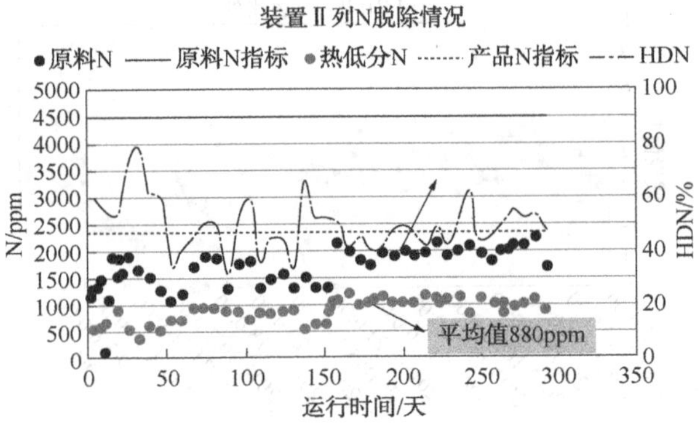

图 21　FRIPP 列加氢常渣氮含量变化

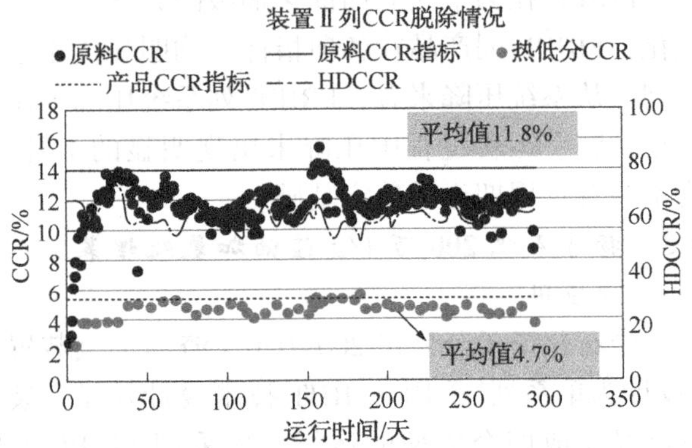

图 22　FRIPP 列加氢常渣残炭含量变化

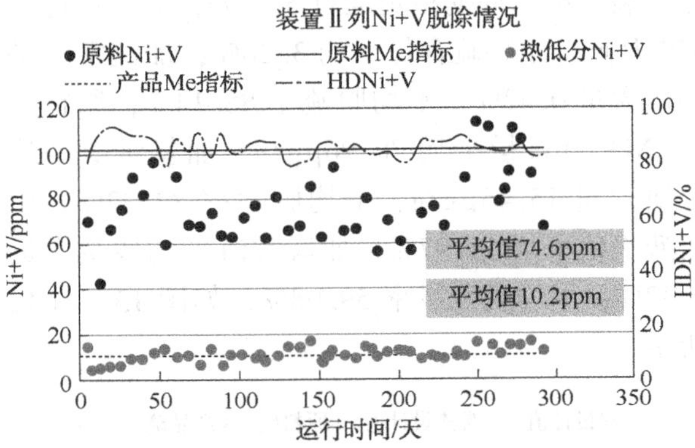

图 23　FRIPP 列加氢常渣金属含量变化

备了一系列氧化铝催化材料。该催化材料形貌历经从纳米线集群形态进化到鸟巢状中空微米球，最后到花状中空微米球的演变。

（2）新型催化剂体系中的 S-Fitrap 体系，强化了渣油中重组分胶质、沥青质转化，提高体系的脱容金属杂质的能力，有效保护后段催化剂。

（3）针对加工高氮、高酸类原油易引起床层压降升高且氮难以脱除的问题进行了深入的研究。对比活性评价结果表明，在同等实验条件下，新催化剂体系整体反应性能明显均优于工业参比剂。

（4）近期典型工业应用数据表明，新型 FZC 系列渣油加氢处理催化剂表现出脱杂质能力好、容金属能力强、装置压降低、装置运转寿命长等特点。

参 考 文 献

[1] 方向晨. 国内外渣油加氢处理技术发展现状及分析[J]. 化工进展，2011，30(1)：95-104.
[2] 李立权. 渣油加氢技术的最新进展及技术路线选择[J]. 炼油技术与工程，2010，40(4)：1-4.

酮苯套管安全销剪断频繁分析及对策

李　鑫

（中国石化上海高桥石油化工有限公司）

摘　要　针对酮苯装置套管结晶器安全销剪断频繁的情况，从设备结构及安全销的受力进行原因分析，通过调整后连接轴与后盖盲法兰间隙及改进安全销这两种办法，分别降低了刮刀轴的扭矩及提高安全销所能承受的扭矩，使其安全平稳运行。

关键词　套管结晶器；安全销；剪断

1　引言

套管结晶器是石油炼厂润滑油生产装置中的主要设备之一，其原理是在管间通入冷却介质与内管的含蜡油进行热交换，使含蜡油温度降低而析出结晶蜡，再经下道工序的真空转鼓过滤机将蜡分离出来。从原料油中结晶析出来的蜡附着在内管壁上，内管中的刮力轴不断转动，就连续不断地将蜡从内管壁上刮下来，随着油一起流出内管。某炼厂酮苯装置自 2021 年大修后，其中 2 台换热套管上的多根传动轴链轮上的安全销被频繁剪断，即使在热溶剂进行内套管化蜡后，新补的安全销不足一星期即发生剪断，严重影响装置的正常运行。经过分析，通过切削后连接轴和后盖盲法兰铜套，还有改进安全销，分别降低了刮刀轴的扭矩及提高安全销所能承受的扭矩，安全销恢复正常使用时效，使其运转正常使其安全平稳运行。

2　套管结晶器的基本结构

酮苯装置套管结晶器由换热型套管（图 1）和氨蒸发型套管串联使用，由换热型套管进行初冷，随后进入氨蒸发型套管进行深冷，二者区别只在于氨罐和气、液氨管线。本装置共 5 组套管，每组由 1 台换热型套管和 2 台氨蒸发型套管串联使用。套管结晶器主要由四部分构成，分别是驱动部分、刮蜡部分、给冷部分和换热部分组成。

套管由驱动机构通过主链轮和链条驱动传动体（图 2），传动链轮转动，链轮进而通过传动体、安全销、键带动传动轴转动。

套管设置安全销，防止电机过载。每个链轮上均设有两个安全销，互成 180°设置。安全销起到保护作用，当某根刮刀轴转动阻力变大时，其安全销发生剪断，从动链轮进入空转状态，传动轴停止转动，防止出现负荷过大。除了电机过

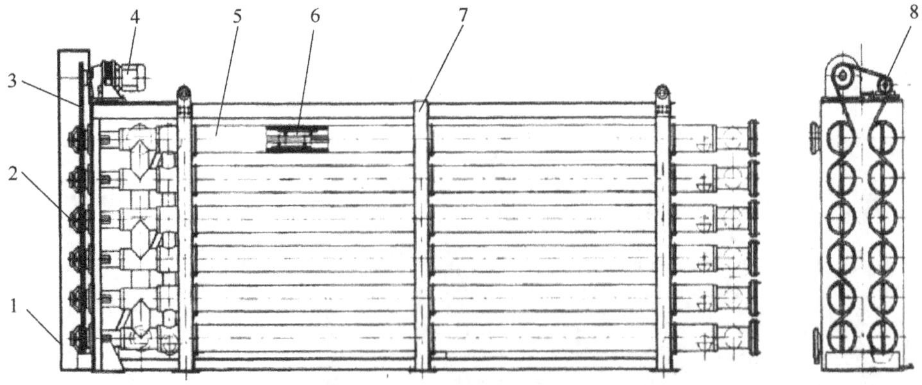

图 1　换热型套管结晶器

1—头架；2—传动头；3—链条；4—电动机及减速机构；
5—套管；6—管轴；7—支架；8—张紧机构；9—填料；

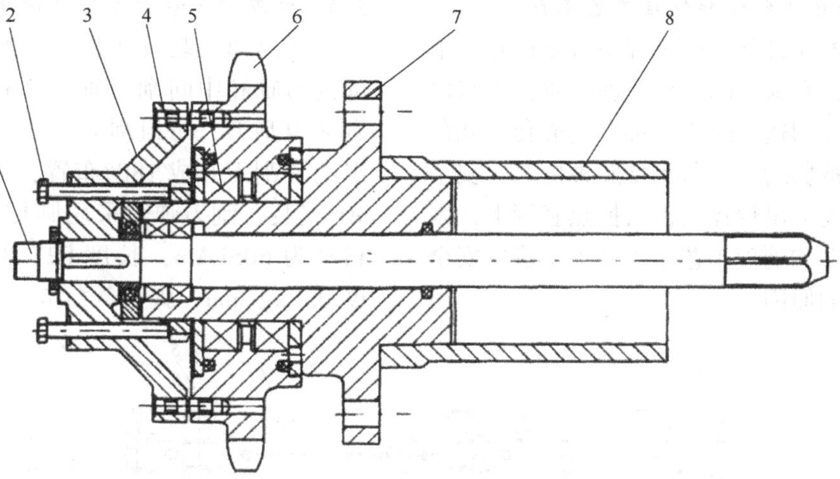

图 2 套管传动头图

1—传动轴；2—顶开螺栓；3—传动体；4—安全销；5—轴承；6—链轮；7—轴承座；8—连接体

载，也会有链条断开，传动轴断等其他故障的发生。在平时运转中，当一台套管上的多个链轮上的安全销被剪断时，会造成套管内壁结晶蜡越来越多，导致套管出口压力上升，严重时引起传动轴弹出，物料泄漏着火的事故，存在安全隐患。同时刮刀轴不转，无法对套管内的原料进行搅拌，影响了蜡结晶从油中析出，造成质量不合格。所以每月通过加入热溶剂打循环进行化蜡，更换新的安全销后刮刀轴就能重新恢复正常运转。

3 套管安全销剪断频繁故障分析

3.1 安全销选型不当

安全销的最小直径 d 由以下公式计算得到：

$$d = 1.6\sqrt{\frac{T}{D_0 Z \tau_b}}\ \text{mm} \qquad (1)$$

式中，d 为安全销最小直径，mm；T 为扭矩，$N \cdot mm$；D_0 为安全销位于中心圆直径，mm；Z 为安全销个数；τ_b 为材料剪切强度极限，MPa；$\tau_b = (0.6 \sim 0.7)\sigma_b$；$\sigma_b$ 为材料抗拉强度，MPa。

安全销所能承受最大的扭矩：

$$T = \frac{d^2 Z D_0 \tau_b}{2.56} N \cdot \text{mm} \qquad (2)$$

一般安全销个数是固定的为 2 个，所以由式(2)可知所能承受的扭矩取决于其安全销位于中心圆直径、使用的材料和最小直径。以该台套管结晶器(大连金州重型机器厂产 JJO2A 型)现在使用的安全销(图 3)为例，可知 D_0 为 12mm，d 为 10mm。安全销使用材料为 H62，查 GB/T 13808—1992 可知，材料 H62 的 σ_b 为 295MPa，τ_b 最大为 206MPa，因此安全销所能承受最大的扭矩为 193125N · mm，当安全销所承受的扭矩超过 193125N · mm 时即发生断裂。

以其中一台套管为例，其只有 6 根刮刀轴出现安全销频繁剪断，剩余 6 根未出现该情况。而且其他相同型号的套管也是使用一样的安全销，因此安全销的选型是正确的。安全销发生断裂的原因为刮刀轴产生的最大扭矩超过了其初始设计值。

为了提高安全销的抗扭矩能力，将其中 1 根刮刀轴的安全销最小直径增加为 11mm，当 d 增加 1mm 时，安全销所能承受的扭矩增加 40556.25N · mm。但其在运转 1 周后又发生断裂，说明刮刀轴的扭矩十分巨大，需要先降低扭矩。

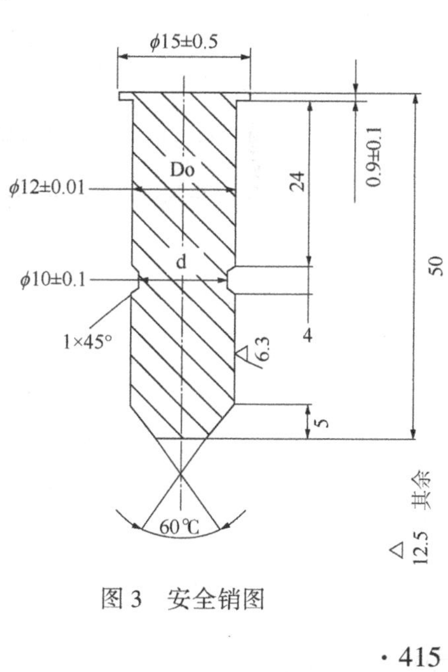

图 3 安全销图

3.2 内管原料介质特性和处理工艺不当

套管结晶器在日常生产过程中若原料介质中蜡含量偏高，含有太高的胶质、沥青质，含水以及处理过程中冷却速度过快，都会造成套管载荷大引起安全销被剪断。假若出现此种情况，安全销被频繁剪断也会出现在其他组换热套管上，因此原料介质特性和处理工艺不当并不是造成安全销被频繁剪断的原因。

3.3 刮刀弹簧载荷不当或内管有异物

刮刀轴上装有4根刮刀轴构成(图4)，端部刮刀轴和中间刮刀轴各2根。每根刮刀轴上有多组刮刀，每组刮刀由2个刮刀杆支撑，每组两片刮刀互成180°布置，与相邻刮刀组互成90°安装。刮刀弹簧采用圆柱形螺旋压缩弹簧，材料为$60Si_2Mn$，长度827.8mm，弹簧单圈刚度0.2kg/mm，弹簧载荷范围17.66~52.97N。

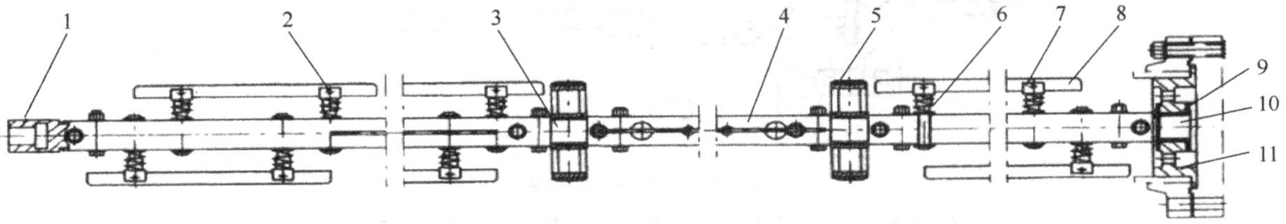

图4 刮刀轴总图

1—方头连接轴；2—销轴；3—中间连接轴；4—中间轴；5—支承架；6—弹簧；7—刮刀杆；8—刮刀片；9—后盖盲法兰铜套；10—后连接轴；11—后盖盲法兰；

若刮刀弹簧载荷过大，一方面会使刮刀磨损过快，另一方面内管壁作用于刮刀轴上载荷增加，使刮刀轴的扭矩增大，引起安全销被剪断。若刮刀弹簧载荷过小，刮刀无法抵住内管壁，刮去上面的蜡，会使内管壁上蜡结晶增多，增加了刮刀轴旋转阻力，使刮刀轴的扭矩增大，引起安全销被剪断。本次大修采用的刮刀弹簧为同一批次，其他台换热套管并未出现此情况，因此排除弹簧载荷不当的原因。

此外，刮刀弹簧断裂、刮刀杆脱落也是比较常见的现象，脱落的零件在内管内增大了刮刀轴旋转的阻力，引起安全销被剪断。经过抽芯检查，并未发现有零件脱落或者其他异物存在。

3.4 刮刀轴后盖法兰安装间隙不足

后盖盲法兰的中心部位设有短轴头用以支撑刮刀轴后连接轴，并嵌有铜套(图5)，有10mm的磨损余量。根据SHS 02003—2019规定，套管后盖盲法兰结合面与后连接轴留有轴向间隙3~5mm，避免后连接轴与后盖盲法兰直接摩擦，导致刮刀轴扭矩增大，引起安全销被剪断。此外，后盖盲法兰铜套接触面应与端部刮刀轴弧板留有轴向间隙3~5mm的间隙，防止间隙过小导致刮刀轴扭矩增大。

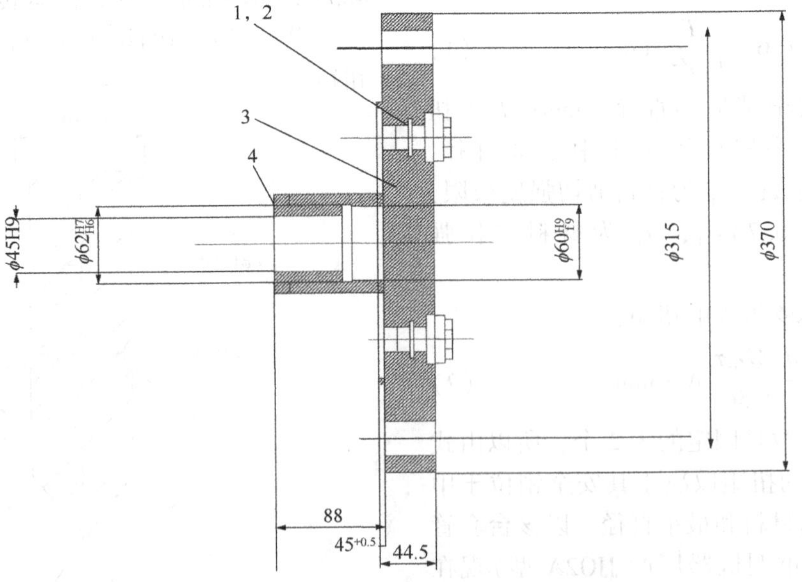

图5 后盖法兰部件图

1—垫圈；2—管塞；3—后盖；4—铜套；

由于该组套管改造过，大连金州重型机器厂产 JJO2A 型的套管，与之配套的是兰州石油化工机器厂 105AI3-200×250 型较长的刮刀轴组件。经查图纸，金重套管刮刀轴总长 13852mm，兰石为 13935mm，二者相差 83mm。因此，以前改造时已经对刮刀轴安装尺寸进行过调整，本次检修更换了部分扭曲变形的刮刀轴，导致总长变长，使安装间隙过小，增加了其扭矩。另外在检修时并未严格按照原拆原装的原则进行复位，原调整过后盖盲法兰及后连接轴不匹配。这也是本次不转的刮刀轴比更新过的刮刀轴数量多的原因。

3.5 支承架安装间隙不足或其轴套磨损过多

刮刀轴支承架(图 6)轴套内径与中间轴安装间隙不宜过小，装配完后用手可以轻松转动支承架。若过于紧配，会增加刮刀轴的扭矩，引起安全销被剪断。此外支承架轴套磨损时，会导致刮刀轴下沉，当刮刀旋转至下方时，弹簧载荷增加，使刮刀轴扭矩增加，令安全销剪断。轴套磨损过多时，连接轴与支承架直接摩擦，产生的扭矩更大。经过抽芯检查，所有支承架转动及轴套磨损情况都正常。

图 6　支承架图

3.6 密封填料压得过紧

如图 1 所示，套管传动轴与套管壳体之间的填料密封，它通过压盖将密封组件压入填料函，其示意图如图 7 所示。目前该填料采用的是改性聚苯酯组合填料，该材料具有摩擦系数小、耐磨、耐腐蚀等许多优良性能，其中摩擦系数小，仅为 0.163，传统的夹布橡胶摩擦系数在 1.3～1.5 之间。根据 SHS02003-2019 指出填料压得过紧会使刮刀轴扭矩增大，从而使套管安全销频繁剪断。

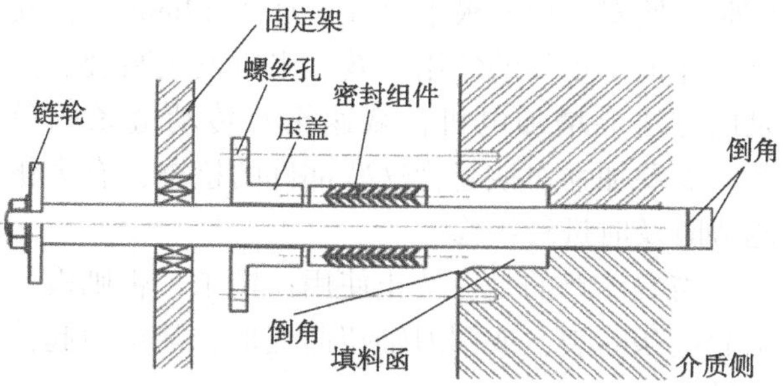

图 7　套管结晶器填料密封示意图

4 套管安全销剪断频繁的解决措施

4.1 调整后盖盲法兰与后连接轴安装间隙

将发生故障的套管组切出，排净物料并进行扫线。打开后盖盲法兰，测量后连接轴与后盖盲法兰结合面之间的间隙(图 8)及端部刮刀轴弧板与后盖盲法兰铜套接触面之间的间隙。考虑到维修便利性，对后盲盖法兰铜套和后连接轴进行切削，使之在随后的复位安装中安装间隙符合要求，在对后盖盲法兰铜套进行切削的时候需要至少保留 5mm 的厚度，如果不能保证，需要拆下端部刮刀轴进行修整。维修过程中，要做好标记，遵照原拆原装的原则。经过整修后，该台套管之前发生安全销频繁剪断的情况未再出现过，运转良好。

图 8　测量后连接轴与法兰密封面间隙图

4.2 改进安全销

其中一台套管在进行了后盖盲法兰与后连接

轴安装间隙，安全销仍然不能保证使用正常的使用时效。为了提高安全销的承受扭矩能力，经过试验，使安全销 d 最小直径增加为 12mm 后，安全销保证了正常的使用时效，未再发生断裂。但是此方法会增加电机，减速箱及传动链条的负载，需要加强对该套管这些部件的检查，有劣化趋势时及时进行维修。

需要注意的是，禁止使用铁销子，否则极易引起链条断裂，或刮刀轴扭曲变形，甚至引起传动轴断。

4.3 适当调节填料压盖紧力

将发生故障的套管组切出，排净物料并进行扫线并拆下后盖法兰后，适当减小填料压盖紧力，用加长手动扳手逐个转动传动头(此时卸下安全销)，同时检查刮刀轴运转是否灵活，以一个人用手动扳手转动传动头不感到吃力为合格。在套管检修时应遵照此方法检查填料压盖紧力及未装后盖盲法兰前刮刀轴的扭矩，避免影响检修后套管的运行，也方便日后故障原因排除。

5 结语

通过切削后连接轴及后盖盲法兰铜套，调整后盖盲法兰与后连接轴、端部刮刀轴弧板之间的间隙，改进安全销可以解决安全销频繁被频繁剪断的情况。安全销被频繁剪断的因素复杂，需要根据现场实际情况进行分析。

此外，在检修过程中要严格遵守检维修规程中的质量标准，达到该有的安装间隙、预紧力等指标，保证安装质量。对于改造过的套管，要考虑零件匹配性。在检修过程中，做好标记，保证原拆原装，防止改造过零件被安装至其他套管上，造成不匹配。

参 考 文 献

[1] 刘恩山，陈伟松，焦萍. 套管结晶机结构设计与功率选取[J]. 石油化工设备，1998(05)：44-47.

[2] 中国石油和石化工程研究会. 炼化设备工程师手册[M]. 北京：中国石化出版社，2003(11)：535-548.

[3] SH/T 3416—2005，石油化工用套管结晶器[S].

[4] SHS 02003—2019，脱蜡套管结晶器维护检修规程[S].

[5] 张超. 引起套管结晶器安全销被剪断的情况分析及解决措施[J]. 化工管理，2021(14)：160-162. DOI:10.19900/j.cnki.ISSN1008-4800.2021.14.079.

[6] 刘星. 软密封件在酮苯脱蜡装置的应用[J]. 化工设备与管道，2018，55(02)：46-52.

制备条件对 MoNiFe/Al_2O_3催化剂性质和性能的影响

金 浩 朱慧红 杨 光 刘 璐 杨 涛

(中国石油化工股份有限公司大连石油化工研究院)

摘 要 本文采用一步浸渍法和两步浸渍法制备了三种 MoNiFe/Al_2O_3催化剂。通过 XRD、Raman、H_2-TPR、NH_3-TPD、CO 吸附原位红外和吡啶吸附红外技术对催化剂的结构和性质进行了表征。以减压渣油为反应物，考察了制备条件对催化剂性能的影响。采用 MoNiFe 有机酸浸渍液一步浸渍法制备的催化剂 MoNiFe/Al_2O_3具有较高的加氢脱硫、加氢脱残炭和加氢脱金属活性，明显优于采用两步浸渍法制备的 MoNiFe/Al_2O_3催化剂。

关键词 制备条件；催化剂；性质；性能

1 前言

近年来，原油日益变重，如何将原油有效转化生产高质量产品，对各大炼厂变得越来越有吸引力。而沸腾床渣油加氢技术是加工劣质重质原油、提高石油资源利用率的有效手段，沸腾床渣油加氢技术具有原料适应性广，反应器内温度均匀，运转周期长，装置操作灵活等优点。

沸腾床渣油加氢技术通过催化剂的在线置换可以保持较高的活性稳定性，实现渣油的高效转化，因此运转过程中需要消耗大量的催化剂。以一套 300 万 t/a 的沸腾床渣油加氢装置为例，每年大约消耗 3000 吨催化剂。因此，沸腾床渣油加氢催化剂的价格直接影响到沸腾床装置的运行成本，引起炼厂的广泛关注。

沸腾床渣油加氢催化剂主要是以 MoNi 或 MoCo 为活性金属组分，氧化铝为载体。目前沸腾床渣油加氢催化剂在保持活性相当的情况下，如何降低催化剂成本是其研究的一个主要方向。Fe 作为一种廉价活性金属，广泛应用于各种催化反应中。有文献报道，Fe 用于硫化态的 Mo 或 W 的体相催化剂中，在加氢处理反应中具有积极的协同作用。在渣油加氢领域，与传统 Mo-Ni 催化剂相比，Mo-Ni-Fe 催化剂却很少报道。

Fe 的加入，改变了催化剂的性质和加氢活性，本文主要研究不同的制备条件对 MoNiFe/Al_2O_3催化剂性质和性能的影响，通过 XRD、Raman、H_2-TPR、NH_3-TPD、和 CO 吸附原位红外等技术对催化剂的结构和性质进行了表征，采用高压釜考察了催化剂在渣油加氢反应中的加氢活性。

2 实验部分

2.1 催化剂制备

MoNiFe/Al_2O_3催化剂采用 MoNiFe 有机酸溶液一步浸渍法制备。同时改变制备条件，制得含有相同金属含量的催化剂 MoNiFe-1/Al_2O_3和 MoNiFe-2/Al_2O_3。催化剂都是采用两步浸渍法制得，其中 MoNiFe-1/Al_2O_3催化剂焙烧一次，而 MoNiFe-2/Al_2O_3催化剂焙烧两次。由于催化剂所使用载体均为 Al_2O_3，因此催化剂简称为 MoNiFe，MoNiFe-1 和 MoNiFe-2。

2.2 催化剂分析

催化剂表面酸性采用吡啶吸附红外光谱法测定，所用仪器为美国热电公司的 Nicolet 550 型红外光谱仪。催化剂 XRD 表征在荷兰 Panalytical 公司的 X' Pert Pro 型 X-射线粉末衍射仪上进行。催化剂 Raman 表征在法国 HORIBA Jobin Yvon 公司的 LabRAM HR-800 型激光共焦拉曼光谱仪上进行。催化剂程序升温还原(H_2-TPR)和程序升温脱附(NH_3-TPD)表征在美国麦克公司的 Auto chem 2920 型化学吸附仪上进行。催化剂 CO 吸附原位红外表征在美国热电公司的 Nicolet 6700 傅立叶红外光谱仪上进行。

2.3 催化剂评价

采用减压渣油作为原料油，在间歇式高压釜

上进行活性评价，原料油性质如表1所示，间歇式高压釜评价条件如表2所示。

表1　原料油性质

项　　目	原料油
w(CCR)/%	17.81
w(S)/%	3.31
w(Ni+V)/(μg·g^{-1})	230
>500℃渣油收率/%	92.8

表2　高压釜评价条件

项　　目	催化剂
工艺条件	
反应温度/℃	430
反应压力/MPa	15
反应时间/min	60
油剂体积比/v/v	13：1

3　结果与讨论

3.1　催化剂表征

3.1.1　催化剂的XRD表征

见图1为三种催化剂的XRD谱图，从图中可以看出三种催化剂上都只出现了属于γ-Al_2O_3的特征衍射峰(2θ=37.5°，46.0°，67.0°)，都没有发现金属组分的特征衍射峰，说明采用不同制备条件制备的三种催化剂，金属组分在载体Al_2O_3上分散较好，没有发生明显聚集。

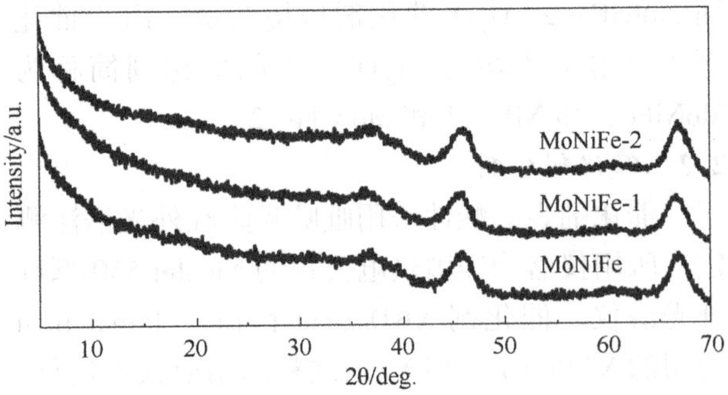

图1　催化剂XRD谱图

3.1.2　催化剂的Raman表征

见图2为三种催化剂的Raman谱图，从图中可以看出三种催化剂的Raman谱图非常相似，都出现了四个主要特征峰，分别位于950cm^{-1}、860cm^{-1}、320cm^{-1}和210cm^{-1}。位于950cm^{-1}和320cm^{-1}处的特征峰归属于八面体配位的Mo=O伸缩振动峰；位于860cm^{-1}处的特征峰归属于四面体配位的Mo=O伸缩振动峰；位于210cm^{-1}处的特征峰归属于八面体配位的Mo-O-Al伸缩振动峰。其中八面体配位的Mo为反应的活性相，而催化剂MoNiFe具有最大的八面体配位的Mo=O伸缩振动峰，也就是说其具有最多的反应活性相。

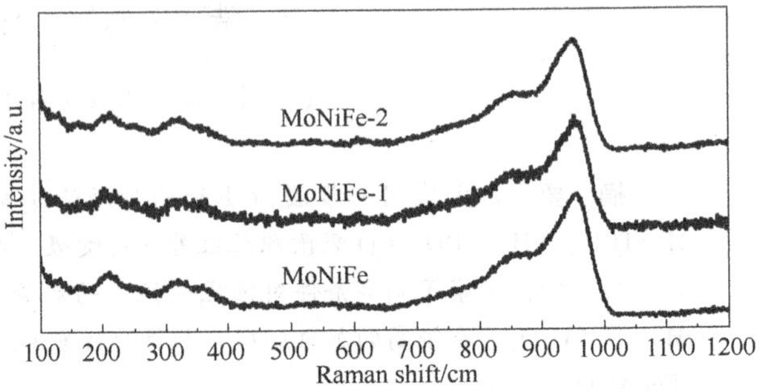

图2　催化剂Raman谱图

3.1.3　催化剂的H_2-TPR表征

通过H_2-TPR对三种催化剂的还原性质进行了研究，结果如图3所示。从图中可以看出，三种催化剂的还原峰位置基本一致，在380℃附近出现了催化剂的MoO_3还原峰，其还原峰面积为催化剂MoNiFe>MoNiFe-2>MoNiFe-1，说明在三种催化剂中，催化剂MoNiFe上的MoO_3最易还原，MoNiFe浸渍液中有机酸的加入，削弱了MoO_3与载体氧化铝之间的相互作用，有助于MoO_3的还原。

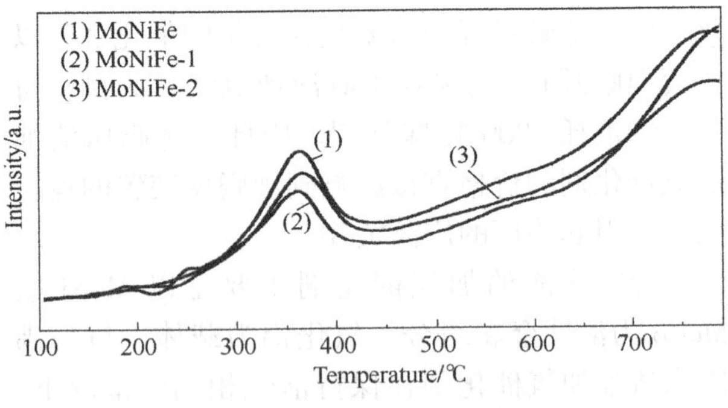

图3　催化剂H_2-TPR谱图

3.1.4　催化剂的酸性研究

通过红外吡啶吸附和NH_3-TPD对三种催化剂的酸性进行了研究，如表3和图4所示。催化剂的红外酸数据列于表3。从表中催化剂的相对红外酸量可以看出，催化剂MoNiFe具有最大的红外酸量。

见图4为催化剂的NH_3-TPD谱图，从图中可以看出，三种催化剂都在230℃附近出现了一个氨脱附峰，其氨脱附峰面积大小为催化剂

MoNiFe>MoNiFe-2>MoNiFe-1。催化剂 MoNiFe 具有最大的氨脱附峰面积，说明其具有最高的酸量，与红外吡啶吸附表征结果相一致。

表 3　催化剂的红外酸数据

催化剂	MoNiFe	MoNiFe-1	MoNiFe-2
相对红外酸量	129	100	121

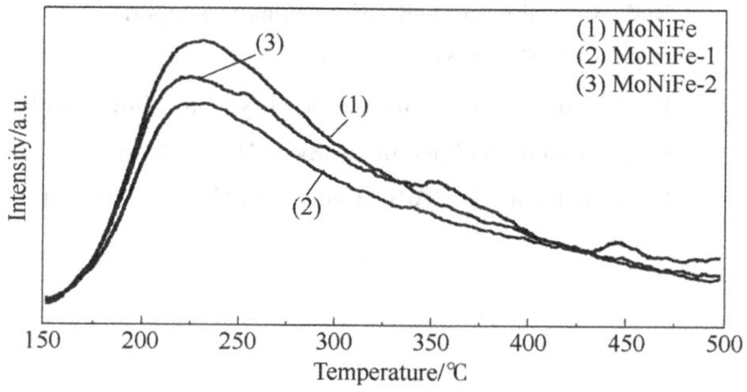

图 4　催化剂 NH_3-TPD 谱图

3.1.5　还原态催化剂的 CO 吸附原位红外表征

三种催化剂在 500℃还原后进行 CO 吸附原位红外表征，结果如图 5 所示。从图中可以看出，波数为 2188cm^{-1}的吸收峰归属于 Mo^{4+}-CO 吸收峰；波数为 2125cm^{-1}的吸收峰归属于 Mo^0或 Mo^{2+}-CO 吸收峰；波数为 2080cm^{-1}的吸收峰归属于 Ni^0或 Ni^{2+}-CO 和 Fe^{2+}-CO 吸收峰。在三种催化剂中，催化剂 MoNiFe 具有最大的 CO 吸收峰面积，表明催化剂具有最多的 MoNiFe 活性物种。这说明 MoNiFe 浸渍液中有机酸的加入，增加了催化剂的活性物种，提高了活性金属的利用率。

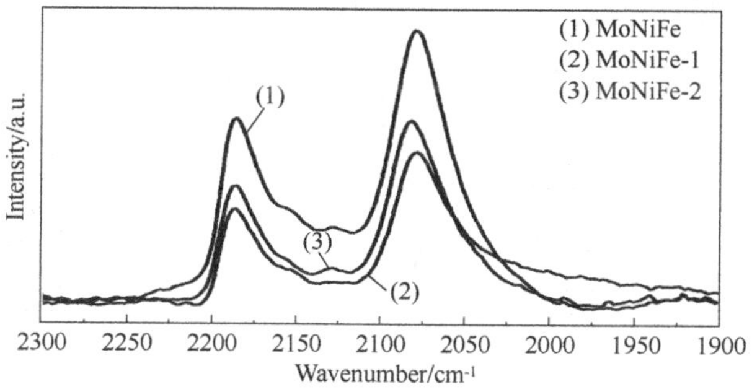

图 5　还原态催化剂的 CO 吸附原位红外谱图

3.2　催化剂活性评价

以减压渣油为原料，采用高压釜对 MoNiFe、MoNiFe-1 和 MoNiFe-2 三种催化剂进行活性评价，评价结果见表 4。从表中数据可以看出：采用 MoNiFe 有机酸溶液一步浸渍法制备的催化剂 MoNiFe 具有最高的加氢脱硫、加氢脱残炭和加氢脱金属活性，明显高于采用两步法制备的 MoNiFe-1 和 MoNiFe-2 催化剂。这是由于 MoNiFe 浸渍液中有机酸的加入，削弱了金属组分与载体的相互作用，增加了催化剂的酸量和活性物种，明显有助于催化剂性能的提高。

表 4　催化剂评价结果

项目	MoNiFe	MoNiFe-1	MoNiFe-2
相对杂质脱除率			
HDS	100	89	92
HDCCR	100	84	89
HD(Ni+V)	100	96	98

4　结论

采用 MoNiFe 有机酸浸渍液一步浸渍法制备的 MoNiFe/Al_2O_3催化剂，表现出了较高的加氢脱硫、脱金属和脱残炭性能，明显优于采用两步浸渍法制备的两种 MoNiFe/Al_2O_3催化剂。这是由于采用有机酸浸渍液可以削弱活性金属与载体之间的相互作用，使催化剂上活性金属易于还原和硫化，催化剂具有相对较高的酸量，明显有助于催化剂性能的提高。

参　考　文　献

[1] Jean-Marc Schweitze, Stéphane Kressmann. Ebullated bed reactor modeling for residue conversion[J]. Chemical Engineering Science, 2004(59): 5637-5645.

[2] Rana M S, Sámano Vicente, Ancheyta Jorge, et al. A review of recent advances on process technologies for upgrading of heavy oils and residua[J]. Fuel, 2007, 86(9): 1216-1231.

[3] 姚国欣. 渣油沸腾床加氢裂化技术在超重原油改质厂的应用[J]. 当代石油石化, 2008, 16(1): 23-29.

[4] 方向晨. 国内外渣油加氢处理技术发展现状及分析[J]. 化工进展, 2011, 30(1): 95-104.

[5] 李大东. 加氢处理工艺与工程[M]. 北京, 中国石化出版社, 2004.

[6] 方向晨. 加氢精制[M]. 北京, 中国石化出版社, 2006.

[7] Hubaut R, Rives A, Luis M, Scott C. Surface characterization of bulk Fe-Mo mixed sulphide catalysts[J]. Catalysis Communications, 2003, 4(3): 134-139.

[8] 吕振辉, 彭绍忠, 张学辉, 等. 不同官能团有机物对 MoNiP/Al_2O_3催化剂的组成、结构和性能的影响[J]. 石油化工, 2017, 46(1): 27-35.

[9] 许灵瑞，王继锋，杨占林，等. 载体焙烧温度对 MoNiP/γ-Al_2O_3加氢催化剂活性的影响[J]. 石油化工，2014，43(8)：908-913.

[10] Vakrosa J，Lycourghiotisa A，Voyiatzisb G A，Siokoub A，Kordulis C. CoMo/Al_2O_3-SiO_2 catalysts prepared by co-equilibrium deposition filtration：Characterization and catalytic behavior for the hydrodesulphurization of thiophene[J]. Appl. Catal. B：Environ.，2010，96(3-4)：496-507.

[11] 赵国利，王少军，凌凤香，等. 磷对CoMoP浸渍液及催化剂活性组分结构影响的激光拉曼光谱法研究[J]. 分析测试学报，2012，31(10)：1298-1302.

[12] 徐斌，朱崇业，李全芝. 相镍负载催化剂表面组份及其活性的研究[J]. 物理化学学报，1994，10(6)：543-548.

[13] López Cordero R，López Agudo A. Effect of water extraction on the surface properties of Mo/Al_2O_3 and NiMo/Al_2O_3 hydrotreating catalysts[J]. Appl. Catal. A：Gen.，2000，202：23-35.

[14] Qu Lianghong，Zhang Weiping，Kooyman P J，et al. MAS NMR，TPR and TEM studies of the interaction of NiMo with alumina and silica-alumina supports[J]. J. Catal.，2003，215(1)：7-13.

[15] Konstantin I. Hadjiivanov，Georgi N. Vayssilov. Oxide Surfaces and Zeolites by Carbon Monoxide as an IR Probe Molecule[J]. Adv. Catal.，2002，47：307-511.

工艺加热炉氮氧化物达标排放原理分析

关宝安　刘立哲　丁秀涛　李长东

（中国石油天然气股份有限公司辽阳石化分公司）

摘　要　随着环境监管的日益严格，"蓝天保卫战"背景下，工艺加热炉烟气污染物的达标排放显得尤为重要。本文聚焦于加热炉在不同工况下，尤其是停、开工时，如何有效控制污染物以实现达标排放的问题。为解决此难题，首先从理论上推导了污染物浓度折算值的公式，该公式考虑了烟气量等关键因素。接着，以加热炉的理论烟气量为出发点，深入论证了折算值公式中的变量关系，揭示了各因素之间的相互影响。此外，还从理论上详细探讨了影响氮氧化物达标排放的诸多因素，这些因素包括但不限于燃烧温度、空气过剩系数以及燃料中的氮含量等。最后，结合具体装置的实际操作情况，提出了一系列切实可行的措施，以确保烟气污染物的达标排放。这些措施涵盖了优化燃烧过程、精确控制空气过剩系数、选用低氮燃料等多个方面，旨在为企业提供实用的操作指南，助力"蓝天保卫战"。通过这些措施的实施，不仅可以有效降低加热炉烟气中的污染物浓度，还能提高企业的环保绩效，实现经济效益与环境效益的双赢。本文的研究结果对于提升工艺加热炉的环保性能，推动工业绿色发展具有重要的理论与实践意义。

关键词　加热炉；氮氧化物；达标排放

工艺加热炉烟气在线监测系统，可以有效监控加热炉排口的污染物浓度。一般，加热炉烟气排口位置安装的在线监测仪表测量得到的污染物浓度称为实测值，通过折算值公式折算得到的结果称为折算值，监管部门通过在线监测平台监控污染物浓度的折算值。在加热炉停、开工阶段，因加热炉氧含量的波动造成污染物浓度折算值超标，特别是氮氧化物折算值更容易出现超标现象，即使安装了低氮燃烧器也无法有效避免。大部分工程技术人员认为，折算值超标是因为烟囱位置烟气氧含量过大导致了折算系数变大，从而造成的超标，污染物实测浓度往往并未超标。实际上，与"直观感知"相反，折算值才能反映烟气中污染物的真实排放情况，实测值反而不能。

1　污染物浓度折算值公式推导

1.1　物料衡算模型

如图1所示，在线监测仪表安装在烟囱位置上，假设加热炉的运行工况为：

a. 炉膛火嘴位置的烟气量为 A，NO_x 浓度为 C，过剩空气造成的火嘴位置烟气中氧含量为 $z\%$；

b. 加热炉对流段存在漏风，有空气进入对流室，流量为 B，氧含量为21%；

c. 烟囱位置在线监测仪表测量得到的烟气量为 $A+B$，测量得到的 NO_x 浓度记为 $C_{实测}$，测量得到的氧含量为 $y\%$。

因为漏风的影响，$C_{实测}$ 相比 C 偏小，被漏风稀释了，现在考察 C 值的计算过程，以此了解燃烧情况和污染物的排放情况。

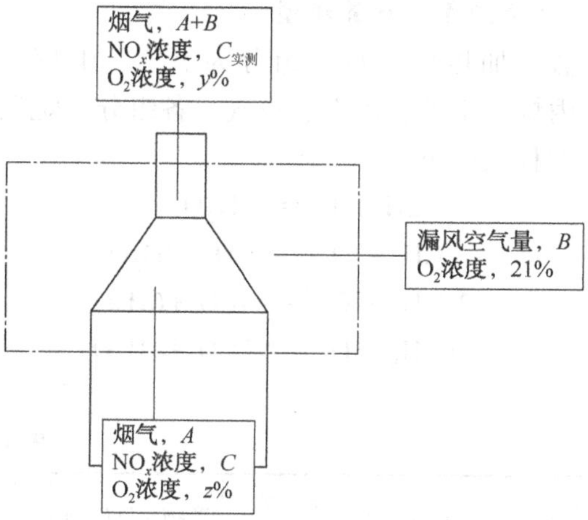

图1　折算值计算模型

1.2　C 值的计算

对 NO_x 作质量衡算

$$A\times C=(A+B)\times C_{实测}$$

$$C=(1+B/A)\times C_{实测} \tag{1}$$

对 O_2 作质量衡算

$$z\%\times A+21\%\times B=y\%\times(A+B)$$

$$zA+21B=yA+yB$$

$$B/A=(z-y)/(y-21) \quad (2)$$

将(2)代入(1)中，得

$$C=\frac{21-z}{21-y}\times C_{实测} \quad (3)$$

根据《石油炼制工业污染物排放标准》(GB 31570—2015)中，对工艺加热炉排放限值的折算要求，z 为基准氧含量，取值为 3，(3)式变为

$$C=\frac{21-3}{21-y}\times C_{实测} \quad (4)$$

这里的 C 值就是通常所说的污染物浓度折算值。

一旦烟囱位置测得的氧含量大于 3，则存在人为或客观上漏风稀释污染物实测值的情况，监管部门通过监控折算值来掌握加热炉污染物浓度真实情况。目前的仪表测量手段无法直接监测火嘴燃烧位置污染物的产生浓度，只能通过监测烟囱位置的污染物浓度，然后进行折算的办法来考察火嘴位置燃烧产生污染物浓度情况。观察公式(4)可以发现，当人为的在烟囱前端通风来稀释污染物浓度时，$C_{实测}$ 会变小，而氧含量 y 变大造成系数变大，那么 C 值的大小如何变化呢？下一章节详细论证。

2　折算值公式变量分析

2.1　理论烟气量计算模型

假定加热炉燃料气组分为氢气、甲烷、乙烷、丙烷、丁烷、戊烷、氮气，各组分燃烧反应化学方程式如下：

$$2H_2+O_2 = 2H_2O$$
$$CH_4+2O_2 = CO_2+2H_2O$$
$$2C_2H_6+7O_2 = 4CO_2+6H_2O$$
$$C_3H_8+5O_2 = 3CO_2+4H_2O$$
$$2C_4H_{10}+13O_2 = 8CO_2+10H_2O$$
$$C_5H_{12}+8O_2 = 5CO_2+6H_2O$$
$$N_2 = N_2$$

假定燃料气完全燃烧，根据反应方程式配比，已知反应物的量(体积)，可计算出生成物的量(CO_2+H_2O)和消耗的氧气量，进入火嘴的空气中参与燃烧的氧气被消耗，相应的氮气不反应进入烟气，这部分氮气加上生成物记为生成烟气量 X。

另外进入炉膛的空气过剩，一部分为火嘴处配风产生的过量空气，一部分为加热炉炉体密封不良造成的漏风，这两部分过剩空气不参与燃烧反应，最终进入烟囱，记为 Y。

理论烟气量 $=X+Y$，物理模型如图 2 所示。

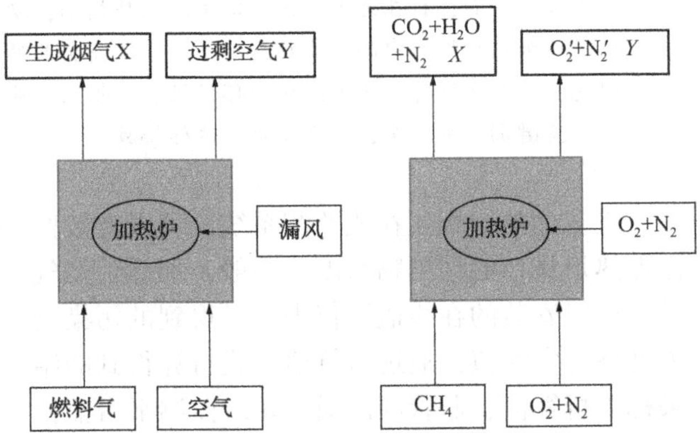

图 2　理论烟气量计算模型

2.2　生成烟气 X 的计算

根据燃料气的消耗量及燃料气组成数据，即可计算出生成的 H_2O、CO_2 产生量及消耗的氧气量，这部分消耗的氧气对应的氮气量加上 H_2O、CO_2 产生量即为 X。可使用表格实现上述计算过程，举例如表 1，灰色部分为已知量，燃料气量取自生产装置 DCS 数据，燃料气组分取自分析结果。

表 1　生产烟气量 X

燃料气量/(Nm^3/h)	燃料气组分	各组分体积分数(v/v%)	产物与反应物体积比	燃烧产物量/(Nm^3/h)(H_2O、CO_2)	消耗氧气与反应物体积比	反应物消耗的氧气量/(Nm^3/h)	消耗氧气对应的氮气量/(Nm^3/h)	生成烟气量(X)/(Nm^3/h)
1824	H_2	21.51	1	392	0.5	196	738	1130
	CH_4	24.09	3	1318	2	879	3306	4624
	C_2H_6	18.04	5	1645	3.5	1152	4332	5978
	C_3H_8	10.14	7	1295	5	925	3479	4774
	C_4H_{10}	11.85	9	1945	6.5	1405	5285	7231
	C_5H_{12}	2.53	11	508	8	369	1389	1896
	N_2	11.47	1	209	0	0	0	209
总计				X				25842

2.3 过剩空气 Y 的计算

燃烧生成的烟气与过剩空气一同进入烟囱排入大气，其中烟气的氧含量记为 y，因为这部分氧完全来自于过剩空气 Y，取环境中空气氧含量为21%，则 $y=0.21\times Y\div(X+Y)$。

y 通过在线监测仪表可测量，从而可计算得出

$$Y=X\times y\div(0.21-y) \tag{5}$$

假设烟囱位置在线监测氧含量为6%，则计算结果如表2。

表2　过剩空气 Y

在线分析氧含量	%	6.0
过剩空气流量 Y	Nm^3/h	10336
加热炉理论烟气流量 X+Y	Nm^3/h	36179

从计算结果可以看出，烟气中过剩空气占比较大。若实际运行中，加热炉炉膛氧含量与烟囱位置氧含量偏差过大，除仪表本身误差外，需考虑加热炉结构密封不良或空气预热器部位内漏等造成的对流室以上位置漏风量过大。

2.4 折算值变量关系

当加热炉工况固定，即燃料气消耗量、组成、火嘴燃烧状态一定的情况下，理论氮氧化物生成量也是固定值，记为 a(mg/h)；而且燃料完全燃烧得到的生成烟气量也是固定值，即2.2节所述的 $X(m^3/h)$；漏风模型下，漏风越多，烟囱位置测得的氧含量 y(%)越大，对烟囱位置测得的氮氧化物浓度 $C_{实测}$ 的稀释作用也越强。

考察 $C_{实测}$ 随烟囱位置氧含量的变化。

$$C_{实测}=a/(X+Y)$$

将(5)式代入

$$C_{实测}=a/(X+Y)=a/[X+X\times y/(0.21-y)]$$
$$=(a/0.21X)\times(0.21-y) \tag{6}$$

由公式中可以看出，烟囱位置测得的氮氧化物浓度实测值随烟囱位置氧含量升高呈线性下降变化。

对折算值公式 $C=\dfrac{21-3}{21-y}\times C_{实测}$ 作简单变形得到

$$C_{折算}=0.18/(0.21-y)\times C_{实测} \tag{7}$$

将(6)式代入(7)中

$$C_{折算}=0.18a/0.21X \tag{8}$$

从上式可以看出，折算值不随烟囱位置氧含量变化而变化，无论漏风量多大，在加热炉工况一定的情况下，折算值是个常数。

3 氮氧化物折算值超标原因分析

3.1 氮氧化物生成原理

配风(空气)中的氮气和氧气在加热炉火嘴火焰的高温条件下，氮气被氧化生成氮氧化物，加热炉火嘴配风越多，进入火嘴的氮气和氧气越多，这个副反应就越激烈，生成的氮氧化物量就越大。普通燃烧器采用单极燃烧，在火嘴正常工作条件下，火焰高度较大，氮气与氧气在火焰的停留时间较长；单极燃烧易出现配风不均匀，完全燃烧所需配氧较高的情况；单极燃烧易造成火焰温度较高，副反应更激烈，因此普通燃烧器生成的氮氧化物浓度一般较高。

3.2 影响氮氧化物折算值因素

(1) 根据2.4节折算值变量关系论证可知，烟囱位置氧含量对氮氧化物折算值无影响。

(2) 火嘴处氧含量变大，即通过开大风门造成炉膛氧含量增大的情况下，氮氧化物折算值变大。因为过多的空气造成偏离低氮燃烧器工作环境，导致实际生成的氮氧化物变多。

(3) 仪表假值：在加热炉运行条件不变的情况下，烟囱位置氧含量单独变大，氮氧化物折算值变大。烟囱位置氧含量仪表显示值单独变大，而实际炉膛内并未进入多余空气，并未对氮氧化物实测值造成稀释作用。

(4) 加热炉停、开工火嘴负荷过小：加热炉停炉阶段，加热炉仅燃烧少量火嘴，且火嘴负荷较小，机械通风改自然通风，火嘴处配风无法有效调节且配风一般过大，火嘴处氧含量过高，氮氧化物浓度升高。加热炉点炉阶段，加热炉处于自然通风状态，炉膛氧含量高，即使燃烧的火嘴很少，即使只点燃了长明灯，但高氧条件下生成的氮氧化物浓度高，造成氮氧化物超标。

(5) 火嘴燃烧异常：当出现火嘴火焰脱火、回火、燃料气带液甚至火嘴熄灭等异常情况时，都会造成污染物超标。

4 氮氧化物折算值达标措施

(1) 使用低氮燃烧器，低氮燃烧器一般采用多级燃烧的方案，在较少配风(低氧含量)条件下，实现火焰高度小、氧含量低、火焰温度低三个目标，进而实现氮氧化物生成量的减小。某种类型的低氮燃烧器采用火嘴处伴烧蒸汽的方案，

可有效降低火嘴处配风氧含量。

控制燃烧器负荷在合理范围，保证火嘴燃烧处于正常状态。

（2）控制火嘴处氧含量处于较低水平（3%左右），氮氧化物达标管控最核心的一项即为低氧控制（减少配风）。一般通过加热炉炉膛氧含量来监测火嘴处的配风情况，这里炉膛氧含量需要与烟囱位置氧含量相区别，烟囱位置氧含量大说明加热炉对流段以上存在漏风，这部分漏风不影响折算值，但炉膛氧含量指示火嘴处的配风大小，炉膛氧含量越大，氮氧化物浓度越大。

当然，炉膛氧含量也不是越低越好，当氧含量过低，出现燃料气不完全燃烧时，易造成其他污染物超标。

（3）控制燃料气组分，工艺加热炉燃料气来源一般为炼厂气，组分易波动，含氮气，甚至含有其他含氮化合物，尽可能使用较清洁的燃料气，避免含氮组分燃烧产生氮氧化物。

（4）加热炉停、开工阶段，在保证安全的前提下，尽可能控制烟道挡板与风门的开度，减少燃烧的火嘴供风量，降低 NO_x 的产生。机械通风条件下，可以尝试降低变频风机的起始频率，以提供稳定且较低的供风压力。

（5）加热炉检修时，应注重燃烧器风门的维修，保证其密闭性及可调节性，以实现对火嘴氧含量的控制。

5 总结

加热炉烟气在线监测系统监控的是 NO_x 折算值，折算值真实反映了燃烧器污染物的排放情况。无论人为的在对流段通风量多大，NO_x 实测被稀释多少，折算值是不变的。采用低氮燃烧器的加热炉，加热炉炉膛氧含量需要控制在3%左右，这时燃烧器才能达到理想的排放值。在加热炉停、开工阶段，核心要素为控制火嘴处的氧含量处于较低水平以保证污染物不超标。

参 考 文 献

[1]《石油炼制工业污染物排放标准》(GB 31570)[Z]. 2015-07-01.

[2] 邱正霖，张小辉等. 火电厂氮氧化物生成机理及排放控制技术分析[J]. 沈阳工程学院学报(自然科学版)，2023，19(11)：23-29.

自主研发助剂产品首次工业化全流程生产操作条件摸索

张晓琳[1]　曹志涛[1]　白晓冬[2]　徐新杰[1]　王美淇[1]

（1. 中国石油辽阳石化分公司；2. 中国石油抚顺石化分公司）

摘　要　为保持催化剂活性注入的有机氯化合物以及采油过程中添加的含氯助剂，都会使重整生成油中含有微量的氯化物，该氯化物会对装置产生强烈的腐蚀。因此重整生成油脱氯剂是芳烃重整生产过程中必不可少的一种助剂，其作用是脱除微量的氯化物，避免对下游装置产生腐蚀。东北某炼化企业重整装置使用进口脱氯剂，脱氯效果好，但价格昂贵。为了降低采购成本及关键技术自主化，该公司历时8年自主研发了一种重整生成油脱氯剂，目前已经完成了小试实验室研发实现配方固化，在小时研发的基础上对脱氯剂进行工业放大化试生产，抽样在中试侧线装置上连续评价6200小时，脱氯性能可以满足生产需求。在此基础上，对该脱氯剂进行了30吨的全流程工业化生产。本文介绍了在首次全流程生产过程中对工业操作条件的摸索和优化调整，通过对混合时间、碾压时间、挤条模具选择、干燥温度和时间、焙烧升温程序等不同生产条件的调整，查看其对产品性能指标的影响，得到最佳操作条件为：粉体原料混合30min，碾压2h，挤条模具开孔直径2.4mm，110℃干燥2.0h，风量2500~3000m^3/h，焙烧时缓慢升温至380℃，全程保持氧含量低于1.0%，在该条件下抽样质检结果显示脱氯剂产品抽样全部满足指标要求，生产周期短，能耗低，对同类炼化助剂、催化剂的生产提供一定的参考。

关键词　脱氯剂；工业生产；操作条件

1　概述

随着石化工业的发展，催化重整在炼油和化工中发挥着越来越重要的作用。它既可以生产高辛烷值汽油组分为主，提高汽油产品质量，也可以以生产芳烃为主，提供化工基础原料，同时副产品氢气还是炼厂重要的低成本氢气来源。

在催化重整过程中，为了保持重整催化剂的高反应活性、良好的选择性及稳定性，会连续补充一些有机氯化物；此外，原油开采过程中也会添加含氯助剂，都会成为油品中氯化物的来源，对下游装置产生强烈的腐蚀，具有极大的危害性。为了减缓设备、管线的腐蚀以及减少对下游产品的影响，重整装置中多采用固体脱氯技术，根据各部分的原料和操作条件的变化使用不同的脱氯剂。

某公司研制出一种新型高效脱氯剂，目前已经实现产品配方固化，通过超过6200小时工业侧线连续评价试验，脱氯效果与在用进口剂相当，能满足生产需求。在此基础上，对脱氯剂进行全流程工业化放大生产，生产脱氯剂的过程中对操作条件进行调整优化，从而在确保产品重要性能指标满足要求的基础上，简化操作条件，降低生产成本。

2　工业化生产操作条件对脱氯剂物性指标的影响

在脱氯剂全流程生产中，包括混合、碾压、挤条、干燥、焙烧五个主要步骤，采用的生产设备及关键性能参数见表1：

表1　脱氯剂生产设备

序号	设备名称	关键参数
1	混捏机	功率15W；处理量45~70kg/批
2	碾轮式混砂机	电机功率15kW；有效容积0.43m^3
3	挤条机	电机功率45kW
4	干燥带	主体长度16m；干燥温度≤180℃；网带运行速度4~8m/h
5	回转焙烧窑	壳体$\Phi 2\times 10$m；炉筒转速0.3~1.8r/min；功率11kW

以上各工序对产品性能指标的影响分析如下：

2.1　混合时间的影响

挤条成型前，为了使物料有较好的塑性，需对原料进行预处理。将粉状物料按照配方称重后加入混合机，在双 S 搅拌桨搅拌下混合均匀，当加入溶液后，粉体首先吸液，粉体外表形成湿膜，并往粉体内部渗入形成液膜粒子相互联结，这一过程需要混合均匀使液体渗入粉粒逐渐均一化。实验采用不同的混合时间，在挤条后随机选取 5 个不同的点进行荧光全扫分析金属含量，结合方差及平均值判断活性组分是否混合均匀，从而选取最佳混合时间。另外在挤条过程中也可以通过观察整体出条是否顺畅及挤出产品外观是否光滑无毛刺，来辅助判断混合是否均匀。

由表 2 可以看出，在原料配方固化的前提下，混合时间会对活性组分的均匀分布造成影响，足够长的时间会使组分分布更加均匀，也会让后续挤出的圆柱条更顺畅，同时减少因为混合不匀造成的产品个别位置强度不好引起的粉碎。但是时间太长会增加混合工序的时间和能耗，影响整体生产进度，从实验结果来看，混合时间在 30min 左右即可。

表 2　混合时间对产品活性组分分布的影响

混合时间/min	荧光全扫活性组分含量/w%					平均值	方差	挤条时外观
20	9.25	9.01	9.94	8.81	10.00	9.40	0.542	易断条，有裂纹和细小毛刺
30	9.55	9.73	9.32	9.47	9.75	9.56	0.181	不易断条，裂纹较少
40	9.69	9.64	9.49	9.37	9.56	9.55	0.126	不易断条，裂纹较少

2.2　碾压时间的影响

经过 30min 的混合后，粉料逐渐由松泡状变得稠密，体积减小，最后成湿球或面团状，然后进入碾压工序。在碾压机碾轮的重力作用下，水份逐渐渗入到粉体内部，使粉料逐渐均一化并粘结在一起，增加其致密度，使其形成均匀可塑的泥料。在原料配比相同的条件下，碾压时间会对产品的强度和孔结构产生影响，可以通过测定抗压强度和比表面积检验碾压时间是否合适。

由表 3 可以看出，碾压时间在 120min 的时候，碾压时间足够，产品强度较好且不会发生孔结构的破坏，当继续延长碾压时间的时候，抗压强度增加不明显，但由于碾压时间过长，造成孔体积等微观结构破坏，导致脱氯剂产品的比表面积有所下降，另外如果该步骤加工时间过长，也会影响整体生产效率，所以碾压时间选择 120min 为宜。

表 3　碾压时间对产品强度和比表面积的影响

碾压时间/min	抗压强度/(N/cm)	比表面/(m^2/g)
60	65	380
90	71	365
120	88	357
150	90	326

2.3　挤条模具的选择

物料加入挤条机后，经双螺旋杆作用，产生旋转和轴向运动，向前推进物料逐渐被压缩而排出空气致密化，而同时物料被搅拌均匀，当推进到螺杆头部及孔板之间时，物料受到均一压力，以与模具孔板开孔相同的截面形状(圆柱形)从另一端均匀挤出，形成规定形状的湿条。不同的模具具有不同形状和尺寸的截面积，从而影响产品的堆积密度和抗压强度。

由表 4 和图 1 可以看出，孔板开孔直径小，挤出的产品细，堆积密度会较大，但抗压强度会减少，反之亦然。结合对脱氯剂技术指标的要求，选择开孔直径为 2.4mm 的孔板。

表 4　模具对产品堆积密度的影响

模具开孔直径/mm	堆积密度，g/ml	抗压强度，N/cm
2.2	0.658	73
2.4	0.641	87
3.0	0.620	98

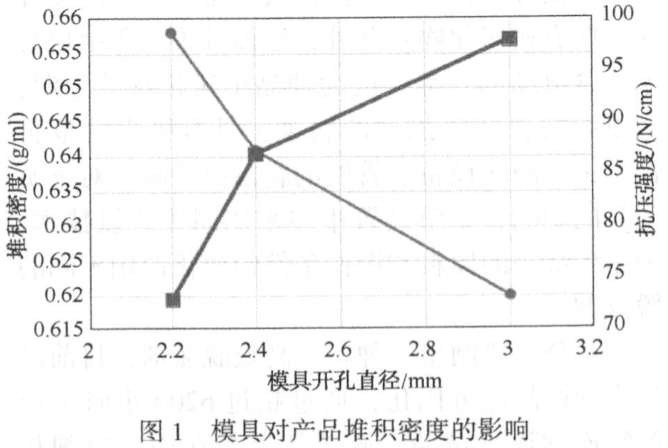

图 1　模具对产品堆积密度的影响

2.4　干燥条件的选择

干燥的目的是用热风将湿条中的水分汽化，同时由引风机将废气抽走，此步骤的温度过高或风量过大，会致使产品中的水分蒸发过快导致影响强度或出现细小孔隙。根据经验选择110℃干燥2.0h，风量为2500~3000m^3/h。

2.5 焙烧温度的选择

为防止脱氯剂中有效组分因在空气气氛下有效组分烧失，所以选择回转焙烧窑(以下简称转窑)进行无氧焙烧。参考实验室小试阶段的程序升温，如图2所示：

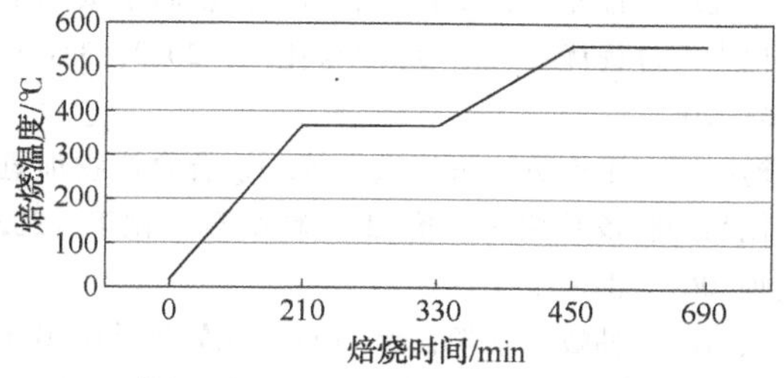

图2 实验室焙烧程序升温

当采用相似的程序升温用在工业生产上时，存在以下几点问题：

(1) 转窑长度和运行时间有限，待烧脱氯剂在其中停留7.0h左右；

(2) 活性组分在380℃左右分解，如该段升温速度过快，活性组分的分解反应集中、迅速地发生在这一温度段，将会导致产品出现质量问题；

(3) 考虑生产实际和成本问题，不能无限加大惰性气体吹扫量以保证转窑内足够低的氧含量；另外在380℃温度段停留时间过长，会导致其他温度焙烧时间缩短，影响产品质量。

考虑上述因素的影响，结合生产实际对程序升温进行调整，调整原则为：

(1) 在380℃前降低升温速度使活性组分缓慢分解，产生分解梯度，减缓副反应；

(2) 控制合适的惰性气体吹扫量将转窑内氧含量控制在1.0v%以下；

(3) 提高其他升温段的升温速度，延长最终恒温段时间，保证分解组分反应彻底。

具体程序升温调整结果见图3：

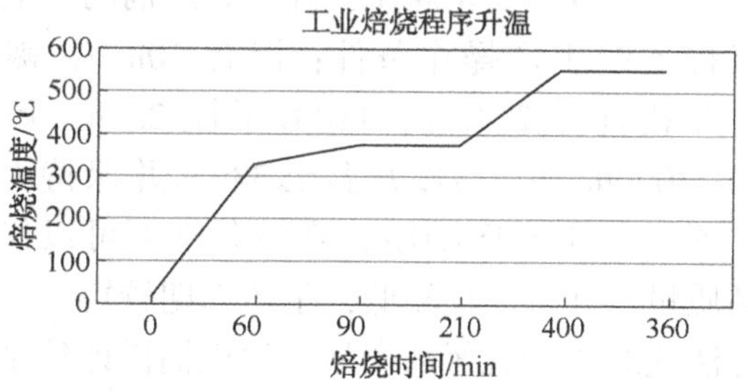

图3 工业焙烧程序升温

3 产品性能指标要求

采用上述生产条件对脱氯剂进行全流程工业化生产，定期抽样进行质检，与制定的产品性能指标进行对比，确保产品质量稳定且满足要求，见表5。

表5 脱氯剂产品质量标准

序号	检测项目	指标	产品实测	分析方法
1	外观	柱型颗粒	柱型颗粒	目测
2	尺寸	Φ(2.5±0.5)mm×3~8mm范围内的数量≥80%	Φ(2.5±0.5)mm×3~8mm范围内的数量=90.3%	Q/SYFH 1052—2023
3	径向抗压强度	>70N/cm	77.15N/cm	Q/SYFH 1140—2023
4	堆积密度	≥600kg/m^3	612kg/m^3	Q/SYFH 1050—2023
5	活性金属氧化物含量	≥8.0%	8.54%	(GB/T 30905—2014)
6	孔容	>0.3ml/g	0.33ml/g	GB/T 21650.2—2008
7	比表面积	>300m^2/g	325m^2/g	GB/T 5816—1995
8	烧残	>95%	96%	Q/SYFH 1049—2023

产品的定期抽样质检平均值显示，经过上述生产操作参数的调整，产品质量可以满足制定的指标要求，生产合格。

4 抽样评价结果

随机抽取工业生产出的脱氯剂样品进行小试评价，如表6所示的结果可以看到，在采用工业生产时最大空速进行小试评价，脱氯剂使用效果可以满足生产需求，可按此工艺进行连续生产。

表6 小试评价条件及结果

脱氯剂	工业剂抽样
装填量/g	25.6
反应温度/℃	35-40

续表

脱氯剂	工业剂抽样
体积空速/h^{-1}	2.42
反应压力/MPa	2.7
评价时长/h	23
原料氯含量/(mg/L)	1.44
产品氯含量/(mg/L)	0.89

5 结语

通过原料特性及产品指标要求，结合不同条件下关键参数的变化规律，确定脱氯剂的工业化全流程连续生产操作条件：混合 30min，碾压 2h，开孔直径 2.4mm，110℃干燥 2.0h，风量 2500~3000m^3/h，缓慢升温至 380℃并保持无氧条件下氧含量低于 1.0%，在该条件下可以保证产品质量，并且能耗较低，生产周期较短。按照此方法连续生产脱氯剂产品，随机抽样评价结果显示，在最苛刻的条件下，其脱氯性能满足生产要求。

参 考 文 献

[1] 田昌旻，刘喆. 重整生成油液相脱氯剂 DL-1 在连续催化重整装置的工业应用[J]. 石油炼制与化工，2019，50(12)：12-16.
[2] 王宁，张海洪，陈松，等. 重整装置专用脱氯剂的应用研究进展[J]. 山东化工，2021，50(22)：68-71.
[3] 王宁，刘剑，张海洪，等. 重整生成油脱氯剂的开发及工业应用[J/OL]. 石油与天然气化工，1-12[2023-12-17].
[4] 孙黄鹤. 重整生成油脱氯剂床层压降偏高原因分析及对策[J]. 石油炼制与化工，2020，51(10)：42-45.
[5] 张晓琳，程光剑，李博文，等. 脱氯剂小试到工业化生产过程优化[J]. 炼油与化工，2022，33(02)：68-70.
[6] 杨国明，王连英，张海洪，等. C_4 叠合产物加氢催化剂的制备及性能评价[J]. 精细石油化工，2023，40(06)：34-37.
[7] 武嘉欣，韩蛟，李学，等. CO 优先氧化反应 MnCu/Ce 催化剂的制备及性能[J/OL]. 燃料化学学报(中英文)，1-12[2023-12-17].
[8] 刘瑶瑶，张迪，陈杰勋，等. 二氧化钛催化剂成型技术研究进展[J]. 浙江化工，2023，54(09)：12-15.
[9] 潘蓉，李振虎，琚裕波，等. 甲醇氨氧化制取氢氰酸催化剂的成型工艺研究[J]. 现代化工，2022，42(S2)：315-319.

新型无重金属PET切片色相调控的调色剂优化研究与工业应用

许　哲　林妍研　刘毓敏　黄文广　官姝含

（中国石油天然气股份有限公司辽阳石化分公司）

摘　要　本文深入研究了新型无重金属PET切片在生产过程中受调色剂影响的问题。我们通过在小试间歇聚酯合成实验装置和PET连续聚合生产装置上进行调蓝剂和调红剂的使用实验，探讨了调色剂总量对L值、相同调蓝剂不同调红剂对a、b值，以及相同调红剂不同调蓝剂对a、b值的影响关系。

在本研究中，我们首先介绍了无重金属PET切片生产过程中常见的色相问题，以及采用调色剂来调整切片色相的背景和意义。随后，我们详细描述了实验装置的搭建和调色剂使用实验的具体操作步骤。在实验过程中，我们系统地调整了调色剂总量以及不同调蓝剂和调红剂的比例，记录了相应的色相参数值，并进行了数据分析和统计。

实验结果表明，调色剂总量对PET切片的L值、a值和b值都有显著影响。此外，我们还观察到相同调蓝剂不同调红剂和相同调红剂不同调蓝剂对a值和b值的影响存在一定的差异性。基于这些实验数据，我们建立了调色剂总量与色相参数之间的数学模型，为工业生产过程中调整切片色相提供了可靠的理论依据。

在工业应用方面，我们将本研究的成果应用于实际生产中，并取得了积极的效果。调整后的切片色相符合预期的要求，产品质量得到了提升，生产效率也得到了提高。因此，本文的研究成果对于解决无重金属PET切片生产过程中的色相问题具有重要的理论和实践意义，为相关行业的发展和进步提供了有益的参考和借鉴。

关键词　无重金属；PET；色相；调色剂；L值；a值；b值

随着环境保护意识的提升和对人类健康的关注，工业应用中对无重金属材料的需求正日益增加。本文聚焦于PET切片生产过程中采用的新型无重金属复合催化剂，旨在研究其在调色剂作用下的色相变化规律，为工业生产提供可靠的技术支持。辽阳石化公司PET连续聚合装置今年首次采用无重金属复合催化剂替代传统的锑系主缩聚催化剂，旨在解决金属锑在聚酯后加工和使用过程中可能析出的环境和健康隐患。然而，该复合催化剂的使用引发了部分水解反应，进而影响了产品的色相。为应对这一问题，我们在生产过程中引入了调红剂和调蓝剂两种调色剂，以改善产品的色相表现。通过小试过程中对不同剂量调色剂进行分组实验，我们基本确定了调色剂加入量对PET切片的L、a、b值的影响规律，从而极大地节省了工业化生产过程中调整切片色相所需的时间和原料消耗量。

1　实验方法和方案设计

1.1　实验方法

原料：

将PTA（对苯二甲酸）、EG（乙二醇）以及各助剂按照定量配比加入反应釜。

反应条件：

酯化反应温度控制在230~260℃范围内。

酯化反应生成的水经反应釜上部的分离塔馏出，接收器采用量筒。

接收过程中要避免夹带乙二醇馏出。

反应在通风橱中进行，该阶段在0.20MPa~0.30MPa压力下进行。

当水馏出量达到理论生成量的80%时，将系统压力缓慢降至常压。

缩聚反应：

在反应结束后，开启真空泵对反应进行抽真

空处理。

缩聚反应温度控制在 260℃~290℃之间。

当搅拌轴功率达到电机效率的百分之 60 对应的功率时，认定缩聚反应结束。

2.2 方案设计

共设计 4 种实验：

调色剂总量定量合成实验：使用固定总量的调红剂和调蓝剂，并配合新型无重金属催化剂进行 PET 合成。

调红剂量定量合成实验：在调红剂量固定的情况下，变化调蓝剂的添加量，配合新型无重金属催化剂进行 PET 合成。

调蓝剂量定量合成实验：在调蓝剂量固定的情况下，变化调红剂的添加量，配合新型无重金属催化剂进行 PET 合成。

普通锑系催化剂的基础合成实验：使用传统的普通锑系催化剂进行 PET 合成，作为对照实验。

3 调色剂总量与 *L* 值关系

1976 年，国际照明委员会提出了 CIELAB 色空间的定义，该定义基于一种理论：颜色不能同时具有绿色和红色，也不能同时具有蓝色和黄色。在这个色空间中，*L* 表示明度值，*a* 表示红/绿值，*b* 表示黄/蓝值。通过使用亨特色差计法进行测量，可以得到切片的 *L*、*a*、*b* 值。其中，*L* 值越高，切片越亮，反之则越暗；*a* 值越大越偏红，反之则偏绿；*b* 值越大越偏黄，反之则偏蓝。

为了研究调色剂总加入量与 *L* 值的关系，研究人员在小试过程中制定了多组实验方案。在其他条件不变的情况下，他们不断增加调红剂和调蓝剂的使用总量，最后观察到 *L* 值的变化趋势如表 1、图 1 所示。

表 1　调色剂总量与 *L* 值关系表

序号	调红剂/g	调蓝剂/g	加和	*L* 值
1	0.8	1.6	2.4	73.08
2	1	2	3	73.6
3	1	2	3	75.4
4	1	2.4	3.4	75.17
5	1.6	2	3.6	73.4
6	1	2.8	3.8	75.69

续表

序号	调红剂/g	调蓝剂/g	加和	*L* 值
7	2.0	2.0	4	71.85
8	1	3.2	4.2	68.46
9	2.4	2	4.4	71.54

从表 1 及图 1 的数据分析可得，随着调红剂和调蓝剂总量的增加，除了个别特例外，合成 PET 切片的 *L* 值几乎呈现出与调色剂总加入量成正比的关系。换言之，调色剂总加入量越多，相应合成 PET 切片的 *L* 值越低，表面呈现出较暗的外观。

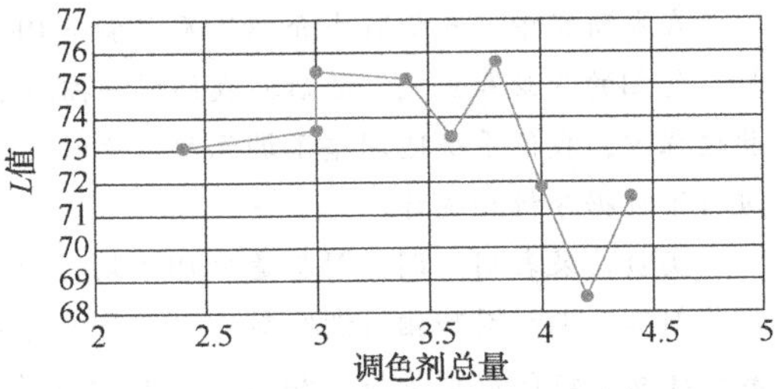

图 1　调色剂总量与 *L* 值关系曲线

4 调红剂与 *a*、*b* 值关系

为了准确探究调红剂对切片 *a*、*b* 值的影响，研究人员在小试阶段进行了实验，保持调蓝剂加入量不变，逐渐增加调红剂的使用量，以观察切片 *a*、*b* 值的变化趋势如下：

表 2　调红剂与 *a* 值关系表

序号	调红剂/g	调蓝剂/g	*a* 值
1	1	2	-0.51
2	1	2	-0.84
3	1.6	2	0.68
4	2	2	2.71
5	2.4	2	3.19

表 3　调红剂与 *b* 值关系表

序号	调红剂/g	调蓝剂/g	*b* 值
1	1	2	-0.93
2	1	2	-0.15
3	1.6	2	0.82
4	2.0	2.0	1.06
5	2.4	2	-0.75

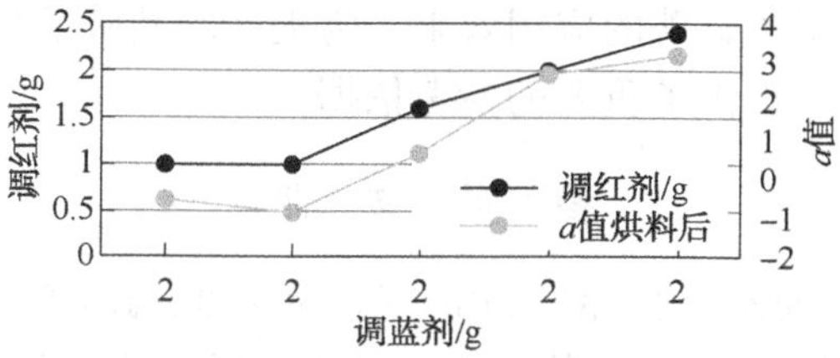

图 2　调红剂与 a 值关系曲线

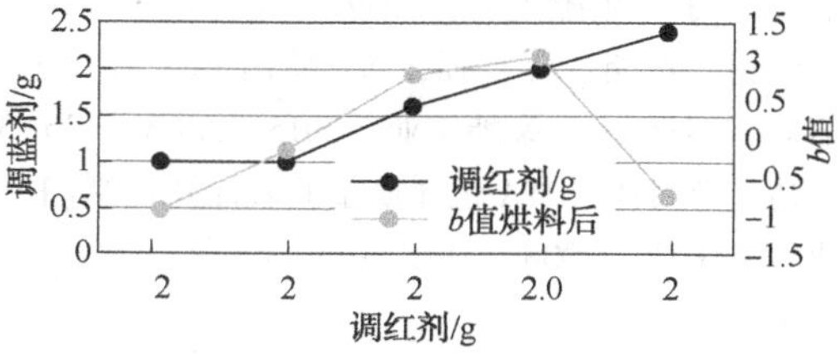

图 3　调红剂与 b 值关系曲线

根据表 2 和图 2 的数据分析，随着调红剂加入量的逐渐增加（而调蓝剂加入量保持不变），合成 PET 切片的 a 值呈现出与调红剂加入量正相关的趋势。换言之，调红剂加入量越大，相应的合成 PET 切片 a 值也随之增加，导致外观向红色色相方向偏移。而从表 3 和图 3 的数据来看，切片的 b 值表现出先增后减的趋势，随着调红剂加入量的增加，切片的外观先呈现黄色，然后逐渐转变为蓝色。

5　调蓝剂与 a、b 值关系

为了精确探究调蓝剂对切片 a、b 值的独立影响，研究人员在小试阶段持续控制调蓝剂加入量的稳定，而后逐步增加调蓝剂的使用量，以观察切片 a、b 值的变化趋势如表 4 所示：

表 4　调蓝剂与 a 值关系表

序号	调红剂/g	调蓝剂/g	a 值
1	1	2	-0.51
2	1	2	-0.84
3	1	2.4	-0.74
4	1	2.8	-1.90
5	1	3.2	-2.27

表 5　调蓝剂与 b 值关系表

序号	调红剂/g	调蓝剂/g	b 值
1	1	2	-0.93
2	1	2	-0.15
3	1	2.4	0.39
4	1	2.8	1.24
5	1	3.2	8.47

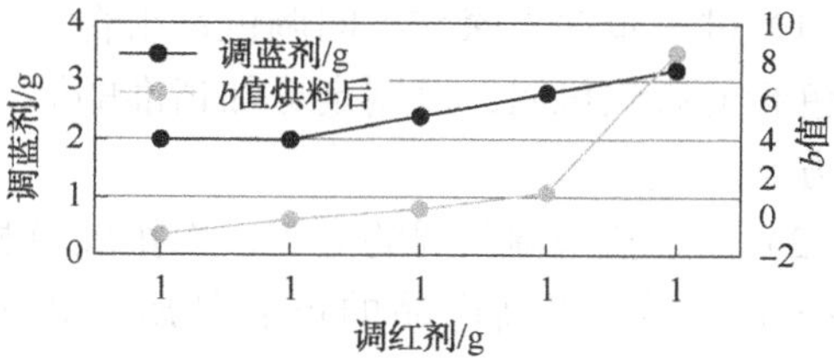

图 4　调蓝剂与 b 值关系曲线

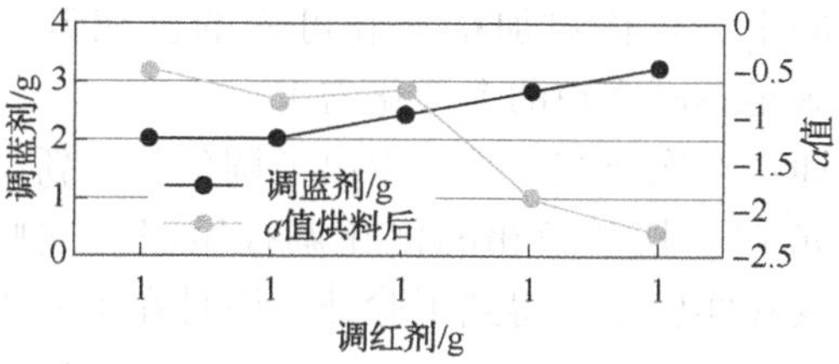

图 5　调蓝剂与 a 值关系曲线

通过观察表 4 和图 4 的数据，可以发现当调蓝剂加入量保持不变，仅增加调蓝剂的使用量时，合成 PET 切片的 a 值呈现出与调蓝剂加入量成反比的趋势。随着调蓝剂加入量的增加，相应的合成 PET 切片的 a 值逐渐降低，使得其外观朝向绿色色相方向移动。另一方面，从表 5 和图 5 的数据可以观察到，切片的 b 值与调蓝剂加入量呈正比关系。随着调蓝剂加入量的增加，合成 PET 切片的 b 值逐渐上升，导致其外观朝向黄色色相方向移动。

6　结语

（1）PET 切片的 L 值随着调色剂总量的增加而逐渐降低，这表明调色剂的增加会导致切片的亮度减弱，外观趋向更暗的色相。这一发现为 PET 产品的色相调控提供了重要参考依据。

（2）在调蓝剂不变的情况下增加调红剂，切片的 a 值呈现出增加的趋势，使其色相向红色方向发展。这说明通过调整不同调色剂的配比可以实现对切片色相的有针对性调节，为生产过程中色相控制提供了可行方案。

（3）随着调红剂的增加，切片的 b 值呈现先增后减的趋势，这在彩度坐标图中显示为 a 值跨越黄色区域进入正值的黄色区域，导致切片色相从黄相逐渐向红相转变。这表明不同调色剂之间的配比和作用机制对于色相调控具有复杂影响，未来的研究可以进一步探索这一领域，以提高色相调控的精准度和效果。

在未来的研究中，我们将从以下方向继续探索：

（1）进一步深入探究不同调色剂组合对 PET 切片色相的影响机制，以制定更加精准的调色剂配比方案。

（2）探索新型调色剂的应用，以拓展色相调控的技术边界，提高产品的色彩品质和市场竞争力。

（3）将研究成果应用于工业生产中，为 PET 产品的生产提供更加精准和可靠的色相调控技术，满足不同客户的个性化需求。

通过本次研究，我们得出了调色剂对新型无重金属 PET 切片色相的优化调控策略。这些结果不仅在实验室中得到了验证，而且在工业生产中取得了显著的应用效果，为提高产品质量和生产效率提供了重要的参考依据。

参考文献

[1] 张世杰，杜富刚，PET 产品颜色和红、蓝调色剂关系的探索[J]. 聚酯工业，2018，6(1)：29-31.

[2] 张鑫，解文健，张健. 瓶级 PET 切片色相 b 值的影响因素[J]. 聚酯工业，2009，22(5)：19-22.

[3] 刘红勇，肖朗，曹殿强，等. 瓶用 PET 基片色相 L 值影响因素[J]. 聚酯工业，2015，28(6)：35-36.

[4] 陈达，薛月霞. PTA 色泽质量的表征及控制[J]. 合成纤维工业，2008，31(2)：61-63.

PETG 注塑用脱模剂效果评价研究

王文娟　陈忠钢　赵　晶　任彦霖　邹　妍

（中国石油天然气股份有限公司辽阳石化分公司）

摘　要　PETG(聚对苯二甲酸-乙二醇-1,4-环己烷二甲醇酯)是一种非结晶性聚合物，具有很好的透明度和光泽度，优异的着色性，耐化学腐蚀，耐冲击，并且容易加工，可以注射、吹塑、挤出成型。但该材料在注塑加工过程中，制品脱模较为困难，为解决这一问题，需要在注塑加工过程加入脱模剂改善脱模效果，提升生产效率。辽阳石化公司是国内第一家生产 PETG 的企业，选取国内较好两家(Polyone 和华南理工大学)开发的两款脱模剂，分别针对不同项目开展对脱模剂剖析，首先对脱模剂本身开展微观结构性能剖析，包括产品灰分测试、红外官能团分析、XRD 晶型测试、ICP 元素分析等，再在注塑加工过程中考察不同脱模剂以及不同用量的脱模效果，经过状态平衡后，测试制品拉伸、冲击、弯曲、硬度、热学、光学等性能。综合多项分析、测试结果，通过对比，可以得出以下结论：在注塑制品的脱模效果上，Polyone 脱模剂较好，优选加入量为 4%；两种脱模剂的密度均小于 PETG 自身的密度，但密度差异不大，密度差异大则易导致混料不均匀，脱模效果不稳定；华南理工大学脱模剂，当加入量为 0.5%时，脱模效果较优；在 PETG 中加入脱模剂后，PETG 注塑过程脱模效果有显著改善，并且制品各项性能未见显著变化，符合实际使用过程中对制品性能的要求。

关键词　PETG；脱模剂；注塑

1　前言

PETG(聚对苯二甲酸-乙二醇-1,4-环己烷二甲醇酯)是一种非结晶性聚合物，具有很好的透明度和光泽度，优异的着色性，耐化学腐蚀，耐冲击，并且容易加工，可以注射、吹塑、挤出成型。但该材料在注塑加工过程中，制品脱模较为困难，为解决这一问题，需要在注塑加工过程加入脱模剂改善脱模效果，提升生产效率。辽阳石化公司是国内第一家生产 PETG 的企业，选取国内较好两家(Polyone 和华南理工大学)开发的两款脱模剂，分别针对不同项目开展脱模剂剖析，首先对脱模剂本身开展微观结构性能剖析，包括产品灰分测试、红外官能团分析、XRD 晶型测试、ICP 元素分析等，再在注塑加工过程中考察不同脱模剂以及不同用量的脱模效果，经过状态平衡后，测试制品拉伸、冲击、弯曲、硬度、热学、光学等性能。

2　实验助剂、设备及配方

本次实验步骤依次为原料混配和干燥、注塑成型、状态调节、分析测试，所用相关助剂和设备如下：

2.1　实验原料、助剂

（1）实验原料：

PETG，辽阳石化，LH300。

（2）实验助剂：

脱模剂 A，华南理工大学；

脱模剂 B，Polyone 公司。

2.2　实验设备

实验设备详见表 1。

表 1　实验设备明细表

序号	设备名称	型号	制造商
1	鼓风干燥箱	HX-600SA	山东
2	注塑机	BSIII-120	广东博创
3	恒温恒湿箱	HQZF-9185	菏泽华强
4	万能试验机	AI-7000-MUL	高特威尔
5	冲击试验机	JJ-20W	长春智能
6	负荷热变形测试仪	SS-3900HV6	台湾松恕
7	邵氏硬度测试仪	HPEIII	德国博锐
8	洛氏硬度测试仪	MHRS-150-Z	丹东奥龙
9	黄色指数仪	DLT-600	沈阳唐德
10	电子密度计	KDX-300A	承德科标
11	热失重分析仪(TGA)	TGA2	Mettler
12	差示扫描量热仪(DSC)	DSC 1	Mettler

续表

序号	设备名称	型号	制造商
13	傅里叶变换红外光谱仪	IS50	美国热电
14	Powder 型 X 射线粉末衍射仪	X'Pert3	荷兰帕纳科
15	马弗炉	KL15/12	THERMO
16	等离子体发射光谱仪(ICP)	optima7300DV	美国 PE

2.3 助剂配方

实验设备详见表 2。

表 2　实验助剂配方

序号	名称	厂商	加入量
1	脱模剂 A	华南理工大学	0.25%
2	脱模剂 A	华南理工大学	0.5%
3	脱模剂 A	华南理工大学	0.75%
4	脱模剂 A	华南理工大学	1%
5	脱模剂 A	华南理工大学	1.5%
6	脱模剂 B	Polyone	2%
7	脱模剂 B	Polyone	3%
8	脱模剂 B	Polyone	4%

3　实验条件

3.1 注塑工艺

按 GB/T 17037.1—2019《塑料　热塑性塑料材料注塑试样的制备　第 1 部分：一般原理及多用途试样和长条形试样的制备》规定方法进行，注塑条件见表 3。由于 PETG 具有一定吸水性，注塑前需要对切片进行干燥，置于鼓风干燥箱中，75℃下，4~6h。

表 3　注塑样条制备工艺条件

序号	工艺条件	参　数
1	注塑温度	215~240℃
2	注射压力	60~90bar
3	注射速度	200mm±100mm/s
4	保压压力	50~60bar
5	保压时间	20~30s
6	模具温度	35~40℃

3.2 状态调节

按 GB/T 2918—2018《塑料试样状态调节和试验的标准环境》规定要求，温度 23℃，湿度 50%，调节时间 88h。

3.3 分析测试

3.3.1　灰分

按 GB/T 9345.1—2022《塑料　灰分的测定　第 1 部分：通用方法》规定进行，采用直接燃烧法(A 法)，燃烧温度为 850±50℃。

3.3.2　密度

按 GB/T 1033.1—2008《非泡沫塑料密度的测定　第 1 部分：浸渍法、液体比重瓶法和滴定法》规定进行，浸渍法。

3.3.3　拉伸性能

按 GB/T 1040.2—2022《塑料　拉伸性能的测定　第 2 部分：模塑和挤塑塑料的试验条件》规定进行，试验速度为 50mm/min。

3.3.4　简支梁缺口冲击强度

按 GB/T 1043.1—2008《塑料　简支梁冲击性能的测定　第 1 部分：非仪器化冲击试验》规定进行，缺口为 A 型。根据测试要求，缺口制备在注塑成型后 4h 内完成加工。进行 23℃简支梁缺口冲击强度测试。

3.3.5　弯曲性能

按 GB/T 9341—2008《塑料　弯曲性能的测定》规定进行，试验速度为 2mm/min。

3.3.6　负荷变形温度

按 GB/T 1634.2—2019《塑料　负荷变形温度的测定　第 2 部分：塑料和硬橡胶》中的 B 法(负荷为 0.45MPa)规定进行。

3.3.7　洛氏硬度

按 GB/T 3398.2—2008《塑料　硬度测定　第 2 部分：洛氏硬度》规定进行，标尺 R。

3.3.8　邵氏硬度

按 GB/T 2411—2008《塑料和硬橡胶　使用硬度计测定压痕硬度(邵氏硬度)》规定进行，D 型压针。

3.3.9　黄色指数

按 GB/T 39822—2021《塑料　黄色指数机器变化值的测定》规定进行，采用 1mm 薄片进行测试。

3.3.10　色相

采用 1mm 薄片进行测试。

3.3.11　透光率

GB/T 2410—2008《透明塑料透光率和雾度的测定》规定进行，采用 1mm 薄片进行测试。

3.3.12　雾度

GB/T 2410—2008《透明塑料透光率和雾度

的测定》规定进行，采用 1mm 薄片进行测试。

3.3.13　特性黏度

特性黏度[η]是根据 GB/T 14190—2008《纤维级聚酯切片分析方法》，在 25.0±0.1℃ 条件下，以 $m_{(苯酚)}$: $m_{(1,1,2,2-苯酚四氯乙烷)}$ = 1 : 1 的混合溶液为溶剂，水浴溶解 1h，利用乌氏黏度计测定，其中乌氏黏度计 Φ0.84mm。

3.3.14　端羧基

端羧基含量的测定是根据 GB/T 14190—2008《纤维级聚酯切片分析方法》，采用电位滴定的方法测试。

3.3.15　玻璃化转变温度

使用瑞士 Mettler DSC1 热分析仪按照 GB/T 19466.2—2004《塑料差示扫描量热法　第 2 部分：玻璃化转变温度的测定》测量产品的玻璃化转变温度。

3.3.16　结晶温度

使用瑞士 Mettler DSC1 热分析仪按照 GB/T 19466.3—2004《塑料差示扫描量热法　第 3 部分：熔融和结晶温度及热焓的测定》测量产品的结晶温度。

3.3.17　熔融温度

使用瑞士 Mettler DSC1 热分析仪按照 GB/T 19466.3—2004《塑料差示扫描量热法　第 3 部分：熔融和结晶温度及热焓的测定》测量产品的熔融温度。

4　结果与讨论

4.1　微观结构分析

测试了两款脱模剂的灰分、红外、ICP 元素分析、XRD、DSC、TGA、核磁等，结果见表 4~表 7，图 1~图 4。

表 4　脱模剂灰分测试结果

序号	样品名称	灰分/ppm
1	脱模剂 A	449
2	脱模剂 B	138
3	PETG-1	38

表 5　脱模剂 A 的 ICP 元素分析

序号	元素	含量/ppm
1	Ti	46.40
2	Zn	41.32
3	P	28.85
4	Na	18.48
5	Si	17.06
6	Ca	11.76
7	Al	2.57
8	Mg	2.35
9	Ge	2.29
10	Fe	1.19

表 6　脱模剂 B 的 ICP 元素分析

序号	元素	含量/ppm
1	P	25.62
2	Ti	9.88
3	Fe	9.73
4	Ca	9.70
5	Si	3.93
6	Na	2.86
7	Mg	2.05
8	Co	0.90
9	Zn	0.81
10	Al	0.57

表 7　PETG 中脱模剂 ICP 元素分析

序号	元素	含量/ppm
1	Al	19.82
2	Ca	16.48
3	Na	13.45
4	Mg	9.83
5	Fe	3.489
6	Cu	1.554
7	Co	1.19
8	K	1.103
9	Zn	0.514
10	Ni	0.148

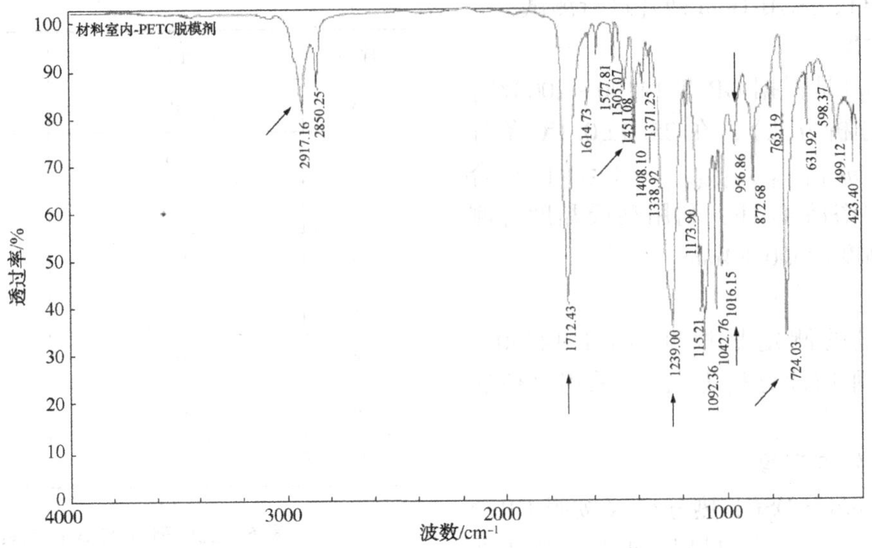

图1 脱模剂A的红外谱图

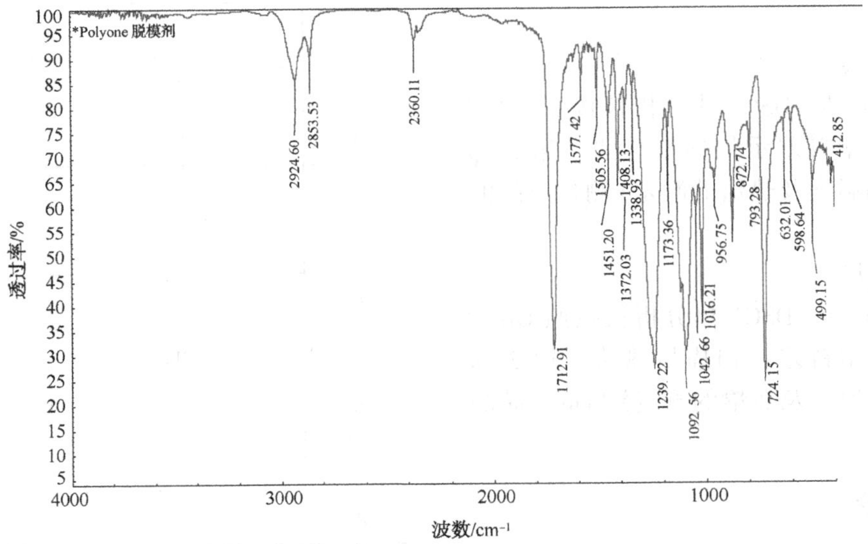

图2 脱模剂B的红外谱图

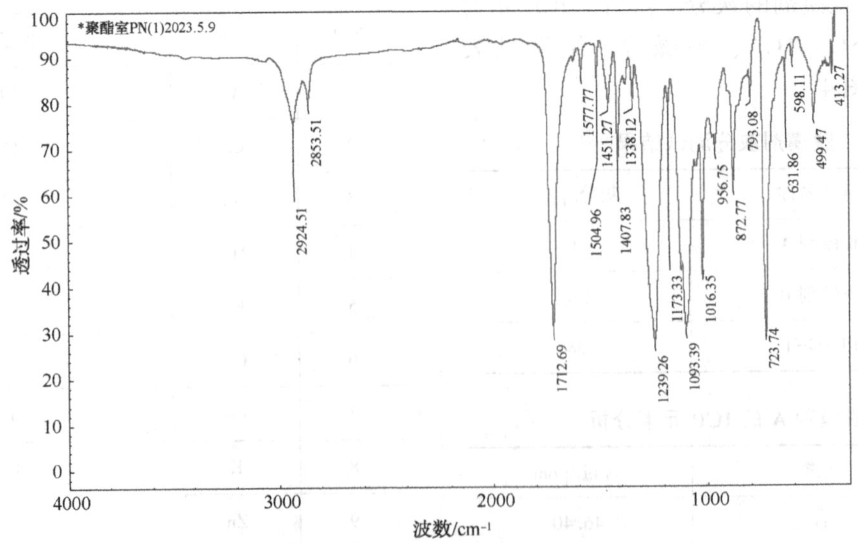

图3 PETG的红外谱图

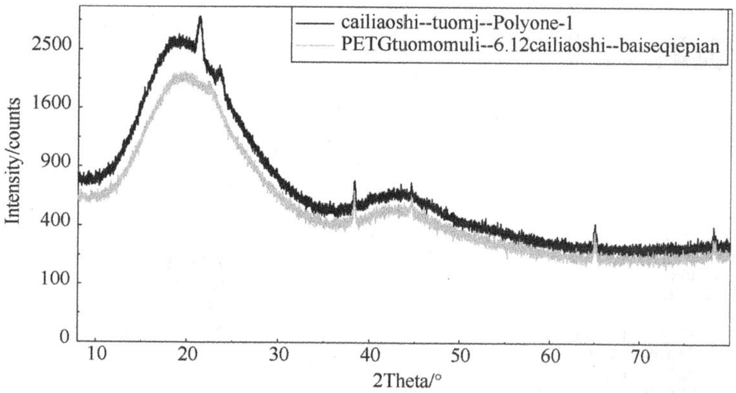

图 4　两种脱模剂 XRD 对比分析

其中，红线为脱模剂 B 的 XRD，蓝线为脱模剂 A 的 XRD。从 XRD 谱图中可以看出，脱模剂 B 中有明显的结晶性化合物，推测其中含有无机成分。相比而言，脱模剂 A 的谱图中没有明显的峰，见图 5~图 8。

从两张 DSC 谱图中可以看到，脱模剂 A 在消除热历史之前，有 2 个熔融峰，在消除热历史后，61℃ 处仍有熔融峰，该脱模剂的 Tg 为 68℃。而脱模剂 B 在消除热历史之前，49℃、70℃也有熔融峰，但消除热历史后，熔融峰消失，该脱模剂的 Tg 为 61℃。

从两个 TGA 谱图中可以看到，两种脱模剂都在 448℃附近热分解最快，在 40~700℃升温范围内不能完全分解，仍有 6~8%的剩余，见图 9~图 11。

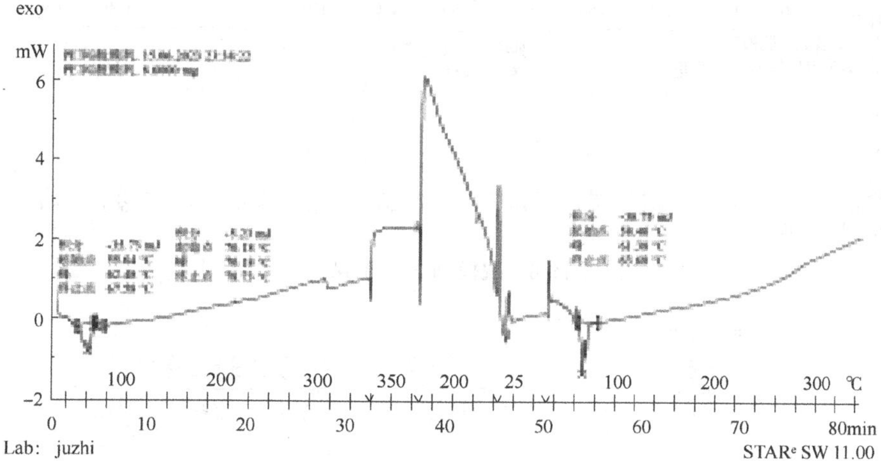

图 5　脱模剂 A 的 DSC

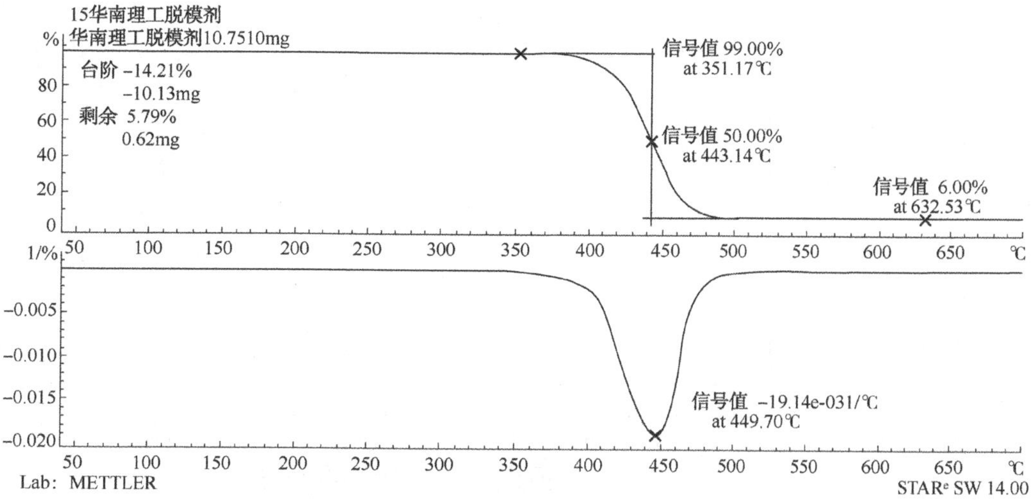

图 6　脱模剂 A 的 TGA

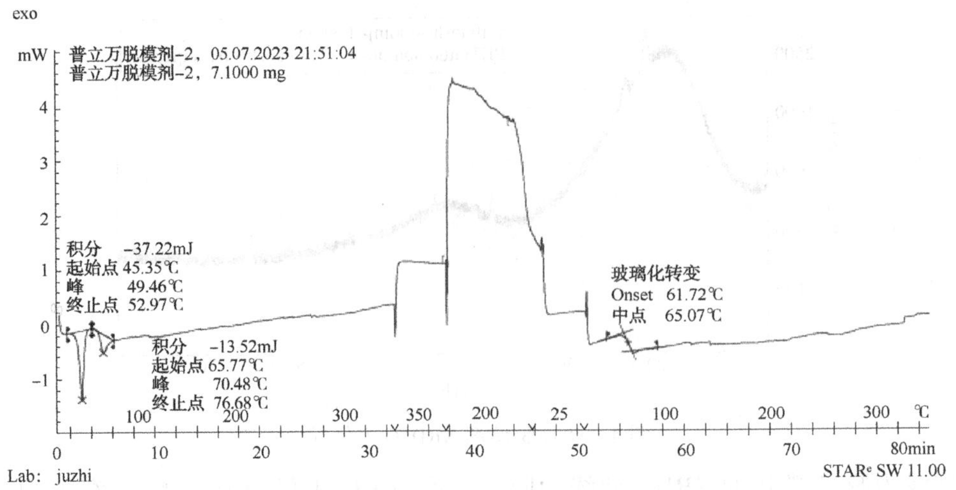

图 7　脱模剂 B 的 DSC

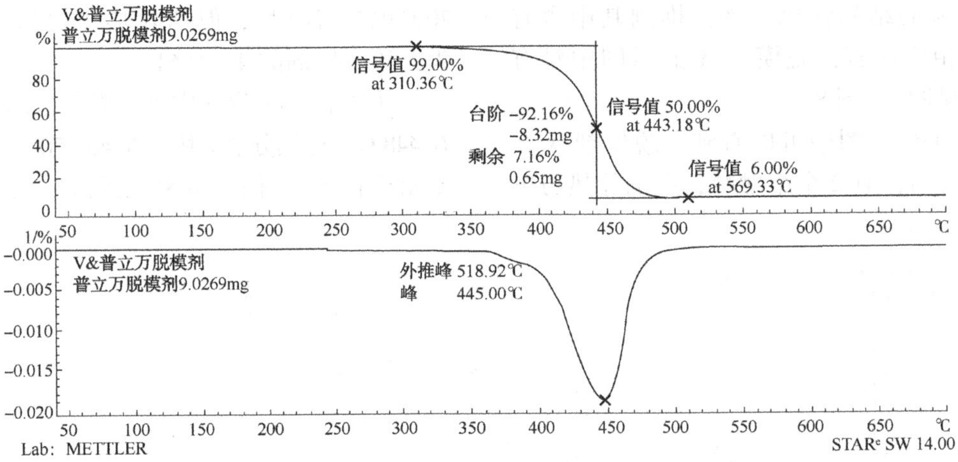

图 8　脱模剂 B 的 TGA

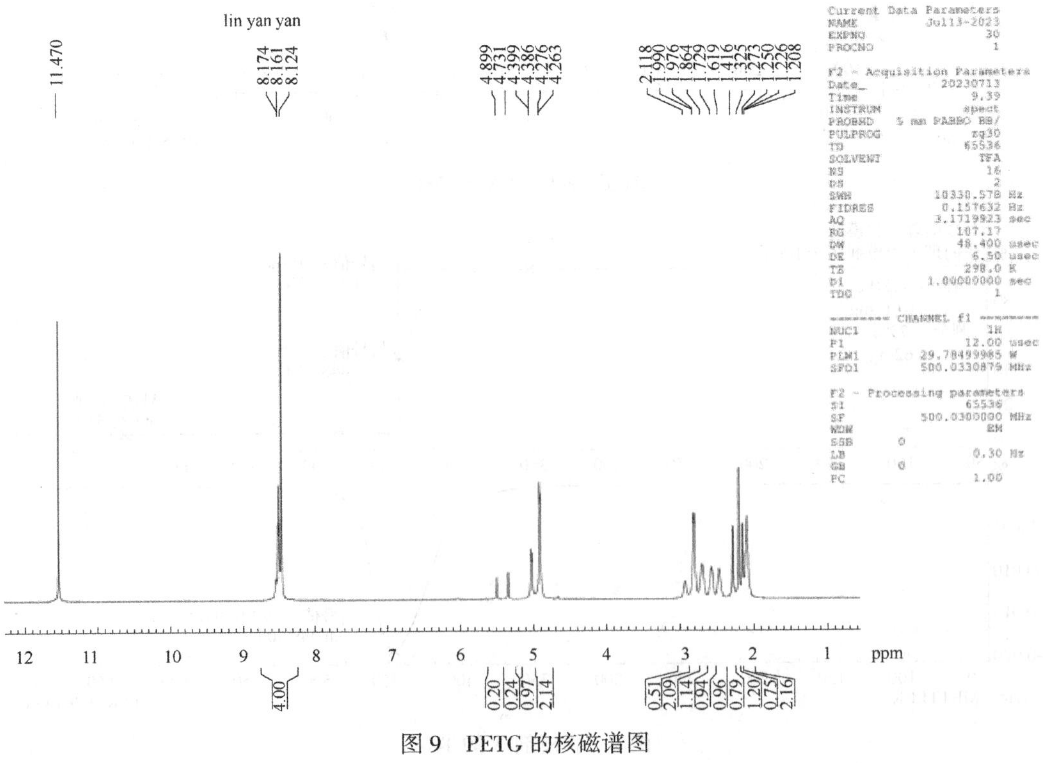

图 9　PETG 的核磁谱图

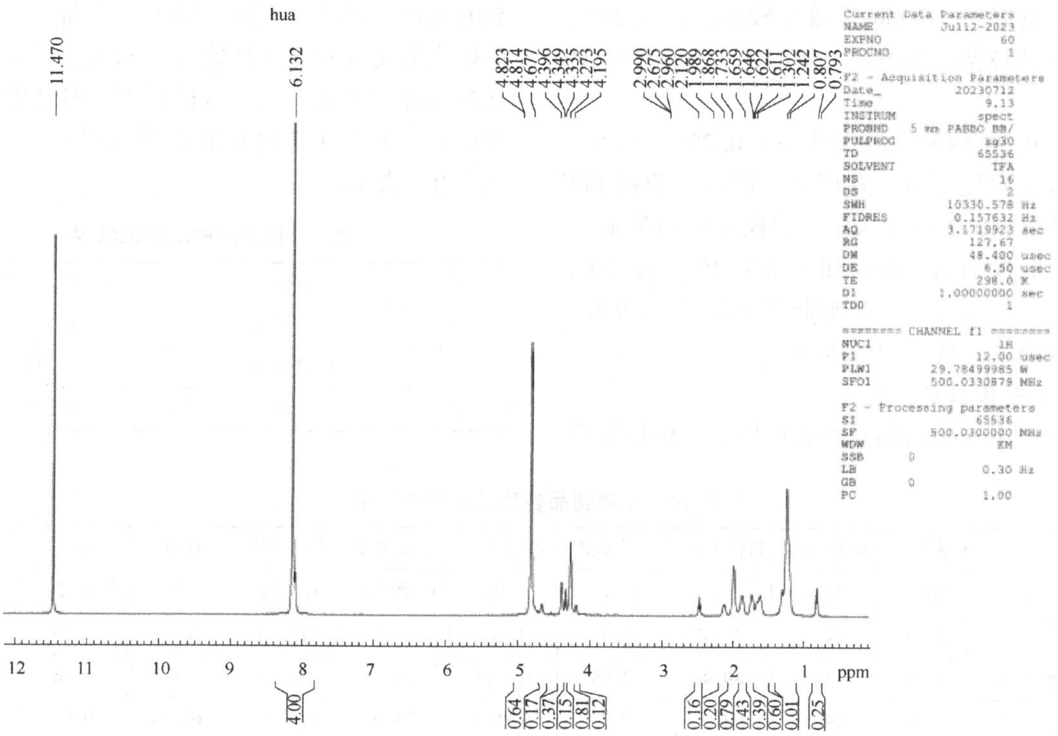

图 10　脱模剂 A 的核磁谱图

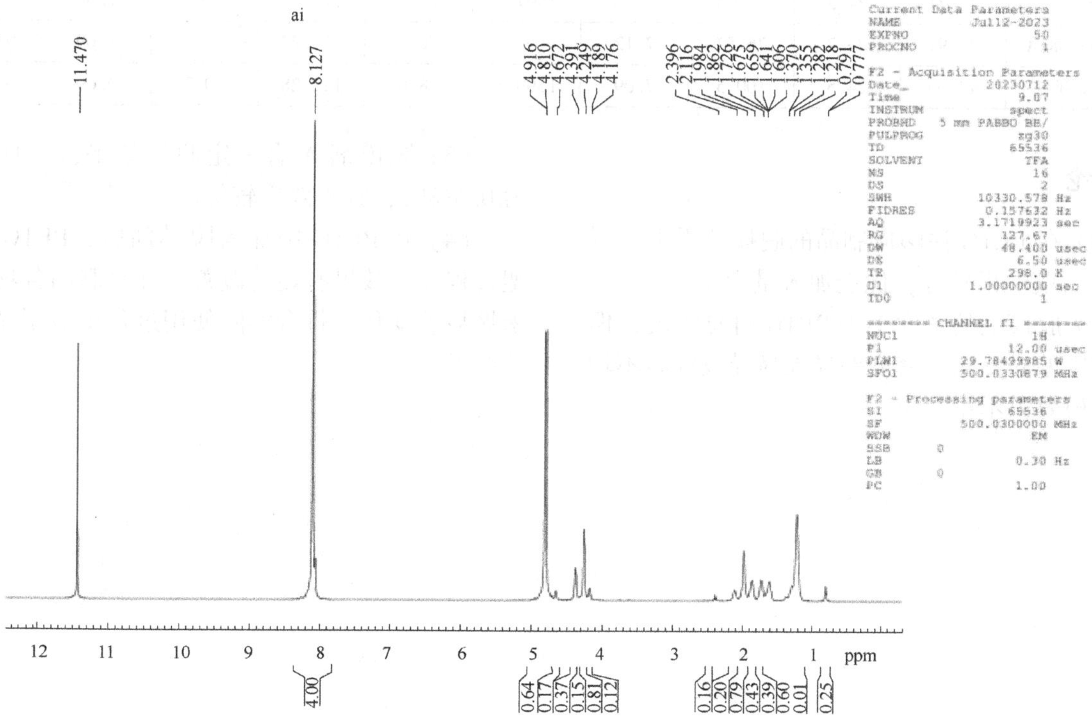

图 11　脱模剂 B 的核磁谱图

4.3　切片表征

测试了加入两款脱模剂厚切片的特性黏度和端羧基含量，见表 8。

4.3　注塑效果评价

针对不同脱模剂以及不同加入量，分别开展 10 批次注塑加工试验，考察脱模效果。

表 8　脱模剂黏度和端羧基测试结果

序号	产品名称	特性黏度/(dL/g)	端羧基含量/(mol/t)
1	脱模剂 A	0.72	14.8
2	脱模剂 B	0.77	10.6

首先针对脱模剂 A，推荐加入量 1%。采用 0.5%、1%和 1.5%三个加入量，考察注塑过程

制品脱模效果。0.5%脱模效果较好，1~1.5%，制品取下时略黏，有些软。浇口处会有拉丝情况出现。

由于0.5%较好，故又开展了0.25%、0.5%和0.75%的对比试验。发现0.5%和0.75%的脱模效果较好，0.25%加入量，脱模效果不明显。

针对脱模剂B，推荐加入量为4%。按2%、3%、4%混合加入后，注塑制品脱模效果更好，从脱模效果上，优于脱模剂A。

4.4 注塑制品性能表征

测试了不同脱模剂制品各项性能，包括脱模剂的密度、制品的拉伸、冲击、弯曲、硬度、负荷热变形温度和光学性能等。加入脱模剂后，制品各项性能变化不大，脱模剂不会对性能产生较大影响，但对注塑过程的脱模效果有一定作用，见表9、表10。

表9　脱模剂密度测试结果

序号	名称	密度(g/cm^3)
1	脱模剂A	1.195
2	脱模剂B	1.232
3	PETG	1.270

表10　注塑制品各项性能测试结果

材料名称	屈服强度	断裂强度	断裂伸长率	冲击强度	弯曲模量	邵氏硬度	洛氏硬度	HDT	雾度	透光率
单位	MPa	MPa	%	kJ/m^2	MPa	D型压针	R标尺	℃	C/2	%
PETG	45.37	24.5	72.67	7.45	1660.3	76.6	113.43	70.9	1.19	93.37
0.25%脱模剂A	45.40	24.5	89.96	7.85	1641.6	78.4	111.26	–	1.06	93.12
0.5%脱模剂A	45.44	24.5	119.45	7.71	1618.1	78.0	112.43	67.6	0.66	92.94
0.75%脱模剂A	45.68	24.8	88.70	7.58	1649.8	78.4	111.97	–	1.01	92.83
1%脱模剂A	45.21	24.3	91.95	–	1597.4	78.1	113.47	–	1.00	92.33
1.5%脱模剂A	44.91	23.7	76.57	7.12	–	76.0	111.27	–	1.09	93.03
4%脱模剂B	44.65	24.5	100.5	7.09	1599.8	78.0	112.28	70.3	0.69	92.72

5 结论

(1) 在PETG注塑成制品的脱模效果上，脱模剂B脱模效果较好，优选加入量为4%。

(2) 脱模剂的密度小于PETG自身密度，但与之密度差异不大。密度差异大易导致混料不均匀，脱模效果不稳定。

(3) 脱模剂A有一定脱模效果，当加入量为0.5%时，脱模效果较优。

(4) 在PETG中加入脱模剂后，PETG在注塑过程脱模效果有显著改善，并且制品各项性能未见显著变化，符合实际使用过程中对制品性能的要求。

改性聚酯中间产物羟值测定方法研究

朱晓梅　王丽姝　徐延勤

（中国石油天然气股份有限公司辽阳石化分公司）

摘　要　由于改性聚酯具有优越的综合性能，使得改性聚酯在各个领域均具有广阔的发展应用前景。针对改性聚酯的特点，通过对改性聚酯及其中间产品的分析检测方法的研究，为工业化生产提供更准确的数据支持，以弥补分析测试方法不完善的现状。采用咪唑-邻苯二甲酸酐-吡啶法通过酸碱滴定测定改性聚酯中间产物的羟值，以乙二醇为标准物质，分别考察了酯化反应相同回流时间不同回流温度、相同回流温度不同回流时间对羟值测定的影响，同时考察了改性聚酯中间产物溶解后的静置时间、滴加时的速度及摇动与否对测定结果的影响。通过实验确定回流温度的改变对羟值的转化率影响较大。回流温度为70℃时转化率达到最大，随着温度的升高和降低转化率降低。回流温度为70℃的前提下，回流60min时转化率达到最大，随着时间的缩短转化率变小，随着时间的延长转化率变化不显著。回流时间和温度对测定羟值影响很小。进行滴定时，要严格控制滴定速度，匀速摇动锥形瓶，以免结果准确地偏低。通过实验确定样品溶解后无需静置，在70℃下回流60min后进行羟值测定。同时利用所建方法分析了改性聚酯中间产物的羟值，确定随着聚酯酯化反应的进行，产物中羟值含量降低。

关键词　改性聚酯；羟值；滴定法；方法优化

由于改性聚酯具有优越的综合性能，使得改性聚酯在各个领域均具有广阔的发展应用前景。目前，改性聚酯在薄膜、中空材料、纤维、工程塑料等领域已有较为广泛的应用，成为全球开发最快、应用前景最广的树脂材料之一。开展改性聚酯研发，符合国家新材料战略需求，有利于完善聚酯行业新材料布局及全产业链协调发展。随着改性聚酯研发工作的开展，对原料质量、中控物料及产品指标的监控都需要有对应的分析方法进行测试。但是，国内外针对改性聚酯的研究多为合成工艺及共混改性方面，鲜少有对物料性质及中间产品指标的测试研究。因此，针对改性聚酯的特点，对聚合工艺从原料质量及中控物料的监测需求着手进行分析测试方法的研究，可以更好的解决在工业化生产过程中，现行标准的不适用性问题。通过对改性聚酯及其中间产品的分析检测方法的研究，为工业化生产提供更准确的数据支持，以弥补分析测试方法不完善的现状。

改性聚酯中间产物主要为聚酯多元醇，测定其中间产物的羟值，是反应聚酯转换率的重要指标。采用咪唑-邻苯二甲酸酐-吡啶法测定羟值，以乙二醇为标样，考察羟值测定的实验条件。并利用所建方法进行改性聚酯中间产物的羟值测定。

1　实验部分

1.1　实验原理

试样中的羟基在邻苯二甲酸酐的吡啶溶液中回流被酯化，反应用咪唑为催化剂。过量的酸酐用水水解，生成的邻苯二甲酸用氢氧化钠标准滴定溶液滴定。通过试样和空白滴定的差值计算羟值。

1.2　主要试剂和仪器

咪唑、吡啶(含水量小于0.1%)、邻苯二甲酸酐、氢氧化钠、酚酞。

分析天平(精确至0.1mg)；

油浴锅、冷凝管、碘量瓶等。

1.3　测定方法

用合适的方法移取适量的试样于250ml碘量瓶中，向试样和空白的碘量瓶中准确移取25ml邻苯二甲酸酐酰化试剂(在空白滴定中，25ml这种试剂应消耗0.5mol/L氢氧化钠标准溶液95ml~100ml)，摇动碘量瓶至试样溶解。碘量瓶接上冷凝管，在油浴中加热。将装置从油浴中拿出并冷却至室温。用30ml吡啶冲洗冷凝管并取下冷凝管。加入0.5ml酚酞指示剂，用0.5mol/L的氢氧化钠标准滴定溶液滴定至淡粉红色终点并保持15秒。读取体积数，如果滴定试样所消耗的氢氧化钠标准滴定溶液体积小于空白体积的80%，则试样质量偏大，应减少取样体积重新测定。

1.4 计算

羟值 OHV，以每克试样消耗的氢氧化钾毫克数表示，按式(1)计算：

$$OHV=\frac{(V_2-V_1)c\times56.1}{m} \tag{1}$$

式中，V_1为试样消耗的氢氧化钠标准滴定溶液的体积，单位为毫升(ml)；V_2为空白消耗的氢氧化钠标准滴定溶液的体积，单位为毫升(ml)；c为氢氧化钠标准滴定溶液的浓度，单位为摩尔每升(mol/L)；m为式样的质量，单位为克(g)。

2 结果与讨论

2.1 相同回流时间不同回流温度对羟值的影响

采用本方法在回流时间为 60min 的前提下，对乙二醇进行羟值测定。改变回流温度，考察羟值结果。结果比较见表 1。

表 1 回流 60min 羟值结果与回流温度的变化

回流温度/℃	60	70	75	80	90	115
羟值结果/(mgKOH/g)	1604	1655	1593	1583	1548	1156

由表 1 及图 1 可见采用本方法在回流时间为 60min 的前提下，回流温度的改变对羟值的转化率影响较大。回流温度为 70℃时转化率达到最大，随着温度的升高和降低转化率降低。

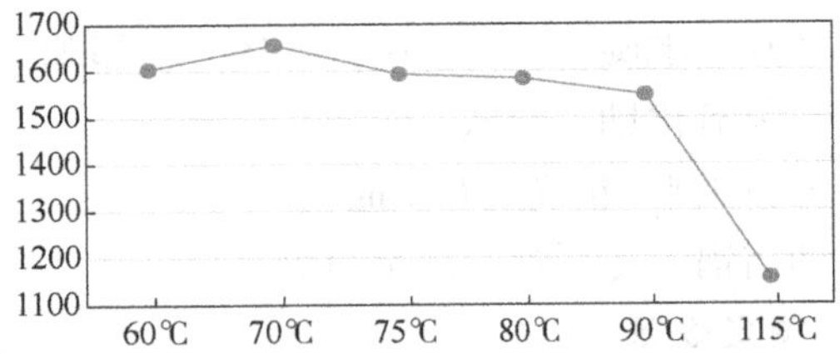

图 1 回流 60min 羟值结果与回流温度的变化

2.2 相同回流温度不同回流时间对羟值的影响

采用本方法在回流温度为 70℃的前提下，对乙二醇进行羟值测定。改变回流时间，考察羟值结果。结果比较见表 2。

表 2 回流温度 70℃时羟值结果与回流时间的变化

回流时间/min	30	60	90
羟值结果/(mgKOH/g)	1536	1655	1645

由表 2 及图 2 可见采用本方法在回流温度为 70℃的前提下，回流 60min 时转化率达到最大，随着时间的缩短转化率变小，随着时间的延长转化率变化不显著。

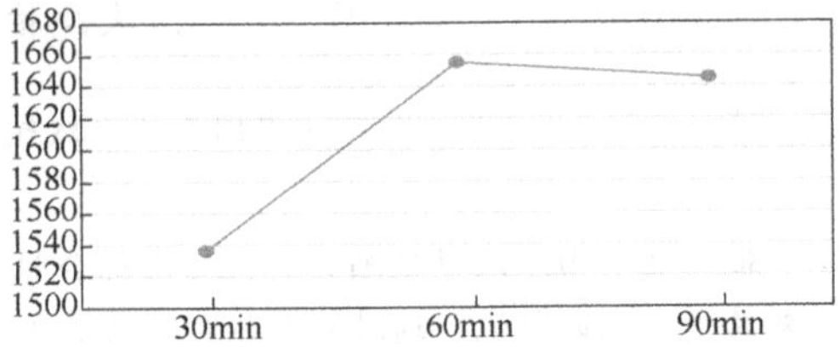

图 2 回流温度 70℃时羟值结果与回流时间的变化

2.3 回流时间和温度不变样品溶解后放置时间对羟值的影响

回流时间为 60min，回流温度为 70℃，将试样溶解后放置 46 小时后测得的羟值为 1639mgKOH/g 与溶解后立即测定的羟值 1655mgKOH/g 相差很小。

2.4 滴加时的速度及摇动与否对测定结果的影响

用氢氧化钠标准滴定溶液进行滴定时，要严格控制滴定速度，最好是缓慢匀速滴加，千万不要滴的过快，滴的过快导致反应不及时，造成结果偏低。同时，在滴的过程中要持续地稳定地匀速摇动锥形瓶，致使反应物接触面大，反应迅速、完全、彻底，保证测试结果的准确性。

2.5 改性聚酯中间产物羟值测定

利用所建方法分析改性聚酯中间产物，测定结果如表 3 所示

表 3 改性聚酯中间产物的羟值

样品编号	反应时间	羟值/(mgKOH/g)
1#	5min	554
2#	10min	508
3#	15min	461
4#	20min	443
5#	25min	428
6#	30min	416

由表 3 可见，随着改性聚酯酯化反应时间的延长，中间产物的羟值逐渐降低，说明随着改性聚酯聚合反应进行，酯化转化率不断提高。

3 结论

通过实验比较了不同回流时间乙二醇羟值的

测定结果，回收率在回流时间60min达到最高，缩短和延长回流时间回收率降低。回流时间为60min改变回流温度，羟值在回流温度为70℃时达到最大，回流温度降低羟值降低，回流温度升高羟值变化不明显。样品溶解后立即回流与样品溶解后放置46小时后回流测得羟值变化不明显。由此可见，改性聚酯羟值测定的最佳实验条件为70℃回流60min。

参考文献

[1] GB/T 12008.3—2009 塑料聚醚多元醇(第3部分)：羟值的测定[S].

[2] 苏义华. 苯酐-吡啶法测定聚醚多元醇中羟值含量[J]. 化学工程师，2012，186(6)：25-27.

[3] 刘杰，唐丽，冷雪梅. 聚酯多元醇羟值测定方法的比较及优选[J]. 皮革与化工，2011，28(6)：35-37.

白土使用优化对策及几种重整芳烃脱烯烃技术对比

关华清

（中国石油天然气股份有限公司辽阳石化分公司）

摘　要　芳烃是连续重整装置的重要产品，重整反应生成油可以通过下游的精馏和抽提工艺，用来生产苯、甲苯和混合二甲苯等高附加值芳烃产品，C_9、C_{10}芳烃也被用作调和汽油的重要组分。随着连续重整工艺的发展，装置的反应压力逐渐降低，反应苛度的逐渐提高，导致重整生成油中烯烃含量升高、重整汽油颜色加深和芳烃产品酸洗比色不合格的问题发生。对比饱和烃，烯烃类化学性质更活泼，容易形成聚合物附着在管线设备上，增加了运行能耗，也给装置运行带来了隐患，影响装置运行的稳定性，因此重整生成油在进入下游工艺单元前需要进行脱烯烃处理。本文概述了当前国内外主流重整芳烃脱烯烃的技术，并以某企业的连续重整装置为例，分析了影响活性白土使用寿命的一系列因素，并通过控制原料的馏程、优化重整-再生反应以及调整白土罐处理空速等措施，使白土的使用周期得到明显提升，降低了装置三剂的使用费用，从而为同类装置提供了一些参考；并比较了该装置在采用不同的脱烯烃技术的应用效果，从主要的技术指标和经济指标进行分析，从而比选出该装置较为合适的脱烯烃方案。

关键词　脱烯烃；连续重整；芳烃；优化；比选

目前，重整芳烃脱烯烃方法主要有白土精制、分子筛催化和液相加氢技术。因白土价格较低，故国内目前很多重整装置仍采用白土精制脱烯烃。工业用白土的主要成分为活性颗粒膨润土，其对 C_8 以上的芳烃中烯烃脱除效果较好。但其缺点也很明显，运行时间较短，失效后的活性白土不能再生重复利用，因此产生大量固废物，通常只能深埋处理，不利于绿色生产。白土运行周期长至三个月左右，短则不到一个月就需要进行更换白土。如此频繁地进行更换白土作业不但增加了运行成本，白土罐退油吹扫也造成了产品损失，频繁拆卸法兰调装盲板也给装置平稳运行带来了隐患。因此，对于使用白土脱烯烃的芳烃生产装置，采取适当的措施延长白土运行周期很有必要。

1　白土脱烯烃

1.1　白土脱烯烃概况

白土精制过程是一个较为复杂的物理化学过程，包括吸附作用和烯烃反应。活性白土具有繁多细微的微观通道，因此有较大的比表面积，并呈现弱酸性，因此重整生成油中的烯烃可在白土的催化作用下发生聚合或者烷基化反应，从而生成大分子量产物，而白土具有吸附性，这些较重的物质一部分会被吸附到白土的微观通道，另一部分则留在了重整生成油中。其表面酸性可使芳烃中的烯烃发生聚合及烷基化反应生成分子量较大的物质，这种大分子物质一部分被白土丰富的孔道吸附，另一部分在后续的精馏分离过程中去。白土对重整油中烯烃的催化作用，一般在较低温度范围内烯烃之间的聚合反应占主导：当白土入口温度处于150℃至170℃温度范围时，以烷基化反应为主（烯烃与芳烃之间的反应）；并且随着温度的升高，烷基化反应占比也更高，而到达白土末期温度时，聚合反应又再次加剧。随着白土使用时间的延长，大分子重组分芳烃聚合物会将白土微观通道阻塞，使其失去物理吸附功能，并且还会降低白土酸性催化活性，最终使白土失活。

1.2　装置应用情况

某企业140Wt/a连续重整装置，使用铂-锡双金属双功能催化剂，采用UOP公司第三代连续重整技术。该装置在2018年建成并一次开车成功投入生产。

某重整装置区白土塔A/B设在重整油分馏塔塔釜液至二甲苯塔进料部分，处理介质为 C_8+

芳烃，两台白土罐可根据生产需要更改串并联和单台流程，目的保证二甲苯塔塔顶产品混合二甲苯溴指数合格。装置最初建成时，白土罐入口温度只能依靠二甲苯塔进料/侧线换热器和白土罐出料/侧线换热器的热旁通流量调节，其温度高低很大程度上取决于二甲苯塔侧线采出量，二甲苯塔侧线采出物料为 C_9、C_{10}汽油调和组分，强行增加侧线采出量会使侧线带有重芳烃组分，造成干点过高。因此在装置处理负荷较低时，白土罐入口温度很难达到操作要求，从而造成二甲苯塔塔顶产品混合二甲苯产品溴指数长期处于100mgBr/100g 以上，影响了下游芳烃产品质量。之后装置在大检修期间，在白土罐入口增设了白土罐进料加热器，使用经减温后的 3.5MPa 中压蒸汽对白土罐进料进行加热，满足了装置低负荷时白土罐入口温度要求，见表 1。

表 1　某企业重整装置区白土塔 A/B 主要工艺参数

项目	单位	数值
介质	—	C_8+芳烃
操作温度	℃	150~200
操作压力	MPa	1.2~1.8

流程简述：白土精制采用双塔流程，两个白土塔可以根据实际生产情况灵活切换单、串和并联流程。重整油分馏塔底油先与白土塔出口物料进行换热，再经中压蒸汽加热到合适的温度，进到白土塔顶部。精制后的物料再与白土塔进料进行换热，然后送至二甲苯塔、进一步分离混合 C_8、C_9C_{10}馏分以及 C_{11}+重芳烃。流程简图见图 1。

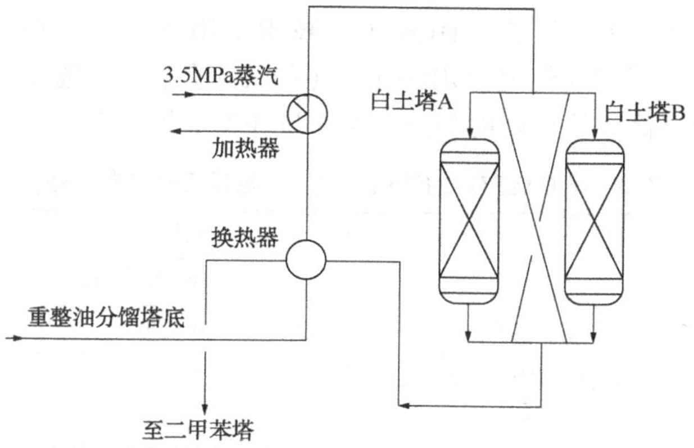

图 1　活性白土脱烯烃示意图

1.3　影响白土使用寿命的因素及优化措施

1.3.1　对重整原料的优化

保证重整原料的溴指数合格且处于适宜的馏程，不但有利于延长白土使用寿命，更能保证重整反应深度和催化剂活性。白土罐处理的物料中的烯烃含量越高，白土的失活速度也就越快。因此，重整生成油烯烃含量的高低直接影响着白土使用寿命。而重整原料性质是影响重整生成油烯烃含量的直接因素。为延长白土寿命，最简单直接的方法就是使用烯烃含量低的重整原料。此外，重整原料的馏程也会影响重整生成油的烯烃含量。装置在加工终馏点高的原料油时，会加快重整催化剂积碳速度，重整产物中的烯烃含量尤其是大分子量烯烃含量也会增加；而重整原料初馏点过低，也会使 C_6以下的非芳潜组分进入重整反应中，主要发生加氢裂化反应，影响重整反应深度和催化剂性能，同样会使重整产物烯烃含量上升。因此，应加氢重整原料馏程管控。

1.3.2　白土罐的入口温度控制

温度会对白土脱除烯烃的性能产生显著影响，在一定温度范围内，白土脱除烯烃能力随入口温度的升高而提升。仅从期望产品质量方向看，较高的入口温度可以使其达到最好的脱烯烃结果，但如此高刻度的操作条件会使烯烃缩合和烷基化反应速率加剧，进而在白土的表面聚合成稠环芳烃和大分子量缩合物，造成白土的微观孔道被堵塞，使其比表面积降低，加速白土失效速度。并且在较高的温度下(通常在 170℃以上)在白土罐内主要发生苯的同系物与烯烃发生的烷基化反应，从而造成芳烃损耗。因此，为减缓白土比表面积下降速度和减少芳烃损耗，适当抑制白土的活性，降低重组分生成量，随着白土运行时间的延长，逐步提高白土罐入口温度来保持出口溴指数稳定。在增设白土罐入口加热器之后，通过一段时间的调整评价，判断出满足生产需求的情况下该白土初期使用温度大约 150℃，末期温度在 190℃左右。因此，在白土罐操作初期(大约半个月)在低温工况下操作(入口控制在 150℃左右)，适当抑制白土的活性，减少白土精制过程产生的重组分；在操作中后期，缓慢提高入口温度，最终稳定在 190℃，用温度的提升来弥补白土的活性的下降，减弱白土的吸附性能防止其吸附过多烯烃或重质芳烃聚合物，延长其使用寿命。

1.3.3　重整反应部分的调整

除重整原料外，重整反应部分参数也是影响重整生成油中烯烃含量重要因素。提高反应苛刻度，重整芳烃收率也会提高，但随之而来的加氢裂化等副反应的加剧，积碳在催化剂上累积速度加快，重整反应深度降低，重整产物中的烯烃含量也会随之提升，使白土罐入口溴指数过高，缩短了白土使用周期。所以，应将反应温度控制在合理范围。在重整 4 个反应器中，在后两个反应器中主要发生烷烃异构化和成环反应，烯烃组分主要在前两个反应器中产生，为优化生产，采取反应温度分区控制。根据重整生成油的分析结果，在保证环烷烃脱氢反应深度的前提下，适当降低了前两个反应器入口温度。

1.3.4　调整白土罐的处理空速

虽然在生产中重整加工量相对稳定，但可以通过更改白土罐流程来改变白土罐的空速。在装置运行初期，每次更换完新白土之后，首先单罐运行一段时间，待后路混合二甲苯产品溴指数不合格后再串入另一台白土罐。在此过程中，白土罐一直是全量处理的，由于新白土性能好，造成了二甲苯塔回流溴指数在一段时间内远低于设防值。因此保持白土罐的副线有一定开度，让一部分物料不经白土精制直接与罐出口物料混合，既保证产品质量，又延长了白土的使用寿命。

通过控制原料的初馏点和终馏点、优化重整-再生反应操作参数以及调整白土罐的空速等方面的改进，最终将白土的使用周期延长，每年减少至少一次白土更换的频次，降低了装置的三剂使用费用。

2　分子筛催化脱烯烃

2.1　分子筛催化脱烯烃概况

该路线同样是在非临氢条件下，烯烃之间、烯烃与芳烃在分子筛基质的催化剂上发生烯烃叠合和烷基化反应，从而脱除其中的烯烃。

在国外，美国 UOP 公司采用 Y 型分子筛脱烯烃，美国埃克森美孚 ExxonMobil 石油公司拥有 Olgone 脱烯烃技术，这些技术已经在国外实现了工业应用。国内方面，上海石化院研发的以 X 或 SAPO-34 分子筛等为主要活性组分的 DOT-100 催化剂，已经在天津石化分公司芳烃联合装置中投用，用于脱除芳烃中的烯烃。该类型的分子筛催化剂多数可以再生，相同空速的条件下使用寿命远超白土，但是成本相对较高。

2.2　装置应用情况

在 2021 年 11 月，该企业连续重整装置将活性白土更换为某新材料公司的 ZHQF-02 分子筛吸附剂，其以特种分子筛为基本原料，制备过程中加入粘结剂和改性剂制备而成。该产品具有表面积大、吸附速度快、吸附容量大、对设备无腐蚀等特点。其吸附容量为普通白土的 10~15 倍，并可再生 3~4 次使用，见表 2。

表 2　某企业应用的脱烯烃分子筛工艺参数

项　目	数　值
介质	C_8+芳烃
操作温度/℃	120~210
操作压力/MPa	0.5~5

3　液相加氢脱烯烃技术

3.1　液相加氢脱烯烃概况

所谓液相加氢工艺，即反应部分不设置氢气循环系统，依靠液相产品循环以溶解足量的氢气，满足加氢反应的需要。由于取消了氢气循环系统，节省了循环压缩机系统、高分系统及其相应设备，可以大大节约投资和能耗。同时由于液相加氢工艺技术可以消除催化剂的润湿因子影响，而且循环油的比热容大，从而提高催化剂的利用效率，大大降低反应器的温升，降低裂化等副反应。目前国内主流液相加氢脱烯烃技术有大连石油化工研究院的催化重整生成油液相选择性加氢脱烯烃工艺技术（FHDO）和中国石油化工科学研究院的高效环保重整生成油液相加氢脱烯烃技术（HER）。

3.2　装置应用情况

2023 年 6 月，该企业在大检修期间实施了技术改造，应用了 HER 技术，替代掉之前的分子筛处理工艺。HER 工艺技术采用重整汽油临氢精制催化剂 TORH-1，具有积炭速率低、选择性高和活性好的特点，基本操作参数见表 3。

表 3　某企业应用的液相加氢脱烯烃反应器工艺参数

项目	数值
介质	C_5+全馏分重整生成油
反应温度/℃	130~170
气液分离器压力/MPa(g)	1.7~2.1
气油体积比/(V/V)	2~5(正常 3)

流程简述：重整生成油经过再接触和脱氯后，再经脱戊烷塔进料/塔底换热器换热至反应温度(130~170℃左右)，进入脱烯烃反应器底部。自重整产氢来的氢气同样进入反应器底部，

与原料油在反应器底部混合段内进行高效混合，混合物料自下向上流经管式反应器内催化剂床层，在催化剂的作用下发生加氢反应。反应产物与脱戊烷塔出料换热后进入脱戊烷塔，反应过剩气相由脱戊烷塔回流罐顶排入气相回收系统，塔底精制油进入芳烃装置生产芳烃产品。反应补充氢气量按与原料体积 2～5：1(正常原料工况 3：1)比例控制(总补氢量在 400～1200Nm^3/h)，反应压力来自再接触罐自压压力，氢气加热器在开停工时投用提供吹扫热氢，正常工况停用。原则工艺流程图见下图所示，共设置 2 台反应器操作。考虑到脱烯烃装置初期进油前催化剂需要适当干燥，以及催化剂卸剂再生前需要热氢吹扫，氢气设置电加热器设施。流程简图见图 2。

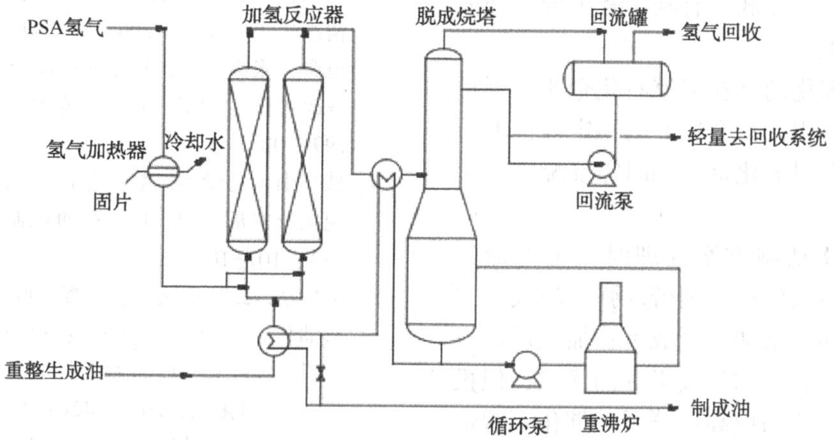

图 2　脱烯烃装置原则流程图

4　主要技术指标与经济指标的对比

4.1　主要技术指标对比

白土和分子筛用于处理 C_8+芳烃馏分，而 HER 可以处理重整全馏分生成油组分。由上表可以看出，C_8+芳烃经白土精制以后，原料的初馏点有所降低，而终馏点有所提升；经分子筛处理的物料馏程变化趋势相同，但变化幅度明显减少；经 HER 技术处理的物料馏程变窄，终馏点降低比较明显，见表 4。

4.2　经济指标的对比

石科院 HER 技术使用的催化剂周期寿命 4 年，可再生两次，烧焦 3 次，共使用 12 年，但该为贵金属催化剂，需要配套专用反应器，投资较高；白土单价最低，但平均每季度需要更换一次，并会产生相应固废处理费用；分子筛的使用寿命、单价和年均费用处于两者之间，见表 5。

表 4　某企业白土精制反应效果

项　　目	白土塔入口	白土塔出口	分子筛反应器入口	分子筛反应器出口	HER 反应器入口	HER 反应器出口
密度(20℃)/kg/m^3	876.5	877.1	875.9	876.3	831.1	828.4
馏程/℃						
初馏点	148.7	144.5	147.5	144.8	63.1	64.8
终馏点	232.6	241.1	231.7	234.1	216.2	220.8
溴指数/mgBr/100g	1112.3	176.2	1238.6	143.8	3933	376.7

表 5　脱烯烃催化剂对比表

催化剂	白土	分子筛	HER
脱烯烃效果	一般	较好	好
催化剂使用寿命/年	总寿命 0.25 年	单程寿命 1-1.5 年 总寿命 4-5 年	单程寿命 4 年 总寿命 12 年
装剂量/吨	140	140	16
年均费用万元/(吨/年)	2	2.5	12.7)

5 结语

(1) HER 催化剂可以直接处理烯烃含量很高的全馏分重整生成油，经加氢处理后的油品经后续分馏即可得到合格的芳烃产品；而白土和分子筛一般用于 C_8+芳烃脱烯烃，并且从烯烃脱除能力来看，HER 也比后两者要好一些，且 HER 处理的物料终馏点会降低，有利于减少低附加值的重质芳烃的产生。

(2) 石科院催化剂已在多家石化企业实现重整油脱烯烃工业应用，具有较好的稳定性，但石科院催化剂为贵金属催化剂，同时需要配套专用反应器，投资较高。

(3) 采用白土精制方案处理时白土寿命较短，更换频繁，造成生产车间劳动强度较大，并且处理废弃白土还会增加一笔成本；加氢反应方案具有催化剂寿命长、加氢效果好的优点，但投资较高，年均使用费用偏高；分子筛催化剂脱烯烃方案兼顾催化剂使用寿命和一次性投资，催化剂更换频次小，处理废固压力相对小，能耗和生产费用与白土方案相当，是一种比较折中的脱烯烃技术方案。

(4) 对于重整装置应用的具体脱烯烃方案，还应该根据项目资金情况、地方的环保要求和具体的物料性质、工艺流程和下游产品需求方案综合分析，才可得出最合适的重整油脱烯烃方案。

参 考 文 献

[1] 高晓薇. 活性白土的化学改性及作用机理研究[J]. 广西大学学报，2006：411-418.

[2] 王铭，彭壮青. 精制芳烃用颗粒白土工业评价[J]. 精细化工中间体，2004，34(4)：66-72.

[3] 范渺，张高峰等. 芳烃抽提联合装置白土塔入口温度改进技术分析[J]. 广东化工，2018，45(15)：199-200.

[4] 臧高山，马爱增. 重整混合芳烃中烯烃的脱除技术现状及发展趋势[J]. 石油炼制与化工，2012，43(1)：101-106.

[5] 关华清. 提高连续重整装置苯收率的对策[J]. 齐鲁石油化工，2022，50(01)：32-35，40.

[6] 寇肖. 几种 C_6 ~ C_8 重整芳烃脱烯烃技术的工程比选[J]. 广州化工，2014，42(10)：201-205.

[7] 陈志明. 芳烃精制脱除烯烃用分子筛催化剂的研究[D]. 天津：天津大学，2006.

[8] 陈玉琢，徐远国. HDO-18 选择性加氢脱烯烃催化剂的反应性能及应用[J]. 炼油技术与工程，2005，35(11)：57-62.

基于 PLC 控制的撬装式硫化亚铁钝化清洗装置的设计与实现

曹　帅　刘春晖　王一博

（中国石油天然气股份有限公司辽阳石化分公司）

摘　要　在石化行业生产过程中，硫化亚铁的形成是常见的问题，其对设备的腐蚀作用严重影响了生产效率和安全。传统的硫化亚铁钝化清洗设备由于技术限制，存在着诸多不足，如清洗效率低下、钝化剂量判断不够准确等。这些问题不仅增加了生产成本，还可能导致设备损坏和硫化亚铁自燃引发火灾或者爆炸事故。针对这些挑战，本文设计了一种基于 PLC 控制的硫化亚铁钝化清洗装置。本装置采用了可编程逻辑控制器(PLC)作为核心控制单元，实现了对整个清洗过程的自动化控制。PLC 的使用使得清洗过程更加精准和可控，这些参数的实时监测对于判断钝化清洗剂的剂量和清洗效果至关重要。同时装置配备了在线铁离子检测仪和 PH 检测仪，可以实时监测清洗液中的铁离子含量和 pH 值。通过对循环清洗液中铁离子含量和 pH 值的实时监测，装置可以根据实际情况自动调整钝化清洗剂的剂量，确保清洗剂的有效利用。此外，装置还具备通过铁离子含量和 pH 值变化自动判断清洗是否合格的功能。一旦清洗过程完成，装置会根据预设的标准自动评估清洗效果，并给出明确的结果。

总之，本研究设计的基于 PLC 控制的硫化亚铁钝化清洗装置通过实现清洗过程的自动化控制和在线监测清洗液中的关键参数，成功解决了传统设备效率低、钝化剂量判断不准以及无法自动评估清洗效果的问题。这一创新不仅提高了清洗效率和准确性，还有望为石化行业带来更高的生产安全性和经济效益。

关键词　硫化亚铁；钝化清洗；清洗装置；PLC 控制；自动化技术

1　引言

在石化行业生产过程中，由于存在的电化学腐蚀、化学腐蚀、微生物腐蚀及氧化腐蚀会产生硫化亚铁。硫化亚铁会随着油品的流动，粘附、沉降在塔盘、罐等设备表面。硫化亚铁能够对各种类型的金属设备产生腐蚀作用，特别是对于碳钢和不锈钢等常见材质的设备，其腐蚀效果尤为明显。硫化亚铁的腐蚀作用会导致设备的使用寿命缩短，甚至可能导致设备无法正常工作。

在装置停工工艺处理，如蒸汽吹扫、水洗时这些沉积物很难被清除，当设备打开遇到空气，硫化亚铁会产生自燃，大量迅速放热，这可能会引发火灾或者爆炸事故。在石化行业，因硫化亚铁自燃引起塔器烧毁、爆炸的事例屡见不鲜，这一直是国内外炼油企业的一大难题。因此，对化工设备进行有效的硫化亚铁钝化清洗是非常重要的。

当前的工业清洗设备主要是人工操作，不仅工作强度大，而且效率低。首先，人工操作的清洗设备需要消耗大量的人力和时间。对于大型的化工装置清洗，可能需要数人甚至数十人进行 24 小时操作，且清洗过程可能需要持续数日，这在一定程度上增加了清洗的成本以及增加装置停车时间。其次，传统的清洗设备往往无法实现精确的工业水与钝化剂液的配比。在清洗过程中，需要根据不同的工作环境、设备的材质、使用状态、积存其他化合物杂质的类型和数量等多种因素，调整工业水与钝化剂液的配比，以达到最佳的清洗效果。此外，由于人工估算的钝化剂用量不精准，以及对各种因素考虑得不全面，往往难以实现精确的配比，钝化剂比例高则增加清洗成本，钝化剂比例低则影响清洗效果。

为了解决上述存在的问题，设计了一种基于 PLC 控制的硫化亚铁钝化清洗装置。

2　方案设计目标

具体来说，本设计的目标包括：

（1）提供一种撬装式硫化亚铁钝化清洗装置其内部自带的组件可检测铁离子含量、pH 值、流量等参数，自动现场判断是否钝化清洗合格，自动检测清洗效果，以适应不同的工作条件，确保清洗效果。

(2) 钝化剂供液系统要具有钝化剂液用自吸泵自吸功能。解决了当电动泵抽取钝化剂过程中，更换钝化剂溶液桶时，管道进入钝化剂液体没充满，泵抽取不上来钝化剂的问题。

(3) 提供一种安全可控的清洗装置，可以有效减少操作人员数量。这个设计旨在通过自动化和智能化的技术，减少人工操作，降低人力成本。这种自动化和智能化的操作方式，既可以提高清洗过程的效率，又可以确保清洗过程的优化，以达到最佳清洗效果。

(4) 实现供液阶段通过 PLC(可编程控制器)程序进行工业水和钝化剂液的设定配比加注。通过这种方法，能够提高配比控制的精确度，从而提高清洗效果和效率。

(5) 提供一种撬装式硫化亚铁钝化清洗装置，该装置结构简单，操作方便，维护成本低，适用于各种含硫化亚铁的石化装置。

(6) 现有的清洗设备需要人工定时进行循环清洗液取样后，外送实验室化验分析检测循环清洗液各项参数指标。这不仅耗时耗力，而且影响循环清洗液化验分析结果的准确性。因此，集成了 PLC(可编程控制器)控制系统，具有铁离子在线监测仪和 PH 检测仪部件，它能够实时在线监测铁离子含量以及 pH 值，根据参数变化自动在线判断清洗是否合格，从而达到自动检测清洗效果的目的。

总的来说，本设计的目标是提供一种高效、安全、节省人力的撬装式硫化亚铁钝化清洗装置。不仅可以精准控制钝化剂用量、工业水和钝化剂液的自动配比加注、自动现场判断是否钝化清洗合格、也可以缩短检修时间、节省人力资源、为企业创造经济利润。

3　撬装式钝化清洗装置主要构造和工作原理

3.1　撬装式钝化清洗装置主要构造

撬装式硫化亚铁钝化清洗装置主要构造，包括：供液系统、循环清洗系统、PLC 控制系统(图 1)。

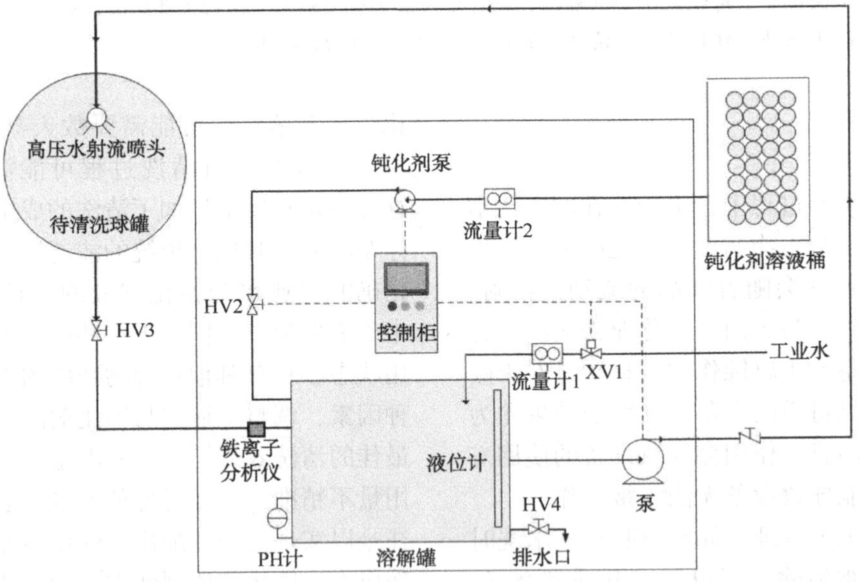

图 1　硫化亚铁钝化清洗装置内部结构简图

3.1.1　供液系统

供液系统包括：钝化剂供液系统、工业水供水系统。

钝化剂供液系统包括：(缓冲罐，球阀，磁翻板液位计，气动隔膜泵，呼吸口，呼吸阀，仪表信号线，软连接，钝化剂溶液桶)。钝化剂供液系统具有钝化剂液用自吸泵自吸功能。气动隔膜泵和钝化剂溶液桶通过软连接相连接。该结构解决了当电动泵抽取钝化剂过程中，更换钝化剂溶液桶时，管道进入钝化剂液体没充满，泵抽取不上来钝化剂的问题。

所述钝化剂供液系统还进一步包括：对夹式止回阀，气动 V 型球阀，电磁流量计，仪表阀，不锈钢耐震压力表，电动泵，球阀，缓冲罐，磁翻板液位计，气动隔膜泵，溶解罐，电磁阀，钝化剂溶液桶，软连接，放空电磁阀，呼吸口，呼吸阀，仪表信号线。

工业水供水系统包括：气动调节球阀，电磁流量计，溶解罐。

所述工业水供水系统，气动调节球阀和撬装外部的工业水管路通过工艺管线互相连接，所述气动调节球阀和电磁流量计之间通过工艺管线互相连接，所述电磁流量计通过工艺管线与溶解罐连接。

3.1.2 循环清洗系统

循环清洗系统包括：溶解罐，排污阀，球阀，PH检测仪，电动泵，仪表阀，不锈钢耐震压力表，气动V型调节球阀，对夹式止回阀，对夹式球阀，玻璃视窗，待清洗设备，一体式热电阻，对夹式蝶阀，快开直通篮式过滤器，铁离子在线监测仪，取样阀，安全阀，放空电磁阀，球阀，磁翻板液位计，仪表阀，不锈钢耐震压力表，软连接，放空口。

3.1.3 PLC控制系统

PLC控制系统能够分别采集撬装式清洗装置的电磁流量计、铁离子在线监测仪、PH检测仪、一体式热电阻、电磁流量计、磁翻板液位计、磁翻板液位计信号。

所述PLC控制系统通过仪表信号线分别与电磁流量计、铁离子在线监测仪、PH检测仪、一体式热电阻、电磁流量计、磁翻板液位计、磁翻板液位计相连，电磁流量计能够采集流量值(工业水流量值、工业水累计流量值、钝化剂液流量值、钝化剂液累计流量值)，铁离子在线监测仪能够采集铁离子含量，PH检测仪能够采集pH值，一体式热电阻能够采集温度。

3.2 撬装式钝化清洗装置工作原理

3.2.1 供液阶段

首先，将待清洗的设备系统与撬装式硫化亚铁钝化清洗装置连接，形成循环系统。设备检测、系统上电。PLC控制系统根据预设的程序对工业水及钝化剂液量进行自动配比。按照配比量加注工业水及钝化剂液。启动喷淋装置，对待清洗设备进行喷射清洗(小型设备通过浸泡清洗)，并浸泡一段时间。

3.2.2 循环阶段

手动启动循环阶段程序，手动打开待清洗设备下路切断阀，进入循环清洗阶段。PLC控制系统根据预设的程序对整个清洗过程进行温度、压力、液位、在线铁离子含量、pH值实时监控及安全联锁保护。根据在线铁离子含量、pH值的实时监测值，自动在线判断钝化剂液与硫化亚铁反应的程度，PLC控制系统自动调整钝化剂和工业水的补充加注，达到精准控制。根据PLC控制系统采集铁离子浓度值和pH值趋于稳定2小时后判断钝化清洗完成，从而达到自动检测、清洗效果的目的。

4 控制系统软件设计

4.1 自动配比算法

PLC控制系统根据预设的程序对工业水及钝化剂液量进行自动配比(配比公式：$Y_{flow}=KX_{flow}+B$；X_{flow}是电磁流量计2累计流量(钝化剂液累计流量)，Y_{flow}是电磁流量计1累计流量(工业水累计流量)，K模型系数、B模型误差。)(K的范围：8~12，B的范围是-10~10)。

4.2 PLC程序设计

PLC控制系统的软件设计主要包括系统初始化、数据采集与处理、控制算法实现和人机交互界面(触摸屏)等部分。系统初始化时，对各模块进行配置和初始化设置；数据采集与处理部分负责从传感器中实时获取清洗过程中的温度、压力、液位、在线铁离子含量、pH值等各项参数，并对数据进行处理和分析，形成历史趋势图；控制算法根据处理后的数据，通过预设的控制策略对执行器进行精确控制及安全联锁；人机交互界面则提供直观的操作界面和实时状态显示，方便用户进行监控、报警和操作。

5 工业应用与结果分析

为了验证硫化亚铁钝化清洗装置的效果，对汽提塔T5101回流罐进行清洗(图2)。

第一日20：00，按设定配比($Y_{flow}=KX_{flow}+B$，$K=10$，$B=0$)加入钝化剂8吨，浸泡时间共计7h。第二日6：00，汽提塔T5101回流罐进行循环，8：30pH值呈明显下降趋势，pH值从7.3下降至6.07。11：00开始自动加钝化剂累计2吨；加剂前pH值为6.07，加钝化剂结束后半小时pH值为6.54，16：00pH值为7.70。第二日，10：00钝化清洗结束。清洗过程中在线监测循环清洗液的铁离子含量和pH值变化，分析结果如表1所示：

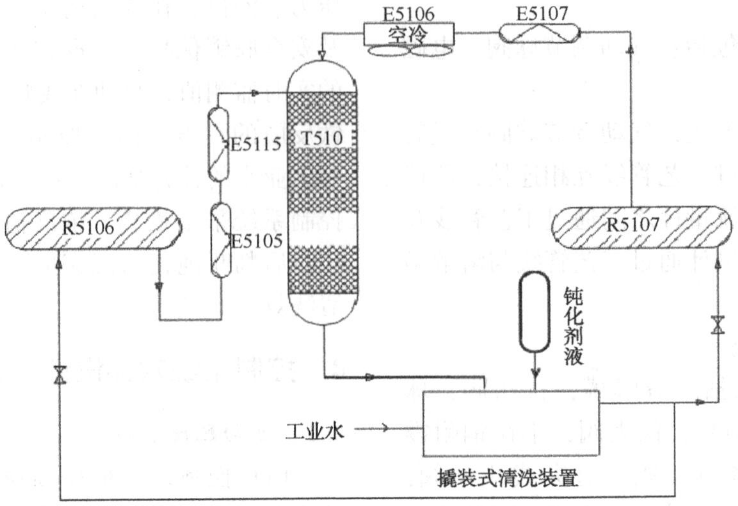

图 2　汽提塔 T5101 系统循环清洗简图

表 1　铁离子含量和 pH 值变化

在线监测时间	pH 值	铁离子含量/(μg/ml)
第一日(6：30)	6.34	196.20
第一日(8：30)	7.30	128.10
第一日(9：00)	6.07	145.26
第一日(11：00)	6.67	100.97
第一日(11：30)	6.52	110.21
第一日(14：00)	7.51	64.09
第一日(16：00)	7.70	43.06
第一日(21：00)	7.28	22.31
第一日(22：00)	7.24	21.22

由上表 1 可以看出，汽提塔 T5101 系统初期铁离子含量较高，证明在加钝化剂初期系统内清洗反应较为剧烈。中期由于清洗未达到清洗效果，自动补充 2 吨钝化剂。在清洗过程后期，随着检测的铁离子含量趋于稳定，且铁离子含量两小时变化不超过 10%，自动判断钝化清洗完成。使用本设计比计划清洗时间节省一半以上，比计划钝化剂用量节省 2 吨，现场操作仅需 2 名员工即可完成操作。

6　结束语

综上所述，本研究成功设计了一种撬装式硫化亚铁钝化清洗装置，该装置具有实时在线监测铁离子含量和 pH 值的功能，能够根据参数变化自动在线判断清洗是否合格，从而实现自动检测清洗效果的目的。通过 PLC(可编程控制器)控制系统进行自动化操作和精确的工业水与钝化剂液配比控制，大大提高了清洗效率，减少了对人力的需求，降低了人力成本，提高了工作的安全性。也节省了大量的时间。

总的来说，本设计提供了一种高效、智能且安全的撬装式硫化亚铁钝化清洗装置，其在石化行业硫化亚铁钝化清洗领域的应用具有广阔的发展前景和实际应用价值。

参　考　文　献

[1] 中国石油天然气股份有限公司. 一种硫化亚铁及含硫化氢气体钝化清洗剂及清洗系统[P]. 中国专利: 202310058673. 1. 2023, 18(01).

[2] 中国石油天然气股份有限公司. 基于硫化亚铁清洗装置的清洗硫化亚铁方法[P]. 中国专利: 202311734453. 2, 2023, 18(12).

[3] 中国石油天然气股份有限公司. 一种硫化亚铁清洗装置[P]. 中国专利: 202311734451. 3, 2023, 18(12).

生物基尼龙 56 干态、湿态测试条件下性能研究

任彦霖　赵　晶　王文娟

（中国石油天然气股份有限公司辽阳石化分公司）

摘　要　生物基聚酰胺 PA56 由戊二胺和己二酸脱水缩聚而得，两种单体均可以由生物质原料制备。戊二胺可通过油脂路线和糖路线制得，己二酸可以葡萄糖为原料经过细菌代谢处理，然后通过高压还原制备得到，生物基尼龙 56 中的生物基质量分数可高达 41%；生物基尼龙 56 的应用可以减少石油资源的应用，符合可持续发展战略的特点，从环境影响性来说，可替代部分石油基聚酰胺纤维产品；生物基尼龙 56 的密度为 1.12～1.14g/cm^3，熔融温度为 240℃～250℃，有着良好的力学性能、吸湿性能、热稳定性能、阻燃性能、染色性能、耐磨性能和柔软性能等，同时具有较高的结晶度，广泛应用于汽车工程材料、染色印花、过滤膜等多个行业领域，有良好的发展前景。生物基尼龙 56 具有独特的奇偶结构，大分子链中的 N—H 和 C=O 处于错位状态，氢键呈现位错构型，当生物基尼龙 56 在高温下氢键解离时，它可能会滑向大分子链，原来的不饱和氢键将会形成新的高强度氢键。通过干燥条件的确定、注塑加工工艺的摸索、回火处理的条件以及不同状态调节下性能的剖析针对生物基尼龙 56 基本性能进行研究，经注塑机注塑加工成标准的测试样条，经不同回火时间后进行力学性能对比测试；将测试样条分别放置在恒温恒湿箱 23℃、相对湿度 50%、24h～96h 以及蒸馏水 23℃、24h～48h 后进行性能对比测试制品的拉伸、简支梁缺口冲击、弯曲、硬度、热学等性能。

关键词　尼龙 56；注塑；性能

1　前言

生物基聚酰胺 PA56 由戊二胺和己二酸聚合而得，两种单体均可以由生物质原料制备。戊二胺可通过油脂路线和糖路线制得，己二酸可由葡萄糖为原始材料制备。各项性能与 PA6 和 PA66 相近，可应用于纺织、工程塑料等领域。从环境影响性来说，可替代部分石油基聚酰胺纤维产品。开展生物基尼龙 56 本身性能的剖析，对其原料进行干燥，注塑加工成标准测试样条后，经退火、状态调节后测试其拉伸、弯曲、简支梁缺口冲击强度、负荷热变形温度以及硬度等性能的变化，考察最佳退火条件以及状态调节条件，了解生物基尼龙 56 的基本性能。

2　实验部分

2.1　实验原料

实验材料：生物基尼龙 56

2.2　实验设备

实验中所用到的主要设备仪器如表 1 所示。

表 1　实验设备明细表

序号	设备名称	型号	制造商	备注
1	差示扫描量热仪（DSC）	DSC1-20	梅特勒	
2	热重分析仪（TGA）	SF/1100	梅特勒	
3	固体水分仪	HX204	梅特勒	
4	鼓风干燥箱	HX-600SA	菏泽华强	
5	熔融指数仪	MI-4	Gottfert	
6	注塑机	BSIII-120	广东博创	
7	恒温恒湿箱	HQZF-9185	菏泽华强	
8	万能试验机	WSM-50KN	长春智能	测试弯曲指标
9	万能试验机	AI-7000-MUL	高特威尔	测试拉伸指标
10	冲击试验机	JJ-20W	长春智能	
11	负荷热变形测试仪	SS-3900HV6	台湾松恕	
12	洛氏硬度测试仪	MHRS-150-Z	丹东奥龙	
13	黄色指数仪	DLT-600	沈阳唐德	

2.3 测试标准

实验所用的分析测试的相关标准如下。

2.3.1 拉伸性能

按 GB/T 1040.2—2022《塑料　拉伸性能的测定　第 2 部分：模塑和挤塑塑料的试验条件》规定进行，试验速度为 50mm/min。

2.3.2 弯曲性能

按 GB/T 9341—2008《塑料　弯曲性能的测定》规定进行，试验速度为 2mm/min。

2.3.3 简支梁缺口冲击强度

按 GB/T 1043.1—2008《塑料　简支梁冲击性能的测定　第 1 部分：非仪器化冲击试验》规定进行，缺口为 A 型。根据测试要求，缺口制备在注塑成型后 4h 内完成加工。此外，分别进行 23℃和−20℃简支梁缺口冲击强度测试。

2.3.4 洛氏硬度

按 GB/T 3398.2—2008《塑料　硬度测定　第 2 部分：洛氏硬度》规定进行，标尺 R。

2.3.5 邵氏硬度

按 GB/T 2411—2008《塑料和硬橡胶　使用硬度计测定压痕硬度(邵氏硬度)》规定进行，D 型压针。

2.3.6 负荷变形温度

按 GB/T 1634.2—2019《塑料　负荷变形温度的测定　第 2 部分：塑料和硬橡胶》中的 A 法(负荷为 1.8MPa)规定进行。

2.4 注塑工艺

按 GB/T 17037.1—2019《塑料　热塑性塑料材料注塑试样的制备　第 1 部分：一般原理及多用途试样和长条形试样的制备》规定方法进行，注塑条件见表 2。注塑前需要对切片进行干燥，置于鼓风干燥箱中，100~120℃，4~6h。

表 2　注塑样条制备工艺条件

序号	工艺条件	参数
1	注塑温度	260~280℃
2	注射压力	60~90bar
3	注射速度	200mm±100mm/s
4	保压压力	50~60bar
5	保压时间	20~30s
6	模具温度	60~90℃

3 结果与讨论

3.1 基本性能测试结果

3.1.1 DSC 和 TGA 测试

DSC 和 TGA 测试见图 1、图 2。

从图 1DSC 谱图中可以看到，在消除热历史后，在 242.81℃时开始出现熔融，在 248.95℃出现熔融峰值，在 252.52℃时已完全熔融；从图 2TGA 图谱可以看到，生物基尼龙 56 在 444.3℃附近热分解最快，在 40~700℃升温范围内不能完全分解，会有 4%的剩余。

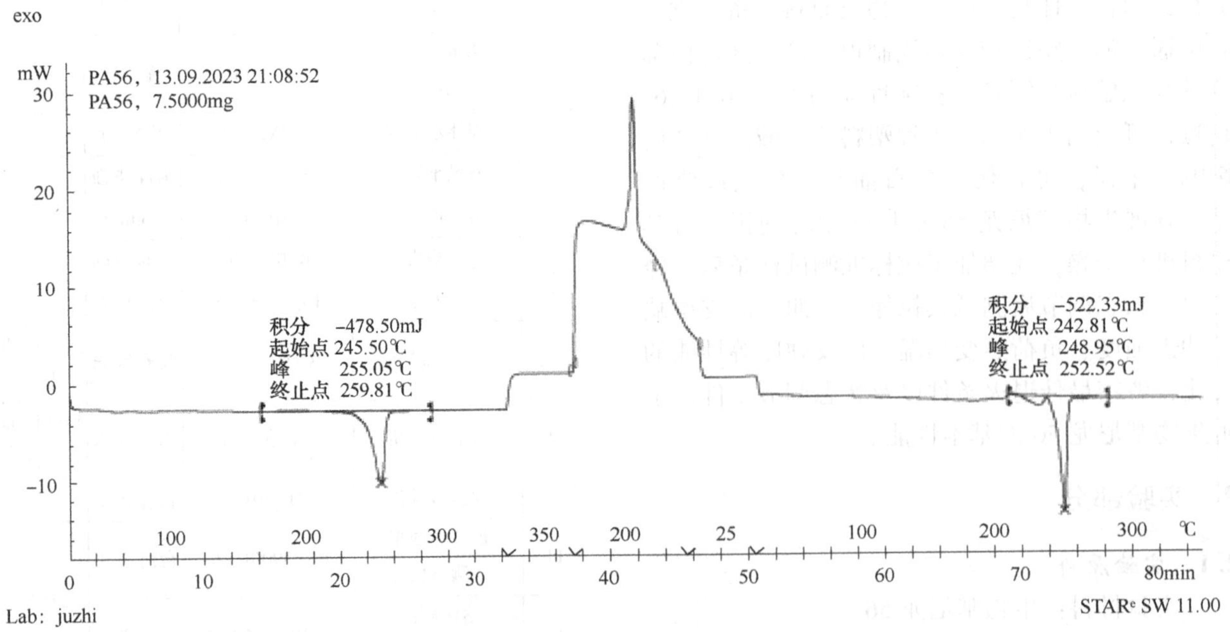

图 1　尼龙 56 的 DSC 谱图

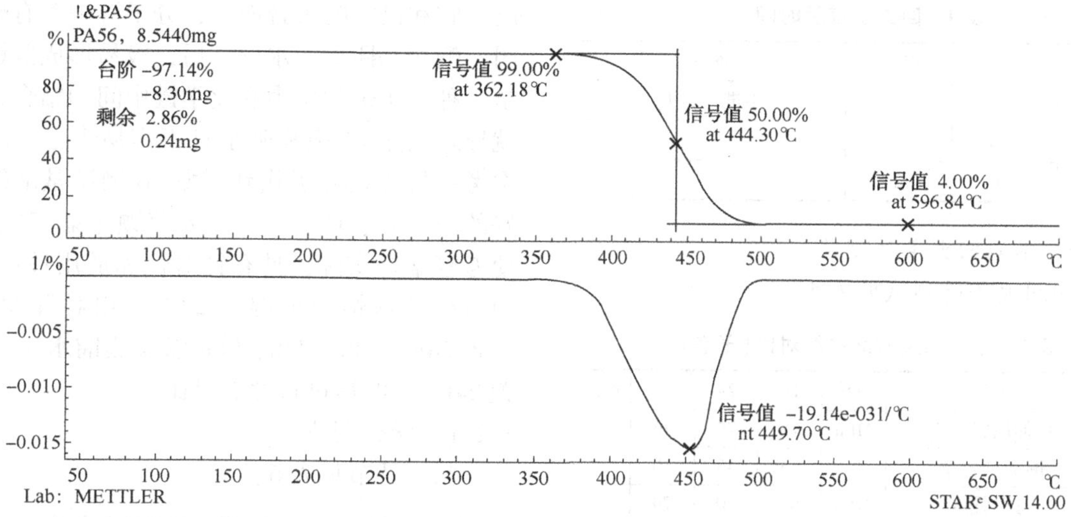

图 2　尼龙 56 的 TGA 谱图

3.1.2　熔融指数 MFR 测试

在鼓风干燥箱中 100～120℃、干燥 4～6h 后，按 GB/T 3682.1—2018《塑料热塑性塑料熔体质量流动速率（MFR）和熔体体积流动速率（MVR）的测定》规定进行。（温度：280℃，负载：1.2/2.16kg）具体实验结果见表 3。

表 3　尼龙 56 的熔融指数 MFR 测试结果

序号	测试条件	单位	实测值		备注
			1.2kg	2.16kg	
1	280℃	g/10min	20.5	35.1	

注：干燥后进行 MFR 测试（体积法），熔体密度选取 0.97g/cm³。

测试温度在 280℃、负荷为 1.2kg 时，PA56 的熔融指数为 20.5g/10min，当负荷为 2.16kg 时，PA56 的熔融指数为 35.1g/10min。

3.1.3　红外光谱分析测试

红外光谱分析测试见图 3。

根据红外光谱分析测试可以看出 $3296cm^{-1}$、$3080cm^{-1}$ 为 NH 伸缩震动，$2923cm^{-1}$、$2860cm^{-1}$、$1464cm^{-1}$、$1372cm^{-1}$ 为 CH_2、CH_3，$1633cm^{-1}$ 为 $C=0$ 震动，$1533cm^{-1}$ 为 C-N 震动。

3.1.4　回火条件

3.1.4.1　回火温度及时间

回火温度及时间见表 4。

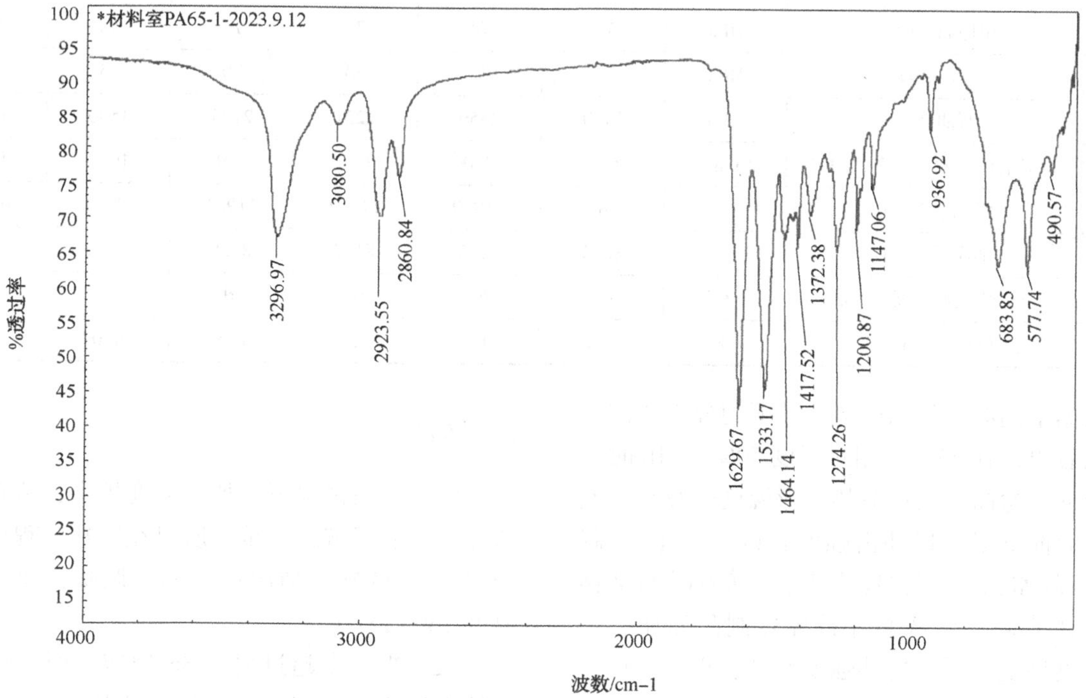

图 3　尼龙 56 的红外谱图

表 4　回火温度及时间

序号	温度	时间	备注
1	—	—	不进行回火
2	120	1	
3	120	2	

3.1.4.2　不同回火条件测试

不同回火条件测试见表 5。

表 5　不同回火时间性能对比(干态)

序号	项目	单位	1#	2#	3#	备注
1	拉伸屈服应力	MPa	75	75	76	
2	断裂伸长率	%	55	45	50	
3	弯曲强度	MPa	80	80	79	
4	弯曲模量	MPa	2500	2500	2400	
5	简支梁缺口冲击强度，23℃	kJ/m^2	5.5	5.5	5.6	
6	洛氏硬度，R	-	118	118	118	
7	邵氏硬度，D	-	83	83	82	

尼龙 56 注塑完成后，回火会进一步增强尼龙 56 分子链的运动，消除应力且结晶度增加；随着回火时间增加，屈服强度、弯曲强度、硬度没有明显的变化，弯曲模量下降明显。

3.2　湿态测试条件

高分子材料的结构决定其性能。尼龙 56 由戊二胺和己二酸聚合而成，分子链中含有酰胺基团；酰胺基团遇上水分子后，极易形成氢键，这是一种介于范德华力和化学键中间的结合力，这就导致尼龙 56 极易吸水且不容易烘干。由于本次考察目的是为了找到尼龙 56 测试基准线，更好的服务研、产、销，故要兼顾考虑实验时长，使考察贴合实际，具有针对性和适用性；因此，项目组选取恒温恒湿箱 23℃、相对湿度 50%、放置 24h、48h、72h、96h 以及蒸馏水 23℃、放置 24h、48h 后进行性能对比。

3.2.1　状态调节

状态调节见表 6。

表 6　尼龙 56 湿态状态调节条件

序号	条件	温度/℃	相对湿度/%	时间	备注
1	恒温恒湿箱	23	50	24	半湿
2	恒温恒湿箱	23	50	48	半湿
3	恒温恒湿箱	23	50	72	半湿
4	恒温恒湿箱	23	50	96	半湿
5	蒸馏水	23	—	24	全湿
6	蒸馏水	23	—	48	全湿

3.2.2　测试结果

测试结果见表 7。

表 7　尼龙 56 状态调节后性能测试结果

序号	项　　目	单位	1#	2#	3#	4#	5#	6#
1	拉伸屈服应力	MPa	74	74	73	74	58	50
2	弯曲强度	MPa	75	73	70	70	45	40
3	弯曲模量	MPa	2450	2359	2231	2195	1500	1250
4	简支梁缺口冲击强度，23℃	kJ/m^2	6.0	7.0	6.9	7.9	10.1	12.5
5	洛氏硬度，R	—	118.0	119.0	119.2	119.3	112.1	108.3
6	邵氏硬度，D	—	80.3	81.5	81.7	82.5	70.6	69.5
7	负荷热变形温度，A 法	℃	67	64	63	61	—	—
8	吸水率(2mm)	%	0.2	0.3	0.4	0.5	4.0	5.0

根据不同湿态状态调节条件下的分析测试结果可以看出，在 23℃、相对湿度 50%、24h 时样品的拉伸、弯曲以及负荷热变形温度较好；在泡水 48h 时简支梁缺口冲击强度较好，尼龙 56 制品在半湿(水汽)或全湿(水中)，随着时间推移吸水量越来越大，从而导致导致制品屈服、弯曲、硬度性能降低；抗冲强度升高；重量、尺寸变大。

4　结论

(1) 一般情况下，加工温度越高，流动性能越好、产品降解越严重，所以在注塑过程中，根据尼龙 56 的塑化情况进行相应调整，建议加工温度 260~280℃。

(2) 当温度超过尼龙 56 的熔点时，熔体黏度较小且流动性能较好；但相比尼龙 66 的流动性能较差，在注塑加工过程中熔体冷凝速度快，易堵塞模口。

（3）生物基尼龙 56 的注塑可大约分为熔胶、注射、定型三个过程，在注射过程中，熔体在较大压力下，沿流道充满整个模腔，即分子链在压力下大多呈平行流动方向排列；纺丝、挤出机理相同，与压塑机理不同。

（4）尼龙 56 吸水率与酰胺基含量、结晶度和环境湿度有关：酰胺基含量越大、结晶度越小、湿度越大，吸水率越高。

（5）建议生物基尼龙 56 状态调节条件选择半湿态恒温恒湿箱 23℃、50%RH、24±1h；或者是全湿态 23℃蒸馏水 48±1h。

参考文献

［1］季栋，方正，欧阳平凯．等．生物基聚酰胺研究进展［J］．生物加工过程，2013，11(2)：73-80.

［2］赵辉．新型生物基尼龙 56 异收缩混纤丝的制备及其产品性能研究［D］．上海：东华大学，2015.

［3］董建勋，屈建海，冯晓燕．等．世界生物基聚酰胺发展现状及展望［J］．合成纤维工业，2015，38(5)：51-56.

［4］ZHANG S Y，MA J H. Study on the unsaturated hydrogen bond behavior of bio-based polyamide 56［J］. E-polymers，2019，19(1)：23-31.

对二乙基苯生产技术概述

陈书武

（中国石油天然气股份有限公司辽阳石化分公司）

摘　要　对二乙基苯作为重要的芳烃对位衍生物产品，在化工生产、医药、涂料、材料合成等行业有重要的应用。本文重点介绍了对二乙基苯在PX工业生产装置中用作解吸剂的应用，简单刨析了PX生产规模情况，推算国内对二乙基苯的市场需求情况。但随着PX生产工艺的改进，用作解吸剂的用途逐渐被取代。对二乙基苯具有独特的对称结构，可以用于合成对二乙烯基苯、对二乙炔基苯、对苯二乙酸、对二乙酰苯等重要的有机合成中间体，本文介绍了对二乙基苯在该方面的应用前景。受PX生产技术改进影响，国内对二乙基苯的市场规模逐渐萎缩，目前工业生产的只有扬子石化的2万t/a吸附分离-异构法工业装置和辽阳石化亿方公司的1500吨/年的直接合成法工业装置。本文介绍了几种不同的对二乙基苯的生产方法，简述了不同生产方法的合成步骤，对比了不同方法的优劣性。本文重点介绍了烷基化法直接合成对二乙基苯的方法，因其具有生产工艺流程简单，原料易得的优点，在工业生产领域具有独特的优势。但是因为该方法工业催化剂单程转化率较低和稳定性较低的缺点，工业化生产经济效益不佳，规模一直不能扩大。本文展望了该方法对于对二乙基苯生产的推动作用，高转化率、高稳定性对二乙基苯催化剂的成功研发对整个工业生产领域将会起到至关重要的作用。

关键词　对二乙基苯；解吸剂；烷基化；直接合成法

1　前言

对二乙苯作为一种重要的基本有机化工原料，主要用作吸附分离法生产对二甲苯过程的解吸剂，也可以脱氢生产二乙烯基苯、对二乙炔基苯、氧化生产对二乙酰苯等重要有机合成中间体，也可用作生产离子交换树脂、涂料及合成材料的交联剂。

对二乙苯的一种主要的用途是作为解吸剂供PX生产装置使用。20世纪60年代，Parex工艺被提出，其采用模拟移动床技术，吸附剂为八面沸石型分子筛，利用吸附剂内部不同大小的微孔通道对PX各异构体进行吸附。脱附剂为对二乙苯，可以与原料中不同组分互溶，对PX各异构体进行分离。Parex工艺具有生产成本低、产品纯度高、流程简单等优点，因此在全球范围内得到了广泛应用。2015年UOP公司开发出了LD Parex解吸剂轻质化PX工艺，该工艺由甲苯作为解吸剂。其创新之处主要有三个方面。一是换成轻质解吸剂甲苯以后，就不再需要解吸剂系统，甲苯本身就成为了装置生产的产品。二是甲苯替代对二乙苯，消除了解吸剂损失。而在分离过程必然损失的甲苯，可以通过抽提装置和歧化装置回收回来。三是甲苯对于C9限制不多，分离塔体积可以缩小，分离工艺更简单。因此对二乙苯作为解吸剂的使用量就被限制，近几年对二乙苯产能过剩，各对二乙苯生产公司加大了对二乙苯市场调研与产品开发，开发出几种对二乙苯可能被利用的其他几种用途。扬子石化公司就开发了通过氧化生成对苯二乙酸、对二乙酰苯、4-乙基-α-甲基苯甲醇和α,α′-二甲基-1,4-苯二甲醇的工艺。指出未来的研究更应关注对二乙烯基苯和对二乙炔基苯聚合物产品开发。

对二乙苯的生产技术主要有乙苯-乙烯烷基化法、乙苯-乙醇烷基化法、乙苯歧化法、吸附分离法及吸附分离-异构化法等，并且这些生产方法均已实现工业化。烷基化法生产对二乙基苯的催化剂制备研究最早是美孚公司开始研发，而首先实现工业化生产的是我国大连理工大学在燕山石化的300吨/年的工业化试验，国内各院所对这种择形烷基化催化剂也有深入的研究，具有代表性的大连理工大学研发的EA9506催化剂已经应用在辽阳石化亿方公司工业化生产。生产对二乙基苯的技术繁多，但因烷基化法生产对二乙苯的原料有保证，生产流程相对简单，技术成熟等特点，具有很高的发展前景。根据工业实际运转情况来看，现使用的工业催化剂转化率并不高，再生周期较短，导致装置的能耗物耗较大，亟需改进。并且烷基化法生产对二乙苯催化剂因其具有特殊的择形和烷基化功能，可以用来生产对甲乙苯、对甲基异丙苯和对二甲苯等高附加值产物，因此该催化剂具有很高的研究价值，作为本次研究的重点探索项目。

2 对二乙基苯应用前景

对二乙基苯主要是用作 Parex 吸附分离工艺生产对二甲苯的解吸剂，但是受 UOP 新开发的 LD Parex 工艺使用轻质解吸剂甲苯影响，对二乙苯的市场趋近饱和，近几年各对二乙苯生产公司寻求对二乙苯的其他应用途径，探索出通过将对二乙苯脱氢生产对二乙烯基苯、对二乙炔基苯，氧化生产对二乙酰苯等有机合成中间体，开拓了对二乙苯其他应用的可能性。

2.1 对二乙苯用作生产对二甲苯解吸剂

如表 1 所示预计到 2023 年，中国新增产能 3800 万 t/a，大规模的主要有恒力石化 450 万 t/a 对二甲苯装置、浙江石化 400×2 万 t/a 对二甲苯装置、盛虹石化 200 万 t/a 对二甲苯装置、旭阳石化 200 万 t/a 对二甲苯装置、中海油惠州 150 万 t/a 对二甲苯装置，其他 100 万 t/a 左右的企业有十几家，产能约 2000 万 t/a。随着国内 PX 产能增加，Parex 工艺解吸剂对二乙苯需求量也会增加，对二乙苯市场也会逐渐增大。

表 1 2011—2018 年中国对二甲苯供需数据统计表

单位：万吨

时间	产能	产量	进口	进口依存度/%	表观消费量
2011	826	499	499	51.82	963
2012	846	621	628	51.06	1230
2013	1147	843	905	52.33	1730
2014	1212	948	997	51.55	1934
2015	1383	877	1165	57.38	2030
2016	1383	804	1236	57.90	2135
2017	1383	944	1444	60.56	2384
2018	1393	1023	1591	60.86	2613
年均增速/%	8.51	9.75	19.96	41.61	15.52

2.2 对二乙苯用作制备有机合成中间体

对二乙苯除了作为解吸剂，也是是重要的化工原料，主要用于作为制备苯并二硫代苯的原料；将对二乙苯在高温下脱氢，分馏后可得对二乙烯基苯，对二乙烯基苯是重要的交联剂，可用作离子交换树脂、聚酯树脂和聚合单体组分，也可用作聚乙烯、丁苯橡胶的改进剂等；将对二乙苯氨化可制得对苯二乙酰胺，再进一步酸化可制得对苯二乙酸，对苯二乙酸和癸二胺反应可制得聚对苯二乙酰癸二胺（PA10P）；此外，通过对二乙苯还可以合成对二乙酰苯、4-乙基-α-甲基苯甲醇及 α,α'-二甲基-1,4-苯二甲醇等重要化合物。

2.2.1 对二乙烯基苯应用进展

除了作为对二甲苯的解吸剂以外，生产对二乙烯基苯是对二乙苯的最主要用途。对二乙烯基苯是一种重要的聚合单体和交联剂，与苯乙烯、丁二烯、丙烯腈、甲基丙烯酸甲酯共聚获得的共聚物抗溶胀、收缩和挤出性能更加优良，在离子交换、色谱、生物医药、光学元件和催化等领域有着重要的应用。日本钢铁化学公司曾开发了聚二乙烯基苯合成树脂，这种树脂具有独特的光学性能、电学性能和耐高温性能，与其他基材黏结性能好，透明度优异，可用于制作塑料的坚硬外壳和光学部件。各研究院所主要采用种子溶胀法、沉淀聚合法、活性阴离子聚合等方法将对二乙烯基苯单体、交联剂、引发剂等在一定条件下聚合合成不同功能的有机合成材料。

2.2.2 对二乙炔基苯应用进展

芳烃二炔是重要的精细化工中间体和聚合单体，聚合得到的聚炔烃因耐高温、耐磨性、耐化学腐蚀性优异以及强度高等优点，已在航天材料、液晶材料、发光材料、非线性化学材料、轴承、气体分离膜等方面作为耐烧蚀涂料及膜材料使用。

2.2.3 对二乙苯其他衍生物应用进展

对苯二乙酸是一种重要的有机芳香族对称二元酸，作为重要的精细化工原料及有机合成中间体，还可用于合成塑料的热稳定剂、荧光材料及聚烯烃的抗氧化剂等。

对二乙酰苯主要用于生产医药、农药和染料等。对二乙苯的 β-氢活泼，在氧化剂存在的条件下会进一步脱氢形成酮类化合物，典型的催化剂有金属卟啉和钴基催化剂。

4-乙基-α-甲基苯甲醇主要用于制备二苯乙炔类液晶化合物，得到的液晶材料具有大阈值和低黏度的特点，可以改善混合液晶的双折射率。α,α'-二甲基-1,4-苯二甲醇主要用于合成用途更为有限的(R，R)-α,α′-二乙酰氧基-1,4-二乙基苯。

3　对二乙基苯生产工艺技术进展

已经工业化的对二乙苯生产技术主要包括合成法、吸附分离法和吸附分离-异构化法三类。国外以美国环球油品(UOP)公司为代表，大多采用吸附分离法。我国是全球对二乙苯的主要生产国之一，2012 年以前主要采用合成法，年产量在 10000t 左右。2012 年，扬子石化公司建成 20000t/a 吸附分离-异构化法对二乙苯生产装置，并生产出合格产品，使我国对二乙苯的产能达到 30000t/a 的规模。

3.1　合成法

合成法生产对二乙苯技术是以乙苯和乙烯、乙醇等为原料，借助催化剂的作用，通过烷基化反应合成对二乙苯，主要包括乙苯-乙醇烷基化法、乙苯-乙烯烷基化法和乙苯歧化法等。

3.1.1　乙苯-乙烯烷基化法

乙苯-乙烯烷基化法合成对二乙苯是利用择形催化理论的产物择形机理来实现的。在反应过程中，分子直径较大的间位和邻位产物难以在催化剂孔道内生成或生成后难以扩散出催化剂的孔口，而分子直径较小的对位产物可以自由扩散出孔口，从而生成最终产物。

20 世纪 70 年代，美国 Exxon Mobil 公司在其专利中首次公开了在改性的 ZSM-5 型沸石分子筛催化剂上进行乙苯-乙烯烷基化反应合成对二乙苯的研究结果，引起了国内外学者的广泛关注。该公司在其后续的研究中，催化剂母体从 ZSM-5 扩展到 ZSM-11、ZSM-12、ZSM-23、ZSM-35、ZSM-38、ZSM-48 等，并考察了水蒸气钝化、负载氧化磷或氧化镁、硫化氢或二硫化碳处理、硅树脂外表面覆盖、用含硅有机化合物进行氧化硅沉积等催化剂改性效果，制备出了高择形性的催化剂，使对二乙苯选择性提高到了 99%。

王桂茹等研制出了具有较低酸强度的 HDGA-5 沸石催化剂，该催化剂连续反应 250h，乙苯平均转化率达到 19.36%，对二乙苯选择性达到 91.21%。郭洪臣等用硝酸镧溶液浸渍改性氢型 HZSM-5 分子筛催化剂，当其氧化镧含量达到 16.3%时，催化剂初始反应性能为乙苯转化率 18.29%，对二乙苯选择性 98.15%。文怀有等以挤条成型的 SiO_2/Al_2O_3 摩尔比为 55 的 HZSM-5 分子筛为母体，通过担载有机硅化合物对其表面修饰，然后在水蒸气和空气同时存在条件下进行焙烧钝化而制得目的催化剂。该催化剂在常压、温度 360℃反应条件下，二乙苯收率为 16.08%，对二乙苯选择性为 98.11%。朱志荣等选取 SiO_2/Al_2O_3 为 120 的氢型 HZSM-5 分子筛，用硝酸铈和硝酸镧改性制得催化剂，该催化剂在反应温度 420℃，压力 1.2MPa，乙苯/乙烯 4.0，空速 4.0h^{-1}条件下，乙苯转化率达到21%，对二乙苯选择性为 96.2%。

20 世纪 80 年代末，大连理工大学成功研制出了一步法合成高纯度对二乙苯的 EA8402 催化剂，并于 1989 年在燕山石化公司建成 200t/a 的中试装置，生产出了合格的对二乙苯产品，使我国成为世界上第一个采用合成法工业化生产对二乙苯的国家。其后续开发的第三代催化剂 EA9506，采用硅、镁和混合稀土改性的 ZSM-5 分子筛，可使对二乙苯选择性达到 95%以上。EA9506 催化剂也成功应用与辽阳石化亿方公司，实现工业化生产，年产 1500 吨对二乙基苯。

3.1.2　乙苯-乙醇烷基化法

乙苯-乙醇烷基化法是继乙苯-乙烯烷基化法后开发出的另一项合成对二乙苯技术，同样是利用择形催化理论的产物择形机理来实现的。

20 世纪 90 年代初，南开大学潘履让等研究了金属氧化物改性的 HZSM-5 沸石用于乙苯-乙醇烷基化合成对二乙苯反应的催化性能。结果表明，改性后的 HZSM-5 沸石催化剂选择性和稳定性提高，而活性有所降低；双金属氧化物改性比单金属氧化物改性效果好。据此研制出的含镁双金属改性催化剂 8912 成功应用于 300t/a 对二乙苯生产装置上，对二乙苯选择性为 95%~98%，催化剂稳定运行时间达 1200h。随后，其千吨级生产装置在丹阳化肥厂建成，1991 年 10 月，生产出合格的对二乙苯产品。

中山大学詹必增等用镁改性 HZSM-5 沸石取得了较好的效果。在温度 370℃时，乙苯转化率高达 25.42%，二乙苯产率为 20.94%，对二乙苯的选择性高达 99.54%。但是，这样的结果是在试验初期 1~6h 内取得的，未见长时间运转的结果及催化剂再生后的试验数

据。南开大学关乃佳等以 SiO_2/Al_2O_3 为 50 的 HZSM-5 沸石为母体，采用 B、Mg 和 Co 对其

表面酸性和孔道进行调节制得催化剂，其乙苯转化率可达 15%~20%，对二乙苯选择性达 99%以上，但也未见长周期运转结果和催化剂再生后试验数据。

3.1.3 乙苯歧化法

乙苯歧化法合成对二乙苯是利用择形催化理论的限制过渡态控制机理来实现的。20 世纪 80 年代，我国台湾苯乙烯公司开发出了乙苯选择性歧化生产对二乙苯的工艺技术，于 1989 年建成生产能力为 1500t/a 的工业装置并投产。该技术采用化学气相沉积硅改性的 ZSM-5 分子筛催化剂，其对二乙苯选择性可达 96%。随后该公司将此项技术进一步优化改进，将对二乙苯选择性提高到了 99%以上。

3.2 分离法

3.2.1 萃取精馏法

二乙苯 3 种异构体的沸点相差在 3℃以内，普通的精馏方法难以将它们分开。为此，杜建卫等对萃取精馏分离二乙苯的方法进行了研究，并在实验室中成功地从催化重整 C10 重芳烃中分离出纯度 95%以上的间二乙苯和纯度 90%以上的对二乙苯。其具体做法是：首先将 C10 重芳烃进行初分馏，切割出富含对二乙苯和间二乙苯的 176~182℃馏分；然后在该馏分中加入萃取剂，经萃取精馏，萃取剂与对二乙苯和少量间二乙苯从萃取精馏柱底流出，间二乙苯经冷凝从柱顶流出；再通过精馏分离使萃取剂和对二乙苯分离，并回收萃取剂。所用萃取剂是邻苯二甲酸二甲酯、邻苯二甲酸二丁酯或它们的混合物，萃取剂与间、对二乙苯混合组分的投料质量比为(5~20)：1，萃取剂加入温度为 120~190℃，分离温度为 160~190℃。

3.2.2 吸附分离法

吸附分离法是指借助吸附剂的作用，通过吸附分离工艺从混合二乙苯中分离出对二乙苯的方法。美国 UOP 公司最早开发出了该项工艺技术。采用与吸附分离法分离混合二甲苯相同的吸附剂，对二甲苯或含对二甲苯 75%以上的混合二甲苯作解吸剂，可以分离出纯度 95%以上的对二乙苯，收率>90%。该工艺技术于 20 世纪 70 年代中期实现工业化应用，是国外生产对二乙苯的主要手段。多年来，UOP 公司对该工艺技术一直进行垄断经营，未曾向任何国家、地区转让。

3.2.3 吸附分离-异构法

吸附分离-异构化法生产对二乙苯是通过吸附分离法组合二乙苯异构化技术来实现的，可以将原料混合二乙苯逐步转化成高纯度的对二乙苯产品。

石科院郁灼等详细分析了 C10 芳烃异构体在特定吸附剂-解吸剂组合中的分离特性，对吸附分离生产对二乙苯技术进行了系统研究，开发出了具有自主知识产权的吸附剂 RAX-3000 和吸附分离工艺。与此同时，研究开发出了二乙苯异构化专用催化剂 SKI-400H，优化确定了较低反应温度和空速、较高反应压力和氢烃比的异构化反应条件，解决了在复杂反应体系中副反应过大和催化剂稳定性差的难题。2012 年，该成套技术在扬子石化公司设计建成了 20000t/a 的工业生产装置，并一次开车成功，生产出了纯度高达 99.5%的对二乙苯产品。工业应用试验标定结果为：异构化单元，SKI-400H 型催化剂二乙苯异构化活性为 27.28%，二乙苯收率为 97.16%；吸附分离单元，对二乙苯产品纯度大于 99%，收率 94.4%。至此，吸附分离-异构化法生产对二乙苯技术获得重大突破。

4 结语

近几年来，国内 PX 产能持续扩大，到 2023 年国内 PX 预估产能 5193t/a，面对如此大规模的 PX 产能，作为 Parex 生产 PX 工艺的解吸剂，对二乙苯的需求量也会不断增加。而且各对二乙苯生产企业也在不断开拓对二乙苯市场，对二乙苯的衍生物(对二乙烯基苯、对二乙炔基苯、对苯二乙酸等)的市场需求也会与日俱增，因此高效节能的合成对二乙苯技术具有很高的研究价值。

国内工业化生产对二乙苯的企业并不多，最大的生产企业为扬子石化，产能 20000t/a，采用的是吸附分离-异构化技术，虽然此技术可以直接利用 C10 资源进行分离，原料来源丰富，但是需要采用吸附分离与异构化结合才能达到对二乙基苯的生产，过程复杂，能耗较高。相对而言，烷基化法直接合成对二乙基苯工艺流程简单，原料也易于取得，在辽阳石化亿方公司 1500t/a 对二乙基苯生产装置中也成功实现工业化，目前具有转化率不是很高，催化剂再生周期短的特点，因此高转化率与寿命催化剂的研制成功将会带来很高的经济价值。而且由于烷基化法生产对二乙基苯催化剂具有特殊的择形和烷基化功能，可以用来简单改性来生产对二甲苯、对甲乙苯，对甲基异丙苯等高价值产物，该种催化剂的制备研究具有很高的研究价值。目前国内研究择形烷基化合成对二乙基苯的院所并不多，实现工业化的也只有大连理工大学研制的 EA9506 一种，在工业生产中所能催化达到的转化率不到 20%，再生周期 15 天左右，具有很大的提升空间，因此研制出高转化率，高稳定性的烷基化择形催化剂将会极大的提高烷基化法工业生产对二乙基苯装置的经济效益，推动工业生产的发展进程。

参 考 文 献

[1] 杜建卫，刘键，黄奋生. C10 重芳烃二乙苯的分离研究[J]. 天津化工，2010，24(4)：36-37.

[2] 韩文化. 芳烃 PX 生产技术展望[J]. 天津化工，2018，32(5)：4-5.

[3] 张立科. 对二甲苯(PX)生产工艺进展[J]. 山东化工，2020，49(19)：70，73.

[4] 卫达，刘经伟，陈韶辉. 对二乙苯衍生物生产技术及应用进展[J]. 石油化工，2020，49(7)：695-700.

[5] 盖月庭，顾浩辉，梁站桥等. 对二乙苯生产技术评述[J]. 化工进展，2014，33(3)：538-541.

[6] 郭振宇. 对二甲苯生产现状及技术分析[J]. 山东化工，2020，49(12)：113，121.

[7] 钱伯章. 聚二乙烯基苯高性能树脂的开发[J]. 橡塑技术与装备，2009，35(2)：61.

[8] 肖国民. 混合二乙苯的综合利用[J]. 精细石油化工，1997(5)：36-37.

[9] Kaeding W W, Young L B. Selective ethylation of mono alkyl benzenes：US，4094921(A)[P]. 1978-06-13.

[10] Young L B. Selective production of para-substituted benzenes：US，4100217(A)[P]. 1978-07-11.

[11] Kaeding W W. Selective production of para-dialkyl benzene：US，4128592(A)[P]. 1978-12-05.

[12] Kaeding W W. Para-selective zeolite catalysts treated with sulfur compounds：US，4365104(A)[P]. 1982-12-21.

[13] Rodewald P G. Silica-modified catalyst and use for selective production of para-dialkyl substituted benzenes：US，4465886(A)[P]. 1984-08-14.

[14] Beck J S, Mccullen S B, Olson D H, et al. Selective ethylbenzene disproportionation processes (SEBDP) with ex situ selectivated zeolite catalyst：US，5406015(A)[P]. 1995-04-11.

[15] Beck J S, Brown S H, Mccullen S B, et al. Ethylbenzene alkylation with ethylene to produce para-diethylbenzene：US，5530170(A)[P]. 1996-06-25.

[16] 王桂茹，王静玉，徐振锉等. 乙苯与乙烯在 HDGA-5 催化剂上直接合成对二乙苯[J]. 石油化工，1987，16：616-621.

[17] 郭洪臣，王振宇，王祥生. 一种择形催化剂的制备方法：中国，101455978[P]. 2009-06-17.

[18] 文怀有，许宁，刘子玉等. 一种乙苯与乙烯或乙醇烷基化反应合成对二乙苯催化剂的制备方法：中国，101618335[P]. 2010-01-06.

[19] 朱志荣，郝志显，伍艳辉等. 用于乙苯和乙烯合成的对二乙苯分子筛催化剂：中国，102397792A[P]. 2012-04-04.

[20] 刘靖. 合成法生产对二乙苯的技术[J]. 石油化工，1990，19(5)：351.

[21] 王桂茹，李书纹，王祥生等. 硅/镁-混合稀土改性催化剂的制备及其应用：中国，1110628[P]. 1995-10-25.

[22] 潘履让，李述全，李赫咺. 用于乙苯-乙醇烷基化合成对二乙基苯的催化剂：中国，1045930[P]. 1990-10-10.

[23] 潘履让，李中钦，李赫咺. 不同硅铝比的 HZSM-5 沸石上乙苯-乙醇烷基化合成对二乙苯[J]. 石油化工，1991，20(11)：735-737.

[24] 潘履让，李赫咺. 乙苯-乙醇烷基化合成对二乙苯催化剂的研究[J]. 石油化工，1992，21(5)：289-294.

[25] 董仲绪. 丹阳化肥厂对二乙苯通过部级鉴定[J]. 江苏化工，1992(4)：19.

[26] 詹必增，曾昭槐. 镁改性 HZSM-5 分子筛上乙苯择形催化生成对二乙苯[J]. 石油化工，1989，18(2)：92-96.

[27] 关乃佳，李娜，陈继新等. 用于乙醇与乙苯烷基化合成对二乙苯的催化剂及制备方法：中国，1605390[P]. 2005-04-13.

[28] Wang Ikai, Lee Biing Jye, Chen Mei Hwei. Novel silicon-modified catalyst Si/HZSM-5, it's preparation, and a process for synthesizing high purity p-dialkyl benzene from monoalkyl benzene by using said catalyst：US，4950835(A)[P]. 1990-08-21.

[29] Tsai Tseng Chang, Liu Shang Bin, Wang Iki. Disproportionation and transalkyla of alkylbenzenes over zeolite[J]. Applied Catalysis A, 1999,(181)：355-398.

[30] 刘键，杜建卫，黄奋生等. 一种碳十芳烃中二乙苯的分离方法：中国，101343207[P]. 2009-01-14.

[31] Armand J deRosset, Richard W Neuzil, Donald J Korous. Liquid column chromatography as a predictive tool for continuous countercurrent adsorptive separations [J]. Ind. Eng. Chem. Process Des. Dev., 1976, 15 (2): 261-266.

[32] Van T H. Process for producing para-diethylaenzene: US, 3849508(A)[P]. 1974-11-19.

[33] Korous D J, Neuzil R W. Hydrocarbon separation: US, 4044062(A)[P]. 1977-08-23.

[34] Ward D. Process for producing paradiethylbenzene: US, 3851005(A)[P]. 1974-11-26.

[35] 王辉国，郁灼，赵毓璋等. 对二甲苯吸附剂及制备方法：中国，1565718[P]. 2005-01-19.

[36] 王德华，郁灼，王辉国等. 模拟移动床吸附分离方法和设备：中国，102895800A[P]. 2013-01-30.

[37] 王德华，郁灼，王辉国. 控制阀数量减少的模拟移动床吸附分离方法和设备：中国，102895799A [P]. 2013-01-30.

[38] 王辉国，马剑锋，王德华等. 从碳八芳烃中吸附分离间二甲苯的方法：中国，103012045A [P]. 2013-04-03.

[39] 中国石化有机原料科技情报中心站. 扬子石化公司采用吸附分离法生产对二乙苯首获成功[J]. 石油炼制与化工，2012，43：38.

聚酰亚胺气体分离膜研究进展

郭攀登

（中国石油天然气股份有限公司辽阳石化分公司）

摘　要　概述了近年来聚酰亚胺气体分离膜研究现状。气体分离膜技术具有低能耗、效率高、操作简单、易规模化和环境友好等的独特优势，在工业气体分离领域具有非常大的应用潜力。然而传统气体分离膜材料的气体渗透性能较低，不能满足日益增长的工业生产需求。开发高渗透率、高选择性的膜材料一直是现在化工分离领域的研究热点之一。自具微孔聚合物(PIMs)是近年来发展的一类具有高渗透率及中等选择性的聚合物材料，其对气体的高渗透率来源于刚性扭曲分子链的非有效折叠而产生的固有微孔结构。聚酰亚胺分离膜引入不同致孔基元大大提高气体分离性能，通过比较不同致孔基元间表现的气体分离性能，选取制备最佳结构的自具微孔聚酰亚胺气体分离膜。在对比中发现，Trip的高自由体积(IFV)的刚性Y形结构的致孔基元和EA的桥接双环结构均可以为聚合物提供高度形状持久性结构，确保微孔性。由于SBI中有一定程度的构象灵活性，会损害聚合物主链的刚性，导致整体的气体分离性能不高。目前致孔基元主要分为5类：螺吲哚(SBI)单元、螺双芴(SBF)单元、三蝶烯(Trip)、亚乙基蒽(EA)和特勒格碱(TB)。SBF为致孔基元的聚酰亚胺的气体分离性能处于中等。所以Trip和EA结构在未来制备自具微孔聚酰亚胺气体分离膜方面更具发展潜力。

关键词　气体分离膜；气体分离性能；致孔基元；合成方法；自具微孔聚酰亚胺

气体分离膜技术是一种新型的高端分离技术，广泛应用于富氢、碳捕集、天然气提氦和挥发性有机物治理等领域。聚酰亚胺(PI)是一类含亚胺杂环的高性能聚合物材料，由于具有良好的热稳定性、化学稳定性、优秀的机械性能和较高的自由体积，使其表现出良好的气体选择性和渗透能力，有望在气体分离领域得到广泛应用。

1　气体分离膜概述

气体分离膜是利用气体分子的渗透速率差使不同气体在膜两侧富集实现分离。早在1831年，J. K. Mitchell就系统地研究了天然橡胶的透气性，发现了不同气体分子透过膜速率不同的现象，首先揭示了用膜实现气体分离的可能性。1866年，T. Graham研究了橡胶膜对气体的渗透性能，提出溶解-扩散理论，并且发现气体的渗透速率与膜的厚度有关，而选择性与膜的厚度无关。尽管气体膜分离技术的研究早在100多年前就已开始，但由于当时没有找到合适的膜结构，膜的渗透速率很低，所以未能引起足够的重视。

从20世纪50年代初起，S. Weller、W. A. Steiter、P. Mears、S. A. Stem等人进行了大量的气体分离膜应用研究。1950年，S. Weller和W. A. Steiter用厚度为25μm的乙基纤维素平板膜从空气中分离出含氧32.6%的富氧空气。1954年，P. Mears进一步研究了玻璃态聚合物的透气性，拓宽了膜材料的选择范围。1965年，S. A. Sterm等人为从天然气中分离出氦进行了含氟高分子膜的实验，并进行了工业规模的设计。这一阶段的研究或者因为气体分离膜的通量小，或者因为膜组件制造困难，从而使气体分离膜无法在工业中大规模应用。

1979年，美国的Monsanto公司研制出“Prism”膜分离装置，通过在聚砜中空纤维膜表面涂敷致密的硅橡胶表层，得到高渗透性、高选择性的复合膜，成功地将之应用在合成氨的氢气回收。此成果在世界范围内引起巨大反响，成为气体分离膜发展史上的里程碑。此后，气体分离膜的研究和应用进入了一个快速发展的阶段。

我国气体分离膜技术与欧美发达国家相比，起步较晚，主要始于20世纪80年代。中国科学院大连物化所在1986年成功研制出Ⅰ型膜分离器，1990年成功研制出用于氮气氢气分离的Ⅱ型中孔纤维分离膜，与Ⅰ型相比，Ⅱ型中孔纤维分离膜具有更高的耐温、耐压等性能。经过三十多年的发展，我国科研工作者成功研制出一系列具有国际竞争力的气体分离技术，其中包括：集成集气分离技术、工业气体膜纯化分离技术、卷式气体分离膜富氧、膜法提氢等。尤其是21世纪以来，我国积极致力于分离膜的发展和研究，相关技术不断成熟，并广泛应用在生活、生产的众多方面。

2 气体分离膜的应用

气体分离膜是一种选择性膜，其对不同种类的气体分子具有不同的透过率和选择性，因此气体分离膜可以从气体混合物中选择性分离某种特殊气体。如合成氨尾气中收集氢气、从空气中富集氧气、从石油裂解混合气中分离氢气、一氧化碳等气体、进行二氧化碳捕集、回收VOCs等。

在与传统气体分离技术(如深冷、变压吸附等)的竞争中，膜分离技术显示出独特的优势，其研究和应用发展十分迅速，分离膜技术将长足发展进而取代现有的吸收、萃取、精馏等耗能分离过程。见表1列出了气体分离膜的主要应用领域。

表1 气体分离膜的主要应用

分离体系	应用领域
$H_2(He)/N_2$、CH_4、CO	合成氨、石油精炼以及甲醇合成过程中H_2的回收，天然气中He回收，高纯H_2制造
O_2/N_2	富氮空气、富氧空气
CO_2/CH_4、H_2S/CH_4	天然气和城市沼气的纯化
H_2O/CH_4、Air、VOC	天然气脱湿、空气脱湿，有机蒸汽脱湿
CO_2/N_2、SO_2/N_2	燃烧废气中CO_2回收，燃烧废气脱硫
Olefin/Paraffin	从乙烷中分离乙烯，从丙烷中离丙烯
VOC/Industrial wastegases	从聚烯烃装置的排出口回收丙烯和乙烯、从聚氯乙烯装置中回收氯乙烯单体等

3 气体分离膜的制备方法

3.1 聚酰亚胺合成方法

近年来，气体分离膜研究主要集中在开发高通量、高选择性以及热稳定性、化学稳定性等更为理想的新型膜材料，研究新的制膜工艺及新的表征方法，主要包括高分子分离膜材料、无机分离膜材料、有机-无机混合基质膜分离材料。

聚酰亚胺主要是由二酐和二胺合成，这两种单体与众多其他杂环聚合物的单体，这两种单体与众多其他杂环聚合物，如聚苯并咪唑、聚苯并唖唑、聚苯并噻唑、聚喹唖啉和聚喹啉等单体比较，原料来源广泛，合成也较容易。二酐和二胺的品种繁多，不同的组合就可以获得不同性能的聚酰亚胺，常见的二酐和二胺见表2。聚酰亚胺的合成方法可以分为两大类，第一类是在聚合过程中或在大分子反应中形成酰亚胺环；第二类是以含有酰亚胺环的单体合成聚酰亚胺。

第一类合成方法主要包括：由二酐和二胺反应形成聚酰亚胺；由四元酸和二元胺反应形成聚酰亚胺；由四元酸的二元酯和二元胺反应获得聚酰亚胺，由二酐和二异氰酸酯反应获得聚酰亚胺等。

在第二类合成方法中，几乎所有通用的缩聚反应都已被用来由带酰亚胺环的单体合成各种带酰亚胺环的聚合物，如聚酯酰亚胺、聚酰胺酰亚胺、聚碳酸酯酰亚胺、聚氨基甲酸酯酰亚胺等。

按过程分类，聚酰亚胺的合成方法主要有一步法、气相沉积法和两步法。

一步法：二酐和二胺在高沸点溶剂中，如酚类溶剂中加热缩聚，直接生成聚酰亚胺。

气相沉积法：二酐和二胺的蒸气在高温下分别单独送入混炼室，然后合成生成薄膜，也就是由单体直接合成聚酰亚胺涂层的方法。

两步法：两步法是最常用的合成方法。二酐和二胺在非质子性溶剂，如二甲基甲酰胺(DMF)、二甲基乙酰胺(DMAc)或N-甲基吡咯烷酮(NMP)中，进行低温溶液缩聚，获得聚酰胺酸溶液，去除溶剂后，再经过高温处理形成聚酰亚胺。聚酰胺酸也可用化学脱水剂，一般用乙酐为脱水剂，叔胺类如吡啶、三乙胺等为催化剂，在室温下酰胺化而获得聚酰亚胺。

表2 常见二酐与二胺种类

脂肪胺	芳香胺	脂肪酸酐	芳香酸酐
1,3-双(3-氨基丙基)-1,1,3,3-四甲基二硅氧烷	4,4′-二氨基二苯砜	双环[2.2.2]辛-7-烯-2,3,5,6-四羧酸二酐	偏苯三酸酐
1,3-二(异氰酸根合甲基)环己烷	1,5-二氨基萘	1,2,3,4-环丁烷四甲酸二酐	1,4,5,8-萘四甲酸二酐

续表

脂肪胺	芳香胺	脂肪酸酐	芳香酸酐
4,4′-二胺基二环己基甲烷	间苯二甲胺	1,2,4,5-环己烷四甲酸二酐	3,4,9,10-苝四甲酸二酐
异佛尔酮二胺	对二亚甲苯二胺	乙二胺四乙酸二酐	邻苯二甲酸酐
	4,4′-二氨基二苯醚		均苯四甲酸二酐
	4,4-′亚甲基双(2,6-二乙基苯胺)		四氯邻苯二甲酸酐 六氟二酐

3.2 气体分离膜合成方法

气体分离膜的核心技术是分离膜，分离膜是指具有分离功能的薄膜材料，是一种具有气体透过选择性的薄层材料，以压力差作为推动力、利用混合气体中各组分在分离膜中渗透速率的不同来达到分离的目的。气体分离膜根据不同的分类方法可以划分为不同的类别。如根据结构状态可分为复合膜、均质膜、对称膜和非对称膜；根据材料种类的不同可分为高分子聚合物膜、无机多孔膜、混合基质膜。

3.2.1 高分子聚合物气体分离膜

高分子聚合物作为气体分离领域最重要的材料之一，是目前应用最多、使用时间最长、研究最广，同时也是迄今为止唯一应用在工业生产的气体分离材料。从醋酸纤维素的研发成功到目前性能优异的自具微孔聚合物(PIMs)，高分子聚合物气体分离膜凭借自身结构多样性、优异的热性能、易加工性及低成本等特点，成为气体分离膜领域不可缺少的功能性材料。

按照聚合物应用时的物理形态可分为橡胶态聚合物和玻璃态聚合物。橡胶态聚合物是指高分子的玻璃化转变温度在室温以下，分子链运动自由度高，聚合物内部形成的自由体积较小。而玻璃态聚合物是指聚合物的玻璃化转变温度在室温以上，主链的运动受限、链段自由旋转困难。目前通过分子设计提高聚合物 FFV 的方法主要是将刚性扭曲的骨架结构整合到聚合物主链中，如报道的聚苯并咪唑类聚合物、自具微孔类聚合物、全氟类聚合物、热重排列(TR)聚合物等。

此外，高分子聚合物根据主链化学结构的不同，可分为聚砜类、聚硅氧烷类、聚酰亚胺类、聚炔类。聚砜类是聚合物主链上含有砜基的一类无定形芳香族高聚物，通常是双酚类单体和双氯单体通过亲核缩聚来制备。聚硅氧烷类气体分离材料主要包括聚[1-(三甲基硅氧烷)-1-丙炔](PTMSP)和聚二甲基硅氧烷(PDMS)。PTMSP 是目前报道的所有高分子聚合物中气体渗透能力最高的分离膜，对乙烷的渗透能力达到 11100Barrer。PDMS 因制备成本低、气体渗透能力高，对 CO_2 气体的渗透能力达到 3000Barrer 以上等优点成为分离膜领域的重要材料。聚酰亚胺是聚合物主链中含有亚胺环的一类高分子聚合物，其代表性的传统聚酰亚胺是杜邦公司在 1961 年研制的聚均苯四甲酰亚胺薄膜(Kapton®)。聚炔类聚合物是主链中包含共轭双键结构的一类高聚物，其具有较高的自由体积成为一类性能优异的气体分离材料，如聚[1-(三甲基硅氧烷)-1-丙炔](PTMSP)。目前合成兼有良好的气体渗透性和选择性的 6FDA 聚酰亚胺膜材料被广泛应用二氧化碳、氢气和硫化氢等。

3.2.2 无机多孔气体分离膜

无机多孔气体分离膜是由无机材料制备的具有气体分离功能的薄膜。无机多孔材料不仅具有高的比表面积和孔隙率，还具有良好的热稳定性和化学稳定性。按照结构可以将其划分为非对称分离膜和对称分离膜。无机多孔气体分离膜开发的种类主要包括碳分子筛膜、陶瓷膜、金属膜等。碳分子筛膜是含碳材料在真空或惰性条件下经过高温热解而形成的一种孔径在 0.3~2.0nm 的多孔膜。J. Koros 等人经过 550℃ 高温处理四种聚酰亚胺前驱体 6FDA/DETDA、6FDA：BPDA(1：1)/DETDA、6FDA/DETDA：DABA(3：2)、6FDA/1,5-ND：ODA(1：1)，制备碳分子筛膜，其中利用 6FDA/DETDA：DABA(3：2)前驱体所制备的碳分子筛膜 CO_2 和 O_2 渗透能力分别达到 20000 和 4000Barrer。

4 引入致孔基元的聚酰亚胺气体分离膜

含微孔结构聚酰亚胺制备提升气体分离能力，微孔构成需要引入刚性、桥接和非平面脂环链段致孔基元，主要有 5 类：螺吲哚(SBI)单元、螺双芴(SBF)单元、三蝶烯(Trip)、亚乙基蒽(EA)和特勒格碱(TB)。因为致孔基元的扭曲结构中含有刚性和桥联节点，在聚酰亚胺骨架中提供桥联作用和成孔位点，扭曲结构位点造成聚合物空间结构的无效堆积，并且在链间产生自由体积．这些致孔基元扭曲结构使聚合物分子链在聚集态时不能形成致密堆砌，导致大量微孔产生，为气体传输提供一定的选择性分离通道。

4.1 SBI为致孔基元的聚酰亚胺气体分离膜

在聚合物骨架中引入SBI的扭曲结构，通过固定酰亚胺环中的C-N旋转键，螺中心单元(即2个环共享的单个四面体碳原子)结构不能沿聚合物链旋转，或由于空间位阻对旋转的阻碍限制，以避免构象变化，从而帮助聚合物堆叠成孔。SBI致孔基元是刚性强的桥连双环，系统性提高对各种气体对的选择性。通过改变二胺，制备出PIM-PI系列自具微孔聚酰亚胺膜，其对O_2/N_2组分的分离中，O_2具体透过量范围在23.8~98Barrer，选择性在3.7~4.6，多数聚酰亚胺气体分离性能在1991年Robeson曲线上方。

4.2 SBF为致孔基元的聚酰亚胺气体分离膜

在SBF中，2个芴环正交排列并通过四面体键合碳原子，即螺中心连接，聚合物链上形成以每个螺环为中心90°角周期性的锯齿形。这种结构特征可最大限度地减少链间的相互作用，并限制聚合物链的紧密堆积，聚合物主链的刚性将被保留。含有SBF致孔结构的PI膜整体上的气体分离性能中等。在O_2/N_2组分中，O_2透过量主要集中在35.1~243Barrer，选择性在3.5~4.5的范围；CO_2/CH_4组分透过量主要集中在182~1340Barrer，选择性在13.1~28.4的范围。气体分离性能达到2008年Robeson曲线的上限，由于其扭曲的刚性结构导致其比表面积、聚合物渗透性均显著提高．

4.3 Trip为致孔基元的聚酰亚胺气体分离膜

Trip是高性能微孔聚合物的独特结构单元，因为其三角双锥(D3h)对称性，具有刚性Y形结构，内部自由体积(IFV)较高，其中包含[2，2，2]辛三烯桥头的芳烃单元。因为链间堆积不好导致自由体积进一步增加。含有Trip结构的自具微孔聚酰亚胺膜在CO_2/CH_4，O_2/N_2组分的分离性能非常出色，部分材料甚至突破2008年上限。未来通过调整Trip内部IFV和链间自由体积的方法提升气体分离总体性能，也可以通过选择桥头取代基种类，影响Trip衍生聚合物的气体渗透性能。

4.4 TB为致孔基元的聚酰亚胺气体分离膜

在TB独特结构特征中的二氮杂辛桥会产生类似裂缝的形状，具有刚性V形桥接双环连接基团，使其在分子识别和超分子化学中的应用非常具有吸引力。提供高度刚性的扭曲位点来阻碍链间堆积，从而导致这种刚性框架在具有微孔的各种聚合物(PIM)中得到广泛应用。含有TB结构的致孔基元在CO_2/CH_4组分中主要集中在1991年和2008年Robeson曲线之间。未来可以考虑通过引入功能性侧基或者形成氢键等改性方式，提高含有TB结构致孔基元的聚酰亚胺气体分离性能。

4.5 EA为致孔基元的聚酰亚胺气体分离膜

桥接双环EA是高度不灵活的，可以为聚合物提供高度形状持久性结构，确保微孔性，相对于其他致孔单元，EA结构在气体分离性方面最具优势．基于EA制备的具有微孔气体分离膜的O_2/N_2气体分离性能位于2008年Robeson上限之上。气体分离性能主要受EA的结构影响，与SBI基元相比，EA二酐产生了比螺环二酐更好的选择性和渗透性。未来可以通过优化选择性，提高整体性能．EA结构是目前报道的作为微孔膜材料研究的最佳致孔单元

5 总结

用于气体分离装置的聚酰亚胺，气体分离膜应具有优良的机械性能、成型性能和良好的化学和热稳定性。在气体分离应用中，气体渗透率和选择性渗透率是分离膜合成重要的参数，寻找超过Robeson上限的膜材料一直是重要目标。

自具微孔聚酰亚胺薄膜在气体分离领域具有很大的应用前景，在今后的研究中还需不断突破现状，扩大应用范围，可以从以下3个方面入手：(1)寻找新的致孔结构和连接方式，制备选择性和渗透性都好的气体分离膜；(2)设计并合成满足刚性结构、功能化和廉价性的构筑单体，丰富构筑单体的种类；(3)简化实验条件并探索新的有效合成途径，使实验制备从精细化和微量化发展到常规化和量产化。

参 考 文 献

[1] Siagian U W R, Raksajati A, Himma N F, et al. Membrane-based carbon capture technologies: Mem-

brane gas separation vs. Membrane contactor[J]. Journal of Natural Gas Science and Engineering, 2019, 67: 172-195.

[2] Galizia M, Chi W S, Smith Z P, et al. 50th anniversary perspective: polymers and mixed matrix membranes for gas and vapor separation: a review and prospective opportunities[J]. Macromolecules, 2017, 50(20): 7809-7843.

[3] Wang Y, Ma X, Ghanem B S, et al. Polymers of intrinsic microporosity for energy-intensive membrane-based gas separations[J]. Materials Today Nano, 2018, 3: 69-95.

[4] Koros W J, Zhang C. Materials for next-generation molecularly selective synthetic membranes[J]. Nature Materials, 2017, 16(3): 289-297.

[5] Park H B, Kamcev J, Robeson L M, et al. Maximizing the right stuff: The trade-off between membrane permeability and selectivity[J]. Science, 2017, 356(6343): 1138-1148.

[6] Chuah C Y, Goh K, Yang Y, et al. Harnessing filler materials for enhancing biogas separation membranes[J]. Chemical Reviews, 2018, 118(18): 8655-8769.

[7] Park J H, Rutledge G C. 50th anniversary perspective: advanced polymer fibers: high performance and ultrafine[J]. Macromolecules, 2017, 50(15): 5627-5642.

[8] Zhu Z, Zhu J, Li J, et al. Enhanced Gas Separation Properties of Troger's Base Polymer Membranes Derived from Pure Triptycene Diamine Regioisomers[J]. Macromolecules, 2020, 53(5): 1573-1584.

[9] 孟凡宁，张新妙，郦和生等. 聚酰亚胺基气体分离膜的研究进展[J]. 化工新型材料，2020，48(5): 7-11.

[10] McKeown N B, Budd P M, Msayib K J, et al. Polymers of intrinsic microporosity (PIMs): bridging the void between microporous and polymeric materials[J]. Chemistry - A European Journal, 2005, 11(9): 2610-2620.

[11] McKeown N B. Contorted separation[J]. Nature Materials, 2016, 15(7): 706-707.

[12] Lee M, Bezzu C G, Carta M, et al. Enhancing the gas permeability of Troger's base derived polyimides of intrinsic microporosity[J]. Macromolecules, 2016, 49(11): 4147-4154.

[13] Hu X, Lee W H, Zhao J, et al. Tröger's Base (TB)-containing polyimide membranes derived from bio-based dianhydrides for gas separations[J]. Journal of Membrane Science, 2020, 610: 118255.

[14] Zhuang Y, Orita R, Fujiwara E, et al. Colorless Partially Alicyclic Polyimides Based on Tröger's Base Exhibiting Good Solubility and Dual Fluorescence/Phosphorescence Emission[J]. Macromolecules, 2019, 52(10): 3813-3824.

[15] Lee W H, Seong J G, Hu X, et al. Recent progress in microporous polymers from thermally rearranged polymers and polymers of intrinsic microporosity for membrane gas separation: Pushing performance limits and revisiting trade-off lines[J]. Journal of Polymer Science, 2020, 58(18): 2450-2466.

聚烯烃弹性体 POE 的应用及国内市场分析

王俊荣　于连荣　张利粉

（中国石油辽阳石化公司）

摘　要　概述了聚烯烃弹性体 POE 的结构性能及特点，详细介绍了 POE 在汽车、光伏、发泡、家电等领域的应用现状，其中消费主要集中在汽车、光伏领域。随着光伏装机需求的旺盛以及高效光伏组件的快速渗透，目前我国光伏领域 POE 的消费已经超过汽车市场，成为 POE 最大的下游应用领域。对国内外 POE 的产能及其在各领域的市场情况、产业供需格局进行分析，并对其未来发展进行了预测，巨大的市场需求将刺激国内相关企业加快对 POE 生产技术的研发及装置的建设。对国内企业布局 POE 项目的情况进行了总结，国内万华化学、斯尔邦石化、惠生材料、京博石化等公司均有投建 POE 装置的规划，产能布局的加速将会导致 POE 的市场竞争越来越激烈，建议未来 POE 的生产以市场需求为导向，进行产品高端化、差异化、多元化研发，满足不同消费者需求。指出了我国 POE 的生产面临的三大技术壁垒，主要包括生产技术、茂金属催化剂生产技术以及溶液聚合技术。提出一方面应加大原料 α-烯烃的研发力度，尤其是在 1-辛烯的合成方面，在降低合成成本以及提高转化率上下功夫，对耐高温溶液聚合茂金属催化剂进行自主研发，打破国外的技术封锁；另一方面进一步探索 POE 的应用领域，推动 POE 在电子信息、生物医药工等方面的应用。

关键词　聚烯烃弹性体；光伏胶膜；市场分析

POE 是乙烯和 α-烯烃（如 1-丁烯、1-己烯或 1-辛烯）无规共聚得到的弹性体。由于其特殊的分子结构，POE 既可以在常温下呈现出橡胶的高弹性，又能在达到一定温度时发生塑性流动。因此，POE 兼具塑料和橡胶的双重优势。此外，POE 具有优异的耐候性、耐臭氧和抗紫外光老化性能等。因此被广泛地应用于光伏电池、汽车部件、航空航天、5G/6G 通信等领域。本文介绍了 POE 的性能特点及应用领域，对 POE 的国内外市场情况、发展前景进行分析。

1　POE 的应用

POE 的应用主要集中在光伏、汽车等领域。2022 年全球 POE 的应用，约 50%应用于 TPO 终端，30%应用于聚合物改性。2018-2022 年，我国 POE 的消费应用占比发生了明显变化，2018 年光伏领域应用占 POE 消费比例为 9.8%，2022 年光伏领域反超汽车领域，成为国内最大的 POE 应用领域，见图 1。

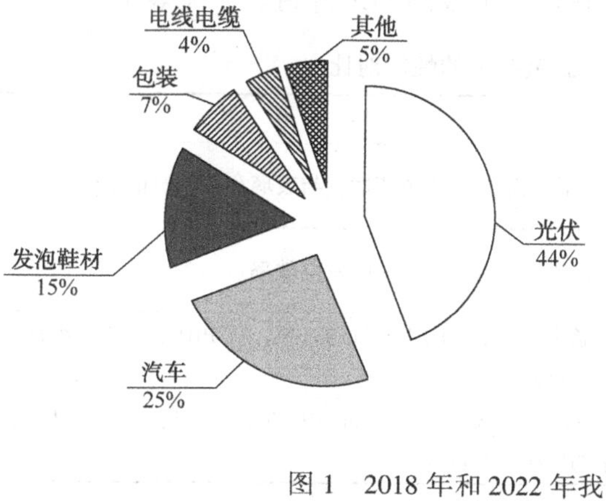

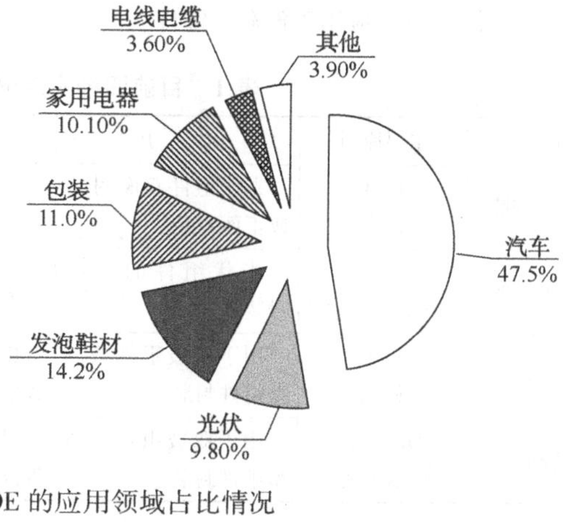

图 1　2018 年和 2022 年我国 POE 的应用领域占比情况

1.1　汽车领域

POE 分子结构与三元乙丙橡胶（EPDM）相似，因此具有耐老化、耐臭氧、耐化学介质等性能。通过对 POE 交联，材料的耐热温度提高，拉伸强度、撕裂强度等主要力学性能均有较大程度提高。另外，POE 可作为增韧剂对

PE/HDPE/PP/PA 增韧改性。由于 POE 为非极性饱和聚烯烃共聚物，与聚乙烯及聚丙烯(PP)等通用塑料具有良好的相容性，且本身为颗粒状，因此 POE 常用于对非极性的聚烯烃进行改性，绝大多数应用于 PP 增韧体系。在汽车行业，POE 通常作为增韧剂与 PP 共混或与马来酸酐(MAH)接枝后与聚酰胺 66(PA66)共混制成复合材料，制得的复合材料具有力学性能好、耐化学性能优异以及易加工等优势。

POE 的性能优势使其广泛应用于汽车内外部件，可使车重减轻 20%~25%，因此被认为是汽车轻量化的理想材料。例如 TPO 作汽车外装件主要用于保险杠增韧(POE 取代 EPDM)、散热器格栅、车身外板(翼子板、后侧板、车门面板)、车轮护罩、挡风胶条等；作内饰件主要用于仪表板、内饰板蒙皮、安全气囊外皮层材料等；在发动机室内部件及其他方面也可用于空气导管、燃料管防护层、电气接线套等，见图 2。目前大部分国外汽车保险杠领域的共混改性已采用 POE，但是我国仅有约 20% 的保险杠材料采用 POE，用量较低。

图 2　POE 应用于汽车外饰件

1.2　光伏领域

光伏封装胶膜是以 EVA 或 POE 为主要原料，通过添加交联剂、抗老化剂等添加剂，采用熔融挤出和压延或流延工艺制成。光伏胶膜具有延长组件使用寿命和提升组件发电效率的作用，是光伏组件的核心组成材料之一，见图 3。

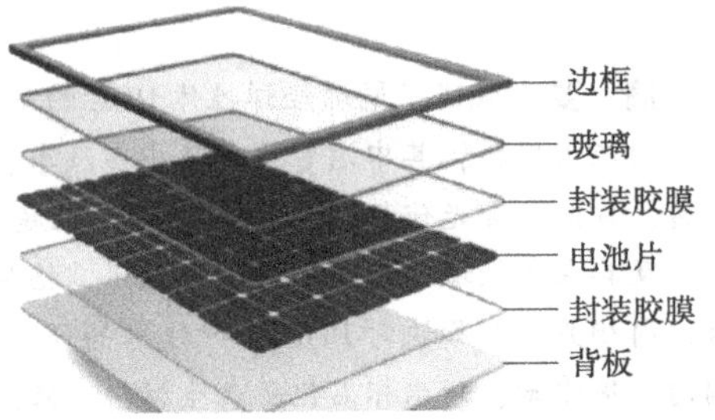

图 3　平板式光伏组件示意图

POE 因其良好的力学性能、耐紫外光性能、耐老化性能及流变性能等优势被作为 EVA 光伏材料的改性剂或单独使用作为太阳能电池的封装膜。EVA 胶膜和 POE 胶膜生产工艺流程很相似，主要在于配方的不同。EVA 胶膜和 POE 胶膜生产工艺流程均包括造粒、搅拌混合、挤出、切边收卷等。光伏胶膜的制造属于配方型工艺，即通过调整配方以及部分生产流程可以推动胶膜产品升级。

市场上主流的光伏组件封装胶膜主要有 EVA 胶膜、POE 胶膜和 EPE 胶膜。由于 POE 胶膜具有良好的电器绝缘性、水汽阻隔性以及抗 PID 效应性能(电势诱导衰减效应)，同时兼具高弹性、高强度、耐低温等良好的物理机械性能，且不会分解产生具有腐蚀作用的酸性物质，主要用于双面双玻组件、N 型组件、叠瓦组件等封装要求较高的组件封装，见表 1。

表 1　目前四种主流光伏组件封装胶膜的性能对比

类别	主要原料	应　用	特　点
透明 EVA 胶膜	EVA 树脂	光伏组件双面封装或正面封装	高透光率、高抗紫外湿热黄变性；与玻璃和背板的粘结性好。
白色 EVA 胶膜	EVA 树脂白色填料	光伏组件的背面封装	反射率高，能提高太阳能组件的发电效率。
POE 胶膜	POE 树脂	用于双玻组件或 N 型组件封装	更好的耐老化性，更低的水蒸气透过率，抗 PID 能力强；组件生产效率较低、抗滑性较低。
EPE 胶膜	POE 树脂+EVA 树脂	用于双玻组件或 N 型组件封装	具有 POE 材料的高阻水性和高抗 PID 性能，也具备 EVA 材料的双玻组件高成品率的层压工艺特性。

1.3　发泡行业

POE 的柔韧性和回弹性好于 EVA，适用于发泡材料。POE 一般与 EVA 共混使用，作为 EVA 发泡材料的改性剂。这种改性剂可以使发泡后的产品质量变轻、压缩回弹性变好、触感良好、泡孔均匀细腻以及撕裂强度变高等，所得产品广泛应用于沙滩鞋、拖鞋、运动鞋的中底以及鼠标垫、座垫、保温材料、儿童组合玩具、包装缓冲材料、吸音材料、箱包里衬、缓冲片材等领域。

目前 POE 在发泡鞋材中的渗透率较低，未来提升空间较大。加入 POE、EPDM、TPE 等弹性体可用于生产高性能的 EVA 鞋部件制品，达到共混改性的目的，从而提升 EVA 的发泡性能，回弹性一般可提高到 50~55%。目前 POE 或共混发泡材料在鞋材中占比仅为 2%，EVA 发泡材料占比 85%左右，仍处于主导地位。未来随着消费者对鞋材性能及舒适度要求的不断提高，POE 在鞋材中的渗透率将逐步提升，见图 4。

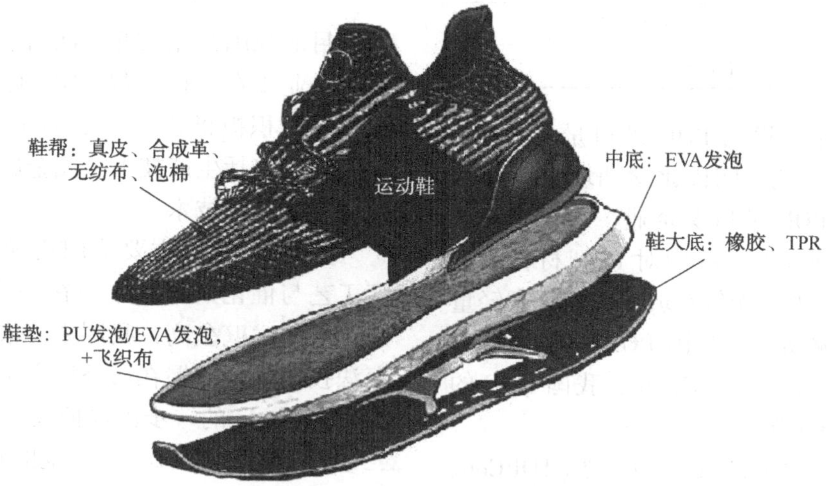

图 4　POE 与 EVA 混合改性应用于鞋中底

1.4　家电行业

在家电行业，POE 可以增加家电外壳的抗撞击性、耐老化性、耐候性等。POE 主要添加在各种家电外壳、抽屉以及包括吸尘器软管、洗衣机软管和排水管等在内的挤出软管的内层，使软管具有抗污染性的封口，所需的热封温度低且热封强度更高，其在家电行业得到广泛应用。

1.5　电线电缆

无卤料在研发中大多存在强度、断裂伸长率和阻燃性三者之间不能达到最佳平衡的问题，利用 POE 替代线型低密度聚乙烯(LLDPE)，可以很好地解决这一难题。POE 可用于制作控制电缆、船用电缆以及千伏级以上矿用电缆的包覆材料，取代现有的氯丁橡胶、聚氯乙烯等包覆材料，其特点是电缆直接用挤出机挤出，简化了生产工艺，有利于提高生产效率，降低了能源消耗及生产成本。

1.6　包装领域

POE 与 PP 等的共混物具有卓越的低温热封性能、热粘着强度和回弹性能，不仅加宽了热封层的热封窗口温度，而且对膜本身的回弹和抗撕裂性能带来极大改善，可应用于食品包装以及工业包装等领域。

2　POE 市场分析

全球 POE 主要生产商包括陶氏化学、埃克森美孚公司、三井化学公司、SABIC、韩国 LG 和北欧化工有限公司等。2022 年全球 POE 产能上限合计约为 235 万吨。POE 生产装置通常与茂金属 LLDPE 等溶液聚乙烯产品共线，因此并非全部装置专产 POE。其中陶氏化学 POE 产能居世界首位，达到最大 76 万 t/a，其次是韩国 LG，POE 产能约为 28 万 t/a，见表 2。

表 2　全球主要的 POE 生产企业

企业	装置地点	产能/(万 t/a)	产品类型	产能合计/(万 t/a)
陶氏化学	美国德州	20	POE/POP	81.5
	美国路易斯安那	16	POE/POP/OBC	
	西班牙塔拉戈纳	5.5	丙烯基弹性体	
	泰国马塔府	20	POE/POP	
	沙特萨达拉	20	POE	
埃克森美孚	美国路易斯安那	8	POE	43
	美国路易斯安那	35	丙烯基弹性体	

续表

企业	装置地点	产能/（万 t/a）	产品类型	产能合计/（万 t/a）
三井化学	新加坡裕廊岛	20	POE/POP/EDPM	20
SSNC	韩国蔚山	23	POE/LLDPE	23
LG	韩国大山	28	POE	28
北欧化工	荷兰赫仑	3	POE/POP	3
合计	198.5 万 t/a			

2017~2022 年，我国 POE 进口量从 22.22 万吨增长至 69.2 万吨，陶氏化学和埃克森美孚为我国最主要的 POE 进口源企业。近年来，随着光伏行业的快速发展，我国对 POE 材料的需求将快速攀升，未来在光伏双玻组件、汽车轻量化、电线电缆的驱动下，我国 POE 的需求量将保持较高的增速。预计至 2025 年，我国 POE 的需求量将达到 125 万吨。

POE 是目前双面组件及 N 型电池（TOPCon、HJT、XBC）以及钙钛矿电池的主要封装胶膜。未来随着 N 型电池片技术生产成本的降低以及产品良率提升，N 型电池片有望成为未来电池技术的主要发展方向之一。N 型电池薄片化后，对酸碱度及表面应力更加的敏感，因此对封装胶膜提出了更高的要求。相较于 EVA 胶膜，POE 胶膜在阻水、抗 PID 性能、不会产生醋酸等方面表现更优良，更适配 N 型电池片。当前主要 N 型组件出于对产品质量和可靠性考虑大多采用 POE+POE 封装，晶科 TOPCon 上下均采用纯 POE 胶膜，HJT 也以上下 POE 居多；XBC 由于栅线在背面，因此采取 EVA+POE 的封装方式。未来随着 N 型电池工艺调整与优化，EPE 占比可能逐渐提升，组件可能 EPE+EPE、EPE+EVA 等封装方式。N 型组件产量的释放，将会带动 POE 需求快速增长，2025 年 N 型组件出货有望达到 462GW，其中 TOPCon/XBC/HJT 产量或分别为 277.2GW、115.5GW、69.3GW。未来随着双玻组件、N 型等高效电池市场渗透率的快速提升以及光伏装机需求旺盛，光伏用 POE 胶膜需求将显著提升，预计至 2025 年需求增速将有望超过 39%。

在汽车领域，未来随着新能源汽车渗透率的逐步提升，对轻量化要求的提高，POE 产品在汽车领域将有广阔的发展前景，预计至 2025 年前，我国汽车领域 POE 的需求量年均复合增长率将保持在 8%以上。在鞋材领域，由于中国的鞋材市场正在向国外分流，所以在鞋材领域 POE 的消费需求将会逐步下降。另外，POE 在电线电缆以及家电领域的需求将会随着国民经济发展以及人民生活水平提高有较大增长空间。

3 我国 POE 项目进展情况

目前我国尚未实现 POE 的工业化生产，但国内企业正在积极布局 POE 项目，国内各 POE 项目正在积极推进。POE 的生产有三大技术壁垒，主要包括生产技术、茂金属催化剂生产技术以及溶液聚合技术。

高碳 α-烯烃主要采用乙烯齐聚法生产，生产工艺与催化剂专利集中在海外石油化工企业，生产的技术壁垒高，我国主要依赖进口。乙烯齐聚法技术主要掌握在海外厂商手中，主要技术路线有 Chevron 的一步乙烯低聚工艺、BPAmoco 的二步乙烯低聚工艺、Shell 的较高烯烃法（SHOP）、Phillips 的铬系催化乙烯三聚工艺、日本出光石化的锆系催化乙烯齐聚工艺。α-烯烃种类众多，碳数分布广泛，对应不同的应用领域，其中 C6~C8 主要应用于 POE 和低分子量脂肪酸领域。目前市场主流的 POE 产品以 1-辛烯为原料，采用 1-辛烯生产的 POE 产品比采用 1-丁烯生产的性能更加优异，但是成本较高。目前生产 POE 使用的催化剂为桥联半茂金属催化剂，陶氏化学、埃克森美孚、LG 化学等均采用该类催化剂。由于国产茂金属催化剂的产品性能有待提高等因素制约了我国茂金属催化剂的发展，我国的茂金属聚合物产品尚未达到经济规模。POE 聚合的主流工艺是溶液法聚合工艺，需要在至少 120℃的高温下进行均相溶液聚合。我国茂金属催化剂的研发能力起步较晚、进展慢，缺乏对耐高温溶液聚合茂金属催化剂的自主研发，对聚合工艺的研究也较少。

近年来，我国各企业积极布局 POE 项目，国内 POE 目前总规划产能约 240 万 t/a。我国布局 POE 项目的企业主要包括万华化学（40 万 t/a）、东方盛虹（30 万 t/a）、卫星化学（10 万 t/aα-烯烃及 POE 装置）、鼎际得（40 万 t/a）、茂名石化（5 万 t/a）、浙石化（40 万 t/a）、诚志股份（20 万 t/a）等。我国企业布局 POE 项目情况见表 3。

表3　国内企业布局POE项目情况

企业	POE项目	产能规划	建设进度
万华化学	120万t/a乙烯及下游高端聚烯烃项目	2×20万t/aPOE装置	预计2024年10月陆续投产
东方盛虹	江苏盛景新材料有限公司高端新材料项目	30万t/aPOE装置	2022年9月800吨/年POE中试项目投产。POE装置正在筹建
鼎际得	POE高端新材料项目	2×20万t/aPOE联合装置	正在筹建
浙石化	浙江石油化工有限公司高端新材料项目	2×20万t/aPOE装置	1000吨/年α-烯烃中试装置已投产，POE装置正在推进
天津石化	50万t/a高密度聚乙烯项目	10万t/aPOE装置	2022年1000吨/年中试装置投产，预计POE装置2024年投产
京博石化	5万t/a高性能POE弹性体及配套项目	5万t/aPOE装置	2021年600吨/年POE中试装置投产
茂名石化	—	5万t/aPOE装置	2022年1000吨/年POE中试装置投产，POE装置预计2025年投产
卫星化学	绿色化学新材料产业园项目	10万t/aα-烯烃及POE装置	正在建设，预计2027年全部建成投产
诚志股份	POE(聚烯烃弹性体)项目	2×10万t/aPOE装置	正在筹建
惠生新材料	惠生(泰州)新材料产业园项目	10万t/aPOE装置	正在筹建
中能高端新材	新型化工高端材料产业园项目	10万t/aPOE装置	正在筹建
湛江中捷精创	—	10万t/aPOE装置	正在筹建
兰州石化	转型升级乙烯改造项目	10万t/aPOE装置	正在规划
合计	240万t/aPOE		

4　展望及建议

（1）近年来，国内各企业积极布局POE产能，产能布局的加速导致POE的市场竞争越来越激烈，建议未来POE的生产以市场需求为导向，进行产品高端化、差异化研发，满足不同消费者需求，同时也为企业未来创效打下基础。

（2）针对目前POE生产的技术壁垒，建议加大原料α-烯烃的研发力度，尤其是在1-辛烯的合成方面，在降低合成成本以及提高转化率方面下功夫，打破国外的技术封锁。在茂金属研发方面，建议加大投资力度，争取尽快在耐高温茂金属催化剂以及相应聚合工艺的研发方面取得新突破。

（3）建议在进行POE生产技术及催化剂研发的同时，进一步探索POE的应用领域，推动POE在电子信息、生物医药、国防军工等方面的应用。

参　考　文　献

[1] 李伯耿，张明轩，刘伟峰等. 聚烯烃类弹性体-现状与进展[J]. 化工进展，2017，36(9)：3135-3144.

[2] DAS V，PANDEY A K，TRIPATHI D N，et al. Melt-elasticity and flow properties of polypropylene impact co-polymer/polyolefin elastomer blends subjected to varied capillary extrusion conditions[J]. Progress in Rubber Plastics Recycling Technology，2021，37(4)：354-377.

[3] SILVA A，TAVARES M，POLITANO D P，et al. Polymerblends based on polyolefin elastomer and polypropylene[J]. Journal of Applied Polymer Science，2015，66(10)：2002-2014.

[4] 谭捷. 聚烯烃弹性体生产现状及发展前景[J]. 精细与专用化学品，2023，31(11)：10-12.

[5] 袁学玲，曹中琦. 我国POE行业发展现状及应用前景展望[J]. 当代石油石化，2023，31(7)：23-29.

[6] 黄格省，师晓玉，丁文娟等. 光伏电池封装胶膜材料发展现状与前景分析[J]. 化工进展，2023，42(10)：5037-5046.

[7] 艾邦光伏网. https://www.abPv360.com. 100张图读懂光伏产业的关键材料和技术，2022，11(05).

[8] 张瑞，王立娟. 国内外POE市场分析及预测[J]. 合成树脂及塑料，2023，40(4)：76-81.

[9] Drobny J G. Thermoplastic elastomers based on polyamides science direct[J]. Handb Thermoplast Elastomers，2014，308(4)：255-269.

[10] 王静，史永森，李亚玲等. 聚烯烃弹性体催化剂研究进展[J]. 分子催化，2020，34(6)：579-591.

[11] 张瑀健，谢彬，何书艳等. 聚烯烃弹性体技术进展[J]. 工业催化，2014，22(5)：341-345.

[12] 吴薇，贾珺博，王文燕等. 聚烯烃弹性体研究进展[J]. 弹性体，2022，32(4)：90-94.

稠环芳烃改性新型聚酯 PEN 的应用

黄文广　李振忠　官姝含　边凤龙　马城华

（中国石油天然气股份有限公司辽阳石化分公司）

摘　要　新型聚酯树脂是指除 PET 以外的由一种或多种二元醇和二元酸缩聚而得的聚合物总称，是一类性能优异的合成树脂新材料，在我国高端新材料领域具有不可或缺的重要地位。广泛应用于汽车、高铁、航空航天、军工国防、食品卫生及医疗器械等高端领域。传统聚酯产品使用脂肪族二元醇、二元酸对 PET 进行共聚改性的较多，在近年来，利用环状结构二元醇改性产品由于其优异的透明性、耐热性在高端聚酯市场得到了极大关注。由于国家相继出台新材料发展政策，聚酯产品因其具备的环保型、功能性、可循环性，再一次成为研究的焦点。稠环芳烃改性的新型聚酯产品聚萘二甲酸乙二醇酯(PEN)产品，因其具有较高的物理机械性能、气体阻隔性能、化学稳定性及耐热、耐紫外线、耐辐射等性能，能够满足 5G 通讯、轨道交通、电子电气等新兴产业的要求，是具有发展前景的绿色环保新材料之一。

关键词　PEN；聚酯；应用

随着我国传统化工产业逐步走向成熟，新材料开发匮乏问题日益凸显，基础化工产业竞争十分激烈，企业经营压力加大。加快新产品研发，向下游深加工延伸，向高端化发展逐步成为各大企业的共识。化工新材料作为国际化化工产业转型升级的主流趋势，受到了越来越多企业的高度关注。瞄准国内短板产品，通过自主研发、引进消化吸收再创新等多种方式，积极向化工新材料转型，投资开发新材料项目增多，覆盖的领域也逐年拓展，多个产品从无到有，从低端到高端，使我国化工新材料自给能力不断增强。随着企业向化工新材料发展的投入增大，我国化工新材料产业发展的动力也将进一步增强。2022 年，我国化工新材料产能超过 4500 万吨，产量超过 3100 万吨，自给率逐步提高，推进产业发展的提质增效和转型升级。

表 1　2022 年国内化工新材料主要类别统计(万吨)

序号	类别	产量	进口量	出口量	表观消费量	自给率
1	高性能树脂	1817	1330	289	2859	64%
2	高性能合成橡胶	362	94	48	409	89%
3	高性能纤维	9.8	4.2	1.9	12.1	81%
4	功能性膜材料	52	9	5	60	87%
5	电子化学品	660	153	85	728	91%
6	前沿材料	0.10	0	0	0.10	100%
	合计	2902	1591	429	4068	71%

数据来源：石油和化学工业规划院。

在聚酯新材料领域，聚酯的主要品种有芳香族的聚对苯二甲酸乙二醇酯(PET)、聚对苯二甲酸丁二醇酯(PBT)、聚对苯二甲酸丙二醇酯(PTT)、聚对苯二甲酸乙二醇酯-1,4-环己烷二甲醇酯(PETG)，以及脂肪族的聚丁二酸丁二醇酯(PBS)、聚乳酸(PLA)等。脂肪族产品主要为可降解聚酯，因其性能有限，无法在高性能领域得以应用。

芳香族聚酯中醇改性共聚酯主要是为了在纤维领域改善亲水性、染色性，后期逐步发展为提高瓶级聚酯、薄级聚酯以及工程塑料等功能性聚酯的加工性能、透明度和功能性，主要应用领域也从传统领域向医用、3D 打印、超临界气体发泡材料等高端新领域拓展。而酸改性产品多以己二酸、间苯二甲酸等为主，主要为改善产品基础性能，主要产品仍在传统领域应用。随着我国新能源等新兴领域快速发展，当前聚酯产业仍存在低端产品产能过剩、高端产品产能不足的情况，现有技术存在技术同质化、高质量产品少的缺点，而稠环芳烃改性新型聚酯 PEN 产品，正好弥补了聚酯产品在高性能方面的不足，应用范围广阔，是目前值得大力推广的新型聚酯产品之一。

1　PEN 应用发展现状

聚萘二甲酸乙二醇酯是聚酯家族中重要成员之一，是由 2,6-萘二甲酸二甲酯或 2,6-萘二甲酸与乙二醇缩聚而成，是一种新型的优良聚合物。其化学结构与 PET 化学结构相似，不同之处在于分子链中 PEN 由刚性更大的萘环代替了 PET 中的苯环。与 PET 一样，PEN 可以加工成薄膜、纤维、中空容器和片材。由于萘环结构使 PEN 比 PET 具有更高的物理机械性能、气体阻隔性能、化学稳定性及耐热、耐紫外线、耐辐射等性能，可应用于航空航天、军工国防、5G 产业等高端领域。因此，PEN 聚酯的综合性能优异，有广阔的潜在市场。

PEN 是一种综合性能优异的新型聚酯，可采用挤出、吹塑、注塑等成型工艺进行加工，得到薄膜、中空容器、纤维及其他制品，可单独使用也可同 PET 共混使用，从 PEN 整体市场来看，以双向拉伸薄膜应用最为重要，2022 年全球 PEN 薄膜类应用占比约 54.1%，瓶类应用占比 31.4%，纤维及其他应用占比 14.5%，统计见图 1。

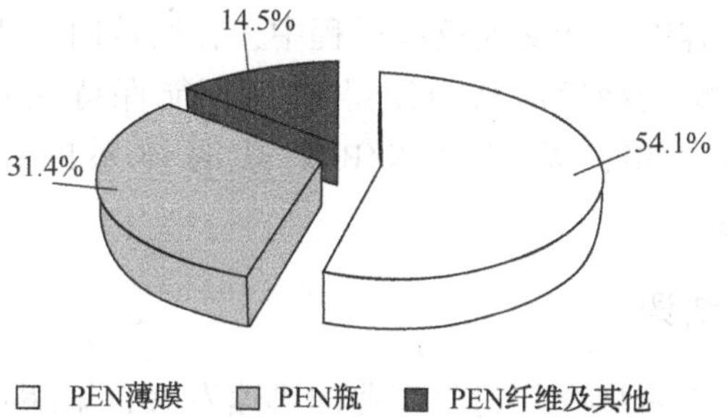

图 1　2022 年全球 PEN 应用占比统计

目前聚萘二甲酸乙二醇酯(PEN)生产仍处于垄断状态。我国对 PEN 聚酯技术研发较晚，仅有少数单位进行过合成和应用研究，研究单位集中在高校或科研院所，难以对 PEN 工业化进行研究。中国石油在 PEN 产业链技术开发方面形成了以辽阳石化为牵头单位，石化研究院、昆仑工程公司重点参与的联合攻关科研新模式，以 PEN 小试合成技术为基础，开展中试放大生产试验，以及双向拉伸膜(BOPEN)加工研究，目前取得了重要进展。

2　PEN 的主要应用领域

在全球市场范围中，PEN 聚酯已经在美国、日本、欧洲等国家得到广泛应用，市场需求较高。2021 年全球瓶类包装容器消耗 PEN 约 7.9 万吨，薄膜消耗 PEN 约 6.1 万吨。从我国现有市场需求来看，PEN 下游主要应用于薄膜、瓶、纤维及其他等领域。近几年，PEN 市场是以薄膜为先导奠定了基础，而后瓶装用途紧随其后，纤维用途在橡胶轮胎领域需求逐步扩大。随着国内外 PEN 需求的增长，推动了不同品类的 PEN 产品的商业化。

2.1　PEN 薄膜领域的应用

PEN 薄膜是最早投入研究应用的 PEN 产品，PEN 薄膜可以用于制作录音带、录像带的底膜，也可用作电子器件、电机及变压器等产品的绝缘材料，或者用于食品、药品等产品的包装等，是 PEN 最主要的应用形式。PEN 薄膜可采用传统的 BOPET 拉膜设备制造，工艺过程与 PET 生产一样，都要经过熔融、挤出、拉伸、热定型、收卷等工序，只是具体的加工条件按照 PEN 的熔点、黏度等物性的不同进行相应调整。与 PET 薄膜相比，PEN 薄膜在耐热性、刚性、阻隔性、电绝缘性和尺寸稳定性等方面更加优异，因此 PEN 薄膜的应用范围也更加广泛。

由于 PEN 的模量和韧性高于普通聚酯，使其能够生产超薄纳米薄膜。在光学领域，PEN 反射偏振膜可广泛应用于电视、显示器、智能手机、平板电脑和其他显示器等光学应用。因其优异的介电性能及耐温性能，PEN 薄膜在保护电动机和印刷电路等电气元件方面发挥着重要作用。PEN 薄膜的连续使用温度在 160℃～180℃之间，而 PET 薄膜的连续使用温度仅为 105℃。PEN 薄膜在绝缘电子器件和柔性印刷电路方面具有良好成本效益。PEN 薄膜广泛应用于汽车应用，特别是混合动力汽车和电动汽车，见表 2。

表 2　PEN 与 PET、PI 性能对比

	Tg/℃	连续使用温度/℃	杨氏模量/MPa	抗拉强度/MPa	折射率	绝缘等级
PEN	155	160～180	6080	275	1.44	F
PET	110	105	2900	230	1.64	B
PI	212	200～204	2550	280	1.70	H

2.1　PEN 包装领域的应用

包装容器是 PEN 继薄膜领域开发后的另一个主要市场 . PEN 成型可用于注塑等方式，生产出的各种容器瓶性能优于 PET 瓶并有独到之处。PEN 在包装领域的应用与使用传统材料相比，具有更高的耐温性、更优异的气体阻隔性以及良好的冲击强度。与玻璃相比 PEN 还提供功能性

耐化学腐蚀和阻隔性并降低了相当大的重量。使用PEN瓶避免了玻璃瓶破碎，清晰透明，具有固有的紫外线防护特性。减少了医务人员接触麻醉药剂的风险。除了安全性，它还能够满足存储和处置重要医疗产品的功能要求。

近年来PEN在瓶用方面有了长足的发展。PEN瓶可以采用传统的PET吹塑设备进行加工，一般采用拉伸吹塑法，不同的是PEN的熔点、熔体黏度等高于PET，因此加工时的温度、压力等工艺都要适当改变，见表3。

表3　PEN聚合物树脂的特性

Tg/℃	洛氏硬度/R	缺口冲击强度/ft lb/in	热偏转/℃	水分传输速率/g-mil/100in2-day	O_2渗透率/g-mil/100in2-day	CO_2渗透率/g-mil/100in2-day
125	107	14	91～105	2	2	4

2.2　PEN纤维领域的应用

PEN的结晶速度较慢，因而结晶过程中分子较易进行高度取向，PEN材料经过超高速纺织可制成高强度的纤维长丝，用作服装材料或工业纤维。PEN纤维的模量高、弹性高、刚性好且尺寸稳定性好，是一种高性能纤维。PEN纤维的应用广泛，目前已用于高温用地毯，橡胶增强材料(如轮胎帘子线)，高温气体过滤器，丝网印刷和电气绝缘材料，产业用织物、绳索、缆绳等，纤维光导系统，汽车车座和车用皮带以及阻燃纤维织物等。

PEN纤维是由美国Kosa公司首先推出的产品，与PET纤维相比，PEN纤维的模量、强度高，抗拉伸性能好，断裂伸长率可达14%左右；尺寸稳定性好、熔点和玻璃化转变温度(Tg)较高，热稳定性好；具有优异的化学稳定性和抗水解性能。PEN纤维与PET纤维性能比较见表4。

表4　PEN纤维与PET纤维性能比较

项　目	PEN	PET
熔点/℃	270	257
热收缩率(177℃，60s)/%	8	4
沸水收缩率/%	1	5
耐水解性(135℃，50h)/%	85	40
强度保持率(150℃，45min/%	98.8	45.0
断裂伸长率/%	14	8
极限氧指数	31	26

2.3　PEN/PET共混改性的应用

尽管PEN各项性能非常优异，但因其未能在国内规模化生产，所以较高的成本阻碍了PEN纤维的应用。所以以PET为基体加入一定比例的PEN，制备共混产品，使得共混产品结合PET的价格优势与PEN的性能优势，开发出一种价格适中、性能优良的共混产品，开拓PEN在民用领域的应用。

采用直接熔融共混方法，通过双螺杆挤出机造粒制备了PEN含量分别为10%、20%、30%、40%和50%的PET/PEN共混树脂，发现随着PEN含量的增加，其热稳定性有了一定的提高；同时PET/PEN共混物为部分相容体系，两者在熔融过程中会发生酯交换反应，从而提高了两者的相容性。酯交换反应进程中，在密炼时两组分发生酯交换反应从而使得PEN不能保持独立相形成晶格，妨碍PEN/PET共混体系的结晶性能。

3　结语

随着聚酯新材料产业的迅速发展，聚酯新材料上下游一体化模式的逐渐深入，必将对我国传统产业的转型升级产生深远影响。依托国家新材料支撑政策，充分发挥大型国企炼化一体化资源优势和人才优势，积极开发聚酯新材料产业发展路径，打破国外技术垄断壁垒，形成自主知识产权。充分发挥产业化，提高竞争力，打造上下游一体化的聚酯新材料产业基地，以科技创新推动中国聚酯新材料领域的高质量发展。

参　考　文　献

[1] 李玲. 化工新材料迎来发展窗口期[N]. 中国能源报，2023，3(7)：(015).

[2] 李永亮，孙小涛. 中国PTA产业的发展现状及趋势[J]. 中国石油和化工经济分析，2013.

[3] 刘桂云，乔迁，赵亚娟等. PEN合成研究Ⅰ：NDCA与EG酯化反应工艺[J]. 沈阳教育学院学报，2005，7(1)：115-119.

[4] 张鑫，陈颖，张健等. 聚萘二甲酸乙二醇酯(PEN)的应用现状及发展浅析[J]. 聚酯工业，2022，35

(05)：1-3+10.

[5] 刘乃青，顾巍，乔迁等. 聚萘二甲酸乙二醇酯(PEN)的优异特性[J]. 长春工业大学学报：自然科学版，2004，25(2)：7-9.

[6] 尹礼宁，郭玲. 新型工程塑料 PEN 及其开发应用[J]. 工程塑料应用，1998，26(12)：21-24.

[7] 黄泽雄. 可多次灌装性 PEN 啤酒瓶[J]. 国外塑料，2003，21(3)：17-18.

[8] 刘松山. 酯交换反应对 PEN/PET 共混材料力学性能的影响. 科技论坛[J]. 中国科技信息 2005，6：18-2759.

[9] 苗迎春等. PET/PEN 共混物的相容性与酯交换反应[J]. 高分子学报. 2006，2(1)：87-91.

[10] 盛平厚. 关于 PET/PEN 熔融共混物的酯交换反应、结构与性能的研究[D]. 北京化工大学研究生学位论文. 2001. 5.

耐高温尼龙种类及性能应用

李　畅

（中国石油天然气股份有限公司辽阳石化分公司）

摘　要　耐高温尼龙是一种高性能工程塑料，是在普通尼龙基础上进一步优化而成的。耐高温尼龙种类丰富，主要产品包括PA46、PA4T、PA5T、PA6T、PA9T、PA10T、PA12T等。PA10T和PA12T为我国具有自主知识产权的耐高温尼龙。耐高温尼龙具有优异的机械性能、热性能和电性能，有优良的耐蚀性和耐磨性，还具有良好的耐疲劳强度和刚度，其耐高温性能更好，与金属、陶瓷、玻璃等材料共混，具有优异的综合性能。目前高温尼龙行业内主要的合成工艺包括5种：高温高压溶液缩聚法、低温溶液缩聚法、聚酯缩聚法、界面聚合法和直接熔融缩聚法。在机械工业中，耐高温尼龙的应用范围非常广泛，除了用于制作化工设备的轴承、泵阀、阀门、管道和容器等外，还可以用于制作各种机械零件和机器零件，如齿轮、轴承座、滑块、密封件等。此外，耐高温尼龙还具有很高的尺寸稳定性和优良的抗蠕变性，即使在高温和高压环境下也能保持稳定的尺寸和形状，这对于制作需要承受高负荷和高温的化工设备来说是非常重要的。其应用产品领域得到不断开发，市场容量持续扩增，国内外化工企业纷纷入局高温尼龙材料的应用开发与研究。其中在材料领域，5G通讯设备对散热部件提出了更高要求，作为工信部发布的25种先进化工材料之一，耐高温尼龙的前景尤为可观。

关键词　耐高温尼龙；种类；制备工艺；性能；发展前景

聚酰胺（Polyamide，简称PA），是由二元酸和二元胺或ω-氨基酸通过缩聚反应，或者环状内酰胺开环聚合合成的一类聚合物的统称。与聚烯烃和聚酯相比，聚酰胺分子主链上含有重复的酰胺基团（—CONH—），邻近的—CONH—之间会形成氢键。这些氢键对聚酰胺分子链的排列、堆砌起着关键作用，微观上影响其聚集态结构，宏观上影响其热性能和物理机械性能。聚酰胺内部能够形成大量的分子间氢键，使其具备了优良的综合性能，如良好的耐磨性、机械性能、自润滑性、耐化学性和冲击韧性，以及优越的熔融加工性能。

在聚酰胺家族中，有一类产品具备非常优异的耐高温性能其熔融温度接近或超过300℃，长期使用温度在150℃以上，该类产品被统称为耐高温尼龙。耐高温尼龙的优异特性恰好能够满足轻量化、耐高温和尺寸稳定性的要求，因此，其可以被广泛应用于汽车工业和电子电器领域。

1　耐高温尼龙的种类及现状

1.1　*尼龙*46（PA46）

PA46是由丁二胺和己二酸缩聚而成的脂肪族聚酰胺，具有非常高的分子链对称性和规整程度，因此，其具有高的氢键密度和结晶度，这使PA46耐高温性能突出。与PA6和PA66相比，PA46的每个给定长度的链上的酰胺数目更多，链结构更加对称，这使得它的结晶度可以高达70%，并赋予其非常快的结晶速度。PA46的熔点为295℃，未增强的PA46的HDT（热变形温度）有160℃，而经过玻纤的增强后，其HDT可高达290℃，长期使用温度也有163℃。PA46独特的结构赋予了其他材料无法达到的独特性能。

PA46具有高刚度和高温下的低蠕变、良好的韧性和疲劳行为、耐化学品性，可在高温下长时间使用，可以应用在电子电器、汽车行业以及一些大型工程中的结构件、摩擦件和传动件中，比如电机中的端部层压板、电刷架、衬套、齿轮、连接器和线轴等。但是由于PA46分子链中酰胺基团密度高，导致其吸水率较高，尺寸稳定性相对较差，因此，需要通过改性达到降低吸水率的目标。

1.2　*尼龙*4T（PA4T）

PA4T是由丁二胺和对苯二甲酸缩聚而成的半芳香族聚酰胺。由于帝斯曼把控着主要原料丁二胺，所以PA4T也由帝斯曼最先开发。PA4T的链段中有着较短的重复单元，其熔点可达到

430℃，大大超过其本身的分解温度，因此需要与其他PA材料共聚改性以降低其熔点，才能实现产业化应用。Kim等利用动态扫描量热(DSC)对不同分子量的PA4T/46进行测试评价时发现固相缩聚温度对样品的结晶度有影响，结晶度越高，样品熔点越高。尹红等通过低温溶液法，以对苯二甲酰氯、己二酰氯和丁二胺为单体制备PA4T/46，研究其合成和热降解机理。通过一系列测试、表征发现，PA4T/46具备良好的热稳定性，其热降解反应主要以酰胺键及其相邻化学键的断裂为主，并提出了惰性环境下PA4T/46的热降解机理。

1.3 尼龙6T(PA6T)

PA6T是半芳香族尼龙中的典型代表，是由己二胺和对苯二甲酸缩聚而成。PA6T在脂肪链的基础上引入了大量苯环，与传统的PA6、PA66相比，PA6T拥有更高的Tg，较低的吸水率，尺寸稳定性以及耐热性好等特点。纯的PA6T熔点高达370℃，在这个温度下尼龙已经发生了降解，无法进行热塑成型，所以市面流通的PA6T均是经过与其他单体共聚后降低了熔点的共聚物或复合物。

由于PA6T需要引入其他单体进行共聚以降低熔融加工温度，不同的单体配比成为PA6T改性的关键，因此可以说，PA6T的耐高温改性具有很大的发展空间。赵志制备了PA6T/66/1010和PA6T/6I/1010。探究解决PA6T产品韧性不足的方案。研究发现，共聚物因为PA1010盐的加入，耐热性能和刚性有了一定程度的降低，但韧性得到了大幅度的提高，PA66/6I/1010的最佳物质的量之比为11∶5∶4。该研究为后续高韧性高温尼龙的生产提供了理论基础、工艺配方等方面的参考。

1.4 尼龙9T(PA9T)

PA9T是以壬二胺和对苯二甲酸缩聚而成。虽然同为半芳香性尼龙，PA9T在加工前并不需要像PA6T一样要通过共聚改性降低熔点，纯的PA9T熔点在306℃。PA9T高的玻璃化转变温度(125℃)和高的结晶性，赋予了其在高温环境下良好的韧性。同时它还拥有其他PA材料无法比拟的耐化学品性能，仅次于PPS，而其吸水率只有0.17%，是所有PA当中最低的。在传统耐热尼龙中，PA9T的综合性能毋庸置疑，而随着规模化生产，其价格将与普通PA相近，具有广阔的发展前景。Yamamoto等研究发现，可以通过控制柔性亚甲基段和刚性酰胺链段的平衡，进一步控制PA9T晶体结构和相行为，即可设计出相变温度和熔点有系统变化的新型高温尼龙。这种方法同样有助于从微观角度解释类似于蚕丝纤维等天然有机物的性质。

1.5 尼龙10T(PA10T)

PA10T是由对苯二甲酸和癸二胺经缩聚而成，其熔点在316℃，吸水率低，尺寸稳定性好。PA10T具有苯环和较长的二胺柔性长链，使得大分子具有一定的柔顺性，从而具有较高的结晶速率和结晶度，适用于快速成型。由于其链段结构中含有苯环，材料刚性和耐化学腐蚀性优异，在水处理、热传输等领域也有一定的应用。广泛应用于LED反射支架、电机端盖、电刷支架、齿轮等。需要重点指出的是，金发科技股份有限公司是全球率先实现PA10T商业化的公司，对于我国耐高温尼龙产业的发展起到了一定的带头促进作用。

1.6 脂环族聚酰胺

脂环族聚酰胺是指聚酰胺主链上至少含有一种或多种脂肪环(主要指六元环)单体的聚合物。由于脂肪环拥有较大的刚性和较高的空间位阻，因此在聚酰胺中引入脂肪环可以提高聚酰胺分子链的刚性，降低分子链的运动能力，从而提高聚酰胺的玻璃化转变温度和熔点。六元脂环族聚酰胺作为一类新型的耐高温聚酰胺品种，与苯环相比，饱和的六元脂环具有与开链脂肪结构近似的化学稳定性。有关含有六元脂环的聚酯、聚酰亚胺类聚合物的研究表明，分子主链中由于六元脂环的引入，不仅能显著提高材料的耐热性，还可有效改善材料的介电性、透光性、抗紫外老化等性能。从分子设计角度出发，以刚性的六元脂环取代半芳族聚酰胺分子主链中的苯环，不仅能赋予材料的耐高温特性，还可以解决半芳香族聚酰胺链反应活性高、熔体流动性差的缺点，能克服半芳族聚酰胺现有的不足，还有望赋予聚酰胺材料一些新的特性。

2 耐高温尼龙的合成方法

目前高温尼龙行业内主要的合成工艺包括5种：高温高压溶液缩聚法、低温溶液缩聚法、聚酯缩聚法、界面聚合法和直接熔融缩聚法。

2.1 高温高压溶液缩聚法

高温高压溶液缩聚法是目前工业生产最常采用的合成工艺。首先将等物质的量的二元酸和二元胺单体在 N_2 环境的保护下与适量的水，少量的反应助剂加入到高压聚合反应釜中，在较低温下(<100℃)合成尼龙盐，然后缓慢升高体系温度进行预聚合，得到分子量相对较小的预聚物，将预聚物在真空烘箱中干燥，粉碎成合适粒径的颗粒，然后通过固相缩聚工艺或者挤出设备经过熔融聚合得到高熔点、高分子量的终聚物。该方法在水相体系下进行反应，生产成本低，经过多年发展，该工艺已经相当成熟，并且成功应用到工业化生产中。窦骁勇等通过高温高压缩聚法成功制得聚酰胺(PA)46。在60℃条件下将丁二胺与己二酸溶在水中制备PA46盐，在210℃，1MPa条件下将PA46盐预聚再经固相缩聚得到高分子量PA46。

2.2 低温溶液缩聚法

将等物质的量的二元酸和二元胺单体、少量的稳定剂加入到N-甲基吡咯烷酮(NMP)和吡啶的混合溶液中，加入适量的氯化钙和氯化锂，在一定条件下反应，所得产物在醇类溶剂中洗涤过滤后烘干，最后得到熔点在310℃左右，分子量较低的预聚物。该工艺之所以没有在生产中得到应用，主要是由于反应体系所用溶剂成本较高，且后续处理较为麻烦，且反应所得副产物会对反应容器造成腐蚀，给企业增加了极大的成本。在 N_2 环境保护下，将反应体系温度控制在0~25℃，以N,N-二甲基乙酰胺/氯化钙为反应溶剂，三乙胺为酸吸收剂，吴波震等通过低温溶液法制备了PA46，PA4T。

2.3 胺酯交换法

胺酯交换法是近些年来新开发的工艺，其主要机理在利用聚酯与脂肪族二胺单体进行酰胺化反应制得半芳香族PA。该方法以回收聚酯作为原料，实现资源的再利用，符合环保政策要求，但是以高分子聚合物作为反应物，导致目标产物分子量无法控制，反应后期产物分子量增长困难，影响了该工艺的进一步产业化应用。

2.4 界面聚合法

界面聚合是指两种互不相容的溶剂混合后会产生相界面，在相界面上发生的聚合反应而进行的聚合反应。其工艺过程为，将含有苯环的酰氯化合物分散在与水不相容的有机溶剂中，将二元胺分散在水相中，聚合反应发生在有机相和水相的界面上，通过搅拌就可得到相对分子量较高的PA。

该工艺无需高温高压，反应要求简单且不可逆，制备所得产物分子量较高，但是反应体系溶剂回收处理较麻烦，溶剂消耗量大，设备利用率低，易造成环境污染，设备成本高，不适合大规模工业化生产。Zhang Chuanhui 等通过界面聚合工艺，将对苯二甲酰氯和1,6-己二胺分别溶于二氯甲烷溶液和破乳剂后混合，在界面处生成PA膜。将产物膜取出后，界面处继续生成新的产物，重复多次操作便可获得足量的半芳香族PA6T树脂。

2.5 直接熔融缩聚法

直接熔融缩聚法是在反应单体和聚合物熔融温度以上，保持熔融状态，在减压和氮气保护下，在熔融状态下发生聚合的合成工艺。直接熔融缩聚法设备及操作简单，不需要溶剂，成本较低，而且高温有利于反应进行并提高PA产物的分子量，实现连续反应，降低生产成本。但是该法制备产物出料时存在粘釜问题，且在空气中易被氧化，限制了其在工业生产中的应用。

3 耐高温尼龙的性能

耐高温尼龙作为一种高性能的工程塑料，在化工、机械等领域中得到了广泛的应用。耐高温尼龙除了具有普通塑料的特性外，还具有一些特殊性能。如耐热性(在250℃以上时仍能保持原来的性能)、耐磨性(摩擦系数为0.0005~0.010)、电绝缘性(介电常数为2.1~2.5)、耐化学腐蚀、低吸湿性(长期使用过程中保持原有的润滑性能)等，使得它在制作各种化工设备和机械零件时具有很大的优越性和潜力。

3.1 机械性能

耐高温尼龙具有较高的强度和硬度，可用于替代金属材料制造高强度零件，具有良好的抗冲击性和耐磨性，可以用于制作各种机械零件和机器零件，如齿轮、轴承座、滑块、密封件。此外，其具有较高的弯曲模量和拉伸强度，使得材料在高负荷条件下不易变形和断裂。

3.2 耐热性

耐高温尼龙因其优越的高温性能而备受青睐，这使得耐高温尼龙成为许多高温环境下的理想选择。此外，由于尼龙的分子链中存在大量的羟基、羧基、羰基等活性基团，它们对热很敏感。因此，如果尼龙与某些金属、玻璃等共混后形成复合材料，则复合材料中的这些活性基团将会被这些金属、玻璃等所抑制或干扰其正常的热分解。因此在高温下尼龙材料必须进行改性以克服其不良的热分解性能。

3.3 耐腐蚀性

耐高温尼龙有良好的耐酸碱腐蚀，比一般塑料高得多，可以与大多数酸、碱、盐发生反应，特别是耐油、耐溶剂，可以在恶劣环境中长期使用而不受损害，因此可用于制作各种化工设备的轴承、泵阀、阀门、管道和化工容器等。

3.4 尺寸稳定性

耐高温尼龙还具有很高的尺寸稳定性和优良的抗蠕变性，即使在高温和高压环境下也能保持稳定的尺寸和形状，这对于制作需要承受高负荷和高温的化工设备来说是非常重要的。

同时，耐高温尼龙还具有很好的加工性能，可以通过注塑、挤出、模压等多种成型工艺进行加工，成型后的制品表面光滑、尺寸精确，能够满足各种复杂形状和结构的制作需求。

4 耐高温尼龙的应用

耐高温尼龙由于具有优良的综合性能，近年来，其下游产品的开发利用日益增多，市场需求量不断增加，现已在电子电器、汽车制造、LED等领域得到了广泛的应用。

4.1 电子电器领域

随着电子元件向微型化、集成化、高效化发展，对于材料的耐热等性能提出了更高的要求。新的表面组装技术(SMT)的运用，对于材料的耐高温要求从以前的183℃提高到215℃，同时要求材料的耐热温度达到270~280℃，而传统的材料已不能满足要求。由于耐高温尼龙材料杰出的内在特性，既具有超过265℃以上的热变形温度，同时兼具优良的韧性与良好的流动性能，可满足SMT工艺对元器件的耐高温要求。耐高温尼龙可应用于以下领域和市场：3C产品中的接插件、USB插口、电源连接器、断路器、电动机部件等。

4.2 汽车领域

随着人们消费需求的不断提升，汽车产业正向着轻量化、节能化、环保化和舒适化的方向发展。汽车减重可以节省能源，增加汽车续航，减少制动器和轮胎损耗，延长使用寿命，更重要的是可以有效地减少尾气排放。在汽车行业中，耐高温材料正逐步取代传统的工程塑料及部分金属制品。如在发动机部分，耐高温尼龙制的链条张紧器比PA66材料的链条张紧器具有更少的耐磨性和更好的性价比；耐高温尼龙材料制造的零件，可在较高温度下的腐蚀性介质中使用更长时间；在车辆控制系统中，由于其优良的耐热性，耐高温尼龙被广泛地用于各种壳体、传感器、开关等各种排气控制部件中；耐高温尼龙还可应用在可回收式的油过滤器外壳，以抵抗发动机的高温、路面的冲击以及恶劣的气候。

4.3 LED领域

LED行业正处于快速发展时期。由于其节能、环保、使用寿命长、抗震性能好等优势，获得了市场的广泛关注和一致好评，近十年来，我国LED照明行业以平均每年30%以上的速度增长。LED产品在封装制造时会发生局部高热的现象，这对塑料材料的耐热性带来了一定的挑战。目前较低功率LED反射支架已全面采用用耐高温尼龙材料。目前PA9T、10T材料成为行业中的主要产品。

5 结语

耐高温尼龙市场在全球范围内呈现出快速增长的趋势。汽车、电子、航空航天和工业制造等领域对耐高温尼龙的需求不断增加，耐高温尼龙的市场前景广阔，同时，市场竞争也在不断加剧。因此，国家也大力支持耐高温尼龙的发展，未来，耐高温尼龙行业需要不断创新、提高产品性能。根据市场的需求，设计开发具有不同性能的耐高温尼龙产品。

参 考 文 献

[1] 费芙蓉，唐晓东，李晶晶. 聚酰胺树脂的合成研究进展[J]. 化工新型材料，2023，51(S1)：7-11+15.

[2] 张坤，谢剑虹，刘骞等. 尼龙材料在汽车行业的应用及展望[J]. 工程塑料应用，2023，51(05)：153-158.

[3] 郑天成，褚照哲，段小超等. 耐高温尼龙的结构、性能及发展现状[J]. 材料导报，2023，37(S1)：549-552.

[4] Gaymans R J，et al. Polymer Chemistry，1989，27(2)：423-430.

[5] Kim Y J，et al. Industrial & Engineering Chemistry Re-

search，2012，51(49)：15 801-15 810.
[6] 尹红等. 高校化学工程学报，2020，35(5)：915-920.
[7] 赵志. 多元共聚半芳香尼龙的合成与性能研究[D]. 湘潭大学，2015.
[8] Yamamoto H，et al. Polymer，2017，116：378-394.
[9] Zhang Chuanhui，et al. CN110218311A[P]. 2019，09(05).
[10] 邱宗林. 分子模拟辅助研究六元脂环聚酰胺 PA10C 的热性能、构型异构和 Brill 转变[D]. 郑州大学，2021.
[11] 窦晓勇等. 现代化工，2016(7)：33-36. Dou Xiaoyong，et al. Modern Chemical Industry，2016(7)：33-36.
[12] 王敏，韩斌，刘新新等. 耐高温尼龙的发展与应用[J]. 工程塑料应用，2022，50(03)：170-175.
[13] Zhang C H，et al. International Journal of Polymer Analysis and Characterization，2018，24：1-14.
[14] 赵勋，李亚情. 耐高温尼龙材料的研究进展[J]. 化工设计通讯，2022，48(12)：52-54
[15] Zhang C. e-Polymers，2018，18(5)：373-408.
[16] 窦林平. 照明工程学报，2017，28(5)：88-93.

对二甲苯合成技术进展

张晟楠

（中国石油天然气股份有限公司辽阳石化分公司）

摘　要　本文综述了对二甲苯传统工艺及新技术的合成进展，介绍了传统石化工业将石脑油通过催化重整、芳烃抽提与蒸馏、甲苯歧化及烷基转移、芳烃分馏与二甲苯精馏、吸附分离、C_8 芳烃异构化等一系列工艺制得对二甲苯产品的方法。并列举了近年来随着石油资源紧张加剧，利用煤炭、合成气、生物质等资源生产对二甲苯的新方法。如甲醇芳构化、甲醇-甲苯烷基化、合成气-甲苯烷基化、合成气直接合成、生物质制备等新工艺。

关键词　对二甲苯；混二甲苯；合成方法

混合二甲苯是重要的石化物，主要指邻二甲苯、间二甲苯、对二甲苯和乙苯四种异构体的混合物。其中，对二甲苯是异构体中价值最高的芳烃化合物，是聚酯产业链的前端原料，是用于生产对苯二甲酸，从而生产聚酯的重要中间体。此外，还被广泛应用于纺织、涂料、医药、建材等领域。

目前，市场上对于高附加值芳烃产品的要求不断提高，人们致力于研究生产对二甲苯的工艺路线和提高对二甲苯产量的方法。

1　传统石化工业对二甲苯的合成方法

工业上，生产对二甲苯产品最为常见的工艺路线是将石脑油通过催化重整、抽提、甲苯歧化及烷基转移、芳烃分馏、吸附分离、C_8 芳烃异构化等工艺，得到精对二甲苯产品。其纯度对于产品质量和产品收益的影响很大，需通过气相色谱仪的氢火焰离子化检测器（FID）测定。

1.1　催化重整工艺

催化重整工艺是将石脑油经预处理后所得加氢精制石脑油，在催化剂的作用下，使其分子结构重排。将环烷烃和烷烃，经催化重整得到富含 C_8-C_{10} 芳烃的重整油，同时副产氢气及液化气。氢气可通过 PSA 单元，经变压吸附提纯为纯度≥99.9%的高纯氢。液化气可通过脱乙烷塔采用常规分离法去除液化气中的 C_2 组分，根据沸点不同，采用加压蒸馏对液化气进行提纯处理。

在催化重整过程中，时常伴有副反应的发生。例如，由于进料环烷烃和链烷烃必须经过环异构化和环化反应脱氢，该过程在催化剂酸性功能下完成。因此，有很大可能发生加氢裂化反应。同时，高压、高温使加氢裂化速度加快，不利于产氢，增加催化剂积碳速度。因此，在生产中对于压力和温度等操作条件的控制尤为重要。另外，芳烃（尤其是重芳烃）和烯烃、环烷烃可能生成稠环芳烃，在催化剂的表面不断累积，继而在催化剂上发生结焦反应，使得催化剂失活。因此，需通过提高氢分压抑制生焦。

1.2　芳烃抽提与蒸馏工艺

分为预分馏和抽提蒸馏部分，主要进料为重整油和加氢裂解汽油，进料中芳烃和非芳烃的沸点相近。因此，通过萃取剂采用液-液抽提工艺，利用挥发度不同，将苯、甲苯和 C_8+等芳烃产品从烃类混合物中分离出来。工业上，常用环丁砜脱重组分净化工艺，也有将环丁砜与其他助溶剂作为双溶剂同时使用。被分离出的芳烃称为抽出油，进入甲苯歧化及烷基转移单元进一步反应，剩余非芳烃称为抽余油。

辽阳石化 60 万 t/a 抽提蒸馏装置采用环丁砜抽提蒸馏工艺，装置的氧含量、水含量、操作温度等问题对溶剂的质量有很大影响，从而影响产品质量。因此，需要特别注意各个因素的波动情况。同时，还应及时补充新鲜溶剂，保证溶剂纯度。

1.3　甲苯歧化及烷基转移工艺

包括甲苯歧化和 C_9 烷基转移工艺、甲苯择形歧化工艺两种。目前，国内绝大部分装置均采用甲苯歧化和 C_9 烷基转移工艺。该工艺以甲苯或甲苯与 C_9 芳烃的混合物为原料，在催化剂作用下，经歧化及烷基转移反应，使芳烃侧链烷基在两苯环间的转移，生产 C_8 芳烃。

目前，甲苯歧化与烷基转移技术主要有法国 IFP 公司研发的 Xylene-Plus 工艺，美国 UOP 公司与日本 TORAY 公司联合研发的 Tatoray 工艺，美国美孚公司研发的 MTDP 工艺、LTD 工艺、MSTDP 工艺、Trans-Plus 工艺以及中石化研发的 S-TDT 工艺等。其中，Xylene-Plus 工艺是最早实现工业化生产的工艺。目前，最为典型工艺是 Tatoray 工艺，主要采用 ZSM-5 分子筛催化剂，该催化剂对于对二甲苯的选择性较高，是目前最为常用的生产工艺。

甲苯歧化操作弹性强、工艺流程相对简单、技术成熟，但对歧化原料杂质的含量有较高要求、生产过程中存在副反应。

1.4　芳烃分馏与二甲苯精馏工艺

芳烃分馏工艺是将歧化反应后所得混合芳烃进行精密分馏处理，生产苯产品出厂外销，并为甲苯歧化及烷基转移单元提供甲苯原料。

二甲苯精馏工艺则为歧化及烷基转移单元提供合格的 C_9 芳烃原料，同时为吸附分离单元提供合格的 C_8 芳烃原料。

1.5　吸附分离工艺

C_8 芳烃的四种同分异构体(邻二甲苯、间二甲苯、对二甲苯和乙苯)物理性质相似、沸点相差很小。因此，不能通过常规精馏方法将其分离。吸附分离工艺利用吸附剂对四种同分异构体选择性不同，采用特定的吸附剂(一般为分子筛吸附剂)选择性的将对二甲苯与其他三种异构体分离，再采用专门的解吸剂将被吸附的对二甲苯解吸，经精馏分离后得到高纯度的对二甲苯产品。

目前，美国 UOP、法国 IFP、中石化等公司致力于不断优化分子筛吸附剂，再采用 PDEB (对二乙基苯)作为解吸剂，使其工艺更好的应用于吸附分离生产对二甲苯产品。其中，中石化开发的 RAX-4000 吸附剂生产对二甲苯的纯度可达 99.83%，平均单程收率可达 98.6%。

通过吸附分离工艺生产的对二甲苯的纯度可达 99.9%，回收率高于 97%。产品纯度高，回收率高，吸附剂寿命长，但分离过程较复杂，成本高。

1.6　C_8 芳烃异构化工艺

C_8 芳烃异构化工艺被广泛应用于生产对二甲苯。以经吸附分离单元后不含对二甲苯的 C_8 混合芳烃(邻二甲苯、间二甲苯和乙苯)为原料，在催化剂的作用下，将同分异构体重新平衡。因热力学限制，对二甲苯在二甲苯异构体中的比例不足 20%。因此，如何选择性地生成对二甲苯，以及如何得到高纯度的对二甲苯是工业生产过程中的关键问题。

按乙苯的转化模式主要分为乙苯异构化型和乙苯脱烷基型两类工艺。乙苯异构化型工艺使用乙苯异构化型催化剂，将乙苯异构转化为对二甲苯，能够最大限度地生产对二甲苯，不需注氯、工艺流程简单。李振忠等制备了 Si-Z-5、Mg-Z-5 和 Mg-Si-Z-5 等金属改性纳米 ZSM-5 催化剂，同时具备金属功能和酸性功能，340℃ 时，乙苯的转化率为 46.01%。乙苯脱烷基型工艺使用乙苯脱烷基型催化剂，采用双床层反应体系在二甲苯异构化的同时，将乙苯脱烷基生成苯，能够更加充分的利用原料资源，具有良好的活性和选择性。

近年，UOP 新开发的 I-210(乙苯异构化型)和 I-300(乙苯脱烷基型)催化剂已经应用于对二甲苯工业化生产。该工艺产率较高，催化剂稳定性好，但贵金属催化剂价格比较昂贵。

2　合成对二甲苯新方法

目前，传统石化工业生产对二甲苯主要依赖于石油化工，但我国能源结构具有“富煤、贫油、少气”的基本特征。近年来，随着石油资源紧张加剧，为满足我国日益增长的芳烃产品需求，人们开始研究通过煤炭、合成气等资源合成对二甲苯的新方法。

2.1　甲醇制对二甲苯

目前，我国煤炭资源丰富，甲醇的产能过剩，价格低廉。近年来，随着煤制甲醇行业的不断发展，利用甲醇生产对二甲苯的技术路线得到了人们的关注。

2.1.1　甲醇芳构化合成对二甲苯

以原料煤或煤化工和天然气化工的产品甲醇为原料，经气化、净化合成甲醇，再由甲醇经改性后的 ZSM-5 分子筛生成二甲醚等，脱水后生成低碳烯烃，再经一系列反应制芳烃，芳烃经萃取分离后得到目标产物对二甲苯。

ZSM-5 分子筛具有易调节酸性、稳定性较强、比表面积高等特性。因此，其成为重要的烷基化反应催化剂，也是催化甲醇制芳烃最为常用的催化剂。通过在 ZSM－5 分子筛上引入 Zn、Mg、P、Cu、Ni 等元素，对分子筛催化剂进行酸性改性和结构改性来提高产物中的芳烃选择性，从而调整产品结构。其中，利用 Zn 元素对分子筛进行改性最为常见。时一鸣在 ZSM－5 分子筛中引入 Zn 元素，提高了分子筛的反应活性以及产物中对二甲苯的选择性。

2.1.2　甲醇与甲苯烷基化合成对二甲苯

甲醇-甲苯烷基化反应体系主要包括烷基化反应，二甲苯异构化反应，甲醇自身反应和甲苯歧化反应等。

上海华谊公司以甲苯和甲醇为原料，在一定条件下与催化剂接触，制备对二甲苯。甲醇廉价、易得，以甲醇为原料大大降低了生产成本。张国华等 ZSM－5 分子筛进行改性，并负载金属氧化物，提高了反应的转化率和选择性。

2.2　合成气制对二甲苯

目前，通过甲醇制对二甲苯的研究较多，但原料甲醇需通过合成气或煤炭资源进行制备。且以甲醇、甲苯为原料，通过烷基化反应合成对二甲苯过程中，易出现 MTO 副反应。因此，人们开始研究由合成气一步制对二甲苯、合成气与苯或甲苯一步加氢烷基化合成对二甲苯的工艺。

2.2.1　合成气与苯或甲苯烷基化合成对二甲苯

韩笑琴等针对甲醇-甲苯烷基化合成对二甲苯过程中易出现 MTO 副反应、反应温度较高等的问题，以 ZnZrOx 与 ZSM－5 混合作为双功能催化剂，以合成气代替甲醇与甲苯进行烷基化反应，有效降低了反应温度，同时避免 MTO 副反应的发生。

钟杰等采用浸渍法对分子筛进行贵金属 Pt 负载，并将其应用在苯与合成气烷基化合成对二甲苯反应中。当 Pt/ZSM－5 催化剂用量为 2%时，苯转化率为 9.04%，甲苯、二甲苯总选择性为 82.85%。负载的 Pt 颗粒较大，活性不高，需寻找合适的方法改善 Pt 的分散状态。Fan Y 等通过引入 Ce 提高 Pt 的分散度，显著改善了催化剂的性能，在相同条件下，苯转化率可达 34.2%，甲苯、二甲苯总选择性达 96.7%。

2.2.2　合成气直接合成对二甲苯

中国科学院山西煤炭化学研究所进一步对现有合成气法的工艺流程进行简化，以铬基分子筛胶囊为催化剂，将合成气一步制得对二甲苯，降低了反应成本。目前，合成气一步合成制芳烃仍处于实验室阶段。

2.3　生物质制对二甲苯

目前，利用生物质基，如木质纤维素生产对二甲苯引起了研究人员的极大兴趣。

中科院大连化物所设计出一条从生物质资源出发制备对二甲苯的合成路线，以木质纤维素资源生物发酵产物和甘油脱水产物为原料，以碳化钨作催化剂，该路线的原料及催化剂廉价、易得，对二甲苯总收率可达 90%。

2019 年，Anellotech 在中试装置中成功生产生物基对二甲苯，其与合作伙伴开发的由木质生物质生产对二甲苯，利用松木直接生产的 Bio-TCat™技术即将商业化。

3　结语

近年来，由于石油资源的限制，寻求清洁、高效的对二甲苯生产工艺成为国内外研究的热点。为弥补石油资源的不足，通过煤炭、合成气、生物质等非石油路线生产对二甲苯，寻找适宜的工艺路线、研制高效催化剂、不断优化反应条件将成为未来研究的主要方向。

参　考　文　献

[1] 朱宏林. 芳烃装置转型生产混合二甲苯技术分析[J]. 齐鲁石油化工，2023，51(2)：133-137.

[2] 白雪峰，张岳斌，赵建国等. 国内对二甲苯产业链发展路径研究[J]. 聚酯工业，2022，35(2)：1-10.

[3] 娄阳，关华清，闫虹等. 高产苯歧化催化剂工艺条件研究[J]. 石油化工技术与经济，2023，39(1)：24-26.

[4] Berg R V D，Mauer R. From molecular-level engineering to enhanced aromatics economics[J]. Hydrocarbon Engineering，2022，27(9)：15-16+18+20-21.

[5] 吕便变，彭娟. 石油对二甲苯纯度及烃类杂质测定方法改进[J]. 聚酯工业，2023，36(4)：17-19+57.

[6] 洪晓煜，淡明昌，陈家岭等. 优化催化重整反应进料提高产品辛烷值与降低苯含量[J]. 石油炼制与化工，2022，53(9)：22-26.

[7] 马双春，秦建军，乔志灿. UOP 超低压连续重整技术工业应用与研究[J]. 山东化工，2023，52(13)：195-200.

[8] 陈景生，仇德朋. 芳烃抽提工艺优化节能技术应用[J]. 山东化工，2022，51(1)：224-228+232.

[9] 高思亮，唐文成，赵明等. 芳烃抽提蒸馏工艺溶剂环丁砜中重组分的脱除[J]. 石油炼制与化工，

2020，51(12)：6-11.
[10] 程文静. 抽提蒸馏分离纯苯及溶剂油的研究[J]. 石化技术，2019，26(12)：22-23.
[11] 关华清，张海丰，张世强等. 抽提蒸馏装置改善环丁砜品质的对策[J]. 辽宁化工，2022，51(4)：565-568.
[12] 王志锋，刘定巧，李霜等. 重组分对环丁砜-抽提蒸馏装置的影响及应对方法[J]. 石化技术，2020，27(9)：54+51.
[13] 孙艳朋. 增产对二甲苯的方法探讨[J]. 当代石油石化，2018，26(10)：28-34.
[14] 史君，李振忠，娄阳. "减油增化"背景下，芳烃产业链技术路径发展探析[J]. 当代石油石化，2023，31(5)：1-5.
[15] 冯志武. PX 生产工艺及研究进展[J]. 现代化工，2019，39(9)：58-62.
[16] 徐虎，朱乃玺，唐立等. 二甲苯工艺及生产[J]. 化工设计通讯，2017，43(8)：112.
[17] 陈乐，种海玲，张致慧等. CTAB 改性 Cu-BTC 材料的合成及其吸附分离二甲苯异构体的性能[J/OL]. 化工进展：1-11，2023，28(9).
[18] 樊小哲，王春璐. BaX 分子筛吸附分离 C8 芳烃过程中的尺寸筛分机理[J]. 石油化工，2023，52(7)：903-907.
[19] 刘力，姚树盛，王磊. 对二甲苯分离工艺进展[J]. 聚酯工业，2023，36(1)：23-24.
[20] 郑晨，吴智睿，姜晓花等. 对二甲苯装置吸附分离系统脱除 C9 芳烃研究[J]. 油气与新能源，2023，35(4)：82-86.
[21] 杨彦强，柏成钢，王红超等. 对二甲苯吸附剂 RAX-4000 的工业应用特点[J]. 石油炼制与化工，2023，54(7)：41-45.
[22] 黄集钺，刘志刚，刘凤智等. 间二甲苯生产技术进展及市场展望[J]. 化工中间体，2012，9(4)：27-31.
[23] 倪友明，朱文良，刘中民等. 一种对二甲苯合成用催化剂及其制备方法和应用. CN201810476840. 3[P]，2018-05-17.
[24] 吕洁，程光剑，黄集钺. 乙苯脱烷基型碳八芳烃异构化催化剂工业侧线实验[J]. 石化技术与应用，2016，34(3)：204-206.
[25] 李振忠，苗磊，程光剑等. 金属改性纳米 ZSM-5 催化剂制备及异构化反应性能. 化学世界，2023，64(1)：51-56.
[26] 娄阳，程光剑，赵晶等. 双组分碳八异构化催化剂中 MCM-22 分子筛的应用与改性. 齐鲁石油化工，2017，45(2)：90-92.
[27] 刘丹. 甲醇制对二甲苯联产低碳烯烃工艺研究[D]. 西安：西北大学，2020.
[28] 张娇玉，朱生华，郑延成等. 改性 ZSM-5 分子筛高选择性催化甲醇制对二甲苯[J]. 石油炼制与化工，2022，53(10)：50-57.
[29] 王廷. 合成气费托路线制芳烃的反应机理研究及选择性调控[D]. 无锡：江南大学，2021.
[30] Han H，Zhang A，Ren L，et al. Coke-resistant(Pt+Ni)/ZSM-5 catalyst for shape-selective alkylation of toluene with methanol to para-xylene[J]. Chemical Engineering Science，2022，252：117529.
[31] Jin R，Hu H，Wang J，et al. SAPO-34 and Zn/ZSM-5 synergistic catalysis of methanol to aromatics from light olefins[J]. New Journal of Chemistry，2022，46(18)：8443-8450.
[32] 时一鸣. 化学改性 ZSM-5 分子筛用于甲醇制芳烃研究[D]. 西安：西北大学，2020.
[33] 吴超. 甲苯-甲醇烷基化择形催化剂制备及其催化性能研究[D]. 兰州：兰州理工大学，2020.
[34] 张国华，姜立新，李源明等. 一种对二甲苯的合成方法. CN201510565584. 1[P]，2015-09-08.
[35] 韩孝琴，左佳昌，温丹璐等. ZnZrOx-HZSM-5 双功能催化剂催化甲苯与合成气烷基化制对二甲苯[J]. 催化学报，2022，43(4)：1156-1164.
[36] 钟杰，刘晓晖，杨帆等. Pt/ZSM-5 催化苯与合成气烷基化反应及工艺条件研究[J]. 石油炼制与化工，2016，47(5)：62-66.
[37] Fan Y，Jie Z，Xiaohui L，et al. A novel catalytic alkylation process of syngas with benzene over the cerium modified platinum supported on HZSM-5 zeolite[J]. Applied Energy，2018，226：22-30.
[38] 张涛，代弢，李昌志等. 一种由 4-甲基-3-环己烯甲醛选择性合成对二甲苯的方法. CN201510934364. 1[P]，2015-12-15.
[39] 张伟清. Anellotech 公司示范其 Plas-TCat~(TM)催化热解技术[J]. 石油炼制与化工，2023，54(2)：133.

高性能新型聚酯产业链发展路径探析

刘毓敏　陈　颖　林妍妍　许　哲　夏秀丽

（中国石油天然气股份有限公司辽阳石化分公司）

摘　要　在制造业产业链升级和新能源产业快速发展形势下，化工新材料成为我国实现产业基础高端化和产业链发展现代化的基础支撑材料。随着我国信息通讯、新能源汽车行业蓬勃发展，普通聚酯产业结构单一、应用领域受限等矛盾已开始凸显，高性能新型聚酯作为化工新材料的重要组成部分，需求大幅上升，研发高刚性、高韧性、高耐温、低碳环保等综合性能优异的聚酯产品及实施上下游一体化发展策略至关重要。结合技术发展趋势和市场变化形势，以国内最早聚酯生产企业之一中国石油辽阳石化作为我国新型聚酯产业代表，探讨其特色聚酯产业链发展方向，自主研发 PETG 成套技术在 10 万 t/a 生产装置成功应用，打破美国、韩国对全球 PETG 产业垄断，成为全球第三家、国内唯一生产全系列 PETG 共聚酯的企业，引领聚酯产业发展。

关键词　化工新材料；聚酯；差异化；产业链；CHDM

随着我国“双碳”战略的实施，制造业产业链升级及新能源产业快速发展，国内具备优异性能的环保型化工新材料处于产能、产量严重不足的问题。化工新材料是新能源汽车、生物医药及医疗器械业等新兴领域发展的基础材料，具备高技术含量、高价值的特性，其涉及领域也是发展速度及市场需求量增长最快的产业。但由于关键核心技术发展受限落后于发达国家，化工新材料行业成为自给率最低、急需发展的新兴领域。

近年来，国内各企业立足于国家高端化工新材料重大需求，开展相关研究工作，带动上游原料及下游材料加工制造业的技术升级，化工新材料替代钢铁、木材、玻璃、水泥等材料的趋势愈加显著，成为我国实现产业基础高级化和产业链现代化发展的基础支撑。2022 年，我国化工新材料产能超过 4500 万吨，产量超过 3100 万吨，自给率逐步提高，推进产业发展的提质增效和转型升级。新型聚酯作为化工新材料重要组成部分，全球需求超过 100 万吨，产能不足 45 万吨，我国需求超过 50 万吨，而产能几乎为零，见表 1。

表 1　2022 年国内化工新材料主要类别统计

万吨

序号	类别	产量	进口量	出口量	表观消费量	自给率
1	高性能树脂	1817	1330	289	2859	64%
2	高性能合成橡胶	362	94	48	409	89%
3	高性能纤维	9.8	4.2	1.9	12.1	81%
4	功能性膜材料	52	9	5	60	87%
5	电子化学品	660	153	85	728	91%
6	前沿材料	0.10	0	0	0.10	100%
	合计	2902	1591	429	4068	71%

数据来源：石油和化学工业规划院。

1　膜聚酯行业产业链发展现状

PET 是一种由对苯二甲酸与乙二醇酯化反应或对苯二甲酸二甲酯与乙二醇酯交换反应后再经过缩聚反应制备的饱和聚酯，具有良好的力学性能与阻隔性能，可直接用于包装，按用途可分为纤维级聚酯、瓶级聚酯、膜级聚酯三类，广泛应用于纺织业、包装业、电子电器、医疗卫生、建筑、汽车等领域。2022 年我国 PET 行业市场规模约为 5625.23 亿元，同比增长 0.8%，其中聚酯纤维市场占比最大，约为 81.2%，其次为聚酯瓶片和聚酯薄膜，占比分别为 11.7% 和 7.1%。

目前，我国有超过百余家聚酯生产企业，其中产能接近或者超过 200 万吨的企业主要有恒逸石化、仪征化纤、浙江新凤鸣集团、江苏三房巷集团、江苏恒力集团等。随着下游市场需求标准的变化，国家制定了一系列行业扶持政策，推动其高质量发展，实现差别化功能性 PET 聚酯产业逐步形成，企业在新品开发、成套装置国产化、自主研发能力等方面都取得了长足的进步。现有PET新增产能基本来自大型龙头企业，主要分布在浙江、江苏、上海、福建、广东等沿海省市，其中江苏和浙江新增产能合计占比70%以上，见表2。

表2　2021~2022年中国聚酯(PET)行业龙头企业新增产能统计　万吨

排名	企业名称	2022年新增产能	2021年新增产能
1	恒逸石化	25	140
2	浙江新凤鸣集团	120	120
3	浙江桐昆集团	90	0
4	江苏恒力集团	48.5	60
5	江苏三房巷集团	0	0
6	海南逸盛	0	0
7	仪征化纤	0	0
8	江苏盛虹	50	0
9	华润	60	50
10	万凯	60	0
	合计	453.5	370

数据来源：各公司公报。

聚酯薄膜作为当前工业中间材料和未来战略性新兴产业中重要的新材料，是一种绿色、环保、综合性能优异的高分子薄膜材料。大连恒力聚酯科技产业园充分利用其1160万t/aPTA项目，计划开展260万t/a功能性聚酯和160万t/a高性能树脂项目建设，为促进下游MLCC离型基膜、光学膜、光伏膜等高端膜的快速发展，进行光伏材料级高端聚酯项目布局，从而有效地扩大公司高端聚酯产品的产能和规模。“十二五”以来中国石油辽阳石化开始深耕于膜聚酯领域，围绕原料、工艺、生产装置进行攻关，开发出功能性膜聚酯添加剂高分散技术及产品功能性设计等关键核心技术，建立了添加剂与产品性能间的构效关系，并对关键设备酯化反应器及相关系统进行改造，形成一条10万t/a的高柔性多功能膜聚酯生产线。该生产线柔性化程度高，可功能调控进而实现多种牌号产品生产的效果。在此基础上开发了开口母料、背板专用料、高浓背板专用料、光学专用料、高透专用料共计5大系列12种牌号的膜聚酯新产品。通过功能性膜聚酯的集成创新，成为国内BOPET优质原料供应商，推动了膜聚酯材料的技术进步，在创新产业链上发挥了重要作用。近年来，在政策支持、产业资本投入等背景下，企业不断扩大生产能力，我国聚酯薄膜行业发展势头迅猛，同时已经成为全球聚酯薄膜行业主要生产基地。根据数据显示，2021年中国聚酯薄膜产能376万吨，同比增长2.2%，产量达到276万吨，同比增长3.4%，见表3。

表3　2017~2021年中国聚酯薄膜行业产能及产量　万吨

年份	产能	产量
2017年	333	225
2018年	345	239
2019年	353	255
2020年	368	267
2021年	376	276

数据来源：中国聚酯薄膜行业发展趋势研究与投资前景预测报告(2023-2030年)。

2　新型聚酯行业产业链发展现状

随着我国新能源等新兴领域快速发展，当前聚酯产业存在低端产品产能过剩、高端产品产能不足依赖于进口的情况，短缺性新材料的需求缺口日益凸显，现有技术存在技术同质化、高质量产品少的缺点，生产企业需重点打造可降解聚酯材料、功能性聚酯材料，创新发展现行的聚酯产业链以应对市场变化。

传统的PET聚酯是由对苯二甲酸或对苯二甲酸二甲酯与乙二醇制备得到的热塑性聚酯，具有良好的力学性能和阻隔性能，随着我国信息通讯、新能源汽车行蓬勃发展高性能改性塑料需求大幅上升，普通聚酯已无法满足各行业对材料高标准的性能指标需求，而引入分子结构独特的第三单体二元酸或二元醇可以制备出高刚性、高韧性、高耐温等综合性能优异的聚酯材料。

2.1　PETG共聚酯行业产业链发展现状

PETG共聚酯是以PTA、乙二醇(EG)为原料，同时添加第三种改性单体1,4-环己烷二甲醇(CHDM)三种共聚制备得到的一种具有优异的抗冲击、耐磨性能的改性高透明新型共聚酯材料，在韧性、热性能、结晶性能等方面得到极大改善，其具备与人体接触的安全性和环境无害性，可广泛应用于食品包装、医疗器械包装等领域。

上世纪80年代，美国伊斯曼化学公司率先

开发出 PETG 共聚酯产业链技术，2000 年初进入中国市场。2001 年韩国 SK 化学公司突破技术门槛，取得差异化专利技术，也开启了产业化进程，2010 年左右与伊斯曼竞争中国市场。中国石油辽阳石化在 PETG 核心催化剂和制备工艺上取得重要突破，自主开发出 PETG 共聚酯成套工艺技术打破美国、韩国对全球 PETG 产业垄断，成为全球第三家、国内唯一生产全系列 PETG 共聚酯的企业。2022 年华润材料 5 万 t/aPETG 装置正式投产，可生产部分应用领域 PETG 产品，使国内 PETG 总产能由 16.5 万 t/a 增至 21.5 万 t/a，而 2022 年受疫情影响 PETG 全年总产量仅有 14.1 万吨，见表 4。

表 4 2022 年中国主要生产企业装置统计

万吨

生产商	装置所在地	产能
中国石油辽阳石化公司	辽宁辽阳	10
江苏伊尔曼新材料有限公司	江苏扬州	1
江苏景宏新材料科技有限公司	江苏宿迁	2
华宏化纤有限公司	江苏江阴	3.5
华润化学材料科技控股有限公司	广东珠海	5

数据来源：隆众咨询。

国内 PETG 产量较低除了聚合技术受限外，还存在生产 PETG 所需原料 CHDM 制备技术壁垒问题。国内少数企业可生产 CHDM 产品，但因技术问题其生产 CHDM 的纯度与顺反异构体比例存在不稳定性，导致国内 PETG 产品质量与进口产品存在差距。目前国内仅有辽阳石化、凯凌化工(张家港)有限公司、江苏康恒化工有限公司等少数企业可工业化生产 CHDM 产品，2022 年辽阳石化建成了 2 万 t/aCHDM 装置配套 PETG 共聚酯生产线，实现了原料-产品一体化技术应用，奠定了中国石油 PETG 共聚酯产业大发展的良好基础，见表 5。

表 5 全球 PETG 共聚酯产业链产能统计情况

单位：万 t/a

公司	PETG 产能	CHDM 产能
美国 Eastman	25	7.0
韩国 SK	15	4.5
中国石油辽阳石化	10	2.0

2.2 PCTG 共聚酯行业产业链发展现状

PCTG 共聚酯也是属于 PETG 共聚酯，其 CHDM 含量超过 50% 从而具有更好的热性能，随着 CHDM 含量的增加其玻璃化转变温度逐渐升高，具有良好的注塑加工性能，可应用于婴儿用品、家用小家电等领域。欧洲食品安全局提出，PCTG 制品用于与低温和高温下接触含水、酸性和高脂肪食物接触，应用于食堂这种封闭、受控的产品循环系统中，其回收过程处于绿色循环系统可反复使用，是为数不多的环保材料之一。

目前，全球工业化生产 PCTG 共聚酯的企业仍以美国伊士曼与韩国 SK 为主，两家企业分别采用了酯交换制备技术和直接酯化制备技术，通过引入改性单体异山梨醇、CBDO 等原料提高其 PCTG 共聚酯产品的热性能，产品玻璃化温度可达 95℃～120℃。其中，伊士曼是全球 PCTG 共聚酯产能最大的制造商，制备技术采用了酯交换法，与直接酯化法相比操作较为简单但能耗成本过高；SK 公司则采用直接酯化法，该方法生产过程中不产生甲醇、生产成本低，但反应体系不易控制、难度大。PCTG 共聚酯制备存在技术壁垒，国内相关科研院所、高校虽已开展系列研究，受生物基异山梨醇原料纯度、分子结构，CBDO 原料获得困难影响，国内尚未实现规模化生产 PCTG 共聚酯的工业化转化。随着食品安全及包装性能的需求标准不断提升，PCTG 共聚酯的需求量显著增大，2018 年至 2022 年其需求量由 2.5 万吨增至 3.8 万吨，全部依赖于进口，预计需求量将随下游企业生产需要持续递增，见表 6。

表 6 2018～2022 年国内 PCTG 共聚酯需求量

万吨

年份	需求量
2018	2.5
2019	2.8
2020	3.0
2021	3.4
2022	3.8

数据来源：隆众咨询。

辽阳石化打破 CHDM 制备技术壁垒后，根据已有 PETG 共聚酯研发经验，开展了 PCTG 共聚酯合成技术研究，确定不同含量 CHDM 与产品的热性能关系，其中 CHDM 含量 60%、65% 两种配比的 PCTG 切片玻璃化转变温度在 83℃

左右，色相优于 PETG 共聚酯。同时，探究了 PCTG 共聚酯制备技术，在关键核心催化剂技术和制备工艺取得突破，制备了间歇生产线中试 PCTG 聚酯切片产品色相良好，玻璃化转变温度可达 95℃以上。

2.3 PEN 聚酯行业产业链发展现状

PEN 是以分子链中包含比苯环刚性更大的萘环的 2,6-萘二甲酸二甲酯（NDC）或 2,6-萘二甲酸（NDA）与乙二醇（EG）为原料，替代了普通聚酯中的对苯二甲酸二甲酯或对苯二甲酸，使其具有更高的热性能、力学性能及阻隔性能等特征，可应用于航空航天、军工国防、5G 产业等高端领域，见表 7。

表 7　PEN 与 PET 的性能对比

名称	Tg/℃	连续使用温度/℃	杨氏模量/MPa	抗拉强度/MPa	折射率	绝缘等级
PEN	155	160~180	6080	275	1.44	F
PET	110	105	2900	230	1.64	B

目前全球仅有日本帝人一家企业生产聚萘二甲酸乙二醇酯（PEN），产能约 2.8 万 t/a，包括它的上游原料 NDC/NDA 主要为 Indorama 公司生产，甚至 NDC/NDA 的上游原料 DMN 也只有日本三菱化学公司、Indorama、Exxon - Mobil、Chevro、芬兰 Optatech 总共 5 家公司生产，整个产业链市场几乎处于寡头垄断状态。我国对 PEN 聚酯产业链技术研发较晚，进展较为缓慢，仅有少数单位进行过合成和应用研究，研究单位集中在科研院所，而且都是单点和断链技术研究模式，不利于集成技术创新，对产业链规模化技术突破有屏障。中国石油在 PEN 产业链技术开发方面形成了以辽阳石化为牵头单位，石化研究院、昆仑工程公司重点参与的联合攻关科研新模式，以催化轻柴为初始原料，开展富萘原料提取及催化转化联合制备、原料精制、分离提纯、异构化反应、烷基化与烷基转移反应、氧化反应、酯交换反应、聚合反应等各个技术环节的攻关研究工作，目前取得了重要进展。尤其是辽阳石化率先完成 PEN 聚合小试技术研究，在关键核心催化剂技术和制备工艺取得突破，制备了公斤级 PEN 聚酯切片，并开展了双向拉伸膜（BOPEN）加工研究。

3 结语

随着制造业的产业链升级及新能源产业的快速发展，化工新材料成为我国实现产业基础升级和产业链现代化发展的基础材料支撑。辽阳石化作为我国最早生产聚酯的企业之一，且是全球第三家拥有 PETG 生产技术的企业，研发高刚性、高韧性、高耐温等综合性能优异的聚酯材料，实施上下游一体化的研发规划创新，可以彻底打破国外从原料到技术的垄断局面，形成优势竞争力，打造更具韧性和竞争力的特色聚酯产业链，以科技创新推动中国聚酯产业链的高质量发展。

参考文献

[1] 李玲. 化工新材料迎来发展窗口期[N]. 中国能源报，2023-07-03(015).

[2] 李永亮，孙小涛. 中国 PTA 产业的发展现状及趋势[J]. 中国石油和化工经济分析，2013.

[3] 同黎娜. 聚酯市场有何新气象？[N]. 中国纺织报，2022-03-02(002).

[4] 姚志远. 1,4-环己烷二甲醇共聚酯制备及构效关系研究[D]. 东华大学，2023.

[5] Richard Turner S. Development amorphous co-polyesters based on 1，4-cyclolhexanedimethanol[J]. Journal of Polymer Science：Part A：Polymer Chemistry，2004，42：5847-5852.

[6] Turner S R，Seymour R W，Dombroski J R. Amorphous and Crystalline Polyesters Based on 1，4-Cyclohexanedimethanol[M]. John Wiley & Sons，Ltd，2004.

[7] Claude. Lambré，José Manuel. Barat Baviera，Bolognesi C，et al. Safety assessment of the process Green Loop System，used to recycle polycyclohexylene dimethylene terephthalate glycol-modified（PCTG）plates for use as food contact materials[J]. EFSA journal. European Food Safety Authority，2022，20(1)：1-7.

[8] 张鑫，陈颖，张健等. 聚萘二甲酸乙二醇酯（PEN）的应用现状及发展浅析[J]. 聚酯工业，2022，35(05)：1-3+10.

乙氧基镁为载体的高密度聚乙烯催化剂的制备方法概述

于 洋

（中国石油天然气股份有限公司辽阳石化分公司）

摘 要 介绍了Ziegler–Natta催化剂的四个主要组成部分，以及各部分的主要作用，简述了Z–N催化剂研究的深远意义。介绍了以乙氧基镁为镁源的氯化镁载体的催化剂所具备的优势，以及氯化镁为载体的高密度聚乙烯催化剂制备的三种活化方法：物理法、物理化学法和化学法。其中着重介绍了化学法中的以乙氧基镁为载体制备催化剂的方法，阐述了该方法制备催化剂的优势以及发展前景。简述了大颗粒乙氧基镁的四种制备方法、其中各制备方法的影响因素以及其制备催化剂所具备的优点，2006年辽阳石化JM–1催化剂以淤浆法HDPE工艺生产装置进行工业应用实验，在此基础上进行高密度聚乙烯的制备方式及原料优选，以此来满足市场内对生产上的更高需求及创新。

关键词 Ziegler–Natta催化剂；氯化镁；化学法；大颗粒乙氧基镁

1 高密度聚乙烯催化剂

Ziegler–Natta催化剂，在活性和立体定向性上，对催化剂起着关键的作用，可以灵活的调控聚合物的颗粒形态、粒径分布、堆密度等产品性质，且降低了制备过程中的生产成本，简化了后续的处理工序。全球研发催化剂的公司，希望再Z–N催化剂的基础上优化配方，制备出多种类、多途径的高效能聚烯烃催化剂。所以研究高密度聚乙烯催化剂的制备方法具有深远且重要的意义。

氯化镁为载体的高密度聚乙烯催化剂由$TiCl_4$为主催化剂，$MgCl_2$为载体，以酯和醚还有硅氧烷类化合物的给电子体，与烷基铝化合物作为助催化剂而组成的Ziegler–Natta催化剂。不同的制备方法可以制备出使用于不同工艺要求的催化剂及载体。其中$MgCl_2$若以乙氧基镁作为镁源，与主催化剂反应，生成氯化镁，负载四氯化钛的活性中心，不仅生成的催化剂形态较好，而且此方法制备过程比较简单。

1.1 主催化剂

$TiCl_4$作为催化剂制备中的常用材料，是一种无色或浅黄色的透明液体，它在反应过程中替代$TiCl_3$进行催化剂制备，在乙烯聚合过程中起主催化作用的是Ti^{3+}。

1.2 助催化剂

烷基铝作为助催化剂，在反应中起着不可或缺的重要作用。一方面在聚合反应环境中去除水、氧、杂质等有害物质；另一方面是活化活性中心：将$TiCl_4$中的Ti^{4+}还原活化成Ti^{3+}、进行烷基化、最后除去可能存在的THF和其他物质，进而形成优质的活性中心。

1.3 给电子体

给电子体也被称为Lewis碱，它的结构、加入方式、加入顺序、加入量以及催化剂体系等对催化剂的性能有着重要的影响。它在$MgCl_2$载体的催化剂中的作用非常突出，主要表现是改变活性，影响聚合物的相对分子量、分子量分布及聚合物的其他性能。根据给电子体的加入方式的不同，可以分为内给电子体和外给电子体。内给电子体，用来改善催化剂的氢调性能、催化剂活性、共聚性能、形态、聚合物堆密度等。在制备催化剂过程中添加的给电子体被称为内给电子体，而在聚合过中添加的给电子体则称为外给电子体。

Ziegler–Natta催化剂采用的载体主要有氯化物、氧化物、氢氧化物、有机金属化合物及高分化合物等。聚合物的形态主要控制因素之一就是载体。载体对催化剂的氢调性、催化活性、聚合物分子结构、形态、堆密度等综合性能起着决定性的影响作用。高比表面积、机械强度及耐磨强度适合、具有负载主催化剂的活性基团、较好的形态以及化学稳定性都是优质载体所应具备的特点。

2 载体的活化方法

正常未活化的无水$MgCl_2$由于比面积小，表面没有活性基团，直接与$TiCl_4$反应是很困难的。因此为了增大载体的比表面积，得到具有活性的$MgCl_2$，需要提前对载体进行活化处理。目前，活化处理方式主要可以分为以下三种。

2.1 物理法

物理法也叫研磨法，它是早期使用的一种催化剂制备的方法。将$MgCl_2$、$TiCl_4$在氮气条件下进行研磨，破坏氯化镁的晶体结构，增加比表面积，以提高催化剂活性。该方法是通过外部机械力的作用，破坏没有活性的$MgCl_2$晶格，产生错位，降低晶体的有序度，产生了晶格缺陷，进而增加了比表面积，提高了催化剂的活性及空间定向性。这种方法的缺点是，由于研磨时无法确保受力均匀，因此对聚合活性和聚合物的形态都有一定影响，但此方法具有工艺简单的优势。胡有良也曾用此方法制造过$MgCl_2$载体，活性和聚合物等规组分虽有一定的提高却仍然无法满足工业进步对催化剂的要求。

2.2 化学物理法

化学物理法可分为两种，一种是将给电子体与$MgCl_2$一起研磨，得到活化的氯化镁，再在高温的条件下用$TiCl_4$处理；另一种是先将$MgCl_2$进行物理研磨，然后再用惰性溶剂洗涤，这样的处理方式虽然可以提高催化剂的活性和立体定向性，但是物理形态仍较差。随着越来越多且更好的载体制备方法的开发，因此，这种方法在工业上不再被应用。

2.3 化学法

化学法根据加入反应物的不同又可以分为三类，一类是用Mg与烷基氯溶剂反应。NOTO V D等人将两者混合后进行一系列反应，得到具有活性的$MgCl_2$。第二类是$MgCl_2$与苯甲酸乙酯、乙醇等给电子体反应，生成具有活性的$MgCl_2$。荣峻峰等人将无水的$MgCl_2$与正癸烷在氮气的保护条件下，装入带有回流冷凝器和机械搅拌器的玻璃瓶中，在一定的搅拌速度下，滴加给电子体乙醇，得到复合物后，利用重结晶或冷却结晶等方法得到具有活性的$MgCl_2$。第三类方法亦称为镁源化学转化法。将$Mg(OR)_2$或$Mg(OR)Cl$等在烃类溶液中与$TiCl_4$反应得到活性的$MgCl_2$。TH系催化剂即是以此方法制备的，主要在Basell公司的Hostalen工艺上应用，但催化剂活性较低，且聚乙烯颜色较深。之后辽阳石化研究院对TH系催化剂进行了一定的改进，以乙氧基镁为载体，分散于烃类溶剂中，在一定速度搅拌下，升温后进行滴钛，完成载体过程。目前此方法应用率较高，不仅是因为得到的$MgCl_2$所具备的活性高，而且还可以通过改变制备条件而控制$MgCl_2$的形态，得到具备所需优势条件的聚合物。虽然氯化镁为载体型的催化剂相比烷氧基镁载体型催化剂的催化效率高，但氯化镁的废弃物对环境有害，在保护自然环境，节能减排，绿色无污染的前提下，后者对生态环境影响较小，因此具备更加广泛的应用前景。

3 乙氧基镁为载体聚乙烯催化剂制备

大颗粒乙氧基镁为载体制备的聚乙烯催化剂，具有制备方法简单，得到的催化剂活性高、形态好、堆密度分布集中且高、聚合稳定、氢调灵敏，催化剂粒径分布较易控等优势，这是普通乙氧基镁所达不到的效果。

3.1 大颗粒乙氧基镁的制备

大颗粒乙氧基镁主要有以下四种制备方法：

北京化工大学张润聪依次向反应容器中加入氯化镁、乙醇、正癸烷后，待氯化镁全部溶解，加入碘，待单质碘全部溶解，再加入的二氧化硅，均匀搅拌一段时间，加入镁粉，缓慢升温，持续反应，之后用正己烷洗涤，真空干燥，即得到大颗粒乙氧基镁。其中癸烷与二氧化硅的参与反应后，不仅增大了颗粒，还改善了流动性能，提高乙氧基镁的堆密度。

吉林寰球公司赵晓君将镁粉加入到三口烧瓶中，然后加入0.023mol碘、乙醇的用量大于等于0.83mol，保持350r/min的搅拌速度，加热达到反应温度50℃。待反应结束后，在常温下使用已烷洗涤，并通过真空干燥后得到大颗粒的乙氧基镁。此方法也被称为直接合成法，在以增大粒径且得到最优堆密度的此条件下，制备出分散为1.0，堆密度为$0.30g/cm^3$以上的乙氧基镁，其中间隔时间的增加，会导致制得的乙氧基镁的粒径会越大，但对堆密度的影响不大。

大连理工朱建虎用以下两种方法制备大颗粒乙氧基镁：第一种在三口烧瓶中加入，再加入Mg、EtOH，再加入甲醇，异丙醇，正丁醇，异丁醇中的一种或两种，最后加入碘。此反应采用混合醇做反应物，在搅拌速度 350r/min，反应温度优选 60℃ 的优化反应参数下制备前提，虽然堆密度达到了 $0.45g \cdot cm^{-3}$，但粒径不够大。第二种在三口烧瓶中加入碘，EtOH 后升温，然后分次向烧瓶中加入 Mg 和 EtOH，反应结束后，在常温下用已烷进行洗涤、过滤，真空干燥后得到 $Mg(OEt)_2$。分批的次数越多，制得的粒径越大，相较于直接法，$Mg(OEt)_2$的堆密度有了很大的提高，此原因也许是分批的次数增加后，导致反应物的反应时常也有所增加，生成物的生长周期也随之变长，对整个结构有了一定的影响。但间隔时间的增加，只是导致制得的乙氧基镁的粒径增大，对堆密度的影响却很小。

由于大颗粒乙氧基镁的来源国内尚呈现空白，依赖于国外进口，以上制备大颗粒乙氧基镁的方法从试剂选择及制备方法均有所差异，可以根据不同的实验条件，目的产物的特点进行调控醇镁比例或卤镁比例、考虑各种原料的加入顺序，反应温度等条件、原料种类及其形状等选择适合的制备方法。

3.2 以乙氧基镁为载体的催化剂制备方法

张润聪先用氮气将 Schlenk 反应瓶中的空气进行置换，然后在氮气保护下将大颗粒乙氧基镁、多元素癸烷类给电子体、正癸烷，依次加入反应瓶中，一定温度下缓慢进行四氯化钛滴加，然后继续保温，再缓慢升温至一定温度反应后，沉淀过滤，用正已烷洗涤数次，真空干燥后，得到固体粉末催化剂。通过乙烯预聚合的方法进行催化剂聚合评价实验，得到的聚合物颗粒形态良好，催化剂具有良好的形态复制效果。

赵晓君与朱建虎将 N_2置换后且装有搅拌和温度计的圆底反应釜中，加入大颗粒的乙氧基镁、异丙醇、已烷溶剂或 200#溶剂油，升温且保持一定速率的搅拌，然后开始滴加四氯化钛，反应结束后，保温，用已烷在回流温度下洗涤，最后在常温下洗涤一次，即得到催化剂。其中温度在 50℃，溶剂 $10ml \cdot g^{-1}Mg(OEt)_2$，搅拌速度 350r/min，EtO 基含量与 Ti 含量接近 1∶1 时，为优选制备条件。而且 200#溶剂油和已烷的采购成本低廉，制得的催化剂成色较好。

辽阳石化 JM-1 催化剂是在制备 THB 催化剂的制备技术基础上，进行改进而研发的高活性、熔体流动速率调整较快、工艺参数平稳的高性能聚乙烯催化剂。将乙氧基镁与已烷置于 N_2置换后且配有温度、搅拌器的三口烧瓶中，在一定温度下开始滴加四氯化钛，结束后使用已烷将滤液中的游离钛洗掉，最后过滤并干燥，即获得流动性良好的 JM-1 催化剂。北化院 CN97104193.8 中提及以乙氧基镁为载体，在用高纯 N_2置换的装有搅拌器的反应瓶中溶于正癸烷中，在一定温度下进行滴钛后沉降，分离母液，配成已烷悬浮液，加入 $ZrCl_4$和烷基铝后反应一段时间，随后加入无水乙醇以提高孔道结构，经沉降、分离、洗涤、在 N_2干燥下得到粉末，滴加四氯化钛完成载钛过程后，滴加 $Si(OEt)_4$进行进一步修饰，沉降、洗涤、干燥得到催化剂。虽然以乙氧基镁为载体的催化剂制备方法有限，主要由于乙氧基镁原来的来源受限，若自主生产优质的大颗粒乙氧基镁，以此选择适用的制备催化剂条件，进而在现有的工业化基础上开拓创新，必将成为化工领域上的突破。

3 结论

载体活化方法中物理法优点是工艺简单，便于操作，缺点是受力不均匀，影响聚合物的活性和形态。物理化学法优点在于操作简单，缺点是物理形态差，工业上不适用。化学法中三种方法综合对比，优点是可根据所需形态的聚合物进行可控制备操作，缺点是操作步骤复杂，综合考虑化学法中的镁源法应用较为广泛。

以大颗粒乙氧基镁为载体制备催化剂，工艺比较简单，节约生产上的耗时，催化剂制备过程中提前完成活性载体的制备，进一步的改性，使载体的质量更加可靠稳定。通过调整载钛工艺，改变分布的活性中心，就可以得到具有目标性能的聚合物。

辽阳石化 JM-1 催化剂已在辽阳石化公司成功实现了工业上的应用，在此基础上，市场上对 HDPE 的具有多方面需求，可以根据所需进行一系列的改性等制备条件的探索研究，为日后的创新发展提供了有力的技术支持。

参 考 文 献

[1] 付义. 新型高效聚丙烯球星催化剂的放大研究[D]：大庆石油学院，2008.

[2] 三井石油化学工业株式会杜. 固体钛催化剂组分、含该组分的乙烯聚合催化剂和乙烯聚合工艺：1140722[P]. 199722(1).

[3] 林小杰，夏先知．丙烯聚合用高效球形 Ziegler-Natta 催化剂制备工艺研究进展[J]．合成树脂及塑料，2016，33(3)：71-75.

[4] 董春明．乙烯淤浆聚合催化剂的放大研究大庆[D]：东北石油大学，2011.

[5] 杨泽．Ti-Mg 催化剂的活性及载体研究杭州[D]：浙江大学，2008.

[6] Paolop P，Lucaianno N. High yield catalysts in olenfin polymeration. General outlook on theoretical aspects and indusrial uses[J]. Angewandte Makromolekulare chemie，1984，120(1)：73-90.

[7] CHADWIEK J C. Ziegler-Natta Catalysts in：Encyclopedia of polymer science and technology[M]. NewYork：John Wiley& Sons Inc，2003.

[8] GIANNINI U，CASSATA A，LONGI P，et al. Process for the stereoregular polymerization of alpha - oldfins：US，4336360A[P]. 1982，22(6).

[9] FORTE C M，COUTINJO M B F. Highly active magnesium chloride supported Ziegler - Natta catalysts with controlled morphology[J]. Europen Polymer Journal，1996，32(2)：223-231.

[10] PATADA A，RAJMANKIN T，CHIRINOS J. Study of the $MgCl_2$ recrystallization conditions on. Ziegler-Natta Catalyst PROPERTIES[J]. POLYMER bULLETIN，1999，43(2-3)：231-238.

[11] CHUNG J S，CHOI J H，SOMG I K，et al. Effect of ethanol treatment in the preparation of $MgCl_2$ support for the propylene polymerization catalyst. Macromolecules，1995，28(5)：1717-1718.

[12] 胡有良．烯烃聚合催化剂研究开发进展[J]．石化技术与应用，2002，20(1)：1-6.

[13] ASANUMA T，SHIOMURA T. Process for polymerization of alpha - olefins and catalysts therefore：US，4581426A[P]. 1986，08(4).

[14] BANZI V，BARBÉ P C，NORISTI L. Catalysts components and catalysts for the polymerization of oldfins US，4529716A[P]. 1985，16(7).

[15] NOTO V D，BRESADOLA S. New synthesis of a highly activeδ - $MgCl_2/TiCl_4/AlEt_3$ catalytic systems [J]. Macromolocular Chemistry and Physics，1996，197(11)：3827-2835.

[16] 荣峻峰，张巍，景振华等．一种烯烃聚合催化剂载体的制备方法：中国，1264713A[P].

[17] 吉恩-克劳德·安德鲁·伯利，斯苔连诺斯·圣迪斯．烯烃聚合催化剂的预活化载体及其制备方法：中国，1036852C. 1997，31(12).

[18] 徐秀东，谭忠，毛柄权．二烷氧基镁制备技术的进展[J]．化工新型材料，2010，38(9)：45-49.

[19] Virendra K Gupta，Marayil Ravindranathan. Supported catalysts for ehthylenepolymerization：studies with the magnesium diethoxide-tin tetrachloride-titanium tetrachloride/tetraisobutylalumoxane catalyst system[J]. Macromolecular Chemistry and Physics，1996，197(6)：1937-1943.

[20] 刘涛，夏先知，毛炳权．喷雾干燥技术在聚烯烃 Ziegler-Natta 催化剂制备工艺中应用的研究进展[J]．石油化工，2018，47(6)：641-647.

[21] 苟清强，俸艳芸，杨红旭等．载体对乙烯淤浆聚合用 Ziegler-Natta 催化剂的影响[J]．合成树脂及塑料，2016，33(2)：10-13.

[22] HOECHST AG. Verfahren zur herstellung eines poly-1-olefins：DE，4017661A1[P]. 1994，24(2).

[23] 姜明，闫成玉，李倩倩等．聚乙烯高效催化剂的开发及工业应用[J]．化工科技，2006，14(5)：11-15.

[24] 王帆，张润聪，李红明等．烯烃配位聚合 Ziegler-Natta 催化剂烷氧基镁载体的研制[J]．弹性体，2017，27(6)：1-11.

[25] 中国石油化工股份有限公司．一种用于乙烯聚合或共聚合的催化剂及其制备方法：1552743[P]. 2003，18(3).

[26] 张润聪．乙氧基镁载体化 Ziegler-Natta 催化剂及其催化乙烯预聚合初探[D]．北京化工大学，2017.

[27] 赵晓君．大颗粒乙氧基镁的制备方法研究[J]．当代化工研究，2018，()：153-155.

[28] 朱建虎．高密度聚乙烯催化剂的制备研究[D]．大连理工大学，2012.

[29] 徐秀东，谭忠，毛炳权．二烷氧基镁制备技术的进展[J]．化工新型材料，2010，38(9)：45-49.

[30] 姜明，张元礼，高晓玉等．Hoechst 淤浆法高密度聚乙烯催化剂的开发及工业应用[J]．石化技术与应用，2007，25(4)：327-331.

交联聚乙烯铝合金电缆技术及稀土对合金组织性能的影响

王大贺

（中国石油天然气股份有限公司辽阳石化分公司）

摘　要　中国是一个铜资源比较匮乏的国家，储量占比仅达到4%。铜精矿的供应不到30%，超过70%的比例需要依赖进口，这远远高于铁矿石和石油的对外依存程度。中国是全球最大的电线电缆生产和消费国。数据显示，2021年中国电线电缆产品产量约为5480万千米，销售收入1.1万亿元，预计到2026年行业需求规模有望达到1.8万亿元。其中约90%的电力电缆均为铜芯电缆，铝及铝合金芯电缆只占市场的10%左右。而电缆行业就消耗了50%以上的铜资源。在这样的矿产资源形势下，应该利用国内丰富的铝资源取代一部分铜资源消耗。在铝合金中加入微量稀土元素，可以显著改善铝合金的金相组织，细化晶粒，去除铝合金中气体和有害杂质，减少铝合金的裂纹源，从而提高铝合金的强度，改善加工性能，还能改善铝合金的耐热性、可塑性及可锻性，提高硬度、增加强度和韧性。稀土元素非常活泼，极易与气体(如氢)、非金属(如硫)及金属作用，生成相应的稳定化合物。稀土元素的原子半径大于常见的金属如铝、镁等，在这些金属中的固溶度极低，几乎不能形成固溶体。一般认为，稀土元素加入到铝合金中可起到微合金化的作用；此外，它与氢等气体和许多非金属有较强的亲和力，能生成熔点高的化合物，故它有一定的除氢、精炼、净化作用；同时，稀土元素化学活性极强，它可以在长大的晶粒界面上选择性地吸附，阻碍晶粒的生长，结果导致晶粒细化，有变质的作用。文中通过对比分析，简述了稀土元素改性处理对铝合金导体组织性能影响。

关键词　铝合金电缆；电力电缆；新能源；组织性能；稀土铝合金

1　国内外铝合金电缆发展现状

铝合金电缆是一个历史不长的朝阳行业，由于传统习惯、设计取费等原因国内仍多选用铜导体电缆，这使得我国电力行业铝金属使用比例远低于国外平均水平。美国、加拿大的输电线路几乎80%以上使用铝合金电缆，日本也达到50%，东南亚各国的使用量也逐年快速增长，但是中国目前所用电缆90%是铜电缆。

随着国内、国际能源发展新形势的变化，国内风电、光伏发电、新能源汽车等项目遍地开花，因发电形式的特点决定，此类电力并网距离相对较为偏远，电缆敷设及接引施工相对困难，新能源汽车应用铝合金电缆可以有效降低整备质量。这些客观需求为铝合金电缆的开发应用提供了机会。

2　铝合金电力电缆

铝合金电力电缆是以AA8030系列铝合金材料为导体发明的新型材料电力电缆，采用特殊压实工艺，退火处理等先进技术。铝合金电缆在电铝中添加合金元素，例如铜、铁、锌、硅、锰、镁、硼等。通过工艺调整大大提高了铝合金导体的机械性能，避免了纯铝导体的伸长率低，抗蠕变性能差以及灵活性差的问题，增加了电缆系统的连接可靠性。虽然铝合金电缆的导电性能改善不多，但是弯曲性能，抗蠕变性和耐腐蚀性大大提高，这可以确保电缆在长期过载和过热期间的连续性能。使用AA8030系列铝合金导体，可以大大提高铝合金电缆的导电性和耐高温性，解决了纯铝导体的电化学腐蚀和蠕变问题。在相同载流能力时，铝合金电缆的使用成本比铜电缆低30%以上。铝合金电缆重量轻，安装方便，安装成本也较低，使用铝合金电缆还可降低电缆丢失、盗割风险。它的成本主要在于初期的购买成本，因此使用铝合金电缆性价比更高。铝合金电缆生产工艺流程如图1所示。

3　铝合金电缆性能

3.1　导电性能

用相同规格的电缆作比较，铝合金导体的导电率是最常用国际退火铜标准(IACS)的61%。但在同样体积下，铝的实际重量大约是铜的三分

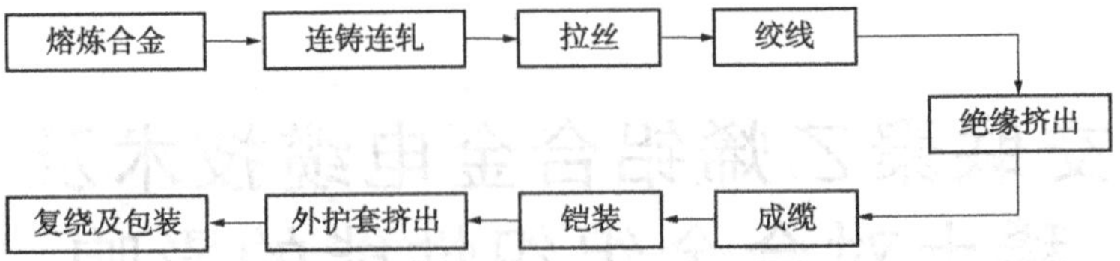

图 1　铝合金电缆生产工艺流程图

之一，按照该计算，在满足相同导电性能的前提下，相同重量的铝合金电缆的长度是铜缆的两倍。因此，铝合金电缆的重量是同样载流量的铜缆的一半。当铝合金电缆的导体截面积是铜芯的 1.5 倍时，其电气性能基本相当。使用铝合金电缆以取代铜缆，可以减少电缆的重量，同时相应地降低安装成本，减少设备和电缆的磨损，使安装工作更为轻松，如图 2 所示。

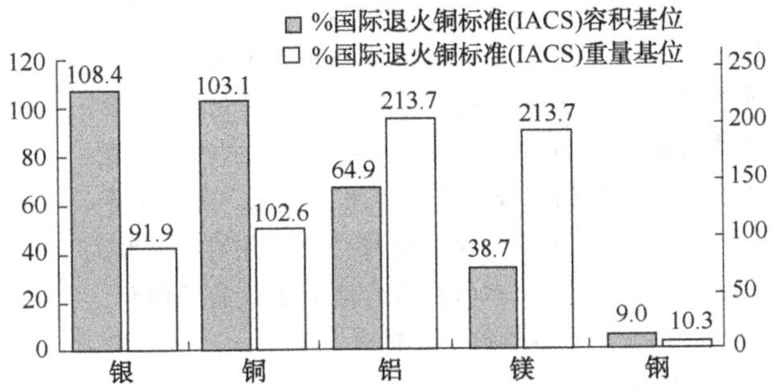

图 2　纯金属的相对导电率

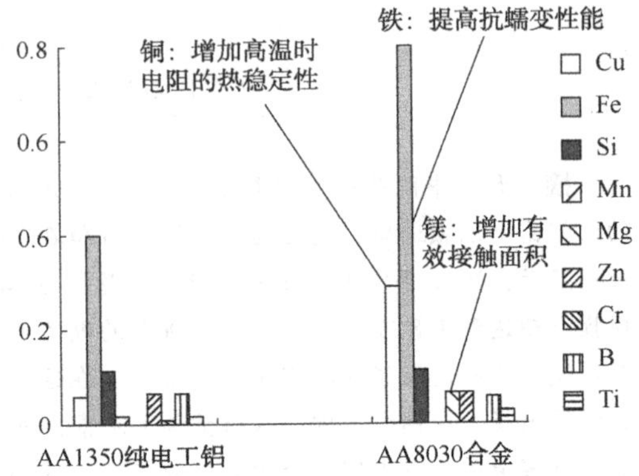

图 3　AA8030 铝合金与纯电工铝元素对比

3.2　连接性能

铝合金电缆的特殊合金配方与热处理工艺大大减少了金属在受热和压力下的“蠕变”倾向，导体的合金成分大大改进了其连接性能，这是它被批准为 ACM 导体材料的根本原因。特别是添加适当的铁元素，极大地增强了抗蠕变性能，即使在长时间过载和过热时，也能保证连接稳定性。质量合格的铝合金电缆通过 GB/T 9327 规定的 1000 次热循环端子连接器试验，结果表明其性能与同样方式连接的铜导体的性能相同，这从根本上保证了连接的长期稳定性和可靠性，是评判连接质量的唯一依据。只要按照规范要求安装，铝合金电缆不会发生故障，电缆的连接不必也不应经常紧固，因为这反而会破坏其连接性能，如图 3 所示。

3.3　防腐性能

铝合金导体的防腐性能源自当合金表面与空气接触时立即形成薄而致密的氧化层。这种氧化层特别耐受各种形式的腐蚀。铝合金能承受恶劣环境的特点使其被广泛应用于托盘内电缆的导体，以及许多工业元件和容器。

腐蚀的产生通常与不同的金属在潮湿环境中连接有关，即电化学腐蚀，可使用相应的保护措施来防止腐蚀的发生，比如使用润滑油、抗氧化剂和保护涂层。直埋敷设的铝合金导体应使用绝缘层或护套层来防止腐蚀。在含硫的环境中，例如铁路隧道、污水处理等和其他类似的地方，铝合金的抗腐蚀性能大大优于铜。

3.4　交联聚乙烯绝缘及铠装性能

电缆绝缘层和护套层均采用聚乙烯材料，既提高了电缆的耐热性能、阻燃性能和绝缘性能，又减轻了对环境的污染和人体的伤害，便于消防工作。聚乙烯不含卤族元素，低烟无卤，发生火灾后不发烟，无刺激性气体溢出，以往使用的聚氯乙烯绝缘材料恰恰是产生大量有毒气体的根源。

在中国，配有钢带铠装的铠装电缆是最常见的，但是其安全等级较低，对于外部破坏力的抵御能力差，使得其易破裂，其重量大，安装成本高，各项性能都不及铝合金电缆。新型铝合金电缆采用铝合金带互锁装甲，层间的侧锁结构确保电缆能够承受强大的外部破坏力。即使电缆受到很大的压力和冲击力，电缆也不容易被击穿。同时，铠装结构会在电缆和外界中间形成一层保护层，加强了铝合金电缆的阻燃性和耐火性，使其使用更安全。

3.5　性能对比

铝合金电缆与铜电缆、铝电缆综合对比如表 1 所示。

表 1　铝合金电缆与铜电缆、铝电缆综合对比

		铝合金电缆	铜电缆	铝电缆
机械性能	抗拉强度	优(最大跨度 4000m)	中(最大跨度 2750m)	差
	延伸性能	高(30%)	高(43%)	差
	弯曲半径	7D(D 为电缆外径)	15~20D	7D
	抗蠕变性	优	中	热稳定性差
连接性能		稳定	稳定	接头易松
防腐蚀性		好	差	好
安装成本		低	高	低
材料成本		中	高	低
使用寿命		40 年	30 年	20 年

由表 1 可知，铝合金电缆具有比传统电缆更强的柔韧性能，安装时需要的拉力比铜缆小很多。铝合金电缆改善了铝电缆的抗拉强度，可支撑 4000m 长度的自重，而铜电缆只能支撑 2750m，这种优势在大跨度建筑(如体育场馆、礼堂等大型建筑物中)配线时尤为突出。

工业应用中铜芯电缆有三大不足：

(1) 铜价高，造成项目投资成本大；

(2) 铜资源缺乏，大部分依赖进口；

(3) 铜芯电缆重量大，施工成本高。

工业应用中铝芯电缆有三大风险：

(1) 在接头处形成间隙，造成接触电阻变大，降低电气性能；

(2) 端子处脱落，造成漏电，或接触不良，产生火花，引起火灾；

(3) 容易折断，或在弯曲处留下裂痕，造成电阻增大而发热。

铝芯电缆三大风险的第 1 和第 2 条是铝芯导体的抗蠕变性能差而引起的，第 3 条是铝芯导体的延伸性差而引起的。铝合金导体特殊的合金配方和制造工艺使得导体的抗蠕变性和延伸性大为改善，导体的蠕变量只有纯铝的 1/15，与铜芯导体的蠕变量基本一致，延伸性比铝导体提高了 30%，这样就彻底消除了铝芯电缆的三大风险，保证了电缆长期运行的安全。

4　稀土对 8030 铝合金组织性能的影响

4.1　稀土改性处理对铸态组织的影响

见图 4 为有无稀土添加 8030 铝合金电缆的金相组织，可以看在添加 La+Ce 元素进行稀土改性处理后，8030 铝合金的铸态晶粒组织明显细化。而且，稀土改性处理后平衡共晶组织也得到细化，并且面积分数减少。

图 4　(a)无稀土，偏振光；(b)无稀土，正常光；
(c)La+Ce 混合稀土改性，偏振光；(d)La+Ce 混合稀土改性，正常光

4.2　稀土改性处理对均匀化退火后组织的影响

见图 5 为有无稀土添加 8030 铝合金电缆的金相组织。与无稀土添加时相比，添加 La+Ce 元素均匀化退火未回溶的第二相尺寸更小。

4.3　稀土改性处理对挤压杆组织和性能的影响

见图 6 为有无稀土处理 8030 铝合金挤压杆中心面上的晶粒组织。可以看到挤压后的有无稀土 8030 铝合金挤压杆晶粒形貌均表现为等轴晶，但经稀土改性处理的 8030 铝合金挤压杆的晶粒组织更加细小均匀，再结晶程度更低。

见图 7 为有无稀土处理 8030 铝合金挤压杆在扫描电镜下的微观组织。与无稀土改性处理 8030 铝合金挤压杆相比，稀土改性处理的 8030 铝合金挤压杆截面上的第二相尺寸更小。

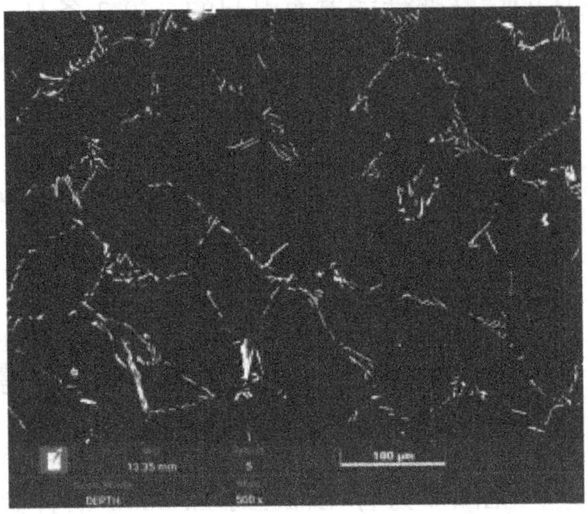

(a)

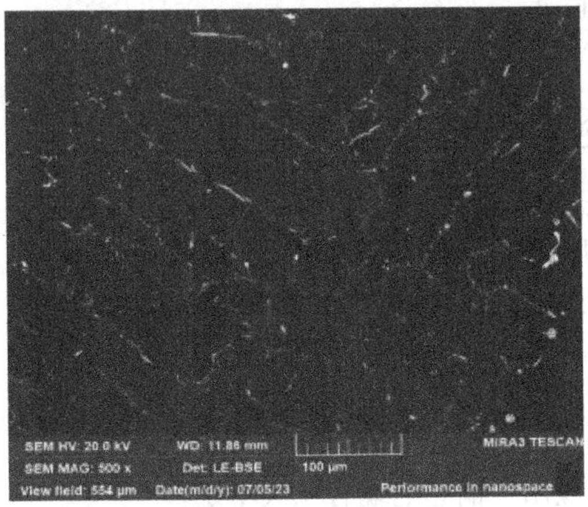

(b)

图 5　(a) 8030 铝合金；(b) 稀土改性处理

(a)

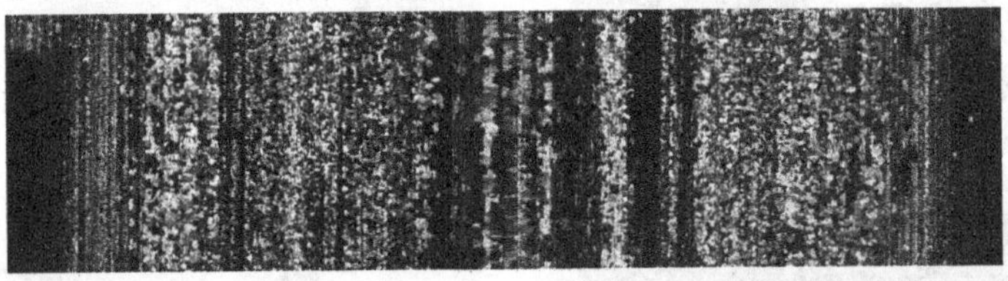

(b)

图 6　8030 合金挤压杆金相组织：(a) 无稀土；(b) La+Ce 混合稀土

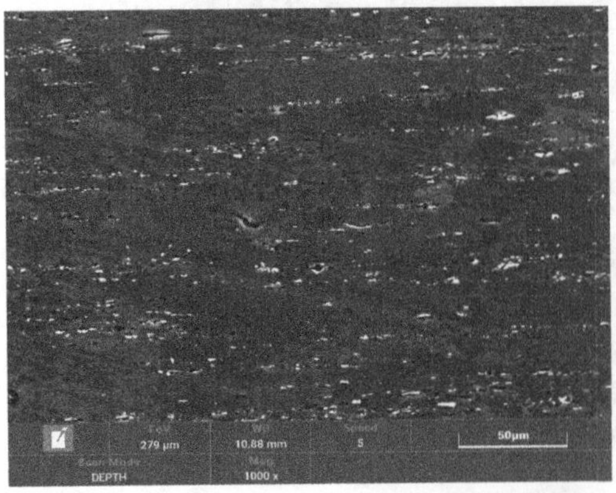

(a)

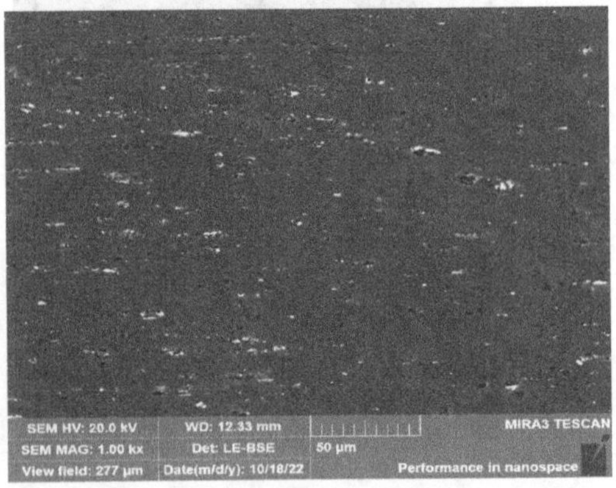

(b)

图 7　挤压态 8030 铝合金 SEM 照片：(a) 无稀土；(b) La+Ce 混合稀土

4.4 稀土改性处理对导线组织和性能的影响

见图8为有无稀土处理直径3.15mm的8030铝合金拉拔态导线中心截面上的金相组织。可以观察到，有无稀土改性处理导线的组织均为纤维状组织。但是，稀土改性处理之后，纤维状组织的宽度明显减小。

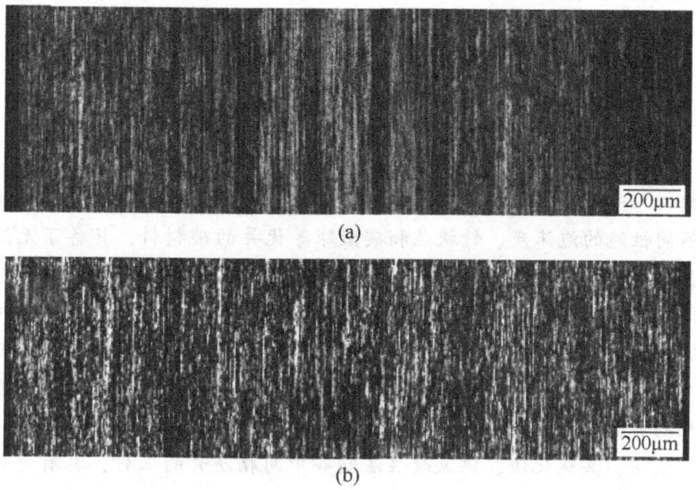

图8　拉拔导线截面上的金相组织：(a)8030铝合金；(b)La+Ce混合稀土

4.5 稀土改性处理对力学性能和导电率的影响

见图9为有无稀土处理8030铝合金挤压杆的应力应变曲线。无稀土改性处理8030铝合金挤压杆抗拉强度99MPa，延伸率为26%；稀土改性处理的8030铝合金挤压杆抗拉强度101MPa，延伸率为32%。经过稀土改性处理后，8030铝合金的强度略有增加，延伸率则增加明显。另外，对有无稀土处理8030铝合金的导电率进行了测量。发现稀土改性处理后导电率略有增加，有无稀土处理8030铝合金挤压杆样品的导电率分别为61.8%IACS和61.9%IACS。

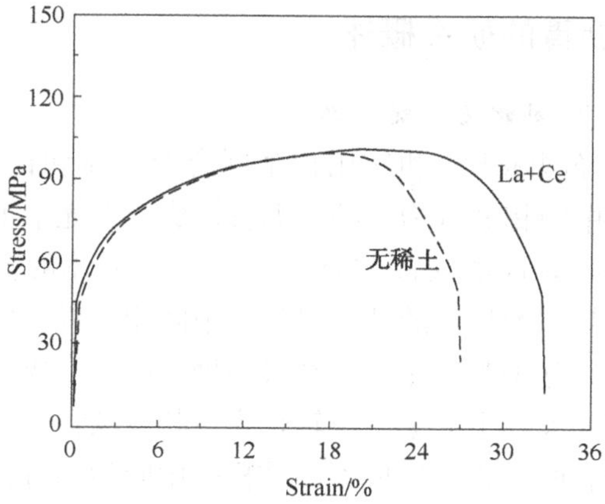

图9　有无稀土改性处理8030铝合金挤压杆应力应变曲线

5 结束语

国外开发的铝合金导线应用于民用与建筑低压配电领域已有多年的历史，是一种安全、可靠、经济的导体。在国内铝合金电缆的推广，需要打破人们对铝芯电缆性能低劣的根深蒂固的观念，有赖于电力行业中各个领域及相关部门的专家对铝合金电缆的客观评价，并适时地根据其特点制定相关规范以引导其在电力行业中的应用。

目前，国内铝合金导体材料的研发达不到国际先进水平，主要电缆制造厂商使用的铝合金材料基本依靠采购国外具有专利技术的品牌产品，价格较高。因此，我们国家对铝合金导线研发具有迫切性。稀土改性处理可以更加优化8030铝合金的组织性能，稀土的化学性质很活泼，与铝及铝合金作用可以显著改善铝及铝合金显微组织和提高其力学性能。因此，建议熔炼过程中添加稀土对合金进行改性处理。高强高导稀土铝合金电缆必将成为将来电缆行业发展的新方向。

参 考 文 献

[1] 周晓霞，张仁元，刘银峁. 稀土元素在铝合金中的作用和应用. 新技术新工艺材料与表面处理，2003年第4期，43页.
[2] 李恒果，崔传世，李贵全等. 交联聚乙烯铝合金电缆技术及经济性分析. 机电技术应用，2019，1月上，167页.
[3] GB/T 9327—2008 额定电压35kV及以下电力电缆导体用压接式和机械式连接金具试验方法和要求. 北京：中国标准出版社，2009.
[4] 吴振江. 铝合金导体应用发展历程及现状. 有色金属材料与工程，2018. 39卷，第四期，42页.

催化油浆重组分制备中间相沥青的探究

贾钧升　张晓琳　莫娅南　洪庭相　谷思宇

（中国石油天然气股份有限公司辽阳石化分公司）

摘　要　从碳基材料入手，引入了中间相沥青，以其作为新型碳材料的优异前驱体，通过控制工艺条件，可以分别制备出不同性能的泡沫炭、针状焦和碳微球等优异的碳材料，具备了无法估量的工业应用前景。同时中间相沥青具备原料来源广泛、成本低廉、高氧化活性、易于石墨化、熔融态黏度和组成结构可调控以及软化点低等优点，使其具备了更加多样的可调节性，丰富了其在工业上的应用领域。从中间相沥青的性质，结构以及国内外的研究进展多方面切入，剖析中间相沥青的发展状况，及应用前景，并利用其制备出其他化工产品。中间相沥青的形成理论有三种，包括传统理论，溶液理论以及颗粒基本单元构筑理论，充分解析了中间相沥青的形成过程，并且可以了解中间相沥青的微观形态，并从几种制备方法展开说明，其中采用直接热缩聚法、共碳化法、供氢改性法制备中间相沥青的三种，具有更好的产品性质，在高温条件下，原料能够快速的发生热裂解，产生了大量的自由基，芳香分子的缩聚；同时，能够提供一个合适的反应环境，促进中间相小球的生成。共碳化剂中含有丰富的烷基侧链结构和环烷结构，在反应过程中极易裂解，产生大量的自由基，提高了体系的反应活性，促进了中间相沥青的生成。供氢改性法，提高了体系中环烷结构的量，弥补了原料的不足，改善了反应体系的黏度，有利于中间相沥青的生成。

关键词　中间相沥青；直接热缩聚；共碳化；供氢

1　前言

自上世纪以来，国防技术飞速发展，全世界对航空领域的研究更加深入，促进了功能性碳材料的快速发展，涌现出了多种碳纤维及其复合材料等。在二十世纪末，C60、碳纳米管等打开了新型碳材料领域的大门，促进了新型碳材料的发展和应用。近二十年来，高强度的沥青基碳材料、高导热性新型碳材料等得到了广泛的应用，因其原料来源丰富，性能优异的特点，有着良好的应用前景。然而，优化新的工艺路线，是开发新型碳材料的核心所在。

中间相沥青是制备新型碳材料的优异前驱体，通过不同的工艺方法和条件，可以制备出不同的碳材料，而且中间相沥青具备原料来源广泛、成本低廉、高氧化性、易于石墨化以及软化点低等优点，丰富了其在工业上的应用领域。

中间相沥青以其优异的性能及应用价值，受到了很多科研工作者的关注，开始了进一步的研究。主要集中在三个方面：原料的组成和性质、工艺路线的选择和参数的探索。煤沥青具有较高的缩合度，促进中间相小球的生成，但具有较多的杂原子，导致中间相沥青性能下降。使用模型芳烃化合物作为原料时，反应条件苛刻，缩聚反应困难，很大程度的限制了其在中间型沥青制备领域的应用。而石油沥青以其价格低廉，来源丰富，含有多种芳烃结构，是制备中间相沥青的优质原料，FCC 油浆含有高含量的重组分和芳烃分子，在脱除其中含有的催化剂杂质以及固体残渣后，可以作为制备中间相沥青的材料。

2　沥青的研究概述

2.1　中间相沥青的定义

经国际理论和应用化学联合会交流和讨论，定义中间相沥青为一种由沥青形成，在光学上具有各向异性的液晶状态，同时具备流体的流动性，是一种特殊的液晶材料。中间相沥青一般是由芳烃分子和环烷分子经过缩聚反应，形成平面状稠环大分子，进一步转化为棒状或圆盘状分子进行有序堆积，形成不同结构的中间相沥青，其形貌呈现从球形中间相沥青向体中间相沥青过渡的多种形态。

2.2　中间相沥青的结构和性质

中间相沥青的相对分子量一般在 370～2000 范围内，约为各向同性沥青的 3～4 倍，氢碳原子比约为 0.35～0.5，密度介于 1.4g/cm^3 和

1.6g/cm^3 之间，含挥发分约为 15%－20%。另外，中间相沥青的结构组成与原料和工艺条件有着密切的关系，在制备中间相沥青的过程中，通过对原料的热处理或者改性，其亚组分、残炭值等物性参数会随之变化。中间相沥青是一种具有各向异性的叠层向列液晶，经过国际权威结构的认证，对不同排列结构的中间相沥青进行了分类，包括进晶液晶、向列液晶和胆甾液晶。通常，经过碳化反应生成的中间相沥青属于向列液晶，其组成分子以杆状分子形式平行排列，中心呈先无次序结构，而在碳化过程中生成球形的液晶结构，也就是中间相小球，其内部分子层片的取向具有多样性，稳定性也各有不同。

2.3 国内外研究进展

自上世纪六十年代起，世界各国的工作者开始陆续的开展了中间相沥青的研究，其理论上的研究以及在工业上的应用取得了不错的进展。在1961 年，澳大利亚的科学家在进行煤加工实验的过程中，首次发现了具有向异性光学结构的中间相小球，并成功观察到了中间相沥青从中间相小球到镶嵌结构的中间相沥青的整个形成过程。随后，他与 Brooks 合作，利用电子衍射技术，对中间相小球的行程过程有了进一步的认识，引出了中间相沥青的转化理论。随着科学研究工作的进一步的深入，中间相沥青逐渐成为了人们的研究热点，相继出现了众多关于中间相沥青的报道。1969 年，美国科学家 White 研究了中间相沥青的叠层去电，提出了缺陷结构的形成机理；1972 年，日本科学家本田应昌和德国科学家 Huttinger 共同提出了不同结构的中间相小球的结构模型；随后，日本科学家持田勲和美国科学家 Singer 各自提出了关于中间相沥青形成时，产物分子的有序堆积和排列结构，进一步完善了中间相沥青形成过程的理论；在 1979 年，英国科学家 Marsh 和美国科学家 Walker 合作发表了一本关于中间相沥青形成过程的著作；随后，美国科学家 Friel 利用透射显微镜对中间相的形成过程进行了深入的观察和研究，完善了中间相沥青的形成理论，对新型碳材料的开发和应用起了不可或缺的理论指导作用。

另外，我国对中间相沥青的研究也作了大量的工作，尽管时间较短，但是以天津大学、北京化工大学和中科院山西煤炭化学研究所等科研单位以及众多著名学者对此领域进行了深入的研究，并取得了不错的成果。

3 中间相的形成理论

随着国内外学者对中间相沥青的研究，人们对中间相沥青的认识不断加深，在不同的时间段对其形成过程和机理作了理论上的分析，包括传统理论，“微域构筑”理论和“颗粒基本单元构筑”理论。另外，随着交叉学科的发展，国内外专家结合其他领域的知识，针对中间相沥青的形成过程提出了溶液理论。

3.1 传统理论

基于早期和中期的唯象学认识，人们提出了中间相的传统形成理论：在氮气氛围的保护下，原料中的芳烃分子经过裂解、芳构化、稠环化等一系列热反应，形成大量的平面稠环芳烃大分子，在反应体系中进行有序的排列和堆积，最终受到表面张力的作用形成球体；而随着反应的进一步进行，体系中的小球逐渐增多，在不断地接触下。小球逐渐相互碰撞进行融并，内部方向层相互插入，经过不断生长，逐渐形成大球；当球体的尺寸过大时，表面张力难以维持其球形结构，球体破碎，形成镶嵌形或者广域形光学结构的中间相沥青，其形成过程如图 1 所示。

但是，随着研究的深入，人们逐渐发现穿传统理论存在一些缺陷，无法解释中间相形成过程中的一些现象：中间相小球的长大过程；球体中间相沥形成过程中出现了小分子插入到中间相沥青分子片层之间的行为；中间相小球融合与反应体系数量之间的矛盾关系；中间相沥青的融并行为。因此，传统解释不能很好地阐明中间相的形成和发展过程。

3.2 颗粒基本单元构筑理论

随着我国科学技术的发展，众多学者对中间相沥青的研究也取得了不错的进展，科学家李同起、王成扬等人经过对中间相沥青多年的研究，在非均相成核的基础上提出了“颗粒基本单元构筑”理论：中间相沥青在形成过程中经历了不同的三级结构发展阶段：一级结构是芳烃小分子经过热缩聚形成的平面稠环大分子；二级结构是平面稠环大分子通过有序的堆积、排列而形成的中间相构筑单元；三级结构是由中间相构筑单元堆积形成的中间相球体如图 2 所示。同时，基本单元不仅仅限于球形，也可以为其他形状，更加合理的揭示了中间相沥青形成过程中基本组成单元的多样性，为中间相沥青的进一步研究提供了有据的理论支持。

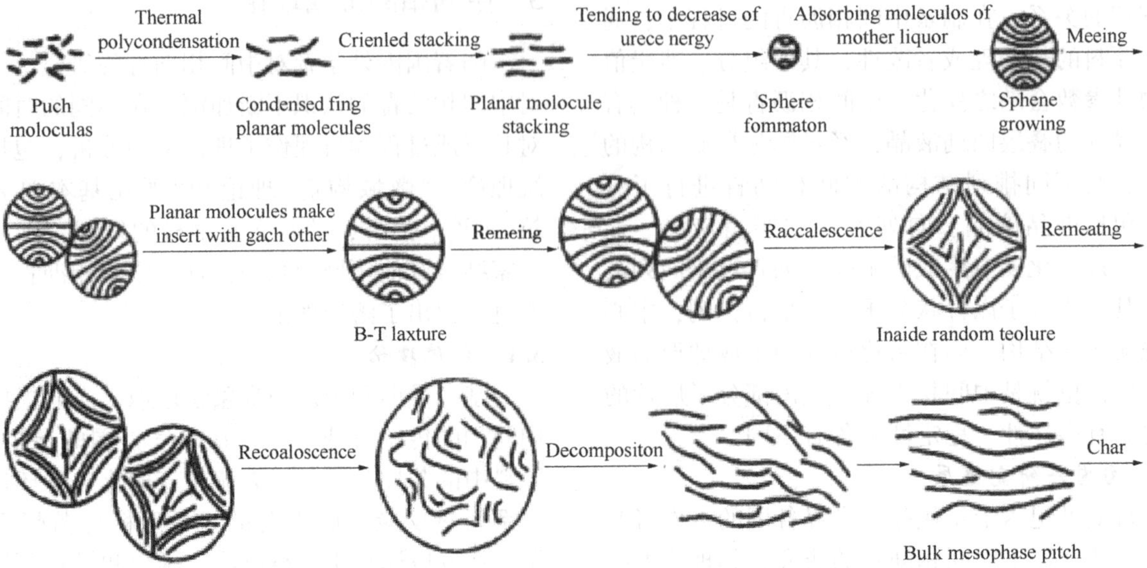

图1　中间相沥青的形成过程

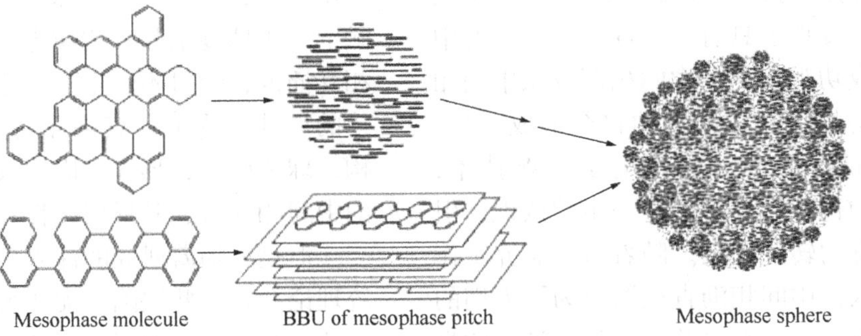

图2　颗粒基本单元构筑中间相沥青形成过程

3.3　溶液理论

随着众多学者对中间相沥青研究的深入，中间相沥青的形成理论逐渐形成和完善，研究发现反应体系中发生主反应的同时会发生多种副反应，导致无法进行精确地分析和研究，给科研工作者带了严峻的挑战。为了对中间相沥青形成进行精确地定量研究，相关工作者提出了溶液理论。Shishio等人利用理想溶液状态下的液晶理论进行研究中间相沥青的相变化过程，通过对沥青的亚组分的分析，将中间相沥青的反应看为二元体系反应。Bates等人根据双势理论研究中间相沥青在常温常压下的相转变过程，认为平面化程度高的芳香分子有利于形成各向异性结构的向列型液晶。

4　中间相沥青的制备方法

4.1　直接热缩聚法

直接热缩聚是制备中间相沥青最基本的方法，原料在氮气氛围的保护下，经过高温和高压处理，进行了一系列复杂的热反应（热裂解反应，脱氢芳构化，热缩聚反应），反应产生的小分子伴随着轻组分逸出反应体系，体系内黏度增大，分子的缩合度不断加深，经过一系列的排列反应，最终生成了中间相沥青。1971年，日本著名学者大谷杉郎教授早期对中间相沥青的形成做了大量的工作，以纯芳烃分子四苯并噻吩作为原料，通过直接热缩聚的方法得到了含量高、光学结构优异的中间相沥青。而在1978年，Lewis团队通过直接热缩聚的方法，制备了一种高溶解度的中间相沥青，并将其作为原料进一步反应制得高模量的碳纤维。

直接热缩聚法制备中间相沥青具备工艺操作简单的优点，但是其对原料的结构性质较为苛刻，大部分原料由于性质较差的原因无法通过此方法制备优异的中间相沥青。

4.2 共碳化法

在制备中间相沥青的过程中，为了弥补原料的缺陷，共碳化法成为了中间相沥青领域的研究重点。共碳化法是指在原料中添加共碳化剂共同发生反应，改善反应体系，通过改变产物的分子结构组成，最终制备性能优异的中间相。在共碳化制备中间相沥青的过程中，共碳化剂具备多重作用，不仅可以作为反应晶核促进产物液晶结构的生成，还可以为反应体系提供氢自由基，促进反应体系的氢转移反应。同时，共碳化剂在高温高压下，可以作为一种溶剂，改善反应体系环境，降低体系黏度，最终改变碳化过程，影响中间相沥青的性能。

Mochida 团队通过煤沥青和石油沥青共碳化制备中间相沥青，考察了共碳化剂的添加量以及结构性质对中间相沥青性能的影响，同时发现了原料与共碳化剂会发生匹配效应，决定着共碳化剂对中间相沥青的改性效果。另外，国内学者宋怀河团队通过对催化裂化富芳烃馏分油和煤焦油沥青共碳化制备中间相沥青的研究，发现了在碳化过程中会发生氢转移反应，促进了热反应的进行，同时实现了对原料沥青的改性，进而制备性能优异的中间相沥青。

4.3 供氢改性法

软化点是中间相沥青性能评价的重要标准。而原料的氢碳原子比直接影响着中间相沥青的流变性能和软化点，因此，对原料进行加氢改性是一种提高中间相沥青性能的有效途径。供氢改性法是通过提供一种氢气气氛或者供氢剂等添加剂，改变了反应历程，实现对中间相沥青的改性，提高产物的氢碳原子比，进而改善中间相沥青的性能。目前，供氢的方法有两种，直接加氢和间接加氢。通过供氢处理，反应体系中的环烷结构显著增多，氢碳原子比升高，降低了反应体系的黏度，有利于中间相沥青的形成。Oyabu 等人以四氢喹啉为供氢剂，通过一系列的热反应，提高了中间相沥青的氢碳原子比，制备出了具备大流域结构的中间相沥青。另外，Mochida 团队通过对原料进行供氢改性，改善了原料的结构组成和性质，进一步改善了中间相沥青的光学结构，进而达到改善产品性质的目的。

4.4 交联改性法

交联改性法是指在反应体系中加入交联剂，使原料在交联剂的作用下生成大分子，达到提高分子量的目的，进而提高中间相沥青的性质。交联剂的选择主要是根据其是否具备一个能够提供不饱和键的官能团，如碳碳双键和羰基等，或者是否能够发生消去反应，这是重中之重。目前，常用的交联剂主要是醛类、醇类等化合物。日本学者曾将 $C_{10}H_8$ 作为原料，通过添加乙基类物质将原料连接成低聚物，并进一步通过缩聚反应，制备出具备流域性结构的中间相沥青，这也是在世界上首次关于中间相沥青交联改性的报道。另外，我国学者宋怀河团队以纯芳烃均四苯为原料，三聚甲醛为交联剂，二甲苯磺酸为催化剂，通过热缩聚的方法制备出性能优异的中间相沥青。但是，在反应过程中，由于温度的过高，导致了体系内原料和交联剂的聚合程度无法控制，导致现阶段应用此方法的研究较少。

4.5 烷基化改性法

烷基化改性法是制备中间相沥青一种有效途径，收到了广大学者的关注。烷基化改性法是指通过一定的工艺路线，在原料沥青的分子上引入烷基集团，对其组成和结构进行调控，增加了产物中烷烃分子，改变了反应体系的黏度，同时影响了产物分子片层结构的排列，改善了中间相沥青的光学结构和性能。

Korai 团队使用 A240 沥青和煤焦油沥青作为原料制备中间相沥青，通过对两种原料和产物的对比分析，发现了原料中烷基结构分子和环烷结构分子的含量对产物的性质有着明显的影响，会降低产物的软化点，提高产物的流动性能，同时影响着中间相沥青的性能和光学结构。同时，该团队还对比了由萘和甲基萘制备的中间相沥青，发现后者制备的中间相沥青性能光学结构和性能更加优异，验证了原料中烷基结构影响中间相沥青性能的结论。但是目前改性法工艺手段过于复杂，存在催化剂等技术难关，尚未工业化。

5 结论

通过对中间相沥青结构与性质的剖析，以及对中间相沥青形成理论的研究，从几种制备方法中总结出直接热缩聚法，共碳化法，供氢改性法三种方法是比较好的制备方法：

（1）热缩聚法，在高温条件下，原料能够快速的发生热裂解，产生了大量的自由基，芳香分子的缩聚；同时，能够提供一个合适的反应环境，促进中间相小球的生成。但是，温度过高会导致产物的过度缩聚，温度较低不利于中间相沥青的形成。另外，反应时间决定着中间相沥青的发育情况，时间过短，产物中中间相沥青的融并受到限制，无法生成流域结构的中间相沥青；而时间过长，同样会到导致产物的过度缩聚，甚至碳化。因此，合适的反应时间有利于生成性能优异的中间相沥青。

（2）共碳化法，共碳化剂中含有丰富的烷基侧链结构和环烷结构，在反应过程中极易裂解，产生大量的自由基，提高了体系的反应活性，促进了中间相沥青的生成。同时共碳化剂在高温下，可以作为一种溶剂，改善反应条件，提高中间相沥青的品质。

（3）供氢改性法，提高了体系中环烷结构的量，弥补了原料的不足，改善了反应体系的黏度，有利于中间相沥青的生成。供氢改性法是通过提供一种氢气气氛或者供氢剂等添加剂，改变了反应历程，实现对中间相沥青的改性，提高产物的氢碳原子比，进而改善中间相沥青的性能。

参 考 文 献

[1] 贺福．碳纤维及其应用技术[M]．北京：化学工业出版社，2004.

[2] 赵稼祥．日本三菱化学公司炭纤维的进展[J]．炭素，2001(3)：7-11.

[3] 刘以红，罗运华，程健．石油渣油制备针状焦研究-中间馏分热反应研究[J]．新型炭材料，2003，18(2)：128-132.

[4] 黄美荣，李新贵．中间相沥青的制备与应用[J]．石油化工，1998，27(1)：62-66.

[5] Mochidal, Yoon, S H, Korai, Y et al. Carbon Fibers from Aromatic Hydrocarbons[J]. Chemtech, 1995, 25(2): 29-37.

[6] Wang M X, Wang C Y, Chen M M, et al. Bubble growth in the preparation of mesophasepitch - based carbon foams [J]. New Carbon Materials, 2009, 24(1): 61-66.

[7] 水恒福，冯映桐，沈本贤，等．煤沥青程序升温中间相转化动力学研究[J]．材料化工学报，1999，27(6)：541-545.

[8] 段春婷，郑冬芳，刘均庆，等．中间相沥青表征研究进展[J]．新型炭材料，2018，33(03)：193-202.

[9] 崔强，谷小虎，海国栋．煤基沥青中间相研究现状[J]．煤炭加工与综合利用，2017(08)：76-80.

[10] 王惠，乔占平，董发昕，等．石油沥青制备中间相沥青[J]．材料科学与工程，2001，19(2)：58-60.

[11] 李同起，王成扬，郑嘉明，等．非均相成核中间相炭微球的形成过程及其结构演变[J]．新型炭材料，2004，19(4)：281-288.

[12] Brooks J. D, Taylor G. H. Chemistry and physics of Carbon [M]. New York: Marcel Dekker, 1968: 243-244.

[13] Brooks J. D, Taylor G. H. The formation of graphitizing carbons from the liquid phase[J]. Carbon, 1965, 3(2): 185-186.

[14] 薛锐生，沈曾民．中间相沥青微球的活化[J]．炭素技术，2001(5)：1-4.

[15] 大谷杉郎真田雄三，谈化工学基础[M]．中科院沈阳金属研究所，兰州炭素厂研究所，1985.

[16] Gallego N C, Edie D D, Nysten B, et al. The thermal conductivity of ribbon-shaped carbon fibers[J]. Carbon, 38(7): 1003-1010.

[17] 李同起，王成扬，郑嘉明，等．非均相成核中间相炭微球的形成过程及其结构演变[J]．新型炭材料，2004，19(4)：281-288.

[18] 田娟，朱国荣，黄华．中间相沥青的研究及应用[J]．广东化工，2018，45(15)：167-168.

[19] Greinke R A, Singer L S. Constitution of co-existing phase in mesophase pitch during heat treatment: Mechanism of mesophase formation [J]. Carbon, 1988, 26: 665-670.

[20] L. C. Lewis, E. M. Dickinson, D. J. miller and J. Amos. Sympsium on Chemistry of Carbonization of Petroleum Feedstocks[C]. Los Angeles Meeting, 1998.

[21] 盛英，李克键，朱晓苏．中间相沥青的研究及利用[J]．洁净煤技术，2008，14(6)：32-35.

[22] 梁伯润，颜德岳．高分子液晶的表征[J]．高分子材料科学与工程，1990，6(3)：1-6.

[23] Hu Y., Hurt R. H., Thermodynamics of carbonaceous mesophase: Ⅱ. General theory for nonideal solutions [J]. Carbon, 2001, 39(6): 887-896.

[24] 李伏虎，沈曾民，迟伟东，等．乳化法制备中间相碳微球的微观结构及其电化学性能[J]．化工进展，2010，29(3)：511-520.

[25] Shishido M., Inomate H., Arai K. Application of liquid crystal theory to the estimation of mesophase pitch phase-transition behavior [J]. Carbon, 1997, 35(6): 797-799.

[26] Bates M. A., Luckhurst G. R., Computer simulation studies of anisotropic systems XXVI. Monte Carlo investigations of a Gay-Berne discotic at constant pressure [J]. Journal of Chemical Physics. 1996, 104(17): 6696-6709.

[27] 宋怀河，沈曾民，薛锐生．热缩聚工艺条件对中间

相微球形成的影响[J]. 新型炭材料 . 1998, 13(4): 23-27.

[28] Mochida I, Zeng S, Korai M, et, al. Recent developments in the Dubinin equation[J]. Carbon, 1989, 27(1): 125-128.

[29] 杨国伟，迟伟东，沈曾民，等. 沥青基中孔碳纤维的制备及其吸波性能[J]. 化工进展, 2009, 28(8): 1400-1404, 1414.

[30] Cottinet D. Raman microprobe study of heat-treated pitches[J]. Carbon. 1988, 26(3): 339-344.

[31] Mochidaisao. Carbonization in the tube bomb leading to needle coke[J]. Carbon, 1989, 27(3): 100-102.

[32] 宋怀河，刘朗，查庆芳，等. 沥青-重油共炭化反应机理的研究Ⅰ. 原料沥青和共炭化沥青的结构[J]. 燃料化学学报, 1994, 22(2): 157-163.

[33] 宋怀河，刘朗，查庆芳，等. 沥青-重油共炭化反应机理的研究Ⅱ. 共炭化反应前后重油的结构[J]. 燃料化学学报, 1994, 22(2): 164-169.

[34] Torregrosa P, Martınez M, Rodrıguez F, et al. Pyrolysis of petroleum residues: II. Chemistry of pyrolysis[J]. Carbon, 2000, 38(4): 535-546.

[35] Mochida I, Kudo K, Fukida Y, et al. Mesophase pitch catalytically prepared from anthracene with HF/BF3[J]. Carbon, 1992, 30(1): 55-61.

[36] Korai Y, Mochida I. preparation and properties ofcarbonaceous mesophase - I Soluble mesophase produced from A240 and coal tar pitch[J]. Carbon, 1985, 23(1): 97-103.

[37] 程相林，查庆芳，钟景涛，等. 乙烯焦油和废聚苯乙烯共碳化改性制备针状焦[J]. 石油学报(石油加工), 2009, 25(05): 685-689.

[38] Lafdi K, Bonnamy S, Oberlin A. Formation Scheme of Needle Coke from FCC-decont Oil[J]. Carbon, 1990, 27(3): 55-59.

生物降解塑料的合成及应用现状分析

官姝含 许 哲 刘毓敏 黄文广 徐 锦

（中国石油天然气股份有限公司辽阳石化分公司）

摘 要 在当今社会，塑料制品已经成为我们日常生活中不可或缺的一部分，然而，与其便利性相对应的是对环境的严重污染和破坏。传统塑料的生产和处理过程产生大量的废弃物，长期存在于自然环境中，对生态系统和人类健康造成严重威胁。为了应对这一挑战，人们开始寻找更加环保和可持续的塑料替代方案。在这种背景下，生物降解塑料逐渐受到人们的关注和重视。本文系统探讨了三种生物降解塑料——聚乳酸(PLA)、聚丁二酸丁二醇酯(PBAT)和聚丁二酸丁二醇酯(PBS)。对它们的合成方法进行了详细介绍，包括其原理和工艺，并对其生物降解性能、物理力学性能及其他相关性能进行了综合分析和比较。重点分析了它们在医疗器械、食品包装、农业薄膜等领域的应用情况，还有国内现有产能情况，深入讨论了这三种生物降解塑料在推动可持续发展方面的潜力和以及应用的现状，强调了在减少传统塑料对环境污染、促进绿色环保产业发展方面的重要作用。

关键词 生物降解塑料；PLA；PBAT；PBS

塑料作为一种重要的基础材料，已经广泛应用于经济社会的各个领域，为人们的生产和生活带来了诸多便利，但同时也带来了巨大的环境挑战。废弃塑料的数量庞大、分布广泛且难以回收，形成了全球普遍关注的“白色污染”问题。根据中国物资再生协会再生塑料分会的统计数据显示，截至 2023 年，我国废弃塑料总量达到 6300 万吨，其中仅有 1890 万吨得到有效回收，占比仅为 30%。与此相比，填埋量为 2016 万吨，焚烧量为 1953 万吨，分别占比 32% 和 31%，而直接遗弃的占比为 7%。焚烧塑料易产生有毒有害气体，对大气造成污染；填埋则占用大量土地资源，并且严重妨碍地下水的流通和水的渗透。此外，直接遗弃到自然环境中的塑料制品需要数百年才能降解。这些处理方式都对自然环境造成了严重破坏。因此，加强对生物降解塑料的研究符合我国“双碳”目标的战略，并且现在相关部门相继出台政策也鼓励生物降解塑料的使用和推广：2019 年《产业结构调整指导目录》中鼓励生物可降解塑料及其系列产品开发、生产与应用；2020 年发布的《关于进一步加强塑料污染治理的意见》中进一步禁限一次性或不可降解塑料用品使用，推广可循环易回收可降解替代产品；2022 年《关于推动轻工业高质量发展的指导意见》中提出要引导绿色产品消费，促进可降解材料制品等绿色节能轻工产品消费。因此，在这种政策推动下，生物降解塑料逐渐受到了人们的关注和重视。与传统塑料不同，生物降解塑料又称为生物分解塑料，是指在自然界如土壤、沙土或特定的堆肥条件下，由自然界存在的微生物作用引起降解，并最终完全降解变成二氧化碳（或甲烷）、水及所含元素的矿物无机盐以及新的生物质的塑料。在众多生物降解塑料中，已经形成一定产业化的生物降解塑料主要包括：淀粉基生物降解塑料，聚乳酸(PLA)、聚对苯二甲酸己二酸丁二醇酯(PBAT)、聚丁二酸丁二醇酯(PBS)和聚羟基脂肪酸酯(PHA)等，产能分布如图 1 所示。

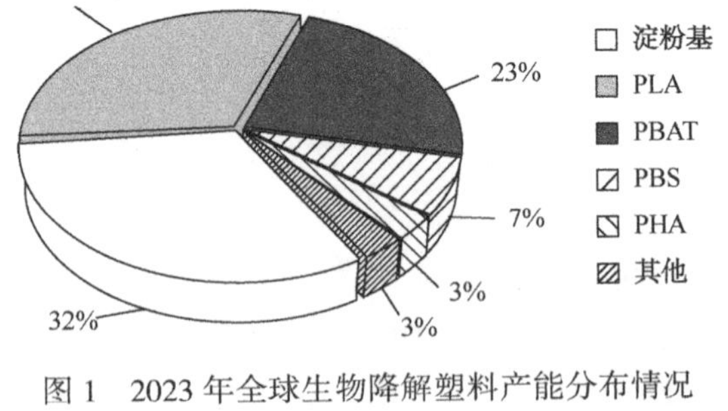

图 1 2023 年全球生物降解塑料产能分布情况

1 聚乳酸(PLA)

聚乳酸也称为聚丙交酯，是使用可再生植物资源（如：玉米、木薯和甘蔗等）所提取的淀粉为原料，淀粉原料经由糖化得到葡萄糖，葡萄糖再经发酵制成高纯度的乳酸，再通过化学合成方法合成具有一定分子量的聚合物。

1.1 合成方法

（1）直接缩聚法

直接缩聚法是将乳酸分子中的羧基和羟基通过缩聚反应连接起来形成聚乳酸。这个过程可以在熔融条件下或者溶液条件下进行。在熔融条件下，乳酸分子通过熔融后进行本体聚合，不需要外加其他物质。该条件下合成聚乳酸具有成本低、生成率高和不需要进行分离等优点，但由于小分子未完全析出所以导致分子量不高。在溶液条件下，乳酸分子在溶剂中进行水解反应生成乳酸的二聚体，然后通过进一步聚合形成聚乳酸。

（2）开环聚合法

开环聚合法是通过将乳酸分子中的两个羟基缩合形成环状的乳酸酯，然后再将这些环状乳酸酯分子通过进一步缩合反应连接在一起形成聚乳酸。这种方法可以通过添加催化剂来加速反应速度，制备的聚乳酸分子量高，但是这种方法工艺流程长，还需要特殊的设备去除未反应的杂质，对其大规模生产也有一定的限制。

1.2 应用领域

医疗领域是聚乳酸的高附加值应用市场，主要用于制造缝合线、支架、植入物、药物缓释系统等。聚乳酸具有良好的生物相容性和生物降解性，在人体内可以被水解为无毒无害的乳酸，并通过正常代谢途径排出体外，避免了二次手术和异物反应等问题。此外，聚乳酸还可以用于制备人造心瓣膜、支架等医疗器械，有助于减轻医患负担。

农业领域是聚乳酸的潜在应用市场，主要用于制造农膜、育苗盘、种子包衣等。聚乳酸农膜具有良好的保温、保湿、透气和抗紫外线性能，可以提高作物产量和质量，并在土壤中自然降解，减少白色污染和土壤污染。

工业领域是聚乳酸的新兴应用市场，主要用于制造3D打印材料、电子元器件、汽车零部件等。聚乳酸具有良好的加工性能、机械性能和热稳定性，可以与其他材料复合或改性，以满足不同的工业需求。

1.3 国内产能情况分析

目前，河北华丹和丰原集团都拥有5万吨/年的产能，浙江海正目前拥有产能4.5万吨/年，实现聚乳酸树脂工业化生产跨越式增长，海正称已自主掌握丙交酯等核心技术，能够夯实推进我国聚乳酸的产业化发展。国内其他企业，如吉林中粮、永乐生物等也都有规模不等的聚乳酸生产线。随着技术的不断创新和产能的增加，国内聚乳酸产业将更加繁荣发展，为可持续生态环境做出积极贡献，见表1。

表1 聚乳酸国内现有产能情况

企业	产能/（万吨/年）	备注
河北华丹	5	
丰源集团	5	2020年9月投产
浙江海正	4.5	2020年12月投产
吉林中粮生化有限公司	3	
永乐生物	2	2016年投产
深圳易生	1	2019年11月投产
上海同杰良	1	
光华伟业	1	
江苏天仁	0.5	
江苏九鼎	0.5	

数据来源：华安证券研究所

2 聚对苯二甲酸己二酸丁二醇酯（PBAT）

聚对苯二甲酸己二酸丁二醇酯是一种共聚酯塑料，由己二酸、对苯二甲酸与丁二醇单体聚合而成，兼具聚己二酸丁二醇酯和聚对苯二甲酸丁二醇酯的特性，既有较好的延展性和断裂伸长率，还有较好的耐热性和抗冲击性，此外，还具有优良的生物降解性。

2.1 合成方法

（1）直接酯化法

这是一种常用的合成PBAT的方法，通常情况下，反应需要在一定温度和压力下进行，并加入适量的催化剂，以促进反应的进行。该方法优点是工艺方法相对简单，反应时间不长，原料转化率高，适宜工业化生产。但是，该方法也存在一定的缺点，是由于参加反应物质较多，反应体系物质较复杂。

（2）酯交换法

这种方法主要是以对苯二甲酸二甲酯、己二酸、丁二酸和丁二醇为原料，在催化剂作用下，先进行酯交换反应生成对苯二甲酸丁二醇预聚体，再与聚己二酸丁二醇预聚体进行熔融缩聚而制得。该方法的优点是反应的中间体系产物较少，工艺流程简单，分子质量分布较窄、产品聚合度易于调控。

2.2 应用领域

食品包装领域，PBAT 材料具有很好的耐热性和耐冲击性，因此是一种优秀的食品包装材料，可以用于制作塑料袋、保鲜膜、餐盒等食品包装用品。其生物降解的优点使其在食品包装领域受到广泛的关注和应用。这些包装材料可以在使用后迅速降解，减少对环境的污染，符合可持续包装的要求。医疗器械领域，PBAT 材料具有良好的生物相容性和渗透性，因此在医疗器械领域的应用也非常广泛，可以用于制作医用手套、外科手术衣、手术帽等医疗用品。这些产品在使用后可以降解，减少对医疗废物处理的压力。农业领域，PBAT 材料可用于制作肥料包装袋、灌溉管道、生物降解的农膜等农业用品，这种膜覆盖在土壤表面可以有效减少水分蒸发、控制杂草生长，同时在使用后可以降解成有机物，有利于改善土壤质量。其不仅可以保护作物，还可以保护环境，符合现代农业生产的要求。

2.3 国内产能情况分析

目前，国内 PBAT 装置的现有产能为 90.3 万吨/年，即将投产的产能为 148 万吨/年。根据中国合成树脂协会生物降解树脂分会的统计，到 2025 年，PBAT 类树脂的规划产能预计将达到约 1500 万吨/年。当前，尽管 PBAT 类树脂的产能已经超过了市场需求，但随着预测显示未来过剩产能的比例会进一步增加，这意味着产能过剩可能会成为一个持续的挑战。因此，对于已经投产的企业来说，非常重要的一点是制定合理的产能规划和产量策略，以充分考虑市场需求和产能竞争，从而避免因产能过剩而引发的市场供需失衡和激烈的恶性竞争，见表 2。

表 2　聚对苯二甲酸己二酸丁二醇酯国内现有产能情况

企业	现有产能/（万吨/年）	新建产能/（万吨/年）
瑞丰高材	—	6
金发科技	7.1	6
彤程新材	—	与巴斯夫(上海)共建 6 万吨/年
万华化学	—	西南基地规划建设
杭州鑫富	1	
金晖兆隆	2	
山东悦泰	2.5	
汇盈新材	2.5	

续表

企业	现有产能/（万吨/年）	新建产能/（万吨/年）
蓝山屯河	6	二期 24 万吨/年在建
重庆鸿庆达	1	一期 3 万吨/年+二期 7 万吨/年

数据来源：华安证券研究所。

3　聚丁二酸丁二醇酯(PBS)

聚丁二酸丁二醇酯是由丁二酸和丁二醇经过缩聚反应制备而成的聚合物，其分子结构中含有易水解的基团，在堆肥或接触特定的微生物条件，可被自然界的多种微生物或动植物体内的酶分解、代谢，最终分解为二氧化碳和水，避免造成环境污染问题的发生。

3.1 合成方法

（1）直接酯化法

直接酯化法是一种不需要经过链扩张的合成方法，它通过将二元羧酸和二元烷基醇直接聚合而成。具体步骤如下：首先，在相对较低的温度条件下，将二元醇与二元酸进行酯化反应。为了确保生成端羰基的预聚物，通常会过量添加二元醇。随后，在高温、高真空条件下，通过催化剂的作用，去除多余的二元醇，从而得到 PBS 聚酯产物。

（2）酯交换法

酯交换法是合成 PBS 的最早方法之一。它是由丁二醇和丁二酸二甲酯在催化剂的作用下，在熔融状态下进行酯交换和缩聚反应。酯交换阶段是为了除去体系中的水和甲醇，以去除反应产物中的水和甲醇酯交换法的优势在于反应所需要的能量较低，使得反应过程中所需的温度较低，并且在合成 PBS 的过程中可以避免原料配比不合理造成的封端，从而可以比较良好的控制最终合成产物 PBS 的结构。

（3）扩链法

通过利用扩链剂中的活性基团与预聚物中的端羟基反应，可以有效提高聚酯的相对分子质量。通常情况下，适用于端羧基结构的扩链剂都含有两个官能团，能够与预聚物的端羧基发生反应，实现扩链效果。常见的扩链剂包括常见的扩链试剂包括：羧酸衍生物、酸酐衍生物、硫醇衍生物和异氰酸酯等。利用这些扩链剂制备的高分子量聚丁二酸丁二醇酯，研究表明，虽然扩链反应会导致 PBS 的结晶度和熔点下降，但分子量却得到了显著提升，同时拉伸强度也有所增强。

3.2 应用领域

PBS在各个领域都有广泛的应用。在包装领域，它可用于制作包装薄膜、一次性餐盒和包装瓶等。在农业方面，PBS可作为农用薄膜、种植器皿和堆肥袋的材料。在纺织品领域，PBS可用于制造复合纤维材料，例如抗菌纤维。此外，在组织工程、药物缓释载体以及医用塑料制品等领域，PBS的应用也受到了广泛关注。如：采用PBS制成的给药系统，能够通过调节其降解速度来控制药物的释放速率，进而提高药物的疗效。

3.3 国内产能情况分析

国内PBS生产规模较大的企业有山东悦泰生物新材料有限公司、安徽安庆和兴化公司、新疆蓝山屯河化工股份有限公司、亿帆医药股份有限公司、杭州鑫富药业有限公司和山东汇盈新材料等。现阶段，国内部分大型企业的产能已经超过国外知名企业，在技术上也处于赶超状态。此外，国内还有许多中小型企业也在积极参与PBS生产，并且不断提升自身的技术水平和产能规模，为行业的发展注入了新的活力。随着政府对生物可降解材料的支持力度不断增加，预计国内PBS产业将进一步壮大，形成更为完善的产业链，为我国可持续发展做出更大的贡献，见表3。

表3 聚丁二酸丁二醇酯国内现有产能情况

企　业	现有产能/(万吨/年)	备注
山东悦泰生物新材料有限公司	2.5	
安徽安庆和兴化公司	1	
新疆蓝山屯河化工股份有限公司	1	
亿帆医药股份有限公司	0.3	
杭州鑫富药业有限公司	1	
营口康辉石化有限公司	—	在建3.3万吨/年
山东瑞丰高分子材料股份有限公司	—	在建6万吨/年

数据来源：共研产业咨询。

4 结语

生物降解塑料可以有效地解决传统塑料垃圾的污染问题，有助于保护环境和生态平衡，还可以减少对有限石化资源的依赖，从而可以更加可持续地利用资源。生物降解塑料符合“减少污染、保护环境、节约资源”的发展理念，也符合“绿色低碳、循环利用”的可持续发展目标。因此，使用生物降解塑料可以促进社会的长期发展和进步。未来，随着人们对环保意识的不断提高和政府对环保政策的不断加强，生物降解塑料将会得到更广泛的应用和推广。同时，科研人员需要不断努力，通过技术创新和工艺改进，提高生物降解塑料的性能和稳定性，降低生产成本，推动生态塑料时代的发展，为构建绿色、可持续的生态文明作出更大的贡献。

参 考 文 献

[1] 侯冠一，翁云宣，刁晓倩，等．生物降解塑料产业现状与未来发展[J]．中国材料进展，2022，41(1)：52-67-67.

[2] GBT 20197—2006 降解塑料的定义、分类、标志和降解性能要求[S].

[3] 戴宏民，戴佩华，戴佩燕．生物降解塑料在国内外的研究进展及发展趋势[J]．包装学报，2023，15(5)：61-68.

[4] 冯刚，王华峰，张朝阁，等．聚乳酸的合成技术及其国内外应用分析[J]．工程塑料应用，2016，44(11)：131-135.

[5] 马喜峰．聚乳酸的合成及其微球制备研究新进展[J]．化学工程师，2020，34(12)：58-60.

[6] 赵春深，杨绍娟，王远航．聚乳酸合成及应用的研究进展[J]．安徽农业科学，2009，37(24)：11392-11394.

[7] 李佳．可降解聚酯PBAT的合成工艺和性能表征[J]．现代工业经济和信息化，2022，12(6)：233-235.

[8] 赵萌莹．可降解聚酯PBAT的合成工艺分析[J]．中国石油和化工标准与质量，2024，44(1)：147-149.

[9] 任倩茹，刘胜．生物可降解PBAT的合成方法与结构特性及降解机理[J]．合成纤维工业，2023，46(4)：57-62.

[10] 郝瑞．生物可降解PBS基聚酯的分子设计与改性研究[D]．安徽：安徽大学，2011.

[11] 张昌辉，寇莹，翟文举．PBS及其共聚酯生物降解性能的研究进展[J]．塑料，2009，38(1)：38-40.

[12] 夏西木卡玛尔·买买提，王永垒，吾满江·艾力．生物可降解聚酯PBS的合成工艺研究[J]．生物技术，2011，21(3)：74-76.

[13] 季君晖．全生物降解塑料PBS类聚酯产业化及其应用进展[C].//第五届生物基和生物分解材料技术与应用国际研讨会暨中国塑协降解塑料专业委员会2012年年会论文集．2012：133-140.

EVA 在光伏封装膜产业领域的应用分析

颜长春　张　瑜

(中石化化工销售华东分公司)

摘　要　随着我国光伏绿能产业的高速发展，EVA 在光伏产业应用迅速崛起，成为 EVA 第一大应用领域。中国 EVA 进口依赖度高，进口产品以光伏料等高附加值产品为主。未来几年，中国仍将新建多套 EVA 树脂生产装置，将迎来新一波集中扩能期，EVA 产能如何应对在光伏领域应用，采取什么样的销售策略尤为重要。

本文深入分析 EVA 产品市场供需现状，详细分析全球和中国的各应用领域消费驱动因素与未来发展趋势，通过历史数据分析了近几年供需增长情况，介绍了整个光伏产业链 7 大板块的基本情况，对光伏产业链及光伏封装胶膜行业发展现状及趋势进行研究，了解了国内主要光伏胶膜企业生产技术、产能规模及未来规划，预测了未来几年胶膜需求增长情况。通过供应链和用户采购情况研究，从 4P 营销理论角度给出对策建议，为 EVA 生产商在光伏领域应用推广制定市场战略提供参考。

关键词　EVA；供需；光伏产业链；对策

1　EVA 市场供需分析

1.1　EVA 产品概述

EVA(乙烯-醋酸乙烯共聚物)是在高压聚乙烯基础上发展而来的一种新型材料，由乙烯和醋酸乙烯共聚而成，醋酸乙烯的含量一般在 5%~40%。与聚乙烯相比，EVA 由于在分子链中引入了醋酸乙烯单体，从而降低了高结晶度，提高了韧性、抗冲击性、填料相溶性、热密封性等性能，因此 EVA 被广泛应用于太阳能电池封装胶膜、发泡鞋材、功能性棚膜、包装膜、热熔胶、电线电缆及玩具等领域，见表 1。

表 1　EVA 产品主要用途

VA 质量分数	主要用途	特　点
1%~6%	通用型薄膜(农膜、冷冻食品袋、冰袋等)	韧性一般、透明性好
6%~15%	农膜、吹塑、挤出、发泡、注塑、拉伸包装、电线电缆	高柔顺、高透明
15%~20%	黏合剂、涂层、挤出、发泡鞋材、热熔胶	优良耐酸碱
20%~35%	挤出、注塑制品、热熔黏合剂、蜡基涂料、地毯背衬、共混/接枝	高抗冲、高相容性
35%~45%	聚合物掺混/接枝物、涂层、热熔黏合剂	良好光学性能、耐低温性

EVA 居于产业链中间位置，其直接上游为乙烯和醋酸乙烯。EVA 装置一体化程度较高，其直接上游乙烯多为企业自产，而醋酸乙烯多为外采。而醋酸乙烯行业目前处于结构性产能过剩状态，而 EVA 行业需求集中且相对稳定，因此原料醋酸乙烯货源获取相对容易。而乙烯方面，因多为一体化装置，原料获取稳定，根据乙烯原料的不同，目前可分为原油线路及甲醇线路两种，见图 1。

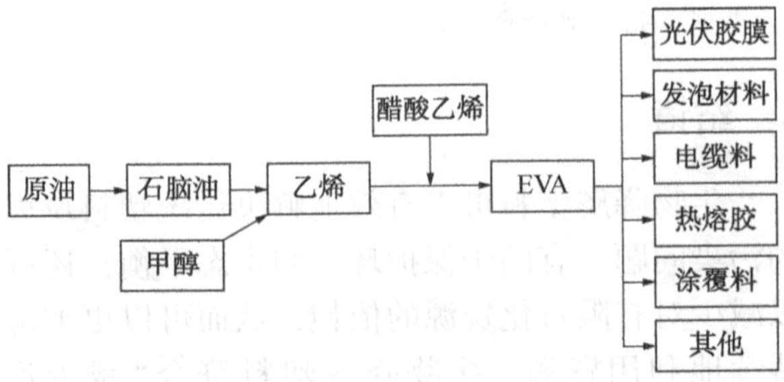

图 1　EVA 产业链流程图

EVA 工艺主要有两种：釜式法工艺和管式法工艺。一个工业化的高压装置通常由以下几部分组成：乙烯压缩、引发剂制备和注入系统、聚合反应器、分离系统、挤出造粒。釜式法和管式法的工艺步骤大致相同，主要区别体现在聚合反应器：前者采用带搅拌器的高压釜式反应器，后者则采用管式反应器。由于反应器的不同，所以在反应过程中所需要的压力及引发剂也有所不同。管式法装置的单线产能上限、反应转化率更高：目前最大的高压管式法装置单线生产能力可达到 40 万吨/年，单程反应转化率为 25%～35%；而釜式法装置的单线生产能力上限为 15 万吨/年，单程反应转化率为 10%～20%。

管式聚合的典型工艺有巴斯夫管式工艺、埃克森美孚、巴塞尔 Lupotech T 工艺、俄罗斯管式法工艺、住友化学管式法工艺和 VEBLeuna－Werke 管式法工艺等。

釜式聚合的典型工艺有埃克森美孚、杜邦、巴塞尔 Lupotech A 等釜式法工艺。

表 2 EVA 工艺路线对比

比较项目	管式法	釜式法
分子显微结构	星状	梳状
设备投资	低	高
分子量分布	窄	宽
支链分布	少而不规则	多而均匀
分子结构	长支链少	长支链多
特性	机械强度好	弹性好
发泡性能	略差	略优

1.2 全球 EVA 产能分布

截至 2022 年年底，国内外共有 30 多个 EVA 生产企业，全球 EVA 总产能为 832.1 万吨/年。EVA 产能主要集中在亚洲、西欧、北美和中东地区，其中亚洲地区占据 EVA 总产能的一半以上，达到 57%。亚洲 EVA 产能主要集中在韩国、中国、日本、新加坡等地区，其中产能最多的是中国，产能达 215 万吨/年，其次是韩国，产能达 103 万吨/年，见图 2。

中国目前是亚洲第一大 EVA 消费地，同时也是亚洲 EVA 消费增长最快的区域，这得益于下游光伏、电缆等行业的快速增长。然而目前国内产能无法满足日益增长的需求，每年有大量 EVA 依赖于进口，主要进口货源来自韩国、台湾、沙特、新加坡、泰国等国家和地区。

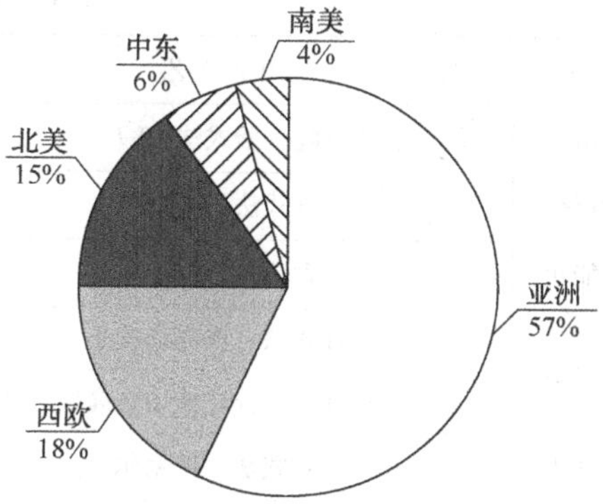

图 2 2022 年全球 EVA 产能分布

1.3 中国 EVA 产能分布

截至 2022 年年底，国内 EVA 生产企业共有 12 家，总产能为 215 万吨/年，TOP6 生产企业有江苏斯尔邦、浙江石化、延长榆能化、燕山石化、扬子巴斯夫和天利高新，产能合计总比为 72.6%。目前国内 EVA 生产企业均采用高压本体聚合工艺，从技术来源来看，巴塞尔及埃克森为主要技术来源方，见表 3。

中国 EVA 行业产能、产量呈现稳步增长的态势。2018 年到 2022 年，EVA 产能年均复合增长率为 22.0%；产量年均复合增长率为 27.7%。2022 年中国新增产能为 37.8 万吨，分别为联泓新材料 5 万吨/年、台塑宁波 2.8 万吨/年，天利高新 20 万吨/年、中科炼化 10 万吨/年。

从中国 EVA 行业企业区域分布情况来看，EVA 生产区域格局明显且集中，其中华东地区占比最大；西北地区位居第二，两大地区产能合计占比达 69.8%，见图 3。

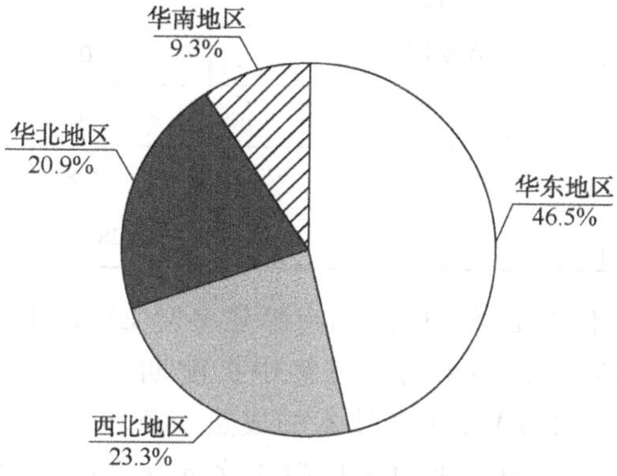

图 3 2022 年 EVA 企业产能分区域统计

目前，中国 EVA 处于产能扩大热潮中，均采用高压法连续本体聚合工艺釜式法或管式法，但是由于近几年中国环保政策力度加大，部分装置将延期开建或投产，见表 4。

表 3　2022 年中国 EVA 产能分布　　万吨/年

企业名称	生产工艺	产能	乙烯来源	VA 来源
江苏斯尔邦	管式法 20 万吨，釜式法 10 万吨、巴塞尔	30	自产	塞拉尼斯
浙江石化	管式法、巴塞尔	30	自产	外采
延长榆能化	管式法、巴塞尔	30	自产	外采
燕山石化	管式法、埃克森美孚	20	自产	北京有机
	釜式法、杜邦公司(燕山老高压三线)	6		
扬子巴斯夫	管式法、巴塞尔	20	自产	塞拉尼斯
天利高新	管式法、巴塞尔	20	自产	外采
联泓新材料	釜式法、埃克森美孚	15	自产	塞拉尼斯/北京有机
扬子石化	釜式法、巴塞尔	10	自产	塞拉尼斯/川维
中化泉州	釜式法、埃克森美孚	10	自产	塞拉尼斯
宁波台塑	釜式法、埃尼化学	10	台湾	台湾
中科炼化	釜式法、巴塞尔	10	自产	外采
北京有机	釜式法、埃尼化学	4	燕山石化	自产
	合计	215		

表 4　未来中国 EVA 新建拟建项目

序号	项目建设单位	拟建产能/万吨	建设地点	预计投产时间	工艺路线
1	古雷炼化	30	福建漳州	2023 年	巴塞尔/管式
2	宁夏宝丰	25	宁夏银川	2023 年	巴塞尔/管式
3	虹景公司(江苏斯尔邦)	20	江苏连云港	2024 年	巴塞尔/管式
4	裕龙石化	30	山东烟台	2025 年	Simon Carves/釜式
5	联泓新材料	20	山东滕州	2026 年	釜式法、埃克森美孚
6	裕龙石化	20	山东烟台	未知	Simon Carves/釜式
7	虹景公司(江苏斯尔邦)	50	江苏连云港	未知	巴塞尔/管式/釜式
8	神华宁煤-沙特	10	宁夏宁东	未知	釜式法、埃克森美孚
9	浙江石化	70	浙江	未知	巴塞尔管式
10	宁波台塑	12.8	浙江宁波	未知	埃尼/管式
合计		287.8			

未来几年，中国仍将新建多套 EVA 树脂生产装置，将迎来新一波集中扩能期。新产能不仅推动了 EVA 生产技术的成熟与革新，也将使 EVA 上游原料来源逐步趋于多元化。随着产能及下游需求的不断增加，未来中国 EVA 产量也呈现增长态势。预计到 2027 年，EVA 产能新增到 400 万吨/年，产量新增到 315 万吨，2023—2027 年均复合增长率分别为 10.3% 和 10.7%。

1.4　2018—2022 年中国 EVA 表观消费量分析（表 5）

表 5　2018—2022 年中国 EVA 供需平衡表　　万吨

项目	2018 年	2019 年	2020 年	2021 年	2022 年
全球产能	684.3	684.3	684.3	794.3	832.1
中国产能	97.2	97.2	97.2	177.2	215
国产量	63.05	73.53	74.08	100.76	167.55

续表

项目	2018年	2019年	2020年	2021年	2022年
进口总量	97.59	109.6	117.68	111.67	120.22
总供应量	160.64	183.13	191.76	212.43	287.77
出口	4.88	6.02	5.34	7.13	11.67
表观消费量	155.76	177.11	186.42	205.30	276
增长率	2.08%	13.70%	5.26%	10.13%	34.53%

中国EVA行业需求保持快速增长，2018~2022年表观消费量年均复合增长率为15.4%。2022年EVA表观消费量为275.6万吨，比2021年增加70.1万吨，同比上涨34.1%。从终端行业发展来看，高新行业对EVA需求量增长迅速，成为拉动EVA需求的主要动力，而传统行业需求增速下降，拖累EVA需求增长。

1.5 中国EVA下游消费区域分析(图4)

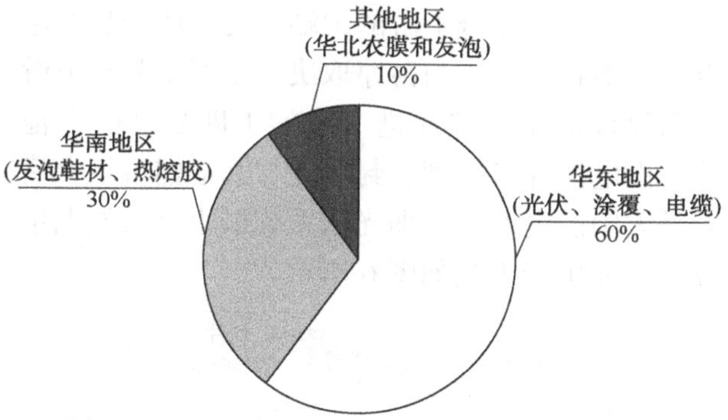

图4 2022年中国EVA下游消费区域

我国EVA树脂市场主要集中在华东、华南两大地区，合计占比达到90%。

华东地区EVA消费领域多集中于光伏、涂覆、电缆等高新行业。光伏作为EVA下游需求增速最快的领域，企业多集中于此。而涂覆料方面来看，宜兴是护卡膜的生产集散地，江苏昆山、太仓、无锡、浙江温州等地也分布着诸多的预涂膜企业。电缆料及热熔胶企业也多集中于江浙沪地带，除此以外，浙江温州为鞋材生产集散地，也存在部分EVA发泡料的需求。

华南地区以EVA传统需求行业为主，发泡类用途最为广泛，该地区主力需求发泡鞋材多集中于广东的东莞、汕头、番禺、中山以及福建的厦门、泉州、晋江等地，而热熔胶需求多集中于珠三角一带。除此以外，该地区还分别着少量的涂覆、光伏、流延膜及油墨等厂家。

华北地区作为全国主要农业生产基地，EVA农业薄膜是一大消费领域，主要集中在山东、河南、北京、天津等地，以上地区EVA农膜产量占据全国总产量的70%以上。除此以外，电缆料需求多集中于河北宁晋，发泡料需求则集中于河北石家庄。

1.6 中国EVA下游消费行业分析

2022年EVA下游需求量前三的行业分别是光伏、发泡、电缆。占比最大的依旧是光伏料，光伏需求约占据EVA下游总消费量的47.9%，近年来光伏行业高速增长，带动EVA光伏料需求增长迅速。第二大下游领域是发泡料，其下游主要为发泡鞋材，其次为玩具、箱包、发泡建材等，也占据发泡料少量的比例。EVA终端发展表现出差异化，出口导向型及消费型行业增速放缓，需求占比下降。高新行业快速发展，表现抢眼。

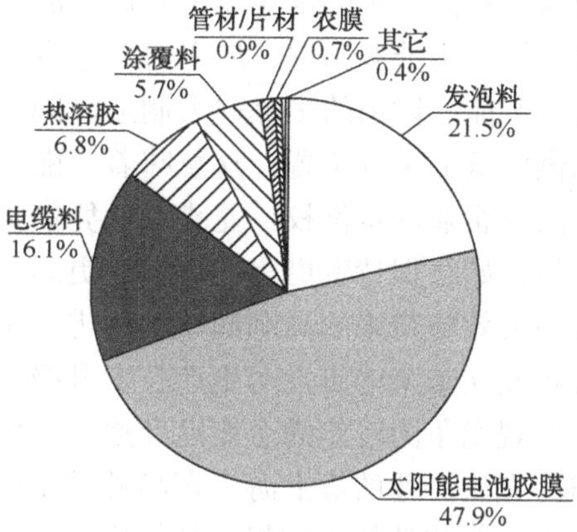

图5 2022年中国EVA下游消费行业

2 光伏封装膜产业链现状及发展趋势

2.1 光伏产业链简介

以从上到下的顺序，可将光伏产业链分成7个部分，分别是光伏硅料、光伏硅片、光伏电池、光伏组件、光伏辅材、光伏逆变器、光伏发电站。

2.1.1 光伏硅料

多晶硅材料是以工业硅为原料，经一系列的物理化学反应提纯后达到一定纯度的电子材料，它是制造硅抛光片、太阳能电池及高纯硅制品的主要原料，是信息产业和新能源产业最基础的原材料。光伏所用的太阳能级多晶硅，纯度一般在6~9N之间(即99.9999%~99.9999999%，几个9即是几N)。

目前多晶硅产业正在持续向国内转移，且疫情加速了这一过程。2022年全球多晶硅产能为

131.5万吨，同比增速为96%；2022年全球多晶硅产量为93.8万吨，同比增速为49%；2022年全球多晶硅产能中有116.3万吨集中在中国，占比高达88%；2022年全球多晶硅产量中有81.1万吨来自中国，占比达86%。未来随着中国地区产量的快速释放，海外产量缓慢增长，短期内中国多晶硅产能产量占比预计继续提升至90%以上。

除了产能转移外，多晶硅亦是一个马太效应明显的产业。2022年，中国在产多晶硅企业14家，有效产能116.6万吨/年，同比增加87.2%，全国多晶硅产量约85.7万吨，同比增加69.4%，产能增加主要来自于通威、保利协鑫、新特能源、青海丽豪、亚洲硅业等新建产线投产，以及宜昌南玻、聚光硅业等企业复产，受市场供不应求、价格处在高位等因素驱动，在产多晶硅企业都在设法提高产能利用率，所以有几家企业产量超过名义产能。国内的多晶硅大制造商同样占据了全球供应链的关键位置，这意味着产能转移还强化了国内企业的定价权。龙头企业凭借资金与技术优势，始终保持着更多的订单，更高的开工率以及规模效应带来的高利润率，这进一步确保了龙头企业在未来的研发与生产技术升级的先发优势。反观竞争力较差的企业已经逐步关停。

作为光伏产业的最上游，多晶硅是主流太阳能电池生产工艺的核心物料，其价格也是影响光伏产品终端价格的核心因素之一。在行业发展初期，受生产工艺水平较低影响，硅料用量比较大，原材料价格也偏高，导致当时硅料在光伏设备的总成本中占比极高。2010年，一个光伏组件中的电池成本(含硅部件)高达91%，到2019年已经下降至了48%，几乎减半。这是因为在硅料生产方面，受益于主流技术“改良西门子法”的不断进步，多晶硅的行业平均生产成本持续下降，大幅降低了下游企业的硅料采购价格。这一定程度上为下游打开了利润空间，也刺激了企业生产光伏组件的意愿。

虽说长期看硅料价格明显下降，但自2021年开始出现一轮极为疯狂的上涨。短短半年时间，多晶硅价格上涨数倍，从85元/公斤飙升至超过200元/公斤，部分散单报价甚至已经达到了330元/公斤。飙涨的上游原材料导致下游光伏企业严重承压，中国光伏行业协会甚至呼吁“全体会员和光伏企业守法合规、理性经营，尊重契约精神，自觉抵制对多晶硅、硅片产品的过度囤货、哄抬物价行为，以及非自身生产经营需求的投机行为。”造成如今局面的原因比较复杂：首先，不能排除部分企业存在惜售、抬价等不良行为。其次，上游产能不足也客观存在。受政策影响，下游企业为尽快占据市场份额，头部企业在快速进行产能扩张，确实存在抢下订单，占据上游产能的现象。相对应的，上游供应端的产能扩张必然滞后，且硅料的扩产周期本来就比下游更长，这进一步加剧了供需错配，助长了硅料短缺。

但总体来说，短期的异常震荡不太可能成为长期趋势。待上下游的扩产完成，需求趋稳后，硅料价格将回归常态，降价的长期趋势也不会改变。

2.1.2　光伏硅片

硅片是产业链上游的末端，是光伏产品的起点。其形状、大小与薄厚取决于生产工艺与下游产品设计需求。硅片进一步加工即是晶硅电池片，而电池片经排列、封装并与其他辅材组合后即是太阳能电池板，即光伏系统最小有效发电单位。硅片生产工艺如图6所示。

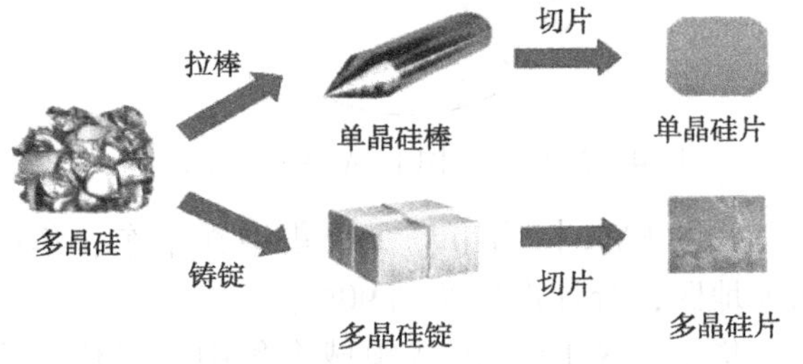

图6　硅片生产工艺

光伏硅片目前有单晶与多晶两种产品形态，但两者存在代差。单晶硅的晶体品质、电学性能、机械性能等方面优良，且光电转换效率更佳，但在行业发展初期生产成本偏高，未能得到广泛应用。多晶产品在这一阶段依靠价格优势，在很长一段时间内占据市场主导。随着硅料生产工艺、拉棒工艺以及最后的切割工艺持续进步，单晶硅生产成本迅速下降，同时以PERC电池(钝化发射区背面电池，目前主流光伏电池)为代表的新一代电池技术，对单晶硅片的利用率更高，这进一步拉开了本就存在差距的光电转换效率。在成本和转换效率的此消彼长之下，单晶硅迅速崛起，已实现了对多晶硅片的全面替代。

除了单晶硅与多晶硅的路线之争外，硅片制

造还专注于降低生产成本，其中一个措施是做大单片尺寸，这是目前硅片制造主要趋势之一。其背后原因是大尺寸硅片的发电效率更高，且终端产品的非硅成本（生产中所消耗的能源、人力、辅料等）更低。当前光伏硅片有 5 种主流尺寸，分别为 156.75mm、158.75mm、166mm、182mm 和 210mm。大尺寸化正在加快，156.75mm 与 158.75mm 规格正在被快速淘汰，166mm 成为主流，182mm 和 210mm 产能也在持续提升，正快速进入市场。

另外，生产与切片过程中的硅料损耗，也会导致生产成本的增加，如何降低生产过程中的耗硅量同样重要。目前降低耗硅量的主要方式为降低硅片厚度与减少切片损耗。

（1）降低硅片厚度：不仅可以有效减少耗硅量，提高出片数，进而实现降本，也为下游的电池组设计带来更多产品设计路线。目前单晶硅片量产厚度在 170~180μm，较行业早期进步明显，一些采用前沿技术的企业已经能够实现 140μm 单晶硅片的生产，未来降本空间可观。长远看，指向 120μm 厚度的技术路线也比较清晰，但受限于生产技术，距离商业化比较遥远。

（2）减少切片损耗：刀锋损失是硅料切割过程中主要的损耗来源。新一代的金刚线切割技术较传统切割法，有切割速度快、良品率高、单片损耗低等一系列优点。高水平的切割技术同样有助于硅片进一步减薄与增大，能够协助改进硅片产品设计，进而降低生产成本。

随着硅片企业建厂扩建，我国硅片产能逐步增长，光伏硅片产能逐渐向中国集中。2022 年，我国光伏硅片产能约 650.3GW，同比增长 59.7%。预计未来光伏硅片市场规模发展将更为迅速。2022 年全球光伏硅片市场集中度高，前五企业占比接近 80%。光伏硅片市场呈现以隆基绿能和 TCL 中环为龙头的竞争格局，分别占比 26%、22%；其次晶科能源、晶澳科技、弘元绿能，占比分别为 10%、9%、7%。

2.1.3　光伏电池

所谓光伏电池，是一种利用太阳能发电的半导体薄片。只要满足一定光照条件，电池片就可输出电压，并在有回路的情况下产生电流。光伏电池是光伏发电的核心部件。

光伏组件最重要的指标为发电功率，而组件的发电系统是光伏电池片串并联制成。从原理层面看，电池片的光电转换率，直接决定了组件的整体发电功率。

光伏电池片的现有技术路线多且复杂，除了主流的单晶硅 PERC 电池，使用上一代电池技术的 BSF 电池也有一定用量，而新一代 N 型电池同样在快速崛起，被认为有望接替 PERC 电池成为下一代主流产品，见表 5。

表 5　光伏电池种类

缩写	各类晶硅电池释义
BSF	铝背场电池——为改善太阳能电池效率，在硅片的背光面沉积一层铝膜
PERC	发射极钝化和背面接触——利用特殊材料在电池背面形成钝化层作为背反射器，增加长波光的吸收，同时增大电势差，降低电子复合，提高转换效率
TOPCon	隧穿氧化层钝化接触——在电池背面制备一层超薄氧化硅，然后再沉积一层掺杂硅薄层，二者共同形成了钝化接触结构
HJT	具有本征非晶层的异质结——在电池片里同时存在晶体和非晶体级别硅，非晶硅的出现能更好地实现钝化效果
IBC	交指式背接触——把正负电极都置于电池背面，减少置于正面的电极反射一部分入射光带来的阴影损失

目前，单晶 PERC 产品作为主流光伏电池，生产工艺成熟，产能高，光电转换效率可达 23%，较上一代的 BSF 电池优势明显，是性价比最高的电池技术路线。但 PERC 电池的问题是，其效率已经逼近 24.5% 的理论极限，未来优化空间非常有限。这是促使行业开始寻找下一代电池的主要原因之一。

N 型电池是行业内相对比较成熟，发展路径最为清晰的技术路线。N 型电池细分路线很多，普遍的转化效率已经超过平均 24% 的水平，潜力巨大，未来商业化空间十分可观。目前主要的 N 型电池可分为：TOPCon、HJT 以及 IBC 三大类。

市场方面，2022 年，我国大陆电池片总产能达到 505.5GW，同比增长 40.2%；我国电池片产量约 330.6GW，同比增长 67.1%。2022 年我国光伏电池片出口额约 38.1 亿美元，同比增长 178.1%，电池片出口量约 23.8GW，同比增长 131.1%，占我国电池片产量的 7.2%。从电池片主要出口区域来看，亚洲依然是我国电池片主要出口区域，对亚洲地区市场电池片出口额约88.4%。全球光伏产品制造环节主要集中在亚洲区域，欧洲地区只有少量的电池片产能，电池片需求主要从中国进口。

光伏电池环节是整个光伏产业的核心技术环节，引领光伏产业的技术发展方向。随着技术的发展，企业追求进一步的降本，2022 年电池片的主流尺寸已经开始转向大尺寸。TOPCon 电池片、整体 n 型电池片市场占比或将提升，而 PERC 电池片的市场占有率或将进一步下降至 76.1%。

2.1.4　光伏组件

光伏组件经由电池片串联/并联，并进行封装，随后再安装其他辅材制成。从产业链位置看，光伏组件位于光伏电池与光伏系统之间，是光伏制造业的最终产品。

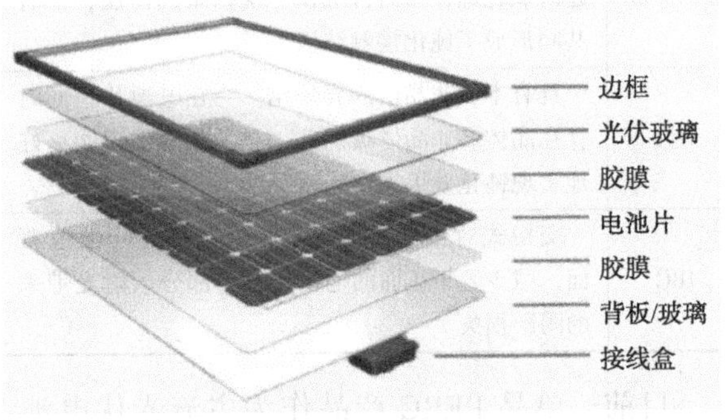

图 7　光伏组件结构示意图

光伏组件的制备主要包括电池片互联和层压两大步骤。电池片互联决定了组件的电性能，目前，光伏组件的标准电池片数量为 60 片或 72 片，对应以 10 或 12 条铜线作为汇流条将其连接起来，6 组互联为一个光伏组件。在电池片互联后，一般需按照钢化玻璃、胶膜、电池片、背板以从下到上的顺序，经过层压的方式封装在一起，背板与钢化玻璃将电池片和胶膜封装在内部，通过铝边框和硅胶密封边缘保护。经过层压处理后，光伏组件的使用寿命可大幅提高，且能显著优化环境耐受性与机械性能。

目前光伏电池两个主要发展趋势，分别是双面组件与半片封装。所谓双面组件，顾名思义是指使用双面电池的光伏组件，特点是正、反面都具备发电能力。当太阳光照射时，部分光线会被周围环境反射到组件背面，双面组件有能力收集这一部分光能，从而增加发电量。显而易见，与传统的单面设计相比，双面电池的发电功率更佳，可有效降低电站的平均发电成本。相应的，双面电池的生产工艺也比较复杂，其背面不能使用不透光的常规背板，叠加其他生产工艺导致成本略高。不过在双面设计的增效增收能力得到验证后，如今下游电站已经逐渐接受这一技术。随着下游应用端对双面发电组件发电增益的认可，2022 年双面组件市场占比提升至 40.4%。

半片封装则是目前的主流封装模式，是指沿着垂直于电池主栅线的方向将电池片切成尺寸相同的两个半片电池片。光伏电池片在发电过程中产生的电流和电池片面积有关，因此相对于整片，半片电池中通过主栅线的电流大小仅约 1/2。当半片电池串联以后，单个正负回路上电阻不变，单回路的功率损耗就降低为原来的 1/4，从而降低了组件的整体功率损失，同时也减小了组件升温对发电能力的负面影响。

通常情况下，电池组件在封装过程中，会产生被称作 CTM 损失的现象，即组件总发电功率小于电池片的总功率之和。因此除了提升光电转换效率外，降低 CTM 损失也是组件发展思路之一。半片封装在这一点上表现良好，且具备生产工艺相对简单，生产线升级成本低的特点，因此得到广泛应用。截至 2020 年，半片封装的市占率已经达到了 71%，同比增长 50%，一举超过全片封装成为市场绝对主流。

截至 2022 年底，全球组件产能和产量分别达 682.7GW、347.4GW，同比分别增长 46.8%、57.3%，继续保持快速增长。从组件生产类型来看，晶硅组件依然是市场主流。从组件产业布局来看，全球光伏组件生产制造重心仍然在中国大陆，中国大陆产能达到 551.9GW，约占全球总产能的 80.8%；产量达到 294.7GW，约占全球总产量的 84.8%。2022 年，我国光伏组件产能、产量同比分别增长 53.7%、62.1%，产业整体规模进一步扩大。

从市场集中度来看，2022 年中国光伏组件市场集中度与上年基本持平。数据显示，2021 年中国光伏组件排名前五企业产量合计占比 63.4%，较 2020 年提高了 8.3 个百分点。2022 年，排名前五企业产量合计占比 61.4%，同比减少 2 个百分点。

2.1.5　光伏辅材

要生产一台光伏组件，仅有电池显然是远远不够的，还需要一系列非硅辅材相配合。辅材的性能对组件最终性能同样有着重要影响。目前常见的组件辅材包括互联条、汇流条、钢化玻璃、胶膜、背板、铝合金、硅胶、接线盒共八种。

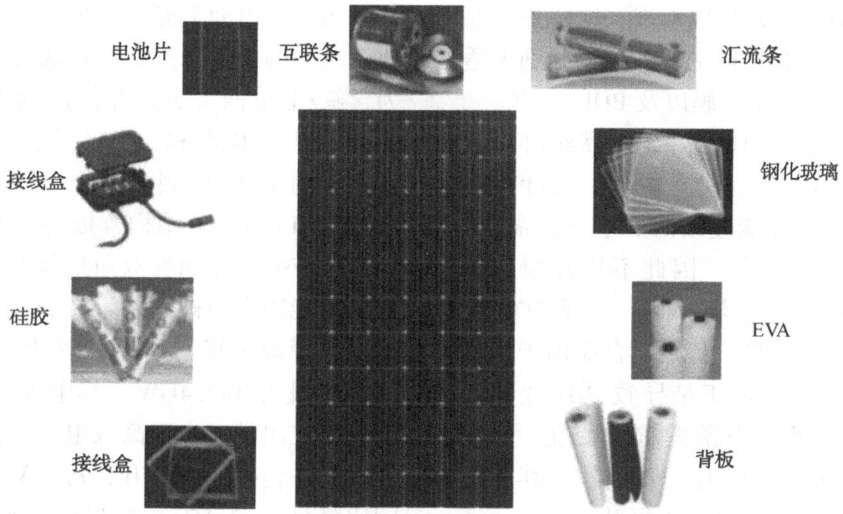

图8　光伏组件的核心组成

从成本端看，辅材中成本占比排名前五的分别是边框、玻璃、胶膜、背板以及焊带。其中边框在非硅成本中占比最高，而玻璃、胶膜以及背板则是光伏组件的核心辅材，对设备的最终性能有重要影响。

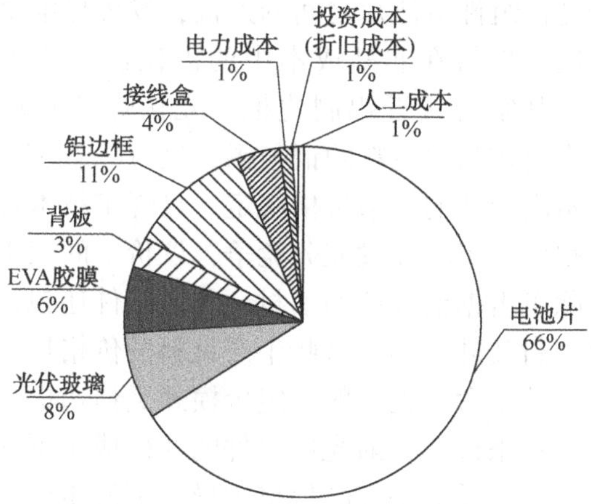

图9　2022年光伏组件的成本构成

（1）边框：顾名思义，边框就是光伏组件的外侧框架，在封装后填充硅胶密封，起到固定和边缘保护的作用。目前通用的光伏组件边框为铝制边框，其在各类组件的成本占比均仅次于电池，是成本最高的非硅辅材。然而铝边框的技术含量很低，成本占比高纯粹是因为其大宗商品的定价模式，下游生产商的议价能力非常低，铝边框产品定价和铝锭基本保持同步，成本压缩空间只能在加工费里找。又因生产门槛低，铝制边框的供应商较多，竞争十分激烈，市场已经充分议价，进一步压缩成本的空间很小。

（2）玻璃：光伏玻璃一般用作光伏组件的封装面板，直接与外界环境接触，其耐候性、强度、透光率等指标对光伏组件的寿命和长期发电效率起核心作用。目前光伏玻璃有三种主要产品形态：超白压花玻璃、超白加工浮法玻璃，以及透明导电氧化物镀膜(TCO)玻璃。

通常来说，硅片光伏组件主要使用超白压花玻璃或超白加工浮法玻璃，一方面可以对太阳能电池起到保护作用，增加光伏组件的使用寿命；另一方面，超白压花玻璃及超白加工浮法玻璃的含铁量相对较低，透光率更高，能够提高组件发电效率。

光伏玻璃的发展主要受上下游驱动，目前的主要趋势分别是增大与减薄。尺寸增大主要是受上游影响。由于硅片尺寸的逐渐增长，作为封装面板的玻璃板也必须同步增大，方能满足上游需求。但当前行业内能够生产大尺寸玻璃的企业不多，这导致了一定程度的供需错配，助推了玻璃价格上涨。未来如何尽快调整产能，是对生产企业的挑战。

减薄则一是降本需求，二也与光伏组件设计有关。目前，部分双面组件采取的是正反面均用玻璃封装的双玻璃路线，正反双面均使用2.5/2.0mm厚度玻璃，而非传统的3.2mm。这既是为了设备整体减重，也是出于成本考虑。考虑到双面组件渗透率的持续增长，未来光伏玻璃减薄也将持续。

(3) 胶膜：封装胶膜材质一般为有机高分子树脂，其直接与组件内部的电池片接触，覆盖电池片上下两面，对电池片起抗水汽、抗紫外等保护作用。目前市场上有三种主流胶膜，分别为透明 EVA 胶膜、白色 EVA 胶膜以及 POE 胶膜。

封装胶膜的发展，同样受下游光伏组件设计影响。虽然两种 EVA 胶膜仍是主流，合计市占率也接近 80%，但其性能逐渐落后于下游需求，无法很好地解决 PID 问题，因此不适合应用在双面组件上，正在出让市场份额。反观 POE 胶膜，其阻隔性能更加优良，特别适合应用于水汽敏感的技术路线，而水汽正是导致 PID 效应的元凶之一。因此，随着下游需求的变化，POE 胶膜被视为是 EVA 材料的升级替代品，其渗透率快速提升，且未来有望进一步提升。

2022 年全球光伏组件封装胶膜市场需求继续呈增长态势。由于 n-TOPCon 和 HJT 组件出货量占比提升以及 PERC 组件的功率提升，平均单瓦组件所消耗的封装胶膜用量相应减少；单晶光伏组件市场占比从 2022 年的 94.5% 增长至 97.5%，182mm 及以上组件占比达到 82.8%，平均 1GW 组件所需胶膜面积降低至 920 万 m^2，同比下降 3.2%。2022 年全球组件产量达到 347.4GW，同比增长 57.3%，全年封装胶膜市场需求约 31.9 亿 m^2，同比增长 56%。其中，2022 年我国组件产量 294.7GW，封装胶膜的需求市场规模约 27.1 亿 m^2。

目前，市场上封装材料主要有透明 EVA 胶膜、白色 EVA 胶膜、聚烯烃(POE)胶膜、共挤型(EVA-POE-EVA)胶膜与其他封装胶膜(包括 PDMS/Silicon 胶膜、PVB 胶膜、TPU 胶膜)等。2022 年，单玻组件封装材料仍以透明 EVA 胶膜为主，约占 41.9% 的市场份额，POE 胶膜和共挤型 EPE 胶膜合计市场占比提升至 34.9%。由于 n 型电池正面银浆内含其他金属成分，会导致电气腐蚀电池正面银铝细栅线，造成电池片周围 EL 栅线发黑和功率衰减现象，这就要求封装材料要有更低的水气透过率和更高的化学稳定性，这方面 POE 胶膜显著优于 EVA 胶膜。随着未来 n 型组件及双玻组件市场占比的提升，POE 胶膜和共挤型 EPE 胶膜的市场占比将进一步增大。

(4) 背板。背板位于太阳能电池组件背面的最外层，保护电池组件免受外界环境的侵蚀，起到耐候绝缘的作用，需具备高水平的耐高低温、耐紫外辐射、耐环境老化和水汽阻隔、电气绝缘等性能。

当前，市面上光伏背板的产品极为庞杂，且缺乏统一的命名标准，行业通常依照是否含氟分为含氟/非氟两大类，并依照加工工艺进一步细分，主要有 K 结构、T 结构、C 结构、玻璃背板、透明有机材料背板，以及其他背板。K (KPK/KPF/KPE)结构背板仍是市场绝对主流，

相应的，伴随着双面组件市场规模的快速增长，因能透光而被纳入生产的玻璃背板与透明有机材料背板市场占有率快速上升，2022 年全球组件产量为 347.4GW，其中 62% 为需要消耗背板的单玻组件。由于高效电池组件的市场份额增大，组件转换效率提升，每 GW 组件的背板耗量同比降低约 2.1%。若按每 GW 光伏组件消耗 480 万 m^2 薄膜背板计算，全球全年背板需求量约 10.3 亿 m^2。2022 年我国组件产量约为 294.7GW，对应薄膜背板的需求量约为 8.7 亿 m^2，同比上升约 27.6%。

(5) 焊带。焊带又称镀锡铜带，指的是在一种在铜带表面涂覆一层均匀厚度锡基的焊料，应用于光伏组件电池片之间的连接，发挥导电聚电的作用。焊带在非硅成本中的占比虽与背板相近，但其定价接近铝制边框。光伏焊带 90% 的成本来自作为原材料的铜与锡，这意味着生产成本基本由当期的大宗价格决定。且焊带技术含量同样很低，市场经过充分竞争，议价空间很小。

除了占据前五位的辅材，非硅组件还包括接线盒、封装硅胶等。这些生产材料的价格均比较稳定，技术含量也一般，定价模式类似边框与焊带。概括来说，目前光伏组件的非硅成本下降空间不大，且受大宗商品价格主导，下游生产商的议价能力都不是很强。想要在非硅环节进一步压缩出利润空间，对光伏设备生产商已经很难。但这不意味着技术迭代的停滞。目前包括胶膜、背板与光伏玻璃在内的三种核心原材料，对下游的产品设计与最终性能仍有重要影响。如何配合电池技术的进步调整产品，仍是核心辅材生产商的重要发展方向。

2.1.6 光伏逆变器

光伏逆变器，是将光伏组件产生的直流电，转换成频率可调节的交流电的电子设备。由于并网的电源需满足上网的质量要求，逆变器可调整

电压波形，用于电网或供负载使用，可直接影响太阳能光伏系统的发电效率，是光伏电上网的必需设备。

按应用场景与功率划分，光伏逆变器可分为集中型逆变器、组串型逆变器与户用逆变器三种。受应用场景限制，光伏逆变器市场非常稳定，完全由下游电站决定，几乎不可能发生重大变化。截至2022年底，光伏逆变器市场仍然以集中式逆变器和组串式逆变器为主。其中，组串式逆变器居主要地位，占比为69.6%，集中式逆变器占比为27.7%，最新的集散式逆变器的市场占有率约为2.7%。根据机构预测，这种格局在长期来看，也不会发生太大变化。

2.1.7 光伏发电站

光伏发电站是光伏产业链的最末端。在这一环节，光伏设备最终与电网相连并输送电力，是光伏发电实际应用的场景。正如光伏组件是将电池片串并联而来，要建设一个光伏电站，首先需要将光伏组件按一定方式组装在一起，并安装支撑结构后构成更大型的直流发电单元——光伏阵列，之后再将大量光伏阵列与光伏逆变器、配电柜等设备，以及中央控制系统连接后，就可建成能够实际投入使用的光伏电站。

与传统发电站类似，光伏电站也分为集中式和分布式两种。市场占有率方面，2022年，我国新增光伏装机87.41GW，同比增长59.3%；其中集中式光伏新增36.3GW，同比增长41.8%；分布式光伏新增51.1GW，同比增长74.5%。分布式光伏增速明显，继2021年占比超过集中式光伏后，占比进一步提升；2022年全年产业链价格居高不下，导致集中式光伏装机略微失速。集中式大型并网光伏电站就是国家利用光能富集的无人地区，如荒漠或丘陵，安装大量光伏阵列集中建设的大型光伏电站。集中式光伏电站的发电直接并入公共电网，接入高压输电系统供给远距离负荷。集中式光伏电站的主要特点在于运维更为经济，受益于规模效应，发电成本比较低，且发电量大，更能满足电网的接入要求。我国目前就是集中式电站占主流，多分布于西部光能富集地区。不过集中式光伏电站的缺点也比较大。我国光能富集区并非高负荷地区，这导致了一定的供需错配，使得电能无法就地消纳，存在一定的弃光弃电现象。同时由于光伏天然存在发电波动比较大的问题，导致集中式光伏电站对电网负荷比较大，光电上网一直比较麻烦。

分布式光伏电站则主要是指利用小型空地，或建筑物表面，如厂房、公共建筑屋顶等表面建设的小型发电站，在人口比较稀疏的发达国家占据主流。分布式光伏电站的优势主要集中在投资小、建设快、占地面积小等方面，且直接处于用户侧，可以减少对电网的依赖，减少线路损耗。同时，分布式光伏电站还能够实现发电量就地消化，余量再接入电网。相较于集中发电，弃光弃电的问题不明显。分布式电站的缺陷在于，由于高度分散的特性，对控制系统的要求比较高，在调节与管理上更为复杂。

2.2 国内EVA光伏料供应格局

2022年，EVA正牌料生产153.4万吨，其他13.6万吨为副牌料或者过渡料。EVA正牌料集中在光伏料，产量83.94万吨，占EVA正牌料总量的57.8%；电缆料产量36.9万吨，占EVA正牌料产量的24.0%；发泡料产量约17.8万吨，占EVA正牌料产量的11.4%；涂覆料产量约3.9万吨，占EVA正牌料产量的2.5%；热熔胶产量3.0万吨，占EVA正牌料产量的1.9%；管材产量2.5万吨，占EVA正牌料产量的1.6%；农膜产量0.6万吨，占EVA正牌料产量的0.4%；其他料产量0.1万吨，占EVA正牌料产量的0.05%。

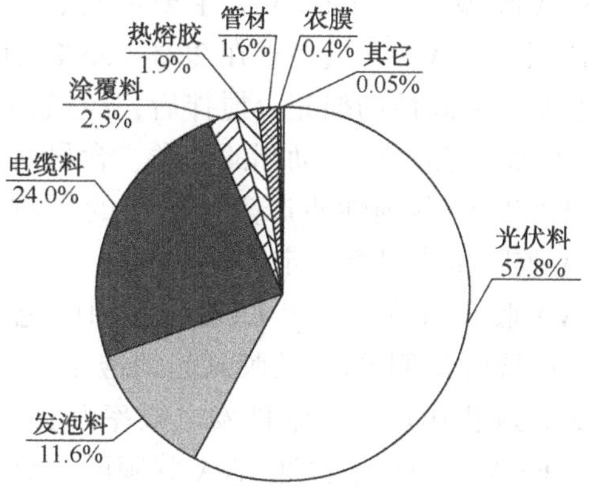

图10 2022年EVA产量按应用领域统计

2022年中国EVA总产能215万吨/年，生产企业12家，北京有机、扬巴、燕山石化、联泓、宁波台塑、江苏斯尔邦、延长榆能化、扬子石化、中化泉州、浙江石化、天利高新和中科炼化，其中，联泓2015年底投产，宁波台塑2016年初投产，江苏斯尔邦2017年初投产，延长榆能化、扬子石化和中化泉州2021年下半年投产，浙江石化2021年12月底投产。天利高新和中科炼化2022年投产。

2022年国内光伏料产量83.94万吨，浙石化生产的光伏料25.13万吨占国产市场的30%，其次斯尔邦生产的EVA光伏料19.34万吨，占据国产料市场的23%以上，其次为延长榆能化、扬巴、联泓。

中国EVA进口依赖度高，进口产品以光伏料等高附加值产品为主。2018-2022年，中国EVA进口量从97.6万吨增加到120.2万吨，年均复合增长率5.3%。中国EVA主要进口国家和地区包括韩国、中国台湾、泰国、日本、沙特阿拉伯、新加坡等。2022年EVA进口量按消费结构分析，光伏料占比39.9%，达到48万吨。

2.3 国内光伏胶膜行业发展历程及趋势

2.3.1 光伏胶膜简介

光伏胶膜是光伏组件的关键材料，对脆弱的太阳能电池片起保护作用，使光伏组件在运作过程中不受外部环境影响，延长光伏组件的使用寿命，同时使阳光最大限度的透过胶膜达到电池片，提升光伏组件的发电效率。

目前，常见的光伏胶膜主要有EVA胶膜、POE胶膜，此外还有PVB胶膜、离子型聚合物胶膜、热塑性聚氨酯胶膜(TPU)、聚二甲基硅氧烷(PDMS)等。其中，EVA胶膜是使用量最大的。

EVA胶膜，是以EVA为主要原料(光伏级EVA树脂一般VA含量要求在28%~33%之间)，通过添加各种改性助剂充分搅拌后，经热加工成型的薄膜状产品。添加助剂的种类、含量对将会对EVA胶膜的各项性质产生比明显的影响，因此EVA胶膜生产具有一定的技术壁垒。

EVA胶膜可分为透明EVA胶膜和白色EVA胶膜。传统的透明EVA胶膜只起到透光、粘接、耐黄变等封装作用，对组件发电效率并无增益。而白色EVA胶膜属于普通EVA胶膜的升级换代产品，可以用于组件的背面一侧，反射电池片间隙的光线，所以白色EVA胶膜可以有效地提升组件的效率。白色EVA胶膜用于双玻组件可实现7~10W的功率增益，用于单玻组件可实现1-3W的功率增益。同时白色EVA胶膜具有优异的材料兼容性，与焊带及汇流带、电池片、背板等材料有良好的粘结性。此外，白色EVA胶膜也具备着较强，的抗湿热老化及紫外老化能力。

POE胶膜主要为多层共挤POE胶膜，其透水率低，接近同等厚度EVA胶膜的1/5、可大幅度提升组件耐候性能。因阻水而醋酸产生极少，在高湿度环境下以及搭配某些水汽敏感、醋酸敏感电池使用时优势明显。针对PID敏感的单晶PERC电池、N型电池，多层共挤型POE胶膜同样表现出较优的性能。此外，共挤POE胶膜在生产工艺上又兼有EVA胶膜的优势，即组件生产成品率高、生产效率高，胶膜本身保存容易。多层共挤POE胶膜主要应用于高效组件，有利于保障高效组件的质量。

2.3.2 国内光伏胶膜行业发展历程

2005年起，国内光伏胶膜生产企业主要为杭州福斯特公司、上海海优威新材料和诸暨市枫华塑胶科技公司。2010-2011年，这期间欧洲光伏市场需求持续上涨，国内市场颁布光伏产业促进政策，市场需求前景明朗。同期，EVA胶膜生产技术国产化取得突破，吸引国内众多资本纷纷进入，代表性企业如杭州鑫富节能材料、南京红宝丽新材料、深圳斯威克和苏州爱康薄膜等。自2012年以来，EVA胶膜市场供需结构发生改变，产品供大于求。老牌企业技术进步，不断产能扩张；市场产品价格大幅下降，行业整体毛利率呈下降趋势，规模小、技术落后的生产企业出现亏损，开始退出市场。

2.3.3 目前国内主要光伏胶膜生产企业

从目前光伏胶膜市场格局来看，核心厂商均集中在中国。福斯特、斯威克、海优新材三家市占率接近全球的75%，国内龙头企业竞争优势明显，已成为全球光伏胶膜市场的主导力量。光伏胶膜单位换算：1亿平米≈10GW≈5万吨。

(1) 杭州福斯特应用材料股份有限公司。杭州福斯特成立于2003年，注册资金为76955万元，主导产品为光伏封装材料太阳能电池胶膜(EVA/POE胶膜)和太阳能电池背板，其中EVA/POE胶膜全球市场占有率超过50%，位列全球第一。杭州福斯特年采购42万吨EVA+POE产品，其中EVA占比80%、POE占比20%左右。供应商有扬巴、韩华道达尔、台聚、亚聚等。2021年杭州基地年产能为7.5亿平米、常熟基地年产能为1.5亿平米、滁州基地年产能为5亿平米、泰国基地年产能为0.5亿平米，总产能为14.5亿平米。未来计划在嘉兴建造一个产业基地。

（2）上海海优威新材料股份有限公司。上海海优威成立于 2005 年，注册资金为 6111 万元，主营光伏电池组件封装材料，市场占有率全球光伏胶膜市场的 12-15%，市场地位为全球前三。上海海优威年采购 24 万吨 EVA+POE 产品，其中 EVA 占比 85%以上。供应商有斯尔邦、韩华道达尔、陶氏等。目前有上海金山（研发中心、高反射率胶膜生产基地）、常州武进（EVA 胶膜生产基地）、张家港（POE 胶膜生产基地）三大生产基地，即将投产和在建的工厂有：泰州工厂、镇江工厂、义乌工厂、上饶工厂。2021 年产能为 60GW，计划 2022 年产能扩至 100GW、2023 年产能扩至 120GW。

（3）常州斯威克光伏新材料有限公司。常州斯威克是东方日升新能源股份有限公司的控股子公司，前身是 2005 年成立于深圳的深圳市斯威克科技有限公司，2011 年整体搬迁至江苏省常州市金坛区，注册资金为 1000 万元，专注于封装材料研发、生产和销售。常州斯威克年采购 24 万吨 EVA 产品，供应商有台塑、扬巴、斯尔邦、韩华、LG 等。目前有两个生产基地，年产能为 4.2 亿平方米。计划 2022 年年产能扩大至 7 亿平方米，2025 年年产能扩大至 11 亿平方米。

（4）常州百佳年代薄膜科技股份有限公司。常州百佳成立于成立于 2007 年，注册资金为 15000 万元，致力于特种功能膜的研发、生产及销售，2020 年设立盐城百佳和越南百佳两家子公司。常州百佳年采购 10-15 万吨 EVA 产品，供应商有台塑、联泓、斯尔邦、韩华、LG 等。2021 年年产能将达到 45GW，其中常州基地 13GW、盐城基地 28GW、越南基地 4GW。

（5）江苏鹿山新材料有限公司。江苏鹿山成立于 2012 年，是广州鹿山新材料股份有限公司的全资子公司，专注于太阳能电池封装胶膜、特种功能树脂的研究开发。江苏鹿山年采购 9 万吨 EVA 产品，供应商有台塑、斯尔邦、韩华、LG、道达尔等。当前年产能为 15GW，2021 年底年产能将达到 45GW，其中常州基地 25GW、盐城基地 20GW。

表 6　主要光伏胶膜厂商产能统计

厂商	2020 年（亿平方米）	2021 年（亿平方米）	2022 年（亿平方米）
福斯特	10.5	13	12.5
斯威克	3	4	8
海优新材	2.2	6.5	7
百佳	1.6	3.8	3.9
赛伍技术	1.0	1.6	3.6
上海天洋	0.2	1.7	3.5
鹿山	1.0	1.5	1.6
合计	19.5	32.1	40.1

2.3.4　光伏胶膜发展现状及趋势

封装材料从市场占有率来看，EVA 胶膜占比最大。随着光伏组件环境的复杂程度提升，双玻组件的应用越来越广泛，透明 EVA 胶膜占比将有所下滑。

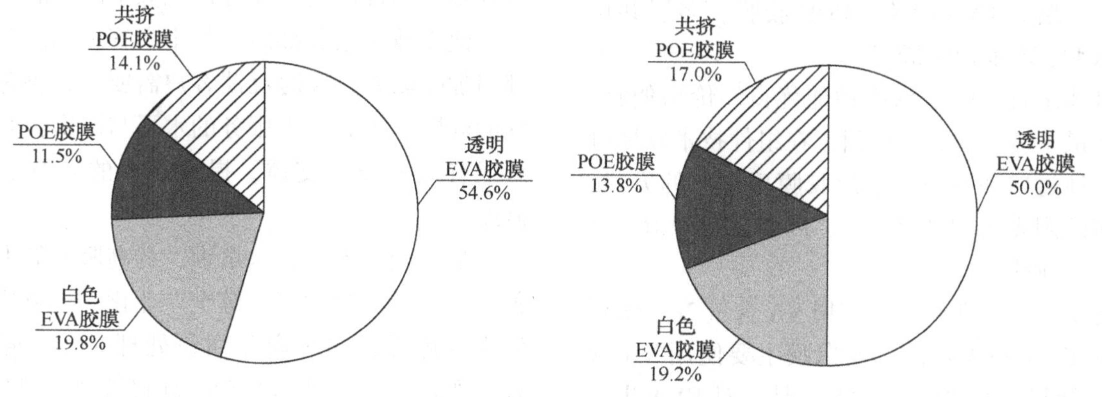

图 11　2022 年、2027 年不同封装材料市场占比

2018-2022 年，中国 EVA 光伏料需求量从 43.6 万吨增加到 132.0 万吨，年均复合增长率 31.9%。光伏装机增长带动 EVA 光伏料需求增长。

根据中国光伏行业协会对全球光伏新增装机的预测，按照每 GW 光伏组件封装使用 1000 万平米光伏胶膜，光伏组件安装量和生产量的容配比按照 1：1.2 来计算，随着光伏产业飞速发展，光伏胶膜粒子（EVA/POE）原料需求快速增加。全球胶膜产能几乎全部集中在中国，而 EVA 与 POE 依然是胶膜的核心封装材料。随着光伏行业快速发展导致对光伏胶膜需求量大幅增长，预计 2023 到 2027 年，光伏胶膜的需求量从 39.0 亿平方米增加到 63.0 亿平方米，年均复合增长率 12.3%。

随着“碳达峰”、“碳中和”目标的逐渐逼近，光伏行业景气度将逐渐上升，进而带动光伏胶膜行业快速发展。未来，光伏胶膜行业可能会呈现 EVA 胶膜、POE 胶膜双足鼎立的局面，光伏胶膜发展前景值得看好。

3　EVA 在光伏应用领域策略建议

3.1　产品策略

目前，亚洲是世界 EVA 树脂主要的生产和消费地区，未来新增产能仍将集中在该地区。特别是中国大陆，未来几年将成为世界 EVA 树脂最重要的生产和消费国家之一。

随着光伏产业的不断扩张，全球光伏级 EVA 胶膜用量大幅增加。在新技术、新产品、新生态的推动下，未来几年，全球光伏装机量将继续保持增长态势，进一步推动全球 EVA 光伏料的消费量。

华东地区作为全国高新产业集中地，聚集了一大批优质的光伏客户，因此对于 EVA 供应商来说华东市场极为重要，

目前，光伏胶膜可分为 4 种：透明 EVA 胶膜、白色增效 EVA 胶膜、POE 胶膜、多层共挤 POE 胶膜（又称 EPE 胶膜）。

具体来看，EVA 树脂性能优良、价格便宜，是当下最主流的胶膜原材料。在组件技术发展过程中，通过增加电池片下层胶膜反射率的方式，让更多的阳光射到电池片上，因此行业中衍生出白色 EVA 胶膜。

光伏行业透明膜主要使用 VA 含量 28、熔指在 15-25 的 EVA 产品，而白膜主要使用 VA 含量 28、熔指在 8~10 的 EVA 产品。对 EVA 生产商来说提供上述两种产品将是未来几年的有竞争力的主要产品。产品稳定性一致性好将是 EVA 生产商追求的目标。

3.2　价格策略

EVA 由于近两年产能迅速扩张，到年底已到 270 万吨。市场供需格局显著改变，光伏行业迅猛发展，下游消费领域占比发生较大变化，光伏占比已超过 50%，光伏需求变化直接影响 EVA 价格走势。从近三年的市场走势看，EVA 行情波动幅度较大，操作难度较大。由于供应商结构比较复杂，民营资本占比较高，库存控制和价格政策较为灵活。因此建议采取更为灵活的价格策略予以应对。

3.3　渠道策略

EVA 光伏料行业集中度高，从目前光伏胶膜市场格局来看，核心厂商均集中在中国。福斯特、斯威克、海优新材三家市占率接近全球的 75%，国内龙头企业竞争优势明显，已成为全球光伏胶膜市场的主导力量。另外常州百佳、赛伍技术、上海天洋、特固新材料和江苏鹿山，这些也具备一定规模。产品适配性相当重要，由于胶膜厂的设备、工艺水平、研发能力都影响产品适配。另外在行情急剧变化的行情下合作默契度也不尽相同，与客户保持密切交流，根据客户对产品适配度以及需求情况合理匹配资源量，避免一家独大，使客户结构达到最优。由于 EVA 供需格局的改变要充分考虑极端市场行情应对手段，丰富光伏料客户结构，大中小型工厂正态分布，同时引入部分战略经销商。

3.4　服务/促销策略

通过广告、参加塑料行业博览会、发放宣传资料等形式加大对产品的宣传力度。适时组织并召开新产品推广会，让客户充分了解产品。

建立技术服务部门，与生产管理部门及研发部门加强联系，及时反馈客户需要，解决客户面临的问题，提高技术服务的水平与层次，对客户形成有效的技术支撑，提高客户的满意度和忠诚度。

加强销售人员技术培训，提高服务能力，完善售后服务部门功能，健全专业化、规范化的售后服务体系，缩短商务纠纷处理时间，简化流程，严格标准，及时有效地解决客户投诉的问题。

经常对客户进行走访，定期召开用户座谈会，收集客户意见和建议，进行专题研究，对产品质量和服务质量都加以改善和提高。时刻关注客户的生产经营状况和发展动态，为客户排忧解

难，提升客户满意度。

着力解决客户的痛点难点，光伏料客户的开单和发货习惯相对偏慢。目前国内供应商与光伏客户的合作，在订单与交付环节都有较长的时间冗余，包括国企、民营企业、合资企业，因此在交付环节一方面要增强用户体验好感度，另一方面在仓储物流环节保证产品质量。根据行业采购习惯制定有别于其他树脂产品的订单有效期、发货节奏等问题。

参 考 文 献

[1] 洪定一．塑料工业手册．北京：化学工业出版社，1999.

[2]《中国石油和化工大宗产品报告》(2021 版).

[3] 中国光伏行业协会 2022-2023 年中国光伏产业年度报告．

[4] 金联创网络科技有限公司数据库．

乳液型清防蜡剂对南海原油的影响研究

敬加强　曹　蕾　单雨婷

（西南石油大学石油与天然气工程学院）

摘　要　南海原油的运输对中国具有极其重要的经济和战略意义，基于其特有的高含蜡、高凝的性质，在运输中易出现蜡沉积影响原油输送效率。本研究旨在开发一种对高含蜡南海原油具有良好防蜡效果的乳液型清防蜡剂，通过研究优化成分降低表面张力、提高溶蜡速率、稳定性，及其对原油凝点的影响，以应对南海原油高蜡含量带来的挑战。采用正交实验设计法，选取环保材料作为乳液型清防蜡剂的基础，考察不同成分对溶蜡速率的影响，并从微观角度探讨清蜡效率的差异原因。通过实验分析不同剂量清防蜡剂对南海原油凝点和防蜡率的影响，深入研究乳液型清防蜡剂引起蜡晶微观形态变化的机理。实验结果显示，乳液型清防蜡剂能显著降低南海原油的凝点，提高其流动性。最优配比的清防蜡剂对含蜡量较高的原油具有更好的降凝和防蜡效果，可将凝点降低14℃，防蜡率高达87.5%。微观分析表明，加入清防蜡剂后，蜡晶的尺寸缩小，分布更加均匀，有效抑制蜡晶的生长和沉积。这些发现为解决高含蜡原油输送中的问题提供了重要依据。本研究成功开发的乳液型清防蜡剂在高含蜡原油中表现出良好的防蜡效果，显著改善了原油的流动性。该研究从微观机理出发，优化了清防蜡剂的配方，具有显著的实际应用价值和环保意义。

关键词　清防蜡剂；南海原油；表面张力；乳液型清防蜡剂；凝点；蜡沉积

南海原油作为我国重要战略资源，其原油储量约为23～30Gt之间。高效开发利用南海原油对降低我国原油对外依存度具有重要经济价值和意义。南海原油中的蜡含量较高，在输送过程中与环境发生热交换，导致其热量损耗，温度降低，当温度降至析蜡点（WAT），原油中的蜡分子不断结晶并沉积在管壁上，伴随着“老化”现象，蜡沉积层的厚度增加，导致输油管道有效半径减小，压降增大，严重时甚至会导致管道堵塞，出现凝管现象，严重威胁到管输过程的安全运行。因此，含蜡油清防蜡问题的研究对于集输系统的流动保障具有重要意义。

经研究发现，向油品中添加化学清防蜡剂可有效减少和抑制石蜡的沉积。2019年，杜海军等人配制出了一种在低温油井中也能发挥良好清蜡效果的乳液型清蜡剂，提高了低温油井中石油的开采效率。2022年，杨晨等人用柠檬烯代替苯、二甲苯等有毒物质作为有机溶剂配制出了水包油微乳液型清蜡剂，柠檬烯无毒且对蜡和油污具有良好的溶解效果。对于低盐高含蜡原油，乳液型清防蜡剂的防蜡率优于油基清防蜡剂，且所含芳烃含量较低，对环境更友好，但体系稳定性稳定性较差，在静止几小时后就出现分层现象，不易储存。

因此，本研究旨在开发出新型的环保，高效，多功能，低选择性，稳定性较好的乳液型清防蜡剂。以往的研究仅仅针对清防蜡剂组分对清防蜡的影响展开研究。本项研究提供了一种稳定性良好，对高含蜡原油作用效果较好的乳液型清防蜡剂的制备方法，并比较了其对于不同含蜡量现场原油的作用效果。

1　实验部分

1.1　实验材料

南海东部油田的含蜡原油，其基础物性如表1所示；54#石蜡、58#石蜡、水、石油醚、D80溶剂油购自广州市旭享化工、PMA、EVA、聚氧乙烯辛基苯酚醚-10（OP-10）、吐温-80、脱水山梨醇单油酸酯（Span 80，AR）和石油醚（90-120℃，AR）购自中国成都科隆试剂有限公司。司盘-80、碳酸氢钠、硫酸钠、氯化钠、无水乙醇、乙二醇等均为分析纯，如表1所示。

表1　南海原油基础物性

油样	凝点	含蜡量/wt%	20℃密度/（$kg \cdot m^{-3}$）	50℃黏度/（$mPa \cdot s$）
陆丰	40	29.57	947.95	20.61

续表

油样	凝点	含蜡量/wt%	20℃密度/($kg \cdot m^{-3}$)	50℃黏度/($mPa \cdot s$)
惠州	31	23.26	870.04	17.6
恩平	28	14.54	859.23	48.35

1.2 蜡球的制备

在测定溶蜡速率实验时，为减小外界因素带来的影响，保持石蜡外形一致。将54#和58#切片石蜡在放置在烧杯内，水浴70℃下加热至完全溶化，倒入蜡球模具中，制成1g左右的蜡球。以备溶蜡实验使用。

1.3 凝点的测定

采用510G石油产品凝点测试仪测量含蜡油的凝点。首先，将待测油样装入规定试管中，然后快速插入带有温度计的塞子，确保温度计垂直于油样，并放入套管内。设置凝点仪的温度为50℃。待原油温度升至50℃后，保持5min。设置凝点仪温度为T_0-8℃(T_0为油样预估凝点)。当温度降低至预期凝点时，倾斜套管1min并观察液面是否变化。若有变化，则继续冷却，每降低1℃，重复上述操作，直至液面稳定。此时的温度为油样的凝点。

1.4 溶蜡速率测定装置及测量方法

实验采用静态溶蜡方式，所使用装置如图1所示：

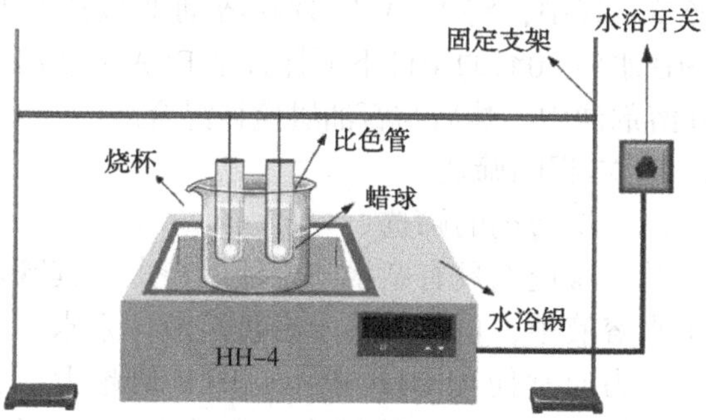

图1 溶蜡装置图

1.5 防蜡率测试

结合实验条件，选定挂片法进行防蜡率测试，选用与实际管材相近的挂片，所使用的测量装置如图2所示：

1.6 微观特性实验

在实验前需要除此干扰。将一定量的原油样品盛入广口瓶，放置于75℃的烘箱中加热至油样完全融化，并持续加热2小时，以消除热历史

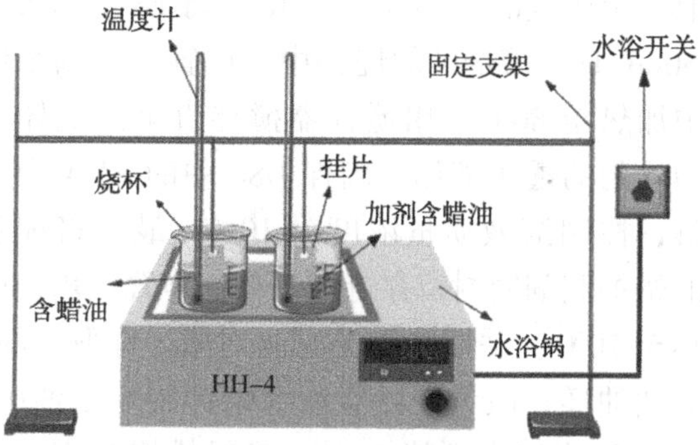

图2 防蜡率测定装置

影响。将细胞刮刀、涂抹针、载玻片及盖玻片置于偏光热台上，在75℃下恒温加热5分钟，避免与油样接触时导致油样冷却。预热后，用细胞刮刀取适量油样均匀涂于载玻片，使用涂抹针平展，轻盖盖玻片(避免手接触)，用涂抹针均匀施压于玻片角以控制油膜厚度。将制作完成的样品放置在偏光热台上冷却，调节入射光强度，选择合适的倍数和观测位置并用显微图像采集系统进行蜡晶图片的拍摄。

2 结果与讨论

2.1 乳液型清防蜡剂组分筛选

乳液型清防蜡剂包含有机溶剂和蜡抑制剂组成的油相以及渗透剂、盐类物质、助剂和水组成的水相。

2.1.1 油相的筛选

(1) 主剂的筛选

清防蜡剂油相部分选择无毒的D-80溶剂油与石油醚按一定比例复配，这两种溶剂与油蜡的结构相似，可将蜡溶解分散，变成小颗粒悬浮状态随油流流出。不同比例的有机溶剂的溶蜡速率测定结果如图3所示。由于两种溶剂之间的协同作用，不同配比混合下的溶蜡速率均优于单一溶剂。从图中可以看出石油醚和D-80对于54#石蜡的溶解效果优于58#，54#石蜡的溶解速率随着石油醚占比的增大而增加，在石油醚与D-80配比为4：1时达到最大；58#石蜡在石油醚与D-80比例为3：2时溶解效果最佳。综合考虑试剂的经济性及溶蜡效果，确定主剂的复配比例为m(石油醚)：m(D-80)=4：1。

(2) 蜡抑制剂的筛选

PMA溶液为自购质量浓度50%的母液，EVA溶液自行配置。使用电子天平和滤纸准确

称取一定质量的 EVA 颗粒，随后将 EVA 倒入盛有 50mL D80 溶剂油的烧杯中，放置在恒温水浴箱中加热至 80℃。用搅拌器搅拌直至溶液体系变为均匀的透明液体。确保 D80 中的 EVA 全部溶解，控制溶液质量浓度为 10%，最后将配置好的蜡抑制剂密封留存待用。将油样置于烘箱中加热至 70℃，并搅拌确保原油均质。称取 10mL 的原油油样，微量进样器注射蜡抑制剂至油中，并在 50℃水浴中搅拌 5min，确保蜡抑制剂与原油的充分融合。再用凝点测试仪分析加剂原油凝点变化情况，实验结果如图 4 所示。

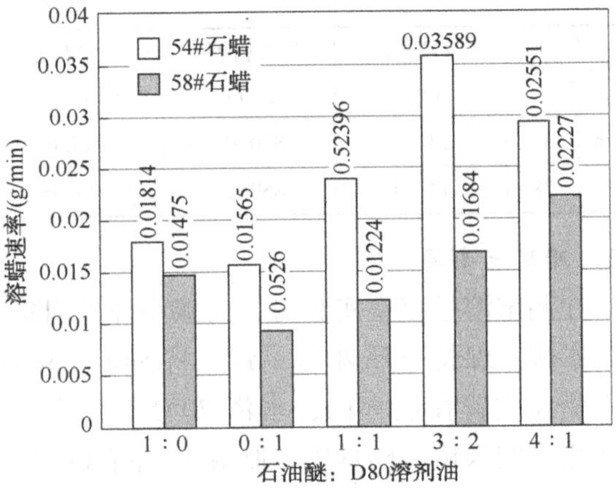

图 3　不同主剂下溶蜡速率

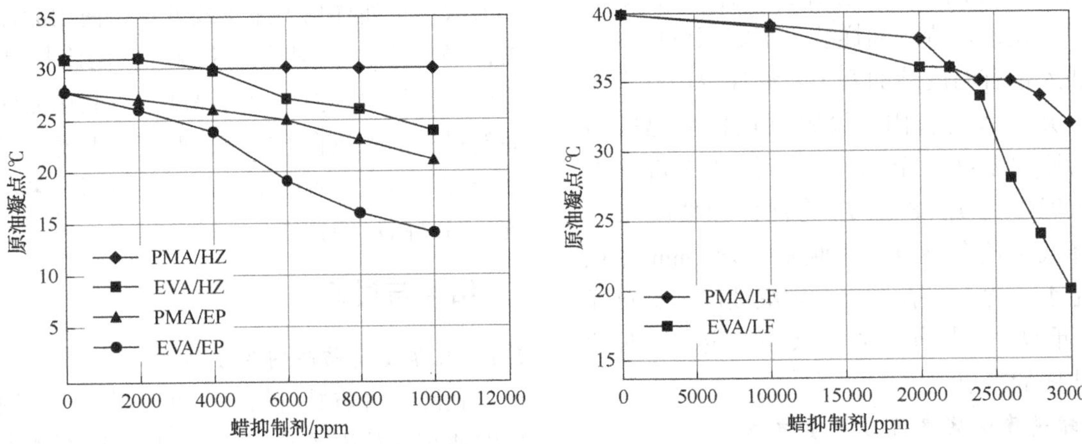

图 4　EVA/PMA 对三种含蜡油凝点影响

PMA 和 EVA 均能使 3 种原油凝点显著下降，且 EVA 的效果优于 PMA，两种剂含量越高，原油凝点越低。EVA 的醋酸乙烯酯含量可以调节，从而改变其极性和亲油性，使其与不同类型的含蜡油更好地相容，且 EVA 的分子结构中含有极性的酯基和非极性的烷基，可以与蜡晶表面的极性和非极性基团发生相互作用，从而干扰蜡晶的生长和聚集。同时，EVA 的分子链可以在蜡晶表面形成一层保护膜，阻止蜡晶之间的粘连，降低蜡晶的结晶度和硬度，提高蜡油的流动性。EVA 的分子量可以控制在一定范围内，使其具有良好的抗剪切性和热稳定性，避免在输送过程中降解或失效。而 PMA 的分子结构中仅含有极性的酸酐基，这导致其与蜡晶的相互作用较弱。同时，由于分子量较大，PMA 在输送过程中易于降解或沉积，因此，其降凝效果不及 EVA。基于这些原因，选择 EVA 作为清防蜡剂中的蜡抑制剂。

(3) 油相的制备

清防蜡剂的油相部分由石油醚，D80 溶剂油，EVA 组成，其占比分别为 78.2%，19.55%，2.25%。其中，将 EVA 与 D80 溶剂油按质量比 1∶9在水浴 80℃的条件下搅拌直至 EVA 完全溶于 D80 溶剂油中。然后与石油醚搅拌混合。

2.1.2　水相的筛选

(1) 渗透剂的筛选

基于渗透剂具有亲水与亲油的特点，其既可溶于水溶液中，也可以溶于有机溶液。亲水与亲油的能力通常使用 HLB 表示，HLB 值越大，表示亲水性越好，HLB 值越小，表示亲油性越好，选择渗透功能强、分散能力强的的渗透剂，可以实现对溶蜡速率的进一步提升。同时，表面张力也是评估渗透剂渗透能力的一项重要指标，它是液体分子之间相互吸引形成的力量。对于清防蜡剂而言，表面张力越低，液体就越容易在固体表面上展开。这意味着它更容易渗透和润湿蜡层，使清洁效果更好。低表面张力的清防蜡剂能更轻松地渗入蜡层微小的裂缝和凹陷，有助于有效地去除蜡，从而提高清洁效果。选定 Tween－80，

Span-80，OP-10 作为清防蜡剂水相的渗透剂部分，不同渗透剂配比下的表面张力和溶蜡速率如图 5 所示。

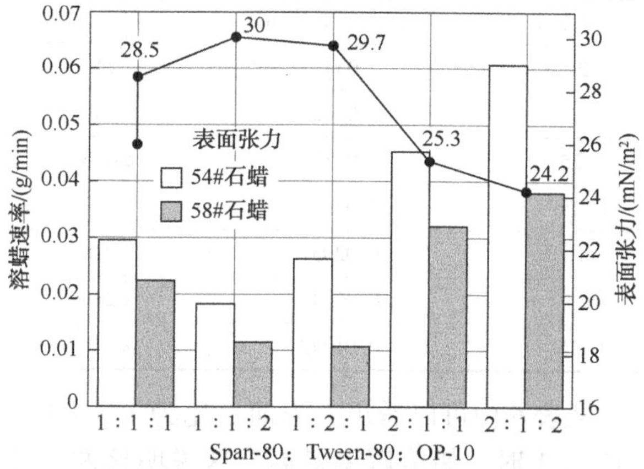

图 5　不同渗透剂配比下的溶蜡速率和表面张力

从图 5 中可以看出，随着 OP-10 和 Tween-80 占比的增加，两种石蜡的溶蜡速率降低，表面张力增大。不同种类渗透剂之间存在相互作用，这种相互作用用 β 表示，OP-10 和 Tween-80 的聚氧乙烯基氧原子含量较大，这些氧原子能够通过氢键与水分子结合，从而增加了溶液的极性和介电常数，使得 β 增大，溶液中的水分子之间的相互吸引力就会增强，导致表面张力变大。当 m(Span-80)：m(Tween-80)：m(OP-10)=2：1：2 时，体系的表面张力最小，此时表活成分在溶液表面形成棒状或者球形胶束，从而降低溶液表面张力。综合不同渗透剂配比下的溶蜡速率和表面张力，选定 m(Span-80)：m(Tween-80)：m(OP-10)=2：1：2 为清防蜡剂水相中渗透剂的最优配比。

（2）助剂的筛选

适量的助剂可解决油水互溶问题，能使体系变得均一化，提高稳定性，还能增大蜡在清防蜡剂中的溶解性，使得溶剂更好地与蜡样接触，增大溶解速率。常用的助溶剂一般为醇或醇醚类，主要有甲醇、乙醇、异丙醇、乙二醇等，测定乙醇和乙二醇对清蜡性能的影响。其结果如表 2 所示。

表 2　不同助剂下的溶蜡速率

助剂种类	溶蜡速率/(g/min)	
	54#石蜡	58#石蜡
乙醇	0.04395	0.03176
乙二醇	0.06062	0.03804

由表 2 可知，乙二醇对于 54#和 58#石蜡的溶解效果要优于乙醇，这是因为两种物质之间的分子结构和物化性质之间存在差异。乙醇是一种单醇，分子量较小，且只有一个羟基，导致它对石蜡的溶解能力有限，而乙二醇是多元醇，分子量大，且含有两个羟基，易与石蜡分子形成氢键，从而降低了石蜡的结晶温度，同时增加了与石蜡分子间的相互作用力，从而提高了对于蜡质的溶解能力，且乙二醇比乙醇的挥发性差，能使清防蜡剂更加稳定。因此，选用乙二醇作为清防蜡剂的助剂。

（3）盐类物质的筛选

少量盐类或碱性物质的加入，可降低体系黏度，盐类或碱性物质的加入不仅可以调节 PH，还能使含蜡油中的沥青质更容易分散在水中，使蜡层变得松散，因此蜡可以形成许多核，而这些悬浮的核可以被流动的原油带走，从而达到清蜡的目的。盐、碱性物质的加入可辅助增强清蜡能力，常见的盐、碱性物质包括氢氧化钠、氢氧化钾、碳酸钠、碳酸氢钠、氯化钠等。考虑到氢氧化钠及氢氧化钾的强碱性，选用氯化钠、碳酸氢钠和碳酸钠进行对比实验，对比其对于两种不同石蜡的溶解能力，具体结果如表 3 所示。

表 3　不同盐类物质下的溶蜡速率

盐类物质	溶蜡速率/(g/min)	
	54#石蜡	58#石蜡
碳酸氢钠	0.04523	0.03197
氯化钠	0.03845	0.02378
碳酸钠	0.04041	0.02435

由表 3 可知，碳酸氢钠对于 54#和 58#石蜡的溶解效果要优于碳酸钠和氯化钠，这取决于其化学性质与结构，在水溶液中，碳酸氢钠可以与酸反应，产生相应的盐和水，是一种重要的中和剂。此外，碳酸氢钠在水溶液中的溶解度小于碳酸钠。具体来说，碳酸氢根离子之间可以通过氢键形成更紧密的结合，这使得碳酸氢根离子不易发生“溶剂化”而溶解，从而提高了碳酸氢钠的溶蜡速率。同时，碳酸氢钠与水形成的氢键会促进溶解，但其自身形成的氢键又阻碍其溶解，最后总的溶解度是综合了二者的效果。而碳酸钠则只有与水的氢键，所以碳酸钠的溶解度更大一些。对石蜡的溶解效果差于碳酸氢钠。碳酸氢钠可以较好的中和原油的酸性，降低蜡的黏度，增

加蜡的流动性，从而提高清蜡的效率。氯化钠虽然也是一种碱性盐，但是它的碱性极弱，不能有效地中和蜡的酸性，而且还会增加原油的盐分，导致蜡的结晶和沉淀，反而降低清防蜡剂的效果。因此，选用碳酸氢钠作为清防蜡剂的碱性添加剂。

（4）水相各组分占比

对乳液型清防蜡剂的水相组分以渗透剂、盐类物质和助剂的不同含量为因素，以对54#切片石蜡的溶解速率为指标，进行正交实验。其因素和水平如表4所示。

表4　水平因素表

水平	X_1	X_2	X_3
	盐类物质含量/%	助剂含量/%	渗透剂含量/%
1	1	10	30
2	2	11	31
3	3	12	32

正交实验结果如表5所示。

表5　正交实验结果

编号	X_1	X_2	X_3	溶蜡速率/(g/min)
1	1	1	1	0.03015
2	1	2	3	0.03508
3	1	3	2	0.02932
4	2	1	3	0.02498
5	2	2	2	0.03326
6	2	3	1	0.02687
7	3	1	2	0.02854
8	3	2	1	0.03026
9	3	3	3	0.02457
k1	0.03152	0.02789	0.02910	
k2	0.02837	0.03287	0.03037	
k3	0.02779	0.02692	0.02821	
R	0.00372	0.00595	0.00216	

乳液型清防蜡剂水相中，影响清防蜡剂的清蜡效果的因素由大到小依次为 $X_2>X_1>X_3$。

乳液型清防蜡剂水相部分最佳配比 $X_1 1 X_2 2 X_3 2$，即渗透剂31%，盐类物质1%，助剂11%，剩余部分为水，占57%。

2.2　乳液型清防蜡剂的制备

2.2.1　油水比的比选

油水比会影响乳液型清防蜡剂的清防蜡性能以及自身稳定性。将3.2.1节（3）和3.2.2节（5）部分按不同比例进行混合，并测定其溶蜡速率及稳定性能，结果如表6。

表6　不同油水比下的溶蜡速率和稳定性对比

油水比	溶蜡速率/(g/min)	稳定性
2：1	0.03473	<24h
1.5：1	0.04625	<48h
1.25：1	0.04534	>48h
1.125：1	0.04656	>72h
1：1	0.02031	<24h
0.5：1	0.02042	<24h
0.25：1	0.01242	<24h

从表6中可以看出，当油水比为1.5：1或1.125：1时，蜡溶解率最高，这说明这两种油水比能够有效地增加水对油中蜡质的溶解作用，从而提高蜡溶解率，且乳液稳定性的分散性和稳定性较好，不易发生分层和沉淀。当油水比小于1和大于1.5时，蜡溶解率较低，且稳定性较差，这是由于油水比过高和过低时，乳液体系中内相和外相的量不平衡，导致水滴的大小不均匀，减少了水对蜡质接触面积，降低了溶蜡速率。同时，油水比过高或过低，会造成乳液型清防蜡剂的黏度高，增加油管壁的摩擦，促进油管壁的沉积，降低了乳状液的稳定性。因此选择油水比为1.25：1作为乳液型清防蜡剂的最终配比。

2.2.2　最终配方评价

通过以上内容确定新型乳液型清防蜡剂的最终配方的最佳配方见表7。

表7　乳液型除蜡剂的最终配方

材　料	占比/%
石油醚	42.84
D-80	10.71
EVA	1.19
Span-80	5.6
Tween-80	2.8
OP-10	5.6
碳酸氢钠	0.5
乙二醇	5
水	25.76

根据表7中新型乳液型清防蜡剂的最优配方比，将油相部分和水相部分分别混合，再按油水比为1.125：1在常温条件下，将油相加入水相

中，用高速搅拌器搅拌 5min，然后静置，得到新型乳液型清防蜡剂。

2.3 对原油凝点影响

选择含蜡量最高的 LF 油样和含蜡量最低的 EP 油样验证新型清防蜡剂的降凝效果，结果如图 6 所示。随着乳液型清防蜡剂的添加，LF 和 EP 的凝点都有所下降，对于 LF 油样，随着加剂量的增加，凝点持续降低，在加剂量为 5000ppm 时凝点降低了 14℃。然而，EP 油样在加剂量增加到 3000ppm 时，凝点不再下降，凝点总共降低了 3℃。因此此清防蜡剂对于含蜡量较高的原油的降凝效果优于含蜡量较低的原油。含蜡量高的原油中，蜡晶的数量和形状较大，蜡晶之间的结合力较弱，更易被清防蜡剂渗入和分散，且含蜡量高的原油蜡晶表面积也较大，因此与乳液型清防蜡剂的具有更强的吸附作用，蜡晶的生长和沉积得到进一步抑制。在含蜡量低的原油中，蜡晶形状较小，蜡晶分子之间相互吸引结合，使得清防蜡剂的作用效果受限制。

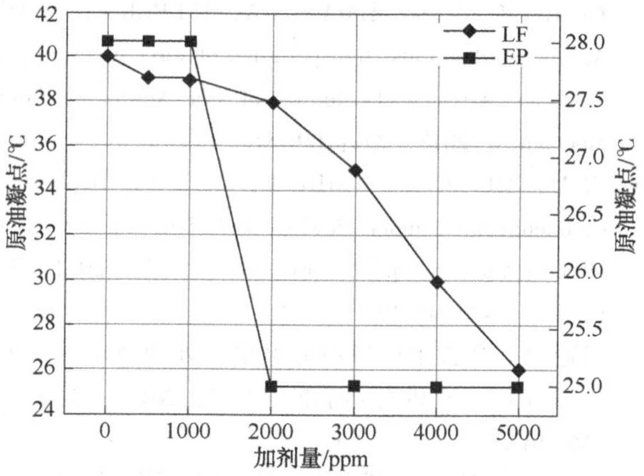

图 6　不同加剂量下 LF 和 EP 油样的凝点变化

2.4 对蜡沉积影响

防蜡剂浓度对蜡沉积的影响已知两种潜在防蜡剂可对原油性质表现出协同或拮抗作用。将 250、500、750、1000、1250、1500ppm 清防蜡剂分别与含蜡量较高的 LF 油样和相对含蜡量较低的 EP 油样制得共混物，研究清防蜡剂对石蜡的抑制效果随着防蜡剂量的增加的变化情况。图 7 显示了不同浓度下，防蜡剂对不同含蜡量南海原油的防蜡效果。观察到，防蜡剂整体对于含蜡量较高油样的蜡晶抑制效果较好，此时防蜡剂浓度对蜡沉积呈现拮抗作用，防蜡率高达 87.5%，而低蜡含量的 EP 油样防蜡率最高仅为 57.3%。这是因为乳液型清防蜡剂在破乳后，会释放出有机溶剂和表面活性剂。这些成分对蜡具有良好的溶解性能，能有效地防止蜡晶的形成和沉积。在高含蜡油中，蜡颗粒较多，蜡晶之间连接更为紧密，分子之间范德华力更大，而防蜡剂中的 EVA 和表面活性剂能较大程度上降低了蜡晶之间的相互连接和聚集趋势，减少蜡分子间的相互作用。

在加剂量超过 1000ppm 后，进一步增加剂量并没有显著提高蜡沉积抑制效果，这类似于溶液中的饱和效应，当添加的防蜡剂达到 1000ppm 后，油中的蜡质已经被有效覆盖和分散，此时乳液原油体系已经形成稳定的乳液结构，再增加防蜡剂的剂量并不能进一步提高防蜡效率。因此，在考虑到经济性和环境影响，加剂浓度不宜超过 1000ppm。

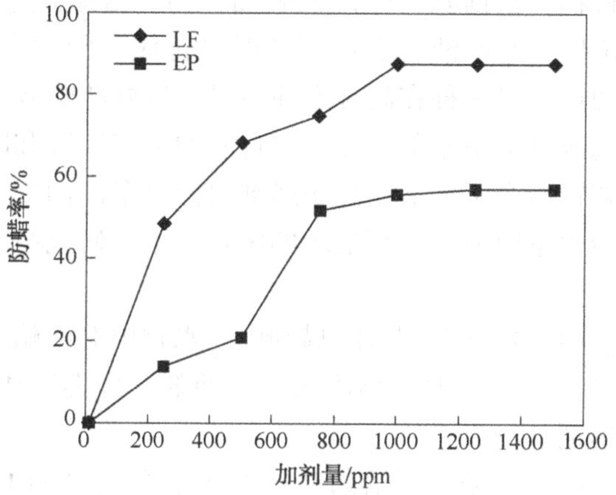

图 7　不同加剂量下 LF 和 EP 原油的防蜡率

2.5 蜡晶微观分析

加入清防蜡剂时的蜡晶的微观变化是影响原油流动性和稳定性等宏观特性的主要因素。选择含蜡量最高的 LF 油样进行微观分析。新型乳液型清防蜡剂对高含蜡原油的蜡晶作用效果如图 8 所示。LF 油样蜡晶尺寸较大，且蜡间孔隙较大，呈现纵横交叠的状态，有明显的网络特征。在添加清防蜡剂后，蜡晶之间的互锁得到改善，更加平面化，粒径分布较为均匀，此时的石蜡由较大的长链烷烃组成的石蜡颗粒转变为短链烷烃组成的微晶蜡，没有直观的网络特征。EVA 链与蜡分子共结晶并沉淀在石油醚中被溶解，因此减少了分散的蜡晶体，从而导致更紧密的大颗粒蜡晶锁链断开连接。蜡晶生长的机制从三维生长转变为二维生长，蜡晶的生长速率得到抑制。

(a)LF油样蜡晶微观图像　　(b)加剂250ppm下LF油样蜡晶微观图像

图 8　加剂前后蜡晶微观对比图

3　结论

清防蜡剂的加入能通过降低原油凝点来改善含蜡油的流动性。在本项研究中，选择高效环保的材料，根据其特性以及表面张力、溶蜡速率、稳定性、对原油凝点作用情况进行成分的优选，成功配置出一种在高含蜡油中具有良好防蜡效果的乳液型清防蜡剂，并通过自制的溶蜡装置和防蜡装置研究了乳液型清防蜡剂对南海东部油田不同蜡含量原油蜡沉积情况的影响。主要研究结果如下：

（1）在乳液型清防蜡剂中，水相中对清蜡效率影响因素从大到小依次为：助剂，盐类物质，渗透剂。

（2）新型乳液清防蜡剂对于低含蜡量的 EP 原油降凝效果一般，仅降低了 3℃，而对于蜡含量较高的 LF 油样呈现出较好的降凝效果，在加剂量为 5000ppm 时凝点能降低 14℃。

（3）将新型清防蜡剂按不同剂量分别加入到 EP 和 LF 油样中，当添加的防蜡剂达到 1000ppm 后，由于饱和效应，再增加防蜡剂的剂量并不能进一步提高防蜡效率，此时，对 LF 油样的防蜡率高达 87.5%。因此，在考虑到经济性和环境影响，加剂浓度不宜超过 1000ppm。

（4）乳液型清防蜡剂仅为 250ppm 时，在渗透剂成分的作用下蜡晶的粒径缩小并趋于均匀，油品中的石蜡由较大的石蜡颗粒转变为微晶蜡，显著降低了南海原油的蜡含量。

参 考 文 献

[1] 张桧然，沈本贤，孙辉，等．南海原油胶质、沥青质结构表征及原油降黏研究[J]. 石油炼制与化工，2015，46(12)：31-40.

[2] 张远欣，向彬帮，赵宁. 2 种南海原油重组分加工性能分析[J]. 中国建材科技，2018，27(02)：77-78.

[3] TARANEH J B，RAHMATOLLAH G，HASSAN A，et al. Effect of wax inhibitors on pour point and rheological properties of Iranian waxy crude oil[J]. Fuel processing technology，2008，89(10)：973-977.

[4] VAN DER GEEST C，MELCHUNA A，BIZARRE L，et al. Critical review on wax deposition in single-phase flow[J]. Fuel，2021，293：120358.

[5] CHALA G T，SULAIMAN S A，JAPPER-JAAFAR A. Flow start-up and transportation of waxy crude oil in pipelines-A review[J]. Journal of Non-Newtonian Fluid Mechanics，2018，251：69-87.

[6] ZI M，ZHANG X，MAHIR L，et al. Wax Deposition Characterization under Flowing Conditions Using an Oscillatory Flow Setup[J]. Energy & Fuels，2021，35(22)：18495-18503.

[7] 杨冠龙．高含水期原油低温集输处理技术的思考[J]. 中国石油和化工标准与质量，2018，38(02)：166-167.

[8] 熊瑞颖，罗俊杰，刘宏宇，等．化学清防蜡体系研究现状与发展[J]. 应用化工：1-6.

[9] 杜海军，沈振振，高勇，等．乳液型低温清防蜡剂的研制与应用[J]. 广州化工，2019，47(04)：67-70.

[10] 杨晨，王磊，曹红燕，等．水包油微乳液型清蜡剂的制备及性能评价[J]. 应用化工，2022，51(08)：2311-2314.

[11] LUO Q M，YANG J，SHE L J，et al. Study and evaluation of Changqing crude oil antiwaxing agent; proceedings of the Materials Science Forum，F，2019[C]. Trans Tech Publ.

[12] GERASIMOV D N，KASHIN E V，PIGOLEVA I V，et al. Effect of zeolite properties on dewaxing by isomerization of different hydrocarbon feedstocks[J]. Energy & Fuels，2019，33(4)：3492-3503.

[13] SUBRAMANIE P A, PADHI A, RIDZUAN N, et al. Experimental study on the effect of wax inhibitor and nanoparticles on rheology of Malaysian crude oil [J]. 2020, 32(8): 479-483.

[14] AL-SHBOUL T, SAGALA F, NASSAR N N. Role of surfactants, polymers, nanoparticles, and its combination in inhibition of wax deposition and precipitation: A review [J]. Advances in Colloid and Interface Science, 2023, 315.

[15] 毛金露，柳健，郑旭明，等. ES 纤维与无纺织物含硅亲水油剂制备和性能研究[J]. 现代纺织技术，2020，28(2)：52-57.

[16] YAN G, LI Y, WANG H, et al. Effect of composition of emulsifier blends on aerated emulsions: Stability, thermodynamic, interfacial behavior and aeration properties [J]. Lwt - Food Science and Technology, 2023, 188.

[17] KURNIAWAN M, NORRMAN J, PASO K. Pour point depressant efficacy as a function of paraffin chain-length[J]. Journal of Petroleum Science and Engineering, 2022, 212.

[18] AZADI M, HORMOZI F, SANAEI-MOGHADAM M, et al. The effect of SiO2 nanoparticles and surfactant on the wetting properties of an enzyme-based nanofluid as a liquid binder in the enzyme granulation process [J]. Powder Technology, 2023, 426.

[19] WANG L, LIU C, SHEN S, et al. Low dielectric constant polymers for high speed communication network [J]. Advanced Industrial and Engineering Polymer Research, 2020, 3(4): 138-148.

[20] 韩旭，吴椤佳，武娜，等. 新型乳化体系及其在化妆品中的应用(V)——Janus 乳液[J]. 日用化学工业(中英文)，2024，54(01)：24-31.

[21] YANG G, ZHANG J, YU S, et al. Study on the determination and correlation of rimsulfuron solubility in four aqueous cosolvent mixtures of methanol, ethanol, ethylene glycol, and N, N - dimethylformamide [J]. Journal of Chemical & Engineering Data, 2020, 65(11): 5524-5531.

[22] TURBAKOV M S, RIABOKON E P. Improving of cleaning efficiency of oil pipeline from paraffin; proceedings of the SPE Russian Oil and Gas Exploration & Production Technical Conference and Exhibition, F, 2014[C]. OnePetro.

[23] LIM Z H, AL SALIM H S, RIDZUAN N, et al. Effect of surfactants and their blend with silica nanoparticles on wax deposition in a Malaysian crude oil [J]. Petroleum science, 2018, 15: 577-590.

[24] RUWOLDT J, SIMON S, NORRMAN J, et al. Wax-inhibitor interactions studied by isothermal titration calorimetry and effect of wax inhibitor on wax crystallization [J]. Energy, 2017, 31(7): 6838-6847.

轻商业制冷压缩机配套用冷冻机油的研制

王凯明　白生军　王　燕　罗庆华　魏　峰

（中石油克拉玛依石化有限责任公司）

摘　要　选择与天然工质 R290 相溶性良好的矿物型润滑油基础油，通过对抗氧剂、抗磨剂和抗泡剂等功能添加剂的筛选，确定了添加剂配方体系，并对制冷剂与冷冻机油混合物进行物性表征，研制出了具有较好的氧化安定性、润滑性和低温性的新型矿物型冷冻机油，各项理化性能指标与进口酯类合成冷冻机油指标相当，并且通过了国内某压缩机厂的轻商制冷压缩机台架评定试验，压缩机运行平稳，可以满足 R290 制冷剂配套商用制冷压缩机的工况要求。

关键词　制冷剂；R290；冷冻机油

当前，随着蒙特利尔条约的深入推行，国内对氟利昂类制冷剂的生产、应用限制已进入倒计时，研究和发展目标将转向氢氟烃、天然工质制冷剂等低 GWP 值制冷。天然工质制冷剂有碳氢化合物（HCs 系）、氨（R717）、CO_2（R744）等，HCs 系制冷剂以丙烷（R290）、异丁烷（R600a）或其混合物为代表。HCs 系制冷剂热物理性质与环保性能（ODP = 0，GWP 极低）均优良，与矿物油具有很好的互溶性，并且价格低廉。在欧洲，HCs 系制冷剂几乎涵盖了所有空调装置，丙烷和异丁烷混合物已较成功地用于家用冰箱中，而其中的丙烷（R290）因具有较高的气化潜热和较大的容积制冷量、ODP 和 GWP 均为零而备受欧洲人的重视，在德国冷藏箱和冷冻箱大都采用碳氢化合物作为制冷剂。2019 年 5 月 9 日，国际电工委员会（IEC）宣布批准将 A3（易燃）制冷剂（如丙烷 R290、异丁烷 R600a 等）的充注限值（仅限于商用设备）从 150 克增加到 500 克。这为提高其在商用制冷设备上的使用创造了有利条件。商业制冷系统中，目前主要以 R134a 为使用制冷剂，R134a 因温室效应（GWP）指标高已被列为被淘汰的行列，天然工质丙烷（R290）的单位容积制冷量较大，R290 单位质量制冷量约为 R134a 的 190%，约为 R404a 的 210%，且 R290 换热系数比 R134a 和 R404a 更高，因此，在两器及压缩机参数相同的情况下，R290 的充注量要减少 40%～50%。鉴于 R290 在性能上的突出优势，以及在轻商冷柜应用领域相关技术的不断成熟，R290 被认为是较有潜力的替代技术，很多业内人士甚至认为 R290 将有望成为继 R134a 和 R404A 之后的轻商冷柜使用的第三大主流制冷剂。

国内压缩机厂（如华意、美芝等）采用 R290 制冷剂生产轻商业用冰箱、制冰机、展示柜、陈列柜和车载冰箱等。据了解压缩机生产商使用的是 32 号酯类合成冷冻机油，由于合成油价格较为昂贵，价格在 3 万元以上，压缩机生产商为了降本增效，故提出寻找合适的矿物油进行替代，但对油品的低温性能和闪点的要求较高。中石油克拉玛依石化有限责任公司加氢装置生产的环烷基、石蜡基润滑油基础油组分种类多样，品质优异稳定，若利用现有生产装置和加工技术，将加氢润滑油基础油应用于冷冻机油领域，可以提高其利用率和附加值，从而可以拓宽冷冻机油产品结构，增强其市场竞争力。开发出满足 R290 制冷剂配套使用的矿物型冷冻机油，实现酯类合成冷冻机油的替代。

1　技术指标制订

1.1　同类产品规格

通过对国内多家压缩机生产厂的调研，目前 R290 制冷剂轻型商用制冷压缩机配套用的冷冻机油均为酯类合成冷冻机油。在本产品研究过程中将进口的 32 号酯类合成冷冻机油作为参考用油，对样品进行性能解剖评价，详细数据见表 1。

表 1　32 号合成冷冻机油分析数据

项　　目		分析数据	分析方法
运动黏度/(mm^2/s)	40℃	31.66	GB/T 265
	100℃	5.654	

续表

项　　目	分析数据	分析方法
黏度指数	119	GB/T 1995
闪点/℃	260	GB/T 3536
倾点/℃	-48	ASTM D97
酸值/(mgKOH/g)	0.09	GB/T 4945
Falex 极压失效负荷/N	3382	SH/T 0187
铜片腐蚀(100℃, 3h)	1b	GB/T 5096

1.2 产品质量指标

根据现有酯类合成冷冻机油的理化性能分析数据，制定了本项目研究的矿物型冷冻机油KR40G研制指标，见表2。

表2　KR40G冷冻机油研制指标

分析项目		质量指标	分析方法
运动黏度/(mm^2/s)	40℃	38~44	GB/T 265
	100℃	报告	
倾点/℃		≤-40	ASTM D97
闪点/℃		≥185	GB/T 3536
密度(20℃)/(kg/m^3)		报告	SH/T0604
酸值/(mgKOH/g)		≤0.03	GB/T 7304
铜片腐蚀(100℃, 3h)级		≤1	GB/T 5096
FALEX 极压失效负荷/N		≥3200	SH/T 0187
泡沫特性/(mL/mL)	24℃	≤50/10	GB/T 12579
	93.5℃	≤50/10	
	24℃	≤50/10	

2　冷冻机油研制

2.1 基础油选择

根据研制产品KR40G冷冻机油指标的特点，对公司现有环烷基润滑油基础油和石蜡基润滑油基础油进行筛选，选取合适的润滑油基础油进行性能考察，评选出作为KR40G冷冻机油的适宜原料组分。由于环烷基基础油和石蜡基基础油在单一组分的情况下，在基础油的黏度、黏度指数、低温等性能方面均不能同时满足研制产品KR40G冷冻机油基础油的指标要求，参考前期试验研究经验，在深度精制的石蜡基基础油和环烷基基础油在一定比例下能显著降低调和组分的低温性能，故在研究过程中需要石蜡基基础油和环烷基基础油进行调和后作为KR40G冷冻机油基础油。调和方案采用N6和N4基础油进行调和，调和方案见表3。

表3　基础油理化性质分析数据

项目名称	N6	N4	试验方法
运动黏度/(mm^2/s)　40℃	56.49	34.90	ASTM D445
倾点/℃	-36	-30	ASTMD 97
絮凝点/℃	-56	-39	GB/T 12579
闪点/℃	197	212	GB/T 3536
酸值/(mgKOH/g)	0.00	0.00	GB/T 4945

如表4所示中KR40G冷冻机油基础油的关键性质分析数据可以看出，采用N6和N4基础油进行调和试制的KR40G冷冻机油基础油在黏度指数、闪点和低温性能方面能够达到指标要求，能够满足KR40G冷冻机油基础油的要求。

表4　KR40G冷冻机油基础油性质分析数据

项目名称		分析数据	KR40G 基础油	试验方法
运动黏度/(mm^2/s)	40℃	38.70	38~44	ASTM D445
	100℃	5.544	报告	
密度(20℃)/(g/cm^3)		871.2	报告	SH/T 0604
倾点/℃		-48	≤-40	ASTMD 97
絮凝点/℃		-47	—	GB/T 12579
闪点/℃		203	≥185	GB/T 3536
酸值/(mgKOH/g)		0.00	≤0.03	GB/T 4945

2.2 添加剂评选试验

全封闭冷冻机油在压缩机中会经历高、低温的连续循环过程，为了保证油品的使用寿命和压缩机的正常运行，所以要求油品具有好的润滑性和稳定性。由于基础油的性能不能完全满足使用工况中的苛刻条件，所以需要添加相关功能剂来提高油品的使用性能。本研究采用抗氧化添加剂、抗磨添加剂和抗泡剂进行配伍，进一步提高冷冻机油的润滑性和稳定性。

2.2.1　抗氧剂评选试验

应用于润滑油的抗氧剂主要有硫类、胺类、酚类、硼类及一些金属有机物，含硫元素、磷元素及金属元素的抗氧剂能够在使用过程中生成酸性物质，出于对油品长效性的考量，应当避免使用这些抗氧剂，因此目前符合该要求并且抗氧化效果较好的为胺类和酚类抗氧剂，在冷冻机油中应用的抗氧剂主要为屏蔽酚类抗氧剂，见图1。

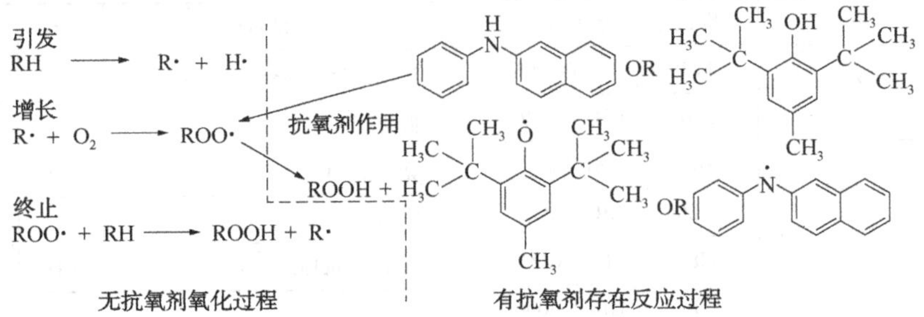

图 1　抗氧剂作用机理

采用 METTLER 公司的 HP DSC827e 差示扫描量热仪进行油品氧化诱导期的测定，虽然 PDSC 评价油品的氧化性能属定性试验，但可作为考察润滑油中抗氧剂水平及抗氧剂添加量的一种快捷、简便的方法。试验过程为将油样快速升温至某一设定温度，在此恒温条件下，将油品开始发生氧化反应的时间称为氧化诱导时间（OIT），以此作为衡量油品高温氧化安定性的指标。氧化诱导时间越长，表明油品高温氧化安定性就越好，见图 2。

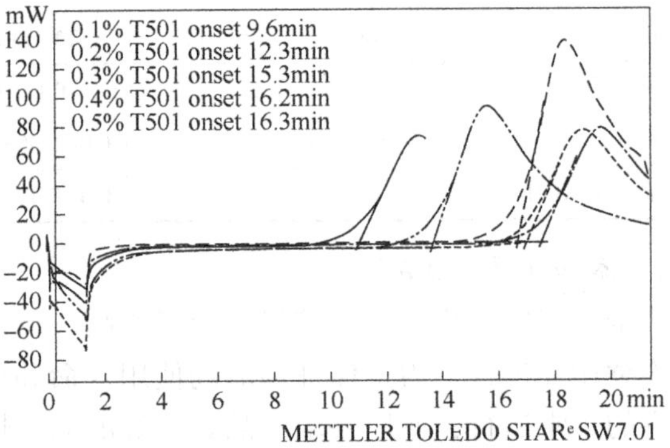

图 2　不同抗氧剂含量下 KR40G 冷冻机油氧化诱导期试验曲线

抗氧剂的浓度大小对油品的抗氧化性能有明显影响。从不同 T501 含量与对应油品的 DSC 氧化诱导期关系可以看出，随着抗氧剂 T501 含量的增加，所研制的冷冻机油的氧化诱导期增长，这说明油品的抗氧化性能越好。但是的当 T501 的含量达到 0. 3%以后，再增加抗氧剂的质量分数对油品的氧化无明显改善，油品的抗氧化性能变化趋于平缓，这是因为随着抗氧剂浓度的增加，消除热氧化分解产生的游离基的能力逐渐增强，当达到一定浓度后，又会由于抗氧剂与分子氧的反应几率增大二发生氧化强化效应，降低了抗氧剂的效能，因此氧化诱导期不再增加。所以综合经济和技术方面考虑，抗氧剂 T501 的加入量以 0. 3%为宜。

2. 2. 2　抗磨剂评选试验

抗磨剂之所以能起到抗磨作用是因为在边界润滑条件下抗磨剂与金属发生作用，在摩擦表面形成边界膜，从而降低摩擦系数，抗磨剂与金属表面主要的结合状态有形成物理吸附膜、形成化学反应膜、形成沉积膜和渗透膜等。其中吸附膜和反应膜只能够在缓和的摩擦条件下工作，当负荷较大、速度较高时，摩擦表面的温度升高，吸附膜很容易破裂失去作用。而沉积膜和渗透膜是由于在摩擦的过程中油中的添加剂发生化学作用，沉积或渗透到摩擦表面，从而达到降低磨损减小摩擦系数、保护金属的作用。

在本试验中，选择目前在冷冻机油中最为常用的 T3 抗磨添加剂，以法兰克斯极压试验作为筛选手段进行抗磨剂评选，见图 3。

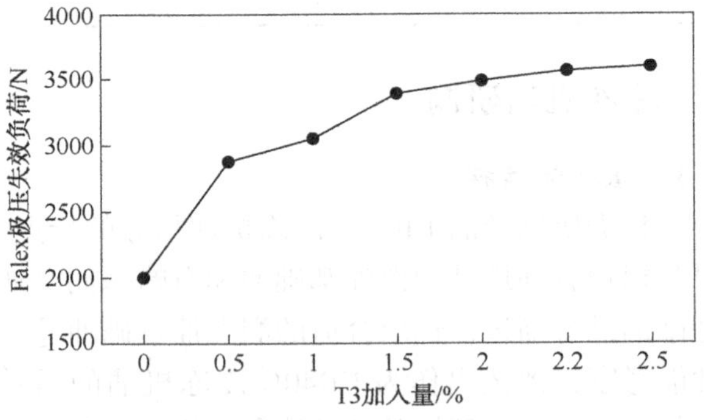

图 3　不同抗磨剂情况下的 Falex 极压失效负荷数据图

由图 2 中数据可以看出，随着抗磨剂含量的增加，油品的抗磨性能逐渐增大，在抗磨剂含量达到 2%时，随着抗磨剂加入量的增加，油品的抗磨性能变化趋于平缓，为了完全保证 FALEX 极压失效负荷达到质量指标且有一定富余量，我们将 T3 抗磨剂的加入量增大，调整为 2. 2%，此时 FALEX 校正极压失效负荷为 3560N，完全符合质量指标要求。此时从 FALEX 试验中 V 形块和试验轴上的磨痕来看非常轻微，这就说明此时抗磨剂的加入量所达到的抗磨效果非常好。

2.2.3　抗泡剂评选

抗泡剂的作用是抑制泡沫的产生，以免形成稳定的泡沫。抗泡剂能吸附在泡膜上，形成不安定的膜，从而达到破坏泡沫的目的。对冷冻机油中常用的抗泡剂T9进行试验研究，考察它对油品抗泡性能的影响，见图4。

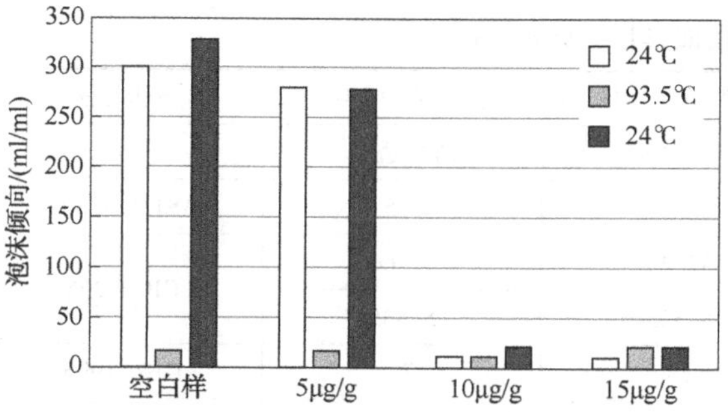

图4　抗泡剂T9对油品抗泡性能的影响

由上图分析数据可以看出：基础油中加入适量的抗泡剂T9，可以改善油品的抗泡性能，加入量在10μg/g的情况下满足KR40G冷冻机油的质量要求。

3　KR40G冷冻机油与R290制冷剂物性测定

3.1　饱和蒸气压测定

压缩机中，制冷工质直接接触润滑油，润滑油“迁移”性地循环于制冷系统中并参与换热和流动。由于润滑油的存在，使得制冷剂的热物理性质偏离了其纯质的热物理性质，从而导致系统实际运行性能参数偏离设计性能参数。因此，有必要对含油制冷剂的热物理性质进行有针对性的研究，为设计新型制冷循环及其组成部件、改善现有制冷循环工作性能等研究方向提供数据。

采用稳态法对KR40G冷冻机油中含有不同比例R290的混合油样进行饱和蒸气压测试，分析了冷冻机油的质量分数对制冷剂饱和蒸气压的影响；对比了不同冷冻机油对制冷剂饱和蒸气压的影响；得出混合溶液在不同工况下饱和蒸汽压数据，寻找制冷剂R290在KR40G冷冻机油中的溶解性能变化趋势，绘出R290制冷剂在KR40G冷冻机油中的饱和蒸气压曲线图（P-T-S曲线），见图5。

由图中R290饱和蒸气压随温度的变化曲线可以看出，含KR40G冷冻机油的R290的饱和蒸气压小于纯R290的饱和蒸气压；温度一定

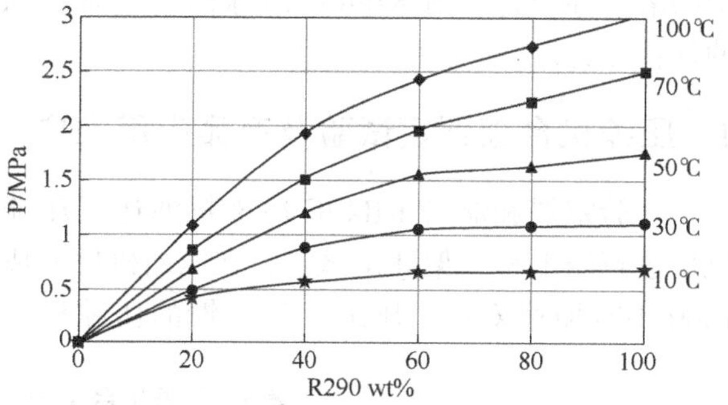

图5　R290在KR40G冷冻机油中的饱和蒸汽压曲线图（P-T-S曲线）

时，制冷剂的饱和蒸气压随着冷冻机油含量的增加而减小，且高温段比低温段表现的更为明显；含油不同比例的制冷剂饱和蒸气压变化趋势基本相同，说明冷冻机油的质量分数和温度是影响冷冻机油对制冷剂饱和蒸气压作用的重要因素。随着冷冻机油质量分数的增加和温度的升高，含油制冷剂饱和蒸气压下降的速度加快。

3.2　混合物液体黏度测定

振动弦理论就是一根无限长横截面的丝在粘性流体中做垂直于轴横向振动，丝在粘性流体中切割磁感线，产生感应电压，锁相放大器会对其中的感应信号进行检测，从而得到振幅-频率和相位-频率曲线，最后再通过最小二乘法拟合得到黏度。

采用振动弦理论对KR40G冷冻机油中含有不同比例R290的混合油样进行黏度测试，分析了混入不同比例R290对混合油样黏度的影响。仪器测试结果见图6。

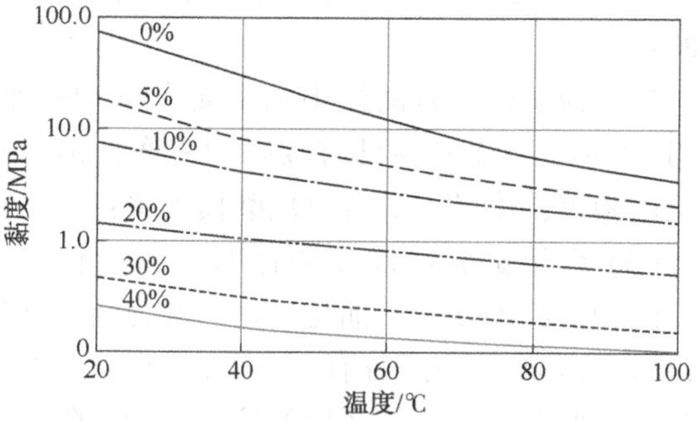

图6　制冷剂R290与KR40G冷冻机油的溶解黏度曲线图（T-V-S曲线图）

由制冷剂R290与KR40G冷冻机油的溶解黏度数据可以看出，随着测试温度的升高，混合溶液的黏度逐渐降低；在同一温度的条件下，随着制冷剂R290含量的增大，混合溶液的黏度急剧下降，说明R290制冷剂在KR40G冷冻机油

中的溶解性较好，对 KR40G 冷冻机油具有较强的稀释能力。

4 压缩机台架评定试验及产品应用推广

实验室调和制备 KR40G 冷冻机油送至压缩机厂进行压缩机台架评定试验，在压缩机厂完成 1000 小时加速寿命。压缩机厂反馈的压缩机台架试验结果为：性能噪音测试，前后测试合格；解剖后，油品颜色略深，有点泛红，但清澈；零部件没有磨损，磷化层都在，磨损合格；阀片出有轻微高温变色，但没有积碳，合格。由对台架试验后油样开展一些关键性试验分析，分析数据见表 5。

表 5 压缩机台架寿命试验前后油样性质分析数据

项　目		新油	台架试验 1#样	台架试验 2#样	分析方法
外观		清亮透明	清亮透明	清亮透明	目测
颜色		0.0	2.1	2.5	ASTM D1500
运动黏度/(mm^2/s)	40℃	38.80	37.25	37.66	GB/T 265
	100℃	5.539	5.533	5.535	
黏度指数		69	78	75	GB/T1995
抗氧剂残留量/%		100	65	62	Q/LHY011-2005
抗磨剂残留量/%		100	72	75	
酸值/(mgKOH/g)		0.00	0.02	0.02	GB/T 7304
金属含量/(μg/g)	Fe	<0.25	0.325	0.390	RIPP 124-1990
	Mg	<0.25	<0.25	<0.25	
	Cu	<0.25	<0.25	<0.25	
	Ni	<0.25	<0.25	<0.25	

由表 5 中分析数据可以看出：

(1) 抗氧剂残留量方面：架试验后两个油样的抗氧剂残留量均在 60%左右，说明油品具有较好的抗氧化性能；抗磨剂残留量方面：台架试验后两个油样的抗磨剂残留量均在 70%左右，说明油品仍具有较好的抗磨性能；抗氧剂和抗磨剂的降低是压缩机台架试验运行过程中的消耗造成的；

(2) 台架试验后油样中的金属含量均较小，说明 KR40G 冷冻机油具有较好的抗磨性能，在台架试验过程中基本没有出现磨损现象；

(3) 台架试验后油品颜色变深属于正常现象，因为矿物型冷冻机油是复杂的混合物，在压缩机台架试验过程中长时间处于高温环境下会受热分解，此时添加剂体系中的抗氧剂会消除冷冻机油刚刚产生的自由基，或者促使氢过氧化物的分解，阻止链式反应的进行。矿物型冷冻机油在长时间高温环境下受热变色属正常现象，并不是冷冻机油发生变质，若是油品发生变质，冷冻机油中会出现杂质、焦味或有油泥产生，冷冻机油会变得浑浊不透亮。

(4) KR40G 冷冻机油完成压缩机台架评定试验，运行状况正常，压缩机零部件没有磨损和积碳，压缩机台架评定试验合格。

5 总结

(1) 本项目研制了天然工质制冷剂 R290 配套用矿物型冷冻机油，所研制产品与 R290 制冷剂具有优良的互溶性、优良的润滑性能、低温性能，产品性能与国外进口酯类合成冷冻机油产品相当。

(2) 研制的 KR40G 矿物型冷冻机油已通过用户压缩机台架试验评定，可以满足 R290 制冷剂用商用制冷压缩机的工况要求。

参 考 文 献

[1] 汪训昌．下一代制冷剂—历史回顾、思考与展望．暖通空调，2009，39(2)：41-49.

[2] Dong XQ, Gong MQ, Shen J, et al. Experimental measurement of vapor-liquid equilibrium for (trans-1, 3, 3, 3-tetrafluoropropene (R1234ze (E)) + propane (R290)) [J]. International Journal of Refrigeration, 2011, 34(5): 1238-1243.

[3] 何广. R290 制冷剂在商用制冷柜领域的应用与研究[J]，中国新技术新产品，2014(7).
[4] 叶俊荣. R290 制冷剂在商用冷柜中的应用[J]，技术管理，2015，5.
[5] Braid，M. Phenolic antioxidants and lubricants containing the same. U. S. Patent 4，551，259 (November 5，1985，Mobil Oil Co.).
[6] Gatto，V. J. Hydroxyphenyl-substituted amine antioxidants. U. S. Patent 5，292，956 (March 8，1994，Ethyl Corporation).
[7] Nelson，L. A. and L. R. Rudnick. Mannich type compounds as antioxidants. U. S. Patent 5，338，469 (August 16，1994，Mobil Oil Corporation).
[8] Jean Michel Martin. Anti-wear mechanisms of zinc dithiophosphate：a chemical hardness approach[J]. Tribology Letters，01 - 1999，Volume 6，Issue 1，pp 1-8.

加氢反应进料泵密封运行可靠性技术研究与应用

潘　强　黄　洁　马晓伟

（中石油克拉玛依石化有限责任公司）

摘　要　本文对中石油克拉玛依石化有限责任公司 150 万吨/年柴油加氢改质装置 2022 年 6 月大修改造后的反应进料泵双端面机械密封多次泄漏、可靠性差等问题开展研究分析，通过对失效密封零部件解体研究，发现造成密封泄漏的主要原因和隔离液选型、泵送环结构设计、蒸汽截流环结构设计、O 型圈材质和检维修策略等五大因素相关，找出了 O 型圈材质选用不当为密封泄漏的最主要因素。在此基础上进行设计改进，使得问题圆满解决，本文研究所取得的关键性技术，提高了加氢装置反应进料泵双端面机械密封运行的可靠性，具有一定的参考意义。

关键词　反应进料泵；双端面密封；密封结焦；O 型圈龟裂

中石油克拉玛依石化有限责任公司 150 万吨/年柴油加氢改质装置反应进料泵是加氢装置的关键设备，为整个加氢反应提供原料油，其运行的安全性和可靠性直接关系到加氢工艺流程的连续性和稳定性，作用非常关键。本文研究的反应进料泵 P-3101/AB 于 2011 年 4 月随装置同步建设安装，其机械密封结构原设计为单封形式，为提高机泵运行的本质安全，于 2022 年 6 月公司大检修期间对该泵的密封进行了改造，由单封改为双端面密封，改造完于 2022 年 7 月 15 日投入运行，后续运行半年时间内多次出现双端面密封泄漏的情况，密封可靠性差，设计寿命远没达到连续运行 3 年的要求，无法满足装置安稳长满优运行。本文对此问题开展研究分析和技术改造，以期待提高反应进料泵双端面密封运行的可靠性。

1　反应进料泵简介

150 万吨/年柴油加氢改质装置反应进料泵 P-3101/AB 为高压多级离心泵，叶轮级数为 11 级，设计使用温度为 100℃，轴功率：1073.4kW。其中反应进料主泵 P-3101/A 由进料泵、电机和液力透平 HT-3101 三部分组成，见图 1。反应进料副泵 P-3101/B 由进料泵、电机两部分组成，为嘉利特荏原公司产品。P-3101/AB 进料泵型号为 TDF220-160×11，电机额定功率 1250kW，运行参数见表 1：

图 1　反应进料泵

表 1　运行参数

项　　目	数　　值	项　　目	数　　值
入口压力/MPa	0.50	出口压力/MPa	15.23
密封腔压力/MPa	0.50	轴转速/(r/min)	2980
冲洗方案	PLAN 11+53B+62	饱和蒸汽压/kPa	5.36
介质流体	柴油	运行温度/℃	100
比重	0.81	隔离液	HVIP8
隔离液压力/MPa	1.03	隔离液温度/℃	50
流量/(t/h)	178	电机功率/kW	1250

2 问题概况

2022 年 6 月公司大检修期间完成了对反应进料泵 P-3101/AB 机械密封的改造工作，改造内容为由原设计单封改为目前的双端面密封。反应进料泵 P-3101/B 于投入运行两个月后，P-3101/B 非驱动端密封开始出现隔离液外漏，泄漏量为每分钟 30 滴左右，隔离液补压周期由 20 多天 1 次缩短为 27 小时 1 次，每次补油量约 3L，之后，泄漏量超过了每分钟 60 滴以上，补压周期缩短到每小时 1 次，与此同时该泵驱动端密封隔离液也开始出现外漏，泄漏量为每分钟 30 滴左右。鉴于该泵驱动端和非驱动端密封均出现泄漏的情况，被迫切换至 P-3101/A。

反应进料泵 P-3101/A 于投入运行后，也出现类似情况，P-3101/A 非驱动端密封也开始出现隔离液外漏，泄漏量为每分钟 20 滴左右，此时隔离液补压周期由 9 天 1 次缩短为 2 天 1 次，每次补油量约 3L。

反应进料泵自 2022 年 6 月实施双端面密封改造后不到 3 个月的时间里，先后 2 台泵 P-3101/AB 均出现机械密封泄漏问题，密封使用寿命过短，远没达到高危泵双端面密封连续运行 3 年的设计要求。本文仅对反应进料泵 P-3101/B 失效的密封进行拆检分析，P-3101/A 密封失效形式相同，发现如下问题：

2.1 密封存在结焦

非驱动端密封：轴套大气侧表面有明显的结焦；动环内径附着严重的硬质结焦层，且环面内径明显附着黑褐色结焦层；内密封动环环面内径表面也明显附着严重的结焦层；外密封静环环面接触隔离液表面有明显的结焦附着，同时内径也有较明显的结焦附着。

驱动端密封：失效机封大气侧动环内径有严重的结焦物附着；失效机封大气侧动环内径严重附着结焦，且环面表面也有褐色结焦附着，环面内径有崩边；大气侧静环内径表面有明显的结焦物附着，且明显在密封面附近结焦尤为严重；见图 2。

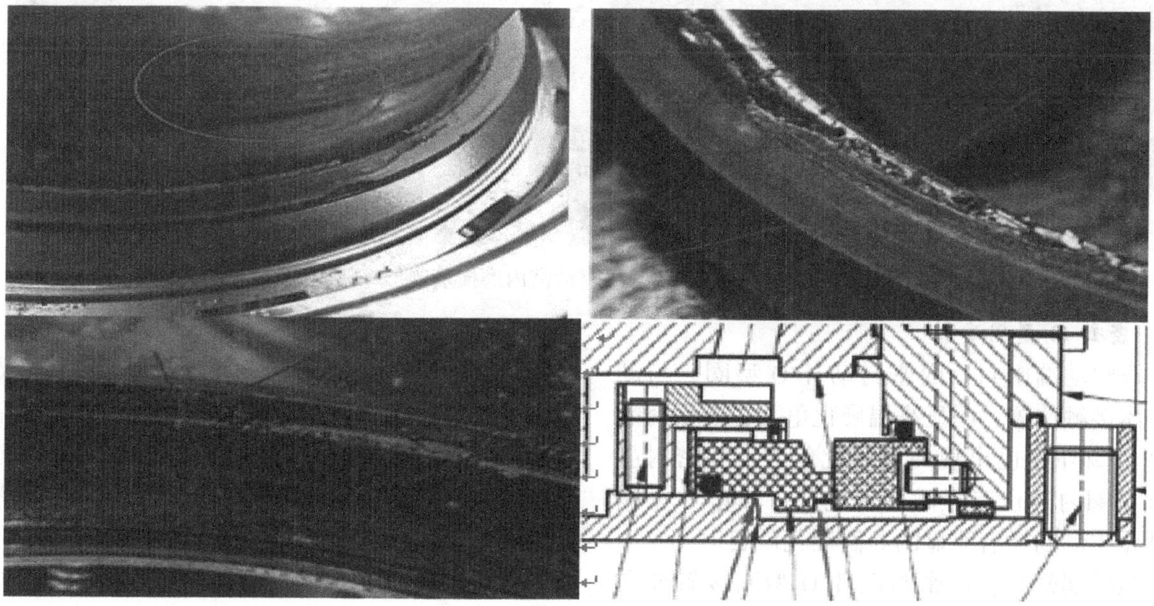

图 2 失效密封结焦情况

2.2 密封腔内有附着物

非驱动端密封：密封腔零件，端盖内壁及泵效环表面有浅褐色附着物，表明隔离液高温下出现变质；大气侧动环座内有明显黑褐色颗粒沉积物，判断为变质隔离液中的悬浮结焦颗粒附着。

驱动端密封：内密封动环内径，与隔离液接触表面未见明显严重的结焦物沉积，接触介质侧可见有明显的油污沉积，且从沉积油污的位置判断，密封正常工作情况下动环 O 型圈靠向介质侧，见图 3。

2.3 动环有磨痕

大气侧动环四个驱动窝受力侧均有明显的磨损痕迹，表明动环在运转过程中轴向窜动过大，见图 4。

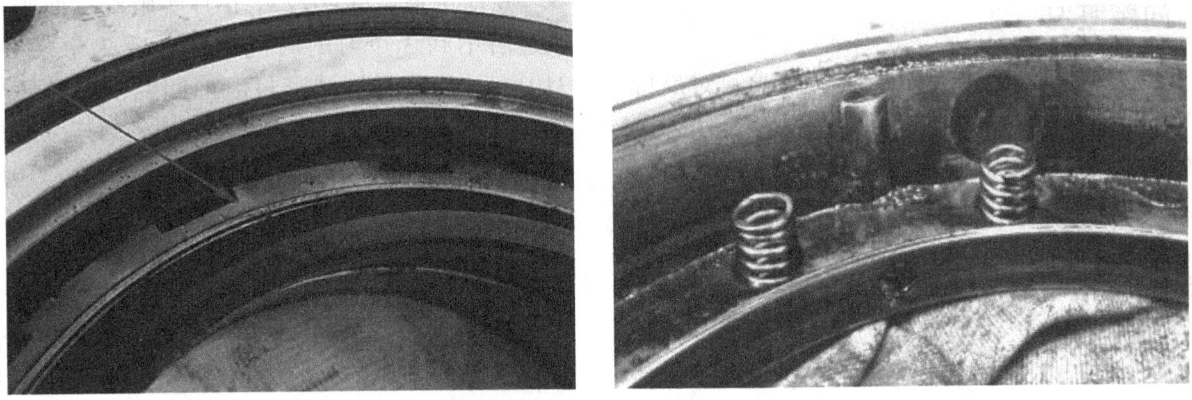

图3　密封腔内附着物

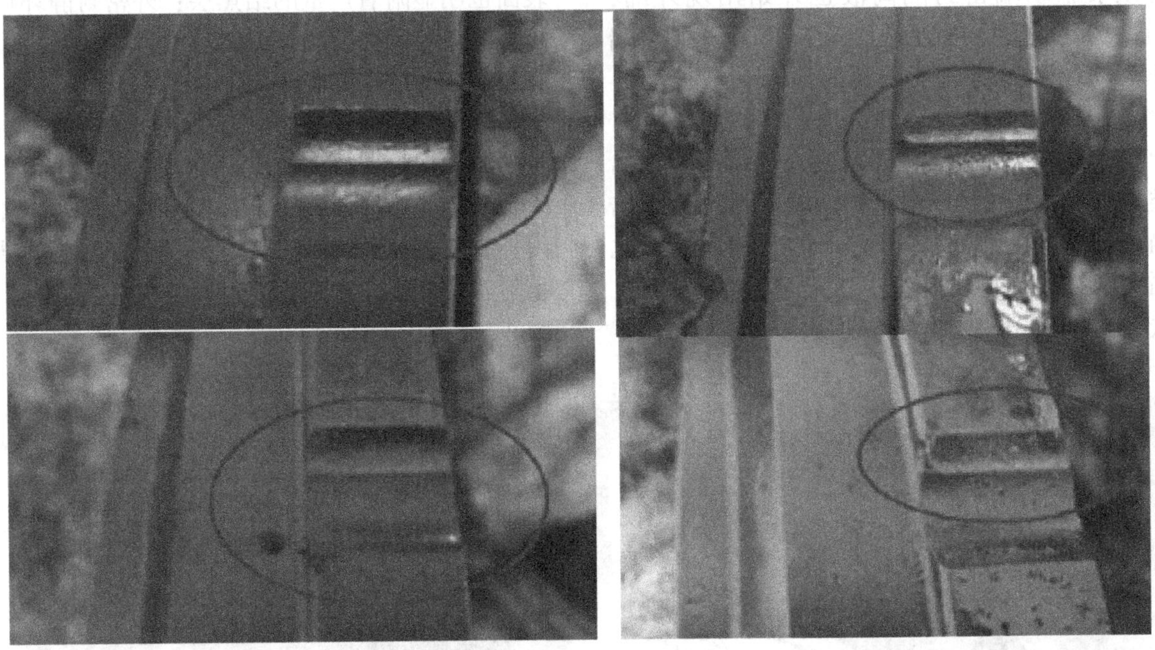

图4　动环磨损驱动窝内磨损痕迹

2.4 密封O型圈龟裂

非驱动端密封：内密封动环O型圈，与动环环体接触位置，明显高温硬化龟裂；内密封静环O型圈外径也出现高温硬化龟裂；外密封静环O型圈内径也有轻微硬化龟裂；轴套O型圈接触介质侧同样有明显的高温硬化龟裂。

驱动端密封：内密封动环O型圈接触介质侧表面明显出现硬化龟裂；内密封静环O型圈接触介质侧明显有硬化龟裂；轴套O型圈有明显的硬化龟裂；外密封静环O型圈内径也有轻微硬化龟裂，见图5。

3 原因分析

本文根据上述情况，从失效密封零部件解体着手开展研究分析，得出以下几点原因：

3.1 隔离液选型黏度偏高

现用HVIP8隔离液黏度较高，循环效果不良，导致隔离液温差较大，密封腔内温度过高，同时该隔离液氧化安定性指标为330min，抗氧化结焦性能不佳，对比壳牌32号和68号润滑油作隔离液，其氧化安定性指标为均大于等于950min。

3.2 泵送环能力不足

原密封选用HVIP8作为隔离液，黏度较高，泵送环循环能力不适应这种高黏度的润滑油，导致密封腔内隔离液温度偏高，密封容易结焦。

3.3 蒸汽截流环截流效果不佳

为了提高密封的运行寿命和可靠性，该密封设计时选用了PLAN62蒸汽背冷方案，对外侧密封通入蒸汽以隔绝氧气防止外侧密封结焦，鉴于拆检时发现外密封结焦严重，说明外密封蒸汽截流效果不好，需要对蒸汽截流环的结构进行重新设计和改进。结合动静环的损坏状况判断，动环环面的结焦直接影响了密封面的表面平面度，导致出现外漏。

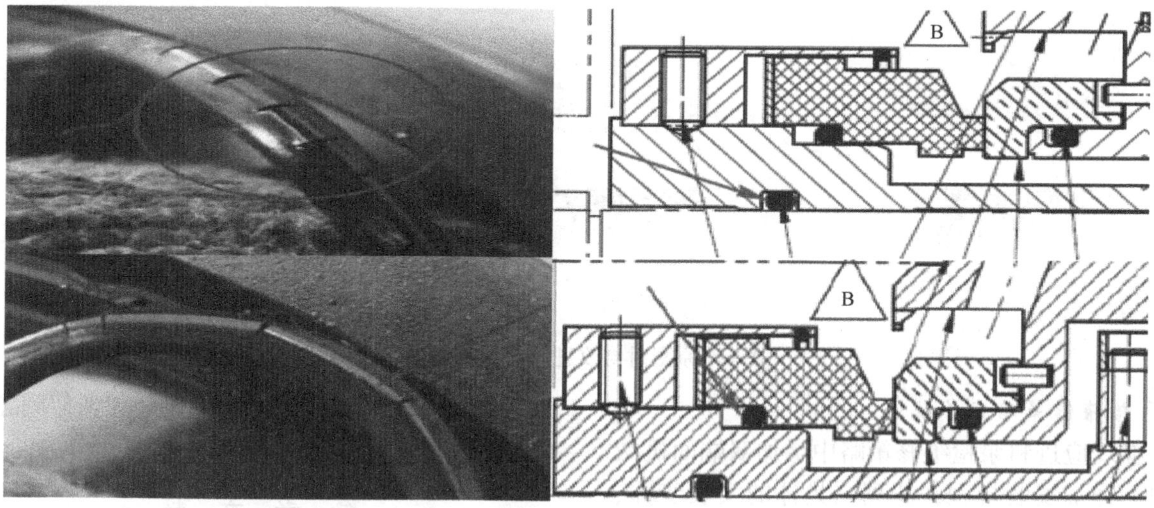

图5　O型圈龟裂

3.4　O型圈材质选型不合理

内外密封动静环O型圈及轴套O型圈接触介质侧均出现明显老化、失去弹性、裂纹较多的现象，判定为氟橡胶O型圈失效硬化龟裂，该泵介质温度为100℃，密封使用氟橡胶O型圈，该介质温度不足以导致O型圈在如此短时期内出现硬化失效，判定介质中含有其他与氟橡胶化学兼容性不符的组分，经过后期论证O型圈硬化龟裂失效是密封泄漏的主要原因。

3.5　安装精度不良

大气侧动环四个驱动窝受力侧均有明显的磨损痕迹，表明动环在运转过程中轴向窜动过大。动环驱动窝的轴向磨损可能与设备精度不良有关，也可能是环面开始出现结焦后，动环工作状态不稳定出现微量轴向跳动导致磨损，失效机封大气侧轴套表面被顶丝严重划伤，拆解时发现用于拆卸顶丝的工艺孔螺堵没有松动痕迹，判断拆检机封时没有松驱动环顶丝而强行拆解，导致驱动环顶丝将轴套表面严重划伤，这些都能印证现场安装和拆卸时可能存在不规范。

4　技术改进方案

4.1　隔离液优化改进

现用HVIP8隔离液黏度较高，循环效果不良，容易导致隔离液温差较大，密封腔内温度过高，其氧化安定性指标为330min偏低，抗氧化结焦性能不佳，将隔离液HVIP8优化改进为32号密封油，其氧化安定性指标为660min，32号密封油氧化安定性指标更高黏度更低更能适应高温工况，抗氧化结焦性能更强。

4.2　泵送环结构设计改进

双封泵送环由叶片式改为螺旋轴流式结构。外密封隔离液泵送机构由径向甩油环变更为内外双螺旋泵送环，一方面螺旋泵送环可设计为内外双层结构，增大泵送能力，另一方面，螺旋泵送环也更适用于高黏度的隔离液。改造泵送环的目的是加强隔离液循环流量，降低密封腔内润滑油的温度。由于螺旋泵送环有旋向区分，所以新改造后的密封需要区分前、后端，而改造前的密封不区分前后端，这是设计上的不同之处，见图6。

4.3　蒸汽截流环设计改进

鉴于外密封结焦严重，说明其蒸汽截流效果不好，将外密封蒸汽截流环结构设计为铜质导流套结构。外密封静环内径增加导流套可引导吹扫蒸汽吹扫到密封面附近，增强吹扫隔离效果。

4.4　O型圈材质改进

原密封驱动端和非驱动端动静环O型圈及轴套O型圈接触介质侧均出现硬化龟裂现象，且比较普遍，原O型圈设计材质为氟橡胶，该介质温度不足以导致O型圈在如此短时期内出现硬化失效，可能介质中含有其他与氟橡胶化学兼容性不符的组分，本次改进将 O 型圈材质更换为全氟醚材质。

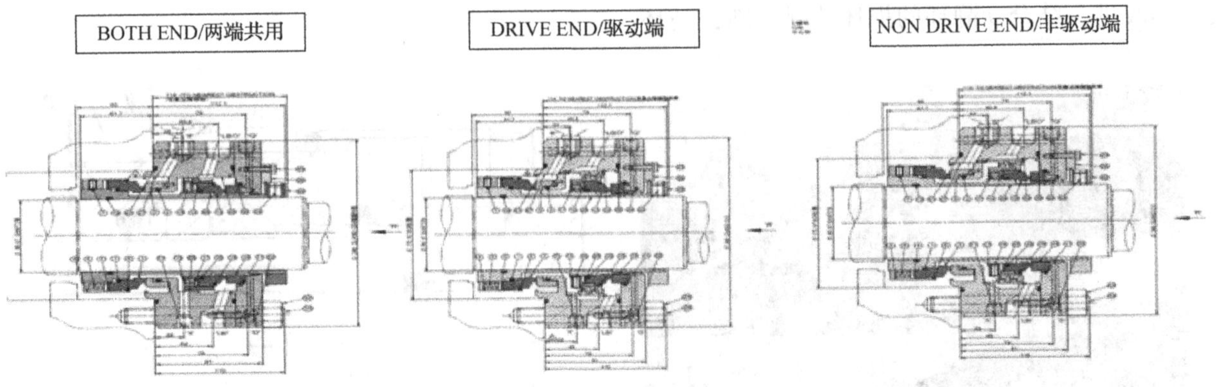

图 6　原密封与改进后密封结构图

4.5　检维修策略完善改进

在反应进料泵检维修策略中增加双端面机械密封的详细安装规程，罗列出具体的安装步骤、注意事项和需要控制的精度指标，整个维修过程需要现场维修人员、现场维修负责人、属地单位项目负责人三级确认并签字，以确保安装过程、安装质量和安装精度三受控。

5　结论

本文对克拉玛依石化公司 150 万吨/年柴油加氢改质装置反应进料泵双端面机械密封泄漏问题开展相关研究分析，发现造成密封泄漏的主要原因和隔离液选型、泵送环结构设计、蒸汽截流环结构设计、O 型圈材质和检维修策略等五大因素相关，经过后续运行进一步论证，这五大因素中最主要的因素是 O 型圈材质选用不当为密封泄漏的主要原因。本文对此问题提出了一系列的技术改进措施，使得密封泄漏问题圆满解决，自 2023 年 1 月改造后该泵的密封已连续运行至今无泄漏，对比改造前寿命有显著的提高。采用本文研究的关键性技术提高了反应进料泵双端面机械密封运行的可靠性，为同行业处理类似问题提供借鉴和参照。

参 考 文 献

[1] 顾永泉．机械密封实用技术[M]．北京：机械工业出版社，2001：10.

[2] 王汝美．实用机械密封技术问答[M]．2 版．北京：中国石化出版社，2004：21.

[3] APIstandard 682 Pumps：Shaft sealing systems for centrifugal and rotary pumps[S]．3rd edition. American Petroleum Institute，2004.

[4] API standard 610 11th edition. Centrifugal Pumps for Petroleum，Petrochemical and Natural Gas Industries [S]. American Petroleum Institute，2010.

[5] 刘永利．高压柱塞泵填料密封失效原因及解决办法[J]．中国小企业科技信息，1994(1)：17-18.

[6] 刁望升．高压加氢装置应用液力透平可行性研究[J]．炼油技术与工程，2008，38(7)：33-35.

[7] API Standard 610 Centrifugal Pumps For Petroleum. Petrochemical And Natural Gas Industries [S]. Tenth Edition. American Petroleum Institute，June 2004：13-15.

加油机胶管对油品质量的影响分析及防范措施

罗穗瑶　陈　莹　刘　玲　贾丹阳　代　傲

（中国石化销售股份有限公司广东石油分公司）

摘　要　加油机胶管内胶大多数是采用丁腈橡胶（NBR）为主料再添加各类硫化剂、增塑剂、防老剂等辅料。近年来在油品质量的各类监督抽查中，陆续发现了硫化胶管中硫的析出对油品质量的影响。而胶管生产厂家为此也进行了工艺上的改良，采用先进技术生产低渗透、低抽出型胶管，减少对油品质量的影响。为此，在实验室中设计加油站可能的场景，对现有最新型的胶管进行了油品硫含量、未洗胶质和溶剂洗胶质的试验。通过试验，发现胶管对油品质量影响依然较大。

关键词　加油机；胶管；橡胶；油品质量

随着油品质量升级国Ⅴ标准，硫含量控制在不大于10ppm之后，越来越多的成品油销售企业发现加油机胶管材质会对低硫油品中的硫含量产生影响，而油品升级到国Ⅵ标准后，胶管问题仍在各级质量抽查中发现，导致质量监督抽查中会误判油品的质量。为此，有些胶管生产厂家着手研究生产低渗透和低析出的胶管，在确保胶管质量寿命的同时，降低对输送油品质量污染的影响。

1　试验目的

为了解在现有加油机胶管生产技术下，胶管材质对油品质量的影响程度，为企业更好地选择加油机胶管厂家提供依据，也便于成品油销售企业指导加油站开展相关的油品质量管理，特开展此次加油机胶管试验。

2　试验准备基本情况

2.1　胶管样本选用情况

本次试验选用由X家和O家提供的全新工艺新胶管。X家和O家是国内加油机胶管的主要生产厂家。供应商表明胶管均符合GB/T 32476—2016《具有油气回收功能的计量分配燃油用橡胶和塑料软管及软管组合件》要求。

2.2　试验方案

6月底在广州开展试验，本次试验设计分作两个考察项目：

试验一：考察油品在胶管中储存时间长短对质量的影响。

试验一选用了大型炼厂A炼厂和B炼厂的95号汽油进行试验，其中A炼厂是中石化的炼厂，B炼厂是山东的地方炼厂。两份样本的硫含量、未洗胶质和溶剂性胶质均在国家产品标准合格范围以内，且没有临界或未检出的情况。同时，我们也选用了A炼厂的0号柴油在X家的柴油胶管中储存进行了硫含量的试验。在胶管中各充入2L油品样本，分别在2h、4h、8h、24h、72h、15天、30天和90天对硫含量、未洗胶质和溶剂洗胶质进行试验，看硫含量、未洗胶质和溶剂洗胶质的变化趋势。

试验二：考察胶管使用时长对油品质量的影响。

试验二选用了大型炼厂C炼厂的98号汽油，C炼厂也是中石化的炼厂。该98号汽油芳烃含量25.5%（体积分数），其中C9+为7.69%。试验在O家胶管中充入1L油品样本，每隔3天将油品置换一次，对置换出来的油品硫含量、未洗胶质和溶剂洗胶质进行了试验，看硫含量、未洗胶质和溶剂洗胶质的变化趋势。

2.3　本次试验的环境情况

试验一、二均在胶管两端加塞室温储存在实验室内；试验位于广州地区，6~49月环境温度白天最高38℃，最低25℃，夜间最高27℃，最低24℃，平均温度33℃。

3　试验结果

试验一：油品在胶管中储存时间长短对质量的影响

3.1　硫含量变化趋势（图1）

从图1的实验曲线看，无论是A炼厂还是B

炼厂的 95 号汽油，X 家和 O 家汽油硫含量都随着储存时间呈现上升趋势，特别是 72 小时后，上升趋势明显，X 家上升最高达 165%，O 家最高达 1039%。O 家存储的油品基本上在 3 天左右就超过了合格线。而 X 家储存的油品硫含量则一直控制在合格线内。

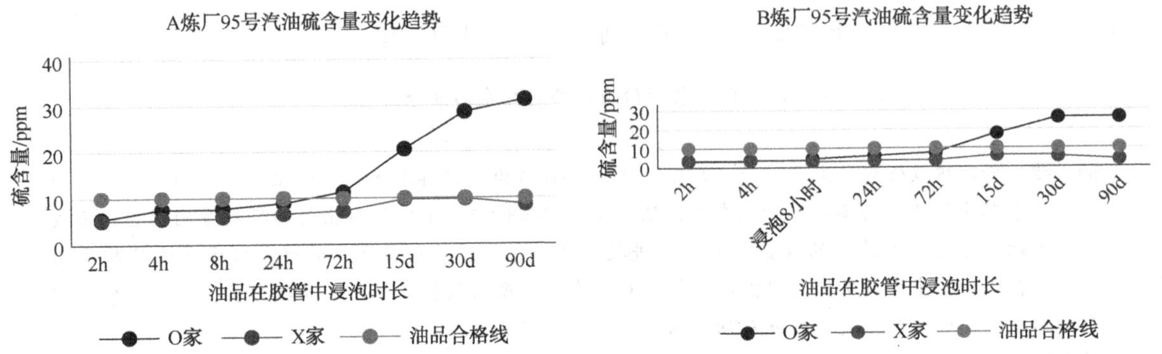

图 1　胶管中 95 号汽油硫含量变化趋势

而对柴油来说，无论储存时间长短，硫含量的变化趋势都较平稳，无太明显的变化，见图 2。稍有的变化应是实验误差所致。

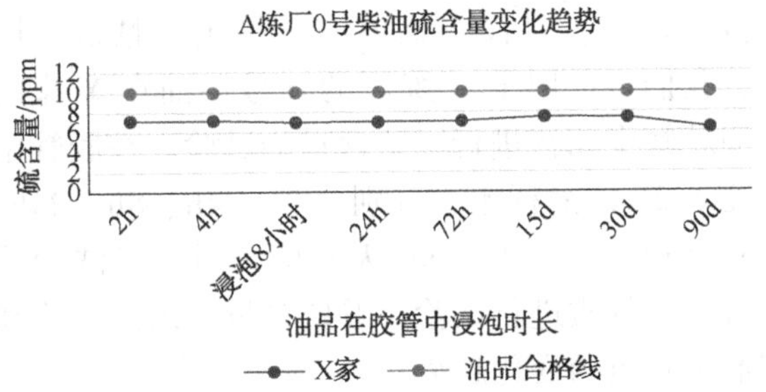

图 2　胶管中 0 号柴油硫含量变化趋势

3.2　未洗胶质变化趋势

随着储存停留时间增长，X 家和 O 家胶管中汽油的未洗胶质都呈现上升趋势，且上升程度敏感，但不同炼厂的油品敏感程度不一样，见图 3。A 炼厂，仅储存 2 小时，X 家的未洗胶质就不合格，储存 8 小时，X 家和 O 家的未洗胶质都不合格。而对 B 炼厂，X 家和 O 家都要储存 72 小时后，未洗胶质上升曲线明显，15 天后两家的胶管内油品的未洗胶质均不合格。X 家上升最高达 6250%，O 家最高达 5400%。

3.3　溶剂洗胶质变化趋势

X 家和 O 家溶剂洗胶质都随储存时间呈现上升趋势，且上升程度敏感，见图 4。X 家上升最高达 1200%，O 家最高达 2100%。从实验曲线看，当无论是 A 炼厂还是 B 炼厂的汽油在胶管中停留超过 30 天，X 家和 O 家的样本均超出合格线。

试验二：胶管使用时长对油品质量的影响

如图 5 所示的实验的曲线可以看到，胶管中的油品的硫含量、未洗胶质均大于未储存在胶管中的油品质量，但随着胶管中油品不断地置换次数增加，胶管中油品的硫含量、未洗胶质数据呈现下降趋势。溶剂洗胶质则未反映出明显的变化，一直保持在 <0.5mg/100mL。即从试验二，看到胶管随着油品置换的次数增加，抽出物的抽出量在下降，而且抽出物中大多不是形成溶剂洗胶质的物质。

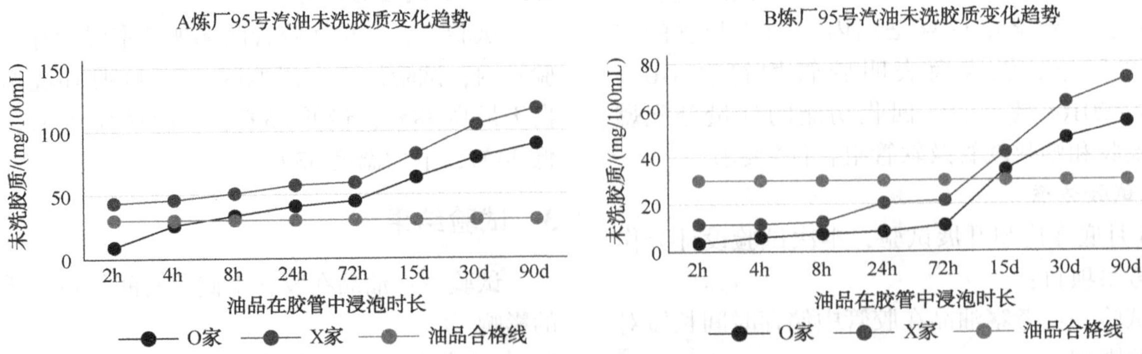

图 3　胶管中 95 号汽油未洗胶质变化趋势

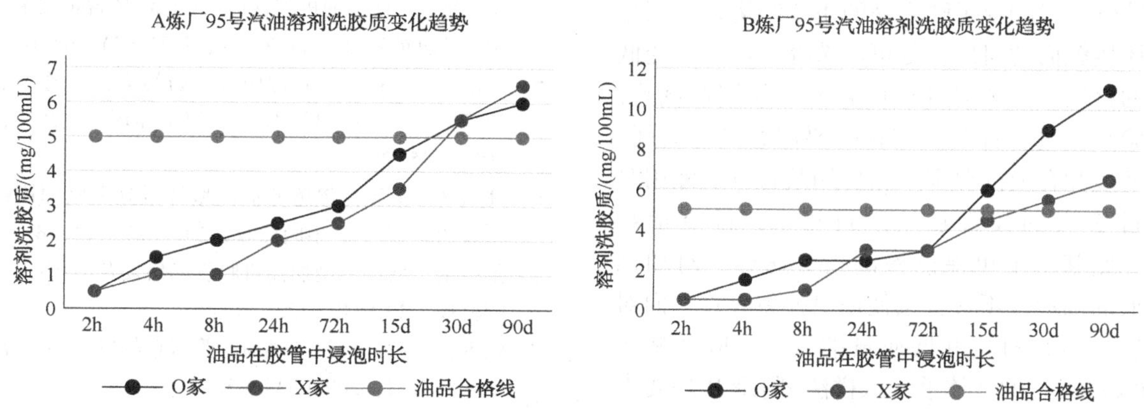

图 4 胶管中 95 号汽油溶剂洗胶质变化趋势

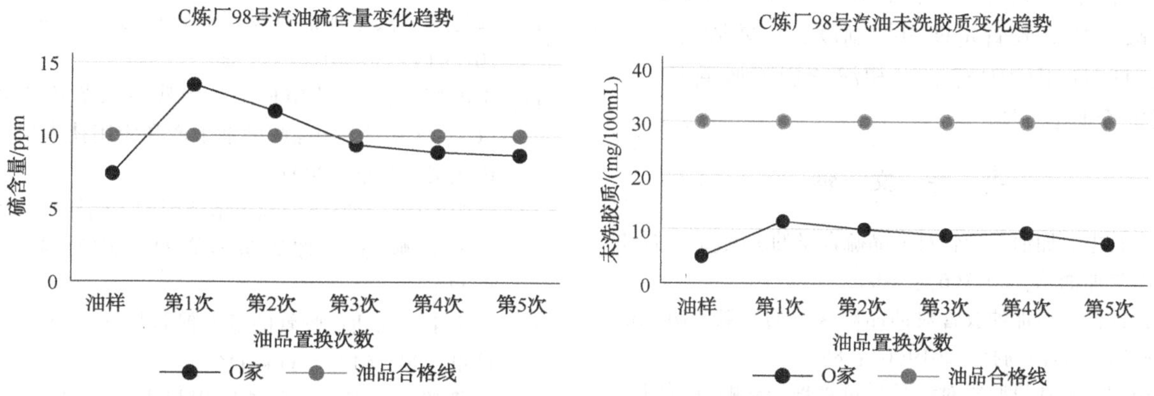

图 5 胶管使用时长硫含量和未洗胶质变化趋势

4 小结

目前国内加油机胶管的主要生产厂家虽然应用新技术，对胶管的耐油性、防渗透性和低抽出等性能进行了改进，但从本次试验中可以看到：

（1）胶管材质实际上仍能对停留时间较长的汽油，产品指标中的硫含量、未洗胶质和溶剂性胶质的质量产生较大影响。而对柴油的硫含量影响则不明显。

（2）同一样本，同样的储存时间，X 家在控制胶管硫的抽出要优于 O 家，而且基本上都是 3 天后才达不合格。污染物的抽出，更明显地体现在未洗胶质和溶剂性胶质指标上，仍存在较大的改进空间。由于厂家橡胶软管的加工配方保密，本次仅对油品进行试验，无法对胶管加工工艺对油品质量影响程度做进一步分析试验。建议橡胶软管生产厂家可再做研究。

（3）对同一品牌的胶管，同样的储存时长，A 炼厂油品指标合格而 B 炼厂的油品指标不合格，反映出不同炼厂生产工艺不同，油品组成对胶管材质的敏感性不同。随着油品质量的不断升级，成品油中酸性组分、烯烃、芳烃组分在减少，含氧化合物相对有所增加。但哪些组分是对橡胶具有腐蚀性，哪些组分对橡胶中有明显抽出作用，仍需进一步研究。

（4）本次试验模拟胶管使用场景考察胶管内胶抽出物对油品质量硫含量、未洗胶质和溶剂性胶质的影响，未按 GB/T 1690《硫化橡胶或热塑性橡胶耐液体试验方法》和 GB/T 24141. 2《内燃机燃管路用橡胶软管和纯胶管规范　第 2 部分汽油燃料》中附录 A 进行试验，未能对方法间的相关性进行试验，从而对胶管的方法标准提出建议，下一步对可在这方面继续开展研究。但是从成品油销售企业的角度出发，希望胶管厂家能提供这方面的试验报告，便于较好地选用低渗透低抽出性的加油机胶管。也建议胶管的生产企业对工艺继续加强研究改进，减少胶管中物质抽出对油品的污染。

（5）由于胶管材质对油品质量仍有影响，成品油销售企业要必须继续做好胶管的管理工作，包括采购、储存方面和使用方面均要设立管理规范，确保加出油品合格，防止造成消费者的损失。胶管的采购要了解产品的主要结构，特别是与液体接触面的材质，尽可能选择耐油低渗透低抽出的材质，必要时开展胶管的油品储存试验，以试验数据进行评判。储存时要注意储存时间、储存环境和存放的要求。新启用胶管以及停用时间超过 3 天的胶管必须进行排空，排空量约 400L，则基本上可保证检测指标达标。对加油频次低的加油枪不宜直接使用更换新胶管。而对各级质量监督机构开展质量抽查时，应严格按 GB/T 4756《石油液体手工取样法》附录 B 的要求对胶管进行排空，排出至少 4L 油品后再进行取样，确保取样具有代表性，避免质量误判造成质量事故。建立胶管定期更换制度，以防胶管经过一段时间使用后因有抽出和渗透影响胶管质量，造成安全环保风险。

参 考 文 献

[1] 赵君志．加油机胶管对油品硫含量的影响[J]．石油库与加油站，2017(6)：13.

[2] 张铁伦．新加油胶管对油品硫含量的影响及防范措施[J]．石油商技，2019(6)：88-91.

[3] 田鸽．加油机胶管对油品质量管理的影响分析[J]．中国石油和化工标准与质量，2018，38(18)：49-52.

[4] 周国雄．浅谈加油机胶管材质对汽油硫含量结果的影响与解决措施[J]．石油技师，2022(02)：64-68.

[5] 修德欣，王振中，张健中等．防污染低渗透加油机胶管研发及测试[J]．安全、健康和环境，2017，17(01)：25-28.

[6] 林凤文．关于低渗透低抽出型计量分配燃油用橡胶软管的研究[J]．中国橡胶，2017(7)：43-44.

[7] 张洪生．低渗透型加油机胶管的研发及应用[J]．橡胶科技，2019(8)：22-25.

[8] 张禾，吴莉萍．汽车燃油胶管材料的发展[J]．汽车工艺与材料，2005(3)：25-27.

[9] 董桂芬，高为民，王艳梅，等．耐寒汽车加油机软管的研制[J]．齐鲁石油化工，2012，40(4)：294-299.

[10] 蔺建刚．汽车加油机胶管的研制[J]．橡胶工业，2012(1)：38-40.

[11] 李淑娟．防老剂 BLE 产品中残留二苯胺的分析[C]．第五届全国橡胶助剂生产和应用技术研讨会论文集．南京：2009.

[12] 刘明编译．航空煤油抽出增塑剂对丁腈橡胶胶管胶料的影响[J]．橡胶参考资料，2017，47(1)：1-11.

[13] 张洪生．加油机胶管的日常保养与维护[J]．中国计量，2021(12)：114-116.

[14] 郭飞鸿，主编．汽柴油应用与质量管理[M]．北京：中国石化出版社，2017.

重整高负荷下单苯抽提装置生产甲苯的工业应用

鲁　明

（中石油云南石化有限公司）

摘　要　本文主要介绍了重整联合装置按照公司要求研究重整高负荷下的甲苯生产工作，通过提高重整进料初馏点来保证重整高负荷下抽提装置负荷稳定，最终实现重整高负荷下甲苯产品的连续稳定生产，真正实现了“单苯抽提”连续转“双苯抽提”。云南石化成功实现了“单苯抽提”装置在上游重整全负荷下的甲苯生产，为其他单位单苯抽提装置生产甲苯积累了宝贵的经验。

关键词　单苯抽提；甲苯；初馏点

1　前言

云南石化有限公司苯抽提和芳烃分离装置由210万吨/年芳烃分离、55万吨/年C6加氢单元和55万吨/年苯抽提单元三部分组成，装置以上游连续重整单元生产的脱戊烷油为原料，生产苯、混合二甲苯、抽余油、C7/C9+馏分及重组分油。苯抽提单元设计为“单苯抽提”，仅生产苯产品，甲苯作为调和组分进入芳烃汽油内。2021年8月中石油云南石化有限公司重整联合装置通过研究攻关成功利用单苯抽提装置的富余加工能力生产出甲苯产品，甲苯产量约7t/h。但是受限于抽提单元的加工能力，当上游重整装置负荷高于240t/h（84%负荷）后抽提装置则可能因超过负荷无法实现甲苯产品的连续生产。为保证公司甲苯产品产量以稳定公司甲苯市场客户，同时避免重整负荷变化时频繁转产/停产甲苯。生产三部按照公司要求研究在现有工艺设备基础上实现重整高负荷下的甲苯生产，实现甲苯产品的连续生产最终达到减油增化、多途径销售汽油的目标，如图1所示。

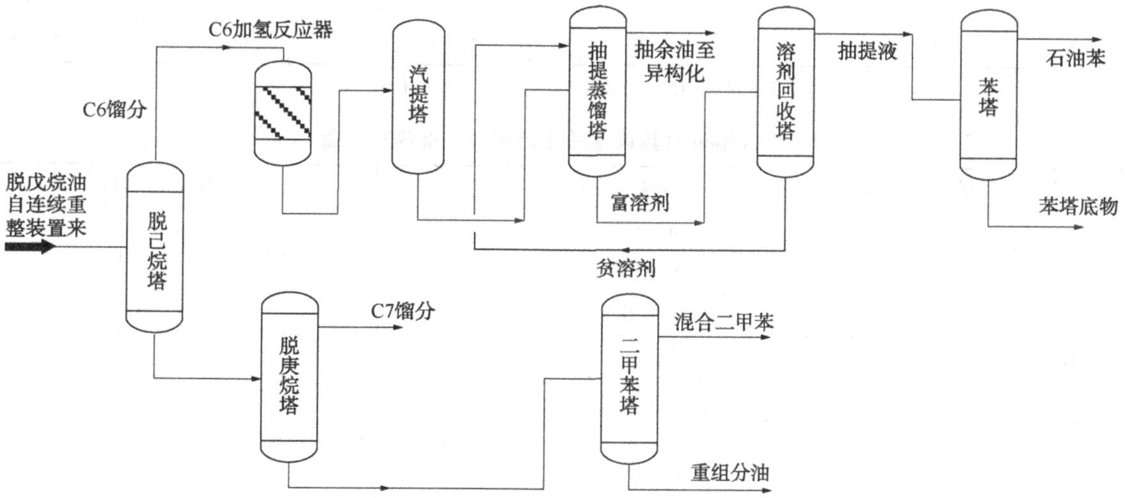

图1　苯抽提和芳烃分离装置流程简图

2　总体生产思路和方案

云南石化苯抽提和芳烃分离装置在重整低负荷240t/h（84%负荷）工况下已具备一年多的实际生产经验，考虑到重整负荷提高后对应的抽提单元的负荷将同步提高，通过计算若采用直接提高重整负荷的方法将重整进料量提高至275t/h，抽提单元进料将达到68.7t/h（110%负荷），根据装置的设计操作弹性从理论上分析具有可行性，但是受限于苯塔21.5t/h（110%）的加工负荷，抽提进料中的芳烃浓度较低仅为 31.3%(w)可操作性较低，需要循环 3.2t/h 的拔顶苯才可将抽提进料中的芳烃浓度提高至适宜操作浓度 36%(w)，抽提单元的实际加工负荷将达到 71.9t/h，超过设计负荷，此工况下生产甲苯的可操作性较低。

装置技术人员通过集思广益后制定出多个重整高负荷下生产甲苯的方案，最终经多次分析讨论后认为采用提高重整进料初馏点来减少进入抽提进料中的 C6 馏分占比来保持重整高负荷下抽提装置负荷稳定，以此来实现重整高负荷下甲苯产品的连续稳定生产的可能性较大。具体方案为：在苯塔满负荷(21.5t/h)情况下将 10t/h 的 C6 非芳烃从石脑油加氢分馏塔塔顶采出直接进入轻石脑油送至异构化装置加工，重整负荷提高至 275t/h 后抽提单元保持 60t/h 的加工负荷运行生产甲苯，既保证不超负荷又满足抽提进料中适宜的操作芳烃浓度。为了验证此方案，装置技术人员结合生产数据通过 ASpen 软件模拟增加石脑油加氢单元分馏塔回流量以控制精制轻石脑油中苯含量的同时减少 10t/h 的 C6 组分进入重整、C6 加氢和苯抽提的流量，从而保证抽提单元负荷稳定以实现甲苯，通过软件计算在重整高负荷下实现甲苯具有可操作性，具体模拟物料平衡变化和能耗变化数据如表 1～表 3 所示：

表 1　未生产甲苯工况的物料平衡数据

石脑油加氢分馏塔进料/(t/h)		连续重整进料/(t/h)		苯抽提和芳烃分离进料/(t/h)	
加氢石脑油	259.7	NHT 精制石脑油	216	脱戊烷油	229.4
		HC 重石脑油	59.5		
出料/(t/h)		出料/(t/h)		出料/(t/h)	
轻石脑油	43.7	氢气	20	苯	15
精制石脑油	216	燃料气	4.2	甲苯	0
		液化气	9.8	抽余油	41.4
		戊烷油	12.1	混合二甲苯	57.7
		脱戊烷油	229.4	C7 组分	55.5
		其中，纯氢	8.621	C9 组分	49.8
				重芳烃	10
合计	259.7	合计	275.5	合计	229.4

重整进料 275.5t/h；C102 回流比 1.2，重整进料初馏点 75℃；芳烃分离不生产甲苯。

表 2　ASpen 计算调整后生产甲苯工况物料平衡

石脑油加氢分馏塔进料/(t/h)		连续重整进料/(t/h)		苯抽提和芳烃分离进料/(t/h)	
加氢石脑油	259.7	NHT 精制石脑油	206	脱戊烷油	229.4
		HC 重石脑油	59.5		
出料/(t/h)		出料/(t/h)		出料/(t/h)	
轻石脑油	53.7	氢气	19.35	苯	14.2
精制石脑油	206	燃料气	4.55	甲苯	7.0
		液化气	9.86	抽余油	42.6
		戊烷油	12	混合二甲苯	58.9
		脱戊烷油	219.74	C7 组分	37.3
		其中，纯氢	8.656	C9 组分	49.7
				重芳烃	10
合计	259.7	合计	265.5	合计	219.7

重整进料 265.5t/h；C102 回流比 1.6；芳烃分离生产甲苯 7t/h。

表3 初步经济核算数据表

项　目	目前工况	甲苯工况	核算单价	单项总价
石油苯/(t/h)	基准	-0.8	5855	-4684
石油甲苯/(t/h)	基准	7	5840	40880
汽油组分/(t/h)(按汽油额外量计算)	基准	-6.2	5261	-32618.2
F0103燃料气/(Nm^3/h)	基准	500	-1.56	-780
3.5MPa蒸汽/(t/h)	基准	3.5	-230	-805
1.0MPa蒸汽/(t/h)	基准	1.9	-230	-437
0.4MPa蒸汽/(t/h)	基准	3	-230	-690
电/kW·h	基准	210	-0.41	-86.1
合计/(元/小时)				779.7

以2023年5月份价格来核算：生产甲苯每小时的经济效益为779.7元/小时。在苯、甲苯单价基本一致情况下，当甲苯价格高于汽油额外量450元/吨时，收益为正。

3　生产调整过程及运行数据对比

3.1　生产调整过程

第一阶段调整过程

（1）在维持石脑油加氢单元分馏塔进料量不变情况下，分馏塔保持设计回流比1.6，按≯2t/h速率提高分馏塔顶的轻石脑油采出量至53.7t/h，重整单元伴随精制石脑油量的降低，同步降低加工量至265t/h。重整维持氢油比2.05，反应温度525℃。

（2）异构化装置随着轻石脑油量的增加逐步提高加工量，随着异构化加工量的提高，异构化反应氢气消耗和反应器温升均有上升趋势。反应氢气耗量增加300Nm^3/h，反应器温升增加3℃。

（3）降低芳烃抽提T0605液位至45%，装置操作稳定后对各物料组分进行化验分析，采样计算结果显示脱庚烷塔顶采出中的非芳含量约为9.8t/h，而此时抽提进料量为42t/h，按照甲苯产量7t/h计算，生产甲苯时抽提蒸馏塔进料量$m=(9.8+42+7)$t/h＝58.8t/h。根据此分析计算结果判断此工况下甲苯生产具有可操作性。

第二阶段调整过程：

根据评估结果调整甲苯生产操作：缓慢提高脱己烷塔顶采出至59t/h，开始甲苯生产调整工作。持续置换T0605、苯塔等设备内物料。调整过程中通过循环拔顶苯保持抽提蒸馏塔进料芳烃浓度在32%以上。调整稳定后C0401塔顶采出苯和甲苯总浓度在32%以上。抽提进料缓冲罐T-0605罐内物料置换完成后，甲苯产量稳定在7.8t/h，最终按照计划顺利实现了重整高负荷下的甲苯生产，且甲苯质量较稳定。

3.2　调整前后的运行数据(表4~表7)

表4 石脑油加氢分馏塔调整前后关键工艺参数对比

项　目		设计值	调整前	调整后
石脑油加氢分馏塔	塔顶温度/℃	89	90	93.5
	塔顶冷却负荷/MW	16.2	8.9	12.9
	塔顶回流量/(t/h)	92.3	52.5	82.8
	塔顶采出量/(t/h)	35.6	43.7	53.7
	塔底温度/℃	203	161.5	167
	塔底加热负荷/MW	15.4	12.7	17.2

表5 连续重整装置调整前后关键工艺参数对比

项　目		设计值	调整前	调整后
重整反应器	反应温度/℃	549	525	525
	氢油比	2.2	2.05	2.05
	四合一炉燃料气/(Nm^3/h)	100.4MW	12900	13100
	K0201中压蒸汽/(t/h)	—	81.2	78
	K0202中压蒸汽/(t/h)	—	67.4	69

续表

项　目		设计值	调整前	调整后
脱戊烷塔	塔顶灵敏板温度/℃	102	116	130
	塔顶冷却负荷/MW	7.5	9.1	9.2
	塔顶回流量/(t/h)	67.8	55	55
	塔顶采出量/(t/h)	24.5	22.5	22.5
	塔底温度/℃	235	206	214
	塔底加热负荷/MW	23.8	17.6	18.3

表6　苯抽提和芳烃分离装置调整前后关键工艺参数对比

项　目		设计值	调整前	调整后
脱己烷塔	塔顶灵敏板温度/℃	89(顶)	88	104
	塔顶冷却负荷/MW	18.7	16.4	15.9
	塔顶回流量/(t/h)	90	83	65
	塔顶采出量/(t/h)	65.5	56.4	63.8
	塔底温度/℃	167	155	162.3
	塔底加热负荷/MW	19.1	15.3	15.1
脱庚烷塔	塔顶灵敏板温度/℃	133(顶)	127	127
	塔顶冷却负荷/MW	24	23.7	21.5
	塔顶回流量/(t/h)	118	115	115
	塔顶采出量/(t/h)	53	55.5	37.3
	塔底温度/℃	186	153	158
	塔底加热负荷/MW	22	21.3	19.7
C6加氢反应器	反应温度/℃	180	125	125
	氢油比	255	255	270
	氢气流量/(Nm^3/h)		19000	21000
C6加氢汽提塔	塔顶回流量/(t/h)	9.6	1.5	1.5
	塔底温度/℃	163	155	166
	塔底加热负荷/MW	2.9	0.7	1.0

表7　异构化装置调整前后关键工艺参数对比

项　目		设计值	调整前	调整后
抽余油分馏塔	塔灵敏板温度/℃		102	111
	塔顶冷却负荷/MW	10.4	5.2	5.9
	塔顶回流量/(t/h)	69.1	13	25
	塔顶采出量/(t/h)	42.5	32	25
	塔底温度/℃	125	120	123
	塔底加热负荷/MW	9.8	5.3	6.5
	塔底采出量/(t/h)	7.2	6.0	16.5

通过对比发现主要物料变化为：重整高负荷下可生产甲苯8t/h，减少苯产量0.8t/h，进入汽油池的各调和组分整体相当于减少了7.2t/h调和组分。

3.3　调整前后的能耗变化

通过MES和DCS数据对比，能源消耗的主要变化在燃料气和蒸汽方面，具体如表8所示。

表8 重整高负荷下生产甲苯工况主要能耗变化情况对比表

石脑油加氢分馏塔		
项 目	调整前	调整后
F0103 燃料气/(Nm^3/h)	1200	1500
电/(kW·h)	基准	110
连续重整装置		
四合一炉燃料气/(Nm^3/h)	基本相当	
中压蒸汽/(t/h)	基本相当	
苯抽提和芳烃分离		
脱己烷塔中压饱和蒸汽/(t/h)	基本相当	
C6 加氢汽提塔（等同于减少发生低压蒸汽）/(t/h)	基准	基准-0.8
抽提蒸馏塔中压饱和蒸汽/(t/h)	基准	基准+3.0
溶剂回收塔中压饱和蒸汽/(t/h)	基准	基准+0.5
苯塔低压蒸汽/(t/h)	基准	基准+1.1
异构化抽余油塔		
抽余油塔低低压力蒸汽/(t/h)	8.3	11

主要能耗能耗变化：增加 500Nm^3/h 的燃料气；3.5MPa 蒸汽增加 3.5t/h；1.0MPa 蒸汽增加 1.9t/h；0.4MPa 蒸汽增加 3t/h；电耗增加 210kw。

3.4 重整单元高初馏点进料对比

重整装置采用开工以来为保证苯产品收率一直采用低初馏点运行，初馏点均保持在 77℃以下。本次重整高负荷下的甲苯生产主要通过调整重整进料初馏点的方式来调整重整加工量，重整进料初馏点提高至 82.5℃。重整进料初馏点调整前后，物料平衡和能耗变化如表 9～表 11 所示：

以低初馏点工况为基准，高初馏点工况下公用工程消耗变化为：(1)燃料气消耗减少 180Nm^3/h，中压蒸汽消耗减少 8.2t/h，低压蒸汽消耗减少 0.8t/h。(2)由于重整循环氢压缩机中压蒸汽减少消耗 5.3t/h，相应减少 5.3t/h 低低压力蒸汽产出。

表9 两种不同初馏点的重整原料下的物料平衡对比

石脑油加氢分馏塔			连续重整			苯抽提和芳烃分离		
项目	低初馏点	高初馏点	项目	低初馏点	高初馏点	项目	低初馏点	高初馏点
进料/(t/h)			进料/(t/h)			进料/(t/h)		
加氢石脑油	267	267	精制石脑油	224.2	212.6	脱戊烷油	232.3	223.6
			HC 重石脑油	50.8	52.4			
出料/(t/h)			出料/(t/h)			出料/(t/h)		
轻石脑油	42.8	54.4	氢气	21.1	20.5	苯	12.9	11.9
精制石脑油	224.2	212.6	燃料气	1.2	1.0	抽余油	39.4	32.5
			液化气	10.0	8.1	混苯	57.4	56.9
			戊烷油	10.4	11.8	芳烃汽油	112.8	112.6
			脱戊烷油	232.3	223.6	重芳烃	9.8	9.7
			其中，纯氢	基准	-0.24			
合计	267	267	合计	275	265	合计	232.3	223.6

注：(1)低初馏点工况：重整进料 275t/h，初馏点 75℃，C102 回流比 1.2。
(2)高初馏点工况：重整进料 265t/h，初馏点 82℃，C102 回流比 1.3。
(3)物料平衡数据来源 MES、DCS。对降低 T0605 液位导致的物料不平衡进行了处理；混苯量为重整反应生成量。

表10 以低初馏点为基准的能耗对比

项 目	石脑油加氢分馏塔	连续重整	苯抽提和芳烃分离	合计
燃料气/(Nm^3/h)	+200	-380		-180
中压蒸汽/(t/h)		-6.6	-1.6	-8.2
低压蒸汽/(t/h)		-0.8		-0.8
低低压力蒸汽		5.3(少产)		+5.3

表 11　提高重整进料经济性对比表

项　目		产量/消耗/(t/h)	单价/价差元/t	单项总额元
产品产出	氢气	-0.239	9780	-2337
	苯	-1	486	-486
	合计			-2823
能源消耗	燃料气	-180Nm³/h	1.56 元/Nm³	-281
	中压蒸汽	-8.2	230	-1886
	低压蒸汽	-0.8	180	-144
	低低压力蒸汽	5.3	140	742
	合计			-1569
合计				-1255

通过物料平衡可知：(1)在全厂加工负荷不变的情况下，可以通过提高重整进料初馏点的方式来减少重整加工量。(2)不同初馏点下重整单元的主要物料平衡变化为纯氢产量减少 3300Nm^3/h(239kg/h)，苯产量减少 1t/h，其他物料基本不变。经过物料平衡和能耗对比，经初步计算提高重整进料初馏点将减少装置收益。建议正常工况下采用低初馏点运行方案，多产氢气和苯产品。

4　操作难点及主要解决措施

(1) 抽提单元高负荷下抽提液易夹带非芳，造成苯、甲苯产品质量不合格。重整 K0202 增压机、苯塔和抽提蒸馏塔等设备几乎没有操作余量，操作人员操作余量较小易导致苯、甲苯产品不合格。主要解决措施：①定期校验抽提液在线分析仪，保证在线表显示准确，若抽提液和苯产品不合格则及时作出处理；②保持 T-605 低液位操作，为产品、抽提液不合格调整时及时改循环预留罐存，若抽提液不合格及时改循环操作，若抽余油中苯含量长期较高必要时调整抽提蒸馏塔进料口位置。

(2) 抽提进料中非芳含量较高抽提蒸馏塔操作难度较大，主要解决措施：①重整降负荷后提高重整反应温度或者维持反应温度不变；②将 C6 组分从石脑油加氢装置分馏塔顶移除部分；③C6 加氢反应器维持较低的反应温度，C6 加氢反应温度维持在 125℃，受限于苯塔进料量，抽提单元负荷较高时抽提进料芳烃浓度较低，通过联系苯塔厂家对苯塔进料量进行核算，提高苯塔进料量 1t/h，达到增产甲苯的效果。

(3) C6 加氢单元在高负荷运行，连续重整增压机汽轮机负荷可能不足。防范措施：①在 C6 加氢反应器温升变化较小的情况下将 C6 加氢氢油比由 245 降至 240，全开反应产物空冷 A-0501A/B，降低 C6 加氢循环气量，最大量降低重整增压机负荷。②重整增压机空冷器出口温度保持低负荷。③C6 加氢氢油比低于 230 或温升过大时将部分脱己烷塔顶采出送至芳烃原料罐。

(4) 抽余油进中 C7 含量增加。异构化抽余油分馏塔塔底采出量增加，解决措施为抽余油分馏塔塔底泵双泵运行，经过计算塔底管线介质流速低于 2m/s，满足要求。设置塔底泵 P0812 泵电流报警值防止电机超电流。

(5) 异构化反应进料中苯含量较高，抽余油中苯含量较高加之轻石脑油中苯含量增加，异构化反应器进料中苯含量增加较多，造成反应器耗氢增加、温升增大。主要解决措施：①降低异构化反应器入口温度、增加异构化反应器氢气量，反应氢气量由 2400Nm^3/h 提高至 3000Nm^3/h。②若异构化反应器出现飞温，则按异构化反应器飞温应急操作卡处理。

(6) 当原油性质变化后联合装置原料性质发生改变，脱戊烷油中的 C6 和 C7 组分增加导致苯抽提单元不能全部加工所有的脱己烷塔塔顶物料，甲苯质量得不到保证。主要解决措施为在异构化反应器温升可控的情况下继续提高重整进料初馏点，保持抽提单元的负荷稳定。

5　结论

(1) 在云南石化重整联合装置目前的工艺流程基础上，采用提高重整进料初馏点来减少进入抽提进料中的 C6 馏分占比，保持重整负荷增加后抽提装置负荷稳定，以此实现重整高负荷下甲苯产品的连续稳定生产最具较强的可操作性，联合装置高负荷下也可以实现甲苯产品生产，甲苯产量可稳定在7~10t/h之间。

（2）在全厂加工负荷不变的情况下，可以通过调整重整进料初馏点的方式来调整重整加工量。重整装置采用不同初馏点运行，主要物料平衡变化为纯氢产量和苯产量发生轻微变化，其他物料基本不变。提高重整进料初馏点后C6正异构烷烃不作为连续重整装置的原料，在降低少量苯产量情况下，可以减少重整装置加工量约10t/h。同时在不同的原料性质、产品价格变化的情况下调整重整进料初馏点是一种降低重整联合能耗、提高运行经济性的优化方案。

参 考 文 献

［1］林晓峰，苯抽提蒸馏技术的工业应用.2003年8月.
［2］潘洋，150kt/a苯抽提蒸馏装置扩能改造技术探讨，20108年1月.
［3］流程模拟在苯抽提装置上的应用，2014年.

高效位阻胺的脱 H_2S 性能研究

赵　耀

[中石化(天津)石油化工有限公司]

摘　要　为了克服传统 MDEA 脱硫剂在工业应用上的弊端，本文从分子结构和反应动力学两个方面研究了 BDAP 空间位阻胺脱硫剂的脱 H_2S 性能，对 30w%BDAP 脱硫剂进行了工艺优化，并在适宜条件下对比了 MDEA、BDAP 两种脱 H_2S 剂的脱 H_2S 效果、再生能耗和 H_2S 选择性。结果表明，30w%BDAP 脱硫剂具备较好的低压脱 H_2S 能力，其中 H_2S 的负荷最高可达 0.65mol/mol 脱 H_2S 剂；再生能耗仅为传统 MDEA 脱 H_2S 剂的 78.6%；对 H_2S 的选择性显著优于 MDEA。

关键词　BDAP；脱 H_2S；传质通量；选择性；再生能耗

20 世纪 80 年代末我国开始引进 MDEA 净化技术，广泛应用于各种含 H_2S 工艺气。MDEA 的碱性较常规醇胺弱，难以适应低压脱硫领域；MDEA 分子中的伯羟基使其在使用过程中易发生氧化、降解，而且容易与金属离子络合，表面黏度高、易发泡；MDEA 水溶液体系在高 CO_2/H_2S 比的情况下往往难以达到理想效果，为达到所需的 H_2S 净化度，增加吸收塔板实际上几乎成正比地多吸收 CO_2。南京工业大学陈建良研究了 MDEA 水溶液对 H_2S 和 CO_2 混合气体吸收速率，认为 MDEA 吸收 H_2S 的速率是在同样条件下 MDEA 吸收 CO_2 速率的 4-5 倍，这是 MDEA 选择性脱 H_2S 的基础，但是 MDEA 的 H_2S 负荷与吸收压力有很大的关系，在低压下 MDEA 的饱和 H_2S 负荷较低。

为了获得更高的 H_2S 选择性、改善脱 H_2S 性能，国内外研究学者致力于开发新型高效脱硫剂，一方面考虑非水溶剂与 MDEA(或其他叔胺)的组合；另一方面寻求更佳的脱硫剂活性组分。研究表明，在同样的操作条件下，空间位阻胺可以显著提升 H_2S 的选择性和 H_2S 负载量。本文对位阻胺 BDAP 的脱 H_2S 过程进行了系统的研究，探索了 30w% BDAP 的最佳脱硫条件，从脱 H_2S 机理、再生能耗、H_2S 选择性等方面验证其可行性。

1　BDAP 位阻胺物性分析

如图 1 所示为 BDAP 的三维分子模型，BDAP 中 1 个羟基(红色)可与水分子形成氢键，增大其水溶性；两个叔胺基(蓝色)具有较强的碱性，提供了 H_2S 活性位点；叔氮原子上连接的两个甲基形成重叠的电子云提供了必要的位阻效应。因此有理由预测位阻胺 BDAP 对 H_2S 有良好的脱除性能。

图 1　位阻胺 BDAP 三维分子模型

如表 1 所示根据 Chem³D 模拟得到的分子物性数据，可知 BDAP 与 MDEA 同属叔胺，BDAP 的位阻系数是 MDEA 的 1.71 倍，BDAP 的 pKa 大于 MDEA。不论从化学结构还是从热力学方面，BDAP 作为脱硫剂均显示出优良的潜力。

表 1　MDEA 与 BDAP 的 Chem³D 性质

有机醇胺	位阻系数	pKa	密度 25℃	分子量	胺种类
MDEA	0.79	8.5	1.04	119.16	叔胺
BDAP	1.35	9.6	0.90	146.23	叔胺

2　位阻胺脱 H_2S 机理

位阻胺是指在氮原子上带有多个具有空间位阻结构的醇胺类化合物。研究表明，用于脱 H_2S 的醇胺中 N 上的氢原子被空间位阻常数大于

1.74 的基团取代后，可显著提升对 H_2S 的选择性。位阻胺与 H_2S 的反应是受气膜控制的瞬间质子传递反应，反应是可逆的、瞬时的，整个液相和界面的液膜都存在着 H_2S—胺的平衡。

$$R_1R_2R_3NHR_4+H_2S \rightleftharpoons R_1R_2R_3CN_2^HR_4^{+}+HS^{-} \quad (1)$$

式中，R_1、R_2、R_3、R_4 为 H、OH 或烷基等。位阻胺与 CO_2 反应比较复杂，主要反应为：

$$R_1R_2R_3CNHR_4+CO_2+{}_2^HO \rightleftharpoons R_1R_2R_3CN_2^HR_4^{+}+HCO_3^{-} \quad (2)$$

$$2R_1R_2R_3CNHR_4+CO_2 \rightleftharpoons R_1R_2R_3CNCOOR_4^{-}+R_1R_2R_3CN_2^HR_4^{+} \quad (3)$$

反应(2)按反应动力学分类应为假一级快反应，属液膜控制过程，其反应速率比反应式(1)慢得多。反应(3)由于空间位阻基团的存在，限制了位阻胺氮原子连接的氢原子的反应活性，使得位阻胺与 CO_2 的反应速率大大降低，抑制了胺基甲酸盐的生成，导致位阻胺吸收 CO_2 速率远低于吸收 H_2S 的速率。

3 H_2S 脱除试验

3.1 脱硫评价装置

如图 2 所示本实验的脱 H_2S 评价装置的示意图，包括配气罐、吸收塔、流量计、贫液泵、加热器、冷却器和再生塔。其中吸收塔 $\varphi25\times1600$，材质为不锈钢，内装 $\varphi3\times3$ 不锈钢 θ 环填料，填料高度 500mm，填料比表面积为 $50m^2/m^3$；再生塔 $\varphi38\times1500$，材质为不锈钢，内装 $\varphi4\times4\times0.8mm$ 瓷拉西环填料，填料高度 500mm。本实验装置吸收及再生液体循环流量设计范围 5～20mL/min，贫液进口温度为 20℃～40℃。

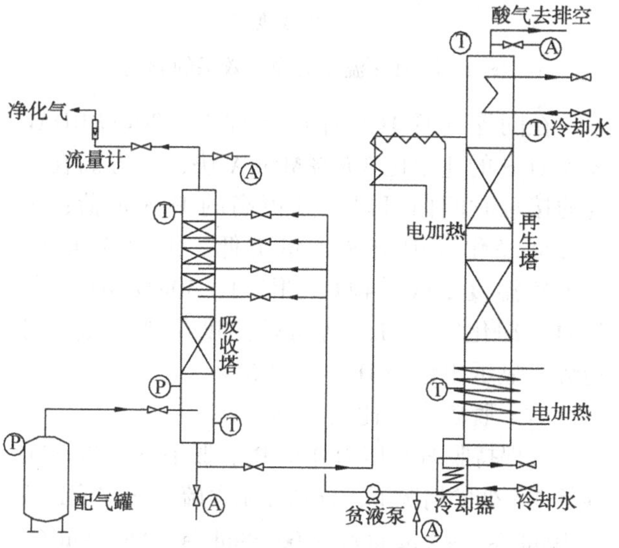

图 2　脱 H_2S 评价装置的示意图

原料气(组成见表 2)中 H_2S 由气体发生装置连续产生，CO_2、N_2 来自气体钢瓶，纯度均超过 99.99%。根据气源要求，将 H_2S、CO_2 以及 N_2 按照 1∶1.26∶37 的摩尔比充入配气罐；分别配制 30w% 的 MDEA、30w% 的 BDAP 的水溶液作为脱硫剂。

表 2　含硫气源组成与试剂

项目	组成	配制比例、纯度	实测值
含硫气源	N_2	94.1mol%	—
	CO_2	50000mg/Nm³	49500mg/Nm³
	H_2S	50000mg/Nm³	51300mg/Nm³
试剂	MDEA	分析醇	—
	BDAP	分析醇	—
	去离子水	自制	—

3.2 脱硫评价方法

3.2.1 试验流程

首先，用 N_2 对系统进行充分置换；然后，打开贫液泵将脱硫剂泵入系统，实现吸收塔-再生塔内部循环；其次，开启加热与冷却系统，设定入吸收塔的脱硫剂温度为 20℃，入再生塔的温度为 90℃；最后，启动气路，设定吸收塔塔顶背压阀压力，打开配气罐控制阀，控制气源流速进入吸收塔入口，打开吸收塔塔顶净化气出口阀，再生塔塔顶酸性气经冷却后进入碱洗罐。

3.2.2 分析方法及评价指标

试验所用分析方法为：原料气中的 H_2S 采用碘量法，CO_2 采用化学分析法；净化气中 H_2S 采用汞量法，CO_2 采用化学分析法；贫液(富液)中 H_2S、CO_2 和活性组分浓度采用色谱法。评价指标包括 H_2S 选择性 S、富液 H_2S 负荷、贫液 H_2S 负荷，其中脱硫剂的 H_2S 选择性 S 按照如下公式(4)计算：

$$S=\left(\frac{L_{H_2S}}{L_{CO_2}}\right)\Big/\left(\frac{y_{H_2S}}{y_{CO_2}}\right)\Big/\left(\frac{M_{CO_2}}{M_{H_2S}}\right) \quad (4)$$

式中，L_{H_2S} 为脱硫剂的 H_2S 负荷，mol H_2S/mol a；L_{CO_2} 为脱硫剂的 CO_2 的负荷，mol CO_2/mol a；y_{H_2S} 为含硫气源中 H_2S 的含量，mg/N^{m3}；

y_{CO_2}为含硫气源中 CO_2 的含量，mg/N^{m3}；M_{CO_2}为 CO_2 的分子量；M_{H_2S}为 H_2S 的分子量。

3.3　结果与讨论

3.3.1　H_2S 的平均传质通量

试验以表 2 为含硫气源，调节配气罐出口气体控制阀，控制气源流量为 220mL/s，同时调节贫液泵控制贫液进入吸收塔的速率为 13.3mL/min，分别以 30w% MDEA 的水溶液、30w% BDAP 的水溶液作为脱硫剂开展脱 H_2S 试验。设定吸收塔内部脱硫反应温度为 30℃，脱硫反应压力为 0.6MPa，设定再生塔塔底的温度为 120℃，再生塔塔顶压力为 0.08MPa，待系统稳定后，在吸收塔塔底富胺液出口采富胺液，分析计算两种脱硫剂的酸性气体负载量和酸性气体负荷，结果见表 3。

表 3　两种脱硫剂的酸性气体负载量和负荷

脱 H_2S 剂	H_2S 负载量/(g/L)	H_2S 负荷/(mol/mol)	CO_2 负载量/(g/L)	CO_2 负荷/(mol/mol)
30w%MDEA	24.8	0.29	3.17	0.03
30w%BDAP	45.6	0.65	2.85	0.04

由表 3 可知，在脱 H_2S 评价条件下，30w% BDAP 的 H_2S 负荷大于 30w%MDEA 的 H_2S 负荷，而 30w%BDAP 的 CO_2 的负荷与 30w%MDEA 的 CO_2 负荷相差不大。以 1mL 的脱硫剂为研究单位，1mL 脱硫剂自吸收塔上部流经吸收塔的填料层，耗时 50s，1mL 的脱硫剂的传质面积约为 0.0005m^2，按照下式(5)分别计算在该吸收塔中 30w%MDEA 脱硫剂和 30w% BDAP 脱 H_2S 剂的平均传质通量。经过计算得到 30w% BDAP 吸收 H_2S 的平均通量为 0.0536mol/(m^2·s)，30w% MDEA 吸收 H_2S 的速率为 0.0292mol/(m^2·s)。

$$J=\frac{L\times 10^{-3}}{M\times t\times A} \tag{5}$$

式中，t 为脱 H_2S 剂在吸收塔内的平均停留时间，90s；L 为单位脱 H_2S 剂的 H_2S 负载量，g/L；M 为 H_2S 的摩尔质量，34g/mol；A 为吸收塔内部单位脱 H_2S 剂的传质面积，0.0005m^2；J 为吸收塔的平均传质通量，mol/(m^2·s)。

根据上述计算结果，在相同气源条件和脱硫条件下，30w%BDAP 脱硫剂吸收 H_2S 的速率是 30w%MDEA 的 1.83 倍。醇胺溶液 H_2S 吸收速率属于质子反应，速率很快，工业脱 H_2S 塔中气体的停留时间为 10s-30s，但是要达到热力学平衡却需要较长时间，一般认为 10s 内可以达到平衡的 60%，满足工业上脱 H_2S 的时间需求。

3.3.2　脱硫效果的影响因素分析

为进一步确定 BDAP 的脱硫效果，按照表 2 的含硫气源，以 30w%BDAP、30w%MDEA 为脱硫剂，分别考察反应温度、气液比、吸收压力对脱硫效果的影响。

(1) 脱硫反应温度的影响

控制贫液进入吸收塔的速率为 13.3mL/min，设定再生塔上部电加热温度为 90℃，底部加热器温度为 120℃。控制冷却器中冷却水的流量，调节进入吸收塔的贫液的温度为 20℃、25℃、30℃、35℃和 40℃。控制气源流量为 30mL/s，控制脱 H_2S 反应压力为 0.6MPa，气液比为 135，待系统稳定后，分析吸收塔塔顶净化尾气的 H_2S 含量，结果见图 3。

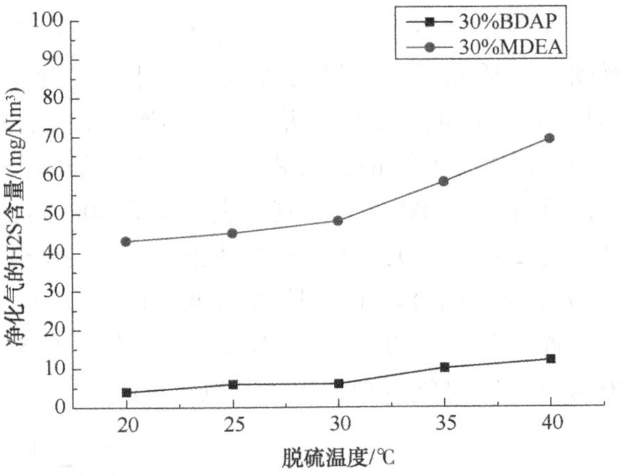

图 3　脱 H_2S 温度对净化效果的影响

在同等的脱 H_2S 评价条件下，30w% BDAP 吸收 H_2S 的速率比 30w%MDEA 快，一方面在一定的接触时间内可以达到更高的 H_2S 负荷；另一方面净化气中 H_2S 含量更低。由图 3 可知，在脱硫温度 20℃-40℃范围内，30w% BDAP 的脱 H_2S 净化气中 H_2S 含量随温度呈现略微上升趋势，显示出色的 H_2S 净化效果。

(2) 脱硫气液比的影响

在保持脱 H_2S 压力 0.6mPa，脱 H_2S 温度 30℃等条件不变的情况下，分别控制含硫气体的流速为 22.16mL/s、44.32mL/s、66.48mL/s、88.64mL/s、110.8mL/s、132.96mL/s 和 155.12mL/s，控制气液比分别为 100：1、200：1、300：1、400：1、500：1、600：1 和 700：1，待系统稳定后，分析吸收塔

塔顶净化尾气的 H_2S 含量，结果见图 4。

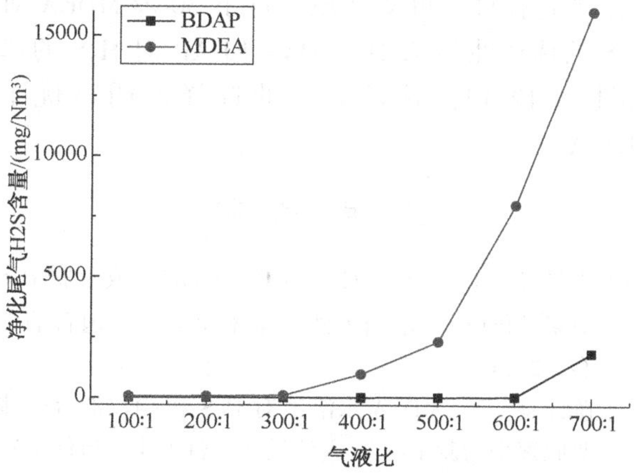

图 4　脱 H_2S 气液比对净化效果的影响

根据图 4，随着气液比的增加，脱硫剂净化后的尾气中 H_2S 含量出现上升趋势，30w% BDAP 脱硫剂可以适应更宽范围的气液比。

（3）脱硫反应压力的影响

在保持脱 H_2S 反应气液比 135：1，脱 H_2S 温度 30℃等条件不变的情况下，分别控制吸收塔塔顶背压阀压力为 0.1MPa、0.2MPa、0.4MPa、0.6MPa、0.8MPa 和 1.0MPa，待系统稳定后，分析吸收塔塔顶净化尾气的 H_2S 含量，结果见图 5。

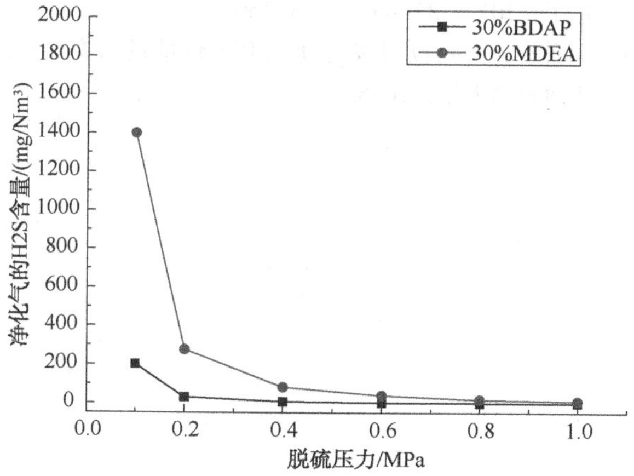

图 5　吸收塔吸收压力对净化效果的影响

吸收压力对溶剂脱 H_2S 性能的影响非常显著，因其与脱硫系统的气液平衡直接相关，吸收压力从热力学和动力学两方面影响气液吸收体系的平衡，吸收压力即影响脱 H_2S 反应的速率，又影响脱硫反应的平衡常数。根据图 5，在 0.1MPa 至 1.0MPa 吸收压力范围，随着吸收压力的降低，净化后尾气中的 H_2S 含量呈上升趋势，30w%BDAP 脱硫剂对低压脱硫具备更加良好的适应性。

3.3.3　BDAP 脱硫效果评价

结合上述结果，在适宜的脱硫再生条件下综合评价 BDAP 脱硫剂的 H_2S 净化效果、再生性能以及对 H_2S 的选择吸收性。

（1）H_2S 净化效果

控制其进入吸收塔的速率为 13.3mL/min，以表 2 的气源为工艺气，控制其进入吸收塔的流量为 30mL/s，设定脱 H_2S 反应压力为 0.6MPa，再生塔上部电加热温度为 90℃，底部加热器温度为 120℃，调节进入吸收塔的贫液的温度为 30℃，待系统稳定后，分析吸收塔塔顶净化尾气的 H_2S 含量随着运行时间的变化情况，见图 6。

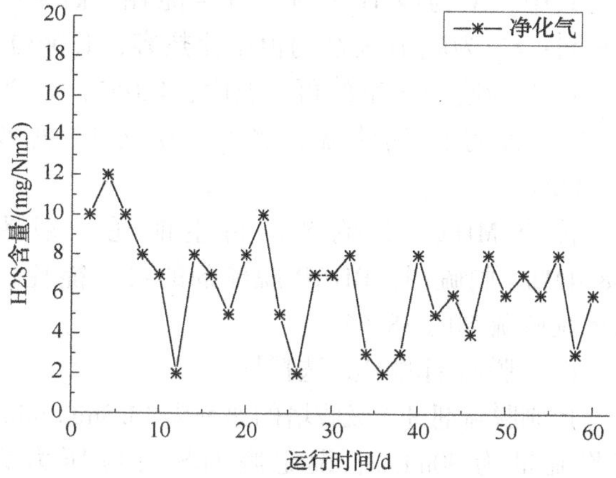

图 6　运行时间对净化效果的影响

根据图 6，脱硫系统稳定运行 60 天后，净化尾气中 H_2S 含硫小于 $10mg/Nm^3$，BDAP 脱硫剂具备较好的 H_2S 净化效果。

（2）脱硫剂的再生性能

脱硫剂的再生性能可以通过贫液中 H_2S 的负荷来判定，在恒定再生加热负荷等条件下，贫液负荷越低，再生能力越强，越有利于脱除酸性气体。试验通过控制再生塔底部电加热器的温度分别为 100℃、105℃、110℃、115℃、120℃、125℃和 130℃，待系统稳定后，分析脱硫剂的贫液 H_2S 负荷，见图 7。

根据图 7，随着再生温度的升高，BDAP 脱硫剂再生效果显著提升。工业应用中，脱硫剂的再生温度一般为 120℃，该温度下，BDAP 脱硫剂的 H_2S 含量约为 0.6g/L，满足脱 H_2S 胺液的再生需求。根据脱 H_2S 剂的再生能耗计算公式(6)计算其再生能耗。

$$N(kj/t\ 脱硫剂) = C_p \times (T_1 - T_2) \times 1000/\eta = 203MJ/t\ 脱硫剂 \qquad (6)$$

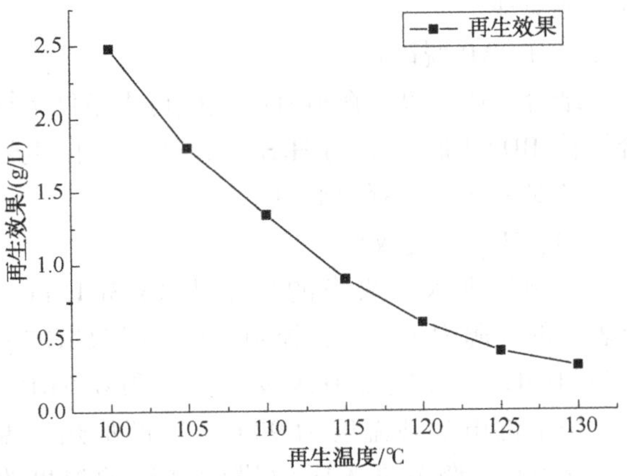

图7　30%wBDAP脱H_2S胺液的再生温度与再生效果的关系曲线

式中，N为脱H_2S剂的再生能耗，kJ/t脱H_2S剂；C_p为脱H_2S剂的恒压比热容，4.06kJ/kg/k；T_1为脱H_2S剂的再生温度，120℃；T_2为脱H_2S剂的换热终温，90℃；η为供热效率，60%。

传统MDEA脱硫剂的再生能耗一般为258.4MJ/t脱硫剂，BDAP脱硫剂的再生能耗仅为传统脱硫剂的78.6%。

（3）脱硫剂的H_2S选择性

控制脱硫剂进入吸收塔的速率为13.3mL/min，气源流量为30mL/s，设定脱H_2S反应压力为0.6MPa，再生塔的压力为0.08MPa，再生塔上部电加热温度为90℃，底部加热器温度为120℃，调节进入吸收塔的贫液的温度为30℃，待系统稳定后，分析原料气、分析吸收塔塔顶净化尾气的H_2S含量、CO_2含量、见表4。

表4　脱H_2S评价试验中原料气、净化气中H_2S、CO_2的摩尔含量

脱硫剂	y_s	y_s'	y_c	y_c'	L_{H_2S}	L_{CO_2}	S
30w%MDEA	0.0338	0	0.0252	0.0180	0.29	0.03	7.21
30w%BDAP	0.0338	0	0.0252	0.0204	0.65	0.04	12.12

根据公式(4)分别计算上述两种脱硫剂对H_2S的选择性。可知在该条件下30w%MDEA对H_2S的选择性为7.21，30w%BDAP对H_2S的选择性为12.12，后者H_2S的选择性明显优于MDEA。

参考文献

[1] 李景辉，范祝君．位阻胺(BDAP)的合成及脱H_2S效果评价[C]．全国天然气学术年会．中国石油学会，2014.

[2] 陈建良，等．MDEA水溶液对H_2S和CO_2混合气体吸收速率的测定[J]．天然气化工(C1化学与化工)，2007(04)：74-78.

[3] 钱伟民，李以圭．甲基二乙醇胺-环丁砜-水混合溶剂中CO_2和H_2S溶解度的关联与预测[J]．石油学报(石油加工)，1995(03)：75-86.

[4] 郭晓丹，等．高选择性位阻胺脱H_2S剂的研制及性能测试[J]．化工进展，2015，34(09)：3291-3295.

[5] 杨超越．适用于天然气选择性脱H_2S的空间位阻胺合成及性能评价[D]．西南石油大学，2016.

[6] 王治红，等．含空间位阻基团的选择性脱H_2S剂的合成与表征[J]．石油与天然气化工，2016，45(01)：14-20.

[7] 杨波，诸林，杨超越，等．空间位阻胺1,3-二(二乙胺基)-2-丙醇的合成及脱硫性能评价[J]．现代化工，2017，37(03)：146-150.

[8] 李露露．空间位阻胺选择脱H_2S性能的研究[D]．西南石油大学，2016.

石化企业水质分析数智化建设现状与未来发展规划

董利兵

（中国石油化工股份有限公司天津子公司）

摘　要　在化工生产过程中，水质分析是确保产品质量和生产安全的关键环节。随着科技的发展，数智化技术在水质分析中的应用越来越广泛，为化工企业带来了前所未有的机遇和挑战。本文旨在探讨化工企业水质分析数智化的整体构想与发展趋势，以期为企业实现数字化转型提供理论支持和实践指导。

关键词　南港；水质分析；化验；数智化

传统的水质分析方法大多依赖于人工操作和简单的仪器设备，分析过程繁琐且耗时。同时，由于化工企业生产过程中产生的废水成分复杂，传统方法往往难以准确测定各种污染物的含量，从而给企业带来一定的环境风险和生产隐患。因此，寻求一种更为高效、准确的水质分析方法成为了化工企业的迫切需求。

数智化技术通过大数据、云计算、人工智能等技术对海量数据进行处理和分析，实现水质的实时监测、智能预警和精准控制，提高了分析准确性和效率。数字化与智能化已成为化工企业转型的关键方向，对企业的生产效率、环境保护和可持续发展至关重要。然而，许多化工企业仍依赖传统方法进行水质分析，存在数据采集不全、分析效率低下、预警反应不及时等问题。因此，推进水质分析的数智化改造成为行业的迫切需求。

数智化水质分析的核心在于先进技术的应用，包括光谱分析、电化学分析、色谱分析等现代技术，以及大数据、云计算、人工智能等前沿技术。这些技术可以提升水质分析的精度和效率，为企业的生产决策提供支持。

作为十四五发展规划中一个重要建设项目，中石化(天津)石油化工股份有限公司南港120万吨/年乙烯及下游高端新材料产业集群项目正在如火如荼地建设当中，其中以“国内领先、世界一流”的化工企业网红打卡地为目标的南港中心化验室总体已经建设完毕。本文主要介绍了南港中心化验室水质分析的数智化建设现状、遇到的一些问题以及对未来发展趋势的期盼与设想。

1　数智化平台建设

构建统一的水质分析数智化平台，是实现数据集成、信息共享和智能决策的关键。平台应具备数据采集、存储、处理、分析和可视化等功能，能够实现对水质数据的实时监测、预警和优化。同时，平台还应支持多部门、多岗位的协同工作，提升企业的整体运营效率。这些优势不仅体现在技术层面，还涉及到工作效率、数据分析、决策支持等多个方面。图1所示为目前水质数智化平台建设完毕的主界面，数智化平台的优势主要包括：

1.1　高效的数据处理与分析

数智化平台通过集成先进的数据处理和分析工具，能够快速、准确地处理大量的水质数据。这不仅减少了人工操作的错误率，而且大大提高了数据处理的速度和准确性，为水质分析提供了更为可靠的数据支持。

1.2　实现数据共享与实时传输

数智化平台能够将不同来源、不同格式的数据进行整合，实现数据的实时共享和传输。这有助于不同部门之间快速获取所需的水质数据，加强了部门间的沟通和协作，提升了工作效率。

1.3　提升决策的科学性和准确性

通过对水质数据的深度挖掘和分析，数智化平台能够为决策者提供更为准确、全面的信息支持，帮助决策者做出更为科学、合理的决策。这有助于优化水质管理策略，提高水质管理的效率和效果。

1.4　促进人才培养和团队建设

数智化平台的建设和使用需要一支具备专业

知识和技能的团队来支持。这有助于促进人才培养和团队建设，提升团队的整体素质和技术水平。同时，数智化平台的使用也能够激发团队成员的创新思维和创造力，推动水质分析工作的不断发展和进步。

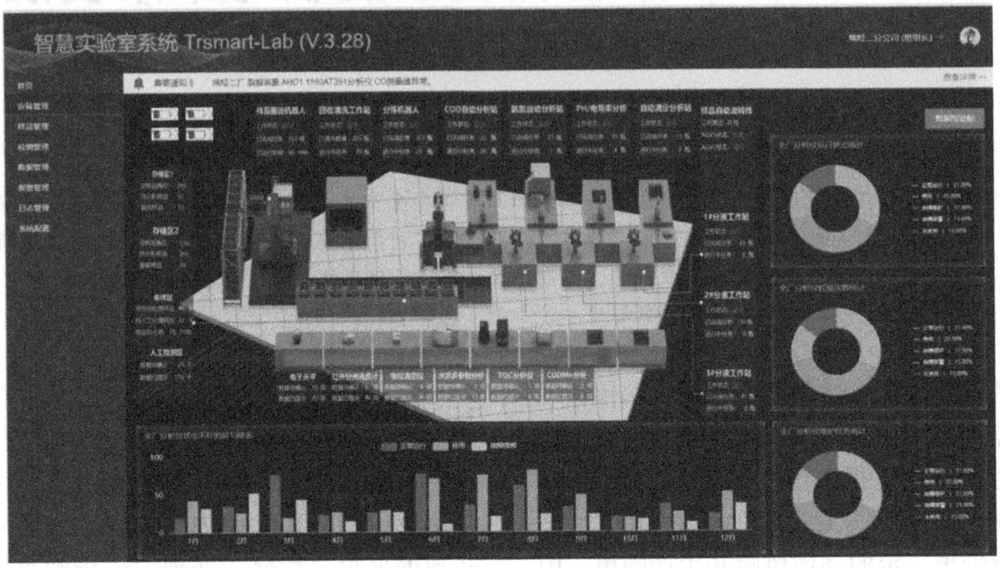

图1　水质数智化平台建设

2　硬件设施建设

2.1　自动分拣系统以及采样瓶标签设计

水质全流程智能分析系统用于天津南港120万吨/年乙烯及下游高端新村料产业集群项目中心化验室水质分析室，可实现水质检浏的智能化，通过机器代人，提高水质检测的自动化、高效化、规范化水平，实现样品自动分据、自动分样、自动上样、自动分析、数据自动上传、自动洗瓶、自动样品瓶分装等功能。根据实验室业务环节划分，系统实现上述业务环节全流程自动化的主要组成部分功能如表1所示：

表1　水质分析智能分析全流程设计组成

序号	系统名称		功能描述
1	自动化分析检测系统	pH/电导率自动检测系统	针对雷要进行pH、电导率或TDS指标分析的样品，实现分样、分析、数据上传、清洗、样品回收、自动校准的全流程自动化
2		COD自动检测系统	针对需要进行CODcr指标分析的样品，实现播匀、分样、稀释、消解、冷却、分析、数据上传、废物(废液和固废)回收、自动重测、自动校准的全流程自动化
3		悬浮物/浊度自动检测系统	针对需要进行悬浮物、浊度指标分析的样品，实现摇匀、分样、分析、数据上传、样品回收的全流程自动化
4		氨氮/总氮自动检测系统	针对需要进行氨氮、总氮指标分析的样品，实现分样、稀释、分析、数据上传、样品回收、校准的全流程自动化
5		硫酸根自动监测系统	针对需要进行硫酸根指标分析的样品，实现分样、稀释、分析、数据上传、样品回收、校准的全流程自动化
6	自动样品分拣流转系统	样品出入库系统	用于存放待分析样品和待取样空瓶，实现样品在人工与自动化系统之间的传递
7		样品分拣系统	拣选待分析样品，根据样品信息和任务计划，将样品分配至各功能子系统
8		标签识别系统	快速识别样品信息，用于将样品信息导入管理系统和在运行过程中确认样品信息
9		样品筐流转AGV	以框为单位实现样品在样品出入库系统、样品分拣系统、样品回收清洗系统、样品瓶储存系统之间的自动流转
10		样品瓶流转AGV	以瓶为单位实现样品在样品分拣系统、自动化分析检测系统、自动分样系统之间的自动流转

续表

序号	系统名称	功能描述
11	自动分样系统	针对采用人工分析的TOC/TOCi、硫化物、磷酸根/正磷、总磷项目，实现将样品从一次样品瓶分样至二次样品容器的自动化
12	自动回收清洗系统	针对完成分析并超过留样时限的一次样品，实现开盖、倾倒回收、瓶身瓶盖冲洗、瓶身瓶盖吹干、关盖的全流程自动化
13	样品瓶储存系统	针对样品瓶的储存和管理，密闭储存，具备样品状态检测和信息统计功能，并对接实验室管理系统
14	电控系统	各自动化子系统的供配电管理，保证系统供电满足需求
15	实验室管理系统	水质全流程智能实验室的整体管控，实现系统集成、信息展示、统计分析、设备管理、任务管理、仓储管理、用户管理、数据查询、报警管理功能
16	调度管理系统	实验室自动化设备的任务调度，具备的功能包括系统坐标管理、任务调度管理、自动流转管理、机器人管理、自动样品管理
17	数据采集管理系统	分析仪器的检测数据和自动化设备的运行数据的采集和管理，具有任务管理、数据采集、设备、窟、报告管理等功能
18	三维可视化展示	将实验室实际设备和布局通过建模实现三维动态展示，具备状态展示、流程展示、位置展示、数据展示等立体化展示功能，通过OLED屏幕展示实验室整体运行情况，展示内容可通过服务器对接至上层系统进行展示

其中样品分拣作为水质智能化检测的首要环节具有十分重要的位置，需要着重设计，样品流转需要具备包括但不局限于以下几个方面的设计点(图2)：

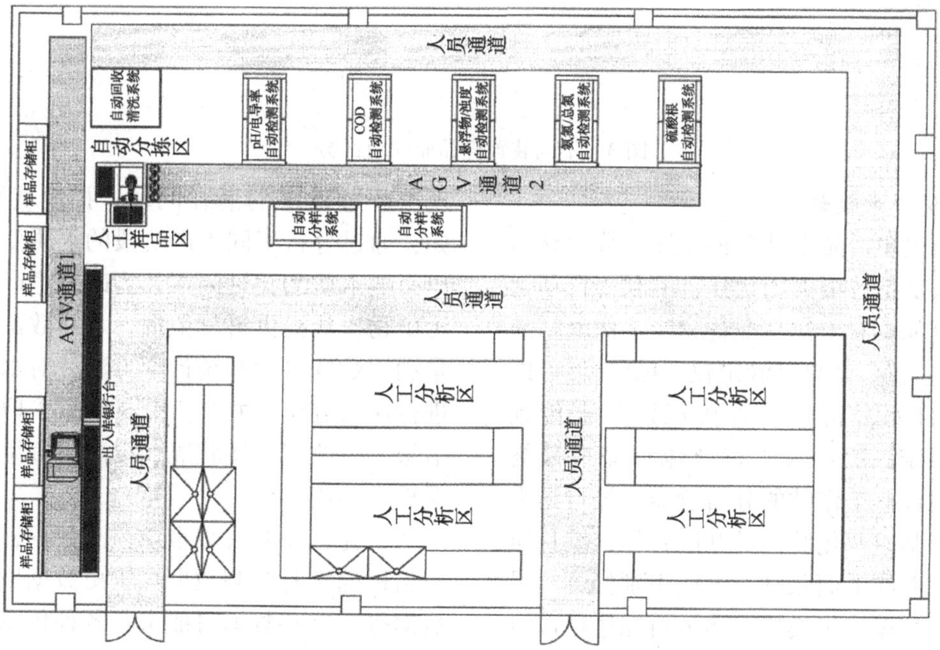

图2　水质分析智能分析全流程平面图

(1) 现场采集的样品集中到分样区，系统按LIMS系统下达的计划任务在分样区完成扫码分样，样品处理过程应实现以下功能：

(2) 完全人工分析的分拣到人工分析区，分析人员到人工分析区自行拾取样品；

(3) 为了方便人员识别水样来源，便于相同的分析项目集中处理，节省时间、人力，水质环监班组按照检验计划统计了整个厂区不同装置点手动分析样品数量、分布等，采用不同色彩加以区分(如图3)；

(4) 需要自动分样、人工分析的样品，由分拣流转系统自动流转到自动分样区，按分析项目要求的取样体积，将样品分装到二次样品瓶中，由分析人员到自动分样区拿取二次样品瓶并人工完成样品分析工作；完成分样的一次样品瓶自动送到人工分析区，由人工自行拿取样品进行其他项目的分析；其中部分样品为周分析项目可以集中在某天开展分析任务；

(5) 需要自动分析的样品，由分拣流转系统自动流转到自动分析区，按分析项目要求，完成自动分样、自动运输、自动按样品浓度稀释、自动质量控制(平行样、双空白、标准样、工作曲线等)、自动分析、自动数据上传 LIMS 系统、自动废液和固废回收工作。自动分析后的样品如果还有人工分析项目则自动送到人工分析区，由人工自行拿取样品进行其他项目的分析；

(6) 完成分析的样品，自动分析的样品自动送到清洗区、人工分析的样品人工送到清洗区、待样品分析数据审核通过后，在清洗区由系统自动完成残样倾倒、熄屏、吹干工作；洗净干燥的瓶子自动运至货架存放；

(7) 系统按下一时间段的分析计划，提前将所需采样瓶按采样区域分拣到筐，为采样做好准备。

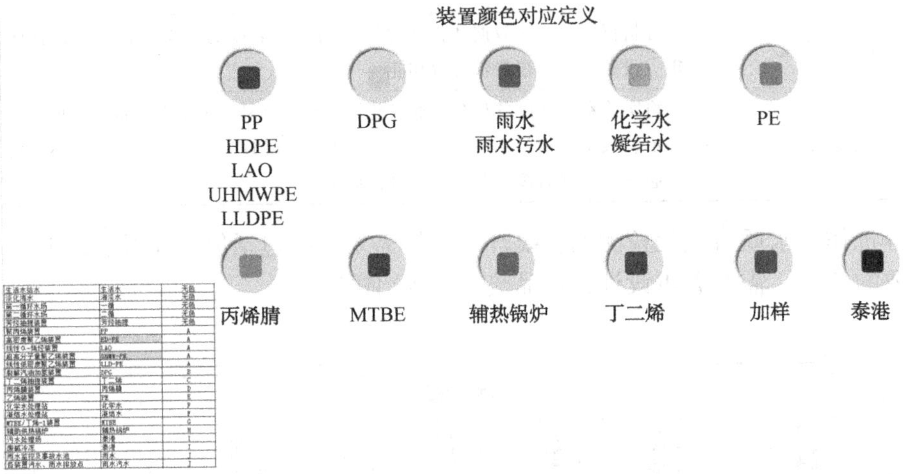

图 3　不同装置样品瓶颜色区分

2.2　数采系统方案设计

水质分析设备产品设计多种多样，数据导出模式给分析人员造成极大困扰并且不利于自动化数据采集。例如具有工作站配备相应工作电脑的设备(离子色谱仪、全自动滴定仪、ICP 等)可以通过数采软件对分析报告直接识别并上传到 LIMS、LES 系统，通过人工审核流程完成最终数据上传。而没有工作站的分析仪器，经过浙大中控企业工程师以及化验人员共同合作，统计所有类似仪器，并在上面张贴二维码识别标签，另外加设了一个数据采集模块，当分析完毕可以自动识别结果并上传到过渡云服务器，随后分析人员使用平板终端扫描设备二维码可以对云端储存的相关分析结果进行选择，人工审核后通过数据采集流程，因此分析结果及时性得到极大提升(图 4)。

3　数据分析与优化

通过对水质数据的深度挖掘和分析，可以发现生产过程中的潜在问题，提出优化建议。例如，通过分析不同生产阶段的水质变化，可以找出影响水质的关键因素，为改进生产工艺、降低污染物排放提供科学依据。水质数据分析与优化是利用数据科学和统计学方法，对水质监测数据进行深入分析，并基于分析结果采取相应的优化措施，以改善水质状况、提高水资源利用效率和保护水环境。

首先，需要收集水质监测数据，包括各项水质指标的实时监测数据、历史数据以及相关环境数据等。这些数据可能来自各种传感器、监测站点、实验室测试等渠道。然后对采集到的数据进行整理和清洗，确保数据的准确性和完整性。通过数据可视化和描述性统计等方法，对水质数据进行探索性分析，了解各项水质指标的分布特征、变化趋势以及可能存在的异常情况(图 5)。这有助于发现数据中的规律性和关联性，为后续的分析和优化提供基础。基于水质监测数据，可以建立各种预测模型，如时间序列模型、回归模型、机器学习模型等，用于预测未来水质指标的变化趋势和可能出现的异常情况。这些模型可以帮助预测水质变化的趋势和规律，为优化措施的制定提供参考依据。利用数据挖掘和机器学习技术，对水质监测数据进行异常检测，及时发现水质异常情况并触发预警机制。这有助于及时采取措施应对突发事件，保障水质安全。基于数据分析的结果和预测模型，制定相应的优化措施，包括调整水资源利用策略、改善水处理工艺、加强污染治理措施等。通过实施这些优化措施，可以改善水质状况，提高水资源利用效率，并保护水环境。

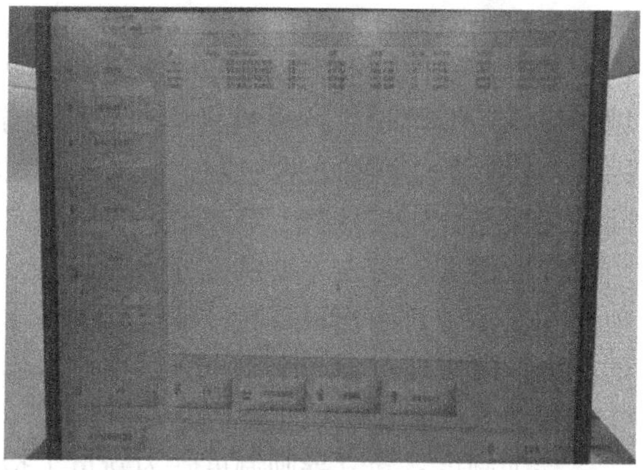

4-1.a

4-2.b

图 4　数据采集终端

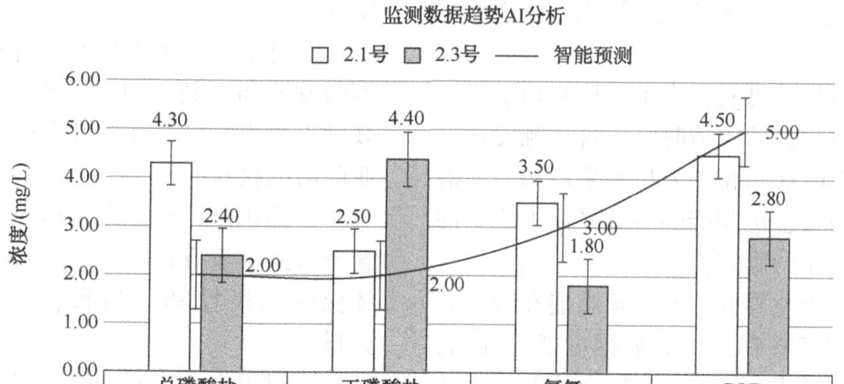

	总磷酸盐	正磷酸盐	氨氮	COD
□ 2.1号	4.30	2.50	3.50	4.50
■ 2.3号	2.40	4.40	1.80	2.80
—— 智能预测	2.00	2.00	3.00	5.00

图 5　监测数据趋势 AI 分析

水质数据分析与优化是一个持续改进的过程，需要不断地监测水质状况、评估优化效果，并根据反馈结果进行调整和改进。这样可以确保水质管理工作的持续改进和提高。通过水质数据分析与优化，可以更好地理解水体的变化规律、发现潜在问题，并采取针对性的措施，从而保障水质安全、维护生态环境、提高水资源利用效率。

4　水智能在线仪表监测预警

水智能在线仪表监测预警是水质分析数智化的重要组成部分。通过实时监测水质数据，结合历史数据和专家系统，可以构建预测模型，实现对水质变化的提前预警。这有助于企业及时发现潜在风险，采取应对措施，防止水质问题的发生。

水质水智能在线仪表监测预警是利用先进的传感器技术、数据采集与分析技术以及智能算法来监测水体的质量，并及时预警可能出现的污染事件或水质异常情况。这种系统通常被广泛应用于供水、污水处理、环境保护等领域，有助于保障人类饮用水安全、维护生态环境，并提高水资源利用效率。

以下是水质水智能在线仪表监测预警的主要特点和组成部分：

（1）传感器技术：水质水智能在线仪表监测预警配备各种传感器，如 PH 传感器、浊度传感器、溶解氧传感器、电导率传感器等，用于实时监测水质指标。这些传感器可以连续、自动地测量水体中的各项指标，并将数据传输到中央控制系统进行分析和处理。

（2）数据采集与分析：系统采集到的水质数据通过数据采集设备传输到中央控制系统，经过数据处理和分析后，可以实时监测水质状况，并检测出任何异常情况。基于历史数据和模型算法，系统还能够进行水质趋势预测和事件预警，帮助提前发现潜在的水质问题。

（3）远程监控与控制：水质水智能在线仪表监测预警通常具备远程监控与控制功能，操作人员可以通过互联网远程访问系统，实时监测水质状况并进行远程控制。这样可以及时响应突发事件，采取相应的措施进行应急处理，保障水质安全。

（4）预警与报警机制：当系统检测到水质指标异常或者超过预设的阈值时，会自动触发预警与报警机制，及时通知相关人员并采取相应的措施。这种预警与报警机制能够有效降低水质事件对环境和人类健康的影响。

（5）数据可视化界面：水质水智能在线仪表监测预警通常配备直观易用的数据可视化界面，操作人员可以通过界面直观地查看水质监测数据、趋势图表和报警信息，便于及时做出决策和应对突发情况。

水质水智能在线仪表监测预警能够提高水质监测的效率和精度，及时发现水质问题并采取措施，从而保障水资源的安全和可持续利用。

5　人才队伍建设与培养方案

建设和培养水质智能分析人才队伍是确保水质监测和管理工作的有效开展的关键。以下是一些可能的方案和步骤：

制定培养计划：首先，需要制定一份水质智能分析人才队伍培养计划。这个计划应该考虑到队伍的需求，包括人才数量、技能需求、培养周期等方面，并根据实际情况进行调整和完善。

招聘与选拔：根据培养计划，制定招聘与选拔标准，吸引优秀的人才加入水质智能分析团队。这些人才应该具备良好的专业知识和技能，包括水质分析、数据科学、统计学、计算机编程等方面的能力。

专业培训：为新员工提供专业培训，包括水质监测技术、数据分析方法、软件工具使用等方面的培训。培训内容应该与实际工作密切相关，帮助他们快速适应工作并掌握必要的技能。

跨学科合作：水质智能分析涉及多个学科领域，包括环境科学、计算机科学、数据科学等。因此，建立跨学科的合作机制，促进不同领域之间的交流与合作，有助于培养出更全面的人才。

实践机会：为人才提供充分的实践机会，让他们在实际项目中积累经验，掌握解决实际问题的能力。可以通过参与实验室研究项目、行业合作项目等方式提供实践机会。

导师制度：建立导师制度，为新员工指定有经验的导师，提供指导和支持。导师可以分享自己的经验和知识，帮助新员工更快地成长和发展。

终身学习：水质智能分析领域的技术和方法不断发展和更新，因此，建立终身学习的机制，鼓励人才不断学习和提升自己的能力，保持与行业前沿的接轨。

激励机制：建立激励机制，通过提供良好的薪酬待遇、晋升机会、培训机会等方式，激励人才保持积极性和创造性，为团队的发展贡献力量。

通过以上方案和步骤，可以有效地建设和培养水质智能分析人才队伍，为水质监测和管理工作提供强有力的支持和保障。

6　结论与展望

水质全流程智能分析系统将水质分析中频次高、占人工的 pH 值、电导率/TDS、CODcr、悬浮物/浊度、硫酸根、氨氮、总氮等七个项目实现自动化检测，全年替代人工工作量 5.2 万余项次，替代率 39.92%，通过机器代人，提高了水质检测的自动化、高效化、规范化水平。目前，随着分析设备的更新换代，二次分拣的样品瓶尺寸与机器人模具之间的匹配衔接是目前水质全流程智能分析系统需继续改进的难点，该问题如能得到解决将有效推动全方位机械化替代人工操作，实现从采样到分拣、从分析到数据上传、从数据分析到数据预警地全流程水质智能化分析。同时，在此基础上还可将自动电位滴定、流动注射分析仪、液相色谱等更多新型设备纳入无人化验室。通过与相关设备生产厂家、水质分析行业专家学者、一线操作工人共同设计、改造机械化操作细节，既能帮助设备厂家改造升级又能帮助化工企业适应数字化发展潮流，还能帮助一线分析工提高分析速度、降低分析频次，实现化工企业、设备厂家、一线分析工三方共赢，为全 AI 智能分析化验探索出新的赛道。

随着技术的不断进步和应用场景的不断拓展，化工企业水质分析数智化将呈现以下发展趋势：一是数据驱动的决策将更加普及，数据分析将成为企业决策的重要依据；二是智能化监测预警系统将更加成熟，能够实现对水质问题的精准预测和快速响应；三是教智化平台将更加注重用户体验和易用性，提升用户的使用满意度；四是跨界合作和产业链整合将成为趋势，推动水质分析数智化技术的创新和应用。

化工企业水质分析数智化是行业转型升级的必然趋势。通过构建数智化平台、应用先进技术、优化数据分析和强化智能化监测预警等手段，可以有效提升企业的生产效率、环境保护和可持续发展能力。展望未来，随着技术的不断进步和应用场景的不断拓展，化工企业水质分析数智化将迎来更加广阔的发展空间和更加丰富的应用场景。

参 考 文 献

[1] 陈真，张天臣．水质快速分析技术现状及发展趋势[J]．科学与财富，2015，7(27)：1.

[2] 林融．智能自动化技术推动石油化工企业数字化转型升级[J]．自动化仪表，2020，41(6)：7.

[3] 何英博．智能监控分析技术助推石油化工企业数字化转型升级[J]．中国科技纵横，2023(14)：52-54.

[4] 张健丽．数字经济时代下化工企业数字化转型机制与策略研究[J]．日用化学工业(中英文)，2023，53(7)：I0011.

[5] 余謇，农晋琦．水质检测实验室的智能化适用技术与应用[J]．城镇供水，2023(3)：24-27.

[6] 王政伟．基于大数据技术的海水遥感数据海水水质参数分析与预测[D]．青岛科技大学，2024，11(3).

[7] 刘杨．镇江市水质自动采样平台数据的可靠性分析—以征润州污水处理厂为例[J]．科学大众：科技创新，2020.

[8] 刘东君．基于组合预测模型的水质数据预测研究[J]．安徽农业科学，2015，43(28)：3.

[9] 徐倩文．基于 GRU 的水质数据预测[J]．中国新通信，2020，22(22)：2.

[10] 姚亚．数据预处理和直方图时间序列在水质预测中的应用[D]．浙江大学，2024，11(3).

[11] 高维真．一个河流水质预测预报模型[J]．环境科学，1981(01)：33-36.

[12] 牛景辉．基于 GWO-XGBoost 的工业污水水质关键数据预测算法[J]．工业水处理，2024，44(1)：184-190.

[13] 黄明智．废水处理系统水质特征动态分析的混合智能控制研究[J]．华南理工大学，2024，11(3).

[14] 林树生，尤小娟，陆权，张鑫．水质氨氮在线自动监测与实验室分析方法比较[J]．仪器仪表与分析监测，2010(4)：2.

[15] 声世军．水质在线分析系统在污水处理装置中的应用[J]．化工自动化及仪表，2011(10)：3.

[16] 严娜．在线分析仪表助力污水处理[C]．标准化助力供给侧结构性改革与创新——第十三届中国标准化论坛论文集．中国标准化协会，2016.

浅谈筋板对卧式容器水包开孔处应力的影响

张立超

（中国石化工程建设有限公司）

摘　要　本文在 GB150 分析法计算开孔补强结构合格的基础上，利用 ANSYS Workbench 软件对加筋板的卧式容器水包开孔进行有限元应力对比分析，阐述了筋板的布置位置和数量对开孔处应力的影响，结果表明筋板布置在设备筒体与水包连接处的“肩部”时能起到最好的效果；而筋板布置在 $\theta=90°$ 和 270° 截面处时几乎起不到降低局部高应力的作用，造成了材料浪费。

关键词　筋板；开孔补强；分析法；有限元分析

1　引言

对于设备开孔补强方法，GB150-2011 中采用两种方法：如果开孔率较小，采用等面积法补强；如果开孔率较大，采用分析法补强。等面积法的理论基础是基于无限大平板开小孔理论，其仅考虑开孔截面处所产生的平均应力，而忽略了开孔边缘的应力集中以及局部高应力带来的安定性问题。分析法的设计准则是基于塑性极限与安定性分析，通过保证一次加载时有足够的塑性承载能力和反复加载的安定要求来确保设备开孔的安全。

工程设计中遇到的很多卧式容器水包开孔，由于开孔率一般都较大，已经超出等面积补强的范围，这不仅仅削弱了设备筒体的薄膜应力强度，而且由于设备筒体和水包连接处产生的变形协调较大，为满足变形协调，在二者连接部位会产生较大的剪力和弯矩，由此引起较大的弯曲应力，使得设备筒体与水包连接处附近的局部范围内产生较高的不连续应力，另外还可能产生较大的应力集中。但对于某些大直径薄壁设备的大开孔，采用 GB150 的分析法进行开孔补强设计，当应力不满足要求时，通过增加壳体壁厚并不能有效地满足开孔补强要求，或者需将壁厚增加到很大时才能满足要求，而增大的壁厚值已不合理，这时可以在开孔边缘设置筋板，通过增加设备筒体和水包接管的局部刚性来缓解局部应力，从而保证结构安全。

以往工程上设置筋板常见于仪表接管四周，由于仪表接管的公称直径很小，且长度较大，筋板的作用主要是防止其变形过大而造成刚度失效，与开孔补强并无太大关系。而本文所研究的设置筋板，则属于开孔补强的范畴，不仅能补偿薄膜应力强度，还能在一定程度上能约束各自的变形，即起到促进变形协调的作用。

本文以燕山石化某改造项目的一台卧式容器水包开孔补强为例，该设备为利旧设备，通过增加壁厚的方式并不能有效降低开孔边缘的局部应力，考虑在水包与筒体连接处设置筋板来满足开孔补强要求。在满足 GB 150 分析法补强的基础上，借助 ANSYS Workbench 软件进行有限元分析，比较 GB 150 分析法与有限元法的差异，并探究设置筋板对开孔处应力的影响，而且对筋板设置方式进行了优化，希望能为以后实际的工程设计提供思路和参考。

2　计算模型的描述

由于本文分析的对象是筋板对卧式容器筒体上的水包开孔补强的影响，相比于其他接管，水包的直径较大，且距离鞍座较近，筒体上鞍座区域的局部应力可能会对水包处应力有一定影响，所以为了保证分析模型与设备的实际受力情况更接近，拟采用完整的几何模型，见图 1。具体的设计条件见表 1。模型采用 Shell 单元，ANSYS Workbench 中默认的是 Shell181 单元，该单元由四个节点定义，每个节点有六个自由度。为了能得到较好的网格，将模型划分为多个区域，并在设备筒体与水包连接处区域进行网格细化，使网格数量和质量满足计算精度要求。

表1　设计条件

设备参数	数　据
设计压力	0.6MPa
设计温度	250℃
设备筒体和封头材料	Q345R
设备筒体和封头厚度	10mm
设备筒体内径	1400mm
水包筒体和封头材料	Q345R
水包筒体和封头材料	14mm
水包筒体内径	600mm
筋板材料	Q345R
筋板厚度	10mm

利用 Ansys Workbench 15.0 对 6 个模型进行应力分析，模型 A 是不加筋板，其余 5 个模型的区别是筋板的布置方式。

模型 A：无筋板；

模型 B：2 块筋板均布，布置在两边(即在 $\theta=90°$ 和 270°截面)；

模型 C：2 块筋板均布，布置在水包和设备筒体的肩部处(即在 $\theta=0°$ 和 180°截面)。

模型 D：4 块筋板均布，且水包和设备筒体的肩部处和两边各部一块；

模型 E：8 块筋板均布，在模型 F 的基础上将筋板绕水包中心轴旋转 22.5°；

模型 F：8 块筋板均布，且水包和设备筒体的肩部处各部一块。

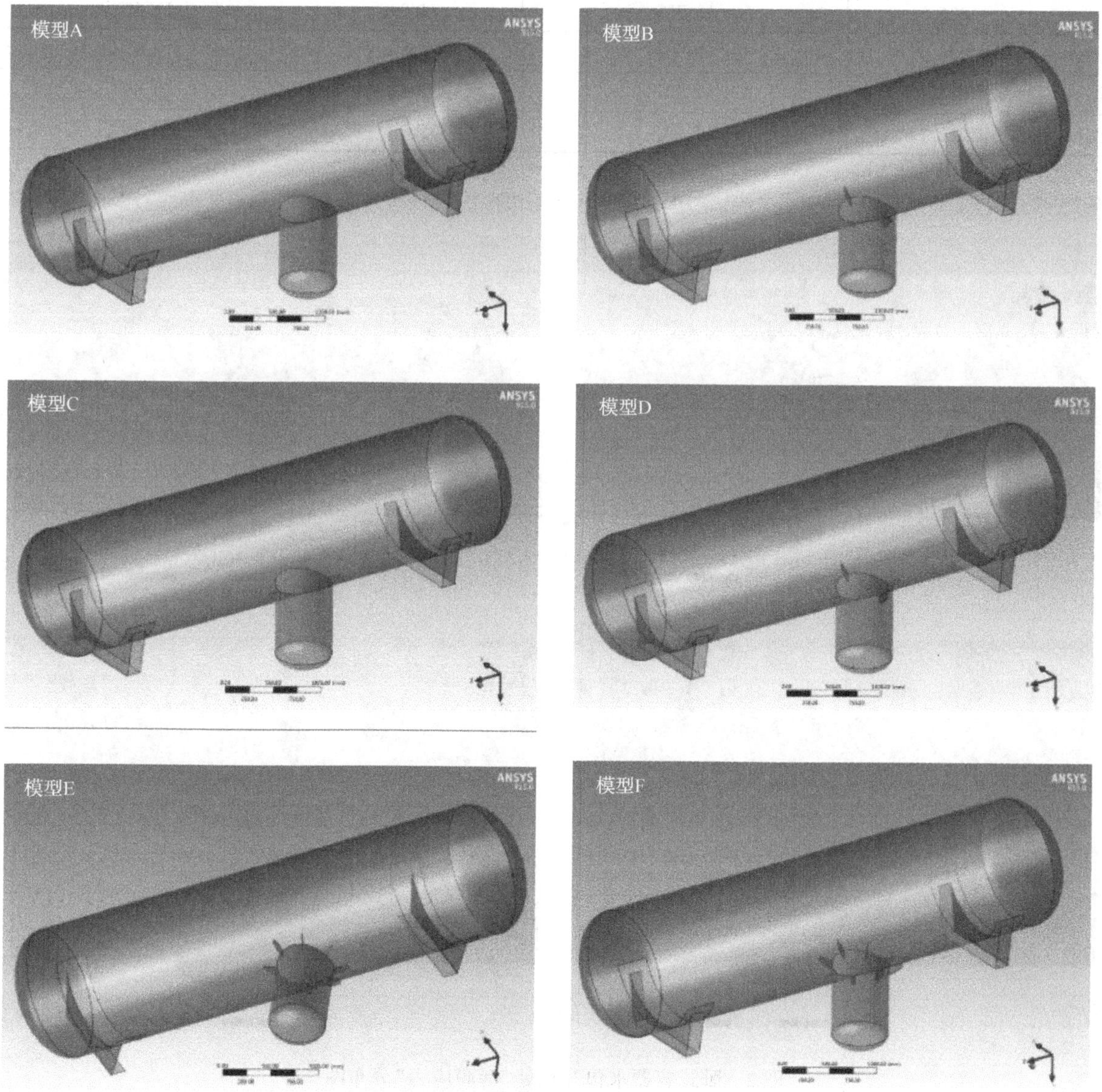

图1　几何模型

3　有限元应力分析

模型 A 的开孔接管计算按照 GB150 分析法是合格的，由于篇幅限制，具体的计算过程此处不再详细推演。而用有限元分析得到模型 A 的水包与设备筒体连接处的的薄膜应力强度 $S_{\mathrm{II}}=262.41\mathrm{MPa}$，根据 JB4732-1995，$S_{\mathrm{II}}$ 的许用极限为 $1.5S_m$，其值为 250.5MPa（设计温度 250℃下，材料的许用强度值 $S_m=167\mathrm{MPa}$），显然 S_{II} 是不合格的。本文采取的解决办法是在分析法的基础上，在开孔周围设置筋板，但关于筋板的布置方案需要加以明确。

从模型 A 的应力云图可以看出，当水包处不加筋板时，最大应力点出现在水包与设备筒体连接处的“肩部”，而向两边逐渐减小。对于受拉伸的无限大平板小孔边缘，孔的肩部的应力集中系数要大于两端的应力集中系数，而受内压的圆筒，由于环向应力是轴向应力的两倍，所以圆筒上开孔的肩部处应力相对较大，见表 2、图 2。

表 2　卧式容器水包开孔处应力计算结果

模型	薄膜应力/MPa	与不加筋板相比，薄膜应力降幅	薄膜+弯曲应力/MPa	与不加筋板相比，薄膜+弯曲应力降幅
模型 A	262.41	—	422.26	—
模型 B	261.87	0.2%	420.18	0.5%
模型 C	226.51	13.7%	374.09	11.4%
模型 D	226.04	13.9%	372.53	11.8%
模型 E	217.19	17.2%	351.41	16.8%
模型 F	212.13	19.2%	335.06	20.7%

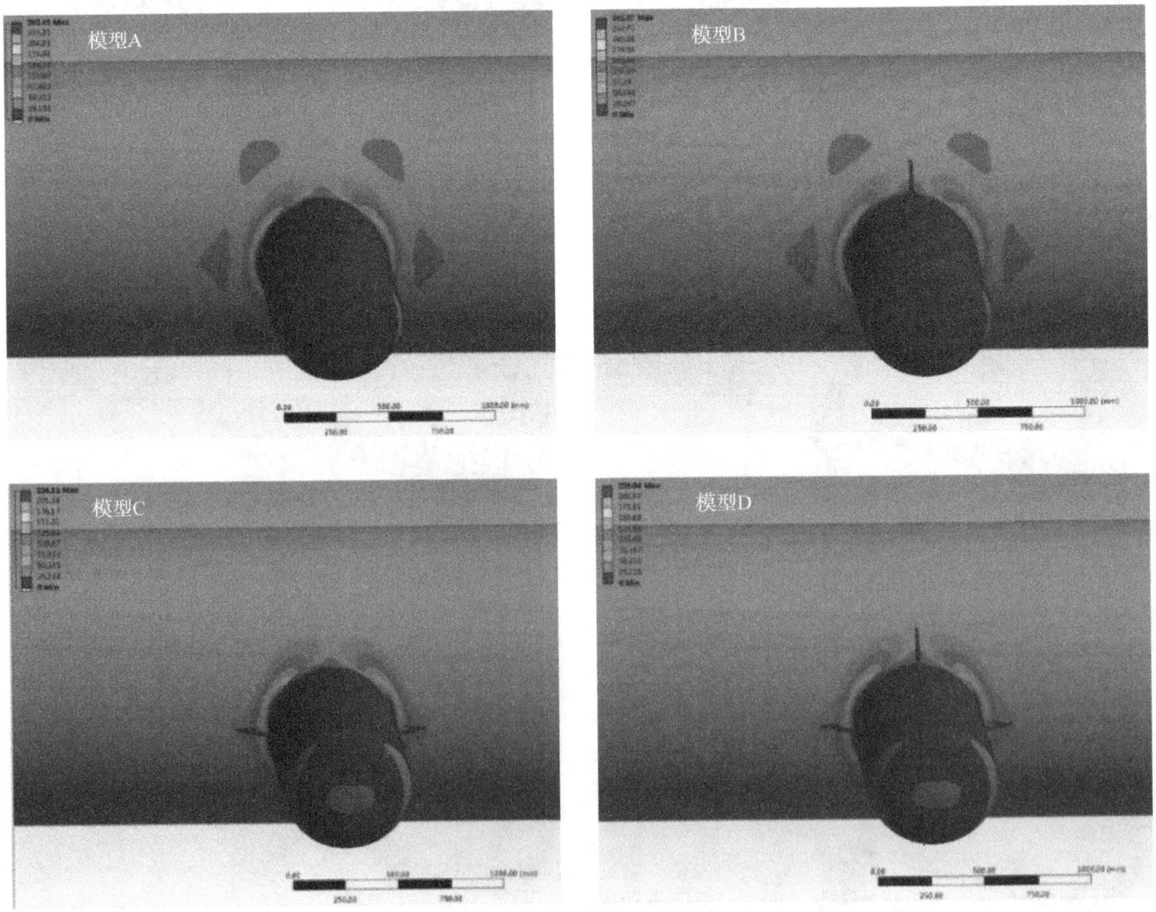

图 2　卧式容器水包开孔处“薄膜应力”分布图

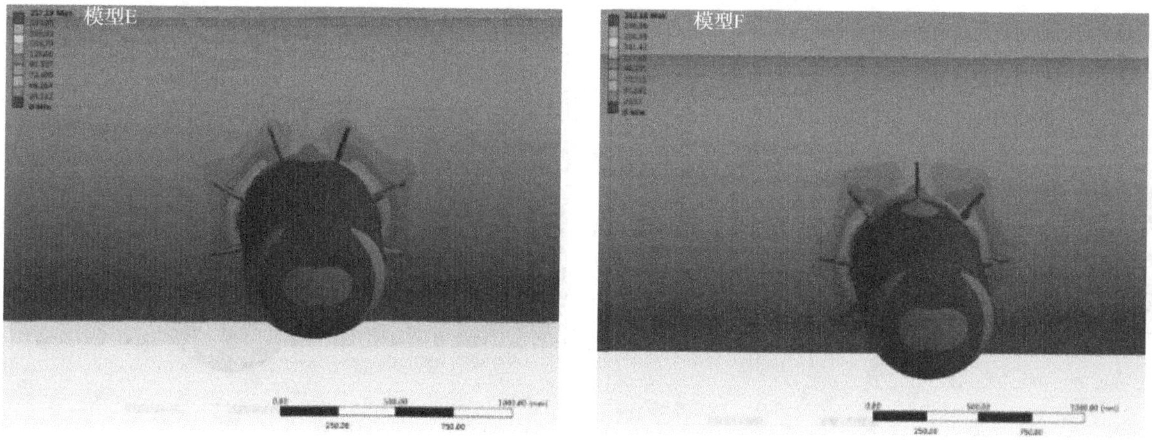

图 2　卧式容器水包开孔处“薄膜应力”分布图(续)

由此可知，筋板的布置方位不同，对应力的影响是有较大差别的。水包开孔处孔边一周，θ=90°和 270°截面应力是最小的，模型 B 的筋板布置在此处，比较发现此处的筋板对最大应力值并无天大影响；而模型 C 的筋板布置在肩部，即 θ=0°和 180°截面。能使一次局部薄膜应力降低 13.7%，薄膜+弯曲应力降低 11.4%。另外，如模型 D 所示，即使在 θ = 0°、180°、270°、360°这四个截面处各布置一块筋板，应力值也并没比模型 C 的应力值降低太多。同样是布置 8 块筋板，模型 F 比模型 E 的一次局部薄膜应力、薄膜加弯曲应力都要低。可见，盲目地施加筋板有时对降低应力强度并起不到太大作用，见图 3。

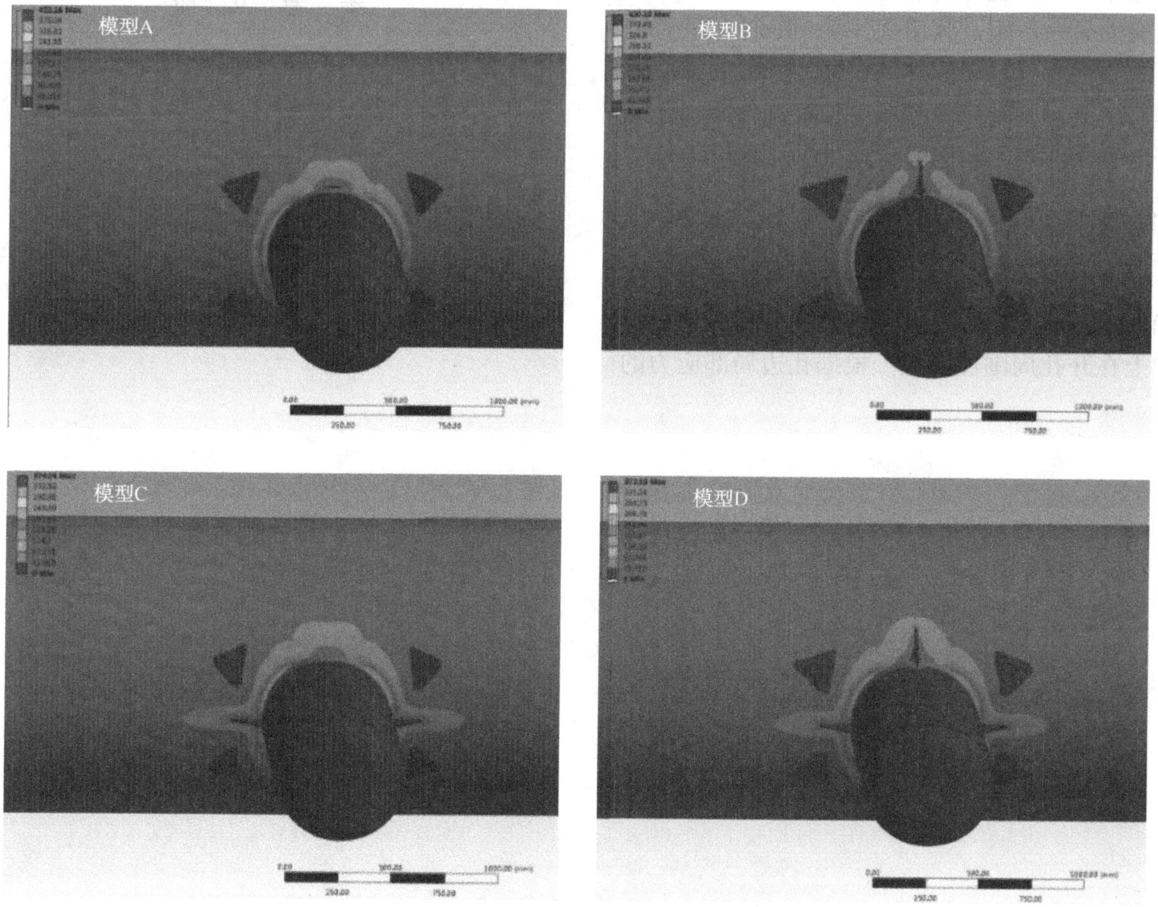

图 3　卧式容器水包开孔处“薄膜应力+弯曲应力”分布图

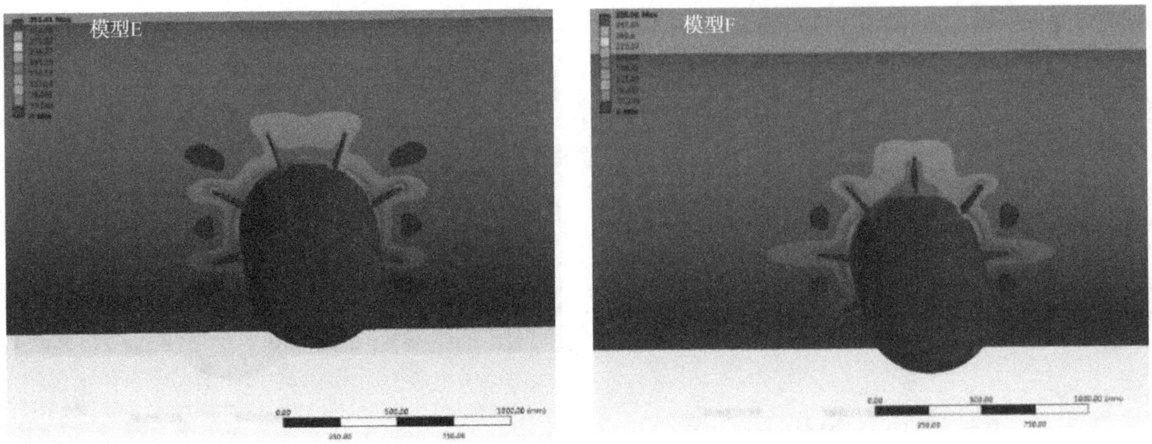

图 3　卧式容器水包开孔处“薄膜应力+弯曲应力”分布图(续)

对于圆柱开孔，开孔边缘的应力状态是非常复杂的，局部薄膜应力不仅垂直于孔边缘的方向迅速衰减，而且沿着孔边缘也是变化的(局部薄膜应力在 $\theta=0°$ 和 180°截面处最大，在 $\theta=90°$ 和 270°截面处最小)。ASMEⅧ-1 2004 年版首次提出，圆筒大开孔接管后，圆筒的对称性被破坏，在内压作用下会在开孔“肩部”处引起 $pR^3/6$ 的环向弯矩，桑如苞等指出此处还存在与环向弯矩相正交的另一弯矩，其值大小为 $pR^3/8$。只有把筋板布置在肩部，才能起到很好的降低局部应力的作用，既起到补充薄膜应力强度的作用，还能很好地平衡弯矩，从而降低此处的弯曲应力。

4　结语

对改造项目的卧式容器水包大开孔补强，为了确保设备开孔补强安全，可以在分析法合格的基础上在开孔周围加筋板。根据孔边局部应力的分布特点可知，对于大直径薄壁容器的大开孔，筋板布置在“肩部”能起到很好的作用，能有效降低薄膜应力和薄膜加弯曲应力，而将筋板布置在“两边”则几乎起不到作用。另外需要注意的，由于筋板和壳体的焊接会产生更多的焊接残余应力和峰值应力，通过设置筋板来降低孔边局部应力，并不适用于疲劳设备。

参　考　文　献

[1] GB 150.1～150.4—2011，压力容器[S].
[2] JB 4732—1995，钢制压力容器—分析设计标准[S].
[3] 李世玉，压力容器设计工程师培训教程[M]. 北京：新华出版社，2020.
[4] ASMEⅧ-1(2023 版)，压力建造规则[S].
[5] 陆明万，桑如苞．关于 ASME 开孔计算中环形弯曲应力项的来源[J]. 压力容器，2008，25(10)：18-21.

基于 DSR 法检测 SBS 改性沥青储存稳定性的应用

彭　煜　从艳丽　杨克红

（中石油克拉玛依石化有限责任公司）

摘　要　在 SBS 改性沥青工艺优化、工业生产、性质检测中，详细研究了《SBS 改性沥青储存稳定性试验方法（DSR 法）》的应用效果。结果表明：该方法能有效缩短检测时间，快速判定 SBS 改性沥青的储存稳定性能，可为工艺优化、工业生产、性质检测提供技术支撑。

关键词　DSR；SBS；改性沥青；储存稳定性；应用；性质检测

鉴于 SBS 改性沥青兼顾优良的高温抗车辙和低温抗开裂性能，在公路建设中得以广泛应用。但是要生产出既耐老化，又能长期热储存的 SBS 改性沥青并非易事。在实际生产过程中，往往是要么 SBS 改性剂在基质沥青中未充分熔融分散导致其储存稳定性能差，要么 SBS 改性剂在基质沥青中过度反应致使其老化后 5℃ 延度大幅度衰减。因此，SBS 改性沥青生产企业需要准确控制其原料配方与工艺条件以平衡离析与老化后 5℃ 延度指标，迫切需要一种能快速检测 SBS 改性沥青储存稳定性的评价方法，及时掌握 SBS 改性剂在基质沥青中的熔融分散程度，快速分析其离析指标是否合格，进而判定产品是否可以出厂或需要对工艺条件进行调整。

针对聚合物改性沥青离析试验（T 0661－2011）在评价 SBS 改性沥青储存稳定性的过程中，存在离析试验耗时长，检测结果滞后；离析试管与工业储罐的尺寸不成比例，并且不带搅拌；离析试验重复性与再现性不高等问题，彭煜等人开发出了一种基于 DSR 试验的 SBS 改性沥青储存稳定性试验方法。本文采用该方法在 SBS 改性沥青工业生产中进行了应用研究。

1　试验

1.1　试验器材

基质沥青，KM－70 为 A 公司的 70 号道路沥青；

增溶剂，为 B 公司市售的减四线糠醛抽出油；

改性剂，T6302L 型 SBS 改性剂由 C 公司生产；

稳定剂，PS-1 型稳定剂由 D 公司生产。

DHR-1 型 DSR 动态剪切流变仪由美国 TA instruments－waters，LLC 公司生产。RKA5 型自动石油沥青软化点测试仪由安东帕德国 Petrotest 公司生产。

1.2　样品制备

实验室将 95% 的基质沥青、5% 的增溶剂分别预热至 150℃～160℃、90℃～120℃，混合、搅拌均匀后，升温至 180℃，在 5000 r/min 条件下剪切研磨，分批、缓慢地加入 5% 的 SBS 改性剂，剪切 20min。剪切后以转速为 120r/min 搅拌反应，加入 1.5‰的稳定剂，反应 Bh，制备 SBS 改性沥青，其中反应温度为 A℃。

生产装置上，按照实验室推荐的原料配比和工艺条件，生产 SBS 改性沥青，推荐工艺参数详见表 1。

表 1　推荐工艺参数

项　　目		工艺参数
原料配比	基质沥青用量/%	95±1
	增溶剂/%	5±1
	改性剂/%	5±0.1（外加）
	稳定剂/‰	1.5±0.1（外加）
工艺条件	剪切温度/℃	180±5
	反应温度/℃	A±5
	反应时间/h	B±1
	储存温度/℃	140～150
关键控制指标	针入度/0.1mm	70±5
	软化点（R&B）/℃	60～65
	老化前延度（5℃），不小于/cm	38
	老化后延度（5℃），不小于/cm	22
	稳定因子 S_f，不小于	24.5

1.3　试验方法

《SBS 改性沥青储存稳定性试验方法（DSR

法)》是在应变控制模式下，选用25mm平行金属板夹具，在应变为12%，角频率为10rad/s，试验温度为64℃、67℃、70℃、73℃、76℃、79℃、82℃、85℃条件下进行动态剪切流变试验，测得SBS改性沥青的复数剪切模量G＊和相位角δ。通过式(1)计算SBS改性沥青的黏弹性系数Vc，再以试验温度为横坐标，以对数黏弹性系数lg(Vc)为纵坐标，绘制lg(Vc)~T曲线，通过线性回归，获得回归直线的斜率$K_{\lg(V_c)}$；最后按式(2)计算其稳定因子S_f，并以稳定因子S_f指标评价SBS改性沥青的储存稳定性。

$$V_c(\delta) = G^* \times \cos\frac{\delta}{3} \times \sin^{-4}\delta \quad (1)$$

$$S_f = \left|\frac{1}{K_{\lg(V_c)}}\right| \quad (2)$$

式中，$V_c(\delta)$为黏弹性系数，kPa，数值保留三位小数；G^*为复数剪切模量，kPa，数值保留三位小数；δ为相位角，弧度，数值保留一位小数；$K_{\lg(V_c)}$为$\lg(V_c)$~T曲线的斜率，数值保留四位小数。

2 结果与讨论

2.1 实验室工艺优化

在实验室确定好原料配方与工艺条件后，由于工业生产装置和实验室设备存在一定差异，往往需要根据产品性质对工艺条件进行优化调整，但在优化调整过程中，因涉及参数条件多、离析试验耗时长，影响试验进度，将《SBS改性沥青储存稳定性试验方法(DSR法)》应用到工艺优化上能快速确定最优工艺条件。在原料与配方一定的条件下，为精确确定SBS改性沥青的反应温度、反应时间，以A为基准反应温度，以2℃为间隔，上、下微调4℃；以B为基准反应时间，以1h为间隔，上、下微调4h。在实验室制备SBS改性沥青，通过控制其关键指标(稳定因子S_f、离析及老化后5℃延度)以确定最优工艺条件。试验结果如图1、图2、图3、图4所示。

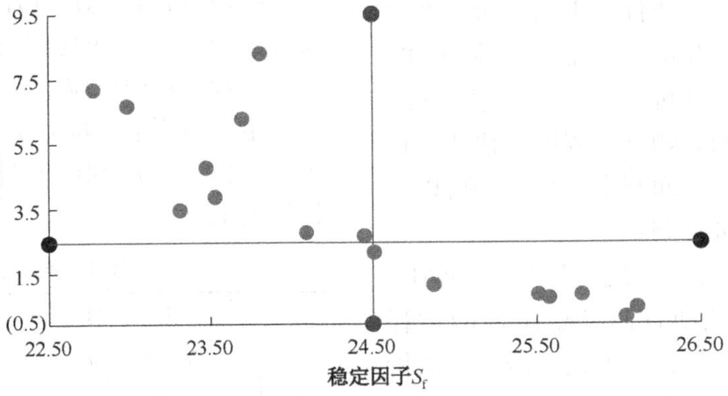

图1 临界稳定因子S_f的确定

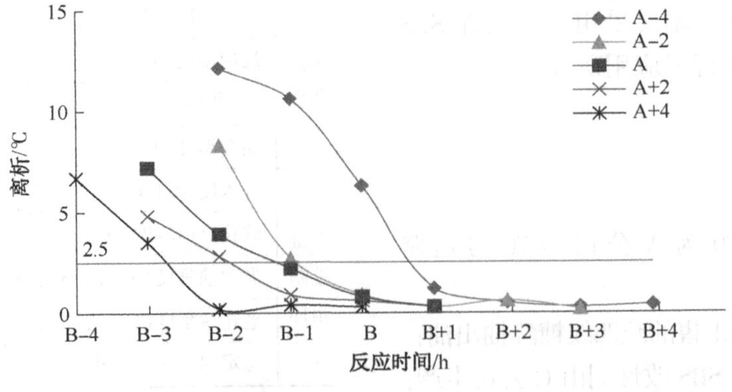

图2 反应温度与反应时间对离析的影响

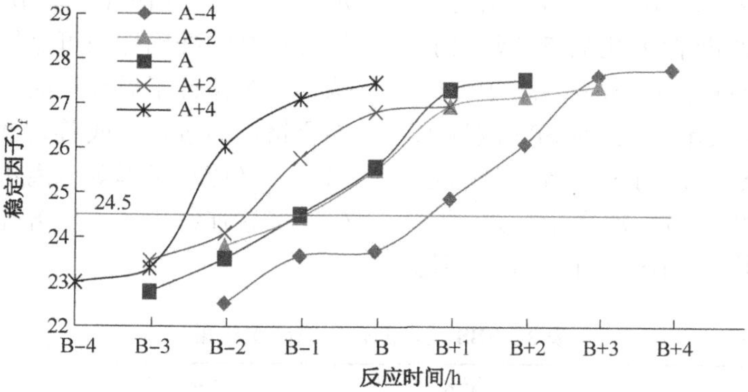

图3 反应温度与反应时间对稳定因子 S_f 的影响

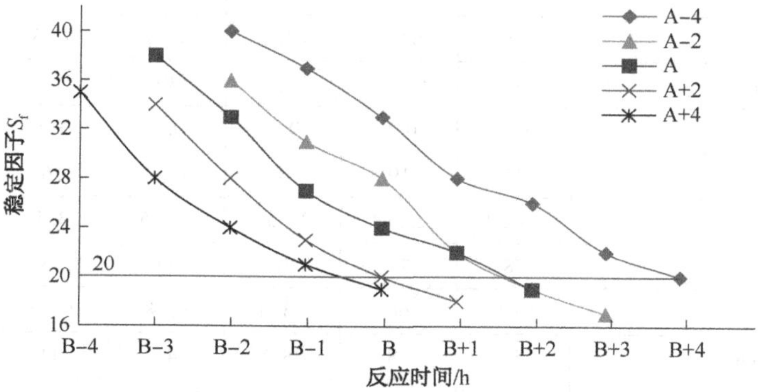

图4 反应温度与反应时间对老化后5℃延度的影响

结果表明：在反应温度一定的条件下，随着反应时间的延长，SBS改性沥青的离析值逐渐减小，稳定因子 S_f 逐渐增大，老化后5℃延度逐渐降低。当反应到某一时间后，SBS改性沥青的离析值将达到2.5℃，此时，SBS改性沥青必将有某一特定稳定因子 S_f(即临界稳定因子 S_f)与之对应，并且当这样的统计数据越多，其临界稳定因子 S_f 就越准确。从图1可以看出，该临界稳定因子 S_f 为24.5。当SBS改性沥青离析合格后继续反应，其离析值将继续减小，再反应一段时间后，离析减小幅度明显趋缓，并逐渐接近于零。与此同时，稳定因子 S_f 也不再出现明显增加，逐渐趋于平缓。而老化后5℃延度则开始大幅度衰减，甚至出现卡边不合格现象。由此可称从离析刚合格到老化后5℃延度不合格这段反应时间为可操作性时间。

随着反应温度的提高，SBS改性沥青从开始反应到离析合格所需的反应时间将逐渐缩短。与此同时，SBS改性沥青从离析刚合格再到老化后5℃延度不合格的可操作时间就越短。从图3、图4可以看出，在反应温度为A-4、A-2、A、A+2、A+4的条件下，其可操作时间分别约为3.0h、2.0h、2.0h、1.5h、1h。由此可见，反应温度越低，其可操作时间就越长，但SBS改性沥青从开始反应到离析合格所需的反应时间也就越长。反应温度越高，SBS改性沥青从开始反应到离析合格所需的反应时间就越短，但同时其可操作时间也就相应越短，容易导致其老化后5℃延度偏低甚至不合格。故推荐最优反应温度为A-2~A，最优反应时间为B-1~B+1。

2.2 解决生产中的问题

采用JTG E20《公路工程沥青及沥青混合料试验规程》相关方法和《SBS改性沥青储存稳定性试验方法(DSR法)》对A公司生产车间加工的SBS改性沥青进行跟踪检测，试验结果见表2。

结果表明：在第K批次的D109-1罐、第P批次的D109-1、D109-3罐，SBS改性沥青的稳定因子分别为23.20、23.31、23.53，未达到临界稳定因子 S_f(即离析2.5℃所对应的稳定因子 S_f 值)的技术要求。说明这三罐SBS改性沥青未充分反应，具有离析不合格的风险，需要及时进一步加工处理。在第K批次的D109-2罐、第M批次的D109-1、D109-3罐，SBS改性沥青的稳定因子分别为25.64、24.57、25.25，已超过临

界稳定因子 S_f 的技术要求，说明其离析指标已经合格。结合 SBS 改性沥青老化后 5℃ 延度指标，分别为 19cm、18cm、16.3cm，低于 JTG F40《公路沥青路面施工技术规范》对 SBS 改性沥青(I-C 类)的技术要求，说明 SBS 改性沥青已过度反应，需要对老化后 5℃ 延度指标进行改善。后续离析验证表明：《SBS 改性沥青储存稳定性试验方法(DSR 法)》快速预判的储存稳定性具有较高的准确性与可靠性。生产车间通过及时调整工艺保证了后续产品的质量，同时还快速对不合格产品进行了改善处理，既保障了产品合格出厂，又避免了因等待离析检测而停工，确保了生产装置连续生产，显著提高了生产效率。

表 2　SBS 改性沥青生产跟踪结果

项　目		第 K 批		第 M 批		第 P 批		指标要求
		D109-1	D109-2	D109-1	D109-3	D109-1	D109-3	
处理前	针入度，0.1mm	78	78	69	68	75	78	60~80
	软化点(R&B)/℃	65	62.8	62.4	69.5	62.3	63.3	≥55
	老化前延度(5℃)/cm	56	34.5	39	30	47.0	65.0	30
	离析/℃	3.8	0.5	0.8	0.3	3.5	6.6	2.5
	老化后延度(5℃)/cm	42	19	18	16.3	36	37	20
	DSR 稳定因子	23.20	25.64	24.57	25.25	23.31	23.53	24.5
处理后	针入度，0.1mm	78	77	76	74	76	76	60~80
	软化点(R&B)/℃	63.9	66	63.5	65.8	63.5	63.8	55
	老化前延度(5℃)/cm	43	38	38.5	41	44	40	30
	离析，不大于/℃	1.7	0.4	0.3	0.6	1.8	2	2.5
	老化后延度(5℃)/cm	23.5	22	21	25	37	24	20
	DSR 稳定因子	25	25.97	25.06	25.84	24.57	24.91	24.5

2.3　性质检测

为进一步验证《SBS 改性沥青储存稳定性试验方法(DSR 法)》的准确性与可靠性，针对不同批次、不同部位(反应釜馏出口、发育罐、成品罐)，对 A 公司生产装置的 SBS 改性沥青的离析和稳定因子 S_f 进行跟踪分析，试验结果见图 5。

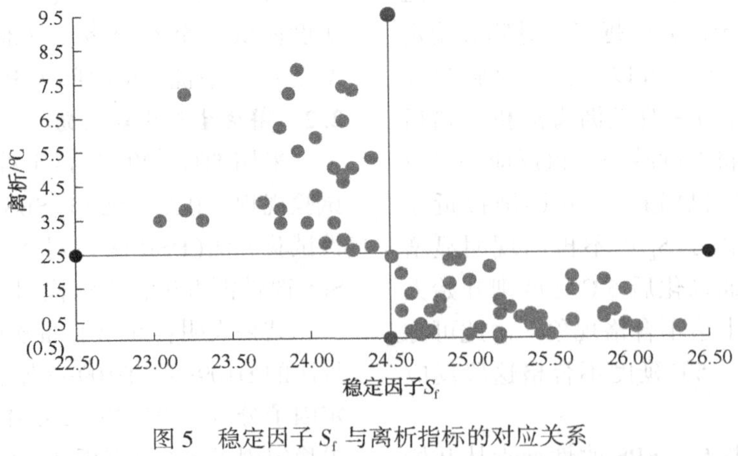

图 5　稳定因子 S_f 与离析指标的对应关系

结果表明：在原料、配方、工艺一定的条件下，离析与稳定因子 S_f 指标具有较高的统计对应关系。且集中分布于以离析值 2.5℃ 和稳定因子 S_f 值 24.5 为交叉轴的二、四象限区域内。当离析值为 2.5℃ 时，其稳定因子 S_f 趋于临界值 24.5，与上述 2.1、2.2 节所确定的临界稳定因子 S_f 相吻合。当离析值大于 2.5℃ 时，集中分布于第二象限，当离析值小于 2.5℃ 时，则集中分布于第四象限。

3 应用效果评价

采用《SBS 改性沥青储存稳定性试验方法（DSR 法）》评价 SBS 改性沥青的储存稳定性，试验时间缩短至 2 小时以内，不仅提高了检测效率，还提高了分析的准确性。可为 SBS 改性沥青的工业生产、工艺优化，性质检测提供技术支持。从仪器精密度来看，动态剪切流变仪的控温精度可以达到 0.1℃，加载频率精确到 0.1rad/s，周期扭矩准确到 10mN · m 或 100μrad，具有较高的精密度。从试验过程来看，该方法试验步骤少，受人为因素影响少，具有较高的可靠性。从试验结果来看，稳定因子 S_f 指标与离析指标具有较好的对应性，能准确评价 SBS 改性沥青的储存稳定性。

4 结论

（1）鉴于原料、配方、工艺一定的 SBS 改性沥青，其临界稳定因子 S_f 是确定的。故《SBS 改性沥青储存稳定性试验方法（DSR 法）》可应用于工业生产、工艺优化、性质检测等，不仅提高了检测效率，还提高了分析的准确性。

（2）《SBS 改性沥青储存稳定性试验方法（DSR 法）》仍需针对不同油源的沥青、不同类型的 SBS 改性剂和稳定剂、不同配方与工艺的 SBS 改性沥青产品进行室内验证和工程应用，以便更加全面地评估该方法的适用性和有效性。

参 考 文 献

[1] 周振君，王俊岩，丛培良 .SBS 改性沥青热储存及运输过程中的降解研究[J]. 建筑材料学报 2020，23(2)：430.

[2] 彭煜，从艳丽，吕文姝，杨克红等．基于 DSR 试验方法检测 SBS 改性沥青热储存稳定性的影响因素研究[J]. 石油沥青，2023，37(4)：19.

[3] T0661—2011，聚合物改性沥青离析试验[S].

[4] 刘伟，王仁辉，潘彬．改性沥青储存稳定性试验方法的比较与研究[J]. 石油沥青，2020，34(2)：5.

[5] 钱科，傅大放．对聚合物改性沥青离析试验（T0661—2000）的探讨[J]. 公路 2004，(4)：111-115.

[6] 姚德宏，张燕威，陈鹤玲．浅析聚合物改性沥青离析试验法[J]. 石油沥青，2009，23(3)：60-63.

[7] 童宽．聚合物改性沥青离析试验过程观察[J]. 石油沥青，2014，28(2)：49-51.

[8] 毛三鹏，李岩，蔺习雄等 .SBS 改性沥青储存稳定性评价方法[J]. 石油沥青，2011，25(06)：12-18.

[9] 孙洪福，王暖绪 .SBS 改性沥青储存稳定性指标评价[J]. 山东交通科技，2011(06)：41-43.

[10] 熊萍，郝培文 .SBS 改性沥青储存稳定性试验方法和评价指标的研究[J]. 中国公路学报，2005(01)：5-10.

[11] 冯新军 .SBS 聚合物改性沥青热储存稳定性研究[D]. 西安：长安大学，2004.

[12] 中国石油化工股份有限公司．一种评价聚合物改性沥青储存稳定性的方法[P]. 中国 CN 1219212，2005.09.14.

[13] 甘肃省交通规划勘察设计院股份有限公司．一种基于红外光谱的改性沥青稳定性快速预判方法[P]. 中国 CN 111521578，2020.08.11.

[14] 范维玉，辛雪，梁明，等．改性沥青的流变性和储存稳定性研究[J]. 中国石油大学学报(自然科学版)，2015，39(04)：165-170.

[15] 陈鹏．邹玲．庄明．苯乙烯丁二烯苯乙烯嵌段共聚物改性沥青贮存稳定性评价方法[J]. 科学技术与工程，2021，21(31)：13506.

[16] 彭煜，从艳丽，张艳莉，等 .SBS 改性沥青热储存稳定性快速检测方法研究[J]. 石油沥青，2022，34(3)：5.

[17] AASHTO T315 Determining the Rheological Properties of Asphalt Binder Using a Dynamic Shear Rheometer (DSR) [S].

[18] 李福普，严二虎，黄颂昌，等 .JTG E20—2011 公路工程沥青及沥青混合料试验规程[S]. 北京：人民交通出版社，2011.

第三篇　炼化双碳篇

在碳中和、碳达峰背景下，能源结构调整进入快车道，石油、煤炭等传统化石资源在能源供给体系中的地位逐渐下降。为了应对这一挑战，传统炼油行业采取了一系列节能减排措施，减少能源浪费和二氧化碳排放；通过技术创新和产品结构调整，提升石油资源利用效率；利用多能耦合技术推进“绿氢”替代和深度电气化，进一步降低碳排放。本篇介绍了石油炼化领域双碳背景下相关技术突破、低碳增效等各方面的先进技术、管理经验、典型案例和应对措施等。

“双碳”目标下公司炼油生产装置转型路径探析

刘 晋 魏 玮

（中国石油兰州石化公司）

摘 要 在“双碳”目标背景下，中国石油兰州石化公司（以下简称公司）在转型升级推进高质量发展方面做了大量工作。文章结合公司炼油生产装置现状，分析120万吨/年乙烯改造项目实施后，炼油系统面临的根据市场保障成品油供应、为新建乙烯项目提供足够原料、确保炼油生产装置绿色低碳发展三大挑战，就目前规划之外的其余炼油生产装置如何安排生产，现有的优势生产资源如何整合，如何充分发挥炼化一体化优势，在保证整体效益最大化的前提下，持续保持炼油业务盈利进行思考。并主要着眼炼油运行三部装置结构布局，以小见大的从保障成品油供应、提供充足乙烯原料、发展炼油特色小产品、兼顾绿色清洁、提高炼油盈利水平、实现整体效益最大化角度出发，提出优先应用技术成熟的分子炼油技术，兼顾考虑示范阶段的其他碳中和技术的观点，建议公司多方位发挥炼化一体化优势，优化计划排产。同时提出根据加工原油特点，在炼油运行三部有多年从事焦化、润滑油、石蜡生产经验员工队伍的先天优势下，建议公司抢占先机，短期内加快落地建成25万吨/年针状焦项目，并加快实施石蜡产品质量升级改造，多生产特种石蜡、针状焦、橡胶填充油等专精特新特色产品和化工原料，实现资源的高效利用，加快转型发展和固碳。

关键词 双碳；炼油；生产装置；减油增化增特；转型

“双碳”目标背景下，中国石油作为国内最大的油气生产供应企业和国际著名的综合性能源与化工企业，为当好保障国家能源安全、推进能源绿色低碳转型的主力军，部署了清洁替代、战略接替、绿色转型期三个阶段重要工作，明确炼化业务向“基础+高端”的能源化工材料现代产业转变，加快迈进产业链中高端。兰州石化公司（以下简称公司）作为中国石油炼化新材料板块的地区公司，规划的120万吨/年乙烯改造项目预可研报告已于2024年1月16日获总部批复。基于此前提，笔者就公司炼油生产装置转型路径进行了一定思考。

1 公司炼油生产装置基本情况介绍

目前，公司炼油总流程加工规模1050万吨/年，拥有40余套生产装置和罐区，以生产汽油、煤油、柴油等清洁燃料及润滑油基础油、石油焦、粗石蜡为主，同时生产乙烯原料和少量芳烃产品，是西北重要的燃料油和润滑油生产“城市型”炼厂。常减压、重油催化、航煤加氢、柴油加氢等装置均双套配置、双线生产，具有生产调整灵活、优化运行灵敏、抗风险能力强、市场保供性好的特点。

笔者所在的炼油运行三部，是公司主要生产单位之一，现有9套生产装置以及油品罐区和炼油区火炬回收系统长期运行，“龙头凤尾”布局，承担着原油预处理、重质油加工平衡、润滑油基础油生产、油品输转、系统火炬回收等任务。9套生产装置分别是500万吨/年常减压、550万吨/年常减压、120万吨/年延迟焦化、80万吨/年烃重组、50万吨/年汽油醚化、25万吨/年第一套溶剂脱蜡、23万吨/年NMP溶剂精制、15万吨/年润滑油加氢补充精制、5万吨/年石蜡成型，在为公司下游催化裂化、重整、加氢二次原油加工装置及乙烯、橡胶等化工生产装置提供原料的同时，主要生产润滑油基础油、石蜡、焦炭等产品，其中500万吨/年常减压装置是西北最大的“燃料-润滑油型”常减压蒸馏装置，550万吨/年常减压装置可加工高酸、含硫原油，是西部重要的原油加工“调节阀”；120万吨/年延迟焦化装置利用先进工艺技术大比例掺炼催化油浆、乙烯裂解重油和苯乙烯焦油，实现催化油浆零出厂、乙烯裂解重油最大限度消化；同时汽油醚化及烃重组装置担负高辛烷值汽油组份生产任务，为公司炼化原料平衡、绿色高质量发展做出了积极贡献。

2　公司炼油生产装置面临的新任务与新挑战

按照公司120万吨/年乙烯改造项目预可研报告，公司的整体发展方向是以炼油乙烯一体化发展为基础，以清洁能源、有机原料和合成材料为主体，以化工新材料和精细化工为特色，发展基础炼化和石化深加工产业，最终形成千万吨炼油、百万吨乙烯、百万吨丙烯的多产品链、多产业的大型石化产业基地。

120万吨/年乙烯改造项目实施后，公司将按照原油加工和轻烃加工两条主线，炼油系统现有的原油加工种类和加工量保持不变，对炼油运行一部所属的120万吨/年催化裂化、300万吨/年柴油加氢、120万吨/年柴油加氢等3套现有装置进行适应性改造，达到增产乙烯原料的目的，同时在炼油区新建PSA装置与35万吨/年碳二回收装置。结合上文装置介绍，公司炼油生产装置面临新的任务与挑战主要是，一要根据市场保障成品油供应；二要为新建乙烯项目提供足够的乙烯原料；三要确保炼油绿色低碳发展。最为直接的挑战就是在规划之外的其余炼油生产装置该如何安排生产，现有的优势生产资源该怎么整合，如何充分发挥炼化一体化优势，既要在“双碳”目标背景下保证炼油生产装置绿色低碳运行，又要在保证整体效益最大化的前提下，持续保持炼油业务盈利，是公司炼油系统120万吨/年乙烯改造项目实施后生产过程中必须重视和加以解决的问题。

3　公司炼油生产装置转型路径的一些思考

中国石油在2024年工作会议中明确指出，炼化销售和新材料业务要坚持绿色、智能方向，推进业务结构调整，加快转型升级，迈向产业链中高端。同时，公司也已多次建章立制，形成碳达峰行动、碳达峰碳中和工作推进等多个方案，制定碳达峰碳中和“1+4”（温室气体排放量、万元产值二氧化碳排放量、万元产值能耗、终端电气化率、非化石能源消耗占比）指标目标，明确要建立碳资产管理体系，有序推进氢能利用，细化了结构优化、节能提效、清洁替代、碳汇提升，深入实施炼油能效提升、提升绿电配比、CCUS产业链研究、碳汇林建设等“十大重点任务”。

技术进步和创新是实现“双碳”目标的关键驱动力和必然选择。据有关资料表明，当前化石能源清洁低碳相关的关键技术尚不成熟，现有加工技术的减排空间非常有限，需要在生产工艺深度脱碳、工业流程再造、电气化改造、CO_2回收循环利用等技术方面做革命性变革或突破，但目前这些技术大多处于试验探索或示范阶段，独有分子炼油技术已处于技术成熟阶段，具体如表1所示：

表1　石化行业碳中和技术路径主要技术成熟度

路　径	碳中和技术	技术成熟度
碳减排	CO_2压裂技术	早期应用
	CO_2驱油技术	早期应用
	CO_2水合物置换开采技术	研发阶段
	分子炼油技术	技术成熟
	原油直接生产化学品技术	早期应用
	石化废水物理法为核心的减污降碳技术	示范阶段
	石化固废减污降碳协调技术	示范阶段
	石化废气减污降碳协调技术	示范阶段
碳零排	可再生能源和核能发电	技术成熟/早期应用
	绿氢	示范阶段
	废弃生物质能源化学品	早期应用
碳负排	生物能源与碳捕获和储存技术（BECCS）	示范阶段
	CO_2制燃料化学品	研发阶段

续表

路　径	碳中和技术	技术成熟度
信息碳中和	人工智能	示范阶段
	大数据	示范阶段
	物联网	示范阶段

基于此，笔者认为，在“双碳”目标背景下，公司作为国有传统能源企业，是中国石油在西部重要的炼化生产基地，能源战略地位十分重要，在发挥主力军、排头兵作用的同时，要清楚地认识到当下我国能源行业整体面临的“不可能三角”(既要保障安全，又要价格可承受，还要绿色清洁)形势，于公司而言，短期内推转型发展也同样面临“不可能三角”(既要保障安全，此处的安全指全面安全，包括稳定充足的炼油化工产品供应和安全生产稳定，又要保持持续盈利，还要实现绿色清洁)，故炼油生产装置转型要稳妥有序，不可太过激进，在大力推改革创新的同时，也要充分考虑投资回报率，优先应用技术成熟的分子炼油技术，兼顾考虑示范阶段的其他碳中和技术，具体来讲，从生产工艺角度出发，就是要基于“分子工程”理念，充分利用油品分子结构特点为炼化一体化发展提供优质原料，最大程度减少从原油到终端消费市场全生命周期的碳排放，同时以转化为特种化学品和功能化高性能合成材料为目标，更加突出差异化属性，发展高端产品。结合炼油运行三部各生产装置结构，在120 万吨/年乙烯改造项目落地后，可考虑从以下两个方面持续发力。

一方面是优化计划排产，多方位发挥炼化一体化优势。

120 万吨/年乙烯改造项目的原料主要以公司炼油系统所产的石脑油、柴油为主，另加工少量的乙烷、丙烷和 LPG，炼油系统的 120 万吨/年催化裂化、300 万吨/年柴油加氢、120 万吨/年柴油加氢等 3 套现有装置进行适应性改造后，公司可考虑对炼油运行三部所属包括两套常减压炼油龙头在内的 9 套装置，以分子炼油技术应用为主导，以推动“减油增化”为目标，以市场为导向，以效益为主线，以炼油支持乙烯为宗旨，多方位开展乙烯原料优化的思路进行排产。

一是优化原油资源排产。根据全年原油加工计划及产品配置计划，优化两套常减压装置加工负荷，同时根据长混和新混原油配置比例，控制好两套常减压装置掺混比例，确保酸值、硫含量、盐含量等满足指标要求；结合上游油田和周边炼厂运行情况，预判原油资源配给种类、性质变化，做好原油质量预警及加工预案，保证装置的长周期稳定运行。

二是优化高效产品排产。通过操作优化，尽可能提高石脑油、航煤等高效产品收率，实现增产增效；在润滑油基础油边际贡献超过汽、柴油额外量的时段，提高润滑油生产装置排产计划，多产润滑油基础油、努力增产石蜡产品；努力提高醚化汽油、橡胶填充油产量等小品种、大效益的产品产量；延迟焦化最大能力掺炼催化油浆、乙烯裂解重油、苯乙烯焦油，提高转化黑色产品能力。

三是优化装置开停工时间。根据原油资源配置及蜡渣油库存情况，优化延长 120 万吨/年延迟焦化装置烧焦检修时间，避免柴油需求旺季装置检修；根据市场需求及汽油配置计划、石脑油需求，科学安排调整 80 万吨/年烃重组装置目标产品转化率，在汽油辛烷值保证的情况下，根据及时安排转产，最大限度发挥其可转化部分化工轻油作用，为化工生产装置提供原料，实现效益最大化。

四是优化催化装置原料资源。优先将 500 万吨/年常减压装置长庆原油的蜡、渣油优质原料保供 300 万吨/年重催装置，充分发挥其 MIP 工艺优势，最大程度提高装置液收；通过蜡、渣油“一条龙”供料，实现两套常减压与重催装置热联合操作，提高原料进装置温度，保证原料的稳定供应；挖掘常减压电脱盐装置潜力，强化贝克休斯破乳剂优化，加大原油脱盐深度，减缓催化装置分馏塔结盐，保障装置的长周期稳定运行。

五是优化重整、乙烯装置原料资源。定期分析两套常减压装置初、常顶石脑油芳潜含量，根据分析结果，将芳烃、环烷烃含量高的高芳潜组分送至连续重整装置作原料，进一步实现三苯产品的增产增效，将烷烃含量高的低芳潜组分送至乙烯装置作裂解原料，实现乙烯/丙烯的增产增效。

六是优化柴油生产装置原料资源。根据市场需要和装置特点，将两套常减压装置常二线、常三线优先保供改造后的柴油加氢改质装置，充分发挥装置加氢裂化功能，最大限度增产120万吨/年乙烯改造项目所需原料。

另一方面是要转变固有观念，多渠道发展专精特新产品。

按照产品端趋向特色化和精细化，炼油由生产燃料向化工原料、材料转型，多产高附加值化工产品、特色产品，实现价值增值最大化的思路，公司可考虑在炼油运行三部加快构建“减油增特”布局，彻底转变热衷于生产汽柴油等大宗油品的观念，根据加工原油的特点，在炼油运行三部有多年从事焦化、润滑油、石蜡生产经验员工队伍的先天优势下，多生产特种石蜡、针状焦、橡胶填充油等专精特新特色产品和化工原料，实现资源的高效利用，加快转型发展和固碳。

一是大力推进针状焦项目落地。“双碳”目标为新能源汽车和锂电发展明确了方向，油系针状焦是制造超高功率石墨电极重要的生产原料，针状焦项目不仅变废为宝，减少浪费，而且可实现循环经济，打造绿色产业，节约能源的同时兼顾环境保护，消费市场前景广阔。根据中国石油“十四五”规划，针状焦作为高端碳材料产品之一，要实现做大、做强、做优。

按照中国石油布局，公司计划将25万吨/年针状焦项目在炼油运行三部落地，这也是公司进行“减油增特”、推动企业高质量发展的重大举措，规划发展部门充分调研论证周边市场，统筹公司、长庆石化、庆阳石化等西部催化油浆资源，加速推进在公司布局集中加工生产针状焦的研究，目前，25万吨/年针状焦项目可研报告通过炼化销售和新材料公司初审。由于生产针状焦的原料主要是高芳烃组分，其中乙烯裂解重油、NMP溶剂精制装置萃取精制油都是最好的原料，故笔者建议针状焦项目在当前市场需求急速增长的前提下，抢占先机，短期内加快落地建成，在原料上也可考虑加工目前120万吨/年延迟焦化装置未消化完的乙烯裂解重油，后期可考虑进行适应性改造，拓宽原料渠道，加工120万吨/年乙烯改造项目落地之后的乙烯裂解重油及23万吨/年NMP溶剂精制所产的萃取精制油，充分发挥炼化一体化优势。

二是加快推动石蜡产品质量升级。前文中介绍，炼油运行三部主要采用“老三套”工艺(溶剂精制-溶剂脱蜡-白土补充精制)生产润滑油基础油、石蜡等产品，该系统装置均为建厂初期建成，已运行达六十多年，减污降碳、节能减排空间有限，同时受原料性质和加工手段所限，润滑油基础油全部为MVI基础油，且黏度指数偏低，不属于市场短缺产品，主要由中石油润滑油公司收购，用于润滑油调合和润滑脂生产。而我国润滑油消费量从2011年就已经进入平台期，润滑油基础油行业呈现低端基础油供大于求，高端基础油难以有效满足市场需求的局面。按照2023年4月1日发布实施的新国标，石蜡产品只能达到粗石蜡质量标准，公司现有每年450万吨石蜡基原油资源，减压侧线产量可达105万吨，按照目前的装置结构，并没有发挥出石蜡基原油加工炼厂的特色，而石蜡产品效益较好，处于长期盈利模式，想要保持石蜡产品盈利效益，石蜡产品提质提量升级迫在眉睫。

笔者建议，针对落后产能公司可考虑加快改造升级和淘汰步伐，实施石蜡产品质量升级改造，争取列入中国石油“产品巨人”规划中。通过增上酮苯脱油、中压石蜡加氢装置，将石蜡基原油减压侧线组分中的石蜡资源，全部回收利用；生产全精炼石蜡及以上产品，充分发挥兰州石化加工石蜡基原油资源、具备润滑油石蜡生产经验和技术能力、西部炼厂无类似条件的优势，按照长庆原油400万吨/年(蜡含量约12.7%)、青海原油60万吨/年(蜡含量约12.7%)考虑，预计可年产全精炼石蜡产品约18万吨，革命性扭转公司只能生产3万吨/年低端的粗石蜡被动局面。并且增上酮苯脱油、中压石蜡加氢装置，对蜡油平衡、降低汽柴油产量极具好处，可实现公司蜡、渣油全产全销，在新项目落地后，可考虑彻底关停现有润滑油“老三套”其他装置，保留23万吨/年NMP溶剂精制装置，根据产品边际效益，考虑生产高附加值的橡胶填充油和25万吨/年针状焦项目的高芳烃原料组分，在产品高端化的同时，切实提高炼化生产装置能效达标比例和能源利用效率。

4 总结

综上所述，在“双碳”目标背景下，公司作

为传统能源企业，减油增化增特，增产高端高效炼油化工产品，逐步降低碳排放，是公司实现碳达峰的必经之路。120 万吨/年乙烯改造项目落地后，公司炼油生产装置的转型路径要做到根据市场保障成品油供应的基础上，多产化工原料，提供充足乙烯原料、发展炼油特色小产品、兼顾绿色清洁，形成更多新的增长点，实现提质增效和绿色发展，确保企业的可持续发展能力。

参 考 文 献

[1] 何盛宝，新形势下我国炼油化工行业转型发展路径与中国石油技术创新实践，石油科技论坛，2023 年 · 第 42 卷 · 第 2 期 .

[2] 中国石油兰州石化公司兰州石化 120 万吨/年乙烯改造项目预可研报告 .

国内外提锂工艺综述

池　获　曹志涛　张晓琳　谢佳彤

（中国石油天然气股份有限公司辽阳石化分公司）

摘　要　锂(Li)是自然界中质量最轻，密度最小，化学活性质最高的金属元素，被称为21世纪"绿色高能金属"和"白色油"，在节能环保、新信息技术生物、高端装备制造、新材料和新能源汽车等领域广泛使用。随着电子产品的普及和新能源汽车领域的高速发展，储能电池和动力电池消耗量将呈爆发式增长，锂资源已出现供不应求的市场格局。对于当前锂电新能源产业而言，上游锂资源紧缺严重掣肘下游产业的健康发展，不断优化锂资源提锂工艺技术，开发低品位锂矿资源是大势所趋。针对现状，本文阐述了目前提锂工艺以及各提锂工艺的优缺点和工业化情况。传统提锂工艺根据锂资源的赋存状态，对矿石提锂及盐湖提锂进行综述，系统性地总结对比了各种方法的优缺点。从矿石中提取锂的方法主要有硫酸法、硫酸盐法、石灰石烧结法、氯化焙烧法、压煮法；盐湖提锂中受到广泛关注的技术主要有沉淀法、吸附法、膜分离法。而为了解决传统提锂过程中出现的污染问题，使得锂资源的开发过程更加清洁化，直接提锂技术和废旧电池的正极材料回收成为两大主要的新兴发展方向。由于碳酸锂价格高位回落，国际锂盐获取形势愈加严峻，因此不断开发并完善提锂技术，增强中国的锂资源自供自给能力，实现提锂技术的降本增效势在必行。

关键词　提锂工艺；矿石提锂；盐湖提锂；新兴提锂

1　引言

锂广泛应用于新能源汽车和储能领域，是新能源和许多战略性新兴产业的关键原材料，其开发利用已成为新能源战略的重要支撑。随着全球对可再生能源和电动化的趋势加速，锂的需求也随之增长，多国针对锂资源开发颁布了多项措施，保障本国锂资源的供应稳定。我国是世界上最大锂消费国，但锂资源的储量仅占全球7%，对外依存度超过50%。开展锂资源普查、探索提锂技术，对我国新能源产业发展具有重要意义。

自然界中锂主要以两种形式存在：一种是锂辉石、锂云母等矿石锂的形式，另一种是以锂离子的形式赋存于盐湖卤水和地下卤水中。全球锂资源丰富，根据USGS资料显示，截至2022年，全球锂资源总量共计9800万吨，而全球锂储量也高达2600万吨，以当年的消费量来看，可供全球使用超过150年。从资源量来看，全球53%的锂资源分布于南美锂三角（玻利维亚、智利、阿根廷）的盐湖中，其次是澳大利亚和中国美国等。从储量来看，2022年2600万吨储量中，智利锂资源储量930万吨，占比高达35.8%，阿根廷锂资源储量270万吨，占比10.4%，澳大利亚锂资源储量620万吨，占比23.8%；中国锂资源储量200万吨，占比7.7%，我国资源量较为丰富，但分布散品质差。

2　传统提锂技术

2.1　*矿石提锂*

矿石提锂的主要原料为锂辉石和锂云母。锂辉石（$LiAlSi_2O_6$）是硬岩矿床中储量最丰富的锂矿物，其元素构成简单、含锂品位高（Li_2O实际质量分数可达2.9%~7.6%），且储量丰富，是当前矿石提锂工艺中最重要的原料来源。锂云母则是仅次于锂辉石的重要含锂矿物，其化学式为$K(Li, Al)_3(Si, Al)_4O_{10}(OH, F)_2$。中国锂云母资源储量丰富，且含有价值很高的铷和铯，是中国最重要的锂矿资源之一。矿石提锂的主要方法有硫酸法、硫酸盐法、石灰石烧结法、氯化焙烧法、压煮法等。

2.1.1　硫酸法

硫酸法是将锂辉石经过转型焙烧、细磨、酸化、水洗等工序得到富锂液，再净化、沉锂即得碳酸锂产品，反应方程式如下：

$$\beta\text{-}Li_2O\cdot Al_2O_3\cdot 4SiO_2+H_2SO_4\longrightarrow Li_2SO_4+H_2O\cdot Al_2O_3+4SiO_2 \quad (1)$$

该技术相对成熟，操作简单，锂回收率高，因此是矿石提锂的主要技术。但能耗高，硫酸用量大，设备防腐要求严。

2.1.2　硫酸盐法

硫酸盐法将锂矿与硫酸钾、硫酸钠混合，造球，焙烧，得到硫酸锂，再与稀硫酸浸出，最后通过净化、沉淀获得 Li_2CO_3 产品。其具体反应式如下：

$$Li_2O\cdot Al_2O_3\cdot SiO_2+K_2SO_4\longrightarrow K_2O\cdot Al_2O_3\cdot 3SiO_2+Li_2SO_4 \quad (2)$$

$$Li_2O\cdot Al_2O_3\cdot SiO_2+Na_2SO_4\longrightarrow Na_2O\cdot Al_2O_3\cdot 3SiO_2+Li_2SO_4 \quad (3)$$

该法具有焙烧和浸出时间短，浸出液锂浓度高、蒸发量小、能耗低等优点。但钾盐消耗多，成本较高。广州有色金属研究院研究发现可采用部分硫酸钠替代硫酸钾，钾盐可循环利用，能有效降低钾盐消耗量和生产成本。

2.1.3　石灰石烧结法

石灰石法是最早的锂盐制备方法，将锂矿与石灰石按3：1的质量比混合球磨，在900℃下焙烧，然后细磨、浸出、过滤得到浸出液，再经离心、结晶等获得氢氧化锂，或与碳酸钠制备碳酸锂。其反应式如下：

$$Li_2O\cdot Al_2O_3\cdot 4SiO_2+8CaO\longrightarrow Li_2O\cdot Al_2O_3+4[2CaO\cdot SiO_2] \quad (4)$$

该工艺流程简单，设备腐蚀小，生产成本低。但浸出液锂含量及回收率低，蒸发能耗高，浸出后矿渣结块，设备维护难度较大，目前对其研究较少，现已逐渐被硫酸法、压煮法等工艺所取代。

2.1.4　氯化焙烧法

氯化焙烧法是将矿石与氯化钙在一定温度下反应，锂及其他有价金属转化成氯化物，而硅铝等杂质不反应，从而实现锂盐的制备。其反应式如下：

$$CaCl_2+2SiO_2+Al_2O_3+R_2O\longrightarrow CaAlSi_2O_8+2RCl(R=Li,\ K,\ Rb,\ Cs) \quad (5)$$

氯化焙烧法流程简单，生产成本低，锂回收率高，但 LiCl 收集较难，炉气腐蚀性强，对设备防腐要求高。

2.1.5　压煮法

纯碱压煮法借鉴了硫酸法和碳化法的一些工艺，主要包括焙烧转型、压煮、碳化和沉锂四大工艺。需经过转型焙烧，高温高压反应置换锂，碳化反应生成碳酸氢锂，最后升温析出碳酸锂晶体。其反应式如下：

$$Li_2O\cdot Al_2O_3\cdot 4SiO_2+nH_2O+Na_2CO_3\longrightarrow Na_2O\cdot Al_2O_3\cdot 4SiO_2\cdot nH_2O+Li_2CO_3 \quad (6)$$

该方法生产流程短，生产效率高，没有腐蚀性，设备造价低，可直接生产较高品级(99.5%)的电池级碳酸锂产品。但必须严格控制生产工艺条件并筛选适合的矿石种类。

矿石提锂方法多样，不同类型的矿物适用的方法存在一定的差异，总结归纳了提锂方法的适用范围及其优缺点，如表1所示。

表1　矿石提锂工艺对比

方　法	适用范围	优　点	缺　点
石灰石焙烧法	无具体限制	实用性强；生产成本低；原料易获取	能耗高；回收率低；废渣量大；面临淘汰
硫酸法	矿石提锂	工艺简单；废渣少	腐蚀设备；硫酸和纯碱消耗量大；能耗高；浸出杂质含量
硫酸盐法	锂云母提锂	工艺简单；较硫酸法延长设备寿命；产率高	能耗较高；会生成含氟、硫有害气体，污染环境
压煮法	处理锂云母矿	工艺简单；锂浸出率高；设备腐蚀程度小	高温高压，反应条件苛刻；设备要求高；需脱氟焙烧，污染环境
氯化焙烧法	处理锂云母矿	工艺简单；氯化剂廉价；能耗低；锂回收率高	工艺引入氯，腐蚀设备；成本高；产生影响环境的废气、废渣

2.2 盐湖提锂

受资源限制和环境保护等因素的影响，盐湖卤水因锂资源储量大、生产成本低、经济效益高等优点将逐渐取代矿石提锂。主要方法有沉淀法、吸附法、膜分离法等。

2.2.1 沉淀法

沉淀法主要包括碳酸盐法、铝酸盐法和硼镁硼锂共沉淀法，其中，碳酸钠沉淀法已用于工业生产。碳酸钠沉淀法是将含锂卤水蒸发浓缩，酸化脱硼，除钙除镁后，析出碳酸锂产品。该工艺操作简单，对设备要求较低，可靠性高，成本相对低，但锂一次回收率低(<40%)，仅适用于低镁锂比的优质盐湖。为解决沉淀法镁锂比限制的问题，ZHANG 等开发了一种新型沉淀剂——非水合偏硅酸钠，将其用于分离高镁锂比模拟盐湖卤水中的镁和锂；镁锂比为 30 时，锂提取率可达 86.73%，镁的析出率为 99.94%，溶液中镁锂比降至 0.022。

2.2.2 吸附法

吸附法是一种使用高选择性吸附剂来吸附卤水中 Li^+ 以实现从高镁锂比卤水中分离锂离子的提锂方法。吸附剂可选的种类丰富，包括离子交换树脂、大环化合物等有机吸附剂及铝系吸附剂、离子筛型吸附剂等无机吸附剂。

铝系吸附剂的使用对卤水的镁锂比没有苛刻要求，其中铝盐吸附剂[$LiCl_2Al(OH)_3 \cdot nH_2O$]工艺流程简单、绿色环保，是目前最为成熟且唯一得到产业化应用的吸附剂。铝盐吸附剂是一种由 LiCl 插入 $Al(OH)_3$ 中形成的锂铝层状双氢氧化物(LiAl-LDHs)，$Al(OH)_3$ 晶格中的八面体空穴只能容纳 Li^+，而其他离子半径更大的金属离子则受到位阻效应的影响不能进入空穴中。PARANTHAMAN 等合成了具有不同 n(Li)/n(Al) 的 LiAl-LDHs，锂铝物质的量比为 1∶1.25 的铝盐吸附剂对锂的选择性最高，锂的提取率可达 91%。ZHONG 等研究了 Li/Al-LDHs 结构稳定性对吸附性能的影响，证明了 Li/Al-LDHs 在高镁锂比的盐湖卤水中提取锂具有很大的潜力，Mg^{2+} 存在可显著提高 Li^+ 的吸附能力。然而，粉状的铝盐吸附剂难以分离和回收，劣化提锂过程的流动性和循环稳定性。在铝盐吸附剂中掺入超顺磁性纳米颗粒(Fe_3O_4 或 γ-Fe_2O_3)，可利用外磁场实现吸附剂的可控回收。YU 等采用磁性 Fe_3O_4 化学共沉淀法制备磁性 LiAl-LDHs(MLDH)，利用磁棒就能实现 MLDH 的分离回收；但是 Fe_3O_4 的加入，会导致 LiAl-LDHs 中空穴的减少，造成 MLDH 吸附容量的降低。

离子筛型吸附剂则是利用其特定的空隙结构，实现对目标锂离子的高选择性吸附，之后通过洗脱即可再生离子筛，是国内外吸附法研究的热点。BAO 采用低温固相水热法合成了一系列金属氧化物包覆的锰基 $Li_{1.6}Mn_{1.6}O_4$ 离子筛型吸附剂，较表面包覆 MnO_2，表面涂覆 Li_2MnO_3 可以有效抑制 Mn 损失和副反应发生，从而提高锂锰氧化物的吸附性能，吸附量可达 46.0mg/g，循环 20 次后，Mn 的溶解损失率仅为 0.06%。然而，锰基吸附剂在酸洗过程中的锰损失不可避免。钛基吸附剂具备更强的化学稳定性，Li_3TiO_3、$Li_4Ti_5O_{12}$ 具有更高的锂吸附容量，但其仍存在合成工艺复杂、易团聚导致吸附容量下降的问题，未能实现工业应用。

2.2.3 膜分离

膜分离法是一项盐湖卤水提锂的新兴技术，具备镁锂分离效率高、可连续操作、生产稳定性强等优点。膜分离法的本质为离子的选择性迁移过程，根据驱动力的差异可分为纳滤法(压力驱动)和电渗析法(电势驱动)。

纳滤膜的性能主要受 Donnan 效应和位阻效应的影响。根据 Donnan 效应可知，带负电荷的纳滤膜对阴离子的抑制性能更好，但对于带正电荷的溶质，分离效果并不理想。CHEN 等在生物胶多巴胺的辅助下，在松散的纳滤膜上将带正电荷的聚亚胺(PEI)和带负电荷的聚丙烯酸(PAA)组装在一起，成功制备了一种厚度为(17±5)nm 的超薄双荷电纳滤膜，提高了高浓度盐环境下 Mg^{2+} 的截留率，具备更好的镁锂分离效果。GUO 等构建了一种具有高选择性的新型聚合物功能化金属-有机框架(MOF)纳滤膜。线性聚合物聚苯乙烯磺酸盐(PSS)不仅显著提高了 HKUST-1 纳滤膜的水稳定性，而且还形成了三维磺酸基网络，便于离子传输，可实现极快速和高选择性的 Li^+ 分离。然而，纳滤法需要外加压力实现锂回收，能耗大，直接在高镁锂比的盐湖卤水中使用纳滤膜提锂，分离效率低且会造成膜组件堵塞、污染。因此，在实际工业化应用中，纳滤法常与其他提锂方法联用，以延长膜组件使用寿命、降低工艺成本并提升分离效率。

盐湖提锂各类方法的基本原理、适用范围及

其优缺点的归纳总结如表 2 所示。

表 2　盐湖提锂工艺对比

方　法	适用范围	优　点	缺　点
沉淀法	高锂含量和低镁锂比的卤水	工艺成熟，碳酸盐沉淀法已实现工业应用；操作简易；成本较低；能耗低	工艺流程长；回收率低；产生大量废渣，环境不友好
吸附法	无具体限制	铝盐吸附剂工艺成熟，已产业化；高洗脱率；工艺流程简单；绿色环保	粉末吸附剂难以回收；流动性差；循环稳定性差；溶损严重；吸附容量低
膜分离法	无具体限制	镁锂分离效率高；可操作性强；生产稳定性佳；淡水消耗量小；清洁无污染	进口膜材料成本较高；膜易堵塞或损坏

3　新兴提锂技术

锂的生产过程中存在能耗大、污染环境等问题。如何让锂资源的开发过程更加清洁化，是提锂技术发展的主要趋势，直接提锂技术（Direct Lithium Extraction，DLE）和废旧锂电池回收技术是两大主要发展方向。

DLE 技术旨在解决传统蒸发技术的环境问题和技术缺陷，直接将卤水放进处理单元，运用一系列化学流程分离出锂，然后将水注入地下。相比常规锂矿开采，应用 DLE 技术开展深层卤水提锂更为环保和可持续，工艺流程较为封闭，碳排放量很少，由于卤水被重新注入地下，不会释放有害物质。DLE 技术主要包括地下水抽取、富集、碳酸锂还原和精制等环节：首先将深层卤水抽取到卤水处理装置，锂含量通常为几十至几百 mg/L（10^{-6}），经过过滤、富集、干燥等步骤，锂含量大幅提高，最后通过精制过程得到高纯度的碳酸锂或氯化锂。随着离子交换树脂、热辅助工艺、电化学提锂等新技术的出现，锂离子回收率可超过 95%，但这些技术还需更深入的研究和开发直至实现商业化。

锂电池回收技术目前处于研发试验阶段，未大规模使用。回收技术一般不破坏材料中固有结构，通过实现结构再生，恢复材料的电化学活性，主流技术包括固相法、熔融盐法、水热锂化和低共熔溶剂常压锂化等。固相法操作简单、应用广泛，但能耗高；熔融盐法反应温度低、但对锂盐用量和热处理时间要求严格；水热法锂化温度低、时间短、反应均匀，但在高压环境进行存在一定安全隐患；低共熔溶剂法可在常压下实现对失效正极的再生，更安全环保，目前尚处于研究初期。

4　展望

锂作为助力能源转型不可或缺的金属，在新能源动力电池及储能等战略性新兴领域扮演着重要角色。随着锂资源战略地位的提升，各国纷纷出台限制法案，外部锂资源获取形势愈加严峻。因此，不断开发并完善提锂技术，增强中国的锂资源自供自给能力，实现提锂技术的降本增效势在必行。未来科研人员应重点从以下 4 个方面开展工作：(1)加强资源评价，摸清锂资源分布情况，持续加大勘探投入；(2)加大对新型提锂技术支持力度，探索产业绿色化技术路径；(3)加强对锂矿开发项目的全生命周期分析评价，保障产业可持续发展；(4)积极探索废旧电池电解质回收方法，实现电解液中的锂资源循环利用。

参　考　文　献

[1] HAMMOND D R, BRADY T F. Critical minerals for green energy transition: A United States perspective [J]. International Journal of Mining Reclamation and Environment, 2022, 26(6): 5316-5332.

[2] 毛羽．中国锂资源可供性研究[D]．中国地质大学，2023.

[3] SALAKJANI N K, SINGH P, NIKOLOSKI A N. Production of Lithium-A Literature Review Part 1: Pretreatment of Spodumene [J]. Mineral Processing and Extractive Metallurgy Review, 2019, 37 (03): 46-49.

[4] KUAI Y, YAO W, MA H, et al. Recovery lithium and potassium from lepidolite via potash calcination - leaching process[J]. Minerals Engineering, 2021, 29 (02): 169-173.

[5] KESLER S E, GRUBER P W, MEDINA P A, et al. Global lithium resources: Relative importance of pegmatite, brine and other deposits[J]. Ore Geology Reviews, 2012, 16(10): 554A-9A.

[6] YELATONTSEV D, MUKHACHEV A. Processing of lithium ores: Industrial technologies and case studies-A review [J]. Hydrometallurgy, 2021, 29 (02): 169-173.

[7] VIECELI N, NOGUEIRA C A, PEREIRA M F C, et al. Optimization of Lithium Extraction from Lepidolite by Roasting Using Sodium and Calcium Sulfates [J]. Mineral Processing and Extractive Metallurgy Review, 2016, 12(04): 40-44.

[8] MESHRAM P, PANDEY B D, MANKHAND T R. Extraction of lithium from primary and secondary sources by pre-treatment, leaching and separation: A comprehensive review [J]. Hydrometallurgy, 2014, 156: 110-124.

[9] YUBO L, YINGWEI L, BAOZHONG M, et al. An environmentally friendly improved chlorination roasting process for lepidolite with reduced chlorinating agent dosage and chlorinated waste gas emission [J]. Separation and Purification Technology, 2023, 69 (1): 126-133.

[10] ZHANG YE, HU YUEHUA, SUN NING, et al. A novel precipitant for separating lithium from magnesium in high Mg/Li ratio brin[J]. Hydrometallurgy, 2019, 187: 125-133.

[11] 李彦乐，刘宜林，霍俊杰等. 层状结构铝系吸附剂在盐湖提锂领域的研究[J]. 化工学报，2023，74(12)：4777-4791.

[12] PARANTHAMAN M P, LI LING, LUO JIAQI, et al. Recovery of lithium from geothermal brine with lithium-aluminum layered double hydroxide chloride sorbents [J]. Environmental Science & Technology, 2017, 51(22): 13481-13486.

[13] ZHONG JING, LIN SEN, YU JIANGUO. Effects of excessive lithium deintercalation on Li^+ adsorption performance and structural stability of lithium/aluminum layered double hydroxides[J]. Journal of Colloid and Interface Science, 2020, 572: 107-113.

[14] YU T M, CAROLINE REIS MEIRA A, CRISTINA KREUTZ J, et al. Exploring the surface reactivity of the magnetic layered double hydroxide lithium-aluminum: An alternative material for sorption and catalytic purposes[J]. Applied Surface Science, 2019, 467-468: 1195-1203.

[15] BAO LURI, ZHANG JINGZE, TANG WEIPING, et al. Synthesis and adsorption properties of metal oxide-coated lithium ionsieve from salt lake brine[J]. Desalination, 2023, 546: 116-196.

[16] 张理元，沈如倩，阳金菊，等. 锂离子筛研究进展[J]. 无机盐工业，2022，54(5)：28-37.

[17] WANG WENGUANG, HONG GUANGHUI, ZHANG YANQIU, et al. Designing an energy-efficient multi-stage selective electrodialysis process based on high-performance materials for lithium extraction [J]. Journal of Membrane Science, 2023, 675: 121-134.

[18] ZHANG HAIZHEN, XU ZHENLIANG, DING HAO, et al. Positively charged capillary nanofiltration membrane with high rejection for Mg^{2+} and Ca^{2+} and good separation for Mg^{2+} and Li^+ [J]. Desalination, 2017, 420: 158-166.

[19] CHEN YONGLIANG, LIU FU, WANG YI, et al. A tight nanofiltration membrane with multi-charged nanofilms for high rejection to concentrated salts [J]. Journal of Membrane Science, 2017, 537: 407-415.

[20] GUO YI, YING YULONG, MAO YIYIN, et al. Polystyrene sulfonate threaded through a metal-organic framework membrane for fast and selective lithiumion separation[J]. Angewandte Chemie International Edition, 2016, 55(48): 15120-15124.

[21] 储政，吴钊，黄伟. 锰系离子筛吸附法提纯油田富锂卤水技术研究[J]. 能源化工，2020，41(6)：30-33.

[22] 吴西顺，王登红，杨添天，等. 碳中和目标下的锂矿产业创新及颠覆性技术[J]. 矿产综合利用，2022(2)：1-8.

[23] 朱国辉，还红先，于大伟，等. 废旧锂离子电池选择性提锂[J]. 化学进展，2023，35(02)：287-301.

炼油企业碳达峰和碳中和的路径探索

胡明珠

（中国石油天然气股份有限公司大庆石化分公司）

摘　要　碳达峰和碳中和目标，是我国石化产业高质量发展新征程上的新课题。结合1000万吨规模炼油企业的碳排放现状，通过降低能耗总量、优化能源结构、降低过程排放及项目源头控制等路径的实施减少碳产生，通过二氧化碳补集技术强化碳移除，最终在短期内实现1000万吨规模炼油企业碳排放总量的降低。

关键词　碳达峰；碳中和；炼油企业；碳排放

1　引言

气候变化是全球面临的深层次危机，随着各国在气候问题上逐步达成共识以及减排目标的相继提出，碳中和已成为当下最热门的话题。石化行业作为国民经济发展的支柱和基础，低碳发展是必然选择。“碳达峰与碳中和”目标，不仅是我国石化产业高质量发展新征程上的新课题，也是经济和社会发展以及实现中华民族“第二个百年目标”重大而影响深远的课题，需要我们高度重视、认真研究，化挑战为机遇。通过结合千万吨规模炼油企业碳排放现状，在吸收国内外碳减排经验的基础上，对国内炼油企业碳达峰、碳中和路径进行研究。

2　1000万吨规模炼油企业的碳排放现状

以某地1000万吨规模炼油企业为例，碳排放主要来自燃料气和燃料油燃烧、催化烧焦、制氢装置尾气、硫磺回收、火炬排放和污水处理场，另外还有外购电能的间接排放，以2021年2月碳排放量21.63万吨为基准，预计全年碳排放量为259.67万吨。具体排放点和排放量见表1。

表1　该炼油企业碳排放表(2021年2月)

序号	使用单位	燃料名称	消耗量/($t/10^4Nm^3$)	二氧化碳排放当量/(tCO_2)
1	炼油厂(燃料气+炼厂干气)(除动力站外其他装置)	炼厂干气	15109.9077	45968.92
2	炼油厂(燃料气+炼厂干气)(动力站)	炼厂干气	5526.095722	16624.37
3	炼油厂燃料油	燃料油	10319	32715.34
4	炼油厂(除动力站外其他装置)	天然气	480.72346	10394.07
5	炼油厂(动力站)	天然气	175.5	3799.17
6	加氢火炬		0	0
7	硫磺火炬		4.2582	85.23
8	厂西火炬		1.2096	24.99
9	厂内火炬		1.2096	24.99
10	炼油厂重油催化裂化装置		24506	88058.22667
11	制氢	天然气	665.7394266	15041.19
12	炼油厂硫磺回收装置		488.5505	3387.57
13	炼油厂污水处理装置(厌氧工段)	CH_4排放量(t)	12.574835	264.071535
	合计			21.63

3 碳达峰碳中和路径探索

炼油企业碳达峰碳中和路径探索可以从降低能耗总量、优化能源结构、降低过程排放及项目源头控制等方面减少碳产生，通过实施二氧化碳补集技术强化碳移除。

3.1 炼油能量系统优化

运用炼油能量系统优化技术进行工艺流程的优化，开展装置内部换热网络优化、装置间热供料并协同进行装置间热联合，优化利用低温热。

3.1.1 装置内换热网络优化

糠醛精制装置从两效蒸发工艺改造为三效蒸发工艺。糠醛精制装置原两效蒸发工艺能耗29.4kg·oil/t较大，其中加热炉的燃料占装置能耗的69.14%左右，若采用三效蒸发工艺(五塔三效)，装置能耗能降低到19kg·oil/t左右。预计降低碳排放0.95万吨/年。

二套常减压装置降低加热炉出口温度。目前初底油换热至277℃后分四路进入常压炉加热至358℃进入常压塔。根据产品质量和电脱盐入口温度要求，可适当降低常压炉出口温度，当常压炉温度降低至350℃时，可节约燃料1.0t，折二氧化碳排放当量3.16t，预计降低碳排放2.77万吨/年。

3.1.2 装置间热供料

加氢精制装置原料分别为一重催轻柴油、二重催轻柴油、焦化汽油、常一线油、常二线油，其中除焦化汽油外，都可以实现直供料方式，原料现在的温度为40℃，按照设计温度可以达到98℃。2021年4月，调整上游装置原料温度从40℃提至60℃，可实现停用反应进料加热炉，节约瓦斯200~300Nm^3/h，预计降低碳排放0.55万吨/年。

200万吨催化裂化装置提高蜡渣油进装置温度。减四、减五线进装置温度提高到101℃和120℃左右，焦化重蜡油温度由80℃提高到185℃，轻蜡油温度提高到70~80℃。经过调整后，蜡油温度可由85℃提高到105℃左右。常减压产出的145℃的热渣流量约为195t/h，80℃的冷渣流量约为43t/h。经过调整后，可将热渣流量提高至218t/h，冷渣的流量则降至20t/h，预计可将原料的进料温度提高6.2℃。降低燃料油527吨/年，降低碳排放0.17万吨/年。

加氢裂化装置为冷进料，若热供料，需进行热进料流程改造，储运部分改造思路如下：一套常减压装置常三、减一、减三线，糠醛酮苯装置轻、重去蜡油和蜡脱油装置蜡下油均不经过装置换热器降温，与42罐区新增的2台加氢裂化原料冷料泵输送的油品共同进入新建的加氢裂化装置热供料管网输送至加氢裂化装置。装置内改造主要思路如下：①取消原料油与柴油、航煤换热流程，保留原料油与尾油换热流程。②高换保持不变，尽量提高加热炉入口温度，熄灭主火嘴，保留部分长明灯，节约瓦斯150Nm^3/h。③分馏进料换热流程中增加与柴油换热，弥补反应炉主火嘴熄灭带来的温度损失。④低温位热量生产热水。进行热进料流程改造后，节约燃料气150Nm^3/h。预计节约燃料气131.4万立/年，减少碳排放775吨/年。进行热进料流程改造后，增加一台空冷，功率为10.6kW，碳排放增加72.14吨/年。综上，采用热进料流程后，预计减少碳排放0.07万吨/年。

提高延迟焦化装置热渣油直供比例，装置处理量按3200t/d计，若热渣油由135℃提高到140℃，流量从100t/h提高至125t/h，冷渣油温度由75℃提高至90℃，流量从20t/h降低至5t/h，原料热量提高，可节省燃料气180kg/h，预计减少碳排放0.056万吨/年。

柴油加氢脱硫装置原设计热进料温度为90℃，二套常减压常二线停用冷却器出装置约100℃；常三线停用冷却器出装置温度约60℃，经过计算混合柴油入装置温度约在66℃。进料温度比目前原料入装置温度高约15℃，换热前温度提高15℃，可节约燃料气约547Nm^3/h，减少碳排放0.14万吨/年。

3.1.3 装置间热联合

一套常减压初底油与二重催车间油浆换热联合。一套常减压装置常压炉进料初底油换热终温原始设计310℃，但装置在实际运行过程中受装置加工负荷、生产方案、换热器换热效率等多种因素影响，致使初底油换热终温始终偏低，2020年初底油换热终温平均温度在303℃，远低于原始设计值，从而增加了常压炉的燃料消耗。利用二重催车间塔底油浆与一套常压炉进料初底油换热，提高初底油换热终温，减少加热炉燃料消耗，降低装置能耗。若项目实施后，按初底油换热终温提高10℃计算，年节约燃料费用492万元。预计降低碳排放0.53万吨/年。

3.1.4　低温热利用

汽油脱硫装置分馏塔顶空冷器 A-101 前增加两台低温水换热器，通过低温水与分馏塔顶油气换热，能够将 200~250t/h 的低温水由 75℃加热至 85℃左右，而分馏塔顶 90~100t/h 的油气可以由 110℃冷却至 85℃左右。通过低温热利用产生的热水可以用于厂内伴热采暖，且可以降低分馏塔顶空冷器 A-101 热负荷，节约电耗。预计降低碳排放 1.1 万吨/年。

3.2　提高加热炉热效率

各炼油装置通过加热炉改造，极大的降低排烟温度，加上与强化传热、保温等技术集成应用，显著提升加热炉热效率。拟在柴油脱硫和汽油脱硫装置加热炉、连续重整装置四合一重整加热炉、一套常减压装置加热炉采用 95+高效超净工业炉余热回收技术。

以连续重整装置四合一重整加热炉（F201~F204）为例，重整四合一加热炉设计热负荷约为 88.7MW（辐射+对流总热负荷），有一套余热回收系统，目前的排烟温度约为 150℃，对应热效率约为 91%。若在余热回收系统上采用“95+高效超净工业炉余热回收技术”，对重整单元四合一炉余热回收系统进行改造，改造内容如下：

（1）烟气系统

重整单元四合一炉系统高温烟气出对流顶汇总后，先进入新增高温空气预热器，经过引风机后进入低温段空气预热器 LAP（利旧原预热器），与空气换热后烟气温度降低至 85℃，冷烟气通过独立烟囱排入大气。

（2）空气系统

重整单元四合一炉燃烧空气依次经过鼓风机、前置预热器、低温段空气预热器（利旧原预热器）、新增高温空气预热器，与烟气换热后进入四合一炉燃烧器参与燃烧。

（3）燃料气系统

重整单元燃料气从分液罐出来后，160℃的燃料气进入 FPH 燃料气蒸汽换热器被预热至约 200℃，高温燃料气进入复合阻蚀剂处理系统，对燃料气进行精制处理，经过处理的燃料气进入重整单元四合一炉燃烧器进行洁净燃烧。

项目实施后，排烟温度可降低到 85℃，热效率提升至 95%；通过设置燃料复合阻蚀剂系统，对燃料气进行精处理，源头上减少二氧化硫、氮氧化物等污染物的生成，最大限度去除烟气中的腐蚀性介质，从根源上避免风机、尾部烟道和空气预热器发生酸露点腐蚀的风险。总二氧化碳减排量约 0.6 万吨/年。

3.3　天然气替代燃料油

该炼油企业锅炉装置有在用锅炉 5 台，存在以下问题：①锅炉老旧，排烟温度高，热效率低，产能低。②锅炉燃料已重油为主，碳排放量偏高。单位蒸汽消耗燃料油和天然气所产生的二氧化碳量分别为：燃料油：0.19t；天然气：0.14t。动力站年产蒸汽约 120 万吨，根据上述计算，消耗燃料油比消耗天然气多产生二氧化碳约 6 万吨。③除氧器进水依靠蒸汽加热，蒸汽消耗量高，能耗高。④锅炉高压给水泵无变频，低负荷运行时能耗高。

针对以上问题，拟采用如下解决方案：①停运 3#~5#炉，新建 130t/h、220t/h 中温中压燃气锅炉各 1 台，提高锅炉热效率，降低燃料碳转化率。②锅炉停止燃用燃料油，改烧天然气，采用超低氮燃气燃烧器，燃料充分脱硫，降低锅炉排烟温度至 80℃以下。③利用改造后的锅炉烟气给除盐水加热，取代低压加热器，节省蒸汽。④锅炉给水泵改造为变频泵，随锅炉负荷调整运行频率，达到节能的目的。

蒸汽产量按平均值 270t/h 计算，预计降低碳排放 11.83 万吨/年。

3.4　清洁电力替代

3.4.1　清洁电力替代蒸汽轮机

该炼油企业蒸汽来自燃油锅炉，部分蒸汽透平消耗了大量的蒸汽，若将现有 5 台透平改为电力驱动，具体见表 2。预计降低碳排放 19.92 万吨/年。

表 2　清洁电力替代蒸汽透平

序号	装置/透平位号	使用蒸汽等级/MPa	蒸汽消耗量/(t/h)	更改后电机使用电压/V	更改后电机功率/W	电能消耗/(kW·h)
1	延迟焦化装置/K1501	3.5	7.5	6000	2000000	2000
2	柴油脱硫装置/K5101	3.5	4.5	6000	1500000	1200

续表

序号	装置/透平位号	使用蒸汽等级/MPa	蒸汽消耗量/(t/h)	更改后电机使用电压/V	更改后电机功率/W	电能消耗/(kW·h)
3	连续重整装置/KT-201	3.5	27.9	6000	5768000	5768
4	连续重整装置/KT-202	3.5	33.4	6000	6457000	6457
5	连续重整装置/PT-801B	3.5	5.36	380	82000	82

3.4.2 清洁电力替代部分蒸汽伴热

该炼油企业部分高处伴热仍然采用蒸汽介质，经核算，可将13.6km长的蒸汽伴热线改为清洁电力替代蒸汽，可以有效降低碳排放，具体见表3，预计降低碳排放4.78万吨/年。

表3 清洁电力替代部分蒸汽伴热

序号	装置/伴热线长度/m	使用蒸汽等级/MPa	蒸汽消耗量/(t/h)	更改为电伴热消耗电能/(kW·h)
1	延迟焦化装置/3000	1.0	2.5	150
2	石蜡加氢装置/340	1.0	3	10.2
3	石蜡罐区/3070	1.0	3	92.1
4	连续重整装置/60	3.5	0.3	60
5	连续重整装置/5132	1.0	8	1600
6	一套常减压装置/1500	1.0	3	600
7	200万吨催化裂化装置/250	1.0	1.0	7.5
8	350万吨常减压蒸馏装置/300	1.0	0.8	9

3.4.3 清洁电力替代石蜡加氢装置加热炉

石蜡加氢装置加热炉投产于1993年，原设计无烟气余热回收及空气预热设施，设计热效率为80%，实际达到83%~86%，装置满负荷状况下，排烟温度实际达到180~210℃。将现有燃料气加热炉改造成电加热炉，设计功率1.2MW，设计电压380v。电加热炉将空气加热到530℃，排气温度为200℃，排气的空气全部循环到电加热二次加热后循环使用。预计降低碳排放0.038万吨/年。

3.5 高耗能设备更新改造

3.5.1 高耗能电机改造

该炼油企业内共计1049台运行电动机参照国家标准《高耗能落后机电设备(产品)淘汰目录(第1-4批)》，不符合《中小型三相异步电动机能效限定值及能效等级》(GB 18613—2012)标准中能效限定值要求。按照国家相关规定，需停止使用。

对于高耗能的1049台电机，按照国家要求驱动电机全部更新为符合国家标准电动机，相同工况下更换高效能电机预计节能率3%，节能300万千瓦时，降低碳排放0.23万吨/年。

3.5.2 高耗能机泵改造

该炼油企业供水车间二循7#8#泵自八十年代投用以来已经运行了近40年，该泵型号24SH-9A技术落后，离心泵的效率降低，能耗大，拟更换循环水泵型号KPS60-50；该炼油企业供水三循老系统现有机泵4台，目前运行3台备用1台。由于4台机泵并联运行且性能参数不一致，导致整体运行效率低下。拟更换3台4000t/h，扬程45米的机泵，运行2台备用1台，更换循环水泵型号KPS70-700。改造后每年节电量预计369.6万kWh，预计降低碳排放量0.28万吨/年。

3.6 二氧化碳捕集

制氢转化炉的主要燃料为PSA产生的副产品解吸气(CO_2约占52.9%，体积分数)，在制氢装置负荷在70%左右的情况下，解吸气量在13000~15000Nm^3/h左右。在该工况下PSA原料即中变气进PSA量约为51000Nm^3/h左右。其中CO_2约占18.2%(体积分数)，在中变气进入PSA前，增加脱碳设施，可以大幅度提高解吸气热值，减少CO_2带走的热量，提高转化炉热效率。PSA解吸气中的碳脱除后，需要补充的燃料气、所需的燃烧空气及相应产生的烟气量明显降低。

目前主要成熟的碳捕集技术包括：溶剂吸收

技术、膜分离技术、变压吸附技术。具体技术对比见表4，根据制氢实际情况，选择溶剂吸收技术进行碳捕集。

表4　分离技术对比

分离方法	溶剂吸收技术	膜分离技术	变压吸附技术
规模		1000Nm^3/h	
装置	工艺复杂，设备多	流程简单，设备少，自控阀门少	流程简单，设备少，自控阀门多
工艺条件	常温，1~5MPa，纯度>99%	常温，3~5MPa，纯度>90%	常温，0.5~1MPa，纯度>95%
运行维护	连续运行，维护费高	可连续可间断，维护费低	可连续可间断，维护费低
占地面积	大	小	小
成本	一次性投入高，运行费用高	一次性投入低，运行费用高	一次性投入高，运行费用低

碳捕集实施后制氢装置中变气回收二氧化碳用于油田驱油等用途，预计降低碳排放15.74万吨/年。

4　方案实施后效果

该炼油企业实施上述全部措施后，碳减排总量见表5，从表5可以看出，碳排放量降低了61.687万吨/年，相比措施实施前碳排放量减少了约23%。

表5　碳减排汇总表

序号	措　　施	碳减排量/（万吨/年）
1	适时生产润滑油基础油	0.82
2	糠醛装置改造为三效蒸发工艺	0.95
3	二套常减压装置降低炉出口温度	2.77
4	加氢精制装置热供料	0.55
5	200万吨催化裂化装置热供料改造	0.17
6	加氢裂化装置热供料改造	0.07
7	一套初底油与二重催车间油浆换热联合	0.53
8	柴油脱硫装置热供料改造	0.14
9	延迟焦化装置热供料	0.056
10	汽油脱硫装置分馏塔顶低温热利用	1.1
11	延迟焦化装置加热炉CO监测改造	0.043
12	柴油脱硫装置加热炉改造	0.11
13	汽油脱硫装置加热炉改造	0.13
14	连续重整装置四合一重整加热炉改造	0.6
15	加氢裂化装置加热炉改造	0.05
16	一套常减压装置加热炉改造	0.78
17	天然气替代燃料油	11.83
18	清洁电力替代蒸汽轮机	19.92
19	清洁电力替代部分蒸汽伴热	4.78
20	清洁电力替代石蜡加氢装置加热炉	0.038
21	高耗能电机更新改造	0.23
22	高耗能机泵改造	0.28
23	制氢装置实施碳捕集	15.74
	合计	61.687

5　结束语

我国石化工业面临着发展与减碳的双重挑战。一方面，我国“双碳”目标明确，国家各部委积极推动各行各业碳达峰碳中和行动落实，石化行业作为碳排放较高行业，实现绿色低碳发展刻不容缓。另一方面，随着经济的发展和市场需求的变化，化工品及新材料的需求将持续快速增长，推动产能也快速增长，碳排放将随之增加。要实现我国石化工业减碳与发展协同互促，只有把科技与产业有效结合，以技术创新推动清洁生产。通过加快业务转型、深化节能提效、加快清洁替代、逐步削减低效产能、加强回收利用、积极发展新能源等，大幅减少产品全生命周期碳足迹，持续提升炼化业务减排创效能力。

参　考　文　献

[1] 王红秋，雪晶，宋倩倩，等．我国石化行业低碳发展面临的形势[N]．中国石油报，2021，7，20：006版．
[2] 傅向升．石化“双碳”的解题思路[J]．中国石油石化，2021，6：30-31．
[3] 张艺峰，王茹洁，邱明英，等．CO_2捕集技术的研究现状[J]，应用化工，2021，50(4)：04-05．

锂离子电池及隔膜市场概况和发展趋势

王立博　于连荣　张　欣

（中国石油辽阳石化公司）

摘　要　锂离子电池具有质量轻、能量密度高、循环寿命长、无记忆效应等优点，广泛应用于电子设备、新能源汽车、储能蓄电池等领域。目前国内锂离子电池产业扩能迅速，2023年前三季度的锂离子电池出货量已达到2022年全年的水平，供需矛盾逐渐显现。随着各大产能在2025年前逐渐落地，动力电池装机率将持续下降，从而进一步提升行业竞争压力。提升锂离子电池能量密度、使用安全性、使用寿命和快充低成本是锂离子电池行业的主流发展趋势，也是企业在行业内生存发展的关键。此外，随着技术的进步，采用钠等其他高效材料替换锂离子也是锂电池未来发展方向之一。电池隔膜是锂离子电池的重要组成部分，通常由聚乙烯、聚丙烯或聚乙烯与聚丙烯复合材料组成，起着隔离正负极，防止电池发生短路和为锂离子提供通道的作用。中国锂电池隔膜企业产能大幅扩张，已占据全球的80%。随着全球产能向中国集中，国内隔膜企业已形成全球竞争力。锂离子电池技术的不断进步推动着隔膜技术的更新迭代。在隔膜吸液保液性、导电性、轻量化、高强度、低水分、耐超高温、抗穿刺性等方面对隔膜性能提出了更高的要求。锂离子电池的安全性正逐渐被人们重视，锂电池发生危险的主要原因是热失控，为应对这一情况，需要在未来发展中通过改性提高隔膜熔化温度。

关键词　锂电池；隔膜；市场；发展趋势

锂离子电池是20世纪末开始兴起的一种二次电池，俗称锂电池。相比于其他可充电电池，锂离子电池具有安全性强、能量密度高、循环寿命长、无记忆效应、污染性小等特点。锂离子电池是现代高性能电池的代表，由正极、负极、隔膜、电解液以及封装材料所构成，主要依靠锂离子在正极和负极之间移动来工作。在充放电过程中，Li^+在两个电极之间往返嵌入和脱嵌：充电时，Li^+从正极脱嵌，经过电解质嵌入负极，负极处于富锂状态；放电时则相反。锂离子二次电池充、放电时的反应式为：

$$LiCoO_2+C \underset{\text{放电}}{\overset{\text{充电}}{\rightleftharpoons}} Li_{1-x}CoO_2+Li_xC$$

锂离子电池的应用分为传统的ICT类（手机、笔记本、蓝牙耳机）、动力电池（电动汽车）和储能（蓄电池）应用，以动力类应用为主体。

锂离子电池隔膜是现有锂电池内层组件中技术壁垒最高的材料，起到分隔电池正负极的作用，直接决定了锂电池的使用性能和安全性。隔膜可以保证锂离子的通过，同时阻碍电子传输，具有防止电池过热的功能。聚烯烃隔膜是目前市场化程度最高的锂离子电池隔膜，其中以聚乙烯（PE）和聚丙烯（PP）为代表，具有良好的化学稳定性、合适的孔径及孔径分布，以及低廉的价格等优势。

1　锂离子电池及隔膜市场概况

1.1　锂离子电池市场概况

得益于全球经济绿色低碳转型加速，储能与新能源汽车锂离子电池继续迸发超级需求。在动力方面，虽然补贴正在退坡，但得益于续航里程的不断突破，新能源汽车的渗透率不断增长，动力电池装机量稳步提升；储能方面，2022年3月国家发改委、国家能源局印发新型储能纲领性文件《十四五新型储能发展实施方案》，到2025年，新型储能由商业化初期步入规模化发展阶段，具备大规模商业化应用条件。

锂离子电池的出货量主要指小型电池、储能电池、动力电池的出货量，其中以动力电池占比最高。据GGII数据统计，2023年前三季度我国动力锂离子电池出货量445GW·h，同比增长35%；储能锂离子电池出货量127GW·h，同比增长44%；前三季度出货量趋近于2022年全年出货量，预计全年出货量将达到870GW·h。2023年前三季度，动力电池装机率约52%，动力电池产能远大于市场需求，动力电池进入深度去库存阶段。2018-2023年前三季度中国及全球锂离子电池出货量情况如表1所示。

表 1　2018-2023 年前三季度中国及全球锂电池出货量情况

时间	中国锂电池出货量/GW·h	全球锂电池出货量/GW·h	占比%
2018	102.1	202.5	50.4
2019	131.6	254.4	51.7
2020	158.5	294.5	53.8
2021	334.2	562.5	59.4
2022	660.8	957.7	69.0
2023 前三季度	605.0	1046.5	57.8

数据来源：国家能源局、GGII、EESA 数据库、SNE research

中国锂离子电池的出货量从 2018 年开始稳步增长，占比从 2018 年的 50.4%逐渐升高到 2022 年的 69%。随着动力电池装机率的下降，在 2023 年前三季度出货率也有所下降。

1.2　锂电池隔膜的市场概况

电池隔膜是电池的重要组件，目前电池隔膜的 80%由中国生产。隔膜的产销一直保持着旺盛的姿态。2023 年前三个季度，在锂电全产业链去库减量的背景下，隔膜仍维持了较高的增速，全国隔膜出货量约 114 亿 m^2，同比增长近 30%。其中干法隔膜出货约 25 亿 m^2，湿法隔膜 89 亿 m^2。受储能市场放量的影响，干法膜需求高于湿法。2018-2025 年锂电池隔膜出货量及预测如表 2 所示。

表 2　2018-2025 年全球锂电池隔膜需求量和中国锂电池隔膜出货量　亿 m^2

时间	中国锂电池隔膜出货量/亿 m^2	全球锂电池隔膜需求量/亿 m^2	国产占比/%
2018	22.8	36	63
2019	29.8	43	69
2020	38.7	56	69
2021	80.6	107	75
2022	133.2	165	81
2023	173	214	81
2024E	237	286	83
2025E	318	370	86

数据来源：Evtank、起点研究、东方证券

中国国产锂电池隔膜出货量已逐渐接近全球锂电池隔膜需求量。国内隔膜企业产能大幅上涨，全球产能向中国集中，国内隔膜企业已形成全球竞争力。据官网及年报的统计数据，当前湿法隔膜产能为 249 亿 m^2，干法隔膜产能 37 亿 m^2。目前国内企业拟在建项目超 20 个，规划到 2025 年投产的湿法隔膜产能合计超过 270 亿 m^2，干法隔膜合计产能超过 25 亿 m^2。按照这个发展趋势，预计在 2025 年中国隔膜产能将达到 580 亿 m^2，其中湿法隔膜产能预计为 520 亿 m^2，干法隔膜产能为 60 亿 m^2。部分膜企业官方称 2025 年具备 70 亿 m^2、100 亿 m^2、120 亿 m^2 的交付能力，供大于求局面明显，中国隔膜的全球市场占有率有望进一步提升，行业竞争局势将更加激烈。

在隔膜价格方面，湿法和干法隔膜在 2018 年达到历史最高价格，分别为 2.7 元/m^2 和 1.9 元/m^2。之后随着产能的提升，隔膜价格呈现下降趋势，在 2019 年度即分别跌至 1.5 元/m^2 和 1.0 元/m^2。受成本限制，2019 年后下降幅度趋缓，到 2023 年前三季度，湿法价格已降为为 1.1 元/m^2，干法价格为 0.7 元/m^2。

国内厂家方面，国内主要隔膜厂家及市场份额为：上海恩捷 33%、星源材质 15%、中材科技 10%、中兴新材 9%、金力股份 9%。以上海恩捷和星源材质为主流膜厂家。

2　锂离子电池及隔膜发展趋势

2.1　锂离子电池发展趋势

锂离子电池技术的发展方向主要为高安全、高比能量、长循环寿命、高压快充、低成本。其中高能量密度和高安全性是终极追求；高性价比则意味着更快的商业化进度；长寿命和快充快放使锂离子电池能适应更多元化的场景和需求。目前各类电池材料与能量密度和续航里程的情况如表 3 所示。

表 3　电池材料与能量密度和续航里程的情况

材料名称	能量密度/(W·h/kg)	续航里程/km
磷酸铁锂正极	180~200	300~500
无磷酸锰铁锂	220~230	300~500
高压三元正极	220~260	400~700
无钴材料	230~260	300~500
高镍三元正极	240~280	700
高镍三元正极+硅基负极	280~350	700
半固态	400	700

数据来源：Deloitte、甲子光年

在众多电池材料中半固体电池能量密度最高。半固态电池的特点是引入了部分固态电解质材料，如电解质涂层或填料，降低了电解液的使用量。同时，使用了固态电解质薄膜替代隔膜。

半固态电池安全性高，不泄露、零挥发、可燃性降低。相比于液态电解质，固态电解质的能量密度更高，兼顾倍率性能。目前半固态电池的技术由24M公司所有。大众集团在2022年收购了24M的电池25%的股份，与24M共同开发动力汽车用半固态电池的生产技术。国内方面，24M公司的唯一授权为安瓦新能源科技有限公司。目前在安徽芜湖有5GW·h半固态电池量产线（2023年底建成一期1GW·h）。在山东烟台10GW·h半固态电池量产线正在建设。半固态电池在未来会继续发展，缩减液态电解质的使用量并预计在2035年升级成全固态电池。固态电池的发展还需要时间，需要克服的主要问题有固-固界面物理接触差，界面副反应，室温下离子电导率不足以及与现有液态电池的工艺产线不匹配。

除了固态向发展，锂电池的另一个发展方向是使用钠替换锂。钠离子电池的优势有：

（1）钠电池与锂电池不同，我国80%以上的锂原料依赖进口，而钠离子电池的原料包含氢氧化钠等成本较低的原材料，氢氧化钠可以通过电解氯化钠溶液获得，成本上比锂电池有优势。

（2）锂离子的直径约为0.152nm，钠离子直径约为0.204nm。直径更大的钠离子对电解液浓度的要求也相对较低，从而降低电池成本。

（3）锂离子电池负极集流体依赖铜，而钠离子电池可采用铝箔作为负极集流体，成本可降低8%，同时质量可以下降10%。

（4）钠离子电池无过放电特性，允许钠离子电池放电到0伏，电池在低电量状态中的稳定性更有保障。

目前宁德时代推出了第一代钠离子电池，在安全性能、电池充放寿命方面与磷酸铁锂电池相当。在系统集成效率、快充性能、低温性能方面较磷酸铁锂电池有优势。在能量密度方面不如磷酸铁锂电池。

2.2 隔膜技术发展趋势

隔膜技术的发展趋势是提高化学稳定性，具有超薄、轻量化、高强度、高耐热、低水分、高离子电导率。体现在以下三个方面：（1）提升隔膜吸液保液功能，提升导电性，延长电池循环寿命；（2）提升隔膜耐超高温性能，开发低闭高破隔膜，解决电池安全性；（3）提升隔膜抗穿刺强度和力学性能，提升电池单位体积能量密度。

锂电池隔膜按照性能由低到高依次为：基膜、改性膜、复合膜、电解质复合膜。其中基膜主要是聚烯烃微孔膜；改性膜有无机涂层、有机涂层、热关断涂层改性膜；复合膜有陶瓷复合膜、纳米纤维膜；电解质复合膜有无机固态电解质膜、有机固态电解质膜、复合固态电解质膜。电解质复合膜是现在的流行趋势，为最先进的电池隔膜，其中电解质及阻燃剂膜，LATP复合膜、PEO复合膜等，是最近的研究热门。

隔膜是锂离子电池最关键的组件，起到分隔电池正负极的作用。隔膜可以保证锂离子的通过，同时阻碍电子传输，具有防止电池过热的功能。隔膜的性能决定电池的内阻，对电池的容量和循环产生影响。隔膜产品的性能要求高，具有较高的技术壁垒，其技术发展方向如下表4所示。

表4 锂电子隔膜的技术发展方向

项目	特性	要求	作用	影响因素
稳定性	电子绝缘性	绝缘性良好	隔离正负极，防止电池短路	主要受基体材料影响，实现难度低
	化学稳定性	足够的化学和电化学稳定性	耐电池液腐蚀，保证电池寿命	
	电化学稳定性	足够的拉伸强度		
	拉伸强度	较小的收缩率	防止隔膜变形	
	收缩率			
一致性	孔径	保证在良好透过性的情况下满足不同电池性能的需求	保证较低的电阻和较高的离子导电性，提高电池能量密度，提升充放电性能	主要受工艺影响，实现难度大
	孔隙率	保证在一定孔径的情况下孔隙率尽可能大		
	浸润性	对电解液的浸润能力		
	厚度	在一定的机械强度下尽可能小，越厚穿刺强度越好	减小内阻，可大功率充放电	

续表

项目	特性	要　求	作　用	影响因素
安全性	穿刺强度	足够	防止锂枝晶、极片毛刺刺穿隔膜造成短路	主要受基体材料和工艺共同影响，实现难度高
	融化温度	尽可能高	防止隔膜融化造成电池内部再短路	
	闭孔温度	高于电池正常使用温度，低于融化温度	防止电池过热	

2.3 安全性发展趋势

锂电池发生危险的主要原因是热失控。交通事故电池组变形电解液泄露以及隔膜穿刺，泡水导体污染造成的外部短路，过充过放产生气体，锂枝晶穿透隔膜造成内部短路等原因都会产生热失控，进而导致电池燃烧起火发生危险。在热失控进程中，电池经历了以下几个步骤。首先是隔膜基质融化或穿刺泄露使负极与电解液反应。之后连带着正极分解和电解质分解。此时电池的温度已升到200~300℃，产生了大规模的内短路，进而开始电解液燃烧起火。

为应对这一情况，需要在未来发展中，提高隔膜熔化温度，如果高于正负极的分解温度，内部短路将会被避免，产生的热量也会大大减小。在膜的使用上，目前有以下几个材料方案，如表5所示。

表5　隔膜安全性材料方案

隔膜名称	作　用
高强度 PE 膜	高拉伸强度和撞击稳定性，耐形变
改性 PE 膜	耐热钉刺，防止电池内短路
三层共挤膜	干法三层共挤膜通过中间层起到熔融阻隔电流作用
高耐热陶瓷膜	在150℃下具有较好耐热，但温度更高会发生粉化
高耐热有机涂覆膜（PI 芳纶纤维）	高温下具有结构稳定性
高分解温度基膜（PPTA、PET）	分解温度高，PPTA400－600℃，PET250℃
固态电解质膜（氧化铝、磷酸钛铝锂）	离子导通、降低内阻

3　结束语

中国锂离子电池行业发展迅速，随着规划的大产能陆续落地和国家新能源车政策的收紧，行业竞争将进一步加剧，导致锂离子电池的装机率继续走低。如何做到高能量密度、高安全性、长寿命、低成本和快充性成为了在这个行业中脱颖而出的关键。隔膜的性能决定了锂离子电池性能的下限，为了保证锂离子电池技术的进步，隔膜要向超薄、轻量化、高强度、高耐热、低水分、高离子电导率方向继续发展以满足锂离子电池技术发展的需要。

参考文献

[1] 倪文浩，丁冬．我国锂离子电池发展现状及前景探讨[J]．中国石油和化工标准与质量，2012，32(01)：26.

[2] 张媛，伍艳艳，田铭，等．锂离子电池：移动能源2.0时代的先行者[J]．化工管理，2016(13)：59-62.

[3] 张文阳，茆汉军，等．超高分子量聚乙烯锂电池隔膜的制备及其发展趋势[J]．上海塑料，2020年第2期．

[4] 储健，等．国内外锂离子电池隔膜的研究进展[J]．合成技术及应用，2020，vol. 35.

[5] 秦颖，等．锂离子电池隔膜的研究进展[J]．产业用纺织品，2019年第37卷第4期．

[6] 李莹，等．锂离子电池隔膜的制备技术现状及发展方向[J]．化工新型材料，2024. 3.

[7] 郑世富，等．锂离子电池发展趋势及回收工艺对比[J]．江西化工，2024，40(01).

[8] 荣强，周露．钠离子电池电极材料研究进展[J]．电源技术，2023，47(09).

[9] 赵宏福．锂离子电池隔膜的研究进展及发展趋势[J]．河南化工，2023，40(07).

[10] 王远铭，等．锂离子电池隔膜改性研究进展[J]．高分子通报，2023，36(12).

[11] 安礼焱，等．锂离子电池隔膜技术的研究进展[J]．船电技术，2023，43(09).

[12] 曹勇，等．大容量磷酸铁锂电池模组热失控研究[J]．储能科学与技术，2024，3.

双碳行动下中国润滑脂工业结构调整初探

李　勇

（中国石化润滑油有限公司润滑脂分公司）

摘　要　当前，世界各国对环境保护和绿色发展的重视程度日益提升，绿色化工已经成为全球化工产业发展的潮流。习近平总书记指出绿水青山就是金山银山的绿色发展理念。世界总能耗的23%（119EJ）来自摩擦学接触。全球摩擦和磨损的总成本为25亿欧元。造成的二氧化碳总排放量为81.2亿吨，占全球总量20%左右。采用先进的摩擦学技术可节省成本9.7亿欧元，减少31.4亿吨二氧化碳排放。未来几年中国争取尽快通用锂等产品寿命延长并升级为强制性国标，中国石化行业引领，使其锂、复合锂基润滑脂年使用量近三十万吨压缩总量，落实二十大润滑脂产业结构调整的绿色发展要求。合理选用高性能润滑脂能有效降低机械磨损，减少废弃物，保护环境，并能减少摩擦，降低能耗，节约能源，对改善人类的生存环境具有重要意义。本文综述了全球一次能源消耗、碳排放以及中国润滑脂市场分析、润滑脂结构和专利分析，提出润滑脂结构调整方案。影响润滑脂最重要的抗氧化性能进行了分析，常见的各种抗氧剂的研究现状、抗氧化机理及应用领域，并展望了今后的发展趋势，指出绿色环保型抗氧剂是今后重点的发展方向之一。

关键词　润滑脂；添加剂；抗氧剂；绿色；环保

润滑油脂失效的一个主要原因是发生氧化降解。润滑油脂氧化后产生的物质，降低了其使用性能，不仅对润滑部件造成腐蚀或磨损，还会加快其本身的氧化速度，导致寿命缩短。暴露在氧气环境、受热或者载荷等条件下，润滑脂中的碳氢化合物将加速氧化过程，特别是在有锂、铁、铜、镍等金属存在的情况下，油品更易氧化。如工程机械、汽车轮毂轴承等部件在运转过程中产生的磨粒等，是突出的氧化催化剂。抗氧剂是保护润滑油脂免受氧化变质的关键添加剂，目前工业润滑油脂中至少添加一种抗氧剂来提高其氧化安定性或有增强其他性能的功效，来满足润滑油脂在汽车、精密轴承、工程机械等工业领域的苛刻要求。

近年来迫于环境和资源等问题，提倡绿色环保、低成本、高效率的新型抗氧剂一直都是抗氧剂发展的趋势，但真正实现工业应用的绿色抗氧剂鲜有报道。当前，世界各国对环境保护和绿色发展的重视程度日益提升，绿色化工已经成为全球化工产业发展的潮流。习主席二十大报告指出必须牢固树立和践行绿水青山就是金山银山的理念，站在人与自然和谐共生的高度谋划发展。要推进美丽中国建设，坚持山水林田湖草沙一体化保护和系统治理，统筹产业结构调整、污染治理、生态保护、应对气候变化，协同推进降碳、减污、扩绿、增长，推进生态优先、节约集约、绿色低碳发展。绿色化学之父 Paul T. Anastas 等人在学术期刊《科学》上提出了新版绿色化学十二原则，其中有一项是从高活性、难降解、剧毒的化学试剂和产品到环境友好型的化学试剂和产品。

本文综述了全球一次能源消耗、碳排放以及中国润滑脂市场分析、润滑脂结构和专利分析，提出润滑脂结构调整方案。影响润滑脂最重要的抗氧化性能进行了分析，常见的各种抗氧剂的研究现状、抗氧化机理及应用领域，并展望了今后的发展趋势，指出绿色环保型抗氧剂是今后重点的发展方向之一。

1　全球能源消耗和碳排放分析

1.1　全球一次性能源消耗分析

2021年，随着世界各地区的限制放松和经济活动的复苏，全球一次能源消费量大幅增长，一次能源消费量为595.15EJ，与上年（2020年，下同）564.01EJ相比增加了31.14EJ，年均消费量上涨5.8%，创造了史上最大增幅，2011～2021年间的年增长率仅为1.3%，这意味着新冠肺炎疫情防控常态化中一次能源消费量开始增加，其主要原因是由于新兴经济的推动和可再生能源的驱动。

从能源消费量种类看：2021 年石油、天然气和煤炭能源消费量(489.66EJ)占总消费量的 82.3%，与上年（463.68EJ）相比增加了 25.98EJ。虽然化石能源的消费量增加了，但石化能源消费量在一次能源消费量中的比例下降了，其中石油消费量比上年增加了 10.04EJ，达到了 184.21EJ，年均消费量上升了 3.41%，在一次能源消费量中占比超 1/3，可见石油在一次能源消费量结构中仍占据最大份额；天然气消费量比上年增加了 6.91EJ，达到了 145.35EJ，在一次能源消费量中占比超 1/5；煤炭为 2021 年第二大能源消费量的化石能源，消费量比上年增加了 9.03EJ，达到了 160.10EJ(占比为 27%)，核能消费量比上年增加了 0.87EJ，达到了 25.31EJ(占比为 4%)，水电消费量比上年减少了 0.83EJ，达到 40.26EJ(占比为 7%)，是 2021 年所有燃料种类中唯一消费量出现负增长的燃料，可再生能源消费量为 39.91EJ(占比为 7%)，与水电消费量占比基本相同，见图 1。

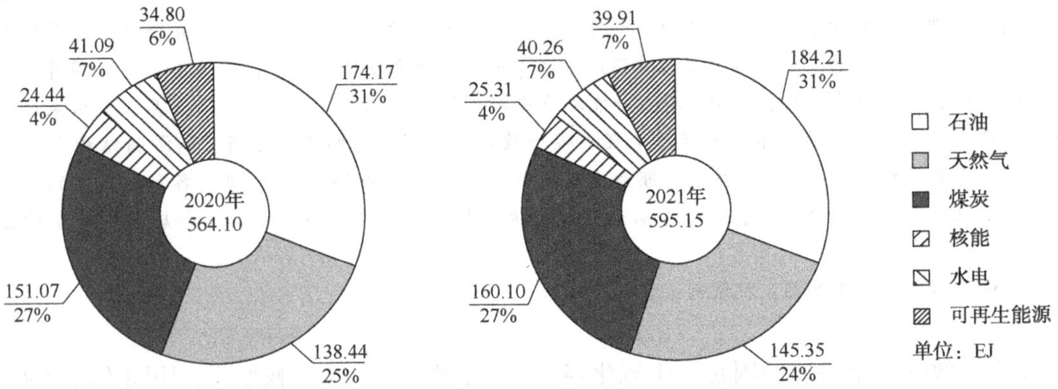

图 1　2020 年与 2021 年全球一次能源消费量占比图

随着世界经济的恢复，全球能源需求逐渐增加。全球一次能源消费年均增长率为 5.8%；石油产量年均增长率为 1.6%，天然气产量年均增长率为 4.8%，煤炭产量年均增长率为 5.9%；石油、天然气和煤炭消费量年均增长率都超 5%；全球总发电量年均增长率为 6.2%，碳排放量年均增长率为 5.9%，可再生能源产量年均增长率为 15%。可见，可再生能源变得越来越重要，全球在能源绿色发展中有所进步。

1.2　全球碳排放分析

2022 年，能源燃烧和工业过程产生的 CO_2 排放量占能源相关温室气体排放量的 89%。

如图 2 所示，能源燃烧、泄漏和排放产生的甲烷占 10%，主要来自陆上油气作业以及动力煤生产。尽管天然气价格高企提高了甲烷减排技术的成本效益，但到 2022 年，甲烷排放量仍上升至近 1.35 亿吨 CH_4 或约 4 亿吨。

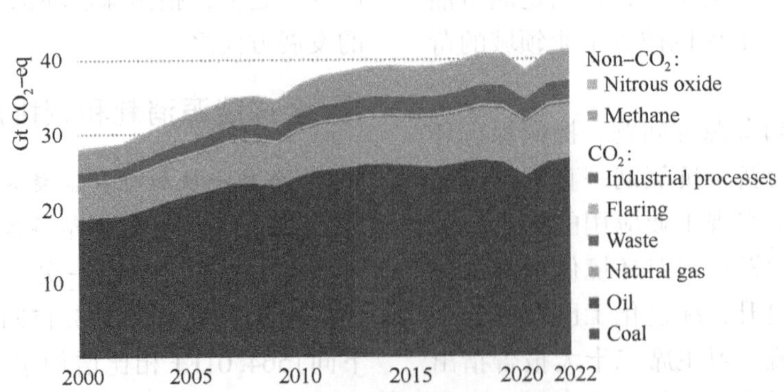

图 2　2000-2022 年全球能源相关温室气体排放

1.3　润滑技术应对全球能源消耗和碳排放

世界总能耗的 23%(119EJ)来自摩擦学接触。其中 20%(103EJ)用于克服摩擦，3%(16EJ)用于由于磨损和磨损相关故障而导致的磨损部件和备用设备的再制造。

-通过利用新的表面、材料和润滑技术来减少全球车辆、机械和其他设备的摩擦和磨损保护，由于摩擦和磨损造成的能量损失可能在长期(15年)内减少40%，在短期(8年)内减少18%。在全球范围内，这些节省将相当于每年GDP的1.4%和长期能源消耗总量的8.7%。

2 中国润滑脂结构调整分析

2.1 润滑脂市场分析

世界总能耗的23%(119EJ)来自摩擦学接触。全球摩擦和磨损的总成本为25亿欧元。造成的二氧化碳总排放量为81.2亿吨，占全球总量20%左右。采用先进的摩擦学技术可节省成本9.7亿欧元，减少31.4亿吨二氧化碳排放。

2.1.1 近年来全球润滑脂产量

2021年，全球共有263个润滑脂生产企业参加全球润滑脂产量调研。中国有73个生产企业参加了2021年全球润滑脂产量的调查工作。

统计结果表明，2021年：全球润滑脂产量略高于2020年，达到1.186×10^6t；中国润滑脂总产量为4.512×10^5t，比2020年高27494.322t；6家中国外资企业在中国生产的润滑脂产量为3.823×10^4t，比2020年多3050.506t，为历史新高。

2.1.2 全球润滑脂结构

按稠化剂结构，润滑脂可划分为铝基润滑脂、复合铝基润滑脂、水化钙基润滑脂、无水钙基润滑脂、磺酸盐复合钙基润滑脂、复合钙基润滑脂、锂基润滑脂、复合锂基润滑脂、钠基润滑脂、其他金属盐皂基润滑脂、聚脲基润滑脂、膨润土润滑脂和其他非皂基润滑脂。

全球锂基/复合锂基润滑脂所占比例约为70%，无水钙基润滑脂占比呈现上升趋势。全球润滑脂仍以矿物油为主，全球矿物油润滑脂所占比例为87%左右；生物质油润滑脂在全球所占比例低于1%。

2.1.3 中国润滑脂结构

2021年度中国润滑脂产量(不包括烃基润滑脂)为4.130×10^5t，比2020年增加24425.590t。中国锂基润滑脂的比例在逐年降低，复合皂基润滑脂占比呈逐年上升的趋势，锂基/复合锂基润滑脂受氢氧化锂涨价的影响，所占比例由2018年的72.64%下降为2021年的63.5%。

2021年以矿物油为基础油的润滑脂所占比为87.65%；以合成油为基础油的润滑脂所占比例为4.45%；以半合成油为基础油的润滑脂所占比例为7.60%；采用生物质油为基础油的润滑脂占比较小，为0.30%。

2.2 润滑脂专利分析

润滑脂是由一种或多种稠化剂分散在一种或多种液体润滑剂中而得到的半固体到固体，具有非牛顿流体特征的润滑剂，俗称黄油。尽管到2022年全球润滑脂总产量才达到119万吨，但是润滑脂的应用领域却遍及从深海到太空、从办公家电到冶金工业、从普通民用机械到军事装备等各种类型的机械设备。润滑脂不仅应用领域广泛，还涉及化学、物理、摩擦学、流体力学等等多种学科的知识，是典型的交叉科学。

一方面润滑脂的物态性质复杂，给润滑脂的研究带来困难，另一方面，润滑脂的广泛应用和复杂的知识体系，导致了润滑脂相关的信息异常分散，这给润滑脂的研究与应用带来很大困难。随着计算机和网络的发展，信息的质量和数量、以及获取信息的途径发生质的飞跃。这种变化，在润滑脂学科的发展过程中体现的非常明显，原本难以查询的资料多了起来，计算机和互联网的检索方式已经取代人工检索。现在通过网络，可以轻松地查阅到许多关于润滑脂的信息。

2.2.1 专利来源渠道

润滑脂国外专利主要检索有：欧洲专利数据库、美国专利商标局专利数据库。其中欧洲专利数据库不仅可以检索欧洲各国(主要由英国、德国、法国、意大利、西班牙等国)的专利，而且可以检索美国、日本、中国和韩国的专利，还可以检索国际专利信息PCT。利用欧洲专利局提供的专利检索工具和资源，可以方便的检索到几乎世界各国的专利，对于润滑脂的相关专利来说，涵盖了世界上润滑脂主要的研发、生产地区的专利，而且欧洲专利局提供了同族专利列表，因此可以减少或重复检索的几率，提高工作效率。欧洲专利局提供的专利资源检索非常方便，例如，一些较新的美国专利，在欧洲和可以检索并下载的，近年来欧洲专利局也提供中国专利。

由于各国将美国视为重要的知识产权应用国，因此，很多其他国家都会在美国申请专利。有很多途径可以查询中国专利，但是又不尽相同，对比发现中国国家知识产权局是中国专利审批及授权单位，是中国专利的管理者和其他网站专利资源的源头，因此利用中国国家知识产权局提供的检索工具就可以方便的检索到中国的专利。比较起来，美国检索方式最为灵活、欧洲收录的专利数量最多、中国日益受到他国重视，他国在中国申请的专利递增迅速。表 1 为全球润滑脂专利情况。

表 1　全球润滑脂专利(截止日期：2024. 1. 6)

项　目	检索词：Grease and lithium（欧洲专利局）	检索词：Grease and urea（欧洲专利局）	检索词：grease（欧洲专利局）
检索范围	全世界	全世界	全世界
润滑脂相关专利数量/个	3934	2143	26798
中国	387	193	1160
中石化润滑脂(sinopec)	144	133	407
Shell	164	121	291
Mobil	67	7	108
Exxon	109	7	179
KYODO YUSHI GREASE(日本协同)	221	229	294
klueber	22	23	40

2. 2. 2　全球知名润滑脂生产厂家专利分析

润滑是一项复杂的系统工程，涉及力学、化学、物理、仿真、材料、测试等众多高科技技术领域和产业链。随着科学技术的进步，润滑脂也在迅猛发展。从润滑脂产业发展的历史来看，润滑脂工业面对的是全球市场而非区域性的市场。在润滑脂发展迅速的环境下，润滑脂市场战暗流汹涌。市场战的背后是资源战，而资源战的强有力支撑则是专利，专利是知识产权成果的重要组成部分，更是在很大程度上反映了技术的发展方向及水平。近年来，专利内容分析已逐渐成为国内外的研究热点。通过对互联网产业、搜索引擎技术等各领域的专利研究，可以发现每项技术或产业的发展脉络、重点方向、企业战略，从而推动技术创新研究，有力地促进了各项技术的发展与进步。润滑脂是典型的知识密集、技术密集型产业，也是一个国家工业整体能力体现的重要标杆。专利反映了技术的发展和方向，但是由于润滑脂复杂性，目前，缺乏对于润滑脂产业专利技术的研究，尤其是缺乏高端润滑脂产业专利布局、风险管控等方面的研究和指导。因此，有必要探索竞争对手所拥有的专利，分析技术发展与专利布局，加强对润滑脂技术领域及方向等的把握，从而提升自身发展，把控前沿趋势，为中国润滑脂设计制造业及其知识产权发展战略提供指导。

2. 2. 2. 1　*研究方法*

国家专利分类(IPC)将所有技术知识体系进行了不同层级的分割，除了将技术领域分为 8 个部分外，又分了多个大小类、大小组。润滑脂所涉及的技术广泛，本文基于不同层级的 IPC 分类号对专利进行分析，从而探索润滑脂领域中国石化、壳牌、埃克森美孚、日本协同和日本出光、德国克鲁勃、道康宁、雪佛龙的发展路线及重点方向。首先，在欧洲专利数据库中检索八家公司的专利申请情况，根据年度、数量等信息划分区间并提取不同区间大组层级 IPC 分类号，分析从建立之初到 2023 年的专利发展，探索润滑脂“先发者”和“后进者”的成长历程和经验。然后，提取小类层级的 IPC 分类号，综合八家公司的专利技术，分析八家公司共同关注的重点技术领域，同时，提取小组层级的 IPC 分类号，针对性深入挖掘分析八家公司的重点发展技术，发现其共性及异性。最后综合给出润滑脂产业发展过程中的知识产权建议。

C10M 分类号在国际专利分类(IPC)中具有较高的实用价值，可以帮助专利申请人、发明人和专利代理人在检索和分析相关专利文献时，更加精确地找到与自身发明相关的技术资料。此外，C10M 分类号还可以为专利审查员、研究人员和企业家提供有关润滑油和润滑剂领域的专利信息，以便了解行业动态、把握市场机会和进行技术研发。

需要注意的是，专利分类号并非绝对唯一，同一发明可能涉及多个分类号。在实际应用中，要结合具体发明内容和相关技术领域，选择合适的分类号进行专利检索和分析。

2.2.2.2　八家公司专利申请总体趋势研究

根据欧洲专利数据库检索结果，从1931年至2024年1月，中国石化在全球范围内申请专利417件；壳牌在全球范围内申请专利291件；埃克森美孚在全球范围内申请专利311件；日本协同在全球范围内申请专利294件；日本出光在全球范围内申请专利91件；德国克鲁勃在全球范围内申请专利88件；道康宁在全球范围内申请专利41件；雪佛龙在全球范围内申请专利43件。

五家公司专利申请趋势如图3所示。从图3中可以看出：二十世纪五十年代之前，壳牌公司在全球的润滑脂专利占比最高；二十世纪五十年代到九十年代，壳牌公司和美孚公司在全球的润滑脂专利旗鼓相当同时占比也最高；二十世纪九十年代到二十一世纪前十年日本协同公司异军突起在全球的润滑脂专利占比最高；2011年至今十多年时间，中国石化公司异军突起在全球的润滑脂专利占比最高。

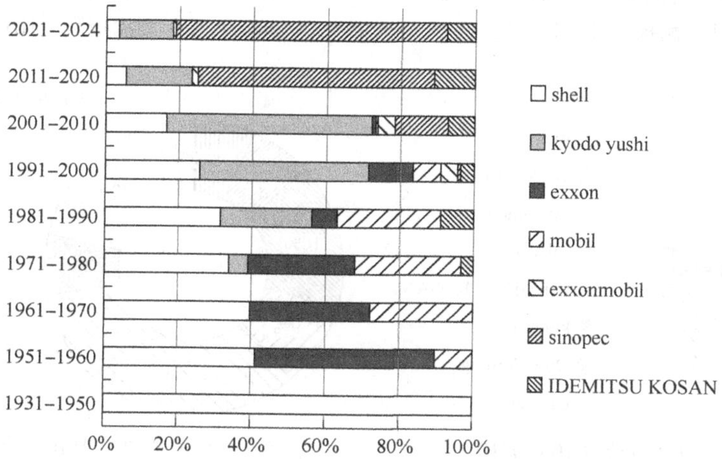

图3　五家公司专利历年占比情况

根据《国际专利分类表》(IPC分类)对专利方向进行划分，通过对专利数量及重点方向的分析，可以把握近年来润滑脂领域技术的发展方向。经过检索统计，润滑脂申请专利所属技术领域润滑性、抗磨性、耐极压性、耐温极限、氧化的抑制、耐腐蚀性和广泛应用于轴承等方面发展广泛且深入。从图4可以看出，日本协同、中国石化和德国克鲁勃在润滑脂极压抗磨性方面研究处于领先优势。从图5可以看出，日本协同、日本出光和德国克鲁勃在润滑脂耐温性方面研究处于领先优势。从图6可以看出，中国石化、日本出光和日本协同在润滑脂抗氧性方面研究处于领先优势。从图7可以看出，中国石化、日本协同和德国克鲁勃在润滑脂耐腐蚀性方面研究处于领先优势。从图8可以看出，日本出光、日本协同和德国克鲁勃在轴承行业研究处于领先优势。从图9可以看出，日本出光、日本协同和德国克鲁勃在齿轮等行业研究处于领先优势。

针对上述专利技术发展与布局分析，为有效提升中国在润滑脂领域的竞争力，促进中国润滑脂专利技术水平的提升，总结如下对策建议为中国润滑脂设计制造业及其知识产权战略提供参考。

（1）加强专利技术规划布局。当前中国润滑脂处于快速成长的关键时期，应充分研究行业发展现状，以市场为导向，结合自身情况，以长寿命、高温、高压、高速、低温和超静音等基本方向为基础，针对新兴领域抓住机会弯道超车，争取占领专利制高点，同时启动相关标准的研发。

（2）催化高价值专利产生。在该过程中，一方面实现关键核心技术的自主可控，另一方面形成自己的高价值高水平专利，提升中国润滑脂的专利技术水平。

（3）推动科技成果转移转化。借鉴优秀的成长经验，推动合作发展。形式上，积极展开多方合作，凝聚现有力量和资源，充分发挥政府与企业、企业与高校、企业与企业的强强联合，协同发展；机制上，深化知识产权服务，优化专利价值评估，建立高价值专利保护、成果转化及激励制度；技术上，实现通用技术的军民融合或基础问题的跨界融合，促进各方产业和技术成果的转移转化，带动润滑脂产业的发展。

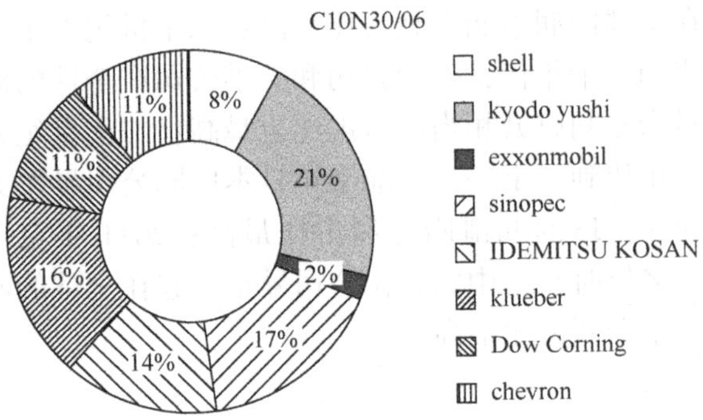

图 4　八家公司关于 IPC 分类 C10N30/06・润滑性；膜强度；抗磨性；耐极压性对比情况

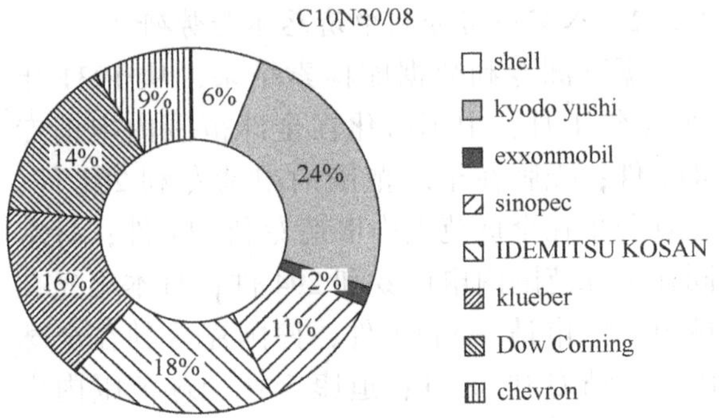

图 5　八家公司关于 IPC 分类 C10N30/08・耐温极限对比情况

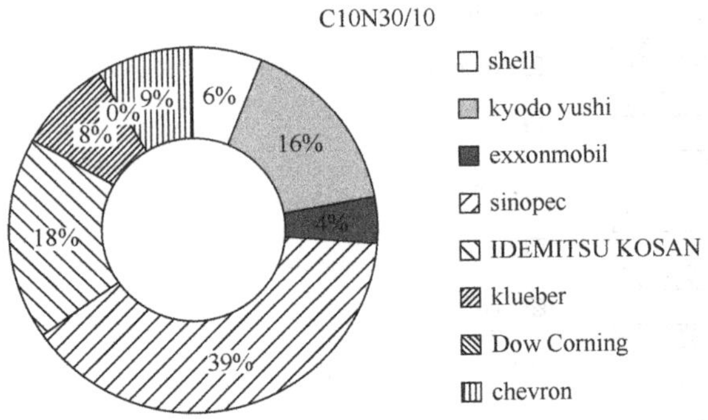

图 6　八家公司关于 IPC 分类 C10N30/10・氧化的抑制；如抗氧剂对比情况

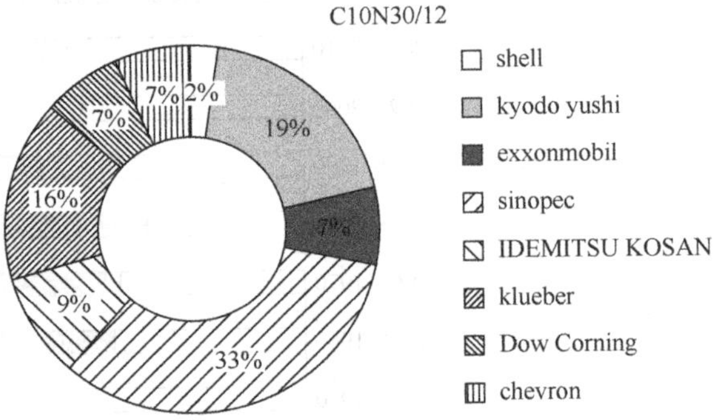

图 7　八家公司关于 IPC 分类 C10N30/12・耐腐蚀性，如防锈剂、防腐剂对比情况

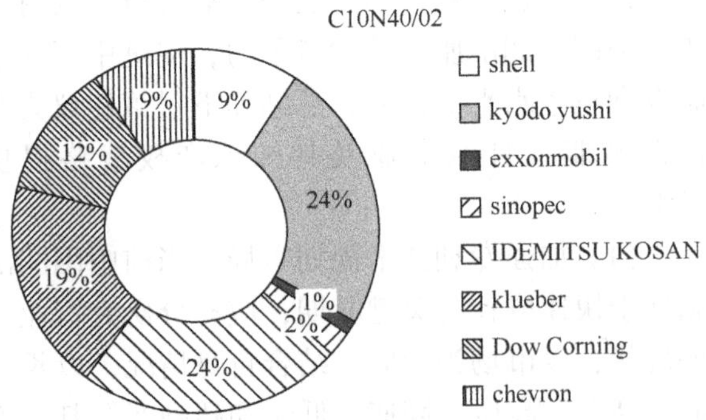

图 8　八家公司关于 IPC 分类 C10N40/02・轴承对比情况

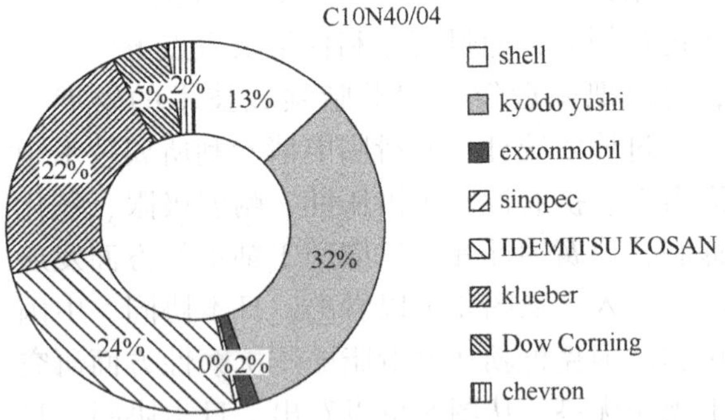

图 9　八家公司关于 IPC 分类 C10N40/04・油浴；齿轮箱；自动变速装置；牵引联动装置对比情况

2.3　润滑脂结构调整初探

2.3.1　通用润滑脂发展探讨

锂是一种必不可少的金属，在下一代技术中有着广泛的应用，如储能、电动交通和无线设备。然而，锂化合物也用于更广泛的领域，例如玻璃、搪瓷和陶瓷工业、润滑脂、医药产品或铝生产。由于锂在大多数应用中无法被替代，预计锂的年需求量将稳步增长 8-11%。此外，据预测，电动汽车产量的增加将成为锂需求增长的主要驱动因素。自 2000 年以来，全球用于电池的锂产量大约每年增长 20%，占 2015 年锂总消费量的 35%。据美国地质勘探局称，锂估计储量超过 1400 万吨是可用的。资源要大得多，据报道总额约为 3400 万吨。全球锂资源的地理分布。

近60%分布在南美洲，尤其是智利、玻利维亚和阿根廷。约440万吨锂位于北美(美国，加拿大)和另外540万吨锂分布在中国。欧洲的锂矿床约为120万吨。其他地区锂仅占全球资源的3.5%左右。

我国锂资源中盐湖锂资源储量占比超过80%，主要集中于青海和西藏，其中位于青海的察尔汗盐湖储量最大。但我国大部分盐湖卤水品位低、镁锂比高，开采难度较大，与中国市场的需求预期相比锂资源相当匮乏。

我国新能源汽车得以快速发展，按《新能源汽车产业发展规划(2021~2035年)》，2025年我国新能源汽车的销售量要达到乘用车总销售量的20%。2023年是中国汽车创造奇迹的一年，汽车破3000万辆，乘用车批发和出口创新高，让大家重新认识到中国汽车工业的潜力和市场发展空间。随着电动化转型和出口增量的持续贡献，我们认为未来中国汽车产销量突破4，000万辆将是趋势。2023年乘用车批发2，553万辆，同比增长235万辆，实现历史新高。2023年国内零售中：新能源775万，净增207万，增长36%；燃油车1，395万辆，净减92万，下降6%。燃油车中只有豪华车零售微增，自主品牌与合资全面下滑。新能源车中自主、主流合资与豪华车总体均全面增长。

在2016年~2018年的涨价周期中，碳酸锂的价格中枢约为14.5万元/t，这轮涨价的逻辑是政策端的推动作用导致短期冶炼端产能不足引起的锂盐价格上涨，而2020年下半年开启的价格上涨逻辑则是由下游需求占主导，新能源车的爆发带来的上游锂资源短缺而上涨。截至2022年底，碳酸锂/氢氧化锂现价已暴涨到60万元/t。虽然近期回落至8万元/吨，但仍处于高价(如图10)。氢氧化锂价格上涨导致锂基润滑脂成本增加，氢氧化锂价格增长1万元，锂基脂成本增加120元，2022年氢氧化锂价格高位时，锂基脂成本较2020年增加6000元/吨，给行业带来致命打击。国内外润滑脂制造企业应对策略不同。

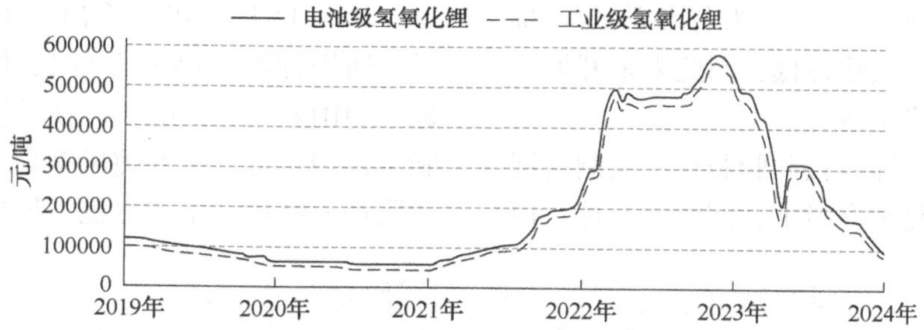

图10　氢氧化锂价格变化趋势

2020年全球锂基润滑脂所占比例为50.99%，氢氧化锂价格约5万元/t，2022年氢氧化锂价格涨至48万元/吨，造成锂皂润滑脂的成本大幅上涨，全球锂基润滑脂所占比例下降至48.82%。未来锂系列润滑脂将成为当下以及未来几年的工作重点。

(1) 寻找替代锂系列润滑脂

首先，作为使用锂皂基增稠剂的润滑脂组合物，作为锂基润滑脂起始材料的锂，不限于它用于润滑脂并且广泛地用于其他领域，所以存在关于由于最近需求的增加导致将来资源枯竭或成本急剧上升的顾虑。另外，作为使用脲作为增稠剂的润滑脂组合物，因为用作起始材料的胺化合物例如苯胺是极度毒性的，当生产操作时应该采取特别的小心，因此有安全问题。利用钙皂作为增稠剂的润滑脂通常具有比锂润滑脂、锂复合润滑脂或脲润滑脂更差的滴点和耐热性，因此利用钙皂的润滑脂没有满足作为适合于当前工作条件的润滑脂的要求。国际上提出热稳定的润滑脂组合物，其包含耐热性等于或高于利用锂皂或脲作为增稠剂的润滑脂，并具有环境相容性、高滴点和优异的剪切稳定性，并表现出长轴承寿命。可通过利用锂皂和钙皂，其中添加特定高级脂肪酸而解决。

锂系列润滑脂去锂化途径为部分替代锂为钙、钡、钠等润滑脂，达到锂系列润滑脂目前国家标准和行业标准要求。如使用温度要求不高的工况可用无水钙基润滑脂替代通用型锂基润滑脂，中国石化润滑油有限公司润滑脂分公司目前CMA-K和CMA-I等能够满足此部分市场需求；研究用高性能复合三聚体铝、复合磺酸钙、复合钙基润滑脂部分替代耐高温的复合锂基润滑脂等。

（2）碳酸锂制备锂系列润滑脂

锂的应用范围很广。绝大多数每年提取的锂（35%）用于电池消耗，其次是玻璃和陶瓷应用（32%）。其他重要应用包括润滑脂，占 9%的份额，连续铸造和空气处理各占 5%，聚合物生产占 4%，铝生产占 1%。

密切关注锂资源在电池、玻璃、陶瓷、铸造、空气处理和聚合物生产等全球行业的发展动态，适当时候进行战略性储备氢氧化锂资源。另外，加大锂电池回收处理工艺研究，特别是回收的碳酸锂直接替代氢氧化锂进行锂系列润滑脂工艺研究。以避免润滑成本或产品成本大幅波动。

润滑脂广泛用于汽车、轴承、工程机械等工业设备中。据中国石化联合会润滑脂分会统计，中国润滑脂年用量约 40 万吨。润滑脂按稠化剂类型可以分为锂基脂、钙基脂、聚脲、磺酸钙等，其中锂基润滑脂占总量的 70%，年用量达 28 万吨。锂基润滑脂由脂肪酸和氢氧化锂在基础油中反应制备，其中，氢氧化锂用量占 1. 2%，年用量达 3300 吨。

如何降低锂基脂成本，成为行业热点和难题。碳酸锂价格较氢氧化锂低，因此未来开展碳酸锂在锂基脂中的应用研究。

第一，采用碳酸锂直接和脂肪酸反应制备锂基脂，发现相同稠化剂含量下，润滑脂变稀。由于碳酸锂呈弱碱性，与脂肪酸反应慢，且反应不充分，导致制备的脂肪酸锂稠化能力低。因此，采用碳酸锂直接和脂肪酸反应制备锂基脂的方案需要深入研究。

第二，考虑将碳酸锂进行预处理，再和脂肪酸反应，制备锂基脂。初步采用氢氧化钙或氢氧化钡将碳酸锂转化为氢氧化锂，再和脂肪酸反应。制备的锂基脂性能达到甚至超过了普通的锂基脂。

（3）对锂系列润滑脂进行产业升级，加大高性能、长寿命、绿色锂系列润滑脂产品开发。

锂系列润滑脂在进行结构调整的同时，应该更关注产品质量，不能一味的追逐产品的成本。如图 12 所示可以看出，目前通用锂基润滑脂采用的是 GB/T 7324—2010《通用锂基润滑脂》规范，该规范最初是 GB 7324—1994，产品规范由国家强制标准修改为国家推荐标准，因此后续为了加强对产品质量的控制，建议对 GB/T 7324—2010《通用锂基润滑脂》规范进行升级为国家强制标准。

如图 11 所示可以看出，未来几年中国争取尽快通用锂等产品寿命延长并升级为强制性国标，中国石化行业引领，使其锂、复合锂基润滑脂年使用量近三十万吨压缩总量，落实二十大润滑脂产业结构调整的绿色发展要求。

表3 2018—2021年欧洲润滑脂产量及其比例(按稠化剂、基础油类型统计)

规模比例	项目	润滑脂产量/t				所占比例/%			
		2021年	2020年	2019年	2018年	2021年	2020年	2019年	2018年
欧洲(70%) 锂/复合锂	锂基润滑脂 (滴点<200℃)	113344.677	111593.699	117589.935	123701.84	52.08	52.39	53.12	52.69
15万吨 两倍	复合锂基润滑脂 (滴点>200℃)	37802.76	34570.711	35624.346	40388.705	17.37	16.23	16.09	17.20

表2 2018—2021年北美润滑脂产量及其比例(按稠化剂、基础油类型统计)

规模比例	项目	润滑脂产量/t				所占比例/%			
		2021年	2020年	2019年	2018年	2021年	2020年	2019年	2018年
北美(62%) 锂/复合锂	锂基润滑脂 (滴点<200℃)	35345.233	33162.387	48739.506	45498.659	20.84	20.35	23.46	21.99
10万吨 三倍	复合锂基润滑脂 (滴点>200℃)	69799.199	70208.519	87345.762	86527.848	41.14	43.07	42.04	41.83

表9 2018—2021年中国润滑脂产量及其比例(按稠化剂、基础油类型统计)

规模比例	项目	润滑脂产量/t				所占比例/%			
		2021年	2020年	2019年	2018年	2021年	2020年	2019年	2018年
中国(65%) 锂/复合锂	锂基润滑脂 (滴点<200℃)	210358.159	218719.61	214079.675	208174.092	46.62	51.62	49.48	54.41
30万吨	复合锂基润滑脂 (滴点>200℃)	84962.71	77598.708	76367.192	74259.845	18.83	18.31	17.65	19.41

图 11　欧洲、北美和中国市场锂系列润滑脂规模对比

图 12 通用锂基润滑脂国标信息

2.3.2 高性能润滑脂发展探讨

高性能润滑脂与现代化机械、高新技术装备的发展息息相关。科学技术的发展，使机械设备向大型、微型、高速、重载、真空、低温、超静音、超高精度(纳米级)、自动(数控)化、智能化和成套化等方向发展，人们对于机械零部件与系统使用的润滑脂提出了更高的要求。除此之外，能源和环境两大全球面临的共同问题对润滑剂的研究、生产和应用提出了新的要求，保护环境和节约能源是我们全人类共同的使命，我国经济正快速持续发展，但又面临有限的化石燃料资源和更高的环境保护要求的严峻挑战，合理选用高性能润滑脂能有效降低机械磨损，减少废弃物，保护环境，并能减少摩擦，降低能耗，节约能源，对改善人类的生存环境具有重要意义。因此，在石油产品中，润滑脂类产品产量虽然不大，仅占万分之几，却是国民经济各部门不可缺少，具有重大经济价值的一类产品。

如表 2 所示为全氟聚醚润滑脂和聚脲润滑脂应用于轴承等部位高温使用工况。表 3 为全氟聚醚润滑脂和锂基润滑脂应用于轴承等部位低温使用工况。表 4 为锂基润滑脂和聚脲润滑脂应用于轴承等部位超静音使用工况。表 5 为锂基润滑脂、复合钡基润滑脂和聚脲润滑脂应用于轴承等部位高速使用工况。表 6 为锂基润滑脂、复合锂基润滑脂和聚脲润滑脂应用于轴承等部位重载使用工况。表 7 为复合钙和复合钡基润滑脂应用于轴承等部位潮湿环境下重载使用工况。表 8 为复合铝润滑脂和全氟聚醚润滑脂应用于食品行业轴承等部位使用工况。

表 2 高温润滑脂

名称	工作温度范围/℃	速度因子＊	基础油黏度＊＊	牌号	基础油/增稠剂	描述/应用
全氟聚醚润滑脂	-50~260	600000	195 34	2 号	PFPE/PTFE	优秀的防腐蚀保护性能；在极端变化的工作温度下实现长效润滑
全氟聚醚润滑脂	-40~260	300000	425 40	2 号	PFPE/PTFE	应用于高温轴承的长寿命润滑脂；非常好的防腐蚀保护性能
聚脲润滑脂	-40~200	500000	405 40	1T 号	合成烃/聚脲	好的抗磨损、抗腐蚀保护性能；高载荷滚动、滑动轴承的最佳选择，如钢铁、水泥、造纸行业等
聚脲润滑脂	-40~180	1000000	85 11	2T 号	酯油/聚脲	极佳的防腐蚀保护性能；特殊的添加剂能够保护轴承避免因振动、高温和高速引起的过早疲劳损伤；应用于机动车辆部件，如皮带张紧轮、发电机、离合器轴承

＊：n · dm(min^{-1} · mm)；＊＊：40/100℃(mm^2/s)

表 3　低温润滑脂

	工作温度范围/℃	速度因子*	基础油黏度**	牌号	基础油/增稠剂	描述/应用
锂基润滑脂	-70~110	1000000	9.5 2.6	1T 号	酯油/锂皂	低温工况下的重载润滑脂；应用于超低启动力矩要求的汽车、通信、精密机械等行业的滚动、滑动轴承润滑
全氟聚醚润滑脂	-94~220	300000	95 25	2 号	PFPE/PTFE	在低温下的启动力矩小，高温下长效而且稳定；适用于汽车大灯转向调节系统、节气门轴承、废气再循环系统等

*：n·dm(min^{-1}·mm)；**：40/100℃(mm^2/s)

表 4　超静音润滑脂

	工作温度范围/℃	速度因子*	基础油黏度**	牌号	基础油/增稠剂	描述/应用
聚脲润滑脂	-40~160	2000000	65 9.5	3 号	合成烃， 酯油/聚脲	适用于垂直轴装配的高速或者外圈转动轴承；应用于风扇、吸尘器电机等家用电器和办公设备、电子产品、电机及机床主轴等
锂基润滑脂	-50~150	1000000	29 5	2T 号	酯油/锂皂基	适用于低温和低摩擦力矩；适用于精密仪器中微型密封轴承的终身润滑

*：n·dm(min^{-1}·mm)；**：40/100℃(mm^2/s)

表 5　高速主轴润滑脂

	工作温度范围/℃	速度因子*	基础油黏度**	牌号	基础油/增稠剂	描述/应用
锂基润滑脂	0~120	2300000	35 6	2 号	酯油/锂皂	适用于多类型的角接触轴承、滚柱轴承和陶瓷轴承；适用于水平、垂直和倾斜轴装配的轴承；适用于超高速轴承
聚脲润滑脂	-50~120	2100000	27 5	3 号	合成烃． 酯油/聚脲	适用于高速主轴；特别适用于垂直或倾斜轴装配的轴承，也适用于水平轴装配机床主轴
复合钡基润滑脂	-40~130	1000000	264.5	2 号	矿物油，酯油， 合成烃/复合钡皂	机床主轴润滑脂

*：n·dm(min^{-1}·mm)；**：40/100℃(mm^2/s)

表 6　重载润滑脂

	工作温度范围/℃	基础油黏度**	牌号	基础油/增稠剂	描述/应用
锂基润滑脂	-10~150	150560	1 号	矿物油/锂皂基， 固体润滑剂	适用于重载、低速工况；应用于辊压机、球磨机和旋转式破碎机等
复合锂基润滑脂	-30~140	135 15	2 号	合成烃．矿物油/复合锂皂；固体润滑剂	适用于重载或者振动工况下的滚动与滑动轴承；形成的保护层减少摩擦腐蚀；应用于铁路、汽车、航空、建筑机械、农业和林业机械
聚脲润滑脂	-40~160	15516	2 号	矿物油，合成烃/聚脲	优异的抗腐蚀性能和磨损防护性能；应用于汽车部件轴承，如水泵轴承、轮毂轴承、离合器轴承、风扇轴承等；应用于电机、干燥设备、纺织机械、造纸机械等设备中的滚动轴承

**：40/100℃(mm^2/s)

表 7 适用于潮湿工况下的润滑脂

	工作温度范围/℃	基础油黏度＊＊	牌号	基础油/增稠剂	描述/应用
复合钙基润滑脂	-40～160	405 40	1T 号	合成烃/复合钙皂	适用于高载荷和更高温度要求工况；极好的抗磨损、抗腐蚀性能，好的抗水性能
复合钡基润滑脂	-20～130	225 18	1T 号	矿物油/复合钡皂	抗热水；滚动和滑动轴承长效润滑脂；良好的抗压性能；适用于具有滑动摩擦运动的滚动轴承，和在露天环境工况下运作的轴承

＊＊：40/100℃(mm^2/s)

表 8 食品行业专用润滑脂

	工作温度范围/℃	速度因子＊	基础油黏度＊＊	牌号	基础油/增稠剂	描述/应用
复合铝基润滑脂	-45～120	700000	35 6	1 号	合成烃，酯油/复合铝皂	适用于滑动摩擦工况；特别适用于低温工况；良好的防水性能；良好的抗腐蚀性能；良好的泵送性能，可用于中央润滑系统
复合铝基润滑脂	-45～120	500000	155 22	1 号	合成烃/复合铝皂	优秀的低温性能；良好的抗磨损性能；由于良好的抗水性能，降低了出现腐蚀和早期轴承失效的可能性；适用于中等转速
全氟聚醚润滑脂	-40～260	300000	42540	2 号	PFPE/PTFE	适用于高温滚动轴承的长效润滑；优秀的防腐蚀保护性能

＊：n·dm(min^{-1}·mm)；＊＊：40/100℃(mm^2/s)

2.4 抗氧剂的类型及作用机理

2.4.1 抗氧剂的类型及作用机理

润滑脂的氧化主要是其中的烃类物质发生氧化，是一个自氧化过程，是自由基的链式反应，包括链引发、链增长、链支化和链终止等四个阶段。润滑脂中含有锂、钙等金属元素，在使用过程中，部件的磨损会产生铁、铜等金属元素，这些金属元素对链引发阶段和链支化阶段氢过氧化物的分解具有催化作用。在高温、高载荷等工况条件下，会导致润滑脂的氧化加剧，低温氧化的最终结果是形成氧化物、醇类、醛类、酮类和水，在高温条件下(>120℃)，会产生羧酸和聚合物质，导致酸值增加，产生油泥，这些都会导致润滑脂的寿命降低。因此，可行的方法是捕获催化杂质和破坏自由基，可以通过使用金属减活剂和抗氧剂分别通过自由基清除和过氧化物分解来减缓油脂氧化。

2.4.2 胺类化合物

胺类化合物是一种自由基清除剂，能够提供与烷基自由基或烷基过氧自由基反应的氢原子，中断自氧化过程中自由基链式反应，在润滑脂中一般作为主抗氧剂使用。二苯胺具有良好的抗氧化性能，同时易于合成、成本较低，是一种常用的工业抗氧剂，在润滑脂中使用量较大。

2.4.3 受阻酚化合物

受阻酚化合物是一种自由基清除剂，主要作用机理与胺类化合物相同，在润滑脂中一般作为主抗氧剂使用。典型的受阻酚抗氧剂有 3,5-二叔丁基-4-羟基甲苯(BHT)，BHT 生成的苯氧基自由基是通过位阻和共振结构稳定的，在高温氧化条件下，随着新的自由基的产生会使 BHT 逐渐消耗。受阻酚在高温条件下结构不稳定，易分解，因此高温条件下的抗氧化性能不如胺类化合物。

2.4.4 含硫、磷、氮的有机化合物

硫化烯烃、硫化酯、芳香族硫化物等常被用作抑制氧化和腐蚀的添加剂，相对于烯烃、石蜡等碳氢化合物，具有更好的抗氧化性能，是一种早期的抗氧剂类型，但此类化合物具有更加突出的极压性能，在润滑脂中作为极压剂，与其他添加剂进行复配使用。

2.4.5 有机硼或有机铜类化合物

铜盐的进一步反应可生产更为复杂的化合物，在润滑油脂中作为副抗氧剂使用。醋酸盐、

碳酸盐或氢氧化物等铜盐与含有至少一个游离羧酸基团的取代琥珀酸酐衍生物的反应产物，具有良好的抗高温氧化作用，同时具有良好的减摩作用，是有效的高温抗氧剂和摩擦改进剂。

硼环氧化物、受阻酚酯类硼酸盐等含硼化合物，能够有效的抑制氧化，可阻止在温度升高至163℃时油黏度上升及酸的形成，其作用机理是在摩擦表面形成了氮化硼膜。在润滑脂中，氮化硼通常作为极压抗磨剂使用，与氨酚类主抗氧剂复配使用。

2.4.6　未来趋势展望

未来润滑脂对抗氧剂的需求将会持续，同时对质量和数量的要求也会增加，因此要求抗氧剂具有高性能、高性价比、无灰、多功能以及环保属性。在考虑到新兴的基础油技术和性能规范的同时，其发展的最终驱动力是自然环境。

近年来，一种新型无机环保型化合物引起了部分学者的关注，层状双金属氢氧化物（layered double hydroxides，缩写为 LDHs），又称水滑石，是一类天然或人工合成的典型二维层状阴离子黏土材料，可用通式表示为：$[M^{2+}_{1-x}M^{3+}_{x}(OH)_2]^{x+}(A^{n-})_{x/n}\cdot mH_2O$，其中 M^{2+} 为二价金属离子；M^{3+} 为三价金属离子；x 为 $M^{2+}/(M^{2+}+M^{3+})$ 的比值，A^{n-} 为层间插入的阴离子；m 为层间水分子的数量。LDHs 是由带正电荷的类水镁石层板和层间阴离子及水分子堆叠而成，顶点被羟基占据的 MO_6 的八面体基元通过共用棱边形成二维单层，再通过相邻层间的氢键层层堆积得到类水镁石结构，其堆积形式有菱形堆积（3R）和六方堆积（2H）两种，M^{2+} 被半径相似的 M^{3+} 部分同晶取代形成的主体层板，层间的可交换客体阴离子与层板正电荷之间达到平衡，使 LDHs 整体结构呈电中性。LDHs 是一类典型的超分子插层结构材料，其结构模型如图 13 所示。

其作用机理是 LDHs 的主体层板上含有丰富的羟基，且羟基所处的位置位于晶体表面，可充分暴露在油脂中，有证据表明：LDHs 可脱除羟基上的氢原子来猝灭油脂氧化过程中生成的自由基，从而抑制油脂发生氧化反应。与不同金属元素相连接的羟基脱除氢原子的能力不同，可利用 LDHs 金属元素种类及组成比例可调的性质，精准调控 LDHs 脱除氢原子的能力。此外，LDHs 主体层板的部分金属元素具有两性，可利用简单的碱刻蚀方法制造金属或氧空位缺陷，存在缺陷的 LDHs 可增强对自由基的捕获作用，抑制自由基参与链增长与链支化等反应，从而猝灭其反应活性，进一步提升 LDHs 的抗氧化性能。

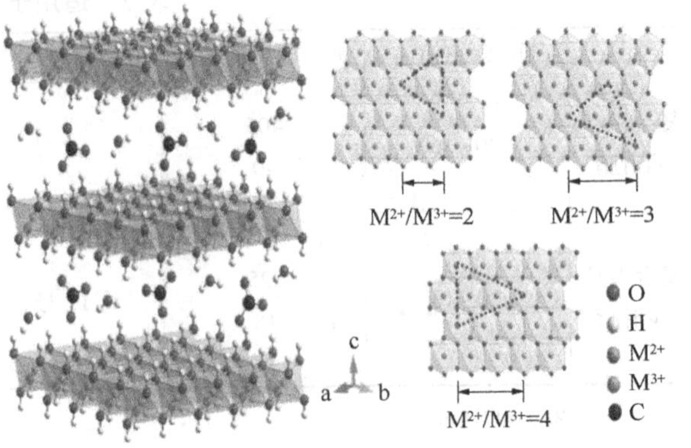

图 13　LDHs 的结构示意图

LDHs 材料的制备工艺简单、生产成本较低且绿色无毒，目前被作为环保型功能性填料，广泛应用于高分子聚合物中，表现出较好的抗氧化性、阻燃抑烟、PVC 热稳定、选择性红外吸收、抗紫外老化、气体阻隔性能等。LDHs 有望作为一种新型、高效、多功能和环保的抗氧剂引起更多的关注。

3　结论

（1）世界总能耗的 23%（119EJ）来自摩擦学接触。全球摩擦和磨损的总成本为 25 亿欧元。造成的二氧化碳总排放量为 81.2 亿吨，占全球总量 20% 左右。采用先进的摩擦学技术可节省成本 9.7 亿欧元，减少 31.4 亿吨二氧化碳排放。

（2）未来几年中国争取尽快通用锂等产品寿命延长并升级为强制性国标，中国石化行业引领，使其锂、复合锂基润滑脂年使用量近三十万吨压缩总量，落实二十大润滑脂产业结构调整的绿色发展要求。

（3）合理选用高性能润滑脂能有效降低机械磨损，减少废弃物，保护环境，并能减少摩擦，降低能耗，节约能源，对改善人类的生存环境具有重要意义。

（4）未来润滑脂对抗氧剂的需求将会持续，同时对质量和数量的要求也会增加，因此要求抗氧剂具有高性能、高性价比、无灰、多功能以及环保属性。近年来迫于环境和资源等问题，提倡绿色环保、低成本、高效率的新型抗氧剂一直都是抗氧剂发展的趋势，但真正实现工业应用的绿色抗氧剂鲜有报道。LDHs 有望作为一种新型、高效、多功能和环保的抗氧剂引起更多的关注。

参 考 文 献

[1] Leslie R. Rudnick. 润滑剂添加剂化学及应用[M]. 北京：中国石化出版社，2016.

[2] 朱廷彬. 润滑脂技术大全[M]. 北京：中国石化出版社，2004.

[3] 陆园，战力英，宫青海，等. 抗氧剂的分类、作用机理及研究进展[J]. 塑料助剂，2016，116：43-50.

[4] 欧阳平，邢晓晨，张贤明，等. 抗氧剂的研究现状及发展趋势[J]. 应用化工，2015，44(2)：344-348.

[5] 蔡宏国. 维生素 E 作为聚合物抗氧剂的研究与应用现状[J]. 中国塑料，2015，29(5)：14-18.

[6] 温永亮. 新型抗氧剂的开发与应用进展[J]. 山东化工，2017，46(24)：79-82.

[7] 中华人民共和国中央人民政府. 习近平：高举中国特色社会主义伟大旗帜为全面建设社会主义现代化国家而团结奋斗—在中国共产党第二十次全国代表大会上的报告.(2022-10-16)

[8] Julie B Z, Paul T A, Hanno C E, et al. Designing for a green chemistry future [J]. Science, 2020, 367: 397-400.

[9] 李洪言，等，2021 年全球能源转型面临挑战-基于《bp 世界能源统计年鉴(2022)》[J]. 天然气与石油，2022，40(6)：129-138.

[10] IEA, CO_2 Emissionsin 2022 [D]. 法国，2023，1-19.

[11] Holmberg K, Erdemir A. Influence of tribology on global energy consumption, costs and emissions [J]. Friction, 2017, 5: 263-284.

[12] 姚立丹，等，2021 年中国润滑脂生产情况调查报告[J]. 石油商技，2022，4：4-8.

[13] 姚立丹，等，2021 年中国及全球润滑脂生产状况分析[J]. 石油商技，2022，5：4-22.

[14] Gunther Martin et al. Lithium market research-global supply, future demand and price Development [J]. Energy Storage Materials, 2017, 6: 171-179.

[15] 渡边和也，等. 润滑脂组合物：CN201380067255[P]. 2013-12-9.

[16] 王丽娟，刘维民. 润滑油抗氧剂的作用机理[J]. 润滑油，1998，13(1)：55-58.

[17] 曾金，姜旭峰. 润滑油抗氧剂简介[J]. 合成润滑材料，2014，41(1)：12-13.

[18] 薛卫国. 胺类润滑油抗氧剂研究进展[J]，润滑油与燃料，2014，24(122)：15-21.

[19] 王迪迪. 抗氧剂 1076 的合成工艺优化及其性能研究[D]. 天津：天津工业大学，2013.

[20] 岳珊珊，张浩，宋应金等，复合抗氧剂对润滑油氧化的影响[J]. 化学与粘合，2019：41(6)：447-456.

[21] 姚俊兵，GASTON AGUILAR，STEVEN G DONNELLY. 润滑油抗氧剂协同作用研究[J]. 润滑油，2009，24(4)：38-44.

[22] 李中映，于方波，刘明月. 液体亚磷酸酯类抗氧剂研究进展[J]. 塑料助剂，2020，144：1-6.

[23] Kovanda F, Jindova E, Lang K, et al. Preparation of layered double hydroxides intercalated with organic anions and their application in LDH/poly(butyl methacrylate) nanocomposites [J]. Applied Clay Science, 2010, 48(1-2): 260-270.

[24] Cavani F, Trifiro F, Vaccari A. Hydrotalcite-type anionic clays: Preparation, properties and applications [J]. Catalysis Today, 1991, 11: 173-301.

[25] Williams G R, Rees N H, Ohare D. Incorporation of phosphorus oxyacids into layered double hydroxides [J]. Solid State Sciences, 2009, 11(7): 1229-1238.

[26] Fan Guoli, Li Feng, David G. Evans, et al. Catalytic application of layered double hydroxides: recent advances and perspectives [J]. Chemical Society Reviews, 2014, 43: 7040-706.

CO_2 及 C2 回收技术工业应用进展

袁明江　刘传强　张晓辉

（中石油华东设计院有限公司）

摘　要　CO_2 捕集回收是世界各国实现碳中和目标的重要手段。C2 回收是生产优质乙烯原料提高乙烯装置经济效益的重要举措。文章介绍了当前用于 CO_2 捕集回收和 C2 分离回收的主要技术路线，包括溶剂吸收法、变压吸附法、膜分离法、MOFs 吸附法和 MOFs 浆液吸收吸附法，分析了这几类技术的原理特点、适用范围，研究进展。对以上技术最新工程应用情况进行介绍，说明其实施效果和存在的问题。文章对新型的 CO_2 及 C2 回收技术发展情况进行了展望，相关数据和分析可以为类似项目的技术比选提供参考指导。

关键词　CO_2 回收；C2 回收；MOFs 吸附；MOFs 浆液；膜分离；溶剂吸收

1　背景概述

国际能源署（IEA）发布《2050 年净零排放：全球能源行业路线图》，认为碳捕集利用与封存（Carbon Capture，Utilization and Storage，CCUS）是化石能源低碳利用的唯一技术选择。据预测，到 2060 年，有 20 亿吨以上的 CO_2 必须通过 CCUS 技术进行捕集与封存，才能实现碳中和目标。在此背景下，CO_2 捕集回收技术将获得更多的工业应用。目前工业上已实施的 CO_2 捕集回收项目规模较小，气源选择上优选从高浓度、中高浓度气源开始回收，下一步排放总量更大的烟气类低浓度气源将成为 CO_2 捕集回收的主流工业场景。常用的 CO_2 捕集技术有物理溶剂吸收法、化学溶剂吸收法、变压吸附法（PSA）、膜分离法和液化精馏法等。目前影响大规模 CO_2 捕集回收应用的主要因素是捕集回收成本高、回收能耗高，后续封存和转化利用产业链项目的经济性差。为此，各类低成本的捕集回收工艺和新型吸附剂、吸附材料开发已成为行业的研发热点。

C2 回收主要是分离回收炼厂干气或油田天然气中的富乙烯气或富乙烷气，这些 C2 组分是优质乙烯裂解原料，C2 回收装置已成为目前国内石化企业乙烯扩能项目的主要装置之一，具有较好的经济效益。目前回收 C2 组分的方法主要有深冷分离法、浅冷油吸收法、中冷油吸收法和变压吸附法等，各种回收方法各具特点，以上技术比选的重点主要是建设投资和运行能耗。

2　主要技术路线

2.1　*溶剂吸收法*

溶剂吸收法的 CO_2 回收技术包括物理溶剂吸收和化学溶剂吸收。物理溶剂吸收法基于 CO_2 在溶剂中的溶解服从亨利定律，适用于 CO_2 分压高的场景，低温甲醇洗是一种常用的物理溶剂吸收法捕碳技术，主要是因为甲醇在低温高压的状态下可以有效吸收杂质气体中的 CO_2、H_2S 等酸性气体并依据溶解度的差异对吸收的酸性气体分别进行解吸及回收。

化学溶剂吸收法利用碱性溶剂与酸性气体发生反应的原理，可以有选择性地捕集气源中的 CO_2，其处理量大、反应速率快，能够处理低分压、低浓度的 CO_2 气源。化学吸收法是目前应用最为广泛的技术，国外已有 CO_2 捕集量达百万吨/年的装置，国内也建设了多套 5～15 万吨级的碳捕集装置。该技术目前存在能耗高、溶剂损耗大等问题，需要进一步开发高效、大容量、低能耗的吸收剂，特别是百万吨级的低浓度气源场景。

采用溶剂吸收法的 CO_2 纯度可达 99.9mol% 以上，CO_2 捕集率在 90% 以上。按 GB/T 51316《烟气二氧化碳捕集纯化工程设计标准》，二氧化碳捕集装置的捕集能耗不宜高于 4.2GJ/t CO_2。国内已建装置的捕集能耗基本在 3.9GJ/t 至 4.2GJ/t。再生能耗一般以蒸汽消耗或蒸汽再沸器热负荷计，再生能耗（包含热泵流程，以蒸汽计）小于 2.4GJ/t CO_2。国内相关研发机构报道的技术指标如表 1 所示。

表 1 典型胺法 CO_2 回收技术的能耗情况

CO_2 捕集技术	再生热耗 GJ/t CO_2	冷却水量 m^3/t CO_2	吸收剂损耗 kg/t CO_2
南京化工研究院等	2.3	110	≯1.2
大连理工 AEEA	2.2	240	0.5
华能集团	2.3	—	≯0.5
中国矿业大学 CCUS 创新联合体	2.4		≯0.8

溶剂吸收法的 C2 回收技术主要包括中冷油吸收法和浅冷油吸收法。中冷油吸收法流程简单，产品回收率高，但产品气纯度低，装置投资较大，能耗较高。浅冷油吸收法用于 C2 分离回收依据“相似相溶”，利用炼厂干气中各组分在吸收剂中溶解度的不同来进行分离。该技术的优势在于对原料适应性强，适用于从各类炼厂干气及煤化工气体中提浓 C2+组分；对原料气组成及流量变化的承受能力强；产品品质高：提浓气中甲烷含量<5%，氧气含量<10ppm（脱氧前）或<1ppm（脱氧后）。

2.2 变压吸附法

变压吸附法利用吸附剂对干气中各组分吸附选择性的不同，通过加压吸附、降压解吸的过程来实现气体分离，常用的吸附剂包括活性炭、分子筛及天然沸石等材料。

采用变压吸附法开展 CO_2 回收和 C2 回收的流程综合能耗低、工艺自动化程度高，在合成氨变换气脱碳和天然气脱碳场景应用较多。变压吸附法能耗低，装置对外依存度小，但产品纯度相对较低，占地面积较大。西南化工研究院研发的二段变压吸附浓缩技术，显著提高了 C2 轻烃的回收率和纯度，C2 轻烃的回收率可达 95%。对于 CO_2 回收，变压吸附法更适合于中高浓度 CO_2 气源，变压吸附法对于气源压力有一定的要求。

2.3 液化精馏法

液化精馏法可在一定压力和温度下使 CO_2 液化，实现其与不凝气体的分离，常用于处理高浓度（90% 以上）CO_2 气源，进而生产高纯度（99.99%以上）的液体 CO_2 产品。对于低浓度 CO_2 气源，需要在前面配置 CO_2 捕集单元，对原料气中的 CO_2 进行捕集提浓。该技术不适用于 C2 回收场景。

2.4 膜分离法

膜分离法可利用目标气体与其他气体组分由于尺寸、冷凝性及反应性不同导致气体分子在膜内透过速率的差异实现分离，具有无溶剂挥发、占地面积小、放大效应不显著、适用于各种处理规模等优点，但受限于高性能的分离膜材料和膜组件开发，膜分离法大多处于实验室规模，只有少数研究机构将其膜技术推进到现场实验或以上阶段。

气体膜分离是以组分跨膜分压差为推动力，通过不同气体分子的渗透速率差实现分离过程。因此，不太适用于分离目标组分含量太低的原料气。目前二级膜过程得到了广泛的研究，并被认为是在产品气 CO_2 纯度和回收率较高情况下经济性较好的膜分离配置。

膜分离压力操作方式及压力比的选择取决于固定投资成本和运行能耗之间的权衡。与原料侧增压相比，渗透侧抽真空的膜过程运行能耗较小，但传质推动力也较小，膜面积和设备投资较大，有研究认为最优压力比在 5~10 之间。膜分离法一般用于气源比较干净、且全部是大分子的混合气，生产的 CO_2 产品浓度不高于 90%，并且有机膜很容易被杂质或油水污染而报废，寿命最多不过两年，能耗较高。

2.5 MOFs 及 MOFs 基浆液吸收吸附法

MOFs（Metal Organic Frameworks）是金属有机骨架化合物的简称，是由有机配体和金属离子或团簇通过自组装方式形成的具有分子内孔隙的有机-无机杂化材料。MOFs 材料具有规整结构和有序孔道，高比表面积，在离子交换、气体吸附、小分子存储、气体分离、多相催化等领域具有广阔应用前景，对 CO_2 具有较好的吸附能力。MOFs 材料也存在稳定性较差的缺点，同时 MOFs 材料的制备过程较复杂，材料成本高，材料造粒成型难度高，多用于固定床吸附工艺，这也限制了 MOFs 吸附技术的大规模工业应用。

基于 MOFs 基制备的多孔液体因其具有制备

简单、高热稳定性、优异的吸收性能、良好的可回收性特点，在气体吸附分离、均相催化等领域表现出了极大优势，为其进一步发展提供了可能。在 CO_2 捕获和分离中，许多 MOFs 材料在高压下展现出异常高的 CO_2 吸收能力，然而在低压下(即 0.015MPa，燃烧后烟气中 CO_2 浓度)吸收率相当低。蓝壳洁能公司在 MOFs 工业化应用上突破瓶颈，实现浆液吸收-吸附耦合分离技术在 CO_2 捕集、C2+回收、气体提纯，并建设了工业示范装置和实验室装置。其浆液是水和某溶剂调配成的复合溶剂，浆液中 MOFs 材料浓度约 10%~20%，是一种类似牛奶状的液体。

该技术采用低温余热再生技术，再生热耗明显下降。MOFs 材料的热稳定性强、耐受性强，运行周期整体损耗低；高效应用：分离气体种类适应性强，以材料规模化生产实现降本；简单灵活：该技术采用经典的双塔流程、流程简单、操作稳定，产能灵活配置；无毒害和爆炸物料，极高的安全运营保障能力。该技术也存在着浆液价格约为传统胺液的 2~3 倍，在浆液的投资费用和产品纯度方面尚不具备优势。

3　工程应用效果分析

3.1　溶剂吸收技术

目前国内在运行的最大规模的低浓度低分压 CO_2 捕集项目——国华锦界 15 万吨/年燃烧后 CO_2 捕集项目，项目解吸塔压力低，为了利用 MVR((Mechanical Vapor Recompression))工艺，解吸后的贫液需要先升压再闪蒸。设计再生能耗为 2.4GJ/t，实际运行能耗为 2.7~2.8GJ/t，并且实际运行过程中，溶剂损失较多，吨 CO_2 损失胺 1kg/t。

采用低温甲醇洗碳捕集项目的综合能耗 1.6~1.8GJ/t，运行成本 72~75 元/t；对于大型煤化工项目，以及气源中含有 CO_2 和 SO_2 等酸性杂质的气源，采用低温甲醇洗技术进行一定的成本优势。

采用浅冷油吸收法的 C2 回收装置，其主要业绩有燕山石化 20 万吨/年干气分离、齐鲁石化 10 万吨/年干气分离、浙江石化(一期)90 万吨/年 C1/C2 分离、广东石化 35 万吨/年干气分离和吉林石化 30 万吨/年 C2 回收装置，已授权 20 余套，在运行装置 14 套，该技术的操作弹性为 60-110%，典型能耗为 90kgoe/t 原料。该技术(包含脱硫和脱氧设备)能够达到的产品规格为 C2 组分回收率>95mol%，富乙烯/乙烷气中的杂质 CO_2<100ppm，H_2S<10ppm，O_2<1ppm，NO_x<10ppb。

3.2　变压吸附技术

采用变压吸附技术的 CO_2 回收装置，其规模从几千吨到几十万吨规模，其主要业绩包括独山子石化 15 万吨/年制氢装置中变气 CO_2 回收项目，辽河石化 10 万吨/年制氢装置中变气 CO_2 回收项目。针对低浓度烟气和中变气的典型的综合能耗分别为 4.0~5.0GJ/t、2.0~2.5GJ/t，

采用变压吸附技术的 C2 回收装置，其主要业绩有天津石化 31+4 万吨/年干气分离、四川石化 23 万吨/年干气分离、广西石化 30/10 万吨/年 C2 回收装置等装置，总数在 10 套以上，该技术的操作弹性为 30－110%，典型能耗为 50kgoe/t 原料。该技术(包含脱硫和脱氧设备)能够达到的产品规格为 C2 组分回收率≮95mol%，富乙烯气中的杂质 CO_2<100ppm，H_2S<10ppm，O2<1ppm，NO_x<10ppb。

3.3　液化精馏技术

当原料气二氧化碳浓度大于 90mol%时，采用液化精馏技术的生产单位食品级液体二氧化碳能耗约为 48kgoe/t，折合 69.12 元/t。液化精馏技术不用于 C2 回收。

3.4　膜分离法

从目前工业中试和现场捕集装置的运行情况来看，膜分离法 CO_2 渗透速率在 1000~2000GPU，CO_2/N_2 分离因子在 50~200 之间，如果膜的 CO_2 渗透速率和 CO_2/N_2 分离因子分别达到 3000GPU 和 140 时，捕集成本可下降 40%以上。采用二级膜分离 15%浓度的烟气，实现 CO_2 产品浓度 98.1%，回收率 90%，计算单位 CO_2 的回收成本 298.32 元。

由中石化南化院、天津大学等单位合作的 30Nm^3/h 膜法捕集 CO_2 试验装置，在原料气 CO_2 体积分数为 14%时，二级膜过程可得产品气 CO_2 纯度和回收率分别达 74% 和 73.9%。该试验装置两年内累计运行超过 6 个月，膜组件性能稳定。基于中试试验结果，完成了 50000Nm^3/d (3000 吨 CO_2/年)烟气膜法脱碳工业示范装置工艺包设计，上述示范装置采用三级膜分离过程来实现捕集目标，流程示意如下图 1 所示，设计指标产品气 CO_2 纯度 95%，捕集率大于 80%。

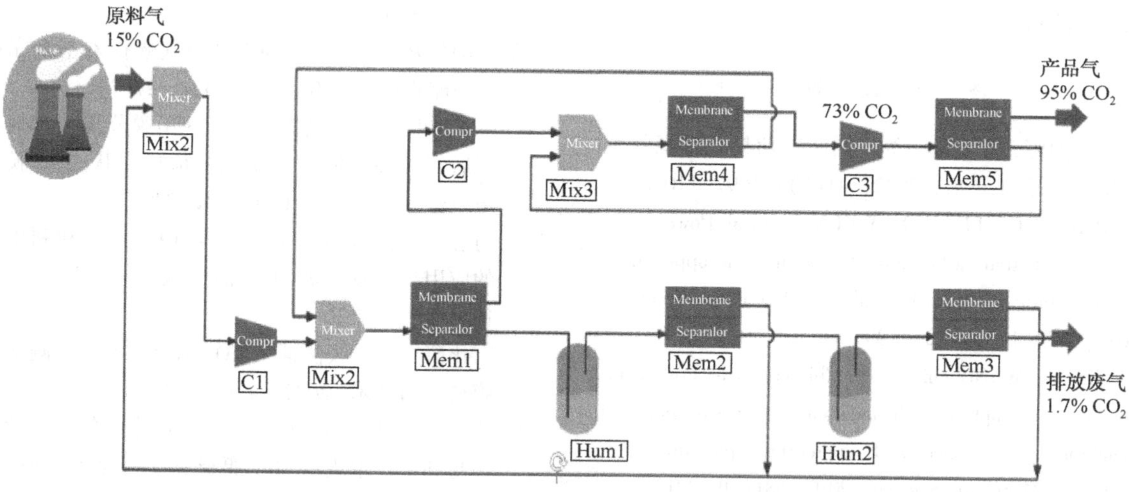

图1 50000Nm³/d电厂烟气脱碳工业示范装置流程设计简图

3.5 MOFs及MOFs浆液吸收吸附法

采用MOFs浆液吸收吸附法的新疆油田CO_2捕集装置，处于工业示范阶段，装置处理量150000Nm³/d，原料为油田伴生气，CO_2浓度为20%~60%，吸收塔操作压力为0.8MPa，温度为20~40℃。解吸压力微正压，温度60~80℃。示范装置的CO_2产品气浓度93%mol，尾气中CO_2浓度不大于0.5%mol。

采用MOFs浆液法C2+回收装置，目前为实验装置阶段。处理原料为天然气，规模为2000Nm³/d，尾气中C2+浓度为5mol%左右，C2+产品气浓度为65%~80%mol。

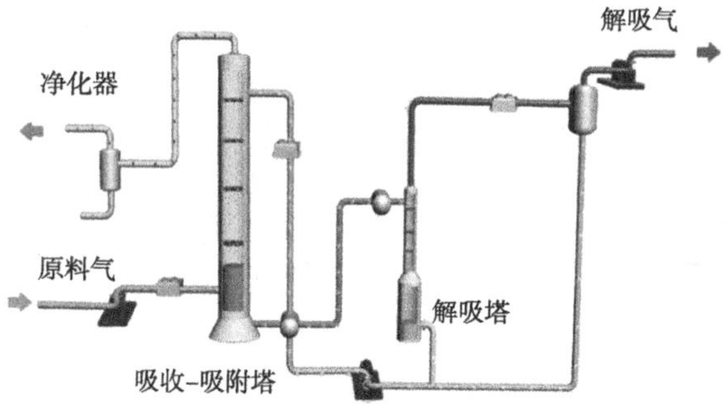

图2 MOFs浆液吸收吸附法的示意流程

3.6 其他技术进展

中石化南化院也开展了离子液体、相变溶剂等新型CO_2捕集吸收剂的研发，离子液体烟气捕集吸收剂完成了50Nm³/h的中试实验，相变溶剂技术已完成了3Nm³/h的模拟实验南化院与四川大学开展了胺负载的多孔吸附剂脱碳技术开发，已完成1Nm³/h的放大实验，捕集总能耗为2.39GJ。华能长春热电厂相变型捕集示范项目于2020年投产，装置规模1000t/年，能耗≤2.3GJ/tCO_2。

4 结论与展望

对于CO_2浓度超过90%(v)的气源，无需进行提浓，直接采用吸附精制液化即可生产目标CO_2产品。对于低浓度气源，一般采用化学吸收法进行CO_2回收；对于中等浓度的CO_2气源和C2回收场景，通常采用化学吸收法的投资较低，占地更小，但能耗较高，运行成本也高。变压吸附法占地较大，投资略高，但能耗与运行成本方面优势明显。具体的技术选择不仅取决于CO_2的浓度，也与气源中CO_2分压、目标产品的纯度要求等因素有关。

当前，膜分离法还普遍存在着分离回收成本高、长周期运行不足的问题，膜分离技术适合与传统的吸收和吸附法耦合使用，这样可以大幅度降低使用单一方法的固定投资和运行成本发挥各自技术优势，提高系统运行的稳定性。

MOFs浆液法技术用于捕集CO_2、回收C2+是一种新颖的工艺，工艺流程简单，公用工程消耗低，应用发展潜力大。目前的工业示范装置中，也存在一些需要完善优化的问题，主要有优化吸收塔操作压力、避免对原料气进行增压。另外其产品的纯度还达不到国标GBT 6052—2011《工业液体CO_2》标准最低99%的要求，目前可用于作为油田驱油的气体。由于H_2S会造成MOFs材料中毒，为此要进一步研究SO_2等其他毒物、杂质对吸附材料的影响；C5以上较重重组分长期存在会造成浆液乳化，对MOFs材料耐受性进一步研究，同时提出增设再生措施，延长装置运行周期。

参 考 文 献

[1] 王志，原野，生梦龙，等．膜法碳捕集技术现状及展望[J]．化工进展，2022，41(3)：1097-1101.

[2] MERKEL T C，LIN H Q，WEI X T，et al. Power plant post-combustion carbon dioxide capture：an opportunity for membranes [J]. Journal of Membrane Science，2010，359(1/2)：126-139.

[3] XU Jiayou，WANG Zhi，QIAO Zhihua，et al. Post-combustion CO_2 capture with membrane process：practical membrane performance and appropriate pressure [J]. Journal of Membrane Science，2019，581：195-213.

[4] 靳归，黄琳，郭东方，等．MOFs基多孔液体的制备及 CO_2 吸附分离应用[J]．精细化工进展，2022，41(1)：23-37.

[5] 中国经济新闻网，OGCI昆仑气候投资基金完成首笔战略投资，[EB/OL]，2024，27(3).

[6] 陈斌，吴梦莉，樊雄，等．利用膜分离技术捕集燃烧后烟气 CO_2 的工艺研究及应用现状[J]．膜科学与技术，2023，43(06)：232-242.

[7] 何志勇，郭本帅，汪东，等．CO_2 捕集和利用技术的应用与研发进展[J]．油气藏评价与开发，2024，14(1)：70-75.

[8] 南化研究院，膜法捕集 CO_2 示范装置通过测试[J]．膜科学与技术．2022，42(1)：56.

[9] 熊波，陈健，李克兵，等．工业排放气二氧化碳捕集与利用技术进展[J]．低碳化学与化工，2023，48(2)9-18.

装配式建筑在工业建筑中的应用
——以某天然气管道分输站综合值班室建筑设计为例

李　妍　隋岳钊

（中石油华东设计院有限公司）

摘　要　本文通过新建某天然气管道分输站综合值班室建筑项目，从项目的具体装配式设计和BIM技术的设计应用，分析了装配式建筑设计的综合优势，探讨了装配式建筑在工业建筑中的应用优点。

关键词　装配式建筑；工业建筑；BIM；应用

1　装配式建筑工程

1.1　项目概况

本项目为新建某天然气管道分输站综合值班室建筑（图1），位于北京市平谷区马坊镇，建筑为一层小型装配式建筑，主要功能为办公室、会议室、控制室和设备用房等。

图1　综合值班室效果图

1.1.1　设计理念

本次建筑的设计理念来源于对建筑有机生长的思考，单一的预制构件在三维向度上生长，生成一个有机的生命体。每个细胞相当于一个子模块。（如图2所示）所有功能房间均由3.9×7.2×3.9m和3.9×2.4×3.9m两个子模块组合而成，每个子模块可根据使用功能的不同变为不同的使用房间，两种子模块也可以在三维向度上延伸生成需求更高的、面积更大的其他功能房间。各类功能房间按照人员、设备的使用情况组合形成不同的功能分区，如办公区、设备区及公用设施区。各个功能分区由交通模块联系生成整个建筑有机体。

1.1.2　建筑平面布局

根据标准化、装配化及模块化设置柱网。整栋建筑分为办公区，设备区及公共辅助区，走廊联系各个独立分区，流线顺畅。设备区为机柜室、配电室和发电机房。公共辅助区为消防泵房、空调机房、工具间和卫生间等。办公区域为办公室、仪表控制室、会议室、活动室等（见图3）。

设备区布置在北侧西部区域，公共辅助区的消防泵房用水房间布置布置在南侧东部区域，避免用水房间对配电室造成影响。办公室布置在南侧区域，使办公室在北方地区得到更充足的日照（见图4）。

1.1.3　立面分析

采用现代的建筑风格，以折板为主要元素概念。正立面采用折板框体分割体块，削弱整个东西向过长的视觉观感，增加轻盈感，形成丰富的光影关系及虚实关系。入口采用单独体块，入口侧面以及边框采用深褐色木纹理饰面更强调凸出了入口。其余部分做玻璃幕外加铝合金竖向线条，通过玻璃与金属的材质对比凸显现代建筑轻盈、时尚、现代的建筑特性。

为了让工人在厂区中不再单调乏味，可以在工作的压力下获得精神上的疏解与放松，避免装备式建筑冰冷呆板的“方盒子”形象，根据色彩心理学原理，在建筑外立面和室内公共空间进行了一系列色彩设计。采用舒服的线条图案和丰富的色彩，传递正能量，体现对工人和厂区的人文关怀。主要颜色选用CBCC中国建筑色卡中的浅灰和深灰、浅褐色和深褐色，创造出稳重、大气、素雅、和谐的建筑。（见图5）

1.1.4　室内设计

整体设计为现代简约设计风格，整体装修为干式做法，通过集成吊顶做法进行全局或局部整体及隐藏，使之规整统一、简洁美观。装修材料采用装配式基层墙板及地板；竹木纤维墙板、硅酸钙板、地面架空地板等标准产品，优点是可快速安装、高效回收、方便改造(图 6)。

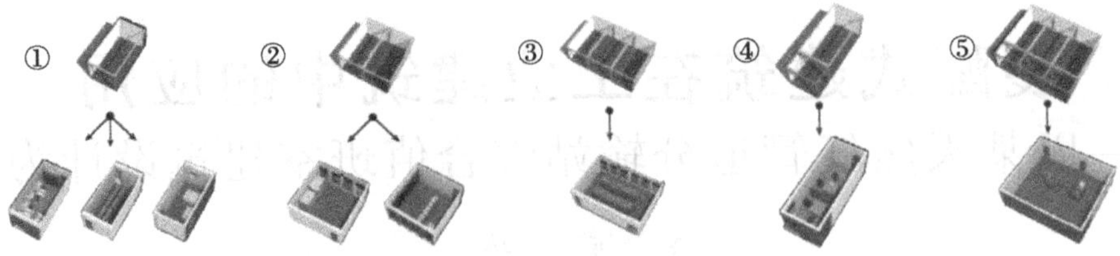

图 2　房间子模块组合图

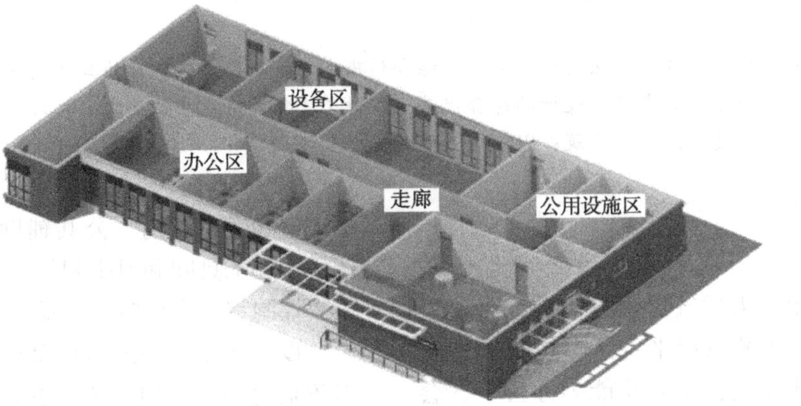

图 3　区域布置图

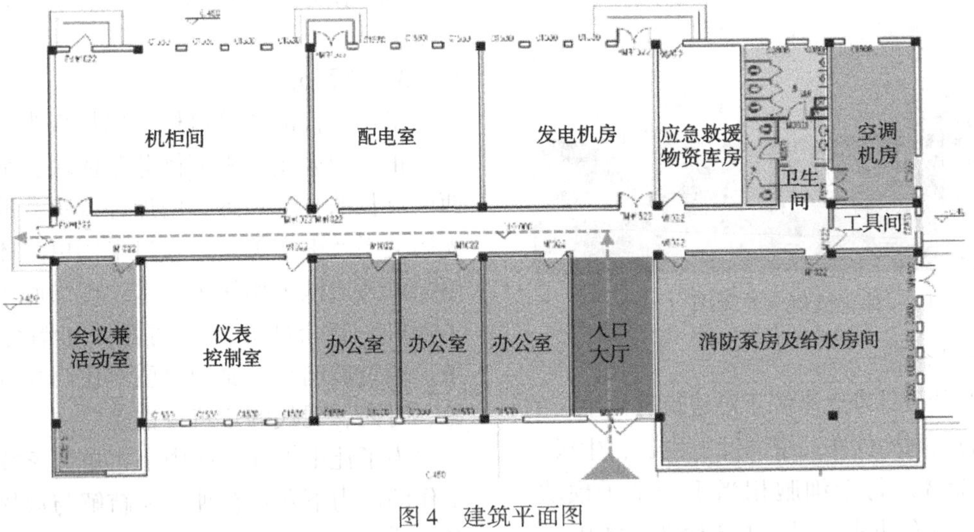

图 4　建筑平面图

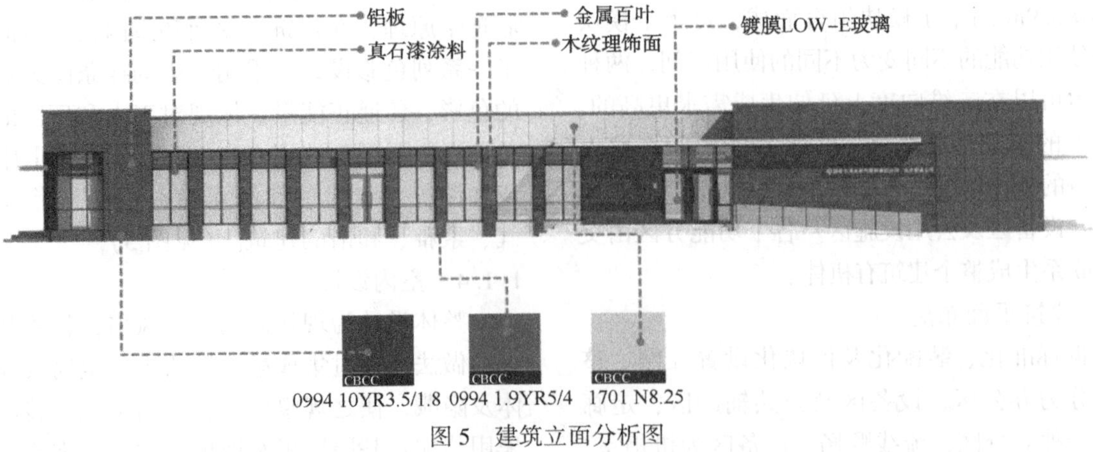

图 5　建筑立面分析图

图 6 办公室室内效果图

1.2 装配式设计分析

本方案装配式设计时将对整体建筑进行拆分设计(见图 7、图 8)，分为结构系统、内外围护系统、设备管线系统、内装系统四大类。其中结构系统包括主体结构框架、连接节点系统。内外维护系统包括内外墙系统、外门窗系统、屋面系统、地面系统。设备管线系统包括暖通空调系统、强电系统、弱电系统。内装系统包括墙面系统、隔断墙系统、机电管线接口、吊顶系统等。

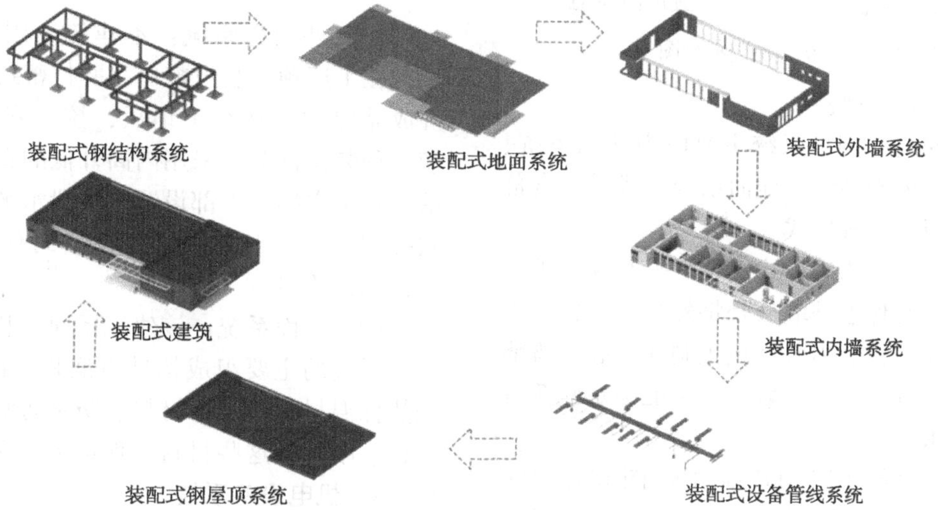

图 7 综合值班室装配系统分析图

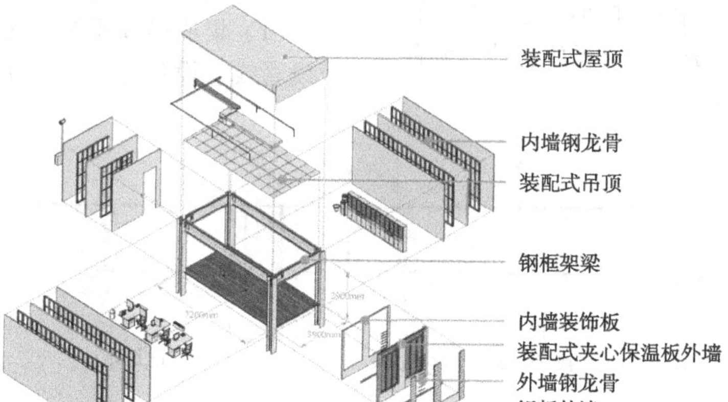

图 8 装配拆分图

1.2.1 结构系统

预制装配化办公建筑的结构系统包括主体结构框架、连接节点系统。

(1) 主体结构框架

该建筑为钢框架结构。钢框架梁柱无需现浇，安装速度更快，施工质量更容易得到保证；钢框架梁柱是延性材料，具有更好的抗震性能；钢结构自重更轻，基础造价更低；钢框架梁柱是可回收材料，更加绿色环保；梁柱截面更小，可获得更多的使用面积。

(2) 主连接节点

本建筑预制装配式结构节点连接方式主要有螺

栓连接、焊接连接等。螺栓连接将柱与柱、梁与柱、梁与梁等部件通过螺栓连接在一起。焊接连接则是采用现代焊接技术将梁柱等节点进行连接，可避免现场浇筑混凝土，对环境污染较小(图9)。

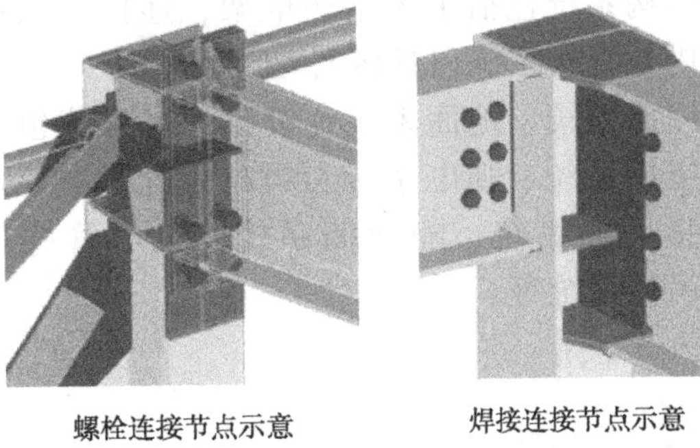

图9　结构节点连接示意图

1.2.2　内外围护系统

该项目的内外围护系统主要由内外墙系统、外门窗系统、屋面系统、地面系统组成。包含幕墙、外墙挂板等多种样式。

(1) 外墙系统为装配式三合一夹心保温外墙板。三合一夹心保温外墙板是将外装饰铝板、无机塑化微孔保温板和内装饰板预制在一起，既能兼顾建筑的内外立面艺术效果，又能满足建筑的保温节能要求。

(2) 内墙系统采用 ALC 预制板(图 10)。ALC 预制板工业化生成，现场拼装，施工效率是传统砖砌体的4-5倍，无需现场砌筑和抹灰工序。ALC 预制板自重轻，对结构整体刚度影响小，还具有很好的隔音性能和防火性能；成品板材无放射性，无有害气体逸出，非常绿色环保。

图 10　内隔墙 ALC 板现场图

(3) 外门窗系统：本建筑采用预装窗框装配，在工厂预先装设窗口，并打密封胶处理。做好成品保护运输至工地后，统一安装窗扇和玻璃。预装窗框节点采用内高外低的企口做法，上部设置滴水槽，下部设置斜坡泄水平台。可以有效控制质量，避免现场安装密封作业，防止渗漏，保证质量。

(4) 屋面系统：该建筑屋面为装配式金属屋面，系统的主要组成构件有底板、内支撑体系、隔热保温材料、吸声材料、防水防潮材料、金属面板、附件，这些材料在现场组装完成即可。

1.2.3　机电设备系统

装配化建筑的机电设备系统包含了集成吊顶系统、干式地暖系统等。

(1) 集成吊顶系统：运用轻质吊顶空腔用来敷设管线、设备等。(图 11)

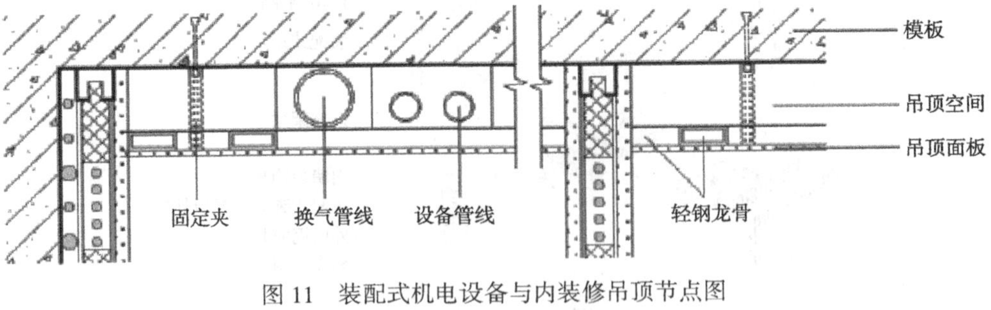

图 11　装配式机电设备与内装修吊顶节点图

(2) 干式地暖系统：热效应快，施工简洁，维修方便。结合装配化内装系统，在叠合板内、装修空腔内暗敷设，管线走向清晰明确，后期维护检修方便。

1.2.4　内装系统

装配式内装系统是将装修与建筑、结构、机电设备一体化同步设计，将功能条件前置，管线安装、墙面装饰、部品安装一步到位，避免重复浪费，事先统一进行建筑构件上的孔洞预留和装修层面固定件的预埋，避免在装修阶段对已有建筑构件打凿、穿孔，既保证了结构的安全性，又减少了噪声和建筑垃圾。通过内装一体化设计、配套化部品、专业化施工、系统化管理，实现功能、安全、美观和经济的协调统一。

本项目内装系统包括卫生间系统、夹层管线系统、轻质隔墙系统、快速地面系统、集成顶面系统、软装系统等。

（1）卫生间系统

整体卫生间系统采用一体成型的防水底盘，具有防水反沿和流水坡度设计。吊顶采用集成一体化铝扣板吊顶，工厂生产，现场高效干作业，便于施工安装；防水工厂加工时成型，抗菌清洁。通过对整体卫生间系统的设计，在工厂生产之前对使用功能形成体系预制，在现场装配安装(图 12)。

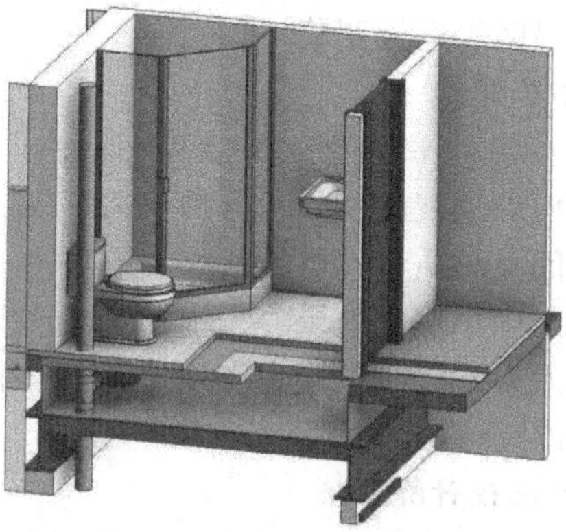

图 12　装配式卫生间

（2）轻质隔墙系统采用架空竹木纤维装配板和硅酸钙板等标准产品。可快速安装、高效回收、方便改造、电力布线免开槽。(图 13)

（3）快速地面系统：地面采用 SPC 集成石材纹理架空块材(图 14)。SPC 集成石材纹理架空块材是一种新型环保型复合材料产品，具有防火阻燃、硬度高、稳定性好、易安装、噪音小的优点。采用该地板可以有效与管线结合，做到管线分离，干法施工；施工工期短，环保、二次改造简单、可回收利用。

（4）集成顶面系统：有吊顶的房间，通过吊顶对机电走线进行了遮挡，对机电末端、灯具进行安装。排布按照国家规范且美观统一。门厅、走廊、开敞办公区、会议室采用 600＊1200 铝板吊顶配合专用龙骨；中控室吊顶(见图 15)采用 600＊1200 冲孔铝扣板。灯具、喷淋、烟感、消防广播等末端安装在吊顶 300MM 宽集成带中，规则分部灯具和末端点位，可以实现每块可开启的检修模式。无吊顶的区域通过 BIM 技术对管线进行规则排布，提高空间净高，涂刷统一颜色，增强整体性。

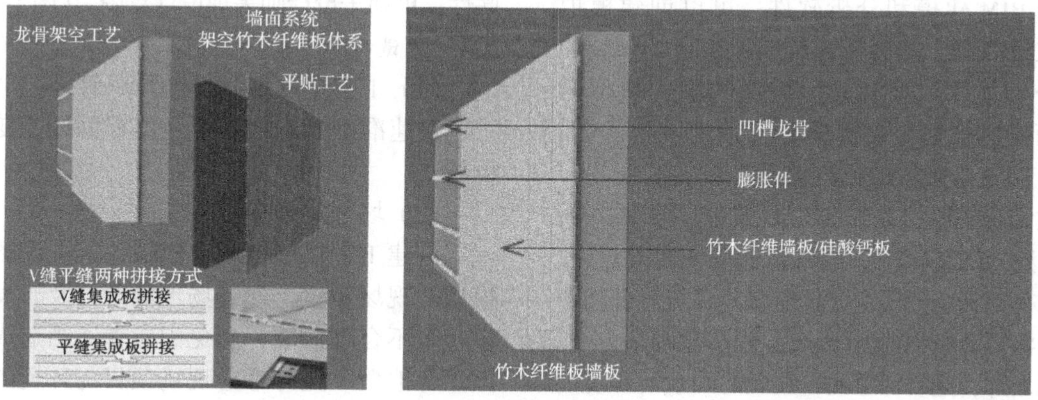

图 13　轻质隔墙示意

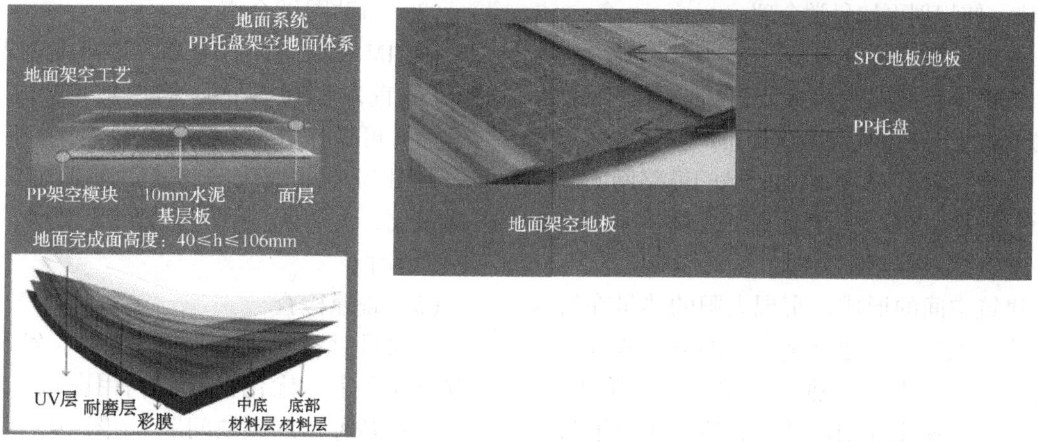

图 14　SPC 集成石材纹理架空示意

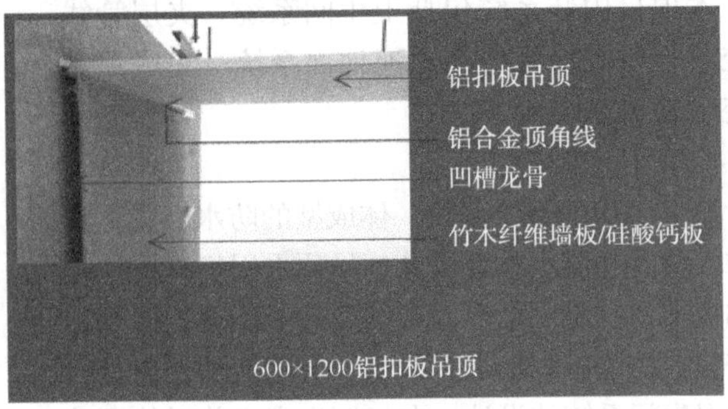

图15 集成吊顶示意

2 BIM技术该装配式建筑中的应用

BIM技术贯穿于装配式建筑的全寿命周期，集装配式建筑的设计、生产、施工安装、运行维护于一体。而BIM技术在装配式建筑设计阶段的应用尤为重要，装配式建筑最大的特点就是工作前置，生产、安装单位需要提前参与到设计的过程中来。通过BIM在装配式建筑设计阶段的实施，可以有效控制建筑成本，提高装配式构件工厂生产的质量，确保构件施工安装的精细化程度。

2.1 规划阶段

（1）日照采光分析

使用BIM建模和分析软件，可以创建模拟区域的三维模型，然后在建筑模拟仿真等领域的阳光和分析气象数据和其他信息的输入模拟区域，从而提供规划参考和设计。

（2）建筑微环境的空气流动分析

通过结合使用的BIM和CFD技术，可以方便，快捷地对建筑，环境空气流体仿真领域之外进行，可将图像在视觉上分析和评价内部和建筑外部的空气流动的液体环境环境中形成，并及时调整方案。有助于规划师，建筑师全面，直观的因素对环境的影响是在方案设计确定。同时，采取综合运用不同的技术优势，使规划更加科学合理。

（3）城市规划可视度分析

通过BIM分析模拟技术从分析结果可以清楚地看到标志性的可见性城市道路分布。统计软件不同类型的可视度面积，并在显示区域的道路网的区域中的颜色变化可以看到园林建筑的变化。

（4）城市建筑群热工分析

分析建筑空间的形成，实现太阳的热量在自然状态下的自然分布，通过这个热的分布式计算之后，可以清楚地看到，热量集中在建筑物内。获得这个结果，深化规划设计过程后，可以通过各种措施，如增加绿色，水或引入自然通风走廊减少高温区等进行调节。

2.2 方案阶段

（1）各种平面及三维效果图，协助规划布置，室内外透视图，显示各种技术参数，参数化协助空间及材质设计(图16)。

（2）虚拟现实效果，三维场景视觉漫游，直接体验效果，全方位观察设计效果，三维效果动画(图17)。

2.3 深化设计阶段

BIM正向设计，2D图纸与3D模型准确、便捷切换；自动生成平立剖，信息准确；各视图具有关联性；更利于设计师表现设计意图。(图18)

2.4 建造阶段

（1）工程量计算与辅助材料管理

快速准确提取工程量，可根据设计变更动态更新。

（2）场区规划模拟

创建工程场地模型，模拟建筑、设备及资源模型的现场布置，通过场地漫游，及时发现场地中布置不合理区域，避免因布置不当造成的二次搬运等浪费。充分考虑现场项目与环境的合理关系，做好室外亮化和相变布置。

（3）辅助图纸会审

在BIM模型碰撞分析和三维可视化表达的帮助下，事前发现图纸问题，合理会审施工图纸。

（4）可视化方案交底

利用BIM可视化等特点，辅助施工交底和图纸深化，如BIM辅助管线安装交底，导出施工二维图纸。

（5）碰撞检查

本项目对各专业模型进行整合，发现主碰撞问题100多个，优化设计后利用虚拟人物漫游，提前查看各种错漏碰缺问题。(图19)

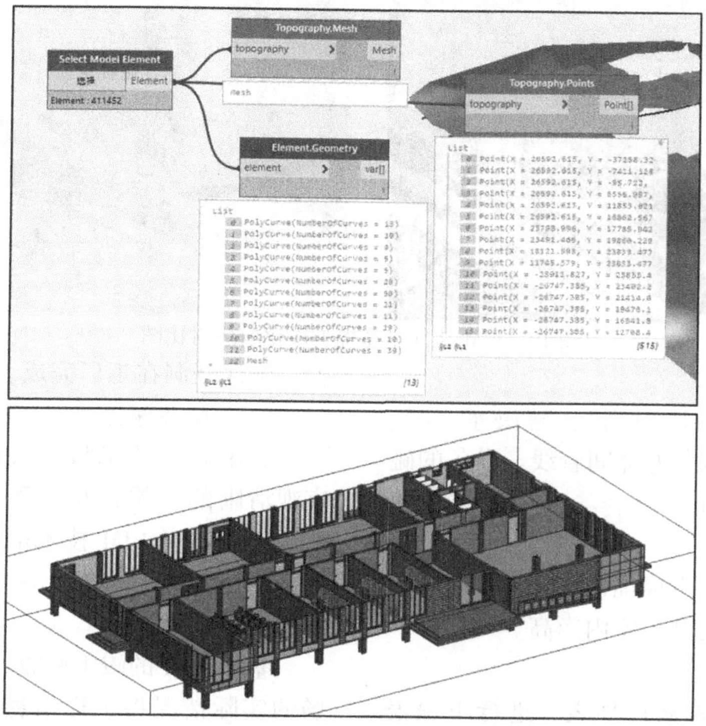

图 16　BIM 软件建模和技术参数示意

图 17　BIM 软件三维场景示意

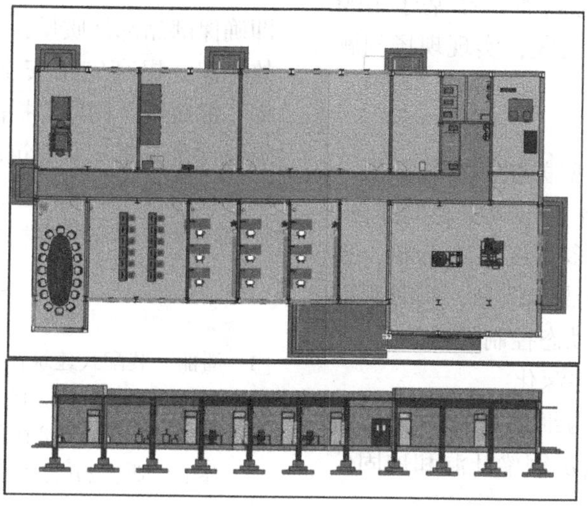

图 18　BIM 软件生成的平面和剖面图纸

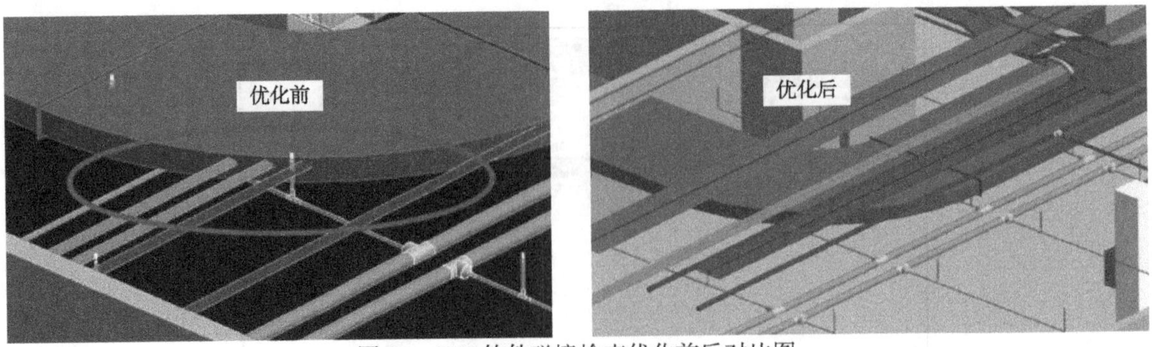

图 19　BIM 软件碰撞检查优化前后对比图

（6）管线优化

依据《管线综合避让原则》，解决水、暖、电、通风与空调系统等各专业间管线、设备的碰撞，实现机电综合排布。

（7）净高分析

所有优化完成后，生成优化方案，合理减少使用空间，最大限度提升了室内净高。

（8）物料管理

通过内置的材料采购计划表，进行工程报量。周密安排材料采购计划，能保证工期与施工的连续性，减少资金占用、降低库存、减少材料二次搬运，辅助材料管理。

（9）施工进度模拟与实时跟踪

将 Project 进度计划与施工现场 3D 模型集成一体，配以时间维度，实现对主体工程结构施工 4D 模拟，在施工过程中根据实际情况调整进度信息，对工程进度实时跟踪，实现流水施工、缩短工期、降低成本、提高工程质量。

（10）质量与安全管理

将工程中出现的问题及时记录在模型中，通过模型与现场跟踪挂接，参与方可及时交换意见、留存记录，且各方可实时关注问题状态，跟踪问题进展，完善安全隐患检查，在基于 BIM 技术的工程例会中提前解决问题，实现现场问题缺陷管理协同。

（11）动态成本管理

将编制的计价清单与模型关联，实现量价一体。在 4D 的基础上加上成本，形成资金曲线图，构成 5D 的成本管理，进行多维度成本分析，根据实际情况实时调整模型与成本信息，实时跟踪成本，达到对项目成本进行动态控制的目的。

（12）钢结构和预制构件深化

利用 BIM 模型对钢结构细部进行深化。对于管线密集区域，施工前确定钢梁开洞和加固位置，确保开洞在工厂完成，保证施工质量。

（13）精装深化

利用 BIM 技术将复杂的二维精装图转换为直观清晰的三维模型，深化精装设计和施工管理，形成基于 BIM 技术的电子样板，提高施工效率，节约施工工期，减少施工浪费。

2.5　运维阶段

基于 BIM 的竣工验收，各参与方根据施工现场的实际情况将工程信息实时输入到 BIM 模型中，并且信息输入人员对自己输入的数据进行检查并负责。在施工过程中，分部、分项工程的质量验收资料、设计变更单、工程洽商等都以数据的形式存储并关联到 BIM 模型中，并根据交付规定对工程信息进行过滤筛选，不包含冗余的信息。

3　装配式建筑设计在工业建筑中的应用优点

装配式建筑设计有利于大幅降低建造过程中的能源浪费和消耗。比传统的现浇建造方式，可节水约 25%，节材 60%，降低施工耗能约 20%。可以减少施工过程造成的环境污染影响。降低施工粉尘和噪声污染，减少建筑垃圾 70%以上。也可以显著提高工程质量和安全。以工业化代替传统手工作业，即确保部品部件质量，又能提高施工精度，减少事故隐患，提高施工安全性。有利于提高劳动生产率，缩短施工周期，提高施工生产效率。装配式建筑设计是未来工业建筑设计的发展趋势，应加强装配化建筑技术的深入和广泛应用，将装配式在工业建筑中的优势充分发挥出来。

参 考 文 献

[1] 潘丽．装配式建筑在工业建筑中的应用．住宅与房地产，2019，10：15.

[2] 龙玉峰．BIM 技术在住宅建筑工业化中的应用[J]．住宅产业，2012，09：79-82.

实施"余热暖民"工程，实现炼化企业绿色低碳发展

陈 曦 李 勇 刘艳楠

（中国石油哈尔滨石化公司）

摘　要　石化企业生产过程中产生的低温热量需要循环水系统去冷却，循环水系统通过凉水塔、风机以水汽蒸发的方式将28℃的循环水冷却至20℃。2022年某公司"余热暖民"项目建成投运，其与能源企业合作采用热泵技术，将炼化企业循环冷却水中的工业热量取出，用于当地居民冬季采暖，不但有效减少了炼化企业循环水场水、电消耗，改善循环水水质，实现循环水系统密闭运行，使循环冷却水中的热量得到有效利用，降低了能源企业燃煤消耗总量、提高了供热企业的供热面积，改善了当地采暖燃煤用量大、环保投入大、空气污染大的难题，具有较强的经济性、社会性和示范性。

关键词　碳达峰；碳中和；循环水；热泵；板式换热器

1　案例主要背景

2020年9月，在第七十五届联合国大会一般性辩论上，习近平代表中国政府和人民向国际社会郑重承诺，中国将采取更加有力的政策和措施，力争二氧化碳排放于2030年前达到峰值，2060年前实现"碳中和"。2021年10月，习近平出席《生物多样性公约》领导人峰会并发表主旨讲话指出，为推动实现碳达峰、碳中和目标，中国将陆续发布重点领域和行业碳达峰实施方案和一系列支撑保障措施，构建起碳达峰、碳中和"1+N"政策体系。党的十八大以来，党中央贯彻新发展理念，坚定不移走生态优先、绿色低碳发展道路，着力推动经济社会发展全面绿色转型。我国北方地区城乡建筑取暖总面积约200亿平方米，采暖用能约1.8亿吨标准煤，能源消费结构不合理，不仅消耗了大量能源，还带来了严重的环境污染问题。供暖企业面临煤价上升、环保投入增加、绿色转型发展等问题，急需突破性、革命性的技术改造来改善困难局面。推进北方地区冬季清洁取暖，不仅关系到广大人民群众温暖过冬的问题，而且关系到空气质量提升的问题，是重大的民生工程、民心工程，是企业和地方实现绿色低碳发展、实现全面绿色转型的重要方向。

东北某省现有供热面积10亿多平方米，冬季寒冷，供热期长达半年以上。某公司现有运行循环水场4个，循环水循环量2万吨/小时，循环水供水温度20℃，回水温度28℃，蕴含低温余热187MW。循环水系统通过凉水塔、风机以水汽蒸发的方式将28℃的循环水冷却至20℃，在北方地区这部分能量没有得到充分认知和利用。2022年该公司"余热暖民"项目建成投运，其与能源企业合作采用热泵技术，将企业循环冷却水中的工业热量取出，用于当地居民冬季采暖，不但有效减少了炼化企业循环水场水、电消耗，改善循环水水质，实现循环水系统密闭运行，而且使循环冷却水中的热量得到有效利用，降低了能源企业燃煤消耗总量、提高了供热企业的供热面积，在很大程度上改善了当地采暖燃煤用量大、环保投入大、空气污染大的难题，具有较强的经济性、社会性和示范性。

2　吸收式热泵技术及原理

由热力学第二定律可知，热量不能自发的从低温物体传递至高温物体，而不引起其他变化。但在日常生产过程中，可以通过施加动力实现热量从低温物体向高温物体的传递，通过对热泵输入一定的能量作为驱动力，如电能、热能等，即可将热量从低温物体输送至高温物体。吸收式热泵一般由发生器、冷凝器、蒸发器、吸收器及换热器等主要部件和溶液泵、工质泵等辅助部分组合而成，是一种用蒸汽或者高温热源作为驱动，将热量从低温热源输送到高温热源的一种循环系统。蒸汽或高温热源在发生器内释放出热量，溴化锂稀溶液经加热后产生冷剂蒸汽，然后进入冷凝器释放冷凝热，流经冷凝器传热管内的水因此被加热，而其自身却冷凝成液体后通过节流阀进入蒸发器，工质泵将冷剂水喷淋到蒸发器传热管

的表面吸收热量，热源水温度随之降低后流出机组，而冷剂水吸收热量后被汽化成冷剂蒸汽再进入吸收器，浓缩后的溴化锂溶液又返回吸收器进行喷淋，吸收从蒸发器传过来的冷剂蒸汽后，放出的吸收热，用以加热流经吸收器传热管内的热水。热水流经吸收器、冷凝器经升温后，输送给热用户，如图 1 所示。

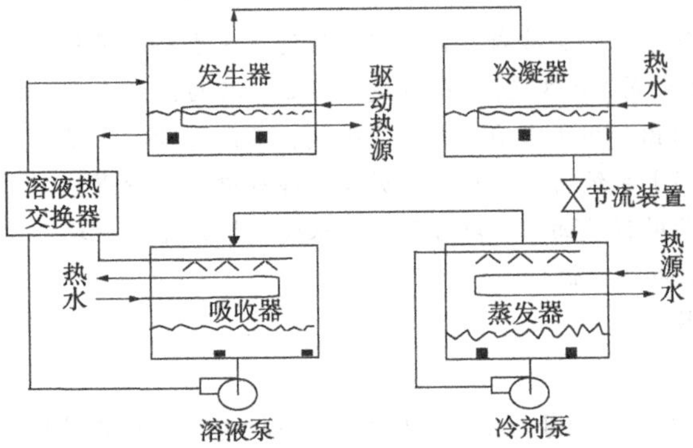

图 1　吸收式热泵技术及原理

热泵由发生器、冷凝器、蒸发器、吸收器、溶液热交换器、节流装置、溶液泵、冷剂泵等组成。

3　案例实际情况

在东北某省、市两级发改部门的大力支持下，某石化企业与当地能源企业开展技术合作，首次论证炼化行业循环水热量利用与居民采暖相关联的余热暖民项目的可行性和经济性，通过技术比选余热暖民一期采用蒸汽驱吸收式热泵、余热暖民二期采用电驱压缩式热泵。

余热暖民一期将该公司 10000 吨/小时循环水中热量采用热泵技术输出附近热电联产企业，循环水换热前温度 28℃，换热后温度 21℃，输出热量 86MW，用于当地居民采暖。该公司第二、第三循环水场旁建设换热站-内含板式换热器 8 套，循环水从生产装置完成冷却任务回进入板换，换热后温度降低 7℃，降温后直接回凉水塔水池，再经循环水泵升压去生产装置取热，形成一个完整的取、放热过程。板换设置副线、自动调节阀，循环水上塔流量和进板换流量灵活可调。该公司、能源企业之间铺设两条 DN1200 中介水管线，利用中介水将哈石化循环水中热量输送至能源企业能源站，循环水与中介水换热端差 1~1.5℃。

该能源企业能源站包括 6 台两个等级蒸汽驱吸收式热泵、中介水泵以及控制中心。6 台热泵分别加热三路热网水，两台热泵加热一路热网水。两台 0.1MPa27.5 吨/小时蒸汽驱 HRU13-DLY 型热泵，将 3200 吨/小时 47℃的热网水加热至 64℃，两台 0.6MPa32.5 吨/小时蒸汽驱 HRU17-DLY 型热泵，将 2300 吨/小时 47℃的热网水加热至 78℃，两台 0.6MPa20.5 吨/小时蒸汽驱 HRU10-DLY 型热泵，将 3000 吨/小时 58℃的热网水加热至 73℃。热泵机组能效系数(COP)是其供热量与驱动热量的比值，能效系数作为热泵的主要性能指标，热泵 COP 保证值必须保证在 1.5~1.8 之间。本项目选用热泵机组 COP 值为 1.7。热泵回收某石化公司 10573 吨/小时循环冷却水余热 86MW，供热量 209MW，如图 2 所示。

图 2　蒸气驱吸收式热泵

余热暖民二期将某石化公司1600吨/小时循环水中热量采用热泵技术输出附近一公司用于冬季厂房和办公采暖。项目建成投运后此公司一台煤炉停运。余热暖民二期采用电驱压缩式热泵，循环水换热前温度29℃，换热后温度22℃，输出热量13MW。某石化公司第一循环水场旁建设换热站-内含板式换热器2套，循环水从生产装置完成冷却任务回进入板换，换热后温度降低7℃，降温后直接回凉水塔水池，再经循环水泵升压去生产装置取热，形成一个完整的取、放热过程，板换设置副线、自动调节阀，循环水上塔流量和进板换流量灵活可调。哈尔滨石化公司、中车集团之间铺设两条中介水管线，利用中介水将哈石化循环水中热量输送至此公司。

该公司能源站包括2台6.5MW电驱压缩式热泵、中介水泵以及控制中心，2台热泵将750吨/小时50℃的热网水加热至65℃，提供该公司36万平米的采暖面积。本项目选用电驱压缩式热泵，机组能效系数(COP)较高，机组COP值为4.5。

图3　电驱压给定式热泵

某石化公司余热暖民项目创新性的将炼化企业循环水中的热量采用热泵技术输出地方用于居民采暖，既增加了供热企业采暖面积，显著减少了地方采暖燃煤消耗，减少地方雾霾天气，又降低炼化企业循环水场运行费用，降低风机运行耗电，减少新鲜水补水。同时某石化公司作为热量的输出方，显著降低了企业炼油综合能耗，减少企业碳排放量，实现企业与地方合作共赢绿色发展。2022年某石化公司余热暖民项目一期、二期陆续建成投运，利用循环冷却水11000t/h，循环水来水温度28℃，回水温度21℃，共利用冷却循环水余热近100MW，为地方新增清洁供热面积200万平方米。同时降低某石化公司炼油综合能耗12千克标油/吨，节电28万度/年，节水40万吨/年，减少碳排放10万吨/年，某石化公司创新性的将炼化企业循环水中热量采用热泵技术输出地方用于居民采暖，为炼化企业和地方绿色发展、实现双碳目标提供一个典型案例，节能减碳体现了社会责任。

参　考　文　献

[1] 于玲红，王东，李卫平．吸收式热泵在循环水余热利用中的应用研究[J]．内蒙古科技大学学报，2016，35(2)：181-184.

[2] 杨松．燃气冷热电三联供技术与地源热泵技术相结合的应用[J]．华电技术，2016，38(7)：37-79.

[3] 曹晋宁．溴化锂吸收式热泵在西山热电供热中的应用[J]．山西焦煤科技，2016，增刊：129-135.